本书受中国历史研究院学术出版经费资助

中国历史研究院学术文库

中国历代治理体系研究（上册）

Research on Chinese Governance System in Past Dynasties

夏春涛　主编

中国社会科学出版社

图书在版编目（CIP）数据

中国历代治理体系研究：全二册 / 夏春涛主编．—北京：中国社会科学出版社，2023.10（2024.11重印）

（中国历史研究院学术文库）

ISBN 978-7-5227-2054-8

Ⅰ.①中… Ⅱ.①夏… Ⅲ.①政治制度史—研究—中国—古代 Ⅳ.①D691.2

中国国家版本馆 CIP 数据核字（2023）第 106635 号

出 版 人	赵剑英
项目统筹	王 茵
责任编辑	孙 萍　李凯凯　范晨星　王沛姬　吴丽平　韩国茹
责任校对	冯英爽
责任印制	王 超

出　　版	中国社会科学出版社
社　　址	北京鼓楼西大街甲 158 号
邮　　编	100720
网　　址	http://www.csspw.cn
发 行 部	010-84083685
门 市 部	010-84029450
经　　销	新华书店及其他书店
印刷装订	北京君升印刷有限公司
版　　次	2023 年 10 月第 1 版
印　　次	2024 年 11 月第 3 次印刷
开　　本	710×1000　1/16
印　　张	82
插　　页	2
字　　数	1068 千字
定　　价	468.00 元（全二册）

凡购买中国社会科学出版社图书，如有质量问题请与本社营销中心联系调换
电话：010-84083683
版权所有　侵权必究

夏春涛，江苏扬州人。1991年获博士学位，1999年晋升研究员。中国社会科学院近代史研究所所长，博士生导师，享受国务院政府特殊津贴专家，第十四届全国政协委员。

主要从事晚清史（太平天国史）、马克思主义中国化、历史理论研究。著有《太平天国宗教》《从塾师、基督徒到王爷：洪仁玕》《天国的陨落——太平天国宗教再研究》《太平天国与晚清社会》以及《中国国情与发展道路》《改革开放与中国特色社会主义》《中国共产党怎样解决作风建设问题》等著作，多次获奖。撰写国家清史纂修工程《通纪》第六卷。出版学术随笔集《沧桑足迹》《家国山河》《触摸历史》。发表论文等200余篇。主持中国历史研究院重大项目"中国历代治理体系研究"、国家社科基金重大专项"历史虚无主义思潮解析和批判"等国家级课题多项。

内容简介

本书以长时段、大历史的学术眼光研究中国历代治理体系，除"导言"和"结束语"外，分设"行政与监督""吏治与用人""中央与地方""民本与民生""思想与文化""礼治与法治""基层秩序""边疆治理""民族治理""宗教治理""环境治理"十一章，每章内容主要包括历史沿革、体系架构、主要特点、经验教训等，重在揭示"中国历代国家治理体系"的形成原因、发展过程，从而汲取中国历代国家治理的历史经验，为新时代中国的国家治理体系和治理能力现代化提供历史借鉴。

中国历史研究院学术出版
编委会

主　　任　高　翔

副 主 任　李国强

委　　员　（按姓氏笔画排列）

卜宪群　王建朗　王震中　邢广程　余新华
汪朝光　张　生　陈春声　陈星灿　武　力
夏春涛　晁福林　钱乘旦　黄一兵　黄兴涛

中国历史研究院学术出版资助项目
出版说明

为了贯彻落实习近平总书记致中国社会科学院中国历史研究院成立贺信精神，切实履行好统筹指导全国史学研究的职责，中国历史研究院设立"学术出版资助项目"，面向全国史学界，每年遴选资助出版坚持历史唯物主义立场、观点、方法，系统研究中国历史和文化，深刻把握人类发展历史规律的高质量史学类学术成果。入选成果经过了同行专家严格评审，能够展现当前我国史学相关领域最新研究进展，体现了我国史学研究的学术研究水平。

中国历史研究院愿与全国史学工作者共同努力，把"中国历史研究院学术出版资助项目"打造成为中国史学学术成果出版的高端平台；在传承、弘扬中国优秀史学传统的基础上，加快构建具有中国特色的历史学学科体系、学术体系、话语体系，推动新时代中国史学繁荣发展，为实现"两个一百年"奋斗目标、实现中华民族伟大复兴的中国梦贡献史学智慧。

中国历史研究院
2020年4月

导　言

国家治理体系和治理能力现代化研究，包括中国历史上的治理体系研究，是眼下方兴未艾的热门研究课题。

2013年11月，中国共产党十八届三中全会召开，以全面深化改革为主要议题，总目标是完善和发展中国特色社会主义制度，推进国家治理体系和治理能力现代化。"国家治理体系和治理能力现代化"，在党的历史上是第一次提出。国家治理体系和治理能力是一个国家制度和制度执行能力的集中体现。在当代中国，国家治理体系主要指党领导人民管理国家的制度体系，包括经济、政治、文化、社会、生态文明和党的建设等领域体制机制及法律法规安排；国家治理能力则是运用国家制度管理社会各方面事务的能力，包括改革发展稳定、内政外交国防、治党治国治军等各个方面。国家治理体系和治理能力是一个有机整体，相辅相成。有了好的国家治理体系，才能提高治理能力；提高国家治理能力，才能充分发挥国家治理体系的效能。推进国家治理体系和治理能力现代化，旨在顺应新的形势和任务，坚决破除一切体制机制弊端，使各方面制度更加成熟和定型，使制度执行力进一步提高。

推进国家治理体系和治理能力现代化，意义重大深远，同时极具挑战性。与过去相比，新时代对内改革具有许多新的内涵和特点，更多面对的是深层次体制机制问题，制度建设分量更重，对改革的系统性、整体性、协同性要求更高,建章立制、构建体系的任务更重,对改革顶层设计的要求更高。伴随着制度建设和治理能力建设迈出新的重大步伐、取得突破性进展,2019年10月末,中国共产党十九届四中全会召开,审议通过《中共中央关于坚持和完善中国特色社会主义制度、推进国家治理体系和治理能力现代化若干重大问题的决定》(以下简称《决定》)。《决定》明确指出:"坚持和完善中国特色社会主义制度、推进国家治理体系和治理能力现代化的总体目标是,到我们党成立一百年时,在各方面制度更加成熟更加定型上取得明显成效;到2035年,各方面制度更加完善,基本实现国家治理体系和治理能力现代化;到新中国成立一百年时,全面实现国家治理体系和治理能力现代化,使中国特色社会主义制度更加巩固、优越性充分展现。"① 这是关于推进国家治理体系和治理能力现代化的顶层设计,列出了十分清晰的时间表和路线图,体现了党中央高瞻远瞩的战略眼光和强烈的使命担当。党的二十大对全面建设社会主义现代化国家作出战略部署,到2035年我国发展的总体目标包括"基本实现国家治理体系和治理能力现代化",未来5年的主要目标任务包括"国家治理体系和治理能力现代化深入推进"。

　　推进国家治理体系和治理能力现代化,必须以史为鉴,既倍加珍惜党领导人民围绕这一主题所走过的道路、形成的制度、积累的经验,又重视总结、反思历史,从我国古代漫长的治国理政实践中获取启迪和智慧。2014年10月13日,习近平总书记在中共十八届中央政治局第十八次集体学习时强调:"对绵延五千多年的中华文明,我们应该多一份尊重,多一份思考。对古代的成功经验,我们要本着择其善者而从之、其不善者而去之的科学态度,牢记历史经

---

① 《中共中央关于坚持和完善中国特色社会主义制度、推进国家治理体系和治理能力现代化若干重大问题的决定》,人民出版社2019年版,第5—6页。

验、牢记历史教训、牢记历史警示，为推进国家治理体系和治理能力现代化提供有益借鉴。"他郑重指出："历史是最好的老师。在漫长的历史进程中，中华民族创造了独树一帜的灿烂文化，积累了丰富的治国理政经验，其中既包括升平之世社会发展进步的成功经验，也有衰乱之世社会动荡的深刻教训。……治理国家和社会，今天遇到的很多事情都可以在历史上找到影子，历史上发生过的很多事情也都可以作为今天的借鉴。中国的今天是从中国的昨天和前天发展而来的。要治理好今天的中国，需要对我国历史和传统文化有深入了解，也需要对我国古代治国理政的探索和智慧进行积极总结。"①

《中国历代治理体系研究》是2019年1月成立的中国历史研究院设立的六个重大课题之一，是同时新建立的历史理论研究所承担的首个重大研究课题，属于"命题作文"。其主旨正是研究中国历史上的治理体系，总结治国理政的历史经验，为今天推进国家治理体系和治理能力现代化提供借鉴。

本书所谓"历代"，主要指从秦朝到清代。以秦朝作为研究上限容易理解——秦朝统一中国，推行郡县制，实行"车同轨，书同文，行同伦"，建立起中国历史上第一个中央集权制封建国家，开启了中国历史上第一个大一统时期，也是统一多民族国家的奠基时期。个别专题研究也可以追溯到先秦。研究下限，按理应为1840年（清道光二十年），因为鸦片战争后，中国开始坠入半殖民地深渊，与此前主权独立时的国家治理不是一回事。不过，中国国家主权在鸦片战争后虽遭受西方列强粗暴侵犯，但并没有完全丧失，晚清及中华民国时期围绕国家治理，也有一些新

---

① 习近平：《在十八届中央政治局第十八次集体学习时的讲话》，《人民日报》2014年10月14日。按：查商务印书馆第7版《现代汉语词典》，"治理"作"统治""管理"解，"治国理政"指"管理国家和政务"，可见"治理""管理"这两个词是可以互换的同义词。相比之下，"治理"一词更现代，具有法治意味。

举措新摸索。因此，下限也可以适当延伸至1949年中华民国覆灭。总之，酌情而定，不强求一律。大体说来，本书所谓"历代"主要指古代。

所谓"历代治理体系"，主要指中国历史上围绕国家治理而设计和建设的制度体系。从事该研究，不是也不能单纯地就历史论历史，必须突出问题意识，以现实为参照系，着眼于发挥历史研究鉴古知今、资政育人的作用。"历代治理体系"是个大概念，涉及方方面面。我们力争写出亮点、重点，不求面面俱到。经过斟酌，我们确定了11个专题，分别是中央与地方、行政与监督、吏治与用人、礼治与法治、思想与文化、民本与民生、边疆治理、民族治理、宗教治理、环境治理、基层秩序。这11个专题虽说不能涵盖中国历代治理体系的全部内容，但无疑属于其中的重要内容，而且都是我们今天依然在面对、积极寻求更妥善解决的重大问题，具有鲜明的现实针对性。这11个专题，构成本书正文的十一章。

关于具体研究和写作，我们明确了以下六个原则，提出了六大要求：

（一）坚持以唯物史观为指导

本书政治敏感性强，意识形态属性强。因此，必须坚持历史唯物主义的立场、观点和方法，坚持正确的政治方向、学术导向和价值取向。这是老生常谈，是常识，但落实到位并非易事。要做到观点鲜明，表述妥帖，拿捏好分寸，避免引起争论或误解。

（二）不能写成专题思想史

本书以制度变迁为主线。说到底，是围绕国家治理所面临的突出问题来写，围绕怎样解决问题来写，重点看历代是怎么做的，而不是重点考察是怎么想、怎么说的。可以把两者结合起来探究，但不能喧宾夺主，不能以思想演变为主线，不能就思想论思想。

(三) 不能写成典章制度史

各个专题研究题目很大。从时间跨度讲，考察"历代"而非断代，涉及制度的沿革和演变，线索、脉络必须交代清楚。但我们显然又不能花过多笔墨围绕制度考镜源流，从秦朝一直写到民国——倘若这么写，每个专题都可以写至少一百万字。再者，按照时序平铺直叙，可能写得中规中矩，但不免写成专题制度史的缩微版，介绍性、描述性文字较多，分析性文字较少，显得平、泛，就会削弱思想性。

总之，在内容上要有所取舍，不求面面俱到，但求写出重点、亮点、特点。唐代著名诗人白居易有云："文章合为时而著，歌诗合为事而作。"本书的写作，要有现实关怀，要有感而发，重点围绕"治""乱"二字来总结历史、谋篇布局。从治理角度讲，"天下大治"或"天下大乱"是两种极端现象，前者如文景之治、贞观之治，后者如安史之乱、三藩之乱，都与制度设计有关。民族问题，元代在制度设计上比较失败；清代就进步许多，遂有康乾盛世、开疆拓土。正反两方面，经验或教训，最值得我们今天总结、反思。

(四) 做到史论结合

求真求实是历史研究的第一要义，没有考订，便无信史可言。治史须严谨，史实考订是必要的，但不能过于烦琐，不能写成考证文章或专著。同理，注释应尽量减少、简化，不能占过多篇幅。不能以引文代替自己的表述，不必引几个字或一句话就加一个注释。引文和注释多了，涉及太多概念，近乎概念堆砌，就会削弱可读性和思想性。历史研究必须体现思想性，注重宏观的总结分析。当然，不能离开史料、史实汪洋恣肆。应做到论从史出、言之有据，不发空洞议论。

（五）树立大历史观

各专题研究（各章）按照怎样的体例来写？我们的思路是前略后详：前面为综述，概述某具体制度的兴废沿革、主要特点及作用等，以便读者对总体情况有个较清晰把握；接着是围绕重点、亮点进行铺陈。总之，要树立大历史观，把小处着手与大处着眼结合起来，进行长时段、贯通式研究和思考，既不能碎片化、条块分割，也不能泛泛而论。要有个案，注重细节的生动性、文字的可读性。每章以"结语"收尾，对全章内容进行概括总结。

为避免成为"拼盘"，全书末尾专辟"结束语"，对全书内容进行整合、概括，着重就中国古代制度建设的主要特点及当代启示加以归纳和阐释。

（六）把握好尺度，不说过头话

研究中国历史上的治理体系、治理经验，要注意不能有溢美之词。从社会形态上讲，中国古代及晚清、民国分别属于封建社会和半殖民地半封建社会，而当今中国处于社会主义社会。今天所说的中华民族伟大复兴，绝不是简单地再现汉唐雄风、康乾盛世。习近平总书记在党的二十大报告中明确指出："从现在起，中国共产党的中心任务就是团结带领全国各族人民全面建成社会主义现代化强国，实现第二个百年奋斗目标，以中国式现代化全面推进中华民族伟大复兴。"[①] 一言以蔽之，是把我国建成富强民主文明和谐美丽的社会主义现代化强国，是在社会主义形态下振兴中华，是对以往一切文明和社会形态的超越，是一种更高层次的辉煌。说到底，研究中国历代治理体系不是为了颂古、复古，而是致力于古为今用、推陈出新，旨在搞好今天的建设。

---

① 习近平：《高举中国特色社会主义伟大旗帜 为全面建设社会主义现代化国家而团结奋斗——在中国共产党第二十次全国代表大会上的报告》，人民出版社2022年版，第21页。

历史理论研究所设有国家治理史研究室,是全国首个专门研究机构。系统研究中国历代治理体系,这在学界是第一次。忝为国内第一部该专题研究专著,希望本书的问世能对相关研究起到推进作用,能进一步激发大家对相关问题的关注和思考。如此,则是对我们努力的最大褒奖。

总目录

上 册

第一章　行政与监督 …………………………………… （1）

第二章　吏治与用人 …………………………………… （90）

第三章　中央与地方 …………………………………… （296）

第四章　民本与民生 …………………………………… （382）

第五章　思想与文化 …………………………………… （472）

第六章　礼治与法治 …………………………………… （545）

下 册

第七章　基层秩序……………………………………（693）

第八章　边疆治理……………………………………（788）

第九章　民族治理……………………………………（856）

第十章　宗教治理……………………………………（974）

第十一章　环境治理…………………………………（1122）

结束语　中国古代治理体系的主要特点及当代启示………（1229）

参考文献………………………………………………（1249）

后　记…………………………………………………（1283）

目 录

（上册）

第一章 行政与监督 …………………………………………（1）
　第一节 中国古代行政监督制度的演变………………………（1）
　　一 中国古代行政监督制度的形成…………………………（2）
　　二 以台谏为主的中央监督制度及其演变 ………………（14）
　　三 以巡视为主的地方监督制度及其演变 ………………（26）
　第二节 中国古代行政监督的体系架构 ……………………（33）
　　一 历代监督制度中的双向系统 …………………………（33）
　　二 历代行政制度中的层级监督与同级监督 ……………（42）
　　三 历代行政监督的律法体系 ……………………………（49）
　第三节 中国古代行政监督的特点 …………………………（58）
　　一 分权与制衡 ……………………………………………（58）
　　二 以轻制重、以贱察贵 …………………………………（61）
　　三 监督主体任用的规范化 ………………………………（64）
　　四 监督职权范围广 ………………………………………（66）
　　五 来自君权的主观制约 …………………………………（68）
　结 语 …………………………………………………………（71）

第二章　吏治与用人 (90)

第一节　治官镜鉴："治国之要，吏治为先" (91)
 一　立国靠"得人" (92)
 二　治国须"用贤" (97)
 三　亡国由"官邪" (103)

第二节　选官制度："致安之本，惟在得人" (108)
 一　选官标准 (109)
 二　选官方法 (125)
 三　选官特点 (178)

第三节　任官智慧："致治之道，在于任官" (201)
 一　任官理念 (202)
 二　任官类型 (225)
 三　任官条件 (263)

结　语 (289)

第三章　中央与地方 (296)

第一节　中国古代中央集权体制的历史渊源 (296)
 一　中国古代"内聚型"地缘格局与广阔疆域 (296)
 二　老子"小国寡民"的政治理想 (304)
 三　孔子建立礼治国家的政治愿望 (307)
 四　墨子反对弱肉强食的国家观念 (309)
 五　战国时期儒道学派加强君主权力的政治观念 (312)
 六　战国时期法家建立中央集权国家的政治观念 (321)

第二节　中央集权体制的形成与地方治理 (328)
 一　战国"集权型国家形态"的出现 (329)
 二　秦汉中央集权体制的建立 (331)
 三　中国古代的"天下"观念与广阔疆域 (334)

四　先秦时期地方治理的差序观念……………………（337）
　　五　秦汉以后中国地方治理的差序机制………………（350）
第三节　中央集权体制与弹性管理机制……………………（356）
　　一　中央集权体制的核心理念…………………………（356）
　　二　地方行政区划的立意与变化………………………（358）
　　三　地方官员的选拔与监督……………………………（363）
　　四　地方治理中的"抓大放小"…………………………（365）
　　五　地方治理中法律手段的运用………………………（367）
　　六　全国交通网络的普遍建设…………………………（370）
　　七　社会救助机制………………………………………（372）
　　八　地方士绅力量的充分发挥…………………………（376）
结　语………………………………………………………（379）

第四章　民本与民生……………………………………………（382）
第一节　民本思想的演变及其作用…………………………（382）
　　一　先秦时期民本思想的形成…………………………（383）
　　二　秦汉以后民本思想的发展…………………………（394）
　　三　明清之际的新民本思想……………………………（404）
第二节　重农政策与抑制土地兼并…………………………（410）
　　一　重农抑商是历代统治者的基本治国之策…………（411）
　　二　抑商政策与官府专卖制度…………………………（415）
　　三　土地私有与秦汉时期的限田措施…………………（418）
　　四　土地国有与隋唐均田制度…………………………（423）
　　五　土地兼并与唐宋以后限田政策……………………（426）
第三节　轻徭薄赋……………………………………………（434）
　　一　轻徭薄赋开创王朝初期治世………………………（434）
　　二　轻徭薄赋开启大唐盛世……………………………（436）

三　两税法止大唐颓势……………………………………（438）
　　四　一条鞭法使明代社会暂趋稳定………………………（440）
　　五　摊丁入亩开创康乾盛世………………………………（443）
　　六　历代赋役制度发展的趋向……………………………（445）
第四节　救荒救灾与社会保障…………………………………（449）
　　一　备荒仓储制度…………………………………………（449）
　　二　灾害救济制度…………………………………………（452）
　　三　社会救助措施…………………………………………（458）
　　四　社会医疗保障制度……………………………………（462）
结　语……………………………………………………………（464）

第五章　思想与文化……………………………………………（472）

第一节　思想文化是中国古代国家治理的
　　　　"根"和"魂"……………………………………（472）
　　一　天人合一为历代治国理政提供宇宙观的支撑………（473）
　　二　人本：历代治国理政的底色…………………………（484）
　　三　大同小康：古代治国理政的动力与理想……………（487）
　　四　中道圆融：治国理政的中国艺术……………………（492）
第二节　思想文化与治国理政…………………………………（497）
　　一　思想文化与治国之策的选择…………………………（497）
　　二　儒家思想成为历代统治思想…………………………（506）
　　三　北魏孝文帝汉化改革对民族交融的重要作用………（515）
　　四　文化政策促成大唐气象………………………………（518）
第三节　历史意义及启示………………………………………（521）
　　一　维护国家统一…………………………………………（521）
　　二　促进民族交融…………………………………………（524）
　　三　利于社会安定，巩固政治……………………………（528）

结　语……………………………………………………(541)

第六章　礼治与法治……………………………………(545)
　第一节　中国式法治：早期中国的治理原型………………(549)
　　一　法天为治………………………………………………(551)
　　二　明德为则………………………………………………(556)
　　三　以礼为法………………………………………………(562)
　　四　以刑卫法………………………………………………(569)
　　五　人治为要………………………………………………(578)
　第二节　周秦之际治道的传承、裂变与分化………………(584)
　　一　"导德齐礼"为本的"王道"政治文明………………(588)
　　二　以法术之治为核心的"霸道"政治思想及其
　　　　实践………………………………………………………(611)
　第三节　儒法之竞合与"以礼统法"的定局………………(638)
　　一　"以礼统法"的前奏——荀学之尊王贱霸……………(644)
　　二　汉改秦制与"以礼统法"………………………………(658)
　　三　"三纲"之确立及其"以礼统法"之精神……………(670)
　　结　语……………………………………………………(687)

第一章

行政与监督

行政监督是国家治理体系中十分重要的一项内容，它的本质是行政权力所有者对行政权力行使者的监督，在实践中主要体现为监督主体对行政权力的监督。中国是世界上最早建立行政监督制度的国家之一。在长期的政治实践中，建立起了一套行之有效的防止权力膨胀、腐败、滥用的机制，积累了丰富的实践经验。运用马克思主义辩证思维，系统梳理中国古代行政监督制度产生、发展的历程，历史地分析其积极作用与时代局限，批判地继承历代行政监督制度的经验，对我们国家的现代治理，尤其是建设中国特色社会主义监督制度，具有重要的启示和借鉴意义。

第一节　中国古代行政监督制度的演变

作为王朝统治自我调节的重要手段，中国古代的行政监督源远流长，经历了一个长期的发展演变过程，它随着时代的变迁而不断发展、完善，在历朝历代的国家治理中，都发挥着至关重要的作用。从整体上看，中国古代的行政监督制度发端于春秋战国，形成于秦汉，发展于魏晋，成熟于隋唐，经过宋元的调整完善，至明清愈益完备。

一 中国古代行政监督制度的形成

中国古代行政监督的观念，伴随着朴素的治理思想产生。相传在尧舜禹时代，就已经萌生了朴素的治理思想，其中蕴含的一些监督理念，在后来的治理实践中逐渐形成惯例约束，进而成为相对制度化的监督手段。

（一）原始社会时期的权力监督实践

中国古代的行政监督体系，至秦汉时期才粗具规模，不过，作为权力监督的实践，它可以追溯至先秦甚至更早时期。大致在原始社会晚期，社会权力的所有者（即全体氏族成员）与社会权力的行使者（即氏族管理机构）逐渐分离，为了保证社会权力运行能够最大限度符合权力所有者的利益，权力监督机构逐渐出现。大致从这一时期开始直至西周，在权力监督的实践中主要形成了两种形式，一是对"上"的民主性监督，二是对"下"的纠察性监督。[1]

关于自下而上的民主性监督，史籍中仍留有相关痕迹。传说中的古代圣王，如黄帝、尧、舜、禹等，都曾采取多种方式来听取下层民意。如《管子》记载，"黄帝立明台之议者，上观于贤也。尧有衢室之问者，下听于人也。舜有告善之旌，而主不蔽也。禹立建鼓于朝，而备讯唉"；[2]《吕氏春秋》记载，"尧有欲谏之鼓，舜有诽谤之木"；[3]《三国志》记载，"轩辕有明台之议，放勋有衢室之问，皆所以广询于下也"。[4] 所谓"明台""衢室""告善之旌""欲谏之鼓""诽谤之木"等，均是为便于听取下层民意而设置的。《史记》记载，"四岳举鲧治洪水，尧以为不可，岳强请试之"，舜

---

[1] 参见张晋藩主编《中国古代监察制度史》，中国方正出版社2019年版，第4页。
[2] 《管子》卷一八《桓公问》。按：本书引用常见古籍，只注明卷次、篇名，一般不注版本；若遇各版本间异文较多者，则注明版本、页码。
[3] 《吕氏春秋》卷二四《自知》。
[4] 《三国志》卷二《文帝纪》。

欲惩戒混沌、穷奇、梼杌、饕餮四凶族，先"宾于四门"，后"乃流四凶族，迁于四裔，以御螭魅"等①，也都是天子施政受到臣下约束的反映。其中，尧以为不可用鲧治水而岳强请试之，体现最为明显。以上是下层民众或下级臣僚对氏族部落首领行使权力的约束。

上级对下级的纠察性监督，主要表现为天子"巡守"，如《史记》所载，黄帝"东至于海，登丸山，及岱宗。西至于空桐，登鸡头。南至于江，登熊、湘。北逐荤粥，合符釜山，而邑于涿鹿之阿"。② 其他如古籍所载，舜巡守东、南、西、北四方，确立"五岁一巡守"制度；禹即天子位后，曾"巡省南土"，最后"东巡守，至于会稽而崩"。"巡守"即天子巡视其所守疆土，在"巡守"过程中，自然就包含对各方势力的纠察和约束。古籍中这些记载虽含有一定的传说或想象的成分，未必完全可靠，但它们在一定程度上也确实反映了原始社会时期的监督实践。

（二）夏商西周时期行政监督的发展

夏商西周时期，随着国家形态的日益形成，行政监督也得到相应发展。这一时期，行政监督延续着原始社会晚期以来的特点又有所变化，即在保留着民主性和纠察性监督方式的同时，"具有民主监督性质的臣民对君王的谏议式监督的地位不断下降，而君王、特定国家机关及其官员对贵族或百官的纠察式监督的地位则不断提升"。③

民主性监督在夏商西周社会的延续，史籍中多有反映。夏时有"遒人以木铎徇于路"，即行人之官带着木铎征询民意。商代有"臣下不匡，其刑墨"，更直接表明臣下有匡正君主过失的责任。周

---

① 《史记》卷一《五帝本纪》。
② 《史记》卷一《五帝本纪》。
③ 张晋藩主编：《中国古代监察制度史》，中国方正出版社2019年版，第11页。

代有"采诗""以闻于天子",又有"天子听政,使公卿至于列士献诗,瞽献曲,史献书,师箴,瞍赋,矇诵,百工谏,庶人传语,近臣尽规,亲戚补察,瞽史教诲,耆艾修之,而后王斟酌焉,是以事行而不悖"等。① 这些都体现出下层民众和下级臣僚对最高统治者行政的监督和约束。特别是殷周之际,上层统治者有了"天视自我民视,天听自我民听"思想,更显示出下层民意对统治者的约束力量。

民主性监督在夏商西周时期取得发展的一个重要体现,是史官系统的发展。《吕氏春秋》记载:

> 夏太史令终古出其图法,执而泣之。夏桀迷惑,暴乱愈甚,太史令终古乃出奔如商。汤喜而告诸侯曰:"夏王无道,暴虐百姓,穷其父兄,耻其功臣,轻其贤良,弃义听谗,众庶咸怨,守法之臣,自归于商。"②

在夏朝已有史官,虽未必完全可信,但这段话反映出,史官一职在中国出现较早,而且具有监督职权。相同类型的记载,《吕氏春秋》中还有很多,如"殷内史向挚见纣王之愈乱迷惑也,于是载其法,出亡之周";"晋太史屠黍见晋之乱也,见晋公之骄而无德义也,以其图法归周",等等。③ 这种叙事类型的反复出现,说明史官在诞生之初,就具有监督匡正君主的职权。史官的监督未必具有强制性,但对人心向背却极具影响力。夏商西周时期是史官系统的重要发展期,对此,《史通》中有专门论述,即:

---

① 《国语·周语上》。
② 《吕氏春秋》卷一六《先识览》。
③ 《吕氏春秋》卷一六《先识览》。

史之建官，其来尚矣。昔轩辕氏受命，仓颉、沮诵实居其职。至于三代，其数渐繁。案《周官》《礼记》，有太史、小史、内史、外史、左史、右史之名。太史掌国之六典，小史掌邦国之志，内史掌书王命，外史掌书使乎四方，左史记言，右史记事。《曲礼》曰："史载笔，大事书之于策，小事简牍而已"。《大戴礼》曰："太子既冠成人，免于保傅，则有司过之史。"《韩诗外传》云："据法守职而不敢为非者，太史令也。"斯则史官之作，肇自黄帝，备于周室，名目既多，职务咸异。①

史官之建置未必始于黄帝，但"至于三代，其数渐繁"，则大致可信。上古史官，近乎卜祝，诸如祭祀、占卜、观象、记事等，皆归其执掌。这是上古时期政教分野不明的反映。也正因这一特点，使得史官对一朝的人心向背，具有莫大影响力，如三代政权更迭之际，古籍中均有史官出奔的记载。后来，史官的职责愈益简化为记事修史，但他们对君主行政的监督和约束作用，在古代中国则始终得到保留。当然，这里需要说明的是，监督是上古时期史官拥有的职权之一，但史官一职并非专为监督而设。

行政监督在夏商西周时期的发展，更为明显的体现于纠察式监督方面。首先，是天子"巡守"制度的发展。《礼记》记述"天子五年一巡守"时说："山川神祇有不举者为不敬，不敬者君削以地；宗庙有不顺者为不孝，不孝者君绌以爵；变礼易乐者为不从，不从者君流；革制度衣服者为畔，畔者君讨；有功德于民者，加地进律。"② 这里，不仅记载了"巡守"制度，而且明确了"巡守"过程中的奖与惩。其他如《孟子》中也有"天子适诸侯曰巡狩。巡

---

① 《史通》卷一一《史官建置》。
② 《礼记·王制》。

狩者，巡所守也。诸侯朝于天子曰述职。述职者，述所职也"① 的记载。其中所说"巡狩"和"述职"，都是纠察式监督的表现形式。所谓"述职"，就是诸侯定期朝觐周天子，上陈其职守情况，接受周天子的监督考核。周天子"入其疆，土地辟，田野治，养老尊贤，俊杰在位，则有庆"，"庆"即奖赏；"入其疆，土地荒芜，遗老失贤，掊克在位，则有让"，"让"即责罚。诸侯"一不朝，则贬其爵；再不朝，则削其地；三不朝，则六师移之"，即诸侯一次不朝觐，即降低爵位；两次不朝觐，则削减土地；三次不朝觐，就以军队讨之。

其次，夏商西周时期，监督作为一种专门职权，逐渐形成。比如西周职官中的"大宰""小宰"和"眚史"等，就都负有监督职责。大致而言，"大宰"掌邦之六典、八法、八则，以逆邦国、官府、都鄙之治；"小宰"则负责具体工作，具有纠察、审判官吏之权；"眚史"往往充当周天子的耳目，负责纠察各级官吏、军事首领和贵族的罪过。② 除了"宰"和"眚史"，西周时期的"监"也有监督权，如武王灭商后，为了监督纣王之子武庚，特分封自己的三个弟弟监视武庚，称为"三监"。这里同样需要指出，监督逐渐成为一种专门职权，被赋予"宰""眚史""监"等，但这些官职本身并非专事监督设置。

最后，是监督立法的出现。据文献记载，夏时已经出现了针对官吏犯罪的相关规定，如"贪以败官"的墨罪。商朝建立之初，制定了旨在"儆于有位"的《官刑》，其大致内容如《尚书》所载："敢有恒舞于宫，酣歌于室，时谓巫风；敢有殉于货色，恒于游畋，时为淫风；敢有侮圣言，逆忠直，远耆德，比顽童，时谓乱风。惟兹三风十愆，卿士有一于身，家必丧；邦君有一于身，国必亡。臣

---

① 《孟子·告子下》。
② 曲英杰、杨一凡：《论先秦时期自上而下的监察》，《求是学刊》1985 年第 6 期。

下不匿，其刑墨，具训于蒙士。"① 西周时期，周公制礼作乐，是中国历史上的重大事件，《周礼》中就有专门针对官吏的法令，如《天官冢宰》"以八法治官府：一曰官属，以举邦治；二曰官职，以辨邦治；三曰官联，以会官治；四曰官常，以听官治；五曰官成，以经邦治；六曰官法，以正邦治；七曰官刑，以纠邦治；八曰官计，以弊邦治"；《秋官司寇》"以五刑纠万民"，其中的"官刑"就是用以纠察、惩治官吏。夏商西周时期行政监督立法行为的出现，表明中国古代行政监督逐渐开始走向规范化。②

（三）春秋战国时期行政监督系统的酝酿

春秋战国是中国古代重要的社会变革时期。周王朝所确立的政治社会秩序逐渐崩解，被新型官僚体制所取代。这一时期，各诸侯国为适应争霸需要，一方面摆脱周王室控制，另一方面在国内推行新法打击旧贵族势力，使得各国国君的专制权力极大增强。春秋末期开始，取代分封制的郡县制逐渐出现，郡县长官由中央直接任免，加强了中央对地方的集权控制。这样，"事在四方，要在中央"③，"君设其本，臣操其末；君治其要，臣行其详；君操其柄，臣事其常"④ 的专制主义中央集权制度逐渐形成。与之相配套的，则是从宰相到百官、从中央到地方，职责清晰、层级分明的官僚体制出现。专制主义中央集权的官僚体制的出现和随之而来官员队伍的扩大，既对行政监督的完善提出了要求，也为行政监督的发展提供了契机。春秋战国时期，行政监督的发展主要表现在以下方面。

首先，行政监督思想取得了明显进展。春秋战国时期，为加强君主专制和中央集权，不少思想家都对君主应如何整肃吏治、监督

---

① 《尚书·伊训》。
② 以上参见张晋藩主编《中国古代监察法制史》，江苏人民出版社2017年版，第31—34页。
③ 《韩非子》卷二《扬权》。
④ 《群书治要》卷三六引《申子·大体》。

百官进行了理论阐释，特别是出现了"明主治吏不治民"思想。

春秋时期，《管子》曾着眼于"治吏"提出："君之所审者三：一曰德不当其位，二曰功不当其禄，三曰能不当其官。此三本者，治乱之原也。故国有德义未明于朝者，则不可加于尊位；功力未见于国者，则不可授与重禄；临事不信于民者，则不可使任大官。"① 《管子》将之视为治国"三本""治乱之源"，可见其对监督、管理官吏的重视。

战国时期，君主如何"治吏"被提到更高地位，这在法家学说中有集中体现。如商鞅把君臣视为"事和而利异"的关系，提出"上与吏也，事和而利异者也"；"夫事和而利异者，先王之所以为端也"等说法。② 法家学说的集大成者韩非子，亦有"君臣之利异，故人臣莫忠，故臣利立而主利灭"等说法。③ 韩非子提出法、术、势中的"术"，即"因任而授官，循名而责实，操杀生之柄，课群臣之能者也，此人主之所执也"④，主要也是统驭群臣之术。而且，韩非子还明确提出了"明主治吏不治民"主张，即"人主者，守法责成以立功者也。闻有吏虽乱而有独善之民，不闻有乱民而有独治之吏，故明主治吏不治民"。⑤ "明主治吏不治民"把对官吏的治理放在了国家治理的重要位置，使得行政监督的意涵更为明确，是春秋战国时期监督思想发展的重要体现。

其次，是监督职权的专门化趋向，集中表现为"御史"一职向监察官员的转变。"御史"源于古代史官，战国时期，它虽然仍非专事监督，但其监督职权已被凸显出来。比如，秦国在中央所设"御史大夫"一职，除掌机要文书外，其重要职责即监督纠察百官。

---

① 《管子》卷一《立政》。
② 《商君书·禁使》。
③ 《韩非子》卷一〇《内储说下》。
④ 《韩非子》卷一七《定法》。
⑤ 《韩非子》卷一四《外储说右下》。

此外，设置监察官员在秦国也是普遍现象，《商君书》所载"今恃多官众吏，官立丞、监。夫置丞立监者，且以禁人之为利也"，就反映了这一现象。① 秦国之外，齐、魏在中央设有"御史"，燕楚设有"御书"，韩国设有"司空"。② 这些官职的称谓、执掌虽不尽相同，但负有监督纠察百官的职责，则是其共性。而且，"御史"在百官中也具有较高威信，如《史记》记载：齐威王"置酒后宫，召髡赐之酒。问曰：'先生能饮几何而醉？'对曰：'臣饮一斗亦醉，一石亦醉。'威王曰：'先生饮一斗而醉，恶能饮一石哉！其说可得闻乎？'髡曰：'赐酒大王之前，执法在傍，御史在后，髡恐惧俯伏而饮，不过一斗径醉矣。'"③ 因"御史在后"而"恐惧俯伏而饮"，可见"御史"在百官中之威信。战国时期，"御史"不仅设于中央，还被派遣至地方，魏、韩、秦等国在郡县内均有负责监督地方官的"御史"④，《韩非子》所载"卜皮为县令，其御史污秽而有爱妾，卜皮乃使少庶子佯爱之，以知御史阴情"⑤，即证明御史在地方的存在。

最后，是监督方式的发展。春秋战国时期的行政监督，仍可分自上而下的纠察式监督和自下而上的谏议式监督两种方式，但这两种方式在具体的监督实践中又各自有所发展。

"巡守"作为自上而下的监督方式，在春秋战国时期仍被延续下来，《韩非子》所载"齐桓公微服以巡民家"⑥，就反映了这一现象。与之类似，当时各诸侯国还推行"行县"制度。"行县"即国王、相国、郡守等到所属的县去"巡行"，如《战国策·赵策》载

---

① 《商君书·禁使》。
② 参见葛生华《试论先秦及秦汉的监察制度》，《兰州学刊》1990年第4期。
③ 《史记》卷一二六《滑稽列传》。
④ 参见李孔怀《中国古代行政制度史》，复旦大学出版社2006年版，第142页。
⑤ 《韩非子》卷一〇《内储说上》。
⑥ 《韩非子》卷一四《外储说右下》。

赵武灵王"行县，过番吾"，《史记·范雎列传》载魏冉"东行县邑"等。① 无论是"巡守"还是"巡县"，其重要目的之一，都是加强对下级官吏的监督和管理。此外，这一时期，还有一种"上计"制度，如《战国策》所载"五官之计"；② 《吕氏春秋》载"任登为中牟令，上计言于（赵）襄子"；③《韩非子》载"李克治中山，苦陉令上计而入多"等。④ "上计"主要就是下级官吏将治理成绩逐级上报，直至君主，以作为考核地方官吏的依据。这也是自上而下监督方式的一种。

春秋战国时期自下而上的监督，除延续过去臣下对君主的谏议方式外，值得注意的是，出现了专门的谏官。《吕氏春秋》记载："管子复于桓公，曰：'……蚤入晏出，犯君颜色，进谏必忠，不辟死亡，不重富贵，臣不若东郭牙，请置以为大谏臣。'"⑤ 齐桓公置"大谏"，一般被视为中国古代谏官之始。此外，赵国的"司过"也具有谏官性质，如《史记》载"武灵王少，未能听政，博闻师三人，左右司过三人"。⑥ 其他如晋国的"中大夫"、楚国的"左徒"，均属谏官之列。谏官的出现，是自下而上的谏议式监督逐渐走向制度化的重要表现。

（四）秦汉时期行政监督制度的形成

经过春秋战国约 500 年的变革与整合，以君主专制、中央集权和官僚制度为基本特征的专制主义中央集权制度，到秦汉时期逐渐确立起来。丞相制度和郡县制度的推行，使得中央和地方的行政体系逐渐规范化。相应地，在中央以御史大夫为首，在地方以（监）

---

① 参见杨宽《战国秦汉的监察和视察地方制度》，《社会科学战线》1982 年第 2 期。
② 《战国策·赵策》。
③ 《吕氏春秋》卷四《孟夏纪》。
④ 《韩非子》卷一五《难二》。
⑤ 《吕氏春秋》卷一七《勿躬》。
⑥ 《史记》卷四二《赵世家》。

御史、刺史为代表的中央和地方两级行政监督系统也逐渐形成。

秦汉时期，中央监察事务由御史大夫主持。这一时期的中央官制，习惯上被称为"三公九卿"制。"三公"是当时地位最高的丞相、太尉和御史大夫的一种惯用称呼，在汉成帝之前并非法定官名。丞相又称相国，是最高行政长官，协助皇帝处理全国政务，如《汉书》所载"掌丞天子助理万机"①，"以德翼辅国家，典颂百僚，协和万国，为职任莫重焉"②；太尉是最高军事长官，汉代名称屡变；御史大夫为最高监察长官，并协助丞相处理政务，如《汉书》所载"位上卿，银印青绶，掌副丞相"。③

御使大夫开府治事，属员有御史中丞、御史丞、侍御史、御史等，其中以御史中丞较为重要。御史中丞虽为御史大夫的属员，但由于御史大夫"鲜临府事"，所以御史府的事务，实际由御史中丞掌控，"外督部刺史，内领侍御史员十五人，受公卿奏事，举劾按章"。④ 按近人徐式圭的说法，御史大夫是"政务官"，御史中丞则是"事务官"。⑤ 汉成帝绥和元年（前8年）调整中央官制，改丞相为大司徒；改太尉为大司马；改御史大夫为大司空，专掌水利和工程营建，另置长史为副职。御史大夫改为大司空后，御史府作为一个机构并未撤销，而是由御史中丞掌管。此后，御史中丞逐渐独掌监察权。如《通典》所述："及御史大夫转为大司空，而中丞出外为御史台率，即今之御史大夫任也。"⑥ 东汉时期，御史府改称御史台，御史中丞"执宪中司，朝会独坐，内掌兰台，外督诸州刺史，纠察百僚"。⑦ 至此，御史中丞成为最高监察长官。当时，御史

---

① 《汉书》卷一九《百官公卿表第七上》。
② 《汉书》卷八二《王商传》。
③ 《汉书》卷一九《百官公卿表第七上》。
④ 《汉书》卷一九《百官公卿表第七上》。
⑤ 徐式圭：《中国监察史略》，中国书籍出版社2016年版，第10页。
⑥ 《通典》卷二四《职官六》。
⑦ 《后汉书》卷一一六《百官志三》。

中丞与最高行政长官尚书令、负责京畿监察的司隶校尉并为"三独坐",颇受荣宠。御史台虽仍隶属少府,但因少府并不管理具体事务,所以御史台实际是直接对皇帝负责,这预示着中国古代相对独立的行政监督系统逐渐出现。

秦汉时期负责地方监察事务的有监御史、刺史等,均属中央派出性质。秦朝监御史又称监郡御史、郡监,隶属御史大夫,主要负责监督郡守行政,一般不涉县级政务。汉初,监御史制度曾被废除。惠帝时,又重新向中央控制的诸郡派遣监御史,并制定有"监御史九条"。[①] 文帝时,又因"御史不奉法,下失其职",派遣"丞相史"出刺并督监察御史。[②] 但汉初,始终未能建立起完备的地方监督制度。

汉武帝掌权后,对内打击诸侯王势力,对外开疆拓土,中央统辖区域不断扩大。为了加强对地方的控制,元封五年(前106年),汉武帝将全国(三辅、三河、弘农除外)划分为十三州部,每州部设刺史一人,作为地方监察官,由此建立了刺史制度。刺史在地方没有固定治所,每年秋天"周行郡国,省察治状,黜陟能否,断治冤狱"。刺史"以六条问事",六条之外不察,可操作性强,为历代统治者所仿行。[③] 刺史秩六百石,但可监督二千石官员,秩卑权重特点明显,其积极意义如顾炎武所说,"秩卑则其人激昂,权重

---

① 即《唐六典》所载"辞讼者,盗贼者,铸伪钱者,狱不直者,徭赋不平者,吏不廉者,吏苛刻者,逾侈及弩力十石以上者,非所当服者"(《唐六典》卷一三《御史台》)。

② 《通典》卷二四《职官六》。

③ "六条"即"一条,强宗豪右田宅逾制,以强凌弱,以众暴寡。二条,二千石不奉诏书遵承典制,倍公向私,旁诏守利,侵渔百姓,聚敛为奸。三条,二千石不恤疑狱,风厉杀人,怒则任刑,喜则淫赏,烦扰刻暴,剥截黎元,为百姓所疾,山崩石裂,妖祥讹言。四条,二千石选署不平,苟阿所爱,蔽贤宠顽。五条,二千石子弟恃怙荣势,请托所监。六条,二千石违公下比,阿附豪强,通行货赂,割损正令也"(《汉书》卷一九《百官公卿表第七上》颜师古注)。

则能行志"①，这一特点亦为后世所仿行。②

在御史系统之外，汉代还有两个监察部门，一是丞相司直，二是司隶校尉。如上所述，文帝时期，为加强对地方监察，曾遣丞相史出刺，但"不常置"。武帝元狩五年（前118年），正式设置丞相司直，"佐丞相，举不法"。③丞相司直是丞相府最高属员，"秩比二千石"，地位低于御史大夫，但高于御史中丞和司隶校尉。丞相司直对上可以监督御史大夫，对下可以监督诸州刺史及百官，可谓"职无不监"，成为御史系统之外的另一套行政监督系统。东汉时期，丞相司直一度被取消，魏晋复置，主要负责监察京师诸官。

司隶校尉始设于武帝征和四年（前89年），是为平息"巫蛊之乱"而临时设置。《汉书》记载其职权为"持节，从中都官徒千二百人，捕巫蛊，督大奸猾"。④"巫蛊之乱"平息后，司隶校尉的统兵权被收回，但该部门本身被作为一个监察机构保留下来，负责监察京师百官及京师附近三辅、三河、弘农七郡。司隶校尉的最大特点是直接受皇帝领导，不受其他行政权力束缚，能够更好地发挥监察作用。西汉元帝以后，司隶校尉的权势地位逐渐下降，元帝初元四年（前45年）去节；成帝元延四年（前9年）省；哀帝复置，改名司隶，属大司空，彻底失去皇帝特使身份。东汉光武帝时期，司隶校尉再度被重视，与尚书令、御史中丞并称"三独坐"。东汉末年，权臣多自兼司隶校尉控制京师地区。直至魏晋时期，司隶校

---

① 《日知录》卷九《部刺史》。
② 刺史制度在后来的演化中，也表现出一些弊病。西汉后期，刺史职权逐渐发生改变，不仅有了治所和幕僚，权力也不断扩大，开始拥有行政权。所谓"据牧伯之位，乘一州之统，选第大吏，所荐者高至九卿，所恶立退，任职重大"（《汉书》卷八三《朱博传》）。东汉时期，刺史监察制度虽一度恢复，但未能改变刺史向行政官员转变的整体趋势。东汉中后期，随着农民起义不断爆发，刺史又被赋予统兵之权。灵帝中平五年（188年），改刺史为州牧，派宗室重臣充任，掌一州之军事、民政，下辖郡县。至此，最初作为监察区的"州"，演变成了行政区，其直接恶果就是东汉末年以降的诸侯割据，四海分崩。
③ 《汉书》卷一九《百官公卿表第七上》。
④ 《汉书》卷一九《百官公卿表第七上》。

尉仍是京畿地区的重要监察部门。

御史系统、丞相司直和司隶校尉一起，形成了一个环环相扣的监督网络。如论者所概括："以御史中丞督察司隶校尉，以司隶校尉督察丞相，以丞相督察司直，以司直督察诸州刺史，以刺史督察官秩在二千石以下的官员。"① 当然，在实际操作过程中，三者的职权有所交叉重叠。后来，丞相司直和司隶校尉逐渐被废置，但御史系统则被延续下来，成为历代行政监督系统的重要组成部分。

二 以台谏为主的中央监督制度及其演变

在中国古代行政监督中，台谏是两套不同的职官系统，发挥着不同职能。台是指御史台系统，主要包括御史大夫、御史中丞、监察御史等，负责对百官的监督弹劾；谏指谏官系统，主要包括谏议大夫、给事中、拾遗、补阙等，主要负责对皇帝的侍从规谏、驳正违失。二者相互配合，构成中国古代中央监督的主体。

（一）御史制度的演变

御史制度在秦汉时期已基本形成，前文已有述及。魏晋南北朝时期，御史制度在延续秦汉制度架构的同时，出现了一些新的变化：一是御史台向独立监察机构演变的趋势愈发明显；二是御史台地位不断提高，权力不断扩大。就前者而言，东汉御史台改隶少府后，已经表现出了从行政机构中独立的迹象。到魏文帝时期，御史台则脱离少府，与行政机构分离的趋势更为明显。就后者而言，突出表现是打破御史"不纠三公"的惯例和出现"中丞专道"现象。晋朝沿袭汉制，规定三公不在御史监察范围之内。晋惠帝时，司隶校尉傅咸曾以"中丞得纠太子而不得纠尚书"为由，质疑改惯例的合理性。后来，御史中丞刘暾奏免尚书仆射等十余人，得到了朝廷

---

① 广东省纪检监察学会编：《中国古代监督史览》，人民出版社2018年版，第71页。

认可，监察官员不纠三公的惯例由此被打破。"中丞专道"是指除皇太子以外，各级官员路遇御史中丞，均需停驻或回避，否则就会受到惩处。"中丞专道"在南北朝时期表现有其突出。① 打破"不纠三公"惯例和出现"中丞专道"现象，显示了御史地位的提高，这和当时政局动荡及统治者压制世族的需要有关。

隋唐时期的行政监督体系日趋完密，进入了中国古代行政监督史上的成熟期。就御史制度而言，隋朝的重要变动是御史台属员由吏部铨选，不再随台主更换。这一变动的意义，如论者所说，它"颇似现代文官制，体现了行政对中央监察制度控制的加强"。②

唐在隋的基础上，进一步完善中央监督制度，形成了"一台三院"的基本架构，对后世影响深远。"一台"指御史台，"三院"指御史台的下设机构，分别为台院、殿院和察院。

御史台设御史大夫1人，御史中丞2人，御史大夫为台主，"中丞为之贰"。③ 按《唐六典》所载，御史台的职责为"掌持邦国刑宪、典章之政令，以肃正朝列……凡天下之人有称冤而无告者，与三司诘之。凡中外百僚之事应弹劾者，御史言于大夫，大事则方幅奏弹，小事则署名而已。若有制使覆囚徒，则与刑部尚书参择之。凡国有大礼，则乘辂车以为之导"④。

台院设侍御史，"掌纠举百僚，推鞫狱讼"，具体分"推""弹""公廨杂事"等。"推"即推鞫狱讼，分"三司推""东推"和"西推"；⑤ "弹"即奏弹，是侍御史最基本也是最重要的职责，台院有"知弹侍御史"一名，专门协助台主处理弹劾案件。"公廨

---

① 参见徐式圭《中国监察史略》，中国书籍出版社2016年版，第48页。
② 李孔怀：《中国古代行政制度史》，复旦大学出版社2006年版，第155页。
③ 武则天曾改御史台为肃正台，后又分置左右肃正二台。唐中宗时期，复肃正台为御史台，仍分左右。唐睿宗时期，废右御史台。其后，多有反复。
④ 《唐六典》卷一三《御史台》。
⑤ "三司推"是指由御史台、刑部、大理寺长官共同处理大案、要案；"东推"和"西推"由两名"知推侍御史"分掌，知东推者掌纠察京师百官，知西推者掌纠察诸州官员。

杂事"即台内日常事务，由一名"知公廨侍御史"负责。

殿院设殿中侍御史，主要职责有两项：一是掌殿廷供奉之仪式；① 二是"两京城内外分知左右巡"，"左巡"知京城内，"右巡"知京城外，以雍洛两州境界为限，"各察其所巡之内有不法之事"。② 此外，殿中侍御史还有监管太仓粟米和左藏锦帛出纳的职责。

察院设监察御史，"分察百僚，巡按州县，纠视刑狱，整肃朝仪"。③ 监察御史在御史台官员中品阶最低，却是御史台系统中较为重要的官员，其监察对象不受品秩限制，监察范围十分广泛。不仅有监察中央官员的职权，还可以巡按地方；不仅有整肃朝仪职责，还有监督将帅战伐功赏、地方屯田铸钱、处决囚徒等诸多职权。尤为值得注意的是，唐玄宗时，监察御史开始有权监察尚书六部，形成御史台对尚书省的分察制度。又，唐代御史纠弹，需先经过尚书省长官的审查。这样，就形成了最高监察机关御史台与最高行政机关尚书省相互制约的局面，是唐代行政监督走向成熟的表现。

有唐一代，一台三院的员额、执掌前后虽有数次调整，如御史台曾改为左右肃正台、左右御史台；侍御史员额从4人增至6人，殿中侍御史员额从4人增至6人、9人，监察御史员额从8人增至10人、15人；三院执掌互相之间也曾有所调整。不过，御史台下辖三院的基本架构，则始终没有改变。一台三院各司其职，构成了较为完备的中央监督体系。

宋代中央行政监督机构仍是御史台，设置亦如唐制，分台院、殿院、察院，"掌纠察官邪，肃正纲纪"。宋代御史台名义上的台主

---

① "凡冬至、元正大朝会，则具服升殿。若皇帝郊祀、巡省，则具服从，于旌门往来检查，视其文物之有亏阙则纠之"（《唐六典》卷一三《御史台》）。
② 《唐六典》卷一三《御史台》。
③ 《唐六典》卷一三《御史台》。

仍是御史大夫，但"不除正员，止为加官"，实际台主是御史中丞。台院为御史台本部，设侍御史，"掌贰台事"。侍御史弹劾官员，可直接向皇帝参奏，不需经长官同意，因此虽为从六品，但权力较重。殿院地位居次，设殿中侍御史，"以仪法纠百官之失"，兼有推鞫狱讼、监察和巡视京城仓库及驻屯京师的诸卫和禁军的责任。察院设监察御史，"分察六曹及百司之事，纠其谬误，大事则奏核，小事则举正"①。由于监察御史执掌范围广泛，且权限不受品秩限制，所以在三院之中，职权最重。②

相比唐代，宋代御史制度的变化主要有以下方面。首先，是御史职权的变化，具体包括两个方面：一是宋代御史开始兼领言谏职权。真宗天禧元年（1017年）始置言事御史；仁宗庆历年间，以殿中侍御史梅挚、监察御史李京并为言事御史；神宗元封改制，虽罢去给、谏兼权宪职，但御史兼言谏之职，依然延续。③二是宋代察院的职权，开始从唐代的"分察百僚，巡按州县，纠视刑狱，整肃朝仪"，转向了"分察六曹及百司之事"④，亦即察院的主要监督对象从地方转向了中央。

其次，是宋代御史台职官兼权现象严重。这一现象，和宋代任官实行官、职、差遣相分离的制度有关。宋代的"官"主要是一种标明级别和领取俸禄的依据，按年资升迁，并不担任实际职务；"职"一般是馆阁中较为清高的头衔，也不掌实权；"差遣"才是官员实际担任的职务，一般在其所任官职前加"判""知""权""提点"等，如北宋前期的枢密使、三司使、判省事、判部事、判

---

① 《宋史》卷一六四《职官志四》。
② 参见《唐六典》卷一三《御史台》。
③ 参见彭勃、龚飞《中国监察制度史》，人民出版社2019年版，第138—139页。
④ 如《文献通考》所载："以吏部及审官东西院、三班院隶吏察，户部三司及司农寺隶户察，刑部、大理寺、审刑院隶刑察，兵部、武举隶兵察，礼祠部、太常寺隶礼察，少府将作等隶工察。"（《文献通考》卷五七《职官七》）。

寺事、知谏院、提点刑狱等，均为差遣。差遣制的实行，造成宋代官制的紊乱，如《宋史》所载：

> 台、省、寺、监，官无定员，无专职，悉皆出入分涖庶务。故三省、六曹、二十四司，类以他官主判，虽有正官，非别敕不治本司事，事之所寄，十亡二三。故中书令、侍中、尚书令不预朝政，侍郎、给事不领省职，谏议无言责，起居不记注；中书常阙舍人，门下罕除常侍，司谏、正言非特旨供职亦不任谏诤。至于仆射、尚书、丞、郎、员外，居其官不知其职者，十常八九。①

这造成御史大夫"不除正员"，御史中丞"无正员，以两省给（给事中）谏（谏议大夫）权"等现象。同时，御史台职官又兼权他官，如宋太宗时，王嗣宗为御史中丞，"兼工部侍郎"；刘烨"以上述工部员外郎，兼侍御史知杂事"等。② 行政监督不同于一般行政制度，它重在独立行使职权，不受外部干扰，但差遣制使得御史台官员多兼任他职，而监察职务又被其他官员兼领，这严重影响了行政监督的效果。

相比宋代，元代御史台的地位和独立性都得到了较大提高。就御史台的地位而言，首先，元代统治者较为重视御史在治国理政中的作用，如元世祖曾言"中书朕左手，枢密朕右手，御史台为朕医左右手"。③ 其次，御史台台主御史大夫为从一品，与枢密院同，御史台其他官员的品秩，相比前代，也都有所提高。最后，御史台与中书省（总政务）、枢密院（秉兵柄）并为中枢三大机构，凡上奏

---

① 《宋史》卷一六一《职官志一》。
② 参见彭勃、龚飞《中国监察制度史》，人民出版社 2019 年版，第 137—138 页。
③ 叶士奇：《草木子》卷三《杂制》。

天子之政事，必须有御史台同奏，否则无效。以上三点，可见元代御史台地位之重。就御史台的独立性而言，自汉以降，御史台台主御史大夫多为虚职，御史台官员的任免，也多受制于行政官员。元代则不然，监察系统官员的任用，可由御史台决定；监察系统官员的迁调，也以在本系统内为主。① 此外，元代还实行过"实封言事"，即"御史封事，须至御前开拆，以防壅蔽之患"。② 这些措施，都有助于御史独立行使监察权而不受外部干扰。

明清时期，中国已进入封建社会晚期，中央集权极大加强，是这一时期的显著特征。与之相应，唐宋以来的行政监督制度，亦出现较大改变。明代以都察院、六科给事中为主，建立起了日臻严密完备的行政监督系统。

明代改御史台为都察院，为最高行政监察机构，职权得到进一步扩大。明代的国家机构，最初是由朱元璋模仿元代制度建立，即"国家立三大府，中书总政事，都督掌军旅，御史掌纠察。朝廷纪纲尽系于此，而台察之任尤清要"。当时，御史台设有左右御史大夫、御史中丞、侍御史、治书侍御史、殿中侍御史、察院监察御史等官员。洪武九年（1376年），"汰侍御史及治书、殿中侍御史"；洪武十三年，罢御史台；洪武十五年，置都察院。③ "督察"即总领监察之义。明代前期，都察院的内部设置多有调整，大致而言，除负责日常院务者，较重要的官员有左右都御史，左右副都御史，左右佥都御史及十三道监察御史等。

都御史、副都御史、佥都御史的关系，大致相当于唐宋御史大夫、御史中丞和侍御史的关系。都御史是都察院的最高长官，《明史》载其职权曰："都御史职专纠劾百司，辩明冤枉，提督各道，

---

① 参见白钢主编《中国政治制度史》下卷，天津人民出版社2016年版，第704—706页。
② 《新元史》卷一七二《李稷传》。
③ 《明史》卷七三《职官志二》。

为天子耳目风纪之司。凡大臣奸邪、小人构党、作威福乱政者，劾。凡百官猥茸贪冒坏官纪者，劾。凡学术不正、上书陈言变乱成宪、希进用者，劾。遇朝觐、考察，同吏部司贤否陟黜。大狱重囚会鞫于外朝，偕刑部、大理谳平之。其奉敕内地，抚循外地，各专其敕行事。"①可见，都察院不仅有监督百官行政、司法之权，而且涉及学术思想，职权十分广泛。

清代的最高监察机构仍是都察院，基本延续明代的设置，设有都御史、副都御史、佥都御史等，职权为"掌察核百官，参维纲纪。率科道矢言职，率京畿道纠失检奸，并予参朝廷大议"。②雍正八年（1730年）将左都御史提升为从一品，在历代监察长官中属较高品位。六科给事中在清初仍为独立机构。雍正元年（1723年），六科给事中"始隶都察院，凡城、仓、漕、盐与御史并差，自是台省合二为一"，"掌言职，传达纶音，勘鞫官府公事，以注销文卷，有封驳即闻"。③所谓"台省合二为一"，即六科给事中与都察院派出各道的监察御史并差办公，又称"科道合一"。科道合一是清代行政监督制度上的重要调整，就其积极层面而言，内外各行政部门都在科道监督之下，极大地强化了对行政官员的监督力度；就其消极层面而言，六科给事中对皇权的监督职能基本丧失。

作为全国最高监察机构，都察院在清末新政中依然得以保留，但其内部结构发生了调整，主要体现为：都察院员额被裁减；六科给事中监察六部的权力被撤销，改称都察院给事中，其传统的言谏职权逐渐向资政院转移；都察院在地方的十五道监察区，被改为二十二道；五城察院被裁撤；设立都察院研究所，这是中国第一个从事监察事务研究的机构，也是第一个监察人员培训的机构。④

----

① 《明史》卷七三《职官志二》。
② 《清史稿》卷一一五《职志官》。
③ 《清史稿》卷一一五《职志官》。
④ 参见王晓天《论清末民初监察制度的嬗变》，《湖南社会科学》1999年第4期。

（二）言谏制度的演变

言谏作为一种权力监督或行政监督方式，古已有之。如《国语》所载："天子听政，使公卿至于列士献诗，瞽献曲，史献书，师箴，瞍赋，矇诵，百工谏，庶人传语，近臣尽规，亲戚补察，瞽史教诲，耆艾修之，而后王斟酌焉，是以事行而不悖。"① 《汉书》所载："孟春之月，群居者将散，行人振木铎徇于路，以采诗，献之太师，比其音律，以闻于天子。故王者不窥牖户而知天下。"② 这些都可视为中国古代言谏监督方式的雏形。

秦朝设有谏议大夫、散骑常侍、中常侍散骑等，但"皆无常员"。③ 汉代也设有谏议大夫、给事中、议郎等官职或加官，同样没有设置专门机构。直至汉末，献帝设立侍中寺，言谏机构才开始出现。

魏晋南北朝是中国古代言谏制度的重要发展期。曹魏在汉制基础上，为侍中寺设置了定员。这样，言谏机构逐渐形成，中国古代的谏官系统亦随之出现。当时的谏官有散骑常侍、给事中、给事黄门侍郎、谏议大夫等，主要负责规谏、顾问应对等。西晋改侍中寺为门下省，是中国古代言谏制度发展史上的重要事件。门下省的长官为侍中，共4人，"掌傧赞威仪，大驾出则次直侍中护驾，正直侍中负玺陪乘，不带剑，余皆骑从。御登殿，与散骑常侍对扶，侍中居左，常侍居右。备切问近对，拾遗补阙"。属员有散骑常侍（掌规谏）、给事中（掌顾问应对）、给事黄门侍郎（掌门下省众事）。④ 东晋时期，门下省的职权地位得到提高。《文献通考》载：

---

① 《国语·周语上》。
② 《汉书》卷二四《食货志》。
③ 《通典》卷二一《职官三》。
④ 《晋书》卷二四《职官志》。

天子以侍中常在左右，多与之议政事，不专任中书，于是又有门下，而中书权始分矣。①

设立于曹魏时期的中书省，到两晋时期成为重要的中枢政务机关，若中书监（令）出任尚书令，一般会被视为降职。而此处门下省分中书省之权，显示了门下省职权地位的提高。南北朝时期，言谏制度得到进一步发展。南朝刘宋时，继续设立门下省，而门下省的长官，当时多被视为宰相；同时，又从门下省分出集书省，掌规谏、驳正违失等。北朝的言谏制度，同样得到较大发展，如北魏、北齐仿行汉制，设置了门下、集书两省，作为言谏机构。② 总之，魏晋南北朝时期，谏官的作用受到统治者普遍重视，专门的言谏机构开始出现，谏官系统也基本成形，这是中国古代行政监督体系发展的重要体现。

言谏制度发展至唐代相对完备起来。唐代重要的谏官，有散骑常侍、谏议大夫、补阙、拾遗等。散骑常侍"掌侍奉规讽，备顾问应对"；谏议大夫"掌侍从赞相，规谏讽喻"；补阙、拾遗"掌供奉讽谏，扈从乘舆"，"凡发令举事，有不便于时，不合于道，大则廷议，小则上封"。唐代谏官一般都有左右之分，左右职权相同，但左隶属门下省，右隶属中书省，即门下省有左散骑常侍、左谏议大夫、左补阙、左拾遗，中书省则有右散骑常侍、右谏议大夫、右补阙、右拾遗。中书、门下两省是唐代中枢决策机构，中书省负责制诏出令，门下省负责审议封驳，在两省分置谏官，互相配合，有助于避免重大决策的失误。关于谏议方式，约有五种：一是"讽谏"（风之以言，谓之讽谏），二是"顺谏"（谓其所不可，不敢逆而谏之，则顺其君之所欲，以微动之），三是"规谏"（陈其规而

---

① 《文献通考》卷五〇《职官四》。

② 参见张晋藩主编《中国古代监察制度史》，中国方正出版社2019年版，第112—116页。

正其事），四是"致谏"（致物以明其意），五是"直谏"（直言君之过失，必不得已然后为之者）。①

在中国古代行政监督体系中，谏官的特殊性在于其主要监督对象是皇帝，是专制主义中央集权体制中的最高权力所有者。谏官行使监督职权能否产生实际效果，取决于统治者的意志，具有很大的不稳定。而唐代谏官地位较高，谏官设置系统化，以及谏官在唐代政权运作中发挥了重要作用，都是不争的事实，有唐一代涌现出如魏徵等众多直言敢谏的谏官，在一定程度上就说明了唐代统治者对言谏的重视。

和唐代相似，宋代在门下省和中书省分别设置左右散骑常侍、左右谏议大夫、左右司谏、左右正言，"掌规谏讽谕，凡朝政阙失，大臣至百官任非其人，三省至百司事有违失，皆得谏正"。② 就机构设置而言，门下省下设谏院和门下后省，谏院之下又有登闻检院和登闻鼓院，门下后省之下则有通进司和进奏院。谏院长官为谏议大夫，属员为司谏、正言，员额六人。司谏、正言仿唐代补阙、拾遗而来，但其监督对象，不再限于皇帝，开始有了监督中央官员的权力。不过，由于差遣制的实行，经常出现司谏、正言"领他职而不预谏诤"的现象。登闻检院又称"检院"，隶谏议大夫；登闻鼓院又称"鼓院"，隶司谏、正言。登闻检院和登闻鼓院主要"掌受文武官及士民章奏表疏"，章奏表疏先经登闻鼓院，如不被受理，则上登闻检院。③ 门下后省，神宗元丰年间由门下外省更名而来，长官为给事中，"政令有失当，除授非其人，则论奏而驳正之"。通进司，隶给事中，"掌受三省、枢密院、六曹、寺监百司奏牍，文武

---

① 《唐六典》卷八《门下省》。
② 《宋史》卷一六一《职官志一》。
③ "凡言朝政得失、公私利害、军期机密、陈乞恩赏、理雪冤滥，及奇方异术、改换文资、改正过名，无例通进者，先经鼓院进状；或为所抑，则诣检院"（《宋史》卷一六一《职官志一》）。

近臣表疏及章奏房所领天下章奏案牍，具事目进呈，而颁布于中外"。进奏院，亦隶给事中，"掌受诏敕及三省、枢密院宣札，六曹、寺监百司符牒，颁于诸路。若案牍及申禀文书，则分纳诸官司。凡奏牍违戾法式者，贴说以进"。①

宋代言谏制度最大的变化，应属谏官开始拥有了御史的监察职权。宋代以前，台谏分工大体明确，御史负责纠察违失、肃正纲纪，其对象为百官；谏官则负责规谏讽喻、献可替否，其对象为皇帝。二者属于一种"水火相济，盐梅相成"的关系。②但到宋代，不仅御史逐渐有了言谏职权，谏官也正式拥有了监察百官的权力。宋初，已经出现了谏官"并行御史之权"的现象。宋真宗天禧年间规定"或诏令不允，官曹涉私，措置失宜，刑赏逾制，诛求无节，冤滥未伸，并仰谏官奏论、宪臣弹举"。③神宗元封年间又规定"凡朝政阙失，大臣至百官任非其人，三省至百司事有违失，（谏官）皆得谏正"。④这样，谏官就拥有了法定的监察百官的权力。此外，真宗天禧元年（1017年）曾设立言事御史一职，御史兼领言谏职权。仁宗天圣元年（1023年）复置谏官御史，庆历五年（1045年）又在御史台内设置谏官御史厅。御史兼领言谏职责，而谏官又有监察职权，这样，本来职权相对分明的御史台和谏官系统逐渐合一。

台谏合一的趋势在元代得到进一步发展。元代罢门下省后，虽保留了给事中，但给事中不再掌言谏封驳，而成了记注官。如《元史》所载："给事中，秩正四品。至元六年，始置起居注、左右补阙，掌随朝省、台、院、诸司凡奏闻之事，悉纪录之，如古左右史。十五年，改升给事中兼修起居注，左右补阙改为左右侍仪奉御

---

① 《宋史》卷一六一《职官志一》。
② 《旧唐书》卷一八七《王义方传》。
③ 《宋会要辑稿·职官三》。
④ 《宋史》卷一六一《职官志一》。

兼修起居注。皇庆元年，升正三品。延祐七年，仍四品。后定置给事中兼修起居注二员、右侍仪奉御同修起居注一员、左侍仪奉御同修起居注一员。"[1] 前代给事中的言谏职责则由御史承担，如元世祖曾对御史说："卿等既为台官，职在直言，朕为汝君，苟所行未善，亦当极谏，况百官乎！"[2] 这样，元代完全实现了台谏合一。台谏合一的实现，实际就将行政监督对象转向了百官，这符合强化君主专制、巩固中央集权的需要，但在很大程度上也造成了对皇权监督的真空。

明清时期，言谏制度遭到极大削弱。明初曾设有谏院，但不久即废，言谏职能由六科给事中承担。六科给事中即对应吏、户、礼、兵、刑、工六科分别设置的监察官员，始设于明太祖洪武年间，成祖永乐年间成为独立机构，专门监察六部，直接对皇帝负责。这是与都察院系统并行的另一套监察系统。在朱元璋废除中书省，六部成为全国最高行政机关后，六科给事中的重要性愈发突出。六科给事中的职权为"掌侍从、规谏、补阙、拾遗、稽察六部百司之事。凡制敕宣行，大事覆奏，小事署而颁之；有失，封还执奏。凡内外所上章疏下，分类抄出，参署附部，驳正其违误"。[3] 从中可见，六科给事中不仅拥有监察、弹劾、封驳的权力，还拥有对皇帝的言谏权。不过，在政治实践中，由于明代君主专制的极度强化，加之后期宦官干政现象严重，官员一旦规谏皇帝违失，往往招致灾祸，所以，六科给事中的主要作用还是监督六部官员。

六科给事中在清初仍为独立机构。雍正元年（1723年），六科给事中"始隶都察院，凡城、仓、漕、盐与御史并差，自是台省合二为一"，"掌言职，传达纶音，勘鞫官府公事，以注销文卷，有封

---

[1] 《元史》卷八八《百官志四》。
[2] 《元史》卷一六三《张雄飞传》。
[3] 《明史》卷七四《职官志三》。

驳即闻"。① 所谓"台省合二为一",即六科给事中与都察院派出各道的监察御史并差办公,又称"科道合一"。科道合一是清代行政监督制度上的重要调整,就其积极层面而言,内外各行政部门都在科道监督之下,极大地强化了对行政官员的监督力度;就其消极层面而言,六科给事中对皇权的监督职能基本丧失。

三 以巡视为主的地方监督制度及其演变

中国古代在地方监督方面出现过多种形式,其中,为历朝历代所延续并切实发挥了重要作用的,当数巡视形式。巡视虽可追溯至先秦时期的天子巡守,但真正为之奠定基础的,是汉武帝元封五年创立的刺史制度。"刺"即"刺举不法","史"即"天子所使","刺史"即代天子巡视地方、刺举不法的使臣。从这一性质看,刺史是对古代天子巡守制度的一种变相延续,汉代以后历代中央派出巡按地方的使臣,大体也都延续这一性质。此外,汉代刺史秩六百石,却可监察二千石官员,具有明显的秩卑权重特点,其优长如顾炎武所说,"秩卑则其人激昂,权重则能行志"。② 刺史以"六条问事",六条之外不察,职权具体明确,可操作性强。这两个特点,在后世也基本得到了延续。总之,刺史制度是汉武帝对中国古代地方监督的一大贡献,被誉为"千古不变之良法"。

魏晋南北朝时期,受时局动荡影响,在地方监督实践上并无太多建树,刺史制度亦随之废弛。刺史在东汉末年曾改为州牧,变成偏于行政性质的职官。曹魏时期,改州牧为刺史,规定刺史"巡行所部郡国,录囚徒,考殿最,每岁遣计吏诣京都奏事"③,在一定程度上恢复了刺史的监察性质。但由于战争频仍,这些刺史大多忙于

---

① 《清史稿》卷一一五《职官》。
② 《日知录》卷九《部刺史》。
③ 《三国会要》卷一〇《职官下》。

军务或牧民,并无暇顾及监察事务。两晋时期,刺史领兵之权一度被削弱,监察性质得到恢复,并有"刺史衔命,国之外台,其非所部而在境者,刺史并纠"的规定。但同样由于两晋时期政局动荡不安,领兵牧民仍是刺史的重要职权。晋太康年间,更明令都督治军、刺史治民,刺史的监察性质受到进一步削弱。东晋以后,多以刺史领州,地方监察工作主要由中央临时临事派遣官员充任。[1] 概言之,魏晋南北朝时期包括刺史制度在内的地方监督,基本处于废弛状态。

隋唐时期,地方监督制度的建设较为完备。隋朝负责地方巡视工作的机构是司隶台,系隋炀帝仿汉代司隶校尉和刺史制度设立。司隶台设大夫1人,掌诸巡察;别驾2人,分察畿内;刺史14人,巡察畿外;诸郡从事40人,副刺史巡察。[2] 和汉代刺史相似,司隶台也是以"六条"巡察地方[3],不过,在隋朝的"六条"中,被巡视官员的品阶,从汉代的"二千石"以上变成了"品官以上"。这表明,隋朝巡视官员的监察范围,较汉代有所扩大。

巡视制度至唐代逐渐走向成熟。唐代巡视官员主要有两类:一是由御史台下辖之察院派出的监察御史,二是分"道"派出的巡按使臣。监察御史的职权是"分察百僚,巡按州县,纠视刑狱,整肃朝仪"。[4] 监察御史在台官系统中品阶最低,为正八品上,但其作为天子耳目,监察对象不受品秩限制,范围十分广泛,表现出"秩卑权重"特点。分道巡按在唐代也是一种常态化的地方巡视形式。"道"是在全国范围内划分的监察区,始于唐太宗贞观元年(627

---

[1] 参见徐式圭《中国监察史略》,中国书籍出版社2016年版,第29—30页。
[2] 《隋书》卷二八《百官志下》。
[3] "六条"内容为"一察品官以上理政能不。二察官人贪残害政。三察豪强奸猾,侵害下人,及田宅逾制,官司不能禁止者。四察水旱虫灾,不以实言,枉征赋役,及无灾妄蠲免者。五察部内贼盗,不能穷逐,隐而不申者。六察德行孝悌,茂才异行,隐而不贡者"。(《隋书》卷二八《百官志下》)
[4] 《唐六典》卷一三《御史台》。

年）；分道巡按即按监察区划分别派遣巡按使臣。这些使臣的称谓在唐朝屡有变动，先后有风俗使、巡察使、按察使、观察使、廉察使等，但职权并无太大改变。唐代的分道巡按，主要有以下特点：一是巡按使臣的品秩相对较高，一般由朝臣或地方高官充任，他们巡按地方气势恢宏，有"不能动摇山岳，震慑州县，为不任职"的说法。①不过，若地方官员出任巡按使臣，需回避本道。二是和汉代刺史相似，巡按使臣也是"以六条巡察四方"，且"六条"之外"其余常务，不可横干"②。三是无论是上述监察御史还是巡按使臣，最初都具有临时性质，事毕即还朝。不过，唐玄宗开元二十一年（733年），改十道为十五道，每道设采访处置使，除京畿道、关内道和都畿道外，其余各道采访处置使均有了治所、印信和僚属。这样，分道巡按由临时临事遣派逐渐固定化。

宋代具有巡视性质的机构，主要是路一级的监司，即转运司（掌一路财赋，又称"漕司"）、提点刑狱司（掌刑狱及刺举官吏，又称"宪司"）、提举常平司（掌赈灾及盐铁专卖，又称"仓司"）、经略安抚司（掌兵民之事，又称"帅司"）。四监司互不统属，直接对皇帝和中央负责。他们各自按相应职权巡视州县，巡视周期一般为一年或两年，如《庆元条法事类》规定"司每岁分上下半年巡按州县"，"诸监司岁以所部州县，量地里远近，更互分定，岁终巡遍，提点刑狱仍二年一遍，并次年正月，具已巡所至月日，申尚书省"。宋代巡视制度的重要特点，是对巡视地方的监司，也设有专门监督官员，即"走马承受"。"走马承受"是宋代统治者为防范地方割据势力而设，最初隶属经略安抚司，"无事岁一入奏，有

---

① 《新唐书》卷一一六《韦思谦传》。
② "六条"内容为："其一，察官人善恶；其二，察户口流散，籍帐隐没，赋役不均；其三，察农桑不勤，仓库减耗；其四，察妖猾盗贼，不事生业，为私蠹害；其五，察德行孝悌，茂才异等，藏器晦迹，应时用者；其六，察黠吏豪宗兼并纵暴，贫弱冤苦不能自申者。"（《新唐书》卷四八《百官志三》）

边警则不时驰驿上闻"。① 徽宗时期,"始诏不隶帅司","辄预边事,则论以违制";后又"许风闻言事",并改称"廉访使",成为专门行使监察权的官员,直接受皇帝指挥,重在监督诸路监司。此外,宋代在州一级还设有专门监督州县官员的"通判",也是直接对皇帝和中央负责的。总之,宋代在地方巡视方面,建立起了严密的网络,有效地防止了地方割据势力的形成。但各级各类巡视官员设置太过繁复,且多兼有行政职权,使得汉唐以来巡视制度的优势,在宋代表现并不明显。

元代将全国划分为二十二道监察区,每道监察区设提刑按察司(后改为肃政廉访司),负责纠察一区官员之奸邪非法等。在监察区之上,又设置了行御史台。行御史台为御史台的派出机构,称"外台",御史台称"内台"。外台除不设殿中司外,其他与内台设置基本相同。元代外台共有两个:一是江南诸道行御史台,又称"南台",掌江东建康、江南浙西、江西湖东等十道监察事务;二是陕西诸道行御史台,又称"西台",掌陕西汉中、西蜀四川、河西陇北等四道监察事务。另外,内台直辖山东东西、东南河北、淮西江北等八道。三台分掌全国二十二道监察区,形成了一道严密的监察网。

明代的巡视制度和唐代的分道巡按类似,但分道巡按的官员不再是行政官员,而是由都察院派出的监察御史。明代按全国十三布政使司的区划,设立十三道监察区(后调整为十五道),分道派出监察御史,每区派出监察御史人数不等,共110人。监察御史总的职权是"纠察内外百司之官邪,或露章面劾,或封章奏劾",但由于在京各衙门都在监察御史的监察范围内,所以其具体职权又分两方面:在京负责"两京刷卷,巡视京营,监临乡、会试及武举,巡

---

① 《宋史》卷一六七《职官志七》。

视光禄，巡视仓场，巡视内库、皇城、五城，轮值登闻鼓"；"在外巡按，清军，提督学校，巡盐，茶马，巡漕，巡关，攒运，屯田。师行则监军纪功，各以其事专监察"。① 监察御史的巡视周期视行程远近而定，但对所巡州县"必须遍历"②；出按复命，亦须"都御史覆劾"。

明代巡视制度主要有三个特点：一是监察御史隶属都察院，出按地方需由都察院"引御史二员，御前点差一员"，出按复命，亦需"都御史覆劾其称职不称职以闻"。所以，监察御史受到都察院的制约。但是，监察御史出按地方遇大事需奏裁，小事可立断；同时，监察御史纠察百官，可采取"封章奏劾"方式，即将弹劾奏章密封后直接呈送皇帝，所以，明代监察御史相对都察院又有一定的独立性。二是明代监察御史为正七品，但其巡按地方乃"代天子巡狩"，从藩服大臣到府州县官，皆在其监察范围之内，而且，其职权十分广泛，"凡政事得失，军民利病，皆得直言无避"。所以，明代的监察御史具有明显的位卑权重特点。三是监察御史与省级的按察使一起，构成了一张严密的地方监察网。二者互不统属，"颉颃行事"，但监察御史因其钦差性质，权势在按察使之上。这一点在明中叶以后表现得愈发明显。③

除都察院派出的监察御史外，明初也派遣朝臣"巡行天下，安抚军民"，称为"巡抚"。明代"巡抚"始于明太祖洪武二十四年（1391年）遣"懿文太子巡抚陕西"。成祖永乐十九年（1421年），开始派遣朝臣"巡行天下，安抚军民"，并称为"巡抚"或"镇守"。此时的巡抚，属临时差遣的性质，遇事则遣，"事毕复命，即或停遣"。至明宣宗时期，在一些地区专设巡抚，并"带风宪之

---

① 《明史》卷七三《职官志二》。
② 《明史》卷七三《职官志二》。
③ 参见李孔怀《中国古代行政制度史》，复旦大学出版社2006年版，第171页。

衔",巡抚开始制度化。巡抚具有监察地方的职权,但一般多兼他事,其名称也因职责差异而有所不同。《明史》记载:"巡抚兼军务者加提督,有总兵地方加赞理或参赞,所辖多、事重者加总督。他如整饬、抚治、巡治、总理等项,皆因事特设。其以尚书、侍郎任总督军务者,皆兼都御史,以便行事。"① 其中值得注意的是总督。总督是在巡抚制度上演化而来的,偏重军务,管辖地区多在一省之上,多加尚书、都御史衔,地位一般在巡抚之上,可以节制巡抚。明代后期,督抚的权力不断扩大,表现出向地方行政官员转变的趋势。不过,有明一代督抚"或分或并,或设或罢,大率与兵事相始终"②,始终属于一种差遣官,未正式成为地方行政官员,督抚成为地方行政官员是清代的事。

清代前期在地方仍设有按察使,掌"振扬风纪,澄清吏治"等,都察院也向各道派遣监察御史以纠察官邪,这些设置均与明代大体相仿,并无太大改变,其最大变化是总督、巡抚彻底转变为行政官员。清代仍以省为最高行政单位,各省设有布政使,但在布政使之上又设置总督和巡抚。一般而言,总督的管辖区域多在一省之上,管辖区域为一省的则兼巡抚,"掌厘治军民,综治文武,察举官吏,修饬封疆";③ 巡抚的管辖区域多为一省,"掌考布政、按诸道,及府、州、县官吏之称职不称职者,以举劾而黜陟之"。④ 因为清代总督一般都加右都御史衔,巡抚则加右副都御史衔,所以他们仍具有地方监察官员的性质。

上述可见,巡视制度在中国古代经历了从相对简略到日益完备的发展历程,是中国古代地方监督的主要部分,在中国古代地方监督工作中发挥了重要作用,并为今天的行政监督工作留下了宝贵的

---

① 《明史》卷七三《职官志二》。
② 《清续文献通考》卷一三二《职官一八》。
③ 《清史稿》卷一一五《职官》。
④ 《清朝文献通考》卷八五《职官九》。

经验。中国古代的遣使出巡，在一定程度上是随着官僚机构日趋庞大，帝王政务日趋繁重，对帝王出巡的一种替代形式。巡视官员作为"天子耳目"，具有"如朕亲临"的性质，带有极大的权威性，会对地方官员产生强大的震慑作用，这有助于巡视官员有效地处置已经发生的事件，对地方官员渎职违法也有预防作用。巡视官员或周期性巡视地方，或临时临事差遣，具有较强的灵活性，这有助于增强巡视工作的针对性和有效性，也有助于避免对地方行政事务的过度干涉。秩卑权重是中国历代任用巡视官员的特点。"秩卑"可以减少巡视官员"爱惜身价之念"，也有助于皇帝或中央对巡视官员的控制；"权重"则有助于巡视官员及时有效地处置巡视过程中发现的问题。职权明确是中国古代巡视制度的另一重要特点，这也保证了巡视工作的有效开展。从汉代刺史以"六条问事"，六条之外不察，被魏晋隋唐历代所仿行，就可看出职权明确对于巡视工作的重要性；而武则天颁布的《风俗廉察四十八条》因内容过于烦琐，实行数年即告停止，也为此提供了一个反面例证。明清时期，巡视官员的职权虽日益宽泛，但对其权力的行使也都作出了明确的法律规定。中国古代形成了较为完备的巡视法律规范。从汉代的《监御史九条》《刺史六条》开始，魏晋时期有《察吏六条》《察长吏八条》等，隋唐时期有《监察六法》等，明清时期有《出巡事宜》《钦定台规》等。这些法规不仅在内容上表现出前后的继承性，在制度规范上也表现出日益细密、系统的特点。特别是明清时期的相关法规，对巡视官员的选任、职权范围、巡视程序等均有详细规定。系统化的法律规范，为巡视工作的开展提供了较为充分的依据和保障。

　　巡视制度是中国古代行政监督史上发展较为完备的制度，在地方监督方面发挥过重要作用，不过，需要指出的是，无论中国古代的巡视制度表现出多少优长，巡视官员权力的来源却始终是皇权，因此，巡视制度得以有效发挥其作用的前提，是皇权必须稳固。否则，不仅巡视制度不能发挥其应有效果，巡视官员反而会脱离中央控制，演变成地方割据势力，威胁政权的统一。对此，汉代刺史、唐代巡按御史，乃至清代督抚在王朝后期的演变，都是明显的例证。

第二节　中国古代行政监督的体系架构

自秦汉以降，中国逐渐建立起了一套以皇帝为中心，从中央到地方，责权清晰、层级分明的行政体制。为了维护皇权的最高地位，保证国家机器的正常运转，中国历代统治者在政治制度建设中，都十分看重对各级官吏的监督，并在政治实践中逐渐形成了一套纵横交错的行政监督体系。

一　历代监督制度中的双向系统

中国古代行政监督的突出特点，是形成了自上而下和自下而上的双向系统。自上而下的监督是指以皇权为中心、从中央到地方垂直向下监督，以历代御史制度最具代表性；自下而上的监督则是指谏官对皇权的匡正与束缚。二者相互配合，有效地维护了皇权的至高地位和国家机器的正常运转。

（一）自上而下的监督系统

所谓"自上而下"，主要包括三个方面的含义：一是从御史大夫到各级御史之间形成了自上而下的垂直管理系统；二是这个自上而下的系统是相对独立于行政系统之外的；三是各级御史对于其监督对象而言，官职未必更大，但其权力地位却相对更高。

首先，就各级御史间的垂直管理系统而言。职司监察的御史，较早出现于战国时期。战国时期，中国古代的官僚政治体制逐渐形成，官员队伍日益庞大，由于行政系统官员之间具有"事合而利同"的特点①，让他们监督彼此，不易发挥切实作用，因而就需要有独立的监察机构和专门的监察官员，建立一套与行政官员利益趋异、相互钳制的监督体系。于是，这一时期各诸侯国开始较为普遍地设置专门的监察官员，其中较具代表性的，就是被后世继承下来的"御史"名称及相关制度。

"御史"源于上古史官，最初职掌繁富，大凡典志图法、天文星象、占卜祭祀等皆其所掌。由于史官随王左右，记言记事，所以天然具有监督功能，不过，这时的监督主要是对王，属于自下而上。战国时期的"御史"则不然，它一开始便是针对行政官员而设置，是天子耳目，代表君王行使监督权，属于自上而下的监督。这一时期，御史在百官之中已具有相当的权威，但作为一种监督制度并不完善。

御史制度的初步完善，是在秦汉时期。秦统一后，在中央设御史大夫，在地方设监（郡）御史，由御史大夫统帅各级御史，掌管从中央到地方的监察工作。汉承秦制，仍由御史大夫掌管监察工作，御史大夫下设御史中丞、御史、侍御史等。在经历了汉初的反复与调整后，汉武帝元封五年创立了刺史制度。刺史对上听命于皇帝，受御史中丞直接领导，对下代天子巡行除京畿地区之外的郡县、刺举不法。此外，西汉还设立了直接受皇帝领导，专门监督中央及京畿地区官员的司隶校尉。这样，以皇权为中心、从中央到地方垂直向下的行政监督系统初步形成。

到隋唐时期，御史制度逐渐走向成熟。这一时期，形成了以一台（御史台）、三院（台院、殿院、察院）为主体的监督体系，三院分工合作，自上而下监督从中央到地方各级官吏。就中央而言，

---

① 《商君书·禁使》。

御史台台主御史大夫上直接对皇帝负责，下统率台、殿、察三院诸御史（分别由侍御史、殿中侍御史和监察御史总领）监督中央百官。就地方监督而言，隋代在御史台增设监察御史，主管地方监察事务；并在御史台外另设司隶台和谒者台，专掌地方监察。唐代负责地方监督的同样是由御史台派出的监察御史；同时，复以十道（具体数目不同时期存在差异）巡按御史对地方官吏进行分区监察。二者相互配合，形成了中央对地方的双重监督。这样，就建立起了从皇帝到御史大夫、监察御史、巡按御史等的垂直系统，自上而下地监督着从中央到地方的各级行政官员。

宋代中央延续着一台三院的基本制度架构，对地方的监督则日趋繁富，不仅有中央派出监察地方财政、司法、农业、教育、军事等事务的各路"监司"，还有走马承受、通判等。这些官员均直接对皇帝或中央负责，增强了中央对地方的控制。元代政府提高御史台地位，使其与中书省、枢密院平行，负责纠察百官善恶、政治得失，下辖殿中司和察院，有弹劾和举荐的职能。此外，有别于前代由吏部铨选御史台属员的制度，元政府还赋予监察官员直接奏请任免选用监察官吏之权。[①] 就地方监督而言，元政府在江南、山西各设一御史行台，作为御史台的派出和分设机构，每年赴地方巡察；并在地方建立二十二道肃政廉访司，分别隶属中央的御史内台和江南、山西二御史行台，凌驾于路府州县之上，专司各管区域的监察。

明代改御史台为都察院，作为中央最高监察机关。都察院主要负责纠劾百官，整肃纲纪，下设左右都御史、副都御史、佥都御史等，直辖经历、照磨、司狱三司。在都察院之外，明代又按宋代御史分察六案（吏、户、礼、兵、刑、工）的制度，另设六科给事中

---

① 《元史》卷八六《百官志二》。

为独立监察机构。明代对地方的监察，除提刑按察使外，主要以都察院向地方派出的各道"巡按"为主。巡按多由都察院派遣出巡的监察御史担任，其品秩虽与知县齐平，但权限极大，不但可以直接干涉地方一切事务，而且可以对地方官施加刑罚。[①] 这些监察官员都直接对皇帝负责，极大地增强了皇帝对各级官吏的监督控制。

以上可见，自秦汉至明清，御史机构规模、监察职权日益扩大，分工日益细密，形成了一张自上而下相对严密完备的监察网络。

其次，就御史系统相对于行政系统的独立性而言。御史在产生之初，并非独立于行政系统之外，甚至受制于行政官员。例如，西汉时期御史大夫"掌副丞相"[②]，需协助丞相处理政务；而且，丞相府具有监察职权的丞相司直，地位虽低于御史大夫，却可以监督包括御史大夫在内的各级御史。这说明，西汉时期御史系统不仅未独立于行政系统之外，而且在一定程度上仍受制于行政官员。

御史系统开始表现出独立倾向，是在东汉时期。当时御史台虽隶属于少府，但因少府并不管理具体事务，所以御史台实际上直接对皇帝负责，在一定程度上摆脱了行政系统的束缚。魏晋南北朝时期在行政监督实践方面的成绩虽乏善可陈，但这一时期，御史台正式脱离了少府，由皇帝垂直领导，与行政机构分离的趋势更为明显。隋炀帝时，罢侍御史直宿禁中，御史台基本成为一个独立的机构，不过，这一时期御史台属员的任命，仍需经吏部铨选。

宋代实行官职差遣相分离的制度，造成了御史大夫"不除正员"，御史中丞"无正员，以两省给（给事中）谏（谏议大夫）权"，而御史台职官又兼权他官的现象，严重影响了行政监督的效

---

① "藩、臬、守、令，皆不得专行其职，而事皆禀命于巡按矣"。见张萱《西园闻见录》卷九三《巡按·前言》。
② 《汉书》卷一九《百官公卿表第七上》。

果。不过，宋代统治者为抑制相权、巩固皇权，基本解除了行政官员对御史任免的干涉。如宋仁宗以"宰相自用台官，则宰相过失无敢言"为由，从宰相手里夺回了台官的任用权；后哲宗、钦宗等又几次重申宰相亲故及其所荐，不得为台鉴官员。御史系统发展至元代，基本实现了与行政系统的分离，不仅御史的任用由御史台决定，不再需要经过吏部，而且，御史系统官员的迁调，也以在本系统内为主。[1] 至此，中国古代的御史系统基本实现了相对于行政系统的独立。

最后，就御史的权力地位而言。御史制度是由先秦时期的天子"巡守"演化而来。天子巡行地方，既是对地方官员的考绩，同时又具有监督性质[2]，属于自上而下监督形式的一种。天子巡守在后代虽未完全消失，如秦始皇统一中国后，就将大部分时间用于出游巡行，汉、隋、清等历代帝王也多有相关记载，不过，随着官僚系统日益庞大，帝王需要处理的政务日益繁重，这一监督形式逐渐退居次要地位，代之而起的便是御史制度。御史即天子的使者，在历代均被视为天子耳目，诸如"御史耳目之官也""司耳目之寄，任刺举之事""为天子耳目风纪之司""陛下耳目，执政为股肱"一类表述，在历代史书中屡见不鲜。因而，御史监察对于行政官员带有天然的权威性。

御史相对于行政官员权力地位较高，还体现在御史的任用上。比如，西汉刺史秩仅六百石，相当于县级行政长官，却有权监察郡国及秩二千石的地方官。至隋唐时期，凡品官以上皆受御史监督。宋代负责地方监督的四监司（转运司、提点刑狱司、提举常平司、经略安抚司），其权力地位都在地方行政长官之上，实际是宋代地

---

[1] 参见白钢主编《中国政治制度史》下卷，天津人民出版社2016年版，第704—706页。
[2] 如《礼记》所述："山川神祇有不举者为不敬，不敬者君削以地；宗庙有不顺者为不孝，不孝者君绌以爵；变礼易乐者为不从，不从者君流；革制度衣服者为畔，畔者君讨；有功德于民者，加地进律。"（《礼记·王制》）

方最高权力机构。走马承受同样具有这一特点，由走马承受演化而来的廉访使，最终因出现了"侵监司，凌州县"弊病而被废除。明代在省一级设有负责监察事务的按察使，同时，又由中央派出监察御史。这些御史虽仅为七品，但从藩服大臣到府州县官，却都在其监察范围之内，"凡政事得失，军民利病，皆得直言无避"①；而且，监察御史与按察使的关系虽说是"颉颃行事"，但因为监察御史具有钦差性质，所以，其权势往往在按察使之上。可见，从汉代直至明清，御史相对行政官员在权力地位上多处于优势。当然，中国古代还有一些御史，本就是由地位较高的官员充任，如唐代分道派出的巡按御史一般由朝臣或地方高官充任。

　　从御史系统官员与皇帝的关系上，也能看出御史权力地位的特殊，即以汉代御史大夫与丞相的关系为例。汉代中央官员分内朝官和外朝官，一般内朝官与皇帝的关系更为亲密，对外朝官具有牵制作用。御史大夫虽然与丞相同属外朝官，且在位阶上低于丞相，但是，御史大夫府（或称御史寺、御史大夫寺）的地点却在宫内，具有内朝官性质。御史大夫府的属员御史丞和御史中丞的办公地点，也在"殿中兰台"，同样属内朝官。这表明，较之以丞相为统帅的行政系统官员，御史系统的官员与皇帝的关系更为亲密。在中国古代的皇权政治之下，与皇帝关系亲密也就意味着权力地位的特殊。

　　此外，从行政程序、礼仪秩序方面，也可看出御史权力地位的特殊。比如，汉代臣下向皇帝奏事，需先由丞相转交御史大夫，然后由御史大夫转交御史中丞，最后由御史中丞转呈皇帝批阅，因而御史中丞被视为"亲近天子而疏决内外以助人主听断者，惟此一人而已"②。再如，司隶校尉在朝会和其他公开场合，可以免去或降低对其他长官的礼敬。魏晋南北朝时期，更出现了"中丞专道"现

---

① 《明史》卷七三《职官志二》。
② 参见章如愚《山堂考索（续集）》卷三六《台谏》。

象。这些都表明御史相对于其他行政官员在权力地位上的特殊性。

综上可见,自战国以降,历代统治者逐渐建立了一套自上而下的行政监督系统。这种自上而下的行政监督系统,首先表现为系统内部各级御史之间逐渐建立起完备的自上而下的垂直管理系统;其次,这一系统在后世发展中,日益脱离行政系统的束缚,取得相对独立的地位;最后,从御史与行政官员的关系看,他们在权力地位上都有着相对的优势。监督系统与行政系统的相对分离,在一定程度上保证了监督系统的独立运作,有助于对行政系统进行有效监督。不过,我们也应该看到,御史制度无论如何发展,御史始终是代皇帝行使监察职权,其权力的终极来源始终都是至高无上的皇权。皇权稳固则御史制度可以不断发展、日益完备,一旦政局动荡、皇权遭到削弱,则御史监察往往形同虚设。而且,无论中国古代的监督系统发展到何种完备程度,皇权始终都处于监督的盲区,这是其永远无法克服的缺陷。

(二) 自下而上的监督系统

自下而上的监督,在中国古代主要表现为以言谏形式匡正君主的过失。夏商西周时期,史籍中有"孟春之月,群居者将散,行人振木铎徇于路,以采诗,献之太师,比其音律,以闻于天子。故王者不窥牖户而知天下"①;"天子听政,使公卿至于列士献诗,瞽献曲,史献书,师箴,瞍赋,矇诵,百工谏,庶人传语,近臣尽规,亲戚补察,瞽史教诲,耆艾修之,而后王斟酌焉,是以事行而不悖"② 等记载。这种臣僚、民众对最高统治者的监督,还较为宽泛和原始,既不具有专职特点,也没有明确的制度规范,但它对于统治者却具有较大约束力。

秦汉时期,开始有了专门的谏官,但并未设置专门言谏机构。

---

① 《汉书》卷二四《食货志》。
② 《国语·周语上》。

秦代设有谏议大夫、散骑常侍、中常侍散骑等,"皆无常员",由郎中令统辖。汉代具有言谏职权的官员有谏大夫、谏议大夫、侍中、给事中、左右曹、散骑、议郎等。汉代同样没有设置专门的言谏机构,言谏官员都属于加官,他们"实际是高级参谋,许多重要制度法令的谋议与制定多与他们有关"①。直至汉末,献帝设立侍中寺,言谏机构才开始出现,即史书所载"初置侍中、给事黄门侍郎,员各六人,出入禁中,近侍帷幄,省尚书事"②。

曹魏时期,改侍中寺为侍中省,并对谏官员额等进行了较大调整。③晋又改侍中省为门下省,长官为侍中,副手为给事黄门侍郎,并增设通直散骑常侍、侍郎、奉朝请等,主要职权即谏诤,如晋武帝所说"古者百官,官箴王阙。然保氏特以谏诤为职,今之侍中、常侍实处此位"。④ 此后历代,言谏始终是门下省的重要职权。⑤

谏官系统在唐代取得较大发展,成为与御史并行的另一套行政监督系统。当时的谏官有侍中、门下侍郎、散骑常侍、谏议大夫、给事中、起居郎、起居舍人、补阙、拾遗等。这些官员虽都有言谏职权,但相对更为主要的,是散骑常侍、谏议大夫、补阙、拾遗等。这些官职一般都分左右,左隶属门下省,右隶属中书省。他们在当时的中枢决策机构相互配合,有助于避免中枢决策失误,同时,也对皇权形成一定约束。唐代言谏系统能够取得较大发展的重要原因之一,和统治者总结前朝覆亡教训,重视谏官职能密切相

---

① 安作璋、熊铁基:《秦汉官制史稿》上册,齐鲁书社1984年版,第110页。
② 《后汉书》卷一一六《百官志三》刘昭注引《献帝起居注》。
③ 设侍中4人,给事黄门侍郎4人,散骑常侍4人,员外散骑常侍、给事中、谏议大夫等或为加官或为正官,无定员。
④ 《晋书》卷三《武帝纪》。
⑤ 南北朝时期,曾分门下省部分职权另设集书省,主要官员有散骑常侍、通直散骑常侍、员外散骑常侍、给事中、散骑侍郎、通直散骑侍郎、员外散骑侍郎、奉车都尉、驸马都尉、骑都尉、奉朝请、谏议大夫等(参见柏桦《中国政治制度史》,中国人民大学出版社2011年版,第274页)。隋代又将集书省合并至门下省。

关。如唐高祖曾言："隋末无道，上下相蒙，主则骄矜，臣惟谄佞，上不闻过，下不尽忠，致使社稷倾危，身死匹夫之手。"① 唐太宗也有"炀帝暴虐，臣下钳口，卒令不闻其过，遂至灭亡"等说法。②

宋代统治者鉴于唐末以来地方割据的历史教训，在制度设计上特别看重分权制衡，为此在官制上推行差遣制，严重损害了监督系统相对于行政系统的独立性。宋代在制度设计上仍然保留着言谏机构，即隶属门下省的谏院，以谏议大夫为长官，并仿唐代补阙、拾遗，设司谏、正言，员额6人。但是，由于宋代特殊的制度设计，言谏系统和御史系统出现了较为明显的融合趋势，即谏官有了弹劾百官的权力，而御史也有了言谏之权，通常称之为"台谏合一"。及至元代罢门下省，保留御史台，"台谏合一"基本完成。"台谏合一"并不仅仅是御史、谏官两套系统、两种职权合而为一，同时，也意味着谏官的主要监督对象从皇帝转向了百官。换句话说，台谏合一实际是模糊或弱化了谏官以君主为对象、以诤谏为职责的传统特点，使得效力本就薄弱的自下而上的监督系统，受到了进一步的损害。

宋元以后，中国古代自下而上的监督系统，基本未能再发挥多大的实际效力。明代虽曾设置谏院，但不久即废除。最初设置于明代、在清代得以延续的六科给事中，名义上虽也有言谏职权，属于自下而上的监督，但由于明代君主专制的强化，诤谏行为往往招致灾祸，使得六科给事中主要是监察六部官员，并不能发挥匡正君主过失的作用。清代基本沿袭了明代的制度，而雍正元年（1723年）将六科给事中并入都察院后，其言谏职权基本被废。

综上可见，中国古代虽存在自上而下即以皇权为起点从中央到地方的垂直监督系统，和自下而上即以谏官为主包括百官在内对皇

---

① 《旧唐书》卷七五《孙伏加传》。
② 《贞观政要·求谏》。

权的匡正与束缚。不过，这两套监督系统在中国古代历史上的发展并不平衡。从整体上看，自上而下的监督在历史发展过程中逐渐形成了相对独立的系统、较为清晰的层次、规范的制度和严密的网络，有效地监督了各级官员行政，维护着历代帝王的统治。自下而上的监督则不然，其根本目的虽是通过匡正君主过失更好地维护统治，但毕竟是对君主权力的束缚，在君主专制制度下，不易获得充分发展。这种监督方式在中国古代虽始终存在，但在制度建设上的继进性相对而言并不明显，在实践中能否真正产生效力，也取决于君主个人的意志，"抑其言而奖其身"、"有好谏之名，内有拒谏之实"的现象，在历代屡见不鲜。宋元以降，随着君主专制的日趋强化，自下而上的监督系统基本丧失其应有职能。

二 历代行政制度中的层级监督与同级监督

在中国古代，皇帝是国家的最高统治者，处于权力结构的最顶端。在理论上，皇权是一切权力的来源，同时，也是最高的监督权力，可以监督管理从中央到地方的各级各类官吏。在行政实践中，皇帝除依靠专门的监督系统外，还借助行政制度以间接方式实现对官吏的监督与管理。

（一）历代行政制度中的层级监督

中国古代将监督主体从行政系统中分离出来后，逐步形成了以御史为核心，兼有其他监察官员或机构的专职监督系统。这是中国古代行政监督的主要内容。与此同时，又辅之以各级政府自上而下、由长官负责的层级监察制度，形成一个上下结合、消息通达的监察网络。

1. 各级行政机构之间的层级监督

历代行政制度中的层级监督，首先表现于行政机构之间。自秦汉时期中国建立专制主义中央集权的政治体制以来，就形成了从中央到地方各级官员均对其上级负责、对其下级进行监督和管理的基本原则。比如，秦汉时期，丞相掌握着行政、经济、司法等各项权力，为百官之首，是最高行政官员。这种地位本身就对下级官员行政具有监督作用。同时，汉代的丞相还拥有专门的监察职权，具体工作由丞相府的属员丞相司直承担，即如史书所载"掌佐丞相，举不法"。秦汉时期在地方行政制度上主要推行郡县制，郡县长官均由中央任命，受中央相应部门的监督和管理。这样，从皇帝到丞相再到郡县长官之间，就形成了一种逐级而下监督管理的模式，皇帝监督管理丞相行政，丞相监督管理中央各部门行政，中央各部门监督管理各自系统内的官员，自上而下，责权分明。

秦汉这种制度设计，在后世基本被延续下来。一般都是由宰相监督管理中央各部门官员行政，中央各部门根据自身的业务分工监督管理下级和地方官员。例如，隋唐时期，中央实行三省六部制后，尚书省成为最高行政机关，长官为尚书令。尚书令的主要职责即统率六部官员，保障政令上行下达，六部长官则根据职权，统率各自系统内的官员及地方官员推行相关政令。特别是吏部掌握着考核文官的权力，直接影响着官员能否升迁，如《唐六典》所述："考在中上以上，每进一等，加禄一季；中下以下，每退一等，夺禄一季。"① 这对于各级官员的监督作用更为明显。同时，唐代的州县长官也是由中央任命，受中央监督管理，同样体现着机构之间的层级监督关系。

历代行政机构之间主要通过考绩手段实现层级监督的目的。夏商西周时期，天子巡守和诸侯朝觐制度本就具有官吏考绩的意义。春秋战国时期，则有太宰"掌建邦之六典，以佐王治邦国"、以"八法治官府"、以"八则治都鄙"，以及小宰考核官吏的"六计"

---

① 《唐六典》卷二《考功郎中员外郎》。

（廉善、廉能、廉敬、廉正、廉法、廉辨），这些都是官吏考绩的标准。秦汉以后，中国古代官吏考绩制度日益发展，逐渐形成了一套自上而下、层次分明的制度规范。

两汉时期中央至地方郡国的官吏考绩，主要由丞相负责，御史大夫负责监察考绩结果虚实。具体考绩工作主要分三级进行：一是丞相、御史大夫、尚书考核郡国守相，二是郡国守相考核县令长，三是公卿考核各自属员。唐代对官吏的考核按"四善二十七最"标准，每年一小考，四年一大考。具体而言，三品以上官员，由皇帝亲自考核；四品及以下官员则分京官和外官，由吏部"考功郎中判京官考，员外郎判外官考"。宋代各级官员考核标准不同，京官有三等法，路、州官有"七事考"，县官则有"四善三最法"。就具体考绩程序而言，三品以上官员的考核，由皇帝和宰执共同裁决；五品以上文官由宰执负责；五品以上武官则由枢密院负责。明清时期，官吏考绩的层次性更加分明。明代对京官的考绩称"京察"，四品以上需自陈政绩，由皇帝裁决，五品以下主要由吏部负责；对外官的考绩称"外察"，由吏部会同都察院及各地布政使、按察使主持。清代基本沿袭明制。[①] 以上可见，历代官吏考绩制度均具有自上而下、层级分明的特点，有助于实现行政机构间的监督管理。官吏考绩虽然不是专门的监察制度，但考绩结果直接关系到官员是否能够顺利升迁，因而在无形中会强化监督的色彩，特别是明清时期，官吏考绩重在惩处不称职者，更强化了这一特点。

2. 各级行政机构内部的层级监督

在中国古代行政制度中，各级行政机构内部的监督部门出现的稍晚。在中央一级，汉初设有丞相史兼理监察，主要由丞相临时派

[①] 本节有关官吏考绩内容，参考了李孔怀《中国古代行政制度史》（复旦大学出版社 2006 年版，第 310—317 页）和柏桦《中国政治制度史》（中国人民大学出版社 2011 年版，第 379—384 页）相关论述。

遣属员前往直属中央的郡县，监督当地政府和官员行政。汉武帝时期，又在丞相府设置丞相司直，作为丞相府最高属官，专门监督包括御史大夫在内的各级各类官员。① 两汉魏晋南北朝时期，凡名称中带有"台"的机构，如谒者台、司隶台、尚书台、符节台等，都在各自部门的职权范围内，负有监督行政的权责。两宋时期，曾在尚书省专门设置御史房，负责"劾御史案察失职"。② 此类设置于行政机构内部的监督部门，在中国古代设置繁多，且日臻完备。至清代时，各部均设有督催所，负责督促部内各司完成承办任务，并检察是否按章办事、如期完成；六部之内还另设许多处、库、馆、局等，负责督促和监察地方承办任务情况。

就基层行政机构内部的层级监督而言，秦汉时期，曾在郡一级设郡监，与郡守、郡尉共同担任一郡主官，负责监督一郡行政，与郡以下的县丞、乡啬夫，共同构成基层的辅助监督系统。隋唐时期，以负责地方监督的官员作为州县的主要佐官，经常性巡察相应辖区，然后每年上计簿于上级；州县设置的录事、功曹，分别负责监察纲纪与官吏考课。这样，就把"中央直控的监察与地方逐层监察结合在一起了"。至宋代，通过设置诸路监司、监州（通判）、走马承受等，"达成收乡里之权归县，收县之权归州，收州之权归监司，又收监司之权归朝廷的目的"。③ 明朝将元朝所置之隶属于中央监察机关的肃政廉访司，并入地方行政机构，改称提刑按察司。清代沿袭这一设置，在各行省设置布政使、按察使、分守道、分巡道等，在督抚的领导下专门负责本省区官吏的监督弹劾工作，再由督抚向皇帝负责；各府各县的长官也负有督察属官职责，且直接对

---

① 汉武帝元狩五年（前118年）置官，责任是"掌佐丞相，举不法"。参见《汉书》卷一九《百官公卿表第七上》。此外，丞相司直也有"助督录诸州"的职责。参见《后汉书》卷二四《马援传》李贤注引《续汉书》；《汉书》卷七七《孙宝传》。

② 《宋史》卷一六一《职官志一》。

③ 参见柏桦《中国官制史》下册，台北：万卷出版公司2020年版，第395页。

督抚负责；此外，总督与巡抚之间也有相互监察的责任。

以上可见，在中国古代行政监督体系中，除专职的御史和谏官监督系统外，历代行政制度中也蕴含着自上而下的层级监督设计。这种监督设计既体现于不同级别的行政机构之间，又体现于同一机构内部的官员之间。一般而言，前者出现较早，后者出现较晚，而后者的出现是行政制度趋于成熟的重要表现。

（二）历代行政制度中的同级监督

在中国历代行政制度中，不仅有层级监督设计，还有同级监督设计。秦汉时期，行政制度中层级监督的特点较为明显，但同时也有同级之间的监督和制约。就中央而言，御史大夫作为监察官员，有权纠弹丞相，加之丞相有缺，多由御史大夫"以次序迁"，这就对丞相产生了相当程度的监督和制约作用。御史大夫为丞相"副贰"，地位虽低于丞相，但与丞相并列三公，所以，彼此之间的关系更接近于"同级"之间的牵制。就地方而言，郡设立郡守、郡尉、郡监，分掌行政、军事、监察事务，彼此之间并没有上下级关系，同样形成了同级之间相互监督、制约的关系。东汉至魏晋南北朝时期，州、郡、县各级均设有功曹从事或掾史，各自主管本地方所属官吏的选用考核；另外，在州一级设都官或治中从事，郡一级设五官掾，县一级设五官史，各自负责纠察辖区内属官的履职情况和违法乱纪情形；此外，还在州一级设部郡国从事，郡一级设督邮，县一级设监乡，负责督促文书和监察纲纪。"这样，州、郡、县分别在本级长官的领导下，形成相对独立而只对本级长官负责的监察体系。"[①]

隋唐时期，行政制度中同级监督的特点得到长足发展，这突出表现在中书、门下、尚书三省的关系上。隋代确立三省制度，但彼

[①] 柏桦：《中国官制史》下册，台北：万卷出版公司2020年版，第394—395页。

此分工尚不明确。至唐代，三省制度健全起来，其运转程序大体如下：（1）凡军国大事，先由中书省草拟诏书，诏书的草拟，先由中书舍人分别提出各自意见并署名，称"五花判事"，然后由中书侍郎、中书令整理润色后，上呈皇帝。（2）皇帝审阅后，下回中书省，由中书省交门下省审议。（3）如获门下省审议通过，则交尚书省执行；如未获通过，则驳回，称"涂归""封驳"或"封还"，再由中书省修改后，上呈皇帝，然后以上述流程进行，直至门下省审议通过，交尚书省执行。这一过程，如朱熹所说："每事先经中书省，中书做定将上，得旨，再下中书，中书以付门下，或有未当，则门下缴驳，又还中书，中书又将上，得旨，再下中书，中书又付门下。若可行，门下又下尚书省，尚书但主书撰奉行而已。"[1]这种中书省出令、门下省封驳、尚书省执行的制度，较为典型地体现了同级行政部门之间相互监督、分权制衡的特点。

宋代在政治制度的设计上，更加看重通过分权制衡来加强君主集权。就中央层面而言，宋代枢密院专掌军权，与宰相并称"二府"；度支、盐铁和户部掌财权，称"三司"；同时，又增设参知政事作为副宰相，以牵制宰相（同中书门下平章事）。"二府三司"互不统属，直接隶属皇帝，既改变了过去宰相"事无不统"的局面，又形成了中枢机构相互制衡的局面。就地方层面而言，宋代地方分路、州、县三级。在路一级，一般设有转运司掌一路财赋、提点刑狱司掌刑狱及刺举官吏、提举常平司掌赈灾及盐铁专卖、经略安抚司掌兵民之事。"四监司"同样直接对皇帝和中央负责，互不统属，形成相互监督牵制局面。州长官称"知州"，同时又在各州设置监州，称"通判"。通判的职权很广，"凡兵民、钱谷、户口、赋役、狱讼听断之事，可否裁决，与守臣通签书施行"[2]，但与知州

---

[1] 《朱子语类》卷一二八《法制》。
[2] 《宋史》卷一六七《职官志七》。

亦无统属关系，"既非副贰，又非属官，故常与知州争权"①，形成相互监督牵制局面。可见，宋代同级行政机构间相互监督、牵制的特点，十分明显。

明代行政制度中的同级监督特点，可以内阁与司礼监之间相互牵制为例。明代废除宰相制度后，明太祖为解决废除宰相后政务丛集问题，而设殿阁大学士帮助处理奏章文书；至明成祖时期，阁臣开始参与机务，逐渐形成了新的内阁制。不过，当时阁臣的品阶较低。明仁宗、宣宗时期，阁臣开始拥有"票拟"权，即草拟对臣僚各种奏疏的处理意见，供皇帝参考。这样，阁臣实际就有了处理国家政务的权力，地位大为提高。如《明史》所载："仁宗而后，诸大学士历晋尚书、保、傅，品位尊崇，地居近密，而纶言批答，裁决机宜，悉由票拟，阁权之重，偃然汉唐宰辅，特不居丞相名耳。"② 内阁由多位大学士组成，一般视年资威望分首辅、次辅、群辅，而"内阁调旨，惟出首辅一人，余但参议论而已"③，明代中后期诸如严嵩、徐阶、张居正等，皆是以内阁首辅身份长期控制朝政。不过，阁臣的票拟需得到皇帝"批红"才具有真正效力，而明代中后期的皇帝大多懒于朝政，于是，"批红"权力逐渐被司礼监太监掌握。如《明史》所载："内阁之票拟，不得不取决于内监之批红，而相权遂以专归于寺人。于是朝廷之纪纲，贤士大夫之进退，悉颠倒于其手。"④ 这样，就形成了内阁与司礼监相互牵制的中枢行政体系。不过，无论是内阁还是司礼监，都是对极端强化的专制皇权的一种辅助，就制度而言，它们并非最高行政机构，与六部也无统属关系。

总之，自秦汉以降，中国历代的行政监督在制度设计上，既有

---

① 欧阳修：《归田录》卷二。
② 《明史》卷一〇九《宰辅年表一》。
③ 《明史》卷三〇六《阉党传》。
④ 《明史》卷七二《职官志一》。

以最高皇权为起点从中央到地方的层级监督，又有各级行政机构之间同级的监督与制衡，形成了一张纵横交错的监督网络。而无论是层级监督还是同级监督，其终极目的都是维护皇权的权威。

三 历代行政监督的律法体系[①]

中国古代有关行政监督的法律法规，在先秦时期已开始出现，如夏时有针对官吏的墨罪，商有旨在"儆于有位"的《官刑》，《周礼》中也有一系列针对官吏的法令，春秋战国时期集各国成文法之大成的李悝《法经》"杂"律部分，也涉及职官犯罪的内容。这些都为后世行政监督的法制建设奠定了基础，但它们本身并非专门的监察法。中国古代行政监督的法制建设，初步形成于东周秦汉时期，后历经魏晋隋唐的发展，至宋元以后逐渐走向完备成熟。历代统治者基于不同社会历史条件，制定了内容丰富的行政监察法规，其持续性、系统性和完整性在世界法制史上均不多见，构成了具有中国文化特色的监察法体系，也是中国历代行政监督的重要内容。

（一）两汉魏晋的监察法

中国古代第一部专门的监察法产生于汉代，即汉惠帝三年（前192年）颁布的《监御史九条》。据《唐六典》载："惠帝三年，相国奏遣御史监三辅不法事，有：辞讼者，盗贼者，铸伪钱者，狱不直者，繇赋不平者，吏不廉者，吏苛刻者，逾侈及弩力十石以上者，非所当服者，凡九条。"[②] 可见，《监御史九条》是专门针对三

---

① 本节内容参考了张晋藩主编《中国古代监察法制史》一书（江苏人民出版社2017年版）。
② 《唐六典》卷一三《御史台》。另，宋人王益之《两汉年纪·惠帝》载："惠帝三年，相国奏御史监三辅郡，察以九条：察有词讼者、盗贼者、伪铸钱者、恣为奸诈者、论狱不直者、擅兴徭赋不平者、吏不廉者、吏以苛刻故劾无罪者、敢为逾侈及弩力十石以上者，作非所当服者，凡九条。"

辅地区官员的监察法，其内容虽简单，但作为中国古代第一部专门的监察法规，体现了统治者在监察立法方面的自觉意识，在中国古代监察法制史上具有重要地位。

汉代另一部监察法规，是汉武帝置部刺史后颁布的《刺史六条》。这是中国古代第一部全国性的地方监察法规。《刺史六条》的内容为："一条，强宗豪右田宅逾制，以强凌弱，以众暴寡。二条，二千石不奉诏书遵承典制，倍公向私，旁诏守利，侵渔百姓，聚敛为奸。三条，二千石不恤疑狱，风厉杀人，怒则任刑，喜则淫赏，烦扰刻暴，剥截黎元，为百姓所疾，山崩石裂，妖祥讹言。四条，二千石选署不平，苟阿所爱，蔽贤宠顽。五条，二千石子弟恃怙荣势，请托所监。六条，二千石违公下比，阿附豪强，通行货赂，割损正令也。"[①]《刺史六条》是汉武帝打击地方豪强，加强中央集权背景下的产物，因而，它规定了非常明确的监察对象，即强宗豪右和二千石长吏。《刺史六条》的内容也十分具体，并规定"非条所问，即不省"，亦即顾炎武所说的"六条之外不察"[②]，这些都有助于刺史开展监察工作。《刺史六条》简洁明了、可操作性强的特点，对后世的监察立法产生了较大影响，诸如三国时期魏国《六条察吏》、晋朝《五条律察郡》和《长吏八条》、唐朝《巡察六条》等，无不受到《刺史六条》的影响。

魏晋南北朝时期，中国政局动荡不安，但这一时期却产生了数部监察法，使得行政监督的法制建设得到发展。曹魏时期，豫州刺史贾逵仿汉代《刺史六条》创制了《察吏六条》，其内容如下："察民疾苦冤失职者；察墨绶长吏以上居官政状；察盗贼为民之害及大奸猾者；察犯田律四时禁者；察民有孝悌廉洁行修正茂才异等

---

① 《汉书》卷一九《百官公卿表第七上》颜师古注。
② 《日知录》卷九《六条之外不察》。

者，察吏不簿入钱谷放散者。所察不得过此。"① 和《刺史六条》相比，《察吏六条》将纠察官吏和举荐人才关联起来，是其独有特点。不过，《察吏六条》主要对象是二千石以下官员，而由于当时刺史已经成为地方行政官员，所以，该法并未能真正作用。

晋朝武帝时期，颁布有《察长吏八条》，内容为："若长吏在官公廉，虑不及私，正色直节，不饰名誉者，及身行贪秽，诡默求容，公节不立，而私门日富者，并谨察之"。② 随后又颁布《五条律察郡》，内容为："一曰正身，二曰勤百姓，三曰抚孤寡，四曰敦本息末，五曰去人事"。③ 此后，又颁布《察二千石长吏诏》，内容为："二千石长吏不能勤恤人隐，而轻挟私故，兴长刑狱，又多贪浊，烦挠百姓。其敕刺史二千石纠其秽浊，举其公清，有司议其黜陟。"④ 晋朝有关行政监督的律法，较为重视官吏的"正身"，这和曹魏以来推行九品中正的选官制度有关，而当时频频出台的监察法规，也显示了晋朝统治者对官员监督的重视。

南北朝时期，南朝行政监督的法制建设成就不大，北朝则取得一定成绩，其代表性法规有《六条诏书》和《诏制九条》。《六条诏书》大致内容如下：第一，"治心"，"非不贪货财之谓也，乃欲使心气清和，志意端静"。第二，"敦教化"，"教之以孝悌，使民慈爱；教之以仁顺，使民和睦；教之以礼义，使民敬让"。第三，"尽地利"，"夫衣食所以足者，在于地利尽，地利所以尽者，由于劝课有方"。第四，"擢贤良"。第五，"恤狱讼"。第六，"均赋役"。⑤《诏制九条》内容为："一曰，决狱科罪，皆准律文；二曰，母族绝服外者，听婚；三曰，以杖决罚，悉令依法；四曰，郡县当

---

① 转引自张晋藩主编《中国古代监察法制史》，江苏人民出版社2017年版，第164页。
② 《晋书》卷三《武帝纪》。
③ 《晋书》卷三《武帝纪》。
④ 《晋书》卷三《武帝纪》。
⑤ 《周书》卷二三《苏绰传》。

境贼盗不擒获者，并仰录奏；五曰，孝子顺孙义夫节妇，表其门闾，才堪任用者，即宜申荐；六曰，或昔经驱使，名位未达，或沉沦蓬荜，文武可施，宜并采访，具以名奏；七曰，伪齐七品以上，已敕收用，八品以下，爰及流外，若欲入仕，皆听预选，降二等授官；八曰，州举高才博学者为秀才，郡举经明行修者为孝廉，上州、上郡岁一人，下州、下郡三岁一人；九曰，年七十以上，依式授官，鳏寡困乏不能自存者，并加禀恤。"①《六条诏书》和《诏制九条》表现出对官吏品行的重视，是这一时期官吏考核监督中的共同特征，而《六条诏书》颁布同时规定"牧守令长，非通六条及计帐者，不得居官"，更显示了统治者对于吏治的重视。

（二）隋唐监督立法与监督诏令

隋唐时期，中国古代法制建设进入发达形态，唐高宗时期的《唐律疏议》被公认为中华法系的代表，在东亚地区产生广泛影响。与之相应，唐代在行政监督的法制建设方面，也取得较大进步。在地方监督方面，唐玄宗时期颁布有专门的《监察六法》，内容包括："其一，察官人善恶；其二，察户口流散，籍账隐没，赋役不均；其三，察农桑不勤，仓库减耗；其四，察妖猾盗贼，不事生业，为私蠹害；其五，察德行孝悌，茂才异等，藏器晦迹，应时用者；其六，察黠吏豪宗兼并纵暴，贫弱冤苦不能自申者。"②《监察六法》专门为当时分道巡按的监察官员而制定，"贵在简要"，"其余常务，不可横干"，这一点和汉代《刺史六条》、曹魏《察吏六条》具有相似特点。不过，《监察六法》所规定的监察对象则大为扩大，包括了地方各级官吏，而不限于《刺史六条》的强宗豪右、二千石官员以及《察吏六条》的二千石以下官员，这反映了唐代对地方行政监督的强化。唐代有关地方行政的监督律法，还有武则天颁布的

---

① 《周书》卷七《宣帝纪》。
② 《新唐书》卷四八《百官志三》。

《风俗廉察四十八条》。但该法因内容过于烦琐，实行数年即告停止。这反映出简明扼要、便于操作在监督立法中的重要性。

除专门的地方性监察法规外，唐代还颁行了大量有关行政监督的诏令。按其内容，大致可分为两类，如论者所概括：一是规范监察官制的立法，如"择刺史诏""令御史录奏内外官职事诏""诫饬御史诏""简京观为都督刺史诏""诫励诸州刺史诏""京官都督刺史中外迭用敕""刺史令久在任诏"等；二是有关言谏监察的诏敕，如"令群臣直言诏""听百寮进状及廷争敕""令百官言事诏""令台省详议封事诏""许刺史言事诏""加散骑常侍员品诏"等。出使巡察诏敕有"遣使巡行天下诏""遣十使巡察风俗制""处分期集使敕八道""处分期集使敕五道""遣陆象先等依前按察制""遣王志愔等各察本官内制""遣使河南河北道观察利害诏""诫励京畿县令诏""遣御史大夫王晙等巡按诸道敕""遣使黜陟诸道敕""席建侯等巡行诸道敕""遣诸道黜陟使敕""察访刺史县令诏"等。就对象而言，这些法律法规包括了从中央到地方的各级官员；就内容而言，既包括行政机关的政务行为，又包括了各级官员的职务行为，反映了唐代行政监督在法制建设方面日益走向成熟的特点。[①]

（三）宋代监督法制建设的特点

宋代关于行政监督的立法，在唐代基础上继续发展，日益走向细密化，产生了大量诏、令、格等形式的法律法规。其中，以宋真宗时期的《御史台仪制》、徽宗时期的《崇宁重修御史台令》、宁宗时期的《庆元条法事类·职制令》较具代表性，前二者针对的是台谏监察制度，后者针对的则是监司和按察使制度，这三部法令可反映出宋代在行政监督立法方面的大致形态。相比前代，宋代在行

---

① 参见张晋藩主编《中国古代监察法制史》，江苏人民出版社2017年版，第203、206页。

政监督的法制建设方面主要表现出如下特点。

第一，宋代监督立法的目的当然仍是纠劾官吏违法，但对于纠劾内容的规定，则极为细密具体。如宋太宗时期规定御史台弹劾官员违反朝仪的内容："一、朝堂行私礼。二、跪拜。三、待漏行立失序。四、谈笑喧哗。五、入正衙门执笏不端。六、行步迟缓。七、至班列行立不正。八、趋拜失仪。九、语言微喧。十、穿班。十一、仗出合门不即就班。十二、无故离位。十三、廊下食行坐失仪，语喧。十四、入朝及退朝不从正衙门出入。十五、非公事入中书。"① 不仅如此，对于托病不朝的官员，御史也有弹劾之责，如南宋高宗曾下诏："御史台将不赴朔望在告最多之人核实弹奏。"②

第二，宋代对于监察官员的性质、职责和义务有明确规定，特别是规定若监察官员发现违法行为而不纠劾，同样应受惩罚。如《训饬百司诏》规定："御史耳目之官也，举台纲，肃官邪，惟汝之责，何惮而不为，汝其分行纠劾不法，必罚无赦。"

第三，宋代还有对监察官员自身进行监察的专门法律，即《监司互查法》。这表明宋代统治者不仅重视对行政官员的监察，而且还对监察官员进行监督，进而形成一个严密的监察网络。

第四，宋代在地方监督立法方面取得了较大成就。宋代虽没有一部专门完整的地方监察法，但从《庆元条法事类》《宋会要辑稿》《宋大诏令集》中相关内容可见，宋代的地方监督立法确实较为完备翔实，其中不仅对监察内容有具体规定，而且对监司出巡的时间、频次、待遇等也有明确规定，如规定监司出巡"除依条合带吏人二名、客司书表一名、当直兵级十五名，不得依承局茶酒为名，别差人数"。③

---

① 《宋会要辑稿·仪制》。
② 《宋会要辑稿·职官》。
③ 《宋会要辑稿·职官》。

此外，还有大量关于监察官员自身违法的规定，如"诸路监司互相馈遗及以内行部辄受折送者，以赃论"；"辄赴州、县筵会及收受上下马供馈者，各徒二年"等。① 总之，宋代从中央到地方的监督立法形成了较为完整的体系，对行政监督制度的有效运行提供了有力保障。

（四）明清时期：中国古代行政监督立法的法典化

明清时期，中国古代行政监督立法逐渐走向法典化。最初制定于明太祖时期，后经成祖、仁宗、宣宗、英宗历朝增补形成的《宪纲条例》，是明代最具代表性的监察法规。其主要内容包括如下方面：一是明确了都察院、监察御史和按察使司的地位，即"纲纪所系，其任非轻"，规定各衙门官员不得干扰监察人员工作，监察官员徇私枉法则从重处罚。二是规定了监察机关内部的监督纠察体制，如上级监察机关对下级监察机关的集体监察，以及监察机关对监察官员自身不当行为的个体监察。三是确定了监察案件的受理机关。直隶地方案件由巡按监察御史管辖，在外案件赴按察司并分司及巡按监察御史处申诉控告，对于军人的监察案件，在京由都察院，在外由巡按监察御史、按察司并分司受理。四是监察御史、按察司官巡历地方时，凡"守法奉公、廉能昭著，随即举闻；若奸贪费事、蠹政害民者，即便拿问"。监察官对于国家政令得失，军民利病，一切兴利除害等事，负有建言权。五是规定了都察院和按察司属吏的选举范围和资格，"须于考退生员与应取吏员相参补用"，但"不许用曾犯奸贪罪名之人"。②《宪纲条例》对于监察官员的地位、职权、选用等都有明确规定，既是监察官员行使职权的法律依据，也是对监察官员进行内部监督的法律依据，在历代行政监督立法中具有重要地位。

---

① 《宋会要辑稿·职官》。
② 参见张晋藩主编《中国古代监察法制史》，江苏人民出版社 2017 年版，第 346—347 页。

六科给事中是明代的另一监察系统,对此,明太祖也制定了专门的监察法规,即"六科通掌"和"各科分掌"。"六科通掌"主要规定了六科给事中共同的职权和各科之间相互协同的职司,属总则部分,共34条,主要内容包括如下三个方面:一是规定六科给事中对皇帝诏令、军国大政等拥有言谏封驳权;二是规定六科给事中广泛的职权范围,上自军国大政下至官员违法失仪等,均在监察范围内;三是规定六科给事中参与审理重大案件。"各科分掌"主要是对各科给事中具体职权及工作细则的规定,属分则部分,包括吏科20条、户科25条、礼科16条、兵科35条、刑科13条、工科18条。"科通掌与各科分掌是明朝监察系统的一大特色。其在监察法规上体现为,既有规定六科给事中总的职掌权限,又结合各科实际细分,详细规定各科职责与程序,类似现代法律的总则与分则的关系,充分体现了明朝监察立法的和谐。"①

明代在地方监督立法方面,同样取得较大成绩。明太祖时期,制定了关于监察御史巡按地方的《出巡事宜》,内容以经济和司法监察为重点,涉及"学校""节义""鳏寡孤独"等多方面,并有监察御史巡按地方"必须遍历,不拘限期","风宪官吏务要同行,不许先后相离",以及"分巡地面果系原籍,及按临之人设有仇嫌,并宜回避"等规定。此外,有关御史出巡,明代还制定了专门的"奏请点差"和"回道考察"制度。所谓"奏请点差",即都察院根据需要奏请皇帝分派御史出巡的制度规定,包括点差的程序、御史等级和职权的确定、出巡期限的确定等;"回道考察"则是指御史完成巡按工作向都察院复命,并接受都察院考核的制度规定。"奏请点差"和"回道考察"是对隋唐以来御史巡按制度的一大推进。此外,明宣宗时期,中央向地方派遣巡抚作为一项制度被确定

---

① 曾哲:《中国监察制度史稿》,光明日报出版社2019年版,第234页。

下来。巡抚和巡按御史同为中央派出的监察官员,如何划分二者职权,协调彼此关系,便成为问题。为此,明朝专门颁行《抚按通例》,界定了二者之间的关系,如规定"巡按御史在外接待巡抚,不论副都佥都,其坐旁坐,其班后列,不逊者,回道之日,考以不谙宪体,奏请降调"。①

概言之,明代在行政监督的法制建设上,不仅对监察对象有明确的规定,而且,对于各监察部门的关系、监察程序以及监察部门的内部监督问题,都有具体规定,中国古代行政监督的法制建设至此逐渐走上了系统化、完备化的阶段。

清沿明制,将中国古代行政监督的法制建设推向了高峰。清代最具代表性的监察法是始纂于乾隆朝,后经嘉庆、道光、咸丰、同治历朝修订,至光绪朝编订的《钦定台规》。光绪朝《钦定台规》共42卷,分"训典""宪纲""六科""五城""各道""稽查""巡察""通例"八大类,既确立了监察机构及官员的特殊地位、职权范围、监察对象,又规定了保障监察制度有效运行的各种手段,是中国古代最完备的一部监察法典。除《钦定台规》外,清代还有不少专门性质的监察法规,如《都察院则例》《五城巡城御史处分例》《巡方事宜》《京察滥举处分条例》《三品京堂京察例》,等等。总之,清代在明代基础上继续发展,逐渐将中国古代行政监督的法制建设推向了高峰,如论者所说,清代"在监察立法方面颇有建树,逐步从较为简单的立法发展为完备的监察律法体系,从专门法典到实施细则,再到配套法规和专门实施机构,一应俱全,相当完备,雄踞我国古代监察法的最高峰"②。

---

① 《大明会典》卷二一一《都察院·抚按通例》。
② 张晋藩主编:《中国古代监察法制史》,江苏人民出版社2017年版,第424页。

第三节　中国古代行政监督的特点

随着中央集权统治的建立与发展，中国古代的行政监督制度也日臻完善，既有从中央垂直到地方的专职监督，又有各级行政机构内部层级与同级监督。二者相互结合，形成了以重视分权与制衡、监察内容广泛、手段多样为主要特点的监督体系，在中国古代的国家治理中发挥着重要的作用。

一　分权与制衡

中国古代行政监督的一大突出特点，是各部门之间的相互制衡。在中国古代监督体系的设置中，处处体现着分权与制约的原则，不但专职监督体系内部在御史监察制度之外配置了其他向皇帝直接负责的监察官员与机构，而且各级行政机构中也有意设置了职权交叉的正佐牵制监督机制，使得各种监督系统纵横交错，相互牵制，很难形成某一方独大的局面。

从中央政府垂直覆盖到地方各级行政机构的专职监察系统，是中国古代监督体系的核心。在这一核心监察系统之外，于中央至地方各级行政机构内部设置多重监察机关，除去可为中央垂直地方的专职监察系统查漏补缺外，也是出于对该系统进行反向监督，从而实现制约权力、避免一方独大的目的。例如，汉武帝元狩五年（前118年）在御史系统之外设置"佐丞相，举不法"的丞相司直，不仅有权监督行政官员，而且可以监督诸州刺史，特别是丞相司直"秩比二千石"[①]，地位低于御史大夫，却有权对其进行监督。也就是说，丞相司直可以对整个御史系统进行监督，这显示了中国古代

[①]　《汉书》卷一九《百官公卿表第七上》。

行政系统对御史系统进行反向监督的制度设计。再如,东汉朝会中,在专职监察官员御史中丞和司隶校尉外,还派尚书进行监督,形成所谓"三独坐"局面。尚书的加入,不仅是为了与御史中丞、司隶校尉分工合作,从更高层面上监督朝会,也是为了在原有监察官员相互制约的基础上,形成行政中枢对专职监察官员的制约。隋唐及以后历代,也都赋予了尚书、中书、门下三省对专职监察官员即御史进行反向监督的权力。例如,唐代尚书左右丞的执掌便有"辩六官之仪,纠正省内,劾御史举不当者";[1] 宋代在尚书省设御史房,主管"弹纠御史案察失职","弹奏六察御史,纠不当者";[2] 元代中书省左司和右司分别设台院选科和枉勘科,负责核实御史台选官和纠举案件;明代规定都察院、按察司以及各道的监察官员之间可以互相纠举,且禁止科道官挟私报复;[3] 明清时期,凡被弹劾官员,有时可以奉诏在廷前对质,有时也另派其他官员对监察官弹劾的情节进行复查核实,且原弹劾人一般不参加审讯。此外,中国古代各级行政机构的官吏对监察官的行为也均有监督作用,可以随时上书弹劾监察官,这些都属于对专职监察人员的反向监督。[4]

各级行政部门横向上的正佐分权监督,则主要体现在中国古代职官制度的设计中。中国古代各级行政部门通常在设立主官时又设佐贰官,在规定权责时,使主官的权责明确具体,而佐贰官的权责规定则含混不清;在升进的仕途上,又使主官迁调机会远远大于佐贰官,从而实现正佐之间的相互监督和左右牵制。这种正佐之间的互相监督,在中国古代逐步制度化,发展到明代已经有了法律的保障,即"凡内外各衙门印信,长官收掌,同僚佐贰

---

[1] 《新唐书》卷四六《百官志一》。
[2] 《宋史》卷一六一《职官志一》。
[3] 孙承泽:《天府广记》卷二三《都察院·宪纲》。
[4] 参见卜宪群《汉代监察体制的完善及其意义》,《中国纪检监察报》2019年3月21日。

官用纸于印面上封记，俱各画字。若同僚佐贰官差故，许首领官封印"①。此外，明代在各省设布政使司、按察使司、都指挥使司，分管民政财政、司法监察和军事行政，并分别汇报工作，从而实现分而治之；清代也在部分行省同时设置总督与巡抚，并使其职权存在交叉重叠，通过彼此牵制、相互监督的行政体制来实现监督的功能。

为了制约监察官员的权力，中国古代一度还曾尝试将监察权与司法权进行分离。汉代的监察官员只拥有监察权而没有司法权，这些监察官员要对监察对象进行处罚，需要报请所属长官，或与司法部门协调处理。以各州部的刺史为例，他们并不能直接处理地方行政事务，而且在监察地方行政长官过程中，有权举劾但无权直接罢免。不过，在大多数情况下，中国古代的监察官员不但具有监察司法的权力，而且也享有一定"推鞫狱讼"的司法权。如唐代御史台下设的台院，便以推鞫狱讼为"台司重务"，具体包括三司推、东推和西推三种形式。其中，三司推指御史台和刑部、大理寺这两个专职司法部门共同审讯案件；东推和西推则是指台院对中央和地方各州审讯事务的干预。② 延续到明代，当时的都察院同样具有司法权。《明史·职官志》规定：凡遇大案，必须由刑部、大理寺与都察院共同会审，即大三法司会审；遇到特别重大的案件时，则由三法司与六部尚书和通政使共同审理，即九卿会审。造成这一现象的原因是，中国古代监督体系在用人方面采取了使负责监督的官员秩卑权重的策略，因此在降低监察官员品秩的同时，赋予了他们包括部分司法权在内的极大权限。

---

① 《大明律》卷三《吏律二·封掌印信》，法律出版社1999年版，第42页。
② 参见《唐六典》卷一三《御史台》。

二 以轻制重、以贱察贵

以轻制重、以贱察贵的特点，主要反映在监察官员的任用中。位卑权重是中国地方监察官员任用的重要特点。从秦汉设置专职监察官以来，监察官员的品秩一直较低，但其所掌握的权限却往往超过与他们同品秩甚至更高级的其他官员。如秦汉时期的御史大夫秩二千石，远不及秩万石的丞相，却贵为副相；汉武帝所设丞相司直秩比二千石，地位低于御史大夫，但却可以监察包括御史大夫在内的各级官员；汉武帝所设司隶校尉同样秩比二千石，却有权监察京师地区三公以下的百官，以致百官朝会时莫不格外"戒慎"；[①] 东汉时以御史中丞与司隶校尉、尚书台为"三独坐"，三者的官阶品级虽在二千石的"九卿"之下，但肩负着监察朝会的重要职责。[②] 位卑权重的特点在后世的行政监督中也多有呈现。唐代御史台察院之监察御史，执掌十分广泛。如《旧唐书》所载："掌分察巡按郡县、屯田、铸钱、岭南选补、知太府、司农出纳、监决囚徒。监祭祀则阅牲牢，省器服，不敬则劾祭官。尚书省有会议，亦监其过谬。凡百官宴会、习射，亦如之。"[③] 《新唐书》亦称："掌分察百寮，巡按州县，狱讼、军戎、祭肥、营作、太府出纳皆莅焉；知朝堂左右厢及百司纲目。"至明代，还赋予六科给事中风闻奏事而不必核实的权力。六科给事中按六部的业务进行对口监督，并有言谏权、封驳权和弹劾权，官品虽低，但可奉敕审理或兼理一定事务、充任使臣、参加重大刑狱案件的审问，也有单独上奏言事、监督和弹劾上自大学士、大将军乃至亲王、君王，下至州县官的权力，而且可以风闻奏事而不必核实。[④] 除授予监察官员较

---

① 《后汉书》卷一一四《百官四》。
② 《后汉书》卷一一三《百官三》。
③ 《旧唐书》卷四四《职官志三》。
④ 《明史》卷七五《职官志》。

大权限外，历代还会在仪礼等方面彰显监察官的地位，使其享受到与其实际级别不同的待遇。如汉代使御史中丞与司隶校尉、尚书台在朝会时专席独坐，凌驾众官之上，以示朝廷对他们的重视和尊重；汉代的司隶校尉在公众活动场合和朝会时，可免去或降低对于其他长官的礼敬；魏晋以后，御史中丞行路，除皇太子以外，各级官员都要让路；唐代则规定侍御史有大事弹奏时"冠法冠、衣朱衣、纁裳、白纱中单"①，对五品以上官员弹劾时，则采取在朝会仪式上当面宣读弹劾文字的形式，且"大臣为御史对仗弹劾，必趋出，立朝堂待罪"，在等候处理的同时，还要率先求免职务。②

在中国古代地方监督史上，对监督官员的任命，也有位卑权重的一面。秦汉时期，是中国古代地方监察制度初步形成时期，而汉武帝元封五年（前106年）创置刺史制度，则是中国古代地方监督史上的重要事件。武帝置刺史十三员，分刺十三部州。每年秋天，刺史奉诏"周行郡国，省察治状，黜陟能否，断治冤狱"，"以六条问事"。六条内容，除第一条为监察"强宗豪右"外，其余五条皆为"二千石"官员，而刺史秩仅六百石；③ 这些六百石的刺史相当于县级行政长官，但有权监察郡国以及秩二千石的地方官，"所统辖一州，其中郡国甚多，守相二千石皆其属官"，④ 所以，刺史分刺州郡，具有明显的以卑临尊特点。再如，西汉魏相为扬州刺史，"考案郡国守相，多所贬退"。⑤ 何武为扬州刺史，"所举奏二千石长吏必先露章，服罪者亏除，免之而已；不服，极法奏之，抵罪或

---

① 《唐六典》卷一三《御史台》。
② 《新唐书》卷一〇九《宗楚客传》。
③ 《汉书》卷一九《百官公卿表第七上》。
④ 王鸣盛：《十七史商榷》卷一四《刺史权重秩卑》。
⑤ 《汉书》卷七四《魏相传》。

至死"。① 翟方进曾言："今部刺史居牧伯之位,秉一州之统,选第大吏,所推位高至九卿,所恶立退,任重职大。"② 王嘉对汉哀帝言吏治道："司隶、部刺史察过悉劾,发扬阴私,吏或居官数月而退,送故迎新,交错道路……二千石益轻贱,吏民慢易之。或持其微过,增加成罪,言于刺史、司隶,或至上书章下;众庶知其易危,小失意则有离叛之心。前山阳亡徒苏等纵横,吏士临难,莫肯伏节死义,以守相威权素夺也。"③ 以上可见,刺史在"黜陟能否"方面权力之重。明代十三道监察御史同样具有秩卑权重特点。明代监察御史为正七品,但"巡按则代天子巡狩,所按藩服大臣、府州县官诸考察,举劾尤专,大事奏裁,小事立断",而且,其监察范围亦十分广泛,"清军,提督学校,巡盐,茶马,巡漕,巡关,攒运,屯田。师行则监军纪功,各以其事专监察","凡政事得失,军民利病,皆得直言无避。"④

监察官员秩卑权重的任职制度主要是为了实现监察官与监察对象之间的相互牵制,正如清代学者赵翼所说,"官轻则爱惜身价之念轻,而权重则整饬官吏之威重";清代学者顾炎武评论这种"以卑察尊"的制度时亦有"夫秩卑而命之尊,官小而权之重,此小大相制,内外相维之意"说法。秩卑权重的制度设计在中国古代地方监督中受到重视的重要原因,在于它可以达到强干弱枝,巩固中央集权的效果。例如,西汉成帝时丞相翟方进以"《春秋》之义,用贵治贱,不以卑临尊"为由,请罢刺史,更置州牧;而朱博则以刺史制度为汉家故事,以"秩卑而赏厚,咸劝功乐进"为由,请罢州牧,置刺史如故。⑤ 朱博的主张就体现了相比位尊权重之州牧,秩

---

① 《汉书》卷八六《何武传》。
② 《汉书》卷八三《朱博传》。
③ 《汉书》卷八六《王嘉传》。
④ 《明史》卷七三《职官志二》。
⑤ 《汉书》卷八三《朱博传》。

卑权重之刺史更容易为统治者掌控。再如，唐中宗时期，李景伯请罢都督府时说："今天下诸州分隶都督，专生杀刑赏。使授非其人，则权重衅生，非强干弱枝、经邦轨物之谊。愿罢都督，留御史，以时按察，秩卑任重，以制奸究便。"① 这里，因都督"专生杀刑赏"之大权，有悖"强干弱枝"之谊，而请留"秩卑任重"之御史，充分体现了任命秩卑权重的地方监督官员，对巩固中央集权的重要意义。从这一方面也可反映出，地方监督官员秩卑权重的任职特点，更容易实现中央对地方的监督与控制。

三 监督主体任用的规范化

官吏是治国之要，察吏是治国之本。中国历朝历代的统治者从政治实践与历史经验中认识到监督主体即监察官员自身素质的重要性，如唐玄宗强调"御史之职，邦宪是司，先正其身，始可行事"。② 因而，历代统治者都十分重视在监察官员的选拔、考课和奖惩等方面，建立和健全对监督主体的管理制度，以保证行政监督体制的良好运行。其中，尤其突出的是监察官员的任职条件，具体表现为以下三个方面。

首先，刚正疾恶、敢于直言抗争，一般都被视为监察官员必备的品格。如汉武帝时，作为丞相长史的田仁就因其不畏强御的品格，而被武帝拜为丞相司直。唐宪宗时期出任御史中丞的裴度曾说："凡所取御史，必先质重勇退者。"③ 宋仁宗皇祐三年（1051年）十月，宣谕宰臣曰："谏官、御史必用忠厚、淳直、通明治体之人，以革浇薄之弊。"④ 司马光曾提出选择谏官应"以三事为

---

① 《新唐书》卷一一六《李怀远传》。
② 《唐大诏令集》卷一〇〇。
③ 《唐会要》卷六《御史台上》。
④ 《宋会要辑稿·职官一七》。

先，第一不爱富贵，次则重惜名节，次则晓知治体"。①明太祖曾言："凡任风宪者，宜体朕此意，以公正为心，以廉洁自守。"②明成祖亦曾明确提出："御史当用清谨介直之士，清则无私，谨则无忽，介直则敢言。"③要之，监察官员的个人品格，特别是其刚正疾恶、敢于直言抗争的品格，是中国历朝历代统治者普遍重视的内容。

其次，学识高雅，尤其是熟知监察法令，能够依法行使监察职权是监察官员的必备条件。例如，汉代选任御史的重要条件之一就是"明达法令，足以决疑，能案章覆问"。④唐代很多官员也都因为"有雅才""有文武才"而被任命为监察御史等职。宋太宗时选拔台谏官，有"唯登进士第及器业有文学者，可膺是选"的规定。明代监察官员地位显要，因而选拔标准更为严格，如明太祖洪武元年（1368年）曾下诏曰："监察御史、提刑按察司，耳目之寄，肃清百司，今后慎选贤良方正之人，以副朕意。"⑤明成祖永乐七年（1409年）曾谕臣下曰："御史为朝廷耳目之寄，宜用有学识通达治体者。"⑥可见，学识高雅、熟知监察法令是中国历朝历代监察官员任职的必备条件。

最后，中国历朝历代选任监察官员，都比较重视具有基层工作经历。如唐代就规定必须具有地方实际工作经验才能出任监察官员，"不历州县不拟台省"。⑦宋孝宗乾道二年（1166年）规

---

① 《文献通考》卷五〇。
② 黄兴升：《昭代典则》卷八《太祖高皇帝》，商务印书馆2017年版，第290页。
③ 陈仁锡：《皇明世法录》卷九《文皇帝宝训》，《旧库禁毁书丛刊》史部第13册，北京出版社2000年版，第628页。
④ 卫宏：《汉旧仪》卷上。
⑤ 申时行等：《明会典》卷二〇九《都察院一·急缺选用》，中华书局1989年版，第1045页。
⑥ 龙文彬：《明会要》卷三三《职官五·都察院》，中华书局1956年版，第559页。
⑦ 《新唐书》卷四五《选举志下》。

定:"自今非曾经两任县令,不得除监察御史,著为条令。"① 宋高宗绍兴二十六年(1156年)正月颁布的诏令也规定,必须"七品以上清望官,或经朝擢及治郡著绩者"方可任为监司官。② 明代也规定,欲授御史台职,必于各道历政三个月,考其贤否,上中二等授御史,下等送回吏部。此后,明代对监察官人选的资历、声望限制进一步制度化,如规定进士出身的官吏欲任御史之职必须具备的四个条件中,第一个便是须历政一年以后或三年考满的资格。③

中国古代行政监督体系中对监察官员素质和能力方面的严格要求和规范化,造就了一批又一批直谏敢言、有正义感、责任感和使命感的监察官员,在一定程度上推进了国家治理水平、维护了社会秩序的持续稳定,所形成的精神成为中华民族精神的重要组成部分。在此意义下,中国古代行政监督制度对当代行政监督体系构建中监督主体的选拔和任用还是有值得继承和发展的因素。

四 监督职权范围广

中国古代的行政监督具有广泛性,这种广泛性主要体现在两个方面:一是监督对象涵盖了从君主至朝中无论是中央还是地方的文武百官;二是监督内容广泛,从朝政到官员个人品行等,几乎无所不包。

中国古代行政监督的对象包含君主、朝中百官和地方各级官员。就中央而言,文武百官都是御史的监督对象。如《元史·百官志》所载,御史大夫之责是"纠察百官善恶,政治得失",监察御

---

① 《文献通考》卷五三《职官七》。
② 《宋史》卷三一《高宗纪》。
③ 章翊中、熊亚非:《中国古代对监察官的监督与管理》,《江西社会科学》2002年第12期。

史则"司耳目之寄，任刺举之事"。这里的"百官"系虚指，可以认为是朝中所有的官员。君主与皇室宗亲同样是被监督的对象，中国古代历史上多有言官匡正君主言行失当的事例，李世民与魏徵君臣甚至因此而成为中国古代历史上君明臣直的典范。就地方而言，地方官员受到的监督多为上级对下级的监督。汉高祖刘邦为制约地方王侯国和郡县，下令"御史大夫昌下相国，相国酂侯下诸侯王，御史中执法下郡守"①，以此形成了由御史大夫为首逐级而下直至郡守的地方行政监督体系。在这个监督体系中，至少包含了相国、诸侯国、郡守三级地方行政官员。而在地方行政系统内部，相应官员也有监督职权，如郡守和督邮。郡守每年通过"行县"，对辖区内县一级的行政官员进行监督；督邮即后世的督吏，督邮负责对郡守辖区内的县作经常性的巡行，在功能上属于对郡守"行县"的一种补充。此外值得注意的是，监察官员自身也受到一定的监督，朝廷会定期对监察官作评定，并据此进行奖惩。

为了兼顾监察工作的效率和各级行政工作的运行秩序，中国古代王朝在设置监督体系过程中，曾试图将监察制度法规化，对监察的内容进行规定与限制。汉武帝时规定刺史的监察范畴仅限于"六条问事"，超出六条范畴进行干预便要受到惩处；东汉以后又令原辖京师地区的司隶校尉以"六察"为标准，巡查京畿和全国州县；有唐一代分道置使，也是以新"六条"为标准来监察各属州县。不过，由于中国古代监督体系存在的主要目的是消除威胁政权的一切潜在因素，这势必会导致监督内容的扩大，除对行政和司法行为的监督外，一切可能违反统治意图和异己的言行，也都在监督范畴之内。

中国古代监督内容的广泛，首先体现在监察官员不但要监督行

---

① 《汉书》卷一《高帝纪》。

政和司法行为，还要监督殿堂朝会威仪。秦汉时期，监察官员在典正法度、纠劾百官这两重对司法和行政行为的监督职责之外，还负有监督殿堂朝会威仪的职责。如东汉时期，侍御史陈翔曾以大将军梁冀在正旦朝贺时威仪不整，而对其进行弹劾；侍御史朱穆在辟雍礼毕，发现负责警卫的虎贲将弓箭置于台阶后，也对虎贲进行弹劾。统治者之所以要对官员违犯礼仪风尚的行为进行监督，主要就是为了加强中央统治权威、稳定统治秩序。

隋唐时期，监督内容得到了进一步拓宽，从对行政、司法行为的监察检举，扩大到直接参与司法活动的范畴。如由汉代"六条问事"发展而来的隋唐时期的"六条"，通过稽查吏治、户口、财政、生产、治安、人事、司法等多方面的政绩，来对地方官吏的品性作出评价，这些内容实际上已经延伸到了地方行政官员的职权范畴。

此外，中国古代监督内容的广泛，还体现在对思想文化、人伦道德、官吏及其家属私生活方面的监督上。如明代就规定："凡大臣奸邪、小人构党、作威福乱政者，劾。凡百官猥茸贪冒坏官纪者，劾。凡学术不正、上书陈言变乱成宪、希进用者，劾。"[①]

五 来自君权的主观制约

在君主专制政体下，由于皇帝作为最高权威存在，因而行政监督的内容和活动也会受到其主观因素的干扰。一方面，皇帝可以在中央和地方行政监督的定制之外，任意指派亲信、宦官等作为特使，前往各地监督官员行政。这种现象在中国古代可谓屡见不鲜，诸如汉武帝时的直指绣衣使者、曹魏和东吴的校事官、北魏的候官、唐代的知匦使、明代的东西厂和锦衣卫等，都在此列。这些人

[①] 《明史》卷七三《职官二》。

因代表皇帝出巡，权限极大，不但可以刺举奸非，而且有权督捕拷问，他们以公开或秘密的方式进行的特别监督活动，常常会造成恐怖统治。另一方面，皇帝仅凭个人意志就可以对监督律法进行随意更改。例如，告密连坐法在唐代曾一度遭到禁止，①然而武则天为了维护其统治，而设置了专门受理天下密奏知匦使，造成"告密之门"再度盛开，结果"四方告密者蜂起，人皆重足屏息"。②明清时期也曾加重对匿名告状行为的处罚，规定："凡投隐匿姓名文书告言人罪者，绞。见者，即便烧毁。若将送入官司者，杖八十。官司受而为理者，杖一百。被告言者，不坐。若能连文书捉获解官者，官给银一十两充赏。"③但是，当统治者需要时，他们又可以鼓励并受理匿名告状，且趁势广泛株连其所欲打击的对象，如明代的胡惟庸案便"株连蔓引，迄数年未靖"。④

影响古代监督体系的主观因素，还体现在自下而上的言谏系统的废弛上。中国古代除负责监督弹劾的御史系统，还有拾遗补阙的言谏系统。言谏指对君主或上司提出规劝性意见，理论上说，言谏的内容囊括从军国大政到宫廷生活，乃至宦官的行为活动；而且，除专职谏官外，自公卿大夫、牧守县令，直到庶民男女，都有言谏之权。中国古代最初由辅政大臣履行诤谏责任，至战国以后逐渐出现一批专职从事言谏的官员。如秦汉时期"掌议论"的谏大夫、太中大夫、中大夫、侍中、给事中、左右曹、散骑、中常侍、议郎等，都属此列。专门的言谏机构以汉献帝时所设侍中寺为开端，发展到晋代以后改为门下省，自此以后，谏诤的机构主要都设在门下

---

① "诸投匿名书告人罪者，流二千里。得书者，皆即焚之，若将送官司徒一年。官司受而为理者，加二等。被告者，不坐。辄上闻者，徒三年。"参见《唐律疏议》卷二四《斗讼·投匿名书告人罪》。
② 《资治通鉴》卷二〇三《武则天垂拱二年》。
③ 《大明律》卷二二《刑律五·投匿名文书告人罪》，法律出版社1999年版，第174—175页。
④ 《明史》卷三〇八《胡惟庸传》。

省。隋唐时期，门下省的左散骑常侍、左谏议大夫、左补阙、左拾遗和中书省的右散骑常侍、右谏议大夫、右补阙、右拾遗是主要承担谏诤责任的人。宋代设立谏院，有左右散骑常侍、谏议大夫、司谏（补阙）、正言（拾遗）等，曾一度独立设立官署，但基本都隶属中书门下后省。不过，由于君主和上司并无必须听从言谏的义务，所以这一制度能否发挥作用，基本取决于君主和上司个人的政治素质。如唐代初年因唐太宗个人的偏好，言谏系统发挥了较大的作用，但到开元年间，谏官的意见就不容易被唐玄宗采纳。大多数时候，昏聩君主以个人好恶决定政事处置，很容易造成"忠直之辈人人钳口，而谗佞小人，转得任意横行"的局面。① 因此，到宋代以后，由于谏官对上的言谏职能形同虚设，便取消了谏官对上的谏诤职责，变成了主要对下的监察职能。有明一代一度复设谏院，但后来废止，改由六科给事中承担谏官的责任。到清代以后，将六科并入都察院，但削除其谏诤职责。

皇权在中国古代权力结构中处于至高无上地位，中国古代的行政监督，正是在这样的背景下产生和发展的。相较于世界上其他国家而言，中国的行政监督受君主的影响更多。监察官员设立的目的之一，便是加强统治。因此，监察官员往往被视为君主的耳目。宋徽宗在崇宁五年（1106年）所下《诫约监司体量公事怀奸御笔手诏》中，就称"监司分按诸路，为耳目之任"。② 北宋吕公弼也认为监察官员是君主的耳目，在朝政中与行政官员是相辅相成的，即"谏官、御史，为陛下耳目，执政为股肱。股肱耳目，必相为用，然后身安而元首尊"。③ 在这种情况下，君主也会要求监察官员要谨遵皇帝旨意行事。如清顺治皇帝曾告诫监察官："自今以后，当敬

---

① 崑冈等：《钦定大清会典事例》卷九九八《都察院·宪纲》，《续修四库全书》第812册，上海古籍出版社2002年版，第6页。
② 《宋大诏令集》卷一九七《诫约监司体量公事怀奸御笔手诏》。
③ 《宋史》卷三一一《吕夷简传附子公弼传》。

承朕旨，凡遇有宜言之处，即行奏达，若瞻徇不言，被人参论，朕将于尔等是问，悔无及矣。"① 对监察官员自身而言，其行政特点也促使他们必须加强对统治者的依附，只有受到统治者的重视，他们才能发挥出自己更大的作用。这就对统治者有一定的要求，如若统治者是一位较为圣明的君主，中国古代的行政监督就能发挥出其应有的作用，但是如若统治者无心政务或是有所偏私，那么御史与言官往往就没有用武之地，"风闻言事"之权势也容易成为朝堂政治斗争的工具。

结　语

中国古代行政监督发端于春秋战国，形成于秦汉，成熟于隋唐，完备于两宋，强化于明清，历经两千余年，建构成一个内涵丰富、特色鲜明、结构复杂的监督体系。当然，这一体系构建不是简单的线性过程，而是纵横交错、新旧变换、盛衰交替的立体式发展过程。从整个中国古代国家与社会秩序形成与发展来看，不同朝代所建立的行政监督制度，在相应时期的国家治理中，发挥着至关重要的作用。

一　行政监督在中国古代国家治理中的积极作用

从整个中国古代国家与社会秩序形成与发展来看，行政监督在国家治理中发挥了重要作用，主要表现在整饬吏治、维护国家纲纪、规避决策失误、提高行政效率四个方面。

（一）整饬吏治

行政体制能否有效运转，与吏治清明与否有极大关系，对此，

---

① 《清世祖实录》卷六三，清顺治九年二月。

中国古代的政治家、思想家早有深刻认识，并提出了丰富的"治吏"思想。比如，东周时期，《管子》中提出的事关国家"治乱之原"的"三本"，即"一曰德不当其位，二曰功不当其禄，三曰能不当其官"①，其核心就是"治吏"。而且，其中进一步提出，如果吏治不清，"属数虽众，非以尊君也；百官虽具，非以任国也"。②与之类似，《吕氏春秋》中也曾提出"治天下之要，存乎除奸；除奸之要，存乎治官"的主张。③东周时期，对"治吏"在国家治理中的重要性进行系统阐释的当数法家，特别是韩非子。他提出的法、术、势中的"术"，主要就是统驭臣下之术。而且，所谓"明主治吏不治民"，即"人主者，守法责成以立功者也；闻有吏虽乱而有独善之民，不闻有乱民而有独治之吏，故明主治吏不治民"④，也是由他提出的。"明主治吏不治民"把"治吏"放在了国家治理的重要位置，而实现"治吏"的有效手段当然就是行政监督，所以，"明主治吏不治民"思想，充分体现了东周时期行政监督思想的发展。东周时期形成的这种"治吏"思想，在后世的国家治理思想中，得到了较为充分的继承和发展。比如，西汉时期公孙弘向汉武帝所说，"先世之吏正，故其民笃；今世之吏邪，故其民薄。政弊而不行，令倦而不听。夫使邪吏行弊政，用倦令治薄民，民不可得而化，此治之所以异也"⑤，就是对东周"治吏"思想的一种延续。而"治吏"思想受到历代统治者重视的重要原因之一，即如论者指出，整饬吏治有助于推进行政体制有效运转，并可以起到"彰善瘅恶、激浊扬清"的社会调节功能。⑥ 因而，它也就成了中国古

---

① 《管子·立政》。
② 《管子·明法》。
③ 《吕氏春秋》卷一七《知度》。
④ 《韩非子》卷一四《外储说右下》。
⑤ 《汉书》卷五八《公孙弘传》。
⑥ 参见李青《中国古代行政监察的几个重要环节及其历史借鉴》，《河北法学》2017年第5期。

代行政监督的核心内容。

纵览中国古代行政监督的演变历程不难发现，中国古代行政监督的具体内容虽然十分广泛，但其核心主要就是对官吏违法失职、滥用权力的纠察弹劾。比如，先秦时期，《周礼》所述"以八法治官府"的重点，就是纠察、惩治不法官吏；商鞅在秦国推行变法，其重要内容之一也是整饬吏治，如《商君书》所说："今恃多官众吏，官立丞、监。夫置丞立监者，且以禁人之为利也。"[1] 就事实而言，在秦国由弱而强的发展历程中，有效的行政监督所带来的清明吏治，确实发挥了重要作用。秦汉时期，随着行政监督逐渐制度化，整饬吏治的重要性被进一步凸显出来。汉代监察官员的主要职责和权力，就是"纠察百僚"。如《汉书》载御史中丞的职权道："外督部刺史，内领侍御史员十五人，受公卿奏事，举劾按章。"[2] 汉武帝建立的刺史制度同样如此，在刺史"六条问事"的规定中，有五条都是直接针对二千石及以下官吏的。[3] 东汉时期，在县一级设置负责监督各乡吏员的廷掾，使得地方监督由两级增至三级，地方最低级别的监察官也由监县的郡属官员，发展至监乡的县属官员，这是对地方行政官员监督的进一步强化。从中国古代政权的治乱兴衰看，强化对地方行政官员的监督，对于整饬地方吏治，推进地方治理，缓和地方社会矛盾，维护国家统治根基，都发挥了重要作用。加强对各级行政官员的监督，同样是隋唐以后监督制度建设的重要目的。如唐代规定，御史台"掌邦国刑宪、典章之政令，以肃正朝列"，"临制百司，纠绳不法"；监察御史"分察百僚，巡按郡县，纠视刑狱，肃整朝仪"。[4] 从这些内容即可看出唐代行政监督中对整饬吏治的重视。明代吸取元朝政权因吏治败坏而走向衰亡的

---

[1] 《商君书·禁使》。
[2] 《汉书》卷一九《百官公卿表第七上》。
[3] 《汉书》卷一九《百官公卿表第七上》颜师古注。
[4] 《唐六典》卷一三《御史台》。

教训，更为重视对中央与地方各级官员的监督管理。明代的重要监察机构都察院的首要职责，就是"纠劾百司"。① 同时，明代中央还设置了具有独立监察权的六科给事中，专门负责监督六部官员行政②，进一步加强了对中央最高行政部门的监督与制约。此外，明代制定的《巡抚六察》中，首位即整饬吏治；《巡抚七察》中，与整饬吏治直接相关的则占了4条。以上可见，从先秦至明清，整饬吏治始终是中国古代行政监督建设中的重要内容，也是其主要目的之一。

从政治实践来看，中国古代的行政监督也确实起到了整饬吏治的客观效果。以唐代为例，据学者统计，在唐代153起弹劾事件中，被弹劾的中央官员多达133人，包括15名宰相，在这些弹劾案件中，"除去极少数具有党争性质之外，绝大多数属于严肃的执法行为"。③ 这正显示了唐代行政监督部门在整饬吏治方面的实际作用。唐代文献中的相关记载也反映了这一特点，如杜佑在其《通典》中所言"御史为风霜之任，弹究不法，百僚震恐，官之雄峻，莫之比焉"。再如唐高宗凤仪年间，侍御史狄仁杰弹劾左司郎中王本立，王本立被判罪，"朝廷肃然"。④ 唐代行政监督在整饬吏治方面的作用，即如论者分析指出，唐代御史系统和谏官系统相互配合的监督体系，对于整饬吏治发挥了较好的制度性与权威性优势，"共同涤荡吏治污弊，彰显了整体性秩序价值"。⑤ 更有论者认为，

---

① 《明史》卷七三《职官志二》。
② 六科给事中"掌侍从、规谏、补阙、拾遗、稽察六部百司之事"（《明史》卷七四《职官志四》）。
③ 胡宝华：《唐朝御史弹劾的"有为"与"难为"》，《人民论坛》2014年第28期。
④ 《新唐书》卷一一五《狄仁杰传》。
⑤ 张生：《中国古代监察制度的演变：从复合性体系到单一性体系》，《行政法学研究》2017年第4期。

御史台在维护良好吏治方面起到了"决定性"作用。[1] 明代通过行政监督来整饬吏治的效果,亦如《明史》所描述:"一时守令畏法,洁己爱民,以当上指,吏治焕然丕变矣。下逮仁、宣,抚循休息,民人安乐,吏治澄清者百余年"。[2]

概言之,中国古代不仅有重视"治吏"的思想,而且这一思想在历代行政监督中得到了较为长期的坚持,也收到了较好的效果,它对于某一历史时期的吏治清明、政治稳定和社会发展,都起到了积极的推动作用。

(二) 维护国家纲纪

维护国家纲纪,以保证社会有序运行,是中国历代国家治理的重要目的,而历代行政监督机构和官员,则是这一工作的重要承担者。

先秦时期,《周礼》记载大宰所掌之六典、八法、八则,主要就是通过对各级官吏的监督管理,实现对纲常礼法的维护,以保证社会运行秩序。秦汉以后,通过建立行政监督机制来维护国家纲纪和社会秩序的目的,有了更为明显的体现。比如,成帝、哀帝时期先后担任刺史、御史大夫等职的朱博曾言:"御史大夫,为次丞相,典正法度,以职相参,总领百官,上下相监临,历载二百年,天下安宁。"[3] 所谓"点正法度,以职相参"也就是我们所述的维护国家纲纪。

唐宋以后,历朝统治者对于行政监督在维护国家纲纪方面的重要作用,有了愈发明确的自觉。就唐代而言,《通典》有"自贞观初,以法理天下,尤重宪官,故御史复为雄要"的记载[4];唐睿宗

---

[1] 杜文玉:《试论唐代监察制度的特点及其历史鉴戒》,《陕西师范大学学报》2016年第4期。
[2] 《明史》卷二八一《循吏传》。
[3] 《汉书》卷八三《朱博传》。
[4] 《通典》卷二四《职官六》。

曾表示，"彰善瘅恶，激浊扬清，御史之职也。政之理乱，实由此也"①；唐玄宗亦有"御史执宪，纲纪是司"的说法。②这些都显示出唐代统治者比较清醒地认识到行政监督对于维护国家纲纪的重要作用，并给予充分肯定和高度重视。③历经五代十国的纷争混乱后建立起来的宋朝，其君臣上下都充分肯定了重振纲纪的重要性，特别是指出了行政监督对重振和维护国家纲纪的重要作用。如北宋名臣包拯就曾提出："国家置御史府者，盖防臣僚不法，时政失宜。朝廷用之如纪纲，人君委之如耳目。"④宋徽宗时的大臣李新认为台鉴的根本职责，是维护国家纲纪，即"严其任，则为风霜也；端其本，则曰纲纪也"。⑤北宋末年欧阳彻更强调说："盖御史台为朝廷纪纲，台纲正则朝廷理，朝廷理则天下理矣。"⑥

建立和维护国家纲纪，需要君王之正；君王之正又依赖于行政监督机制。也就是说，如果行政监督体系形成且良好运转，有助于"君王之正"，随之国家纲纪自然得到维护。事实上，从宋朝行政监督的制度建设来看，它确实也是以维护国家纲纪为根本职责和要求，如宋朝最高监察机关御史台的职责即"纠察官邪，肃正纲纪"⑦，御史大夫"掌肃正纲纪及以仪法"⑧，故而，历史上才有了"考宋之立国，元气在台谏"⑨的论断。

强调行政监督机构和官员具有维护国家纲纪的重要职责，是明清皇帝的共同特点。明太祖朱元璋就有多次表示，如"御史掌纠

---

① 《唐大诏令集》卷一〇〇《令御史录奏内外官职事诏》。
② 《全唐文》卷二九《饬御史刺史县令诏》。
③ 详见张晋藩《中国监察法制史·绪论》，商务印书馆2019年版，第8页。
④ 《历代名臣奏议》卷二〇二《听言》。
⑤ 《历代名臣奏议》卷四三《治道》。
⑥ 《历代名臣奏议》卷八三《经国》。
⑦ 《宋史》卷一六四《职官志四》。
⑧ 《宋会要辑稿·职官一七》。
⑨ 《宋史》卷三九〇"后论"。

察，朝廷纪纲尽系于此，而台察之任尤清要"①；"风宪之任……肃清纪纲，以正朝廷"等。② 明仁宗曾敕谕都察院："都察院为朝廷耳目，国家纲纪，得人则庶政清平，群僚警肃，否则百职怠弛，小人横恣。"明英宗敕谕三司："朝廷以纪纲为首，御史职纪纲之任，不可不慎择也。"③ 清代诸帝也多有类似说法，如嘉庆皇帝说："明目达聪，责在御史，彰善瘅恶，整纲饬纪。"④

以上可见，维护国家纲纪是历代统治者的共同追求，而借助行政监督系统来肃清纪纲也是历代统治者普遍采用的手段，而且，这一手段在中国古代国家治理中，也确实发挥了重要作用。不过，一旦这种行政监督发生变质，那么其原有的积极作用也会随之大大减弱甚至走向它的反面。比如，西汉成帝时期，薛宣曾上疏言道："吏多苟政，政教烦碎，大率咎在部刺史，或不循守条职，举错各以其意，多与郡县事，至开私门，听谗佞，以求吏民过失。"⑤ 东汉中后期外戚与宦官相继把持朝政，造成的权力腐败、行政监督有名无实，亦造成了"汉之纲纪大乱"局面。⑥ 换言之，中国古代统治者重视行政监督的重要目的之一，正是维护统治的纲纪，而从历代行政实践来看，如果行政监督机制运转良好，那么国家纲纪就容易得到维护，社会秩序亦运转良好；反之，如果行政监督缺失或名存实亡，就容易造成国家纲纪废弛，社会动荡不安，甚至是政权覆亡。

（三）规避决策失误

中国古代行政监督之规避决策失误的作用，突出体现在历代的

---

① 《明史》卷七二《职官志》。
② 《国朝典汇》卷七七《按察司》。
③ 《国朝典汇》卷五四《御史》。
④ 《钦定台规》卷一《训典一》。
⑤ 《汉书》卷八三《薛宣传》。
⑥ 《后汉书》卷七八《宦者列传》。

言谏制度中。在中国古代的行政监督中，言谏制度是一种相对特殊的方式和途径，他对最高统治者的决策具有很重要的纠偏补弊作用，即如王夫之所言："谏官职在谏矣。谏者，谏君者也，征声逐色、奖谀斥忠、好利喜功、狎小人、耽逸豫，一有其几，而必犯颜以铮。大臣不道，误国妨贤，导主贼民，而君偏任之，则直纠之而无隐。"①

秦汉时期，言谏在机构设置方面虽不完善，但当时的政治家、思想家对言谏在规避决策失误方面的价值，已有较多深刻论述。如主父偃曾提出："明主不恶切谏以博观，忠臣不避重诛以直谏，是故事无遗策而功流万世。"② 在一段时期内，汉代政权确实做到了"明主不恶切谏以博观，忠臣不避重诛以直谏"，发挥了言谏在中枢决策过程中规避失误的重要作用。如汉文帝时，太中大夫贾谊曾多次上疏陈政，史称"诸法令所更定其说，皆谊发之"。③ 晁错亦曾屡屡上书言事，提出削夺诸侯王权力、更定法令等建议。汉武帝时，汲黯为中大夫，多次直言进谏，"犯主之颜色"，被武帝称为"社稷之臣"。④ 诸多谏官在顾问应对、策划方略，匡正君失、谏言决策，针砭时弊、评论得失等方面的直言进谏，虽然没有被全部采纳，却形成了敢言直谏的风气，潜在地促进了良好的国家与社会秩序的构建。不仅如此，谏官还经常被皇帝派遣，循行天下，行使监察权力。如宣帝元康四年（前62年），遣太中大夫等12人循行天下，"存问鳏寡，览观风俗，察吏治得失，举茂材异伦之士"。⑤ 这些在一定程度上都有助于规避或减少最高统治集团决策的失误。

---

① 王夫之：《读通鉴论》卷二〇《唐太宗》。
② 《史记》卷一一二《主父偃列传》。
③ 《汉书》卷四八《贾谊传》。
④ 《汉书》卷五〇《汲黯传》。
⑤ 《汉书》卷一〇《成帝纪》。

言谏制度在规避中枢决策失误方面的作用，在唐代得到了较大程度的发挥。唐太宗时期，实施了谏官入阁与闻政事制度，即《通典》所说"每宰相入内平章大计，必使谏官随入，与闻政事"①。《资治通鉴》亦有"中书、门下及三品以上入阁议事，皆命谏官随之，有失辄谏"的记载。② 唐玄宗时还曾下诏："自今以后，谏官所献封事，不限旦晚，任封状进来，所由门司不得有停滞。如须侧门论事，亦随状面奏，即便令引对。如有除拜不称于职，诏令不便于时，法禁乖宜，刑赏未当，征求无节，冤抑在人，并极论失，无所回避，以称朕意。"③ 这显示了唐代统治者对言谏官员及其职能的重视，其效果则如王夫之所言："太宗制谏官随宰相入阁议事，故当时言无不尽，而治得其理。"④ 言谏制度规避中枢决策失误的作用，在唐代也得到了制度建设方面的保证。唐代重要的谏官有散骑常侍、谏议大夫、补阙、拾遗等，这些官员一般都有左右之分，左右职权相同，但左隶属门下省，右隶属中书省。我们知道，中书、门下两省是唐代中枢决策机构，中书省负责制诏出令，门下省负责审议封驳，在两省分置谏官，互相配合，自然有助于避免重大决策的失误。

就实践层面而言，言谏制度在唐代也确实较好地发挥了其应有的作用。例如，唐代李善感为监察御史里行，永淳初大造宫室，上疏极谏，时人喜之，谓之"凤鸣朝阳"。御史中丞宋璟在武则天时，频论时政得失，引起武后反感，素以果决肆杀著称的武则天也没有办法。唐垂拱元年（685年），武后命监察御史苏珦推按韩、鲁诸王狱。珦以诸王毫无谋反的证据和事实回奏，武则天极为恼火，珦却执奏不回，武后只好退让。

---

① 《通典》卷二一《职官三》。
② 《资治通鉴》卷一九二，太宗贞观元年条。
③ 《唐会要》卷五五《谏议大夫》。
④ 王夫之：《读通鉴论》卷二〇《唐太宗》。

在中国古代行政监督体系中，谏官的主要监督对象是皇帝，是专制主义中央集权体制中的最高权力所有者。谏官的职权能否产生实际效果，主要取决于统治者的意志。唐代谏官地位较高，谏官设置系统化，以及谏官在唐代中枢决策中发挥了重要作用，主要是唐代统治者重视言谏的结果。而宋元以后，台谏逐渐合一，谏官对上的监督职能逐渐削弱。明代以后，中国逐渐进入了君主专制极端强化的历史时期，当时虽然也保留了相应的谏官设置，但在政治实践中，谏官所能发挥的实际作用并不大。当然，对于给事中在专制政治体制内部所起到的调节功能，以及保证庞大的官僚机构正常运转的积极作用，仍应给予相应肯定。即如顾炎武评价六科给事中的封驳权时所说："明代虽罢门下省长官，而独有六科给事中，以掌封驳之任。旨必下科，其有不便，给事中驳正到部，谓之科参。六部之官，无敢抗科参而自行者，故给事中之品卑而权特重。"[1]

（四）提高行政效率

中国古代历史上逐渐发展而成的纵横交错、网络严密的行政监督体系，对于提高行政效率，具有一定的积极作用。

秦汉时期，政府在保障行政效率方面已经有了相对成熟的规定，主要表现是政府对行政事务的完成明确限期。这种以限期为中心的效率规定，不仅体现于秦汉政府的行政立法中，而且也被广泛应用于与日常行政运作关系更为密切的文书命令之中。如《汉书》载韩延寿"治城郭，收赋租，先明布告其日，以期会为大事，吏民敬畏趋乡之"。[2] 与之相应的，是秦汉时期对于违反效率规定的行为，也建构出了一套比较完备的问责机制。[3] 例如，为

---

[1] 《日知录》卷九《封驳》。
[2] 《汉书》卷七六《韩延寿传》。
[3] 详见刘晓满、卜宪群《秦汉行政中的效率规定与问责》，《安徽史学》2012年第2期。

了提高行政效率，惩治失职官员，东汉帝王下诏告司隶校尉和部刺史："自今以后将纠其罚，二千石长吏其各实核所伤害，为除田租刍稾。"① 此外，从《后汉书》所载"尚书记期会，公卿充员品而已"②，可知尚书左右丞有记录期会的职掌。《盐铁论·刺复》亦有"文学曰：夫维纲不张，礼义不行，公卿之忧也。案上之文，期会之事，丞史之任也"的记载，可见汉代从中央到州郡，都设有专门的官吏，记录督促期会。这些都有助于保证秦汉政府的行政效率。

唐代为了提高行政效率，保证中央政令迅速下达，地方奏章及时上报，专门制定了有关文书收发、执行和管理的律法。例如，《公式令》就是关于公文格式、用印规范、抄写程限、收发程限、传送及文书保管的专门法令。③ 公文制度规制严格，凡违反文书制度的官吏，要受到刑法制裁。如《唐律疏议·职制》规定："诸被制书，有所施行而违者，徒二年；失措者，杖一百"；"诸受制书忘误及制书误者，事若未失，笞五十；已失，杖七十；转受者，减一等"；"诸公文有本案，事直，而代司署者，杖八十；代判者，徒一年。亡失案而代者，各加一等"。这种严格的公文制度和法律规定，既保证了上下左右通过公文形式政令互通，也保证了判署公文质量和传递的各种效率。唐代所设立的勾检制度，不仅成为行政监督的一个重要环节，同时对于提高行政执行的效率和质量，保证国家机器的正常运转都发挥了重要作用，如《旧唐书·职官志》云："明于勘覆，稽失无隐，为勾检之最。"

针对官吏贪污腐化、玩忽职守，行政效率低下，宋代模仿唐代

---

① 《后汉书》卷四《孝和孝殇帝纪》。
② 《后汉书》卷七四《袁绍传》。
③ 《唐六典》卷一《尚书都省》。

的勾检制度，建立了点检制度。监察御史掌有对中央机关的点检权，他们定期或不定期点检三省、枢密院、六部文簿，如发现文书积压，及时弹奏。如史载，宋神宗元丰六年（1083年）"御史台言先准诏每半年轮御史一员取摘三省诸房簿，点检稽滞差失。然未有轮差及置局取吏之法。诏三省各一员，于言事官、察官内序差，以本台吏就逐省点检"。①

为保证行政效率，明代推行有照刷文卷的监督制度，即都察院通过审查各衙门文卷而实施监督活动。照刷文卷有严格的程序规定，经过照刷，根据不同情况分为照过、通照、稽迟（办事违限）、失措（印信、签名违制，年月日错漏等）和埋没（侵挪钱粮）五种。明朝详定照刷之法，对于提高行政效率，发现违失不法并及时纠治，起到了重要作用，也使得监察官的行政监督更加具体有据。②

清代为加强各部门的行政效率，赋予都察院督催、注销案卷的职权。所谓督催，即督促检查各行政机关所承担的公务是否如期完成；所谓注销，就是及时办理所承担事项的注销手续，以示了结。清代建立了十分完备的督催、注销制度，从机构设置、办事流程，到督催内容标准及处置办法，都有明确规定。③ 督催、注销制度和照刷制度一样，不仅有助于督促各衙门提高办事效率，也是科道官员稽察政务的具体方式。

二　中国古代行政监督的历史局限

中国古代行政监督在国家治理中虽曾发挥重要作用，不过，在权力高度集中的君主专制社会，一切权力的终极来源都是至高无上

---

① 《续资治通鉴长编》卷三三六。
② 详见张晋藩《中国监察法制史》，商务印书馆2019年版，第455页。
③ 李青：《中国古代行政监察的几个重要环节及其历史借鉴》，《河北法学》2017年第5期。

的皇权，所有政治制度的制定和行政机构的运行，也都是围绕维护以皇权为中心的统治秩序展开，行政监督也不例外。这使得中国古代的行政监督不可避免地带有历史局限性。

（一）存在权力监督盲区

以皇权为终极权力来源、以维护皇权为最终目的的行政监督，不可能实现对最高权力即皇权的监督。就中国古代行政监督的法制建设而言，一切法律法规的根本宗旨，都是围绕维护皇权而非监督皇权展开。即便是监督立法日益严密、涉及面日益广泛的宋代以后，皇权也始终超越于监察律法之上。对于皇权的失监始终是古代监察法无法克服的局限。[1]

在中国古代官僚体系中，可以对皇帝起到一定约束作用的，是谏官的规谏讽喻。但由于皇帝握有最高权力，从根本上来说，谏官的规谏讽喻也无法真正对皇权产生约束作用。中国历史上著名的谏臣魏徵就曾对唐太宗说："陛下导臣使言，臣所以敢言，若陛下不受臣言，臣亦何敢犯龙鳞，触忌讳也。"[2] 这句话充分体现出，谏官能否发挥其规谏职能，实际完全取决于皇帝的个人意志。皇帝愿意或有需要听到规谏的声音，则谏官可起到相应作用，否则，谏官多为皇帝装点门面之用，中国古代"有好谏之名，内有拒谏之实"并不少见。更有甚者，皇帝会因谏官的规谏而动杀念，如隋炀帝就曾说："有谏我者，当时不杀，后必杀之。"[3] 事实上，被视为一代明君的唐太宗，也曾因魏徵强谏而动杀念。宋代司马光也曾提出，台谏议论最终还得以圣意为准，即："朝廷政事皆大臣相与裁定，然后施行，而台谏或以异议干之。陛下当自以圣意察其是非，可行则

---

[1] 详见张晋藩《中国监察法制史·绪论》，商务印书馆2019年版，第12页。
[2] 《贞观政要·任贤》。
[3] 《新唐书》卷一三二《吴兢传》。

行，可止则止。"① 这同样说明，谏官能否起到约束皇权的作用，实际上取决于皇帝的个人意志。明代以后，规谏皇帝者往往会招致大祸，使得言谏之风更趋衰落。至于监察官员，自古以来即被视为"天子耳目"，本身即无监察皇帝的职权，更不可能实现对皇帝的监督。

（二）缺乏长效监督机制

在以皇权为中心、充满人治色彩的制度体系下，监督权力难以发挥长效监督作用。中国古代行政监督权力的终极来源是皇权，但同时，它也首先受到皇权的制约。在高度集权专制的时代，皇权的行使具有极大的随意性，直接影响着制度所能发挥的效力。当皇帝有为、政治清明之时，行政监督往往能够起到激浊扬清、整肃吏治的积极效果，这在历代政权的统治前期表现较为突出；一旦皇帝昏庸、政纪败坏，行政监督不但较少起到积极作用，甚至会成为权臣祸乱朝政、危害政权统一的工具。如始设于汉武帝时期的司隶校尉，在对京畿官员的监督方面一度发挥着重要作用，但东汉末年这一职位却往往被权臣自兼，沦为祸乱朝政的工具。

即便在皇权强势时期，行政监督也未必能够充分发挥其应有功效。因为皇帝不仅决定着监察官员的任免，出任同一监察职位的不同人选所能发挥作用的大小，也受到皇帝个人好恶的影响，而且行政官员能否受到有效监督、违法乱纪者能否受到应有惩处，同样受到皇帝个人意志的影响。在皇权的强力干涉下，监督制度因人而废的例子，在中国历史上屡见不鲜，这极大地削弱了监察制度应有的长效作用。

（三）未能彻底独立于行政之外

虽然中国古代的行政监督在东汉时期已经表现出了独立于行政

---

① 《续资治通鉴长编》卷二〇六。

之外的迹象，至宋元时期更进一步实现了相对的独立。但是，这种独立只是相对的，在以皇权为中心的权力结构中，监督权力始终无法真正摆脱行政权力的干涉，实现彻底的独立，它在一定程度上仍从属于行政权力。这样的行政监督仍属于以皇权为中心的权力结构内部的监督，而非来自权力主体之外的监督或束缚。所以，中国古代的行政监督虽然可以发挥"彰善瘅恶、激浊扬清"的社会调整功能，但就其实质而言，它仍是为了满足统治集团的需要，为了维护皇权和统治阶级的整体利益。

另外，行政与监督未能彻底分离，使得行政官和监察官可以轻易实现身份互换，甚至一身兼二任。这种兼权会成为危害政局稳定的因素。例如，设置于汉武帝时期的刺史，以"六条"监察地方，权责明确，效果明显。但后来，刺史地位逐渐提升，权力不断扩大，至东汉，逐渐具有了行政权，特别是灵帝中平五年（188年）以后，改刺史为州牧，更成为地方最高军政长官。东汉末，州牧拥兵自重，成为对抗中央政权的割据势力，造成东汉末年的社会动荡。再如，唐代前期仿西汉刺史制度而设立分道巡按制度，以及定期或不定期地派遣各种巡按使臣，均对整肃吏治起到了积极作用。但中唐以后，这些巡按使臣逐渐拥有了治所、印信和僚属，开始具有行政官员性质，至唐后期，巡按官职则多被节度使兼掌，不仅失去了原有的监督作用，反而成了尾大不掉的割据势力。行政监督制度的这些演变，虽不能完全归因于行政与监督未能彻底分离，却与之有着密切关系。

（四）监督效力难以充分发挥

以皇权为中心、以自上而下方式为主的监督体系，严重影响行政监督的实际效力。在中国古代的行政监督体系中，无论是御史台、都察院等专门监察机构，还是行政部门的内部监督，始终是以自上而下的监督方式为主。自上而下的监督不可避免会造成一种后果，即各级监察官员的监察对象主要是层级而下，很难反向而行。比如，中国古代的监察御史能够以卑临尊，并不是因为御史这一官职本身具有多大的威信，而是因其背后有皇权的支持；行政部门内部高层级的官员监督低层级官员较易，但低层级官员要想纠劾高层级的官员，就需要得到更高层级的官员或皇帝的支持，否则很难成功。谏官也是如此，他们能否成功规谏帝王，并不取决于谏官本身，而是取决于皇帝个人的意志。这就使得包括监察官员在内的各级官吏主要是对上负责，甚至是唯上层意志是从，因而作为制度的监督也就增加了很大的不确定性和随意性，甚至会沦为政治倾轧的工具，比如隋代的司隶台就是因此而撤销。

三 中国古代行政监督历史的启示

在中国古代行政监督体系的漫长演变过程中，既在防止权力膨胀、腐败、滥用方面积累了丰富的实践经验，同时也在权力结构、制度建设等方面留下了一定的历史教训，系统地分析总结这些经验教训，对于推进国家治理的现代化，特别是建设中国特色社会主义监督制度，具有重要启示意义。

（一）严密制度网络

从监督制度设计看，中国古代的行政监督体系既包括相对独立于行政系统之外的专职监察系统，同时，也包括从中央到地方各级行政机构之中的监督制度。从监督权力结构看，中国古代的行政监督既包括自上而下的监督系统，同时，也包括自下而上的监督系统。自上而下的监督系统包括以御史为代表的监察系统对行政权力的监督和制约、各级行政机构之间的层级监督，以及各类行政机构内部的层级监督；自下而上的监督系统则是指以侍奉规讽为主要职责的言谏系统。此外，从中国古代行政制度设计看，同级行政机构之间也存在着相互制约的关系。这样，就形成了一张上下相维、纵横交错的行政监督网络。中国历代统治者织就这张严密监督网络的首要目的，当然是维护至高无上的皇权，但同时，它对于防止官员滥用职权、结党营私，抑制地方权力过大、加强对地方治理，以及调和官民矛盾、维护社会秩序，均起到过较为积极的作用。所以，中国古代行政监督中这种相对周密的制度设计，对我们今天的监督制度建设仍有借鉴意义。

（二）注重分权制衡

注重分权制衡，是中国古代行政监督的一大特点。比如，中国古代不仅设置了以御史为代表的专职监察系统，还在各级行政机构内部设置多重监察机构，它们不仅可为御史监察查漏补缺，而且还可以对监察机构进行反向监督，从而实现制约监察权力，避免一方独大的目的。如汉代隶属行政系统的丞相司直，就不仅有权监督行政官员，而且还有权监督整个御史系统。中国古代各级行政部门在职官设置上，也表现出分权制衡特点，即通常在设立主官的同时又设佐贰官，在权责规定上主官明确具体而佐贰官则含混不清，在仕途升迁上又使主官的机会远大于佐贰官，从而实现正佐之间的相互监督和左右牵制。此外，中国古代一度还有过将监察权与司法权进行分离的尝试，目的也是通过分权防止监察官员权力过度膨胀。中国古代行政监督中的分权制衡特点，首先有助于防止专职监察官员的权力滥用和膨胀，同时，在皇权专制的政治体制下，也有助于防止监察权力被过度使用，维护行政监督体制的有效运转。这一特点对今天同样具有借鉴意义。

（三）健全法律体系

要建立长效监督机制，必须有完善的法律体系。从整体上看，中国古代统治者为行政监督工作有效开展，提供了行之有效的法律保障。特别是到明清时期，相关法律法规不仅对监察对象进行了明确的规定，而且，对于各监察部门的关系、监察程序以及监察部门的内部监督问题，都有具体规定，使得中国古代行政监督在法制建设方面逐渐走上了系统化、完备化的阶段。当然，在君主专制体制下出现的监督律法体系，不可避免会带有相应的历史局限性，但中国古代以法察吏、以法治吏、以法监督，在整饬吏治、制约君权、稳定政治秩序等方面，确实起了积极作用。对于当代行政监督法制化建设而言，我们应该充分汲取历代行政监督法制建设的精华，同时也要剔除其中的糟粕。对此，正如论者指出："中国古代监察法在其漫长的发展过程中积累了丰富的经验与教训，科学地加以总结，对于当前的法制建设，特别是对监察法制建设很有借鉴意义。"①

（四）重视舆论监督

在中国古代的专职监察系统中，言谏制度在一定程度上就属于一种舆论监督。和御史制度相比，言谏制度的发展虽不算充分，但它在中国古代行政监督中却发挥着特殊的作用，即对最高统治者的监督和约束。言谏之所以能够对最高统治者产生一定的约束，并不仅是某些具体施政措施的当否问题，更在于能否虚怀纳谏，是衡量君主贤明与否的重要标准，会对君主形成一定的舆论压力。除言谏制度外，中国古代的清议也是一种有力的舆论监督手段，而且，其实质更接近于今天我们所说公众对公权力的监督形式。它不仅会对君主产生一定的约束作用，而且会直接影响到官员的选任与升迁，对一时政局具有极大的影响力，即如黄宗羲对明代东林党的评价："天下君子以清议归于东林，庙堂亦有畏忌。"② 言谏、清议等虽已不适于今天的需要，但它们背后所展示的舆论监督的重要性，仍值得我们吸收借鉴。

---

① 张晋藩：《中国古代监察法的历史价值——中华法系的一个视角》，《政法论坛》2005年第6期。

② 《明儒学案·顾宪成》。

总之，客观地分析中国古代行政监督的积极作用和时代局限，批判地继承历代行政监督的有益经验，将自上而下的行政监督所具有的制衡、制约机制，与自下而上的行政监督所具有的补充和辅助作用相结合，形成一种行政监督合力，科学有效地制衡各级行政权力，使之规范化、法制化和民主化，应当作为当代行政监督发展的方向。

第 二 章

吏治与用人

孙中山曾说:"政就是众人的事,治就是管理,管理众人的事便是政治。"① 那么,谁来管理"众人的事"呢?毫无疑问,是那些能够组织政府、掌控权力、运行制度且具有特殊政治身份的人或者群体,具体在中国古时,就是由君主及各级官吏构成的庞大官僚集团。官僚集团作为治国理政的主体,其人事安排、组织结构和整体素养,不仅决定着国家治理的整体能力,而且关系到王朝的治乱兴衰。于此,毛泽东反观前史,一语道明:"我建议重读一下《资治通鉴》,治国就是治吏。礼义廉耻,国之四维,四维不张,国将不国。如果一个个寡廉鲜耻、贪污无度、胡作非为,而国家还没有办法惩治他们,那么天下一定大乱。"② 正因如此,中国古代在长期治官、治国的实践探索中,逐步形成了一套底蕴深厚、寓意深刻的吏治制度,这是传统国家制度和治理体系的重要组成部分,也是中华文明区别于其他文明的显著特点。中国古代吏治制度,实际上是一种治理官吏的特殊制度,它与中华文明尤其是制度文明的悠久历史相伴随,经历了内生演化、渐次改进的漫长过程,也呈现出因时

---

① 《孙中山全集》第九卷《三民主义·民权主义》,中华书局1981年版,第254页。
② 《毛泽东、邓小平、江泽民同志论廉政》,《党的建设》2000年第10期。

制宜、日益进步的独特制度体系，这既体现在"治国先治官"①"官人，国之急也"②"天下治，必贤人"③等思想观念中，也体现在选官、任官、治官等制度设计上。其中，观念是吏治的指导思想，选官是吏治的前提条件，任官是吏治的关键环节，治官则是吏治的根本保障。新的历史时期，从国家治理的角度，重新审视古代吏治和用人问题，系统总结与其密切相关的用人理念、选官制度、任官智慧和治官策略，无疑可以为推进国家治理体系和治理能力现代化提供宝贵的历史借鉴，具有重要的学术价值和现实意义。

第一节　治官镜鉴："治国之要，吏治为先"

"官"，最早见于甲骨文，本指临时驻扎的兵营，后衍化为事君管事之人，所谓"官，吏事君也"④，"官者，国之管。……一官之设，一方之人民寄之，一方之治，一官之政令关之"⑤。"官"既是国家的产物，也是国家的重要组成部分，"惟王建国，辨方正位，体国经野，设官分职，以为民极"⑥；"天下不能一人而治，则设官以治之。是官者，分身之君也"⑦。早在唐虞时，即设官分职，分治万机，自此以降，历代相仍，革因损益，"职虽有变，而官则不废"⑧。其间，历朝历代始终重视官吏选拔和管理，并将怎样选人、

---

① 刘鸿训：《四素山房集》卷五《拟请振纪纲防壅蔽励官守壮军实疏》，《四库未收书辑刊》第6辑第21册，北京出版社1997年版，第553页。
② 《左传·襄公十五年》。
③ 《吕氏春秋·慎行论第二》。
④ 《说文解字》卷一四上。
⑤ 刘运新等修：民国《大通县志·职官志》，《中国地方志集成·青海府县志辑》第4册，凤凰出版社2005年版，第139页。
⑥ 《周礼·地官·司徒》。
⑦ 黄宗羲：《明夷待访录·置相》。
⑧ 刘运新等修：民国《大通县志·职官志》，《中国地方志集成·青海府县志辑》第4册，第139页。

如何管人视为治国理政之要务，强调"为政之要，惟在得人"①"修明内政，吏治为先"②；而官员群体也始终在国家治理中扮演着主体角色，发挥着重要作用，"吏治乃能致太平"③，"治国经邦，人才为急"④。纵观前史，历代王朝盛衰治乱的规律一再表明：选官治官是考量国家治理能力高低的关键要素，也是审察国家治理生态的重要视角。若治官得力，便吏治清明，政通人和，国泰民安，天下大定；反之，若治官不力，则朝政混浊，纲纪废缺，民生窘迫，天下大乱。循此道理，中国古人逐渐总结出一系列既符合传统伦理道德，又适应经邦济世需要的吏治思想和用人智慧。

一 立国靠"得人"

古人云："成大事者，以得人为本。"⑤ 意谓成就大业，既要赢得人心，也要赢得人才。在中国历史上，那些身处乱世、心怀大志，以平定天下为己任的"成大事者"，有一个共同特点，那就是重视招贤纳士和知人善任。

自古时势造英雄，乱世出豪杰，"古之贤豪奋起，赫然以勋业隆于世者，莫不有奇伟非常之人，建谋定计于其间"⑥。凡天下纷乱，国家颠危之际，谁能延揽英才，委政贤能，谁就能扫除僭乱，一统四海，创缔一代新功，成就一番洪业，"自昔帝王之兴，豪杰之士能识真主，云从景附，勇者效力，智者效谋，以战则克，以守则安，用能懋著殊勋，弼成大业，盖天生贤才以为真主之辅，非偶

---

① 吴兢：《贞观政要》卷七《崇儒学》。
② 朱寿朋编，张静庐等点校：《光绪朝东华录》卷二一〇，光绪三十三年九月丙辰，中华书局1958年版，第5763页。
③ 谢章铤：《赌棋山庄集》诗五《咏史》，《续修四库全书》第1545册，第462页。
④ 陈忠倚：《清经世文三编》卷七二《破欧洲五国合纵连横策》，光绪二十四年石印本，第7a页。
⑤ 姚莹：《中复堂遗稿》卷二《平贼事宜状》，《续修四库全书》第1513册，第120页。
⑥ 甘复：《山窗余稿·赠何孟车序》，《景印文渊阁四库全书》第1218册，第544页。

然之故也"①。于此,像周文王姬昌、秦始皇嬴政、汉高祖刘邦、魏武帝曹操、明太祖朱元璋等开国帝王皆有深刻体认。如周文王之所以能兴周灭商、封国安邦,就在于他崇德举善,尊贤礼士,招用姜尚、太颠、闳夭等奇士能臣,于是后世就有了"文王得吕望而服殷商"②"济济多士,文王以宁"③的美誉。秦始皇横扫六合,统一天下,成为震古烁今的"千古一帝",一个重要原因就是他曾深谙吏道,如赏识杂学家尉缭,"以为秦国尉,卒用其计策"④。拜李斯为长史,"听其计","人臣无二"⑤。又读韩非《孤愤》《五蠹》,叹曰:"嗟乎!寡人得见此人与之游,死不恨矣!"⑥正是此种用人理念,使得李斯、尉缭、韩非、姚贾、王翦、蒙恬等各尽其才,促成统一,故后世赞道:"世以秦皇为严,而不妄诛一吏也。由是言之,秦皇之与孝武(汉武帝),则犹高山之于大湫也;其视孝文(汉文帝),秦皇犹贤也。"⑦汉高祖刘邦之得天下,最大的奥秘也在于善于用人,四方豪杰趋之若鹜,天下英才乐为所用。他在总结自己为何"有天下"而项羽为何"失天下"时,曾谦逊地说:"夫运筹策帷帐之中,决胜于千里之外,吾不如子房。镇国家,抚百姓,给馈饷,不绝粮道,吾不如萧何。连百万之军,战必胜,攻必取,吾不如韩信。此三者,皆人杰也,吾能用之,此吾所以取天下也。"⑧这种知人善用、用人所长的人才理念,正是其赢得人才、取得天下的关键,所谓"英雄陈力,群策毕举。此高祖之大略,所以成帝业

---

① 林㟽:《林登州集》卷二一《故开国辅运推诚宣力武臣荣禄大夫柱国东平侯加封郓国公谥义安韩公神道碑》,《景印文渊阁四库全书》第1227册,第173页。
② 《吕氏春秋·不苟论第四·赞能》。
③ 《诗经·文王之什·文王》。
④ 《史记》卷六《秦始皇本纪》。
⑤ 《盐铁论》卷四《毁学》。
⑥ 《史记》卷六三《韩非列传》。
⑦ 章太炎:《太炎文录初编》卷一《秦政记》,《续修四库全书》第1577册,第367页。
⑧ 《史记》卷六三《韩非列传》。

也"①。东汉末季，天下攘乱，群雄纷起，而曹操之所以能鼎立三国，"以令诸侯"，一个重要原因就是他明白"今天下尚未定，此特求贤之急时也"，也能做到"唯才是举，吾得而用之"，逐渐笼络了荀彧、郭嘉、程昱、司马懿、张辽等谋士良将。②朱元璋以布衣之身剪灭群雄，混一宇内，位极至尊，最终实现"驱逐胡虏，恢复中华，立纲陈纪，救济斯民"初心宏愿，其成功的法宝就是强调"昔古创业之君，必由群英而兴，又必贤能而治"③。当时，较之其他群雄，朱元璋最会用人，"所克城池，得元朝官吏及儒生尽用之"④，先后征用了刘基、李善长、宋濂、徐达、常遇春、章溢、叶琛、王祎、朱升、陶安等一代群英，"可谓盛而奇矣"⑤。这些人在明朝建立过程中，运筹帷幄，敷陈治道，"或以功业定乱"，"或以文章赞化"⑥。正是借助他们的协力辅翼，朱元璋终成一代帝业，"明太祖起布衣，定天下，当干戈抢攘之时，所至征召耆儒，讲论道德，修明治术，兴起教化，焕乎成一代之宏规"⑦。凡此，开国帝王智慧的用人方略，精邃的吏治思想，无疑是其乱中取胜、谋定天下的关键之道。

　　凡王朝嬗替之际，天下士人身临浊世，壮志难酬，常会出现待时而动、择主而事的思想动向，"一时谋人策士乘机遇会以取富

---

① 《汉书》卷一〇〇上《叙传》。
② 《三国志》卷一《魏书一·武帝纪》。
③ 《明太祖文集》卷七《赐魏鉴等守服家用》，《景印文渊阁四库全书》第1223册，第58页。
④ 刘辰：《国初事迹》，《四库全书存目丛书》史部第46册，齐鲁书社1997年版，第12页。
⑤ 王世贞撰，魏连科点校：《弇山堂别集》卷三《皇朝盛事述三·金处二郡文武分盛》，中华书局1985年版，第53页。
⑥ 方孝孺：《逊志斋文集》卷一九《华川王先生画像序赞》，《景印文渊阁四库全书》第1235册，第559页。
⑦ 《明史》卷二八二《儒林一》。

贵"①,"及天下兵动,人皆出其智谋,乘时以取禄位"②。在此情况下,谁具备了明君真主的条件,谁就会赢得"人才"的襄助;而要成为明君真主,就须做到顺天应人、神武不杀、知人善任……唯其如此,方能成就大事,建立大业;相反,若胸无大略,遗弃贤能,则必将败亡。在秦末楚汉争霸时,"神勇"项羽之所以由强至衰,败走乌江,原因之一就是他虽爱才惜才,却也刚愎自用,赏罚不明,且不懂识人用人,即使"有一范增而不能用",以致范增、韩信、章邯、英布、彭越等难尽其才,转而疏离霸王,投附秦汉,成为劲敌,最终将项羽逼入众叛亲离、四面楚歌的境地。同样,在元末战争中,与朱元璋争雄的张士诚、陈友谅等势力强劲,朱元璋"论兵强莫如友谅,论财富莫如士诚"③,且张士诚等也"颇好士",并为招纳四方贤俊,开弘文馆,筑景贤楼,却以失败告终。究其缘由,也因张士诚等虽有好士之名,却不过是沽名钓誉,附庸风雅,并未真正做到知人善任,人尽其用,"士有至者,不问贤不肖"④,甚至"信佞为忠""狃于小安而无长虑"⑤,以致广大士人颇为失望,深感"人生出处故有分,世道如斯徒自忙"⑥,"艺成无所售,抚卷空太息"⑦,于是他们不顾物议,择主而依,归附朱氏,诚可谓

---

① 徐一夔:《始丰稿》卷二《送丘克庄赴会试序》,《景印文渊阁四库全书》第1229册,第169页。
② 苏伯衡:《苏平仲文集》卷一四《玄逸子碣铭》,《景印文渊阁四库全书》第1228册,第812页。
③ 高岱著,孙正容、单锦珩点校:《鸿猷录》卷四《克张士诚》,上海古籍出版社1992年版,第257页。
④ 《明太祖实录》卷二五,吴元年九月乙丑,台北:"中研院"历史语言研究所1962年校印本,第370页。
⑤ 钱谦益著,张德信、韩志远点校:《国初群雄事略》卷七《周张士诚》,中华书局1982年版,第174页。
⑥ 王冕著,寿勤泽点校:《竹斋集》卷上《与王德强》,西泠印社出版社2011年版,第28页。
⑦ 王祎:《王忠文集》卷一《感兴四首》,上海古籍出版社1991年版,第19页。

"盖天生贤才以为真主之辅,非偶然之故也"①。如罗复仁、蔡哲、詹同、李仁、胡美等,先仕陈友谅,"知其无成",遂归朱元璋。钱用壬、唐肃、戴良等,先仕张士诚,又见其"不足与有为"②,遂降朱元璋。这些士人最终将自己的命运与朱元璋连在一起,并视其为"真主",绝非盲目行事,而是审时度势、谨慎抉择的结果,"君子不必于潜,亦不必于显,惟其时而已"③。历史表明,当时唯有朱元璋具备作为明君真主的条件,他所推行的一系列进步政策,成为笼络人才积极归附,竭诚效力的重要原因。

乱世之际,世路艰难,国运倾危,朝野士人的生存境遇骤然多变,价值取向日趋多样,他们或绝意仕进,遁隐山林,或审时度势,乘时而起,或拯溺济危,尽忠辅弼,或弃旧从新,归依群雄。其间,他们的每一次抉择都要经受空前的生命危机,每一次转变都要担荷沉重的道德压力,但出于对生存安危的顾及和实现自我价值的考虑,他们中的"先见者"毅然走上了勇投"明主"的道路。这种历史景象的出现,始终与各位"明主"的用人态度、用人政策密切相关。总结他们的用人秘诀,盖有三点:一是以"理想"引导人才,如刘邦、朱元璋等从起事到成事,始终志存高远,心系天下,并将振颓起衰、立纲陈纪、拨乱救民作为斗争目标,这种志向不仅符合历史的发展潮流和人民的根本利益,而且契合有志士人经世济时的政治情怀。因而,他们赢得各处豪杰云从景附,奋力效命;而项羽、陈友谅、张士诚等人眼光短浅,叛服靡常,且"志在子女玉帛,非有拨乱安民,救天下之心"④,以致大失人心,沦为败

---

① 林弼:《林登州集》卷二一《故开国辅运推诚宣力武臣荣禄大夫柱国东平侯加封郓国公谥义安韩公神道碑》,《景印文渊阁四库全书》第1227册,第173页。

② 钱谦益著,张德信、韩志远点校:《国初群雄事略》卷六《周张士诚》,中华书局1982年版,第179页。

③ 高启:《凫藻集》卷二《野潜稿序》,《景印文渊阁四库全书》第1230册,第276页。

④ 《明史纪事本末》卷一《太祖起兵》。

寇。二是以"态度"争取人才,离乱之际,朝野士人跋前疐后,进退维谷,此时若能积极征聘,主动礼用,即可收拾人心,赢得人才。朱元璋在征伐过程中,宽仁神武,不妄诛杀,维护士权,且能做到朝收暮荐,求贤若渴。如攻克南京,宣布"贤人君子有能相从立功业者,吾礼用之"①;攻克婺州,昌言"予用英豪有如饥渴"②;称吴王后,重申"立国之初,致贤为急"③,并令各地举荐贤才,造就了人才盛况。三是以"事业"留住人才,刘邦、朱元璋等用人讲求据其所能,用其所长,以使其"志有所展,功有所立"④。朱元璋曾问陶安:刘基等才德如何?谋士陶安回答说:"臣谋略不及刘基,学问不及宋濂,治民之才不及章溢、叶琛。"⑤太祖深以为然,遂命宋濂为江西等处儒学提举,章溢、叶琛为营田司佥事,刘基则留在帷幄,参预谋议,真正做到了因人授事,因才授职。

总之,"得士者昌,失士者亡"⑥,"得贤者胜,失贤者败"⑦。群雄并争,谁主沉浮,固然取决于各方势力的政治、经济和军事力量,但要使这些条件充分发挥作用,尚需仰赖必要的人才优势,甚至可以说:人才是立国"明主"扶颠持危、反败为胜的决定性力量。

二 治国须"用贤"

古人云:"致治之方,用贤为要。"⑧意谓治理国家,关键在于

---

① 《明太祖实录》卷四,至正十六年三月庚寅,第42页。
② 高岱著,孙正容、单锦珩点校:《鸿猷录》卷二《延揽群英》,上海古籍出版社1992年版,第19页。
③ 《明太祖实录》卷一五,至正二十四年十一月辛酉,第207页。
④ 甘复:《山窗余稿·赠何孟车序》,《景印文渊阁四库全书》第1218册,第544页。
⑤ 《明太祖实录》卷九,至正二十一年十二月己亥,第627—628页。
⑥ 李勇先、王蓉贵点校:《范仲淹全集》上册,四川大学出版社2007年版,第153页。
⑦ 冯梦龙:《新列国志》,载魏同贤主编《冯梦龙全集》第4册,凤凰出版社2007年版,引首第2页。
⑧ 姚莹:《中复堂遗稿》卷二《平贼事宜状》,《续修四库全书》第1513册,第120页。

育才造士、尊贤礼士。在中国历史上，一个近乎规律的历史现象是：多数王朝的生命周期是在乱世中建立，而后经历治世到盛世，再到衰世的演进历程，所谓"太平后有大乱，大乱后必有太平"①。但无论何时，吏治和用人始终是治乱兴国、缔造伟业的重要因素，"取天下者必有功臣，守天下者必有名臣"②；"国有贤良之士众，则国家之治厚；贤良之士寡，则国家之治薄"③。

自古打天下难，守天下更难，治天下最难。乱世之后，天下甫定，百废待举，如何稳定政权，恢复经济，重建秩序，关键仰赖于天下贤士的锐意仕进、佐君化民和尽瘁事国，"治国安家，得人也"④。不少史实表明：在革故鼎新，建章立制，兴邦立事的"治世"鸿业中，位列缙绅的贤良学士大多能在不同领域，通过不同方式贡献筹谋，施展才智，立功兴国，一定程度上实现了自身的政治抱负和人生价值，成为国家治理事业的倡导者、改革者和实践者。这种吏治生态的出现，不仅得益于"治世"明君的先进用人理念，也与灵活、适宜的用人政策有着密切联系。

尊贤重才既是中华民族的传统美德，也是历代治国经验的科学总结。历代开明君王都把"人才"作为治国之本，甚至到了求贤若渴的程度。早在帝尧时，为寻找继任"帝位"者，曾征询"四岳"（四个部落首领）意见，各部一致荐举虞舜"能和以孝"⑤，可当大任。帝尧去世，虞舜禅位，谨敬从政，传为美谈。此后，大禹继位，也曾"勤求贤士"，号召四方贤者比善勤力，佐翼天子，"近者献其明，远者通厥聪"。正因如此，大禹"能亡失德"而成为明

---

① 《贞观政要》卷三《论择官》。
② 陈亮编：《苏门六君子文粹》卷三一《淮海文粹二·李固论》，《景印文渊阁四库全书》第1361册，第203页。
③ 《墨子·尚贤上》。
④ 黄石公：《三略》卷上，《景印文渊阁四库全书》第726册，第91页。
⑤ 《史记》卷一《五帝本纪》。

君，夏朝得以"长楸"而经久不衰。[1] 至商代，商汤"用人惟己，改过不吝"[2]，多次派人"以币聘"处士伊尹辅治国政。西周时，礼聘贤才已成常制，规定每年三月"勉诸侯，聘名士，礼贤者"[3]。至春秋战国，各路诸侯为兴举霸业，争聘贤士，出现了孟尝君礼贤下士、燕昭王高筑黄金台、齐威王稷下学宫等经典历史画面。逮及汉初，高祖刘邦纵观千古，以为自古"王者"不超文王，"伯者"不超桓公，原因就是二人都以"待贤人而成名"。受其影响，立国伊始，他即下诏求贤，表达了"贤士大夫有肯从我游者，吾能尊显之"的意愿，并希冀贤士大夫能一如既往，君臣协作，共治天下，"与吾共安利之"[4]。同样，"一代英主"[5] 周世宗柴荣建立赫赫功业，一个重要的原因就是善于用人，精于治吏。他曾颁诏求贤，规定凡"怀才抱器，出众超群"[6] 之才，无论身处何处，官任何职，定要积极举荐，予以重用，由此像范质、李谷、景范、王朴、陶谷等才能之士皆得到重用，成为辅佐世宗建功立业的栋梁。北宋初，太祖赵匡胤"寤寐求贤，思得周才"[7]，并下《举主连坐诏》，命令各级官员"各举所知"。[8] 明立国之初，人才匮乏，明太祖深感贤才治国的重要性，认为"贤才不备，不足以为治"[9]，"今天下已定，致治之道在于任贤"[10]。国家之大，事务繁杂，虽有圣君，也无

---

[1] 《汉书》卷四九《晁错传》。
[2] 《尚书·仲虺之诰》。
[3] 《礼记·月令》。
[4] 《汉书》卷一下《高帝纪》。
[5] 王禹偁：《小畜集》卷一《累赠太子洗马王府君墓志铭》，《景印文渊阁四库全书》第1086册，第294页。
[6] 《全唐文》卷一二六《即位大赦文》。
[7] 徐松辑：《宋会要辑稿·选举》二七之一，上海古籍出版社2014年版，第5767页。
[8] 《续资治通鉴长编》卷三，建隆三年八月乙未。
[9] 《明史》卷七一《选举志三》。
[10] 陈建撰，沈国元订补：《皇明从信录》卷五，辛亥洪武四年，《续修四库全书》第355册，第84页。

法一人自理，明太祖曾对礼部臣僚说："天下非一人独理，必选贤而后治。故为国得宝不如荐贤。"①国家要实现大治，君王要能够致治，始终离不开贤才的竭力辅佐。为此，他多次遣官分行天下，访求贤才，以至"由布衣而登大僚者，不可胜数"②，开辟了终明一代绵延不绝的文治局面。

在中国历史上，但凡享国较长的王朝，大都出现过政治清明、经济隆兴、社会安定、文教昌明、边疆宁谧的"盛世"局面，而在"盛世"之际，又毫无例外地出现了君臣辑睦、人尽其能、才尽其用的人才盛况，所谓"自古选贤任能，为治之大道"③。如：汉代"文景之治"，文帝克己任贤，虚己求言，曾下《贤良方正能直言极谏诏》《置三老孝悌力田常员诏》《策贤良文学士诏》等诏书，广求贤士，破格用人，涌现出贾山、贾谊、晁错、冯唐等一批指陈君失，抨击时弊的贤官直臣，出现了君臣协德、共图康济的局面，"吏安其官，民乐其业"④。唐代"贞观之治"，一代英主唐太宗深知"致安之本，惟在得人"，"能安天下者，惟在用得贤才"⑤，并不拘一格，量才授职，聚集了长孙无忌、魏徵、房玄龄、李孝恭、杜如晦、高士廉、尉迟敬德等一代名臣，留下了知人善任、从谏如流的用人佳话，出现了"渭水长空月，四海无遗才"的人才奇观。明代"仁宣之治"，仁宗"在位一载，用人行政，善不胜书"⑥；至宣宗，强调"夫致治之方，用贤为要"⑦。仁、宣在位时间虽短，但重用了杨荣、杨士奇、杨傅、蹇义、夏原吉等通达机事、同心辅政

---

① 黄光昇：《昭代典则》卷八《太祖高皇帝》，江苏广陵古籍刻印社1987年版，第60页。
② 《明史》卷七一《选举三》。
③ 王先谦：《东华录》，康熙十八年八月辛卯，《续修四库全书》第370册，第55页。
④ 《汉书》卷二三《刑法志》。
⑤ 《贞观政要》卷三《论择官》。
⑥ 《明史》卷八《仁宗本纪》。
⑦ 傅凤翔辑：《皇明诏令》卷九《宣宗章皇帝下》，刘海年、杨一凡主编：《中国珍稀法律典籍集成》，科学出版社1994年版，第250页。

的秉国名臣，也起用了顾佐、周忱、况钟、于谦、薛宣等忠于职守、公廉刚正的治国能臣，开创了"吏称其职，政得其平"① 的治平之象，一定程度复兴了明初以来人才匮乏的局面，并为后世国家治理奠定了人才基础。清代"康乾之治"，历时百年，治隆汉唐，超迈宋明，是中国帝制时代的最后一个盛世，反思其兴盛之由，也毫无例外地与康乾诸帝的用人观念、治官政策休戚相关。如清圣祖玄烨一生夙夜孜孜，勤求治理，而用力最多的就是整肃纲纪，澄清吏治。在他看来，吏治不清，乃国家大害，"致治之道，首重人才"②。因此，他在治官用人时，既讲求开诚布公，敦厚宽大，也注意端正根本，澄清源头，力争营造一个百官"恪遵法纪，勤修职业"③ 的理想状态。承其遗风，世宗胤禛重申了吏治用人对于国家治理的意义，以敷政之道，用人为先，"治天下惟以用人为本，其余皆枝叶事耳"④，并重视官员建设，在一定程度上达到了严明治吏、澄清吏治的目的，"雍正年间，府、州、县官盛称杜绝馈遗，搜除积弊，清苦自守，革除例外供支，其文洵不愧于《循吏传》矣"⑤。而后，高宗弘历不忘祖训，进一步强调治官与治民、治国之间的重要关系，认为"政治行于上，风俗成于下"⑥，官员的德行修为会影响世风民俗和社会治理。总之，凡逢"盛世"，必有人才之盛；凡是"明君"，定有用人之志。

在中国历史上，明君不仅是国家治理的主导者，也是治官用人的领导者，而治世时期之所以会涌现出一大批忠臣良将和清官廉吏，关键取决于明君的治官理念和用人策略。总结治世时期的用人

---

① 《明史》卷九《宣宗本纪》。
② 王先谦：《东华录》，康熙十三年十二月癸丑，《续修四库全书》第369册，第585页。
③ 王先谦：《东华录》，康熙二十五年夏四月癸卯，《续修四库全书》第370册，第73页。
④ 王先谦：《东华录》，雍正九年八月乙丑，《续修四库全书》第371册，第188页。
⑤ 章学诚：《文史通义》卷五《内篇五·古文十弊》。
⑥ 《清高宗实录》卷一六，乾隆元年四月丙寅，中华书局1986年版，第428页。

经验极其成功的原因，主要有如下四点：一是治国理念先进。如汉高祖，顺应时势，无为而治，既轻徭薄赋，约法省刑，与民休息，又特诏选官，尊贤纳士，虚心听谏，营造了一个君臣情通、君臣道合、君臣共治的升平之世。降至武帝，一改祖制，"有为"而治，确立了察举选官制度，开创了射策补官制度，重用了公孙弘、董仲舒、卜式、兒宽等一时名臣，出现了张骞、苏武、卫青、霍去病等一代忠杰，"汉之得人，于兹为盛"[1]，武帝也达到了"盖世必有非常之人，然后有非常之事；有非常之事，然后有非常之功"[2]的用人境界。二是君臣关系融洽。汉代刘向说："知人者主道也，知事者臣道也。主道知人，臣道知事，勿乱旧法，而天下治矣。"[3]虽然君臣责任不同，分工各异，但良好的君臣关系，却是治理国家的重要条件，唯有君主深明大义，爱护直臣，虚心纳谏，臣子才能竭智尽忠，匡辅政事、直言敢谏。如明孝宗时，之所以出现"中兴"之势，就缘于孝宗铲除奸佞，起用忠良，优礼贤臣，而刘大夏、徐溥、刘健、谢迁、李东阳、王恕等佐命阁臣也不负皇恩，竭诚事君，君臣之间可谓鱼水相需，和乐共处，甚至出现了君臣"真如家人父子"[4]的画面。三是人才制度完备。如唐武则天时，俊杰如云，异才并出，文臣如狄仁杰、姚崇、魏元忠等，武将如娄师德、裴行俭、唐休璟等。如此人才盛况，既归功于武则天爱才重才和善于用人，也得益于科举、选官等官员管理制度的修整完善。四是官场生态良好。如宋仁宗时，崇文尚德，尊贤敬善，催生了风清气正、吏治清明的官场生态，造就了名臣辈出、清官并起的用人气象，"仁

---

[1]　《汉书》卷五八《兒宽传》。
[2]　《汉书》卷五七下《司马相如传》。
[3]　《说苑·君道》。
[4]　陈洪谟：《治世余闻录》上篇卷三，《续修四库全书》第 433 册，第 293 页。

宗之世，号为多士，三世子孙，赖以为用"①。诸如忧国辅臣范仲淹、富弼、文彦博、司马光等；文坛巨匠欧阳修、曾巩、苏洵、苏轼、苏辙等；青天直臣包拯、尹洙、赵抃、蔡襄等；理学先驱周敦颐、邵雍、程颢、程颐、张载等，皆为股肱之臣、王佐之才，以至明人李贽感叹："（仁宗一朝）钜公辈出，尤千载一时也！"

总之，盛世有明君，治世出名臣；治国经邦，强国兴邦，皆系于人才，这是一条颠扑不破的历史定律。

三 亡国由"官邪"

古人云："国家之败，由官邪也。官之失德，宠赂章也。"② 意谓国家败亡，缘于官吏邪恶；官吏失德，缘于宠臣贪贿。在中国历史上，凡衰乱之世，常会出现治官不力，用人不当，吏治浊腐的情形，也会出现奸佞当道，权臣横行，朝政混乱的局面，而这往往是一个王朝走向衰亡的先兆。"官邪"会导致王朝覆亡，"人之云亡，邦国殄瘁"③；"失人"会引起国事危殆，"治国安家，得人也，亡国破家，失人也"④。在中国历史上，这主要表现为"因人而衰"和"因人而亡"两种情形。

一是"因人而衰"。历览往史，盛极而衰似乎是历代王朝演进更替的基本规律，甚至表现出一定的历史必然性，"盖天下之乱也，不于其乱而生于极治之时"。而之所以出现这种现象，无疑是诸种历史原因合力的结果，但吏治和用人却是其中的关键因素，"胜败兴亡之分，不得不归咎人事也"⑤。例如：齐桓公早年选贤任能，重

---

① 吕中：《大事记讲义》卷一〇《仁宗皇帝·试制科·行贡举》，《景印文渊阁四库全书》第686册，第292页。
② 《左传·桓公二年》。
③ 《诗经·大雅·瞻卬》。
④ 黄石公：《三略》卷上，《景印文渊阁四库全书》第726册，第91页。
⑤ 蔡新：《缉斋文集》卷首《周易泰卦》，《四库未收书辑刊》第9辑第29册，第11页。

用管仲、宁戚、隰朋、鲍叔牙等人，实现了九合诸侯，兴造霸业的目标。但至其晚年，昏庸腐化，宠幸佞才，史传伪善小人竖刁自行阉割以取悦桓公，恶毒奸人易牙烹调幼子供桓公品尝，桓公却昏愚无知，信以为真，以为他们"爱寡人胜于爱子、爱身、爱父母"①。用人不善，最终让桓公成为孤家寡人，困死宫中，凄惨至极，令人哀戚，一代霸业也付诸东流，故曹操感叹："齐桓之霸，赖得仲父。后任竖刁，虫流出户。"②汉武帝"以英睿兴盛业，晚节用匪人而败"。在其统治之初，恪守王道，高诏求贤，诛赏严明，"兴造功业，制度遗文，后世莫及"③。但至后期，却专断独行、刚愎自用，误用江充、苏文等奸佞小人，制造"巫蛊之祸"，诛杀丞相公孙贺等治国能臣，以致人心思变，国本摇曳。好在武帝见衰知变，悔过罪己，"晚而改过，顾托得人"，才避免了"亡秦之祸"④。唐玄宗李隆基，在位前期，励精图治，任贤纳谏，吏治澄清，开创了"开元之治"。但至后期，恣纵奢欲，怠于政事，任奸信谗，罢免正直宰相张九龄，弃用仁勇宰相韩休，转而委政奸相李林甫、杨国忠，宠信太监高力士、杨思勖，以致朝政混乱，吏治腐败，最终引发"安史之乱"。明神宗冲龄践阼，"救时宰相"张居正综核名实，秉政十年，力行改革，"国势几于富强"⑤。神宗亲政后，最初尚能坚持经筵、勤于政务，宠礼臣僚，"呜呼！圣年才至十二，而君德已著如此。若于后日长进不已，则四海万姓之得受其福者"⑥。但事与愿违，此后不久，神宗即晏处深宫，不理朝政，以致君臣蓄疑，贤

---

① 冯梦龙：《新列国志》，载魏同贤主编《冯梦龙全集》第4册，凤凰出版社2007年版，第275页。
② 《宋书》卷二一《乐志》。
③ 《汉书》卷五八《兒宽传》。
④ 《资治通鉴》卷二二《汉纪十四》。
⑤ 《明史》卷二一《神宗本纪》。
⑥ 赵宪：《朝天记日记》，载弘华文主编《燕行录全集》第1辑第4册，广西师范大学出版社2010年版，第393页。

奸杂用，邪党纷争，甚至出现了大臣争相辞官、内阁仅有"独相"、职官严重缺员的怪象。至此，明之败兆已成定势，不可振救，诚所谓"明之亡，实亡于神宗"①。清朝诸帝中，高宗享国最久，在位前期，励精图治，士风清廉，既能重用前朝老臣张廷玉、鄂尔泰等，也能提拔年轻官员讷亲、傅恒等。但至其晚年，志得意满，荒于政务，朝纲紊乱，以致和珅窃权，推波助澜，吏治废弛，无官不贪，最终将一代盛世带向衰落。综上，齐桓公等人因重用贤人君子而称霸兴业，又因重用奸佞小人而身败国危，其用人之得失，治国之盛衰，实乃千古之鉴，发人深思！

二是"因人而亡"。管子总结"圣王""暴王"的成败教训，认为圣王之治，"非得人者，未之尝闻"，而暴王之败"非失人者，未之尝闻"。②吕不韦总结鲁国盛衰大势，认为"得贤人，国无不安，名无不荣；失贤人，国无不危，名无不辱"③。的确如此，反观古史，凡末世之际，常会有"暴王"，也常会"失贤人"，若君无德，则信用奸佞，臣无德，则祸国殃民，如此则君昏臣谀，上行下效，恶性循环，大大加速了王朝的覆灭进程。如：东汉末年，皇帝昏弱，宦戚擅政，董卓、公孙瓒、袁术、李傕等篡政逆臣残忍不仁，心怀异志，张让、赵忠、夏恽、郭胜、孙璋、毕岚、栗嵩、段珪、高望、张恭、韩悝、宋典等近侍宦官窃幸乘宠，浊乱朝政，以致群雄舞戈，汉鼎倾裂。唐朝末季，帝资狂昏，国势衰微，乱象丛生。一"乱"是宦官专权，先后有田令孜、杨复恭、刘季述、韩全诲、张彦弘等攘取朝政，贩卖官爵，破坏制度，"以权乱天下"；又迫害朝臣，摆弄皇帝，权倾朝野，"恭帝冲年缵历，政在宦臣，惕励虔恭，殷忧重慎"④。二"乱"是藩镇割据，僖宗以后，黄巢作

---

① 《明史》卷二一《神宗本纪》。
② 《管子》卷三《五辅》。
③ 《吕氏春秋·慎行论第二·求人》。
④ 《旧唐书》卷一九下《僖宗本纪》。

乱，杨行密、王重荣、李克用、高骈、董昌、钱镠等各方藩镇奉命征讨，并乘机扩充实力，相互征战，纷争日剧，"故其所以去唐之乱者，藩镇也；而所以致唐之乱者，亦藩镇也"①。三"乱"是朋党纷争，如昭宗时，宰臣崔昭纬、崔胤、柳璨等勾结宦官强藩，排陷杜让能、陆扆、韩偓、苏检、卢光启、裴枢、王溥、裴贽、赵崇、王赞等治国能臣，奸诈险恶，史无前例。这些乱局的出现，同样是因人而起。一方面，僖宗、昭宗、哀帝荒酗无检，良莠不分，宠用近侍，弃用贤良。另一方面，原本通畅的人才通道障碍重重，奸佞小人竞相仕进，而科举士子却遭际困窘，浮沉难测，以致很多奇才士子"以梦笔之词，籯金之学，半生随计，没齿衔冤"②，朝廷也因此失去了补充官员的渠道。元朝末年，顺帝曾锐意图治，思贤如渴，企图"进天下贤才，以辅中兴之业"③，天下士人也曾为匡时济民，振颓起衰殚精竭虑，不遗余力。但至正后期，元运将尽，朝政失坠，顺帝不顾社稷安危，歧视汉族贤士大夫，宠用罪恶佞臣哈麻，逐杀"更化"贤相脱脱，并受哈麻蛊惑，声色犬马，听信谗言，迫害丞相贺唯一，驱逐直臣陈祖仁、李国凤等。从此，君王昏庸，奸臣当道，贪官满朝，以致朝野士人逐渐对元廷丧失信心，"天下之士不复以功名自期"④，转而怀着一种更为复杂、矛盾的心情另寻出路，成为蒙元王朝对抗者和掘墓人。明天启年间，熹宗昏腐，在位十七年，"妇寺窃柄，滥赏淫刑，忠良惨祸，亿兆离心"⑤，尤其是阉党魏忠贤独柄政权，残害东林，排除异己，群凶肆虐，荼毒海内。熹宗死后，崇祯继位，独断多疑，一边铲除魏党，

---

① 王谠：《唐语林》卷七《补遗》，《景印文渊阁四库全书》第1038册，第191页。
② 《全唐文》卷八二六《司直陈公墓志铭》。
③ 宋禧：《庸庵集》卷一一《送龙子高序》，《景印文渊阁四库全书》第1222册，第469页。
④ 赵汸：《东山存稿》卷二《送郑征君应诏入翰林诗序》，《景印文渊阁四库全书》第1221册，第214页。
⑤ 《明史》卷二二《熹宗本纪》。

一边又命宦官温体仁、周延儒入阁预事；一边撤出镇守中官，一边又为牵制廷臣，复用近侍，命张彝宪、高起潜等宦官"监视军马"①。如此用人方式，令很多救世志士颇感失望，以致在天下兵乱之际，很多官员不顾名节，勇投义军，出现了"从贼如狂"②的局面。至李自成兵临城下，崇祯帝御前会议，召集百官，竟无人响应，更无人参会。崇祯绝望至极，吊死煤山，身殉宗祧，还落了个"民贼独夫"的骂名，实在可悲！

总之，王朝覆灭，系于用人；国家衰亡，在乎治官。总结衰世时期的用人之失和治官教训，盖有三点：一是皇帝昏庸，殆于政事，也昧于用人，甚至轻信谗言，滥用奸小，排逐忠良，整个官僚队伍纷争不已，分崩离析，几近溃崩。同时，上行下效，"君好则臣为，上行则下效"③，末代官员大多敷衍朝政，目无法纪，营私舞弊，曲意逢迎，嫉妒贤能，腐败成性，政治生态极其混乱，吏治生态空前污浊，再难生成忠君、清正、勤政、爱民的清官廉吏了。二是纲纪废弛，有关官员选任、考核、监督等制度机制日趋废弛，陷入瘫痪，官员的言行空前"自由"，各种积习日益暴露，进一步败坏了官场士风，"天下贪官，甚于强盗，衙门污吏，无异虎狼"④。三是道德沦丧，世风日下，人心不古。受此影响，在朝官员见利忘义，不顾社稷安危，漠视生灵涂炭，满朝奸佞祸国殃民，内外忠良壮志难酬；在野士人，鄙弃仕途，士风浇薄，令人痛心！可以说，在任何时候，官员的道德水平、素质能力始终关系着国家政权的安危。因此，要想治国安民，就要重视选官用人，更要重视惩治贪

---

① 《明史》卷三〇五《张彝宪传》。
② 戴笠撰，陈协琴点校：《怀陵流寇始终录》卷一七，辽沈书社1993年版，第313页。
③ 丁如明、聂世美点校：《白居易全集》卷六三《策林二》，上海古籍出版社1999年版，第863页。
④ 天地会：《万大洪晓谕》，载罗尔纲《太平天国史丛考甲集》，生活·读书·新知三联书店1981年版，第128页。

污，所谓"治天下，首在惩贪治吏"①，"治天下之要，存乎除奸，除奸之要，存乎治官，治官之要，存乎治道，治道之要，存乎知性命，知性命则不珍难得之物，不为无益之事，唯道是从，利民而已"②。

第二节　选官制度："致安之本，惟在得人"

选官制度是中国古代为了维系君主专制统治，逐步建立和发展起来的一种选拔国家管理人才的制度。这一制度既包括察举、征召、辟除、荐举、科考、捐纳、恩荫、廷推、客卿、任子等规定性选官方式，也包括与选官相关的监督、回避、考核、制衡等规范性制度。这些制度在不同历史时期形态各异，主次不同，相互补充，交互使用，共同构成了中国古代选官制度的主体结构和基本体系。同时，选官制度作为培育、辨识、选择、调配、优化官僚队伍的核心制度，是中国古代政治制度中最具传承统绪、最具革新活力、最具社会基础、最具人文精神的一种特殊制度。从先秦至明清，选官制度在千年传衍过程中，不断适应着中国古代政治、经济、社会、文化、教育等的发展需要，不断调适着自身的思想原则、制度设计和运行规则，选官理念日益先进，选官标准日益合理，选官范围日益扩大，选官方式日益多元，选官功能日益凸显，表现出改革创新、因时制宜、与时俱进的独特制度属性和鲜明时代特征，不仅为历代王朝选拔了大批治国安邦的人才，而且发挥了维系国家统治秩序，调节官民社会关系，稳定政治统治基础的重要作用，充分验证了"苟得其人，不患贫贱"③，"致安之本，惟在得人"④ 的千古

---

① 稽瑾等：《清朝通志》卷七六《刑法略二》，商务印书馆1936年版，第7208页。
② 《吕氏春秋·审分览第五·知度》。
③ 《潜夫论》卷二《本政》。
④ 《贞观政要·论择官》。

箴训。

一 选官标准

官员选拔是涉及诸多环节的系统工程，要按一定原则、标准和方法选拔出合格的官员队伍，不仅需要建立健全符合时代需要的选官制度，而且需要为选拔官员创造良好的人才条件和工作基础。中国历代王朝在长期的选官实践中，逐渐认识到选官的重要意义和历史价值，并形成以德为本、以功授官、唯才是举等一系列意涵丰富、传承久远的选官标准，这为古代选官用人奠定了理论依据和思想基础。

（一）"德行"标准

德治思想是中华优秀传统文化的重要组成部分，德政主张是历代王朝一直倡导并践行的普遍治国理念。这种思想理念反映在选官用人上，就是坚持将"论才则必以德为本"[1]作为选官用人的首要标准，认为只有"举贤良，进茂才"，才能"官得其能，任得其力"[2]，只有官员德行高洁，才能做到清正廉洁，勤政爱民，克己奉公，也才能做到忠君报国，治国安邦，心忧天下。换言之，官员德行关乎人心向背和国家治乱，"惟治乱在庶官"[3]，官员"有德以为功，无德以为乱"[4]。

在古代，一身德行的"清官"是传统伦理道德的忠实体悟者和实践者，他们既忠且廉的完美形象，始终是官方塑造、推扬的官员典范，也是民间期盼、拥戴的道德楷模。正因如此，古代选官的理

---

[1] 清高宗：《御制文初集》卷二六《讲筵绪论》，《景印文渊阁四库全书》第1298册，第223页。
[2] 《春秋繁露》卷一三《五行顺逆》。
[3] 《尚书·说命中》。
[4] 王国轩点校：《李觏集》卷二〇《潜书十五篇·八》，中华书局2011年版，第217页。

想标准就是符合"清官"形象的贤德之人,"贤,有德者"①,"德行高人谓之贤"②。孔子主张为政以德,取人以德,认为官有官德,民有民德,并把"君子之德"比作风,"小人之德"比作草③,风吹草动,草随风行,官德可以引导民德,官风可以引领民风,官德正则民风淳,官德失则世风浊;唯有官员做到宽厚、诚信、勤敏、公允,民众才能信服,民德才能归厚,国家才能大治。在他看来,德行是判断人才的核心要素,如若无德,即使周公那样的"美才"之人,也是"其余不足观也"。④继之,孟子提出"尊贤使能"的思想,认为"辅世长民莫如德","贤者在位,能者在职";反之,若"不信仁贤,则国空虚"。⑤荀子主张举用人才,应不论等级、血缘,而应"论德而定次",以贤德为贵,"爵当贤则贵,不当贤则贱";⑥并将尊贤和爱民结合起来,认为尊尚贤人,可以称王于天下,爱护民众,可以称霸诸侯,从而赋予尊贤重才以更多新意。墨子更是站在"四鄙氓民"的立场上,明确提出"尚贤"的用人观点,认为"贤良之士众,则国家之治厚;贤良之士寡,则国家之治薄",进而倡导君主用人,应"以德就列",只要举用贤士,罢黜奸小,便可教化天下,使人"相率而为贤者"。⑦秦汉以后,儒术昌明,德政主导,富有先见的政治思想家对官员德行的论述更具深意。如汉代贾谊提出明君、吏贤、民治思想,认为明君选官要任贤,任贤才能爱民,爱民才能治民,治民才能治国,"民之治乱在于吏,国之安危在于政。故是以明君之于政也慎之,于吏也选之,

---

① 《四书章句集注·论语集注》卷七《子路》。
② 司马光著,李之亮笺注:《司马温公集编年笺注》卷四六《进修心治国之要札子状》,巴蜀书社2009年版,第138页。
③ 《孟子·滕文公上》。
④ 《论语·泰伯》。
⑤ 《孟子·尽心下》。
⑥ 《荀子·君子》。
⑦ 《墨子·尚贤中》。

然后国兴也。故君能为善，则吏必能为善矣；吏能为善，则民必能为善矣……故君明而吏贤，吏贤而民治矣。"①承两汉遗风，诸葛亮坚持以德治国，讲求"治国之道，务在举贤"，主张用人当用忠诚、坦率、廉洁之人，而不能任用"奸伪悖德之人"②。唐太宗也主张唯贤是用、德行为先的用人标准，认为为君之道，关键在于"进用善人，共成治道"，"斥弃群小，不听谗言"，并教诲臣下"若得其善者，虽少亦足矣。其不善者，纵多亦奚为"？真正做到了"今所任用，必须以德行、学识为本"。③ 至宋代，选官标准趋于多元，但仍突出德行标准。司马光在论述德、才关系时说："聪察强毅之谓才，正直中和之谓德。才者，德之资本也；德者，才之帅也"，并反观历史，以为臣子无德，将败坏朝政，导致亡国，"自古昔以来，国之乱臣，家之败子，才有余而德不足，以至于颠覆者多矣"④。朱熹则强调君主要修身正心，举用贤德，这是治国修政的关键，"贤，有德者，才，有能者。举而用之，则有司皆得其人而政益修矣"⑤，"贤，有德者，使之在位，则足以正君而善俗"⑥。明清时期是中国封建社会的晚期，统治者进一步意识到道德是维系专制统治的重要力量，因而更加重视官员的德行修养。明太祖认为国之兴衰与贤才是否各得其用关系甚大，他告诫臣下："人才不绝于世，朕非患天下无贤，患知人之难耳，苟所举非所用，为害甚大"⑦，并提出量能授官、各取所长的用人思想，其标准就是："察其言行，以观其德；考之经术，以观其业；试之书算骑射，以观其能；策其经史时务，

---

① 《新书》卷九《大政下》。
② 段熙仲、闻旭初编校：《诸葛亮集》文集卷四《逐恶》，中华书局1960年版，第78页。
③ 《贞观政要·崇儒学》。
④ 《资治通鉴》卷一《周纪一》。
⑤ 《四书章句集注·论语集注》卷七《子路》。
⑥ 《四书章句集注·孟子集注》卷三《公孙丑章句上》。
⑦ 《明太祖宝训》卷五，洪武元年十一月己亥，台北："中研院"历史语言研究所1962年校印本，第341页。

以观其政事"①，即从德、才、能、事四个方面选拔人才。清圣祖在位期间，也坚持"以德为本，才艺为末"②的用人政策，认为才学能力固然必要，但道德品质更为重要，"朕观人必先心术，次才学。心术不善，纵有才学何用？"③所以他倡导选官时要尽量追求德才兼备，但若德才不能两全，宁选德优于才者，不选才优于德者，进一步将用人以德、选官以贤的思想提至新高。

基于上述认识，历代王朝在选官实践中，长期将人才德行列于首位，恪守着"取士之道，当以德行为先"④的价值取向和制度导向。如尧推选继任者，四方首领都以德行浅陋而辞让，并一致举荐地位低微但德行高尚的舜。舜被举荐后，尧并未立刻让位，而是先命他处理政务，以观其品行，察其才能。经过三年考验，舜历经万难，依然忠厚谨敬，孝贤至德，在他带领下，百姓德化，诸侯和睦，政绩卓著，尧才让位给舜。至夏商，选官之法开始规范，周公将其总结为"三宅三俊"，他说："宅乃事，宅乃牧，宅乃准，兹惟后矣"，"乃用三有宅，克即宅，曰三有俊，克即俊。严惟丕式，克用三宅三俊"。⑤所谓"三宅"，即常伯、常任、准人三种官职；所谓"三俊"，即《洪范》所言刚克、柔克、正直三德。这种崇德尚贤的选官标准，体现出对官员德行的诉求，认为为官须恪尽职守，此谓"事"，也须心系民生，此谓"牧"，还须执法严明，此谓"准"。以此为基础，周代实行乡举里选之制，规定在每年正月或三年一次考察人才时，各地要"考其德行，察其道艺"，以备朝廷审查选用。同时，按照"六德六行"准则选官用人，其中"六

---

① 《明太祖实录》卷二二，吴元年三月丁酉，第323页。
② 章梫：《康熙政要》卷九《论择官》，《中华文史丛书》第87册，台北：华文书局1969年版，第444页。
③ 王先谦：《东华录》，康熙十三年三月癸酉，《续修四库全书》第369册，第578页。
④ 李焘：《续资治通鉴长编》卷三七一，元祐元年三月壬戌，中华书局2004年版，第8974页。
⑤ 《尚书·立政》。

德"指知、仁、圣、义、中、和;"六行"指孝、友、睦、姻、任、恤。凡符合"六德六行"标准者,即具备选官的基本条件。①秦国实行"三重选官法",一重客士,二重军功,三重法律,倡导举贤任能以"审能"为标准,并明确了被选官员须遵循的行为规范,"凡为吏之道,必清洁正直,谨慎坚固,审悉无私,微密纤察,安静毋苛,审当赏罚"②。汉代以察举选官,儒术取士,并把"举孝廉"作为首要的考察内容,认为孝是"百行之冠,众善之始"③,"求忠臣必于孝子之门"④;同时,倡导以德取人,辟召四科首先强调"德行高妙,志节清白"⑤;察举人才时参照的孝廉、茂才、察廉、贤良文学、贤良方正、至孝、有道等,也是以德行为准,充分体现了汉代为政以德、教民以德的儒家德治思想。此后,魏晋九品中正制虽然讲求家世门第,但各地在推选官员、品评人物、定其等第时,也要参照人物"品状"中的德行品第,若"言行修著",则升进选用;若"道义亏阙",则降下不用。⑥ 隋唐以后,科举选官,一定程度上解决了选官标准中的德才关系,也符合统治者选拔德才兼备官员的导向。这在科举制确立初期已定基调,如开皇七年(587年),隋文帝废除九品,开科取士,"诏京官五品以上,总管、刺史,以志行修谨、清平干济二科举人"⑦。此后,唐代选官标准为"四才三实",其中"四才"指身、言、书、判,"三实"指德行、才用和劳效,总体体现了"太平之时,必须才行俱兼,始可任用"⑧的用人思想。明清时期,无论是不断完善的科举制度,还是

---

① 《周礼·地官司徒·乡大夫》。
② 睡虎地秦墓竹简整理小组:《睡虎地秦墓竹简》,文物出版社1990年版,第167页。
③ 《后汉书》卷三九《江革传》。
④ 《后汉书》卷二六《韦彪传》。
⑤ 《通典》卷一三《选举一》。
⑥ 《通典》卷一四《选举二》。
⑦ 《隋书》卷二《高祖纪下》。
⑧ 《贞观政要·论择官》。

一直沿用的荐举制度，始终坚持"以德行为本，而文艺次之"①的用人标准，尤其对那些聪明正直、贤良方正、孝悌力田、孝廉的人才，更是不拘一格，破格录用。

中国古代选官用人的德行准则是一个历史范畴，不同的历史时期、不同的社会阶层有不同的认知视角，也有不同的实践特点，但总体都将德行置于选官标准的首位，这不仅有利于澄清吏治，清明政治，而且有利于淳化世风，整饬人心。同时，从本质上说，古代推扬以德选官，推崇贤人治国，标榜德行政治的根本目的，就在于维护君主专制统治；而其所谓贤者，也是统治者基于自身利益的考量，用心塑造的具有道德标准、标范意义的"忠"臣、"清"官和"良"吏形象。这种用人思路，从另一角度彰显了古代以德治国的基本理念，也在一定程度上促成了以德为主的官场文化。

（二）"才学"标准

国以人兴，政以才治，人才素质在一定程度上决定了国家的治理能力和水平，"人存则其政举，故为政在人"②。那么，何为人才素质或用人标准呢？古人早有论说，如孔子认为君子应以修齐治国为己任，而为君之道在于"仁者不忧，知者不惑，勇者不惧"③，三项行为标准中，"仁"属于仁德品行，"知""勇"则属于才智能力。管仲提出识别人才的"三本"论，即"一曰德不当其位，二曰功不当其禄，三曰能不当其官"④，认为有德之人未被重用，贤臣就会对朝政望而却步；有功之人未被重用，功臣就会对朝政丧失信心；有才之人未被重用，能臣就会对朝政漠然无趣。荀子根据人才的言行表现，提出了选用人才的标准："口能言之，身能行之，国

---

① 《明史》卷七一《选举三》。
② 卫湜：《礼记集说》卷一三〇，《景印文渊阁四库全书》第120册，第180页。
③ 《论语·宪问》。
④ 《管子》卷一《立政》。

宝也；口不能言，身能行之，国器也；口能言之，身不能行，国用也；口行善，身行恶，国妖也。"并指出，治国者应谙熟识才用人之道，做到敬重"国宝"，爱护"国器"，任用"国用"，罢黜"国妖"。① 墨子在否定儒家人才"天命"论的同时，提出了判断人才的三条标准："原乎德行，辩乎言谈，博乎道术。"② 总之，在古人看来，要成为治国人才，不仅要具备德行、功劳、言行等素质，而且要具备过人的能力和超人的才识，即所谓"道术"或"才学"。

春秋战国时期，时势巨变，诸侯争雄，竞相用才，争天下必先争人才成为诸侯共识，用人以德、选官以才成为时人主见，而传统任人唯亲、用人唯贵的观念也受到空前冲击。例如：齐桓公任命鲍叔为宰，鲍叔推辞不就，自谦为"君之庸臣"，转而推举被誉为"天下之才"的管仲为宰，并认为自己在宽惠柔民、治国柄政、制礼作法等方面皆不如管仲。虽然管仲曾刺杀过桓公，且有生活不俭、僭越礼法、与友争利等德行之失，但在用人之际，桓公仍不计前嫌，不拘小节，任命管仲为宰。③ 而管仲也不负众望，推行富国、安民、强兵之策，齐国由此强大，桓公最终称霸，"齐桓公以霸，九合诸侯，一匡天下，管仲之谋也"④。孔子在《论语》中常对弟子才能加以品评，如对出身贫贱的弟子，他坚持"有教无类"的平等原则加以教育，并推荐学有所成，既贤且能的弟子出任官职。这种用人观念无疑是对世卿制度的挑战。荀子认为人才要发挥治世强国的作用，就应坚持"求知"，不断提高治国理政的能力；而作为国君，则要明确用人之要在于"三材"：一是"官人使吏之材"；二是"士大夫官师之材"；三是"卿相辅佐之材"。他甚至断言，自古至今，人君若不能"论此三材"，则朝政必将败乱，

---

① 《荀子·大略》。
② 《墨子·尚贤上》。
③ 《管子》卷八《小匡》。
④ 《史记》卷六二《管晏列传》。

国家必将不治。同时，荀子主张选官用人既要重视德行，也当兼顾才学，只有做到"论德而定次，量能而授官"，所用之人才能"载其事而各得其所宜"。①

较之儒家，法家的用人思想更具功利倾向。如商鞅力行变法，其所需人才也是"治世不一道，便国不必法古"②的改革者，故他抛弃"尚贤"的用人标准，转而提出爵下于民，"举事而材自练"③的用人思想。韩非子更是提出"上法不上贤"④的主张，认为"索贤"并非难事，只要设官陈爵，虚位以待，人才便不请自来；只要具备法术，君主就能网罗人才，驾驭臣下。所以在他看来，用人的关键在于识人，并提出了"试之以事"的用人准则。一方面，韩非子强调人才的能力出自实践，"宰相必起于州部，猛将必发于卒伍"⑤；但另一方面，又认为修行仁义、研习文学的人才，不过是"为匹夫计"的私心之人，若用此类人才，"国必乱，主必危"⑥。韩非子的用人观点虽有片面之处，但其突破"索贤"，转向"使人"的务实用人观念，却将先秦的人才思想推向新的历史高度。

秦汉时期，用人思想逐渐成熟，选官制度不断完善。以汉代为例，时人提出"贤愚在于质，不在于文"⑦的看法，认为人才不仅要具有正直敢言、不畏强暴、爱民重民等思想品格，还应具有治国理事的实际能力。所以他们提出选用人才，应重视"质""文"合一，"德""才"并举，即要从本质入手，而不可为表象所迷惑，对于缺乏工作能力的人，虽有贤才之名也不可录用。更为重要的是，汉人已经意识到"居高位者未必贤"的道理，并借史明理，以

---

① 《荀子·君道》。
② 孙诒让著，祝鸿杰点校：《商子校本》卷一《更法》，中华书局2014年版，第19页。
③ 孙诒让著，祝鸿杰点校：《商子校本》卷三《错法》，中华书局2014年版，第49页。
④ 《韩非子》卷二〇《忠孝》。
⑤ 《韩非子》卷一九《显学》。
⑥ 《韩非子》卷一九《五蠹》。
⑦ 《春秋繁露》卷七《考功名》。

世论人，以为："二世所以共亡天下者，丞相御史也；高祖所以共取天下者，增肆狗屠也。骊山之徒，巨野之盗，皆为名将。由此观之，苟得其人，不患贫贱；苟得其材，不嫌名迹。"① 在此思想背景下，汉人对于选官用人的"才学"标准多有识见。如汉武帝提出"在御论""器用论"等用人思想。一方面，他认为用人如驭马，对那种性情暴烈的烈马，只要驭使得当，便可成为千里之马；对那些不受世俗规约的能人，只要御用得当，便可成为"非常之人"。因此，他主张用人以才，并下令州、郡在考察吏民时，若有茂才异等者，即可"为将相及使绝国者"。② 另一方面，他认为"用人如器"，关键要看其有无才能，是否有用，有才则用，无才则不用，有用取之，无用则弃之。当然，人才不是天生的，而是后天努力的结果。对此，汉代思想家王充有独到见解。他认为圣贤不能生而知之，而须通过后天学习以达成，"圣者，需学以圣"；同样，人才的能力也来自后天的历练，"人有知学，则有力矣"。③ 故王充提出通过教育培养兴论立说、博古通今的"文人"和"鸿儒"。在制度实践上，汉代察举中的茂材一科，旨在选举奇才异能之士，故又称"茂才异等"或"茂才特立之士"。汉武帝始诏举茂材，所选人才多授以县令，因茂才要求较高，能入选者人数极少。至东汉初，茂材改为岁举科目，公卿、诸州举荐茂材成为常制。此外，察举中的"贤良文学"一科，也旨在选举通经达变、博学之士，注重所选人才的才能和学识。

魏晋南北朝时期，"才性之辩""尚智重才"是时人讨论的热门话题。东汉时，尽管选官注重操行和才能，但实际仍以操行为先。但魏晋之际的纷乱格局，使选官用人的"才能"标准得以凸

---

① 《潜夫论》卷二《本政》。
② 《资治通鉴》卷二一《汉纪十三》。
③ 《论衡》卷一三《效力》。

显。曹操在求才令中，指明了"才性"意涵："仁孝道德所谓性也，治国用兵之术所谓才也"①，其中"性"指操行，"才"指才能。在曹操看来，丧乱之世，时势复杂，若以德选人，实难应对，故他多次发布"求贤"之令，申述先"才"后"行"的用人原则，认为有行之士，未必进取，进取之士，未必有行，用人意在做事，而不必拘于品行，"未闻无能之人，不斗之士，并受禄赏，而可以立功兴国者也。……治平尚德行，有事赏功能"②，充分肯定了人才"功能"的价值，也在一定程度上挑战了德行至上的用人规则。这一理念在曹魏后期仍被沿用，如司马懿、司马师父子讨论石苞时，司马懿认为石苞此人"好色薄行"，不可重用，但司马师却认为其虽"细行不足"，却有"经国才略"，况且贞廉之士，未必能经济世务，譬如齐桓不顾管仲之"奢僭"，汉高不顾陈平之"污行"，仍大胆录用，委以要职，就是看中二人"匡合之大谋""六奇之妙算"的过人才能。③ 三国时期，与"惟才是举"并行而起的是"重才"思潮。如建安才子徐幹认为不是才依于德，而是德依于才，没有才，徒有德。他在"明哲之士"与"志行之士"的论辩中，进一步阐发了"明哲"为重，"志行"为轻的观点，认为"圣人贵才智之特能立功立事益于世矣。如悉过多，才智少，作乱有余，而立功不足"。他虽未否认仁德的意义，以为"仁固大也"，却主张若只求"仁德"，而忽略"明哲"，"则君子不贵"，并认为圣人之所以为圣人，不仅在于"志行纯笃"的美好德行，而且在于"明哲穷理"的可贵才智。④ 此后，魏明帝折中其间，一方面尊崇儒学，用人以德，以为儒生只有通过明习经学，即可经明行修，胜任政

---

① 陈寅恪：《书世说新语文学类钟会撰四本论始毕条后》，《中山大学学报》1956年第3期。
② 《三国志》卷一《魏书一·武帝纪》。
③ 《晋书》卷三三《石苞传》。
④ 《中论》卷九《智行》。

务，并推行了"贡士以经学为先"等用人措施；另一方面，又推扬文章，用人以才，认为"才任牧民，博士课试，擢其高第者，亟用"①，并设置崇文观，"召善属文者充之"。②至玄学勃兴之际，士人玄谈之间的才藻及其体现的学识修养，也反映出世人对人才的普遍关注，甚至认为"仁可时废，而明不可无也"，仁德可通过后天修养获得，而"明才"则是"天授之才"③。总之，魏晋时期，"惟才是举""先进才学"等用人理念的流行，与汉末以来的重才风尚一脉相承，也侧面表明德行至上的观点并未被广泛认同。

隋唐以降，跨时悠长，人才辈出，选官用人的"才学"标准也被赋予了更多开明、务实的时代内涵。历代帝王多坚持选官用人的"才学"标准，并将其适时运用于选官制度中。隋文帝坚持禁用"浮华"之士，强调要选用真才实学的能臣，隋初大臣多为实干之才，即与这种选官理念关系密切。更为重要的，开皇十八年（598年），隋文帝开启了"取仕必由学术"的科举制度，为无数学子开启了竞争入仕、施展才智的机会。唐太宗坚持"才行取人"，这与单纯的"惟才"思想有所不同，"才行"标准兼顾"才"与"行"两点，意涵更为全面，且将"行"作为选官标准，突出了人才需求的实践性和实用性。武则天打破门第限制，坚持"学而优则仕"的用人观念，积极完善科举制度，开拓选官渠道，举凡文才可通国事者，皆可得到任用，即使是寒门之士，只要富有才学，也可位列缙绅，佐理朝政，一度出现了"君子满朝"的人才盛况。明太祖在取士选能时，始终坚持"用人以实"的指导思想，只要有才能、肯效力，无论何人，皆可待之以礼，破格起用，真正做到了"量主剪才""随才任使"④。同样，清圣祖玄烨鉴于晚明世风空疏，事功日

---

① 《三国志》卷三《魏书三·明帝纪》。
② 《玉海》卷一六六《宫室》。
③ 《抱朴子》卷三七《仁明》。
④ 徐学聚：《国朝典汇》卷三六《吏部·铨法》，北京大学出版社1993年版，第3060页。

堕之弊，提出"以实心行实效"的用人思想，主张选官用人应不论满汉，不分尊卑，不拘资格，只要真才实干，即可提拔重用。为此，他在位期间，常通过陛辞、读疏、出巡、御考等途径亲察百官才学，并取消八股考试，改用策论取士，选拔廉能实才，切实践行了"德器为本，才艺为末"①的用人路线，创造了清代识人、择人、御人的高峰。

除帝王之外，隋唐以来的先进士人也对"才学"标准提出诸多卓见，表现出浓郁的革新意识和高远的致用精神。如唐代柳宗元站在国家治理的角度知人论世，认为人的才能是一笔宝贵的社会财富，且不能被国姓、望族所垄断，而应在选官用人时，注意防治"贵者""亲者"和"旧者"，并通过教育培养一批堪当大任的"贱者""疏者"和"新者"。同时，他认为一个合格的人才应兼具"文""道"和"行"，三者之间的关系是"文以明道"，"文以行为本，在先诚其中"②，强调人才作文，既要思想端正，言行无污，更要通明大道，讲求实用。北宋司马光在其"德才论"中，认为标准人才应才德兼备，二者相辅相成，缺一不可，所谓"夫聪察强毅之谓才，正直中和之谓德。才者，德之资也；德者，才之帅也"③。虽然司马光坚持"德行为先"的用人标准，但仍强调"才"的重要性，他力主改革科举，主张"凡取士之道，当以德行为先，文学为后"④；又按德才差别将人分为四类："才德全尽"谓之圣人，"才德兼亡"谓之愚人，"德胜才"谓之君子，"才胜德"谓之小

---

① 清高宗：《御制文集第二集》卷三八《张华以才学天识各重一时》，《景印文渊阁四库全书》第1298册，第694页。
② 《柳宗元集》卷三四《报袁君陈秀才避师名书》，中华书局1979年版，第880页。
③ 《资治通鉴》卷一《周纪一》。
④ 《宋朝诸臣奏议》卷八一《儒学门·上哲宗乞置经明修课一》。

人。① 南宋事功学派代表陈亮、叶适等身处"艰难变故之际"②，其对人才能力的认知也颇为务实。一方面，他们批判以仁义道德为根本标准的人才观念，认为穷理修身的"醇儒"，只是空谈性理，百事不理，以致其"气不足以充其所知"，"才不足以发其所能"③，更无助于收复国土，复兴社稷。另一方面，他们明确提出"以适用为主"④的用人标准，认为所谓人才应是学政结合、注重事功的才智之士，尤其在乱世之际，更应做一个"有救时之志，除乱之功"的"一世之豪"⑤。在此基础上，事功学派提出了突破资格，适用为本，更加灵活多样的用人标准："尽收天下之人才，长短大小，各见诸用，德行、言语、政事、文学，无一之或废"⑥。明代后期，张居正针对吏治腐败、朋党纷争、政令废弛等时弊，提出"一切以功实为准"的用人思想，并归纳出用人的"六毋"准则：一是"毋徒炫于虚名"，考察人才不应务求名声；二是"毋尽拘于资格"，选用人才不应限于资格；三是"毋摇之以毁誉"，考察人才不应轻信舆论褒贬；四是"毋杂以爱憎"，评判人才不要掺杂个人情感；五是"毋以一事概其生平"，评价人才不应只看一事成败；六是"毋以一眚掩其大节"，考核人才不应因一错而全盘否定。这种颇具革新意识的用人思想，一度成为张居正"考成法"的指导思想，但遗憾的是，随着张氏病卒，"功实"思想连同"考成"新法皆被否定，时势使然，令人惋叹！明清之际，启蒙思想家王夫之倡

---

① 《资治通鉴》卷一《周纪一》。
② 李幼武：《宋名臣言行录外集》卷一六《陈亮》，《景印文渊阁四库全书》第449册，第831页。
③ 陈亮：《龙川集》卷二〇《又甲辰答书》，《景印文渊阁四库全书》第1171册，第698页。
④ 陈亮：《龙川集》卷二〇《与朱元晦秘书》，《景印文渊阁四库全书》第1171册，第708页。
⑤ 朱熹：《晦庵集》卷三六《答陈同甫》，《景印文渊阁四库全书》第1114册，第21页。
⑥ 陈亮：《龙川集》卷一一《廷对》，《景印文渊阁四库全书》第1171册，第592页。

扬"知之尽，则实践之"①"知行相资以为用"②等实学观念，认为治国百务，务求实用，作为人才应通达政教，学以致用，不能为了读书而读书，而应将读书同实践结合起来，做到"辨其大义，以修己治人之体也，察其微言，以善精义入神之用也"③。

（三）"功劳"标准

"功劳"观念渊源有自，管子曾言："凡所谓功者，安主上，利万民者也"，并据官员职守及其功绩，将"功劳"分为军功、吏功和臣功，认为"明主之治也，明分职而课功劳，有功者赏，乱治者诛，诛赏之所加，各得其宜，而主不自与焉"，首次阐明了"功劳"的基本意涵和政治意蕴。但在历史实践中，早期人类在集体狩猎、异族杀伐的活动中，就已形成崇尚功劳、崇拜英雄的功劳观念。这种自然、朴素的历史观念，既是古代功罪思想的历史理据，也是古代选官制度的理论基础。在"天下为公"的原始社会，"民主"选举部落首领的依据即为"功劳"。大禹舍身为民，疏河决江，历经万难，终于成功，舜帝命禹"平水土，维是勉之"④，并禅位给他。至"天下为家"的奴隶社会，"天有十日，人有十等"⑤的等级观念空前森严，选官用人的血缘观念日渐浓郁，出现了父子相传，代代为官的"世卿世禄制"；但与此同时，功劳观念深入人心，传衍不绝。一方面，人们常将功绩刻于铜器，"有功者，铸器铭其功"⑥。如现藏中国国家博物馆的商代青铜鳖，背插四支箭，铭文意为：商王在洹水猎杀一只鳖，商王射中一箭，赞者射中三箭，商王命史官将其记在庸功册上，并做铜器以记功绩。另一方面，在

---

① 王夫之著，王孝鱼点校：《张子正蒙注》卷五《至当》，中华书局1975年版，第173页。
② 王夫之著，杨坚修订：《礼记章句》卷三一《中庸》，岳麓书社2011年版，第1256页。
③ 王夫之著，舒士彦点校：《读通鉴论》卷一七《元帝》，中华书局1975年版，第512页。
④ 《史记》卷二《夏本纪》。
⑤ 洪亮吉撰，李解民点校：《春秋左传诂》卷一六，中华书局1987年版，第676页。
⑥ 《周礼·春官·叙官》郑众注。

血缘世袭的主体架构内，初步生成了论功行赏，依功封爵的早期规制，如武王立周后，按照等级和功劳分封诸王，并设公、监、侯、伯、子五等爵位"兼制天下"。至战国，时人进一步认识到"明主之为官职爵禄也，所以进贤材劝有功也"，凡有兴业立功者，就应该"有尊爵，受重赏"。① 据此，以秦为代表的各诸侯国革故鼎新，打破身份界限，破格选任官吏，产生了"以功赏爵"的军功爵制，"有军功者，各以率受上爵"②"劳大者其禄厚，功多者其爵尊"③。这种按军功赐爵位、给俸禄的选官制度，可谓"才苟适治，不问世胄"④，不仅扩大了选官任能的社会范围，为新兴地主阶级夺取政权创造了条件，而且沉重打击了贵族阶层的世袭特权。更为重要的是，在那个礼坏乐崩，战乱频仍，崇尚武功的"霸道"时代，军功爵制的实施，无疑为秦灭六国、武统天下提供了有力的制度保障和强大的精神动力。自此而后，"明君不官无功之臣，不赏不战之士"⑤ 成为历代选官用人的重要观念，并出现了一个特殊的权贵阶层——功臣。

汉高祖刘邦称帝后，以"天下共主"的身份大封功臣，赏赐食邑，恩泽后代，这既是权宜之计，也是立国之策。继之，"积功劳"成为汉代选官的基本依据和重要标准，"盖闻有功不赏，有罪不诛，虽唐虞犹不能以化天下"⑥。如文帝时，万奋"积功劳至大中大夫"。⑦ 景帝时，李蔡"积功劳至二千石"，武帝时又以击败右贤王有功，"封为乐安侯"。⑧ 及汉魏间，曹操麾下英才如云，其用人理

---

① 《韩非子》卷二《八奸第九》。
② 《通典》卷一六三《刑法一》。
③ 《战国策》卷五《秦三》。
④ 《刘子》卷四《荐贤》。
⑤ 《三国志》卷一《魏书一·武帝纪》。
⑥ 《汉书》卷八《宣帝纪》。
⑦ 《史记》卷一〇三《万奋列传》。
⑧ 《史记》卷一〇九《李将军列传》。

论也是据功量才,"治平尚德行,有事赏功能"。① 如张辽降曹时,只拜中郎将,后因战功卓著,被提拔为"荡寇将军"②。北魏时,将官员的功劳分为军功和事功,并据此对六品以上官员封授爵位,实现了官员品级与功劳的有效结合。隋唐以降,选拔官员虽以科举为主,但"功劳"观念贯穿不绝,形成科考、功勋等多种方式相互结合、互为补充的综合性选官制度,如破格选官、父子恩荫等特殊选官制度的持续实施,既与官员"赞化劳心""定策之功""有旨论功"等特殊经历相关,也与官员"资深绩茂""任久功多""试有成效"等的特殊功绩相关。

  在长期的选官用人实践中,古人对"功劳"的认知趋于理性。一方面,强调官员不可贪功争赏,居功自傲,也不可虚报功劳,拔高功劳,功高就会震主,功高就会盖主,以致"勇略震主者身危,而功盖天下者不赏"③,甚至出现"狡兔死,走狗烹"的悲剧。另一方面,又强调官员功劳不可掩蔽,若有功绩,就应优先擢用,有功而不用,功多而无赏,就会善恶不分,赏罚不明,进而挫伤人心,失信天下,"有劳不报,何以使人"④,"善恶同,则功臣倦"⑤,"好恶不公,赏罚不明,则失士君子之心"⑥。相应地,若无功而用,冒功滥赏,也会导致功过两弛,人心皆失。如汉武帝时,车千秋被破格拜为大鸿胪,数月又升为丞相,封为富民侯,对此时人甚为不服,认为车千秋"无他材能术学,又无阀阅功劳",却"以一言寤意,旬月取宰相封侯",实在"世未尝有也"⑦。在古人看来,以功选官,并非只看功劳,还要观其是否忠君守法,若不忠君,

---

① 《三国志》卷一《魏书一·武帝纪》。
② 《三国志》卷一七《魏书十七·张辽传》。
③ 《史记》卷九二《淮阴侯列传》。
④ 何希之:《鸡肋集》卷一《廷试策》,《四库全书存目丛书》集部第108册,第496页。
⑤ 赵蕤撰,梁运华整理:《长短经》卷九《将体》,中华书局2017年版,第513页。
⑥ 《建炎以来系年要录》卷五六,绍兴二年七月癸酉。
⑦ 《汉书》卷六六《车千秋传》。

"虽有功劳，不可用也"①；若不守法，"虽有功劳，军法所不容赦"②。如此，功劳观念才能真正成为昭示功罪、彰显劝惩、黜陟官员的重要标准。

毛泽东曾说："在这个使用干部的问题上，我们民族历史中从来就有两个对立的路线：一个是'任人唯贤'的路线；一个是'任人唯亲'的路线。前者是正派路线，后者是不正派路线。"③ 中国古代的选官标准因时而异，因人而异，选官方式渐趋严密科学，选拔标准渐趋多元全面，但德行、才学和功劳始终是选官用人的主流标准。而且，古人的智慧不限于此，更多的时候，他们在重点强调人才"惟一"标准的同时，又能在选官用人的实践过程中，以整体思维认识人才的基本素质和综合能力，以辩证眼光看待德行、才学、功劳等人才标准及其相互关系，力求做到德才兼备，德功并举，才行俱兼，文道统一，"才乎才，有德以为功，无德以为乱"④，用人必须"学行兼优，方为允当"⑤。若只重视德行而忽略才学，"操守虽清，不能办事，亦何裨于国"？反之，若只强调才学而轻视德行，"虽能济事，亦多败检"⑥。总之，古人关于选官用人标准的讨论，尽管表述不同，重点各异，但主旨一致，目标趋同，都道出了一个万古不变的道理：凡任人唯贤，德才兼优则事业必昌；任人唯亲，姑息养奸则事业必亡。

二　选官方法

钱穆曾言："某一制度之创立，决不是凭空忽然地创立，它必

---

① 程颐：《伊川易传》卷一。
② 《周易·师》孔颖达疏。
③ 《毛泽东选集》第二卷，人民出版社1991年版，第527页。
④ 李觏：《直讲李先生文集》卷二〇《潜书十五》，线装书局2004年版，第150页。
⑤ 王先谦：《东华录》，康熙二十五年四月戊申，《续修四库全书》第370册，第172页。
⑥ 章梫：《康熙政要》卷九《论择官》，《中华文史丛书》第87册，台北：华文书局1969年版，第444页。

有渊源，早在此项制度创立之先，已有此项制度之前身，渐渐地在创立。某一制度之消失，也决不是无端忽然地消失了；它必有流变，早在此项制度消失之前，已有此制度之后影，渐渐地在变质。"① 同样，中国古代选官方法也是一个历史范畴，并随着社会经济的发展和阶级关系的变动，经历了不同的历史阶段，形成了完整的演进序列，即从先秦的贵族、门客，到秦汉的军功、荐举（察举、征辟等），再到魏晋的九品官人，最后到隋唐以来的科举取士。大体上，每一个时代都有一个主流选官方法，每一个时代又继承、革新或孕育、生成了其他选官方法，各种方法彼此交错，相互配合、互为补充，共同形成了适应一代社会需要的选官途径，又共同构成了中国古代不断调适、日益成熟的选官体系。

（一）从"民主"推举到血缘世袭

有国家就有官员，有官员就有选官制度。原始社会末期，虽然逐渐形成了部族和部落联盟，并出现了阶级和阶层分化，但此时国家尚未形成，因而也未出现行使国家权力的官员，而只有氏族组织发展形成的部落、部落联盟及其大小首领。部落或部落联盟的首领是由氏族"民主"议事会议选举产生，此即禅让制。

作为一项原始制度，禅让制的"民主"之处在于：选举的标准主要是看贤能、智慧、信誉和贡献，而不看血缘关系和亲疏差异，《礼记·礼运》云："大同"社会，"天下为公，选贤与能，讲信修睦。故人不独亲其亲，不独子其子。"这是后世儒家赋予那个时代的一种理想画面，明确揭示了禅让之制的核心要义。比如陶唐氏部落首领原为挚，因为人"不善"被罢免，其弟尧继其职位。及尧晚年，选择继承人，各部首领先推举尧子丹朱，尧以其"不肖"，不足以授命天下，故未同意。又有人推举共工，尧也未同意。于是，

---

① 钱穆：《中国历代政治得失》，生活·读书·新知三联书店2001年版，第2页。

各部首领推举德行高洁的民间"匹夫"舜,尧尊重民愿,深表同意,并经过长期考验,最终禅位给舜。此后,舜又按此规则,传位给治水有功的禹。禹时,私有制已发展到相当程度,部落联盟的财富和权力更加集中,禅让制度已难以为继。禹年老时,推举皋陶为继承人,但皋陶先死,又"禅让"给伯益。但及禹崩,其子启在族人拥戴下,诛杀伯益,夺取王位,"家天下"的世袭制至此确立。禅让制的"民主性"在于:"权力"不是转让给氏族同姓,而是要交给德能兼备之人。在形式上,王位的传袭和权力的转移虽然取决于在位君王的意愿,但最终却不是由君王个人决定,也不会受到其他"反对者"(如鲧、共工反对禅位给舜)的干扰,而须经过部落联盟集体会议决定。在生产力极为落后的远古时代,这种以"推举"为特征的选人方法,适应了早期人类的生产方式和生存需要,贤能的部落(邦酋)首领和联盟"共主",不仅是原始政治的权力象征,而且是人们集体生计的现实保障。

夏启袭位,标志着原始禅让的终结和王权世袭的开始,也宣告了部落联盟的解体和王权国家的建立,"今大道既隐,天下为家,各亲其亲,各子其子,货力为己,大人世及以为礼"①。从此,世袭制度逐渐从最高王权的交替方式,推演为选拔百官的世卿(世官)制度,成为夏、商、周三代选官用人的主要方法,并在后世若隐若现,赓续传衍,如汉代任子制、唐宋门荫制、明清荫叙制以及某些朝代出现的分封制等,皆是三代世袭制的遗留。世卿制度的基本特点是:王国的官员由君王任命,官职世代相袭;同理,诸侯国的官员由诸侯任命,官职也世代相袭。这种由奴隶主贵族直接控制的选官用人制度,是一种亲贵合一、官贵合一的封闭性选官方式,带有浓郁的血缘色彩和宗法观念。

---

① 《礼记·礼运》。

三代世袭有父子相传和兄终弟及两种形式。前者限于亲生之子，或立嫡、或立长、或立贤；后者限于同母之弟，若同母弟尽，则选立长兄之子。其中，夏朝主要采用父子相传之制，在其十七个君主中，除太康、帝不降传位其弟外，均属父子相传。至商朝前期，为应对夏族和其他部族的威胁，王位继承以兄终弟及为主，先长后幼，但不必轮及每一个弟，然后由长兄之子继承，商代共三十一王，兄终弟及达十四王之多。兄终弟及虽然可以避免政权易手，但又极易造成族内权力争斗。如商代从第十五代君主仲丁起，因"废适而更立诸弟子，弟子或争相代立"①。商朝后期，王位继承逐步以父子相传为主；至庚丁即位，最终确立了嫡长子继承制。这种立嫡为嗣的王位继承制，实际是后世宗法制的重要基础，不仅为西周所承袭，且被历代王朝视为"正统"的世袭原则。

在王位世袭的基础上，奴隶制国家的官员选任同样以血缘关系为纽带，出现了"亲贵合一"的选官原则。以商代为例，一方面，朝中大臣多出自宗室成员。如商纣王时，其叔父箕子官至太师，叔父比干任少师之职，其兄微子启受封于微。他们通过族权来巩固王权，又以王权来加强并扩大族权，形成以世袭为中心的家族统治网。另一方面，各级官员多世代相袭。盘庚迁殷时，遵守"人惟求旧，器非求旧，惟新"②的选官原则，任用世代相袭的"旧人"共理国政，并承诺"世选尔劳"③，或世袭父兄之职，或担任国家官吏。同时，为了维护世袭选官原则，商代禁止违反世袭，用人不亲，否则会受到谴责，甚至兴兵讨伐。后来武王伐纣的一个理由就是：纣王不用同宗长辈，兄弟不能为官，却违反世袭规则，滥用有罪奴隶为官。

---

① 《史记》卷三《殷本纪》。
② 《尚书·盘庚上》。
③ 《尚书·盘庚上》。

周代建立后，进一步将族权、政权和王权紧密结合起来，建立了比商代更为具体的嫡长继承制度，严格遵照"立子以贵不以长，立嫡以长不以贤"的原则世袭王位，选官用人。一方面，为巩固天子的宗主地位，继承商代近亲执政的旧制，"立七十一国，姬姓独居五十三人"[①]。在此基础上，规定凡新王继位，执政大臣要改由新王宗亲充任，如成王年幼，其叔周公辅政，后"成王长，周公反政成王，北向就群臣之位"，后返回鲁国封地。康王继位，改由召公辅政。另一方面，周代选任官吏也以亲疏、尊卑为准，凡任王国官职的贵族，皆遵照嫡长子继承制的原则世代相袭，并分为公、侯、伯、子、男五等爵位。其中，外服诸侯"授民授疆土"，实行世袭制；内服公卿、大夫等，则有封地、卿位和禄田，既可以世袭为官，亦可通过乡举里选，入朝执政，从而实现了分封制、世袭制与爵禄制的有机结合。

总之，以宗法、血缘为纽带的世袭制度，是一种适应时代发展的特殊制度，它的出现不仅催生了早期"国家"的出现，而且相伴产生了奴隶社会，具有一定的必然性和合理性。然而，世袭制度造就的"金字塔式"的等级社会，严重固化了社会阶层，不但埋没了大批贤能之士，而且造就了一群社会蠹虫，妨碍了国家行政正常运作，正如近人吕思勉所言："世官终不能不废，游士终不能不用者，何也？则以世禄之家，习于骄奢淫佚，不能任事，而能任事者，转在游士也。"[②] 正因如此，春秋以降，随着阶级关系和生产关系的变革，世卿制日渐衰落，选贤任能成为风尚，职官制度逐渐兴起，并取代世卿制成为选官用人的主要方法。

（二）从军功爵制到"以客出仕"

春秋战国时期，王室衰微，诸侯崛起，奴隶社会开始向封建社

---

① 《荀子·儒效》。
② 吕思勉：《中国制度史》，生活·读书·新知三联书店2009年版，第408页。

会过渡，新兴地主阶级日益强大，民间士人阶层日渐兴起。他们迫切要求摆脱被奴隶主贵族奴役的地位，进而通过暴力方式，打破等级严密的世袭政治，剥夺了宗法贵族的特权地位，开辟一条入仕做官的路径，实现政治权力的必然过渡。在此情况下，军功爵制这一极具变革意义的选官制度应运而生。

所谓军功爵制，就是因军功或事功而赐给田宅、食邑的爵禄制度。这种制度产生于春秋，确立于战国，秦和西汉初达到鼎盛，东汉走向衰亡。[1] 春秋时期，诸侯各国革故鼎新，力行变法，军功赐爵制度也随之出现。其中，齐国是最早建立赐爵制度的国家，《管子·小问》载："田宅爵禄，尊也。"《说苑·权谋》载：齐桓公对东郭垂"尊禄而礼之"；《左传·哀公二十一年》载：齐庄公"设爵位以命勇士"，皆指君王因功赐给臣子土地和爵位。这种赐爵制度助推了齐国新兴地主势力的崛起，田常正是借助赐爵大权，掀起了夺权斗争，控制了齐国政权。此后，晋国也顺应时势，建立了赐爵制度。晋文公归国夺权后，按照不同等级，奖赏曾跟随自己流亡的近侍功臣，"大者封邑，小者尊爵"[2]。此后，赵鞅利用赐爵制度夺得权力，他曾阵前誓师说："克敌者，上大夫受县，下大夫受郡，士田十万，庶人工商遂，人臣隶圉免。"所谓"受县""受郡"，即是根据军功赐予爵禄、田宅、食邑的制度。此外，秦、楚等国也出现了军功爵制。史谓："秦庶长鲍、庶长武帅师伐晋以救郑"[3]；"获秦成差及不更女父"[4]。其中，"庶长""不更"皆为秦国军功爵名。楚国孙叔敖言："吾爵益高，吾志益下。"[5] 意谓楚国也有赐爵制度。

---

[1] 参见朱绍侯《军功爵制试探》，《河南大学学报》1978年第1期。
[2] 《史记》卷三九《晋世家》。
[3] 《左传·襄公十一年》。
[4] 《左传·成公十三年》。
[5] 《淮南子》卷一二《道应训》。

至战国时期，各国普遍实行了更为具体、完善的军功爵制。在魏国，李贵建议魏文侯按照"食有劳而禄有功"①的原则，把爵禄让给建功立业的人才。在韩国，申不害建立了"循功视第"的行赏制度，剥夺了世袭贵族的参政特权。在楚国，吴起针对"大臣太重，封君太众"②的局面，提出"使封君之子孙，三世而收爵禄，裁减百吏之禄秩，损不急之枝官，以奉选练之士"③的改革方案，建立了以军功为标准的选官制度。在燕国，建立了"无功不当封"④的制度。较之上述诸国，秦国的军功爵制最为完善，执行得也最为彻底。商鞅汲取各国变法经验，制定了"宗室非有军功，论不得为属籍"⑤的法令，剥夺了世袭贵族的政治特权。在此基础上，又颁布了"有军功者，各以率受上爵"⑥的法令，规定："斩一首者爵一级，欲为官者为五十石之官；斩二首者爵二级，欲为官者为百石之官。"⑦根据"劳大者其禄厚，功多者其爵尊"⑧的原则，有功将士既可享有爵位、田宅、庶子等特权，也可为"兵官之吏"⑨；而无功者，则"虽富无所芬华"⑩，难享爵秩。正是借助军功爵制，秦国新兴地主阶级掌握了国家政权，大批文人学士、普通庶民乃至底层奴隶，由此有了获得爵位的机会，"商工皂隶，不知迁业"⑪的奴役制度逐渐走向衰落。

　　春秋战国时期，诸侯纷争，天下扰攘，各国普遍认识到富国之

---

① 《说苑》卷七《理政》。
② 《韩非子》卷四《和氏》。
③ 《韩非子》卷四《和氏》。
④ 马骕：《绎史》卷一二四《燕哙让国之祸》。
⑤ 《史记》卷六八《商君列传》。
⑥ 《通典》卷一六三《刑一》。
⑦ 《韩非子》卷四《和氏》。
⑧ 《史记》卷七九《范雎传》。
⑨ 孙诒让著，祝鸿杰点校：《商子校本》卷五《境内》，中华书局2014年版，第79页。
⑩ 《史记》卷六八《商君传》。
⑪ 《左传·襄公九年》。

道在于强兵，因而纷纷采用军功爵制，这对于鼓励军民耕战，提高军队实力，赢得统一战争发挥了重要作用。然而，军功爵制也存在一定的历史局限性。秦、楚等国虽以军功选官，但又不许一般吏民通过军功获得显要爵位，而只能获得低微官职。同时，军功入仕者多为一介武夫，智勇有余，而才能不足，虽可"克敌"，却无能"治民"，"今治官者，智能也；今斩首者，勇力之所加也。以勇力之所加，而治者智能之官，是以斩首之功为医、匠也"，必然"屋不成而病不已"。① 在此情况下，各国为弥补军功爵制之不足，开始争相养士，储备人才，于是"以客出仕"之风蔚然兴起。

当时，赵、魏、齐、燕等国的当权重臣，为培植个人势力，巩固政治地位，纷纷纳贤养士。如齐国孟尝君田文、赵国平原君赵胜、楚国春申君黄歇、魏国信陵君魏无忌，以及秦国丞相吕不韦，都以养士而闻名天下。为争求贤士，他们采取各种手段，如平原君杀笑跛足者以留士；燕昭王筑黄金台礼聘贤才；秦穆公以羊皮换得出身奴隶的百里奚；齐国使者出访魏国，偷回军事奇才孙膑。而当时养士风气最浓，且实行最久者，当为秦国。早在春秋时，秦穆公任用异国人才，开创了"客卿"制度。对于这些客卿，秦国多能礼遇有加，赐予厚禄，甚而委以国政，授予实权。如秦昭襄王"五跪"求范雎，尊之为叔父，封应侯，"计不下席，谋不出廊庙"②；秦始皇"见尉缭亢礼，衣服、食饮与缭同"；秦王政任命王翦为将，其军功显赫，得封为侯。对此盛况，宋人洪迈称赞道：七雄都招致四方游士，但六国所在用的丞相皆宗室或国人，"独秦不然，其始与之谋国以开霸业者，魏人公孙鞅也。其他若楼缓赵人，张仪、魏冉、范雎皆魏人，蔡泽燕人，吕不韦韩人，李斯楚人，皆委国而听

---

① 马骕：《绎史》卷一四七下《韩非刑名下》。
② 《史记》卷七九《范雎传》。

之不疑，卒所以兼天下者，诸人之力也。"① 据史书所载，从秦穆公开始，任职秦国的著名客卿有：百里奚、蹇叔、由余、公孙枝、丕豹、孟明视、白乙丙、西乞术、商鞅、韩非、公孙衍、张仪、甘茂、薛文、楼缓、白起、蒙骜、蒙武、蒙恬、范雎、蔡泽、吕不韦、姚贾、尉缭、王翦、王贲、王绾、冯去疾等。这些人大多出身贫微，仕路坎坷，如范雎"家贫无以自资"，沦为车夫；②李斯少为小吏，际遇艰难；③张仪曾为"魏之支庶"，"贫而无行"④。但即使如此，秦国国君仍不拘一格，拜官赐爵，量能授官，拜为上卿。而这些客卿也多不负所望，各尽其才，各显其能，或奔走游说，或率兵征战，或贡献筹谋，或著书立说，以不同方式为秦国的统一大业贡献才智，发挥作用，"秦固以客兴"⑤，是为确论。

实际上，客卿制度是在"以客出仕"与"军功授爵"之间增加的一个储才环节。国君与客见面交谈，"一言契合，立擢卿相"⑥，先由客拜为"客卿"，"其位为卿，而以客礼待之"⑦。此后，客卿一般经过战争考验，只要立有军功，便能升迁拜相，是为"正卿"。这种"以客入仕"的选官办法，无疑是"任人唯贤"的选官路线，大批贤才得到重用，成为各国变法兴国的支柱，"六国之时，贤才之臣，入楚楚重，出齐齐轻，为赵赵完，畔魏魏伤"⑧。如申不害辅佐韩昭侯"修术行道，国内以治"⑨；淳于髡建议齐威王赏即墨大夫、烹阿大夫，"人人不敢饰非，务尽其诚，齐国大治"⑩；邹

---

① 洪迈：《容斋随笔》卷二《秦用他国人》。
② 《史记》卷七九《范雎传》。
③ 《史记》卷八七《李斯传》。
④ 《史记》卷七〇《张仪传》。
⑤ 罗大经：《鹤林玉露》卷三《齐秦客》。
⑥ 赵翼：《陔余丛考》卷一八《明初用人不拘资格》。
⑦ 《资治通鉴》卷二《周纪二》。
⑧ 《论衡》卷一三《效力篇》。
⑨ 《史记》卷四五《韩世家》。
⑩ 《史记》卷四六《田敬仲完世家》。

忌襄助齐威王"谨修法律而督奸吏"①；乐毅、邹衍等辅佐燕昭王，与百姓同其苦。凡此，皆是客卿出仕，富国强兵的实例。然而，因为"以客出仕"的官员多是激进的改良者，他们主张废除特权，实行变法，因而引起了旧贵族的强烈反对，以致"逐客"事件时有发生。如秦王政初年，在王室贵族的干涉下，长史客卿李斯遭到驱逐，李斯感慨万分，上书谏言，提出用人一定要破除地域观念的著名论断："夫物不产于秦，可宝者多；士不产于秦，而愿忠者众。今逐客以资敌国，损民以益仇，内自虚而外树怨于诸侯，求国无危，不可得也。"② 与此同时，随着君主专制统治的日益强化，客卿养士极易被分裂势力所利用，成为削弱中央集权的因素。故秦始皇统一六国后，即禁止私人讲学游说，从此养士之风逐渐沉寂，代之而兴的是察举、征辟等新的选官制度。

（三）从察举、征辟到九品官人

察举制和征辟制是汉代选拔官员的基本制度。察举，又称荐举，是由州、郡、县地方官，以孝廉、茂才异等、贤良方正、博士弟子等名目，向朝廷推荐辖区人才，任用为官的制度。征辟，又称征召，是由皇帝或地方长官直接选拔人才、任用官属的制度。两种制度源于先秦乡举里选、招贤纳士制度，而盛于两汉，衰于南北朝，并在后世偶有出现，长期存在。

汉代察举制肇事于高祖刘邦的求贤诏。汉高祖十一年（前196年），刘邦下诏："盖闻王者莫高于周文，伯者莫高于齐桓，皆待贤人而成名。……贤士大夫有肯从我游者，吾能尊显之。"③ 表达了求贤若渴的热望，并命令各级官员向朝廷推荐人才，若隐而不举，将被问责罢黜。至文帝时，又诏令丞相、御史大夫等"举贤良方正能

---

① 《史记》卷四六《田敬仲完世家》。
② 《史记》卷八七《李斯传》。
③ 《汉书》卷一《高帝纪》。

直言极谏者，以匡朕之不逮"①；同时，规定了察举的科目和对策应试的方法，标志着察举制开始向制度化发展。武帝初年，据董仲舒谏言，再命公卿、列侯、郡守等"各择其吏民之贤者，岁贡各二人以给宿卫"②。元光元年（前134年）十一月，又令"郡国举孝廉各一人"③。从此，郡国岁举孝廉的察举制度正式确立。

按照推荐科目及标准，汉代察举分为常举与特举。其中，常举，又称常科，是由各诸侯王和地方郡守，按照科目要求，每年向朝廷推举孝廉和秀才（后因避讳刘秀而改称茂才，曹魏时复名秀才）。举孝廉是汉代察举选官的主体。汉初，举"孝"以民为主，要求"善事父母"；举"廉"以下级官吏为主，要求"清洁廉隅"。④ 西汉末，孝、廉逐渐合为一科，至东汉合称孝廉。最初，举孝廉的名额为：每个郡国每年举荐二人。但这种不计人口数量而分配名额的做法，引起一些人口较多郡国的反对。于是，东汉和帝时，调整举荐名额：郡国每20万人举荐孝廉一人，40万人举荐二人，不满20万人者每两年举荐一人，不满10万人者每三年举荐一人。⑤ 如此，全国每岁所举孝廉约228人（西汉时约206人），数目颇为可观。同时，各级官员也可依照职位高低，每年荐举孝廉、秀才，具体名额为：三公举茂才各一人，廉吏各二人，光禄每岁荐举茂才四行（即敦厚、质朴、逊让、节俭）各一人，察举廉吏三人，中二千石察举廉吏一人，廷尉、太司衣各二人，带兵将军察举廉吏二人，监察御史、司隶、州牧荐举茂才各一人。⑥ 当时，举荐孝廉的标准，主要是以德才为本的"四科"，即："德行高妙，志节清

---

① 《汉书》卷四《文帝纪》。
② 《汉书》卷五六《董仲舒传》。
③ 《汉书》卷六《武帝纪》。
④ 《通典》卷一三《选举一》。
⑤ 《后汉书》卷三七《丁鸿传》。
⑥ 《后汉书》志二四《百官志》。

白""学通行修，经中博士""明达法令，足以决疑"和"刚毅多略，遭事不惑"。①"四科"标准，就是后人应勋总结的"皆有孝悌廉公之行"②。较之孝廉，秀才（茂才）是更高一级的察举，一般先举孝廉，后举秀才（茂才），因而在汉代出现了一人既举孝廉，又举秀才（茂才）的情形。当然，若为知名之士，则不受此限，可直接举为秀才（茂才）。汉代举荐孝廉，开始无年龄限制，也无须考试。至东汉顺帝年间，为防止察举过滥，始奏准"孝廉年不满四十，不得察举"③。同时规定，被荐举者须经过策问试用，只有符合"通章句""能笺奏"等条件④，才能应选任官。具体办法为：先提拟疑难问题，并按难易程度分为甲、乙等科，并密封起来，此为"策问"；后由被荐举者抽签解答，此为"射策"；再按答题成绩委以官职。汉代被举孝廉者多任职郎署，或由郎迁为尚书、侍中、侍御史，或外迁县令、长、丞、尉，再迁为刺史、太守。

特举，又称诏举，是由皇帝根据需要临时察举人才的特别科目。特举形式多样，名目繁多，主要有贤良方正、贤良文学、孝悌力田、博士弟子、明经、明法、敦厚、尤异、治剧、勇猛知兵法、明阴阳灾异等数十种，其中又以举贤良最为常见。举贤良始自汉文帝，至武帝时实现制度化，形成较为规范的荐举规则：一是举贤良的缘由很多，但多发生在遇到星变及灾害之后，凡逢此时，皇帝即下诏求贤，广开言路，以匡君失。二是举贤良以"儒术"为准。终汉一代，虽诏举贤良名目各异，但"独尊儒术"后，儒家仁义、道德修行及"六艺之术"成为荐举贤良的主要标准。三是荐举对象一般为现任或离任官吏，如郎中、博士、县令、刺史及功曹、卒史等，有时一些儒生也会被举为贤良，出任官职，一代名臣公孙弘、

---

① 《后汉书》志二四《百官志》。
② 《后汉书》志二四《百官志》。
③ 《后汉书》卷六一《左雄传》。
④ 《后汉书》卷六《顺帝纪》。

李法等即是如此。四是举主因时而变,且规定明确。如汉文帝时,举主为侯王、公卿、郡守等;汉武帝时,举主为丞相、御史、列侯、中二千石、二千石、诸侯相;哀帝时,举主为公卿、将军、列侯、中二千石;光武帝时,举主为公卿、司隶、州牧。举主举荐名额,一般每次一人,两位举主既可同举一人,也可一人被两次举荐。五是被举贤良所授官职,一般在六百石以上,普遍高于孝廉科的六百石以下,且多任博士、议郎、谏大夫等在京官职,也有少数出任地方县令、侯相等。正因如此,后人径言"汉世诸科,以贤良方正为至重"①。当然,除举贤良外,根据岗位配制及政务需求,其他科目所举人才也适应时势,日渐增多。以博士弟子为例,西汉昭帝时为百人,宣帝时为两百人,元帝时为一千人,成帝时为三千人;② 而至东汉质帝时,已达到三万余人。③

征辟制是汉代选官制度的基础,察举制就是在征辟制的基础上发展起来的。如果说察举制是一种自下而上荐举人才的制度,那么征辟制就是一种自上而下征聘人才的制度,二者并行不悖,互为补充,相得益彰。汉代征辟制,有"征""辟"之别。所谓"征",是由皇帝直接征召选用人才;所谓"辟",是由长官直接任用属官。

汉代皇帝征召,始于吕后聘请商山四皓,至武帝时臻至盛行。建元元年(前140年),武帝听闻辞赋大家枚乘,"乃以安车蒲轮征乘"④;建元六年(前135年),又闻经学大师鲁申公,遂"束帛加璧",诚心征召。⑤ 宣帝时,夏侯胜以善礼服,被征为博士;精通《春秋》的疏广被征为博士,后任太傅。文帝时,征贾谊为博士,后升太中大夫。元帝时,琅玡人贡禹,"以明经洁行著闻",被征为

---

① 徐天麟:《东汉会要》卷二六《选举上》。
② 《汉书》卷八八《儒林传》。
③ 《后汉书》卷七九上《儒林传》。
④ 《汉书》卷五一《枚乘传》。
⑤ 《汉书》卷六《武帝纪》。

谏议大夫。明帝时，郑均"少好黄老书"，被以"公车"征召入朝，官至尚书。① 至东汉，被召人才常能位居高官。如光帝时，征"通儒"卓茂，聘为博士，后封褒德侯。安帝时，征召天文学家张衡为郎中，后迁太史令。对于这些应召士人，汉代皇帝能倍加礼遇，尊称"征君"，且会派专人登门迎请，也命地方官员沿途接待。更为难得的是，对于那些拒辞征召，坚辞拜官的"征君"，汉代皇帝会遵其意愿，不做强求。如光武帝征召严光，"三反而后至"，本想任为谏议大夫，严光却婉拒不仕，归耕富春山下。② 这也侧面反映了汉代皇帝尊重人才、礼遇贤才的用人理念。

汉代官员辟除，分为中央与地方两种。一是中央辟除，也称公府辟除，主要由丞相、太尉、御史大夫"三公"自行任用属官，后改为大司徒、大司马和大司空。至东汉时，太傅（府）、大将军（府）、骠骑将军、车骑将军等也有了辟除权力。中央"三公"等开府办公，分曹治事，辟除掾属。被辟掾属的职责除备顾问、咨询外，主要是协助辟主治理政务；每逢察举荐官时，辟主常会大力举荐掾属。如贡禹除诸葛丰为属，举为侍御史；史高除匡衡为议曹史，举为郎中；梁商辟王畅，举为茂才；胡广辟李膺，拜侍御史；杨赐辟赵咨，迁敦煌太守。这些掾属一旦被察举入朝，常升迁迅速，晋升高官，"三府掾吏，位卑职重，及其取官，又多超卓，或期月而长州郡，或数年而至公卿"③。二是地方辟除，也称州郡辟除，主要由郡守、刺史等自行任用人才。东汉末，郡守可自行设置衙署，任用掾属。郡下设县，县令、县长由中央任免，掾属或可"召署"，但需呈报郡守批准。州及刺史设立之初，尚无僚属，故无权辟除。及汉元帝时，始增置幕僚，也随之有了辟除权力。东汉

---

① 《后汉书》卷二七《郑均传》。
② 《后汉书》卷八〇《严光传》。
③ 《唐六典》卷二九《诸王府公主邑司》。

末，改刺史为州牧，成为权位高于郡守的地方最高行政机构。汉代中央、地方所辟人才，既有乡豪硕儒，也有庶民小吏，甚至有因事罢官之人，其身份地位虽参差不齐，但多为兼具"才能操守"的一方俊杰。

汉代察举、征辟制度，在一定程度上满足了国家对官吏的不断需求，并在当时发挥了积极作用。一是加强了中央集权，通过察举征辟制度，朝廷控制了官吏的任免权，沉重打击了旧的贵族势力，对于提升官员整体素质和国家治理能力具有重要意义。二是扩大了选官范围，大批出身"下品""寒门"的治国之才脱颖而出，可谓"名臣辈出，文武并兴"，如晁错、董仲舒、公孙弘、京房、左雄、陈蕃、胡广、桑弘羊、鲍宣、萧望之、张衡、许慎、李膺等一代名臣，皆是通过察举、征辟入仕为官。然而，察举、征辟制也有其时代缺陷，如举士和举官不分，选举和考课不分，选举与教育分离，先选而后考等，这就给各级官吏及参与乡里评议的地方豪族徇私舞弊、弄虚作假创造了机会，以致出现了"窃名伪服，浸以流竞，权门贵仕，请谒繁兴"①的局面。至东汉后期，主昏政暗，戚宦擅权，察举、征辟日益谬滥，举荐者滥用职权，私意取人，谋求私利，"郡国举孝廉，率取年少能报恩者，耆宿大贤多见废弃"②；应举者阿谀奉承，沽名钓誉，徒有虚名，"举秀才，不知书；察孝廉，父别居。寒素清白浊如泥，高第良将怯如鸡"③。至此，察举、征辟成了大姓豪族培植亲信势力，扩大士族力量的工具，并逐渐演变为以门第取人的"九品中正制"。

九品中正制，初称"九品之制"，又称"九品官人法"，简称"九品"，是魏晋南北朝时期的主要选官制度。曹操时，实行"唯

---

① 《后汉书》卷六一《黄琬传》。
② 《后汉书》卷三二《樊修传》。
③ 《抱朴子》外篇卷一五《审举》。

才是举"。曹丕继位后，为了赢得门阀世族的支持，接受颍川世族、吏部尚书陈群的建议，开始实行九品中正制。具体规则是：任用"贤有识鉴""德充才盛"[1]的官员，担任本籍州、郡、县的大小中正，由他们将"所管人物"评定为上上、上中、上下、中上、中中、中下、下上、下中、下九品，然后由小中正上报大中正核查，大中正再上报司徒核实，最后由司徒交尚书吏部选用。[2]由此，荐举之权不再属于中央和地方长官，而改为专职举士的中正官。"九品"之中，上上为第一品，但实际无人能得，故第二品为最高等级，三品以下则皆为"卑品"。一般而言，中正品第与士人入仕后的官位相符，品第高则官位高，品第低则官位低，升品等于升官，降品等于降官。

曹魏时，在郡设立中正官。晋代时，又在州设立中正官。最初，中正官是由各郡长官推选，晋代则由司徒选授，有时司徒也兼任州的中正官。中正官品评人物、选拔官员的依据，主要有四：一是因袭汉代察举的德行标准。晋武帝泰始二年（265年），"令诸郡中正以六条举淹滞：一曰忠恪匪躬，二曰孝敬尽礼，三曰友于兄弟，四曰洁身劳谦，五曰信义可复，六曰学以为己"[3]。二是家世，包括士人的籍贯、父祖官职等。三是行状，包括士人的言行表现、道德才学等，表述一般极为简要，甚至寥寥数字。四是品第，包括士人德才、家世、阅历等，这是对士人的综合评定，也是最重要的选官依据。根据以上四点，士人入仕后，中正每三年会清理品第，调整官位：若"言行修著"，则升进之，或以五升四，或以六升五；但若"道义亏缺"，则降下之，或自五退六，或自六退七。[4]升降之间，既取决于品第，也依赖于状文，二者相互结合，形成了较汉

---

[1]《文献通考》卷二八《选举考一》。
[2] 赵翼：《廿二史札记》卷八《九品中正》。
[3]《晋书》卷三《武帝纪》。
[4]《文献通考》卷二八《选举考一》。

代更为严密的选官准则,"乡邑清议,不拘爵位,褒贬所加,足为劝励,犹有乡论余风"①。当时出现"儒雅并进"②的选才格局,盖与这一制度设计不无关系。

在九品中正制实施过程中,中正官只能品评、荐举人才,而不能任用人才。任用人才的权力归司徒、吏部尚书及州郡主簿、功曹等官,"昔有中正,品其才第,上之尚书,尚书据状,量人授职,此乃与天下群贤共爵人也"③。尽管中正官无用人之权,但因其掌握品评权力,官员任用须经由中正提荐,官员的黜陟亦需经中正同意,"至中正之法行,则评论者自是一人,擢用者自是一人,评论所不许,则司擢用者不敢违其言"④。因此,无论士人以何种方式入仕,都要经过中正评定。但西晋以后,因品级评定完全依据家世,"品""状"已不相符,行语虽好,却在下品,行状虽差,却在上品,"以品取人,或非才能之所长;以状取人,则为本品之所限"⑤。在此情况下,中正官常会仿照察举旧制,以孝廉、秀才等名义向朝廷荐举人才,但在那个门阀盛行的时代,被举人才未必都有真才实学。

九品中正制创建之初,是举善进才,选官纳贤的主要途径,也保留了传统"乡举里选""惟才是举"的传统,"盖以论人才优劣,非谓世族高卑"⑥,在一定程度上扭转了名士官僚垄断选举的局面。但曹魏之后,这一制度的缺陷逐渐暴露,成为门阀士族操纵品评,把持铨选的工具,"高下任意,荣辱在手"⑦;品评人物只看门第高低,不分贤愚良莠,豪门子弟仅凭显贵门第,便可"平流进取,坐

---

① 《晋书》卷三六《卫瓘传》。
② 《三国志》卷一五《魏书十五·贾逵传》。
③ 《魏书》卷六六《崔亮传》。
④ 《文献通考》卷二八《选举考一》。
⑤ 《通典》卷一四《选举二》。
⑥ 《资治通鉴》卷一二八《宋纪十》。
⑦ 《通典》卷一四《选举二》。

致公卿"①，并通过黄门郎、散骑侍郎、著作郎、秘书郎等"清流"官职，迅速升迁，世代相袭；而很多真有才学的庶姓寒人，却很难进入官场，更难晋升显要。如此，便出现了"上品无寒门，下品无势族"②的局面，中正之弊，至此极矣！

（四）从考试选官到全面科举

在中国历史上，考试选官渊源有自，早在周代，就有"物教宾兴"之法，"大司徒以乡三物教万民，而宾兴之"③。及三年大比，官府会根据"六德"（知、仁、圣、义、忠、和）、"六行"（孝、友、睦、姻、任、恤）、"六艺"（礼、乐、射、御、书、数），考比万民德行道艺，从而选拔"贤者能者"。④汉武帝时，创办太学，设置博士，教养博士弟子及国子学生。每年考试，成绩分上、中、下三等，其中上、中两等可直接"预官"，下等则勒令退学。南北朝时，也设太学，由教授、博士培养学生；学生通过"射策"考试，合格者按九品出身，优秀者可直接拔擢。逮及隋唐，始全面考试选官，此即科举制度。

所谓科举制度，即民间士人和在职官员经过分科考试，择优录用，并由吏部考核任官的制度。这一制度源自汉代察举策试，始于隋唐开科取士，终于清末新政改革，是中国历史上建制最完善，实施最长久，成效最显著，且最具世界影响力的一种选官制度。当然，与其他所有制度一样，科举制度的生成发展，也经历了一个不断完善、日益成熟而又逐渐衰落的过程。

隋代是科举制度的初创时期。隋朝建立后，为适应一统大局，隋文帝鉴于前史，力行改革，于开皇七年（587年）废除九品中正

---

① 李清：《南北史合注》卷八一《褚渊传》，海南出版社2000年版，第391页。
② 《通典》卷一四《选举二》。
③ 《周礼·地官·大司徒》贾公彦疏。
④ 《周礼·地官·大司徒》。

制，并命各州每年推举贡士三名入京考试，不问门第，只问才学，择优录取。开皇十八年（598年），始开科取士，设"志行修谨"和"清平干济"两科，由京官五品以上和地方总管、刺史荐举考生。[①] 隋炀帝继位后，重视科举事业，大业三年（607年），诏令五品以上文武官员，按照"孝悌有闻""德行敦厚""节义可称""操履清洁""强毅正直""执宪不挠""学业优敏""文才美秀"等十科荐举人才。[②] 两年后，又令各郡按"学业该通，才艺优洽""膂力骄壮，超绝等伦""在官勤奋，堪理政事""立性正直，不避强御"等四科荐举人才。[③] 同时，设立明经、进士科（即"文采秀美"科）等科，开始用诗赋、试策进行考试。这是科举制度正式确立的标志。

隋代科举制度尚处于初创阶段，因而具有承前启后的显著特征。一方面，它继承了察举制、九品制的某些制度特点，如考生需要地方官员荐举；考试科目也多出自察举、九品制度。同时，它也保留了荐举任官的弊端，例如：刺史、县令在荐举考生时犹挟私情，不存公道，以致"选才失中"[④]；考试方式尚无规章可循，常以主考官的好恶为凭。但另一方面，科举考试是以才学为主要录取标准，考试形式公开，考试科目明确，且在一定程度上允许平等竞争，显示出空前的社会进步性和制度优越性，因而被以后历代王朝继承和发展。

唐代是科举制度的奠基时期。唐建国伊始，即近承隋制，实行科举。高祖武德四年（621年）四月发布诏令：准许明经、秀才、俊士、进士及"明于理体，为乡里所称"的地方学士，先参加本县考试，后参加本州考试，成绩合格者，每年十月保送入京，而不再

---

① 《通典》卷一四《选举二》。
② 《玉海》卷一一五《选举》。
③ 《隋书》卷三《炀帝纪上》。
④ 《通典》卷一六《选举四》。

由官府举荐。① 武德五年（622年），又诏令天下士人可"投牒自应"，下层寒士未被举荐者，"亦听自举"，确定了士人"自举""自进"的制度。② 此后，经唐太宗、武则天的改革完善，唐代科举制发展迅速，主要表现在：

一是考试科目日益增多。唐代科举考试大致分为常科和制科两类。常科科目有秀才、明经、进士、明法、明算、明书以及一史、二史、开元礼、道举、童子等。其中，明经、进士两科是常科的主要应试科目，最为重要。秀才科为初唐科目，每年只取一至两人，应试者须"学兼经史，达于政体，策略深正，其词典雅"③，因难度较大，取人不多，故高宗时废止。道举科仅玄宗一朝行用，不久即废。明法、明书、明算等科，旨在考选专业人才，虽然常行，但地位不高。较之常科，制科科目更多，近百种，而最重要者，则有"贤良方正，直言极谏""博通坟典，达于教化""军谋宏远，材任将帅""达于吏理，可使从政"四科。④ 制科不定期举行，取士较少，被视为"非正途"。武则天长安二年（702年）时，又增开武举，以教人习武，选拔武官。⑤

二是考试内容日渐丰富。唐代科考内容主要以儒家经典为主。其中，秀才主要考"方略策"。明法、明算、明书分别考律令、数算和文学书法。明经主要考经学和时务策，经学试题有"贴经"和"经义"两种；时务策则涉及时事大政。进士主要考贴经、诗赋和时务策，内容最多，难度最大，但考中后易提拔升迁，故时人有"缙绅虽位极人臣，不由进士者终不为美"⑥ 之说。童子科是为10

---

① 《唐摭言》卷一《统序科第》。
② 《唐大诏令集》卷五《帝王·改元下·改元太和敕》。
③ 《通典》卷一七《选举五》。
④ 《太平御览》卷六二九《治道部一〇》。
⑤ 《通典》卷一五《选举三》。
⑥ 《唐摭言》卷一《散序进士》。

岁以下儿童所设科目，应试内容《论语》《孝经》，背诵合格者可授予出身或官职。

三是考试规则日愈具体。例如：唐初科考有乡试和省试两级，乡试是州县地方考试，省试是全国考试。武则天时，"策问贡士于洛城殿"①，即为"殿试"，但尚未成形。常举每年举行一次，制举时间则由皇帝临时决定。考生来源主要有国子学及郡县学推荐的"生徒"，地方考试推举的"乡贡"和现任官员及各类"杂色"人员。为防止科场舞弊，武则天时实行考卷糊名法，称"弥封"；开元时，又规定考官子弟亲属须另场考试，称"别头试"。唐代科举考试最初由吏部主持，开元时改为礼部，礼部下设贡院，主考官称"知贡举"，常由礼部侍郎兼任。唐朝科举放榜时间通常在二月，录取者谓之"及第"。考生考中后，吏部会按照身、言、书、判四个标准进行考核选官，若是在职官员，则会予以升迁；如铨选不中，可请主政官员向朝廷保举，如若不成，就只能去藩镇节度使担任幕僚了。

唐代科举制度进一步打破了门阀制度，也进一步弱化了门第在选官中的地位。在全唐科举取用的一万多名进士中，权贵子弟渐少，庶民子弟渐多。同时，科举考试培养了大批治国人才和文化精英，唐代三百六十九名宰相中，百分之八十是进士出身；诗人二千二百多人，传世唐诗四万八千多首，也与科举关系甚大。当然，唐代科举制仍存在很多缺陷，如录取名额少，每年贡士一千至三千人，考取进士者少则数人，多则二三十人。科考中的"公荐"制度，是主考官考察考生德才名望的一种制度，在克服一试定高下的同时，也为私下请托提供了便利，尤其至唐中后期，随着吏治腐败，科场歪风愈演愈烈，寒门学子虽奔走"乞举"，也极难顺利及

---

① 《玉海》卷一一五《选举》。

第。凡此，皆说明唐代科举制的开放性、公平性依然有限。

宋代是科举制度的兴盛期。同唐代一样，宋代也有常科、制科和武举。常科主要有进士、诸科、武举、童子举等。其中进士科最受重视，时有"焚香礼进士"①之语，进士一等多可官至宰相，"进士之科往往皆为将相，皆极通显"②，故进士科被称为"宰相科"。制科与汉唐所设贤良方正、直言极谏等科关系密切，但较之唐代制科科目，数量大为减少，且几度罢复。宋神宗熙宁四年（1071年），王安石改革科举，废除死记硬背的明经诸科，进士科不考诗赋，考经义和时务策；又设明法科，专考律令、断案等。宋神宗时，改为经义、策论，后又别设宏词科。

为使科举制更为公平、开放，宋代出台多项措施完善科举制度。一是整顿科场舞弊之风。宋太宗淳化三年（992年）以后，相继建立起锁院、糊名、誊录、磨勘、别头试等制度，在一定程度上确保了科举考试公平性。二是确立殿试制度。开宝六年（973年），宋太祖在讲武殿主持进士科考，"及第"进士也随之成了"天子门生"③，以往及第进士"恩出私门，不复知有人主"④的局面彻底改善。至嘉祐二年（1057年），宋仁宗下诏："进士殿试，皆不黜落"⑤，凡省试合格，殿试就只有名次之别而皆是进士了，且不须吏部考试，可直接授官，实现了科举与铨选的合一。三是正式确立州试、省试和殿试三级考试制度，录取名额也大大增加。宋代三百余年间，贡举进士科、诸科共118榜，取士达11万多人，平均每次录取人数为唐代的十倍左右。此外，对于屡试不第或年老的考生，有

---

① 黎靖德编，王星贤点校：《朱子语类》卷一二八《本朝二·法制》，中华书局1986年版，第3080页。
② 《文献通考》卷三二《选举考五》。
③ 《宋史》卷一五六《选举二》。
④ 王栐撰，诚刚点校：《燕翼诒谋录》卷一，中华书局1981年版，第2页。
⑤ 王栐撰，诚刚点校：《燕翼诒谋录》卷五，中华书局1981年版，第52页。

时会别开恩典，予以录取；省试多次落第的考生，有时也允许参加殿试，称作"附试"，此类考生叫"特奏名"。四是提高进士待遇。凡中进士者，可享有极高待遇，如"状元登第者"享受"传胪"时被人"围观"的礼遇和荣耀；南宋以后，举行皇帝宣布登科进士名次的典礼，并赐宴琼苑。五是停废科举考试中的"公荐"制度。乾德元年（963年），太祖下诏："礼部贡举人，自今朝臣不得更发公荐，违者重置其罪。"① 这在一定程度上排除了公卿大臣对考试过程的干预。

总之，宋代是中国科举制度的黄金时代。受此影响，社会流动空前加速，社会结构日益优化，从地主阶级到普通民众，都可以在考场较为公平地角逐，并凭借自己的才华学识跻身宦途，甚至位列显要。北宋拜相七十二名，其中进士出身者六十三人，占百分之八十七。科举出身的官员，多数出自普通地主、低级官员或寒微农家，如王禹偁、范仲淹、欧阳修、吕蒙正、张齐贤、王安石、周必大、文天祥等，莫不如此。这也反映了宋代官僚制度的开放性和科举制度的公平性，"国家取士之制，比于前世，最号至公"②。同时，在科举日兴之际，宋代文化教育蓬勃发展，读书应试成为风尚，书院教学蔚为风潮，学校教育走向普及，出版事业空前发达，文学艺术各领风骚……这种独具风神的"宋型文化"，不仅造就了一批治国能臣，而且催生了一批文坛巨匠，真可谓"国家文明之盛，前世莫及"③。

明清时期，是科举制度从高度成熟走向衰落终结的时期。这一时期，选官仍以科举为主，但较前代已发生较大变化。鉴于元代科

---

① 《续资治通鉴长编》卷四，乾德元年九月丙子。
② 李逸安点校：《欧阳修全集》卷一一三《政府进札子四首·论逐路取人札子》，中华书局2001年版，第1716页。
③ 卫宗武：《秋声集》卷五《李黄山乙稿序》，《景印文渊阁四库全书》第1187册，第704页。

举沉寂,且带有明显的民族歧视色彩,元至正二十七年(1367年),朱元璋令"设文武二科取士"①,要求各地官员劝勉民间秀士及智勇之人,勤勉读书,待到开举之时,以便"充贡京师"。②明洪武三年(1370年),朱元璋又诏告天下,恢复科举,并规定:文武百官须"由科举而进",若不经科举,就"毋得与官";考试命题专取四书及《易》《书》《诗》《春秋》《礼》五经。其间,虽然科举制一度废置,转而采取荐举、征召等选官方式,但科举取士优势明显,已成大势。故洪武十五年(1382年),又恢复科举,从此科举考试成了明代最重要的选官制度。

清朝在入关前,国家组织是以八旗为中心的军事体制,选官方式也主要是军功提拔。至太宗时,始设置文馆(后改内三院)、六部、都察院等文官机构,文官地位逐渐凸显。崇德三年(1638年),举行文官考试,中式举人、秀才等录用为官。入关初,清廷在征召天下人才,劝降故明旧臣的同时,于顺治二年(1645年)在直隶、山东、山西、河南、江南、陕西等省举行乡试;次年,在北京举行会试和殿试。从此,三年一试成为定制,每逢丑年、辰年、未年、戌年举行科举,直至光绪三十年(1904年)科举废除。

较之唐宋,明清科举制度更加规范、严格,同时也更加僵化、腐败。主要表现在:一是形成童试、乡试、会试和殿试四级(一说五级:科考、乡试、会试、殿试和庶吉士③)考试选官体系。其中,童试是由府、县长官主考,中试之后称"生员",也就取得府、州、县的学生资格。生员一般不能直接授官,但毕业后可参加上级考试。乡试是省级考试,每三年举行一次,明代主考官一般由皇帝派出,各布政使、按察使任监考官,清代则由巡抚任监考官。乡试一

---

① 陈鹤:《明纪》卷二《太祖纪》,《四库未收书辑刊》第6辑第6册,第33页。
② 《明史》卷七〇《选举二》。
③ 郭陪贵:《明代科举的发展特征与启示》,《清华大学学报》2006年第6期。

般考经义、礼乐、经史时务策三场，三考中试者称"举人"，可直接授官并为正途出身。会试是国家级考试，一般由礼部主持，翰林院学士或内阁大臣任主考官。会试是在乡试后第二年举行，即丑、辰、未、戌年，参加会试的是全国举人，三场中试称"贡士"。会试及格后，参加由皇帝主持的殿试，殿试只考策问一场，录取者均称进士，其中一二三甲名次，可直接授予翰林院修撰、编修、给事中、御史、主事等官，也可考选为庶吉士，入翰林院培养历练，三年后留翰林院任编修、检讨等职，还可以外派地方任推官、知州、知县等。若殿试不合格，可出任在京或地方小官，也可改入国子监。明清时期，更加重视进士科，凡高级官员，大多出自进士，以至出现了"非进士不入翰林，非翰林不入内阁"①的局面。二是实现了科举与学校教育的紧密结合，学校教育完全以科举为导向，教学内容以考试科目为中心，考生也以生员为主体，有时生员还可以直接入仕，是科举功名的重要补充。三是考试内容仅出自"四书""五经"，答题必须本诸《四书章句集注》，考试形式只能做八股文及论、制、诏、诰、表及经史时务策等，这虽然体现了国家统一思想及"公平"考试的根本导向，但因其形式呆板，内容空泛，客观上却把科举制引向僵化、衰败的境地。四是细化应试者资格。明代"科举条格"和清代"科场则例"规定：入流在职官员和科举入仕者不得参加科举，被免官吏及倡优、皂隶、居丧、训导等不得应试。五是严肃科场纪律。如入场搜检，巡绰监考，考务回避，考卷密封、誊录和对读制度，阅卷、落卷、核卷制度等。对主考、同考官及考生的夹带、关节、冒籍、顶名、割卷、抢替、钻营、贿买等考场舞弊行为，明清时期都会予以严惩，甚至处以死刑。

通过上述规定，明清两朝用最强有力的行政手段控制了科举考

---

① 《明史》卷七〇《选举志二》。

试的全过程，既从不同方面保证了科举制的"统一性""公平性"和"优越性"，"科举，天下之公……科举而私，何事为公"①；又通过科举制控制了士人乃至整个社会思想，"非不知八股为无用，而用以牢笼英才，驱策志士，其术莫善于此"②。而且，较之世卿、荐举、捐纳等选官方法，明清科举制的确为国家选拔了大批饱学之士，大大提升官僚队伍的整体知识水平和治国能力。然而，在日渐衰落的"极权"统治下，科举制的消极因素也随之暴露。诸如：科考科目单一、录取名额较少等局限，使越来越多的人才被挡在科举正途之外，"嗟乎！自国家以博士义取士，高才生困此者多矣"③。过度严苛的行政防控，使科举制越来越僵化死板，"国家设科之意，本以求才；今之立法，则专以防奸为主"④。八股取士，也培养了很多只求读书、不求致用的腐儒庸才，"自贡举法行，学者知以摘经拟题为志，其最所切者唯四子一经笺注是钻是窥，余则漫不加省，与之交谈，两目瞠然视，舌本强不能对"⑤。同时，明清两代，科举管理最严，科场大案却也最多，从明洪武"南北榜"案，到嘉靖"甲辰科场案"，从清顺治"丁酉科场案"，到咸丰"辛卯科场大案"，大小科场案件此起彼伏，屡见不绝。这些都是君主专制统治在科举中的具体表现，也是科举制无法克服的制度缺陷。所以，至晚清，延续千年的科举制已陈腐不堪，不适时宜，不再是选官用人的先进制度，最终在西方坚船利炮的轰鸣声中，在"兴学校，废科

---

① 陈子龙：《明经世文编》卷三八七《条陈救弊四事乞赐采纳以弘治道疏》，中华书局1962年版，第4195页。

② 陆保瑢：《满清稗史》，《近代中国史料丛刊》第53辑，台北：文海出版社1966年版，第67页。

③ 顾起元撰，谭棣华、陈稼禾点校：《客座赘语》卷九《盛伯年》，中华书局1987年版，第283页。

④ 顾炎武：《日知录集释》卷一七《糊名》。

⑤ 张萱：《西园闻见录》卷八《好学》，《明代传记丛刊》第116册，台北：明文书局1991年版，第671页。

举"的舆论声中，彻底退出了历史舞台。

（五）"特权"选官：荫袭

荫袭，又称任子、荫叙、门荫、恩荫、荫补、用荫等，是一种以血缘关系为基础的选官制度，既是世袭制度的延续、变种或残余，也是世袭制度和封建官僚制度相结合的产物。秦汉以后，当世袭制度随社会的变迁而失去主导地位后，它便以荫袭这一补充性选官方式，存留在后代选官制度的主体架构内，并以更加独特的方式发挥选官用人的功能。

春秋战国以后，奴隶制濒临瓦解，世袭制渐遭破坏，并演变为一种新的世袭形态——荫袭制度。较之传统世袭制度，荫袭制度的独特之处在于：恩荫子弟不是荫袭父兄的原有官职，而只能荫袭到比原有官职（除皇室宗亲、世袭王侯外）低下的虚衔官职，或者仅仅是取得入仕的一种资格。纵观古史，荫袭制大体经历了汉代任子制、隋唐门荫制、宋代以后荫叙制等规定略异而本质类同的演进历程，它长期是上层官员的一种政治特权，也是其子弟入仕做官的一种便捷路径。

西汉任子制始于文帝时期。所谓任子，吏二千石以上视事满三年，得任同产若子一人为郎[①]。意指二千石以上的官吏，任满一定年限，可保举子弟一人为郎，称"任子"。西汉二千石以上官员属中上层官员，主要包括京辅都尉、左右辅都尉及诸侯国的相、太傅、御史大夫和郡太守等。按规定，他们任满两年或三年，可保举子弟一人为光禄勋（原称郎中令）属官议郎、中郎、侍郎、郎中等郎官。任子方式有四种情形：一是以父任子。如武帝时，张汤为御史大夫，其子张安世以父任为郎。元帝时，陈万年为御史大夫，其子陈咸以父任为郎。二是以兄任弟。如文帝时，爰盎以其兄爰哙任

[①] 《汉书》卷一一《哀帝纪》颜师古注引"应劭曰"。

为郎中。三是以宗族身份被任，如文帝时，周阳由以"宗家"任为郎。① 西汉郎官虽品秩不高且无实权，但因其常伴皇帝左右，易被信宠，也易被提拔。此外，二千石以上官员还可以任子为太子属官，如景帝时，汲黯以父任为太子洗马。宣帝时，冯野王以父任为太子中庶子。成帝时，董贤以父任为太子舍人等。同时，对于那些功勋显赫的文官武将或皇亲国戚，也可任子弟一人或多人。如武帝时，右将军苏建曾出征匈奴，其子苏嘉、苏武、苏贤以父任为郎。成帝时，皇戚史丹九子皆以父任为侍中、诸曹等员。其间，鉴于任子所选官员"未必贤也"，且"率多骄骜"②"无益于民"③，故时人纷纷建议"除任子之令"④，哀帝也曾暂定任子选官，但残余依旧，并未根绝。至东汉，任子制又有发展，任子官职既有二千石以上的公（太傅、太尉、司徒、司空）、卿（九卿），也有二千石以下的校尉、尚书，甚至致仕官员、殉职官员也可享受任子待遇，且不限视事年限，也不限官职禄秩。保任对象既有子弟、孙辈，也有宗族、门从、亲信等，所任官职多为郎官、舍人等。至此，任子制已达高峰，日趋泛滥，不仅催生了一个新的特权阶层——门阀世族，而且成为外戚、宦官安插亲信、争权夺利的政治工具，加剧了东汉吏治日坏的局面。

魏晋南北朝时期，世家大族垄断选官制度，其子弟大多通过九品之制登列官位，因而这一时期虽然强调门资入仕，也出现了袭爵荫子的情形，但并未形成规范、系统的制度设计。至隋代，门荫的主要依据是官位和功勋，有时也会参照官员的德行，旨在"以酬勤

---

① 《汉书》卷九〇《郅都传》。
② 《汉书》卷七二《王吉传》。
③ 《汉书》卷六《武帝纪》。
④ 《汉书》卷七二《王吉传》。

劳"①"以加文武官之德声"②。其中，官位主要指三品以上官员，具体包括：总管刺史、公卿令仆、各部尚书、纳言、内史等职事官；郡公、县公、郡王等封爵官；银青光禄大夫、金紫光禄大夫、左右光禄大夫等散官；上开府仪同大将军、上大将军、柱国、上柱国等勋官。这些官员在按制封爵时，也有荫子资格。隋代门荫有祖荫孙、父荫子、兄荫弟三类，亦偶见伯叔荫侄之例。所荫官职有三类：一是承袭封爵，此在隋代极为频繁，近于过滥，以致炀帝曾下诏限制："自今已后，唯有功勋乃得赐封。"③ 二是授予散官，如朝请郎、给事郎、尚书承务郎、吏部骁骑郎、游骑尉、奋武尉、光禄大夫、正义大夫等。三是出任近卫，如三卫、千牛等，类似汉代的郎官。四是出任文武胥吏，京官如作佐郎、秘书郎、太子通事舍人、太子洗马、符玺郎、太常治礼郎、尚书奉御、殿内直长等；地方官如太守、郡丞、县令、县丞等；府官如鹰扬府司马、校尉，冠军府司马，司空府参军，王府库直等。隋代门荫制具有鲜明的"过渡性"特点，既沿袭旧制，依然尊官位、重勋爵，又因时制宜，开始轻门资、荫散品。

降及唐代，族望门第已逐渐丧失门荫的特权地位，皇亲、国戚、散品、品官、勋品等当朝权贵成为新的门荫主体。对于其用荫资格，《唐会要》规定：三品以上官员可以荫及曾孙，五品以上荫孙。被荫之孙品阶降荫子一等，曾孙又降孙一等。④ 对于其子孙所荫品级，《新唐书》规定："凡用荫，一品子，正七品上；二品子，正七品下；三品子，从七品上；从三品子，从七品下；正四品子，正八品上；从四品子，正八品下；正五品子，从八品上；从五品及

---

① 《资治通鉴》卷一七五《陈纪九》。
② 《隋书》卷二八《百官志下》。
③ 《册府元龟》卷一五九《帝王部·革弊》。
④ 《唐六典》卷二《吏部尚书》。

国公子，从八品下。"①其中，除通过门荫结散品四品以上者可直接选官外，多数官员子弟不能直接参加铨选，而须通过入学、考试、充任卫官、斋郎、挽郎等途径才能入仕；六品以下官员虽无门荫资格，但其子弟也可以品子身份充任杂职，待考满简试合格后，也有机会获得一官半职。这些规定，为大批中下级官吏子弟入仕为官提供了难得机会，也进一步否定了以门第高低作为享有世袭特权的原则。同时门荫制度在与科举制度的相互渗透中，逐渐失去优势，"门荫享有者在选官体制中的整体层次呈下降趋势"②。

　　较之以往，宋代恩荫不是按照制度直接补荫，而是通过奏请获得补荫资格。这使宋代恩荫表现出荫及范围大、标准低、人数多、名目繁等特点。首先，恩荫类型主要有：圣节荫补，每年逢皇帝诞辰时一次；大礼荫补，每三年逢郊祀时一次；致仕荫补，官员告老退休时一次；遗表荫补，官员死时上遗表一次；特恩荫补，对隋唐及五代十国帝王及三品以上官员后裔，可以荫补为官。其次，宋代荫补者一般享有很多特权，诸如可以获得赐科举出身的资格，一般充任在京官职，这使其晋升速度较之普通官员更为迅捷。同时，宋代官员荫补周期时间较短，少则几年，多则十几年，甚至出现了"甫莅任即得荫矣"③。最后，与唐代五品以上官员才可享受荫封资格不同，宋代七品以上就可以享受此待遇，而且官员品级越高，军功越多，荫及人数就越多，少则几人，多则数十人，举凡子孙、兄弟、亲族、门客等皆有荫封机会，可谓："一人入仕，则子孙、亲族，俱可得官，大者并可及于门客、医士，可谓滥矣。"④据《宋史》官职志、选举志载：真宗时，一次郊礼荫补约一百人，神宗时达六百多人，徽宗时至一千四百多人；至南宋高宗时竟达四千人，

---

① 《新唐书》卷四五《选举志下》。
② 宁欣：《唐代门荫制与选官》，《中国史研究》1993年第3期。
③ 赵翼：《廿二史札记》卷二五《宋恩荫之滥》。
④ 赵翼：《廿二史札记》卷二五《宋恩荫之滥》。

远超科举入仕的人数。宋代"冗官"之弊，无疑与荫补过滥有一定关系，难怪司马光言："国家爵禄，本待天下贤才及有功效之人，今使此等无故受官，诚为太滥。"①

鉴于宋代"荫补"之弊，元代荫叙制度趋于严密。世祖时诏令：职官荫补仅有一个名额，且只能是嫡长子，若嫡长子残疾或无嫡长子，则按照亲疏远近，依次荫补，且规定："一子得荫后，若有余子，不得于诸官府自求职事，诸官府亦不许任用。"②同时，元代对职官荫叙资格、被荫者品级及任职等，均有明确规定："正一品子，正五品叙。从一品子，从五品叙。正二品子，正六品叙。从二品子，从六品叙。正三品子，正七品叙。从三品子，从七品叙。正四品子，正八品叙。从四品子，从八品叙。正五品子，正九品叙。从五品子，从九品叙。正六品子，流官于巡检内用，杂职于省札钱谷官内用。从六品子，近上钱谷官。正七品子，酌中钱谷官。从七品子，近下钱谷官。诸色目人比汉人优一等荫叙，达鲁花赤子孙与民官子孙一体荫叙，傍荫照例降叙。"③从中可见，元代五品以上官员才能荫子孙入流品，而六、七品官员所荫子孙只能充任流外职事，八、九品官员则无荫子资格。元代职官子孙荫叙职官，品级较唐代有所提高。如流官子孙荫叙，愿意参加科举考试，凡中选者，"优升一等"。④元代承荫者入官以后，同样须恪尽职守，有所作为，否则考核不及格，不仅不能晋升迁转，还会依例受到处罚。

明代文武官员皆有荫叙之例，其中文官荫叙在用荫资格及承荫者范围、数额、品级等方面，大体因袭元代旧制，而其变化之处则在于：明代文官荫叙与科举教育相互结合，相互渗透，相互影响，最具特色。一是荫叙规定日渐严格规范。洪武时，虽然制定了完备

---

① 《续资治通鉴长编》卷一九九，嘉祐八年七月乙巳。
② 《元史》卷八三《选举三》。
③ 《元史》卷八三《选举三》。
④ 《元史》卷八三《选举一》。

的荫叙制度，规定"文官一品至七品皆得荫一子以世其禄"，但实际并未执行。① 仁宣以后，阁臣荫叙成为常态，承荫官职一般为尚宝司丞、主事、中书舍人、国子生等。自天顺始，文官荫叙"渐为限制"，凡在京三品以上，只有"考满著绩，方得请荫"②，且所荫之人为国子监生，称"官生"。如遇特恩，不限官品也可荫子入监，称为"恩生"。成化三年（1467年），进一步规定：承荫的三品京官子弟可"送监读书出身"③。由此，入监与入仕直接联系起来，成为明代文官荫叙制度的主体。二是荫叙范围有所扩大，且形成定制："正一品官，荫其子以正五品用，从一品子则从五品用；正二品子，则正六品用；从二品子，则从六品用；正三品子，则正七品用；从三品子，则从七品用；正四品子，则正八品用；从四品子，则从八品用；正五品子，则正九品用；从五品子，则从九品用；正六品子，则于未入流上等职内叙用，如行人、巡检、司狱之类；从六品子，则于未入流中等职内叙用，如各关、仓、课、税课司、局、批验、铁冶所官之类；正从七品子，则于未入流下等职内叙用，如递运所、驿丞、闸坝之类。"其中，正六品子在"未入流上等职内"叙用，一般为行人、巡检、司狱等官；从六品子在"未入流中等职内"叙用，一般为各关、仓、库，税课司、局，批验、冶铁等官；正从七品子在"未入流下等职内"叙用，一般为递运所、驿丞、闸坝等官。④ 三是荫叙类型多样，除阁臣和三品京官荫叙制度外，还有侍讲官荫叙、忠谏荫叙、殉难荫叙、军功荫叙等。此类荫叙一如前代，旨在推扬功绩，彰扬忠贞，凡"文武官死于忠谏者，一子入监"，"守土官死节，亦皆得荫子矣"⑤；"凡储闱辅导及

---

① 郭陪贵：《明代文官荫叙制度考论》，《历史研究》2005年第2期。
② 万历《明会典》卷六《吏部·荫叙》，中华书局1989年版，第32页。
③ 万历《明会典》卷六《吏部·荫叙》，中华书局1989年版，第32页。
④ 沈德符：《万历野获编》卷一三《礼部》，中华书局1959年版，第333页。
⑤ 《明史》卷六九《选举志一》。

死于王事,不限官品,皆得议荫"①。此外,凡逢皇帝登极、册立后妃、诞生皇子、工程竣工、修成官书等特殊仪式,也会加恩荫叙,旨在为庆贺喜典,酬赏功劳。

上述规定,清代既有继承,也有调改。清代荫叙主要有恩荫、难荫和特荫三种。一是恩荫,即遵照皇帝推恩,许官员荫子入仕,规定:"满汉官员,文官在京四品,在外三品以上;武官在京在外二品以上,各送一子入监。"且不论现任、丁忧、给假候补者,均可按照职衔准予恩荫监生(荫生)。其中,公、侯、伯一品官荫生以五品缺用,二品官荫生以六品官缺用,三品官荫生以七品官缺用,四品官荫生以八品缺用;各官不论品级及宫保衔,均照实俸荫子。同时,荫生入官之前,须经过考试,若文理优通,考试合格,交吏部、兵部引见,按等授官,一品或从一品官荫生,可任员外郎或同知;四品官荫生,可任八品笔帖式或鸿胪寺主簿。若荫生答卷"荒谬",将发回原籍读书,三年再试。二是难荫,即官员因功殉难,荫子入仕,顺治时规定:"凡官员殁于王事者(雍正时改为'因公差委'),照本官应升品级加赠,并荫子一人入监读书,六月期满候铨。"②难荫按照原衔或赠衔分为六等:二品以下满洲、蒙古荫主事,汉军及汉官荫知州;四品以下满洲、蒙古至知县,荫七品笔帖式,汉军及汉官至通判荫知县,知县荫州判。其佐贰以下等官,六品、七品荫县丞,八品、九品荫县主簿,未入流荫州吏目。如果死难人员生前属虚衔顶戴人员,则止于赠衔,不给受荫;八品以下,赠衔不给荫。三是特荫,即对辅治全节之臣的子孙,特加恩荫,乾隆时规定:"昭忠祠崇祀忠节诸臣,原属酬勋之旷典。其子孙内或有寖至衰替不克振其家声者,情殊可悯。著将崇祀昭忠祠各员之子孙,除见现在出仕者毋庸具奏外,其子孙内如并无出仕之

---

① 《明会要》卷四八《选举二》。
② 乾隆《大清会典》卷七《吏部·荫叙》,《景印文渊阁四库全书》第619册,第91页。

人，而贫乏不给，才尚有可用者，各该旗简选引见候旨，以示朕崇奖忠勋之至意。"① 特荫之制，旨在表彰忠烈，表扬清廉。清代受荫子弟，皆以嫡长子孙为准，然后才及次子、次孙、庶子、庶孙或兄弟之孙。若嫡长子已有科举功名，或身患废疾，可准许依次顶替，但若触犯清律，则不许顶替。较之明代，清代文官荫叙范围有所扩大，规定："满汉官员文职在京四品以上、在外三品以上，武职京外二品以上，送一子入监读书。"② 但纵然如此，因清代荫叙数额仅为一人，相应地，荫叙官员也相对较少，长此以往，荫叙的选官功能便逐渐减弱，最终走向衰落。

总之，古代荫袭制度是一种特权制度，它之所以能传衍不衰，自有其合理之处。一方面，荫袭是"私天下""家天下"的集中体现。特权阶层作为统治阶级的核心部分，他们通过荫袭入官，可以实现对国家权力、政治资源、社会财富的世袭享有，也可以借此进一步彰显"皇恩"至上，突出特权地位，这符合君主专制统治的根本需要。另一方面，荫袭作为一种"荣誉性"选官制度，乃"朝廷惠下之典"③，朝廷通过赐予特权阶层这一特殊礼遇，无疑可以赢得并强化他们对皇权政治的认同，对皇帝恩威的尊崇以及对世袭权力的维护。这符合历代王朝笼络权贵人心，扩大统治基础，稳定政治秩序的选官初衷。然而，荫袭制度从生成之初，就因其封闭、僵化的本质属性和制度缺陷，使其在运行过程中，实际难以满足、遏制特权阶层的权力欲望。他们时常借助荫袭权力，排除异己，任人唯亲，加之承荫子弟多是纨绔浮薄之辈，其占据要津，"竞为贪淫，

---

① 乾隆《大清会典则例》卷八四《礼部·群祀三》，《景印文渊阁四库全书》第622册，第640页。

② 乾隆《大清会典则例》卷三〇《吏部·荫叙》，《景印文渊阁四库全书》第620册，第584页。

③ 赵翼：《廿二史札记》卷二五《宋恩荫之滥》。

朝野嗟怨"[1]，严重败坏了吏治之风，阻碍了仕进之路。荫袭制度实际成为催生"寄生贵族"的一条特殊通道。

（六）"吏员出职"

吏员选官是指各级官府的普通办事人员，经过积资累历而进入官员行列的选拔途径，其显著特点在于：看重官员的基层经验和行政能力，是一种较为"务实"的选官路径。在中国古代，"吏"既是大小官员的通称，也是在各级官署办理具体行政事务的工作人员及部分低级职官，即"吏员"。按照承担事役的不同，吏员分为两类：一是主掌文簿等事务者，如汉魏掾吏、隋唐流外官、宋代吏人、明清吏员等；二是承担差役事务者，如周代胥徒、汉代小吏、唐代胥史、宋代公人、明代吏役等。秦汉以前，吏员与普通庶民一样，常以士庶子、皂、舆、隶、僚、百工、军士等身份进入官府办事，并享有"稍食""月俸"等待遇，此即"无爵而有秩"[2]，这是吏员入仕的最初形态。秦汉以后，吏、官由重叠逐渐走向分化，二者职级、俸禄的差异越来越大，最终形成以"流品"为界限的两个群体。其中，官员"入流"，品秩分一至九品，吏员则"不入流"。吏员要想获得品秩，"入流"为官，就须经过积累资格并通过考核，此即"杂品入流"或"吏员出职"。

秦汉时期，"吏员"广泛分布在中央、郡县、王国、侯国等各级机构，成为维系国家行政运作的重要力量。较之先秦承担各种役事的"吏员"，这一时期的吏员呈现出新的历史特点：一是秦汉吏员来源较为多元，主要有：以军功为吏、以"文无害"为吏、以学校培养为吏、以明法律令为吏、以明经为吏、以"名"为吏、以孝

---

[1] 《后汉书》卷五四《杨秉传》。
[2] 《太平御览》卷九〇三《兽部一五》。

为吏、以习武为吏及国家招募征发等。① 其中，秦及西汉前期，以军功为吏者较多。此后，以学校培养为吏、察举为吏者逐渐增多。从西汉后期至东汉，世家门生子弟为吏成为主流。秦汉时期，一些低级吏员常由各级机构的长官自行辟除，一些高级吏员则有时由君主任免。二是秦汉吏员的职责较为明确，主要在中央地方机构承担文书起草、户籍管理、迎来送往、现场勘验、行庙祭祀、收取赋税等事务。这些吏员禄秩一般在一百至二百石，且大多不入秩等，身份上不是官员，需由官方按日或按月支给食粮，称"斗食"（月奉十一斛）、"佐史"（月奉八斛）。② 三是秦汉吏员积累年资，可升任各级官员，此即"吏道"。秦汉时期，文法吏、掾属、掾吏、小吏等曾是国家行政的主要承担者，他们只要具备文法技能、功绩能力等条件，并经过考核，才能升迁为官。较之"儒道"出身的官员，吏员出身的官员一般具有较强的实际工作经验，工作作风较为务实，盖因如此，秦汉时期由"吏道"而官至公卿名臣者并不鲜见。但昭宣以后，吏员选任逐渐被世家大族所控制，"吏道"也便成了其谋求政治利益的工具。

魏晋南北朝时期，随着九品中正制的推行，各级机构自辟吏员的情况十分普遍，吏员数量急剧膨胀，且多由大姓巨室出任长吏。同时，官、吏之间始有贵贱及流品之分，职事官也有"流内"和"流外"之分，身份地位逐渐拉大距离，"吏道"入官渐趋艰难。至隋代，职事官自九品至一品官员称"流内官"，不入九品的吏员称为"流外官"。据《隋书·百官志》载：隋代流外官从一品（勋品）到九品分为九等；视流外官从视一品（视勋品）到视九品，也分为九等。这些流外官、视流外官都是各个衙门的胥吏杂色，他

---

① 参见高敏《秦汉史论集》，中州书画社1982年版，第228—232页；卜宪群《吏与秦汉官僚行政管理》，《中国史研究》1996年第2期。

② 《汉书》卷一九《百官公卿表》。

们经过考课合格后，可升为高级"流外官"，进而逐渐升为"流内官"。唐袭此制，正式确立了"吏典"，官、吏明显分为二途。吏员同样属于流外之职，但也有品级，经考满（每年一考，八年考满）试判后，可以到吏部参加铨选，授予职事官或散官，称为"流外入流"。[①] 这种选官制度就是"流外铨"，而由流外出身的官员，就是"流外出身人"，他们入流后的升迁路径较广，除不能叙任清资官与三品高官外，在京台、省、寺、监、卫府官及地方刺史、县令等都可叙任。其中，尚书省六部二十四司及中书、门下省之都事、主书、主事，九寺、亲王府及州、县录事等，一般都由"流外出身人"专任。至宋代，吏胥统称"公吏"，分吏人和公人两类，他们在各级官府中，掌管文书、律讼之类等文职工作。宋代也有"流外铨"制度，京师诸司及州县诸色吏役，尤其是其中的高级吏员，根据"年劳"及资历、学识、举主等条件，可以经过流外铨出职为官。铨选的形式主要有年满出职、比换出职、恩赏出职、推举出职等；只有铨选合格，积劳年满，举主引荐，就可注拟；出职年限少则三五年，多至二三十年，宦途狭窄，积考不易，即使有幸进入官阶，也多为刚入流的低级官位。

　　元代崇尚实用，轻视科举，却重视在官府承担具体工作的吏员。较之前代，元代吏员及其出职主要有如下特点：一是吏员名繁目多。《元史·选举志》载有掾史、令史、书写、铨写、书吏、典吏等。按其功能，可分为四类：案牍吏员有令史、司吏、书吏、必阇赤多；翻译吏员有译史、通事；传达吏员有宣使、奏差；其他吏员有知印、典吏。二是吏员来源广泛。如地方耆老、上户人等推荐地方德才之人为吏；辅助吏员的工作人员，通过推荐成为吏；官学儒生通过考试从事吏职；部分官员充当高级吏员。三是吏员出职是

[①] 《旧唐书》卷四二《职官一》。

选官的主要途径。元代实行科举前，主要通过宿卫、儒和吏三种方式选官，具体比例分别为：由宿卫出官者，约十分之一；由儒出官者，约十分之一半；而由吏出官者，广泛分布在"省、台、院中外庶司郡县"，约占"十九有半"[1]。实行科举后，科举取士，三年仅百人，而"今吏属出身，一日不知其几"[2]，故时有"我元有天下，所与共治，出刀笔吏十九"[3] 之称。四是吏员出职较为容易。元代吏员考课周期较短，一考仅90—120天，积两考即可出职正七或从八品，积三考（考满）即可出职六品以下各官，最高官职一般限制在四品。即使是最低级的下州、县之典吏，也可凭借年劳升转为散府、中上州的高级吏员，进而获得出身为官资格。如此，元代吏员出职实际打破了官、吏之间的界限，入吏等于入官，用吏就是选官，吏制即为官制。元代以吏选官，虽然也有实干之才，但因其数量多，分布广，加及整体素质不高，"礼义之教，懵然未知，贿赂之情，循习已著"[4]，故入官以后，常有曲法乱纪，贪赃取受，祸国殃民之举，元代国祚不长，盖与吏员出职有极大关系。

明清时期，吏员地位急剧下降，吏员制度日益完备，凡吏员参充、迁转、奖惩、待遇等，皆有详细规定。明代吏员，有掾史、令史、书吏、司吏、典吏、提控、都吏、人吏、胥吏、狱典、赞典等，[5] 分为"京吏"和"外吏"两类，主要负责公文拟制和收发处理等，但其来源有所变化，主要有三：一是农家出身，无犯罪纪律，年龄三十岁以下，且能书写者；二是生员、监生考试不合格，

---

[1] 姚燧著，查洪德点校：《牧庵集》卷四《送李茂卿序》，人民文学出版社2011年版，第71页。

[2] 苏天爵著，陈高华、孟繁清点校：《滋溪文稿》卷二六《章疏·灾异建白十事》，中华书局1997年版，第439页。

[3] 李梦生点校：《揭傒斯全集》文集卷六《善余堂记》，上海古籍出版社2012年版，第376页。

[4] 方龄贵校注：《通制条格校注》卷五《学令·科举》，中华书局2001年版，第242页。

[5] 万历《明会典》卷七《吏部·吏员》，中华书局1989年版，第35页。

且不肖者；三是有罪官员，罚充吏员。明中叶以后，吏员以出资捐纳者最多。清代吏员主要来自官府招募，"皆选于民而充之"①，因各级官署的吏员有名额限制，故应募吏员必须履行严格的手续。清代在京吏员有"供事""儒士""经承"之分，在外吏员有"书吏""承差""典吏""攒典"之分。②纵然如此，明清时期吏员数量依然惊人，如明景泰时，在京吏员达万余人。至于明末，全国吏员总数不会少于十万人。如宛平、大兴二县，所设职官各五人，但吏则多至各三十九人。③清代更是出现了"本朝与胥吏共天下"④的局面，"所谓百官者虚名，而柄国者吏胥而已"⑤。之所以如此，一个重要原因是文牍泛滥，需要大量吏员进行处理。如在清代，各种公文每年达上百种，而每份公文都需吏员抄录六七个副本，吏员被分配在各级部门，负责草拟公文、填制报表、拟制案卷、填发票据、填制税册等文书事务。明清时期，对吏员入官限制越来越严。明初取士以进士、贡举、吏员三途并用，吏员"练达时务、诸晓治体"者尚可入官高升，如滕懋德、张度、胡祯、徐辉、李友直、李信、徐晞、李质、郎本中、万祺等，俱累官至尚书；王钟、刘本道、陈宁、汪河、叶春、王春、刘敏、王诏、吴复等，俱累营至侍郎。⑥但宣德以后，鉴于"古人戒用吏，今日多用吏，民之不安，率由于此"⑦，开始严格控制吏员入官。如"外吏"在地方服役考满时，需要经过抚按考试，赴京服役考满时，需要经过考试文移，就选时还需要覆试。清代吏员以五年为役满，役满后可考职授官，最初可授正八品以下官职，后又降为只能授从九品和未入流两级。在

---

① 光绪《大清会典》卷一二《吏部·验封清吏司》，中华书局1991年版，第107页。
② 光绪《大清会典》卷一二《吏部·验封清吏司》，中华书局1991年版，第107页。
③ 王兴亚：《明代选官制度述略》，《商丘师范学院学报》1990年第4期。
④ 徐珂：《清稗类钞·胥役类·例吏利》，中华书局2010年版，第5250页。
⑤ 顾炎武：《日知录》卷八《吏胥》。
⑥ 《续通典》卷二二《选举·杂议论下》，第134册，北京出版社2010年版，第286页。
⑦ 《明宣宗实录》卷三九，宣德三年三月甲申，第960页。

此情况下，吏员入官难度极大，即使入官也饱受歧视，高升无望。

总之，古代吏员是一个特殊的群体，他们是官民之间的"枢纽"，既非官，也非民，地位不高，却功能显著，尤其在科举制下，官员只求"文采声华"，而"不习民事"，因而繁复政务必须依赖于各种小吏。但与此同时，吏员升官不易，便借机贪赃受贿，勒索百姓，"吏虽廉洁，终无显荣，利重于名，故吏多贪污"①。在中央，各部之弊，"多由于书吏之作奸"②；在地方，州县之弊，多由"作奸犯科，无赖之吏"③。正因如此，吏员选官虽长期存在，但并非主流，其所选官员，也多为低级官员，最终能荣登显要者，实在寥寥。

（七）以"学"选官：学校与学生

用人必先培养，培养必赖教育。中国自古崇儒重教，兴学养士，学校始终是国家培养官员、储备官员、补充官员的重要途径，尤其是太学、国子学、国子监等高级学府，更是国家直接遴选官员的稳定渠道。从某种意义上说，学校教育、人才培养、官员选拔是一个彼此联系、双向互动的系统工程，学校教育制度是国家培养人才、选拔官员的基础保障，选官制度则是学校教育制度发展、变革的重要导向。正因如此，学校教育制度与选官制度在创立之初，就形成了"学仕一体"的基本关系，并且这种关系随着时代的发展而变化，呈现出不同的制度特征，经历了复杂的演变过程。

"学也，禄在其中矣"④，是古代学校教育的本质所在；"学而优则仕"，是古代文人学士孜孜以求的理想目标。较之"吏员出职"，经学校选拔学生入官，注重的是官员的道德品行和文化素养，

---

① 《文献通考》卷三五《选举考八》。
② 《清朝文献通考》卷一九八《刑考》。
③ 阮葵生撰，李保民校点：《茶余客话》卷七《论吏道》，上海古籍出版社2012年版，第143页。
④ 《潜夫论》卷一《赞学》。

也是中国古代"以文治国"理念的集中反映和具体实践。早在夏代，已出现"庠""序"等早期学校的雏形。商代设"序""庠""学"和"瞽宗"等官办贵族学校，教师是由职官担任，教育内容涉及宗教、伦理、军事等。至周代，王都设国学，地方设乡学、州序、党庠等，学生入学资格、教育内容、考核方式等皆有具体规定，已初步形成早期学校教育制度。与此同时，周代始行选士制度，即地方乡里或诸侯向天子贡士的人才选拔制度，其中一个重要环节就是"升学"学习，然后考核入官。具体程序为：先由乡选出德行道艺优异的"秀士"，乡大夫将其履历上交主管社会教化的司徒，称为"选士"；司徒选中者，须送入"国学"学习，由乐正教授诗、书、礼、乐，称为"俊士"。及"俊士"学满九年"大成"后，再由乐正选出优秀者，推荐给司马，称为"进士"。"进士"经主管选官的司马审查考核后，报奏君王，最后由君王任官定爵，赐予俸禄。这是通过学校培养人才，经过考核合格而入仕的途径，一定程度上给那些没有继承权的贵族子弟提供了入仕的机会。

秦统一后，学校教育制度趋于正规，其选官功能也日益凸显。秦代郡县遍设"学室"，以吏为师，"学室"学生称"弟子"，主要来源于"吏"之子弟，"非吏子也，毋敢学学室"[1]。"学室"弟子在学期间，既要研习《仓颉》《爰历》《博学》等文化知识，也要明习法令，以为将来入仕当官做好准备。弟子学成毕业后，仍需经过考察实习，成绩合格，方能任命为"吏"。至汉代，"学仕一体"观念基本形成，学校教育制度与官员选拔制度的"一体化"运作模式更趋鲜明，既"兴太学"，培养人才，又"行选士"，选拔官员，并确立了以"儒术"培养、选拔人才的标准和依据，奠定了帝制时代文教体制的基本框架。在汉代多元化选士体系中，太学是取士选

---

[1] 睡虎地秦墓竹简整理小组编：《睡虎地秦墓竹简》，文物出版社1990年版，第63页。

官的一条路径，"养士之大者，莫大乎太学。太学者，贤士之所关也，教化之本原也"①。汉武帝元朔五年（前124年），为"养天下之士"②，设立太学，置《易》《书》《诗》《礼》《春秋》等五经博士，教授博士弟子。因博士弟子读书于太学，故称"太学生"，他们主要来自太常直接选补、郡国荐举、官员弟子和明经下第者，最初仅五十人，后员额日益增多，成帝时有三千多人，至东汉顺帝时，已达三万余人。太学生完成学业后，即能直接入仕，大者可为卿相，小者可为掾吏。太学生入仕的方式主要是"射策"考试。这种考试类似今之抽签考试，每年举行一次，按照学生考试成绩高低，分甲、乙、丙三科，凡考试及格，即可委任官职，中甲科者可为郎中，中乙科者可为太子舍人，中丙科者只能补文学掌故；考试不及格者，称"不应令"或"不中策"，可以留校再考；委任官职者仍可留校，满两年后参加高一级的考试。因汉代"射策"考试内容多与五经经义有关，故尊儒读经成为太学生获得利禄的主要途径，"设科射策，劝以官禄"③。如公孙弘因精通《春秋》，以白衣而为卿相，从此天下公卿学士纷纷向学，"遗子黄金满籝，不如教子一经"④成为时人共识。公孙弘之后，蔡义、韦贤、韦玄成、匡衡、张禹、翟方进、孔光、平当、马宫等，皆"以儒宗居宰相位"⑤。太学生只要"通章句""能笺奏"⑥，即能入仕为官，这对太学生具有强大的政治吸引力，东汉中期太学生数量猛增，无疑与此有很大关系。当然，汉代太学生通过"射策"进入官僚体系者只是少数，他们中的大部分人，实际是通过察举、辟除、征召等主流途

---

① 《汉书》卷五六《董仲舒传》。
② 《汉书》卷五六《董仲舒传》。
③ 《汉书》卷七八《萧望之传》。
④ 庾信撰，倪璠注，许逸民点校：《庾子山集注》卷一四《周陇右总管长史赠太子少保豆卢公神道碑》，中华书局1980年版，第931页。
⑤ 《汉书》卷八一《马宫传》。
⑥ 《后汉书》卷六《孝冲帝纪》。

径间接进入官僚系统的。至东汉后期,权宦专权,垄断仕途,"天朝政事,一更其手,权倾海内,宠贵无极,子弟亲戚,并荷荣任"①,致使太学生仕进无门,遂与朝野士人志趣相投,意气相合,形成一股品评时政,臧否人物,抨击宦权的强大政治力量。

魏晋南北朝时期,国子太学生等通过经学、文学、童子、策试、监试等途径,可以进入仕途;地方学校也培养一些人才,也为州郡长官辟署掾属提供大量人选。至唐宋时期,学校与科举已完全接轨,无论是中央国子监(下设国子学、太学、四门学、律学、书学、算学等六学)、弘文馆、崇文馆,还是地方各级儒学,均被纳入科举系统,不再有直接取士为官的职能。每年冬天,"六学二馆"及各州县都要将考试合格的"生徒"送到尚书省参加科举考试,他们只有通过参加科举考试,才能入仕做官。这些制度规定,使各级官学教育丧失了自主性,形成了科举考什么,学校就教什么,科举怎样考,学校就怎样教的局面。为了加强学校教育与科举考试的关系,唐代曾采取过一些举措。如天宝十二年(753年)敕"天下罢乡贡,举人不由国子及郡县学者,勿举送"②,意在以学校学生作为科举的唯一来源。唐武宗会昌五年(845年)又规定只有学校出身者,方准参加科举。同时,唐代设立童子举,与秀才、明经、进士同时被列为每年的科举项目,规定:参加选拔的儿童年龄必须在10岁以下,若能通九经之一及《孝经》《论语》者,在背诵十篇经文后,可被授予官职,能背出七篇经文者,可被授予出身。宋沿唐制,在中央设国子监(下设国子学、四门学、太学、武学、律学、算学、书学、画学、医学等),在地方设州学、县学。为进一步强化学校的科举功能,庆历兴学时规定:学生须在校修业300天以上,才能取得科举"取解"的资格。熙宁变法时,始在太学实行

---

① 《后汉书》卷四三《朱晖传》。
② 《新唐书》卷四四《选举志上》。

"三舍法",即将太学生员分为外舍、内舍、上舍三等,"上等以官,中等免礼部试,下等免解"①。这一措施实际将太学变成了科举的一个层次,也使学校又获得取士之权,一定程度上恢复了"古之取士皆本于学校"②的做法。至崇宁兴学时,地方学校也实施"三舍法",形成从县学到州学、从州学到太学的升级制度,学校取士替代科举的条件业已成熟。于是,崇宁三年(1104年)停止科举,取士全由学校"三舍法"。学校取士使人才的培养与选拔融为一体,但也使选官大权旁落学官手中,这不仅不利于广揽天下士人,也与强化中央集权的目标相背离。因此,宣和三年(1121年),地方学校罢停"三舍法",恢复科举取士;虽然中央国子监继续实施"三舍法",但因控制极严,其选士功能已微乎其微。

明清时期,学校与科举实现"一体化"发展格局,学生除参加科举考试外,也可通过学校升贡而进入仕途。一方面,学校是科举的必由之路。《明史·选举志》谓:"选举之法,大略有四:曰学校,曰科目,曰荐举,曰铨选。"其中"学校"一目,实际是从学校直接选拔人才和官吏的制度。同时,科举成了选官的唯一正途,科举常科仅进士一科,明代有"非进士不入翰林,非翰林不入内阁"之说;清代"科甲"身份是选官的首要资格,许多官职非进士不能任用。明代科举条例规定:乡试考生主要是"国子生及府、州、县学生员之学成者","儒之未仕者,官之未入流者"③也可参加乡试。至清代,进一步规定只有儒学生员才能参加乡试,从制度上明确了"选士皆由学校"④的选官路径。另一方面,国子监是选官的补充渠道,这主要体现贡监制度。所谓"贡",即贡生,是地

---

① 《续资治通鉴长编》卷三〇一,元丰二年十一月乙巳。
② 《续资治通鉴长编》卷二二〇,熙宁四年二月丁巳。
③ 《明史纪事本末》卷一四《开国规模》。
④ 朱寿朋编,张静庐等点校:《光绪朝东华录》卷一九五,光绪三十一年八月甲辰,中华书局1958年版,第108页。

方儒学生员经过考试升入国子监肄业者的通称。明清生员不能直接做官，其出路主要是参加乡试考取举人，或被保送到国子监学习。所谓"监"，即监生，是国子监学生的通称。监生因其来源不同，又分为：下第举人入监称"举监"，生员入监称"贡监"，品官子弟入监称"荫监"，纳粟捐资入监称"例监"，皇帝特恩入监称"恩监"。明清时期，监生直接做官较为常见。如明洪武年间，监生奉命巡视列郡，凡称旨者，便可擢为行省参政、佥事、知府等官[①]，而"由监生起家者，多致大官"[②]，甚至有官至尚书、侍郎、大理卿等者。正统以后，尽管贡监制度逐渐废置，但仍有监生被选授监察御史、给事中、教职及知州、知县等官。又如清代荫监生，授官品级高于进士，若父为一品官，荫子授五品，父为二品官，荫子为六品，一般较父官职低四品。清代旗人学生授官较为容易，即使是身份低下的吏员、兵丁、闲散人等，也可在旗人官学学习一定年限后，出任笔帖式、库使、内阁中书、太常寺赞礼郎、读祝官、鸿胪寺鸣赞等低级文官。

中国古代学校教育是单一层面的精英教育，主要目标是培养官员后备队伍。近代以来的教育是国民教育，培养目标日益多元。在此情况下，随着近代学校教育体制的建立，必然要彻底冲破旧科举的制约，以新的学历来替代旧科举。

(八) 以"财"入官：赀选与纳赀

赀选与纳赀，都是中国古代以财产为基础的选官制度。古代统治者认为："有恒产者有恒心，无恒产者无恒心"[③]，只有拥有一定资产的人才具备出仕为官的条件，才有一定的道德观念和行为准则，才能担负起治国理政的责任。因而，家庭财产状况或输纳粮

[①] 孙承泽：《春明梦余录》卷三四《吏部》，北京古籍出版社1992年版，第530页。
[②] 阎镇珩：《六典通考》卷七三《教典考》，江苏广陵古籍刻印社1990年版，第140页。
[③] 《孟子·滕文公上》。

食、财物、金钱的数量，便成为拜爵入官的资格和条件。春秋战国时期，诸侯纷争，时势巨变，包括选官制度在内的各项制度都处于一个探索设计、多元变动的时期，也尚未形成一个统一的制度规则和稳定的运作机制。仅选官制度而言，就有世卿、军功、举荐、客卿、吏道、通法、征士等多种形式，而后世常见的赀选与纳赀也萌生于此。

赀选，又称"訾选"，是一种以资产为条件的选官方式。早在战国时，芮城人范雎因"家贫无以自资"，在魏国就没有资格服侍魏王，只能"先事魏中大夫"。① 至秦代，出现了入粟拜爵、以"赀"选吏的先例。《史记·秦始皇本纪》载：秦王政四年（前243年）十月，关中蝗灾，瘟疫泛滥，为赈济灾民，遂令"百姓内（纳）粟千石，拜爵一级"②。"爵"是贵族身份的标志，纳粟即可拜爵，一定程度凸显了财产的重要性，以致此后出现了"家贫无行，不得推择为吏"③ 的情形。及汉初，高祖推行"抑商"政策，"市井之子孙，亦不得仕宦为吏"。至文帝，匈奴侵北，边粟不足，遂从晁错建议，准许民人以捐输粟米的方式，换取相应的爵位，"募天下入粟县官，得以拜爵"，规定：六百石拜第二等爵位"上造"，四千石拜第九等爵位"五大夫"，一万二千石拜第十八等爵位"大庶长"，各以多少级数为差。④ 同时规定：有市籍的商人、赘婿及吏坐赃者，均无资格"捐输粟米"获取官职。⑤ 景帝时，上郡以西大旱，复修"卖爵令"，并"贱其价以招民"。⑥ 据汉代爵制，从"五大夫"到"大庶长"的十级爵位中，拜爵、卖爵者虽

---

① 《史记》卷七九《范雎传》。
② 《史记》卷六《秦始皇本纪》。
③ 《汉书》卷三四《韩信传》。
④ 《汉书》卷二四《食货志四》。
⑤ 《汉书》卷七二《贡禹传》。
⑥ 《史记》卷三〇《平准书》。

然身份显赫，且可免除力役或抵罪，但并不列入仕籍，也无治民的职事。文景之世，在推行察举制度时，也始行"赀选"之制，如张释之"以赀为骑郎，事文帝"①；司马相如"以赀为郎，事孝景帝，为武骑常侍"，二人皆"以家财多得拜为郎"。②那么"家产"多少才可以拜官呢？西汉规定：拥有赀产"十算"（十万钱）即可拜官，至景帝后元二年（前142年）改为"四算"（四万钱），理由是："今赀算十以上乃得宦，廉士算不必众。有市籍不得宦，无赀又不得宦，朕甚愍之。赀算四得宦，亡令廉士久失职，贪夫长利。"③改"赀算十"为"赀算四"，既是为了纠正"市籍""无赀"不得为官的偏颇，也是为了让更多的"廉士"获得做官的资格，这实际上降低了赀选的标准，在一定程度上扩大了选官范围。

至武帝时，开疆拓土，南征北战，加及营建宫室，以致府库空虚，财用不继。为摆脱财政困境，始将赀选扩展为纳赀补官，并取消了商人"人物补官"的限制，"令得入谷补官，郎至六百石"④，相继出台了入奴婢者"为郎增秩""入羊为郎""入财者得补郎""令民得入粟补吏"等一系列举措。如洛阳人卜式牧羊致富，因出资助官，被拜为中郎，赐爵左庶长。武帝末，淮阳人黄霸"以待诏入钱赏官，补侍郎谒者"，后来又纳谷沈黎郡，授官左冯翊二百石卒史。⑤自此，汉代以赀补官、任官者日多，至东汉末，更是发展为公然"卖官"的地步，从关内侯到虎贲、羽林、五大夫、官府吏、缇骑、营士等职位⑥，皆明码标价，高低有别，"时卖官，二千石二千万，四百石四百万，其以德次应选者半之，或三分之一，于

---

① 《汉书》卷五〇《张释之传》。
② 《汉书》卷五七下《司马相如传》。
③ 《汉书》卷五《景帝纪》。
④ 《史记》卷三〇《平准书》。
⑤ 《汉书》卷八九《黄霸传》。
⑥ 《后汉书》卷五《安帝纪》。

西园立库以贮之"①。灵帝、献帝时，卖官已成常事，"开通卖官之路，公卿州郡，各有等差"②。汉代入粟拜爵、以赀为官政策，旨在缓解财政压力，拉拢富裕阶层，也有劝农抑商之意，但以家产作为授官条件，只能是权宜之计，并非选官用人的良策，尤其随着察举等制度的日益完善，赀选之弊逐渐暴露，受到各方质疑，"以富訾，未必贤"③，最终在东汉时被废除。

纳赀，也称"捐纳""开纳""捐输""捐例"等，是一种向官府输纳金钱谷粟以换取官位的制度。春秋战国时，就已出现"上卖官爵""官爵可买"的现象，财力丰厚者可出资拜官，各诸侯国也将纳赀拜爵视为富国强兵的策略，"按兵而农，粟爵粟任，则国富"④。秦汉以后，纳粟拜爵、捐赀入仕逐渐成为官方授官的补充途径。西晋武帝时，首开卖官之风，时人直言："桓、灵卖官，钱入官库；陛下卖官，钱入私门。"⑤东晋孝武帝时，贿赂公行，官赏滥杂，宗室司马道子势倾内外，"贩官鬻爵，威恣百城"。⑥北魏孝文帝时，纳粟卖爵，凡输粟八千石、六千石、四千石、三千石，可授予散侯、散伯、散子、散男爵位。"职人""白民""无第者""沙门"等，则按输粟多少，授以出身资格、官职、免役税等。⑦魏明帝时，鉴于"苍生流波，耕农靡业"，实施"输赏之格"，凡能输粟到瀛、定、岐、雍四州者，"官斗二百斛赏一阶；入二华州者，五百石赏一阶不限多少，粟毕授官。"⑧这些制度性捐纳活动，在南朝并不频繁，只有在宋明帝时，因国用不足，曾鼓励民众捐米钱和杂

---

① 《后汉书》卷八《灵帝纪》。
② 《隋书》卷二四《食货志》。
③ 《汉书》卷五六《董仲舒传》。
④ 《商君书》卷一《去强》。
⑤ 《晋书》卷四五《刘毅传》。
⑥ 《晋书》卷六四《司马道子传》。
⑦ 《魏书》卷一一〇《食货志》。
⑧ 《魏书》卷九《明帝纪》。

谷，并授予郡县官职。①

唐初，士商界限分明，强调工商不得出仕，即使捐纳入仕，只能获得低级郎官，而"不可超授官秩"②。如太宗时，安州商人彭通献布五千段"以资征人"，授从七品散官宣议郎；③高宗时，安州商人彭志筠"以货殖见称"，献绢布万段助力军饷，特授从六品散官奉议郎。④至中宗时，商人捐纳入仕者渐多，出现了"富商豪贾，尽居缨冕之流"⑤的情形，甚至"从屠贩而践高位"⑥。"安史之乱"后，仓廪空虚，财用匮乏，肃宗"诏权卖官及爵"，甚至以"科令就之"强制售官，导致"其价益贱，事转为弊"。⑦唐德宗贞元四年（788年），又令军州官吏及寄客，如入粟助边，可"量其多少，酬以官秩"⑧。这一时期，捐纳者范围不断扩大，且开始向教育、科举、选官领域渗透，规定："不识文字者"捐一百三十千文，授执掌具体政务职事官；初识文字者捐一百千文，粗通帖策者捐八十千文，省试落第者捐五十千文，即给予明经出身。中唐以降，政治腐败，卖官愈烈，弊端尤甚，地主豪绅、商贾胥吏凭借财富，即可进入仕途，"仕杂工商，实因鬻爵"⑨。

逮及宋代，工商入仕，已渐宽松，"如工商杂类人内有奇才异行，卓然不群者，亦许解送"⑩。受此影响，宋代捐纳成为常态，且名目繁多，时有"三千索，直秘阁；五百贯，擢通判"⑪之说。尤

---

① 《宋书》卷八〇《刘子勋传》；《南史》卷三《宋明帝纪》。
② 《旧唐书》卷一七七《曹确传》。
③ 《太平御览》卷八二〇《布帛部七》。
④ 《旧唐书》卷八四《郝处俊传》。
⑤ 《旧唐书》卷五一《辛替否传》。
⑥ 《朝野佥载》卷一。
⑦ 《旧唐书》卷一一三《裴冕传》。
⑧ 《册府元龟》卷八九《帝王部·赦宥第八》。
⑨ 《全唐文》卷七二《文宗四·停私觌官员诏》。
⑩ 《宋会要辑稿·职官》五五之一五。
⑪ 朱弁：《曲洧纪闻》卷一〇《王将明买官鬻爵有定价》。

其在北宋中期，因军兴、灾害及"三冗"问题，捐纳入仕臻至高潮，"富民猾商捐钱千万，则可任三子"，尤其是西北三路，"许纳三千二百缗买斋郎，四千六百缗买供奉职，并免试注官"①。当时，买官者多是"兼并豪猾之徒，屠酤市贩之辈"，且人数众多，每年"约以千计"，一度出现了"此流遍满天下，一州一县，无处无之"②的局面。后来甚至发展到公开卖官的境地，如哲宗时，官位标价为：奉职六千贯，借职四千五百贯，斋郎三千二百贯。③徽宗以后，纳粟补官令频繁下达，"入仕之门，多流外之员，其冗滥尤在于进纳"④。南宋初，捐纳买官再起高峰，"比年以来，为奉使者，不问贤否，惟金多者备员而往"⑤。宋代捐纳所得官职前后有变，北宋时一般是虚衔散官，如从九品助教、文学、三班借职，正八品大理评事，正五品下别驾等；或是没有实权的"寄俸"或"寄禄官"，并禁止授予司理、司法参军等司法官职。⑥南宋以后，捐纳任职只要经过考核，且有监司、知州、通判的保举，即可担任亲民官职。⑦金元时期，因兵兴岁歉，财用不足，曾多次入粟补官，基本标准为：一千五百石从七品，一千石正八品，五百石从八品，三百石正九品。⑧实授官职主要是"茶盐流官""钱谷官"及路、府、州、司、县等职位，但因天灾人祸等原因，实际应募捐纳者较少。⑨

---

① 《宋史》卷三一四《范仲淹传》。《建炎以来系年要录》卷一七一，绍兴二十六年二月丙子。

② 《宋会要辑稿·职官》五五之三九。

③ 《宋会要辑稿·职官》五五之三八。

④ 《宋会要辑稿·职官》五五之四〇。

⑤ 《建炎以来系年要录》卷一七一，绍兴二十六年二月丙子。

⑥ 《宋会要辑稿·职官》五五之三〇。

⑦ 韩元吉：《南涧甲乙稿》卷一〇《措置武臣官升札子》，商务印书馆1936年版，第184页。

⑧ 《元史》卷二九《泰定帝一》。

⑨ 陶宗仪：《南村辍耕录》卷七《鬻爵》，中华书局1959年版，第93页。

明清时期，是科举社会高度成熟的时期，也是捐纳日益发展的时期。科举与捐纳相互支撑，互为补充，成为时人仕进的两条路径和社会流动的工具。

明代捐纳包含捐职和纳监，盖始于明英宗正统年间（一说景泰），此时多为应急之策，旋开旋停，未成定制。成化以降，捐纳频繁，款项日多，捐纳授官、捐纳免考、捐纳入监等渐成常制。正统时规定"民有纳马、纳粟、纳草、纳银，授以散官者"①。此后，捐纳除授冠带散官外，还授予实职，如明代宗景泰元年（1450年），"有输米豆二百五十石，或谷草二千束，或秋青草三千束，或鞍马十匹，于大同宣府助官者"②，授县佐、巡检等。明宪宗成化时规定：军民捐纳二百五十石，可为正九品散官，加五十石增二级，至正七品为止。③捐纳者一般有富民、军士、生员、吏员、监生、典吏、儒士、文官等，因其身份不同，所获待遇也有不同，军民捐纳可享受冠带、散官、低级文官及免杂泛差役等待遇，生员捐纳可以入监，监生捐纳可入官，听选官捐纳可直接授官任职，在流文官捐纳则可以获得免考、升迁、降授、改授、复职等特权。

清承明制，捐纳积渐而滥，并走向制度化。清代捐纳始于顺治，成于康乾，滥于咸同，终于宣统，大体分生员捐纳、官吏捐纳和地主、富商捐纳等情形。其中，生员捐纳始于顺治年间，称准贡、例监或例贡。生员捐纳入监，虽不能马上得官，但肄业满期时，可由吏部考授官职，且考补官职比进士、举人还要优先，"进士、举人迟至十年始得一官，今例监考补中书，三年后既升部属"④。自康熙开始，贡监考补官职，只授州同、州判、县丞、主簿、吏目等小官，或授学正、教谕、训导等教育职位。官员捐纳始

---

① 姜南：《半村野人闲谈》卷一《入粟补官》，商务印书馆1937年版，第3页。
② 《明英宗实录》卷一八七，景泰元年正月壬寅。
③ 《明史》卷五四《食货二》。
④ 《清史稿》卷一一二《选举七》。

于康熙年间，时为筹措兵需，整饬漕运，曾在浙江、江西、湖广、山东、河南、甘肃、山西、江南等地，鼓励内外官员捐纳，并根据出资多少，给予官员以记录、加级、送子入监等优遇，此次捐纳开展三年，"捐纳最多者，莫如知县"。[1] 至雍正时，捐纳限制逐渐放宽，规定：除府、同知不许捐纳，通判、知州、知县及州同、县丞等，皆酌议准捐。同时，规定纳千总、百总等均可捐纳，开武官捐纳之先例。乾隆七年（1742年），又规定：京官中、行、评、博以下及外官同知、通判以下，只要"无碍正途"，均可捐纳。[2] 其中，文官可捐道员、知府、郎中、主事、评事、知州、同知、知县、通判、巡检、主簿、县丞等，武官可捐都司、守备、游击、千总、百总等。嘉道以后，政治腐败，财政亏缺，凡逢赈灾、河工、军需、海防等，官民皆可开捐，甚至降革留任的官吏，也许酌情捐复原官，捐纳成了清廷筹集资金的生财之道。在此过程中，清廷虽然重视捐纳制度，但捐纳不过是"不得已而暂开"[3] 的权宜之计，"纳货授官，本非善政"[4]，因而清廷在利用捐纳之时，也出台各种措施加以限制。如为防止捐官滥用职权，清前期规定：捐纳官到任三年，考核称职者，方可具题升转；捐纳贡生不得与正途出身等同考选，因其多是"不通文理少年"，所授官职也由清初的学正、教谕、训导等改为县丞、主簿等。[5] 嘉庆时，进而规定：京官郎中、员外郎及外官道、府等重要职位，只许进士、举人、恩贡、岁贡等捐纳；现任、应补、候选小京官、杂佐等，只许以应升之项捐纳；捐纳道、府，则须任职知府、同知、直隶州知州以及州县正官。清代捐纳事务主要由户部捐纳局统筹管理，后因捐纳既滥，各部省均可

---

[1] 《清史列传》卷七《宋德宜》。
[2] 《清史稿》卷一一二《选举七》。
[3] 《清史稿》卷一一二《选举七》。
[4] 《清高宗实录》卷一三〇九，乾隆五十三年七月甲申，中华书局1986年版，第647页。
[5] 《清史稿》卷一一二《选举七》。

开捐，不仅有权发放捐纳执照，而且可以自行降低捐纳标准，办理收银入库，以致捐纳者避重就轻，直接在部省捐纳，从而减少了朝廷的捐纳收入，也削弱了户部的开捐权力。在此情况下，光绪间不得不裁撤京捐局，各省捐输条款也一并停止。捐纳作为一项关乎人事的重要制度，对于清代政治、经济、社会等产生了重要影响。一方面，捐纳是财政的重要来源。如乾隆时，每年捐纳收入上百万至数百万两白银；嘉道时每年捐纳收入约占户部收入的半数。[①]另一方面，捐纳是官员的主要来源。据统计，乾隆十年（1745年）知州、知县通过科举比重为71%，捐纳出身为19%，其他为11%。至道光三十年（1850年）科举出身为64%，捐纳出身为22%，其他途径为14%。[②]当然，作为一项不得已而为之的"弊政"，清代捐纳同样是弊大于利，捐纳愈滥，吏治愈坏，为官者搭克聚敛，贪渎肥私，为民者贪求名利，蒙混捐纳，尤其是那些守财之虏、纨绔之子、平庸之辈混入官场，不仅降低了官员的整体素质，而且弱化了官员的政治责任，以致道光皇帝感叹道："捐班我总不放心，彼等将本求利，其心可知。"[③]及捐纳停办后，时人甚至径言："近年善政，莫大于停捐。"[④]

纵观中国古代捐纳及相关制度，盖有如下特点：一是实行捐纳的主要原因是为了增加财政收入，以便应对灾害、战事、河工、营田、海防等突发或重大事件；在制度设计上，实际是一种权宜之计，"费用繁多，不得不资籍捐纳，以补国用之不足"[⑤]。二是捐纳者一般是豪强地主、富商阶层和少数官吏，其共同特点就是"有物

[①] 刘克祥等：《清代全史》第六卷，方志出版社2007年版，第3页。
[②] 瞿同祖著，范忠信、何鹏、晏锋译：《清代地方政府》，天津人民出版社2011年版，第33页。
[③] 张集馨撰，杜春和、张秀清点校：《道咸宦海见闻录》，中华书局1981年版，第22页。
[④] 朱寿朋编，张静庐等点校：《光绪朝东华录》，光绪九年正月己亥，中华书局1958年版，第1473页。
[⑤] 《清高宗实录》卷一一，乾隆元年正月丙辰，中华书局1986年版，第252页。

力户"①，捐纳所得官职，多是虚衔散官、爵位义官或有一定职权的低级职位，且限制在吏部、礼部及司法、教育部门任职，捐纳官员极难进入国家官僚体系，更难得到升迁重用。三是捐纳具有正反两面作用。一方面，在某些王朝，捐纳确实可以补充国用，助力军事，赈济灾害，短期内发挥了稳定社会秩序、巩固政治统治的作用。同时，低级官员、富人阶层等通过捐纳获得晋升、铨选的机会，在一定程度上加速了社会的合理流动。另一方面，捐纳本质上是财富与官职的公开交易，大量平庸之人进入官场，不仅破坏了科举等"正途"选官的公平性，而且会影响人事制度的正常运作。更为重要的是，朝廷"合法"的捐纳时常会突破原初的制度设计，进而演变为私人"非法"的卖官鬻爵、权钱交易，并与违法乱纪、贪污腐败、奢靡无度等官场弊恶交织在一起，成为扰乱朝政秩序、败坏社会风气、加剧官民矛盾的重要因素。这在王朝衰亡之际表现得尤为突出，可谓："近十年来，捐途多而吏治益坏，吏治坏而世变益亟，世变亟而度支益蹙，度支蹙而捐途益多，是以乱召乱之道也。"②

三 选官特点

选官制度是官员治理的核心制度，也是国家治理的人事保障。中国古代选官制度的创新发展，其根本目的在于：提升官员素质，完善政府职能，强化治理能力，扩大统治基础，维护专制统治。但受不同历史时期社会背景、政治格局、治国理念、制度体系等现实因素的影响，古代选官制度又表现出鲜明的时代特点和独特的衍化趋势，"子弟孱弱，擢才卒伍；道德沦丧，取诸孝廉；帝权危卵，联姻门阀；士族虚弊，科举大彰"。具体表现在：选官范围从统治

---

① 《宋会要辑稿·职官》五五之二九。
② 冯桂芬：《校邠庐抗议》，上海书店出版社2002年版，第60页。

阶级内部选拔，发展到从全社会公开选拔，从封闭的血缘世袭，逐渐走向开放的科举考试；选官主体以官府征选为主导，以民间推荐为补充；选官机制既因时制宜，渐趋灵活，又不断完善相关配套制度，更趋规范；选官方式则呈现出在继承中创新、在创新中发展的演进轨迹。

（一）选官范围：从封闭到开放

选官制度本质上是一种为分配政治权力而确定分配对象的制度。在中国传统家国同构、家国一体的社会结构中，政治权力是君王及其族员、王臣的"私有"权力，历代君主基于政治统治的需要，不得不将至上的君权转化为公共权力，并按照特定的制度规则，层层分配给各级官员。如此，君权因"受命于天"而不可侵犯，臣权则因"受命于君"而绝对权威，并凌驾于个人权力之上，代表了君主的最高旨意和统治集团的整体利益。这种自上而下的权力分配原则和"金字塔式"的权力结构特征，实际上是通过官员的选任而实现的，并经历了从保守、封闭到相对公平、开放的发展理念，即从以血缘亲疏远近选任官员，逐渐转变为以考试成绩、德行能力为标准选任官员。

官员的身份来源，始终决定着官员的整体素质；"选谁为官"始终是选拔官员的核心问题。古代选官制度日益革新，选官范围也屡有变化，或有所扩大，或有所缩小，但总体趋势是选官范围日益扩大，官员来源日益多元。

原始社会末期，"天下为公"，氏族部落以及部落联盟首领的选拔标准为贤与能，"大道之行也，天下为公，选贤与能，讲信和睦，故人不独亲其亲，不独子其子"[1]。夏、商、周时期，"天下为家"，选官范围限定在血缘关系之内，即按血缘亲疏来确定官职高低，

---

[1] 《礼记·礼运》。

"立爱惟亲，立敬惟长，始于家邦，终于四海"①。这种是亲必贵、任人唯亲、亲贵合一的选官制度，与规制严密的分封制、宗法制、世袭制紧紧联系在一起，形成了"公门有公，卿门有卿，贱有常辱，贵有常荣"世官制度，国家多数职位由世袭贵族担任，而那些通过乡举里选、诸侯贡士出身的庶民官员，大多只能担任低级官吏；虽然下级官吏的选拔也考虑贤能标准，但也是以身份地位为前提的，即被选举人必须是国人、士人或者平民。这种近乎封闭的选官制度，是血缘贵族政治的产物，严重阻碍了社会各阶层之间开放流动的方向、规模和程度。

春秋战国时期，礼废乐坏，诸侯纷争，士人崛起，各诸侯国顺应时势，纷纷打破身份界限，摒弃世官制度，建立了以军功、才能为主的选官标准。如魏国规定："食有劳而禄有功，使有能而赏必行，罚必当。"② 韩国规定："见功而与赏，因能而授官。"③ 楚国规定："使封君之子孙三世而收其爵禄，……损不急之官，以奉选练之士。"④ 秦国规定："有军功者，各以率受上爵"⑤。受此影响，各国选官范围日益扩大，不论血缘出身，贵贱贫富，只要才智过人，战功卓著，贱者可贵，贫者可富，"克敌者，上大夫受县，下大夫受郡，士田十万，庶人工商遂，人臣隶圉免"②。如春秋时，破格选用了如管仲、百里奚等出身卑微而才能超群之人；战国时，涌现出吴起、商鞅、庞涓、孙膑、苏秦、张仪、乐毅、白起、蔡泽、范雎、廉颇、蔺相如、王翦、李斯等一批出自士民的名臣武将。同时，"德行"在选官中并不起决定作用，如齐桓管仲受贿挥霍，因其才高而被拜相；苏秦不守信用，但以才能身佩六国相印；吴起

---

① 《尚书·伊训》。
② 《说苑·政理》。
③ 《韩非子》卷一一《外储说左上》。
④ 《韩非子》卷一九《五蠹》。
⑤ 《通典》卷一六三《刑法一》。

"杀妻自信，散金求官，母死不归"，却被魏、楚等国重用。这种"唯才是用"的选官标准，恰恰印证了唐人魏徵论说的合理性："乱代惟求其才，不顾其行；太平之时，必须才行俱兼，始可任用。"① 可见，春秋战国时期选官范围的扩大，既是对贵族世袭特权的否定，"宗室非有军功论，不得为属籍"②，也侧面反映了"非常"历史时期国家制度的变革趋势、应时特点和转折意义。

秦汉一统时期，为巩固和加强中央集权统治，选官范围随着选官标准的变化而调整。秦代选官侧重于军功、通法和掾吏，汉代则倾向于儒士和贤良。秦因变法、军功而兴，也因峻法、掾吏而亡；汉因儒术而治，也因荐举而乱（官僚队伍士族化）。秦汉选官范围虽无明文规定，却有诸多限制，主要有：一是秦代选官制度及推行的"焚书坑儒"、重农抑商、压制豪强等治国举措，客观上将大批才能之士逼入"贱民"之列，推向离心阵营，甚至成为此后秦末农民起义的核心力量。二是汉代选官讲求德才标准，凡掾吏、士民、军人、学生等出仕为官，皆要符合察举各项科目，也要满足诏举主要名目。但是，由于德才标准比较抽象，难以做具体的规定，因此，汉末许多士人为求得功名，不惜弄虚作假，沽名钓誉，"饰伪以邀誉，钓奇以惊俗"③。三是对入仕者的身份、财产也有一定限制，"有市籍不得宦，无訾又不得宦"④，"市井子孙亦不得为官吏"⑤。秦汉时期，虽然打破了以血缘选官的局限，选官标准强调以德行、功劳为主，但身份、财产等限制，却使大量贤士止于仕途之外。东汉以后，军阀割据，三国鼎立，选官标准不尽相同，其中较为典型且较为成功的是曹操倡导的"唯才是举"法。魏晋以后，九

---

① 《贞观政要·论择官》。
② 《史记》卷六八《商君列传》。
③ 《资治通鉴》卷五一《汉纪四十三》。
④ 《汉书》卷五《景帝纪》。
⑤ 《汉书》卷二四下《食货志》。

品官人，最初还能兼顾德才、学识、家世三个标准，但随着门阀世族的崛起，选官范围日渐收紧，并严格限定在"九品"之内，家世成了唯一的标准，身份界限再度森严，豪门世族独秉朝政，操控铨柄，而寒门庶族备受排抑，出仕无门。这实际是贵族世袭制度在新的历史条件下的变异，是选官制度的一次倒退。

　　隋唐以来，科举选官，选官标准日益灵活，强调"国家用人，当以德器为本"[①]，"必以才德兼优为准，若止才优于德，终无补于治理耳"[②]，即选官用人要选德才兼备，若才德备，宁选德优于才者，不选才长于德者。选官范围空前扩大，原则上为天下所有"吏民"。在理念上，提倡"不以卑而不用，不以辱而不尊"[③]，庶族地主和广大平民皆可通过科举踏入仕途。在制度上，唐初，限制工商入仕，"凡官人身及同居大功已上亲，自执工商，家专其业，皆不得入仕"[④]。此后，工商可以通过捐纳、科举、举荐等方式，出任"斜封官""捉钱令史"等官。至宋代，官员选拔的身份限制逐渐宽松，科考应试者"家不尚谱牒，身不重乡贯"，即使是工商杂类，只要奇才异行，卓然不群，亦许应试录用。元代科举中落，选官以吏为主。明初，强调选官"毋拘资格"，只要忠于朝廷，富有才干，即可出仕为官。此后，科举日盛，成为选官正途，"中外文臣皆由科举而选，非科举者，毋得与官"[⑤]。如此，大量平民士子通过科举位列缙绅，而工商等特殊阶层则可通过捐纳等入仕为官。清代虽然强调选官"唯才是举"，但在实践中，却不可避免地带有一定的倾

[①] 清高宗：《御制文第二集》卷三八《张华以才学文识各重一时》，《景印文渊阁四库全书》第 1298 册，第 7 页。

[②] 王先谦：《东华录》，康熙三十九四月辛亥，《续修四库全书》第 370 册，第 6 页。

[③] 吴云、冀宇校注：《唐太宗全集校注·文告编·帝范》，天津古籍出版社 2004 年版，第 601 页。

[④] 《唐六典》卷二《吏部尚书》。

[⑤] 傅维鳞：《明书》卷五一《纶涣志·设科取士诏》，《四库全书存目丛书》史部第 38 册，第 9 页。

向性，如规定："八旗户下人、汉人家奴，随不得滥入仕籍"[①]；在选官补缺时，分宗室缺、满洲缺、蒙古缺、汉军缺和汉缺，各类官员的缺额不得随意补授；军机处、内阁、六部及各省要员，大多由满洲贵族担任。

总之，中国古代选官范围的变化总趋势为：由上而下，从血缘贵族逐渐扩大至庶族地主，又扩大至儒士文人，再扩大至庶民百姓。这种变化趋势，既是选官制度自身发展的必然结果，也与历代王朝独特的制度设计和治国理念密切相关。一是根深蒂固的"抑商"政策，不仅将工商阶层长期排斥在政治权力之外，而且严重抑制了以工商阶层为代表的新生社会力量的发展壮大。这对于专制王朝而言，确实达到了"抑商"的根本目的，在一定程度上实现了维护政治统治、防止社会分化、压制"异端"势力的治理效益；但长远来看，不许工商入仕等"抑商"政策的持续推行，却严重阻碍了社会的合理流动和自然分化，以致中国古代始终没有形成一个足以对抗地主阶级、谋求政治权力的强大而独立的工商阶层，整个社会结构长期维系在地主和农民的单一关系中。这种"超稳定"的社会结构，也许正是中国古代为何未能进入资本主义社会，而封建主义社会却又长期存在的重要原因。二是中国古代选官的最佳标准是德才兼备，并在不同历史时期此主彼辅，变动不居。一般而言，衰乱之世，选官标准多以"才"为主，以"德"为辅，如春秋战国、东汉末年、三国时期多是如此；承平之世，选官标准则以"德"为主，以"才"为辅。科举制度虽然实现了教育与铨法的结合，进而在一定程度上实现了德行与才能的统一，但是上述变化并未彻底改变。三是先秦时期，按照宗族血缘远近，规定嫡庶系统，区别亲疏关系，分配政治权力，规定等级秩序，维护世袭制度，宗族组织和

[①]《清史稿》卷一一〇《选举五》。

国家组织合而为一，宗族权力与政治权力完全一体，宗法等级和政治等级近乎一致。从爵位上看，"天子一位，公一位，侯一位，伯一位，子、男同一位，凡五等也"；从职位上看，"君一位，卿一位，大夫一位，上士一位，中士一位，下士一位，凡六等"①。在此特殊社会结构、等级秩序和制度体系内，选官制度及其设定的选官范围，自然会限定在世袭贵族的有限范围内，并按照宗法血缘关系世代相传。四是元清二代，皆是由少数民族建立的大一统王朝，国家治理体系中的政治组织、文化政策、经济形态、社会关系等构成要素，无不带有浓郁的民族色彩。受此影响，选官制度及选官范围自然会突出统治民族的身份地位，进而限制其他被统治民族的入仕条件和选官范围，这虽是历史的倒退，却并非历史的主流。

（二）选官主体：既官方又民间

选官用人权是一个复杂而敏感的问题，专制时代它总是掌握在少数统治集团手中，不同的统治集团、不同的统治阶层围绕着选官权力展开激烈的斗争，并对社会产生极大的影响。古代选官主体既有官方，也有民间，其中官方选官在整个选官体系中，始终占据主导地方，主要包括君主选官、中央部门选官、地方选官和官员荐官等形式。民间选官则是官府借助民间舆论乡评选拔官员的方式，具有一定的社会"广泛性"和政治"民主性"，但在选官体系中，始终以一种辅助性选官形式存在。

一是君主选官。这是一种无须按程序选拔而由皇帝直接任命的选官方式，实际上是君主利用其特殊身份同时完成了选官与任官，具有一定的破格意味，也有很强的主观意愿。所以，古代君主选任官员一般有授、拜、封、召、点、赠等特定称法。夏商周时期，官员由君王任命，诸侯由君王册命，诸侯国的官员则由诸侯任命。君

---

① 《孟子·万章下》。

主可在大国指定两卿，在小国指定一卿，诸侯对君主有朝觐、述职、勤王、纳贡等义务，但诸侯各国的内部事务君主一般不予干涉，君主和诸侯各自掌握辖地内官员的选拔。正因选官权力的上下分散，不集中统一，以致当君权衰微时，就会形成诸侯坐大、割据一方的局面。春秋战国时期，诸侯各国改革贵族政治，摒弃世官制度，一些重要官职都由君主通过求贤、征聘、召见等方式直接选拔，选官权力逐渐收归中央，集于君主手中。至秦汉时期，中央集权初步建立，皇帝通过四种形式控制了选官权力：一是三公九卿、郡县长官等高级官员，一般由皇帝直接选任；二是通过征召直接聘用人才，或以备顾问，或委任政事。这是汉代最尊荣的入仕途径，被召者称"征君"，其中既有名儒清流，也有去职官吏，还有低级胥吏，他们可自由应征，即便拒绝征召，也会名声显拔，备受礼遇。三是各级官员以察举等方式推荐人才，并由皇帝通过贤良对策选拔中大夫、谏大夫、议郎、郎中等重要侍从官员。四是士人上书献策，因皇帝赏识而授予官位。魏晋南北朝时，九品中正制将地方选官权力收归中央，皇帝也由此可以选拔一些重要官员，而低级官吏则由三公九卿、地方州郡县等长官选拔任用。隋唐五代时，皇帝直接任命的官员较少，一般低级官员由吏部选任，监察、翰林等清要官员和高级官员由中书省和门下省选任，而皇帝选任官员形式不定（仍以求贤征召为主），品级不一，但原则上也要遵循朝廷选官制度，若要执意提用官员，不仅会受到监察部门的封驳，而且其所选官员也会受人鄙视，称为"斜封官"①。其间，周世宗柴荣求贤用人最为典型，凡"怀才抱器，出众超群"②之人，他都不顾臣僚反对，破格重用，以至后人称其"好拔奇取俊，有自布衣上书，下

---

① 《通典》卷一九《职官一》。
② 《册府元龟》卷六八《帝王部·求贤第二》。

位言事者，多不次进用"①。明清时期，凡由皇帝直接选任的官员，称"特简"，以此选拔的官员一般是大学士、尚书、都御史、侍郎、总督、巡抚、布政使、按察使、运使等位高权重的大臣。此外，明清时期还出现了一些不用参加考试、不经吏部铨选而由皇帝选任的特殊官员。如明代锦衣卫、司礼监、太医院、禁卫军、京军三大营等，一般由皇帝直接选任。明宪宗成化年间泛滥的"传奉官"，也是皇帝通过司礼监任命的一种官员。这些人多出身白丁、钱房、商贩、技艺、革职之流，通过近侍内臣"进献珍玩"，可获赐太常少卿、通政、寺丞、郎署、中书、司务、序班及宫中匠人、艺人等职。②纵观古史，君主选官，有利有弊，关键取决于皇帝的用人观念和治国能力。其"利"在于君主可以利用威势，破格用人，造就一代名臣，所谓"圣明之君，必有忠贤之臣"③；其弊在于君主也会独断专行，起用近佞，造成一代奸臣，所谓"危乱之朝，必有奸邪之臣"④。

二是中央选官。历代选官制度的制定、执行以及各级官员日常管理，基本是由中央人事部门及相关官员完成的。原始社会时期，氏族议事会是常设的氏族权力机构，也是选举和管理官员的常设机构。尧舜时的"四岳""百揆""八元""八凯"等，就是由氏族议事会选举的部落首领。夏商周时期，尚无明确的官员管理机构，而只是委任相关官员代为管理。夏代设司空总管百揆，其属官姜夫分"吏啬夫"和"人啬夫"，其中"吏啬夫任事，人啬夫任教"。⑤商代官职众多，"百僚庶尹"，遂设"尹""相"总理百官，"尹，

---

① 《宋史》卷二六三《张昭传》。
② 郑晓：《吾学编》卷六九《皇明百官述卷下》，《续修四库全书》第425册，第158页。
③ 《文选》卷五三《论三·李萧远运命论一首》。
④ 叶向高：《纶扉奏草》卷九《乞休第八疏》，《四库禁毁书丛刊》史部第36册，第30页。
⑤ 《管子》卷一〇《君臣上》。

正也，谓汤使之正天下"①，"相者，论列为百官之长，要百事之听，以饰朝廷臣下百吏之分"②。西周天官、司徒、司马等皆有选官职责，其中天官乃百官之长，主要负责官吏各级官员；地方"乡举里选"时，司徒颁行"六德""六行""六艺"；司马也要参与考选"选士""进士"。春秋战国及秦代时，官员选拔由丞相、郡守等兼任，其中丞相（或称令尹、上卿、庶长等）秉社稷之重，总百僚之任，是选拔官员的最高官职；郡守则掌一郡治民攻守大权，当然也兼领本郡官员事宜。至汉代，尚书台下设常侍曹（东汉改吏部曹，又称选部曹）专门掌管选举和祠祀，不仅可署任官员，还可以荐举宰相。魏晋南北朝各代沿置，专主选举，祠祀改归祠部，吏部曹亦渐变为吏部，位列六部之首。隋唐时期，废除汉魏以来州郡长官辟除、招聘和委任属吏的权力，规定九品以上的地方官员的选任，一律由吏部全权负责，其他部门及地方官员无权选任官吏，"当时之制，尚书举其大者，侍郎铨其小者，则六部以下官吏咸吏部所掌，自是海内一命，以上之官州郡无复辟署矣"③。唐代科举制度稳定以后，由礼部主持科考，合格者再由吏部任用，这一制度被后世继承，一直延续至清代。宋代吏部承隋唐旧制，规定其职掌为："掌文武官吏选试、拟注、资任、迁叙、荫补、考课之政令，封爵、策勋、赏罚殿最之法"④。但实际上，在"分而治之"的背景下，宋代吏部人事权力也被分散离析，其中中书省掌管文武官员除授、封爵、策勋；审官院掌管官员铨选；考课院掌管州县官员的考核黜陟。明清废除丞相，集权造极，吏部职掌也发生变化，明前期，吏部职权较大，各级文官皆由吏部管理；但随着内阁地位的上升，高级官员常由会推、廷议产生，吏部职权渐被削弱。至清代，六部已

---

① 《史记》卷三《殷本纪》。
② 《荀子·王霸》。
③ 《通典》卷一四《选举二》。
④ 《宋史》卷一六三《职官三》。

非最高行政机构，吏部的人事权力也相应变小，如道、府、州、县等"简缺"，由吏部按照官员资俸，挨次"选授"。但雍正以后，道员、知府"要缺"，由吏部开列补任名单，经皇帝圈定补授，此即"特授"；州、县官员"要缺"，则由督抚从现任州、县官员中提出名单，加以任命，此即"题授"。如此，便形成了从皇帝到吏部，再到督抚的多层次选官制度，一定程度上保证了官僚队伍的相对稳定。

　　三是地方选官。这是一种自下而上的选官方式，旨在为中央选官提供必要的人才资源和候选官员，主要包括官府选拔、官府荐举和官员举荐三种情形。首先，官府选官以西周乡举里选和汉代州郡辟除最为典型。西周时，大夫以下低级官员常由乡举里选，即乡大夫等基层官员根据乡里评论，推选出秀士、俊士，后经诸侯上贡天子。乡举里选每三年举行一次，意在"考其德行道艺，而兴贤者能者"①。汉代州郡长官作为察举人，需对州郡官吏进行试用，成绩优异者，或留任长官幕府，或经长官推荐、地方察举等途径，出任中央或州郡官员。他们官职虽低，却易于显达，"或周月而长州郡，或数年而至公卿"②。魏晋以降，皇权低落，选官权力被豪族把持，辟除入仕者骤增，这虽有利于提高地方行政效率，但地方长官借此发展势力，士人则为求做官，"各媚其主而不知有天子"③，二者相互结合，渐成一方势力，在一定程度上削弱了中央集权。故北魏时，州郡辟除之权渐移朝廷。后周时，刺史、僚佐、州吏仍自署，府官则命于朝廷。④至隋文帝时，选官大权归于吏部，"州郡无复辟

---

　　①　《周礼·地官·乡大夫》。
　　②　《唐六典》卷二九《诸王府公主邑司》。
　　③　王夫之：《读通鉴论》卷二一《高宗》。
　　④　《文献通考》卷三九《选举考十二》。

署矣"①。李唐时期,"辟署亦时有之"②,但也只是弥补科举制的权宜之计。北宋时,节度使已成荣誉之位,州县幕职混而为一,统归铨选之内。其次,官府荐举是地方官府响应朝廷诏令荐举人才,此历代王朝较为常见。如汉代察举、征召制和魏晋南北朝时期九品中正制,关键环节就是仰赖地方州郡按照不同科目、不同品级举荐人才,以备朝廷选任,初行时皆带有"唯才是举"的积极意义。又如明太祖洪武年间,百废待兴,人才匮乏,科举废置,人才选拔主要靠地方府州县的荐举,此时"虽兼行科举,而监生于荐举人才参用者居多"③。洪武时期荐举次数之多,规模之大,科目之细,规制之严,堪为明代之最,不仅扩大了选官范围,为新生政权获得大量人才,而且为元末以来沦落民间的士人提供了难得的入仕机会。明中叶以后,作为一时权宜之法的荐举逐渐制度化,地方主动荐举成为常态。最后,官员荐举是官员应诏或自行荐举人才,此至少可上溯到先秦。春秋战国时,各国为求取贤能,责令地方官员推荐人才,"内举不避亲,外举不避仇"④。继之,后世官员荐举赓续不绝,渐成规制。如荐举者要有一定名望和资格,以便能对人才进行考察、认识和推荐;荐举人才要名实相符,若徇私不公,或被荐举者日后犯法,荐举人将被连带惩处;荐举人才时,准许官民检举违规行为。凡此,一定程度上保证了官员荐举的公正性,也由此涌现出无数"伯乐相马"的经典故事。然而,荐举人才实乃以人选人,难免徇情舞弊,不公不明,尤其在王朝衰乱之际,荐举时常成为植党营私,排斥异己的工具,加剧了吏治腐败和政治黑暗。要之,古代举荐实为选拔官员的一个环节,凡被荐举者需要参加一定的考试,成绩合格才能授予官职。因此,荐举多是荐才,而非荐官,实为一种

---

① 《通典》卷一四《选举二》。
② 《文献通考》卷三九《选举考十二》。
③ 《明史》卷六九《选举志三》。
④ 《韩非子》卷一七《说疑》。

举士与选官合一、荐举与考试合一的选官方式。

四是民间荐官。民间荐官是借助乡评舆论荐举人才，主要有民众集体荐举和个人自荐两种情形。其中，集体荐举渊源有自，早在原始社会时，氏族全体成员可参加"万民"大会，也可以议论"国之大事"，"国有大事，当征召会聚百姓，则小司徒召聚之"①。所谓"大事"，主要包括"询国危""询国迁"和"询立君"。②选举君主，要询问万民，选举部落首领，也需征求族民意见。西周"乡举里选"的主持者虽为基层乡吏，但选官依据却是乡里评论。汉代察举保留"乡举里选"之遗意，凡举荐孝廉、秀才，均须考察乡评论舆论。至九品官人法实行时，地方中正考察乡论，参考乡评，对本地人才权衡优劣，评定九品，以为朝廷选官依据，"立九品之制，粗且为一时选用之本耳。其始造也，乡邑清议，不拘爵位，褒贬所加，足为劝励，犹有乡论余风"③。正因如此，有人将"九品"称为"乡品"④，认为"九品中正制度是建立在民间形成的乡论重层结构之上的，它的制定以民间的乡论作为前提"⑤。由于乡党评论没有客观标准，难以脱离人选人、大官选小官的主观意愿，逐渐造成近亲故友相互勾结、相互推荐的局面。个人自荐是民间士民通过自荐谋得官职的入仕方式。春秋战国时，士人游说各国，申述己见，时常能博得君主信任，获得一官半职，诸如吴起、苏秦、张仪等，皆是通过自荐而荣登显位。汉代时，称自荐为公车上书，天下士民可通过公车司马上书言事，若言辞精当，见地高深，即可禀奏皇帝，"高者请丞相、御史，次者中二千石试事，满岁以状闻，

---

① 《周礼·地官·小司徒》。
② 《周礼·地官·乡大夫》。
③ 《晋书》卷三六《卫瓘传》。
④ 宫崎市定著，韩昇、刘建英译：《九品官人法研究》，中华书局2008年版，第63—66页。
⑤ 川胜义雄著，徐谷芃、李济沧译：《六朝贵族制社会研究》，上海古籍出版社2007年版，第46—72页。

下者报闻，或罢归田里"①。建元三年（前138年）九月，汉武帝"招选天下文学材智之士，待以不次之位。四方士多上书言得失，自眩鬻者以千数。上简拔其俊异者宠用之。"②时如司马相如、朱买臣、东方朔、枚皋、终军、主父偃、严安、徐乐等人，皆因上书自荐，被任为郎官、中大夫等职。东汉及至魏晋，自荐为官，为人鄙屑，世家君子更是"不足与比肩也"，"守门诣阙，献书言计，率多空薄，高自矜夸，无经略之大体，咸糠秕之微事，十条之中一不足采"。③隋唐以后，上书自荐渐次衰落，每有天灾人祸，君主下诏求言，士民或有上书，但能有幸入仕者，确是少数。

（三）选官方法：既继承又创新

中国古代选官制度大体呈现多元并存而主次有别的发展历程。从先秦至明清，每一个王朝都有一个主导性选官制度，每一个主导性选官制度都经历了萌芽、生成、发展、衰落的演进轨辙，如世官、军功、察举、征辟、九品、科举等制度。每一个王朝又同时实行或存在着其他补充性选官制度，如世官制时代，有乡举里选；察举制时代，有任子、军功、辟除、荐举、赀选、征辟、太学生、吏道等；科举制时代，有学校、荐举、荫叙、捐纳、吏员等。这种多路径、分主次的选官模式，有利于调动社会各层次的能动因素，做到人尽其才，才尽其用。同时，无论是主导性选官制度，还是补充性选官制度，都始终处于变动不居而传衍不绝的发展态势，也即某一选官制度在某些时候是主导性制度，发展到一定程度，就会逐渐丧失其主导地位，转而被其他更为"先进"的制度所取代，进而成为另一种补充性选官制度，残存于后世的选官体系中。如此，主导性制度和补充性制度相辅相成，并行不悖，共同构成了中国古代极

---

① 《汉书》卷七八《萧望之传》。
② 《资治通鉴》卷一七《汉纪九》。
③ 《颜氏家训》卷五《省事第十二》。

具传承性、多样性和补充性的选官制度体系。

主导性选官制度，是指历代选官的核心制度，如民主选举制、世卿世禄制、察举征辟制、九品中正制、科举制等。这些制度皆是特定时代的产物，且一经产生就会长期存在，或以主流制度主导着某一时期的官员选拔，或以补充制度支撑着某一时期的选官体系。最早，世卿世禄制，是中华先民进入文明时代和早期国家产生之后，随着奴隶社会产生和夏王朝的建立而产生的。这一时期，贵族世袭制成为最基本的政治制度，"公天下"转变为"家天下"，"民主"选举制演变为世卿世禄制，诸侯、大夫、士即是世袭而来的国家官员，而非由周王或朝廷选拔的。在很长一段时间内，世卿世禄制巩固了贵族集团的统治地位，也体现了王权和族权高度统一的制度结构。春秋以后，随着宗法制、分封制的彻底瓦解，贵族制逐步完成了向君主制的过渡，也实现了分封制到郡县制，世袭制到官僚制的过渡。自此，世卿世禄制作为主流选官制度退出了历史舞台，却以恩荫、任子等另样形态长期存在于后世选官制度体系中。

秦统一后，以吏为师，以吏为官，这使官员选拔进一步从血缘贵族的垄断中摆脱出来，适应了专制集权统治和一统国家认同的需要，促进了思想文化的统一和社会秩序的整合。但与此同时，"以吏为师"将官员完全限定在"法治"的治理结构内，成为专制政策的推行者和以法治国的执行者，这又使秦代的用人制度、治理机制日益僵化，丧失应有的创新活力和改革动力。汉代以降，"以吏为师"的传统被儒家士人继承和修正，出现了"亦师亦吏"的官员群体，形成了儒家"以教为治"与法家"以吏为师"相结合的选官理念。汉代察举征辟制，就是随着儒学"独尊"地位的确立而形成的一种新的选官制度。这种选官制度的核心要义即以儒家思想为指导，坚持育人体系以儒家经典为依据，建立太学，设置博士，讲解经学,"太学者,贤士之所关也,教化之本原也"①;选官科目以儒家德性为准则,"汉世诸科,虽以贤良方正为至重,而得人之盛,则莫如孝廉,斯亦后世之所不能及"②;任官方式以儒学考试为手段,"僻经妄说,违背大义"③者不得荐举。这种选官制度旨在塑造敬天法祖、孝亲顺长、忠君爱国、尊师重教的忠臣廉士,既适应了"治以道德为上,行以仁义为本"④的治国思想,也适应了新兴地主阶级的儒学化进程。

魏晋以后,察举制在世家大族的操控中,逐渐失去了乡间评议、明经考试的公平意味,彻底蜕变为世家大族的用人工具——九品中正制。这一制度是新兴地主与世家大族相互妥协的产物,也是"唯才是举"与察举制度相互折中的结果,既继承了察举制的"荐举"方式,又改进了察举"荐举"的一些具体办法,短期内防止了世家大族对选官权力的干预,也维系了新旧统治集团的政治利益和权力秩序。但长远来看,九品中正制却大大妨碍了大批庶族地主、基层民众的仕进之路,自古"选举之弊,至此而极"⑤。九品中正制延续数百年而未改,根本原因在于:"盖当时执权者,即中正高品人,各自顾其门户,固不肯变法,且习俗已久,自帝王以及士庶,皆视为固然,而无可如何也。"⑥由于世家大族操控选举,网罗士人,壮大势力,削弱了专制皇权和中央集权。因此,早在南朝末年,庶族地主出身的皇帝即开始探索新的选官路径,兴学重教,考试取人,拔擢寒门,科举的影子依稀可见。此后,随着门阀政治的式微,九品中正制也失去了赖以存在的政治基础,最终被科举制

---

① 《汉书》卷五六《董仲舒传》。
② 《东汉会要》卷二六《选举上》。
③ 《后汉书》卷二九《申屠刚传》。
④ 《群书治要》卷四〇《新语》。
⑤ 赵翼:《廿二史札记》卷八《九品中正》。
⑥ 赵翼:《廿二史札记》卷八《九品中正》。

度所取代。

隋唐时期确立的科举制度，较之以往的选官制度，其最主要的区别在于获选途径不同。世官制、察举制、九品中正制或以世袭或以推荐为选举的主要途径，察举虽也有考试，但考试成绩只是授官的依据。而科举考试则允许天下士人"皆怀牒自列于州"①，而且"一切以程文为去留"②，能否入仕做官主要看考试成绩。这在一定程度上打破了门第、年龄、地域与民族的界限，并以严密的制度规范避免了主观取舍的标准和任人唯亲的弊端，成了由下层社会到上流社会的政治通道，"朝为田舍郎，暮登天子堂"③的希望，吸引了莘莘学子的毕生精力，使他们皓首穷经，"老死于文场而无所恨"。更为重要的是，科举制将教育制度与选官制度结合为一个整体，保证了官僚队伍的知识化，有利于陶冶官员的德行操守，保证了社会思想与统治思想的高度融合，在维持社会稳定方面发挥了重要作用。

补充性选官制度，是指历代选官的辅助制度，如乡举里选、恩荫任子、捐纳赀选、吏员吏道、上书对策等。一般在主导性选官制度尚未正式形成或逐渐衰落之际，抑或在特定情况下需要选拔特殊官员时，补充性选官制度就会受到官方重视并付诸实施。较之主导性选官制度，补充性选官制度的运作方式一般较为灵活，或是一种奖掖功勋、优待权贵的特殊手段，如恩荫、任子等；或是一种缓解危难、笼络财阀的权宜之策，如捐纳、赀选等；或是一种选补官员队伍的必要举措，如吏员、学生等。这些补充性选官制度多渊源有自，特色鲜明，功用独特，是历代王朝"直接"选任官员的重要方式，为那些特殊社会群体提供了入仕的机会，也满足了统治者选任

---

① 《新唐书》卷四四《选举志上》。
② 顾炎武：《日知录》卷一七《糊名》。
③ 高明著，钱南扬校注：《元本琵琶记校注》卷上《第九出》，中华书局2009年版，第58页。

特殊官员，解决特殊问题的"人才"需求。

先秦世袭选官，但在此封闭的制度架构外，也存在乡举里选、征聘求贤等相对开放的选官方式，"匹夫有善可得而举也"①。战国时代，一些诸侯国规定地方官在年终上计时，须向国家推荐人才，经国君或相关部门考核，即可授予官职。此后，世官制度逐渐衰落，乡举里选、征聘求贤却得以传承，成为察举、荐举等选官方式之渊薮。汉代在察举制确立前，主要采用考量军功、门荫、召贤等方式选拔官员，史载："汉兴二十余年，天下初定，公卿皆军吏"②；"今废先王德教之官，而独任执法之吏治民"③。察举制确定后，除了征辟制外，其他选官方式逐渐退居其次，成为辅助性、补充性选官途径；而察举制度也逐渐以荐举、征召的方式，存在于后世的选官体系中。科举制正式创立于隋朝，但在此之前，考试选官已有先例，如汉代的对策、射策，魏晋的举孝廉、秀才，原则上都需通过考试才能授官。唐代以后，科举独盛，但其他补充性选官制度也不同程度地存在，其中以荐举选官最为重要，大量循吏秀士经由荐举脱颖而出，并在历代国家治理中发挥了重要作用。

总之，中国古代选官制度的生成发展和传承创新，既有其独特的内在规律，也有其复杂的历史场域。无论是主导性选官制度，还是补充性选官制度，都从不同历史侧面反映了一项制度的演进规则和文化意蕴。一方面，任何一项制度都是时代的产物，都有其存在的合理缘由和历史意义，主导性选官制度之所以能够成为某一时期的主流选官制度，而补充性选官制度之所以长期处于补充地位，既取决于国家治理的根本需要，也取决于统治阶层的更新换代及其利益所需。另一方面，任何一项制度都有其或长或短的生命周期，凡

---

① 马骕：《绎史》卷四四《春秋》。
② 《汉书》卷四二《任敖传》。
③ 《汉书》卷五六《董仲舒传》。

存在时间较长、社会影响较大的制度，大多能做到在传承中创新，在创新中发展，大多具有一定的开放性和社会性，大多符合多数人的利益需求。科举制度之所以能成为中国古代延续时间最久的选官制度，即与其面向社会、面向大众的开放理念有着根本联系。反之，凡存在时间较短、社会影响较小的制度，其制度设计常较为僵化，制度运作较为封闭，且缺乏统治阶层的持续支持和社会大众的普遍关注。"以吏为师"等选官制度之所以很快走向衰落，其主要原因就在于有限的选官范围和狭隘的用人理念。

（四）选官机制：既灵活又规范

马克思指出："随着经济基础的变更，全部庞大的上层建筑也或慢或快地发生变革。"[①] 选官制度作为中国古代上层建筑的重要组成部分，从原始"民主"时代到封建帝制时代，屡经变革而日益灵活，形态各异而日益规范。"灵活"之处在于：逐渐从任人唯亲向唯才是举、德才兼备转变，从世卿世禄向考试选拔转变，从一元独尊向多元并举转变，从僵化封闭向开放公正转变。这种日益"灵活"的演进轨迹，既适应了中国古代经济基础的发展水平，也适应了上层建筑不断强化的总体趋势。"规范"之处在于：每一种选官制度从产生到消亡，大都经历了因时制宜、因地制宜、因人制宜的改革历程，大都经历了在不断调适、修正中日趋规范，发展成熟，又在不断规范、完善中日趋僵化，走向衰亡。选官制度的历史表明：制度的生命力在于执行，任何一项制度要保持长久生命力，就必须在执行中与时俱进，在执行中改革创新，不断健全制度体系，促进制度建设，不断强化制度的适应能力、统合能力和执行力度，才能把制度优势更好地转化为国家治理效能。

原始社会没有阶级，没有国家，没有国家机器，因而也没有特

---

① 《马克思恩格斯文集》第9卷，人民出版社2009年版，第9页。

定意义的官员和选官制度，但在原始的"民主"管理中，出现了朴素的"民主"选举行为。那时的选"官"，实际上是部落成员通过议事会推选部落酋长（日常首领）和酋帅（军事首领），"它是由各个氏族的酋长和军事领袖组成的——这些人是氏族的真正代表，因为他们是随时都可以罢免的；议事会公开开会，四周围着其余的部落成员，这些成员有权加入讨论发表自己的意见；决议则由议事会做出"[1]。其中，酋长须从族内成员中选出，酋帅则可从族外成员中选出；酋长职位须在族内世袭，且不得空缺。在原始社会后期，氏族成员在选举部落酋长时，也出现了一些组织规范和社会习惯。例如：对候选首领要进行试用考验，既"观其内"，也"观其外"[2]；对首领及"公职"人员，采取"三载考绩，三考黜陟幽明"[3]的考核措施；氏族成员对首领及"公职"人员进行褒贬评价和舆论监督，除舆论以外，它没有任何强制手段，时有"诽谤之木""招谏之鼓"[4]即是明证；若首领及"公职"人员行为不善，伤害族民，氏族成员有权将其"任意撤换"，甚至会像共工一样被罢斥流逐。总之，在那个漫长的原始"民主"时代，每个氏族成员都依靠氏族群体而生存，他们互相保护、互相援助、互相复仇，"不独亲其亲，不独子其子"[5]，形成以血缘为纽带的氏族组织和血缘联盟。这种社会结构及其存在形态，无疑为"文明"时代血缘世袭制度的产生、发展奠定了制度基础和社会基础。

夏商周时期，阶级分化，国家初生，在文明曙光的辉照下，早期国家形成"天人合一""家国一体"的治理模式，也形成了以血缘为基础，与"民主"选举相对立的选官制度——世卿世禄。从

---

[1] 《马克思恩格斯文集》第4卷，人民出版社2009年版，第106页。
[2] 《史记》卷一《五帝本纪》。
[3] 《汉书》卷八五《谷永传》。
[4] 《白虎通德论》卷四《谏诤》。
[5] 《礼记·礼运》。

此,"大道既隐,天下为家,各亲其亲,各子其子"①,官员选拔成为国家大事,也成为"自家"②要事。夏代世袭制取代禅让制,经历了激烈斗争,顺应了历史潮流,"特别是父权制确立以来,就逐渐转变为世袭制。他们最初是耐心等待,后来是要求,最后便僭取这种世袭制了;世袭王权和世袭贵族的基础奠定下来了"③。至西周,世卿世禄在宗法分封制的治理体系内,进一步严密规范,并被披上"礼"的外衣,显得格外合理合法,"事无礼则不成,国家无礼则不宁"④。一方面,自上而下确立了"立嫡以长不以贤"的继承制度和用"人"原则,各级权位由嫡长子继承,天子庶子为诸侯,诸侯庶子为卿大夫,卿大夫以下还有士。在此"尊尊""亲亲"的等级规制下,从天子到卿士,君主到臣僚,都可以世袭职位和俸禄,而卿大夫以上更是可以世袭采邑、军队、民户和赋税,"其富半公室,其家半三军"⑤。另一方面,世卿世禄是一种贵族人事制度,虽然可以维护贵族世袭权益,但也封闭了基层庶族黎民的入仕路径。于此,时人已知此弊,倡导"明王立政,不惟其官,惟其人","推贤让能,庶官乃和,不政拢"⑥,并在"用亲"之时,开始自觉"用贤",出现了周公"一沐三哺",文王访遇子牙等经典画面,而士、府、胥、徒等基层官吏,更多是选贤所得。及战国时,为了确保"用贤"的质量,还实行了"保任其人而不称者与同罪"⑦的连坐制。这种"用亲"与"用贤"相结合的选官模式,一定程度上实现了等级与破格的统一,家臣与官吏的统一,既巩固了世袭制度,也开辟了官僚制度,具有新旧杂陈、二元共生的转折

---

① 《礼记·礼运》。
② 《礼记·礼运》。孔颖达疏:"世及,诸侯传位与自家也。"
③ 《马克思恩格斯文集》第4卷,人民出版社2009年版,第184页。
④ 《荀子·修身》。
⑤ 《国语·晋语第八·叔向见韩宣子》。
⑥ 《尚书·周官》。
⑦ 《资治通鉴》卷五《周纪五》。

意义。

秦统一前后，选官方式主要有保举、军功、客卿、吏道、通法、征士等。其中，保举又称"保任"，是负有法律责任的荐举，即"举其显，复保其微；举其始，复保其终"[1]。吏道，即由"吏"选官的入仕途径，主要通过考课制度实现。通法，指凡通晓法令者，即有可能入仕。征士，即以征召的方式收罗人才。汉代察举制，即是以往选贤、征士的进一步制度化和规范化，其最显著特点是"举士"与"举官"统一，"选举"与"考课"统一。西汉初，"四夷未宾，制度多阙"[2]，选官制度尚未定型。至武帝时，始行察举；光武、顺帝时，渐成定制。一是以法律方式强化察举效果，"进贤受上赏，蔽贤蒙显戮，古之道也。其与中二千石、礼官、博士议不举者罪"；"不举孝，不奉诏，当以不敬论；不察廉，不胜任也，当免"。[3] 二是察举实行分级管理，即公、卿、守等高级官员，由朝廷选拔管理；地方属僚则由州郡长官自行辟署。三是察举分为常科和特科，两科之下又分为很多小科目，并规定每科每年应举人数，以确保察举人才的灵活性和多样性。四是察举选官有明确的资格限制，如商贾不得仕宦；举孝廉须年四十以上，但"若其有茂才异行，自可不拘年齿"[4]。五是察举考核因人而异，"儒者试经学，文吏试章奏"[5]，且须在公府初试，再由尚书复试。六是按各郡人口数量，规定察举名额，如章帝时规定：各郡举明经之士，十万人以上推举五人，不满十万推举三人。察举制从西汉到东汉屡经变化，常有革新，但仍难保证选官质量，至东汉末以后，逐渐演化为九品

---

[1] 孙承泽著，王剑英点校：《春明梦余录》卷三四《吏部》，北京古籍出版社1992年版，第534页。
[2] 班固：《汉书》卷五八《兒宽传》。
[3] 《汉书》卷六《武帝纪》。
[4] 《通典》卷一三《选举一》。
[5] 《后汉书》卷四四《胡广传》。

中正制。

隋开皇九年（589年），文帝开科取士，炀帝时增设进士科，科举制正式形成。唐承隋制，进一步完善了科举制度。一是增加科举取士的人数，并创立武举和殿试。二是考试科目繁多，有秀才、明经、俊士、进士、明法、明字、明算等。三是考试分常举和制举两种。常举每年举行，凡是学馆的生徒可直接报考，而制举则不定期举行，由皇帝临时定立名目，下令考选。四是在考试的内容上，以明经和进士两科最重要。明经注重儒家经典的背诵；进士着重于诗赋和时务策。五是娼优、隶皂、刑徒、僧尼等不许参加科举应试，现任官员只可参加制科考试，但不可参加常科考试。六是在桂、广、黔等淮河以南地区，确立了"南选"制度。七是考试起初由吏部考功员外郎主持，开元以后，改为由礼部侍郎主持。八是参加考试者要"结款通保"①，进入考场要核实身份并搜检防弊。九是考中进士后，若要获得官职，须经吏部考试，即"释褐试"。十是唐代科举空前开放，不仅国内庶族寒门可以参加考试，而且外族人、外国人也参加科举，入朝为官，如契丹人李光弼、鲜卑人尚可孤、安息人李元谅、胡人安禄山、突厥人哥舒翰、沙陀人李克用、高丽人李正己、于阗人尉迟恭、日本人仲满（即朝衡）等，皆曾任职李唐。

两宋时科举制臻至成熟，以文取士成为唯一客观标准，并建立了较为严密的科考条例：一是严格了考试程序，考试分为乡试、省试、殿试三级；简化考试科目，进士科成为最主要的科目。二是扩大取士名额，如唐代进士科每年取三十人左右，宋太宗时每年取士达数百人，至南宋更至四五百人，"清官要职，皆由此选"②。三是实行殿试后，禁止考生和主考官结成门生关系，"宁谢恩于私室"，

---

① 《新唐书》卷四四《选举志上》。
② 《宋会要辑稿·选举》六之三五。

"不得呼春官（主考官）为恩门、私门，亦不得自称门生"①。四是实行籍贯、亲属等回避制度，建立考卷糊名誊录、考官锁院隔离等保密制度。五是取消推荐考生的"公荐"制度，规定"礼部贡举人，今后朝臣不得更发公荐，违者重置其罪"②。六是对连续15次考试落第者，赐以"特恩"，称"本科出身"。七是凡通过省试、殿试，即授予官职，甚至出现了未授官即释褐的事例。

蒙元时期，科举沉寂，但也呈现出等级性、民族性时代特点。明清时期，因袭唐宋，科举又盛，但八股取士，日趋僵化。晚清新政，新学勃兴，科举遂废。

第三节 任官智慧："致治之道，在于任官"

官员是国家机器运作的核心主体，离开官员则"徒法不足以自行"③。官员选任是国家治理的人事基础，关系着政治之隆替，邦国之治乱。晏子说："国有三不祥：夫有贤而不知，一不祥；知而不用，二不祥；用而不任，三不祥。"④司马光论及"御臣"之道，亦言："致治之道无他，有三而已：一曰任官，二曰信赏，三曰必罚。"⑤明确将"任官"列于首要，强调其于国家治理的最重性。正因如此，历代统治者始终将"任官"视为国之重事，不仅制定了一系列任官措施和制度，而且提出了许多意味深长、发人深省的任官观点和理念。

---

① 《宋会要辑稿·选举》三之二。
② 《宋会要辑稿·选举》三之二。
③ 孙宝瑄著，中华书局编辑部编，童杨校订：《忘山庐日记·癸巳》，上海古籍出版社1983年版，第256页。
④ 《晏子春秋》卷二《内篇谏下第二》。
⑤ 《宋朝诸臣奏议》卷一《君道门·上仁宗论致志之道有三》。

一　任官理念

任官理念是官员任用的指导思想，直接决定着任官制度的制定和实施。中国古代政治家在长期的治官实践，总结出一套务实有效、意蕴深邃的任官理念。这些理念一定程度上阐明了为何任官、如何任官等重大理论问题，产生了识人善任、量才授职、用人以诚、不拘一格、赏善惩恶、大度容人等一系列任官思想，催生了大量明君任用名臣，贤良辅佐圣主的经典故事。

（一）识人善任

识人善任是指辨识、发掘人才的优长与潜能，并用其所长，行其所能，以最大限度地发挥人才的治国理政作用。选人必先识人，知人才能善任，识人重在言与行，知人重在德与能，不明识则不能悉知，不悉知则不能善用。这是古人识人善任的成功之道。

一是识人。识人是一门学问，《道德经》云："知人者智，自知者明。"南宋陆九渊说："事之至难，莫如知人；事之至大，亦莫如知人。人主诚能知人，则天下无余事矣。"[①] 近人曾国藩言："办事不外用人，用人必先知人。"[②] 循此，古人总结出很多识人方法。

最早，姜太公子牙提出识人"八征"之法：一为"问之以言，以观其辞"，即通过提问疑难观察其言辞；二为"穷之以辞，以观其变"，即通过不断追问观察其应变；三为"与之以谋，以观其诚"，即通过私下调查观察其诚意；四为"明白显问，以观其德"，即通过坦率交谈观察其德行；五为"使之以财，以观其廉"，即通过给予金钱观察其廉洁；六为"试之以色，以观其贞"，即通过以色诱导观察其操守；七为"告之以难，以观其勇"，即通过告诉危难观察其勇气；八为"醉之以酒，以观其态"，即通过饮酒至醉观

[①] 《陆九渊集》卷一八《删定官轮对札子》，中华书局1980年版，第222页。
[②] 唐浩明修订：《曾国藩全集》，岳麓书社2012年版，第508页。

察其神态。以上"八征"，主要从言辞、思维、忠诚、德行、廉洁、应变、真诚等方面，识别人才的真实性和可靠性，若具备"八征"，则是贤人，即可任用。战国时，魏国丞相李克提出识人"五观"法："居视其所亲，富视其所与，达视其所举，穷视其所不为，贫视其所不取。"① 意为识人要注意观察他平时亲近什么人，富有了看他将金钱给予什么人，显达后看他推举什么人，人生低谷时看他做什么事，贫贱时看他不取什么东西。以上"五观"，主要看人才行为方式、价值观念、品德操守等的一致性和统一性，若满足五者，则"足以定之矣"。② 庄子提出识人"九征"之法，即通过观察一个人的言行举止和为人处事，以验证其"忠""敬""能""知""信""仁""节""则""色"。③ 认为任官用人只要做到"九征"，就能洞察人心，明辨人行，发现人才。吕不韦论识人之道，提出"八观六验"之法。其中，"观"重在察言观色，主要看人才的"礼""进""养""行""好""言""不受""不为"；"验"重在实践验证，主要看人才的"守""僻""节""持""仁""志"。④ 如此，观察和实验相结合，外观和内审相结合：一是"间之以是非而观其志"，官员若是非不分，志向不明，就难以心系天下，忠君安民；二是"穷之以辞辩而观其变"，官员若缺乏应急能力，就难以胜任牧民之事；三是"咨之以计谋而观其识"，官员若遇事无谋，就难以为民排忧，决定大局；四是"告之以祸难而观其勇"，官员缺乏勇气胆识，就难以开拓创新，惩恶扬善；五是"醉之以酒而观其性"，官员若酒后乱性，丑恶毕露，就难以表里如一，光明磊落；六是"临之以利而观其廉"，官员若见利忘义，见钱眼开，就难以清正廉明，公道正派；七是"期之以事而观其信"，官员见风使舵，

---

① 《史记》卷四四《魏世家》。
② 《史记》卷四四《魏世家》。
③ 《庄子·列御寇》。
④ 《吕氏春秋》卷三《季春纪第三》。

言而无信，就难以守信笃义，说到做到。"七略"所论，既听其言，又观其行，实乃识人用人的高明之举。明太祖深谙识人之道，他曾论"小人"与"君子"之别在于："小人之为谗佞也，其设心机巧，渐渍而入"[①]；而君子"独行之士不随流俗，正直之节必不庸常"。在他看来，君子可为良臣，良臣若遇明君，便"足以纲维天下"。[②] 可见，古人有关识人的论说，具有极强的实用性、启迪性和借鉴性。

二是善任。如何正确任用人才，是判断用人者人才思想是否高明，治理能力是否成熟的关键指标。古人云："天生贤才，自足供一代之用。不患世无人，而患不知人；不患不知人，而患知之不能用。知而不善用之，与无人等。"[③] 古人重视识人，说到底是为了善任，而之所以追求善任，则是为了治国。

如前所述，世袭时代，鲜有"人才"之意，"昔者圣王之治人也，不贵其人博学也，欲其人之和同以听令也"[④]。至春秋战国时，王室式微，诸侯迭起，礼崩乐坏，士人兴起，诸侯各国为称霸为主，争相求贤，识人文化由此而兴，并在变法改革、私学兴起等的驱动下日臻昌荣，"其选贤遂材也，举德以就列，不类无德。举能以就官，不类无能。以德拿劳，不以伤年"[⑤]。如齐桓公时，规定：地方官员"有居处为义好学，聪明贤仁，慈孝于父母长弟，闻于乡里者，有则以告。有而不以告，谓之蔽贤……有拳勇股肱之力秀出于众者，有则以告。有而不以告，谓之蔽才"，而"蔽贤""蔽才"者，皆要受到惩处，如此才能做到"匹夫有善，可得而举"。[⑥] 此

---

① 余继登：《典故纪闻》卷二，中华书局1981年版，第22页。
② 《明太祖实录》卷二六，吴元年十月丙寅。
③ 《草庐经略·任贤》，商务印书馆1936年版，第11页。
④ 《管子》卷五《法禁》。
⑤ 《管子》卷一一《君臣下》。
⑥ 《管子》卷八《小匡》。

外，晋文公任用狐偃、贾佗、赵衰等，举善援能，成就霸业；楚庄王任用孙叔敖为令尹，并国二十六，开地三千里，称霸中原；秦缪公重用百里奚等，整顿内政，奖励生产，遂霸西戎。这些识人善任的经典史实，为中国古代任官用人奠定了思想基础和实践标范。

秦汉是帝制时代的发端期，也是用人思想的成熟期。以汉代皇帝为例，凡造就大业者，无不善于识人善任。如高祖刘邦，班彪《王命论》总结其成功之道云："盖在高祖，其兴也有五：一曰帝尧之苗裔，二曰体貌多奇异，三曰神武有征应，四曰宽明而仁恕，五曰知人善任使。"[1] 萧何、张良、韩信乃"汉初三杰"，而三人之所以名留青史，皆因高祖识人善任。萧何气宇轩昂，风骨不凡，乃佐国大才，刘邦任其为丞相，坐镇关中，经营后方，从而使汉军在长达四年的争战中，有充足的兵源和粮秣供应。张良运筹帷幄，决胜千里，佐策奇才，刘邦任其为谋臣，令其常伴左右，随时听从他的谋略计策。韩信出身卑微，乃佐军帅才，刘邦力排众议，拜为大将，结果"战必胜，攻必取"[2]，功高无双，威震宇内。正是刘邦的识人善任，使其身边文臣如雨，猛将如云，最终赢得天下。此后，武帝也重视识认、招揽、任用各类人才，谋略人才有董仲舒、主父偃、韩安国、汲黯、公孙弘、唐蒙、庄助、严安、徐乐、朱买臣、赵禹、张汤、郑当时等；行政管理人才有桑弘羊、桓宽、徐伯、孔仅、卜式、唐都、落下闳、赵过等；军事人才有卫青、霍去病、霍光、李广、程不识、公孙敖、杨仆、赵食其等；外交人才有张骞、苏武等；文化教育人才有司马迁、司马相如、孔安国、东方朔、文翁、枚乘、兒宽等，可谓人才济济，群星灿烂，以至"兴造功业，制度遗文，后世莫及"[3]。至东汉，光武帝刘秀擅长根据官员

---

[1]《汉书》卷一〇〇《叙传》。
[2]《汉书》卷一《高帝纪》。
[3]《史记》卷一一二《主父偃传》。

专长，任官命职，如侯霸通晓典故，拜为尚书令，后任大司徒，"明察守正，奉公不回"①。祭遵执法森严，公正不阿，任为刺奸将军，并告诫诸将："当备祭遵。吾舍中儿犯法尚杀之，必不私诸卿也。"②

三国乱世，英才辈出，皆因君主识人善任。刘备三顾得孔明，孙权慧眼识陆逊，孟德赤足迎许攸。李唐盛世，名臣云集，也因皇帝识人善任。其中，太宗李世民可谓识人善任之典范。他对大臣优缺了如指掌，如评价杜如晦"寄以心腹，参谋帷幄"；魏徵"雅有经国之才，性又抗直，无所屈挠"；③戴胄"忠直励行，情深体国"④；李靖"才兼文武，出将入相"；李勣，胜过"数千里长城"⑤；温彦博"善于宣吐"⑥；王珪"激浊扬清，嫉恶好善"。⑦唐太宗不仅善于识人，而且精于用人。如房玄龄、杜如晦多谋善断，但不修杂务，太宗扬长避短，用其谋才，任为宰相。二人珠联璧合，同心佐唐，史有"房谋杜断"之誉。又戴胄，忠诚耿直，严谨少言，太宗任为大理少卿，掌管司法。贞观八年（634年），太宗修洛阳宫，中牟县丞皇甫德犯颜直谏，太宗认为此人忠直可嘉，擢为监察御史。⑧武将李靖、李勣等骁勇善战，太宗命其率兵守关，战功赫赫。

总之，识人善任不仅是君主任官的重要理念，也是衡量君主昏明的关键标尺。中国古代因识人善任而成就帝业、开创盛世的君主不在少数；反之，因不辨忠奸、用人不明导致腐败丛生、王朝衰落

---

① 《后汉书》卷二六《侯霸传》。
② 《后汉书》卷二〇《祭遵传》。
③ 《贞观政要·任贤》。
④ 《旧唐书》卷七〇《戴胄传》。
⑤ 《贞观政要·任贤》。
⑥ 《旧唐书》卷六一《温彦博传》。
⑦ 《旧唐书》卷七〇《王珪传》。
⑧ 《资治通鉴》卷一九四《唐纪十》。

的君主也为数不少。其中，唐玄宗统治前后的强烈反差就是典型案例。开元时期，玄宗任贤用能，君臣和洽，造就"开元盛世"。而天宝以后，玄宗摒弃忠良，宠信奸佞，纲纪散坏，动乱四起。故后人论道："玄宗用姚崇、宋璟、张九龄、韩休、李元纮、杜暹则理，用林甫、杨国忠则乱。"① 此外，不分忠奸、用人不明的项羽，"事皆自决，不任群臣"② 的隋文帝，"恃其俊才，骄矜自用"③ 的隋炀帝等，皆因用人不察，任人不善，以致人心离散，国敝祸多。无疑，作为最高统治者的皇帝的任官理念和任官举措，确是关涉王朝盛衰的重要因素。

（二）量才授官

"量才授官"是选官用人的基本原则，古人云："量材而授官，录德而定位"④，"量才而授任，量任而授爵"⑤，即要根据才能大小授予合适官职，根据德行高下确定适当位置。"量才授官"的目的是求得人岗相宜，做到职得其人，人称其职，事竟其功。

一是为官择人。"为官择人"是实现人岗相适的重要手段，即要根据岗位需要选拔称职官员，既反对因人设事，因人设岗，又坚持量才授职，因材用人。这是古人总结出的宝贵用人经验。

唐太宗曾言："为官择人者治，为人择官者乱。"⑥ 认为若根据官职需求任用官员，国家就能治理；反之，若根据人的需求而设置官职，国家就会混乱。隋初，文帝多用武将出任各州刺史，结果"类不称职"。对此，治书侍御史柳彧反顾历史，直言进谏，认为"昔汉光武一代明哲，起自布衣，备知情伪，与二十八将披荆棘，

---

① 《旧唐书》卷一五九《崔群传》。
② 《资治通鉴》卷一九三《唐纪九》。
③ 《资治通鉴》卷一九二《唐纪八》。
④ 《汉书》卷五六《董仲舒传》。
⑤ 《刘子》下篇卷三《均任》。
⑥ 《旧唐书》卷六一《窦诞传》。

定天下，及功成之后，无所职任"，但本朝却不顾岗位，只顾私情，如任命上柱国和干子为杞州刺史，而其人年垂八十，钟鸣漏尽，在任职赵州时，即"阍于职务，政由群小，贿赂公行，百姓吁嗟"。干子所长乃"弓马武用"，由其"治民莅职，非其所解"，若任为刺史，将"所损殊大"。最终，文帝听从柳彧意见，免去干子刺史职务。① 同时，择官用人，还应从实际出发，做到因事用人。宋真宗时，秦州知州曹玮久任官位，根据宰相王旦举荐，真宗任命枢密直学士李及接替曹玮。不料朝臣纷议，认为李及"谨厚有行"，并非戍边之才，确实"不胜其任"。不久，边报传来，称李及治边有效，并赞王旦有"知人之明"。此时，王旦道出了当初举荐李及的缘由："夫以曹玮知秦州七年，羌人慑服。玮处边事已尽宜矣。使他人往，必矜其聪明，多所变置，败玮之成绩。所以用及者，但以及重厚，必能谨守玮之规模而已。"听此，众人皆称赞王旦的"识度"。② 明永乐年间，吏部尚书蹇义奏请选官，太宗朱棣指示："用人之道，各随所长，才优者使治事，德厚者令牧民。"③ 如翰林院，需选用学识渊博者任职；兴修水利，需选用精于治水者担任；"牧民"官员，则不仅要精于民事，恪尽职守，更要廉洁奉公，厚生爱民。其间，若用人不当，应及时调整，既要做到随才任官，使人以器，更要做到人事相宜，人岗相适。

二是人尽其才。用人如器，人无弃才，人的才能有高低之别，品德有厚薄之分，用人之要在于因才使用，量才授职，大材要大用，小材要小用；德厚才高者可任长官，德薄才低者则可任下属，如此方能人尽其才，才尽其用。春秋时，鲁人子思言："夫圣人之

---

① 《隋书》卷六二《柳彧传》。
② 《涑水记闻》卷六。
③ 薛应旂撰，展龙等校注：《宪章录校注》卷一六，永乐二年四月甲申，凤凰出版社2014年版，第187页。

官人，犹大匠之用木也，取其所长，弃其所短。"①三国时，刘邵撰《人物志》详论任官之法："法家之材，司寇之任也；术家之材，三孤之任也；三材纯备，三公之任也；三材而微，冢宰之任也；臧否之材，师氏之佐也；智意之材，冢宰之佐也；伎俩之材，司空之任也；儒学之材，安民之任也；文章之材，国史之任也；辩给之材，行人之任也；骁雄之材，将帅之任也。"②意为选官用人要辨其专长，博采众长，更要因才命官，随器授职。朱元璋认为用人不可求全责备，强人所难，"人之才有长短，任人之际，量能授官……毋求备于一人可也"③；"任人之道，因材而授……故国家用人，当各因其材，不可一律也"。人之才力有"大器"与"小能"之分，任人之道，贵在扬长避短，量才而用。④

在任官实践上，历代君臣秉持"量能授官，则无不可用之才"⑤的理念。西汉元封五年（前106年），武帝令地方官吏举荐人才，并言："盖有非常之功，必待非常之人。故马或奔踶而致千里，士或有负俗之累而立功名。"⑥曹操被誉为"非常之人，超世之杰"⑦，不仅在于其统一中原，成就宏业，而且在于其珍惜人才，善于用人，《纲鉴易知录》论曰："操知人善察，难眩以伪。识拔奇才，不拘微贱，随能任使，皆获其用。"⑧但在实际任官过程中，所谓"非常之人""奇才"少之又少。对此，唐太宗深有体悟，践

---

① 《孔丛子》卷上《居卫第七》。
② 刘邵著，梁满仓译注：《人物志译注》卷上《流业第三》，中华书局2019年版，第67页。
③ 《明太祖实录》卷二一〇，洪武二十四年七月甲寅，台北："中研院"历史语言研究所1962年校印本，第3132页。
④ 《明太祖实录》卷三四，洪武元年八月丙子，台北："中研院"历史语言研究所1962年校印本，第604—605页。
⑤ 余继登：《典故纪闻》卷五，中华书局1981年版，第86页。
⑥ 《汉书》卷六《武帝纪》。
⑦ 《三国志》卷一《魏书·武帝纪》。
⑧ 《纲鉴易知录》卷二七《东汉纪·孝献皇帝》。

阼之初，即命宰相封德彝举荐人才，但久无所举。太宗诘问其由，封德彝说："非不尽心，但于今未有奇才耳。"何谓人才？如何任官？古今标准不同，但理念一致，即任人以专，量才任用。太宗驳斥德彝："君子用人如器，各取所长，古之致治者，岂借才于异代乎？正患己不能知，安可诬一世之人！"① 据此，太宗坚持用人之长，使大批文臣武将尽施所能，尽展才华。朱元璋的任人之道，最具特色的就是"因材而授职"。他曾将君主任官比作工匠用木，谓："譬如良工之于木，小大曲直，各当其用，则无弃材。"② 在选任人才时，朱元璋要求有司对于"其长于一艺者，皆在选列"，认为"其廉让也，可以知其仁；其善谋也，可以知其智；其果断也，可以知其勇"③。明末战争中，起义领袖李自成注重网罗士人，量才擢用。时人郑廉比较李自成与罗汝才、张献忠等起义领袖的用人差别，认为李自成"智略不如高应登，骁捷不如罗汝才，权谲不如张献忠，而能为群贼冠者，虽目不识丁，而用人能尽所长"④。清朝奠基者努尔哈赤自起兵伊始，即能随器授任，凡任官使任，皆讲求"因人酌用"，如军事之职，用善于征战者任职；机密之职，选谨慎端方者任职；外交之职，择言语通达者任职。⑤《满文老档》总结努尔哈赤的用才之道谓："作战勇敢者，赐之以功；裨益国政之忠良者，录之辅政；知古通幽者，用之训诂；宴所用者，委之于宴；无才善唱者，可歌于众聚筵宴之所。为此，亦为一有用之才也。"⑥不同历史时期，人们对任官标准、原则、方法的认识不尽相同，但量才授职的理念却贯穿始终，长期是历代王朝任官用人的指导

---

① 《资治通鉴》卷一九二《唐纪八》。
② 《明太祖实录》卷三四，洪武元年八月丙子，第604页。
③ 《明太祖实录》卷一〇一，洪武八年九月丙辰，第1714页。
④ 郑廉撰，王兴亚点校：《豫变纪略》卷四，浙江古籍出版社1984年版，第87页。
⑤ 湖南督学使署编：《湘学丛编·掌故学第十》，岳麓书社2012年版，第258页。
⑥ 中国第一历史档案馆整理编译：《内阁藏本满文老档》，第1函第4册，中华书局1990年版，第39页。

思想。

（三）用人不疑

所谓"用人不疑"，就是一旦看准人才，就要大胆任用，充分信任，而不能无端怀疑。知贤而不用，等于不知贤；用贤而不信任，等于不用贤。古人所谓"凡任人之道，要在不疑，宁可艰于择人，不可轻任而不信"[①]，强调的就是用人不疑的任官理念。任官用人事关紧要，若尚有疑虑，就无须任用，一经任用，就要开诚布公，精诚相待，而不能无端多疑，多方掣肘，更不能听信谗言，朝用夕斥，随意降免。

一方面，用人不疑，则君臣互信，成功必多。这一道理，古人总结经验，常有洞见，但概括起来，则不出一语："疑则勿用，用则勿疑。"[②] 在中国历史上，因用人不疑而大有作为者，不胜枚举。但凡胸怀宽广、善辨是非之君，多能视才如宝，大胆用人，甚至能做到不计前嫌，不顾过节。如商周时，汤王信任伊尹，武王信任姜尚，皆将国柄委予二人，而伊尹、吕尚也竭心尽力，治国理政，缔造伟业。楚汉争霸时，刘邦信用韩信、陈平等项羽旧部而一统天下。曹操身处"上下相疑之秋"[③]，却能做到以诚待人，用人不疑。比如刘表旧将文聘，建安十三年（208年），刘琮降曹，约请文聘，拒之不从，谓："聘不能全州，当待罪而已。"后曹操渡江，文聘归来，问其当初不降之由，文聘说："生不负于孤弱，死无愧于地下。而计不得已，以至于此。实怀悲惭，无颜早见耳。"曹操深受感动，称其"真忠臣也"，遂以厚礼待之，命江夏太守，"使典北兵，委以边事"，赐爵关内侯。[④] 东吴孙权不顾嫌疑，信用诸葛亮之兄诸葛

[①] 李逸安点校：《欧阳修全集》卷一〇六《奏议·论任人之体不可疑札子》，中华书局2001年版，第1609页。

[②] 《续资治通鉴长编》卷三二，淳化二年四月己丑。

[③] 《三国志》卷一《魏书一·武帝纪》。

[④] 《三国志》卷一八《魏书十八·文聘传》。

瑾，拜为大将军，领豫州牧，并称与诸葛瑾"恩如骨肉"。①

唐太宗自称"以诚信御天下"②，主要表现在用人不疑，推心待士，从谏如流。无论是农民义军，还是隋朝旧臣，无论是敌对旧部，还是新任官员，太宗皆一视同仁，重用不疑。如尉迟敬德降唐之初，太宗爱其英勇而置之左右。不久，敬德属将叛逃，诸将疑敬德必叛，将其囚禁。然太宗力排众议，释放敬德，并说："丈夫以气相许，小嫌不足置胸中，我终不以谗害忠良"，且赐给金银，"必欲去，以为汝资"。③ 敬德感动万分，叩首至血。后太宗狩猎，遭敌偷袭，敬德冒死拼战，太宗得救。萧瑀被太宗称为"真社稷臣也"④，但其胸怀狭隘，固执己见。贞观十七年（643年），他因久任不升，嫉妒房玄龄，妄言其"朋党比周，无忠心奉上"，太宗不信，并严斥萧瑀诽谤行为。⑤ 又如李靖，能文能武，威望甚高，但太宗对其从无猜疑。大将侯君集因李靖不肯尽授其兵法，甚为不满，诬告"李靖将反矣"，太宗不予理睬。⑥

朱元璋乘时应运，豪杰影从，十五载而成帝业，一个重要原因就是善辨忠奸，用人不疑。建国之前，朱元璋即言："君之于臣，好而信之，谗言虽至而不入；恶而疑之，毁谤不召而自来。"⑦ 认为用人不疑，则人人尽力；用而疑之，则离心离德。当时，众多儒士武将归附投诚，他都相待以诚，用之不疑。建国之初，民人王兴宗老实不贪，朱元璋破例授为金华知县。但李善长等认为其出身卑贱，不可牧民，朱元璋不听："兴宗从我久，勤廉能断，儒生法吏

---

① 《三国志》卷五二《吴书七·诸葛瑾传》。
② 《资治通鉴》卷一九二《唐纪八》。
③ 《新唐书》卷八九《尉迟敬德传》。
④ 《旧唐书》卷六三《萧瑀传》。
⑤ 《册府元龟》卷三三六《宰辅部》。
⑥ 《资治通鉴》卷一九七《唐纪十三》。
⑦ 《明太祖实录》卷一八九，洪武二十一年三月辛巳，第2834页。

莫先也。"王氏果然不负所望,到县三年,"以治行闻"。① 御史攻陷陶安,太祖质问:"尔何由知之?对曰:闻之于道路。"又说:"御史但取道路之言,以毁誉人,此为尽职乎?"② 遂黜而不用。又学正孙询攻讦税使孙必贵为"胡党",攻讦故元参政黎铭"谤讪朝廷",朱元璋皆"不问"③,并令"凡告谋反不实者抵罪"④。

另一方面,用人多疑,则君臣互疑,常致衰败。这一道理古人吸取教训,每有申论。管仲曾把损害"霸业"的行为归结为君臣失信,任而不信:"不能知人,害霸也;知而不能用,害霸也;任而不能信,害霸也;既信而又使小人参之,害霸也"⑤。荀子认为人主之患有六,但关键在于"多疑":"使贤者为之,则与不肖者规之;使知者虑之,则与愚者论之;使修士行之,则与污邪之人疑之。虽欲成功,得乎哉!"⑥ 如此,君主若对臣子用而不信,处处掣肘,官员就会心怀苟且,不愿效命。个中危害,魏徵一语道出:"为国之基,必资于德礼;君子所保,惟在于诚信。……夫君能尽礼,臣得竭忠,必在于内外无私,上下相信。上不信,则无以使下,下不信,则无以事上,信之为道大矣。"⑦ 在其看来,人君任官,若信任不深,就会使人心生疑虑,进而苟且偷安,得过且过。

然而,在历史实践中,因用人多疑而一败涂地者,不绝于书。如春秋时,宋殇公不知孔父之贤,鲁庄公不知季子之贤,二君虽能"知能见贤",却犹豫不决,不能信用,结果贻害无穷,酿成悲剧:"宋殇公以杀死,鲁庄公以贼嗣"。由此,汉人刘向感叹道:"夫智不足以见贤,无可奈何矣。若智见之,而强不能决,犹豫不用,而

---

① 《明史》卷一四〇《王兴宗传》。
② 《明太祖实录》卷三四,洪武元年八月甲午,第624页。
③ 《明太祖实录》卷一四六,洪武十五年七月甲子,第2291页。
④ 余继登:《典故纪闻》卷二,中华书局1981年版,第26页。
⑤ 《旧唐书》卷七一《魏徵传》。
⑥ 《荀子·君道》。
⑦ 《旧唐书》卷七一《魏徵传》。

大者死亡，小者乱倾，此甚可悲哀也。"①项羽虽有"万夫不当之勇"，但自矜攻伐，刚愎自用，既无识才知贤的眼光，也无用人不疑的魄力，"项王不能信人，其所任爱，非诸项即妻子昆弟，虽有奇士不能用"②，故必至失败。明末崇祯帝自毁江山，冤杀袁崇焕则是犯了用人不疑之大忌。袁崇焕是抗金名将，近人梁启超称其"若夫以一身之言动、进退、生死，关系国家之安危，民族之隆替者，于古未始有之。有之，则袁督师其人也"③。但崇祯帝却听信阉党谗言，轻信后金计谋，冤杀了袁崇焕，直接加速了后金进犯的步伐和明朝灭亡的进程。作为臣子，袁崇焕成为辽东"忠魂"，可谓："一生事业总成空，半世功名在梦中。死后不愁无勇将，忠魂依旧守辽东。"④作为君主，崇祯帝成为煤山"国殇"，可谓："先帝宵衣久，忧勤为万方。捐躯酬赤子，披发见高皇。风雨迷神路，山河尽国殇。御袍留血诏，哀痛何能忘！"⑤

（四）不拘一格

选任官员，贵在得法，"取才之法未善"，则"用才之志不专"⑥。先秦时期，孔子提出"政在选贤"⑦，一时为各路诸侯、各派士人所推崇。自此，不拘出身、唯贤是举、以德定次、外不避仇、内不避亲等任官理念被广泛认同，成为古代贤能政治的用人取向和任官准则。荀子提出"贤能不待次而举"⑧，曹操推行"惟才是

---

① 《说苑》卷八《尊贤》。
② 《史记》卷五六《陈丞相世家》。
③ 梁启超：《袁崇焕传》，中华书局2015年版，第1页。
④ 袁仲麟编：《袁崇焕诗选注》，黑龙江大学出版社2012年版，第57页。
⑤ 屈大均：《翁山诗外》卷三《燕京述哀》，《续修四库全书》第1411册，第363页。
⑥ 王韬著，楚流等选注：《弢园文录外编》卷一《原才》，辽宁人民出版社1994年版，第12页。
⑦ 《汉书》卷六《武帝纪》。
⑧ 《荀子·王制》。

举"，西魏苏绰强调"今之选举者，当不限资荫，唯在得人"①。但唐宋以降，循资受任，依资递迁，按资排辈的任官原则日渐固化，"累日月以进秩，循资途而受任"②成为窒息人才的重要原因。但纵然如此，不拘一格的任官理念贯穿不已，成为历代君主选官用人的基本原则和实践依据。

一是打破贵贱界限。如汉武帝时人才济济，得益于他任官时不计出身，敢于打破贵贱界限，如"卜式拔于刍牧，弘羊擢于贾竖，卫青奋于奴仆，日䃅出于降虏，斯亦曩时版筑饭牛之朋已"③。唐太宗秉持"不以卑而不用，不以辱而不尊"④的任官理念，善于从寒微之士中选贤任能，在二十一名宰相中，非贵族出身和较贫贱的有十人，如魏徵是游方道士，王圭是亡命之汉，李勣是响马出身，岑文本是一介书生，马周是寒门布衣，侯君集是一介武夫，张亮是田间耕农。女皇武则天亦是如此，她大量任用庶族士人，修改《氏族志》，打破了门阀与庶族的界限，使很多庶族士人受到重用，出现了"补阙连车载，拾遗平斗量"⑤的现象。

二是打破资格界限。在等级森严的帝制时代，统治者用人注重阀阅资望，强调论资排辈，出身卑微的才学之士，往往限于资历，屈沉下僚，而碌碌无为者，却可以迁延岁月，位居枢要。于此，明太祖深悉此弊："近代官人必举世族，则有志者不得上达多矣。"⑥因而，他坚持任人"毋拘资格"，强调"资格者为常流设耳，若有贤材，岂拘常例。今后庶官之有材能而居下位，当不次用之"⑦。以

---

① 《北史》卷六三《苏绰传》。
② 《续资治通鉴长编》卷一九四，嘉祐六年七月壬寅。
③ 《汉书》卷五八《兒宽传》。
④ 吴云、冀宇校注：《唐太宗全集校注·文告编·帝范》，天津古籍出版社2004年版，第601页。
⑤ 《资治通鉴》卷二〇五《唐纪二十一》。
⑥ 《明太祖实录》卷九六，洪武八年正月丙寅，第1650页。
⑦ 《明太祖实录》卷一一七，洪武十一年三月丁亥，第1918页。

年龄为例，明太祖主张用人应老中青参而用之。至正二十四年（1364年）三月，他诏谕中书省："郡县官年五十以上者，虽练达政事，而精力既衰，宜令有司选民间俊秀年二十五以上、资性明敏、有学识才干者辟赴中书，与年老者参用之。"① 称帝后，进一步重视对文章秀异、经国佐时之士的培育、选拔，举凡"果有才学出众者"②，可擢为各级官吏，甚至直接充任布政、按察两使及四方大吏，"故其时布列中外者，太学生最盛"③。对于久任的老成之士，既"命文武官年六十以上者，皆听致仕"④，又诏吏部"凡文职官年七十者，听其致仕"⑤，而对于那些经明行修、练达时务之士，更是不以年龄为限，委以重任，如翰林官员，其年龄大多都在六十岁以上七十岁以下。

　　三是打破亲疏界限。"亲亲之恩"是儒家思想，"任人唯亲"乃任官异途，前述任子、恩荫、袭爵等皆是其制度表现。反之，官员任命又讲求回避亲疏，任用贤能。三代以来，亲疏关系是影响任官授职的重要因素，大批贤能之士止于仕途，难得任用。为改变这一局面，时人各抒己见，强调"苟得其人，虽仇必举，苟非其人，虽亲不授"⑥。隋唐以后，随着门阀士族的衰落，任官的亲疏观念也随之弱化。如唐太宗打破亲疏界限，重用妻舅长孙无忌为宰相，无忌固辞，太宗不许，曰："吾为官择人，惟才是与。苟或不才，虽亲不用，襄邑王神符是也；如其有才，虽仇不弃，魏徵等是也。今日所举，非私亲也。"⑦明太祖在位期间，矫正任人唯亲之风，倡导

---

① 《明史》卷七一《选举三》。
② 《明太祖实录》卷五二，洪武三年五月己亥，第1020页。
③ 《明史》卷六九《选举一》。
④ 《明太祖实录》卷一三〇，洪武十三年二月戊辰，第2060页。
⑤ 《明太祖实录》卷一六八，洪武十七年十一月己巳，第2566页。
⑥ 《三国志》卷三八《蜀书八·许靖传》。
⑦ 《资治通鉴》卷一九四《唐纪十》，第6103页。

"国家用人,唯才是举,使苟贤无间于疏远,使不肖何恤于亲昵"①,"自古圣贤之君,不以禄私亲,不以官私爱,惟求贤才以治其民"②。据此,他招揽才俊,甚至"得元朝官吏及儒士尽用之"③,史实表明:选官用人唯有打破亲疏界限,做到"内举不避亲,外举不避仇""举贤不避亲仇",才能真正达到知人善任的理想境界。

四是打破民族界限。自古中国,"夷夏之防"根深蒂固,不仅长期影响了历代民族政策和民族关系,也深刻影响着选官用人的思想观念和价值标准。如孔子因"夷狄"之民"不知礼义,无长幼之别",而将其比作"禽兽"。但是,唐太宗却说:"自古皆贵中华,贱夷狄,朕爱之如一"④,并打破民族界限,重用了很多少数民族官员。元朝用人讲求民族差异,对此明太祖不以为然,他说:"元朝出于沙漠,惟任一己之私,不明先王之道,所在官司,辄以蒙古、色目人为之长,但欲私其族类,羁縻其民而矣,非公天下爱民图治之心也。"⑤故他一反元制,重用少数民族士人,以为"如蒙古、色目,虽非华夏族,然同生天地间,有能识礼义,愿为臣民者,与中国之民抚养无异"⑥。攻克大都后,又下诏:"蒙古人,色目人,有才能者,许擢用。"⑦ 至明初,更宣布:"蒙目、色目人氏,既居我土,毕吾赤子,果有才能,一体推用。"⑧ 由此,洪武年间,许多少数民族士人得到任用。清朝建立后,重满轻汉成为任官的指导思想,以致大量汉族官员遭到排斥,难得重用。康熙即位

---

① 《明太祖实录》卷四八,洪武三年正月癸巳,第948页。
② 《明太祖实录》卷二八下,吴元年十二月戊辰,第471页。
③ 刘辰:《国初事迹》,《四库全书存目丛书》史部第46册,第12页。
④ 《资治通鉴》卷一九八《唐纪十四》。
⑤ 《明太祖实录》卷二八下,吴元年十二月戊辰,第471页。
⑥ 高岱著,孙正容、单锦珩点校:《鸿猷录》卷五《北伐中原》,上海古籍出版社1992年版,第88页。
⑦ 《明史》卷二《太祖本纪》,第21页。
⑧ 吕毖:《明朝小史》卷一《洪武纪》,《四库禁毁书丛刊》史部第19册,北京出版社1997年版,第448页。

后，吸取前朝教训，打破民族界限，任官不分满汉。同时，为争取汉族地主士人的支持，甚至对那些具有反满思想或参加过反满活动的汉族士人，也采取多种形式，予以优容，曲为罗致。

五是打破学派界限。以汉武帝为例，他虽"独尊儒术"，但其任官却并未固守孔孟，拘泥儒学，对于出身诸子学派的官员，也能一视同仁，特加重用。如田蚡治杂家，武帝用为太尉、丞相；主父偃治纵横家，累迁谒者、郎中、中郎、中大夫；司马谈治黄老学，任为太史令；东方朔治杂家宗黄老，任为常侍郎、太中大夫给事中；严安治阴阳家，任为骑马令。治法家言及律令者，如韩安国，官至中尉、御史大夫、行丞相事；张汤官至御史大夫；黄霸、赵禹都官至廷尉、中尉。正因武帝能如此尊崇各派学者，用为公卿近侍，司马迁称其"无所阿私"[①]。

（五）赏善惩恶

韩非子云："闻古之善用人者，必循天顺人而明赏罚。循天则用力寡而功立，顺人则刑罚省而令行，明赏罚则伯夷、盗跖不乱。如此则白黑分矣。"[②] 赏罚分明是吏治清明的重要保障，是治理国家的有力工具，所谓"赏罚者，邦之利器也"[③]。通过奖赏，可劝善扬功，通过惩处，可罚恶治罪，只有做到赏罚公平，一视同仁，则臣下同心同德；相反，若厚此薄彼，以亲间疏，则臣下离心离德。"赏罚者，国之大权。有功者虽所憎必赏，有罪者虽所爱必罚，赏以当功，上不为德，罚以当罪，下不敢怨"[④]；"赏罚予夺，国之大柄，一有爱憎忿戾于其间，则非大公至正之道，是以此心，斯须不敢忽也"[⑤]。

---

① 《史记》卷一二八《龟策列传》。
② 《韩非子》卷八《用人》。
③ 《韩非子》卷七《喻老》。
④ 《明太祖实录》卷一一二，洪武十年五月戊寅，第1853页。
⑤ 《明太祖实录》卷一二九，洪武十三年正月乙巳，第2055页。

一是奖赏官员。古代对官员的奖赏，主要有激励和监督两种作用。在激励方面，春秋战国时期，战事烦乱，各国按照论功行赏的原则，制定了各种奖赏办法：如晋国赵简子在戚誓师时宣布："克敌者，上大夫受县，下大夫受郡，士田十万，庶人工商遂，人臣隶圉免。"① 秦国商鞅制定军功爵制，按功奖赏共分二十等，规定："斩首八千已上者，则盈论。野战斩首二千，则盈论……能得甲首一者，受爵一级，益田一顷，益宅九亩。"② 二是监督作用。历代王朝重视考核官员，并将其视为管理官员的重要手段和奖功罚罪的主要依据。这种考核通常是按照一定标准考察官员功过，分等级给予升降赏罚。西周时，有朝觐制、巡狩制、上计法和大计法等考课方式。春秋战国时，继承上计法；秦汉时，形成上计制。除此之外，还有针对不同职位实行的考核，并根据考核结果，对官员进行升降奖惩。凡政绩好或较好及考课为最者，可三年升迁一次。唐太宗认为"国家大事，惟赏与罚。赏当其劳，无功者自退。罚当其罪，为恶者戒惧"③。据此，唐代制定了完善的考课制度，规定：由尚书省吏部负责，每年一小考，四年一大考；程序分为初考、复考、终考等；考课成绩分为九等，中等以上可以升官加禄；中等以下，降级罚禄；情节严重者予以罢免罢官，"中品以下，四考皆中者，进一阶；一中上考，复进一阶；一上下考，进二阶"④。至宋代，出现一种新的考课制度——磨堪制。明清时，官吏考核分为考满和考察两种；考核名目分为称职、平常和不称职；考核成绩优异者称"卓异"，京察一等、大计卓异者，则予以重赏，优先提升；对称职者，一等称职记录，二等称职赏赉，平常者留任。

二是惩罚官员。历代王朝颁行法规，视情节轻重，给以官员行

---

① 《左传·哀公二年》。
② 《商君书·境内》。
③ 《贞观政要》卷三《论封建》。
④ 《新唐书》卷四六《百官一》。

政、法律、经济等处罚。先秦时，对官吏的惩处制度尚未形成，处罚主要由君主个人确定，处罚方式主要有夺禄、贬爵、罚金、降职、收回封土，剥夺世袭权，严重者则加以刑罚，甚至处死。如春秋时，楚晋作战，令尹子玉指挥失误，致使楚军损失惨重，楚成王令其自杀，曰："大夫若入，其若申息之老何？"[①] 子玉遂在返回途中自杀。秦汉以后，官员惩处制度初步形成。如死刑就有赐死、自尽、监毙、枭首、剥皮、凌迟、戮尸等方式，还有抄家、罚没、追赃、入狱、遣戍、充军、发卖等附加之刑。此后，法制健全，处罚有据。以明太祖为例，他出身下层，深知奸吏之害，故主张"严明以驭吏，宽裕以待民"[②]。一方面，他颁布《大明律》《大明令》《大诰》等法律文献，惩治官员贪墨、失职、渎职等不法行为；颁布《铁榜文》等垂戒文献，警示告诫群臣要修明道德，端正其身，"邪者戒之，正者效之"[③]。另一方面，他对于违法乱纪、倚势横暴者，一律严惩不贷，即使是皇亲国戚也毫不宽宥。早在立国之前，明太祖即严明法纪，大将邵荣谋反，"乃饮荣酒，流涕而戮之"[④]；大将胡大海之子犯酒禁，明太祖以"不可坏了我号令"，亲手杀之；[⑤] 汤和姑夫席某隐瞒常州田土，不纳税粮，亦"诛之"[⑥]。当时战事正殷，前途未卜，明太祖能够做到执法严明，实属不易。这种作风在明朝建立之后得以发扬，如洪武十四年（1381年）驸马欧阳伦横行不法，私自贩茶，家奴周保擅作威福，朱元璋大怒，赐之死。[⑦] 这些措施使明初吏风大变，"一时守令畏法"，"吏治焕然不

---

① 《左传·僖公二十八年》。
② 《明太祖实录》卷五四，洪武三年七月己亥，第1327页。
③ 《明太祖实录》卷七二，洪武五年二月壬午，第1063页。
④ 《明史》卷一二五《常遇春传》。
⑤ 刘辰：《国初事迹》，《四库全书存目丛书》史部第46册，第5页。
⑥ 刘辰：《国初事迹》，《四库全书存目丛书》史部第46册，第22页。
⑦ 《明史》卷一二一《公主列传》。

变"①。

总体上，古代对官员的赏罚以功过为原则，以考核为基础，奖惩制度逐渐细致，日益规范。但传统的"人治"因素，加及各种利益集团和帮派势力现象严重，以致奖惩制度中不可避免存在着许多人为因素。同时，因缺乏广泛的社会监督，奖惩制度很大程度上依赖于长官意志，故在奖惩时很难惩当其罪，处当其责；更难奖得其劳，赏当其事。奖惩制度能否有效执行，取决于社会环境和执法者的政治素质。明清以后，奖惩制度的负面效应越来越明显，奖惩的公平性普遍受到损害，促使官员敷衍应付。如清朝每逢考课之期，便将属官中少数亲近之人上报为"卓异"；又将年龄衰老，或劣迹已难掩饰的官员列入"不称"，对其他大多数官员均为"称职"或"平常"，但仍可任官。可见，吏治混乱直接破坏了奖惩制度的效能，使其流于形式，而奖惩制度功能的丧失，则进一步刺激政治生态的恶化。

（六）大度容人

清圣祖玄烨说："国家致治，首在崇尚宽大，爱惜人才。"② 大度容人，惜才爱才的任官理念有诸多表现形式，如不念旧恶、虚心纳谏、记功忘过等。君主要使臣下无所顾忌，敢于直谏，做到人尽其才，才尽其能，就要有容人之量，从谏如流。

一是虚心纳谏。进谏是臣下匡正君主的重要责任，从谏是君主必备的政治格局，"若君有过举，而臣不言，是臣负君；臣能直言而君不纳，是君负臣"③。秦朝设谏议大夫，但并不重视谏言，以致群臣阿谀，短命而亡。两汉时，诸帝吸取前朝教训，多能做到虚

---

① 《明史》卷二八二《循吏传》。
② 赵之恒等主编：《大清十朝圣训》卷四三《饬臣工一》，燕山出版社1998年版，第600页。
③ 《明太祖实录》卷三〇，洪武元年二月己未，第528页。

心纳谏，但尚未形成谏官制度。至唐，始有台谏并立之势，谏诤制度臻至完善。如武则天在位期间广开言路，善于纳谏，宰相狄仁杰性格耿直，敢于直谏。圣历三年（700年），武则天要造大佛，狄仁杰谏言制止，武则天虚心纳谏："公教朕为善，何得相违"①，取消造佛计划。大臣朱敬批评武则天生活腐化，宠爱男妾，武则天听取谏言，"非卿直言，朕不知此"②。长安二年（702年），武邑人苏安恒两次上疏，批评武则天代唐自立，要求她把政权归还李家。武则天见疏后亦未生气，并召见给予赏赐。自此，劝谏武则天归还政权的人络绎不绝。最后，武则天临死时移去帝号，称"则天大圣皇后"，还政李唐。宋代以后，谏官制度"匡正君非，谏诤得失"的功能已趋减弱，但虚心纳谏依然是皇帝的治官大道。明太祖曾以成汤、唐宗从谏，殷纣拒谏为例，论述了"兴亡之道在从谏与咈谏"③的道理。在他看来，"清明之朝，耳目外通，昏暗之世，聪明内蔽……国家治否，实关于此"④。谏言是君主下通民情，知晓民声的重要途径，所以作为君主须广开言路，接纳直言，所以他"令天下臣民凡言事者，实封直达朕前"⑤。在专制社会，君主虽有至高权力，但极难遍见万物，遍知万事。所以君主应用贤纳谏，用臣下的智慧来疏导、启发自己的不足，唯其如此，才能见妄知实，"有益于天下国家"⑥。作为臣下，对于君主不能一味顺从，阿谀奉承，而应以一种求真务实的态度匡正君主之过、朝政之失；作为君主，应广开言路，虚怀纳谏，以臣下之长补己之短，而不能偏听顺言，更不能独断专行，刚愎自用，理由是："护短恶谏，诛戮忠直，人

---

① 《资治通鉴》卷一九二《唐纪八》。
② 《资治通鉴》卷二〇六《唐纪二十二》。
③ 《明太祖实录》卷八〇，洪武六年三月乙卯，第1454页。
④ 《明太祖实录》卷一一三，洪武十年六月丁巳，第1864页。
⑤ 《明太祖实录》卷一一三，洪武十年六月丁巳，第1864页。
⑥ 《明太祖实录》卷三〇，洪武元年二月己未，第529页。

怀自保，无肯为言者，积咎愈深，遂至不救。"①

二是不念旧恶。曹操作为一代枭雄，不仅能力超群，且拥有博大的胸襟和非凡的气度。不仅理解宽容曾经背叛、攻击、伤害过他的人才，且能委以重任。荀彧曾是袁绍的幕僚，但"彧度绍终不能成大业"，率先弃袁投曹，曹操得之，高兴地称其"吾子房也"②。建安八年（203年），封其为万岁亭侯。魏种是曹操极为信任的重臣，兖州发生叛乱时，曹操认为"唯魏种且不弃孤也"③。但是出乎意料，魏种却背叛曹操，投靠袁绍。曹操一度伤心欲绝，势必要捉拿魏种。后果然被曹操活捉，但曹操惜其才能，非但未惩治他，且任其为河内太守。又如陈琳，曾为袁绍撰写檄文，痛斥曹操罪行，并辱及曹操的父亲与祖父。曹操抓住他后，惜其文采出众，任其为司空军师祭酒。再如张绣，曾杀死曹操的长子曹昂、侄子曹安民以及爱将典韦，曹操也被其所伤。但张绣来降时，曹操仍能捐弃前嫌，不仅宠任优待他，还与其结为儿女亲家。正是曹操"矫情任算，不念旧恶"④，大度容人，惜才爱才的任官理念造就了其谋士如云、战将如林的强大队伍，最终扫平群雄，统一北方，奠定下曹魏政权的基础。

三是记功忘过。朱元璋对于那些有过错又知错能改者，主张不嫌不弃，他说："良工琢玉，不弃小砒，朝廷用人，必赦小过。故改过迁善，圣人与之，录长弃短，人君务焉。苟因一事之失而弃一人，则天下无全人矣。"⑤ "人之成才至难，自非圣贤，鲜有无过者，若有过能改，则志乎善矣，可以录用。"⑥ 出乎此，他经常命令

---

① 《明太祖实录》卷三〇，洪武元年二月己未，第529页。
② 《后汉书》卷七〇《荀彧传》。
③ 《三国志》卷一《魏书一·武帝纪》。
④ 《三国志》卷一《魏书一·武帝纪》。
⑤ 《明太祖实录》卷二二三，洪武二十五年十二月丙辰，第3260页。
⑥ 《明太祖实录》卷一九七，洪武二十二年十月丙申，第2962页。

有司："凡士人因小过罢黜及迁谪远方者，知其才德果优，并听举用。"① 一些才敏学行之士因有微罪而被免官，朱元璋指示吏部说："近内外官员有以微罪罢免者，其中多明经老成，练达政务，一旦废黜，不得展尽其才能，朕甚惜之。"② 遂令将这些人礼送京师，擢居要职。凡此，都成为朱元璋选才用人的重要标准和原则。此后，清圣祖玄烨选官用任，也懂得"人难求全责备"的道理，不抹杀革职大臣的功劳，能够记功忘过。他用方圆互用、体有殊规的道理，说明人都有功过两面，并且力求做到"使功不如使过"。如康熙二十三年（1684年），他指示将有罪的闲置官员委以实职，以得其用；三十四年，被革职的于成龙因在河工殚极勤劳，复其原总督衔。清圣祖对官员能够记功忘过，不以一眚掩大德，不以小过废人才，充分体现了大度容人，爱才惜才的任官理念。在这种理念的指导下，使他笼络了大批官吏，他们大多能够"以其后效而矫其前违"，为康熙治国发挥余热。

中国古代悠久的政治文明孕育了丰富多彩的任官理念与用人实践，这些积极的任官理念与实践蕴含着中华文明对人的深刻理解和现实尊重，是中国古代人治社会合理内核的积极呈现。但是，在皇权至上、君主专制的古代社会，君主享有绝对的任官权力，其政治目的决定了任官理念积极与否。如春秋战国时期，各国君主为强国力，招揽人才，识人善任、各取所长、尊重人才的任官理念是受时代要求而激发出来，更多地以"实用"为目的，而不是真正的对于知识与才能的尊重，所以常常出现"兔死狗烹，鸟尽弓藏"的现象。如秦王嬴政，为了实现一统天下的政治目标，尚能做到礼贤下士，虚心纳谏。统一后，随着专制权力的不断扩大，秦始皇"意得

---

① 《明太祖实录》卷二二三，洪武二十五年十二月丙辰，第3260页。
② 《明太祖实录》卷一五九，洪武十七年正月丙寅，第2462页。

欲从"①，以私心为法律，以自己的喜怒任意定罪行赏，"妄赏以随喜意，妄诛以快怒心"②。又如唐太宗，统治初期积极的任官理念是形势所迫。当时，内有宫府余党，外有东突厥侵扰，其统治并不稳定。在此情况下，唐太宗反思隋亡教训，深知隋政之失在于不信大臣，导致君臣相违，上下离心。因此，他虚心纳谏，识人善任，待人宽容。至贞观中后期，随着统治日渐稳定，他任人唯亲、狐疑不定、言路阻塞等消极的任官理念逐渐暴露。当然，中国古代的任官理念并非仅受君主个人因素的影响，究其根源，是由当时的政治制度决定的。古代中国作为皇权世袭制的朝代国家，从商周的血缘贵族政治，到魏晋隋唐士族门阀政治，形成了由皇帝和世家宗室垄断官场的政治局面，而任人唯贤、唯才是举等任官理念显然与此存在一定的矛盾。至唐宋之际，中国封建社会发生巨变，传统政治由封建贵族政治向官僚政治转变，宗室贵族逐渐平民化、世俗化。但是，这并未带来任官理念的实质转变，尤其是随着明清君主专制统治的空前强化，"八股取士"等极端性育人选官政策的持续推行，严重束缚了世人的创新才智，僵化了选官的机制体制。

二 任官类型

任官是官员选任制度的关键环节，决定着选任的程序和人事权力的分配。选官之后，即要任官，无论是初任还是再任，是短任还是久任，是试用还是实用，是委任还是聘任，古代任官因种类、层次、职权、等级的不同，其类型也迥然相异，方式多样，主要有拜、授、赐、辟、征、召、赠、封、举、引、署、假、除、徙、转、迁、加、进、擢、降、解、罢、陟、免、复、为、补、历、假、位、参、作、兼、领、行、录、带、摄、典等。其中，属于

---

① 《史记》卷六《秦始皇本纪》。
② 《册府元龟》卷六四六《贡举部·对策》。

"授官"者有：拜、授、赐、辟、征、召、赠、封、举、引、署、假、除、徙、转、迁、加、进、擢、降、解、罢、陟、免、复、补等；属于"任职"者有：为、历、假、位、参、作、兼、领、行、录、带、摄、典、署等。授官方式，又因职务是否变动，分为两类：一是职务不变动，如拜、授、赐、辟、征、召、赠、封、举、引、署、假、补等；二是职务变动，如除、徙、转、迁、加、进、擢、降、解、罢、免、陟、复等。这些类型和方式，总体可以概括为拜授、封赠、点录、特简、试用、荐任、改调、补缺、兼任、会议等。其中，凡由皇帝直接任命的，称特简、特任、特选、特拜、特召、召拜等，一般为高级官员或特殊官员；凡由官员管理部门或部分官员任命的，称选、授、除、补、迁、调、转、任等。历代王朝在任官时，往往数途并用，多管齐下，并坚持人尽其用、才尽其专的任官理念，坚守扬长避短、以长克短的任官原则，因才制宜，为国选才，充实了官僚体系，激发了人才优势，提升了治理能力，造就了识才爱才、容才量才、聚才用才的良好局面。

（一）拜授

拜，恭敬也。授官时，受职者跪拜谢恩，按照一定仪式授予官职，如《史记》《汉书》《后汉书》《三国志》等所谓"拜为某官"，即是此例。"拜"主要有召拜、征拜、策拜、拜爵、拜相等名目。其中，"召拜"是皇帝特召；征拜是由外官转为朝官；策拜是任命高级官员。授，予也，一般指为有一定功绩或声望者授予官职或提升职务，《商君书·勒令》云："国以功授官予爵。""授"主要有铨授、敕授、制授、特授等名目。其中，铨授是吏部等官员管理部门任命中下级官员；敕授是皇帝批准任命中级官员；制授是皇帝批准任命高级官员；特授是皇帝特旨任命高级官员。拜授名目各异，所授官职轻重高低也有不同。

拜授一般由皇帝任命某人为某官，或为初任，或为复任，或由皇帝特召，或由外官转为朝官。这一任官方式初见于战国，常见于秦汉、魏晋时期，其中尤以汉代为盛。此时，被拜等官员既有三公九卿及侍郎、郎中等中央官员，也有郡守、刺史、县令等地方官员，既有上述各级文官，也有大将军、将军、都尉、校尉等武官。如：汉宣帝重吏治，选地方郡守，"五日一听事，自丞相而下各奉职而进。及拜刺史、守、相，辄亲见问，观其所由，退而考其行，以质其言"①。汉景帝时，郅都本是济南郡太守，"景帝乃使使拜都为雁门太守"②。汉武帝时，盛行上书拜官和计吏拜官。上书拜官是通过上书自荐，获得官职的选官制度。武帝时，上书自荐者达千人之多。计吏拜官是每年郡国计吏向朝廷汇报考核成绩，若忠勤清廉，即被拜为郎中、议郎、校书郎等官。隋时，文帝杨坚受禅，拜高颎为尚书左仆射。③ 至唐，宪宗迎佛骨，韩愈上表极谏，被贬为潮州刺史，寻改袁州。穆宗即位，拜为国子祭酒。元代刘因长于理学，至元十九年（1282年），征拜右赞善大夫。④ 明初，刘崧为胡惟庸所恶，坐事谪输作。后放归。洪武十三年（1380年），惟庸诛，征拜礼部侍郎。⑤

通过皇帝拜授的官员一般勋劳高才，声名显耀。如战国时，赵惠文王十六年（前283年），廉颇大破齐军，攻取阳晋，拜为上卿，以勇气闻于诸侯。⑥ 秦王拜李斯为长史，"听其计"，"人臣无二"⑦。汉景帝三年（前154年），吴楚叛乱，景帝拜窦婴为大将军，赐金千斤。⑧ 宣帝时，渤海太守龚遂治郡有方，"郡中皆有畜积，吏民皆

---

① 《汉书》卷八九《循吏传》。
② 《汉书》卷九〇《郅都传》。
③ 《隋书》卷四一《高颎传》。
④ 陈树森：《全元散曲·刘因》，中华书局1964年版，第72页。
⑤ 《明史》卷一三七《刘崧传》。
⑥ 《史记》卷八一《廉颇传》。
⑦ 《史记》卷八七《李斯传》。
⑧ 《汉书》卷五二《窦婴传》。

富实",拜为水衡都尉。① 东汉杨秉,博通书传,应朝廷征辟,拜侍御史。宋仁宗时,张观拜同知枢密院事。明正统八年(1443年),金濂拜刑部尚书,侍经筵。清雍正六年(1728年),蒋廷锡拜文华殿大学士。

拜授一般有正式仪式。拜官时,帝王临轩,遣使绶印等信物,官员需在仪式举行地点参加受印仪式。这在汉代较为常见。如东汉拜诸王侯三公之仪:"百官会,位定,谒者引光禄勋前。谒者引当拜者前,当坐伏殿下。光禄勋前,一拜,举手曰'制诏其以某为某'。读策书毕,拜者称臣某再拜。尚书郎以玺印绶付侍御史。侍御史前,东面立,授玺印绶。当受策者再拜顿首三。赞谒者曰:'某王臣某新封,某公某初除,谢。'中谒者报谨谢。赞者立曰:'皇帝为公兴。'重坐,受策者拜谢,起就位。供赐礼毕,罢。"② 对于地方拜授或遇特殊情况时,也可另地拜授。西汉末,王莽为了镇压造反起义,特封车骑都尉孙贤等五十五人为列侯,并遣使者持黄金印、赤韨縌、朱轮车,即军中拜授。③ 明帝即位,拜会稽太守王敬则为大司马,拜授之日,列羽仪,备朝服,"道引出听事拜受"④,并在治所听事举行授礼。经学家龚舍与龚胜并知名当世,精通五经。汉哀帝时,遣使者即楚拜龚舍为太山太守。舍家居在武原,使者至县请舍,欲令至廷拜授印绶。舍曰:"王者以天下为家,何必县官?"遂于家受诏,便道之官。⑤

官员一经拜授,即为正式任命的实缺官,有治理掌事之权。如汉武帝时,匈奴人杀辽西太守,败韩安国将军。后韩安国徙右北平,武帝乃召拜李广为右北平太守。刘备称尊号后,拜诸葛亮为丞

---

① 《汉书》卷八九《龚遂传》。
② 《通典》卷七一《礼三十一》。
③ 《汉书》卷八四《翟义传》。
④ 《南齐书》卷二六《王敬则传》。
⑤ 《汉书》卷七二《龚舍传》。

相，录尚书事。东晋时，范宁由临淮太守，征拜中书侍郎，专掌西省。南朝时，齐太祖践阼，以刘善明功高忠诚，召谓之曰："淮南近畿，国之形势，自非亲贤，不使居之。卿为我卧治也！"令其代高宗为征虏将军，淮南、宣城二郡太守，遣使拜授。① 隋时，柳述"拜兵部尚书，参掌机密"②。五代时，张从恩拜右卫上将军，"奉朝请"③。北宋仁宗景祐二年（1035 年），盛度拜参知政事。④ 元世祖至元二十八年（1291 年），徐琰迁江南、浙西肃政廉访使，召拜翰林学士承旨。⑤

总体上，拜授任官仪式隆重，选才多注重才能与声望。拜授官员一般由皇帝面见或亲点，并授以高官要职，既体现了朝廷的尊崇与关怀，也显示了职位的重要。

（二）封赠

封赠是历代皇帝赐予官员父母、祖父母、曾祖父母、妻室等爵位、官职和名号的一种特殊任官制度，一般生者称封，死者称赠。封赠制度源于先秦追尊，始于汉魏、晋宋，至唐渐趋完备。初，封赠仅及于父母，少有极品。唐末五代及至清末，封赠范围逐渐扩大，上可追曾祖、祖、父母三代，往往以子孙官位为赠。⑥ 封赠既是一种推恩大臣的荣典，也是一种笼络人才的手段。

封赠源自西周追尊，《史记·周本纪》载：周文王追尊古公为太王，公季为王季。《礼记·大传》载：周武王追尊王大王亶父、王季历、文王昌。战国时，三家分晋后，赵烈侯追尊父赵献子为献

---

① 《南齐书》卷二八《刘善明传》。
② 《隋书》卷四七《柳述传》。
③ 《宋史》卷二五四《张从恩传》。
④ 《宋史》卷二九二《盛度传》。
⑤ 顾嗣立：《元诗选》癸集癸之乙《徐承旨琰七首》，中华书局 2001 年版，第 159 页。
⑥ 郑天挺、谭其骧主编：《中国历史大辞典》"封赠"条，上海辞书出版社 2010 年版，第 2052 页。

侯，魏襄王追尊父为惠王。汉初，高祖依"故事"追尊其父为太上皇，其母为昭灵夫人。吕后临朝称制，追尊其父为吕宣王，兄吕释之为赵昭王，侄吕禄为赵王。① 从此，两汉皇太后、皇后之父都会获得封赠，已成定例。其中缘由，正如汉和帝所言："夫孝莫大于尊尊亲亲，其义一也。……朕不敢兴事，览于前世，太宗、中宗，实有旧典，追命外祖，以笃亲亲。其追封谥皇太后父竦为褒亲愍侯，比灵文、顺成、恩成侯。魂而有灵，嘉斯宠荣，好爵显服，以慰母心。"② 如此，"追尊"变成了最高统治者的政治特权，体现出了统治者的至高权力和"尊尊"地位。

此后，追尊的范围逐渐冲破皇室圈层，扩及大臣父母，追尊也由此演化为封赠。如曹魏时，曹操追赐车骑将军曹仁之父曹炽谥曰"陈穆侯"，"置守冢十家"③；甘露三年（258年），追赠征东将军王基之父王豹为北海太守。④ 南朝陈时，侯安都为朝廷所倚重，朝廷"赠其父散骑常侍、金紫光禄大夫，拜其母为清远国太夫人"⑤，天康元年（566年），以沈君理为在位重臣，诏赠其父"巡侍中、领军将军"⑥。北魏时，大臣可请减身官爵为父请赠，如侍中斛斯椿之父斛斯敦去世，椿"请减己阶以赠之"；给事黄门侍郎窦瑗"以身阶级为父请赠"，其父得赠平州刺史。⑦ 这一时期，封赠逐渐由以爵位为主过渡到以官职为主，作为对重臣、功臣、贵臣的补偿与殊赏。

至唐，封赠频率增加，渐趋制度化，多以功勋和血缘封爵。唐前期李靖、长孙无忌等开国功臣均封国公，张柬之等五人因复辟唐

---

① 《史记》卷九《吕太后本纪》。
② 《后汉书》卷三四《梁竦传》。
③ 《三国志》卷九《魏书九·曹仁传》。
④ 《三国志》卷二七《魏书二十七·王基传》。
⑤ 《陈书》卷八《侯安都传》。
⑥ 《陈书》卷二三《沈君理传》。
⑦ 《北史》卷四九《斛斯椿传》；卷八六《窦瑗传》。

朝之功均封郡王。个人封赠以外，增加了对群体的恩例封赠。开元九年（721年），唐玄宗下令"中书门下、六尚书、御史大夫、诸卫大将军及食实封功臣并二品已上官，咸以勋业受国宠荣，德之所效，泽之所延，其亡父无五品已上官者，并宜褒赠"①，对勋臣进行集体封赠。国家举行庆典或发布大赦时，亦可对符合条件的官员进行封赏。如唐中宗时，"内外职事官三品以上及四品清官，并中书、门下五品官父已亡者，并量加追赠"②，时国子祭酒崔挹之父崔仁师"恩例赠同州刺史"③。开元十七年（729年），唐玄宗复令："中书门下丞相尚书开府三司大将军父赐三品官，九卿三监十二卫监门羽林军五省长官三府尹大都督府长史父各赠四品官，五品已上清官父各赠五品官"④，封赠范围不断扩大，普通官员也能获此殊荣。

李唐以后，封赠事例愈发普及，奉赠规制愈发具体，"生曰封，死曰赠，自有格法典例"⑤。父祖封赠更加复杂，可追三代，"所赠三代愈多，即所庇之子孙愈众"⑥。《宋史·职官志》载："封赠之典，旧制有三代、二代、一代之等，因其官之高下而次第焉。凡初除及每遇大礼封赠三代者，太师、太傅、太保、左右丞相、少师、少傅、少保、枢密使、开府仪同三司、知枢密院事、参知政事、同知枢密院事、枢密副使、签书枢密院事。"更有细则规定，将官制列举区分，如："三代初封，曾祖，朝奉郎；祖，朝散郎；父，朝请郎。……初赠，曾祖，太子少保；祖，太子少傅；父，太子少师。……二代初封，祖，通直郎；父奉议郎。初赠，祖，朝奉郎；父，朝散郎。凡遇大礼封赠一代者，文臣通直郎以上，武臣修武郎

---

① 《册府元龟》卷一三一《帝王部·延赏第二》。
② 《册府元龟》卷八四《帝王部·赦宥第三》。
③ 《旧唐书》卷七四《崔仁师传》。
④ 《唐大诏令集》卷七七《谒陵大赦》。
⑤ 《朝野类要》卷三《封赠》。
⑥ 《宋会要辑稿·职官》九之五。

以上"。① 此外，封赠范畴延伸，可封赠官员自身。南宋宁宗开禧元年（1205年）八月，韩侂胄欲出兵北伐，收复中原，为风励诸将，"乃封赠刘光世为鄜王，宇文中少保；岳飞为鄂王"②。此类封赠意在树立榜样，砥砺风气，笼络人心，使其尽忠朝廷，为国献身。

明清时期，封赠范围进一步扩大。明朝七品以上官员皆可封赠，清朝扩大至九品以上，封赠品级更高，"曾祖、祖、父皆如其子孙官"③。明清封赠主要有两种类型：一是常规封赠，亦即考满封赠。官员任满之后，政绩考核合格，可申请封赠父祖。如明孝宗弘治七年（1494年）二月，礼部精膳司郎中胡玉先以员外郎考满，得封赠其父胡伦为员外郎。④ 清顺治间，官员"覃恩及三年考满"，均可封赠。⑤ 不过至康熙初，官员三年考满给予封典例停止，"惟遇覃恩，准给封赠诰敕"⑥。二是特例封赠，包括旌忠、旌劳和重大庆典的覃恩封赠。明成祖永乐四年（1406年）六月，"以靖难功赐各都指挥、指挥诰命，并封赠其祖父母、父母、妻"⑦。明代宗景泰元年（1450年）九月，因兵部尚书于谦总督军务，克效忠勤，封赠其曾祖父母、祖父母、父母。⑧ 清康熙六十一年（1722年）十一月，因"器资醇雅，学识通明"，朝廷覃恩翰林院庶吉士杨缵绪为征仕郎，其父为征仕郎翰林院庶吉士。⑨ 随着封赠的普及，越来越

---

① 《宋史》卷一七〇《职官志十》。

② 刘时举：《续宋编年资治通鉴》卷一三《宋宁宗》，开禧元年三月庚申，中华书局2014年版，第301页。

③ 《明史》卷七二《职官一》。

④ 王国光：《司铨奏草》卷二《覆中书牛惟炳议武官封赠诰轴疏》，杨淮等整理：《阳城历史名人文存》第1册，三晋出版社2010年版，第69页。

⑤ 《清史稿》卷一一〇《选举五》。

⑥ 《清圣祖实录》卷八，康熙二年正月戊寅，第132页。

⑦ 《明太宗实录》卷五五，永乐四年六月癸酉，第816页。

⑧ 《明英宗实录》卷一九六，景泰元年九月戊辰，第4208页。

⑨ 中国人民政治协商会议广东省大埔县委员会文史资料委员会编：《大埔文史》第12辑，1994年版，第143页。

多的官员享有封赠给予的名誉与荣耀，成为统治秩序的忠实拥护者。

汉魏以来，封赠不断增加途径、扩大范围，呈现了由皇亲至重臣，由重臣到众官，以官代爵，由上而下，奖功酬劳的发展特点。作为皇帝意志的体现，封赠制度的长期实行，对于激励臣下、维系世风起到了促进作用，充分彰显了帝王权术的制衡价值。

（三）特简

古代皇帝直接任命官职，称"特简"，又称"特授"。简即简拔，故特简一般是对官员的特别选拔或破格晋升，是一种非制度性的任官方式。

皇帝直接任官，早有传统。隋唐以前，官员任命权比较分散，高级官员一般由皇帝亲自核准任命。隋唐时，官员任用趋于规范，主要按官阶尊卑任官，其中"诸王及职事官正三品以上，若文武散官二品以上，及都督、都护、上州刺史之在京师者"，皆由皇帝亲自"册授"。[①] 宋代由皇帝册授、提拔、任命官员，称"御笔除授""御笔亲擢""上批""内降""旨授"等。特授职官主要是朝中高官，凡"执政、侍从、台谏、给舍之选，与三衙、京尹之除，皆朝廷大纲所在，故其人必出人主之亲擢，则权不下移"[②]。如宰相的任用，常由皇帝到内东门小殿，召见翰林学士，面谕旨意，再由锁院草制，付外施行。[③] 特简官员一般由皇帝内定，"虽九重至密，亦不得预知，独自语学士以姓名而命之也"。[④] 靖康元年（1126年），钦宗诏"亲擢台谏"，原因是台谏"天子耳目官，宰执不当荐举，当

[①] 《通典》卷一五《选举三》。
[②] 《宋史》卷四〇一《柴中行传》。
[③] 蔡绦：《铁围山丛谈》卷一，《景印文渊阁四库全书》第1037册，第564页。
[④] 蔡绦：《铁围山丛谈》卷一，《景印文渊阁四库全书》第1037册，第564页。

出亲擢，立为定制"[1]，况且，台谏必由皇帝亲擢，"乃祖宗法也"[2]。如宋英宗，因唐介在先朝有直声，故被亲擢为御史中丞[3]。孝宗时，"当时小大之臣，多出亲擢，罕由庙堂进拟者"[4]。

至明清，皇帝破格选用称"特简"。明初，官缺较多，制度未定，多用特简。弘治以前，"内阁大臣皆特简，不从廷推"[5]。至万历以前，"简用阁臣多出特旨，间有下部会推者"[6]。除阁臣外，明代皇帝也常因事务所需，特简六部尚书、侍郎、科道官、巡按、提督、使臣、督学、经略、史官、内臣等。可以说，明代近侍重臣，不是出自会推，就是出自特简，二者形式各异，本质有别，"廷推必谐于金议，特简或由于私援"[7]。清代承明例，"汉大学士，国初亦皆特简"[8]。此外，各部院尚书、侍郎、都察院左都御史、左副都御史、翰林院掌院学士、总督、巡抚、布政使、按察使等官员缺出，"各不俟开列具题，即奉特旨补放"[9]。如康熙六十一年（1722年），以工部尚书陈元龙领翰林院下庶常馆教习事，"嗣后，尚书、侍郎之不兼院事者，均得为之，皆由特简，无常制"[10]。雍正元年（1723年）始，特简大臣总太常寺事[11]。雍正时，设军机大臣掌军

---

[1] 陈均编，许沛藻、金圆、顾吉辰、孙菊园点校：《皇朝编年纲目备要》，中华书局2006年版，第788页。

[2] 《续资治通鉴长编》卷一一三，明道二年十二月丁未。

[3] 《宋史》卷三一六《唐介传》。

[4] 辛更儒校注：《刘克庄集笺校》卷一〇三《跋孝宗宸翰十五》，中华书局2011年版，第4309页。

[5] 王世贞撰，魏连科点校：《弇山堂别集》卷一八《吏部尚书首推内阁不得用》，中华书局1985年版，第331页。

[6] 《明神宗实录》卷七三，万历六年三月甲寅，第1576页。

[7] 《明史》卷二三〇《逯中立传》。

[8] 吴振棫著，童正伦点校：《养吉斋丛录》卷一，中华书局2005年版，第9页。

[9] 光绪《大清会典》卷八《吏部·文选清吏司》，第69页。

[10] 永瑢等：《钦定历代职官表》卷二三《翰林院·国朝官制》，《景印文渊阁四库全书》第601册，第439页。

[11] 王云五编：《清朝通典》卷二七《职官五》，台湾商务印书馆1935年版，第2179页。

国大政,"于满汉大学士、尚书、侍郎、京堂内特简,无定员。掌书谕旨,综军国之要,以赞上治机务"①。康雍时期,特简官员最为常见,重要职位常有特简,渐成传统。清中后期,皇帝有时也会根据需要,令军机处开列参考名单,再由皇帝特简,"文武官特简者,承旨则进其名单、缺单"②,"文职大学士以下至京堂,武职御前大臣以下至步军前锋、护军统领,外任将军、总督、巡抚、布政使、按察使缺出,有旨令开列应补应升人员,即缮递名单"③。

特简的具体形式有二:一是皇帝本人亲选。明成祖即位后,特简解缙、胡广、杨荣等直文渊阁参与机务,阁臣之预机务自此开始。如正统七年(1442年),因辽东军事紧张,英宗特简王翱提督军务,且"授以便宜之权"④。万历二十九年(1601年),蓟辽保定等处总督员缺,神宗以万世德经理朝鲜,熟知边情,特简其为兵部右侍郎兼右佥都以往。⑤清康熙三十年(1691年),建设火器营,特简大臣总理。雍正元年(1723年),特简大臣兼理顺天府事。乾隆二十六年(1761年),议准乌鲁木齐,特简大臣二人统理诸务。二是臣僚举荐,皇帝简用。明英宗时,阁臣杨士奇、杨荣等推举曹鼐、马愉入阁;石亨、曹吉祥、张𫐐等推荐徐有贞、许彬、薛琯、李贤、吕原、岳正、彭时、陈文等入阁。神宗时,申时行推荐赵志皋、张位等入阁。天启元年(1621年),大学士孙如游乞休称:"因阁员缺,密谕徐阶举堪辅政者。阶密奏曰:'人君以论相为职,惟断自宸衷,简用一二,则政体明而窥伺之私自杜矣。'"⑥有时,

---

① 光绪《大清会典》卷三《办理军机处·军机大臣职掌》,第20页。
② 席裕福、沈师徐辑:《皇朝政典类纂》卷二四〇《职官三》,沈云龙编:《近代中国史料丛刊二辑续编》第90辑,台北:文海出版社1982年版,第4803页。
③ 梁章钜、朱智:《枢垣记略》卷一三《规制一》,中华书局1984年版,第139页。
④ 樊深等修:嘉靖《河间府志》卷二三《人物志》,《四库全书存目丛书》史部第192册,第705页。
⑤ 《明神宗实录》卷三五九,万历二十九年五月丁巳,第6714页。
⑥ 《明熹宗实录》卷六,天启元年二月庚戌,第283—284页。

一些官员因政绩突出，深得皇恩，甚至会被多次特简，如明嘉靖时，唐龙历经刑部、兵部、吏部尚书等，"其掌宪秉铨，皆出特简"①。清康熙朝，归允肃"立朝清谨，通籍后年迁岁擢，皆由特简"②。

明清时，被特简官员多为重要官职或特殊岗位。一是中央重臣，如内阁大学士、部院尚书等，参预机务，职权重要，事关朝纲。明穆宗隆庆四年（1570年）十一月，吏部尚书殷士儋"奉特简改文渊阁大学士"③。嘉靖六年（1527年）九月，左侍郎员缺，世宗特简用桂萼。④清嘉庆十六年（1811年），嘉庆帝以方维甸"性情公直。在军机章京上年久。熟谙事务"，特简用为军机大臣。⑤二是地方要员，如总督、巡抚等，巡行地方，职责重大。明神宗万历三十一年（1603年）九月，杨应龙造逆，"黔蜀骚动，三楚震惊"。为镇守偏沅，添设偏沅巡抚，特简右佥都御史江铎前往。⑥清康熙十一年（1672年）七月，云南右镇总兵官张足法陛辞，圣祖特简其为边疆总戎之职。此外，特简也指在某些特定范围内选用某些官吏。如宗人府、内务府等官缺，多由皇帝特简，如宗令，一般从亲王或郡王内特简；内务府总管大臣，上驷院、武备院、奉宸苑、圆明园、颐和园等总理大臣，一般也多从八旗大员及王公贵族中特简。

较之其他任官方式，特简任官程序简单，快捷迅速，但因出自上意，多无定格，具有一定的主观性和随意性，也反映了皇帝干纲独揽、操控人事的行政作风和至上地位。同时，特简官员因其出身

---

① 《明世宗实录》卷三一三，嘉靖二十五年七月癸酉，第5867页。
② 陈康祺撰，晋石校注：《郎潜纪闻初笔》卷三《将罣得人》，中华书局1984年版，第43页。
③ 《明神宗实录》卷一二五，万历十年六月甲午，第2328页。
④ 《明世宗实录》卷八〇，嘉靖六年九月乙亥，第1767页。
⑤ 《清仁宗实录》卷二四二，嘉庆十六年四月己酉，第256页。
⑥ 《明神宗实录》卷三八八，万历三十一年九月辛巳，第7312页。

特殊，常有两种鲜明的心态：一是浓郁的荣誉感和使命感，在其话语中，常以"蒙特简""奉特简""膺特简"等独特用语，以表达对皇恩的感念和忠心，一如时人李植所言："臣者为御史，盖尝尽忠皇上，感悟圣心，犬马忠诚，至今尚蒙圣明洞鉴，辽左之役，亦惟圣明特简，皇上知臣不可谓不深矣，故臣私心谬尝自许，亦愿捐此身以报皇上。"[1] 二是强烈的自傲和自恃心理，甚至把特简身份当作一种特殊的政治资本，如文震孟，"自恃特简"，与内阁首辅温体仁"无所依附"。[2]

（四）试用

试用，即官员在"实授"官职前，须经一定时期的试用，试用期满，称职者方可正式任职，不称职者则罢归原职或撤职，所谓："论定然后官之者，谓试官也。"[3]"试官"实际是官员的一种任职资格，也是朝廷考察其整体素质、提高官员行政能力的一个必要环节。

试官之例，最早可溯及禅让制度。尧在位时，众人推举鲧治水，言"试不可用而已"。尧至晚年时，推举舜为继承人，试以"五典百官"，舜表现出色，获继帝位。[4] 至春秋战国，试官之事渐多，各诸侯国在选贤任能时，常以试署之法考察百官。《战国策·秦策五》载："文信侯出走，与司空马之赵，赵以为守相。""守相"即试守相职。秦末时，刘邦曾"试吏"，为泗水亭长。[5]"试吏"，即汉末应劭所谓"试用补吏"，类似汉代"守吏"。

两汉时，"凡官吏，有试守之法"[6]。试用以一年为期，最多不

---

[1] 《明经世文编》卷四二五《请罢辽左开采疏》。
[2] 陈鼎：《东林列传》卷二三《文震孟列传》，广陵书社2007年版，第482页。
[3] 《周礼·司士》贾公彦疏。
[4] 《史记》卷一《五帝本纪》。
[5] 《汉书》卷一上《高帝纪》。
[6] 《东汉会要》卷二一《职官三》。

过三年。试用期满后，如称职，即转为实职，称"真除"或"实授"；不称职，则罢归原职，甚或免官。《汉书·平帝纪》载："诸官吏初除，皆试守一岁乃为真，食全奉。"① 试用期间，初授官的俸禄低于实授官，期满后才能获得全俸。《汉官旧仪》亦载："丞相考召取明经一科，明律令一科，能治剧一科，各一人。……皆试守，小冠，满岁为真。"② 汉代试官制，具有一定的广泛性和特殊性，除丞相、太尉、御史大夫"三公"之外，从中央到地方，从诸侯到小吏，从征召到辟除，从察举到自荐，从兼职到特派，皆需先行试职。如冯野王"年十八，上书愿试守长安令"③。朱勃"未二十，右扶风请试守渭城宰"④。东汉时，光武帝下诏，要求察举官员"务授试以职"⑤；京师千石、六百石官员，也要依照"故事"，"先守一岁，然后补真"。⑥ 汉代官员在试用期间，若不称职，将被随时罢职。如武帝时，王温舒"试县亭长，数废"⑦。宣帝时，颍川太守黄霸入守京兆尹。黄霸视事数月，不称职，又罢归颍川仍任其原职。⑧ 这一做法将官员考核制度与试官制度有效结合起来，不仅确保了试官制度的正常运作，而且对于试用官员具有直接的警示作用。

至唐，试官日盛，渐成定制。武周时，曾从民间或基层选拔人才，并推举至中央机关见习，期满后"量才授职"⑨。天授元年（690 年），诏令凡荐举，先由武则天亲自召见，然后一律试做某

---

① 《汉书》卷一二《平帝纪》。
② 卫宏：《汉官旧仪》卷上，《景印文渊阁四库全书》第 646 册，第 20 页。
③ 《汉书》卷七九《冯野王传》。
④ 《后汉书》卷二四《马援传》。
⑤ 《东汉会要》卷二七《选举下》。
⑥ 《东汉会要》卷二一《职官三》。
⑦ 《汉书》卷九〇《王温舒传》。
⑧ 《汉书》卷七六《张敞传》。
⑨ 《全唐文》卷九五《高宗武皇后》。

官。于是，左补阙薛登曾建议"宽立年限，容其采访简汰，堪用者令其试守，以观能否；参验行事，以别是非"①。长寿元年（692年），武则天"引见存抚使所举人，无问贤愚，悉加擢用，高者试凤阁舍人、给事中，次试员外郎、侍御史、补阙、拾遗、校书郎"。司马光谓"试官自此始"②。

宋代也常行试官之法，"国朝馆阁之选，皆天下英俊，然必试而后命"③，"凡始命而未应参部者，皆试而后选。若应格，则具岁月历任功罪及所举官员数，同郎官引见于便殿，禀奏改官"④。此外，太祖首开武官"习练"之例，凡武举中选者，需习练边事，通晓军旅。⑤ 神宗即位，诏令"自今试馆职专用策论"⑥。至孝宗时，进一步规定：凡升迁新官，均需试用，即使平章事、门下侍郎、中书侍郎、枢密使、枢密副使等中枢"宰执"也不例外。

明代试官以进士"观政"最为典型。凡进士及第后，均须分送若干部门试用。其间，进士须习学刑名，谙晓吏事，按月考评，"每月俱听堂上官考试贰次，候取选之日分别勤惰，开送吏部参酌使用"⑦。期满后，由吏部据实授官。此外，监察御史、中书舍人、知县等也有试官之法，尤以监察御史最为常见。如明太祖洪武十五年（1382年）十月，以秀才吴荃等五人试监察御史；成祖永乐四年（1406年）二月，以进士徐旭授试监察御史。宣宗宣德三年（1428年）规定：都察院选进士、监生、教官堪任御史者，须要在各道历政三个月，考其贤否，分为三等，上、中二等授御史，下等

---

① 《旧唐书》卷一〇一《薛登传》。
② 《资治通鉴》卷二〇五《唐纪二十一》。
③ 《文献通考》卷五四《职官八》。
④ 《宋史》卷一六三《职官三》。
⑤ 《宋史》卷一五七《选举三》。
⑥ 《宋史》卷一六四《职官四》。
⑦ 萧世延等：《嘉靖新例·吏例·公式》，杨一凡、曲英杰编：《中国珍稀法律典籍集成乙编》第2册，科学出版社1994年版，第836页。

送回吏部。宪宗成化二十年（1484年）奏准，"试监察御史，一年已满，刑名未熟，再试半年，仍前考试实授"，只有符合标准，才可实授本官。①

清初，进士观政制度废止，但仍在以不同方式实行试职制度。一是"试职"，凡京官试职，实授监察御史、内阁中书舍人，须试职一年，果系称职者，方准实授。御史由都察院考核具题，中书由内阁考核，然后移送吏部具题。若遇恩诏，可以免去试职，即与实授。② 二是"署职"，规定：初任官者需要试职，如称职，再授予实官。如中央各部的学习行走，即属"署职"。试职年限一般为：新进进士在各部任"额外主事"，一般学习行走三年；捐纳入仕者学习行走三年；满、蒙荫生学习行走两年；内阁中书学习行走只需一年；拔贡入仕者学习行走则长达九年。学习行走者，虽然已有入仕资格，但尚属编外人员，最终能否转正，还要看其"学习"情况。三是"分发"。分发，即见习试用，一般用于去各部院衙门和地方各省试用的官员。其中，分发各部院衙门，形式如"学习行走"；分发各省者，则最为常见。如雍正时，举人段云翮分发安徽，补宣城知县。③ 乾隆时，举人何洛书分发四川，任大宁知县。④ 陈子承得拣选知县，分发直隶试用。嘉庆时，刘大观分发湖北，以道员试用。⑤ 余庆长，服阕后分发广西，署平乐知府。⑥ 咸丰时，进

---

① 万历《明会典》卷二〇九《督察院·急缺选用（考授附）》，第1045页。
② 康熙《大清会典》卷八《吏部六·汉缺选法》，凤凰出版社2016年版，第77页。
③ 嘉庆《四川通志》卷一五四《人物志》，《中国省志汇编》第7册，台北：华文书局1967年版，第4671页。
④ 钱绍文等修：同治《桂阳县志》卷一四《人物志》，《中国地方志集成·湖南府县志辑28》第2册，江苏古籍出版社2001年版，第178页。
⑤ 秦国经：《清代官员履历档案全编》，华东师范大学出版社1997年版，第443页。
⑥ 赓音布等修：光绪《德安府志》卷一四《人物志》，《中国方志丛书·华中地方》，台北：成文出版社1970年版，第470—471页。

士贾龙光分发山西知县。① 清前期，分发各省的试用人员在未正式获得官职之前，按例不能支俸，而由各省按照不同标准月给"薪水银"。至乾隆五年（1740年）奏准：凡奉旨命往各省试用同知、知州等官，每人月给薪水银四两；分发通判、知县等官，每月给三两；分发佐杂等官，每月给二两。② 这些官员试用有年，由大吏量其资绩，再为其报请授官。

试用作为任官制度的独特方式，绵延千年，承袭损益，形式多样，有按需试官、逐级试官、推荐试官等多种方式。试官既是朝廷合理用贤、审慎选才的有效手段，又是官员提升官能、力竞廉洁的鞭策力量，对保证任官质量、缓冲任官压力大有裨益。

（五）荐任

荐任是官员主动或被动向朝廷推荐人才的一种任官方式，在历代官员选任中最为常见。前述禅让之制，就是最早的荐举。春秋战国时出现的"乡举里选"，即是从基层荐举、任用官员。汉代察举制和魏晋九品制，既是选官之法，也是任官之法，选任一体，是这一时期的官员选任制度的突出特色。隋唐之后，科举取士，荐官成为"异途"。宋代规定，凡选人循资、改官，文武官员磨勘转官、关升差遣、谪降官叙复等，都需官员举荐。北宋太祖建隆三年（962年）诏：翰林学士和文班常参官曾经任幕职、州县官者，各举能为宾佐、令录一人。仁宗初，规定台谏官由朝中大臣推选，再经皇帝擢用。明初，天下初立，荐举常行，"时中外大小臣工皆得推举，下至仓、库、司诸杂流，亦令举文学才干之士。其被荐而至者，又令转荐"③。此后，举荐渐少，能直接任官者更少。清初，荐

---

① 安守和等修：光绪《临潼县续志》卷上《选举》，《中国地方志集成·陕西府县志辑》第15册，凤凰出版社2007年版，第252页。
② 乾隆《大清会典则例》卷五一《户部》，《景印文渊阁四库全书》第621册，第591页。
③ 《明史》卷七一《选举志三》。

举再兴。天聪九年（1635年），谕满洲、蒙古等官，荐举人才，不限已仕、未仕，皆可送吏、礼二部"具名以闻"。① 康熙十七年（1678年），又颁旨："凡有学行兼优文词卓越之士，不论已仕未仕，令在京三品以上，及科道官员，在外督抚布按，各举所知，朕将亲试录用"②。

随着荐举的发展，相关规定也趋于完备。一是限定荐举资格。如宋代规定：中书省、门下省五品以上朝臣每人每年可荐举五人，其他朝官可推荐三人。州县的幕官通常要有五位举主推荐，其中必须包括州级长官或监司官员。明代规定："自布政使至知府阙，听京官三品以上荐举；既又命御史、知县，皆听京官五品以上荐举。"③ 宪宗成化七年（1471年）定制：有司官领三年、六年政绩卓异，方许荐举。④ 清雍正五年（1727年），世宗谕内外诸臣："京官自翰林、科道、郎中以上，外官自知府、道员、学政以上，武官自副将以上，旗员自参领以上，皆令每人各举一人。"⑤ 二是核验荐举人才。明代被荐举者须送原籍考核，然后赴京，送吏部选用。清代被荐举者，须由部院三品以上大臣胪举实迹，送置御前，"以时召对，察其论议，核其行事，并视其举主为何如人，则其人堪任与否"。⑥ 三是荐举连坐制度。秦代始有保任制度，"任人而所任不善者，各以其罪罪之"⑦。秦昭王时，丞相范因举荐郑安平、王稽不当而获罪被诛。此后，保任连坐法在察举、科举时代被广泛运用，并形成诸多规定。例如：举主荐举人才须撰写荐状，签名备案，若举

---

① 《清史稿》卷一〇九《选举四》。
② 王先谦：《东华录》，康熙十七年正月乙未，《续修四库全书》第370册，第13页。
③ 《明史》卷一五七《郭琎传》。
④ 安作璋：《中国吏部研究》，党建读物出版社2011年版，第229页。
⑤ 中国第一历史档案馆整理：《雍正朝起居注册》第2册，雍正五年十二月初六日丁亥，中华书局1993年版，第1640页。
⑥ 《清史稿》卷二三二《范文程传》。
⑦ 《史记》卷七九《范雎传》。

荐得人，则增秩褒奖，若所保非才，或授职之后，有贪腐或失职行为，则举主连坐，甚至"严行连坐之诛"①。同时，允许控告荐举徇私行为。若检举属实，将给予检举者优升或赐赏，若所举不实，则反坐受罚。此外，清代还实行了荐举保密制度。清雍正四年（1726 年），命"凡道、府、州、县等亲民要职，各省总督举三员，巡抚举二员，布、按各举一员，将军、提督亦得举一员，密封奏闻"②。五年（1727 年），强调"凡有保举之责者，不得瞻顾私交，不得受人嘱托，不得互相商议，不得轻信风闻"③。乾隆时亦曾多次下令命廷臣密举贤能。

荐举是建立在人际基础之上的一种任官制度。若举主出于公心，唯才是举，则能选贤任能；若挟私荐贤，则易生朋党，加剧腐败。在此情况下，保举连坐等制度无疑是防范荐举弊漏的良策，但在实际运行中，因其连带责任过重，连坐时限太长，"一经荐扬，终身保任"④，以致官员时常畏于法治，怯于举荐，甚而径言保举之弊："夫人之难知，自尧舜病之矣。今日为善，而明日为恶，犹不可保，况于十数年之后，其幼者已壮，其壮者已老，而犹执其一时之言，使同被其罪，不已过乎？天下之人，仕而未得志也，莫不勉强为善以求举。"⑤

（六）改调

改调指在任官员改任他职，调转职务。广义上，改调指职位改动，包含迁、转、改、调、徙、贬等；狭义上，改调意在解决职位所用非人或官员所处非当等问题，是对现有任职安排的调整与

---

① 《清史稿》卷一〇九《选举四》。
② 《清史稿》卷一〇九《选举四》。
③ 中国第一历史档案馆整理：《雍正朝起居注册》第 2 册，雍正五年十二月初六日丁亥，中华书局 1993 年版，第 1641 页。
④ 《全唐文》卷四七二《请许台省长官举荐属吏状》。
⑤ 《文献通考》卷三八《选举考十一》。

补救。

  改调与官员迁转制度关系密切，一般有以下情形：一是任满改调。官员尤其是地方官员任职期满，改易他处。如三国时，丁鲂，初为蜀郡属国都尉，"三载功成"后，迁于广汉，改任他职。① 钟将之，宋高宗绍兴十八年（1148 年）进士及第，授楚州淮阴尉，改盱眙军教授，秩满调泰州教授，再调常州教授。许晋孙，元仁宗延祐二年（1315 年）进士及第，得建昌南城县丞，寻改赣州录事，秩满，调湖州路长兴州判官。② 阮元，清乾隆五十八年（1793 年）任山东学政，任满调浙江学政。二是人岗相宜。即考虑人员和任职的匹配性，"其人不能相宜，即于补授之后，原可酌量改调"③。唐玄宗开元三年（715 年），尚书左丞韦玢奏："郎官多不举职，请沙汰，改授他官。"④ 宋神宗元丰五年（1082 年）九月，吏部拟用宋彭年为太常寺丞，给事中陆佃认为宋彭年不能胜任，最终改授其他差遣。明神宗万历十九年（1591 年）十一月，礼科左给事中丁懋逊论劾湖广提学佥事邹迪光、职方司员外郎殷都，"宜改调别职。依议行"⑤。清雍正六年（1728 年）四月分月选，刘嘉本掣得礼部主事，引见时，清世宗认为该员"外任多年，人亦老练"，令其改补霸州知州。⑥ 三是任职回避。官吏回避本籍、亲属、职务等。魏晋南北朝时，傅隆本应迁尚书左丞，因族弟亮时任仆射，按照"缌服不得相临"的原则，改任他官。⑦ 宋代，沈作宾除大理正，因避

---

① 洪适：《隶释》卷一七《广汉属国都尉丁鲂碑》。
② 杨镰主编：《全元诗》，中华书局 2013 年版，第 218 页。
③ 乾隆《大清会典则例》卷一五九《内务府·升除》，《景印文渊阁四库全书》第 625 册，第 158 页。
④ 《资治通鉴》卷二一一，唐开元三年十二月。
⑤ 《明神宗实录》卷二四二，万历十九年十一月甲戌，第 4513 页。
⑥ 中国第一历史档案馆编：《雍正朝内阁六科史书·吏科》（四一），广西师范大学出版社 2007 年版，第 572—573 页。
⑦ 《南史》卷一五《傅隆传》。

亲嫌，改太府丞，迁刑部郎。① 明太祖洪武四年（1371年）时，吏部铨选，南北更调，已定为常例。正德十二年（1517年），进士王邦瑞，改庶吉士，因"与王府有连，出为广德知州"②。清代，凡外任官员回避抚、司及统辖全省之道员者，俱令于总督兼辖之邻省改调。

根据改调后的职位品级，改调有三种形式：一是平行调动，即对品改调。明制，"凡各衙门官遇有更革及合回避、任满，如本衙门无相应员缺，于相应衙门对品改调"③。清代各省有额设调缺，"各省知县以上官员……应行调补之缺，均令该督抚照例于属员内对品改调，不得滥行奏请升用"④。明正德初，赵璜迁右佥都御史，巡抚宣府。正德七年（1512年），改调山东。清雍正八年（1730年）十一月，张嗣昌擢升兴化府知府。次年，改调漳州府知府。⑤ 二是升级改调。如汉代薛瑄初为少府，"月余"，即因政绩卓著，"超御史大夫至丞相"。⑥ 唐代杨炎，服阕之后，起为司勋员外郎，改兵部，转礼部郎中，负责起草诏令。⑦ 明仁宗洪熙元年（1425年）四月，南京兵部尚书张本，面议时具言时政，请饬兵备，仁宗嘉纳之，遂留其在北京兵部。清康熙三年（1664年）二月，广西右布政使李迎春转为左布政使。三是降级调用。如明嘉靖间，广东学政萧鸣凤以愤挞肇庆知府郑漳，嘉靖八年（1529年）考察，两京言官交章论，坐降调。清乾隆六十年（1795年）夏四月，窦光鼐以会试失当，降调。凡是能力不足或是多余职位者，可奏请更调。明万历十二年（1584年）题准，改调闲府同知，"对品并无闲

---

① 《宋史》卷三九〇《沈作宾传》。
② 《明史》卷一九九《王邦瑞传》。
③ 万历《明会典》卷五《吏部·改调（降调附）》，第29页。
④ 锡珍等：《钦定吏部铨选则例·汉官则例》卷六《拣选》，《续修四库全书》第750册，第532—533页。
⑤ 邓孔昭：《闽粤移民与台湾社会历史发展研究》，厦门大学出版社2011年版，第56页。
⑥ 《汉书》卷七二《王骏传》。
⑦ 《旧唐书》卷一一八《杨炎传》。

散职衔，准降从五品。如运副、及盐课市舶各提举，俱得选用"。①

古代官员改调范围广泛，路径多样，或由内而外，从京官到外官、从郎中到主事、从道员到知县等；或由外而内，从刺史入为郎官，从道员入为少卿，从知县入为主事等。具体包括以下情形：一是外官调补京官。汉代规定：郡县守相之高第者，然后为二千石；二千石有治行者，然后为九卿；九卿称职者，然后为御史大夫。如宣帝时，朱邑为北海太守，以治行第一，入为大司农。陈万年、郑昌，皆以守相高第，入为右扶风。义纵、朱博、尹赏，皆县令高第，入为长安令。② 二是中央改调地方。唐代时，张正甫由邕府征拜殿中侍御史，迁户部员外郎，转司封员外、兼侍御史知杂事。迁户部郎中，改河南尹。③ 明成祖永乐二年（1404 年），改刑科都给事中杨恭为陕西右布政使。④ 三是部院之间改调。如唐宪宗元和五年（810 年），王涯入为吏部员外。七年，"改兵部员外郎、知制诰"⑤ 元代脱烈海牙"起为吏部尚书，量能叙爵，以平允称。改礼部尚书"⑥ 明世宗嘉靖七年（1528 年）三月，改礼部右侍郎徐缙为吏部右侍郎。神宗万历元年（1573 年）九月，改南京工部尚书张瀚为吏部尚书。四是地方之间相互改调。如明英宗正统五年（1440 年）二月，改山东按察司副使蔡锡为顺天府丞。蔡锡本在宣府总兵官处赞理军机文书，以冗员召回，适顺天府丞缺员，故有是命。五是武官改文职。如元代脱因纳进阶怀远大将军，寻改中奉大夫、太仆少卿。⑦ 六是文官改武职。如张信，明成祖永乐九年（1411 年），晋工部右侍郎。仁宗登极，转兵部左侍郎，其弟张辅

---

① 万历《明会典》卷五《吏部·改调（降调附）》，第 29 页。
② 《文献通考》卷三九《选举考十二》。
③ 《旧唐书》卷一六二《张正甫传》。
④ 《明太宗实录》卷三三，永乐二年七月丙午，第 576 页。
⑤ 《旧唐书》卷一六九《王涯传》。
⑥ 《元史》卷一三七《脱烈海牙传》。
⑦ 《元史》卷一三五《脱因纳传》。

为其求改武阶，乃调锦衣卫指挥同知，寻升指挥使。交趾叛乱，率兵往剿，以功进四川都指挥佥事，又进都使。当然，改调既要循制，又依人因事而定，不可无故更调。如明世宗嘉靖十七年（1538年），诏曰："内外文职官员吏部铨选之时，务要量材授任，久任责成，不任无故更调，以起奔竞。"① 神宗万历五年（1577年），因久任制盛行，曾令各部属官，除吏部照例间行改调，其余各守本职、贤能称职者，皆可超擢叙迁，不必纷纷更调，以启奔竞之风。②

改调通过对官吏队伍的适量调整，实现因人制宜、因地制宜、因职制宜，增强了官吏体系运转的灵活性，加强了对官吏的监督和控制，便于激发官员潜能，鞭策官员勤政，是稳定吏治、改良政治的重要措施。

（七）补缺

在中国古代，各级机构因官员升转提调、获罪致仕、丁忧守制、体弱病殁、战乱灾难等原因，常有官缺现象，凡补叙空缺，即为"补缺"。

秦汉时期，官员可以待诏方式任官。待诏即等待皇帝诏命。秦已有待诏，叔孙通以文学被征，为"待诏博士"③。汉代时，由皇帝临时指定待诏官署，待诏人员待诏于丞相、御史府和金马门、公车、黄门等官署。若有官缺，即可待诏补官。武帝时，东方朔文辞不逊，高自称誉，"令待诏公车"④，黄霸"以待诏入钱赏官，补侍郎谒者"⑤；章帝时，太尉赵憙举荐鲁恭，"待诏公车，拜中牟令"⑥。此外，两汉也以郎选任官，故官吏多出自郎官。郎选，是从

---

① 《明世宗实录》卷二一八，嘉靖十七年十一月辛卯，第4485页。
② 万历《明会典》卷五《吏部·改调（降调附）》，第29页。
③ 《汉书》卷四三《叔孙通传》。
④ 《汉书》卷六五《东方朔传》。
⑤ 《汉书》卷八九《黄霸传》。
⑥ 《后汉书》卷二五《鲁恭传》。

五官署、左署、右署等"三署"的诸郎中选官，这些侍郎、郎中、中郎等后备官在"三署"历练，遇有缺员，即出补为官，或外放为郡县长官，或升至中央。如汉元帝永光元年（前43年）"诏丞相、御史举质朴、敦厚、逊让、有行者，光禄岁以此科第郎，从官"①。汉和帝元兴元年（105年）春正月，引三署郎召见禁中，选除七十五人，补任谒者、长、相。②

隋唐时期，三省六部制确立，选任官员按文、武分别于吏、兵二部候选，铨选合格，方能释褐授官。六品以下选人，大都需要守选，等候补缺。如颜真卿，唐玄宗开元二十二年（734年），以进士登甲科。二十四年，参加吏部铨选，所试《三命判》选为甲等，擢拔萃科，授朝散郎、秘书省著作局校书郎。郎士元，天宝十五年（756年）登进士第，代宗宝应元年（762年）补渭南尉。宋代官员经吏部拟定授官后需要候职，待职位出缺，才可补官赴任，即"待次""待阙"。如陆君，宋仁宗嘉祐二年（1057年）赐进士出身，为陈州司户参军，再调开封府祥符县主簿，待次都下。官员阙满年限后，可填阙赴任。如姚希得，宁宗嘉定十六年（1223年）进士，授小溪主簿，待次三年，后调磐石令。吕祖谦，乾道时丁忧后，除太学博士，补严州学教授。缺官严重之时，可由现任、差遣待阙之官补缺，"州县阙官及不可倚仗之人，令于所部见任、待阙寄居官内，不拘常制差委"③。如孝宗淳熙十年（1183年），因缺少考试官，漕臣上言："本司今乞于前项寄居、待阙官内权行选差。"④ 神宗熙宁三年（1070年），陕西路缺通判、知县，"乞令监司于本路待阙得替，并近下资序官内择材连名奏举"⑤。宋代大规模

---

① 《汉书》卷九《元帝纪》。
② 《后汉书》卷四《孝和帝纪》。
③ 《宋会要辑稿·职官》四二之二三。
④ 《宋会要辑稿·选举》二二之五。
⑤ 《续资治通鉴长编》卷二一六，熙宁三年十月戊寅。

开科取士，冗官现象日益严重，待次、待阙现象也较为普遍。

明清时期，候选者日众。明成化时，监生需要依次任职的有八千多人。① 至清，"各省之需次人员，自道府以逮佐杂，多者至数千人，每逢朔望，例有衙参，其情形大可发噱"②。清制，官员未经补实缺，可由吏部依法选用，分发到某部或某省听候委用，称"候选"。如乾隆十七年（1752年），袁枚辞官后出山，被分发陕西候补官缺。戴均元，嘉庆三年（1798年）任满还京，命以鸿胪寺少卿候补。③ 道光二年（1822年）六月，褫松筠吏部尚书、军机大臣，命以六部员外郎候补。④ 清代官缺补任方式名目较多，如"请旨缺""选授缺""题授缺""调授缺""拣授缺""留授缺""考授缺"等。其中，请旨缺，一般是四品以上官员出缺，须奏请皇帝"特旨补救"。选授缺，是中下级官员出缺，由吏部从备案"选班"中选授，这是中下级官员补缺的主要方式。题授缺，以地方官员为多，凡同知、通判、知州、知县等官出缺，由本省督抚以应调、应升之员题请补用拣授缺，内阁侍读、国子监司业、地方道员等出缺，由吏部会同缺员部门长官，拣选考核一等或才能卓异者保送，经皇帝面验后，确定补授。在补缺任官时，虽然吏部、总督等有权选补部分官员，但皇帝始终直接或间接操控者补缺的最终决定权。

古代官员补缺时，一般要循资依次递选。秦时，县、郡、都官等官有权补授吏属，《置吏律》规定："县、都官、十二郡免除吏及佐、官属，以十二月朔日免除，尽三月而止之。其有死亡及故有夬（缺）者，为补之，毋须时。"⑤ 汉时，丞相位缺后，往往御史

---

① 《明史》卷一七七《李秉传》。
② 徐珂：《清稗类钞·诙谐类·衙参情形》，中华书局2010年版，第1806页。
③ 《清史稿》卷三四一《戴均元传》。
④ 《清史稿》卷一七《宣宗本纪》。
⑤ 睡虎地秦墓竹简整理小组编：《睡虎地秦墓竹简》，文物出版社1990年版，第56页。

大夫"以备其缺,参维国纲"①。文帝时,丞相灌婴去世,御史大夫张苍补缺丞相。后张苍免去丞相位,申屠嘉升为丞相。武帝时,立博士官,选拔好文学者到太常受业,满一年考核,若能通一艺以上,即可"补文学掌故缺"。②唐代实行守选制度,官员根据官职、资历等待若干年后,方能赴铨选机构注拟官职。玄宗开元十八年(730年),"始作循资格,而贤愚一概,必与格合,乃得铨授,限年蹑级,不得逾越"。③元代规定:"各路司吏有缺,于所辖请俸州司吏内选取。府、州司吏有缺,于县司吏内选取。"④清代创立了更加系统、独特的官缺制度,即将所有官职分为满官缺、蒙古官缺、汉军官缺和汉官官缺;此外,还有内务府的包衣缺、宗室贵族缺等。因缺任官时,既会根据民族、身份、官职、品秩等的差异,因地授官,因才授官,也会确立一定的资格限制,确保各族官员的职权利益。如规定:蒙古族官员可借补满官缺,满族官员可补汉官缺,汉族官员则不得补用满官缺。因此,补缺作为任官的基础方式,有着填补缺额、循例任命的内在逻辑。

历代补缺候补时限不定。快时无须待次,如南宋隆兴年间,"适有旨职事官无待次",黄洽得以改差浙东安抚司,主管机宜文字。⑤明宪宗成化元年(1465年),因保定水灾,奏准监生听选给假回家者,"免其待次,即与选用"。⑥慢时少则一二年,多则数十年,可谓"候缺无期,补缺无期"⑦。唐宣宗大中五年(851年),应赴兵部武选门官、驱使官等,守选两年。⑧南宋乾道年间,尤袤

---

① 《全唐文》卷三一六《御史中丞厅壁记》。
② 《史记》卷一二一《儒林列传》。
③ 《新唐书》卷四五《选举志下》。
④ 陈高华等点校:《元典章》卷一二《选取司吏》,中华书局2011年版,第476页。
⑤ 《宋史》卷三八七《黄洽传》。
⑥ 《明宪宗实录》卷二二,成化元年十月戊子,第435—436页。
⑦ 徐珂:《清稗类钞·诙谐类·候补无期》,中华书局2010年版,第1806页。
⑧ 《唐会要》卷五九《兵部侍郎》。

注江阴学官，需次七年。① 清乾隆间，"举人选用知县，需次动至三十余年"②。候补困难，仕途壅滞，或因严循资格，如宋太宗太平兴国六年（981年），"县邑广而阙员多，选曹拘以常调，历年未补"③，导致缺官不补。或因皇帝庸怠，如明万历年间，"自阁臣至九卿台省，曹署皆空，南部九卿亦止存其二"④。或因滥授官额，明初文官五千四百多人，武官二万八千多人；至神宗时，文官增至一万六千余人，武官增至八万二千余人。⑤ 至清更甚，"部员冗滥，康雍时已然矣"⑥。如此，官滥职冗，候补无期，官员"待次日久抑郁成疾"⑦，成为补缺中的突出问题。

总之，补缺重视对官缺的排查，也强调补缺的时限，循制补额，依次升迁，是政治稳定和制度运转的表现。从政权初创到王朝衰敝，从秦汉至明清，补缺呈现出缺多人少到缺少人多的趋势，既而催生了选官用人依凭财势、奔走求官的官场乱象。

（八）兼任

兼任，即以某官兼任他官。除"兼"外，领、行、摄、知等也有兼任之意。兼任大多是临时性、不固定的任官方式，"古之兼官多是暂时摄领，有长兼者即同正官"⑧。官员兼任历代有之。早在先秦时，就有"兼官"情况。《韩非子·说林》载：秦武王叫甘茂在仆官与行事官中选择一种想要做的官职，孟卯对甘茂说："公佩仆玺而为行事，是兼官也。"

---

① 《宋史》卷三八九《尤袤传》。
② 《清朝文献通考》卷五七《选举考》。
③ 《续资治通鉴长编》卷二二，太平兴国六年正月乙巳。
④ 《明史》卷二四〇《叶向高传》。
⑤ 《明史》卷二七五《解学龙传》。
⑥ 《清史稿》卷一一一《选举六》。
⑦ 南炳文、吴彦玲辑校：《辑校万历起居注》，万历二十五年正月二十八日己未，天津古籍出版社2010年版，第1460页。
⑧ 《梦溪笔谈》卷二《故事二》。

秦汉时期，也有兼官之例。秦始皇三十七年（前210年）十月，中车府令赵高兼行符玺令事，亦为兼官。汉制，以本任兼他职者曰"兼"，如赵充国以后将军"兼水衡都尉"，张禹以太尉"兼卫尉"，马宫以太师"兼司徒"等。以高官摄卑职曰"领"，如刘向以光禄大夫领校书，钟元为尚书令领廷尉。官员代理摄事称"假"，如汉高祖时，封韩信为"假齐王"，就是代理齐王；拜曹参为假左丞相，就是代理左丞相；赵充国以假司马从贰师将军，就是代理司马。汉末，还出现了"假节""假节钺"（也称"假黄钺"）制度。"节"为皇帝使命的凭证，"黄钺"为皇帝专用的仪仗。这种"假"就是官员代表皇帝行使相应的权力。若武将"假节钺"，即可代君出征，并在战时不必请奏，便可斩杀违令将士，如魏文帝曹丕征孙权，以曹休为征东大将军，"假黄钺"督张辽等及诸州郡二十余军。① 曹魏嘉平六年（254年），王肃为河南尹，奉命兼太常。南北朝时期，沿用汉制。南朝刘宋时，颜延之曾以正员郎，兼任中书，寻徙员外常侍，出为始安太守。南齐时，萧坦之除黄门郎、兼卫尉卿，进爵伯。北朝时，崔昂迁散骑常侍，兼太府卿、大司农卿，后转廷尉卿，出现了身兼数职的情况。

隋唐时期，以一职事任另一职事者谓兼官，职事官品阶低于散官品阶时亦为兼官，又称为"摄官"。如隋开皇初，元晖拜都官尚书，兼领太仆。② 唐太宗贞观二年（628年），杜如晦以本官检校侍中，摄吏部尚书。玄宗开元七年（719年），臧怀亮以功绩显著，拜左羽林军大将军，并以本官兼安东大都护、营府都督，摄御史中丞、平卢军节度大使、支度营田海运大使。除"兼"之外，唐代又有行、守之称。凡所兼职务比本职级别高者曰"守"，所兼职务比本职级别低者曰"行"。如贞观十九年，开府仪同三司尉迟敬德随

---

① 《三国志》卷九《曹休传》。
② 《隋书》卷四六《元晖传》。

太宗攻高丽，"诏以本官行太常卿"①。唐宣宗大中九年（855年），罢卢钧左仆射，"以检校司空守太子太师"②。此期也有非正式的兼职或代职，称检校。如隋代刘行本，征拜谏议大夫，检校治书侍御史。③ 唐贞观初，宇文士及为中书令，又以本官检校凉州都督。

宋代规定：高一品以上者为"行"，下一品者为"守"，下二品以下者为"试"。④ 如欧阳修是观文殿学士、特进、行兵部尚书。⑤ 北宋"承五代之弊，官失其守"，实行官、职、差遣分离制度，以致"官以定俸，实不亲职"⑥。如元丰改制前，左右谏议大夫、司谏、正言"多不专言责，而御史或领他局"⑦。这种职官制度成为宋代官员兼任的制度基础，也使宋代官员兼任现象纷纭杂沓，兼任官职上自宰执，下至基层。如宋初即实行三相制，"命宰辅兼领三馆。首相曰昭文馆大学士，次曰监修国史，又次集贤院大学士"⑧。地方行政中，多通过兼职的形式赋予官员管理职能。如安抚使虽有衙署，却罕有专官，多由知州兼任。景德年间，置河北沿边安抚使，以雄州知州充。⑨ 另外，中央还派遣按察使、通刺等兼任监督地方的职务，加强对地方官吏的监察。元祐以后，权官也有兼任，但多为代理之意。如哲宗绍圣四年（1097年）五月，试吏部侍郎邢恕"权"吏部尚书。⑩ 高宗绍兴二年（1132年）七月，御史中丞沈舆求试吏部尚书，"兼权"翰林学士。⑪

---

① 《新唐书》卷八九《尉迟敬德传》。
② 《新唐书》卷一八二《卢钧传》。
③ 《隋书》卷六二《刘行本传》。
④ 《宋史》卷一六三《职官志三》。
⑤ 杜大珪：《名臣碑传琬琰集》中卷四〇，《景印文渊阁四库全书》第450册，第509页。
⑥ 汪圣铎点校：《宋史全文》卷七，中华书局2016年版，第340页。
⑦ 《续资治通鉴长编》卷一〇〇，天圣元年四月丁巳。
⑧ 《玉海》卷一六五《宫室》。
⑨ 《宋会要辑稿·职官》四一之七九。
⑩ 《续资治通鉴长编》卷四八七，绍圣四年五月壬戌。
⑪ 《建炎以来系年要录》卷五六，绍兴二年七月丙戌。

明清兼官事权扩大。在中央，明代内阁无固定官署和职位，多由六部尚书兼任。清代大学士兼任尚书，总督兼任兵部尚书、右都御史。经筵讲官、日讲起居注官、文渊阁领阁臣事等不设专官，而由他官兼任。军机处无官缺，无定员，军机大臣一般由亲王、大学士、尚书、侍郎或京堂兼任。在地方，地方行政长官在管理本任事务的同时，也兼管地方其他事务。明世宗嘉靖二十九年（1550年），以边患益甚，置总督辖顺天、保定、辽东三巡抚，兼理粮饷。清康熙七年（1668年），广西布政使李迎春兼理盐务。

古代官员兼任，有虚职，也有实职，有短期，也有长期。虚职多为宪衔、加官。如宋代将"兼官"指"宪衔"①，为加官，武臣及宗室许带御史大夫、侍御史、殿中侍御史、监察御史；右通事舍人、内殿崇班以上，初除加兼御史大夫等，至元丰改制时废止。东宫六傅等，皆是无实职的虚衔。翰林学士、给事中、京师知府等，皆是比较重要的实职。官员短期兼任，有暂理其事者，或因事务未设专官，以本职兼理，待专官设立后，便停止兼任。或临时机构因事而设，事成即散。如北宋神宗熙宁二年（1069年），宋神宗设置三司条例司，"掌经画邦计，议变旧法以通天下之利"，命知枢密院事陈升之和参知政事王安石兼领该司。② 长期兼任多为官员久居某职。如南朝梁裴子野为著作郎，负责监修国史及起居注，并兼中书通事舍人。后来，先后迁任通直正员郎、中书侍郎等职，且一直兼任著作郎、中书通事舍人。③

纵观古史，古代官员的职类、职等、职事变动不居，形式多样，但总体趋势是事权归一。就兼任而言，官员本职以外兼任他职，甚至身兼数职，往往具备特定才能与治事之功。南齐孔琇之因

---

① 《宋史》卷一六九《职官九》。
② 《宋史》卷一六一《职官志一》。
③ 《梁书》卷三〇《裴子野传》。

"有吏能"，"又以职事知名"，故兼少府。① 清乾隆五十六年（1791年），河东商力疲乏，亟须调剂，因蒋兆奎曾任河东运使，熟谙盐务，故调任山西布政使，兼管地方盐务事宜。② 如此，官员兼任量才授官，凸显了官员吏能，节省了行政成本，一定程度上协调了能力与官资的矛盾关系。但兼职现象纷繁复杂，与官职、官阶、职事等紧密相关，其执行效果往往随局势而变，难免有权责不清、忽略本职的情况。

（九）会议

会议是一种通过集中讨论，商议官员任命的特殊制度，在君主专制下统治下，具有一定的"民主"色彩。

原始社会晚期，尧、舜、禹等通过部落联盟议事会商议选出，即是最早的会议"任官"形式。自秦汉始，朝议制度建立，凡立制、民政、边事等重要问题，多召集大臣商议，其中不乏推官任能之事。如西汉文帝时，贾谊以律令见长，"议以为贾生任公卿之位"③。东汉刘秀即位后，"议选"大司空，擢拜王梁为大司空，封武强侯。东晋武帝时，益州东接吴国，监军位缺，朝议用武陵太守杨宗和弋阳太守唐彬④。桓伊有军事才能，累迁为大司马参军。时苻坚强盛，边鄙多虞，朝议选任抗敌悍将，授桓伊淮南太守。唐玄宗开元十二年（724年）六月，山东旱灾，朝议选任黄门侍郎王丘、中书侍郎崔沔、礼部侍郎韩休等到山东任诸州刺史，赈济贫民。元太宗即位，设汉军三万户，朝议选任三大帅分统汉地军队。⑤

---

① 《南齐书》卷五三《孔琇之传》。
② 蒋兆奎：《课归地丁全案四卷》，《四库未收书辑刊》第 6 辑第 11 册，北京出版社 2000 年版，第 9 页。
③ 《史记》卷八四《贾谊传》。
④ 《晋书》卷四二《唐彬传》。
⑤ 王恽：《秋涧先生大全文集》卷四八《开府仪同三司中书左丞相忠武史公家传》，《四部丛刊初编》集部第 1377 册，商务印书馆 1936 年版，第 500 页。

明宣宗宣德五年（1430年），朝议苏州、松江、常州、嘉兴、湖州、吉安、开封、温州、琼州等九府繁剧难治，苏州尤甚，诏六部、督察院商议推举官员任九府知府，其中况钟任苏州知府。① 若朝议选任大臣，皇帝多参加议论。如北魏规定，官员考核陟黜，凡五品已上，皇帝亲与公卿论其善恶，"上上者迁之，下下者黜之，中中者守其本任"②。明天顺年间，凡选用卿佐重臣，必召吏部尚书王翱与大学士李贤面议可否。③

朝议之下，也有多部门集议任官。唐太宗时，定御史之任，由吏部、御史台、宰相议定，并"依选例补奏"④。肃宗以后，内外文武官凡五品以上，由宰相"总其进叙"，吏部、兵部参议可否"⑤。元成宗大德元年（1297年）规定：台省互选，"若台官于省部选人，则与省官共议之，省官于台宪选人，亦与台官共议之。"⑥至明代，实行会推，亦称廷推，即逢大臣员缺，不待考满，由吏部会同其他五部及督察院、通政司、大理寺等九卿长官，推举候选人，然后呈请皇帝简用。凡高级官员，内而部院长官，外而督抚藩臬，都须经由会推选任。如嘉靖三十一年（1552年）八月，因总督京营戎政员缺，兵部请令会推。⑦ 崇祯元年（1628年），诏会推阁臣。⑧ 清初，沿用明制，中央大学士至京堂官，地方督、抚、藩、臬，皆由廷臣会推，顺治六年（1649年）规定：凡总督、巡抚员

---

① 况廷秀纂辑，吴奈夫等校点：《况太守集》卷一《太守列传》，江苏人民出版社1983年版，第32页。
② 《魏书》卷七下《高祖纪》。
③ 张萱：《西园闻见录》卷二六《宰相上》，《明代传记丛刊》第30册，台北：明文书局1991年版，第760页。
④ 《文献通考》卷五三《职官七》。
⑤ 《通典》卷一八《选举六》。
⑥ 《元史》卷八二《选举志二》。
⑦ 《明世宗实录》卷三八八，嘉靖三十一年八月乙亥，第6826页。
⑧ 《明会要》卷四八《选举二》。

缺，题准由会推保荐题补。①康熙二年（1663年）规定：满汉大学士及尚书员缺，皆请旨会推。十年以后，逐渐从制度层面停止了会推任官，完全归由皇帝特简，但会推事例时有出现。如康熙十九年，云贵总督出缺，即"著议政王、贝勒、大臣、九卿、詹事、科、道会推"②。

除人事部门外，其他部门也有权会议任官。如西汉丞相、御史二府，东汉尚书台，隋唐以后文官归吏部、武官归兵部，有权核定人事人选，内部商议，推选官员。明代宗景泰元年（1450年）四月，贵州巡按黄镐劾奏总兵官王骥，"章下兵部议"，兵部即请"别选总兵代之"，推举保定伯梁珤往代。③内阁、军机处也握有人事大权，大员官缺，由内阁、军机处商议，拟单呈报皇帝批用。如明弘治时期，"吏部推用大臣，必密谋于内阁"④。清代总督虽有任人之权，但受命于六部，非吏部核准，不得私用一人。

较之其他任官方式，会议任官相对公平，参会官员原则上均可发表意见，推举人选，"会推时各官有见亦当尽言"⑤。如明孝宗弘治二年（1489年），会推巡抚，参会官员就否决了吏部尚书王恕提出的人选，而同意了兵部尚书马文升提出的人选。⑥会议任官，集思广益，择优选材，多种政治力量参与其中，平衡了皇权与臣权的较量，但任官的最终决定权仍归于皇帝。如三国东吴时，议立丞相，朝臣商议，推荐有"辅立"之功的张昭，孙权却认为多事之

---

① 康熙《大清会典》卷八《吏部六》，凤凰出版社2016年版，第83页。
② 中国第一历史档案馆整理：《康熙起居注》，康熙十九年正月二十六日，中华书局1984年版，第490页。
③ 《明英宗实录》卷一九一，景泰元年四月丁亥，第3956页。
④ 陈洪谟撰，盛冬铃点校：《继世纪闻》卷三，中华书局1985年版，第90页。
⑤ 《明世宗实录》卷三三一，嘉靖二十六年十二月己未，第6079页。
⑥ 王恕：《王端毅奏议》卷一二《乞休致奏状》，《景印文渊阁四库全书》第427册，第654—665页。

秋，丞相之职责任重大，切不可用来优待功臣，转而任用孙邵为相。① 明万历二十六年（1598年），吏部尚书蔡国珍罢免，廷推替代者七人，李戴居末位，神宗却不顾廷议，仍然擢用了李戴。至清代，皇帝集中全部任人之权，"用人行政，令出惟行，大权从无旁落"②，从中央部门到地方衙门，从高级官员到低级官员，皇帝的选人大权无处不在，或亲自特简，或候旨选定，或请旨题授。同时，官员群体亦尊卑有别，大臣专擅，廷臣因循，因而在会议任官时，常会出现"惟吏部尚书首举，余俱唯唯，不闻有可否"③的情况。

（十）差遣

差遣是指皇帝派遣官员离开原来岗位，奉命完成某项临时性任务。一般而言，差遣官员带有本来官职和品秩，只是暂离职守，任务完成后，便官复原职。在形式上，历代王朝皆有差遣之例，如成周时期，就有巡抚之役，"以王朝卿禹监之意也"④。汉武帝时，在全国分十三部置刺史，带御史衔，"周行郡国，省察治政，黜陟能否，断理冤狱"⑤。元代差遣官员宣抚地方，称"奉使宣抚"⑥。但作为一项特殊的任官制度，差遣却形成于唐宋，成熟于明清，并呈现出由临时到固定，由兼职到专职的发展趋势。

差遣，源于唐代使职差遣制度。唐初，差遣仅是一种临时差使，尚无固定使职，"有事于外，则命使臣，否则止"⑦。此时，太祖、太宗、高宗等，常派遣抚慰使、安抚使、观察使、巡省使、黜陟使等分巡天下。如贞观八年（634年）正月，太宗分遣萧瑀等十

---

① 《资治通鉴》卷七〇《魏纪二》。
② 梁章钜、朱智：《枢垣记略》卷一《训谕》，中华书局1984年版，第8页。
③ 《明世宗实录》卷三三一，嘉靖二十六年十二月己未，第6079页。
④ 谈迁：《国榷》卷二一，宣德五年九月丙午。
⑤ 《汉书》卷一九《百官公卿表上》。
⑥ 《元史》卷九二《百官志八》。
⑦ 王谠撰，周勋初校证：《唐语林校证》卷五《补遗》，中华书局2008年版，第515页。

三人巡省天下，延问疾苦，"观风俗之得失，察政刑之苛弊"①。开元以后，使职差遣名目日多，如南选使、吊祭使、黜陟使、节度使、采访使、观察使、转运使、团练使、枢密使、经略使、招讨使等，凡官名带有"使"字者，多是使职差遣官。其中，节度使、采访使、转运使、观察使、经略使、枢密使等从形式上的临时差遣，逐渐演变为固定使职，"自置八节度、十采访，始有坐而为使"②。而其他各"使"，常是因事而因设，仍多具有一定的临时性。如南选使，是高宗上元三年（676年），为选补广、交、黔等州官吏而设置的使职。③ 吊祭使，是朝廷派遣官员临时吊祭少数民族首领，有一定的外交使臣性质。如贞元二十年（804年）四月，以史馆修撰秘书监张荐为工部侍郎兼御史大夫入吐蕃吊祭使。④ 黜陟使，是朝廷派遣考察地方官员，并根据政绩等有权决定官员进退升降。如建中元年（780年）二月，遣黜陟使一十一人分行天下。⑤

唐代使职官员因无品秩，故常带有三省、御史台、九寺、五监等头衔奉命出使；其僚属或由朝廷任命，或由使职官辟举，亦皆差遣时无品秩。事罢，使职官及其僚属随之官复原职。这一规定，形式上既适用于元帅、都统、枢密使军事使职系统，也适用于盐铁转运使、户部使、度支使等财务使职系统。此外，翰林学士、集贤、史馆诸职，实际也是一种使职，其本身亦无品秩，常带其他官衔，有官衔则有品秩，官位迁转，但供职如故。更为重要的是，唐代总理政务的平章事者，亦无品秩，亦是一种"职"（使职）而非"官"（职事官），一般由三省长官充任，同时还补充了参知政事、同中书门下平章事、同中书门下三品等，皆是差遣名号，常由品级

---

① 《唐会要》卷七七《观风俗使》。
② 王谠撰，周勋初校证：《唐语林校证》卷五《补遗》，中华书局2008年版，第515页。
③ 《旧唐书》卷五《高宗本纪下》。
④ 《唐会要》卷九七《吐蕃》。
⑤ 《旧唐书》卷一二《德宗本纪》。

稍低的六部尚书或侍郎等充任。① 安史之乱后，唐代使职差遣制度进一步发展，大多成了固定官职，并逐渐以使职差遣的身份跻身政坛，成为秉持朝政的实权派。

宋承唐制，差遣制度更趋正常化、正规化。宋初，常令台、省、寺、监等官出领各种差遣，但这些官员在制度上仍任职"本司"，执掌原职权力。太祖建隆二年（961年）规定："其官人受授之别，则有官、有职、有差遣。"开始实行官、职、差遣分授制度，旨在"分化事权"②，管控官吏，制衡权力。其中，"官"是"请俸之具，称呼之号"③，用以定品级、俸禄；"职"为荣誉虚衔，以待文学之选，如殿阁学士等；"差遣"才是有职、有权、有责的实职，"以治内外事"。④ 宋代差遣名目各异，按资历深浅，可分为判、知、监、勾当、权等。资历深的差遣，称判某事、知某事，如"知府""知州""知县"等；资历一般的差遣，称监某事、勾当某事；资历浅的差遣，则要加"权"，如权知某事、权监某事等。

宋代保留了隋唐三省、六部、二十四司、节度、刺史等职官系统，但这些职官只有定禄秩、序位次的意义，除特旨外，大都不管本职事务，只有被朝廷"差遣"行事时，才能有职有权，"元丰以前所云尚书、侍郎、给事、谏议、诸卿、监、郎中、员外郎之属，皆有其名而不任其职，谓之寄禄官，以为迁叙之阶而已"⑤。为了确保差遣制度的正常运作，宋代制定了一系列制度：一是确立差遣更换制度，地方知州、通判、知军、监、县及监榷物务官，任满三年更换；川、广、福建，任满四年更换。⑥ 中央平章、参知、枢密院

---

① 钱大昕：《廿二史考异》卷五八《旧唐书二·职官志》。
② 《宋史》卷一六一《职官志一》。
③ 《历代名臣奏议》卷一五九《议职官疏》。
④ 《宋史》卷一六一《职官志一》。
⑤ 钱大昕著，吕友仁校点：《潜研堂文集》卷二八《题跋二·跋宋史》，上海古籍出版社2009年版，第496页。
⑥ 《续资治通鉴长编》卷二二，太平兴国六年八月乙酉。

等官，也"拙棋之置子，颠倒而屡迁"①。二是完善差遣管理机构。宋初，京朝文官差遣由宰相府除授，低级文官由吏部注拟；武官由枢密院除授；供奉官、殿直、承旨等三班差遣由宣徽院掌管。至太宗太平兴国六年（981年）二月，置差遣院，负责"自少卿监以下奉使"等的差遣工作。②雍熙四年（987年）又设三班院，负责三班使臣的差遣工作。③后又陆续设立了磨勘院（后改审官院）、考课院等。元丰改制后，台、省、寺、监之官仅代表官员实权，而再不代表官员的地位和待遇，仍具差遣性质。宋代差遣作为一种特殊且灵活的任官方式，一定程度上弥补了传统任官制度之不足，实现了"官与职殊""名与实分"，提高了行政效率，制衡了权力关系。但是也带来了负面后果："台、省、寺、监官无定员，无专职"，导致"居其官不知其职者，十常八九"④；官、职、差官名混乱，"于三者之中，复有名同实异，交错难知"⑤；官、职、差遣分授制度的长期实行，造成官僚机构臃肿，官员数量骤增，"冗官""冗费"弊政的出现，即与此有着密切关系。

明清时期，差遣大体有两种形式：一是临时性差遣，差遣只是派遣官员办事的方式，并非任官方式。他们奉命办事后，即回到原来岗位。如明洪武时，明太祖常临时差遣官员前往地方，督察事务。至代宗景泰时，为了避免与监察御史职事冲突，临时差遣一般会带都御史衔，并逐渐形成"巡按"之制。明前期，这些临时差遣的官员皆不称"钦差"，后因事繁难，添设职掌，始在其职衔上加"钦差"等字。其中，按察司有提学、屯田、兵备、边备、巡海、

---

① 王夫之：《宋论》卷二《太宗》，中华书局1964年版，第46页。
② 《续资治通鉴长编》卷二二，太平兴国六年九月丙午。
③ 《续资治通鉴长编》卷二八，雍熙四年七月。
④ 《文献通考》卷四七《职官一》。
⑤ 马峦、顾栋高：《司马光年谱》卷六，元丰四年八月辛巳，中华书局1990年版，第184页。

抚民等；察院有清军、巡茶、巡盐、巡关等；都察院有巡抚、巡视、总督河道、总督漕运、提督总制军务等，皆领有皇帝颁发的专敕，可在权限之内便宜行事。① 清立国伊始，即推行钦差巡按制度，此后虽有巡抚、总督之制，但钦差巡按依然如故，成为承宣布政，督查百官，抚慰民苦特殊官职。此外，明代也常临时差遣厂卫、宦官、寺卿、勋戚、近侍、科道等官巡视地方，征举人才，观政民间，镇守军队，监督税务，祭祀天地，赏赐旌表，奉使外交，整点军马、赈济灾荒、督查科考等。如明代军官分为常设和差遣两种。其中差遣武官无品级，大多为临时或长期委派，如镇守总兵官、协守副总兵、总兵、副总兵、游击、守备等。明清时期，常差遣监生、国学学生外出办事，以提高其办事能力，事毕，即回监继续肄业。二是固定化差遣。如总督、巡抚，在明代长期是临时差遣职务，而并非正式官名。其中，巡抚主要是代表朝廷和皇帝分巡天下，监察地方，安抚军民。总督则一般因事特遣，偏重军事以及节制地方文武等。如正统时，王骥三征麓川、三任总督，均属临时特遣。至成化时，设两广总督，开府梧州，遂为定制，终明未断，总督已不是因事而设、事毕还朝的临时派遣官员。至清代，总督、巡抚最终固定，成为省区最高长官，已无差遣性质。

明清时期，还有一种具有差遣性质的任官方式称"钦点"或"钦命"。这是一种处理重要、紧急政务的临时性任官方式，一般由皇帝点录任命。如处置军务，明崇祯五年（1632年），皇帝以范志完颇有才干，钦命督师，总督蓟、辽、昌、通等处军务。② 清康熙三十五年（1696年）二月，康熙帝御驾亲征噶尔丹，钦点都统硕鼐统领前锋而行。③ 如审理盐课。明正统元年（1436年）九月，英

---

① 敖英：《东谷赘言》卷下，《四库全书存目丛书》子部第102册，齐鲁书社1995年版，第429页。
② 《明史》卷二五九《范志完传》。
③ 《清圣祖实录》卷一七一，康熙三十五年二月丙午，第849页。

宗派遣侍郎何文渊、王佐等提督两淮、长芦、浙江盐课,"钦差巡盐自此始"。① 清康熙十九年（1680年）闰八月,圣祖钦命监察御史黄斐前往山西河东等处,"专理盐课"。② 如监督科考。明代各省、应天府、顺天府乡试考官,一般由翰林院定拟,礼部题请,最终经皇帝钦点而定。如清代在各省设学政衙门,于每次乡试之后,由军机处开列名单,由皇帝亲点学政,掌管一省的学务,"一经领敕,次日即行赴任"③。如督办河工。康熙四十五年（1706年）正月,圣祖点录孙渣齐、徐潮、铁图、黑申、达尔华、蔡毓茂前往高堰三坝督工。④ 这些钦点官员承受皇命,事权重大,拥有一定的自主权和独立性。

综观任官类型和方式,历朝官僚队伍,选人有制,任能有方,形式多变,途径广泛,体现了浓厚的务实色彩。从君主亲擢到部门任命,从职务高低到能力大小,从尊上独断到群臣参与,多种任官方式交替使用,损益发展,展现了由简约到复杂、由草创到成熟、由主观到客观的演变历程。这其中,君主、机构、官员等多种政治力量彼此交织,围绕任官权展开了一次次或激烈或隐约的争夺,反映了各种力量此消彼长的国家权力格局,以任官为基础的官僚系统也在这种集中与对抗中逐渐走向严密与稳固。

三 任官条件

古人云"学而优则仕",即从"学"的角度,表明出仕为官需要具备一定的资格条件。中国古代在平衡各方政治势力及阶层利益的同时,为确保官员任用的科学适宜,保证国家机构的新陈代谢,

---

① 《明史》卷一〇《英宗前纪》。
② 苏昌臣辑:《河东盐政汇纂》卷四《官司》,《续修四库全书》第839册,第586页。
③ 康熙《大清会典》卷五一《礼部·学校》,第586页。
④ 中国第一历史档案馆整理:《康熙起居注》,康熙四十五年正月二十六日乙酉,第1938页。

维系官僚体制的正常运转，逐步设立了灵活、多元的任官条件，逐渐形成了系统、完备的资格制度，也在某些历史时期实现了"任官惟贤材，左右惟其人"①的任官目标。

（一）学识修养

古代学识，内涵丰富，其核心则不出"六经""六艺"和"百家"；而单从任官条件而言，则无非事君之道、经世之学和治国之术。但不同的历史时期，有着不同的"学识"取向。刘祁《归潜志》纵论前史，数语道明：战国纷乱，游说纵横，变法四起，"以法律控持上下"；刘汉一统，天下混同，士风一变，"以学问至上"；魏晋割据，士人任情，择主而仕，"争以智能自效"；隋唐之际，崇尚事业，功名为上；宋兴之后，经术文章，不减汉唐。据此，刘氏进一步总结道："大抵天下乱，则士大夫多尚权谋、智术，以功业为先；天下治则士大夫多尚经术、学问。"无疑，历代士人的学识旨趣是时代的产物，但更与历代选官用人的学识导向有着直接联系，"夫为国家者，任官以才，立政以礼，忧民以仁，交邻以信"②，强调"学者非必为仕，而仕者必如学"③。

早在三代时，任官即注重学识养育，凡担任官员的大小贵族，需受国学教育，学习礼仪文化，"春秋教以礼乐，冬夏教以诗书"④。《礼记·王制》云："乐正崇四术，立四教，顺先王《诗》《书》《礼》《乐》以造士"，"大乐正论造士之秀者，以告于王，而升诸司马，曰进士。司马辨论官材，论进士之贤者，以告于王，而定其论，论定，然后官之；任官，然后爵之；位定，然后禄之"。⑤春秋战国时，私学兴盛，士人崛起，且多受过礼、乐、射、御、书、数

---

① 《尚书·咸有一德》。
② 《资治通鉴》卷七《秦纪二》。
③ 《荀子·大略》。
④ 《礼记·王制》。
⑤ 《礼记·王制》。

的教育，具有一定的文化素养和行政能力，因而成为各国争用的对象，甚至像李斯、张仪、蔡泽、范雎等闾里贫士，也因才华卓异而备受礼遇，身居高位。

汉代任官，最重"通儒"。武帝时，屡次下诏选任文学材智之士、征用明习圣学之才，"待以不次之位"①，并提出"毋以日月为功，实试贤能为上，量材而授官，录德而定位"②的任官标准，进一步推进了任官条件的公开化与公平化。同时，立五经博士，开弟子员，设科射策，劝以官禄，凡成绩合格者，即授予官职。③而若为美才俊异之士，则无须考试，即可获得官职。如西汉贾谊，"颇通诸家之书"，文帝时召为博士，寻升太中大夫，因其纵论"秦过"，被誉为"通达国体，虽古之伊（尹）、管（仲）未能远过也"④。东汉卓茂，光武帝建武元年（25年）征为博士，光武诏云："夫名冠天下，当受天下重赏。今以茂为博士，封褒德侯。"⑤张衡，博通五经，淹贯六艺，才高名重，安帝善其学术，征为郎中，升为太史令，执掌天文，主张"浑天"，制作《灵宪》。何休，精研六经，世儒无及。桓帝时，太傅辟之，与参政事。至魏晋南北朝时，亦设太学，培育人才。学生只要通过射策考试，即有任官资格。魏文帝时，恢复洛阳太学，规定：太学弟子学习两年，试通二经者，即可补文学掌故；掌故满两年，试通三经者，便可擢为太子舍人；舍人两年，试通四经者，又可擢其为郎中；郎中两年，能通五经者，还可再"擢高第，随才叙用"。⑥这一时期，两岁一试，以通经多少，定等授官。

---

① 《资治通鉴》卷一七《汉纪九》。
② 《汉书》卷五六《董仲舒传》。
③ 《汉书》卷八八《儒林传》。
④ 《汉书》卷四八《贾谊传》。
⑤ 《后汉书》卷二五《卓茂传》。
⑥ 《通典》卷五三《礼十三》。

隋唐时期，科举取士，学识文才成为必备任官条件。隋炀帝时，坚持以才学任官，强调："强毅正直，执宪不挠，学业优敏，文才美秀，并为廊庙之用，实乃瑚琏之资"；诏令：五品以上文武官员，依"学业优敏""文才美秀"等十科举人，"待以不次，随才升擢"。炀帝大业五年（609 年），又令：诸郡以"学业该通、才艺优洽、膂力骁壮、超绝等伦，在官勤奋、堪理政事，立性正直、不避强御"四科举人。① 唐代科考合格后，需经吏部或兵部铨试，符合条件，方能授官。其中，任用文官需考察身、言、书、判四事，"身，取其体貌丰伟；言，取其词顺言正；书，取其楷法遒美；判，取其文理优长"，"六品以下，始集而试，观其书、判，已试而铨，察其身、言"②。四项之中，书、判最为重要，身、言也须符合条件，全面考察合格后，便可收于官职。唐太宗爱才惜才，强调"朕之授官，必择才行"③。贞观七年（633 年），颜师古拜秘书少监，专掌文字刊正，所有奇书难字，众所共惑者，随疑剖析，曲尽其源，号为博洽。后因亲近贵势，人称纳贿，由是出为郴州刺史。太宗惜其才，谓之曰："卿之学识，良有可称，但事亲居官，未为清论所许。今之此授，卿自取之。朕以卿曩日任使，不忍遐弃，宜深自诫励也。"④ 于是，仍命为秘书少监。学识素养成为其官复原职的重要条件。

较之以往，宋代任官更重视学识资格，甚至恩荫子弟亦需勤于学问，且经过考试，方能入仕。仁宗庆历间，监察御史包拯奏："荫子弟京官年及二十五以上，其选人遇南郊大礼，限半年许令铨投状，京官每年春季国子监投状，并差两制官于逐处考试。内习词业者，或论或诗赋；习经业者，各专一经，试墨义等。及格者与放

---

① 《隋书》卷三《炀帝纪上》。
② 《新唐书》卷四五《选举志下》。
③ 《旧唐书》卷六五《长孙无忌传》。
④ 《旧唐书》卷七三《颜师古传》。

选、注官及差遣。"由此，天下士子靡然向风，笃于学问。① 除恩荫外，宋代任人一概由举、进士与明经，时人言："今之取士，所谓制科者，博学强记者也；进士者，能诗赋、有文词者也；明经者，诵史经而对题义者也。是三者得善官，至宰辅皆由此也。"② 后人亦言：唐宋科举取士，各有定制，然"但贵词章之学，而不求德艺之全"③。

及明清，学识作为任官条件更趋严苛。明洪武三年（1370年），太祖诏："天下守令询举有学识笃行之士，礼送京师。"④ 又设科取士，"以起怀才抱道之士，务在经明行修，博通古今，文质得中，名实相称"。凡中选者，太祖亲自策问，观其学识，第其高下，若才学出众，将予以显擢，以确保内外文臣，皆由科举而选。⑤ 永乐八年（1410年）十二月，成祖申述："御史，国之司直，必有学识，达治体，廉正不阿，乃可仕之。"⑥ 意为凡出任御史者，定要学养高深，通达治体，还要经过考选，择优录用。清仁宗时，谕内阁：凡内任京堂大员，在召对时，先观其学识，再量能除授，如此才能"获收明试以功之效"⑦。光绪二十四年（1898 年）正月，又谕内阁："惟讲求时务、明习例案，亦须具有学识，始克疏通证明。"此后，"各衙门满、汉司员，着各该堂官自行厘定章程，无论何项出身，一体面加考试；并认真训饬，务使究心实学，勉为有用之才，以备朝廷器使"。⑧

---

① 杨国宜校注：《包拯集校注》卷一《请依旧考试荫子弟》，黄山书社 1999 年版，第 46 页。
② 曾枣庄、刘琳主编：《全宋文》卷一〇〇三《蔡襄》，辞书出版社 2006 年版，第 372 页。
③ 《明太祖实录》卷五二，洪武三年五月己亥，第 1020 页。
④ 《明太祖实录》卷五二，洪武三年五月丁酉，第 1018 页。
⑤ 《明太祖实录》卷五二，洪武三年五月己亥，第 1020 页。
⑥ 《明成祖实录》卷一一一，永乐八年十二月癸丑，第 1421 页。
⑦ 《清仁宗实录》卷二八八，嘉庆十九年三月甲寅，第 939 页。
⑧ 《清德宗实录》卷四一四，光绪二十四年正月己酉，第 422 页。

《大学》云："古之欲明明德于天下者，先治其国；欲治其国者，先齐其家；欲齐其家者，先修其身；欲修其身者，先正其心；欲正其心者，先诚其意。"官员之"修身""正心"和"诚意"，既要靠道德教化的熏染，也要靠学识教育的积淀。在儒术独盛，孔孟独尊的时代，儒家思想深入人心，根深蒂固，无论是学校教育还是科举考试，是选官选任还是业绩考核，是文化创作还是行政实践，大都与儒家学说紧密结合。正是在儒家尊师重教、养士修政的文化生态中，学识文才逐渐摆脱宗法、亲缘的桎梏，突破血缘、门第的藩篱，逐渐成为选官的基本条件之一。亦正因如此，古代官员群体在文化教育、选官考试中，呈现出鲜明的儒家化、知识化、专业化趋势，成为"士"与"大夫"的结合体，成为学者与官员的融合体。历代王朝之所以强调"以文治国"，并拥有强大的文官集团，具有独特的文治特色，即与此密切相关。

（二）任职年龄

任职年龄，主要包括任官年龄和任期年限。其中，任官年龄包括初任年龄和特殊岗位年龄；任期年限包括初任年限和连任年限。限定官员年龄，既决定于官员的生理条件，也取决于岗位的实际需要。历代王朝重视官员任职年龄，旨在保障官员队伍的年龄结构和梯队建设，确保在任官员精力充沛，经验丰富，理事沉稳，保证任官质量和行政运作。如此，则既可以避免官员队伍过于年轻或老化，又可以防止官员久任时结党营私，滥用职权，百弊丛生。

一是任官年龄。秦代规定："除佐必当壮以上。"[1] 即担任佐史等低级官吏者，年龄条件为"壮"，即三十岁。至汉代，任官年龄差别较多，限制不严。如选拔郡国佐史、史书令史等，规定年龄为十七岁以上；汉武帝选取博士弟子，规定年龄为十八岁以上，一岁

---

[1] 睡虎地秦墓竹简整理小组编：《睡虎地秦墓竹简》，文物出版社1990年版，第62页。

课试，通一艺即可补官，年龄至少在二十岁左右；为防止察举过滥，始限制入仕年龄，"郡国举孝廉，限年四十以上"①；任用太学博士年龄须五十岁以上。南朝元嘉中，宋文帝"限年三十而仕郡县"②。及孝武即位，"仕者不拘老幼"③。齐梁时，初无中正制，限定年二十五方得入仕，又"因习宋代限年之制，然而乡举里选，不核才德，其所进取以官婚、胄籍为先。遂令甲族（上品）以二十登仕，后门（中、下品）以三十试吏"④。梁武帝欲革此弊，天监初，定年二十五方得入仕。天监四年（505年）正月，又令官员常选，年未满三十，不通一经，不得任官。陈代时，承梁代规制，要求年未满三十者，不得入仕，"唯经学生策试得第，诸州光迎主簿，西曹左奏及经为挽郎得仕"⑤。北魏熙平二年（517年）八月，诏庶族子弟，"年未十五，不听入仕"⑥。唐代任官，年龄限制前后有变，先严后松。玄宗开元二十一年（733年）六月以前，依《循资格》规定，年三十始即可出身，四十乃得任官。⑦此后规定，凡有才优业异、操行可明者，听任吏部临时擢用。此外，门荫入仕，一般限定在二十一岁以上；武官，例须"少壮"；亲民之官，则以老成持重为主，凡年少未经事者，不得出任县官。五代时，亦规定年少未历资考者，不得注拟县令。及宋代，任用年制更趋严格，规定：凡非登科及特旨者，年二十五方有入官资格；而以门荫授京官，年二十五以上求差使者，需要令先在国学受业二年，然后由审官院与判监官考试其业，合格者才能奏报任官。⑧明初，急于求才，太祖认

---

① 《后汉书》卷六《顺帝纪》。
② 《南史》卷二〇《谢庄传》。
③ 《通志（二十略）·选举略》。
④ 《文献通考》卷二八《选举考一》。
⑤ 《隋书》卷二六《百官志上》。
⑥ 《魏书》卷九《肃宗纪》。
⑦ 《唐会要》卷七四《选部上》。
⑧ 《宋史》卷一五九《选举志五》。

为郡县官员年五十以上者，虽练达政事，但精力既衰，故令各地选拔民间俊秀，年二十五以上，资性明敏，有学识才干，报送朝廷后，可与年老者参而用之。① 洪武十五年（1382年）五月，敕谕天下郡县访求经明行修之士，凡年七十以下三十以上，有司聘之，遣送至京，共论治道，以安生民。② 清代时，举、贡、生员三十岁以下者可入学堂，三十至五十可入仕学、师范两个速成科，五十至六十与夫三十以上，则不能入速成科。③ 当然，古时任官年限并非固定不变，时常会根据需要予以调整。东汉顺帝时，举孝廉限年四十以上，但其中若有出众贤才，则"不拘年齿"④。南朝梁武帝时，九流常选，年未满三十，不得入仕为官，而"若有才同甘、颜，勿限年次"⑤。清高宗曾言：人才是否可用，不能以年齿论。若年逾七旬而强健者，仍然可铨选，未至七十而病惫龙钟者，亦不一定能够姑且任职。因此，任官用人，主要看其可用与否，而不能仅以七十岁为限。⑥

二是任职期限。古代官员任期时限，历代各有不同。魏晋南北朝时，多以六年为限，限满即迁。《魏书·房景伯传》载："旧守令六年为限，限满将代。"南朝宋谢庄言："今莅人之职，宜遵六年之限，进得章明庸惰，退得人不勤劳，如此，则上靡弃能，下无浮谬，考绩之风载泰，薪樵之歌克昌。"⑦ 此后，有人认为晋宋旧制，任期以六年为限，实际过长，遂"又以三周（即三年）为期，谓之小满"⑧。晋武帝时，傅玄又言"《虞书》曰：'三载考绩，三考

---

① 《明太祖实录》卷一一二，甲辰年三月庚午，第186页。
② 《明太祖实录》卷一四五，洪武十五年五月丁丑，第2281页。
③ 《清德宗实录》卷五一二，光绪二十九年二月己亥，第760页。
④ 《后汉书》卷六《顺帝纪》。
⑤ 《梁书》卷二《武帝纪中》。
⑥ 《清朝文献通考》卷七一《学校考》。
⑦ 《南史》卷二〇《谢庄传》。
⑧ 《南史》卷七七《吕文显传》。

黜陟幽明.'是为九年之后乃有迁叙也。故居官久,则念立慎终之化;居不见久,则竞为一切之政",认为"六年之限,日月浅近,不周黜陟",主张以九年为限。① 建武三年(496年)正月,宋明帝申明:郡守长官任期以六年为限。至隋,规定:刺史、县令,三年一迁,佐官四年一迁。开皇十四年(594年),又规定:"州县佐吏,三年一代,不得重任"。唐承隋制,仍规定:刺史、县令,远者三岁一更,近者一二岁再更,而"两畿县令,经一两考即改"②;又规定:御史出巡地方分为十道,巡察使二年一替,可谓频繁。

受唐代影响,宋代官员任期相对较短,实行三年一任制。太平兴国六年(981年),太宗诏诸道知州、通判、知军监县及监榷物务官,内地任期三年,川、广、福建任期四年,即可除代。八年,又令:"自今诸县令、佐凡历三年,收赋税并得依限齐足者,超资任以大县;历二年,违限不足者,降资授以小县"③。徽宗崇宁元年(1102年),诏省、台、寺、监及监司、郡守,并"以三年成任"。④至度宗咸淳二年(1266年),又诏郡守两年为任,然后才可别授他官。⑤ 此外,宋代还规定:文职三年一迁,武职五年一迁,谓之"磨勘"。明代两京五品以下官,六年一考察,而地方官以九年为限,又规定御史巡按任期一年,即要更替。清代规定:六部各官三年考绩后,可分别升授官职;⑥ 地方官则以三年或五年为限,其中"由烟瘴三年俸满,撤回内地即升之缺,改为夷疆三年俸满,在任候升,遇有缺出,拣选调补,俱三年俸满,保题咨部即升"⑦,"直

---

① 《晋书》卷四七《傅玄传》。
② 《册府元龟》卷六三〇《铨选部·条制第二》。
③ 《续资治通鉴长编》卷二四,太平兴国八年三月乙酉。
④ 《宋史》卷一九《徽宗纪》。
⑤ 《宋史》卷四六《度宗纪》。
⑥ 《清太宗实录》卷二一,天聪八年十一月乙丑,第 277 页。
⑦ 锡珍等:《钦定吏部铨选则例·汉官则例》卷七《拣选》,《续修四库全书》第 750 册,第 645 页。

隶、山西沿边补用满员，定以五年俸满，分发有题缺之省，遇缺题补"①。雍正五年（1727年）九月，云贵总督鄂尔泰奏："云南文职员缺、有调补三年即升者，有调补五年即升者。"②乾隆间，又"定边缺、夷疆、海疆久任之制，升用有须满八年或六年者，则为地择人，不拘牵常例也"③。据此，清代地方官员的任期并不固定，有三年、五年、六年不等。古代虽对官员任期有着明确规定，但实际任期却或长或短。如北魏韦崇，出为乡郡太守，更满应代，吏民诣阙乞留，延期三年。④后在郡九年，转为司徒咨议。明代乞留更为普遍，官员任满当迁之际，常有民众乞留，以致很多官员超过任期，久任一职，甚至长达数十年。清顺治十四年（1657年），户科右给事中王命岳言："自古致治，皆由官多久任，是以办理谙悉。我朝外吏三年考绩，京堂而上有半载即迁者、有一二年即迁者；廨有十年之吏，堂无百日之官。官疏吏熟，百弊丛生。"因此，他主张尚书、侍郎必满三年，其余卿、寺酌定满期，永远遵守。⑤可知，官员任期虽有三年之期，但往往未满即迁。

历代官员任职年限因时而异，不断调适。一方面，在汉、唐、明、清等官员管理制度相对完备的大一统王朝，对任官年龄的规定，大体呈现出有区别而不划一、有规定而不严苛的特点。另一方面，古代任官年龄总体变化趋势为由年长变为年轻，即秦汉至南北朝时期，任官年龄一般为30岁或者40岁以上；唐宋以后，则常为20岁以上，或者限定在30岁、40岁以下。与此同时，官员任职期限不断缩短，并逐渐与考满相结合，形成三年、六年、九年的考满时限和任职年限。

---

① 《清高宗实录》卷一六五，乾隆七年四月丁未，第82页。
② 《清世宗实录》卷六一，雍正五年九月庚辰，第942页。
③ 《清史稿》卷一一〇《选举五》。
④ 《魏书》卷四五《韦阆传》。
⑤ 《清世祖实录》卷一〇六，顺治十四年正月庚申，第828页。

（三）人岗相适

任官须知人，唯有知人善任，量才授职，才能人得其岗、岗得其人，也才能人岗相适、人事相宜。人岗相适，就是要从具体岗位、具体任务出发，注重官员的能力素质与岗位职责、工作任务相匹配，做到事业为上，以事择人，以岗选人。人事相宜，就是要合理配置人才资源，让人才优势得到充分发挥，创造最大价值，做到人尽其才、才尽其用的用人路数，实现各得其所、事竟其功的任官目标。

早在春秋时，晏子言："任人之长，不强其短。任人之工，不强其拙。"[①] 战国时，荀子云："论德而定次，量能而授官，皆使其人载其事而各得其所宜。"[②] 尸佼曰："君子量才而受爵，量功而受禄。"[③] 皆强调"任长""论德""量能""量才"是保证人岗相适的重要基础。汉末三国时期，诸葛亮认为，同为人才，但能力有别，因而要因才施用。他将人才分为三类：一是"博闻多智者"，可以为"腹心"；二是"沈审谨密者"，可以为"耳目"；三是"勇悍善敌者"，可以为"爪牙"。三类人才，层次各异，应根据需要恰当任用。[④] 北朝史，韩显宗言："大才受大官，小才受小官，各得其所，以致雍熙。"[⑤] 主张依照官员才能大小授予官职。颜之推《颜氏家训·涉务》针对昭帝用人"求全"之失，提出用人应因才而任，认为："鉴达治体，经纶博雅"者，可以为朝臣；"断决有谋，强于习事"者，可以为文史之臣；"明练风俗，清白爱民"者，可以为藩屏之臣；"识变从宜，不辱军命"者，可以为使命之

---

① 《晏子春秋》卷三《内篇问上第三》。
② 《荀子·君道》。
③ 《尸子》卷下。
④ 段熙仲、闻旭初编校：《诸葛亮集》文集卷四《将苑·腹心》，中华书局1960年版，第88页。
⑤ 《魏书》卷六〇《韩显宗传》。

臣；"程功节费，开略有术"者，可以为兴选之臣。唐贞观年间，太宗因用人不适，曾下诏自省，认为"为官择人者治，为人择官者乱"①，强调"君子用人如器，各取所长"②。清圣祖认为人才能力参差不齐，条件各异，或"能理繁"，或"能操守"，或能"练习其事"；③学问高深者，不一定能练达政务，操守高洁者，不一定能理繁治剧，秉资纯厚者，不一定能随机应变。因此，他主张任官用人，应取长舍短，量能授职，如此才能"方圆互用""小大兼呈"。④

基于上述认识，历代坚持将人岗相适作为任官用人的重要条件，择器任使、量才授官也成为历代任官用人的常态。汉代任官，坚持"考功量才，以序庶僚"⑤。如彭宣"经明有威重，可任政事"⑥，成帝永始三年（前14年）入为右扶风，次年又迁廷尉。东汉郅寿，"善文章，以廉能称，举孝廉，稍迁冀州刺史"。⑦桓帝延熹五年（162年），冯绲因"素有威猛，是以擢授六师"⑧。唐代任官，坚持"度德居官，量才授职，计劳升秩"⑨，强调"无高卑皆以职授任"⑩。明清时期，任官选人也重视人岗相适，其基本原则仍为量才授任、量才分任，强调："行不行而后量。一曰量才，二曰量志，三曰量力。宝也，不才不能用于世固矣。"⑪ 明成祖永乐十年

---

① 《旧唐书》卷六一《窦诞传》。
② 《资治通鉴》卷一九二《唐纪八》。
③ 《清圣祖实录》卷八三，康熙十八年八月辛卯，第1064页。
④ 《御制文第二集》卷四〇《杂著》，《故宫珍本丛刊》第545册，《万寿诗·清圣祖御制诗文》第4册，海南出版社2000年版，第225页。
⑤ 《后汉书》卷三九《刘恺传》。
⑥ 《汉书》卷七一《彭宣传》。
⑦ 《后汉书》卷二九《郅寿传》。
⑧ 《后汉书》卷三八《冯绲传》。
⑨ 《通典》卷一八《选举六》。
⑩ 《全唐文》卷七三六《河中府参军厅记》。
⑪ 尹守衡：《皇明史窃》卷六二《王鸿儒传》，《续修四库全书》第317册，第296页。

（1412年），以广东泷水县县丞冯原泰善抚诸徭，升其为德庆州判官。宣宗宣德元年（1426年）七月，人称四川按察使陈琏有才，宣宗召其至，以"持宪非所长"，改南通政使，专掌国子监事。次年二月，"以不善敷奏"，改通政司左通政邹锐为湖广长沙府知府。① 清太祖"肇兴东土，选拔英豪，以辅大业。委轺杖策之士，咸与擢用，或招直文馆，或留预帷幄"。十一月，谕臣下曰："国务殷繁，必得贤才众多，量能授职。勇能攻战者，宜治军；才优经济者，宜理国；博通典故者，宜咨得失；娴习仪文者，宜襄典礼。当随地旁求，俾列庶位。"② 如此，方能人适其位，位得其人。清天聪五年（1631年），孟阿图"因多取田土，又以余地私给汉官，及择各处腴地别立庄屯，为本旗大臣阿山所劾，坐削职"，清太宗则"以其善于用兵，擢为游击"③。为确保人岗相适，明清任官还充分考虑民意。如明宣德二年五月，福建建宁府推官汤盘、四川成都府推官栾和"以九载考论至京，其民奏乞留之，遂皆升于本府"④。英宗正统九年（1444年）四月，时直隶凤阳府怀远县典史李文斌九载任满，"县民诉于巡按御史，言其性资纯笃、莅事公平，乞留复任"，遂命其复任，"升从九品俸"⑤。历代王朝不断调整任官的条件与限制，以求人岗相适，各得其宜，"各用之于其所适，施之于其所宜"⑥。

（四）任用回避

任用回避是一种任用关系的限制，历代王朝十分重视，并在实际治理过程中，不断扩大回避的范围，细化回避的规则，出现了亲

---

① 《明宣宗实录》卷二五，宣德二年二月辛未，第657页。
② 《清史稿》卷一〇九《选举志四》。
③ 《清太宗实录》卷八，天聪五年三月甲午，第119—120页。
④ 《明宣宗实录》卷二八，宣德二年五月乙卯，第738页。
⑤ 《明英宗实录》卷一一五，正统九年四月己亥，第2327页。
⑥ 《淮南子》卷一一《齐俗训》。

属回避、籍贯回避和职官回避等情形。

汉代时，已有任官回避之制，主要包括地方官员、宗室外戚、宦官子弟等的任官回避。西汉刘歆出补为河内太守，"以宗室不宜典三河，徙守五原"①。汉成帝时，"有司奏野王王舅，不宜备九卿"，遂"以秩出为上郡太守"②。东汉初，"朝议以州郡相党，人情比周，乃制婚姻之家及两州人士不得对相监临"。灵帝时，始行"三互"回避法，谓："初，朝议以州郡相党，人情比周，乃制婚姻之家及两州人士不得对相监临。至是复有三互法，禁忌转密，选用艰难。"③ 严禁有婚姻关系者及两州之人交互为官，如甲州人士在乙州为官，乙州人士在丙州为官，则丙州人士对甲、乙、丙三州均需回避；并且规定：官员不得在原籍任职，有血亲和姻亲关系者不得在同一部门或地区任职。规定：婚姻之家及两州人不得交互为官。时有冯琨将作大匠，转河南尹，上言："旧典，中官子弟不得为牧人职"④，未允，复为廷尉。此外，西汉时，为保证皇帝的安全，规定"王国人不得宿卫补吏"⑤，此乃职官回避的开端。

隋唐时期，任官回避趋于严格，尤其是籍贯回避，甚至出现了"尽用他郡人"⑥ 的情况。唐代除京兆、河南府官外，地方官员不得在原籍及邻近州县任职，"州市令不得用本市内人，县市令不得用当县人。博士、助教部内无者，得于旁州通取"⑦。永泰元年（765年）七月，唐代宗又下诏："不许百姓任本贯州县官及本贯邻县官，京兆、河南府不在此限"⑧。宪宗元和三年（808年）四月，

---

① 《汉书》卷三六《刘歆传》。
② 《汉书》卷七九《冯野王传》。
③ 《后汉书》卷六〇下《蔡邕传》。
④ 《后汉书》卷三八《冯绲传》。
⑤ 《汉书》卷七二《龚胜传》。
⑥ 《文献通考》卷六三《职官考十七》。
⑦ 《唐六典》卷三〇《上州·中州·下州官吏》。
⑧ 《册府元龟》卷六三〇《铨选部·条制第二》。

官员任用再次强调"其观察使刺史所举人,不得授以本州府县令"①。除籍贯回避外,唐代对于官员亲属任职方面也有相应的限制。如规定:亲族不能监临,宰相之子不能任谏官,官员交流任职时"戚属不任台省"②;叔父兄弟,也不许同省为郎官。元和初,李德裕"以父再秉国钧,避嫌不仕台省,累辟诸府从事"③。天祐末,豆卢革之子授拾遗,"父子同官,为人所刺,遂改授员外郎"④。宋代进一步完善了任用回避的相关规定,亲属回避的范围比唐代更广。⑤仁宗康定二年（1041年）,翰林学士丁度言,"详定服纪亲疏在官回避条制,请本族缌麻以上亲及有服外亲,并令回避,其余勿拘"⑥,上从其言。宋宁宗时,《庆元条法事类·职制门》规定:"诸称亲戚者,谓同居若缌麻以上,母妻大功以上亲,女婿、于妇之父祖兄弟,母妻姐妹、外孙及甥之夫。诸缘婚姻应避亲者,定而未成亦是。"此外,北宋实行"别头试"制度,即在省试对考官亲属另行考试,"士有亲戚仕本州,或为发解官,及侍亲远宦,距本州二千里"⑦。

至明清,任官回避行而不辍,并形成更为具体的回避规制。一是避籍,即官员避开原籍及紧邻地区任职。洪武年间,定南北更调之制,南人官北,北人官南。其后渐成定制,除学官之外,其他皆不得任官本省,亦不限南北。另《大明律》明确规定"凡流官注拟,并须回避本贯"。《清会典》则规定"户、刑二部司官避本省司分,顺天、直隶人员避五城指挥吏目,汉军避直隶府道以下等官,亦不得用刑部司官。外任官避原籍、寄籍及邻省接壤五百里以

---

① 《唐会要》卷六九《县令》。
② 《新唐书》卷一二四《姚崇传》。
③ 《旧唐书》卷一七四《李德裕传》。
④ 《旧五代史》卷六七《豆卢革传》。
⑤ 苗书梅:《宋代官员选任和管理制度》,河南大学出版社1996年版,第308页。
⑥ 《续资治通鉴长编》卷一三〇,庆历元年正月戊寅。
⑦ 《宋史》卷一五五《选举一》。

内，教职止避本府"①。并且规定：现任各官，"有任所与原籍乡僻小路在五百里以内者，均令呈明该督抚酌量改调回避……如应声说回避，而不声说并虚捏者，一经查出，皆照例议处。"② 二是避亲，即官员避开血亲、姻亲及门生等亲密关系任职。明代强调"凡内外管属衙门官吏，有系父子、兄弟、叔侄者，皆须从卑回避"③。清代进一步规定"凡回避，京官尚书以下，笔帖式以上，祖孙、父子、伯叔、兄弟不得同任一署，令官卑者回避，官同则后补之人回避。外任官于所辖属员，有五服之族及外姻亲属，母之父及兄弟，妻之父及兄弟，己之女婿适甥，儿女姻亲师生，乡会同考官取中者，均令属员回避"④，将师生关系也纳入回避范畴。雍正七年（1729年），政府明确规定乡试、会试中，"若取中之人为督、抚、司、道，而考官适在下属，应令官小者回避"⑤。三是避官，即某些官员避开某些部门或职位任职。明代规定：王亲不得任京官；父兄伯叔任两京堂上官（即六部、都察院、大理寺、通政使等朝中三品以上官员），其子、弟、侄不得任科道等监察官员，如有则须改调其他部门；⑥ 京堂上官外调任正三品职务者，按例不得补任按察使，而只能补任参政，支正三品俸禄；⑦ 洪武时，为保证江南赋税供给，曾诏令苏州、松江、浙江、江西等籍官员不得任职户部，"户部一

---

① 乾隆《大清会典》卷五《吏部·铨政》，《景印文渊阁四库全书》第619册，第74页。
② 乾隆《大清会典则例》卷五《吏部·月选二》，《景印文渊阁四库全书》第620册，第150页。
③ 刘维谦等：《大明律》卷二《吏律一》，《四库全书存目丛书》史部第276册，第524页。
④ 乾隆《大清会典》卷五《吏部·铨政》，《景印文渊阁四库全书》第619册，第74页。
⑤ 乾隆《大清会典则例》卷五《吏部·月选二》，《景印文渊阁四库全书》第620册，第152页。
⑥ 正德《明会典》卷二《吏部一·改调》，东京：汲古书院1983年版，第52页。
⑦ 万历《明会典》卷五《吏部四·改调》，中华书局1985年版，第29页。

曹，不许苏、松及浙江、江右人为官吏"①。清代规定："户、刑二部司官避本省司分，顺天、直隶人员避五城指挥吏目，汉军避直隶府道以下等官，亦不得用刑部司官。外任官避原籍、寄籍及邻省接壤五百里以内，教职止避本府。"②

历代对于任官回避的规定虽略有不同，但总体上来看，任官回避的范围越来越大，有关回避内容的规定也日益详尽，在一定程度上制约了各级官员结党营私、贪污腐败行为，确保了官员任用的客观性和公正性。

（五）履历贡献

任官履历是官员个人治理经历的重要总结，也是能够被授予官职、委以重任的重要依据。所谓"授官、予爵、出禄不以功，是无当也"③。中国古代，一直重视官员的履历，其中贡献突出者，甚至能得到皇帝的特殊任命，不囿于常次，破格提拔。

官员的履历贡献是皇帝特殊任命的重要依据。早在战国时期，商鞅便在变法中提出"军功爵制"，主张"食有劳而禄有功"④，将履历贡献作为任官的标准，开始从根本上动摇"世卿世禄"制度。在变法运动的推动下，赵、燕、韩、齐等国也纷纷效仿，实行以履历贡献为依据的任官制度，"不别亲疏，不殊贵贱"⑤。此后，历代皆重履历，有功即擢升，授爵以酬其功。

在所有的履历贡献中，以军功最为历代所重。西汉昭帝即位之初，隽不疑发觉"齐孝王孙刘泽交结郡国豪杰谋反，欲先杀青州刺

---

① 谢肇淛撰，傅成校点：《五杂组》卷一五《事部三》，上海古籍出版社2012年版，第269页。
② 乾隆《大清会典》卷五《吏部·铨政》，《景印文渊阁四库全书》第619册，第74页。
③ 《商君书·勒令第十三》。
④ 《说苑》卷七《政理》。
⑤ 《史记》卷一三〇《太史公自序》。

史",将一众叛党收捕,汉昭帝念其功,"擢为京兆尹,赐钱百万"①。光武帝建武十五年(39年),王景"从驾东巡狩,至无盐,帝美其功绩,拜河堤谒者,赐车马缣钱"②。唐代,有臣名曲环,以勇敢、善骑射闻名。天宝中,曲环"从哥舒翰攻拔石堡城,收黄河九曲、洪济等城,累授果毅别将",及安禄山反,其又"从襄阳节度鲁炅守邓州,拒贼将武令珣,战数十合,(曲)环功居多,超授左清道率"③。又有明臣章聪,初授广西道监察御史,寻敕巡延绥边郡,"既而拣阅湖广军马事,所至有成绩"④,遂擢为广西按察使。宋神宗熙宁八年(1075年),时逢入内副都知张若水"久病在告阙官",李宪"以有功洮西,故超授之"⑤。元臣伯颜,十五岁时,即"侍武宗于藩邸,从北征海都,累功为诸将先,赐号拔都鲁",及元武宗即位,累迁御史中丞,至尚书平章政事。⑥ 逮明成祖起兵谋事,李彬"为前锋,转战有功,累迁右军都督佥事"⑦。清初,赵应奎"从恭顺王孔有德征湖南、广西,俱有功",遂"累迁至湖广施南副将"⑧。咸丰三年(1853年),清文宗谕:"着奕经、吕贤基、刘裕鉁察看地方情形,何处紧要,饬令该员带勇剿捕;如能倍加奋勉,着有劳绩,即着随时保奏,朕必破格擢用。"⑨ 据此,可知朝廷对履历中军功贡献所视之重。

除军功外,凡于国有宜,皆为贡献,亦为皇帝特殊任命的重要依据。汉成帝时,辕丰"为长安令,治有能名,擢拜司隶校尉"⑩。

---

① 《汉书》卷七一《隽不疑传》。
② 《后汉书》卷七六《王景传》。
③ 《旧唐书》卷一二二《曲环传》。
④ 《明英宗实录》卷二一九,景泰三年八月己丑,第4743页。
⑤ 《续资治通鉴长编》卷二六四,熙宁八年五月甲戌。
⑥ 邵远平:《元史类编》卷一五《宰辅五》,岳麓书社2004年版,第1061页。
⑦ 《明史》卷一五四《李彬传》。
⑧ 《清史稿》卷二五七《赵应奎传》。
⑨ 《清文宗实录》卷一百〇八,咸丰三年十月癸酉,中华书局1986年版,第649页。
⑩ 《汉书》卷一〇《成帝纪》。

三国时期，吴国臣子张纯"少厉操行，学博才秀，切问捷对，容止可观。拜郎中，补广德令"，后因"治有异绩，擢为太子辅义都尉"①。唐武则天时期，崔神庆因"历职皆有美政，又其父尝有翊赞之勋"，遂"擢拜并州长史"②。宋初，侯赟为诸卫将军，"先是，朝廷岁仰关中谷麦以给用，（侯）赟掌其事历三十年，国用无阙"，遂"累迁至右武卫将军"③。明初，郭云因"用为溧水知县，有政声"，太祖"特擢南阳卫指挥佥事"④。永乐中，李敬臣"以才能卓异荐于朝。历官有声，累迁刑部右侍郎"⑤。清康熙二十五年（1686年），帝以江宁巡抚汤斌"在江苏，洁己率属，实心任事"，"故行超擢"⑥，遂命其担任礼部尚书管詹事府事一职。

履历贡献，是官员工作成果的重要总结。以履历贡献任官，一方面是任官条件公开性、公平性的重要体现；另一方面，能够激励官员在任职过程中恪守本分，脚踏实地做好本职工作。

（六）考核结果

官员考核是对官员政绩的考察，其结果直接关系到官员的改调与升降。中国古代通过定期对官吏进行考核，并将考核结果作为官员升迁贬谪的依据，以此来对官员进行激励与约束，加强官员建设，从而减少腐败。

早在虞舜时，便已出现了官员考核制度。《尚书·舜典》中载："三载考绩，三考黜陟幽明，庶绩咸熙。"⑦每三年考核一次官员的政绩，经历三次考核后，依据其考核结果对官员进行擢升和贬谪。

---

① 《三国志》卷五九《吴书十四·孙和传》。
② 《旧唐书》卷七七《崔神庆传》。
③ 《宋史》卷二七四《侯赟传》。
④ 《明史》卷一三四《郭云传》。
⑤ 嘉靖《陕西通志》卷二八《文献十六》，《华东师范大学图书馆藏稀见方志丛刊》，北京图书馆出版社2005年版，第199页。
⑥ 《清圣祖实录》卷一二六，康熙二十五年闰四月甲戌，第338—339页。
⑦ 《尚书·舜典》。

西周时期，每年一考，称"岁考"，三年一核，称"大计"。《周礼》中载："岁终，则令百官府各正其治，受其会，听其政事，而诏王废置。三岁，则大计群吏之治而诛赏之。"[1] 秦代实行上计制度对官员进行考核。汉代时，"秋冬集课，上计于所属郡国"[2]。其中政绩较优的，可以得到相应的擢升，考核不合格的官员也会得到相应的惩罚。西汉大臣黄霸，初为颍川太守，后"以治行第一入守京兆尹"[3]。西汉官员朱邑，举贤良为大司农丞，迁北海太守，后"以治行第一为大司农"[4]。汉元帝时，"京房作考功课吏之法"，至东汉时，"改尚书三公曹，主岁书考课，课诸州郡"[5]。章帝建初元年（76年），鲁丕因"视事期年，州课第一，擢拜青州刺史"[6]。魏晋南北朝时期，在继承前代考核制度的基础上，进一步规范了考核流程，丰富了考核的内容。北魏规定："任事上中者，三年升一阶，散官上第者，四载登一级。"[7] 明确了考核时间与升迁幅度。

隋文帝时，"每岁考殿最。刺史、县令，三年一迁，佐官四年一迁"[8]。唐代时，将"四善"和"二十七最"作为标准，将考核分为九等，其中考核结果直接影响官吏的晋升或降职。《新唐书》载："凡考，中上以上，每进一等，加禄一季；中中，守本禄；中下以下，每退一等，夺禄一季。中品以下，四考皆中中者，进一阶；一中上考，复进一阶；一上下考，进二阶；计当进而参有下考者，以一中上覆一中下，以一上下覆二中下。上中以上，虽有下

---

[1] 《周礼·天官·大宰》。
[2] 《后汉书》卷一一八《百官志五》。
[3] 《汉书》卷七六《张敞传》。
[4] 《汉书》卷八九《朱邑传》。
[5] 《通典》卷二三《职官五》。
[6] 《后汉书》卷二五《鲁丕传》。
[7] 《魏书》卷二一上《刘雍传》。
[8] 《隋书》卷二八《百官志下》。

考，从上第。有下下考者，解任。"① 德宗时，宰相卢迈，将"转给事中，属校定考课，迈固让，以授官日近，未有政绩，不敢当上考"②。由此足见考核对于官员改调、升迁的影响之重。宋代时，规定"凡内外官，计在官之日，满一岁为一考，三考为一任"③，"守倅考县令，监司考知州，考功会其已成，较其优劣而赏罚之"④。宋真宗时期，出现了磨勘制度。自磨勘制度出现后，"率以法计其历任岁月、功过而序迁之"⑤，"政能可旌者，擢以不次。无所称者，至老不迁"⑥。

　　明清时期，官吏考核制度已经相对完备了。明代，"考满之法，三年给由，曰初考，六年曰再考，九年曰通考，依职掌事例考核升降"。明太祖洪武十八年（1385年），吏部言"天下布、按、府、州、县朝觐官，凡四千一百一十七人，称职者十之一，平常者十之七，不称职者十之一，而贪污阘茸者亦共得十之一"，太祖令"称职者升，平常者复职，不称职者降，贪污者付法司罪之，阘茸者免为民"。⑦ 神宗万历元年（1573年），首辅张居正为加强对各级官吏的考核，又制定了"考成法"。三十年（1602年）七月，尚宝司司丞吴华"以九年考满称职，升尚宝司卿"⑧。清承明制，官吏考核主要有考满与大计。清政府规定"在内四品、在外布政使以下各官，俸满三年，移送吏部、都察院考核，分为称职、平常、不称职三等具题"⑨，凡考满官员称职者，准其复职。顺治九年（1652年）

---

① 《新唐书》卷四六《百官志一》。
② 《旧唐书》卷一三六《卢迈传》。
③ 《宋史》卷一六三《职官志三》。
④ 《宋史》卷一六〇《选举志六》。
⑤ 《宋史》卷一六三《职官志三》。
⑥ 《续资治通鉴长编》卷一四三，庆历三年九月丁卯。
⑦ 《明史》卷七一《选举志三》。
⑧ 《明神宗实录》卷三七四，万历三十年七月己卯，第7032页。
⑨ 康熙《大清会典》卷一〇《吏部·考功清吏司》，第102页。

正月，工部侍郎李显贵"以不称职解任"①。天聪八年（1634年）十一月，朝廷以六部各官三年考核结果，分别升授官职，其中萨木哈图"初以骁骑校从征大同，率本甲喇兵攻保安，有第四登城功；擢户部参政。至是，考满；以称职，升牛录章京"②。

事实上，依据考核结果来决定官员的改调、升降，一方面能够保证官吏队伍的素质，维护官僚体系的有序运行；另一方面，更是体现着任官制度的公平与公正。历代通过不断完善官吏考核制度，来甄别并淘汰其中"才力不及""年老懒惰""处政不谨"的官员，以加强官员建设。

（七）身份限制

任官身份主要包括家世身份、职业身份、民族身份等。在等级观念森严、身份标准鲜明的专制时代，任官的身份限制因时而异，一直存在。

一是家世身份限制。隋唐科举之前，任官的家世身份限制较为严格。先秦时，世卿世禄制度就是依据家族血缘亲疏确定各级官员的任命，依据血缘世袭确定等级尊卑和官爵高下。军功爵制一定制度上取消了宗法贵族享有的世袭特权，规定凡立有军功者，不问出身门第，皆可享受爵禄，仅凭血缘关系已难获得高官厚禄和爵位封邑。九品中正制时，家世身份限制主要表现为门第之别。身份低下者，被分为奴客、皂隶、商贩、屯牧、军户、役门等。他们被立为"贱籍"，一般不能做官，或仅可出任小吏。身份较高者，则被分为甲姓、乙姓、丙姓、丁姓或高梁、膏粱、华腴、素族、寒门等。他们被立为"仕籍"，一般可以做官，但门户高低不同，所任官职也有不同，户高则官高，户低则官低，实际限制了低等士族的登进之

---

① 《清世祖实录》卷六二，顺治九年正月乙酉，第486页。
② 《清太宗实录》卷二一，天聪八年十一月乙丑，第278页。

路。科举时代，家世限制依然存在，如清代规定"道员以下不授宗室"①，但较之以往，已明显淡化，除"奴户""杂户"和"蕃户"外，其他高族或者寒门，只要考试合格，大多可以位列缙绅，跻身显要。

二是职业身份限制。秦汉时，任官多择选出身"非医、巫、商贾、百工"的良家子弟。在孝惠、高后时，以天下初定，"复弛商贾之律，然市井之子孙亦不得仕宦为吏"②。汉文帝时，又明确规定"贾人、赘婿及吏坐赃者皆禁锢不得为吏"③。魏晋南北朝时，任官多重门第，限制寒门子弟出任高官。正如《陔余丛考》中载："六朝最重氏族，盖自魏以来，九品中正之法行，选举多用世族，下品无高门，上品无寒士。当其入仕之始，高下已分。"④ 及唐代，对商人入仕仍有限制，规定"凡官人身及同居大功已上亲自执工商，家专其业，皆不得入仕"⑤。宋代时，"凡今农工商贾之家，未有不舍其旧而为士者也"⑥。可知这一时期对于商贾之家任官的限制已经逐渐放开了。

三是民族身份限制。深受"夷夏"观念的影响，古代任官常有民族身份的差异或限制，这在元、清两代表现得最为突出。元朝作为少数民族建立的第一个大一统王朝，任用官员会有一定的民族限制，基本原则是：蒙古人身为统治民族，享受任官优先的特权，其次为色目，再次为汉人，最后为南人，"官有常职，位有常员，其长则蒙古人为之，而汉人、南人贰焉"⑦，诸色目人也要比汉人优一

---

① 《清史稿》卷一一〇《选举五》。
② 《史记》卷三〇《平准书》。
③ 《汉书》卷七二《贡禹传》。
④ 赵翼：《陔余丛考》卷一七《六朝重氏族》。
⑤ 《唐六典》卷二《吏部尚书》。
⑥ 黄以周等：《续资治通鉴长编拾补》卷四《神宗》，中华书局2004年版，第161页。
⑦ 《元史》卷八五《百官志一》。

等荫叙。① 世祖至元五年（1268年），元廷"罢诸路女直、契丹、汉人为达鲁花赤者，回回、畏兀、唐兀人仍旧"②。成宗大德元年（1297年），规定：各道廉访司须选拔蒙古人为使，若有缺员，以色目世臣子孙为之，其次则可以参用色目、汉人等。③ 至大四年（1311年），武宗下诏："诸职官子孙承荫，须试一经一史，能通大义者免傥使，不通者发还习学，蒙古、色目愿试者听，仍量进一阶。"④ 其中，"诸职官子孙"主要指汉人职官子孙。天历元年（1328年），文宗又命："凡各道廉访司官，用蒙古二人，畏兀、河西、回回、汉人各一人。"⑤ 缘此，明人叶子奇有"台省要官皆北人为之，汉人南人万中无一二"⑥ 的感慨。至至正十二年（1352年），惠宗认为：以往中书省、枢密院和御史台三大中枢机构不用南人，似有偏负，遂主张"南人有才学者，皆令用之"。此后，"累科南方之进士，始有为御史，为宪司官，为尚书者矣"⑦。及明代，任官民族界限被打破，一方面在西南少数民族地区实行土司世袭制度；另一方面规定各族士人皆可按照铨选制度入仕为官。清代时，官员任命常有满、蒙、汉之别，规定："顺天府府尹、府丞，奉天府府丞，京府、京县官，司、坊官不授满洲。刑部司官不授汉军。外官从六品首领，佐贰以下官不授满洲、蒙古。道员以下不授宗室"⑧。康熙七年（1668年），又特别强调：凡总督、巡抚员缺，山陕督抚俱用满人。⑨ 此外，"凡宗室京堂而上，得用满洲缺。蒙古

---

① 《元史》卷八三《选举志二》。
② 《元史》卷六《世祖纪三》。
③ 《元史》卷一九《成宗纪二》。
④ 《元史》卷八三《选举志三》。
⑤ 《元史》卷三二《文宗纪一》。
⑥ 叶子奇：《草木子》卷三上《克谨》，中华书局1959年版，第49页。
⑦ 《元史》卷八一《选举志一》。
⑧ 《清史稿》卷一一〇《选举五》。
⑨ 康熙《大清会典》卷七《吏部·满缺升补除授》，第62页。

亦如之。内务府包衣亦如之。汉军司官而上，得用汉缺。京堂而上，兼得用满洲缺"①。此举不仅避免了官缺过多，又兼顾了各族官员的出仕权益。

历代对于任官身份限制意涵不同，形式各异，但贵族与平民的任官差异却贯穿始终。唐宋以前，任官的身份限制主要是限制门第，择选良家子弟，限制商人任官，而少数民族政权则主要是限制民族，对于少数民族任官给予一定的照顾。

（八）培养历练

中国古代官员的培养历练，主要依赖学校与科举，"吏治先教化，学校者，教化之源也"②。官员在获得任官资格前，需要入学接受教育，只有入学后，通过科举等考试才有机会入仕。明清时期，更是设有"观政"制度，旨在正式任命前培养官员的处政能力。

夏商周时期，贵族子弟在任官前会经历一系列的培训。《礼记·王制》载："乐正崇四术，立四教，顺先王诗、书、礼、乐以造士。春秋教以礼乐，冬夏教以诗书。"③ 魏晋南北朝时期，设有太学，学生只有通过"射策"考试，才能拥有被任用为官的资格。唐文宗时期亦强调在正式授官前培养历练进士。大和九年（835 年），中书门下奏："伏以国家取士，远法前代，进士之科，得人为盛。然于入仕，须更指挥，必使练达，固在经历。起来年进士及第后，三年任选，委吏部依资尽补州府参军、紧县簿尉。官满之后，来年许选，三考后，听诸使府奏用，便入协律郎、四卫佐；未满三考，不在奏改限。"④ 据此可知，进士出任地方官经过历练后，才更有机会得到升迁至中央的机会。宋代也倡导官员"历试"，认为："自

---

① 光绪《大清会典》卷七《吏部·文选清吏司》，第 59 页。
② 李梅宾等：乾隆《天津府志》卷三五《青县改建儒学碑记》，清乾隆四年（1739 年）刻本，第 16 页。
③ 《礼记·王制》。
④ 《册府元龟》卷六四一《贡举部·条制第三》。

古用人，必须历试。虽有卓异之器，必有已成之功。"①强调新任官员需经"历试"磨炼后酌情擢任。

明代则设有"观政"制度，意在帮助新科进士熟悉政府运作，培养其理政能力。早在洪武六年（1373年）二月，太祖便对科举所取之士多不擅实政的情况感到不满，谕中书省臣曰："今有司所取，多后生少年，观其文词，若可与有为，及试用之，能以所学措诸行事者甚寡。朕以实心求贤，而天下以虚文应朕，非朕责实求贤之意也。今各处科举宜暂停罢，别令有司察举贤才，必以德行为本，而文艺次之，庶几天下学者知所向方，而士习归于务本。"②太祖遂以科举所取之士多长于文墨，短于实政，暂停科举。后太祖为弥补科举选任官吏的不足，增加了进士"观政"的措施。此后，进士在经过科举考试后，不会被立即授予实官，而是经历一段时间的培养历练，方能任官。十八年（1385年）三月，太祖以诸进士"未更事，欲优待之，俾之观政于诸司，给以所出身禄米，俟其谙练政体，然后擢任之"③。《万历野获编·内阁》载："凡甲科各衙门观政期满，未能授官者，曰某部办事进士，盖俱以政务所自出也。"明代进士即使观政期满，也未必能得到授官机会，足见明代对官员培养历练的重视。

清承明制，亦设观政制度。清初，进士"原照历来旧例，发榜之后，分拨各部，观政三月，然后铨选"④，"各衙门观政进士，听堂官约束，习学政务，久已遵行"⑤。康熙年间，御史许惟模认为"凡预进士之选者，不患文义不娴，患未能通知世务，经济优长耳。

---

① 茅维编，孔凡礼点校：《苏轼文集》卷二五《奏议·上神宗皇帝书》，中华书局1986年版，第738页。
② 《明太祖实录》卷七九，洪武六年二月乙未，第1443—1444页。
③ 《明太祖实录》卷一七二，洪武十八年三月丙子，第2627页。
④ 魏源：《清经世文编》卷一七《吏政三》，中华书局1992年版，第424页。
⑤ 《清世祖实录》卷一七，顺治十五年五月丙寅，第916页。

然则教习进士者，当以钱、谷、兵、刑等事课其实政，不必如教习词臣，穷经学史，考校诗文，以定高下也"①。此外，他还主张进士观政应明确时限，"每限三月，次第遍输，将见行则例，俾之讲究学习。不过二年，而六部事务，无不悉知。其中果有才品超卓、通达治体者，听各部满汉堂官，填注考语，破格保题引见，遇应得知县缺出，先用以为鼓舞"②。后雍正年间，清廷基本依照许惟模的建议严格实施了观政制度，凡进士皆需通知世务后才能被授予官职，其中表现优异者，甚至能够得到破格提拔。

纵观中国历代对官员的培养历练，皆与学校、科举的发展相始终。在学校接受教育是入仕的基础，通过科举则是获得了做官的资格。科举之前，需经过学校的培养才有机会入仕。如汉代设科射策，只要成绩合格，即可授予官职。科举以降，进士科举考试合格后即可被直接授予官职。至明代，开始正式提出并实施观政制度，培养进士学习钱、谷、兵、刑等事课实政，提升其处政能力。在观政期间，表现不佳者将难以授官，有才品超卓、通达治体者，甚至会被破格提拔，不待观政期满，即可提前授予实职。

结　语

人才是国家治理的第一资源，如何选好人才、用好人才、管好人才，是古今政治之核心、治国之要务。自古君主，最关切的国之大事无非"敬天、图治、察吏、忧民"③。而"察吏"作为大事之一，既是图治忧民的关键所在，所谓"吏治之臧否，关生民之休

---

① 魏源：《清经世文编》卷一七《吏政三》，第424页。
② 魏源：《清经世文编》卷一七《吏政三》，第424页。
③ 吴亮：《万历疏钞》卷一〇《恳乞圣明公台谏之选以清言路疏》，《续修四库全书》第468册，第465页。

戚"①；也是治国理政的成功要道，所谓"天下之治乱，系于吏治之得失"②。史实表明："察吏"之要，不仅在于从观念上尊崇人才，重视人才，而且在于从制度上选好官员，用好官员。于此，历代统治者秉持"举官任人，国之大典"③的理念，因时制宜，传承创新，概括出一系列深刻、务实的治官思想，探索出一系列系统、规范的治官制度，总结出一系列独特、有效的治官经验。

一是选官是治国的前提。人才之进退，关涉吏治之污隆，政治之得失，"治吏得人，则吏无不治"④。选好人才，就是在从官员来源上确保官员的整体素质和综合能力，这是国家治理的重要前提。历代王朝求贤若渴、珍视人才的优良传统，既体现在选官理念、选官标准的不断更新和日益多元，也体现在选官方法、选官制度的不断创新和日臻完善。在选官观念和标准上，无论是"任人唯亲"还是"唯才是举"，是"以功赏爵"还是"尚智重才"，是"以德为本"还是"德才兼备"，都侧面反映了不同历史时期的独特社会形态、政治生态和治理状态，也正面适应了不同历史时期的特殊治官需要、治民需要和治国需要。因此，在中国历史上出现了乱世群雄"唯才是举"，治世明君"德才兼备"的异样选官画面，也出现了世袭时代唯亲是举，官僚时代多元并举的不同选官准则。在选官方法和制度上，历代王朝既因时而需，实行了世官、军功、察举、九品、科举等主导性选官制度；也因需而变，实行了荐举、客卿、吏员、荫叙、捐纳等补充性选官制度；还因变而行，实行了保举、育才、历事、监察等配套性选官制度。这些制度在不同历史时期主次

---

① 罗彰彝等修：《陇州志》卷四《官师志》，三秦出版社2017年版，第238页。
② 陈忠倚：《皇朝经世文三编》卷七二《破欧洲五国合纵连横策》，《近代中国史料丛刊》第76辑，台北：文海出版社1966年版，第1074页
③ 曾枣庄、刘琳主编：《全宋文》卷一〇八一《论差除敕不由封驳司札子》，辞书出版社2006年版，第61页。
④ 宋祖乙等修：崇祯《永年县志》卷五《吏部员外郎申佳胤并妻敕命》，《明代孤本方志选》第7册，中华全国图书馆文献缩微复制中心2000年版，第397页。

各异，并行不悖，交错施用，共同构成中国古代选官制度的主体结构和总体格局。在选官实践和经验上，历代王朝选拔官员坚持"德才兼备""以德为本"的用人原则，围绕作为人、才和官的道德标准与身份关系，强调只有先做"善人"，才能成为"贤才"，唯有成为"贤才"，才能成为"良吏"。在古人看来，"执事之臣，宜用善人"①，"国无善政，不用善人"②。在独尊儒术，崇尚德性的时代，这种"善人"政治成为统治者孜孜追索的理想治国境界。亦正因如此，历代王朝在选官实践中，始终把选贤任能与清官廉吏联系起来，始终把清官廉吏与善人善政联系起来，并形成极具时代特色的选官机制和发人深省的选官经验。诸如：选官是为仕途把关，更是为政治把关，因而古代坚持将选官之权归于中央，形成以君主为核心的选官体系和官僚体制；官员来自社会各界，当然也来自官员群体内部，因而古代选官时既尊重民众意愿，也参照官员意见，一定程度上实现了制度选官、官员选官和民众选官的有效联合；制度选官，贵在执行，重在落实，因而古代出台了连带责任、巡视督查、层级备案等选官配套措施，在一定程度上保证了取人有道，选官得才，实现了制度性、原则性和灵活性的有机结合。

二是任官是治国的关键。任官以职事，关涉吏治之损益，治国之功效，"任官得其人，故无为而治"③。用好人才，就是在从官员任职上确保人岗相适，用当其时，人尽其才，这是国家治理的关键环节。古人所谓："凡官民材，必先论之，论辨然后使之，任事然后爵之，位定然后禄之。"④ 即道出了选官、任官和治官的自然法则和逻辑关系。历代王朝在招贤纳士、择贤选士之时，也重视识人度

---

① 《诗经·大雅·荡》郑玄笺。
② 于鬯：《香草校书》卷一四《诗四》，中华书局1984年版，第288页。
③ 《论语·卫灵公》何晏注。
④ 《礼记·王制》。

才、任官置吏，强调"谨任吏之法，严取士之规"①，"官才任贤，群善必举"②。在任官理念上，纵然在血缘、地缘、学缘、族缘等错综复杂的人际网罗中，从至高君主到普通臣民，皆难以彻底摆脱人情世故对任官用人的纠缠和束缚，但出乎"任人以公""公耳忘私"责任意识和家国情怀的理性考量，历代政治家依然在突破私情、私怨、私利的任官实践中，总结出识人善任、量才授职、用人以诚、不拘一格、赏善惩恶、大度容人等一系列传延不绝、古今适用的宝贵任官思想，催生了一系列明君用名臣、贤良佐圣主的经典任官故事。在任官类型上，官僚政治的独特等级秩序和权力结构，决定了古代任官的类型、等级、程序、职权、形式等因人而异、因事而异、因官而异。或由君主拜任，或由部门授任，或由官员荐任；或初次任官，或复次任官，或多次任官；或定期任官，或临时任官，或特殊任官。在任官用人的实践探索中，历代王朝绍前启后，除旧革新，逐渐形成拜授、封赠、特简、试用、荐任、改调、补缺、兼任、会议、差遣等一系列形式多样、意蕴丰富的任官类型，产生了数途并举、互为补充的任官功效，造就了识才爱才、聚才用才的任官局面。在任官条件上，历代王朝皆有近乎标准、日益开放、更趋公平的任官条件，或注重德才政绩，如学识修养、培养历练、考核结果等，或注重资格资历，如年龄任期、任用回避、履历贡献等。任官条件的具体细化和多元灵活，以更加明确的德、行、能、才条件，进一步提升了步入官场的门槛，再一次确保了入仕为官的素养，在一定程度上彰显了官僚制度下，"任贤良以职事"③"任官惟贤材"④的治官路径，在一定程度上反映了王权政治

---

① 曾枣庄、刘琳主编：《全宋文》卷四五七《代中书诏定大乐名议》，辞书出版社2006年版，第54页。
② 《三国志》卷一《魏书·武帝纪》。
③ 《左传·昭公十四年》孔颖达疏。
④ 《尚书·咸有一德》孔颖达疏。

下,"君子之光,济事任人"①"王者任人,不可不慎"②的治国模式。其中所蕴含的严慎任官理念、务实任官策略和多样任官渠道,至今仍闪耀着智慧的光芒。诸如:任官时,既要识人知人,也要莅事明理,更要任使以责,在考察人才、调查事由的基础上,力争做到职事为上、人岗相适、人事相宜;任官时,既要集中任官权力,又要分散任官路径,充分发挥君主任官的主导优势,兼顾部门任官的政治优势,利用官员任官的组织优势,在规定条件、规范程序的基础上,力争做到自上而下任官有理有序,自下而上任官有根有据;并在尽量避免"任官不当,则庶事不理"③,"冗官至多,授任既轻"④的同时,真正实现任事良吏在职、治国能臣在任的任官佳境。

三是治官是治国的保障。治官之兴废,关涉生民之休戚,天下之盛衰,"吏治修而天下无事矣"⑤,"吏治不修,由官繁乱"⑥。在中国古代,管好人才,就是要从道德、法律、制度等层面,塑造官员修己立身、慈惠爱民、忠君报国的价值取向,规约官员明政行教、遵法守纪、治事理民的行为方式,这是国家治理的根本保障。历代王朝在选贤任能的同时,更重视以长久、持续的政策措施,加强官员的道德教化、思想引导和行政规约,逐渐形成以德治官、以礼治官、以法治官、以制治官等恩威兼施、多措并举等独特治理机制。在以德治官上,古代讲求以官箴、官戒、官训等道德说教、思想劝诫、精神塑造的教化路径,导引官员恪守至忠、守道、公正、

---

① 吕岩:《吕子易说》卷下,《四库未收书辑刊》第3辑第1册,第135页。
② 严可均:《全上古三代秦汉三国六朝文·全三国文》卷七〇《典语》,中华书局1958年版,第1431页。
③ 《明史纪事本末》卷一四《开国规模》。
④ 《续资治通鉴长编》卷一四三,庆历三年九月丁卯。
⑤ 沈鲤:《亦玉堂稿》卷九《明故中议大夫通政使司左通政元泽韩公暨配传孺人祁恭人合葬墓志铭》,《明别集丛刊》第3辑第53册,黄山书社2016年版,第552页。
⑥ 钱仪吉:《碑传集》卷五四《郭御史金城传》,中华书局1993年版,第1574页。

匡谏、诚信、慎密、廉洁、良将、利人的修身之本、为官之道和成事之要，力求让官德成为淳化官场风气、引领社会风尚的官之楷模和民之表率，力求让官德成为默化公德、感化民德的人格力量和精神力量。在以礼治官上，古代讲求以君臣之礼、臣臣之礼、官民之礼的等级差异，持续维系君、臣、民之间严密、稳定的身份关系和等级制度。无论是为臣还是为官，都要在举止、称谓、站立、跪拜等礼仪制度上，做到有礼有节，有规有矩，做到"君使臣以礼，臣事君以忠"①。这种极度森严的等级观念和礼仪规范，无疑是特定历史的特殊产物，在一定程度上强化了专制统治的特权秩序，树立了官员的政治意识、纪律意识和规矩意识，但客观上也固化了君、臣、民之间的多重社会关系，僵化了治官、治民、治国的正常运作机制，无益于形成君臣和洽、官民和谐的共存状态和共治局面。在以法治官上，古代讲求以法典、法令、法律等司法手段、强制措施纠正、惩治官员的违法犯罪行为，这是在德治失效、礼治无效之后，不得已而采取的一种治官路径。古代以法治官的显著实践效果是：控制了官员的不仁之举，遏制了官员的不正之风，限制了官员的不法之行；古代以法治官的突出历史缺陷是：人治、礼治与法治始终彼此交错，相互结合，以致法律面前官民不等，法治之中官民不和的情形极为普遍。在以制治官上，古代讲求以铨选、监察、考核、俸禄、致仕等多项制度配套实行，以维护官员的基本权益，规范官员的政治行为，纠劾官员的行政缺失。这是专制时代最为系统、最具价值的治官举措：铨选以分职任，纠察以绳百僚，考核以定去留，俸禄以养廉吏，致仕以保余生。这些治官制度的形成发展和传承创新，经历了漫长的演进轨辙，包含了丰厚的思想智慧，逐渐构成古代官员治理的核心制度体系和国家治理的主流治理机制。

---

① 《论语·八佾》。

要之，治国先治官，治官即治国。古人选官、任官、治国的思想基点和实践经验，既是专制时代国家治理的前提基础和根本保障，也是中华优秀传统文化的智慧结晶和精髓所在。但与此同时，在王权至上、以官为本的君主专制时代，选官用人制度本质上是为了维系专权格局、维护专制统治和维持专治秩序，始终存在根深蒂固的"人治"观念，因而具有无法逾越的时代缺陷和历史局限。鉴古观今，继往开来，全面梳理源远流长的治官制度、传承创新博大精深的治官文化，汲取意蕴宏赡的治官智慧，对于新时代创新国家治理理论、厘清国家治理机制、构建国家治理体系，无疑具有独特的历史价值和重要的现实启示。

第 三 章

中央与地方

在世界历史上，我国古代既长期保持了文明的延续，又维持了广阔的疆域，在国家治理尤其地方管理上，建立起十分发达又独具特色的中央集权体制。本章尝试审视我国古代中央与地方关系不断变化的历程，探讨中国古代中央集权体制的渊源、形成、内涵与治理方式，为当前我国的国家治理体系建设提供历史借鉴。

第一节 中国古代中央集权体制的历史渊源

我国古代发展出以中央集权体制为特征的国家治理体系，深刻影响了整个中国古代历史面貌。那么，为什么我国古代会发展出中央集权体制呢？和我国的地理格局、政治观念有什么关系呢？这些无疑都是从深层次揭示我国古代国家治理机制的重要问题与视角。

一 中国古代"内聚型"地缘格局与广阔疆域

我国古代疆域辽阔，内部生态环境较为优越，外缘生态环境较为恶劣。我国位于亚洲东部，太平洋西岸，地势西高东低，呈阶梯状分布，最高阶梯是有"世界屋脊"之称的青藏高原，中等阶梯是包括青藏高原外缘、大兴安岭、太行山、巫山、雪峰山在内的高山、盆地区，最低阶梯是包括东北平原、华北平原、淮河平原、长江中下游平原在内的平原、丘陵区。受这种地形影响，太平洋暖湿气流北上，不断遭遇阻截，降水量的空间分布，从东南沿海向西北内陆逐渐递减，形成三大气候区：东部季风气候区，西北部温带大陆性气候区，青藏高原高寒气候区。东部季风气候区雨热同季，光、温、水匹配较好，是我国主要农业产地。西北部温带大陆性气候区光照充足，夏季较温暖，但年降水量偏少，呈绿洲、草原、戈壁、沙漠等生态景观。青藏高原高寒气候区地势高亢，光照丰富，热量不足，水分贫乏，以畜牧业为主。我国古代在东部季风气候区，发展出古代世界规模最大、技术最先进的农业经济。冀朝鼎把这一区域定义为我国历史上的"基本经济区"。[1] 而华夏文明就起源于"基本经济区"的一部分——黄河中下游地区。与东部季风气候区相比，西北部温带大陆性气候区、青藏高原高寒气候区只能发展畜牧业、狩猎业与较为粗放的农业，经济条件较差。

这种生态格局为我国古代提供了安全而优越的地理空间，形成了"内聚型"政治格局。一方面，利用"基本经济区"的经济优势，中原王朝保持了强大国力，有力地控制了边疆地区，不断进行经济开发，推动文化传播。另一方面，边疆少数民族虽然对中原王朝构成了长期威胁，北方民族尤其拥有强大的骑兵优势，但在落后的经济条件下形成的文明，都不足以对中原文明构成具有实质意义的挑战，反而在富庶内地的吸引下，不断进入中原，接受中原文明的熏陶，推动了中华文化的不断整合与丰富。至于海外文明的挑战，由于航海技术的限制，直到明中后期，才开始遭受"倭寇"与"壬辰倭乱"的威胁。"海之有防，历代不见于典册，有之自明代始，而海之严于防，自明之嘉靖始。"[2]

---

[1] 冀朝鼎：《中国历史上的基本经济区与水利事业的发展》，朱诗鳌译，中国社会科学出版社1981年版，第10页。

[2] 蔡方炳：《广治平略》卷三六《海防篇》，《四库禁毁书丛刊》，北京出版社2000年版，第697页。

在"内聚型"政治格局影响下,我国古代长期保持了国家的统一,统一而非分裂是我国历史的主流,庞大的国家共同体为中华文化提供了强大的政治支持。夏、商、周以华北平原、关中平原为核心,加强对周边地区的管理,开始建立起国家。夏、商虽然只是一种族邦联盟,中央与地方的关系比较松散,但仍然在形式上建立起统一的国家政权。虽然这一时期还未出现"中国"的概念,但通过商代王畿与四土、四方、四戈、四至的对称,① 可以发现这一时期已出现核心区、周边区的二元观念。周代通过地缘和血缘相结合,在宗法制度基础上,推广分封制度,有力地加强了对全国的统治。西周初年已出现"中国"一词,② 指周天子直接统治的宗周。而诸侯国称"四国",目前所见有"东国""北国""南国"的称谓,更外层的蛮夷称"四土"③ 或"四海"。④

"中国"之得名,不仅源于古代文明往往自恃文化优越、认为自身居于世界之中的文化意识,而且也因华夏族群居于东亚地理之"中"的缘故。因此,中国古人生发出自身不仅在地理上居于天下之中,生态更为优良,⑤ 而且文明更为先进的优越意识。战国时期道家代表人物之一列子将世界一分为三,认为中国不仅居于中间,生态适宜,而且物产丰饶,礼法发达,是优越于其他两处地理区域

---

① 参见陈梦家《殷虚卜辞综述》,科学出版社1956年版;宋镇豪:《论商代的政治地理架构》,《中国社会科学院历史研究所学刊》第1集,商务印书馆2001年版。

② 目前已知最早的关于"中国"一词的记载,是1963年,在陕西宝鸡出土的周成王营建洛邑的铭文,其中记载"余其宅兹中国"。传世文献也记载了西周时期已有"中国"之称。"皇天既付中国民,越厥疆土于先王。"参见顾颉刚、刘起釪《尚书校释译论·周书·梓材》,中华书局2005年版,第1424页。

③ 《诗经·韩奕》有"北国",金文有"东国""西国"。参见王贵民《商周制度考信》,河北教育出版社2014年版,第111—114页。

④ "九夷、八狄、七戎、六蛮,谓之四海。"郭璞注,邢昺疏:《尔雅注疏》卷七《释地》,李传书整理,徐朝华审定,北京大学出版社2000年版,第221页。

⑤ 东汉章帝建初元年,校书郎杨终上疏,称:"又远屯伊吾、楼兰、车师、戊己,民怀土思,怨结边域。《传》曰:'安土重居,谓之众庶。'昔殷民近迁洛邑,且犹怨望,何况去中土之肥饶,寄不毛之荒极乎?"见《后汉书》卷四八《杨终列传》。

的"中央之国"。① 这一时期儒家代表人物之一荀子，也从政治角度，对这一地缘政治格局进行了合理化阐释："欲近四旁，莫如中央，故王者必居天下之中，礼也。"②

与古希腊罗马从部落发展到国家不同，中国古代的前国家形态，更主要是一种酋邦组织。部落（tribe）被描述为一种平等的社会组织。不同部落为加强保护，在保证本部落独立地位的前提下，与其他具有血缘关系的部落，建立起部落联盟。国家产生前夕，伴随着部落合并、土地买卖与人口迁移，血缘因素的影响走向式微、血缘组织遭到破坏，相反，地缘因素显著成长、地缘组织占据主导地位，跨越血缘的民族与国家，开始在较广地域上逐渐形成，管理整个国家的法律也逐渐产生。伴随人类学展开对越来越多早期人类社会的调查，越来越多的学者主张在平等的氏族社会与文明社会之间，增加一个不平等的氏族社会阶段，这便是"酋邦"。在氏族社会，伴随集体成员生产活动与产品分配需要越来越多协调，从而导致首领个人权力增强与管理机构的出现，并继而导致成员按照与首领亲属关系远近的标准，产生社会地位的不平等，于是平等的氏族社会便进入不平等的氏族社会，这便是酋邦。因此酋邦的实质是一种不平等或有等级的氏族社会。童恩正在《文化人类学》一书中，最早将酋邦理论介绍到国内。③ 在《中国北方与南方文明发展轨迹之异同》一文中，童恩正对比了南北地区酋邦的不同发展轨迹，指出约公元前三千纪的后半期，中原地区的龙山文化的总体情况，可以印证文献记载中的五帝时代。当时居民逐渐以部落为主体，以"城"为核心，发展成古史中所谓的"国"或"邦"，这应该便是酋邦。此后，以黄帝为首的酋邦逐渐吞并周围的部落或酋邦，推进

---

① 参见杨伯峻《列子集释》卷三《周穆王》，中华书局1979年版，第104—105页。
② 《荀子·大略》。
③ 童恩正：《文化人类学》，上海人民出版社1989年版，第223页。

更大实体的产生。禹最终建立了中国历史上的第一个王朝——夏朝。与此同时，位于长江下游的良渚文化，虽然也进入了文明的前夜，同样建立了众多的酋邦，但由于居住分散与生活方式的差异等原因，未能实现向国家的演化。①

而酋邦的发展方向，便是国家。在诸多学者看来，国家在最早形成时，形态并不完善，属于一种"早期国家"。伴随早期国家向成熟国家的转变，社会整体度逐渐提升。而远古中国就呈现出不断凝聚、整合的历史进程。谢维扬指出夏朝是中国早期国家的发生期，二里头遗址可以证实古文献关于夏朝国家的记载是真实的。虽然夏朝仍然基本保持了酋邦形态下以部落为基础组成社会的状况，这表现于众多的"某某氏"上；但这些部落开始承认自身属于夏朝国家的一部分，土地也属于夏朝国土的一部分，部落本身也逐渐消亡，演变为一个个家族组织。与此同时，夏朝开始建立王权、国土、官僚机构、军队、意识形态、财政制度、法律等，而宗教也开始与国家机构分立。② 王震中较为完整、系统地梳理了远古中国逐渐整合的历史进程。黄帝以前是一个男耕女织、政刑不用、甲兵不起、大体平等的农耕聚落社会。黄帝时期，开始出现尊卑礼仪，以强胜弱，以众暴寡，外用甲兵，战争突起，是一个出现不平等、社会发生分化，但尚未产生国家的所谓"英雄时代"，即酋邦社会。这一时期呈现邦国林立的局面，每个国家都是由具有血缘关系的部族所建立，血缘关系在国家政治生活中仍然发挥着很大作用，国家的最高保护神是部族祖先。五帝时期，在邦国林立的基础上，建立起族邦政治联盟，盟主采取和平推举或倚靠政治军事实力的方式产生，盟主是夏商周三代"天下共主"的前身。族邦联盟开始超越部族，产生出某些新文化因素，从血缘的部族走向文化的民族。在这

---

① 童恩正：《中国北方与南方文明发展轨迹之异同》，《中国社会科学》1994 年第 5 期。
② 谢维扬：《中国早期国家》，浙江人民出版社 1995 年版，第 314—380 页。

一时期，华夏民族正处于民族形成的滥觞时期。但另一方面，五帝时期的族邦联盟是松散的、不稳定的，随着盟主的更换，联盟中心也在不断游移，因此需要一种更大范围的"大国家机制"。而夏商周三代国家便呈现出王朝之内包含有王国和从属于王国的属国（诸侯国）的多元一体的政治格局，使分散的部族国家走向某种形式统一的民族的国家。夏代是由夏后氏和其他从属的族邦组成。商代是由"内服"之地的王国和"外服"之地的侯伯等属邦组成。周代通过大规模、大范围分封诸侯，形成了"溥天之下，莫非王土；率土之滨，莫非王臣"的牢固理念。这一时期，出现王朝体制下的以大文化为血脉和纽带的华夏民族。这一时期，华夏民族正在形成一个"自在民族"，但还未自觉意识到本身是一个统一的民族。在复合制国家内，从属邦国不再具有独立的主权，但邦君世袭，邦内政治、经济、军事等权力具有相对的独立性，因此只是"某种形式统一"。春秋战国时期，在戎狄等异族的刺激下，华夏民族形成非常强烈的民族意识，这便是"华夷之辨"。秦汉以后统一的多民族国家建立起郡县制为行政机制的中央与地方层层隶属管辖的单一制的中央集权国家。[①] 伴随这一过程，中国文明从多元分途，逐渐凝聚、整合、壮大，从酋邦、方国逐渐向成熟的国家形态过渡，一体化趋势愈来愈明显，为秦汉大一统王朝的最终确立，奠定了历史基础。

而在这一过程中，与古希腊罗马的国家，呈现出地缘取代血缘的历程不同，中国长期保持了血缘社会的稳定性，这是凝聚社会、保持稳定与统一的重要机制。维系酋邦的血缘关系，便在中国进入国家形态后，长期延续下来。赵世超指出西周作为早期国家，不仅血缘关系仍然得以保留，而且还对政治起着支配作用。[②] 鉴于此，

---

① 王震中：《从复合制国家结构看华夏民族的形成》，《中国社会科学》2013 年第 10 期。
② 赵世超：《西周为早期国家说》，《陕西师范大学学报》1992 年第 4 期。

张光直甚至提出修改国家概念，将血缘作为国家的组织机制之一，[①]从而凸显中国古代原生国家的历史意义。段渝指出："血缘关系及其组织和原则不仅在先秦时期夏、商、周三代尚不成熟的国家里没有丝毫消融，而且在秦汉以后越来越成熟的国家里还继续长久地与地缘组织同时并存而且交织在一起，这就是宗族组织和农村公社的二重性表现之所在。"[②]沈长云也指出商朝将与王血缘关系较近、具有姻亲关系的贵族安排在距离王都较近的内服，形成政治同盟，从而威慑与王血缘关系较远、没有姻亲关系，居于外服的贵族，以此建立"天下万邦"的统治。西周一方面为加强对边疆要地的统治，镇抚被证明的居民，于是将王室的部分子弟亲戚分封于此，从而开始打破内外服的地理分布；但另一方面大量同姓贵族与姻亲贵族，仍居住于镐京附近。[③]

血缘关系在三代中国演变、发展为宗法制度，不仅在王位传递中，形成了嫡长子继承制，推动了政权交接稳定机制的产生；而且在中央与地方，依托血缘关系形成的贵族制度，在内部成为拱卫政权的政治力量，在地方上通过分封制度，成为控制各地的政治势力；不仅如此，宗法制度在民间社会获得长期沉淀、推广，从而建立起广泛而普遍的血缘村落，这种社会单元不仅认同国家意识形态，而且具有较强的凝聚力量，并得以通过宗族组织，实现经济互助、纠纷自决，由此衍生而出的商人团体，成为中国古代商业组织的基本构成。因此，在中国进入国家形态之后，血缘关系的延续与发展，不仅推动了中国古代政权的长期稳固与地方开拓，而且促进了地方社会经济的长期稳定与不断发展，构成了中华文明长期统一

---

① 张光直：《中国青铜时代》，生活·读书·新知三联书店1983年版，第54页。
② 段渝：《酋邦与国家形成的两种机制——古代中国西南巴蜀地区的研究实例》，载袁林主编《早期国家政治制度研究》，科学出版社2015年版，第59页。
③ 沈长云：《中国早期国家的基层行政组织"邦"及其对国家的服属关系》，载袁林主编《早期国家政治制度研究》，科学出版社2015年版，第265—269页。

与延续的伦理机制。

　　长期的统一观念，促使中国古代政权具有较强的包容性。比如唐太宗时，有"天子以四海为家，不当以东西为限"的政治言论。① 五代后唐庄宗时，也认为"天子以四海为家，不当分其南北"。②庄宗下诏曰："朕闻古先哲王，临御天下，上则以无偏无党为至治。"③ 辽重熙七年（1038年），东京留守萧孝忠也奏言："天子以四海为家，何分彼此？"④ 金熙宗曰："四海之内，皆朕臣子，若分别待之，岂能致一。"⑤ 金皇统七年（1147年），行台尚书右丞相兼判左宣徽使事刘筈曰："今天下一家，孰为南北。"⑥ 金大定十七年（1177年），尚书右丞唐括安礼奏对曰："圣主溥爱天下，子育万国，不宜有分别。"⑦ 金大定二十四年（1184年），大理司直路伯达奏曰："人君以四海为家，岂独旧邦是思。"⑧ 金贞祐四年（1216年），监察御史陈规认为金朝实现了"天下一家"，相应不同地区应打破区域藩篱，共同救济民众。"昔秦、晋为仇，一遇年饥则互输之粟。今圣主在上，一视同仁，岂可以一家之民自限南北，坐视困馁而不救哉。"⑨ 金宣宗时期，河南转运使王扩对曰："兼制天下者以天下为度。"⑩

　　相应地，"中国"是一个不断动态扩大的过程。一方面，华夏政权及后来的汉人政权，凭借农业文明的经济优势，不断向四周扩张，但这一扩张后劲不足，因为汉人政权开拓疆土的根本目的是推

---

① 《旧唐书》卷七八《张行成传》。
② 《旧五代史》卷三三《唐书九·庄宗纪七》。
③ 《旧五代史》卷三三《唐书九·庄宗纪七》。
④ 《辽史》卷八一《萧孝忠传》。
⑤ 《金史》卷四《熙宗纪》。
⑥ 《金史》卷七八《刘筈传》。
⑦ 《金史》卷七八《唐括安礼传》。
⑧ 《金史》卷九六《路伯达传》。
⑨ 《金史》卷一〇九《陈规传》。
⑩ 《金史》卷一一八《苗道润传》。

广大规模农业经济,伴随越来越深入边疆腹地,当地的生态环境越来越不适应大规模推广农业经济,汉人政权从而放缓边疆开拓的步伐,除非更远的边疆有军事、政治价值,否则往往在大规模推广农业经济的临界点停下脚步。从历史上看,华夏政权及后来的汉人政权,固定控制地带向北基本限于长城以内,向西基本限于青藏高原东缘,向东基本限于沿海,唯独向南,由于南方山岭地带具有大规模推广农业经济的可能,边疆开拓过程中,可以不断利用当地的经济资源,[①] 从而具有不断向前的经济支撑,于是呈现出不断向南,最终直到云南的历史滚动。北宋大儒程颢送得意门生杨时回归福建,望着杨时的背影感叹"吾道南矣",[②] 其实是整个中华文明重心不断南移的一个历史缩影。明代韩邦奇指出中国古代地气也呈现了从西北到东南的历史转移:"地气自西北昆仑发脉,渐渐东南去了。此理势之自然,但分得破碎耳。"[③] 这一历史现象由于时间持续甚久、空间规模甚大、历史影响甚巨,可称为"南方边疆运动"。

二 老子"小国寡民"的政治理想

春秋战国时期,周天下秩序虽然分崩离析,但再次统一而非保持分裂,是当时政治家、思想家们的主流选择。虽然较早出现的道家、墨家,从反战的角度,分别主张回到"小国寡民"的分裂格局,保持"兼爱""非攻"的分散状态,却并未成为历史的主流。最终扮演主要角色的,是主张重新统一的儒家与法家。儒家是保守派,主张在对周制加以改造的基础上,实行德政,建立起礼治国家。《论语·为政》篇首便是:"子曰:为政以德,譬如北辰,居

[①] 《隋书》卷三七《梁睿传》。此后史万岁讨平爨震,便采用了梁睿的主张。
[②] 《宋史》卷四二八《道学二·杨时传》。
[③] 韩邦奇:《苑洛集》卷二二《见闻考随录》,见魏冬点校整理《韩邦奇集》,西北大学出版社 2015 年版,第 1748 页。

其所而众星拱之。"① 法家是改革派，主张实行法治，建立新型的中央集权国家。在这种乱世之下，不同学派的思想家相应阐发出不同的国家治理思想。整体而言，伴随时代的变迁，呈现出逐渐加强地方治理的取向。

在春秋战国各学派之中，道家不仅形成较早，而且开创者老子被认为本为史官，在浏览前代史事、参透当时社会之后，② 系统地构建起一套包罗天地、内涵丰富、观点鲜明的学说体系，成为后来其他学派不断借鉴学习、汲取营养的学术渊源。司马迁便赞扬老子学理深邃，影响深远。③ 在诸子百家之中，道家是形成较早的一种学说体系与思想流派。在周天下秩序分崩离析、社会动荡不安之时，一些感怀时世而不满与苦恼的学者，采取了一种极端的方式，走向了质疑、消解社会秩序的极端立场。可见，道家思想之形成，反映了士人在周天下秩序瓦解之初的一种人生方式与学理选择。以道家作为参照，后来其他渊源不同、性格有别的学者才陆续创建出新的思想体系，而在这一过程之中，对于道家思想皆有汲取与继承。

春秋时期，各诸侯国以"尊王攘夷"为政治口号，为扩张势力，不断发动争霸战争，使这一时期社会处于严重的动荡状态。鉴于政治口号与现实实践之间的内在冲突与巨大落差，老子尝试从根本上取消政权本身的合法性，以消除争霸战争赖以存在的合法基础。在这一思想逻辑下，老子从远古时期"天人合一"思想出发，倡导人间社会遵循自然法则，顺应天理，回到自然秩序的虚无状态，实行"无为而治"。

老子认为天、地、人来源于自然世界，自然世界来源于"无"。

---

① 《论语·为政》。
② "道家者流，盖出于史官，历记成败存亡祸福古今之道，然后知秉要执本，清虚以自守，卑弱以自持，此君人南面之术也。"见《汉书》卷三〇《艺文志》。
③ 《史记》卷六三《老子韩非列传》。

"'无',名天地之始。"天地、人类既然从自然世界而来,相应也应遵循、效法自然规则:"人法地,地法天,天法道,道法自然。"既然天源于无,那么人类社会之治理,相应也应返璞归真,不应以构建庞大而繁杂的政治体系为目的,而应该"少私寡欲""虚心弱志":"是以圣人之治,虚其心,实其腹,弱其志,强其骨。常使民无知无欲。使夫智者不敢为也。为无为,则无不治。"在政治思想上应秉持"不为而治"或者"无为而治"的基本原则,从而契合于自然秩序:"是故圣人处无为之事,行不言之教;万物作而不为始,生而不有,为而不恃,功成而不居。夫唯弗居,是以不去。"这样才能真正符合自然法则,达到"无为而无不为""清静而天下政"的政治理想。因此,真正优秀的统治者,也就是老子所称的"圣人",治理国家时完全站在民众的立场:"圣人常无心,以百姓心为心。……圣人在天下,歙歙焉,为天下浑其心,百姓皆注其耳目,圣人皆孩之。"满足于"小国寡民"的政治状态,而不会为了一己私欲,牺牲民众的生命,发动战争。相应地,在圣人治理下,军队虽仍然存在,却沦为摆设,而不会主动使用。"虽有甲兵,无所陈之。"[1]

鉴于春秋时期各诸侯国的国际政治逻辑是以大欺小、以强凌弱,老子从自然包容万物的角度出发,反其道而行之,以至柔之水却能爆发最强力量作为比喻,倡导"弱能胜强"的政治哲学。"柔弱胜刚强。""天下之至柔,驰骋天下之至坚。"认为统治者在治理国家时,应保持弱势之态,"反者道之动,弱者道之用",采取与世无争的政治立场,才能无往而不胜,立于不败之地。"夫唯不争,故无尤","夫唯不争,故天下莫能与之争","不争而善胜",这才是长久保持政权的真谛所在。"天长地久。天地所以能长且久者,

---

[1] 陈鼓应:《老子注释及评介》(修订增补本),中华书局2009年版,第53、159、134、67、241、53、243、236、246、344页。按:本章引述老子的言辞皆据此书,恕不逐一注明此处。

以其不自生，故能长生。"

因此，在老子看来，表面至强的武力，却会给政权带来祸患，君主不应将之作为治国手段："夫兵者，不祥之器，物或恶之，故有道者不处。"如果将之作为治国工具，那么便会对政权产生反噬效应："人之生也柔弱，其死也坚强。草木之生也柔脆，其死也枯槁。故坚强者死之徒，柔弱者生之徒。是以兵强则灭，木强则折。强大处下，柔弱处上。"不仅无法实现政治目标，反而会造成政权灭亡："将欲取天下而为之，吾见其不得已。天下神器，不可为也，不可执也，为者败之，执者失之。"

可见，老子秉持无为而治的政治立场，反对建立具有权威的庞大国家形态，而主张维持远古时期"小国寡民"的政治形态。他的这一主张，其实是倡导回归五帝以来的邦国联盟。相应地，老子的中央与地方关系思想，其实仍然是一种松散的联合，缺乏强有力的联系。

三 孔子建立礼治国家的政治愿望

与道家倡导归于自然秩序不同，从西周负责祭祀与卜筮的"巫"官嬗变而来的儒家，[①] 是诸子百家中较多保留周代官学色彩的一支学派。创立者孔子，生于为西周制礼作乐的周公之封国——鲁国，在周天下秩序逐渐瓦解的时代背景下，尝试整理鲁地保存相对较多的周代典制，并加以理论化，从而维护这一摇摇欲坠的旧秩序。《礼记·中庸》指出孔子"祖述尧舜，宪章文武"。《淮南子》也认为："孔子修成康之道，述周公之训，以教七十子，使服其衣冠，修其篇籍，故儒者之学生焉。"[②]

[①] 《论语·学而》："有子曰：其为人也孝弟，而好犯上者，鲜矣；不好犯上，而好作乱者，未之有也。君子务本，本立而道生。孝弟也者，其为仁之本与！"

[②] 《淮南子》卷二一《要略》。

孔子改造政治制度，构建理想社会秩序的政治主张，集中而典型地体现在他关于"德""礼""仁""道"等的表述中。《论语·为政》篇首便是："子曰：为政以德，譬如北辰，居其所而众星拱之。"（《论语·为政》）可见孔子认为德行在政治中占据着核心地位，相应地，治理国家便应该用道德教化，而非严刑峻法。"子曰：道之以政，齐之以刑，民免而无耻；道之以德，齐之以礼，有耻且格。"（《论语·为政》）而德政得以实行的前提，是具有"仁"之品格的君子主持政事。"仁"不仅是孔子阐述的关于君子修养的标准，"子曰：苟志于仁矣，无恶也"；而且是从政者政治能力的标尺。"子曰：如有王者，必世而后仁。"（《论语·子路》）"德政"的制度形式与外在表现是"礼治"。"子曰：能以礼让为国乎？何有？不能以礼让为国，如礼何？"（《论语·里仁》）"子曰：恭而无礼则劳，慎而无礼则葸，勇而无礼则乱，直而无礼则绞。君子笃于亲，则民兴于仁；故旧不遗，则民不偷。"（《论语·泰伯》）"颜渊问仁。子曰：'克己复礼为仁。一日克己复礼，天下归仁焉。为仁由己，而由人乎哉？'颜渊曰：'请问其目。'子曰：'非礼勿视，非礼勿听，非礼勿言，非礼勿动。'颜渊曰：'回虽不敏，请事斯语矣。'"（《论语·颜渊》）孔子认为君子如果没有仁心，便不能够真正理解先王礼乐制度。"子曰：人而不仁，如礼何？人而不仁，如乐何？"（《论语·八佾》）如果仁者能够实行德政，用礼乐治理国家，那么国家便会走上正途，也就是"有道"。这也就是孔子所说的"志于道，据于德，依于仁，游于艺"。[①]

可见，孔子从继承西周典制的立场出发，主张君主加强德行修养，从而教化天下。相应地，孔子对于中央与地方的关系，仍然局限于西周的分封型天下秩序，主张中央与地方之间保持松散的联

[①] 《论语·述而》。

系，地方保持相对的独立性。

与道家、儒家一样，墨家也在对春秋战国乱世加以批判的基础上，推衍出自身的政治理论，设定出理想的政治秩序。不过，与道家、儒家及其他学派从官方立场出发，虽注重民众利益，却是为了维护政权统治不同，[①] 墨家从平民立场与视角出发，演绎、构建出独具特色的思想内涵与理论框架，反映出在这一动荡时代中，平民的政治诉求与理想愿望。墨家政治思想的核心内涵是无差别的爱即"兼爱"，为此墨家将反对侵略战争，也就是"非攻"，作为自身战争观念的核心内容。墨家这一学说立场，在战国时期受到平民阶层的广泛欢迎，成为当时影响最大的学派之一。孟子称："杨朱、墨翟之言盈天下。天下之言不归杨，则归墨。"[②] 韩非称："世之显学，儒、墨也。儒之所至，孔丘也。墨之所至，墨翟也。"[③]

四　墨子反对弱肉强食的国家观念

与当时流行的道家、儒家、法家等学派皆从官方角度立论不同，墨家站在平民立场之上，反对侵略战争。墨子认为发动侵略战争非仁义行为："以其亏人愈多，苟亏人愈多，其不仁兹甚矣，罪益厚。当此，天下之君子皆知而非之，谓之不义。"[④] 为获取土地而发动战争，却杀伤民众，是舍本逐末的做法。墨子记载世上统治者在农时开展战争，严重损害民众利益，却标榜战争能够获取名利："国家发政，夺民之用，废民之利，若此甚众，然而何为为之？曰：'我贪伐胜之名，及得之利，故为之。'"对于这一言论，墨子直接

[①] 墨家与儒家在学说立场与观点上，存在诸多不同，在春秋战国时期，二者是互相攻伐的对立门派。《墨子》一书中，甚至专门辟有《非儒》《公孟》二章，对儒家学说进行系统批驳。

[②] 《孟子·滕文公下》。

[③] 《韩非子·显学》。

[④] 《墨子·非攻上》。

表达了反对意见，认为战争付出要多于收获。"计其所自胜，无所可用也；计其所得，反不如所丧者之多。"这在于战争杀伤大量人命，却只能收获少量土地："今攻三里之城，七里之郭，攻此不用锐，且无杀而徒得，此然也。杀人多必数于万，寡必数于千，然后三里之城、七里之郭且可得也。"由于春秋末年荒废土地仍较多，因此在墨子看来，这一收获实是无用之物："今万乘之国，虚数于千，不胜而入；广衍数于万，不胜而辟。"为获取无用之土地，而杀伤本来便有所不足的民众，不应是政权所追求的政治目的："然则土地者，所有余也；王民者，所不足也。今尽王民之死，严下上之患，以争虚城，则是弃所不足，而重所有余也。为政若此，非国之务者也。"

对于春秋五霸通过争霸战争，得以扩张领土成为大国的历史现象，墨子进行了批评：

饰攻战者也言曰："南则荆、吴之王，北则齐、晋之君，始封于天下之时，其土地之方，未至有数百里也；人徒之众，未至有数十万人也。以攻战之故，土地之博，至有数千里；人徒之众，至有数百万人，是故攻战之速也。"

墨子也从平民立场出发，认为这并不能证明战争合理，因为战争仅仅使少数国家强大，而使其他绝大多数国家遭受了损失，从天下角度来看，是不合理的："虽四五国则得利焉，犹谓之非行道也。譬若医之药人之有病者然，今有医于此，和合其祝药之于天下之有病者而药之，万人食此，若医四五人得利焉，犹谓之非行药也。"相应地，统治者不应选择这一政策。"故孝子不以食其亲，忠臣不以食其君。"况且在墨子看来，许多国家在发动战争时，并未做好充分的军事准备，因此往往导致战争失利，由此而引发政权动荡、民众失业：

> 今夫师者之相为不利者也，曰："将不勇，士不分，兵不利，教不习，师不众，卒不和，威不围，害之不久，争之不疾，孙之不强，植心不坚，与国诸侯疑。与国诸侯疑，则敌生虑而意赢矣。"偏具此物，而致从事焉，则是国家失率，而百姓易务也。

即使国家在战争中获取了胜利，却征调了大量民众，打破了正常的社会秩序，导致民众流离失所，对内政造成了严重冲击，得不偿失："然而又与其散亡道路，道路辽远，粮食不继傺，食饮之时，厕役以此饥寒冻馁疾病，而转死沟壑中者，不可胜计也。此其为不利于人也，天下之害厚矣。"因此统治者发动战争，严重损害民众的利益，是毫无意义之事："而王公大人乐而行之，则此乐贼灭天下之万民也，岂不悖哉？"墨子以春秋末年频繁发动战争的四个国家为例，指出他们所获取的土地已远远超过可以耕种的规模："今天下好战之国，齐、晋、楚、越，若使此四国者得意于天下，此皆十倍其国之众，而未能食其地也，是人不足而地有余也。"可见为获取无用土地而发动战争，残害民众，实为无益之举："今又以争地之故，而反相贼也，然则是亏不足，而重有余也。"

不仅如此，在墨子看来，世人仅关注通过战争而成功称霸的例子，却未关注发动战争却最终导致政权灭亡的例子："古者封国于天下，尚者以耳之所闻，近者以目之所见，以攻战亡者，不可胜数。"最终墨子总结指出侵略战争不可行："古者王公大人，情欲得而恶失，欲安而恶危，故当攻战，而不可不非。""此其为不吉而凶，既可得而知矣。"认为这种战争不符合民众利益。

在此基础上，墨子提出"非攻"战争观念，指出战国时期的兼并战争仅有"义"之虚名而无其实："今天下之诸侯将犹多皆免攻伐并兼，则是有誉义之名，而不察其实也。"与儒家一样，墨子也推崇三代："孔子、墨子俱道尧舜，而取舍不同，皆自谓真尧舜。"认为三代君主便不为获取土地而发动战争："是故古之仁人有天下者，必反大国之说。"而是通过增加财富的方式，提升国家实力："圣人为政一国，一国可倍也。大之为政天下，天下可倍也。其倍之，非外取地也，因其国家，去其无用，足以倍之。"具体而言便是带领民众从事农业生产，既不劳役民众，又能增加社会财富："圣王为政，其发令兴事，使民用财也，无不加用而为者。是故用财不费，民德不劳，其兴利多矣。""一天下之和，总四海之内，焉率天下之百姓，以农臣事上帝山川鬼神。利人多，功故又大，是以天赏之，鬼富之，人誉之，使贵为天子，富有天下，名参乎天地，至今不废。"从而统一天下："此则知者之道也，先王之所以有天下者也。"

可见，虽然墨家与老子在思想观念上有很大差别，但二者在国家形态的追求上，却十分相似，都主张保持现状，反对争霸战争，所追求的都是回到"小国寡民"的状态，相应在中央与地方关系的立场上，都倡导回到五帝以来的邦国联盟。

五　战国时期儒道学派加强君主权力的政治观念

战国时期，伴随东周"天下秩序"彻底瓦解，各诸侯国在名义上也不再尊奉周天子，以之作为标榜与幌子的"政治联盟"土崩瓦解，各诸侯国由此成为完全独立的国家，在作为君主的王的带领下，发动你死我活的兼并战争。在这种时代背景下，各诸侯国都努力建立中央集权制度，加强对地方上的管理，用中央集权制度代替之前较为松弛的地方管理方式，从而增强社会动员能力，以集中人力与资源，在激烈的角逐中取得优势，从而在不同程度上逐渐建立起"集权国家"的政治形态。在这种时代剧变之下，诸子百家鉴于旧的政治秩序无法恢复，从而不再抱有幻想，而是皆对本派学说进行改造，倡导政治改革，以符合时代潮流、求取君王之用。这里以当时影响较大的道家、儒家、法家作为代表，加以论述。

春秋战国时期，伴随争霸兼并战争的不断开展，社会秩序呈现剧烈的变化与动荡。道家秉持流转不息的学说立场，从而因缘时世，不断借鉴其他学派，改造自身思想观念，呈现出不断嬗变、发展的学术脉络。大体而言，老子之后的道家，呈现出"内向深化"与"外向转变"的历史分途。以庄子为代表的道家，继续挖掘、发扬老子学说中关于自然秩序的义理微旨，运用逻辑推理的方式，进一步将"无为而治"的政治思想推向极致，标志着这一支派的道家朝"内向深化"的方向发展。与"内向深化"支派相比，老子之后的道家"外向转变"支派不仅人数众多，而且影响更大，是老子之后道家学派的主流派别。这一派别不仅有文子、列子、鹖冠子等著名学者，还有战国后期聚集于齐国稷下学宫的道家学者，形成了势力很大、影响深远的稷下道家，并由此分化出阴阳家、法家、管仲学派等，成为中国从春秋战国进入帝制中国的历史转变中，影响最大的学术派别。

道家"外向转变"支派鉴于老子学说反现实社会而行之的理论取向，所导致的道家缺乏现实功用，不仅无法被统治者所重视，而且无法在与其他学派的竞争中获取优势，从而在道家流转不息的学术立场下，开始借鉴其他学术流派的思想观念，尝试挖掘道家思想中的社会内涵，重点加以理论推衍，由此将道家从老子强调社会秩序复归自然秩序的内向取向，转变为依据自然秩序的变动不居，应时而改社会秩序的外向取向。

战国以后形成的道家著作《文子》，一方面继承了老子学说，另一方面通过问学于儒家卜商、子夏，与墨家的墨子等，从而融会各家，对道家学说进行了新的演绎与改造。开始将社会秩序从自然秩序的依附地位中剥离出来，在相当程度上赋予社会秩序以主体性，由社会现实出发，进行政治理论的构建与调整，从而解决道家始终飘在天上，而不获当道者重视的现实困境，开始讨论制礼作乐，以期建立理想政治秩序，与儒家学说的理论内涵与政治取向如出一辙。尤为值得注意的是，与儒家学说一样，文子也勾勒出一幅远古时期理想政治图景："古者被发而无卷领，以王天下，其德生而不杀，与而不夺，天下非其服，同怀其德。当此之时，阴阳和平，万物蕃息，飞鸟之巢可俯而探也，走兽可系而从也。"认为当前之政治生态是理想政治衰变的结果："及其衰也，鸟兽虫蛇，皆为民害，故铸铁锻刃，以御其难。故民迫其难则求其便，因其患则操其备，各以其智，去其所害，就其所利。"但在如何改变这一衰世格局的问题上，文子却呈现出鲜明的道家立场，反对儒家复归三代之制的价值取向，主张因时而改良："常故不可循，器械不可因，故先王之法度，有变易者也。故曰：'名可名，非常名也。'五帝异道而德覆天下，三王殊事而名后世，因时而变者也。"整合先王之制与当前制度中合理之成分，以建构出新的政治秩序。"故先王之制，不宜即废之；末世之事，善即著之。"而不应如儒家那样，被所谓的先王之制所拘泥与束缚，无法达于政治的实质与精髓："故圣人制礼乐者，而不制于礼乐；制物者，不制于物；制法者，不制于法。故曰：'道可道，非常道也。'"①

在《道德》一章中，文子进一步阐述了这一政治观念。文子首先批评了儒家墨守先王成法、不加改变的学说立场："执一世之法籍，以非传代之俗，譬犹胶柱调瑟。"主张因缘时代之变迁，对制

---

① 《文子·上礼》。

度进行相应改良:"圣人者,应时权变,见形施宜,世异则事变,时移则俗易,论世立法,随时举事。"认为应效法先王者,不是先王所创制度的具体条文,而是先王创立制度背后的政治精神,后世应据此进一步推衍,创立新的制度:"上古之王,法度不同,非古相返也,时务异也,是故不法其已成之法,而法其所以为法者,与化推移。"在文子看来,远古先王遵循自然法则,创建制度,治理天下,立意深远:"三皇五帝轻天下,细万物,齐死生,同变化,抱道推诚,以镜万物之情,上与道为友,下与化为人。"而儒家拘泥于制度条文,并未领略远古先王施政建制的宗旨与精髓:"今欲学其道,不得其清明玄圣,守其法籍,行其宪令,必不能以为治矣。"[1]

文子这一观念在相当程度上可以视作法家思想之渊源,后世法家正是在全面批判儒家的基础上,完成自身理论体系的构建与理论内涵的推衍。在《上义》一章中,文子进一步集中阐述了法家思想。文子认为治国应从民众利益出发,针对新出现的问题,制订相应的解决方案,而不应拘泥于古制:"治国有常,而利民为本;政教有道,而令行为古。苟利于民,不必法古;苟周于事,不必循俗。"因此贤明君主伴随时代变迁,不断改革"法"即制度,而不是一成不变:"故圣人法与时变,礼与俗化;衣服器械,各便其用;法度制令,各因其宜。故变古未可非,而循俗未足多也。"对于远古圣王,应继承其创立制度背后的政治立意,而不是具体的制度条文:"诵先王之书,不若闻其言;闻其言,不若得其所以言;得其所以言者,言不能言也。故'道可道,非常道也;名可名,非常名也'。"无论是约束民众之法制,还是教化民众之礼乐,都是远古圣王创建的制度形式,而非政治精神:"故圣人所由曰道,所为曰事,

---

[1] 《文子·道德》。

道犹金石也，一调不可更；事犹琴瑟也，曲终改调。法制礼乐者，治之具也，非所以为治也。故曲士不可与论至道，讯寤于俗而束于教也。"① 事实上，世上并无一成不变的制度："天下几有常法哉！当于世事，得于人理，顺于天地，祥于鬼神，即可以正治矣。"即使三皇五帝时期，制度也在不断变化："昔者三皇无制令而民从，五帝有制令而无刑罚，夏后氏不负言，殷人誓，周人盟。末世之衰也，忍垢而轻辱，贪得而寡羞，故法度制令者，论民俗而节缓急；器械者，因时变而制宜适。"因此，被制度条文所拘束的儒士并不理解政治本质："夫制于法者，不可与达举；拘礼之人，不可使应变。"只有从道家立场出发，才能了解政治的实质与精髓："必有独见之明，独闻之聪，然后能擅道而行。"明白了制度是为解决民众所面对的问题所产生的这一根本内涵，便会不断对制度进行改革，否则即使坚守先制，政权仍然会衰败："夫知法之所由生者，即应时而变；不知治道之源者，虽循终乱。"因此，儒家学说无法起到改造春秋乱世的作用："今为学者，循先袭业，握篇籍，守文法，欲以为治，非此不治，犹持方枘而内圆凿也，欲得宜适亦难矣。"也不会获得君主的采用："夫存危治乱，非智不能；道先称古，虽愚有余。故不用之法，圣人不行也；不验之言，明主不听也。"②

不仅如此，文子还对"法"即制度的起源与实质，进行了系统论述，由此可将文子视作法家之先驱。文子认为法是民众维护正义的制度外设："法生于义，义生于众适，众适合乎人心，此治之要也。法非从天下也，非从地出也，发乎人间，反己自正。"是维护社会秩序客观而公正的标尺："诚达其本，不乱于末；知其要，不惑于疑；有诸己，不非于人；无诸己，不责于所立。立于下者，不

---

① 《文子·上义》。
② 《文子·上义》。

废于上；禁于民者，不行于身。"① 因此，法不分贵贱，对所有人群都具有同等的约束效力：

> 故人主之制法也，先以自为检式，故禁胜于身，即令行于民。夫法者，天下之准绳也，人主之度量也。悬法者，法不法也。法定之后，中绳者赏，缺绳者诛，虽尊贵者不轻其赏，卑贱者不重其刑。犯法者，虽贤必诛；中度者，虽不肖无罪。是故公道而行，私欲塞也。古之置有司也，所以禁民不得恣也；其立君也，所以制有司使不得专行也；法度道术，所以禁君使无得横断也。②

君主依据法制以行赏罚：

> 善赏者，费少而劝多；善罚者，刑省而奸禁；善与者，用约而为德；善取者，入多而无怨。故圣人因民之所喜以劝善，因民之所憎以禁奸；赏一人而天下趋之，罚一人而天下畏之。是以至赏不费，至刑不滥。圣人守约而治广，此之谓也。③

这样，在法制约束下，每个人都按照自己的本分行事，自然而然，而不逾越制度，从而实现道家无为而治的理想政治："人莫得恣即道胜而理得矣，故反朴无为。无为者，非谓其不动也，言其从己出也。"④

与道家一样，孔子之后，儒家思想同样呈现出分途发展之势。真正将孔子学说进行大幅改造并发扬光大的是孟子与荀子。孔子的

---

① 《文子·上义》。
② 《文子·上义》。
③ 《文子·上义》。
④ 《文子·上义》。

政治观念主要限于思想层面的推衍与阐述，对于如何治理国家，孔子未提出十分明确而成体系的政治方案。与之不同，孟子、荀子在孔子思想的基础上，分别提出具有操作性、实践性的"仁政"与"礼治"政治方式。相对而言，"仁政"更偏重于君主以道德教化天下，仍呈现出偏重心性修养。而荀子的"礼治"主张，搭建起规模庞大、组织严密的制度体系。由此角度而言，也可以将"仁政""礼治"视为孔子之后，儒家学说的"内外分途"。

荀子在战国晚期兼并战争进一步加剧的时代背景下，一方面更加直接地体验到国家乃至民众之间互相争斗、"弱肉强食"的生存境遇，从而对于人性持更为负面的观念，发展出"人性本恶"，需要教化与约束的思想观念；另一方面在严峻的时代背景下，为求取学说之生存，更需要为统治者提供具有操作性、实践性的政治工具，从而在对各家学说进行借鉴与批判的基础之上，将孔子"仁"之观念外化为"礼"①："人主仁心设焉，知其役也，礼其尽也，故王者先仁而后礼，天施然也"，从强调政治外在规范的角度，搭建起儒家理想中的制度体系。值得注意的是，荀子对儒家的这种"外向转变"的改造，可能与他曾居于稷下学宫，受到其他学派的影响，因此学说内涵更为丰富、学说层次更为立体有关。

与孟子围绕"仁政"阐述自身学说一样，荀子政治思想的展开，以"礼义"作为核心内涵，围绕于此逐步推衍与发展。荀子认为自然秩序与社会秩序具有不同的运作逻辑，君主不应如道家所倡导的那样，越过人世规则，远法自然法则，而应着眼于社会秩序：

　　不为而成，不求而得，夫是之谓天职。如是者，虽深，其

---

① 《荀子·解蔽》："孔子仁知且不蔽，故学乱术足以为先王者也。一家得周道，举而用之，不蔽于成积也。故德与周公齐，名与三王并，此不蔽之福也。"

人不加虑焉；虽大，不加能焉；虽精，不加察焉；夫是之谓不与天争职。天有其时，地有其财，人有其治，夫是之谓能参。舍其所以参，而愿其所参，则惑矣。①

而人世间最宝贵者是礼义："在天者莫明于日月，在地者莫明于水火，在物者莫明于珠玉，在人者莫明于礼义。"社会秩序最为基本的原则与最为核心的逻辑是"礼义"："故日月不高，则光晖不赫；水火不积，则晖润不博；珠玉不睹乎外，则王公不以为宝；礼义不加于国家，则功名不白。故人之命在天，国之命在礼。"在荀子看来，以礼义治国是最为正确与高级的政治道路，借此能够统一天下。与之相比，管仲学派所倡"重法爱民"，却只能称霸天下；而法家的急功近利，却只能导致政权灭亡："君人者，隆礼尊贤而王，重法爱民而霸，好利多诈而危，权谋倾覆幽险而尽亡矣。"②

因此，君主应遵循"礼义"，治理天下。在荀子看来，"礼"不仅是人伦关系规则，"礼者，人之所履也，失所履，必颠蹶陷溺。所失微而其为乱大者，礼也"；而且是政治指导原则，"礼者，政之挽也；为政不以礼，政不行矣"；社会秩序之所以能够有序运作，完全依赖于"礼"之规范：

> 礼之于正国家也，如权衡之于轻重也，如绳墨之于曲直也。故人无礼不生，事无礼不成，国家无礼不宁。君臣不得不尊，父子不得不亲，兄弟不得不顺，夫妇不得不驩。少者以长，老者以养。故天地生之，圣人成之。③

---

① 《荀子·大略》。
② 《荀子·天论》。
③ 《荀子·天论》。

相应地，君主如果能以"礼义"治天下，不仅能够保存政权，而且可以统一天下。

> 爰有大物，非丝非帛，文理成章；非日非月，为天下明；生者以寿，死者以葬；城郭以固，三军以强；粹而王，驳而伯，无一焉而亡。臣愚不识，敢请之王？王曰："此夫文而不采者与？简然易知而致有理者与？君子所敬而小人所不者与？性不得则若禽兽，性得之则甚雅似者与？匹夫隆之则为圣人，诸侯隆之则一四海者与？致明而约，甚顺而体，请归之礼。"①

反之则会导致天下大乱。"礼者，表也；非礼，昏世也；昏世，大乱也。"可见，荀子从"政治本位"视角出发，也认为内政是否治理是关系存亡的决定因素：

> 故君人者，欲安，则莫若平政爱民矣；欲荣，则莫若隆礼敬士矣；欲立功名，则莫若尚贤使能矣。是君人者之大节也。三节者当，则其余莫不当矣；三节者不当，则其余虽曲当，犹将无益也。②

在诸子百家中，法家是战国时期从道家分化而出的晚出学派。法家代表人物商鞅的学说体系中，便包含了稷下道家的大量内容。申不害协助韩昭侯治理国家，使其一时达于强盛，而其也是从稷下道家分流而出：

> 申不害者，京人也，故郑之贱臣。学术以干韩昭侯，昭侯

---

① 《荀子·赋》。
② 《荀子·天论》。

用为相。内修政教，外应诸侯，十五年。终申子之身，国治兵强，无侵韩者。申子之学本于黄老而主刑名。著书二篇，号曰《申子》。

同样，法家思想集大成者的韩非，也受到稷下道家影响，学宗黄老："韩非者，韩之诸公子也。喜刑名法术之学，而其归本于黄老。"① 鉴于道家与法家的密切关系，司马迁著《史记》，便将老子与韩非列于同一传记。

六 战国时期法家建立中央集权国家的政治观念

除了道家，法家也从批判对象儒家学说中获取了大量学派发展的滋养。比如李斯与韩非皆师承儒家的荀子："非为人口吃，不能道说，而善著书。与李斯俱事荀卿，斯自以为不如非。"② 在借鉴了儒家的理论框架与概念体系的同时，法家用完全不同的学术思想注入新的历史内涵，从而对儒家展开针锋相对的质疑与批判，在此基础上形成了自身的学术理论体系。

商鞅认为时代在不断改变，统治方式也应与时俱进："故圣人之为国也，不法古，不修今，因世而为之治，度俗而为之法。故法不察民之情而立之，则不成；治宜于时而行之，则不干。故圣王之治也，慎为察务，归心于一而已矣。"③ 这是治理国家的规律与原则所在："故曰：王道有绳。"因此，君主治理国家，便不应效仿前代，而应随时做出相应的变革："圣人不法古，不修今。"④ 否则便会落后于时势的发展："法古则后于时，修今者塞于势。"⑤ 在此基

---

① 《史记》卷六三《老子韩非列传》。
② 《史记》卷六三《老子韩非列传》。
③ 《商君书·一言》。
④ 《商君书·开塞》。
⑤ 《商君书·开塞》。

础上,商鞅对战国时期法古而治的观念进行了质疑与批评:"故圣人之治国也,不法古,不循今,当时而立功,在难而能免。今民能变俗矣,而法不易;国形更张矣,而务以古。"①对于儒家倡导效仿三代的政治主张,商鞅认为三代统治形式也彼此不同:"然则上世亲亲而爱私,中世上贤而说仁,下世贵贵而尊官。上贤者,以道相出也;而立君者,使贤无用也。亲亲者,以私为道也;而中正者,使私无行也。"②呈现出因缘时势,不断寻求解决新问题的政治立场:"此三者非事相反也,民道弊而所重易也,世事变而行道异也。"③相应在治理方式上不断变化:"周不法商,夏不法虞。三代异势而皆可以王。故兴王有道,而持之异理。"④因此后世也无法模仿。

商鞅认为伴随时代的变迁,民风也呈现了相应的变化,因此在战国时期治理国家,不应效仿古代实行德政以感化民众,而应实行法治以约束民众:"古之民朴以厚,今之民巧以伪。故效于古者先德而治,效于今者前刑而法。"⑤认为君主倡导仁义,并不能使民众皆能循仁义而行:"仁者能仁于人,而不能使人仁;义者能爱于人,而不能使人爱。是以知仁义之不足以治天下也。"而法与义一样,同样强调维护社会秩序的合理有序:"所谓义者,为人臣忠,为人子孝,少长有礼,男女有别;非其义也,饿不苟食,死不苟生。此乃有法之常也。"但与义强调内心修炼不同,法通过制定具体条文,能贯彻于天下民众之中:"圣人有必信之性,又有使天下不得不信之法。"因此圣明君主实行法治,以整肃社会秩序:"圣王者不贵义

---

① 《商君书·六法》。
② 《商君书·六法》。
③ 《商君书·六法》。
④ 《商君书·六法》。
⑤ 《商君书·开塞》。

而贵法，法必明，令必行，则已矣。"①

因此，君主不应以仁义教化民众，否则便会导致民众处于放纵状态，而无法管束，最终导致暴乱；而应以官爵吸引民众，以法治威慑民众，使其趋利避害，安居乐业，这才是符合当世的道义："故以刑治则民威，民威则无奸，无奸则民安其所乐。以义教则民纵，民纵则乱，乱则民伤其所恶。吾所谓利者，义之本也；而世所谓义者，暴之道也。"

同理，国家实行法治不仅能够实现政权治理，而且能使国家走向强盛，是实行"强道"政治道路的必由之路："故王者刑用于将过，则大邪不生；赏施于告奸，则细过不失。治民能使大邪不生，细过不失，则国治。国治必强。一国行之，境内独治。"如果所有国家都实行法治，力量皆得以壮大，彼此制衡，那么发生战争的机率便大为减小，天下也便会复归和谐状态："二国行之，兵则少寝。天下行之，至德复立。此吾以杀刑之反于德而义合于暴也。"②

商鞅站在儒家对面的立场，从批评儒家的角度，进行治国理念的阐述。商鞅将儒家思想视为危害国家的虱子："六虱：曰礼乐，曰《诗》《书》，曰修善，曰孝弟；曰诚信，曰贞廉，曰仁义，曰非兵，曰羞战。"认为政权如果以儒家思想为施政方针，将会失去管束民众的权威，无法驱动民众从事农业与战争，最终使国家走向衰落："国有十二者，上无使农战，必贫至削。十二者成群，此谓君之治不胜其臣，官之治不胜其民，此谓六虱胜其政也。十二者成朴，必削。"反之，如果不运用儒家思想，那么便能富国强兵，其他国家不敢侵犯："是故兴国不用十二者，故其国多力，而天下莫能犯也。兵出必取，取必能有之，按兵而不攻必富。"③ 总之，在商

---

① 《商君书·画策》。
② 《商君书·开塞》。
③ 《商君书·靳令》。

鞅看来，儒家倡导充满弹性的治理方式，容易造成国家混乱，是致乱之源。而法家却强调政权强力控制社会，能够整肃民众，是兴盛之本：

> 辩慧，乱之赞也；礼乐，淫佚之征也；慈仁，过之母也；任誉，奸之鼠也。乱有赞则行，淫佚有征则用，过有母则生，奸有鼠则不止。八者有群，民胜其政；国无八者，政胜其民。民胜其政，国弱；政胜其民，兵强。故国有八者，上无以使守战，必削至亡；国无八者，上有以使守战，必兴至王。①

> 国以难攻，起一取十；国以易攻，起十亡百。国好力，日以难攻；国好言，日以易攻。民易为言，难为用。国法作民之所难，兵用民之所易，而以力攻者，起一得十；国法作民之所易，兵用民之所难，而以言攻者，出十亡百。②

对于儒家所崇尚的贤能治国，商鞅也完全加以否定，认为会导致政权走向混乱："凡世莫不以其所以乱者治，故小治而小乱，大治而大乱，人主莫能世治其民，世无不乱之国。奚谓以其所以乱者治？夫举贤能，世之所治也，而治之所以乱。"③ 所谓贤能是由党羽私谀而获声名："世之所谓贤者，言正也；所以为善正也，党也。听其言也，则以为能；问其党，以为然。故贵之不待其有功，诛之不待其有罪也。"④ 一旦主政，便会援引私人，使民众奔走私门而不忠君主：

> 此其势正使污吏有资而成其奸险，小人有资而施其巧诈。

---

① 《商君书·说民》。
② 《商君书·说民》。
③ 《商君书·慎法》。
④ 《商君书·慎法》。

初假吏民奸诈之本，而求端悫其末，禹不能以使十人之众，庸主安能以御一国之民？彼而党与人者，不待我而有成事者也。上举一与民，民倍主位而向私交。民倍主位而向私交，则君弱而臣强。君人者不察也，非侵于诸侯，必劫于百姓。彼言说之势，愚知同学之，士学于言说之人，则民释实事而诵虚词。民释实事而诵虚词，则力少而非多。

政权便会由此而乱，战争也会由此而失利："君人者不察也，以战必损其将，以守必卖其城。"①

因此，商鞅反对"任良"，倡导"任奸"，也就是主张任用奸人治国，反对使用良民治国，认为这样民众才不会因亲善而彼此庇护，国家法律才能得以贯彻执行，从而实现"法治"："用善，则民亲其亲；任奸，则民亲其制。合而复者，善也；别而规者，奸也。章善则过匿，任奸则罪诛。过匿则民胜法，罪诛则法胜民。"法律凌驾于民众之上，国家便能役使民众从事战争，从而提升军事力量："民胜法，国乱；法胜民，兵强。"反之，国家便会走向动乱与衰弱："以良民治，必乱至削；以奸民治，必治至强。"②

韩非指出当今政权若欲实现强国的政治目标，便需实行法治，去除乱政："故当今之时，能去私曲就公法者，民安而国治；能去私行行公法者，则兵强而敌弱。"③ 之所以实行法治，与商鞅认为古今民风有所不同的观点一样，韩非也认为古代民众朴实，可以用虚名笼络，战国时期民众狡诈，只能实行法治："古者黔首悗密蠢愚，故可以虚名取也。今民儇詗智慧，欲自用，不听上。上必且劝之以赏，然后可进；又且畏之以罚，然后不敢退。"④

---

① 《商君书·慎法》。
② 《商君书·说民》。
③ 《韩非子·有度》。
④ 《韩非子·忠孝》。

那么，如何实行法治呢？韩非继承了商鞅的政治思想，认为实行法治，便要抛弃儒家所倡导的"仁政"观念："今世皆曰：'尊主安国者，必以仁义智能'，而不知卑主危国者，之必以仁义智能也。故有道之主，远仁义，去智能，服之以法。是以誉广而名威，民治而国安，知用民之法也。"① 在选拔官员时，也不能按照儒家倡导的选贤任能，按照社会舆论选拔人才，认为这会导致官僚集团党比行私，轻视君主：

> 今若以誉进能，则臣离上而下比周；若以党举官，则民务交而不求用于法。故官之失能者其国乱。以誉为赏，以毁为罚也，则好赏恶罚之人，释公行，行私术，比周以相为也。忘主外交，以进其与，则其下所以为上者薄也。交众与多，外内朋党，虽有大过，其蔽多矣。故忠臣危死于非罪，奸邪之臣安利于无功。忠臣危死而不以其罪，则良臣伏矣；奸邪之臣安利不以功，则奸臣进矣。此亡之本也。若是，则群臣废法而行私重，轻公法矣。数至能人之门，不一至主之廷；百虑私家之便，不一图主之国。属数虽多，非所尊君也；百官虽具，非所以任国也。然则主有人主之名，而实托于群臣之家也。故臣曰：亡国之廷无人焉。廷无人者，非朝廷之衰也；家务相益，不务厚国；大臣务相尊，而不务尊君；小臣奉禄养交，不以官为事。此其所以然者，由主之不上断于法，而信下为之也。②

韩非将"任贤""妄举"视作君主治国的两大祸患。③ 将儒家视作危害国家的"五蠹"，即五种蛀虫之一。④

----

① 《韩非子·说疑》。
② 《韩非子·有度》。
③ 《韩非子·二柄》。
④ 《韩非子·五蠹》。

抛弃"仁政"观念之后，君主便可以实行法治了："故法之为道，前苦而长利；仁之为道，偷乐而后穷。圣人权其轻重，出其大利，故用法之相忍，而弃仁人之相怜也。"① 完全按照国家制度来选拔、衡量官员，这样君主便能掌握官员情实，并加以控制了：

> 故当今之时，能去私曲就公法者，民安而国治；能去私行行公法者，则兵强而敌弱。故审得失有法度之制者，加以群臣之上，则主不可欺以诈伪；审得失有权衡之称者，以听远事，则主不可欺以天下之轻重。……故明主使法择人，不自举也；使法量功，不自度也。能者不可弊，败者不可饰，誉者不能进，非者弗能退，则君臣之间明辩而易治，故主仇法则可也。②

战国晚期，法家在各国之间都不同程度地获得采纳与实施，都取得了令人瞩目的成就。但全面实行"以法治国"，利用法家思想彻底改造政治体制、建立中央集权体制的是秦国。之所以是文化落后的秦国，而不是文化发达的东方六国，充分采用法家，取得最终的成功，缘于秦国地处西部边疆，文化落后，反而少了传统的包袱，从而得以轻装上阵。

而秦国为应对艰苦环境与长期战争，从而借鉴法家，对周代制度进行大幅度改革，不仅使之更为简约，而且着力提升政治效率，从而发展出较为彻底的君主专制主义中央集权体制。荀子对于秦国地缘政治及由此而培育出的政治面貌，有整体的论述：

> 应侯问孙卿子曰："入秦何见？"孙卿子曰："其固塞险，形埶便，山林川谷美，天材之利多，是形胜也。入境，观其风

---

① 《韩非子·六反》。
② 《韩非子·有度》。

俗，其百姓朴，其声乐不流汗，其服不挑，甚畏有司而顺，古之民也。及都邑官府，其百吏肃然，莫不恭俭、敦敬、忠信而不楛，古之吏也。入其国，观其士大夫，出于其门，入于公门；出于公门，归于其家，无有私事也；不比周，不朋党，倜然莫不明通而公也；古之士大夫也。观其朝廷，其朝闲，听决百事不留，恬然如无治者，古之朝也。故四世有胜，非幸也，数也。是所见也。故曰：佚而治，约而详，不烦而功，治之至也，秦类之矣。……"①

可见，春秋战国时期，不同学派围绕如何治理国家，产生出不同的思想观念。但整体而言，都在争霸、兼并的时代背景下，逐渐走向加强对地方的强制控制，整合地方资源，从而富国强兵，实现在诸国竞争中的胜利。儒家从"德政"向"礼治"的转变，借助制度体系的建构，主张加强对地方社会的管控与治理。道家从无为而治向因时而变，逐渐产生出对于社会更为积极的管理思想，乃至萌生出法治观念。作为最为晚出的法家，吸收了各派政治思想，主张实行法治，在全国建立起从中央到地方的强有力政治体系，通过中央集权的方式，推动国家资源的有力整合，从而为中国古代中央集权体制的形成，奠定了思想基础。

第二节　中央集权体制的形成与地方治理

我国古代中央集权体制存在一个具体的形成过程，按照一般的观点，伴随秦汉王朝的建立，中央集权体制就开始形成并稳定下来。我国古代的统一王朝，都拥有广阔的疆域，多种的民族，多元

---

① 《荀子·强国》。

的文化，如何在当时较为有限的行政力量下，加强对地方的有效管束，维护国家的统一与民族的团结，这无疑是一个巨大的考验。

一 战国"集权型国家形态"的出现

三代时期，在分散的经济、社会状态下，不同政权之间长期维持了分散的政治联盟，尊奉某一势力较强的政权为天下共主。后世在追溯远古历史时，出于古代世界一贯的英雄造时世的思维习惯，突出天下共主在这一世界秩序形成中所扮演的主动角色，从而附会出天下共主分封天下的历史故事。由此角度而言，可将三代时期政治联盟称作"分封型天下秩序"。显然，"分封型天下秩序"是一种松散的政治秩序，而非紧密的国家形态。当代研究者从现代民族国家的研究视角出发，对这种政治秩序，分别冠以"早期国家""都市国家""宗族城邑政治国家""权力代理的亲族邑制国家"的称呼。

但事实上，三代时期是中国在部落联盟的基础上，初步走上政权联合的历史阶段，各诸侯国虽在名义上隶属中央，属于天子分封的藩属国，但其实保持着相当的政治独立性，王室与各诸侯国之间在一定程度上构成了一种松散的政治联合："夏后氏东渐于海，西被于流沙，南浮于江，而朔南及声教，穷竖亥所步，莫不率俾，会群臣于涂山，执玉帛者万国。于是九州之内，作为五服。"[①] 维系三代时期中国内部及其与周边族群往来的重要纽带，是朝贡贸易。而周朝在掌管军事的司马之下，专门设置了负责这一事务的怀方氏："怀方氏掌来远方之民，致方贡，致远物，而送逆之，达之以节。治其委积、馆舍、饮食。"[②] 在三代宗藩关系下，大国与小国之间便是顺从与保护的共生关系，同样隶属司马的形方氏便专门负责相关

---

① 《晋书》卷一四《地理志上》。
② 《周礼·夏官·司马》。

事宜:"形方氏掌制邦国之地域,而正其封疆,无有华离之地,使小国事大国,大国比小国。"[1] 显然,"分封型天下秩序"是一种松散的政治秩序,而非紧密的国家形态。

但西周时期,伴随农业经济的逐渐发展,不仅中原地区各诸侯国不断垦殖,原先相距遥远的政权逐渐变成接壤而邻,而且边缘地区各诸侯国也不断向外垦殖,与边疆族群发生日益密切的互动。在这种地缘变化的时代背景下,各诸侯国之间、诸侯国与边疆族群之间,为争夺生存空间,开始了更为频繁、规模更大的战争,长期积聚的矛盾,最终在西周末年爆发了"犬戎之乱",申国联合犬戎灭亡了西周。在晋国帮助之下才得以东迁的周王室,权威已大为下降。在这种时代背景下,各诸侯国开始谋求政治主导地位。在周天下秩序仍然存在,各诸侯国之间势力相对均衡的时代背景下,春秋时期形成了所谓的"霸主政治联盟",即势力相对强大的国家,以"尊王攘夷"作为政治口号,在名义上尊奉周天子,以获得政治合法性的前提下,发动对边疆族群,甚至部分诸侯国的征伐战争,从而建立以自身为霸主的政治联盟。"霸主政治联盟"并非完全独立的政治形态,而是在周代"分封型天下秩序"逐渐瓦解的时代背景下,仍然在名义上保留和借助周天子权威,提升某一诸侯国相对于其他诸侯国的政治地位。由于霸主相对于其他诸侯国,并未获取绝对性、制度性的支配地位,因此"霸主政治联盟"完全依托于霸主实力与政治智慧,不是稳定的政治形态。由于"霸主政治联盟"并非国家形态,因此其只是从"分封型天下秩序"向"集权型国家形态"过渡的一种政治形态。

战国时期,伴随东周"天下秩序"彻底瓦解,各国在名义上也不再尊奉周天子,以之作为标榜的"霸主政治联盟"由此土崩瓦

---

[1] 《周礼·夏官·司马》。

解，各国开始发动你死我活的兼并战争。为提升本国实力，不同国家都竭力推进政治改革，加强社会动员机制，以将有限的社会资源充分纳入到国家体制中来，竭力在竞争中保持主动与优势。在这一历史背景下，法家顺应时代潮流，倡导彻底改造松散的"分封型天下秩序"为强力的"集权型国家形态"，具体措施便是通过在地方设置郡县，由中央直接管辖，从而建立中央集权体制。战国时期，不同国家都在法家思想的推动下，开始推动政治改革，不同程度上建立起了中央集权体制，战国从而逐渐呈现出较为成熟的国家形态。而在走向国家形态的历史进程中，地处西北边疆的秦国，由于文化较为落后，相应传统压力较小，最为坚决、彻底地接受了法家学说，从而相对于东方六国，更为积极也更有成效地推动政治改革，极大地提升了社会动员能力，实现了历史的超车，借助由此而产生的强大国力，完成了统一中国的历史进程。

二 秦汉中央集权体制的建立

统一中国之后的秦朝，在全国范围内普遍推广郡县制度，建立起以中央集权体制为组织架构的"集权型国家形态"，引领中国历史走向新的历史局面与发展道路。但与此同时，秦朝仍然继承了"天下"观念，通过开拓边疆，不断将政治影响扩展开来，建立起"内中国而外天下"二元格局，开创了整个帝制中国的历史道路。作为中央集权国家的开端，秦朝政治气象远超前代，这从其礼仪制度的庄严恢宏便可看得出来。比如在车驾制度上，秦朝便在整合七国旧制的基础上，发展出宏大而完备的车驾体系："至秦并天下，兼收六国车旗服御，穷极侈靡，有大驾、法驾以及卤簿。"[①] 后世中央集权国家也在继承秦朝礼仪制度的基础上，不断发展、完善，从

---

① 《元史》卷七八《舆服志一》。

而建立起制度完备、内涵丰富的王朝礼仪体系："汉承秦后，多因其旧。由唐及宋，亦效秦法，以为盛典。"①

但秦朝显然对于统治疆域空前广阔、族群空前多样、宗教空前复杂的国家形态，缺乏充分的政治准备。法家强硬的统治意识，忽略了东方地区政治制度、发展水平与秦朝旧地的区域差别，强势推行的郡县制度未能很好地控制东方地区，反而激化了社会矛盾。法家推崇武力扩张的政治观念，促使秦朝发动在四裔边疆的扩张，对农业经济形成了巨大冲击，促使中原地区逐渐走向动荡。由此可见，秦朝虽然开拓出了广阔疆域，但在如何整合方面，尚缺乏历史经验，从而与社会现实产生了剧烈碰撞，成了一种"硬着陆"。这是秦朝二世而亡的历史根源。

与强硬的法家不同，道家倡导顺应自然，包容万物，从而不仅逐渐融合其他学派，构建起内涵十分丰富的学说体系；而且发展出柔和而富有弹性的政治观念，主张顺应时势变化，实行不同的政治方案。在这之中，战国晚期出现的稷下道家，以春秋时期管仲扶助齐桓公争霸的历史事迹作为蓝本，演绎出体系庞大、内涵丰富的政治理论，形成所谓的"管仲学派"。管仲学派虽从道家立场出发，以三皇五帝历史背景为依托，构建出"皇道""帝道"，从学理上压制儒家、墨家崇尚之三代"王道"，但对于这三种政治道路的讨论，不仅较少，而且也非其理论核心。管仲学派重点讨论者是"霸道"，并借助含混"王道""霸道"的方式，认为二者都以富国强兵作为根本与基础，从而赋予"霸道"更多的政治合法性，基本立场其实仍是强调武力，只不过附会以道义的名义，从而形成"内霸外王"的理论层次。

西汉鉴于秦朝的短暂而亡，放弃"以法治国"政治模式，转而

---

① 《元史》卷七八《舆服志一》。

从稷下道家中寻求思想营养。在稷下道家影响之下，西汉在不同时期，针对不同地域，实行不同的政治方案。具体而言，便是在西汉初年，一方面沿袭秦代的"以法治国"政治模式，在关中与东方大多数地区仍然推行郡县制度；另一方面，标榜儒家的政治观念，在郡县制度的基础之上，在东方部分地区，[①]恢复了"分封型天下秩序"，以加强刘氏宗室对东方地区的政治控制，在条件成熟时，才最终统一为郡县制度，彻底建立起"集权型国家形态"。在长期的休养生息之后，西汉开始走向富国强兵之路，最终在武帝时期大规模开拓边疆，所秉持者实为"霸道"政治道路。为给边疆开拓披上道德外衣，并解决边疆开拓所带来的内政不稳问题，逐渐接援儒家思想观念，实行"罢黜百家，独尊儒术"，从而在边疆开拓之上附会以"王道"思想观念，由此走上了"内霸外王"治国模式与政治道路。可见，西汉政权历史进程实契合于管仲学派所倡导的"内霸外王"政治思想。西汉宣帝所谓"霸王道杂之"[②]家法的阐释，便是这一政治思想的直接反映。

管仲学派"内霸外王"政治思想不仅深刻影响了两汉政权的历史进程，而且对于祖述汉朝的后世中原王朝，同样产生了深远的历史影响。相应地，"内霸外王"也成为中国古代统一多民族国家的治国模式与政治道路，促使中华文明在保持长期延续的基础上，不断扩展自身势力与国际影响，从而成为世界文明体系中的重要组成部分。

即使在近代时期，中国面对历史的暴风骤雨，仍然借助中央集权体制下的强大社会动员能力与边疆族群的向心力量，通过借鉴西方民族国家的制度与文化，在相当程度上延续与保存广阔疆域、多种族群、多元文化历史遗产的基础上，虽然较为曲折，但仍较为成

[①] 周振鹤：《中国地方行政制度史》，上海人民出版社2014年版，第40页。
[②] 《汉书》卷九《元帝纪》。

功地实现了向现代民族国家的转型，构建起与单一民族国家不同的统一多民族国家，建立起与西方民主制度具有很大区别的一元统治体系。

三　中国古代的"天下"观念与广阔疆域

东亚大陆开阔的地理空间为中国古人提供了广阔视野，促使其思维呈现无限制的延伸，认为地无边界，从而形成了普天之下即"天下"的空间概念。而在政治上，在"大一统"思想影响下，中国古代相应形成"王者无外"[①]或"大化无外"[②]的政治观念，而其所标榜的国际秩序，相应是以中国为中心，没有边界的"天下秩序"。中国古代中原王朝一直未将统治视野局限于"中国"，也就是目前我们所理解的中国本土，而是以中国本土为核心，观照整个"天下"，皇帝为"万国之主"。[③] 唐元和十三年（818年），唐宪宗诏曰："帝者承天子人，下临万国。"[④] "国"的本来含义，便仅是周天子下属的诸侯国，比邦还要小，是周朝天下秩序中的众多组成部分之一。《周礼》云："太宰之职，掌建邦之大典，以佐王治邦国。"注云："大曰邦，小曰国，邦之所居亦曰国。""国，天子诸侯所理也。"[⑤] 比如《礼记·中庸》便认为"至圣"，也就是圣明君主能够将恩泽普及包括中原与边疆的所有地区："是以声名洋溢乎中国，施及蛮貊，舟车所至，人力所通，天之所覆，地之所载，日月所照，霜露所队，凡有血气者，莫不尊亲，故曰'配天'。"[⑥] 唐高宗去世后，进士陈子昂指出："天子以四海为家，圣人包合六

---

① 《春秋公羊传·隐公元年》。
② 《晋书》卷五二《华谭传》。
③ 《旧唐书》卷五《高宗纪下》。
④ 《旧唐书》卷一四二《王武俊传》。
⑤ 《周礼·天官·大宰》郑玄注。
⑥ 《礼记·中庸》。

宇。"并将历史上舜、禹死于边疆地带，附会为"大化无外"的反映："然而舜死陟方，葬苍梧而不返；禹会群后，殁稽山而永终。岂其爱蛮夷之乡而鄙中国哉？实将欲示圣人无外也。"① 唐宝应二年（763年），御史大夫刘晏致书元载曰："自古帝王之盛，皆云书同文，车同轨，日月所照，莫不率俾。"② 后晋刘昫等人编撰的《旧唐书》，也指出唐朝建立了"天下秩序"："我唐之受命也，置器于安，千年惟永，百蛮向化，万国来王。"③ 相应地，历代中原王朝所定政权的名号，并非单纯的"国号"，比如明朝人便自称"大明国"，④ 还是"有天下之号"，⑤ 所覆盖疆域并不限于中国本土，还包含时来朝贡的"荒服"等层次。

目前所见，"天下"一词最早见于《尚书·周书》："用于天下，越王显。"在"天下"观念下，并无真正的国际秩序，中国与中国以外的地区是一家，也就是"中外一家"，⑥ 而被概括为"九译"即语言需要辗转翻译的异域政权被通过各种形式，⑦ 巧妙地安排于中国主宰的"天下秩序"的不同序列，如果无法安排进来，那么就将其作为"荒"，选择性地遗忘、放弃。

《史记》描写了舜统御四海、禹治理天下的景象："方五千里，至于荒服。南抚交趾、北发，西戎、析枝、渠廋、氐、羌，北山

---

① 《旧唐书》卷一九〇中《文苑中·陈子昂传》。
② 《旧唐书》卷一二三《刘晏传》。
③ 《旧唐书》卷二〇〇下。
④ 佚名著，刘文忠校点：《梼杌闲评》第五十回《明怀宗旌忠诛恶党　碧霞君说劫解沉冤》，人民文学出版社1999年版，第561—562页。山西省曲沃县西海村龙王庙现存明崇祯三年（1630年）三月岁造古钟，上刻有铭文"大明国山西平阳府太平县普法寺造钟石"。
⑤ ［日］渡边信一郎：《中国古代的王权与天下秩序——从日中比较史的视角出发》，徐冲译，中华书局2008年版，第4—5页。
⑥ 《清世宗实录》卷一三〇，雍正十一年四月己卯，中华书局1985年版，第696页。清代以前也有类似的表述。
⑦ 参见《魏书》卷二三《卫操传》。

戎、发、息慎，东长、鸟夷，四海之内咸戴帝舜之功。"① "东渐于海，西被于流沙，朔南暨声教，讫于四海。于是帝锡禹玄圭，以告成功于天下。天下于是太平治。"②《古文尚书·周官》描绘出周天子统治普天之下的理想图景："惟周王抚万邦，巡侯甸，四征弗庭，绥厥兆民。六服群辟，罔不承德。归于宗周，董正治官。""六年，五服一朝。又六年，王乃时巡，考制度于四岳。诸侯各朝于方岳，大明黜陟。"秦始皇于琅琊勒石纪功，便将当时所知地区皆纳入秦朝的一统秩序："六合之内，皇帝之土。西涉流沙，南尽北户。东有东海，北过大夏。人迹所至，无不臣者。功盖五帝，泽及牛马。莫不受德，各安其宇。"③东汉时期将华夷音乐合奏于殿廷，视作盛世之气象。④南梁人沈约纂《宋书》，指出："三代之隆，畿服有品，东渐西被，无遗遐荒。及汉氏辟土，通译四方，风教浅深，优劣已远。"⑤隋末，杨侗下书于李密，为论证自身的正统性质，自夸曾建立起疆域辽阔的天下秩序："高祖文皇帝圣略神功，载造区夏。世祖明皇帝则天法地，混一华戎。东及蟠木，西通细柳，前逾丹徼，后越幽都。日月之所临，风雨之所至，圆手方足，禀气食芼，莫不尽入提封，皆为臣妾。"⑥唐睿宗奖励益州大都督府长史兼充剑南道按察使毕构曰："我国家创开天地，再造黎元，四夷来王，万邦会至，置州立郡，分职设官。"⑦唐玄宗开元极盛之时，曾于泰山筑坛封禅，参加仪式者包括内臣外藩，可视作中国古代天下秩序的极盛写照："壬辰，玄宗御朝觐之帐殿，大备陈布。文武百僚、二王后、孔子后、诸方朝集使、岳牧举贤良及儒生、文士上赋颂者，

---

① 《史记》卷一《五帝本纪》。
② 《史记》卷二《夏本纪》。
③ 《史记》卷六《秦始皇本纪》。
④ 《后汉书》卷五一《炀三子传》。
⑤ 《宋书》卷四八《傅弘之传》"史臣曰"。
⑥ 《隋书》卷五九。
⑦ 《旧唐书》卷一〇〇《毕构传》。

戎狄夷蛮羌胡朝献之国、突厥颉利发,契丹、奚等王,大食、谢䫻、五天十姓,昆仑、日本、新罗、靺鞨之侍子及使、内臣之番、高丽朝鲜王、百济带方王、十姓摩阿史那兴昔可汗、三十姓左右贤王,日南、西竺、凿齿、雕题、牂柯、乌浒之酋长,咸在位。"① 明永乐时期,在多方经营"四夷"、取得巨大事功之后,用乐舞形式展现了"万邦来朝"的"太平盛世"。②

四 先秦时期地方治理的差序观念

在世界古代史上,不同文明所建立的帝国,维持着广疆域、多族群、多宗教的国家特征,但由于能力有限,对于边疆地区的统治方式,呈现出与核心地区的差异,采取的都是"差别式统治"。美国政治学家赫克特指出,在世界古代史上,包括几乎所有帝国在内的大多数国家,由于统治着地理上十分广袤的国土,都只在距离统治中心最近的地区实现了直接统治,对于距离遥远的地区,为了减少经济、政治上的代价而不愿,或出于技术的原因而不能实行直接统治,于是借助代理人,实行由代理人自己选择统治方式的间接统治,代理人拥有很大的自主性与强大的权力,承担中央朝贡、缴纳赋税或实物支付,以及某种程度的军事义务,间接统治促进了土著人口对异族统治者的文化同化,中央对外围地区的控制,最终取决于与地方政权之间的合作程度,只有在现代交通技术发展之后,直接统治在技术上才成为可能。③ 只是这种"差别式统治",在近代,伴随现代民族国家的兴起,而改变为"同质化统治"。至于中国,其治下不同疆域、政权、族群、宗教之间拥有巨大差异。或者说,古代中国的管理方式,同样呈现了区别对待的差异取向,在边疆地

---

① 《旧唐书》卷二三《礼仪志三》。
② 《明史》卷六三《乐志三》。
③ [美] 麦克尔·赫克特(Michael Hechter):《遏制民族主义》,韩召颖等译,中国人民大学出版社2012年版,第31—33、52、54、58、60—61页。

区更多地采用政治、经济、文化等和平方式进行渗透,因此这种差异取向更为长久、更为明显。正因为具有这一包容性,古代中国才能不断将边疆政权、族群纳入统一政权之下,并在近代遭遇外界巨大压力之后,仍能保持绝大部分的疆域遗产,并通过与现代民族国家观念的互动,建立起中华民族多元一体的国家体制,成为当今唯一在一定程度上保留了古代遗产的现代民族国家。这种区别对待的差异取向,体现在疆域管理上,便呈现出"差序疆域"的政治地理格局。

《尚书·酒诰》将商朝天下分为内服、外服。[①]"服","服事天子也"。[②] 学界认为"服"包括了向天子尽职与纳贡两个方面。[③] 顾颉刚认为内服指王朝,外服指诸侯。[④] 内服内部又分诸多种类,外服内部又分多个层次:"越在外服:侯、甸、男、卫、邦伯;越在内服:百僚、庶尹、惟亚、惟服、宗工、越百姓、里君。"[⑤] 宋镇豪认为商朝疆域存在王畿、四土、四至三个层级,分别是"殷商王朝的直接控制区""王朝宏观控制的全国行政区域""政治疆域外的四至周边地区"。[⑥] 考古学者同样认为商朝存在三个层次:商文化中心区、商文化亚区、商文化影响区。[⑦] 张兴照分别将之命名为商代

---

① 关于商周服制,可参见张利军《商周服制与早期国家管理模式》,上海古籍出版社 2016 年版。
② 《周礼·夏官·职方氏》郑玄注。
③ 董珊:《谈士山盘铭文的"服"字义》,《故宫博物院院刊》2004 年第 1 期。晁福林:《从士山盘看周代"服"制》,《中国历史文物》2004 年第 6 期。
④ 顾颉刚:《畿服》,载顾颉刚《史林杂识》,中华书局 1963 年版。
⑤ 《尚书·酒诰》。
⑥ 宋镇豪:《论商代的政治地理架构》,载《中国社会科学院历史研究所学刊》第一集,商务印书馆 2001 年版。
⑦ 彭邦炯:《商史探微》,重庆出版社 1988 年版,第 174—192 页。叶文宪:《商代疆域新论》,《历史地理》第八辑,上海人民出版社 1990 年版。宋新潮:《殷商文化区域研究》,陕西人民出版社 1991 年版,第 200—221 页。李民:《〈汉书·贾捐之传〉所见商代疆域考》,《历史研究》2006 年第 5 期。

的王畿、政治疆域、人文疆域。①

《逸周书》记载周初成王时期，有三层政治区域，即比服、要服、荒服，每种政治区域以千里为距离："方千里之外为比服，方千里之内为要服，三千里自后内为荒服。是皆朝于内者。"② 比服在后世儒者看来，应为王畿附近地区或五服中的侯服、甸服、宾服区域。孔晁认为这种三分法，并非周代所创，而是承袭殷商之旧："比服名因于殷，非周制也。"③

而据《史记》记载，舜任命禹治理天下，已经建立起"五服"统治序列："辅成五服，至于五千里，州十二师，外薄四海，咸建五长，各道有功。"④ 成书于东周的《周语》也记载了"五服"，即"先王之制，邦内甸服，邦外侯服，侯卫宾服，蛮夷要服，戎翟荒服"。顾颉刚认为侯服为诸侯，宾服为前代王族有国者，以宾礼待之，希望其能帖服新朝、作王屏藩，故名"宾服"。要服，"要"即"约"，指常居中原之夷蛮，文化程度较高，虽不属华夏，但仍受约束，故名"要服"。荒服指戎狄，"荒"犹"远"，即未受华夏文化陶冶之外族，时时入寇，虽欲跻身华夏而不得，故名"荒服"。⑤

《周礼》又在五服基础上，衍出"九服"观念，即侯服、甸服、男服、采服、卫服、蛮服、夷服、镇服、藩服：

> 乃辨九服之邦国，方千里曰王畿，其外方五百曰侯服，又其外方五百里曰甸服，又其外方五百里曰男服，又其外方五百

---

① 张兴照：《商代地理环境研究》，中国社会科学出版社2018年版，第132页。
② 黄怀信、张懋镕、田旭东撰，黄怀信修订，李学勤审定：《逸周书汇校集注》（修订本）卷七《王会解第五十九》，上海古籍出版社2007年修订本，第810页。
③ 《逸周书汇校集注》（修订本）卷七《王会解第五十九》，第808—809页。
④ 《史记》卷二《夏本纪》。
⑤ 顾颉刚：《畿服》，载顾颉刚《史林杂识》。

里曰采服，又其外方五百里曰卫服，又其外方五百里曰蛮服，又其外方五百里曰夷服，又其外方五百里曰镇服，又其外方五百里曰藩服。①

《逸周书》也有大体一致的记载，只是措辞稍有不同。② 在九服政治序列下，各"服"虽然规模是一样的，皆为五百里，但不同封爵的分封土地却依次递减。对此，孟子有系统论述：

天子之制，地方千里，公侯皆方百里，伯七十里，子、男五十里，凡四等。不能五十里，不达于天子，附于诸侯，曰附庸。天子之卿受地视侯，大夫受地视伯，元士受地视子、男。大国地方百里，君十卿禄，卿禄四大夫，大夫倍上士，上士倍中士，中士倍下士，下士与庶人在官者同禄，禄足以代其耕也。次国地方七十里，君十卿禄，卿禄三大夫，大夫倍上士，上士倍中士，中士倍下士，下士与庶人在官者同禄，禄足以代其耕也。小国地方五十里，君十卿禄，卿禄二大夫，大夫倍上士，上士倍中士，中士倍下士，下士与庶人在官者同禄，禄足以代其耕也。耕者之所获，一夫百亩。百亩之粪，上农夫食九人，上次食八人，中食七人，中次食六人，下食五人。庶人在官者，其禄以是为差。③

相应地，越往外，政治单元数量越多。"凡邦国千里，封公以方五百里则四公，方四百里则六侯，方三百里则七伯，方二百里则二十五子，方百里则百男，以周知天下。"④ 国家越来越多："凡四

---

① 《周礼·夏官·职方氏》。
② 参见《逸周书·职方解》。
③ 《孟子·万章》。
④ 《周礼·夏官·职方氏》。

海之内九州，州建百里之国三十，七十里之国六十，五十里之国百有二十，凡二百一十国。名山大泽不以封，其余以为附庸间田。"①《周礼》认为周朝借此实现居内驭外、居重驭轻的政治目的："凡邦国，小大相维，王设其牧，制其职。"②《吕氏春秋》也主张天子借助这一制度，控制地方诸侯："王者之封建也，弥近弥大，弥远弥小。海上有十里之诸侯。以大使小，以重使轻，以众使寡，此王者之所以家以完也。"③ 由于越向外，政治单元越多，相应周王室管辖起来越来越不方便，因此周天子并不直接管理各诸侯国事务，而维持象征性的治理："王之所以抚邦国诸侯者：岁遍存；三岁遍覜；五岁遍省；七岁属象胥，谕言语，协辞命；九岁属瞽史，谕书名，听声音；十有一岁，达瑞节，同度量，成牢礼，同数器，修法则。"④ 每隔一段较长的时间，《周礼》记载是十二年，才巡视一下诸侯国。"十有二岁王巡守殷国。"⑤ 维系周王室与九服之间政治关联的制度形式，是宽疏而松散的朝贡关系："各以其所能，制其贡，各以其所有。"⑥ 在发生大事时，周王室才借助天子权威，加以仲裁与解决："凡诸侯之王事，辨其位，正其等，协其礼，宾而见之。若有大丧，则诏相诸侯之礼。若有四方之大事，则受其币，听其辞。凡诸侯之邦交，岁相问也，殷相聘也，世相朝也。"⑦

《周礼》关于九畿序列的设定与九服序列基本一致，同样只是措辞有所不同：

> 乃以九畿之籍，施邦国之政职。方千里曰国畿，其外方五

---

① 《晋书》卷一四《地理志上》。
② 《周礼·夏官·职方氏》。
③ 《吕氏春秋·审分览·慎势》。
④ 《周礼·秋官·大行人》。
⑤ 《周礼·秋官·大行人》。
⑥ 《周礼·夏官·职方氏》。
⑦ 《周礼·秋官·大行人》。

百里曰侯畿，又其外方五百里曰甸畿，又其外方五百里曰男畿，又其外方五百里曰采畿，又其外方五百里曰卫畿，又其外方五百里曰蛮畿，又其外方五百里曰夷畿，又其外方五百里曰镇畿，又其外方五百里曰蕃畿。①

其实在五服、九服最内层，也同样具有分层，由内至外分别为都城、京师、甸服："天子畿方千里曰甸服，甸服之内曰京师，天子所宫曰都。"②

在五服、九服、九畿差序疆域下，不同政治区域与周王室政治密切度依次递减。《尚书·禹贡》记载五服政治区域对于周天子具有不同的政治义务：

> 五百里甸服：百里赋纳总，二百里纳铚，三百里纳秸服，四百里粟，五百里米。五百里侯服：百里采，二百里男邦，三百里诸侯。五百里绥服：三百里揆文教，二百里奋武卫。五百里要服：三百里夷，二百里蔡。五百里荒服：三百里蛮，二百里流。

《周礼·秋官·大行人》也指出不同政治区域距离周王室越远，朝贡次数越少，与周王室关系就越疏远：

> 邦畿方千里，其外方五百里谓之侯服，岁一见，其贡祀物。又其外方五百里谓之甸服，二岁一见，其贡嫔物。又其外方五百里谓之男服，三岁一见，其贡器物。又其外方五百里谓

---

① 《周礼·夏官司·大司马》。

② 皇甫谧撰，陆吉点校：《帝王世纪》第一《自开辟至三皇》，载《二十五别史》第1册，齐鲁书社2000年版，第9页。

之采服，四岁一见，其贡服物。又其外方五百里谓之卫服，五岁一见，其贡材物。又其外方五百里谓之要服，六岁一见，其贡货物。九州之外，谓之蕃国，世一见，各以其所贵宝为挚。

《吕氏春秋》也指出诸侯向天子缴纳贡赋多少、抽税轻重，要依据地理远近与土地出产情况而定："贡职之数以远近土地所宜为度"。[1] 鉴于此，东汉末年曹操谋士何夔称"先王辨九服之赋以殊远近"。[2] 到了要服、荒服层次，周王实际上已不能控制。

五服、九服、九畿的整齐布局，虽是后世儒者的理想化阐述，周代疆域格局不会如此规整；但这一疆域观念仍大体反映了周朝限于当时的历史条件，对于不同政治区域、不同族群，实行不同的统治方式，构建起亲疏不同的政治关联，从而建立起具有差序特征的国家疆域格局。事实上，周天子在分封诸侯时，也是将关系较近的子孙与大臣分封在较近的地区，而将其他诸侯分封在较远的地区。西周时期，祭公谋父劝谏穆王征伐犬戎的政治论述，便反映了这一历史事实。专门记述穆王西巡寻找西王母之事的《穆天子传》，对于穆王伐犬戎，记载甚为简略："天子北征于犬戎，犬戎□胡觞天子于当水之阳，天子乃乐，□赐七萃之士战。"[3] 但信奉儒家学说，为孔子《春秋》作传的鲁国史官左丘明，却在其另一部国别体史书《国语》中，详细记述了谋父劝谏之语。谋父首先指出西周历代天子皆注重德行，反对武力，也就是所谓的"耀德不观兵"：

> 穆王将征犬戎，祭公谋父谏曰："不可。先王耀德不观兵。夫兵戢而时动，动则威；观则玩，玩则无震。是故周文公之颂

---

[1] 《吕氏春秋》卷九《季秋纪》。
[2] 《三国志》卷一二《魏书·何夔传》。
[3] 郭璞注：《穆天子传》卷一，上海古籍出版社1990年版，第3页。

曰：'载戢干戈，载櫜弓矢，我求懿德，肆于时夏，允王保之。'先王之于民也，茂正其德而厚其性，阜其财求而利其器用，明利害之乡，以文修之，使务利而避害，怀德而畏威，故能保世以滋大。昔我先王世后稷，以服事虞夏。及夏之衰也，弃稷不务，我先王不窋用失其官，而自窜于戎狄之间。不敢怠业，时序其德，纂修其绪，修其训典，朝夕恪勤，守以敦笃，奉以忠信，奕世戴德，不忝前人。至于武王，昭前之光明，而加之以慈和，事神保民，莫弗欣喜。"

那么，对于武王伐纣又作何解释呢？谋父认为武王这一做法是为民除害，而武力只是手段而非目的："商王帝辛大恶于民，庶民不忍，欣戴武王，以致戎于商牧。是先王非务武也，勤恤民隐而除其害也。"

谋父接下来解释了西周历代统治者为何不使用武力。他指出周天下是一种"差序疆域"，不同的政治单元在周天下统治序列中，具有不同的地位，相应也承担不同的政治义务："夫先王之制，邦内甸服，邦外侯服，侯卫宾服，夷蛮要服，戎狄荒服。甸服者祭，侯服者祀，宾服者享，要服者贡，荒服者王。日祭，月祀，时享，岁贡，终王，先王之训也。"在这种"差序疆域"下，周天子不对不同政治单元要求同样的政治义务，而是按照其与周王室的关系，规定相应的政治责任。在这种统治秩序下，居于要服、荒服的"夷狄"即四裔族群，身处"差序疆域"的最外层，与周天子关系最为疏远，只需要承担向周天子进行朝贡、接受名义上的统治便可以了。

谋父认为不同政治单元由于在统治序列中占据不同的位置，因此在这一政治区域内是违上的行为，并不意味着在另一政治区域内也是违上的行为。比如四裔族群只有不向周天子朝贡、不承认周天子的名义统治时，才是违上的行为。针对不同政治单元不符约束的违上行为，周天子也应采取相应的方式，而非无差别的一概而论：

> 有不祭则修意，有不祀则修言，有不享则修文，有不贡则修名，有不王则修德，序成而有不至则修刑。于是乎有刑不祭，伐不祀，征不享，让不贡，告不王。于是乎有刑罚之辟，有攻伐之兵，有征讨之备，有威让之令，有文告之辞。

在针对不同政治单元的政治方案中，征伐仅应实行于侯服、宾服政治区域，在这一政治区域内采取这种做法才具有合理性。在这一政治区域内，征伐虽然看起来是使用武力方式，其实是周天子管理臣下的一种政治方式，因此具有政治合法性。但超越这一政治区域，居于更遥远的四裔族群即使有违上行为，也不应采取仅适用于侯服、宾服的征伐方式，而应采取柔性统治方式，宣布天子旨意，加以规诫。如果在天子告诫之后，四裔族群仍不听从，也不能采取武力手段，而应进一步加强德行的修养，感召四裔族群，使其逐渐向心归化："布令陈辞而又不至，则增修于德，无勤民于远。是以近无不听，远无不服。"

因此，穆王以犬戎"不享"于朝，即不将祭品贡献于周天子的行为，而行征伐，"今自大毕伯士之终也，犬戎氏以其职来王，天子曰：'予必以不享征之，且观之兵'"，是一种违背周朝"差序疆域"统治观念与制度的行为："其无乃废先王之训，而王几顿乎？吾闻犬戎树惇，帅旧德而守终纯固，其有以御我矣。"

对于谋父的劝谏，穆王并未听从，《国语》从而以委婉的方式，对穆王这一不仅未有收获，反而加剧了与四裔族群矛盾的做法加以批评："王不听，遂征之，得四白狼、四白鹿以归。自是荒服者不至。"①

在古人的论述中，无论是五服，还是九服、九畿，基本限于"九州"范围之内；而在此之外的地域，古人认为三代仍有措意与区划，故而称五服、九服仅限治土。② 西晋人陈寿所撰《三国志》，也持这一观点："其九服之制，可得而言也。然荒域之外，重译而至，非足迹车轨所及，未有知其国俗殊方者也。"③ 值得注意的是，陈寿将距离较远的边疆族群置于九服之外："自虞及周，西戎有白环之献，东夷有肃慎之贡，皆旷世而至，其邈远也如此。"④

春秋战国时期，伴随华夏国家不断开拓边疆，并实施直接管辖，时人开始鉴于周天下秩序逐渐瓦解的现实，质疑松散的差序疆域是否是一种切实有效的疆域管理模式。比如战国时期，便有人指出周朝并未对楚国、越国进行过有效管辖。从诸子百家学说特征来看，这应是主张积极进取的法家，在全面质疑并改革周代遗制时所提出的一种观点。这一观念并未上升为春秋战国疆域观念的主流，还遭到了其他学派的反对。比如儒家代表人物之一荀子，便从尊崇三代的学说立场出发，对这一新生观念进行了抨击，仍致力于维护差序疆域的合理性与有效性："世俗之为说者曰：'汤、武不能禁令。'是何也？曰：'楚、越不受制。'是不然。"⑤ 指出商汤、周武王实行王道，凭借弱小势力，使天下闻风归附："汤、武者，至天下之善禁令者也。汤居亳，武王居鄗，皆百里之地也，天下为一，诸侯为臣，通达之属，莫不振动从服以化顺之，曷为楚、越独不受制也！"但王道政治理念并不强调在所有地区实行同样的制度，而是针对不同地区的区域差异，因地制宜地加以统治：

---

① 《国语·周语上·穆王将征犬戎》。
② 参见《周礼·秋官·大行人》。
③ 《三国志》卷三〇《魏书·东夷传》。
④ 《三国志》卷三〇《魏书·东夷传》。
⑤ 《荀子·正论》。

彼王者之制也，视形势而制械用，称远迩而等贡献，岂必齐哉！故鲁人以榶，卫人用柯，齐人用一革。土地、刑制不同者，械用、备饰不可不异也。故诸夏之国同服、同仪，蛮夷、戎狄之国同服不同制。

由此而形成了五服差序疆域格局：

封内甸服，封外侯服，侯卫宾服，蛮夷要服，戎狄荒服。甸服者祭，侯服者祀，宾服者享，要服者贡，荒服者王。日祭、月祀、时享、岁贡、终王，夫是之谓视形势而制械用，称远近而等贡献，是王者之制也。①

在这一差序疆域格局中，楚国、越国仍然服从于天子权威，只是表现形式有所不同："彼楚越者，且时享、岁贡、终王之属也，必齐之日祭、月祀之属，然后曰受制邪？"因此，从春秋战国时代背景出发，主张以"均质疆域"管理模式，取代差序疆域管理模式的学说主张，并未理解远古圣王王道政治的内涵与实质，是孤陋寡闻的浅薄之见："是规磨之说也。沟中之瘠也，则未足与及王者之制也。语曰：'浅不足与测深，愚不足与谋知，坎井之蛙，不可与语东海之乐。'此之谓也。"②

以法家为意识形态的秦朝，开始对三代差序疆域的弱点与不足，从官方角度进行了明确的批评与否定，认为直接管辖的郡县制度优越于差序疆域，于是完全以郡县制取代分封制的差序疆域治理方式，作为地方管理基本制度，并将之作为秦始皇功高五帝的重要功绩：

---

① 《荀子·正论》。
② 《荀子·正论》。

丞相（王）绾、御史大夫（冯）劫、廷尉（李）斯等皆曰："昔者五帝地方千里，其外侯服夷服诸侯或朝或否，天子不能制。今陛下兴义兵，诛残贼，平定天下，海内为郡县，法令由一统，自上古以来未尝有，五帝所不及。……"①

秦始皇东巡，勒石琅琊，也继续宣扬与表彰这一空前功绩：

维秦王兼有天下，立名为皇帝，乃抚东土，至于琅邪。列侯武城侯王离、列侯通武侯王贲、伦侯建成侯赵亥、伦侯昌武侯成、伦侯武信侯冯毋择、丞相隗林、丞相王绾、卿李斯、卿王戊、五大夫赵婴、五大夫杨樛从，与议于海上。曰："古之帝者，地不过千里，诸侯各守其封域，或朝或否，相侵暴乱，残伐不止，犹刻金石，以自为纪。古之五帝三王，知教不同，法度不明，假威鬼神，以欺远方，实不称名，故不久长。其身未殁，诸侯倍叛，法令不行。今皇帝并一海内，以为郡县，天下和平。昭明宗庙，体道行德，尊号大成。群臣相与诵皇帝功德，刻于金石，以为表经。"②

但秦朝二世而亡，客观而言，与郡县制有一定关系。秦灭六国之后，东方各地经济、社会发展水平尚有很大差距，因地制宜地进行差序治理，更富有弹性而合理；无视这种区域差异，完全实行扁平化的郡县制管理，构建"均质疆域"，不仅不利于消除这种区域差异，反而会激发出更多的社会问题，是秦朝未能成功管控东方地区的重要原因。鉴于此，汉人在总结秦朝灭亡教训时，也将郡县制的普遍推广视为因素之一。值得注意的是，经历西汉"七国之乱"、

---

① 《史记》卷六《秦始皇本纪》。
② 《史记》卷六《秦始皇本纪》。

西晋"八王之乱"后，虽然除了元、明之外的中央政权，都不再推行具有实质意义的分封制度，但政权内部却多有推崇分封制度的言论，认为这种弹性的政治制度，有助于维护政权稳定。班固系统评述了西周、秦朝、西汉分别实行分封制度、郡县制度的演变脉络，尤为推崇为西周的分封制度，认为秦朝实行郡县制度，"子弟为匹夫，内亡骨肉本根之辅，外亡尺土籓翼之卫。陈、吴奋其白挺，刘、项随而毙之。故曰，周过其历，秦不及期，国势然也"。而西汉力行削藩，在王莽篡位之时，毫无抵抗之力，甚至纷纷劝进。[①]西晋"八王之乱"中，王豹上疏当时主政的大司马齐王司马冏，主张恢复西周分封的形式。[②] 十六国前秦苻坚为加强对关东的统治，分封宗族子弟，朝臣皆对这一决策表示支持，认为是效法周代、稳固政权的良策。[③] 唐贞观年间，尚书左仆射萧瑀惩秦孤立之弊，主张恢复分封制度。[④] 唐乾元三年（760年）四月肃宗诏曰："古之圣王，宅中御宇，莫不内封子弟，外建藩维。"[⑤] 黄宗羲鉴于明初"靖难之役"的教训，并不主张恢复一姓分封，而别开生面地提出分封文官，主宰藩镇，以拱卫皇室。而清代曾静从清代北族入主中国的时代背景出发，指出封建有利于加强边防。[⑥] 但也有力主郡县、抨击分封者，其中最著名的便是柳宗元的《封建论》。直到明清时期，仍有主张恢复封建者。

客观而言，差序疆域在秦朝前后，大体是当时中原与周边地区历史发展水平的真实反映，即以自然条件最为优越的黄河流域为核心，存在一个文明程度递减的地缘格局。继秦朝而起的汉朝政权，

[①] 《汉书》卷一四《诸侯王表》。
[②] 《晋书》卷八九《忠义·王豹传》。
[③] 《晋书》卷一一三《载记十三·苻坚上》。
[④] 《旧唐书》卷六三《萧瑀传》。
[⑤] 《旧唐书》卷一一六《肃宗代宗诸子·彭王仅传》。
[⑥] 爱新觉罗·胤禛：《大义觉迷录》卷二，《四库禁毁书丛刊》，北京出版社2000年影印本，史部第22册，第308页。

将儒家思想确立为主流意识形态，从而在疆域管理模式上再次复归传统的差序疆域，实行了多种不同的地方制度，深刻影响了后世中国的疆域观念与管理模式。虽然严格的五服、九服政治地理随着时代变迁，早已不存，但差序治理观念与方式却在中国古代一直延续下来。这不仅与儒家成为中国古代政治指导思想有关，更源于中国古代虽然奉行"天下观念"，但由于实力所限，并不能将所有已知地区皆纳入统治范围，有限开拓主义对于边缘及其以外地区的开拓也缺乏足够的兴趣，中国古代政权不能总是飘浮在文化幻想中，而实际上必须拥有现实的政权边界。

五　秦汉以后中国地方治理的差序机制

事实上，中国古代华夏政权与后来的汉人政权，一直有关于边界的观念与实践。唐贾公彦作《周礼疏》，认为黄帝以降，中国一直只是天下的一部分："自神农已上，有大九州、柱州、迎州、神州之等。至黄帝以来，德不及远，惟于神州之内分为九州。"①《尚书》记载舜统治时，便将天下划为十二州，每州边界以"封"即土堆作标志。②周朝统治瓦解后，天下无主，战国七雄互相争强，彼此之间皆拥有明确的边界，以土堆、树木结成的"封"为界，后来进一步修筑了长城。孟子主张统驭民众，不应采取划界封闭的方式，"域民不以封疆之界"，③反映出战国时期实有边界观念。

秦始皇命蒙恬勾连长城，将之作为与匈奴之间的边界。《汉书》载："秦始皇攘却戎狄，筑长城，界中国。"④颜师古注曰："为中国之竟界也。"⑤西汉最初由于力量不足，也不得不承认与匈奴以长

---

① 《周礼·夏官·职方氏》贾公彦疏。
② 《尚书·尧典》："肇十有二州，封十有二山，浚川。"
③ 《孟子·公孙丑下》。
④ 《汉书》卷九六上《西域传》。
⑤ 《汉书》卷九六上《西域传》。

城为界，南北分治。西汉初年刘邦与匈奴约定以长城为界："长城以北，引弓之国，受令单于；长城以内，冠带之室，朕亦制之。"① 前162年（西汉孝文帝后元二年），重申此制："单于既约和亲，于是制诏御史曰：'匈奴大单于遗朕书，言和亲已定，亡人不足以益众广地，匈奴无入塞，汉无出塞，犯令约者杀之，可以久亲，后无咎，俱便。朕已许之。其布告天下，使明知之。'"② 东汉光武帝建武时期，马援征交阯，在象林县与西屠国交界处，"植两铜柱表汉界"，③ 划定汉朝直接统治区与藩属区的界限。《古文尚书·毕命》明确主张："申画郊圻，慎固封守，以康四海。"④ 反映了西汉至魏晋时期的边界观念。西晋在与鲜卑接壤处，也立碣划界。"是岁，穆帝始出并州，迁杂胡，北徙云中、五原、朔方。又西渡河，击匈奴、乌桓诸部。自杏城以北八十里，迄长城原，夹道立碣，与晋分界。"⑤ 唐朝与吐蕃之间同样存在边界。730年（唐开元十八年），双方酝酿立界碑："仍于赤岭各竖分界之碑，约以更不相侵。"⑥ 唐开元二十一年（733年），应金城公主的请求，唐、蕃之间划界立碑，并通告周边民众："金城公主上言，请以今年九月一日树碑于赤岭，定蕃、汉界。树碑之日，诏张守珪、李行祎与吐蕃使莽布支同往观焉。既而吐蕃遣其臣随汉使分往剑南及河西、碛西，历告边州曰：'两国和好，无相侵掠。'汉使告亦如之。"⑦ 唐开元二十二年（734年），又在赤岭立划界立碑："六月乙未，遣左金吾将军李佺于赤岭与吐蕃分界立碑。"⑧ 除了立界碑之外，双方还在边境立栅

---

① 《汉书》卷九四《匈奴传上》。
② 《史记》卷一一〇《匈奴列传》。
③ 《梁书》卷五四《诸夷传》。
④ 《尚书·毕命》。此篇仅《古文尚书》有，《今文尚书》无。
⑤ 《魏书》卷一《序纪》。
⑥ 《旧唐书》卷一九六上《吐蕃传上》。
⑦ 《旧唐书》卷一一二《李暠传》。
⑧ 《旧唐书》卷八《玄宗纪上》。

栏作为分界标志:"时吐蕃与汉树栅为界,置守捉使。"① 此后,唐将攻打吐蕃,便会记载攻入吐蕃境内的具体距离。② 五代、两宋受到契丹、西夏、女真的强力压制,与以上政权皆划定了明确的国界线。③ 划定边界的行为,直接在官方层面承认了"有限疆域",打破了"无限天下"的想象。

只是值得注意的是,中国古代不同政权之间的边界,很多与当今世界双方约定一条界线,各自据守,中间无缝对接不同,而是存在着双方都不管辖的"飞地",充当着双方缓冲地带的作用,可称为"缓冲边疆"。比如唐朝与吐蕃多次会盟,划定边界,783年(唐建中四年),④ 双方约定的南部边界如下:"今国家所守界:泾州西至弹筝峡西口,陇州西至清水县,凤州西至同谷县,及剑南西山、大渡河东,为汉界。蕃国守镇在兰、渭、原、会,西至临洮,东至成州,抵剑南西界磨些诸蛮,大渡水西南,为蕃界。"在南部边界接合部,原有部分西北族群归属于唐,按照此次划界,处于边界以西的族群被划归于吐蕃:"其兵马镇守之处州县见有居人,彼此两边见属汉诸蛮,以今所分见住处,依前为定。"⑤ 北部边界为:"其黄河以北,从故新泉军,直北至大碛,直南至贺兰山骆驼岭为界,中间悉为闲田。"⑥ 未明确划定边界的地区,双方维持现状:"盟文有所不载者,蕃有兵马处蕃守,汉有兵马处汉守,并依见守,不得侵越。"可见,双方并非如同现代国界划分一样,划定一条界线,各自据守,而是各自划定一条据守线,中间为两者皆不管辖的

---

① 《旧唐书》卷一九六上《吐蕃传上》。
② 如开元二十五年(737年),"三月乙卯,河西节度使崔希逸自凉州南率众入吐蕃界二千余里。"(《旧唐书》卷九《玄宗纪下》)。
③ 参见《居士集》卷二一《镇安军节度使同中书门下平章事赠太师中书令程公神道碑铭》。
④ 《旧唐书》卷一二五《张镒传》载为建中三年。
⑤ 《旧唐书》卷一九六下《吐蕃下》。
⑥ 《旧唐书》卷一九六下《吐蕃下》。

缓冲边疆，双方称为"闲田"。"中间悉为闲田。"双方都不得在闲田地带展开行动："其先未有兵马处，不得新置，并筑城耕种。"①可见，即使在划定类似于现代国界的边界时，中国古代仍然呈现出与当代边界有所区别的前近代内涵。

至于北族政权，由于更看重对草原、人口与牲畜的控制，疆域意识并不如农业政权之强，因此边界长时期并不明晰。这样的北族政权有匈奴、突厥、回纥等。但北族政权中的东北政权，在开拓广阔疆域、整合农牧经济、建立强大政权之后，比如北朝、契丹、金朝、元朝、清朝，便如同汉人政权一样，具有明确的边界了。相对于汉人政权，这些政权在边疆开拓的动力更足，疆域也更为广阔。在这些政权中，蒙古帝国开拓疆域的动力最强。

显然，现实政治中的边界畛域，会给"天下秩序"的理想蒙上一层阴影，尤其当中原王朝势力衰落、边界不断内缩之时，这一阴影所造成的心理失落会更为明显。那么，中国古代中原王朝如何应对并解决这一理想与现实之间的落差与尴尬呢？针对此，中国古代中原王朝采取有限开拓主义中的弹性方式，对于适宜大规模推广农业经济的地带，利用军事、政治手段，加以直接控制；而对边缘及其以外之地区，在拥有足够实力时，仍致力于直接控制；而在力量稍逊时，倾向于选择非军事手段，主要通过政治交往、经济补助、文化传播，与军力无法直接控制的地区，"让而不臣"，"待以客礼"，②形成一定的政治联盟，获得政治宗主的地位，从而仍在形式上维持着天下秩序："陈大猷曰：'圣人政事所治，详内略外，不求尽于四海，而道德所化，则无内外之限，而必极于四海。'"③西晋泰始元年（265年），西晋武帝设坛于南郊，当时的浩大场面直接体

---

① 《旧唐书》卷一九六下《吐蕃下》。
② 《汉书》卷七八《萧望之传》。
③ 孙奇逢：《书经近指》卷二《夏书》，载张显清主编《孙奇逢集》，中州古籍出版社2003年版，第189页。

现了这种宏大政治体系："百僚在位及匈奴南单于、四夷会者数万人。"①

具体而言，便是在直接统治区实行流官制度，无法直接控制的边疆地区实行羁縻制度，而在更为遥远的地区实行藩属制度，于是形成直接统治区—羁縻控制区—藩属朝贡区的层级结构，从而形成与现代民族国家"单一性""均质化"疆界不同的"差序疆域"。对于这种差序疆域格局，《晋书·地理志》有高度的概括："天子百里之内以供官，千里之内以为御，千里之外设方伯。"②而即使通过多种方式，仍无法达成一定关系的边缘及其以外地区之政权，则会被天下秩序选择性地忽略。伴随对外交流逐渐展开，中国已认识到在遥远的地区，存在诸多国家，甚至文明程度并不亚于中华文明，比如秦汉时期对于大秦的了解，东汉以降对于印度文明的了解，以及明清时期西方地理知识传入中国等。虽然中国古代逐渐了解到诸多异质文明的存在，甚至据此开始修改自身的地理观念，但作为主流的政治地理观念，天下秩序一直是中国古代疆域模式的核心内涵。

在中国古代差序疆域中，直接统治区实行郡县统治，而在其外层的是羁縻控制区。所谓"羁縻"，是主要通过武力方式，实现对边疆地区的大体控制之后，并不加以直接统治，而是将边疆政权从形式上纳入国家体制中来，一般不干涉其制度形式、内部人事更替与社会风俗，实行间接统治。十六国前秦时，苻坚发兵进攻西域，苻坚谓主将吕光曰"西戎荒俗，非礼义之邦。羁縻之道，服而赦之，示以中国之威，导以王化之法，勿极武穷兵，过深残掠"③，便是这一政策的鲜明体现。概括而言，便是"修其教不易其俗，齐其

---

① 《晋书》卷三《武帝纪》。
② 《晋书》卷一四《地理志上》。
③ 《晋书》卷一一四《载记十四·苻坚下》。

政不改其宜"①。中央政权与羁縻政权之间的联系主要是中央政权担负有保护羁縻政权的职责,羁縻政权具有承担赋役、应征出兵的职责。中央政权与羁縻政权之间的关系较为松散,后者经常脱离前者的控制,乃至发动叛乱。羁縻控制区以外是藩属朝贡区,虽与中央的关系更为松散,中央政权与藩属政权之间只是名义上的君臣关系,二者之间仅依靠数年一次的朝贡加以维系,藩属国也有义务在战争中协助宗主国,但现实中由于藩属国很多都距离遥远,较少派兵从征。中央政权对藩属国也常不以为意,不过在中原王朝看来,藩属国仍属天下秩序的一部分,属于域内。"羁縻"作为间接控制之意,其内涵较广,时常也被用于描述中国与藩属国的关系。比如北魏献文帝拓跋弘诏百济曰:"九夷之国,世居海外,道畅则奉藩,惠戢则保境,故羁縻著于前典,栝贡旷于岁时。"② 部分藩属国与中国关系密切,经常前来履行政治上的朝贡义务,臣属于中国的色彩比较突出。而部分国家事实上仅出于国家利益,尤其经济利益,与中国开展交往,双方是平等的外交关系,而非不平等的宗藩关系,类似于"非敌国"的角色,但中国仍会从"天下"观念出发,从而在接见礼节与官方记载中,仍将之归于前来朝贡的藩属国角色。③清朝实现了直接控制的边疆地带,比如蒙古、西藏,称作"内藩",而将仍然与自身保持着宗藩关系的政权称作"外藩"。本书借用这一概念,将古代时期与中国关系存在亲疏差异的藩属国分别称为"内藩""外藩"。比如明代的西域、清代的荷兰,便是如此。可见,差序疆域在地缘政治上呈现从中心到边疆,在政治、经济、社会、文化等各层面,政治关系由紧到疏、控制力由强至弱的差序格局:"圣王之制,施德行礼,先京师而后诸夏,先诸夏而后夷

---

① 《礼记·王制》。
② 《魏书》卷一〇〇《百济国传》。
③ 《魏书》卷一〇二《波斯国传》。

狄。"①"内中国而外四夷,使之各安其所也。"②

第三节　中央集权体制与弹性管理机制

一　中央集权体制的核心理念

中国古代政权为统治广阔国土,一方面长期实行、不断加强中央集权体制,以维护国家的统一,从而建立起古代世界最为庞大、最为完善的官僚体系,有效地凝聚了不同区域、不同族群,为中华文明的长期发展与边疆开拓,提供了制度保障。另一方面,在古代行政力量与交通条件下,历代政权在管理中,长期面对着巨大的挑战。如果政权对所有事务进行事无巨细的管理,不仅行政力量远远不足,而且财政也无法负担,而交通条件也满足不了。为此,中国古代政权实行"抓大放小"的管理模式,将关系政权稳定的军事、经济、政治等重要权力,牢固地掌握在手中,而将社会、文化等部分领域的管理权力,适当地赋予地方机构、地方乡绅或其他社会势力,并注重利用意识形态影响地方社会。可见,中国古代政权一方面注重对全国的整体管控,另一方面又充分借助其他非政府、非制度性的力量,以补充政权力量的不足,从而在强大的官僚体系与弹性的管理模式之间,不断寻找并保持了长期的平衡,是中华文明得以长期延续并不断发展的制度根源。

谈到中央集权体制,以往很多研究,大都将其与君主专制等同起来,从而形成了所谓"专制主义中央集权"的一般描述。但事实上,君主专制与中央集权是既有联系,又有内在区别的两种制度,也隶属不同的政治层次。君主专制指的是政治权力从官僚集团向皇

---

　① 《汉书》卷七八《萧望之传》。
　② 胡安国著,钱伟强点校:《春秋胡氏传》卷一《隐公二年》,浙江古籍出版社2010年版,第6页。

帝或皇室的流动，而中央集权指的是政治权力从地方向中央的流动。二者虽然都反映出中国古代权力的集中化趋势，但性质与意义却有内在差别。一定程度的君主专制有利于简化行政环节，提升行政效率；但君主专制过度之后，会破坏政治运行的平衡与理性，以皇权为代表的特权集团会在很大程度上冲击正常的国家管理秩序。与之类似，一定程度的中央集权有利于整合全国资源,.壮大国家力量；但中央集权过度之后，也会影响和阻碍地方行政效率，不利于地方自主发展。不过与君主专制在中国古代长时期扮演较多的负面角色不同，中央集权在绝大多数时期，发挥着较为正面的作用。

中国疆域辽阔，如果中央集权体制无法贯彻下来，不仅会导致内部秩序处于分裂、动荡，乃至战争不断的状态；而且由于中国拥有广袤的边疆，如果核心地区无法通过中央集权的方式，凝聚全国的力量，将无法抵挡来自边疆族群的持续内压与入侵，中华文明相应无法长期地保持稳定、发展与繁荣。因此，从历史上看，中央集权能否顺利实施，关系到中国的安危兴亡。当政权能够贯彻中央集权的时候，国家就会走向统一、安定与繁荣；反之，当政权逐渐失去对地方的掌握时，国家逐渐就会走向分裂、动荡与衰落。由此可以看出，中央集权是中国古代政权的制度大动脉，决定与反映着古代政权的基本走向。

中央集权一直是国家治理的基本理念和制度要素。"事在四方，要在中央。圣人执要，四方来效。"[①] 先秦时期，众多思想家都持中央集权的思想。比如孔子主张："为政以德，譬如北辰居其所而众星共之。"[②] 即君主如果能够以仁德治理国家，那么天下民众便会形成强大的凝聚力。孟子也主张天下应"定于一"："孟子见梁襄王。出，语人曰：'望之不似人君，就之而不见所畏焉。卒然问曰：天

---

① 《韩非子·扬权》。
② 《论语·为政》。

下恶乎定？吾对曰：定于一。'"① 即国家权力向核心积聚。《礼记》所谓"以天下为一家，以中国为一人"，② 也反映了其主张国家资源、政权权力都向核心积聚的思想。五代后唐时期，庄宗有亲征平叛的计划，但枢密使与宰臣都主张："京师者，天下根本，虽四方有变，陛下宜居中以制之，但命将出征，无烦躬御士伍。"③ 后汉乾祐二年（949年），司空苏逢吉也奏曰："以内制外则顺，以外制内岂得便耶？"④ 北宋经过唐朝、五代藩镇割据的教训，通过各种方式，将地方权力收归中央，形成"一兵之籍，一财之源，一地之守，皆人主自为之也"⑤ 的局面。

二 地方行政区划的立意与变化

统治广阔国土，需要庞大的官僚体系，为此中国古代政权先后发明出不同的选拔制度，包括两汉的察举征辟制度、魏晋南北朝的九品中正制度，隋唐时期门阀与科举相结合的制度，以及宋以后逐渐成为主流的科举制度。其基本思路是逐步排除各政治势力对于选官制度的干扰，实现由中央直接控制的无差别选拔，从而既不断削弱其他政治势力对于国家制度的干扰，同时从尽可能广泛的人群中选拔出真正优秀的人才，推动官僚体系忠诚度与行政素质的提升。科举制度长期推动了中国古代官员选拔制度不断走向成熟，既维护了中国古代中央集权的人事来源，又推动着中国古代社会不断走向平民化、平等化，是中国古代社会稳定的重要调节器。

为统治广阔的国土，中国古代政权结合地理形势，不断制定、调整行政区划。作为中国古代最早的纪传体断代史，《汉书·地理

---

① 《孟子·梁惠王上》。
② 《礼记·礼运》。
③ 《旧五代史》卷三四《唐书十·庄宗纪八》。
④ 《旧五代史》卷一〇八《汉书十·苏逢吉传》。
⑤ 叶适：《水心先生文集》卷四《始论二》，商务印书馆1937年版。

志》将行政区划的源头追溯至黄帝:"昔在黄帝,作舟车以济不通,旁行天下,方制万里,画野分州,得百里之国万区。"① 认为大禹已将天下划分为九大区域,即"九州",在此基础上建立了"天下秩序":"尧遭洪水,怀山襄陵,天下分绝,为十二州,使禹治之,水土既平,更制九州,列五服,任土作贡。"②

中国古代政权为了加强对地方的管理,尽量减少层级数,以实现中央意志的直接贯彻;但另一方面,广阔疆域又使中央难以直接管辖,必须拥有一定层级,借助间接的方式,加以管理。相应地,在直接管理与辽阔疆域之间如何保持平衡,便是中国古代地方行政区划演变、发展的核心逻辑。大体而言,中国古代地方行政区划在二级制与三级制之间不断徘徊。当中国古代中央政权强大之时,一方面基本都是实行二级制,比如秦朝、西汉的郡县二级制,隋、唐时期的州县二级制;但另一方面,为加强对地方的监督,中央政权在强大之时,又会在地方上派遣监察官员或军事官员,加强对地方的监督与边境的治理,比如西汉的刺史,唐代的观察使。在中央政权强大之时,临时派遣的官员并未固定于地方,而一直保持着中央派遣的临时色彩。而一旦中央政权衰落,这种临时官员便会固定下来,位居地方机构之上,成为最高地方军政长官,比如两汉的刺史,唐代的节度使,地方行政区划从而演变为三级制。北宋鉴于唐朝、五代藩镇割据的教训,一方面实行州、县二级制,另一方面在州上面,设立不同性质的路,设置转运司、提点刑狱司、提举常平司,分掌赋役、司法与仓库,从而既保证中央可以直接管理地方,又用官僚系统内部分工的方式,分担国家的政治负担。虽然这一设计较好地解决了中唐以来的地方割据问题,却造成地方机构事权分散、权力弱小的问题,难以集中力量应对边疆威胁,两宋最终也是

---

① 《汉书》卷二八上《地理志上》。
② 《汉书》卷二八上《地理志上》。

灭亡于此。元代以后，伴随中国疆域的逐渐扩大，地方行政区划的主流，演变为三级甚至四级体制。元朝延续蒙古帝国全盘接受占领地原有制度的传统，但为了加强对全国各地的军事统治，又增设行省，从而形成行省—路—府—州—县的四级甚至五级体制。明代废除路，在府上设置三司，形成三司—府—州—县的三级甚至四级管理体制。但明朝借鉴了两宋地方权力分散的历史教训，在三司之上设立巡抚、总督，归并事权，较好地起到了管理地方尤其是抵御外侵的作用，但又一直保持巡抚、总督的临时差遣性质。清雍正年间，废除州管县的制度，恢复了省—府—县管理模式，重新回到三级体制中来。

为了加强中央集权，中国古代政权不仅努力减少行政区划的层次，而且努力加强对地方机构人事权的控制。秦汉魏晋南北朝时期，州县长官拥有自辟僚佐的权力，类似于一个小政府。隋文帝废除了这一制度，规定九品以上地方官，均由中央吏部任免，每年由吏部考核；地方官及僚佐，不许任职本地，而且三年一任，不得连任。明朝进一步将对官员的常态考核，扩大至地方官员，规定每三年地方官员进京述职，由吏部根据其任职情况，加以考核，分成数等，决定升迁还是惩罚。

为了管理广阔疆域，中国古代政权在不同区域实行不同性质的管理机构，其中尤其注意在边疆地区，设置不同于内地的管理机构，一方面赋予其较大的军事权力，另一方面又竭力使军权控制于中央手中。战国、秦汉时期，中国古代在边疆地区设立不同于内地的郡，郡太守的军事权力较大。魏晋南北朝时期，在边疆地区设置都督，专管军队，但伴随后来皇权式微，都督逐渐推广及于内地。唐代在边疆地区设置节度使，拥有便宜行事权力，专门负责抵御边疆族群尤其北疆族群的威胁。两宋虽然着意防范地方势力，但同样在边疆地区设置总管、安抚使、制置使等官员，提升边疆军队自主权力。明朝在北方长城沿线设置九边军镇，下设都司卫所，完全实行军事化管理。清朝在边疆地区设立将军、直隶厅，以加强对重要地区、枢纽地区的军事控制。

战国以至东汉，地方行政区划维持郡、县二级体制，虽然西汉以来不断派遣刺史到地方，并逐渐形成所谓"州"的地方行政区划，但直到东汉末年的三国时期，州、郡、县三级体制才在战乱背景下，在地方军阀割据的时代背景下，最终实现制度化。魏晋南北朝时期，在动荡时局下，地方长官权力逐渐膨胀，州、郡设置逐渐泛滥。隋朝统一全国，鉴于三级体制冗滥的弱点，撤销郡，以州管县，地方行政区划重新回到二级体制。唐朝最初也实行二级体制，但为了加强对地方的监察，在州之上，按照交通路线，设置"道"。"安史之乱"后，监察区的"道"与节度使的方镇逐渐合并，在事实上成为地方最高行政机构，唐朝于是再次回到三级行政区划。北宋鉴于唐朝、五代藩镇割据的历史教训，废除节度使的权力，中央直接管州，但另一方面鉴于广阔疆域无法直接管辖，于是在州之上设置不同性质的"路"，管理财政、司法等权力。

为保证中央集权，中国古代政权长期实行"强干弱枝"的制度安排，也就是将资源重点安排在京师及其周边，从而维持中央对地方的优势。这其实是一种政治智慧，在古代时期，国家行政能力与交通技术都无法与现代国家相比。为了控制广阔疆域，中国古代政权只能通过提升中央优势的办法，赋予其控制地方的强大力量，以有效地将广阔疆域掌控在中央手中。"强干弱枝"的具体方式有多种，比如设置重兵在京师及其周边地区，又比如迁移地方豪族到京师，以提升京师的经济实力。后一种方式，从西汉以来，便不断实行。唐玄宗开元年间，安西副大都护、摄御史大夫、四镇经略安抚使郭虔瓘便在奏疏中指出："臣又闻安不忘危，理必资备。自近及远,强干弱枝,是以汉实关中,徙诸豪族。"①

权力向核心集中,除了向皇帝本人集中以外,其实更多的是向中央政权集中。中国古代政权的中枢政治,一直都是以皇帝为首的集体决策。从秦汉到元朝,作为官僚集团的代表与首领,丞相一直负责国家具体事务的协调运作,与皇帝一起裁决国家政务。除了丞相以外,其他官员也在不同时代,不同程度地参与中枢决策。隋唐时期,发展出御前决策会议的形式,参加者一般是五品以上的高级官员。不过,御前决策会议并不能保证按时举行,唐宣宗以后,逐渐流为形式。但唐以后官僚集团参与中枢决策的人数在增加。唐代以后,丞相制度发展的趋势之一,是独相制向群相制不断演变。促成这一历史现象的因素之一,是皇帝为了加强皇权专制,弱化担任丞相的官员的权力,却也促使更多的官员加入到中枢决策中来。这在相当程度上推进了决策的内部参与度与民主性。宋代除了宰执、侍从参加中枢决策之外,作为监察官员的台谏也加入了进来。明清时期,虽然废除了丞相制度,但明代的内阁、清代的军机处,仍然由官僚集团构成,虽然缺乏丞相的名分,但仍然与皇帝一起裁决国家要务。明代由于不设丞相,日常政务由内阁先行"票拟",在小票上写上初步意见,而后交由皇帝"批红"。但关系重大的军国重务的处理,或者选拔内阁、六部官员人选之时,明朝形成了"廷议"制度,由负责管理全国政务的六部之一出面主持,召集六部九卿、科道言官;涉及军务者,主持京营的武将或朝廷勋贵也要加入进来,一同参议,投票决定。投票实行实名制,投票者承担政治责任。由于是官僚集团的集体议政结果,皇帝一般都会表示同意。这在相当程度上体现出了内部具有相当民主性质的议政原则。

---

① 《旧唐书》卷一〇三《郭虔瓘传》。

三　地方官员的选拔与监督

为统治疆域广阔、问题复杂的广大国土，中国古代政权在中央集权体系之下，长期建立、发展庞大的官僚队伍。如何管理庞大的官僚集团，使其充分发挥政治管理效用，但又不至于成为威胁皇权的政治势力，是中国古代统治者必须考虑的重要问题。为此，中国古代君主一方面实行政治分工，按照政府职能，大体分为行政、军事、监察三大系统，各自独立负责，互相协助，以提升政治效率："明分职，序事业，材技官能，莫不治理，则公道达而私门塞矣，公义明而私事息矣。"① 另一方面，又通过制度设计，使其互相监督与牵制，以避免官僚集团的坐大。比如自秦到元，中国古代长期实行丞相制度，明清时期虽然废除丞相，但内阁、军机处仍在相当程度上扮演了丞相的角色。丞相及其下属的文官系统，由国家通过察举、征辟、科举等多种方式选拔出来，负责上自中央、下到地方日常政务的处理，其中部分官员虽负责军队后勤等方面的事务，但并不掌握军队。军队自秦以来，由太尉所代表的武官系统所掌握，虽然太尉一官在后世大多不再设置，或仅为虚衔，但与太尉类似的官职却一直掌握军队，与丞相相抗衡，形成截然分明的文武分途。通过这种文武互制的方式，皇帝将军权分散于两大系统，使其互相牵制、互相监督，而决策权牢牢地掌握在皇帝手中，只有皇帝才有权力决定发动战争，甚至对于战争的具体计划，中国古代也经常呈现皇帝本人面授机宜、亲自谋略的情况。比如明代洪武时期，明军多次出征蒙古高原，朱元璋每次都在命将出征之前，围绕战略目的、军队部署甚至一些具体的注意事情，对武将系统谆谆教诲。

除了通过文武互制的方式之外，中国古代政权还长期建立、发

---

① 《荀子·君道》。

展出高度发达的监察体系,呈垂直体系,直接对皇帝本人负责。这便是从秦代御史大夫以来的言官系统。相对于行政、军事两大系统,言官系统的发展趋势是"人微言重",即言官品级越来越低,但监察权力却越来越重。通过这种方式,一方面保持言官系统的监督权力,另一方面避免其权力过大,影响国家的正常运营。元朝同样保持行政、军事、监察三大系统的分立与制约:"立中书省以总庶务,立枢密院以掌兵要,立御史台以纠弹百司。"① 对于三者之间的关系,元世祖忽必烈曾经十分形象地表示:"中书朕左手,枢密朕右手,御史台是朕医两手的。"② 元至元五年(1268年),元朝接受张雄飞建议,"古有御史台,为天子耳目,凡政事得失,民间疾苦,皆得言;百官奸邪贪秽不职者,即纠劾之。如此,则纪纲举、天下治矣",③ 设立御史台,命御史台官员上纠皇帝,下劾百官。据载,"以前丞相塔察儿为御史大夫,雄飞为侍御史,且戒之曰:'卿等既为台官,职在直言,朕为汝君,苟所行未善,亦当极谏,况百官乎!汝宜知朕意。人虽嫉妒汝,朕能为汝地也。'"④ 中书平章政事廉希宪也向忽必烈指出监察系统关系政权全局:"立台察,古制也,内则弹劾奸邪,外则察视非常,访求民瘼,裨益国政,无大于此。"⑤ 元代十分重视御史台,规定御史台长官御史大夫必须由宗室担任。⑥ 由于监察系统地位较高,官僚系统一直都十分忌惮。元末中书平章政事阿鲁图受到监察御史弹劾之后,便主动躲避出城,以示对监察系统的尊重:"但帝命我不敢辞,今御史劾我,我宜即去。

---

① 叶子奇:《草木子》卷三下《杂制篇》,中华书局1959年版,第61页。
② 叶子奇:《草木子》卷三下《杂制篇》,中华书局1959年版,第61页。
③ 《元史》卷一六三《张雄飞传》。
④ 《元史》卷一六三《张雄飞传》。
⑤ 《元史》卷一二六《廉希宪传》。
⑥ 元末太平由于非国姓宗室,元顺帝将其改姓之后,才能授予其御史大夫一职。"(至正)六年,拜御史大夫。故事,台端非国姓不以授,太平因辞,诏特赐姓儿改其名。"见《元史》卷一四〇《太平传》。

盖御史台乃世祖所设置，我若与御史抗，即与世祖抗矣。"①

中国古代政权在运作中的权力制衡，主要反映在三个方面：一是君权的制衡。秦汉后，不仅延续了先秦为君主设师、傅的制度，用儒家伦理教育从思想上约束君权，也在中央设有制约君权作用的行政中枢、谏议、封驳等机构或职官；中央决策中，有廷议、廷推、廷鞫制度。各项重要事务、案件的处理，呈现出一定的"集议"特色，构成制衡君权的某种制度程序。二是中央对地方的权力制衡。秦以后，我国基本为单一制国家，地方权力集中于中央，主要官吏由中央任命，既职责明确，考核严格，又实行行政、军事与监察三者分离，以制衡地方官吏权力的扩张；以不断增加行政层级的形式，遏止地方权重倾向。三是官僚权力的制衡。自秦汉开始，从中央到地方，在各级官吏的权力划分上，在钱财物权及日常行为的管理、行政问责、复核审核、考核、监督监察上，规范日益细密，以防止权力滥用。

四　地方治理中的"抓大放小"

中国古代运用中央集权体制，管辖广阔的国土。但值得注意的是，在古代行政规模与交通条件下，中国古代政权对广阔疆域实施有效管理，并推动社会经济不断发展。与世界范围内近代以来日益膨胀的政府规模不同，古代政权，自然也包括古代中国，由于经济条件较为有限，所能维持的政府规模都是十分小型的，只能在大的面上，维持国家秩序。具体至中国，长期以来有所谓"皇权不下县"的说法，姑且勿论这一说法是否准确，中国古代政权的最低一级行政单位，确实是县。那么，中国古代政权是如何长期管控庞大的国土的呢？这是由于在中央与地方关系上，中国古代政权一方面

---

① 《元史》卷一三九《阿鲁图传》。

实行中央集权，另一方面也赋予地方一定的灵活性。这是因为如果不实行中央集权，国家将会走向分裂；而如果不分区域地"一刀切"，又会忽略不同地区的区域差异，造成社会隐患。因此，中国古代政权在地方治理中，其实秉持着"抓大放小"的原则，将关系国家安全的军事、经济、司法等事务牢牢地掌握在手中，而赋予地方机构在特殊情况下一定的自主权力，比如发生灾荒之时地方官可越过权限，一边向中央奏报灾情，一边可以自行开仓放粮；此外，还将地方上一些社会、文化事务，适当地放给地方乡绅去做。通过这种方式，中央政权用较低的行政成本，实现了对广阔疆域的有效管控。而这在边疆地区体现得最为明显。鉴于边疆地区处于偏远的位置，经济落后，开展直接而有力的统治具有较大难度，因此中国古代政权在边疆地区长期保持了羁縻的间接统治。

在灵活地赋予地方一定自主权上，军事领域表现得最为突出。中国古代对于战争十分重视。《左传·成公十二年》载："国之大事，在祀与戎。"战争关系到政权的安危存亡。由于战争形势瞬息万变，在古代交通条件下，如果对战争进程加以遥制，难以取得理想效果。"阃外之事，将所得专，诏从远来，事势已异。"[1] 鉴于此，中国古代君主在命将出征时，往往将权力一定程度地下放，赋予统帅一定的军事自主权，这便是"便宜行事"。用比较通俗的话讲，便是"将在外，君命有所不受"，即可以专制军中，不受朝廷日常法度的约束，全权负责军队的管理，根据战争的具体形势，制订作战计划，从而提升战争获胜的概率。

为直观呈现统帅在军队中的权威，中国古代逐渐发展相应的标识。远古时期象征统帅在军队中权威的标识是斧钺。斧钺本来是一种生活用具，用来砍削木头，用来作为军队统帅权威的象征，标志

---

[1] 《宋书》卷七七《沈庆之传》。

着统帅拥有斩杀部属的权力,这便引出了"便宜行事"的一项重要内涵——"军法从事"权力。由于战争会直接导致士兵死亡,因此号令严明,用严格的纪律约束士卒,是军队战斗力得以形成的基础。相应地,军队统帅的"便宜行事"权力的首要内涵,是作为君主的分身,拥有专制军中,以军队之法而非日常之法,贯彻于军队管理之中。这便是所谓的"军法从事"权力。

不过,虽然中国古代君主在赋予军队统帅"便宜行事"权力时,赋予其自主处理一切与军事相关之事宜,"便宜行事"权力相应包含指挥权、赏罚权、财政权与人事权等多种权力;但由于"便宜行事"权力超越了军队统帅明文规定的职权,打破了正常的政治框架与规则,实质上是君主权力的临时分流,到底分流出多少、多重的权力,并无明确的界限,因此军队统帅在行使这一权力时,都十分谨慎,避免触动君权红线,从而引发政治斗争。相对而言,伴随中国古代君权,尤其进入帝制阶段之后皇权不断加强的历史进程,军队统帅行使"便宜行事"权力越来越谨慎,实质上已基本限于指挥权,对于诛杀高级官员也心存疑虑,而且倾向于在战争过程之中行使"军法从事"权力;至于财政权与人事权,只是在特殊形势下,获得君主特别、明确授权后,才会使用。相应地,在中国古代军事实践中,"便宜行事"权力内涵其实是逐渐呈现下降趋势的。金代在"便宜行事"权力之下,又发展出"从宜从事"权力,自主性与权限较前者为小:"及南迁,河北封九公,因其兵假以便宜从事,沿河诸城置行枢密院元帅府,大者有'便宜'之号,小者有'从宜'之名。"[1]

五　地方治理中法律手段的运用

统治疆域辽阔、族群多样的庞大国家,需要相对严明而公平的

---

[1] 《金史》卷四四《兵志》。

法治体系，以加强对地方的有效管控，规范政府的行政作为，防范权贵阶层对社会秩序的恣意破坏。为此，中国古代政权十分注重法治，法治构成了中国古代社会治理的基本方式。"法治"一词及其思想表述，在我国起源甚早，是维护"大一统"国家的重要观念与制度。所谓"法者，天子所与天下公共也"，① 强调的是法的公共性。所谓"王子犯法，与庶民同罪"，体现了中国古人对于法治公平、正义的追求。中国古代专门设立了纵向独立的司法系统。以明代为例，从中央到地方，形成了刑部—按察司—推官的具有相对独立性的司法系统。中国古代政权为保证命案等大案的公平性，实行多衙门会审，"三堂会审"从唐代便已开始执行。对于"害群之马"，中国古代政权多强调将其与核心利益加以切割。比如西汉侍御史张汤坚决惩处豪强，为此不惜多次与汉武帝力争。明代朱元璋鉴于驸马欧阳伦在贩茶中有犯法行为，将之处死。

从秦代以来，中国古代政权便不断制定、颁布各种法律条文，其中尤以唐律较为完善，不仅对后世的宋律、明律产生了直接影响，而且影响及于东亚的朝鲜半岛与日本列岛。伴随社会经济的逐渐发展，法律需要处理的问题越来越多，也越来越复杂，于是在固定的"律"之外，不同朝代又根据案件审判情况，衍生出各种形式的"例"，用于解释律，并方便具体的司法审判。而在司法审判中，中国古代在人文主义影响下，一直有所谓"慎刑"的传统。在刑罚的使用上，强调慎用刑罚，"明德慎罚"。② 秦汉以后，司法领域形成了"奏谳""请谳""会谳"制度，对不能断定的疑难案件逐级上报，直至中央会审，也形成了"乞鞫"（上诉）、"录囚"（巡视监狱）、"罪疑从轻"等法律思想与措施，"死不可复生""人命至重"等认识。三国以后对死刑判决尤为慎重，形成了上报和多次上

---

① 《汉书》卷五〇《张释之传》。
② 《尚书·康诰》。

报的审核制度。审慎性、程序性和复核权限的集权性是慎刑的反映。元世祖忽必烈便曾表达过慎刑的观念："朕治天下,重惜人命,凡有罪者,必令面对再四,果实也而后罪之。"① 而在司法思想与审判中,中国古代政权一直渗透进了儒家思想,用人文主义影响司法审判,从而赋予法律审判以道德内涵。总之,中国古代法治传统十分悠久,律法严明,"以法治国"深入人心。清末法学家沈家本曾曰："世无无法之国而能长久者。"②

但另一方面,中国古代政权的行政系统,长期保持了较少的人数,国家财政也一直是建立在农业基础之上的农业财政,难以应付庞大的政府开支。因此,虽然中国古代对法治十分强调,但同时又十分注重社会调节,主张充分利用民间组织,将各种社会纠纷消化在基层,消化在民间,以减少行政成本,维护社会稳定。在这之中,宗族势力扮演了重要角色。宗族族长凭借在文化上的优势地位,有权力调解族内的一般民事纠纷,从而分担了国家的诉讼负担。

总之,中国古代政权在长期的司法实践中,不仅形成了完备而系统的"成文法",构成了独具特色的东方法律体系;而且十分强调将儒家思想、社会伦理进入到司法思想中来,"援儒入法",从而积极推动法律与道德的相互协调、平衡,构成了中国古代司法体系中独特的"德主刑辅"特色;不仅如此,在具体的司法实践中,为减少诉讼成本与行政开支,中国古代政权还积极利用多种社会力量,灵活地、多样地加入到民事纠纷处理中来,从而形成了"成文法"与"不成文法"彼此补充,法律条文与社会道德彼此协调,国家与社会彼此合作的弹性而多样的法治体系,为解决庞大人口的繁杂司法诉讼问题,提供了十分有效而成功的个案。

---

① 《元史》卷一六五《管如德传》。
② 沈家本:《历代刑法考》,中华书局1985年版,第47页。

六　全国交通网络的普遍建设

中国古代辽阔的疆域，一方面为中华文明的持续发展提供了源源不断的动力与资源，但另一方面，不同区域的地理环境、生态面貌与社会发展，呈现出巨大的差异。对于中国古代政权而言，如何利用中央集权制度，推动不同区域社会的流通、互补与协调发展，是关系到维护全国统一、稳固政权稳定的核心问题。中国古代从宏观全局出发，借助中央集权制度，努力构建不同区域间的交流、互通机制，而其中一个重要渠道便是借助开凿大运河，打破不同区域间的地理阻隔，将中国的地理形势，从一种散乱的自然状态，有效地连接、凝聚起来，转变为服务于国家意志的有序状态。

中国河流众多，为中华先人提供了十分适宜的生存空间，中华文明的起源，鲜明地呈现出了遍地开花的特征，考古学家苏秉琦先生将之形容为"满天星斗"。春秋战国时期，各诸侯国为了能够在竞争中取胜，都竭力发展各种形式的交通，推进本国的资源整合，提升综合实力。与陆路交通相比，水路交通成本较低，成为各国重点发展的对象，各国都开始在天然水道的基础上，采取人工开凿的方式，陆续开凿出了多条运河。虽然这些运河的规模有所不同，所发挥的作用也有一定的区别，但都开始打破各国内部河流分布的自然状态，有效加强了各国内部的交通往来、经济贸易交流与政治统治，迅速提升了各国的综合实力与竞争力。

秦汉以后，中国建立了统一的多民族国家。这既开创了中华文明的新局面，也带来了新的历史难题，伴随疆域空前拓展，族群空前多样，国家治理的难度空前提升。全新的时代形势，促使中央政权必须从顶层设计出发，制定出相应的政策与制度，加强不同地区间的协调，将分散的区域整合、凝聚为强大的国家实体，这样才能保持长期的统一与稳定。为此，历代中原王朝一方面继续推动全国各地运河的长期开凿，从而加强不同区域间的交通往来与社会整合。另一方面，鉴于军事重心位于北部边疆，经济重心却位于黄河中下游，后来更是南迁到长江中下游，军事、经济重心长期呈现分离的局面，于是打造连接军事、经济重心的大运河，成为历朝统治者治理国家的战略重点之一。

在古代冷兵器的作战条件下，北方民族长期凭借骑兵的速度和冲击力，对中原内地构成了严峻挑战，成为中国古代最大的安全问题。为抵御北方民族的军事威胁，历代中原王朝都把都城建在北方地区，借助天子守边的方式，利用政治力量，将全国资源不断运往北部边疆，支持前线的军事建设与边疆开拓。

但是，北部边疆因纬度较高，降雨较少，气温较低，不是很适合农业发展，长期以来只是军事重心、政治重心，却不是经济重心。秦汉时期的经济重心在黄河中下游，隋唐时期的经济重心最初也是在这一区域；"安史之乱"后，伴随北方经济的残破，经济重心逐渐转移到了长江中下游。这种军事重心与经济重心分离的局面，并不利于国家的长期统一与稳定。解决这一问题的根本途径，是打通二者之间的交通渠道，实现区域互补，资源互通，实现内在整合与一体化。

秦汉时期，关中（函谷关以西）、山东（崤山以东）两个区域之间，虽然有山脉相隔，但整体而言，地域相连，距离较近，借助水陆并用的方式，就可以实现物资由东向西的运输。与之不同，隋唐以后，军事重心、经济重心分处南北，相隔遥远，陆路交通鞭长莫及。面对这种不利的地缘形势，隋唐以后的中原王朝，在沿袭前代运河的基础上，进一步勾连、开凿，从而形成了世界上距离最长、规模最大的大运河，元代以后被命名为"京杭大运河"。这一时期的中国，虽然政权屡有更迭，都城也由关中逐渐转移到北京，大运河也由东西方向改变为南北方向，但其历史角色却一直都没有变化。大运河将两个相距遥远的"空间点",连接成为平衡中国的"制度线",中国从而形成了以大运河为主干与核心,以各地运河为辅助与支点,将全国各地交通串联起来的"运河网",成为服务于国家意志的运输体系的重要组成部分。

"运河网"一方面加强了中国不同地区间的区域整合,增强了中国古代的政治凝聚力,为边防安全提供了源源不断的物资,推动了中国古代的边疆开拓;另一方面还发展起了一系列的运河城市,产生出了众多闻名天下的经济都会,推动了中国经济的长期繁荣。人工开凿的运河,不仅与中国天然河流如黄河、长江、珠江一起,成了沟通不同地理空间的地理大动脉,而且还和丝绸之路、茶马古道、万里长城一样,贯穿中国的广大地区,成为中国古代的经济大动脉。不仅如此,运河连接起了中国古代经济发达地区与欠发达地区,从而成为推动中国古代经济协调发展与社会长期稳定的调节器。而伴随着不同区域之间的经济交流与人群往来,各区域文化开始相互交流、融合,构成了中华文明的重要内涵。

除了运河以外,秦代连接关中与北方边疆的直道,相当于最早的高速公路,将政治中心与军事重心有效地连接起来,加强了不同区域之间的交通往来。而长城自春秋战国修筑以来,一方面在中国军事史尤其北部边疆军事史中,扮演了重要角色;另一方面也具有重要的经济功能,这是以往长城研究所忽视的。为供应长城军队的长期驻防,古代中国将国家财政中的相当大一部分,源源不断地运送到长城沿线。长城修筑之后,不仅长城以内建立起发达的驿站系统,成为汉族地区商业贸易的重要通道,而且在长城以外,也不断与北方民族展开贸易,长城由此成为中国北方重要的商业贸易网,是我国古代丝绸之路的重要组成部分。

七 社会救助机制

欧洲中世纪封建制度下,遍布于各个地区的贵族实际控制着地方社会，社会结构呈现明显的等级格局。中国古代由于长期实行中央集权体制，地方虽有乡绅势力存在，在中央集权弱化的时候，甚至还有所谓的"世家大族"，但在国家权力的严格控制下，地方势力一直都基本限于社会层面，无法真正进入政治领域。相应地，在社会结构方面，一直呈现国家控制下"编户齐民"的扁平结构。这种结构的好处是便于国家直接控制，能够有力地支持国家的政权建设与边疆开拓；但不利的地方在于一旦政权衰落，无法有效地控制和保护民间社会时，民间社会顿时便陷入失序状态，缺乏地方势力的有力整顿与保护。这便是中国古代经常爆发农民起义的社会结构根源。

鉴于此，古代中国为维持统治，长期形成了保障民众生存的"民本"观念，对于社会保障十分重视。在《周礼》《礼记》等古代文献中，已有政府应当承担社会救助的思想与制度设计。《汉书·贾捐之传》曰："所以救助饥馑，保全元元也。"[1] 将救助贫民作为保障国家安全的重要措施。中国古代长期实行"藏富于民"、锄强扶弱的财政政策，以保障民生。西汉实行的"三十税一"的农业税收政策，在中国古代一直得到延续与提倡。而在天灾、战争时期，中国古代政权经常实行蠲免政策，免除土地税。正是由于实行低税收政策，中国古代民众的负担并没有想象的大，这也是造成中国古代社会具有很大活力，经济长期发展，并长期居于古代世界领先地位的制度根源。为了防止地主和权贵私占人口、侵吞财富，中国古代政权不断打击大土地所有者。因此，"均贫富"其实一直是中国古代财政政策的核心内容之一。

但另一方面，地主与权贵阶层往往借助自身权势，破坏国家财政政策，从而导致国弱民贫的双重窘境，成为中国古代政权财政崩

---

[1] 《汉书》卷六四下《贾捐之传》。

溃的内部因素。不仅如此，中国疆域辽阔，灾害发生率很高，也很容易从根本上冲击十分脆弱的农业经济与农业财政。据不完全统计，从秦汉到明清，各种灾害与饥荒约有5079次。唐朝、元朝、明朝的灭亡，都与财政危机有着重要关系。为此，中国古代政权不断制定社会救助措施。有着发生灾荒之时的临时救助，被称为"荒政"。中国古代政权对于流民问题十分重视，地方有灾荒发生时，地方官肩负着赈济灾民的职责，灾荒发生后，一般都会蠲免当地赋税。比如元世祖忽必烈统治时期，河北河南道按察副使程思廉便在灾荒情况紧急时，在未请示中央的情况下，先行蠲免当地赋税。据载："道过彰德，闻两河岁饥，而征租益急，欲止之。有司谓法当上请，思廉曰：'若然，民已不堪命矣。'即移文罢征，后果得请。"① 并且鼓励乡绅、宗族、宗教机构开展救济。有时还会在当地实施工程建设，招募流民进来，既进行了社会经济建设，又安抚、救济了流民。而对于瘟疫，中国古代发展出国家与社会共同参与，预防、隔离与救治相互配合的医疗体系，竭力防止瘟疫的大规模蔓延。对于造反的流民，中国古代政权一般也会先行招抚、分化，最后才使用武力手段，从而避免事态扩大化。

中国古代政权也不断建立、健全灾荒预防与平时救助的制度机制。官方长期设置常平仓、义仓，在农业丰收之时购入粮食，在农业歉收之时出卖粮食，不仅起到救助平民的作用，而且能够平抑物价。不仅如此，国家还积极鼓励地方乡绅加入到救济中来，鼓励其设置社仓等民间粮仓，以补充官方粮仓救济的不足。伴随社会经济的发展，乡绅在地方上的经济影响越来越大，在灾荒救济中扮演着越来越重要的角色。以清代为例，国家荒政体制存在许多弊端，其中国家财政的薄弱和吏治的腐败，使国家无法克服根本性的弊端，

---

① 《元史》卷一六三《程思廉传》。

进行持久、有效的灾荒救济。而清代社会组织却具有进行灾荒救济的物资和组织能力。起初由于国家的限制，社会组织的救济十分有限。雍正以后，国家开始鼓励社会组织投入到社会救济中，采取各种方式鼓励社会富有阶层参加到灾荒救济中来，甚至吸纳社会救济人员到统治集团中来，并且为社会组织救济提供了良好的环境。但直到乾隆时期，由于国家财政充足、吏治比较清明、社会安定，因此，国家荒政体制运作有效，社会组织救济仅仅是国家荒政体制的补充。嘉庆以后，清廷财政逐渐匮乏、吏治逐渐腐败，社会矛盾突出，社会动荡不安，民众生活日益困苦，而与此同时，灾荒频繁发生，灾荒救济面临着一个新的社会局面。于是，嘉庆以后，在官府的倡导下，社会组织举行的社区救济和慈善活动，弥补了国家荒政体制的不足和救荒能力的局限，并且在灾荒救济体制中，占据着越来越重要的地位，发挥着越来越大的作用。同治以后，官府救济能力进一步下降，社会组织救济逐渐在灾荒救济体制中占据主体地位，不仅承担了太平天国和捻军战争后社会救济工作中的大部分，而且还负责起灾后社会秩序的重建，承担了部分社会公共事务。尤其在"义赈"活动中，协赈公所跨越地域，进行全国范围内大规模、持续的救济，更显示社会救济组织已经具备了替代国家，在灾荒救济中发挥主导作用的能力。国家也在社会救济方式的影响下，对灾荒救济体制进行调整。社会救济活动在社会的影响越来越大，社会救济组织也渐渐获得了一定社会权力，在清末地方自治的过程中，社会救济组织成为主持者的资本和权力，主持者便转变为社会的领导者。

除此以外，中国古代对一些特殊群体，也长期建立了社会保障制度。至迟在秦汉时期，我国已在养老、济贫等方面都有相关的制度与措施。比如为了抚恤鳏寡孤独与残疾人，中国古代政权从京师到地方，普遍设置了悲田院、养病院、养济院、福田院、居养院、安济坊等，虽然名目不同，实质是一样的。作为官方机构，以上机构具有资金与场所的保障。古代中国曾长期采用按照年龄分层的政府养老救助制度，对于高寿的老人，一般在80岁以上，国家也会特别照顾，发放特殊的生活资金。为了鼓励生育，保障婴儿的生命健康，宋代还专门设立举子仓。为了抚养弃婴，中国古代还成立了婴儿局、慈幼局、慈幼庄等类似的机构。明清时期，还出现了育婴堂、普济堂、清节堂等机构。许多贫困无依的人去世之后，无人安葬，不仅有违伦理道德，而且容易滋生疾病乃至瘟疫。为此，中国古代政权专门设置了漏泽园。除了不断发展、完善相关制度以外，中国古代政权还借助传统的伦理道德，倡导孝道，劝导民间赡养老人。除了抚恤老弱之外，中国古代政权还对军人这一特殊群体，建立单独的保障机制，以安定军心。对于由于战争而阵亡的将士，国家会对家属进行优恤，并录用其子弟加入军队系统。对于残疾者有相应资金，进行专门赡养。这些都是当今我国开展社会保障事业，值得借鉴的有益历史经验。

八　地方士绅力量的充分发挥

中国古代政权虽然具有很强的行政力量，但鉴于疆域广阔，人口众多，仍然赋予地方基层相当的自主空间与灵活度，政治系统并未正式、普遍地进入民间社会，而是一方面借助民间组织或势力，开展包括征发赋役、司法审判、工程建设、社会救助等社会治理；另一方面借助传统的礼乐传统，加强对基层社会的教化与管理。地方乡绅为国家制度的贯彻落实，尤其为解决各种突发事件，提供有力的支撑，是国家安全的缓冲器。我国自西周开始，确立了政治系统中的礼乐制度传统，并被历代统治者视为文化传承与治国理政的重要手段。"安上治民，莫善于礼。"① 相传周公制礼作乐，就用礼仪治理国家。春秋战国时期，在争霸与兼并的时代局面下，礼已经不符合现实的需要，各国先后公布成文法，以法取代礼。荀子对礼重新进行了阐释，将礼附会于法之上，搭建了古代中国的治理方式与体系。秦始皇以法治国，却二世而亡；汉代经贾谊、董仲舒的提倡，"礼法并用""德主刑辅"的治理理念由此形成。除《周礼》的整体性设计外，历代正史中的《礼乐志》及专门性的礼书编纂很多，体现国家对礼乐的高度重视。冉有曾经问孔子，民众"既富矣，又何加焉？"孔子回答："教之。"②《论语》中还有"道之以政，齐之以刑，民免而无耻；道之以德，齐之以礼，有耻且格"③的论述。自汉代开始，思想家、政治家从秦亡的教训中认识到，礼乐教化与法同等重要，从而将经过改造的儒家思想树立为正统意识形态，将"三纲五常"作为普遍的社会价值观，并与蒙学教育、学校教育、家庭教育、选举考试、乡规民约、政府表彰等形式相结合，移风易俗，深入社会，深入基层；树立统治阶级倡导的价值观、义利观，建立传统社会秩序。历史上的许多"循吏"，大都善于推行礼乐教化。"六经之道同归，而礼乐之用为急。"④《礼记·礼器》指出："礼，时为大。"⑤ 倡导根据时势，对礼乐制度与教化措施进行相应的调整。而乡间便是最为基层的礼乐教化对象，在儒家士人看来，教化上自中央，下到乡间，构成了一条完整的体系。明末清初顾炎武认为："天下之治，始于里胥，终于天子，其灼然者矣。"⑥

---

① 《孝经·广要道章》。
② 《论语·子路》。
③ 《论语·为政》。
④ 《汉书》卷二二《礼乐志》。
⑤ 《礼记正义》卷二三《礼器十》。
⑥ 顾炎武：《日知录》卷八《乡亭之职》。

事实上，中国古代儒家一直主张在政府、民间，都在一定程度上保持民主议政的传统。为此，儒家主张在地方上保存乡绅势力。孟子曰："为政不难，不得罪于巨室。巨室之所慕，一国慕之；一国之所慕，天下慕之；故沛然德教溢乎四海。"[1] 地方乡绅不仅承担着维护乡里秩序的社会功能，而且在相当程度上，成为官方势力在民间社会的延伸。我国历史上中央直接任命的官吏虽止于县一级，但乡里是纳入国家行政治理体制的。乡里行政组织大体以唐宋为界，分为"乡官制"和"职役制"两个阶段，其地位前期高于后期。乡里基层组织兼有民间社区特征，如依靠乡里代表性人物、宗族乡绅力量，乡规乡约协同国家治理；通过树立乡村道德人物形象，建立以年齿为中心的礼制秩序，听取并选拔乡村舆论所称颂人物担任官职等多种手段，以贯彻国家意志。一些参与乡村治理的人物，非国家正式吏员编制，体现出一定的"自治"性，他们对国家力所不及的乡村事务进行补充，也发挥出较好的功能。中国古代乡村的日常治理、社会纠纷与社会事业，主要依靠在乡里具有名望的乡绅、宗族与其他社会自组织，依托国家相关制度、法规、社会规范、文化传统，进行自主管理，既实现了地方治理的因地制宜，又有助于维护地方社会的稳定。

但乡村治理并不能称为自治，无论在哪个时期，国家对乡村都有绝对的支配权，这突出反映在司法权被控制在县一级。不仅如此，虽然中国古代政权在一定程度上尊重乡绅在地方社会的礼法影响力，但底线是乡绅思想必须符合国家正统思想。中国古代政权一直维护儒家思想的正统地位，将之作为整合社会、约束人心的意识形态。面对外来的佛教思想，中国古代士人通过将之融入儒家体系的方式，维护了儒家的独尊地位。北方民族进入中国后，甚至进一

---

[1] 《孟子·离娄上》。

步将之作为统治汉族的思想工具，极力提升儒家思想的地位，并严格士人规范，使之符合儒家经典的要求。对于士大夫发展儒家学说、议论朝政、裁量人物的做法，中国古代政权也多给予一定的思想空间。不过，政局不稳时，士人"清议"往往被视作结党干政的行为，遭到官府打压，尤其当士人宣传与主流意识形态有所不同的思想体系时，会遭到官府的严厉打压。比如南宋时期禁止朱熹"道学"的传播，将之称为"伪学"。明后期一度禁止王阳明"心学"即"王学"思想的传播。晚明时期，张居正为禁止士人"清议"，一度采取拆毁天下私立书院的措施。

不仅如此，为防范地方官员、地方势力控制民情上升的渠道，中国古代政权经常派遣官员深入地方，调查地方具体情形。而对于反映民情舆论的谣谚，也十分注意收集、分析，并进行相应的政治变革。中国古代长期实行登闻鼓制度，贫民有冤屈时，可以直接敲击登闻鼓；有什么建议，也可以敲击登闻鼓，向朝廷献策。比如元世祖忽必烈时期，"敕诸事赴省、台诉之，理决不平者，许诣登闻鼓院击鼓以闻"[①]。

结　语

中国古代在东亚大陆既相对封闭又广阔平坦的地理空间中，缺少其他文明的实质挑战，从而形成独大之势，并发展出"王者无外"的"天下"观念。在先进的农业经济的支持下，不断向外开拓，三代时期形成以分封制度为纽带的"天下秩序"。春秋战国时期，伴随周天下秩序逐渐瓦解，不同国家之间开始了争霸、兼并战争。为在竞争之中获胜，不同国家都开始实行中央集权制度，在地

[①]　《元史》卷一二《世祖纪九》。

方上推行由中央直接任命流官的郡县制度，以充分调动社会人口与资源。在这种时代背景下，从周代官学流出的诸子百家，虽在春秋时期仍大都保存着对周代分封秩序的留恋，但伴随进入战国弱肉强食的时代，大都开始改变学说立场，主张对政治制度进行大规模改造，以构建强有力的国家形态。在这种时代背景下，地处西北边疆，经济、文化较为落后的秦国，率先全面采纳主张"以法治国"、富国强兵的法家思想，全面实行中央集权体制，加强中央对地方的有效统治，从而得以高效调动民众与各种社会资源，在与东方六国的竞争中，取得最终的胜利，统一了中国，建立起广疆域、多族群、多宗教的统一多民族国家。

但面对这一空前的疆域规模，秦朝缺乏相关的统治经验，仍然严格遵行法家的政治观念，在东方地区强力推行郡县制度，忽视了东方地区与秦国旧地的社会差异；在边疆地区大力开拓边疆，造成了严重的社会危机，最终导致内外矛盾激化，二世而亡。借鉴秦朝灭亡的教训，崛起于东方地区的西汉，将在战国时期融合了多家学说、具有丰富内涵的齐国稷下道家中的管仲学派，确立为意识形态。西汉在建国初年国力弱小之时，采取休养生息的政策；在国力逐渐恢复的文景时期，开始实行富国强兵的政策；在国力强盛的武帝时期，对内借助儒家，进行政治体制的大规模改造，对外发动武力扩张，并笼罩上政治正义的外衣。西汉由此确立了"内霸外王"的政治模式，即在政治内核上，实行富国强兵的"霸道"；而在政治标榜上，却宣扬儒家仁义治国的"王道"，并在国家由于政治建设与对外扩张导致财政呈现危机之时，利用儒家的治国理念，加以弹性，从而推动西汉政权在勇猛精进的同时，保证社会具有足够的承受度，从而维持政权的平稳运行与社会的正常发展，中国古代政权由此实现了"软着陆"。

为管辖庞大疆域，中国古代政权一方面长期坚持，并不断加强中央集权体制以维护国家统一、整合全国资源，推动社会经济的发展与边疆的不断开拓；另一方面，鉴于行政力量、财政状况与交通条件的有限，无法实现对全国事务事无巨细的具体管理，于是在一定程度上赋予地方机构在特殊情况下的自主权力，并将并不属于政权核心层面的部分社会、文化管理事务，在一定程度上赋予地方势力，从而充分结合了强大的官僚体系与多样的社会势力，以较小的成本，实现对庞大国家的长期有效管理。这是一种既强大又充满弹性的国家治理模式，是推动中华文明长期延续与不断发展的制度根源。

中国古代政权的地方治理，对于当前中国的国家治理具有重要启示。中国历经近代时期的磨难之后，在其他文明分崩离析的时期，仍能长期坚持下来，并实现了向现代民族国家的转型，便源于中国古代建立起既强有力又富有弹性的中央集权制度体系与丰富多样的边疆管理方式，从而既使中国富有强大的政权力量，又具有强大的政治向心力，以及强大的自我调节机制，从而在面对危机之时，能够集合全社会的力量，共渡难关，实现文明的凤凰涅槃与历史再造。

第四章

民本与民生

民本思想是中国传统文化的重要思想资源，它肇始于夏商周三代，发展于春秋战国时期，后为历代思想家、政治家不断阐释，形成了系统的思想体系，并且在不同的历史发展阶段呈现出不同的特点。中国传统民本思想，包含着一系列"厚民生为本"的富民之策，要求统治者采取富民、养民的经济政策，关心民众生计，使民众生活富足而安乐。大体说来，历代统治者推行的民生举措，主要体现在六个方面：重农抑商、务本兴农；轻徭薄赋、体恤民力；减省刑罚、体恤民情；不违农时、使民以时；体恤百姓、救济贫民；约束官吏，勿使扰民。传统民本思想及民生实践对近代以来民主思想的发展、对推进国家治理现代化仍有重要的借鉴价值。近代以来，传统民本思想面临着创造性转化和创新性发展的历史任务。

第一节　民本思想的演变及其作用

"民"的基本含义是整体性概念：一是广义上指所有不具备官方身份的人；二是从狭义上指广大的农民。民本思想的"民"是天下所有民众的集合，具有整体性的特征。"本"字最初意思指树的躯干、木头的根；基本含义指事物的本源、主体、基础等。"民"与"本"合称的"民本"概念，指"以民为本"，表示国家有民众就像树木有根、木头有躯干，民众作为根基，躯干就成为国家发展的重要基础。故它包含有民惟邦本、民贵君轻、重视民意、民意即天意、安民爱民等内涵。"民本"二字最早见于《尚书·五子之歌》："民为邦本，本固邦宁。"指民众是国家的根本，民心安定、民众稳定，国家就会安宁；后见于《晏子春秋·内篇》："卑而不失尊，曲而不失正，以民为本也。"贾谊的《新书》和刘勰的《刘子新论》均出现过相似语句。因此，民本思想是指中国古代历史上将民众视为治国安邦根本的政治学说，其基本内涵是在强调民众的基础地位前提下，通过限制专制暴政，重视民意和民生，珍惜与利用民力等措施，来维护政治的运转，巩固政治秩序的治国理念。

一　先秦时期民本思想的形成

民本思想是以儒学为代表的中国古代思想传统的重要内容。民本是从国家和民众的关系中概括出来的。人类文明产生后，最重要的是国家的建立。国家建立的根本问题是国家来源和合法性问题。人们最初认为，对一个国家来说，最重要的是天命。一个王朝就是秉承天命而建立的，《诗经》中有"天命玄鸟，降而生商"。人们进而认识到：当国家出现暴君残害民众时，君主就处于失德状态，而失德必定丧失民心，丧失民心就失去了天命的支持，失去了天命的支持就造成了王朝灭亡。由这样的逻辑关系，人们意识到，对统治者来说，一定要有德，有德才会得到天命，才会得到天命保佑。而这个所谓的有德，要求以德服人，而不是以力服人，就是获得民心。这样，天命、道德和民众在决定国家兴亡的三大因素中各有功用。天命是决定国家存亡的重要因素，但天命高高在上，是看不见摸不着的，它又无处不在。人们逐渐认识到，天命是可以转移的，天命转移的依据就在于德和民，就是道德和民众。这便是《尚书·蔡仲之命》中提到的"皇天无亲，惟德是辅"。上天的旨意就是天命，天命是大公无私的，只对有德者予以保佑和辅助。天命的转移是以道德为支点、以道德为中心转移的。而是否有德取决于民。"民之所欲，天必从之"，民众渴望得到的东西，上天一定给予满足。民众不满暴君统治而渴望明君，天命就会顺从民意而托付圣王来统治国家。所以，民众同样是天命转移的重心。"皇天无亲，惟德是辅"和"民之所欲，天必从之"，说明君主有德才能赢得民心，无德就会丧失民心而导致亡国。这样，民众的人心向背是决定国家兴亡的重要因素，"民惟邦本，本固邦宁"的民本理念，就是在这样的思想逻辑下产生的。

中国民本思想萌芽于远古时代，像神农尝百草、燧人取火、有巢造屋、后羿射日等神话传说中，带有质朴、自然、原生和零散的特点，体现为人类对社会的尽职精神和责任感。由于人们对自身缺乏认识和战胜自然的能力有限，故产生了对天的恐惧和崇拜，形成了原始的天治和天命观念。《诗经·大雅·皇矣》云："皇矣上帝，临下有赫，监观四方，求民之莫"；又云："天亦哀于四方民，其眷命用懋。"均将天视为有意识的人格神，直接监督人间政治。《诗经·大雅·烝民》描述："天生烝民，有物有则，民之秉彝，好是懿德。"天意由人间的天子执行，天子率民"顺帝之则"，故殷商时期盛行"事神礼鬼"的天治观念。如《礼记·表记》记载："殷人尊神，率民以事神，先鬼而后礼，先罚而后赏，尊而不亲，其民之敝，荡而不静，胜而无耻。"但殷商时期开始出现人神分离的趋向，从重神思想逐渐转向重民观念。其主要体现：一是君主要有开明的道德，慎罚民众；二是用民众监督君王。只有将神与民关系进行明确区分，将重民观念与天治观念进行明确分离，从重神转变为重民，才能形成明确的民本思想。

殷周更替之际，出现了明确将神与民、君与民的关系加以区分的民本思想。西周代殷之后，首先面临的是如何解释天命转移问题。为什么自诩是天命所归的殷商统治者会被西周取代？周代殷取得政治合法性的根据何在？西周统治者总结殷商覆灭的教训，认识到"天命靡常"，天命并非恒久不变的，殷商被西周取代的原因在于天命发生了转移。而天命转变的依据，是在位者是否有德，故要长久地维持统治，就要保持"天命"；为了保持"天命"必须"敬德"，因为敬德就是敬天，不"敬德"乃是不敬天，就会导致天命转移。这正是夏商灭亡的主要原因。正如《尚书·召诰》所云："我不可不监于有夏，亦不可不监于有殷……惟不敬厥德，乃早坠厥命。"故取代殷商的西周统治者将敬德视为当务之急，正如《尚书·召诰》所云："王敬作所，不可不敬德"；"知今我初服，宅新邑，肆惟王其疾敬德，王其德之用，祈天永命。"这样，重民保民思想逐渐从以往重天命思想中分离出来，周统治者形成了"以德配天、敬天保民"政治主张。

《古文尚书·五子之歌》中"民惟邦本，本固邦宁"之语，可以视为中国古代民本思想之经典表达和最早源头。"民惟邦本"之基本含义，是承认"民"为国之根基、源泉与主体。殷周时期所产生的"重民""保民""尊民""亲民"思想意识，《尚书·盘庚》中所谓"视民利用迁"之语，《尚书·康诰》所反复提及的"用保乂民""用康保民""唯民其康乂"及"裕民""民宁"等，均为商周时代"民惟邦本"之明证。

春秋时期，王权逐渐衰落，出现了"礼崩乐坏"局面。人们对民众在国家政治生活中的作用做了不同视角的思考。他们继承并发展了周代重民与天命的观念，对神民关系、君民关系有了新认识，形成了比较系统的民本思想。春秋时期的民本思想，首先在民与神关系上得到了新突破，提出"民为神主"思想。正因在民与神关系上有了新突破，故在君与民的关系上形成了利民、爱民、惠民、富民、抚民、安民、养民、教民的思想。

第一，利民、爱民与惠民思想。神既然以民为主，民既为神主，君必以民的利益为依归，则民自然应为政本。"所谓道，忠于民而信于神也。上思利民，忠也；祝史正辞，信也。"① 正因民之重要，故君主为得民支持就必须利民惠民。邾文公卜问迁都之事，史官说："利于民而不利于君。"邾文公说："苟利于民，孤之利也。天生民而树之君，以利之也。民既利矣，孤必与焉。"② 邾文公的话道出了君主产生的社会根源及其功用：国君是天立的，天立的国君是为民众服务。虽然将君主产生的决定权判给了天，即选立君主的目的是民众自身的福祉，但实现民众的福祉才能实现君主的利益。邾文公还提出了"养民"概念。其云："命在养民。死之短长，时也。民苟利矣，迁也，吉莫如之。"③ 邾文公清楚地意识到君之责任在于"养民"，至于自己的生死，那是命，谁也无法主宰。故要不顾自己寿命长短而做出对民有利的迁都之举。这样，利民、养民的概念便明确提了出来。

春秋时代，奴隶暴动、国人起义使一些强大封国毁于一旦的事实，使人们对失民心者失天下的道理有所认识。《管子·牧民》云："政之所兴，在顺民心；政之所废，在逆民心。"④ 春秋时期卫国国君暴虐无道，被国人赶了出来。晋国的师旷对此评论道："天之爱民甚矣，岂其使一人肆于民上？"天是非常爱民的，故天不能允许国君骑在民众头上作威作福，那样做就会遭到民众反抗。师旷借上天之口喊出了"爱民"口号。齐景公访晋时问师旷为政之道，师旷三次给予同样的回答："君必惠民而已矣。"⑤ 为政的要点在于惠民。怎样做才算惠民？孔子云"因民之所利而利之"，就是让民众

---

① 《左传·桓公六年》。
② 《左传·文公十三年》。
③ 《左传·文公十三年》。
④ 《管子·牧民》。
⑤ 《韩非子·外储说右上》。

得到实惠才是惠民。

第二，提倡富民、教民的思想。民本思想产生之时，就以深切关注民生、关怀民瘼为理论旨归，提出了惠民、利民、养民、生民、富民、恤民、救民、保民、庇民、德民、安民等关注民生的概念。由于对民众基本生存利益的强调，故民本思想的本质就在于民生关切。孔子以"仁爱"为其思想基础，最早明确提出"德政"思想，把"安民""恤民""养民""惠民""富民"作为德政的重要内容。孔子主张恢复周礼，实现"仁政"。孔子云："为政以德，譬如北辰，居其所而众星共之。"① 统治者以德执政，就会实现民心所向。他认为治理国家"道之以政，齐之以刑，民免而无耻；道之以德，齐之以理，有耻且格"。② 要使民众生活幸福，首先要保持社会稳定，减轻社会危机和自然危机对民众的危害。而德治的主要内容，是惠民、利民、富民："养民也惠"；孔子主张"老者安之，朋友信之，少者怀之"，③ 为政者必须关注弱势群体，故发出"苛政猛于虎也"的感叹。孔子提出"道千乘之国，敬事而信，节用而爱人，使民以时"，反对横征暴敛。

在国计民生的诸多事务中，孔子认为民生问题是首要之事。《论语·颜渊》说："百姓足，君孰与不足？百姓不足，君孰与足？"④ 鲁哀公问政于孔子，孔子曰："政之急者，莫大乎使民富且寿也。"⑤ 子贡问政于孔子，"子曰：足食、足兵，民信之矣"。⑥ 民众首先要丰衣足食，然后才有能力保护政权稳定。孔子对治国之道发表了"庶、富、教"的三部曲方案。《论语》记载："子适卫，

---

① 《论语·为政》。
② 《论语·为政》。
③ 《论语·公冶长》。
④ 《论语·颜渊》。
⑤ 《孔子家语·贤君》。
⑥ 《论语·颜渊》。

冉有仆。子曰：'庶矣哉！'冉有曰：'既庶矣，又何加焉？'曰：'富之。'曰：'既富矣，又何加焉？'曰：'教之。'"① 孔子认为富民和教民是国家政治生活中的两项头等大事，而且保证民众的生存和提高生活水平是教化民众的前提。他主张"富而后教"，先让民众有基本的生活条件，然后予以道德教化。孔子治国设想中第二步就是富民，让民众富裕起来，然后教民。从孔子开始，后来的儒家思想家都把养民、教民作为政治的主要任务。

管仲认为："凡治国之道，必先富民。民富则易治，民贫则难治也。"② 即治国为政者的首要任务是富民养民，民众安居乐业或起来暴乱，与社会经济状况的好坏有着直接关系，民众富有则百姓安逸，民众贫穷则起来暴乱。所以说"仓廪实而知礼节，衣食足而知荣辱"。他在具体实行的方法上提出了许多建议。管子提出了"富民"要素及标准："夫民之所生，衣与食也，食之所生，水与土也，所以富民有要，食民有率，率三十亩而足于卒岁，岁兼美恶，亩取一石则人有三十石，瓜果素食当十石，糠秕六畜当十石，则人有五十石。布帛麻丝旁人奇例，未在其中也。故国有余藏，民有余粮。"③ 低于上述收入标准者为"甚贫"，成为官府救济民众的依据。

春秋时期兴起的人本思想和天道思想，冲击了传统的神本思想。人本思想主张以人事解释人事，而不是以天心神意来解释人事，《左传》在记述天道、鬼神、灾祥、卜筮和梦时"未尝废人事也"，从人事角度对人事成败作出解释。春秋时期民众地位得到提高，逐步形成了"君为民设""民为君本"的新认识。孔子在此基础上提出了以爱民为政治原则的"仁政"学说，民本思想取得了新

---

① 《论语·子路》。
② 《管子·治国》。
③ 《管子·禁藏》。

突破。

战国时期，诸侯争雄，民众的价值和作用更加受到重视。得民者兴、失民者亡的政治现实丰富了"民惟邦本"的思想内涵，各家各派对统治经验和民本思想进行提炼，用各种理论加以阐释，使民本思想获得了较为系统的理论形态。这主要体现在三个方面：一是对统治阶级的政治统治必须以民为本的原因作出了初步解释，着重阐述了民众对政权存亡续绝的决定作用及民众在国家中的重要地位。二是就如何实现民本思想提出了一些基本的途径，那就是要实行修己安人、为政以德，行王道仁政，造福于民众的为政理论。三是对民本思想的"民为神主"的天命观进行了初步探索，逐步形成了墨子"兼爱"说，老庄"无为"论和孟子"民贵君轻"思想，为民本思想奠定了理论根基。

民本思想是以儒学为代表的中国古代思想传统的重要内容。儒家的民本思想是中国民本思想的主流。儒家的民本思想有两个突出特点：一是关注民生；二是以维新治世。前者体现为天下为公，注重民众生存状况，"天地之大德曰生"[1]，唯有解决好"民生"问题方能"得民心"，而得民心者方可得天下；后者表现为不断推出社会精英以治理国家。孔子的"仁者爱人"思想，是中国古代民本思想之基础。孔子所说的"人"不是作为个体的"人"，而是作为群体的"民"，故孔子提倡："道千乘之国，敬事而信，节用而爱人，使民以时。"[2] 孔子之人、民同语，爱人即爱民。故主张统治者要施"德政""仁政"，"因民之所利而利之"，[3] 体现了儒家初步的民本思想：仁心爱民。屈原在《离骚》中提出了这样的哀叹："长太息以掩涕兮，哀民生之多艰。"

---

[1]《周易·系辞下》。
[2]《论语·学而》。
[3]《论语·尧曰》。

孟子发扬孔子思想，对先秦时期儒家"民本"思想作了经典阐释。他从殷周历史教训出发，提出了"民者君之本"的核心观点，强调君主统治的基础在于民众。

第一，提出"民贵君轻"思想。孟子指出："民为贵，社稷次之，君为轻。是故得乎丘民而为天子，得乎天子为诸侯，得乎诸侯为大夫。诸侯危社稷，则变置。牺牲既成，粢盛既絜，祭祀以时，然而旱干水溢，则变置社稷。"①强调统治者要把解决民众的问题放在突出的位置。孟子的"民贵"说，是在国君、民众和社稷三者比较中而提出的，民、社稷和君作为国家的三大要素："诸侯之宝三：土地、民众、政事。"②得到民众拥戴就可以立为天子，得到天子的眷顾可以立为诸侯，得到诸侯的青睐可以立为大夫。民贵的"贵"和"轻"是相对而言的，民是最为贵的。民最为贵，然后才是社稷，而君和民、社稷相比，是轻的。在他看来，无土地则无以立国，无人民则无以存国，无政事则无以治国。因此，对国家来说，先要有国土，有了国土才有民众，有了国土有了民众，然后才有一国的政事。孟子所谓"民本"之基本内涵，是以民为本、以君主为轻，即"民贵君轻"。在孟子看来，在君主、土谷之神和人民这三者之间，人民最为重要。诸侯君主如果危害国之生存，可以改立；土谷之神如果不灵效，也可以变更，唯有民众是须臾不可缺失的。民为国之根本和基础，君主只有得到民众拥护，方能保证政治统治的稳固。孟子"民贵君轻"说把民众放在了首位，颠倒了以往的君民关系。这是"民贵"说的创新点。

第二，主张施行仁义，来获得民心。在孟子生活的时代，各个诸侯国都在追求如何统一天下，孟子给出的解决方法是"王道"，即将孔子的"仁"的思想在此时代发扬光大。孟子认为："得道者

---

① 《孟子·尽心》。
② 《孟子·尽心》。

多助，失道者寡助。寡助之至，亲戚畔之；多助之至，天下顺之。"① 告诫统治者以德治国的关键在于是否能够获得民心，获得民心的方法就是所谓"仁政"，即用仁爱之心去对待民众。他告诫统治者，得民心者得天下："桀纣之失天下也，失其民也；失其民者，失其心也。得天下有道：得其民，斯得天下矣。"②

孟子充分论证了民意的重要性，君主的政治决定要以民意为核心，紧密围绕民众的生活需要，这样才能得到民众的拥戴。他重视《尚书》所谓"天视自我民视，天听自我民听"之说，强调民意即天意，主张以"国人"之民意作为评判国事之根据。《孟子》云："国君进贤，如不得已，将使卑逾尊、疏逾戚，可不慎与？左右皆曰贤，未可也；诸大夫皆曰贤，未可也；国人皆曰贤，然后察之；见贤焉，然后用之。左右皆曰不可，勿听；诸大夫皆曰不可，勿听；国人皆曰不可，然后察之，见之可焉，然后去之。左右皆曰可杀，勿听；诸大夫皆曰可杀，勿听；国人皆曰可杀，然后察之，见可杀焉，然后杀之。故曰，国人杀之也。如此，然后可以为民父母。"③ 民能够直接与"天"相通，天意要由民意来显现，只有顺应民意、合乎民心，才能一统天下。在他看来，得天下之要在于得民，得民之要在于得民心。《孟子》复云："桀纣之失天下也，失其民也；失其民者，失其心也。得天下有道：得其民，斯得天下矣；得其民有道：得其心，斯得民矣；得其心有道：所欲与之聚之，所恶勿施尔也。"④ 正因推崇"民为贵，社稷次之，君为轻"，故孟子力主统治者当施仁政，善待民众，并提出"唯仁者宜在高位"的主张。

第三，主张养民富民，使民众拥有维持最低生活需要的生产资

---

① 《孟子·公孙丑》。
② 《孟子·离娄》。
③ 《孟子·梁惠王上》。
④ 《孟子·离娄》。

料和生活资料,"取于民有制","制民之产",使民众能够安居乐业。孟子提出为了让百姓安心生活,前提是他们要有自己的恒产,"若民,则无恒产,因无恒心。苟无恒心,放辟邪侈,无不为已。及陷于罪,然后从而刑之,是罔民也。焉有仁人在位,罔民而可为也"。① 故其劝告君主关注民生问题,主张"制民之产":"是故明君制民之产,必使仰足以事父母,俯足以畜妻子;乐岁终身饱,凶年免于死亡。然后驱而之善,故民之从之也轻。"② 孟子对理想社会的构想,其实就是民众民生得到保障的图景:"五亩之宅,树之以桑,五十者可以衣帛矣;鸡豚狗彘之畜,无失其时,七十可以食肉矣;百亩之田,勿夺其时,数口之家可以无饥矣;谨庠序之教,申之以孝悌之义,颁白者不负戴于道路矣。七十者衣帛食肉,黎民不饥不寒,然而不王者,未之有也。"③ 因此,民本思想包含着重民、保民、用民、利民、悯民、恤民等政治理念,其基本内涵是顺民意、得民心、用民力、重民生。

孟子奠定了传统民本思想的理论基础,其民本思想包含着君民平等和限制"君权"的古代民权思想因素,这种思想因素为后儒所承继并有所发挥。荀子在孔孟民本思想的基础上,对民在国家政治中的作用有了更为深刻的认识,其思想则充分体现了"立君为民"思想。荀子云:"天之生民非为君也,天之立君,以为民也。"④ 认为民众既为天下之主人,君既为实施民众意思的工具,则人君应当"以民之好好之,以民之所恶恶之","所欲与之聚之,所恶勿施尔也",人君可以"天下第一公仆"自居,而不可以"朕即国家"自命。荀子进而提倡革命合法论,认为如果人君暴虐,荒淫无道,民众可以起来推翻他。荀子的这个观点颇近似于西方近代"社会契约

---

① 《孟子·梁惠王上》。
② 《孟子·梁惠王上》。
③ 《孟子·梁惠王上》。
④ 《荀子·大略》。

论",但不同之处在于近代西方社会契约论主张民众选举君主,而荀子则认为是天为民选举君主。

正是基于"立君为民"思想,荀子在君民关系上提出了著名的"君舟民水"说。他把君民之间关系比喻为"舟水"关系:"君者,舟也;庶人者,水也。水则载舟,水则覆舟。此之谓也。故君人者欲安,则莫若平政爱民矣。"① 他把治理天下比作治水,这种"水性"就是人性,看到民众的颠覆性力量,警告统治者要顺势而为,不能逆潮流而动,主张实行"爱民""利民"和"裕民"的"宽政",以取得老百姓对政权的支持。在他看来,君主既然是百姓所推选的,则百姓亦可将自己不满意的君主废除。荀子之论,既是夏商周兴衰之由的历史性总结,也是对"民惟邦本,本固邦宁"思想的精辟阐发。

正因看到了民众中所潜藏的巨大能量,故君主应当"爱民"。荀子主张君主对民众应当"利而后利之,爱而后用之,保社稷者也",含有利民、爱民之意。君主要获得民众的拥护,必需的途径就是富民富国。荀子由此发挥了孔子的裕民思想和孟子的富民思想,提出了富国富民的主张。他告诫统治者:"不富无以养民情,不教无以理民性。"国家富强之道在于富民,"民富则田肥以易,田肥以易则出实百倍",都是把保证民众的基本生活作为最基本的为政之道,在此基础上再兴办教育,予以礼乐教化。他说:"是国之道,节用裕民,而善藏其余。节用以礼,裕民以政。彼裕民故多余,裕民则民富","下贫则上贫,下富则上富"。② 荀子总结道:"用国者,得百姓之力者富,得百姓之死者强,得百姓之誉者荣。三得者具而天下归之,三得者亡而天下去之。"③ 他强调:"自古及

---

① 《荀子·王制》。
② 《荀子·富国》。
③ 《荀子·王制》。

今，未有穷其下而无危者也。"① 在荀子看来，统治者没有民众的拥护和支持，则无法维持长久的统治，而得到了民众支持的统治者，则富、则强、则荣。故"爱民者强，不爱民者弱"。后世论者，大都仿此，只是带有时代烙印而已。如唐太宗鉴于隋亡的历史教训，认为"为君之道，必须先存百姓"，并说"朕每日坐朝，欲出一言，即思此一言于百姓有利益否，所以不敢多言"。②

总体上看，先秦时期民本思想包括五个要点：一是重民轻神的神民关系，主张"天道远，人道迩"，重人重民。二是重民轻君的君民关系，认为君主是上天为了民的需要才设立的，"天之生民，非为君也；天之立君，以为民也"，因此"民为君之本"，君主只有重视民众的利益并承认其力量才能维持自己的地位，并使国家兴旺发达。三是保证民众的经济利益，反对聚敛穷民，而主张采用富民、裕民的经济政策。孔子提出"节用而爱人，使民以时"，荀子提出"下富则上富"主张。四是政治上以德取信于民。孔子指出："为政以德，譬如北辰，居其所而众星共之。"③ 赢得民众的信任是最为重要的。五是承认民众的革命权力，当君主压迫民众过度时，民众可以推翻旧政权而建立新统治。

二 秦汉以后民本思想的发展

秦汉以后，随着政治"大一统"格局的逐渐稳定，作为被统治对象的劳动民众的重要性更加受到重视。先秦时期的民本思想为秦汉以后儒家士大夫所继承并有所发挥。西汉初期的民本思想，本质上是统治者的治民之术，反映了民众要求休养生息的强烈愿望，统治者顺乎民情而采取休养生息政策，促进了汉初生产力的发展，造

---

① 《荀子·哀公》。
② 《贞观政要》卷六《慎言语》。
③ 《论语·为政》。

成了"文景之治"局面。自此之后，以先秦时代的民本观念为基础，民本思想有了新内涵，逐步成为历代统治者治国安邦的指导思想而延续下来。中国历代思想家、政治家对以民为根、以民为本、关爱苍生的政治理念不断地加以阐发、诠释，从而形成了深厚的民本思想。

秦始皇武力统一六国，但继之仍以暴力统治国家，继承其皇位的秦二世有过之而无不及，违背了以民为本的基本政治原则，结果二世而亡。西汉初期流行的黄老之学，接受秦亡教训而肯定民众在国家中的地位与作用，提出了体现"民者国之本"的利民政策，如"蓄积于民""量民积累"和与民休息等，要求统治者要以民为原则来行事，治国之道在于利民，同时要采取富民、养民的政策，给民众以休养生息之机，根据民众的实际财力来征收赋税。

西汉初期民本思想得到了系统阐述，这主要体现在贾谊所作《新书》中。《过秦论》是其中最有代表性的文章。该文深刻地总结了秦亡的历史教训，旨在为汉初统治者提供有益的历史借鉴。它首先指出自秦孝公以来秦国逐渐强大的原因，如地理优势、变法图强、历代秦王的苦心经营等。但拥有强大军事力量的秦朝统治为陈涉起义短时间内迅速动摇，其原因就在于"秦王怀贪鄙之心，行自奋之智，不信功臣，不亲士民，废王道而立私爱，焚文书而酷刑法，先诈力而后仁义，以暴虐为天下始"。[1] 贾谊总结秦二世而亡教训说："是以牧民之道，务在安之而已矣。下虽有逆行之臣，必无响应之助。故曰：'安民可与为义，而危民易与为非'，此之谓也。贵为天子，富有四海，身在于戮者，正之非也。"[2] 秦因没有实行仁政，更没有以民为政治之本，故招致灭亡命运。

鉴于此，贾谊继承孔孟仁政学说，提出了完善的民本理论。首

---

[1] 《新书·过秦论》。

[2] 《新书·过秦论》。

先，强调民众的重要地位和作用。其云："闻之于政也，民无不为本也。国以为本，君以为本，吏以为本，故国以民为安危，君以民为威侮，吏以民为贵贱。此谓民无不为本也。"① 他指出："故夫民者，至贱而不可简也，至愚而不可欺也。"反复强调："自古迄今，与民为仇者，有迟有速，而民必胜之。"② 统治者与民众是息息相关的，故统治者必须以民为本，而"轻本不祥，实为身殃"。其云："闻之于政也，民亡（无）不为命也。国以为命，君以为命，吏以为命。故国以民为存亡，君以民为盲明，吏以民为贤不肖。此之谓民亡（无）不为命也。"故强调民之重要："民者，国之本，财用所出，安危所系。"③

其次，主张统治者倡行仁义和德政，而仁义和德政的中心是爱民和利民。他指出："夫民者，万世之本也，不可欺……故夫民者，大族也，民不可不畏也。故夫民者，多力而不可适（敌）也。"④ 在这个基础上，贾谊提出为君之道皆在于爱民亲民："故夫为人臣者，以富乐民为功，以贫苦民为罪。故君以知贤为明，吏以爱民为忠。"民心向背决定着国家兴亡，"故夫诸侯者，士民皆爱之，则其国必兴矣；士民皆苦之，则其国必亡矣。故夫士民者，国家之所树而诸侯之本也，不可轻也。"⑤ 那么君主必须顺应民心，施恩于民，"推己及人，加仁恩于四海"，才能获得统治的稳固。

再次，主张治国必须富民。先秦以来儒家关注民众生活，其主张均围绕关怀民生、体恤民瘼与关注民情、重视民意而展开。贾谊继承孟子"有恒产者有恒心"思想，认为国家安危存亡的根本在于民是否安居乐业。他说："民不足而可治者，自古及今，未之尝

---

① 《新书·大政》。
② 《新书·大政》。
③ 《新书·大政》。
④ 《新书·大政》。
⑤ 《新书·大政》。

闻。"民富才能国安,所谓"畜积足而人乐其所矣,可以为富安天下"。① 故主张"与民以福""与民以财",与民同乐。为此,他论证"积贮者,天下之大命"主题:要想安邦治国,必须把发展农业生产、积贮粮食作为基本国策。这种以民为本,利民安民的思想,为"文景之治"奠定了基础。

最后,强化了立君为民思想。贾谊指出:"天下者,非一家之有也,有道者之有也。"② 民众不仅能够借助天命来伸张自身的权力和实现利益,而且直接被看作天下的主人。董仲舒在《春秋繁露》中继承发展了儒家思想中的"民本"因素,提出"天之生民,非为王也。而天立王,以为民也"。力图以天意来制约君权,并向武帝建议除暴政,"薄赋敛,省徭役,以宽民力"的治国良策。

此后,中国民本思想得到继续发展。东汉王符对君民关系作了精辟阐述,主张君主体恤民情,关心民众疾苦,施仁政以顺民心:"天以民为心,民安乐则天心顺,民愁苦则天心逆。民以君为统,军政善则民和洽,君政恶则民冤乱。君以恤民为本。"③ 王符提出"为同者,以富民为本"的观点。他说:"帝以天为治,天以民为心,民之所欲,天必从之。"④ 认为政则以富民为本,只有民心安乐,才能顺天意,天下才能太平,这是对"民贵君轻"思想的发展。三国时陆凯提出:"臣闻有道之君,以乐乐民,无道之君,以乐乐身。乐民者,其乐弥长;乐身者,不乐而亡。夫民者,国之根也,诚宜重其食,爱其命。民安则君安,民乐则君乐。"⑤ 同样阐发了"民贵君轻"的政治理念。

传统民本思想所蕴含的某种民主性因素,为唐宋以后历代君王

---

① 《新书·论积贮疏》。
② 《新书·修政》。
③ 《潜夫论》卷二《本政第五》。
④ 《潜夫论》卷一《遏利第三》。
⑤ 《三国志》卷六一《吴志·陆凯传》。

及儒家士大夫所继承和阐扬。唐太宗鉴于隋亡的历史教训，看到了民众的巨大力量，认为民心可畏。谈到隋炀帝失败的原因时，唐太宗指出"百姓不堪，逆致亡灭。此皆朕所目见"。君主的暴政必然带来民众的反抗，因此必须重视民意，提出"可爱非君，可畏非民，天子者，有道则人推而为主，无道则人弃而不用，诚可畏也"。① 关于天下与君主的关系，唐太宗抱有明确的"民本"观念："以一人治天下，不以天下奉一人。"对于君民关系，唐太宗发挥了汉武帝的肢体论。他阐述说："为君之道，必须先存百姓，若损百姓以奉其身，犹割股以啖腹，腹饱而身毙。"他对"国以民为本"的政治思想作了发挥："君依于国，国依于民。刻民以奉君，犹割股以啖腹，腹饱而身毙，君富而国亡。故人君之患，不自外来，常有身出。夫欲盛则费广，费广则赋重，赋重则民愁，民愁则国危，国危则君丧矣。""朕常以此思之，故不敢纵欲也。"② 所以，要维护统治就必须重民、爱民、保民，做到的就是以民为本："凡事皆须务本，国以人为本，人以衣食为本，凡营衣食，以不失时为本。"③ 此处所谓"人"，仍然指民。唐太宗的《百字箴言》体现了其对民众生活疾苦之体恤，其所谓"夫人者国之先，国者君之本"，包含着以民为先的政治理念，明确提出了"为君之道，必须先存百姓"思想。他崇尚重民的治国之道，引述荀子的"载舟之水亦覆舟"思想，来教育自己的儿子，将人君比作舟，将百姓比作水："舟所以比人君，水所以比黎庶，水能载舟，亦能覆舟。"④

君主既以民为本，只有牢牢地树立其民的根基，才能长久地维护统治，同时民也能够爱戴君主："夫治国犹如栽树，木根不摇，

---

① 《贞观政要》卷一《政体》。
② 《资治通鉴》卷一九二《唐纪八》，高祖武德九年十一月丙午。
③ 《贞观政要》卷八《务农》。
④ 《贞观政要》卷一《政体》。

是枝叶繁茂,君能清静,百姓何得不安乎?"① 因此,唐太宗积极推行与民休息、改善民生的政策,认识到只有安抚民众才能发展生产,故实行均田制和租庸调制,使农民有可能安定生产,耕作有时,促进了经济的发展。他带头"戒奢从简",节制自己的享受欲望;革除"民少吏多"的弊政,利于减轻民众的负担。这些政策给民众以喘息的机会,促进了唐朝前期的安定和强盛,开创了中国历史上少有的繁荣局面——贞观之治。

魏徵在从政过程中重视载舟覆舟之论:"怨不在天,可畏唯人。载舟覆舟,所宜深慎。"主张帝王要重民、畏民,君主的首要任务是要治理民众、安定民生。魏徵主张君主要顺应民心,不竭民力,乐民所乐,忧民之忧。其云:"彼炀帝岂恶天下之治安,不欲社稷之长久,故行桀虐,就灭亡哉?"统治者要吸取隋炀帝的教训,要应民心而治,同时要不竭民力。魏徵指出:"殷鉴不远,可得而言。昔在有隋,统一寰宇,甲兵强锐……一旦举而弃之,尽为他人之有……民不堪命,率土分崩……鉴彼之所以失,念我之所以得。"②为此,他提出两项重要治国原则:一是君主在创业时要"广施德化,使恩有余地,为子孙万代基","顺天革命之后,将隆七百之祚,贻厥身谋,传之万叶"。君主在创业之初所作出的政绩对于获取民心非常重要。二是君主统治时期要不断地调整政策,防患于未然。只有不断地掌握民情调整政策措施,才能保持政权的稳固。因此,唐初统治者在理论上积极倡导民本思想,在实践上把民本思想推向新的高度,开创了比"文景之治"更为繁荣的"贞观之治"的太平盛世局面。

民本思想发展到宋元时代逐步进入内化阶段,统治者充分认识到了以民为本的重要性,将养民思想提到更高的地位,将其看作成

---

① 《贞观政要》卷一《政体》。
② 《贞观政要》卷一《君道》。

就外王的重要措施,并认为,作为圣人,慷慨可以成仁,从容可以取义,希望的莫过于生,厌恶的莫过于死,但对治国来说,其对象是民众,每个人莫不是惜生恶死,作为君主应该将保民、养民作为执政目标。宋代思想家张载、程颐、朱熹等人,主张以民为本,实行仁政,重视民生,将尊君与民本和谐地结合在一起,将重民思想融合在仁政理念之中,将民本思想推向了更为理性的新阶段。这主要体现在:第一,宋代学者用"公天下"论来限制君主的"家天下"行为。李觏指出:"天下至公也,一身至私也",① 帝王应该循公而灭私。程颐指出:"人君当与天下大同,而独私一人,非君道也。"② 朱熹也认同:"天下者,天下之天下,非一人之私有。"③ 第二,民本思想对君主提出很高要求,认为君主必须是仁德的化身。朱熹认为天择有德为民主,天子必由"天生圣哲为之"。第三,宋朝理学家继承"民心等于天心"的命题,朱熹声称:"若民众皆归往之,便是天命之也。"④

张载从哲学的高度对民本思想进行了阐扬,将道学与政术合二为一,不仅在理论上论证王道理想的可行性,而且在政治实践中积极实行王道:"大都君相以父母天下为王道,不能推父母之心于百姓,谓之王道可乎?所谓父母之心,非徒见于言,必须视四海之民如己之子。设使四海之内皆为己之子,则讲治之术,必不为秦汉之少恩,必不为五伯之假名。巽之为朝廷言,人不足[与]适,政不足与间,能使吾君爱天下之人如赤子,则治德必日新,人之进者必良士,帝王之道不必改途而成,学与政不殊心而得矣。"⑤ 统治者要在政治实践中有效地践行王道理论,必须将心、法和道统合为整

---

① 《上富舍人书》,《李觏集》,中华书局2011年版,第277页。
② 《周易程氏传》,《二程集》,中华书局2011年版,第78页。
③ 《四书章句集注·孟子章句》,上海古籍出版社1983年版,第307页。
④ 《朱子语类》卷一六《大学三》,中华书局1986年版,第259页。
⑤ 《答范巽之书》,《张载集》,中华书局1978年版,第349页。

体。张载说:"秦为《月令》,必取先王之法以成文字,未必实行之。'道千乘之国,敬事而信,节用而爱人,使民以时',此皆法外之意。秦苟有爱民为惠之心方能行,徒法不以行,须实有其心也。有其心而无其法,则虽有仁心仁闻,不行先王之道,不能为政于天下。"① 他关注民众的疾苦,要求统治者实行仁政,用仁道来感化民心、博施天下民众,把仁道推及天下所有人。为此,他提出了"足民"主张,让民众富足,才能治好国家。

程颢、程颐在《经说》《文集》《周易程氏传》及《遗书》等著作中,对"民惟邦本"思想作了发挥,认为治理天下最根本的是要实行"王道",而"王道"的根本是"仁政"。程颢以"视民如伤"为座右铭,程颐则强调治者当重民与报民:"人主所以有崇高之位者,盖得之天下,与天下之人共戴也,必思所以报民;古之人君视民如伤,若保赤子,皆是报民也。"② 故强调:"为政之道,以顺民心为本,以厚民生为本,以安而不扰为本。"③ 他们认为爱护民力是治国的重要因素,希望君主体恤民情,爱惜民力,使民富裕:"养民之道,在爱其力。民力足则生养遂,生养遂则教化行而风俗美,故为政以民力为重也。"④ 统治者要施仁政,顺民心,厚民生,才能使民众生活安定,才能实现长治久安。

苏轼继承儒家"民者,天下之本"观点,阐发了君主顺乎民意、实施仁政的思想。朱熹同样有许多重民与尊民之论。朱熹尽管主张"天理君权",认同"君权天授",主张尊君,但认为至高无上的君权不能滥用。故为了限制君主权力的无限膨胀,他提出了君主必须"修德"的主张。君主如何修德?朱熹认为应从两方面着手:一是在君主自身修养方面,要完全摒弃一切私心杂念,要由个

---

① 《经学理窟·月令统》,《张载集》,第296页。
② 《遗书》卷一九,《二程集》,第264页。
③ 《文集》卷五,《二程集》,第531页。
④ 《经说》卷四,《二程集》,第1095页。

人之私转变为天下之大公,也就是要"正君心":"正君心是大本,其余万事各有一根本。"① 二是在国家治理方面,君主要善用人。君主要起用贤良忠臣来弥补君主一人思想之不足。其云:"只消用一个好人作相,自然推排出来。有一好台谏,知他不好人,自然住不得。"从国以民为本出发,朱熹认为要保持国家政治的稳定,必须"恤民""省赋",只有民众富足安乐,才不会起来造反,故提出了"食为民天、重视生产"的主张。

李觏继承了先秦儒家的养民、富民思想,认为政治之目的在于养民安民。他说:"立君者天也,养民者君也。非天命之私一人,为亿万人也。民之所归,天之所右也。民之所去,天之所左也。天命不易哉,民心可畏哉!是故古先哲王皆孳孳焉以安民为务也。"② 养民与否,可以决定君位的安危,也可决定统治者品质的高低。在李觏看来,夏商周三代优于汉唐的原因主要在于统治者采取了养民、富民的政策措施。"古之天下,君养民也。后之天下,民自养也。"③ 君不养其民,已经是失职了。如果对民加以暴虐,其罪就更大了。生民至重,富国强兵、兴利图霸的目的都在于安民而不在于尊君。

元代圈地放牧,免去科举,实行种族歧视政策,使民本思想的推行受到阻碍。但元代统治者对民本思想有一定程度接受。何瑭云:"元之君,虽然未可与古圣贤并论,然敬天勤民,用贤图治。盖亦驳驳乎中国之道矣。……元主知尊礼公,而以行道济时望之。"④ 这意味着元代君主具有一定的民本意识。元武宗任命太子少保章律师为浙江省平章时告诫说:"民惟邦本,无民何以为国!汝

---

① 《朱子语类》卷一〇八《论治道》,第2678页。
② 《安民策第一》,《李觏集》,第168页。
③ 《潜书并序》,《李觏集》,第218页。
④ 《河内祠堂记》,《许衡集》,中华书局2019年版,第629页。

其上体朕心，下爱斯民。"①

明太祖深切体会到元朝灭亡是因"昏主恣意奢欲，使百姓困乏"，看到民众力量的强大，只有民众支持才能巩固王朝。"民者，国之本也。"故认为治国必先安民："凡治以安民为本，民安则国安"；施政的首要目标是争取民心："为政以得民心为本"；富国的前提是富民："民穷则国不能独富，民富则国不能独贫。"② 他体恤民情，表达了深切的重民恤民思想。他训诫长子曰："汝知农之劳乎？夫农勤四体，务五谷，身不离畎亩，手不释耒耜，终年勤动，不得休息。其所居不过茅茨草榻，所服不过练裳布衣，所饮食不过菜羹粝饭，而国家经费皆其所出。"他指出："四民之业，莫劳于农，观其终岁勤劳，少得休息。时和岁丰，数口之家，犹可足食；不幸水旱，年谷不登，则举家饥困。……百姓足而后国富，百姓逸而后国安，未有民困穷而国富安者。"③ 故严厉约束官吏，不使其扰民害民，保证民之生产生活，使民本思想在实践中得到了很好的贯彻。

张居正是儒家民本思想的倡导者，主张以民为本思想是为天立君之前提。他指出："唯百姓安乐，家给人足，则虽有外患，而邦本深固，自可无虞。""庶民可生遂，而邦本获宁也。"他提出君主"以节财爱民为务"，"愿皇上重惜爱民，保固邦本"。张居正认为，治国安邦最主要的莫过于安民："窃闻致理之要，惟在于安民，安民之道，在察其疾苦而已。"④ 民众是国家的元气所在，如果民众安定，其他问题容易治理；如果民众不安定则难于治理。他根据当时的形势，提出了一些安民措施：一是君王应该"痛加节省"；二是要严惩那些贪官污吏；三是要抑制那些豪强劣绅。这些措施在某种

---

① 《元史》卷二四《仁宗纪》。
② 《明太祖实录》卷二百五十六，洪武三十一年五月丙寅。
③ 《明太祖实录》卷二百五十六，洪武三十年二月壬辰。
④ 《请蠲积逋以安民疏》，《张太岳集》卷四六，上海古籍出版社1984年版，第578页。

程度上代表了民众的利益。

宋明时代关心民众疾苦的儒家士大夫，往往利用民本思想来抵制君主专制主义，消解专制政治之毒素，以保持社会之清明和政治之正常运转。程颐反对愚民政策，主张以仁政教化民众。其云："民可明也，不可愚也；民可教也，不可威也；民可顺也，不可强也；民可使也，不可欺也。"① 邓牧在《伯牙琴·君道》中亦提出，君主本为众人推举的"天下有求于我、我无求于天下"之人，即"天生民而立之君，非为君也"。若民所立之君施行暴政，民众便有反抗之权："夫夺其食，不得不怒；竭其力，不得不怨。"② 正因传统民本思想中含有限定君权之意的民主性因素，故为历代独裁君主所讳忌。朱元璋对孟子"民贵君轻"之说甚为不满，"怪其对君不逊，怒曰：'使此老在今日，宁得免乎？'"③ 故诏令重修《孟子节文》，删除《孟子》中不利于君主专制之言论。

三　明清之际的新民本思想

明清之际，黄宗羲、王夫之、顾炎武等民本思想家，严厉批判封建专制，深刻探讨君臣关系，提出以"公天下"取代"私天下"、君臣为民众服务的新民本思想。黄宗羲是中国民本思想的集大成者，把传统民本思想的发展推到了历史的最高点，《明夷待访录》是古代民本思想的集中体现。

第一，提出了立君为民思想。黄宗羲将后世的君主制与三代以上的君主制比较，认为三代以上的君主制的根本原则是"天下为公"，而不是"天下为私"。他说："三代之法，藏天下于天下者也。山泽之利不必其尽取，刑赏之权不疑其旁落，贵不在朝廷也，

---

① 《伊川先生语一一》，《二程集》，第143页。
② 《伯牙琴·吏道》，浙江古籍出版社2019年版，第8页。
③ 全祖望：《辩钱尚书争孟子事》，《鲒埼亭集》卷三五，民国八年上海商务印书馆景姚江借树山房刻本。

贱不在草莽也。"① 然而秦汉以后君主"藏天下于筐箧者也，利不欲其遗于天下，富必欲其敛于上"。② 因此，是一家之法，不是天下之法。而三代以后的君主制之所以能够成功地将天下据为私有，是借用了"君权神授"理论。为此，黄宗羲以颇类似于卢梭的社会契约论的观点否定了君权神授理论。他认为，君主的产生并非出于神授，而是出于民众兴利除弊的需要，君主的职责是为民众谋利益，故提出："有生之初，人各自私也，人各自利也，天下有公利而莫或兴之，有公害而莫或除之。有人者出，不以一己之利为利，而使天下受其利，不以一己之害而害，而使天下释其害。此其人之勤劳必千万于天下之人。"③ 就是说，君主是天下人通过选举而为天下兴利除害的，其产生和存在的目的是为天下服务，"古者以天下为主，君为客，凡君之所毕世而经营者，为天下也。"而现在则完全背离了当初君主产生的目的，"今也以君为主，天下为客，凡天下之无地而得安宁者，为君也"。④ 正是君主专制制度破坏了原有的安宁秩序，成为天下的乱源。故黄宗羲得出结论："为天下之大害者，君而已矣。"⑤ 因此，他对于那些不能养民教民的暴君痛加贬斥："嗟乎，天之生斯民也，以教养托之于君。授田之法废，民买田而自养，犹赋税以扰之；学校之法废，民蚩蚩而失教，犹势利以诱之。是亦不仁之甚！"对于君臣关系及君臣与民众的关系，他提出了独到见解："缘夫天下之大，非一人之所能治，而分治之以群工。故我之出而仕也，为天下，非为君也。为万民，非为一姓也。……世之为臣者昧于此义，以谓臣为君而设者也。"⑥

---

① 《明夷待访录·原法》。
② 《明夷待访录·原法》。
③ 《明夷待访录·原君》。
④ 《明夷待访录·原君》。
⑤ 《明夷待访录·原君》。
⑥ 《明夷待访录·原臣》。

第二，提出"天下为主，君为客"思想。黄宗羲指出，民众既为国家之主体，于是"天之生民，非为君也，天之立君，以为民也"。帝王虽然可贵，但民众更加要爱护，所以"行一不义，杀一不辜，而得天下皆不为也"。这种以民众为国家主体的观念，是传统民本思想的基调。黄宗羲提出"天下为主，君为客"思想，实际上肯定了民众是政治的主体，与西方近代所提倡的"主权在民"思想接近。他主张官员应当"为天下，非为君也；为万民，非为一姓也"，"天子之所是未必是，天子之所非未必非"。在他看来，民众是政治权力的主人，君主只是通过民众的授权来为百姓服务："古者以天下为主，君为客。凡君之所毕世而经营者，为天下也。今也以君为主，天下为客，凡天下之无地而得安宁者，为君也。是以其未得之也，荼毒天下之肝脑，离散天下之子女，以博我一人之产业，曾不惨然！……岂天地之大，于兆人万姓之中，独私其一人一姓乎？"① 黄宗羲从"天下为主，君为客"思想出发，提出了"天下之治国，不在一姓之兴亡，而在万民之忧乐"②，统治者要顺从民意，关心民众的疾苦。

正是站在民本主义立场上，黄宗羲在《明夷待访录》中猛烈抨击封建君主"荼毒天下之肝脑，离散天下之子女，以博我一人之产业"，"然则为天下之大害者，君而已矣！"③ 他还批评君主专制制度下的臣僚所以"不得不讲治之牧之之术"，只是因为"四方之劳扰，民生之憔悴，足以危吾君也"。他明确地指出"君为天下之大害"，皇帝以天下为自己家产，把自己"大私"说成天下的"大公"，把天下的好处尽归于自己，把天下不好的事都归于民众，因此民众必然把皇帝视为"独夫"，同时也把他们作为敌人看待。因

---

① 《明夷待访录·原君》。
② 《明夷待访录·原臣》。
③ 《明夷待访录·原君》。

此，黄宗羲公开反对君主独裁，强烈呼吁"天下为主、君为客"。黄宗羲对君主专制制度的批判，已经触及了传统民本思想的要害，透露了近代民主启蒙的气息。

王夫之总结历史经验教训，认识到民众在治国中的重要地位，提出了"以民为基"思想。他认为，天下之所以有君主，乃是为了民；君主之下有各级官吏，也是为了民："君以民为基……无民而君不立。"① 故国家建立的根本是民众的需求，君主应当把民作为根基。民心的向背决定着君主统治是否稳固，故王夫之提出君主应当推行仁义之君道："尽君道以为民父母，是切身第一当修之天职。"为此，君主要体察民情、关心民众："严以治吏，宽以养民"，"夫功于天下，利于民物，亦仁者之所有事"等。他认为，"民心之大同者，理在是，天即在是"。② 遂将人心与天理融合为一。而人心即是民心。君王要想取悦天心，必先取悦民心。在天下为公的前提下，王夫之论证了民有自主之权。而君主的主要职责是尊重和实现民的自主之权。而民有自主之权，意味着民有废掉不合格的君主的权利："人无易天地、易父母，而有可易之君。"③ 人是天地之间的产物，又是父母所生，这一事实无法改变，但可以改换的是君主。王夫之虽然认为君主是选出来为民众服务的，但选君主的权力却不为民众所拥有，而是"天"所拥有："天佑下民，作之君，作之师，伪者愈于无，况崛起于厌乱之余，以义安四海者哉！"④ 既然君王是天为民众所选定的，那么民众的不满，就是天的不满，只有天可以废掉君主，因此，就像父子关系是天生的一样，君臣关系也是天生的，"原于天之仁，则不可无父子；原于天之义，则不可无君

---

① 《周易外传》卷三，《王船山先生全集》，同治四年（1865年）刊印本。
② 《张子正蒙注》卷二，《王船山先生全集》。
③ 《尚书引义》卷四，《王船山先生全集》。
④ 《读通鉴论》卷一九，《王船山先生全集》。

臣"。① 这种思想对君主专制制度产生了巨大冲击,将古代民本思想提升到了近代的高度。

顾炎武的民本思想,主要表现在两个方面:一是强调"立君为民",君民平等,两者没有高低贵贱之分,只是分工不同而已。他指出:"为民而立之君,故班爵之意,天子与公、侯、伯、子、男一也,而非绝世之贵;代耕而赋之禄,姑班禄之意,君、卿、大夫、士与庶人在官一也;而非无事之事。是故知天子一位之义,则不敢肆于民上以自尊;知禄以代耕之义,则不敢厚取于民以自奉。"② 二是主张实行"分权众治",限制君主的权力。他指出:"是以言莅事,而事权不在郡县,言兴利而利权不在郡县,言治兵而兵权不在郡县,尚何以复论其富国欲民之道也哉!""保天下者,匹夫之贱,与有责焉耳矣。"③ 天下兴亡,匹夫有责。只有调动民众的积极性共同来治理国家,才能保持国家的长治久安。

唐甄具有强烈的反专制倾向,提出"自秦以来,凡为帝王者皆贼也"的大胆论断,认为历代帝王对社会动乱有不可推卸的责任,帝王是一切祸乱的根源。这是对传统民本思想的重大突破。他重视民众在国家中的重要地位,提出"众为邦本"思想:"众为邦本,土为邦基,财用为生民之命。"他在《潜书·明鉴》中指出:"封疆,民固之;府库,民充之;朝廷,民尊之;官职,民养之。"④ 民众是社会财富的创造者,是边疆安全的保卫者,是朝廷的支持者,是官吏的供养者,是国家的根本,如果治理国家只知道忙于军队、理财、立法、赏罚,而不知道爱民,国家就会日益衰亡,国家的政事如果离开民众也无从谈起。由此,他强调为政之本在于养民,提倡富民思想。他指出,"天下之官皆养民之官,天下之事皆养民之

---

① 《读通鉴论》卷一一,《王船山先生全集》。
② 顾炎武:《日知录》卷七。
③ 顾炎武:《日知录》卷一三。
④ 《潜书·明鉴》。

事",强调"立国之道无他,惟在于富"。① 提出了一系列"养民""富民"政策,批判了统治者残害民众的行为,反复说明只有安众养民,培根固本,才能治国宁邦,长治久安。

明清之际黄宗羲、王夫之和顾炎武等人对君主专制主义的批判,是对中国传统民本思想的理性超越,即由在批判和否定专制制度的过程中展开民本思想,代替了在专制制度的框架内谈论民本思想。他们认识到民本思想与君主制度的内在矛盾,主张只有从根本上改造专制制度,才能使"天下为公"的民本理想真正实现。虽然这些启蒙思想家还不可能直接得出革命的结论,但他们却提出了发展的历史观,提出"天下为主,君为客"、君臣是"师友"关系、君民贵贱平等、"分权众治"、"工商皆本"、理欲统一等进步的观念,这是对传统民本思想局限性的突破,将古代民本思想发挥到了极致。他们对儒家意识形态的大胆怀疑、对人性以及平等自由的强烈呼唤及提出改造社会的种种主张,已经具有民主思想的某些因素,为中国社会变革起了先导作用,对后世影响很大。以至近代的梁启超、孙中山都在某种层面上将其思想与欧洲启蒙运动思想家卢梭相提并论。梁启超回忆说:"后此梁启超、谭嗣同辈倡民权共和之说,则将其书节钞印数万本,秘密散布,于晚清思想之骤变,极有力焉。"梁启超以其亲身经历道出了明末清初思想家的影响:"最近三十年思想界之变迁,虽波澜一日比一日壮阔,内容一日比一日复杂,而最初的原动力,我敢用一句话来包举他,是残明遗献思想之复活。"② 萧公权评价说:"黄、顾深惩宋明专制之弊,故欲以封建分权之遗意矫正集权。船山立论则不针对一时一代之得失而着眼于政治进化之客观事实。前者乃改造家之主张,后者则近乎科学家或历史家之案语。吾国往昔不乏改造之思想家而绝少纯粹之学者。

---

① 《潜书·存言》。
② 梁启超:《清代学术概论》,上海古籍出版社1998年版,第18页。

准此而论，船山学术，似犹在黄、顾之上。"①

总之，中国民本思想是历代政治家总结王朝兴亡变动得出的认识；又是在历史总结的具体认识基础上的理性思考。随着时代的发展，民本思想不断发展，在不同历史阶段呈现出不同的特点，体现出民本思想的时代性。从《尚书》的"人无于水监，当于民监"，到唐太宗提出"国以人为本""国以民为本"，再到黄宗羲提出天下之治乱，"不在一姓之兴亡，而在万民之忧乐"。因此，民本思想随着社会历史的发展而发展，并且在不同的历史时期通过各种方式展示自身的价值和意义。传统民本思想是中国政治文化的精髓，它作为统治阶级治国平天下的执政理念和执政方式，已经深入中国政治的深层结构，内化为人们的政治心理，发挥着不可忽视的作用。

第二节　重农政策与抑制土地兼并

中国历代统治者从历史教训中认识到民众的重要性，看到了民生问题与国家兴亡的密切关联，积极在政治、经济、道德教化等领域实践民本思想，将民本思想贯彻到政治实践中去，重视民生问题。"民生"一词最早见于《左传·宣公十二年》："民生在勤，勤则不匮。"② 此处所谓"民生"，指民众的生存和生计，指物质财富的生产。程颢云："为政之道以顺民心为本，以厚民生为本，以安而不扰为本。"③ 此处所谓"民生"与"养民""富民"等词相似，表达了关注民众生计、体恤百姓的内涵。民本思想实际上是民生思想，包含着一系列"厚民生为本"的富民之策，要求统治者采取富

---

① 萧公权：《中国政治思想史》，辽宁教育出版社1998年版，第580页。
② 《左传·宣公十二年》。
③ 《代吕公著应诏上神宗皇帝书》，《二程集》。

民、养民的经济政策，关心民众生计，使民众生活富足而安乐。大体说来，历代统治者推行的民本政治实践。主要体现在六个方面：重农抑商、务本兴农；轻徭薄赋、体恤民力；减省刑罚、体恤民情；不违农时、使民以时；体恤百姓、救济贫民；约束官吏，勿使扰民。古代中国的明君贤臣、清官良吏宽政惠民、厚生利民、除暴安民、济世为民的施政行为，尽管有其历史与阶级的局限，但其悲悯、体恤、爱护天下苍生，体谅民众疾苦，关心百姓生活，反映了民众的某些利益和愿望，有利于民众的生存与发展，其历史进步作用是应该肯定的。

一 重农抑商是历代统治者的基本治国之策

秦汉以后历代统治者推行的富民措施中最突出的举措，是重农抑商、务本兴农。中国自古以农立国，是以农业为主的国度，农耕文明格外发达。历代王朝统治的经济基础是男耕女织、自给自足的小农经济。社会的稳定与农业兴衰、农村人口增减、农民生活水平有着直接关系。农民稳则社会稳，农业稳则国家盛。历代王朝发展生产、稳定社会的措施均是围绕稳定农业、稳定农民问题展开的。这个问题解决好了，社会就能安定，统治就能巩固，否则社会矛盾就要激化。历代统治者认识到农业生产直接关系到民众生计和国家兴衰，为维系政权稳定，注重发展农业经济，把农业经济视为国民经济的核心，将发展粮食生产、保证民众基本需求作为实现长治久安的基础，把发展农业视为安天下、稳民心的治国要务。历代统治者在励精图治之时，均重视农业发展，劝农务本、不夺农时，保障农民生产积极性。小农经济占据主导地位的基本国情，决定了民本论者多为重农主义者。他们虽然关心社会生产，但主要关心的是如何维护这种男耕女织的小农经济，使其有相对稳定的再生产，甚至某种程度的扩大再生产。

农民问题根本上是土地问题，土地制度是赋役制度的基础。土地制度、赋役制度关乎农民生计和王朝兴衰，不仅与农民有着生死相依、贫富攸关的关系，而且与天下安危和朝代兴衰等有着密切联系，故土地制度及土地兼并问题成为历代统治者关注并加以解决的重大问题。土地是农民安身立命的根本，也是农民进行农业生产的首要条件，社会农业问题的重点在于如何抑制地主土地兼并，使农民保有小块土地。历代统治者采取了很多措施，如通过减免农业税来实行轻徭薄赋、减轻农民的徭役负担；如劝农归田、组织屯田、鼓励垦荒、推广农业技术、兴修水利等，都把农业的发展作为中心。同时，历代统治者重视发展农业生产，而对于不从事直接生产而通过工商业以及其他技巧获得巨大财富的商人的行为表示极大的不满。因此，与重农主义相辅相成的便是抑商政策。在贾谊为代表的儒家民本思想家看来，商贾之人自己不事生产，盘剥百姓，巧取豪夺，坐享农人之利，囤积居奇，是可恶的游食者。正是由于商贾的存在，使社会上出现消费者多、生产者少的现象。如果对商人行为不加限制，那么就会影响社会的正常发展和民众的生存。故贾谊对农民的困苦深表同情，而对不事生产的技巧之人获得巨富极为不满，主张"驱民而归之农，皆著于本，末技游食之民转而缘南亩"。他说："夫百人作之不能衣一人，欲天下亡寒，胡可得也？一人耕之，十人聚而食之，欲天下亡饥，不可得也。饥寒切于民之肌肤，欲其亡为奸邪，不可得也。"[①] 这样，秦汉以后历代统治者大多持重农抑商政策。唐太宗说："禁绝浮华，劝课耕织，使民还其本，俗反其真，则竟怀仁义之心，永绝贪残之路，此务农之本也。"[②] 因此，重农抑商政策，即所谓的农业为本、商业为末，成为历代王朝维护国计民生的基本国策。重农抑商政策抑制了商品经济的发展，

---

① 《新书·治安策》。
② 《贞观政要·务农》。

但确实一定程度上解决了广大民众的生计问题，也在某种程度上促进了农业的生产发展，奠定了王朝兴盛的物质基础。

自商鞅变法以来，重农抑商政策成为中国历代统治者惯行的治国之策。重农抑商指重视农业生产而抑制商业经营活动，以此保障农业发展。农业经济状况直接关系王朝的经济状况、财政状况和王朝盛衰存亡，故统治者采取了鼓励农业生产和抑制民间私营工商业的政策，将尽可能多的农民固定在土地上，最大限度地实现劳动力与土地的直接结合，来稳固和推动农业生产，并从根本上维护王朝统治。农民负担的赋税是历代王朝的基本税收，农业如果遭受工商业侵蚀而导致农民减少，农业经济出现萎缩萧条，势必造成国家税收的减少。保障农业的稳定，就是保障国家税收的稳定；促进农业的发展，就是增加国家的税收。因此，实行重农抑商政策可以保障王朝的财政收入。重农抑商政策能够最大限度地把农民固定在土地之上和村落之中，使农民安土重迁，使农村局势稳定。农村稳定就是社会基层稳定，社会基层稳定就是王朝统治基础稳定。采取重农抑商政策，保障农业生产的主导性地位，抓住了社会经济的核心，也就抓住了治国安邦的关键。

抑商与重农是一个问题的两个方面，要重农就必须抑商。农业生产周期长而成本高，但效益低而利润增长缓慢；工商业运营灵活，能够短期见效而效益高，利润积累迅速。因此，在以个体农业和手工业为基础的传统生产方式中，私营工商业对小农经济起着削弱和腐蚀作用。工商资本活跃之时，往往是土地兼并盛行之时，更是农民破产流亡和社会动荡不安之时。正因这种情况直接威胁到政权稳定，故历代统治者在强调重农的同时主张抑商。抑商政策不是灭商政策，而是主张私营工商业发展不能危及农业在社会经济中的主导地位，不能击垮农民而危及国家赋役来源。私营工商业发展不能损害农业根本和国家统治稳定，必须将私营工商业的发展水平限制在一定范围内。

私营工商业的发展虽有利于经济繁荣，但富商大贾的存在破坏了社会稳定和动摇了君王的统治基础。因此，抑制富商大贾，将私营工商业与农业的发展比例限制在合理范围之内，就成为历代统治者的政策选择。农业是经济基础，商业是社会繁荣的补充，这样便可达到国富民安的目的。故古代"抑商"主要是抑制私营工商业，同时发展官营工商业。其具体做法，往往是官府垄断重要资源、获得商业利润以稳定市场，并解放大量的商业劳力，使其重返田畴从事农业生产。历代推行的禁榷政策，如汉武帝的盐铁官营政策、唐代刘晏的榷盐法及宋元以后的盐茶专卖法等，都是重农抑商政策的具体体现。

西汉建立之初，经济萧条，只有提高粮食产量，民众才能得以生存，统治者不得不将发展农业作为重振经济的重要举措。汉文帝、汉景帝多次颁布劝农诏书，鼓励民众进行农业生产。汉文帝诏曰："农，天下之本也，民所恃以生也。而民或不务本而事末，故生不遂。朕忧其然，故今兹亲率群臣农以劝之。其赐天下民今年田租之半。"[1] 景帝诏云："农，天下之本也。黄金珠玉，饥不可食，寒不可衣，以为币用，不识其终始。间岁或不登，意为末者众，农民寡也。"[2] 汉代重农政策的具体举措主要有：一是轻徭薄赋。刘邦废除了秦始皇时的"泰半之赋"，将田租减为十五税一，鼓励士兵复员回乡从事农业生产并给予免除徭役的优待。汉文帝下诏"赐天下田租之半"，将田租由之前的十五税一降低至三十税一。汉景帝即位后，将正式土地税确定为三十税一。二是为贫民提供田地和生产资料。官府将控制的众多无主荒地、山林川泽等国有土地，以出租的方式交由贫民使用。三是要求地方官吏重视农业生产。为使重

---

[1] 《汉书》卷四《文帝纪》。
[2] 《汉书》卷五《景帝纪》。

农政策得到有效的贯彻落实，朝廷多次下诏督促地方主管官员，要求"有司其勉顺时气，劝督农桑，去其螟蜮，以及蟊贼，诫详刑谨罚"，告诫各级官吏顺应农业生产的时节，谨慎使用刑罚，以免对农事造成不利影响。朝廷时常遣使到地方巡查，并对地方官员落实重农政策的情况进行考课，将农业生产是否得到发展作为考核官吏政绩的重要标准。朝廷对那些使管辖地区的耕地面积扩大、水利工程得到兴修、户口有所增加的官吏给予表彰。汉代实行重农政策，推动了农业生产的发展，使民众的生活得到改善，促进社会稳定，为文景之治、昭宣中兴、明章之治等治世局面的出现奠定基础。

秦汉以后的历代王朝沿袭了重农抑商政策，强调农业为本，采取"与民休息""抚民以静""劝课农桑""不夺农时"等各种措施稳定农业生产，将农民直接固定在土地之上，限制商业性的经济行为。重农抑商政策的实施，在一定程度上抑制了商业资本在农业领域的渗透，保护了小农经济的稳定，促进农业的发展。历代统治者采取行政干预手段抑制商业发展，在稳定农业发展的同时减少了社会矛盾，稳定了社会秩序。可见，重农抑商政策不仅是一种经济政策，也是统治者维护社会稳定的重要手段，对于维护王朝的正常运转起了积极作用。

二 抑商政策与官府专卖制度

重农抑商政策，就是重视和鼓励农业生产，抑制和阻滞工商业扩张。它将重农政策与抑商政策结合起来，主张要实现重农就必须抑商，必须实施抑商才能实现重农，抑商服务于重农。重农抑商政策不是要从根本上消灭工商业，也不是一味地要抑制工商业发展，而是适当控制从事工商业的人数和比例，将工商业的发展控制在不危害农业生产的范围内。历代统治者实施抑商政策的重点，在于抑制商人的政治地位和社会地位，加重商人的赋役负担，甚至建立和强化禁榷政策，以此来解决社会上"背本趋末"问题。

秦始皇统一六国后，在全国范围内推行"勤劳本事，上农除末"政策，将商人与罪犯一同对待，多次遣发商人到边境戍守，抑制商人的社会地位。西汉初期，为了恢复农业生产，刘邦采取重农抑商政策，规定商人在日常生活中不准穿丝绸衣服，不准乘车骑马，不准佩带兵器，商人及其后代子孙不准为官。隋唐时期，统治者重提汉初贱商之令，禁止工商业者入仕为官。唐太宗初定官品时说："设此官员，以待贤士。工商杂色之流，假令术逾侪类，正为厚给财物，必不可超授官秩，与朝贤君子，比肩而立，同坐而食。"[①] 高宗时仿刘邦之法，对工商业者的车骑、服饰等作了规定，"禁工商不得乘马"，只准穿白衣而不准着黄等。

为了贯彻重农抑商政策，官府对民间工商业实行了严格管制政策，在经济上除了对商人征收高额租税之外，最严厉的政策就是实行禁榷制度。禁乃禁止之意，榷为独木桥。禁榷制度就是官营专卖制度，是由官府凭借政权的力量对某些重要商品，如盐、酒、铁、茶等进行垄断性经营，达到增加国家财政收入的目的。禁榷制度首创于商鞅变法时期，以后历代王朝在大部分时间均实行该项政策，甚至有些王朝还辅以均输、平准之法，构成一套较为完整的抑制私营工商业政策。

西汉中期，社会经济得到了发展，统治者为维护自身统治地位，扩充国库，便取缔过去的"商贾之律"，实行工商业垄断制度。汉武帝之前，商人经营范围广泛，冶铁、煮盐等重要民生行业均由商人垄断。桑弘羊针对诸侯王据盐铁之利危害朝廷的局面，提出"塞天财，禁关市"主张，严厉打击盐铁商人。汉武帝采取桑弘羊

---

① 《旧唐书》卷一七七《曹确传》。

等人建议，开始实行货币官铸、盐铁酒专卖、官营贩运、物价管理等政策，收回盐铁等经营权，并向工商业者征收重税。同时，在全国冶铁、煮盐之处设置官员，专门管理煮盐、制造铁器和买卖盐铁等事务。盐铁由国家垄断经营后严禁私人铸铁、煮盐。

汉武帝推行盐铁专卖政策，旨在"排富商大贾"，即与商人争利，将由商人经营的盐铁业收归国家控制，将富商大贾从盐铁业的经营中排挤出去，并通过盐铁官营增加官府的财政收入。盐铁专卖制度的实施，使官府垄断了关系国计民生产品的生产和流通，获取了大量经济利润，稳定了财政基础。

禁榷制度的实质是发展官营商业，是官府凭借政治权力，对若干关系国民生计的重要商品实行垄断经营。其专卖商品主要有盐、铁、酒、茶及其他重要自然资源等。在桑弘羊的主持下，汉武帝还实行了均输、平准两项官商垄断政策。均输法本意为"齐劳逸而便贡输"，指在全国各地设置均输官，统一收集、管理和转卖从郡国得来的赋税财务，以解决运输不便问题。均输制度的实质是国家通过税收、征购、调集粮食、布帛等基本生活资料，根据市场需求变化组织商品流通的体制，是国家对地方贡赋输送方式的调整。平准法指国家在都城设平准官，统一管理都城的工商业，与全国各地的"均输"形成合作关系，"尽笼天下货物，贵则卖之，贱则买之"，[1]以此来调剂物价，防止富商大贾投机囤积、哄抬物价引起社会经济混乱，维护经济的正常秩序。汉武帝不仅推行专卖政策，从而收到抑制豪强、打击不法商人、充实财政收入的显著效果，而且发起揭发检举隐瞒财产偷漏税的"告缗"运动，没收了中等以上不法商人数以亿计的财产和数以千万计的奴婢以及大量的土地。

汉武帝实行的盐铁专卖、算缗告缗、均输平准等抑制私营工商

---

[1] 《汉书》卷二四下《食货志下》。

业的措施，既起了抑商作用，又确保了朝廷的收入。官府直接参与、操纵、控制经济的重农抑商措施，给后世王朝解决财政困难树立了样板，故同类制度和措施不仅被历代王朝沿用，而且不断扩大禁榷商品的范围。

自汉实行盐铁官营起，对众多商品的生产和经营进行垄断，成为各朝奉行不移的政策。除盐铁外，另有茶、酒、明矾等先后列入禁榷之列。唐玄宗开元以后，盐、茶、酒实行专卖制度。唐肃宗时，官府创行盐法，民制盐，"官置吏出粜"，每斗盐原价十文，官加榷税一百钱，计售价一百一十钱，官府获利税十倍。后来改为刘晏盐法，官府把盐卖给盐商，由盐商分销并纳榷税。唐德宗时实行"初税茶"，按十分之一的税率征税，穆宗时增为百分之三十五。唐代中后期，刘晏着手整顿盐政，采用了民制、官收、商运、商销的专卖制度。为便于官府控制商品流通，朝廷在偏远少盐之地设常平盐，以稳定价格调剂余缺，在交通要冲设四大盐场储盐，防止盐商损民牟利。这样，刘晏成功地运用商业经营原则改造和完善专卖制度，做到"官获其利而民不乏盐"。

宋代禁榷范围扩大，除传统盐、酒、茶之外，矾、铁、煤、香料、宝货等均被列为禁榷物种，以至专卖所得成为财政收入重要来源。禁榷物种中以盐法、茶法、酒法最为完备。中央有盐铁使，地方有各产盐地和商埠所设场务专理盐的专卖。宋酒专卖为"榷酤"，酿酒和酒曲由官府垄断，禁止民间私造，违犯者重至处死。元代沿用两宋旧制，对盐、茶、酒、金、铜、铁等实行官营禁榷制度，以保证国家财政收入。因此，通过国家禁榷方式，对关系国计民生的某些商品的生产、运销实施垄断经营，达到既利税双收又抑制商人的目的，成为历代实施重农抑商政策的重要体现。

三　土地私有与秦汉时期的限田措施

"国以民为根，民以谷为命。"土地内含社会保障的功能，具有生存屏障的属性，也具有不可替代的资产价值，进而成为财富的最大载体。土地属于民人的基本生存载体和共同财富，地权分配政策的首要原则无疑是维护公平和保障民生。由于土地私有制度的长期存在，土地兼并就成为古代中国不可避免的顽疾，历经千年依然困扰着中国古代各个王朝。土地私有的意思，是土地拥有者对土地拥有占有和支配权。土地的自由转让和买卖，是土地兼并产生的根本原因。土地兼并的条件是土地私有制的存在，土地私有制为地主官僚兼并土地创造了良好条件。小农经济自身的脆弱性是导致土地兼并的重要原因。小农经济以家庭为单位进行农业生产，一旦遭遇战乱或严重的自然灾害，农民在原有土地上无法维持生计，便会抛弃土地前往其他地区谋求生存。农民的原有土地遂落入当权者手中，大量农民的土地被兼并，以致出现"富者田连阡陌，贫者无立锥之地"现象。

土地兼并的直接后果是引发阶级矛盾激化，导致社会动荡：一方面是兼并者与被兼并者，即地主与农民之间的矛盾，另一方面是中央与地方大地主之间的矛盾。农民失去土地后多成为依附于地主的佃农，因缺乏生产积极性而不利于农业生产，而且土地集中在地主手中，农产品生产掌握在地主手中，使农民生存艰难，农民与地主之间矛盾不断激化，最终导致农民起义和政权崩溃。土地集中导致的农民破产，不仅使国家丧失税源，而且失去土地的农民会铤而走险，威胁到社会稳定。所以，土地兼并历来被视为国之大害，历代统治者对土地兼并问题特别重视，实行各种抑制土地兼并政策。

土地私有制确立之初，可供开发的荒地较多，故人地矛盾并不尖锐，土地兼并现象较少。汉代承认土地私有的合法性，允许土地继承和土地买卖，但土地私有制的发展必然造成贫富分化，带来严重的土地兼并。土地私有为土地兼并大开方便之门，导致兼并土地现象不断蔓延。西汉时期兼并土地主要有三种情况：一是君主利用其政治权力,将土地赏赐给功臣贵族和皇室;二是贵族功臣强买土地;三是商人用金钱购买土地。大土地私有者是两汉土地兼并的主体,豪家和权家是大土地私有制的体现者。所谓豪家又叫豪强,指经营工商业的富有财力者,他们霸悍于乡曲;权家是指王侯、公主、佞倖、外戚、宦官、官僚等,他们依附于皇帝的势力和政治特权,取得大量的土地和钱财。豪家、权家依靠手中的财富和政治特权,肆意兼并农民土地。小土地的私有者主要是小农或小自耕农,他们与部曲、佃客、依附农相比更自由,这种自由包括人身的自由以及处置自己土地的自由。农民势单力薄,经不起天灾人祸的袭击,更经不起官府横征暴敛的摧残。由于频繁的天灾、繁重的赋税与徭役及富豪权贵的恶意侵凌,到汉武帝时出现了"富者田连阡陌,贫者无立锥之地"局面。

  土地是最重要的生产资料,农民是国家财政税收的主要承担者,故国家对土地占有状况的干预就显得特别强烈。正因土地买卖是土地兼并的重要因素,故两汉时期特别关注限制土地的自由买卖。自汉文帝时起,土地兼并呈加速势头向前推进。统治者意识到问题的严重性,不断地有人提出解决土地兼并问题的各种方案,如限制世家大族的占田数量,用行政手段打击工商业主的势力,甚至直接剥夺工商业主的财产等。为了抑制土地兼并,限制豪强占田,汉武帝采取了多项抑制兼并的措施:一是大规模迁徙地方豪强。"徙强宗大姓不得族居",严厉镇压那些"田宅逾制,以强凌弱,以众暴寡"的地方豪强,将地方豪强迁徙到他处,使其远离世代居住的地方,失去了原有的社会地位,并将其置于中央监视之下。这就缓解了他们对土地的兼并和对国家的侵害。二是限制商贾名田。限田最早由董仲舒提出,他认为商鞅变法后出现土地私有和自由买卖，造成土地兼并严重，截断了人民谋生之路，故主张"限民名田"。① 汉武帝根据董仲舒的建议采取限田措施。在限民名田的法令中规定：自公卿以下，吏民的名田都为平均田，每人所占有的田亩都有规定，在法令以后都得平均占有。限田措施的实施，表明官府力图从根本上解决土地兼并问题，切实保证对土地的有效管理。三是算缗告缗，即对发现隐瞒财产偷漏税者，罚戍边一年，没收其财产，以所得财产的一半奖励举报者。告缗令没收了商人地主的大片土地，致使"商贾中家以上大抵破产"。

西汉后期，许多豪族地主公开拥有武装，以迁徙豪强等暴力手段抑制土地兼并的措施无法推行。此后，徙民之举尽管历代时有，但内容已发生变化，迁徙对象主要是普通民众，其目的不再是摧抑兼并，而是"实边"或"充京师"。西汉成丹"限田之议"未能实行，王莽"王田"制辄行则止，东汉刘秀"度田"以妥协告终，均说明以豪族地主为主体的私家地主已有力量同朝廷抗衡，朝廷对土地兼并的暴力干预显得软弱无力。东汉豪强地主占有大量土地，并招抚大量依附农民为其耕种，逐渐形成庄园经济。庄园经济尽管某种程度减少了土地兼并的危害，使失去土地的农民可以依附地主而得到生存空间，但造成了严重的地方割据现象。可见，秦汉时期，官府为了解决土地兼并难题而采取了招抚流亡、贷种实、抑兼并等许多重农措施，实现限田、度田政策，并在限田政策无效情况下推行移民屯垦、假民公田或赋民公田政策。这些做法延缓了土地兼并的进程，却无法根本遏制土地兼并的蔓延。当农民失去土地而破产的情况普遍出现后，汉王朝就面临着严重的社会危机。

汉魏之际，社会动乱，大批破产小农转入私家门下，中央皇权的统治削弱。曹魏实行屯田制，国家充当地主直接收取地租，增加

---

① 《汉书》卷二四上《食货志上》。

国家税收及加强国家权力，满足了当时军事上的各项开支和需要。但屯田租税太重导致了佃兵佃客的怠工和逃亡，并为豪强地主隐占人口提供了契机。故屯田制并不是抑制土地兼并的有效办法。为此，曹魏后期实行扶植世家大族的给客制度，将官田、客户耕牛分给公卿大臣。世家大族享有免交赋税的特权，而依附到世家大族门下的农民仅承担对世族地主的租役，对国家皆无课役，遂使土地加速向世家大族集中。

为了限制世家大族过度占田，西晋武帝颁布占田法令，以图在保护世族地主利益前提下发展小农经济，平衡国家与地主争夺土地人口的矛盾。占田课田制分为两部分：一是针对一般州郡编户农民的，对一般编户的占田令，是承认现存占田状况的合法性，并没有实际的增减措施，实际上把农民占耕的屯田私有化，并按丁之多寡而不是按田之数量课税，以强化对自耕农的人身控制。二是针对贵族和官员的，规定官僚、贵族及其子孙按品位高低贵贱占田，允其"各以其品位之高卑荫其亲属，多者及九族，少者三世"。① 占田法令是国家限制豪强贵族土地兼并的重要手段，但结果导致官府税赋主要由自耕农承担。为了躲避沉重的赋税，自耕农"携田带产"投靠权贵以求"庇佑"，反而加剧了豪强贵族对土地的占有，无形中促进了土地集中，使官府财政收入面临较大亏空。为应对土地过度集中造成的问题，晋成帝采取"度田"政策，"取十分之一，率亩税米三升"，② 但成效并不明显。

西晋到隋唐时期，国家与私家地主在土地产权上的冲突，以非暴力的扩张与和平的限制为主，其焦点是争编户，追隐民。两晋南朝的荫客占客制，北朝的宗主督护制，均为保证地主土地占有和人口占有相结合的制度，体现了国家对私家地主的妥协。因此，该时

---

① 《晋书》卷二六《食货志》。
② 《晋书》卷二六《食货志》。

期土地制度一方面通过保护小农的土地所有权的办法，限制土地兼并的过度膨胀，另一方面增强地主阶级的政治名分与土地占有相结合的凝聚力，保持地主大土地占有的相对稳定，从而把自耕农小土地所有制和地主大土地所有制都纳入国家田制的框架，保持社会经济秩序的稳定。

四　土地国有与隋唐均田制度

古代中国土地制度有三种基本形式：国家土地所有制、地主土地所有制和自耕农土地所有制。国家土地所有制指直接由国家政权掌握土地，所有权归国家。自秦汉以来，国家土地所有制以王田制、屯田制、均田制等形式出现。国家拥有对土地的再分配权力，以均田制的方式实行土地的再分配。

从汉武帝起，如何使流民与土地重新结合，始终是难以解决的问题。汉代的"假民公田"，曹魏的"募兵屯田"，西晋的占田课田，都是促使农民与土地重新结合的政策，但这些并未形成往复性的和周密性的余地制度。而均田制却做到了土地有授有还、还田之后再授。国家授予农民的土地明确分成两部分：一部分是可以传给后世，应视为私田；一部分死后交公，应视为公田。相应的赋税制度被称为"租庸调"制，该赋税制度以"人丁为本"，课税对象一是田，二是户，三是丁身，基础是丁。这是征取地租和徭役混为一体的制度。

从北魏到隋唐时期，国有土地的经营方式为均田制。均田制是国家把掌握的土地分配给无地农民，由受田农民向官府纳租调、服徭役。均田制的推行使无地或少地农民获得了耕地份额，顺应了耕者有其田的社会期盼，在某种程度上限制了地主土地所有制的扩张，延缓了土地兼并进程，有利于缓解社会矛盾。均田制属于国家土地所有制，其基本特征是国家"授田"于民。其实施的前提条件是有完善的户籍，因为它是按人计征；人口要有增无减，国家掌握足够的可开垦的土地面积。均田制要得到彻底实施，国家必须掌握足够的土地可供分配。如果土地数量不足，就无法按照标准进行分配，破坏了"均田"的原则。国家必须建立完善的户籍登记和管理体系，相关统计数据必须真实可靠，保证把土地真正如数、如实地分配到农民手中。

均田制是在承认原有土地占有关系基础上，对国家控制的无主荒地进行大规模的资源调配。均田令下授受的土地是国有土地，包括露田、倍田、二十亩桑田、麻田、公田。民众在均田令前个人占有的土地，除了20亩被以桑田的名义纳入国家控制范围内，其余部分仍不改变原来的私有性质，故均田制实际上是土地国有制与土地私有制相结合的制度。

均田制是北朝到隋唐期间的经济制度。均田制产生的客观条件，是因北魏建国前的战乱纷争破坏了原本稳定的封建经济。大部分土地归皇帝、官府、大地主和大牧主所有，广大农民和牧民所占土地很少，却是赋税和劳役的主要承担者。鉴于长期战乱所带来的社会混乱及社会矛盾，北魏政权亟须缓和矛盾，发展农业生产，解决粮食和租调收入问题，故实行"均田制"。其主要内容为：将土地分为露田、麻田、桑田和宅田四种，其中露田、麻田所有权属于国家，不准买卖。桑田和宅田作为祖业可传给子孙，允许自由买卖。年满15岁的成丁男女各分配40亩或20亩露田；老幼病残无成丁者及年满11岁的未成年人或残疾者，按成丁人口的授田数额减半分配；奴婢按人数同样分配给露田，耕牛每头分配30亩露田，每户最多限4头；露田不许买卖；授田者死亡或年满70岁免除赋役义务；奴婢、耕牛数目减少时，须将露田交还给国家；成丁男子分配桑田20亩，可以作为私有土地传给子孙。

北魏实行的均田制，最大限度地实现了土地国有，对授田农民轻徭薄赋，能够吸引被地主隐占的人口，吸纳更多的农业劳动力，保证了税收，与地主达成了妥协（如永业田的规定，授田奴婢和牛的措施等），避免了豪强地主的反抗，减少了均田制实行的阻力。由于奴婢也能授田，地主就会主动申报隐占的人口，扩大了官府掌握的人口和税收范围。均田制在清查地主隐占人口、扩大税收方面是成功的，有效地与地方豪强地主分割了地租，故直到唐朝中期以前一直被采用，成为中国历史上持续时间最长、影响最为深远的土地制度。它一方面减轻了民众负担，刺激了农业的生产民众；另一方面，抑制了土地兼并，稳定了国家土地所有制。

隋朝沿袭了北魏实行的均田制，并稍有变化。土地有露田、麻田、桑田及宅地等类别之分。15岁以上的男子可以分到40亩露田，妇人则可分到20亩；男子成年之后则可授予20亩桑田。麻田和露田不得擅自买卖，必须在无生产能力之后归还给国家所有，桑田可以世袭。唐朝建立初期，国家掌握着大量土地资源，故均田制仍能顺利施行。战乱后大量土地荒芜，国家将这些土地收归国有，为按人口重新分配土地创造了前提。均田制规定露田为世业，不得买卖，无论豪强怎样对贫民进行欺压，这世业之田都是永远属于农民的生产资料，为限制土地兼并提供了法律依据。"诸永业田，皆传子孙"[①]，永业田（桑田）世代继替，承认了均田小农对永业田的土地所有权，有益于发挥个体小农和中小地主的生产积极性，对恢复农业生产有重要作用。均田制分给社会流民以土地，使之安稳，农业经济得以恢复和发展。均田制将农民固定在土地上，实行齐民编户，可以按土地人口来收税。民众分得了土地，按照土地的多少来纳税，使隐藏的人口和土地依法纳税，增加了官府财政收入。

均田制是唐朝为打击世家豪族势力，尤其是保护小农生产的惠

---

① 《通典》卷二《食货二》。

民措施，限制了地主阶级的占地特权。为禁借荒置牧、侵占公田、违法买卖、兼并私田等行为，唐律处罚严明。为抑制土地兼并，唐高宗下诏令"禁买卖世业、口分田""若有违犯，科违敕罪"，[①] 唐玄宗又限购土地、检田括户，以强硬的方式稳固小农从官府获得的土地。

土地是农业经济社会的物质根基，调整土地资源的分配制度对国家财富积累具有直接影响。均田制下农民分得相当数量的生产资料，在一定程度上改变了前朝不合理的土地占有状况，农民可以安心耕种自己的土地。与此同时，均田令鼓励垦荒，开发新田，在狭乡得不到土地或所得土地较少的民户，可迁往宽乡。若迁居较远，则得到免课役奖励。这些规定有利于农户家庭经济的恢复和发展。均田制是井田制之后土地国有化的回流，它在调节各阶层利益，保障小农土地稳定、抑制土地兼并、缩小贫富差距、缓和阶级矛盾等方面发挥了不可替代的积极作用。但历代王朝的政治运作必定严重依赖地主，因而对土地买卖的限制并不彻底。所以，唐朝地权转移频繁，即使限制土地买卖诏令一再颁发，仍未能遏止"富者田连阡陌"现象的出现。

五 土地兼并与唐宋以后限田政策

实行均田制，实际上是国家以重新分配土地的方式对土地兼并问题进行直接回应。但均田制并不能从根本上抑制土地兼并。均田令中授牛田、奴婢田的规定本就有利于豪强特权阶层变相占有更多土地，而能用来授田的土地数量有限，土地还授无法有效实施，豪强权贵依然能通过各种方式兼并土地。均田制实施的先决条件，是国家掌握大量国有土地，可以随时分配给无地农民。但随着人口增

---

① 《唐律疏议》卷一三《户婚》。

殖与官员激增，可耕荒地日渐枯竭，官方掌握的土地不能满足"授田于民"需要。唐朝中期以后，受田不足的现象普遍存在，加剧了人口兴盛与土地稀缺之间的矛盾，均田制遂难以为继。

在这种情况下，唐德宗采纳宰相杨炎建议颁行"两税法"，将原有的地税和户税统一在夏、秋两季征收，交税多少以土地数量和财产为依据。这种制度减少了国家对农民的人身控制，使他们可以比较自由地选择行业。由于两税法按照田产的多少征税，田多征税也多，国家不再过多地干涉土地买卖，遂使土地买卖合法化，土地兼并和土地集中盛行，均田制度逐渐废弃，国家实际执行的是"不抑兼并"政策。

均田制的废弃，既满足了地主扩地置产的贪欲，促使大土地所有制发展，又标志着小农土地所有制基本摆脱了对国家的依附地位，其独立性得到国家承认。两税法颁行后，官府成了监督土地买卖合法进行的公证机构，并出卖"契券"作为地权证明文书，用法律手段保护土地买卖的合法性。这样，土地买卖以公开的形式畅通无阻，"有钱则买，无钱则卖"成为地权转移的主要渠道。随着均田制的废弃和农业生产效率的提高，土地的大规模集中势不可当，大土地所有制逐渐占据支配地位。地主官僚与皇家贵戚本身占有大量土地，并倚仗权势大肆兼并土地，成为庄园地主。他们在享受避税特权的同时，将本应承担的赋税徭役通过各种途径转嫁给农民。而大部分农民往往不堪剥削，无奈将土地低价出卖，遂使贫富分化越发深重，阶级矛盾日益尖锐。

大致说来，安史之乱前数百年中，国家始终干预土地分配，并由此而形成了土地制度国有与私有并存的二元结构。两税法实施后，国家不再干预土地分配，承认土地私有，土地制度由公私并存的二元结构转变为土地私有的一元结构。自唐代中期以来，土地制度发生实质性变化，国家控制的土地很少，以至从五代时期改变经营方式，开始出售国有土地。北宋初期更是顺应形势而提出"田制不立""不抑兼并"政策。所谓"田制不立"，指国家没有建立完备的土地制度；所谓"不抑兼并"，指在承认土地私有制前提下对土地兼并不加干预。宋朝土地制度的突出特点是"不抑兼并"，既没有像隋唐对长期通过均田制对土地实施再分配，也没有对土地买卖给予限制，反而从立法角度对土地交易进行保护，对于历来敏感的土地兼并问题采取放任态度。

"不抑兼并"，意味着不管公田私地均可自由交易。宋太祖下诏，公开晓谕任民垦辟荒田："富室连我阡陌，为国守财尔！缓急盗贼窃发，边境扰动，兼并之财，乐于输纳，皆我之物。"① 在宋统治者看来，因在征税形式上采用了唐中期以来形成的"舍人税地"，故土地兼并不会导致官府财源危机和影响税收。这是宋朝"不抑兼并"政策的经济根源。

土地兼并是中国古代王朝更迭的重要内因，抑制土地兼并是历代统治者的通行做法，但宋朝一反常态，对土地问题采取"不抑兼并"政策。该政策对社会经济起了促进作用，主要体现在：

首先，土地产权制度的变革，直接推动了土地垦殖数量的增加和面积的扩大。宋朝承认土地私有权以及采取"不抑兼并"政策，允许农户将荒闲田土开垦为自己的恒业，并加以政策支持和鼓励，规定凡是新垦土地一律不征税，凡是垦荒成绩突出的州县给予奖励，而管辖区内田畴荒芜面积超过一定亩数的，则要给予处罚。故社会各阶级民众都加入到土地垦殖之中，纷纷向过去荒闲的水域、滩涂、沙地要土地，出现了圩田、沙田、架田、葑田等新的土地称谓，使宋初土地荒芜的情况变成"民众康乐，户口蕃庶，田野日辟"的景象。土地垦殖的兴盛，显然与统治者对土地私有权的承认

---

① 王明清：《挥麈录余话》卷一，《全宋笔记》第六编第二册，大象出版社2013年版，第24页。

有关。

其次,"不抑兼并"政策使人们更自由地对土地所有权进行买卖,导致了土地所有权的竞争,出现了"千年田换八百主""贫富无定势,田宅无定主,有钱则买,无钱则卖"的局面。由于竞争激烈,不善经营之家遭到淘汰,故不论是小农家庭还是地主阶层均竭力将自己拥有的土地效益最大化。对于小农家庭来说,主要是勤恳劳作、利用更为先进的耕作技术及工具。对于地主阶层来说,为了防止"三世而衰"的后果,不仅要在土地上获得最大收益,还倾力投资于族田以保持家族经济的延续。这就从客观上促进了土地利用效率的提高。土地流转使得土地向部分有投资能力者手中集中,起到了土地资源优化配置的作用,那些拥有大量土地并有能力者不仅可对土地进行投资,而且能够实行规模经营,有利于农业生产的发展。

最后,租佃制的发展对农业生产起了促进作用。在宋代自由放任的土地政策之下,地主阶层可以恣意兼并土地,导致土地的大量集中。地主阶层将较分散的土地租佃给无地农户耕种,依照契约对耕种的农户进行收益的分成,形成了乡村主户(有地者)与客户(无地者)的关系,租佃制度由此获得迅速发展。租佃制下的佃农可以最大限度地规避风险,并以最小成本获得生产资料,地主以更大份额获得土地收益,从而促进了农业发展。同时由于主户少、客户多,形成了竞争性租佃市场,使得佃农为了保证租佃权的稳定性,必须种好自己承佃的土地,这样就激发了小农的生产积极性。由于租佃制的盛行,使土地的占有权、使用权、收益权相分离并可以独立进行转移,遂出现二地主和佃富农。他们可以将自己租佃土地的所有权及租佃权进行再度转让,使其有机会通过积蓄财产购置土地而上升为主户,从而提高了佃农的生产积极性,促使农业生产的快速发展。

宋朝土地兼并是中国历代最严重的，也是最为公开的。土地是发家致富的最可靠、最基本的手段。宋统治者实行"不抑兼并"政策，为官僚豪绅、富商巨贾、大地主阶级打开兼并之门。土地兼并有两种形式："贵者有力可以占田"，是凭借政治地位对土地的巧取豪夺；"富者有资可以买田"，是通过买卖的形式达到兼并的目的。国家对土地买卖的干预逐渐减弱，土地所有权转移的"自由度"逐渐加大。从北宋到南宋，从官田到民田，土地交易频繁，遂使土地私有制占据绝对主导地位，而占有土地最多的就是地主阶层。

宋朝"不抑兼并"政策虽促进了经济发展，但土地极端集中导致贫富悬殊，促进了土地交易频繁，加剧了社会的贫富差距，造成了两极分化。土地越来越集中到少数人手中，使富者更富、贫者更贫，使社会矛盾激化。王小波、李顺宣称："吾疾贫富不均，吾为汝均之！"方腊提出了"平等"口号，钟相、杨幺提出："我行法，当等贵贱，均贫富。"[1] 为了缓和日益尖锐的社会矛盾，宋统治者不得不关注土地兼并及由此带来的贫富不均问题。

因土地兼并带来的贫富不均问题格外突出，故宋统治者关注的中心问题不是土地的归属问题，而是土地兼并后财富的"均贫富"问题。他们采取的各种措施，主要集中于防止兼并过度造成的"贫富不均"。宋代解决贫富不均问题的措施，除了限制官户占田之外，主要有：禁止地方官在所任州县拥有田产，禁止承买和租佃官田，禁止放债取息，禁止经营酒坊酒场、河渡、坑冶，禁止私办纺织业。但权贵不仅没有得到抑制，而且日益膨胀奢靡。从宋代历次"限田"和"括田"举措可以看出：官府一方面通过"不抑兼并"政策扶植了大批富人，并使其在社会上发挥积极作用；另一方面又对其适当限制，防止"贫富不均"引发社会动荡，力图建立"贫

---

[1] 徐梦莘：《三朝北盟会编》卷三七。

富相依"的社会。

宋统治者多次颁布限田令来治理贫富分化。如宋仁宗乾兴年间下令："公卿以下毋过三十顷，牙前将吏应复役者毋过十五顷，止一州之内，过是者论如违制律，以田赏告者。"宋徽宗政和年间，"品官限田，一品百顷，以差降杀，至九品为十顷。限外之数，并同编户差科"。宋高宗规定："若夫品官之田，则有限制，死亡，子孙减半。荫尽，差役同编户。一品五十顷，二品四十五顷，三品四十顷，四品三十五顷，五品三十顷，六品二十五顷，七品二十顷，八品十顷，九品五顷。封赠官子孙差役，亦同编户。"① 宋理宗景定四年下令："乞依祖宗限田议，自两浙、江东西官民户逾限之田，抽三分之一买充公田。"但官府发布的"限田"令，要旨不在限制官僚买卖土地，而在限制其免税土地量，如仁宗朝行限田令曰："命官、形势占田无限，皆得复役，衙前、将吏得免里正、户长；而应役之户，困于繁数，伪为券售田于形势之家，假佃户之名以避徭役。乾兴初，始立限田法。"②

由此可见，其"限田""括田"不在限制占田本身，而是以均平赋役为目的，着力解决赋税不均问题，故很难根本解决土地兼并及由此导致的贫富悬殊问题。宋太宗时开始关注赋税不均问题，其后为宋代君主所重视。仁宗景祐、庆历、皇祐、嘉祐年都实行过方田均税政策，但多限于土地收益且收效不大。因此，从削减贫富分化的两极对立而言，宋代限田政策收效甚微，社会依然是"夫天下之本者在民，民之豪者皆兼并，而贫者无置锥之业"。

土地私有制的存在，决定了土地兼并是古代中国社会不可避免的顽疾。宋以后土地私有制更加发展，土地兼并更加突出。明朝中期以后，地主的土地兼并达到空前严重的程度。皇室、贵族、大官

---

① 《宋史》卷一七八《食货志·役法下》。
② 《宋史》卷一七八《食货志·役法上》。

僚等疯狂掠夺土地，福王就藩河南庄田二万顷，潞王在湖广等地有庄田四万顷，天启时桂、惠瑞王及遂平、宁国公主等庄田均在万顷以上，宦官魏忠贤的庄田亦达万顷。官僚和豪强在地方利用特权，恣意兼并土地，河南地区的官绅争比财产高下，田之多者千余顷，江南地区绝大部分土地以贾卖、侵占等方式为各类地主所有，造成"富者愈富，贫者愈贫"，社会危机深重，农民起义爆发。

面对严重的土地兼并及由此导致的社会矛盾，明清官府对土地买卖虽有若干限制，但这些限制与前代阻碍地权流通的措施大相异趣。这些限制可分为两类：一是限制田亩种类的，如部分国家赐田、宗族墓地、沿边某些少数民族的土地，均不许进入流通领域。禁止个人买卖赐田，是为了保护国家的土地所有权；禁止汉人购买蕃田，是为了避免引起民族纠纷；禁市宗族墓地，是因为墓地具有宗族集体所有的性质。二是限制买卖人身份的，如现任官不许在任职州县典买田宅，或限制官吏公人购买某些官田等。这是为了防止官吏依仗权势贱市或豪夺官私田土，偷漏国家税赋。在土地所有权更加明确、地租与田税相互分离的情况下，官府与大地主争夺土地所有权和地租的斗争空前尖锐。一方面，私家地主大量包佃和隐占官田，偷漏和侵吞官田租课的情况时有发生；另一方面，国家有关官田的法规更加严密。

王朝政权要维持稳定，土地兼并就必须得到限制。历代统治者均将抑制土地兼并作为重要国策，虽然具体规定有所不同，但基本思路是从限制土地占有量入手，对土地资源实行再分配，对土地买卖进行干涉，从而稳定自耕农阶层，维护国家的统治根基。所以，各个朝代在建立之初会加大对土地兼并抑制的力度，每个朝代出台抑制土地兼并的政策数不胜数，但土地兼并问题始终无法得到根本解决，其根本原因在于土地私有制度的存在。土地私有制的确立，导致地主及官僚追逐土地欲望的增强，地主与官僚凭借政治权力进行土地兼并，并依靠政治权力维持土地私有，造成特权阶层土地私有制的事实。

总之，重农抑商、务本兴农是秦汉以后历代统治者推行的最突出的民生举措。土地是农民安身立命的根本，也是农民进行农业生产的首要条件，问题的重点在于如何抑制地主土地兼并，使农民保有小块土地。由于土地私有制的长期存在，土地兼并成为古代中国不可避免的顽疾，历代统治者对土地兼并问题特别重视，实行各种抑制土地兼并政策。每个王朝初期，统治者着力医治战争创伤，无论是庶民抑或是特权阶级均以恢复与发展生产为主，土地兼并现象并不盛行。经过一段时间的经济发展后，拥有雄厚资本与较为充足土地资源的少部分大官僚、大商人与大贵族在经济政治实力方面与广大自耕农不可同日而语，小农经济本身抗风险能力极差，若是遇到天灾或人祸，处于弱势地位的自耕农容易出现危机，而大地主则借助优势地位强取豪夺农民土地，土地兼并遂愈演愈烈，导致农民与地主矛盾激化。因此，历代王朝土地兼并问题发展的基本轨迹是：王朝初期限制兼并，随后逐渐放松兼并，进而导致兼并公开和大规模进行，土地兼并导致社会冲突和农民起义，社会冲突和农民起义导致王朝衰亡。新建立的王朝进行新一轮的循环周期：先限制兼并，后放松兼并，进而大规模兼并，最后导致农民起义。这样，便出现了中国历代王朝发展的循环逻辑：开国初期，帝王劝课农桑、发展经济、休养生息、轻徭薄税；王朝中期，盛世初显、国力雄厚、雄主开疆扩土，随后土地兼并日益严重、赋税徭役不断增多、流民现象日趋严重，王朝遂难以为继，农民起义掀起遍地狼烟，导致旧王朝倾覆而新王朝建立，新王朝开国帝王重行休养生息政策，开始新的周期轮回。

第三节 轻徭薄赋

民众是社会的基础，赋税政策与民众生计和王朝兴衰密切相关。统治者采取适合社会发展的赋税政策，政权才能稳定。轻徭薄赋可以调动民众生产积极性，横征暴敛则导致民众流离失所和社会动荡。轻徭薄赋是中国历代统治者力推的主流财政政策。王朝建立初期，因统治者目睹江山社稷的沉浮变化，故能较好推行"轻徭薄赋"政策；而在王朝中后期，由于前代帝王祖训效应的弱减，往往难以在治理朝政中体会这种思想，逐渐走上横征暴敛之途，导致严重的社会危机。这便自然产生了中国很多王朝初期太平盛世及其周而复始的治理之乱现象。

一 轻徭薄赋开创王朝初期治世

中国古代王朝更迭之际，往往经济凋敝，民贫兵疲。秦始皇统一全国后，对外征战，对内大兴土木，大批征用劳动力。据记载，秦代营建阿房宫用70万人，在骊山修始皇陵动用70万人，北筑长城约50万人，屯戍岭南50万人，北防匈奴30万人。仅这几项征调，就已动用劳力近300万人，占全国人口总数2000万人的15%以上。[①] 为保证官府和军队所需官物粮草的传输，有大批劳力被调发。不堪民命，导致秦朝短命而亡。

汉初统治者吸取秦亡教训，积极招徕流民，休养生息，节用民力和兵力。汉高祖鼓励士兵复员并免除若干年徭役；因战争期间逃亡的人回家，恢复原有的田宅；因饥饿卖身为奴的人可释放为平民。文帝亲耕籍田，以示重农，并规定凡从事农业生产有成绩者，

[①] 参见李平、刘潮镇《秦汉至清代的徭役制度变迁》，《中国财政》2019年第16期。

皆举为"力田"，免除其徭役。汉初为了恢复经济，实行轻徭薄赋政策。汉高祖废除了秦时"泰半之赋"，规定"什伍而税一"。汉景帝又规定"三十而税一"。汉文帝宣布禁止各地对皇室宫廷的献费上贡，并下诏说："农，天下之本，其开籍田，朕亲率耕，以给宗庙粢盛。"① 意思是农业是天下的根本，在京师设置"籍田"，由皇帝亲自率领农民耕种，收获的粮食用作供奉祖庙的供品。他随后再次下达"重农之诏"，要求各地官府重视农业，关心农业生产，并"赐天下民今年田租之半"。法定的田租率为十五税一，减半征收，实际就是"三十税一"，通过减少赋税方式鼓励农民从事农业生产。

汉初统治者积极推行休养生息政策，整顿吏治，减轻农民负担，使国家经济迅速恢复，出现"文景之治"，汉王朝的综合国力逐渐强盛。类似汉初休养生息、恢复经济的政策，历代王朝建立之初都曾实行过，而且大多出现过社会发展过程中的较好时期，如隋初"大业之治"、唐初"贞观之治"等。轻徭薄赋、休养生息，是历代王朝恢复和发展农业经济的根本政策。

隋文帝吸取前朝"赋重役勤，人不堪命"的教训，对赋役制度进行改革。"轻赋税"是隋文帝时代财政征课的基本原则。隋朝赋役制度实行租调制，但有两个显著变化：一是"调"明显减轻，北魏、北齐、北周皆调绢1匹，隋代减为2丈，只相当于前代的一半。二是征收租调的年龄明显放宽，北魏规定男15岁即成丁，纳租调；北齐、北周是18岁；隋自开皇三年成丁年龄规定为21岁，隋炀帝时又改为22岁。成丁年龄提高后，原先18岁授田的规定没有改变，这样农民在达到授田年龄后就可以有3年不纳租调。隋代对成丁纳税年龄的提高和丁男每年服役年限的缩额，纳税数额的减

---

① 《史记》卷一〇《孝文本纪》。

少及豁免规定，是实施轻徭薄赋政策的体现。

隋文帝力行轻徭薄赋之政，废除北周的酒税、市税以及盐专卖制度，对江南多地免税十年，对国内年满50岁者免庸停役，诏河北田租三分减一、兵役减半、功调全免。他励精图治，推行均田制，薄赋轻徭，罢除杂役，减轻民众负担，让民众休养生息；他设立义仓，储备粮食，赈济灾荒，使户口增长，人口繁衍，经济很快得以恢复。在他统治时期，隋代社会经济得到空前发展，国家稳定，民实殷富，"过于秦汉远矣"，造成了"大业之治"的盛世。

然而，隋朝政权稳固并在财政充裕之后，迅速走上腐败荒淫之路。隋炀帝自恃国富，挥霍无度，骄奢淫暴，穷兵黩武，滥用民财，滥役人力，赋敛无度，最后弄得民穷财尽，天怒人怨。虽有"国富"而不改"民穷"，遂造成"国富民穷"局面，加重了民众赋役负担，激化社会矛盾，酿成严重的社会动乱。从隋文帝轻徭薄赋开创"大业之治"，到隋炀帝横征暴敛而迅速亡国，这其中的教训是非常深刻的。

二　轻徭薄赋开启大唐盛世

唐太宗以汉文帝为榜样，克制己欲，少营缮、少战事，实行轻徭薄赋政策，取消了商业赋税，如盐税向为历朝最为倚重的财政税源，唐开国百年之内不开征盐税；唐初不禁私人酿酒，直到开国140年后才开征酒税，开征茶税更是在开国170年后。唐初对工商业所持宽容优厚之税赋政策，为前代历朝所未有。唐初规定征敛赋役的原则是"务在宽简"。唐太宗严格按均田令和租庸调法行事，不向民众额外征收赋税和加派徭役，农民主要负担是租庸调制。租庸调制是以均田制的推行为基础的赋役制度，计丁征取。唐承隋制，实行租庸调制。每丁年纳税粟两石，是为租；每丁年服役20日，是为庸；每户年纳税绫，绢生白缯、绝各二丈，绵三两，是为调。不应役者则按每日三尺绢折纳，叫作"输庸"。如果官府需要征发力役，不仅20天力役需要服现役，赋税的租调部分需折成现役。正常力役20天之外加役1个月，可以免除租调，连同正常力役20天在内，每丁每年劳役不超50天。

唐代租庸调制与隋代及前代租调力役制相比，最大区别是庸的确立和制度化，即以实物代役制度。隋规定50岁以上免役收庸，唐则规定所有丁均可以庸代役。唐代由劳役负担转变为实物或货币缴纳，保证农业生产的农时。特别是按自然灾害的程度减免租庸调的规定，体现了统治者的民本思想。"输庸代役"体现了不夺农时的制度设计理念。租庸调制既不因增加生产而加重农户的负担，也不因怠耕而减少农户的租；不因勤劳而加重农户承担的力役，也不以游惰而减少农户的庸。以庸代役，使农民生产时间得到保证，不仅直接增加了农业劳动时间，而且农民可以自由支配自己的时间，生产积极性相应提高。因此，租庸调制有利于农民附着于土地，迸发出生产积极性，促进农业生产发展。

唐初租庸调制所含减税原则可概括为："有田则有租，有家则有调，有身则有庸"，有田有家有身者，才会有租有庸有调，此即为民制产之政。在唐初所实施的租庸调中，均含大幅的减税降负之义。唐每丁每岁缴粟2石，称为粟米之征，是为租。田租之税负可大致测算：以亩产粟一石计，每丁80亩口分田可收粟80石，纳租仅2石，为四十税一之政。孟子视十税一即为王者之政，汉制取十五税一，但常行半租，即三十税一。而唐租则更低至四十税一，田租之征为历代最低。唐每丁每岁义务出工20日，闰年加5日，称为力役之征，是为庸。汉代每丁每岁最少需服役30日，唐仅为20日；汉实施全民兵役制，每丁尚需戍边3日，唐为府兵制，平民全无此负担。唐每丁每岁需缴纳绫、绢、绝各两丈，再加棉花三两；如用布代替，则加五分之一兼征麻三斤，称为布帛之征，是谓调。

与北魏户调相比，唐调为其一半；与西晋户调相比，更仅为其六分之一。① 唐前期税负较轻，有利于农业经济发展。租庸调制下，纳税人的税收负担并不沉重，唐前期的租庸调制实属"薄赋"，加之租调制是实物定额制，无关物价高低及每丁实际拥有的土地数量。故唐初实行以轻徭薄赋、降税减负为核心的租庸调制，开启了大唐盛世，出现了"耕者益力，四海之内，高山绝壑，耒耜亦满。人家粮储，皆及数岁"的小康景象。

三 两税法止大唐颓势

唐初中期以后，随着均田制遭到破坏，附属在均田制上的租庸调制已经不适合社会发展。安史之乱后，官府为筹集军费和兵役，给农民摊派大量赋役，农民在租调、徭役和兵役的重压下倾家荡产。而逃亡农民的赋役负担又被"摊逃"到其他农户身上，陷入恶性循环。

780年，唐德宗接受宰相杨炎的建议实施两税法。两税法的内容包括：第一，"以资产为宗"，按土地、财产的多少来确定应纳税额。户税的征收办法是以户为征税单位，户不论主客，一律在当时居住的地区登记，编入户籍，各户按资产多少缴纳户税，多者多缴，少者少缴；地税的征收办法是按田地多少征收地税，行商须缴纳其收入1/30的税。第二，把当时混乱繁杂的税种和各类收费合并统一起来，归并为户税与地税两种。第三，改变过去以实物为主的征税办法，以征收钱币为主。规定除田亩税以谷物形式缴纳外，其他一律折合成钱币缴纳。第四，统一了征收的时间。过去的征税时间不确定，可随意征收发。两税法规定每年纳税时间分夏秋两季，夏税不得超过六月，秋税不得超过十一月。其重点为：取消租

---

① 参见柴逢国、冯亚颖《轻徭薄赋开启大唐盛世》，《中国税务》2019年第7期。

庸调及一切杂役杂税；纳税人不分主户与客户，只要有当地资产，即为当地人，一律上籍征税；无固定居所的商人，所在州县按其收入的三十分之一征税；课税不以年龄而异，而是根据贫富，拥有资产多的人，多缴税，反之则少缴税，顺应了社会经济发展；税款分夏秋两季征收，分别在六月和十一月征收完毕，由实物赋税向货币赋税逐渐过渡。

两税法是针对大土地私有制的持续膨胀而制定的赋税征收制度。它将唐中期极端紊乱的税制统一起来，最后分为两次征收，取消租庸调及一切杂役，统一了混乱的税制，限制了赋税的额外加征，抑制了滥收费，归并了收费项目，改变了过去"科敛之名凡数百"及民众"旬输月送无休"状况，减少了税吏催征苛索的纷扰，有利于民众安心生产和生活。两税法用货币地租替代实物地租，相对简化了赋税的计算过程。两税法开创了以货币计税的先例，使全国有了统一的计税标准，便于统计和核算管理。以银定税促进了由实物租税向货币租税的转变，促进了货币的流通，刺激了商品经济的发展。

两税制的突出特点，是废除实行很长时间的按丁征税，而以田亩和资产的多寡确定征收税额。以纳税人实际资产的多少和实际负担能力来决定其纳税数额的征税标准。两税法规定每户按资产缴纳户税，按田亩缴纳地税，即根据贫富差异，收入多者多缴税，少者少缴。户不分主客，商人亦需缴税，皇亲贵族同样有缴税的义务。两税法否定了过去"以丁身为本"的赋役制度，而完全以资产即土地和财产作为纳税的依据，资产多者纳税多，资产少者纳税少，把赋税负担从身丁转移到资产上，一方面使赋税征收趋向于合理，另一方面使财政收入有了可靠的着落。两税法的出现，表明官府对农民的人身控制有所松弛。其实施标志着中国封建社会长期以人丁为本的赋税制度开始向以土地、资产为本转移。这种以土地财产为征税标准的赋税形态，为唐朝以后的各个朝代所沿用，直接影响着明代后期推行的"一条鞭法"和清代的"摊丁入亩"。

两税法实施之后，中央统一控制了税费征收大权，强化了中央财权的集中性和控制力，抑制了地方为所欲为的乱收费和滥收费行为。两税法规定"不分主客，不计农商，不算丁中"，完全于现居地域缴纳赋税，纳税面得以扩大，增加了中央的财政收入。租庸调制下主要纳税对象是课户，那些皇亲国戚、有品级的官僚地主以及"孝子顺孙义夫节妇"都享有免税、免役的特权。贵族官僚还庇荫着大批的客户，不承担赋役。两税法规定，不论主户、客户，都要纳税，原先那些享受免税、免役特权的不课户以及不定居的商贩，都一律负担税收。纳税户随之大量增加，从而扩大了纳税面，增加了官府的财政收入。唐朝在租庸调制破坏以后，国家财政收入没有保障，两税法规定数额来征收，实行统一的税制，使国家赋税收入在相当长时期内比较稳定，这对于战乱之后农业生产的恢复和发展是有利的。两税法实行后，官府财政收入每年达到三千万贯以上，改变了财政上长期窘困的状况，挽救了唐朝中期以后的经济危机。

四 一条鞭法使明代社会暂趋稳定

明朝中期以后，土地兼并情况日益加重，国家财政收入锐减，财政支出不断膨胀，出现严重的国家财政危机，民众生活艰难，社会矛盾激化，明王朝的统治岌岌可危。在这种情况下，统治者不得不进行改革，来挽救统治的危亡。

1581年，内阁首辅张居正通令全国实行一条鞭法，对明代徭役制度进行改革。一条鞭法是继唐代两税法实施后的税费改革。其主要内容为："一条鞭法者，总括一州县之赋役，量地计丁，丁粮毕输于官。一岁之役，官为佥募。力差，则计其工食之费，量为增减；银差，则计其交纳之费，加以增耗。凡额办、派办、京库岁需与存留、供亿诸费，以及土贡方物，悉并为一条，皆计亩征银，折半于官，故谓之一条鞭。"① 其主要内容包括：

第一，赋役合并征收。明初实行按丁征役、按亩征赋的两税法，这种征收方法科目纷繁复杂，不利执行。除规定赋役之外，统治者横征暴敛，对户丁任意役使，加派田赋额外的方物土贡，剥削严重。赋役合并征收主要包括两方面。一是原来的田赋、徭役以及土贡方物合并一起征收。取消力役，将各类徭役及土贡方物等并入田赋，依据土地的大小进行征收。二是田赋一律征银，把原来分开的秋夏二税放在一起课征，除苏、松、嘉、湖地区继续征收粮食外，其余地区田赋一律征银。其突出特点是把赋役、方物、土贡等一切征役归一，化繁为简。

第二，量地计丁，计亩征银。明中叶土地兼并日重，农民大量逃亡，按丁派役不再可靠，故一条鞭法改按丁派役为据田派役。明初，田赋征收以夏税秋粮为主，只有少量的"折色银"，到了明中后期，由于商品经济发展，白银得到广泛使用，"折色银"逐渐大量使用，并出现了后来的"金花银"。一条鞭法解除了没有土地的农民的劳役负担，依据土地的大小，把各种徭役摊入土地，随同田赋一并征收。

第三，取消力役，官为金募，改变明初以来征收力役的做法，用雇用劳役的方式来代替。明初的役法分里役、徭役和杂役，这三种役法都有力役和雇役。当时力役对民众的剥削最为严重，役者往往倾家荡产，有的人不惜背井离乡避役四方。一条鞭法规定赋税收入分两部分，一部分由地方上解，供"京库岁需"；另一部分"留存"地方，供官府开支。"一岁之役，官为金募"，取消力役，允许农民出钱代替，把过去民众无偿负担的力役，改为由官府从税款

---

① 《明史》卷七八《食货志二》。

收入中出钱雇用。

第四，官收官解。明朝原来是田赋纳粮，运输成本较高，官府需要里长、粮长协助征收管理和运输。这种代征形式以民收民解制度为基础，容易造成中间人对税赋的贪污腐败行为。一条鞭法是计亩征银，银税缴纳、运输比较方便，规避了中间人对税银的侵蚀，减少贪腐行为，提高了税收征纳的效率。

第五，简化赋税计征标准。明代初期把民户按丁粮多寡分为上中下三等，之后又将上中下三等，再区分作上上、上中、上下、中上、中中、中下、下上、下中、下下九等派役征税，这种制度太复杂烦琐，一条鞭法则简化了征收标准，官府所征收项目和数字易为民众掌握。

一条鞭法是中国赋税制度的重大改革，上承唐朝两税法，下启清朝摊丁入亩。它起到了减轻农民负担、抑制各级官吏豪强对农民的盘剥、缓和阶级矛盾的作用。

首先，简化了税制。一条鞭法亦称为类编法，简化了赋税的征收手续，改变了以往赋与役分开征收的办法，使两者合二为一，达到了统一税制、省费便民、稳定社会生产的作用，增加了明朝中央的财政收入，出现了"太仓所诸、足支八年，公私积诸、颇有盈余"的状况，限制了地方官府越权收费和地方官吏巧取豪夺的腐败行为。各种赋税和徭役都合并在一起征收，官府直接把赋役清单发给各户，各户直接把赋役交给官府，减少了官吏与豪绅勾结起来对农民进行的勒索。

其次，平衡了赋役负担。依据低税率原则进行税制设计，对差役部分"以田为宗"，把土地的多少作为重要的计税依据，通过计亩征银的方式来确定每个人的赋役水平，然后进行赋役征收和摊派。实行这种办法，使没有土地的农民可以解除劳役负担，有田的农民能够用较多的时间耕种土地，对于发展农业生产起了一定作用。一条鞭法缓解了当时失地农民赋役苛重与地主豪强税负极轻的社会矛盾，降低了农民的不合理负担，增加了大土地所有者的赋役负担，在一定程度上平衡了两者间的赋役负担，促进了税负公平。一条鞭法使国库日益充实，缓解了明朝官府的财政危机。从正德初年到万历五年，明朝国库存银从149万两增加到400万两，呈现总体上升趋势。

最后，减轻了农民的徭役负担。一条鞭法规定所有赋役均可折银征税，由实物税制转向货币税制，使国家的赋税征收基本货币化。它规定"一岁之役，官为佥募"，农民可以出钱代役，不再直接负担力役，官民之间，货币关系代替了黄册和里甲制度的控制，基本上结束了徭役制度上银差、力差并行的状况。劳役用银代替，农民照定额纳税，不另服役，使农民对国家的人身依附关系有所松弛，农民有了较大自由，增加了农民参与农业生产的时间，农民的生产积极性得到提高，利于农业经济的发展。把徭役改为征收银两，农民比较容易离开土地，为城市手工业提供了更多劳动力。赋役征银，农民的依附关系得以松弛，农作物逐渐商品化，商品交换日益频繁，对资本主义萌芽起到了催化作用。

五　摊丁入亩开创康乾盛世

清朝入关之初，赋税制度仍沿袭明朝旧制，实行一条鞭法。赋税分田税和丁税两种，折银征收。明末动乱后户口土地册籍荡然无存，地亩和人丁很难确知，使赋税征收缺乏根据。为此，清顺治时期两次以明万历时的旧籍为准编纂《赋役全书》并建立黄册和鱼鳞册，作为征收赋税的依据，但并不能从根本上解决丁额不实、丁银难收问题。随着土地日益集中和人口不断增长，无地少地农民越来越承担不起丁税的重负，他们或迁徙流亡或隐匿户口，使官府征收丁税失去保证，加剧了社会动荡。

为了缓和社会矛盾，清政府实行摊丁入亩的改革。摊丁入亩是在一条鞭法基础上实行的赋役制度，即将应出徭役之数折成银两，平均摊入土地之中，与田赋合并缴纳。其改革分两步推进：第一步，清政府1712年宣布，以康熙五十年（1711年）全国的丁银额为准，以后新增人丁不再加赋，称"盛世滋生人丁，永不加赋"[①]。将全国征收丁税总额固定下来。第二步，清政府1723年下令，将康熙末年在四川、广东等省试行的"摊丁入亩"办法推广全国，把康熙五十年固定下来的丁银额全部摊入地亩，与田赋一体征收。摊丁入亩简化了税收原则，稳定了清政府的财政收入，减轻了劳动民众的负担，削弱了国家对农民的人身控制。

首先，这项改革顺应了社会经济发展的趋向。丁役始终是国家束缚民众、强化其人身依附关系的重要手段。从隋唐输庸代役开始，这种徭役制度就开始动摇。至明朝中叶，随着商品经济的发展，丁役制度不可挽回地走向衰落。一条鞭法将田赋和徭役合并，统一折银征收，部分把丁银摊入地亩，反映了丁役制度衰落的历史趋势。摊丁入亩促使了地赋和丁役完全彻底地合而为一，史称"自后丁徭和地赋合而为一，民纳地丁外，别无徭役矣"[②]。

其次，均衡税负，减轻农民税收负担。摊丁入亩按土地的单一标准收税，即以土地占有和占有多少作为赋税征收的依据，"田多则丁多，田少则丁少"，革除了延续数千年之久单独征收的人头税，改变了长期以来因丁地分征而出现的赋税不均状况，减轻了无地少地农民的负担，并由此基本取消了地主官绅免除丁银的特权，相对增加了地主的税负，起到了一定的均衡税负、减轻农民税收负担的作用。它是以康熙五十年的丁册为常额，采用固定全国丁税总额的方法，巧妙地将赋税问题与人口问题分割开来，不仅稳定了政府收

[①] 《清朝文献通考》卷一九《户口一》。

[②] 《清史稿》卷一二一《食货二》。

入，而且有效限制了地主转嫁丁银、苛剥民众的行为。

再次，取消了按土地和人丁分别征收赋税的双重标准，只按土地的单一标准收税，简化了赋税征收内容、征收程序和征收方法。它减少了原先人丁编审过程中带来的繁杂劳动和耗费，从而降低了税收成本。由于土地较人口而言具有更强的固定性，不容易弄虚作假，防止了官员营私舞弊，保证国家财政收入。到雍正末年，国库存银由康熙末年800万两增加到6000多万两，稳定了政府财政收入，有助于维护统治秩序。

最后，摊丁入亩的实施，使徭役彻底归于田亩，取消了长期实行的人头税，彻底地完成了赋役合并和纳税方式的转变，削弱了国家对农民的人身控制，行之两千年的徭役退出历史舞台。摊丁入亩实施后，无地农民不再承担苛重的丁银，可以离开原籍自谋生路，从事手工业和商业贩卖，劳动者与国家之间的人身依附关系松解，促进了人口的自由迁徙和流动。农民迁徙或改业不再受到严格的户籍限制，增加了人口流动性。离开土地的商人和工匠不再纳丁银，不服徭役，只缴商税，适应了商品经济发展的需要。许多失地破产的农民从农村游离出来，到新的领域里谋求生活出路，促进了雇佣关系的发展，刺激着商品经济的发展和资本主义萌芽的成长。

六　历代赋役制度发展的趋向

夏朝的赋税采用"贡"法，商朝的赋税采用"助"法，周朝将"助"法改为"彻"法。春秋时期，随着生产力的提高，农户开垦出大量荒地，私田数量增加，而公田及上缴收获物不变，使其占国家财政收入的比重下降。于是，鲁国开始实行初税亩，废除私田、公田制度，承认土地私有，然后对所有土地按亩征收，税率为产量的十分之一。鲁国初税亩是中国历史上农业税制的重大变革。此后赋税改革导致土地制度由夏商西周的"普天之下，莫非王土"

蜕变为私有为主；税收制度从单一人头税、单一实物税、单一农业税向人头税与财产税并存、实物税与货币税并存、农业税与工商税并存的改动。秦简公开始将田与租联系起来，按田亩征收田租。秦统一后沿用田租制，向土地所有者收取田租，但其税赋种类较多，有口赋、田租、徭役、户赋等，致使农民徭赋越来越重，民不聊生，最后导致陈胜吴广起义。

西汉时期，开始出现口赋、算赋，其课征对象是人丁，区别在于口赋课税对象是未成年人，算赋课税对象是成年人。为了恢复经济和安定民众，汉初推行减轻田租政策，田租"十五税一"，汉文帝时减为"三十税一"。东汉末期，田租与户调时分时并，租调制逐渐被采用。曹魏时期实行田租户调制，使税收制度发生重大变化，主要赋税为田租和户调。西晋推行课田户调制，规定每个农户用于缴税的田地数量是固定的，若占田大于课田，超出部分免税，旨在鼓励农户开垦荒田。但其按官员级别给予占田数量的做法，激化了西晋社会矛盾。

北魏实行均田租调制，按照一夫一妇缴税，使大户地主及隐户显露出来，增加了国家税额。隋朝沿用均田租调制，对均田土地中的露田征收"租"，对农村家庭手工业的剩余产品征收"调"，对农民本身征发"役"和"庸"。唐初继续推行均田制并实施租庸调法，租庸调的征收较之前代减轻。但安史之乱摧毁了租庸调制赖以存续的经济基础，朝廷无法按丁身征收租庸调。为了保障财政收入，杨炎开始推行"两税法"，使唐中期以后名目繁多的杂税统一为户税和地税，这样既简化了征税名目，又使赋税相对稳定，保证了国家财政收入，从制度上杜绝了官吏从中作弊乱摊派的可能，使民众负担有所减轻。把原来按丁征税转变为按贫富征税，比租庸调制下一律按丁征税更为合理。这些做法改变了赋税集中在贫苦农民身上的赋役负担不均的不合理状况，对改善农民的生产生活有着积极作用。明代后期推行的"一条鞭法"和清代的"摊丁入亩",使徭役彻底归于田亩,取消了长期实行的人头税,完成了赋役合并,行之两千年的徭役退出历史舞台。

中国历代赋税制度虽有差别,但背后隐藏着一定的运行规律。历代王朝初期赋税政策多倾向轻徭薄赋,但赋税制度运行过程中经常反其道而行之。随着王朝周期性兴亡变化,赋税制度总是初期轻徭薄赋,中期诛求无度,结果导致后期"民力殚残"而重蹈王朝崩解的覆辙。赋税制度改革的初衷是减轻农民负担,但改革一段时间后农民负担便会反弹。历代王朝衰亡的过程基本是相似的,政治经济发展到一定程度就开始腐败,接着是穷奢极欲,搜刮民脂民膏,民力不堪重负,最后导致王朝衰亡。因为赋税的成倍增长总是与王朝政治周期相吻合,而且通常从王朝中期开始凸显,故这种定式被称为"王朝中期赋税暴增律"。

明末思想家黄宗羲指出,历代赋役制度改革总是将旧的苛捐杂税归并统一征收,以图减少加派之弊。但改税以后随着统治者贪欲的增长,又会生出新的名目以加派赋役。这种现象被称为"黄宗羲定律"。[①] 为了增加收入,平衡财政,各个朝代在主流税制基础上都作了不同程度的附加,这些被贬称为"杂派"的附加超过正课,形成了赋税之外长期加征的积弊,从而屡屡引发农民起义,导致改朝换代。为了缓解社会矛盾,历代王朝都试图通过改革赋税制度来减轻农民负担,但除汉初和曹魏两次减负取得实质性成效外,并税改制往往催生"杂派"高潮。

中国古代赋役所要支撑的是体系庞大的行政制度。为了维持庞大的行政制度,历代统治者在国家正课之外,往往增加各种名目的苛捐杂税、征派劳役。民众赋役负担的无限增加、各级官吏横索之

[①] 参见杜恂诚《"黄宗羲定律"是否能够成立》,《中国经济史研究》2009年第1期;秦晖《并税式改革与"黄宗羲定律"》,《农村合作经济经营管理》2002年第3期。

下的苛捐杂税，超越国家正税而成为税种和税额的主要部分，对王朝的长治久安构成巨大威胁。为此，那些具有改革眼光的政治家（如杨炎、张居正等）往往以归并赋役种类、简化征收过程为内容而建立新的赋役体制。新的赋役体制，一方面承认权力阶层的既得利益，对已成事实的加征加派给予合法地位，另一方面则希望以"并赋简征"办法限制加征加派的无限膨胀。于是，每次赋役改革就成为对以往加征加派合法性的追认，而其并赋简征后的赋税又成为下轮加征加派的起点。这样就形成了恶性循环：改革并减之后的赋税体制，总是要包含以往非法加征的税种和税额，而并赋简征的新税制最终不能阻挡新的加征加派趋势，积弊日甚一日，遂开始酝酿下轮并赋简征的财政改革。唐代租庸调制改为两税制的起因，是在租庸调制时代各种加征加派的苛捐杂税无法遏制，迫切需要改制，故改行两税法。但两税法改制不久，非法加征趋势死灰复燃。宋代数次税制改革，同样是在将以往的非法加征变为合法税种的同时，又开启了"折税""给赏""丁绢""税米""义仓""加耗"等各种名目的非法加征。经过这样多次改革之后，民众头上每项税役的征收额度就加到其承受能力的数倍以上，导致了更大的社会危机。

中国历代徭役制度的发展的基本趋势，一是农民从必须服一定时间的徭役转变为可以代役，以"庸"制为标志。以庸代役，使农业生产时间有了保证，生产积极性得到提高。二是徭役种类逐渐减少，以一条鞭法为标志。赋役合并后，官府所需力役，由其出钱雇人应役，不再无偿征调。三是徭役繁重程度逐渐减少，可以隋代租调制为标志。隋代贯彻了"轻徭薄赋"的原则，使民众得以休养生息。四是农民的人身依附关系由强到弱，可以一条鞭法为标志。"一岁之役，官为佥募"，使农民获得更多的选择自由。随着历史的进步，国家对农民的人身控制逐渐松弛。用银两收税则是封建社会后期商品经济活跃及资本主义萌芽产生的相应反映。

总体上看，中国历代赋役制度变迁的总趋势，是沿着减少交易费用的方向演化：人头税逐渐向资产税转化，力役逐渐由现役向代役雇役转化，最终赋役合一；征税方式由最初的劳役税向实物税转化，最终为货币税。民众对官府的人身依附逐渐松解。夏商周时代，民众被固定在井田上从事指定的公田劳作及其他性质的劳役，没有什么自由。秦汉后推行实物税制度，民众除官府规定的服劳役时间以外，能够自由安排农耕劳作，但实物税对缴纳的农产品品种有严格规定，民众还不能自由地安排种植自己喜欢种植的农作物。到了明清实行一条鞭法和摊丁入亩以后，赋税制度进入了货币税时代，拥有土地的民众不再受实物税制度指定种植农产品的约束，而无地的农民更因取消了人头税而获得了完全自由。

第四节　救荒救灾与社会保障

中国是世界上自然灾害发生频繁的国家，灾荒往往成为农民反抗剥削的直接原因。由于灾害频繁对社会的影响，就产生了中国古代特有的官府行为——荒政。荒，指自然灾害导致灾荒；政，指统治者采取的各种救济灾荒的措施。自然灾害后的救灾大致分为朝赈和官赈两类：朝赈由中央官府组织，通常会对灾害地区拨发粮款、赈粜，灾后则采取免除、缓征租赋等措施来恢复民生；官赈是由地方官主持，动用地方库藏钱粮赈济救灾。荒政在中国传统社会中受到格外重视，形成了防灾与救灾相结合的灾害救济制度体系，保障了社会的正常运转。

一　备荒仓储制度

古代中国历代统治者重视农业和积储问题，逐渐建立了以备荒为主的仓储制度。备荒仓储制度源于国家调节市场的平籴平粜，之后产生了借贷和无偿赈济等方式经营的各种备荒仓储。备荒仓储建设是荒政的重要组成部分，其中平籴平粜和低息借贷是国家通过调节市场的方式救荒，即利用市场流通原则，通过国家力量的反向操作，达到干预市场、平抑粮价的目的。古代中国备荒仓储制度就以国家调控市场为前提。

从秦汉至明清，古代中国各种灾害及歉饥就有5079次。历代统治者为了应付灾荒，设置了社会保障机构。从战国至汉代，历代统治者大兴"常平仓"，即官府于丰年购进粮食储存，以免谷贱伤农；歉年卖出所储粮食，以稳定粮价。汉武帝时，桑弘羊创立平准法，依仗官府掌握的大量钱帛物资，在京师贱收贵卖以平抑物价。隋朝以后下诏各州民众及军人"输粟储仓"，当出现饥饿贫困者开"社仓"赈济。宋代设"常平仓""惠民仓""广惠仓"等，以济贫恤孤之用。明朝规定各州县须立东南西北四仓，每年储米粮，储备满两年的量，由"笃农"专人掌管，民户出谷多者可免征税两年或补授官衔。

秦汉以来的历代统治者建立名目众多的仓储体系，相继出现了常平仓、义仓和社仓等专门备荒仓储。常平仓是中国最早出现的专门用以备荒的仓储设施。常平仓肇始于西汉宣帝时期，由大司农中丞耿寿昌倡行。其核心是"谷贱时增其贾而籴""谷贵时减贾而粜"。常平仓制度是国家利用季节性差价来调剂粮食供应，发挥了稳定粮食市场价格的作用，兼具备荒与恤农的双重意义，在丰歉变化中既不使谷贱伤农，也不使谷贵伤民，其目的在于养民，对平抑粮食市场起了积极作用。耿寿昌所言之"平"，是国家以财政补贴的形式，通过增减谷价来达到的。由于靠官府斥资的途径实现"常平"，常设谓之"常"，"令边郡皆筑仓"，由官府调产粮区的粮食充实库存，或增或减"其贾"的差价均由官府补贴，其功能是遇到荒年时，官府用常平仓积谷减价卖给贫民，以减轻其负担。常平仓是官府面对频发的自然灾害及饥荒局面而设立的。它既有利于备荒救灾，又能防止粮价剧烈波动对农业生产的不利影响，对维护社会生产的正常运行和社会、政治秩序的安定具有重要的作用。

汉代耿寿昌建立的常平仓，成为中国历代官府备荒救荒的重要举措。创始于北齐的义仓在隋唐时期得到极大发展。隋文帝下令在全国设立官仓，增加粮食储备。当时著名官仓有黎阳仓、河阳仓、常平仓、广通仓等；隋炀帝时增设洛口仓、回洛仓等。唐初恢复常平仓，唐玄宗时修常平法，令诸州普遍设仓，谷贵时减时价十之二出粜，贱时加时价十之二收籴；仓谷亦准民众赊籴，至粟麦熟时征还。唐代汲取汉代"储粮备荒"做法而完善了仓廪制度，宋朝在此基础上添设常平仓、惠民仓、义仓、广惠仓等。宋代仓储制度包括两个系统：一是由宋廷直接下诏建立、行政关系上直接隶属中央的仓种；二是由各地自行设置、经费及管理都由地方负责的仓种。前者如常平仓、义仓、惠民仓、广惠仓、丰储仓等，多分布广泛，具有全国性特征，故以全国性仓种命名；后者名目繁多，如社仓、永利仓、籴纳仓、广济仓、赈粜仓、兼济仓、州济仓、循环通济仓、平止仓、济粜仓、平籴仓、州储仓、先备仓、均惠仓、通济仓、平粜仓、均济仓、端平仓、均粜仓、节爱仓、通惠仓、平济仓、续惠仓、丰本仓等，多仅局限于一地一处，具有地方性特征，故以地方性仓种命名。这些仓种均以备荒为主，兼有济贫与慈幼之功能。北宋对常平仓进行改革，实行以借贷为主的青苗法；南宋朱熹鉴于常平仓、义仓之不足，创立"社仓法"，采用"春借秋还"之法救助灾民社仓。至此，常平仓、义仓和社仓制度已出现并日益成熟，构成在中国历史上影响最大、最完备的备荒仓储体系。

宋代重视对灾荒救济，仓廪制度比较发达。北宋初，太祖诏令重置义仓，真宗和仁宗又置常平仓、惠民仓、义仓。仁宗诏天下广置广惠仓，此后广惠仓在各地得到推广，成为宋代独有的仓廪制度。相较于唐宋时期，元明清时期仓廪制度更加完善：元代有在京诸仓、河西务诸仓、上都诸仓、宣德府仓、御河诸仓等；明朝除恢复义、社、常平诸仓的设置外，还兴设济农仓、预备仓等；清朝确立了以防御荒歉为目的的粮食储备制度，形成了省会、州郡、乡村、市镇覆盖全面的备荒仓储体系。清政府一方面以藩库拨给、按亩摊征、截漕增补等措施以基本保证仓储充盈，另一方面积极鼓励官民捐纳捐输并特别规定，一般平民民众可按其捐纳多寡，分别获得旌表门闾、永免差役、赏赐顶戴等奖励；捐资多的生员可获"议叙"成为"贡生"；地方官和候选官可加级加衔；而受到罚俸、降职处分的官员可由此准予开复。这些措施保证了常平仓之充盈。清政府规定，全国大州县常平仓额存万石、中州县八千石、小州县六千石。春夏出粜、积银，秋冬籴还、储谷，其中规定十分严格：春夏赈粜时，地方官皆须亲自验看，发现短价低银、抑勒交粮、小斗小秤进仓者，严惩不贷；灾害之年救济凶荒，平常年景平抑粮价。义仓是民办官管的备荒、救荒机构，作用与常平仓相同。

除此之外，清代建立了服务于特殊对象的专项粮食储备体系。其中有因应驻京王公百官及八旗官兵食粮需求的"京仓""通仓"；有为东北地区驻军及当地旗人兴建的"旗仓"；有储于军营，供官兵食用，由营官或地方官管理的营仓；还有建于运河沿岸，供应漕运军丁等的所谓"水次仓"。在加强官仓建设的同时，对于民间的粮食积储也予以重视，通过制定和颁行各种相关政策，督促地方官府组织民间进行有计划的粮食储存，各地建立了由民间参与管理的"社仓""义仓"等形式的粮储机构。由此，清代形成了以官仓为主、民仓为辅、常平仓为骨干的全国粮食储备及供应体系。

二　灾害救济制度

国家救助是古代中国救助的主要方式。国家在社会救助活动中始终处于主导地位。正因救济灾荒成为各级官府的重要职能，故官府自身状况及行政效率，直接关系灾荒救助活动的实际效果。历代王朝逐渐形成了一套行之有效的救荒救灾制度。从灾害信息的传报、灾情的勘察、受灾程度的确定，到赈济的程序、施赈的时期、赈济的标准和数量等，都有明确的规定。古代中国社会灾害发生后，统治者往往表现为救政与救灾制度两套制度同时并行，并形成了制度化的灾害救济程序。

首先，修省与罪己，释放民众不满情绪。每当重大自然灾害发生后，为了安抚民众情绪，缓和社会矛盾，统治者采取"修省"和"罪己"方式检讨自己过失，疏导和化解民众对政权的不满。如果"修省"难以安抚社会情绪时，作为最高统治者的皇帝发布"罪己诏"，言己之过。如北魏高祖太和六年发生洪灾，孝文帝下发罪己诏曰："朕以寡薄，政缺平和，不能仰缉纬象，蠲兹六诊。去秋淫雨，洪水为灾，民众嗷然，朕用嗟愍，故遣使者循方赈恤。"[①] 统治者检讨其为政得失，承认自己"不德"，作为政治上对"灾异天谴"之回应。故帝王救灾诏敕往往率先出现救政言辞，这种做法最先出现在"灾异天谴"论肇始之汉朝，其后历朝统治者遇到灾害时往往沿袭，如唐代永徽二年关辅之地蝗旱不断，高宗下诏自责："此由朕之不德，兆庶何辜？矜物罪己，载深忧惕。今献岁肇春，东作方始，粮廪或空，事资赈给。其遭虫水处有贫乏者，得以正、义仓赈贷。雍、同二州，各遣郎中一人充使存问，务尽哀矜之旨，副朕乃眷之心。"[②] 明朝自然灾害频繁暴发，民怨沸腾，皇帝频频采取"修省"与"罪己"策略，采取救政自谴方式对上天之警示作出回应，表达忏悔。如果此举奏效，即欢庆祥瑞，表达对上天的感恩，并借此强化皇帝作为"天子"的权威性与合法性，将救灾演绎

---

① 《魏书》卷七《高祖纪上》。
② 《旧唐书》卷四《高宗本纪》。

为君权与神权的结合与演示，巩固政权稳定；若短期不见效果，君主就着手改善吏治，将责任外延，出现罢免宰相、求言纳贤、策免官员等行为。

其次，遣使宣慰，鼓舞抚慰地方官员和民众。严重自然灾害发生后，朝廷通常派遣位高权重的官员去灾区安抚民众。早在南朝刘宋时期，遣使救灾就成为救灾惯例；唐朝初期特别表现为统治者于灾害发生后对灾民的救济和安抚，赈给使、宣抚使、宣慰使等救灾官职随之出现。通过派遣高官巡视灾区，提升基层官员和灾民的信心。唐越州刺史杨於陵上表感谢皇帝遣使宣慰称："（使臣）以今月二十九日到臣本州，颁赐诏书，以示恩化。臣及官吏民众等咸蒙圣慈，特加存问，爰自城邑，达于里间，喜气浮川，欢声被野。"[①] 反映皇帝遣使在安抚和激励灾区基层官员及民众方面起到的积极作用。

再次，劝分商贾，动员引导社会力量。所谓劝分法，是国家于灾荒年间劝谕有力之家无偿赈济贫乏，或减价出粜所积米谷以惠贫者。春秋时有类似举措，西汉则正式采用，如汉武帝时山东发生水灾，"遣使虚郡国仓廪以振贫民，犹不足，又募豪富人相假贷"。宋以前各代劝分之法行之甚少，宋朝方开始大量实行并出台相应奖励措施，称作"纳粟补官"。为了保证劝分效果，提高富庶之户参与赈灾的积极性，统治者采取了许多鼓励措施。如宋代常采用"纳粟补官"办法劝分富民参与救灾，对救灾有功者授予功名官职，希望以其为榜样"以劝来者"，鼓励更多社会力量参与处置救灾工作。

最后，整顿吏治，回应民众不满诉求。受"异灾天谴论"影响，历代统治者常认为自然灾害与"吏治不修"有关。为了疏导和化解社会底层对官府的不满情绪，防止因自然灾害激化社会矛盾，

[①] 《全唐文》卷五二三《谢潘郎到宣慰表》。

也需要采取巡查乡里、查看民生、整顿吏治、疏理地方等措施。从周代开始,历代王朝都任命了专职及兼职的救灾官员,负责勘灾、救灾等事宜。从汉代开始,朝廷临时派遣使臣协助或主持救灾。汉代统治集团关注应对和处置自然灾害中的吏治问题,除对"州郡隐匿"而三司"既不奏闻,又无举正"之欺罔罪行严厉斥责之外,还要加以刑罚惩处。因救灾牵涉到国家政权和社会的稳定以及灾民的生存,故历代统治者对救灾官吏奖惩分明。奖赏手段常是升迁和赏银;惩罚方式则较为严格并多种多样。为了及时化解和消弭民怨,官府对涉灾官吏治理极严,如隋朝规定:"察水旱虫灾,不以实言,枉征赋役,及无灾妄蠲者免。"[1] 明代当发生重大自然灾害时,一些官员主动"因灾祈罢"。隋唐时期户部的主要职责是救灾,此后历代救灾事务均由户部兼管。历代统治者采取的遣使宣慰、修省罪己、整顿吏治等策略,目的是"得民心"。"赈济减税""劝分商贾"等政策起到了安抚民心、维护社会稳定之功效。

灾荒救济制度,是古代中国灾荒救济的法令、制度与政策措施之总称,包括赈济粮食、蠲免赋税、平粜与禁遏籴、移民就食等。历代王朝重视备荒和救荒,到清朝时基本形成了严密的报灾、勘灾、审户和放赈救助程序,构成了古代中国系统的赈济制度。

首先,灾情报勘措施。自然灾害发生后,灾区官员逐层向上级报告灾情,上级官员与地方官员共同勘查与核实受灾程度和范围,以便为灾民救济做准备,这就是报灾和勘灾制度。秦朝建立了旱灾、虫灾和洪灾的上报制度;西汉末年建立了勘灾制度,要求地方官核实勘查灾情、灾民的家庭经济和人口等情况。报灾检灾法主要包括诉灾、检放、抄札三个步骤。诉灾即民户受灾后向县官报告灾伤;检放即由官吏检查灾伤,确定放税分数;抄札即登记受灾人

---

[1] 《隋书》卷二八《百官志下》。

口，以备赈济之需。抄札之后便根据登记名册进行赈济。宋代实施抄劄制度包括三个环节：一是路、州、县长官是临灾或灾后实施调查登记灾民户口的组织者，执行抄劄具体工作由胥吏和乡级职役者担当；二是调查登记灾民人户包括姓名、大小、口数、住处等几项；三是抄劄的作用是为"计口给食"提供直接的依据。[①] 抄劄救荒制度使下层贫困灾民和饥民在相当程度上得到真正的救助实惠。

  北宋以后各代均明确规定了报灾时限。北宋根据地区不同设立了不同的报灾时限；元朝规定江南秋灾上报时间延至九月底；明朝改为内地夏灾和秋灾的上报时间分别为五月和七月，沿边为七月和十月；清朝在顺治十七年正式规定，"夏灾不出六月终旬，秋灾不出九月终旬"。清代报灾分为两步：灾情发生后地方官员尽快"驰奏"受灾；然后在一个月内查核轻重分数，详细上报。逾期不报者，一月之内巡抚及道、府、州、县官各罚俸一个月；超过一个月各降一级；逾两个月各降二级；逾三个月革职。

  其次，自然灾害发生后的各种赈济。古代中国常见的救助手段有赈济、调粟及养恤等。赈济是灾荒之后由官府发放钱粮对灾民救济的制度，目的在于帮助灾民渡过临时性的生活困难，是灾害发生后的救援措施，以食物赈济，如谷赈、粥赈为主。赈贷是灾荒之后将救济物品以借贷方式给予受助者，以帮助其摆脱困境。赈贷数量视具体情况而定，方式有免息和收取少量利息两种，但以免息者为多。如借贷是针对尚可维持生计但又无力进行生产的灾民施行的，借贷的对象一是受灾五分之贫民，二是蠲、赈之后尚未完全恢复之灾民，三是青黄不接之际缺乏种子口粮的灾民。这种方式属于生产型济助，是赈灾救荒重要方式。施粥是对受助者施以稀粥以维持最低生存需要的方式，其好处在于直接挽救垂危待毙的生命。其起源

---

① 参见李华瑞《再论南宋荒政的发展》，《浙江学刊》2016 年第 1 期。

可追溯到战国时代，宋朝施粥赈济运用普遍，多是在灾民众多、粮食不足赈济的情况下，每人每日五合米以下。地方官府在赈济的同时，招募灾民，兴作工程，如修筑城墙、补建官衙、兴建寺院以及开渠、修路、清淤等，日给钱米以使其自救，此为以工代赈之救济，其特殊性在于救济与建设的结合与统一。宋神宗熙宁六年诏云："自今伤灾，用司农常法赈救不足者，并预具当修农田水利工役募夫数及其直上闻。乃发常平钱斛，募饥民兴修。"[①] 1075年夏，越州大旱，知州赵忭下令修城，以工代赈，计用工3.8万工，使"不能自食者，得以受粟；能自食者，得以籴粟；凡以工代赈者，借贷者，弃婴皆得其所"。足见宋代对工赈已相当重视。

再次，赋税的蠲免。蠲免或称蠲放，即官府免除应征赋税及所欠官府钱物。蠲免是古代用于灾害时期赋税减免的形式，它往往根据具体灾情采取不同的减免标准，主要有全面免除、部分免除以及延迟征收等形式。减免赋税、徭役是两汉官府常用的赈灾措施，即根据受灾程度全部或部分免除当年的赋税徭役，以减轻灾民的负担。《汉书·昭帝本纪》载：始元二年下诏："往年灾害多，今年蚕麦伤，所振贷种、食勿收责，毋令民出今年田租。"东汉光武帝下诏："令南阳勿输今年田租刍稿。"田租和口赋是汉代民众承担的主要赋税，两者减免使民众的负担顿时大为减轻。明清时期官府关于蠲免赋税的标准更加规范。蠲免的种类繁多，包括免赋、免役、免税、免积欠、免支移折变等，其实施的具体办法为：受灾州县先暂行停征十分之三；各该管官员查明应蠲缓数目，向上题报获准后照单中各款，将被灾分数，应蠲缓对象、数量、办法等大张告示，遍行晓谕，并刊刻免单，填写清楚，交灾户收执；如果地方官不发灾户免单，或给而不实，均以违旨计赃论罪。

[①] 《文献通考》卷二六《国用四》。

复次，移民就食。这种政策包含转灾民于粮食丰裕之地与转粮食于灾区两种。前者是指官府有组织地安排灾民集体转移到粮食充足的地区。当灾害影响的范围和程度已经超出了当地官府救济的承受能力，众多灾民衣食无着时，统治者常采取从外地调运粮食及相关救灾物资也就是调粟的方法，来化解这一危机，保障灾民的生存权利。调粟是保障灾民生命的有效手段之一，官府往往通过行政手段协调全国粮食供应，将农业丰收地区的粮食运往灾区，将余粮地之粮调往缺粮区，实现以丰补歉、以余补缺的目的。

最后，禁遏籴制度。粮食价格直接关乎民众生活境况，除遇到灾荒外，每年的青黄不接之际极易出现粮价上涨。平抑粮价是官府最常用的救助手段。当粮食价格过高，贫民告贷，甚者难以为生时，官府往往发官仓储备之米，减价在市场出售，平抑粮价，实施救助。官府通常鼓励商贩运粮到灾区发售，以增加灾区粮源，平抑地区粮价，防止出现暴涨的情况，影响社会稳定。但有些地方官员从本地区安定的情况出发，存在严重的地方保护主义，担心粮食外流会影响本地粮食市场，从而对粮食的流通设置种种限制，甚至在边境设障，严格禁止粮食外流，被称为"遏籴""闭籴"。中央政府对此严加禁止，如唐德宗下令："诸州府不得辄有闭籴。"灾荒时期，灾民依靠自身力量往往无法满足生存的基本需求，考虑到灾民流徙可能导致社会不稳定，故统治者往往会给灾民提供免费的住所，施药治病，散施粥食。

三 社会救助措施

古代中国社会救助活动是以官府为主，其保障内容涉及灾害保障、弱势群体保障、医疗保障等方面。

首先，养老慈幼事业。孝道在中国传统社会中占有特别重要地位。统治者认识到，孝道与忠君有着密切联系，往往提倡"以孝治天下",将推行孝道上升到国策的高度。作为孝道的具体表现,尊老养老自然备受重视。历代王朝颁布大量有关养老的礼仪法令,形成较为系统的养老政策体系。不同年龄的老人有不同的称呼,以示尊重,并给予老人相应的优抚。如西汉除继承先秦"问疾"之制对老人时加"存问"外,还采取"高年赐王杖"做法,提高老人的社会地位,年过七十的老人皆可受赐"王杖",享有政治、经济和法律上的各种优待。

古代中国主要实行家庭养老模式,由子女或亲友对老年人实行晚年生活保障。但当家庭养老出现困难时,官府往往会出面给老年人提供经济援助及其他社会服务,如集中收养孤寡老人、赐予粮食、衣服等,来实现其老有所养。

历代王朝将尊老敬老列入仁政之列,兴建了许多养老机构。唐朝以前建立过"六疾馆""孤独园""悲田养病坊"等养老救助机构。宋朝设立"福田院",供老年人养老之用。元朝设养济院专门收养鳏寡孤独、老弱残疾、贫穷而无法生存的老年人。明朝特别重视社会养老工作,如户部和工部统筹一般孤贫老人的供养、照料等救济工作,礼部则负责 80 岁以上高龄老人的赡养工作。明朝法规规定:60—70 岁的老人可免除赋役;70—80 岁的老人由官府统一供养,官府按月定量供应口粮;对无儿无女的孤贫老人,在全国各地设立养老院进行集中管理;80 岁以上的老年人的养老待遇更高,官府不仅定期供给贫民口粮,而且经常赐给他们布帛酒肉,还赐予富家老年人爵位,每逢佳节派人慰问。

历代统治者为提高老年人的社会地位和生活水平,颁布各种诏谕法令,承袭了免除老人赋役、赏给老人财物以及提高老人社会地位的做法,对老龄人口实施优待政策。优待政策是与身份相关联的,即官府官员到达一定年龄后,有资格享受官府不同的保障给付。这种保障将老年人分为若干年龄阶段,不同年龄阶段享受不同级别的物质给付。朱元璋诏令："贫民年八十以上者，月给米五斗，肉五斤，酒三斗；九十以上者加帛一匹，絮一斤。有田产者，罢给米。"① 老年人可以免除徭役，在刑律上也可以优免，量刑时给老年人减轻甚至免除处罚。清代继承了免除老人赋役、予以老人法律和政治优待等做法，并对致仕官员实行"半俸"制度，即退职官员仍可领取原有俸禄的一半，以备养老之用。

古代中国社会下层民众生活水平较低，如遇灾荒之年更是衣食难以为继，弃子溺婴现象便会出现。弃婴有违人道并造成国家丁役困难，故弃婴救助成为救助机构的重要工作。历代王朝一方面进行具有宗法伦理色彩的尊老、慈幼宣传，使人"老吾老以及人之老，幼吾幼以及人之幼"；另一方面，则设置育婴堂或慈幼局，作为对族人收养的补充。如宋代开始设置慈幼局与养济院，其救助对象以弃婴为主，凡是"陋巷贫穷之家，或男女幼而失母，或无力扶持，抛弃于街坊"者，皆在官府收养之列。

其次，救助贫困人口。秦汉以后历代皆有收容孤老贫病等不能自存者的机构，这是维持王朝社会稳定、防止乞丐和流民变乱的重要措施。隋唐时期长安、洛阳及地方各州县均设立病坊、普救病坊或悲田坊等救助机构，宋朝社会保障及救助机构以福田院、居养院、安济坊为主。北宋初年，开封设有东、西两福田院，用来赈济那些因孤苦伶仃而流落街头的老年人和潦倒的乞丐。此类社会保障机构由官府出资维持。至徽宗年间又有居养院和安济坊的设置。居养院、安济坊均以"老疾孤穷丐者"为接受对象。除京城外，地方上的各州县城市也各有知监者，分别设有福田院、居养院、安济坊等机构。明清时期的养济院、普济堂多为官府倡导并拨付部分土地、银两，由地方绅、商集资或捐田而建立起来。明太祖两次颁发

---

① 《明会要·民政二》。

诏令，宣布对孤寡老人实行终身养老制度。其中洪武十九年诏令曰："今特命有司，存问高年，优恤无告，鳏寡孤独废疾残疾者，收入孤老，岁给所用，使乃天年。"嘉靖六年，朝廷因北京城内流民及孤老、残疾者过多而颁发诏令，让"工部量出官钱，于五城地方各修盖养济院一区，尽数收养。户部于官仓库，每人日给米一升，巡城御史稽考，毋得虚应故事"。可见其对社会保障的重视程度。

宋朝建立了收养救助贫困人口的福利机构，如福田院、居养院、养济院、广惠院、实济院、安养院、利济院、漏泽园等。这些机构分为三类：综合性的济贫养病机构，专门性的养济病患者的机构，救济贫困死者的助葬机构。其代表为福田院、居养院、安济坊和漏泽园。宋朝不仅关注对生者的救助，同时关注那些贫困的死者。官府设立官置公墓性质的漏泽园。漏泽园指官府出钱在郊外购买墓地，来掩埋因疾疫而死亡或贫穷无告之死者。宋神宗诏令各府县以官地收葬枯骨，"择高旷不毛之地，置漏泽园"。[①] 这种对死者入土为安的举措，实际上是对生者的安慰。

最后，日常社会救助事业。历代王朝制定救济、救助等相关法规和政策，保障生活贫困者得到生活上的帮助。西汉吸取秦朝暴政亡国教训，更加注重仁政，对鳏寡孤独、老幼病残等弱势人群实施救助，在蠲免徭役、收取赋税等方面对弱势群体以特殊照顾。南北朝时期，北魏高祖孝文皇帝下诏设立别坊来救治穷困的民众。北魏世宗宣武皇帝元恪时期下诏设立馆舍来救治民众。刘宋王朝的宋文帝刘义隆因京师发生瘟疫而下诏派人去救治民众，死者若无家属，赐以棺器。明代由官方倡设养济院以恤孤老，并在全国不断推广。清代承继明代这个传统，在全国大多数州县先后恢复或重建起养济

---

① 《宋会要辑稿》食货六〇。

院。那些经济较好的地区还出现了民营或官督民办性质的用以救济鳏寡孤独的救助机构——普济堂。由于统治者的重视，清代成为继两宋之后育婴事业最为兴盛的时期。与两宋时期相比较，清代慈幼机构不再局限于京城，而是遍及全国各省府州县，江南地区育婴事业最为突出。

除养济院和育婴堂外，明清官府要求各地普遍建立三种救助设施，即与人的"病"与"死"密切相关的惠民药局、栖流所（或留养局）和漏泽园。这三项救助设施遍及全国各府州县，且数量众多。清朝设立了很多社会抚恤机构，其中最主要的有育婴堂、普济堂、养济院和栖流所。其中普济堂、栖流所是清代特有的收养救济机构。清代继承明代养济院制度，养济院遍设于各州县。但不管是育婴堂、普济堂、养济院还是栖流所，都主要是给予贫困的民众衣服和粮食，同时给予住处，但少有提及给予医疗救助。

四　社会医疗保障制度

疾病始终是威胁人类生命健康的重要因素。自周朝开始就有所谓"养疾之政"，设置医师、疾医、疡医以负责救治民众，但尚未出现专门医疗机构。西汉中后期，医疗救济行为见诸史册，如汉代规定"民疾疫者，舍空邸第，为置医药"。及至东汉时开始广泛重视对疾病的预防和医治，懂医术者普施药方，救人命于病危之中，如东汉光武帝建武十四年发生了大瘟疫，钟离意亲自施给医药，救活者甚众；北魏时期出现了专门收容贫病者的别坊，对"京畿内外疾病之徒施医给药"；南朝宋元嘉年间京城两次流行疾疫，朝廷均"使郡县及营署部司，普加履行，给以医药"。南北朝时期，中国出现了专门收容贫病者的救助机构"六疾馆"。它是由南齐文惠太子萧长懋与竟陵王子良所创立，目的是救济贫穷民众，给予穷苦民众一定的医疗保障。

唐初官府在灾区发生瘟疫时，派中医前往疫区治疗感染疫病的民众。太医署既是中央的医药管理机构，又是"岁给药以防民疾"的疾病防治机构。唐代还设置了"医学博士"以"掌疗民疾"，设置"医学生"以"掌州境巡疗"。官府规定，在庙宇中都要配备一名药师和医师，并储存药品。设立专为贫苦民众诊治疾病的地方机构——悲田养病坊（悲田坊）。由于悲田养病坊的存在，以及寺庙承担了一定的医疗责任，再加之还有专门负责在偏远地区巡诊的医官，使得受益民众类型不再局限于穷苦的民众，而偏远地区的民众也能获得医疗保障。

宋代医疗救助机构可分为三部分：一是病院系统，如病坊、安乐坊、安济坊等；二是治疗系统，如翰林医官院、太医局等；三是药局系统，如和剂局、施药局、太平惠民局等。这些机构构成了较为完备的贫困救助体系，对于社会贫困人口起到积极的救助作用。由于惠民局、和剂局的广泛设立，在加之安济坊等医疗救助机构的广泛设立，使得各地民众获得较好的医疗保障。北宋时期官府成立了以治病为主的安济坊和以施药为主的惠民药局，并颁布作为处方标准的"方书"，如《太平圣惠方》《圣济总录》《校正太平惠民和剂局方》等。惠民药局依照这些"方书"，分别制成丸、散、膏、丹等成药出售。两宋时期为民众提供医疗救助的地方机构主要是惠民药局、和剂局等官办的以卖药为主的药店，其目的是以便宜的价格为民众提供优质药品，同时店中还配备由官府雇用的医生为患者诊疗。北宋时期东京有七处惠民局，分布于城内各处，受到居民普遍欢迎；到南宋时已遍布统治的各个地区。

受宋朝影响，金朝设置了惠民药局一类的医疗机构。元太宗在燕京等12路设立惠民药局，派太医王璧等人为局官，并拨银五百锭为经营之本，后改由各路长官自行负责惠民药局的经营与管理，并规定上路配备医生二名，下路与府、州各配备一名。官府所提供的钞本也视各路民户的多寡而定。惠民药局承担了类似于社区医疗的职能，为民众提供医疗保障。元代还设置广惠司负责制药，同时也负责对首都周围的士兵和流浪汉提供诊治疾病的服务；设立广济提举司，"秩正三品，掌修制御用回回药物及和剂，以疗诸宿卫士及在京孤寒者"[①]，负责制药，但主要用来救济贫民，并非面向所有的民众。明朝沿袭前朝设置惠民药局，凡是军民贫苦患疾病的均予以诊疗救治。由于惠民药局这种为民众提供廉价药物的机构得到沿袭，使得全国各地的民众得到了一定的医疗保障，对减少民众病痛与疾苦起了积极作用。

总之，国家在社会救助活动中始终处于主导地位，古代中国社会救助活动是以国家为主。官府成为社会保障活动的责任主体并扮演着制度制定与推广、财政支付、检查与监督的重要角色。出于巩固社会统治的需要，多数王朝制定并实施了各种维护社会安定的政策措施，建立了以灾害救助、尊老养老和扶贫恤困为主要内容的社会保障制度，举办社会保障机构是各级官府实施其保障职能的有效途径。古代中国官办社会保障机构主要有常平仓、惠民仓、福田院、居养院、慈幼局、惠民局、养济院、漏泽园等，其保障内容涉及灾害保障、弱势群体保障、医疗保障等，涵盖了以救助为主要内容的社会保障的全部内容。历代统治者采取的各种民生政策和措施，是将传统民本思想贯彻到王朝治理上的集中体现，起到了维护民众利益、维护社会稳定的积极作用。

结　语

中国历代统治者从历史教训中在某种程度上认识到民众的重要

[①] 《元史》卷八八《百官志四》。

性，看到了民生问题与国家兴亡的密切关联，在一定程度上在政治、经济、道德教化等领域实践民本思想，将民本思想贯彻到政治实践中去，重视民生问题，采取了休养生息、轻徭薄赋、宽政惠民、厚生利民、除暴安民、济世为民等施政行为，起到了维护民众利益、维护社会稳定的积极作用。

近代以来，中国传统民本思想逐渐转化为近代民主思想。中国传统民本思想的近代转型，表现为相互渗透、相互重叠的两条路径：一是传统民本思想以西方近代民主思想为参照，在民本思想的自我运演中达到自我扬弃、自我完善和自我超越。二是以近代民主思想为视角而实现对传统民本思想的批判、继承和重建。中国传统民本思想的近代转型，实际上是传统民本思想与西方近代民主思想的互渗与糅合。通过这种互渗和糅合，传统民本思想中那些维护专制主义的旧东西被摒弃，输入了西方民主思想的新内容，而西方民主思想的新内容逐步输进中国民本思想的框架中，实现了对中国传统民本思想的超越。

传统民本思想在当代中国要取得创造性转化和创新性发展，必须用唯物史观的基本立场、观点和方法深刻研究民本思想，汲取其民主性精华，剔除其封建性糟粕，实现民本思想的创新性发展。唯物史观强调的"人民群众是历史创造者"的观点，激活了中国传统民本思想并促进其创造性转化，也成为中国共产党对传统民本思想进行创造性阐释的核心思想资源。

中国共产党是以马克思主义为指导的无产阶级政党。马克思主义认为，人民群众是历史的真正主人，是社会物质、精神财富的创造者和社会变革的决定力量。毛泽东指出："人民，只有人民，才是创造世界历史的动力。"[①] 中国共产党从诞生之日起，就将"为

[①] 《毛泽东选集》第3卷，人民出版社1991年版，第1031页。

中国人民谋幸福、为中华民族谋复兴"确立为初心使命,确定了"全心全意为人民服务"的根本宗旨。毛泽东将传统民本思想加以转换,提出了"为民众服务"、群众路线等。他在《为人民服务》中公开申明:"我们这个队伍完全是为着解放人民的,是彻底地为人民的利益工作的。"① 他在《论联合政府》中强调:"紧紧地和中国人民站在一起,全心全意地为中国人民服务,就是这个军队的唯一的宗旨。"② 毛泽东反复强调:"全心全意地为人民服务,一刻也不脱离群众;一切从人民的利益出发,而不是从个人或小集团的利益出发;向人民负责和向党的领导机关负责的一致性;这些就是我们的出发点。"③ "全心全意为人民服务"是中国共产党的根本宗旨,是党的活动的根本出发点和落脚点,是区别于其他政党的最根本的标志。中国共产党除了工人阶级和最广大人民群众的利益,没有自己的特殊利益。"全心全意为人民服务"的根本宗旨,决定了中国共产党是人民根本利益的忠实代表者和坚定维护者,一切工作都以广大人民根本利益为最高标准,做到立党为公、执政为民,"权为民所用,情为民所系,利为民所谋"等。

所谓执政为民,指党在具体执政过程中,把一切为了民众、一切依靠民众作为最高价值和最高准则。党树立的"执政为民"理念,是对传统民本思想的继承和发展,是传统民本思想在当代的升华,也是民本本位在当代的真实回归。执政为民理念不同于传统民本思想之处在于:其一,传统民本思想始终把"民"框定在既有的政治体系内,没有把民众看作社会发展的决定力量,只是把"民"当作被动接受恩施的客体,民众始终处于被动地位,按照父母与子女的关系模式来理解君、官与民众的关系。而执政为民理念始终将

---

① 《毛泽东选集》第3卷,人民出版社1991年版,第1004页。
② 《毛泽东选集》第3卷,人民出版社1991年版,第1039页。
③ 《毛泽东选集》第3卷,人民出版社1991年版,第1094页。

民众作为社会政治的主体，认为群众才是创造历史的真正英雄，执政者与民众是鱼水关系，国家应该"由民做主"，而不是"为民做主"。其二，民众是党的执政之基，力量之源。党坚持一切为了群众、一切依靠群众，坚持立党为公，执政为民，保持党同人民群众的血肉联系，切实把最广大人民的根本利益实现好、维护好、发展好，把最广大人民的根本利益作为一切工作的根本出发点和落脚点。党的各级领导干部的权力是民众赋予的，因此党的执政为民理念要求始终树立正确的权力观，具有强烈的党性意识和责任意识，牢记"全心全意为人民服务"的根本宗旨，始终把"民众拥护不拥护，民众赞成不赞成，民众高兴不高兴，民众答应不答应"作为民主思想的价值追求和制定各项方针政策的出发点和归宿。

习近平总书记指出："人民是创造历史的动力，我们共产党人任何时候都不要忘记这个历史唯物主义最基本的道理。"[①] 他强调："在任何时候任何情况下，与人民同呼吸共命运的立场不能变，全心全意为人民服务的宗旨不能忘，群众是真正英雄的历史唯物主义观点不能丢，始终坚持立党为公、执政为民。"[②] 中国共产党立足于中国改革开放的伟大实践，立足于中华优秀传统文化的沃土，以马克思主义唯物史观为指导，继承中国传统民本思想的精华，提出了"以人民为中心"的发展思想。

中国共产党对传统民本思想的创造性阐释，主要集中在三个方面：一是纠正传统民本思想体现的英雄史观，树立人民群众创造历史的观点，坚持群众观点和群众路线，高度重视人民群众的主体地位，将儒家的"为民作主"思想转化为"人民当家作主"的政治实践，实现了传统民本思想的创造性转化。二是高度重视人民群众

---

① 《习近平总书记系列重要讲话读本（2016年版）》第1卷，学习出版社、人民出版社2016年版，第128页。

② 《习近平谈治国理政》第1卷，外文出版社2018年版，第367页。

的历史作用，高度重视民众在国家中的地位，继承儒家强调的保民、重民和亲民思想，树立人民至上的理念，树立民众利益高于一切的政治理念，牢固确立"全心全意为人民服务"的根本宗旨，实现了从传统"重民"思想向"全心全意为人民服务"思想的转变。三是高度重视解放和发展生产力，始终坚持以经济建设为中心，使人民群众日益增长的美好生活需要不断得到满足，实现从传统"富民""养民"思想向关注"民生"思想的转变。

党的十八大以来，习近平总书记多次引用有关"以民为本"的典故名言。早在浙江工作期间撰写的《干在实处，走在前列》一文中，他就引述了"民惟邦本，本固邦宁"；2012年12月，他在河北省阜平县考察扶贫开发工作时的讲话中，转引郑板桥的"衙斋卧听萧萧竹，疑是民间疾苦声，些小吾曹州县吏，一枝一叶总关情"；2013年7月，他在河北调研指导党的群众路线教育实践活动时，引述了《论衡》中的"知屋漏者在宇下，知政失者在草野"。同年12月26日在纪念毛泽东同志诞辰120周年座谈会上的讲话，他又引述了《管子·牧民》的"政之所兴在顺民心，政之所废在逆民心"；2014年1月，习近平总书记在党的群众路线教育实践活动第一批总结暨第二批部署会上的讲话中引述了清代万斯大《周官辨非》中的"利民之事，丝发必兴，厉民之事，毫末必去"；2016年7月1日，他在庆祝中国共产党成立95周年大会上的讲话中借用了"得众则得国，失众则失国"的古训，等等。

习近平总书记在党的十九大报告中，把"坚持以人民为中心"作为新时代中国特色社会主义思想的核心内容之一加以阐述。他指出，人民是历史的创造者，是决定党和国家前途命运的根本力量。必须坚持人民主体地位，坚持立党为公、执政为民，践行全心全意为人民服务的根本宗旨，把党的群众路线贯彻到治国理政全部活动之中，把人民对美好生活的向往作为奋斗目标，依靠人民创造历史伟业。"以人民为中心"的发展思想，不仅是对马克思主义唯物史观的继承和发展，而且是对中国传统民本思想在新时代的创新性发展。

"以人民为中心"的发展思想，彰显了人民至上的价值取向，体现了人民的主体地位。人民是历史的创造者，是决定党和国家前途命运的根本力量。党的根基在人民、血脉在人民、力量在人民。人民始终是党的力量之源和胜利之本。中国共产党之所以能取得一系列举世瞩目的成就，根本原因是始终坚持人民主体地位，坚持依靠人民创造历史伟业。依靠人民，就是把人民作为发展的力量源泉，充分尊重人民主体地位，充分尊重人民所表达的意愿、所创造的经验、所拥有的权利、所发挥的作用，充分尊重人民群众首创精神。一切工作的成败得失要由人民群众来检验，以人民拥护不拥护、赞成不赞成、高兴不高兴、答应不答应作为根本标准。

"以人民为中心"的发展思想，集中体现了中国共产党全心全意为人民服务的根本宗旨。习近平总书记指出："为人民谋幸福，是中国共产党人的初心。我们要时刻不忘这个初心，永远把人民对美好生活的向往作为奋斗目标。"[1] 党的一切工作的出发点和落脚点，都是为了实现好、维护好、发展好最广大人民的根本利益。一切为了人民，把增进人民福祉、提高人民生活水平和质量、促进人的全面发展作为根本出发点和落脚点，带领人民不断创造美好生活，不仅生动诠释了中国共产党全心全意为人民服务的根本宗旨，而且是立党为公、执政为民的生动体现，是共产党人始终坚守的政治灵魂和精神支柱。

"以人民为中心"的发展思想，集中体现了人民共享发展成果的价值追求。习近平总书记指出："必须始终把人民利益摆在至高

---

[1]《习近平关于"不忘初心、牢记使命"论述摘编》，党建出版社、中央文献出版社2019年版，第13页。

无上的地位，让改革发展成果更多更公平惠及全体人民。"[①] 他强调："以人民为中心的发展思想，不是一个抽象的、玄奥的概念，不能只停留在口头上、止步于思想环节，而要体现在经济社会发展各个环节。要坚持人民主体地位，顺应人民群众对美好生活的向往，不断实现好、维护好、发展好最广大人民根本利益，做到发展为了人民、发展依靠人民、发展成果由人民共享。"[②] 人民群众既是革命、建设和改革的主体力量，也是革命、建设和改革成果的享有者。发展成果由人民共享，使发展成果惠及全体人民，逐步实现共同富裕，是中国共产党的价值追求，也是社会主义的本质要求。发展为了人民、发展依靠人民、发展成果由人民共享，归根结底是要让人民群众有更多获得感。

"以人民为中心"的发展思想，集中体现了中国共产党密切联系群众的优良作风。来自人民、植根人民的中国共产党，融入人民、不脱离群众是其政治本色。习近平总书记指出，"我们党来自人民、植根人民、服务人民，一旦脱离群众，就会失去生命力。"[③] 坚持以人民为中心，就必须始终保持党同人民群众的血肉联系，自觉从人民群众的伟大实践中汲取智慧和力量，自觉接受人民群众的评判和监督，真正为群众办实事、解难事、做好事，赢得人民信任和支持。

总之，"以人民为中心"的发展思想，是中国共产党将唯物史观强调的"人民群众是历史创造者"的基本观点与中国传统民本思想相结合而提出的创新性理论成果。发展为了人民、发展依靠人民、发展成果由人民共享、保持党与人民的血肉联系，是"以人民为中心"发展思想的核心内涵。它既是中国共产党对新时代中国特

---

① 《习近平谈治国理政》第3卷，外文出版社2020年版，第35页。
② 《习近平谈治国理政》第2卷，外文出版社2017年版，第213页。
③ 《习近平谈治国理政》第3卷，外文出版社2020年版，第135页。

色社会主义丰富实践经验的科学总结，也是根据新时代需求对中国传统民本思想所进行的创造性阐释。这样的新阐释，促进了中国传统民本思想的现代创造性转化，成为中国古老的民本思想在新时代获得创新性发展的标识。"以人民为中心"的发展思想，深植于中华优秀传统文化的沃土，是对中国传统民本思想的创新性发展。

第 五 章

思想与文化

　　一个国家选择什么样的治理体系，是由这个国家的历史文化、社会性质、经济发展水平所决定，有着深刻的历史逻辑、理论逻辑、实践逻辑。中华民族在漫长历史长河中所形成的灿烂文化，虽历经五千年风雨洗礼，但其最核心的基因却传承不变，并以巨大的渗透力和生命力深深根植于政治、经济、学术、艺术、科技，乃至日常的生活方式和风俗习惯，塑造了中华民族特有的心理特质、思维方式、人生态度、价值取向和行为方式，并给历代治国理政的思想和决策打上了深刻的中华烙印。因此虽然在中国历史上王朝屡屡更替，但始终有一个超越了具体王朝而始终存在的文明共同体，不仅具有典章制度的政治连续性，而且具有礼乐、风俗、语言、宗教等文化一贯性。独特的思想及文化传统，促成了中国区别于其他民族和国家的独特历史发展道路。历代治国理政在思想与文化方面的特色及相关经验、教训，值得认真、系统、全面总结，以利于我们走好今天的路。

第一节　思想文化是中国古代国家治理的"根"和"魂"

　　思想文化为治国理政提供知识支撑，是治国理政的先导。若无思想文化作为知识支撑，不论是治国理政还是社会建设都将是一盘散沙。就拿国家治理的具体制度而论，其背后无不需要思想和文化的支撑。历朝历代的制度创新背后，无不存在一种新的思想和文化。因此，这也就不难理解中华文化并非停滞不前，而是与时俱进，代代出新。以中国历史而论，思想文化为历代治国理政及其意识形态提供了最为核心的道德体系、价值体系和话语体系，甚至儒家直接成为历代的统治思想，以及其意识形态最为核心的部分。具体而言，自西周形成的敬天保民、天人合一、人本民本、大同小康、中和中道等思想，为历代治国理政提供了思想和文化依据。这些思想历经发展、改造、创新，不但成为中华文化的重要内容，而且成为历代治国理政的重要特征。

一 天人合一为历代治国理政提供宇宙观的支撑

在中华传统文化的视域中，宇宙与人是一个统一性的整体，呈现了一个恢宏广大、生生不息、不断流变的图景。宇宙万物变动不居，生生不息。中华文化曾用"一"来表征宇宙的整体状态。这种观念使中国先人能够以整体的眼光、中和的态度，全面地看待周围事物，并善于处理部分与整体之间的关系，并由此洞见天道，弘扬人道。这在思想文化体系具体的表现之一，就是天人合一为历代治国理政提供宇宙观的支撑。

在中华文化中，天人关系的探讨源远流长，而且一直是被关注的重大论题。在司马迁之前的《周易》《尚书》等典籍中已多有记载和阐述，后人也多有阐发。[1]"天"有多种含义，总体而言主要意思有三：第一，主宰之天；第二，自然之天；第三，义理之天。[2]

---

[1] 参见李申选编、标点《儒教敬天说》，国家图书馆出版社2009年版；石磊选编、标点《儒教天道观》，国家图书馆出版社2010年版；张二远选编、标点《天命人性论》，国家图书馆出版社2013年版。

[2] 汤一介、[法]汪德迈：《天》，岳瑞译，北京大学出版社2011年版，第28页。

"天"与中国古代的国家治理密切相关，直至清代，祭天都是重要的政治活动。可以说，"天"及其所体现的"天命观"不仅在中华民族史、文化史、思想史上有着重要意义，而且与早期的国家治理思想及观念紧密相连，一直被视为国家正统性及合法性的重要依据，并且贯穿于治国理政之中。

（一）夏商时期的"天"

在人类产生之初，人对自然界中的一些现象无法解释，如日月星辰、风雨雷电等，于是产生了不同形式和内容的宗教及其思想。中国先秦时期的"天"即是如此。"天"是中国文化中的一个重要概念，它所体现出的思想与文化内涵，是先秦时期国家治理思想的肇始。这一历史时期，"天"体现为"天命""天意""天帝"。

至商代，"天命"观进一步发展，并产生了"帝"或"天帝"概念。从卜辞记载看，"帝"是至高无上的，具有绝对的权威。它不但统管风雨雷电等自然现象，而且还主宰人间征伐、生产、灾害等。"帝"的至上性是"王"至上性的反映。同时，殷还盛行祖先崇拜，对祖先有着一套烦琐的祭祀制度。将天帝与祖先崇拜相结合，以天命、祖先昭示王命，直接为政治统治服务，是殷商政治发展的重要标志。这种政治形态及思想具有深刻的内涵，即违背王命不但获罪于天，而且为列祖列宗所不容。这种观点对此后中国历代的统治有着重要和深远的影响，直至清代的消亡。纵观历史长河，历代统治者都宣扬君权神授，把自己的统治说成是上天的旨意，以巩固政权，加强统治。可以说，"天命"思想对于维护、巩固政权和统治秩序提供了重要的思想保障。

（二）西周时期的"天"

周灭商以后，周公继承了商代"天命"观念。周人的"天"等同殷人的"帝"，天的名称有"天""皇天""上天""昊天""苍天""天帝"等，而且"天"在道德和政治上的作用也进一步加强。"王"被称为"天子",所谓"有王虽小,元子哉"(《尚书·召诰》)。《诗·周颂·时迈》言:"时迈其邦,昊天其子之,实右序有周。"因此,作为天帝化身的周天子,通过天帝信奉这一途径而受到社会的普遍认同。这种加强王权、君权的方式为以后历代帝王所宣扬和提倡。

同时,社会规范和制度也是"天意"的反映。例如,《礼记·丧服四制》言:"凡礼之大体,体天地,法四时,则阴阳,顺人情,故谓之礼。"另外,"天"还能给人以福寿。例如,《小雅·天保》言:"罄无不宜,受天百禄。"

周朝在天命观上了继承并发展了殷商,解决了一个令人尴尬的理论窘境:如果天命至尊无比,那么商被灭为何"天"坐视不管?如果天命不可违,那么周克商不仅犯上,而且犯天意?恰恰在这个地方,周朝发展并完善了天命观。

第一,天命靡常,唯德是辅。"天"不会只保一家一姓,而是"皇天无亲,唯德是辅"。这也就把"天"无条件的护佑改为"有条件"的护佑。也就是,"天"只护佑有德之君,只护佑德行高尚之人。例如,周公还政成王后颁布的《召诰》回顾了夏命移商和商命移周的过程,说明有德的王朝,上天才会使之长久:"我不可不鉴于有夏,亦不可不鉴于有殷。我不敢知曰有夏服天命,惟有历年。我不敢知曰不其延,惟不敬厥德,乃早坠厥命。我不敢曰有殷受天命,惟有历年。我不敢曰不其延。惟不敬厥德,乃早坠厥命。"周公用"德"说明了"天"的意向,天唯德是"辅",用"德"的兴废作为夏、商、周更替的原因。有德者为王,无德者失天下。有德而民和,无德而民叛。周公所说"德"的内容比较广泛,在当时看来,一切美好的东西都可以包含在"德"中。其主要内容包括:敬天、敬祖、尊王命、受遗教、怜小民、慎行政、无逸、行教化、做新民、慎刑罚。德是一个综合概念,融信仰、道德、行政、政策于一体。依据"德"的原则,对天、祖要敬,对民要"保",对己要严,与人为善。周公的"以德配天",把天命、敬德、保民思想有机地合起来,把"天"的神圣性与社会道德、政治制度、国家治理更为密切地结合起来,初步奠定了中华文化最为核心的价值观念——敬天、重德、保民。

第二,只有德行高尚之人,才有资格受天之佑而成为人君;而统治者要"敬天保民,以德配天"。也就是人君要通过加强自身个人的道德修养,关心人民疾苦,视民情为天命。这就将被动的"天命"或祖先崇拜,改为积极的主动作为。

第三,"天"负有了"正义"的象征和属性。周公把"天命"与"敬德保民"密切联系起来。人参与天道的形式一是"敬德",二是"保民"。因为"天意在民",所以敬天主要是"敬德",但归宿则在"保民"。这在《尚书》中多有记载,例如:"天佑下民,作之君,作之师。惟其克相上帝,宠绥四方。""天矜于民,民之所欲,天必从之。""天视自我民视,天听自我民听。"很明显,这些思想的主旨就是:天爱护人民,倾听人民的意愿,并以之作为主宰人世的意志。而上天立君立师的主旨是为了保护下民,所以君主应像父母那样保护人民,以实现上天的意志。否则,必然引发"皇天震怒"而"天命诛之"(《尚书·泰誓》)。《尚书》所体现出的统治思想和政治实践,奠定了中国历代"天人关系",天与政治统治、国家治理的思想基础及政治范式,影响深远。

(三)"天命观"进一步丰富与发展

西周之后,阴阳五行说、五德终始说、天志说等,进一步丰富和发展了"天命观"。

1. 阴阳五行说

阴阳五行观念的起源说法不一,有文字记载的"阴阳"观念的正式出现,约在西周末年。《国语·周语上》载周幽王时,太史伯阳父以阴阳二气解释地震发生机制时说："阳伏而不能出，阴迫而不能蒸，于是有地震。"其后的史料显示，至春秋时期，阴阳观念的实际运用已较为流行，但使其升华为宇宙思想的，是春秋末期的老子。《老子》四十二章明确地提出："道生一，一生二，二生三，三生万物。万物负阴而抱阳，冲气以为和。"老子阐述的阴阳说对整个中华民族思想体系的形成有着至关重要的影响和意义。

目前所知"五行"最早的提法，载于《尚书·洪范》："五行，一曰水，二曰火，三曰木，四曰金，五曰土。"这里明确提出了五行之排列序数：水火木金土。这一序数并作为五行之数的模式而固定，并与阴阳学说相结合，由此衍生出大可阐释宇宙、小可切入毫末的极其宏富的东方思想体系。此时的水火木金土已不再是构成万物的五种基本元素，而被高度抽象化为物质的五种基本形态。简言之，阴阳相互作用，产生五行；五行相互作用，产生宇宙万物的无穷变化，基本方式是相生与相克。相生、相克的任何一方又可分为两方面，即"生我""我生"与"克我""我克"四种变化。阴阳五行说对中国古代政治产生了巨大影响。二十四史中专门有《律历志》《五行志》等谈论阴阳五行。它不但为帝王提供了治国理政的思想理论，而且影响着百姓的生活方式，如春生之季，往往大赦天下、劝农赈灾；冬杀之季，往往处决犯人、深居简出。

2. 五德终始说

五德终始说又叫五德转移说或五德转运说。"五德"即水、火、木、金、土五行，邹衍以五德相生为基础，通过五德的相生相克，来解释人类社会的发展变化。他认为朝代更替是按照五行顺序周而复始地运行，试图以此揭示人类社会活动的内在规律。邹衍的五德终始说对以后的学术和政治产生了重大影响。就政治而言，秦始皇可谓五德终始说的第一个实践者。秦始皇自认为秦朝以"水德"而建，因此秦朝的一切政治制度皆仿照"水德"制定。如"朝贺皆自十月朔。衣服旄旌节旗皆上黑。数以六为纪，符、法冠皆六寸。而舆六尺，六尺为步，乘六马。更名河曰德水，以为水之始。"①

邹衍五德终始说强调历史变易，而且认为历史变易有规律可循。这种规律性一方面表现为五德之循环，但这并不是邹衍的本意；另一方面，就是保持国家昌盛的规律就是"尚德"。《史记》言："邹衍睹有国者益淫侈，不能尚德，若《大雅》整之于身，施及黎庶矣。乃深观阴阳消息而作怪迂之变，《终始》《大圣》之篇十余万言"。另外，邹衍提出"天命无常"的思想。在他看来，天命是无常的，自黄帝受天命得土德后，天命又有三次转移，由大禹至商汤再至文王，分别得木德、金德和火德而改朝换代。因此，德有盛必然也有衰。如何使德长盛不衰，邹衍认为"必止乎仁义节俭"②。很显然，统治者要保住"天命"，就必须谨修其德，而"施及黎庶"，切不可暴虐天下。

3. 墨子天志说

墨子是春秋战国之交的鲁国人。当时家与家争、国与国战。统治机构中周王室以下的各个阶层或集团不断摆脱原有的政治及经济义务，而又不断攫取新的政治及经济权利。而下层人民"饥者不得食，寒者不得衣，劳者不得息"，到处呈现出一种混乱无序的政治局面。鉴于此，墨子提出"兼爱""非攻""非乐""节用""节葬""尚贤""天志"等主张，主旨是消弭战乱，革除社会弊端，安定民生。其中的"天志"说，是对以往"天命"观的继承和发展。墨子看来，"天"有意志、有好恶、能惩恶扬善。他反复强调：

---

① 《史记》卷六《秦始皇本纪》。
② 《史记》卷七四《孟子荀卿列传》。

"天之爱天下之百姓""天爱民之厚"。同时，他把统治者的统治分为顺天意的"义政"和反天意的"力政"两种。义政就是"处大国不攻小国，处大家不篡小家，强者不劫弱，贵者不傲贱，诈者不欺愚"，这样的统治者就是"圣王"。如果反其道而行之，就是"力政"，而实行"力政"的统治者就是"暴王"。天对待圣王与暴王的态度完全不同，原则就是赏善罚暴，对尧舜禹文武之兼爱天下之类的圣王，天会"从其所爱而爱之，从其所利而利之"，使其处于上位，立为天子，称为"圣王"；对待暴王，天会"不从其所爱而恶之，不从其所利而贼之"，使其父子离散，国家灭亡，称为"失王"。①

排除上述三者神秘主义的面纱，就自然之天而言，其所蕴含的智慧自不待言。例如，历代的瘟疫、生态环境的严重破坏等自然灾害，难道仅仅是自然的原因而没有人为的因素？当然不是。就以中国古代王朝治国理政而论，一旦出现重大自然灾害，包括皇帝在内的统治者往往反省自身的作为。因此，"天"、阴阳五行说、五德终始说、天志说等思想的最大启示就是：天人和谐是人类生存的基本保证和先决条件，治国理政只能是保证天人和谐的实现，而不是破坏它，更不是戕害它，否则必有瘟疫等自然灾害的报复。

（四）"天人合一"思想的形成

"天人合一"是中国优秀传统文化中的一个重要思想，不论是对人与人，还是人与自然、人与社会的和谐共生都具有重要价值。如前所述，"天"是中国文化中的一个重要概念，在司马迁之前的《周易》《尚书》等典籍中已多有记载和阐述，后人也多有阐发。而"一"，一方面被赋予万物之本源、万物之始的意义。例如《老子》

---

① 参见《墨子·尚同中》。

曰："道生一，一生二，二生三，三生万物。"《说文解字》曰："惟初太始，道立于一，造分天地，化成万物，凡一之属皆从一。"另一方面，是万物之整体为"一"的状态，绝非割裂，绝非对立。虽然物象各有差异，但穷其本源，万物皆归于"一"。这也就是《庄子·齐物论》所说的"天地与我并生，而万物与我为一"。《肇论》所言："天地与我同根，万物与我一体。"

在中国文化及思想史上，"天人合一"虽由张载提出，但这一思想在中国古代早已存在。例如，《周易·乾卦·象传》言："夫大人者，与天地合其德，与日月合其明，与四时合其序，与鬼神合其吉凶，先天而天弗违，后天而奉天时。天且弗违，而况于人乎？"汉代天人合一观念有进一步的发展，董仲舒提出："天人之际，合而为一"[1]；"以类合之，天人一也。"[2]宋代二程则提出："仁者，以天地万物为一体，莫非己也。"[3]张载明确提出"天人合一"，即"儒者则因明致诚，因诚致明，故天人合一，致学而可以成圣，得天而未始遗人。"[4]

与中华文化"天人合一"相反，西方文化恰恰表现出"天人对立"。对此，费孝通先生曾有精彩论述，现摘录如下：

> 总而言之，在西方文化里存在着一种偏向，就是把人和自然对立了起来。强调文化是人为和为人的性质，人成了主体，自然成了这主体支配的客体，夸大了人的作用，以至有一种倾向把文化看成是人利用自然来达到自身目的的成就。这种文化价值观把征服自然、人定胜天视作人的奋斗目标。推进文化发展的动力放在其对人生活的功利上，文化是人用来达到人生活

---

[1] 《春秋繁露·深察名号》。
[2] 《春秋繁露·阴阳义》。
[3] 《河南程氏遗书》，《二程集》，中华书局1981年版，第15页。
[4] 《乾称篇》，《张载集》，中华书局1978年版，第65页。

目的的器具，器具是为人所用的，它的存在决定于是否是有利于人的，这是现代西方的文化价值观念。

当然在西方现代思想中占重要地位的达尔文进化论肯定人类是自然世界的一部分，是从较低级的动物的基础上发展出来的一种动物。但这种基本科学知识却被人与人之间的利己主义所压制了，在进化论中强调了物竞天择的一方面，也就强调了文化是利用自然的手段。由此而出现的功利主义更把人和自然对立了起来。征服自然和利用自然成了科学的目的。因此对自然的物质方面的研究几乎掩盖了西方的科学领地。甚至后起的对人的研究也着重于体质方面，研究人心理的科学也着重在人体中神经系统的活动，即所谓行为科学，可见西方科学发展史上深深地受到其文化价值观的制约。

忽视精神方面的文化是一个至今还没有完全改变的对文化认识上的失误。这个失误正暴露了西方文化中人和自然相对立的基本思想的文化背景。这是"天人对立"世界观的基础。

在这里还应当指出，上面所说"天人对立"的世界观中的"人"字还应当加以说明，这里的"人"字实在是指西方文化中所强调的利己主义中的"己"字，这个"己"字不等于生物人，更不等于社会人，是一个一切为它服务的"个人"。在我的理解中，这个"己"正是西方文化的核心概念。要看清楚东西方文化的区别，也许理解这个核心是很重要的，东方的传统文化里"己"是应当"克"的，即应当压抑的对象，克己才能复礼，复礼是取得进入社会，成为一个社会人的必要条件。扬己和克己也许正是东西方文化差别的一个关键。[1]

---

[1] 费孝通：《文化论中人与自然关系的再认识》，《群言》2002年第9期。

总而言之，天人合一、万物为一思想，表明天人不但在本源上相同一，而且在现实生活中是一有机整体，绝非二元对立。这一点有别于西方的"天人对立论"。可以说，自近代以来，西方的"天人对立论"在当今世界上与利己主义的文化价值观结合，对全球的大众生活产生了深刻影响。从以往的历史看，这种观点曾在西方文化取得世界文化领先地位的事业中立过功，在许多非西方民族的现代化建设中也曾起过推动作用。但随着世界政治、经济、环境、文化等全球化程度的加深，西方文化所体现的"天人对立论"导致了生态破坏、环境污染、文化冲突等。这不但有别于东方文化，而且也折射出中国"天人合一"思想的重要性。①例如，从世界瘟疫史看，"天人合一"对界定人与自然的关系无疑指明了最为根本之处，是其最为究竟之旨归。

其一，人与自然万物是一不是二。人与动物、万物都生存于自然环境之中，都是大自然之物种，都生存其中但并没有超越之外。人与万物、动物、环境合于大自然这大"一"，也就是人、动物、万物、环境统一于自然这个大本体，它们之间的关系是一不是二，不是根本的"对立"，而是根本"相一"。这有别于西方的二元对立的观点。

其二，人仅仅是自然的产物，绝没有超越自然之上。在人类产生以前，地球已存在约 46 亿年，自地球上出现生命开始，也已约 38 亿年。地球上的微生物、动物、植物等也远远早于人在地球上的历史。大约 700 万年前，在万物构成的生态系统中产生了人及人类社会。②所以，我们人，连同"我们的肉、血和头脑都是属于自然

---

① 费孝通：《对文化的历史性和社会性的思考》，《思想战线》2004 年第 2 期。
② 参见［法］伯特里克·德韦弗《地球之美》，［法］让－费朗索瓦·布翁克里斯蒂亚尼绘，新星出版社 2017 年版；［日］日本博学俱乐部：《地球简史》，黄少安译，福建科学技术出版社 2019 年版。

界和存在于自然之中"。①与地球46亿年、生命38亿年的历程相比,人在庞大的生物系统中,只占十分微小的一部分。

人不但因自然而生,是自然的产物,而且也不能离开自然界而生存。天地之所以成其大,在于能够容纳万物,育化万物。《周易·系辞下》言:"天地之大德曰生。"《论语·阳货》言:"天何言哉。四时行焉,百物生焉,天何言哉。"天运行不息,四季更替,生长万物,而人即是其中之一,绝不是超越之外的独立存在。人必须依赖自然界提供生活资料才能生存,如阳光、植物、动物、土地、空气、净水,等等。②人呼吸污染空气,饮用污染水源、食用有毒食物,就会生病;人不吃不喝,就会饿死。人的生命就得不到保证,何谈生命的发展和超越。

其三,人与自然万物构成"一体"生态系统。人与自然万物构成相互作用的生态系统,作为一个整体运行。而其中又有不同层面的大小生态系统,如一个湖泊、一条大河,或一个地区、一个国家,等等。③当今全球社会的生态危机,无不是功利主义私欲漫无节制的产物。在此,"天人合一"对处理人与动物、环境、自然的关系问题,不论是在形而上道的层面,还是在形而下术的层面,都给予我国及全球的经济、社会、生态等建设以深刻的思想启示。

---

① 《马克思恩格斯选集》第3卷,人民出版社2012年版,第998页。
② 著名生态学家康斯坦赞(R. Constanza)等,将地球生态系统的服务功能分为17类,即大气调节、气候调节、干扰调节、水调节、水储存、控制侵蚀和保持沉积物、土壤形成、养分循环、废物处理、传粉、生物防治、避难所、食物生产、生产生活原料的提供、提供基因资源、休闲娱乐、文化塑造功能。(参见卢风等《生态文明:文明的超越》,中国科学技术出版社2019年版,第83页。)
③ 参见[丹]S. E. 约恩森《生态系统生态学》,曹建军等译,科学出版社2017年版;[美]小曼努埃尔·C. 莫里斯《认识生态》,孙振钧译,科学技术文献出版社2019年版。

二　人本：历代治国理政的底色

在天人合一的整体视域下，中华传统文化强调以人为本，又追求天人和谐。与世界其他文化相比，中华文化是人类历史上最具觉悟特质的文化。这种觉悟特质的一个重要表现，就是将命运建立在人自己奋斗的基点之上，而不是外部神秘力量。由神本转向人本，是中国文化在世界文化中的突出特征。这就决定了历朝历代与世界文明中那些政教合一的国家走着不同治国的路径。西方自文艺复兴开始，借鉴古希腊古罗马文化，和以中国为中心的东方人文精神，创造了西方的人文精神。而中国，在西周时期人本从神本中剥离出来，形成了独具中华民族特色的人文精神，这比西方早了 2000 年左右。[①] 中华文化以人本主义为特征，这与西方文化存在非常大的区别。

其一，提供个人道德境界不断提升的路径。中华民族遇到问题，是基于自己的力量去迎接挑战，解决困难。例如，历史上的大禹治水、燧木取火、愚公移山。也就是说，中国先人主张通过自己的努力改变命运，主张自助者天助，主张厚德才能载物，所以特别强调人自身的努力，也就是"天行健，君子以自强不息"。这在中华文化的三个主体儒释道的根本处表现得淋漓尽致。

人兽之别是中国古代先人提出的一个重要命题，而人兽之别的重要区别就是人具有伦理道德及不断的提升。这在《礼记》《孟子》《荀子》等经典中有着生动详细的记载。例如，孟子言："人之所以异于禽兽者几希，庶民去之，君子存之。"[②] 伦理道德最初将人和兽区别开来，但中国文化远没有到此止步，而是继续提升，由

[①] 参见张岱年、方克立《中国文化概论》，北京师范大学出版社 2004 年版，第 57—59 页；陈来《古代宗教与伦理——儒家思想的根源》，生活・读书・新知三联书店 1996 年版，第 4 页。

[②] 《孟子・离娄下》。

"明德"走向"至善"。由此，个人的道德修养、人生境界日新月异，从凡尘俗子，进步为君子，从君子进步为大德，从大德进步为圣贤。很明显，从人兽之别到大德圣贤提升的过程中，道德是轴心，道德境界的不断提升是自我反省、自我进步的阶梯。例如，作为儒家五经之一的《尚书》言："皇天无亲，惟德是辅。"[1] 子曰："为仁由己，而由人乎哉？"又曰："我欲仁，斯仁至矣。"再曰："君子求诸己，小人求诸人。"[2]道家经典《太上感应篇》言："祸福无门，惟人自召"，等等。由此，看出中国文化对于生命、德行等的追求都建立在自己的努力之上，而非外在神秘的力量。今天，人们仍对儒释道中的精华多有误解，乃至当成"封建迷信"。这值得注意，应深入内里，辩证分析，不能一概而论。

由此，中国文化解决了人兽之别，以及人之道德层次不断提升和超越的问题。尽管世界各大文明中都注意到道德伦理问题，但中国文化中的道德伦理更为系统、精细、究竟。因而，引起了其他国家诸多学者的高度重视。例如，黑格尔曾言："当我们说中国哲学，说孔子的哲学，并加以夸羡时，则我们须了解所说的和所夸羡的只是这种道德。"[3]时至今日，这个问题仍然给人们以深刻的启示。随着当今世界人的物化问题日益严重，中国文化中的诸多道德、伦理、价值的具体思想和观念，必将有益于世人。

其二，确立了个人、家庭、群体、国家、天下互为成就的路径。如果仅仅只是个人道德的成功，远不能说明中国文化博大精深。除上述个人道德、境界的提升外，它还由己及人，乃至家、国、天下。

第一，由己及人。也就是还要确确实实引导、育化、成就他

---

[1] 《尚书·周书·蔡仲之命》。
[2] 《论语·卫灵公》。
[3] [德]黑格尔：《哲学史讲演录》（第1卷），贺麟等译，商务印书馆1959年版，第136页。

人。即《论语·雍也》所说的"己欲立而立人,己欲达而达人"。

第二,由己到家、国、天下。这也就是《大学》所彰显的格物、致知、正心、诚意、修身、齐家、治国、平天下。

第三,相反相成,行有不得,反求诸己。[①]值得注意的是,格物、致知、正心、诚意、修身、齐家、治国、平天下并不是一个单一的过程,而是双向的,不但相辅相成,而且相反相成。也就是自己不成功,出了问题,遇到了困难和挫折,就要反躬自省,不怨天尤人,不一味向外部寻求解决之道。这是除了伦理、道德、价值之外,优秀传统文化给予我们的一个有重要价值的思想和启示,尤其是对当今过于注重物质追求的人们和社会。

其三,成就了"自强不息"的民族精神。在任何一个民族的历史发展中,都离不开拼搏和进取的精神,但"自强不息"在中国历史和文化中有自己独特的内涵。正是由于这种独特的内涵,才成为中华文化的独特标识之一。在中华文化中,"自强不息"强调依靠我们自己的力量去战胜困难、济世化人,实现国泰民安、天下太平,也就是强调把修齐治平建立在自己的基点之上,而不是依靠什么外在神秘的力量。这是中华文化与西方文化、伊斯兰文化等的一个根本不同。正是由于这种独特的内涵,"自强不息"才成为中华文化的独特标识之一。

"自强不息"不仅是个人的高贵品质,而且与济世救民、安邦定国、天下太平紧紧联系在一起,是为了崇高的家国使命而奋斗不息。这种崇高精神和责任担当从中国古代神话中已经彰显出来。例如,"盘古开天""女娲补天""后羿射日"等,无一不是如此。自此,自强不息已成为中华民族生生不息的动力源泉。尤其是在国家积贫积弱、内忧外患、外敌入侵的困顿时期,更是振兴中华的强大

---

① "行有不得者皆反求诸己"(《孟子·离娄上》)。

精神动力。中华民族在五千年发展史上，尽管屡遭磨难，或天灾人祸，或外族入侵，但我们民族不屈不挠，奋斗不息，既建设了大好河山，又创造了灿烂文明。

这种"自强不息"的精神自古至今，源远流长，鼓舞着一代又一代中国人不懈前行，战胜自我，战胜艰难困苦，战胜穷凶极恶的敌人。可以说，在中国历史发展的进程中，自强不息内化为民族精神的重要组成部分，成为中华民族的自觉意识。近代以来，自强不息精神在中华民族救亡图存的过程中得到进一步发展和传承。正是由于中华儿女自强不息、坚韧不拔的精神品质，使近代中华民族的危机和亡国灭种的凶险一次次化解，最终取得了反侵略战争的伟大胜利。1949年新中国成立后，自强不息精神得到进一步的发展和彰显，在中华民族从富起来到强起来的发展中再次展现出生机勃勃的活力。历史表明，自强不息已深深熔铸在中华民族的生命力、创造力和凝聚力之中，成为中华文明得以绵延千载、生生不息的精神动力。弘扬和培育中华民族自强不息的民族精神，是增强民族向心力、创造力、战斗力的重要源泉。这既是对历史的继承又是对历史的发展。

三 大同小康：古代治国理政的动力与理想

对社会未来的理想，不同时代的不同民族找到了不同的归宿。中国先人找到大同小康。早在两千五百年前，儒家创始人孔子提出"大同""小康"说。两千多年来，这种美好的社会理想激励着无数仁人志士为之奋斗不息。

"大同"描述的是一个天下为公、文明和谐、公正平等、大道倡行的理想社会。在中华文明史上，"大同"有着古老而丰厚的文化渊源，有着博大而深刻的思想内涵。它不仅是中华民族传承数千年的社会愿景，而且寄托着圣哲先贤乃至广大民众的政治理想、道德情怀和价值信仰，为中国社会发展注入了强大精神和文化动力。世界大同最为经典的表述在《礼记·礼运》：

> 大道之行也，与三代之英，丘未之逮也，而有志焉。大道之行也，天下为公，选贤与能，讲信修睦。故人不独亲其亲，不独子其子；使老有所终，壮有所用，幼有所长，矜寡孤独废疾者皆有所养。男有分，女有归。货恶其弃于地也，不必藏于己；力恶其不出于身也，不必为己。是故谋闭而不兴，盗窃乱贼而不作，故外户而不闭。是谓大同。今大道既隐，天下为家，各亲其亲，各子其子。货力为己。大人世及以为礼，城郭沟池以为固。礼义以为纪：以正君臣，以笃父子，以睦兄弟，以和夫妇，以设制度，以立田里，以贤勇知，以功为己。故谋用是作，而兵由此起。禹、汤、文、武、成王、周公，由此其选也。此六君子者未有不谨于礼者也；以著其义，以考其信，著有过，刑仁讲让，示民有常。如有不由此者，在势者去，众以为殃。是谓小康。

其一，"大同"确立了中国社会治国理政的终极追求。"大同"不仅确立中国古代人的社会理想，而且确立了中国社会治国理政的终极追求。纵观中国历史，中华民族的优秀儿女之所以面对艰难困苦而勇往直前，其精神动力的一大来源就是这理想社会。这种精神在国家、民族生死存亡的历史关头表现得尤为突出。它使温文尔雅的中国士大夫面对政治的腐败而集体赴阙冒死强谏，面对亡国灭种的危险而前赴后继、义无反顾。"大同"蕴含着深层的思想寓意和终极的价值关怀。可以说，"大同"即世世代代中国人梦寐以求的社会理想，是中华民族对理想社会追求的聚焦点和最高点，贯穿中国历代对理想社会追求的全过程。儒家提出格物、致知、正心、诚意、修身、齐家、治国、平天下的人生理想；张载以"为天地立心、为生民立道、为往圣继绝学、为万世开太平"为己任等，都是在本质上立足于人类美好未来的人生志向。中国人正是在为子孙后代创建理想社会的不懈努力过程中，使有限的生命获得了无限的意义。

其二，确立了中国治国理政的一个重要原则——天下为公。天下为公不仅是一种价值理念，也是实实在在的价值实践。对中国仁人志士、大德圣贤而言，"天下为公"不仅是思想观念的倡导，而且追求和践行，从而形成了自古至今源远流长的优秀文化传统。由此，"天下为公"不仅对中华民族产生了恒久影响，而且成为最具普遍价值的精神标识，体现着中华民族的价值追求。到近代孙中山先生发动民主革命的时候，再次把"天下为公"作为新社会的理想要旨。当今，由于种种原因，现实社会与中华优秀文化传统之间虽有断痕，但"天下为公"这一崇高的价值追求却历久弥新。这说明，在中华民族最为根本的价值层面，古人和今人有着深层的共鸣，中华优秀传统文化是我们中华民族的精神命脉所在。

一方面，"天下为公"是最为重要的执政理念之一。中华优秀传统文化昭示我们，天地之道博大无私，治国理政者只有遵循天地大道，才能国泰民安，才能真正实现大治。《礼记·礼运》开篇即说"大道之行也，天下为公"，其根本含义即在于此。

另一方面，中国先贤的这种"天下为公"且敢于奉献和牺牲的精神，是中华民族最为宝贵的精神财富。这也提醒当今的我们，一个真正有德性的人，一定不是浑浑噩噩的人，一定不是只知追求金钱和权力的人，而是一个能够克服私欲，为社会、国家和民族敢于承担责任、甘于奉献和牺牲的人。所以说，在实现中华民族伟大复兴的征程中，我们国家的精气神，中华民族的精气神，每个社会成员的那种真正超越自私自利、财色名利的崇高追求、责任担当，都至关重要。中华民族的伟大复兴，靠每一个有情怀、有抱负、有担当的中华儿女，尽管他们职业千差万别，也可能侨居海外，漂泊他乡。

其三，彰显了一个理想社会不可或缺的道德价值准则。"大同"不只限于政治与经济，而且"必有普遍的德化以实之"①。这种愿景信仰中的"德"，与大德圣贤所倡导的"德"，可谓一以贯之。除了表层的维护社会秩序的功能，道德更深层次的寓意是为何维护社会秩序。这与人们的道德理想密切相关。这种道德理想在中国先人那里表现为"大同"。道德理想代表着对现实的超越和对未来的向往。道德所肯定和弘扬的行为，是那些能带来整体最佳效果的行为。道德总是立足于行为方式的整体最佳效果，来对行为者提出要求，并以"应然"的尺度来衡量和要求"实然"，它总是盯着现实与理想之间的差距，促进"实然"向"应然"的理想境界转化，因而对现实具有强烈的引导性和批判性。

其四，社会需要道德礼仪规范的制约。在人类演化的过程中，或由于物质水平没有满足某个人、某些人甚至某些群体、某些国家的需要，或是因为某些个人或群体的私欲，从而使得暴力、犯罪乃至非正义战争等假恶丑的东西充斥人间。历史中太多的假恶丑使道德处于弱化的地位，这也与古代圣贤所设想的大同社会大相径庭。仅仅空言道德，不是实现"大同"行之有效的方式。人们在日常生活中遵循基本的道德标准，维护一定的社会秩序，则是实现"群体之大同"的最基本起点；并且社会也必须有一套共同遵循的道德标准来维系其存在。故而前贤圣哲提出了与大同小康社会相适应的道德伦理。从而先人不论是在做事，还是在为人、著书立说等，到处都有着道德的身影与影响。

---

① 牟宗三：《政道与治道》，广西师范大学出版社 2006 年版，第 10—11 页。

了解"大同""小康"社会理想在中国历史的发展和演变，不仅能够使我们对传统社会理想特质有深刻的认识，更能够有助于我们在现代社会建设中走一条稳健和谐的道路，为中华民族的美好未来架起思想文化的桥梁。

　　第一，"大同""小康"的社会理想表明了走共同富裕道路的合理性。社会是一个共同体，人们在衣食无忧之后，才能够更好地讲究礼义廉耻。贫富分化严重不仅会造成社会的苦难与人间的悲惨现象，更会对社会整体的和谐感与家园感带来创伤。一个道德共同体的实现，需要物质文明与精神文明携手前进。

　　第二，"大同""小康"的理想社会给予我们制度建设上的启发是，需要通过教育来提高民众的社会意识，并进一步促进社会自身的成熟。只有确立起每一个社会成员的主人翁意识，才能够更好地发挥社会成员的积极性，才能够确立稳定且富有活力的社会秩序。

　　第三，实现社会公平正义。"天下大同"在新时代的意义，就是要在公平正义的基础上，给予多元文化以生存的空间。"天下大同"不是拉平，而是以和而不同的精神来促进社会生活的丰富与思想文化的多元互补，实现社会的和谐发展。正如费孝通先生所讲那样，要"各美其美、美人之美、美美与共、天下大同"。

　　第四，对世界的借鉴价值。从历史传统看，我国基本是一个战略内向型国家，国家命运的焦点是天下秩序的崩溃与重建。突出的天下情怀与鲜明的道德意识，构成了中华文化的一个核心特征。就以"大同"而言，尽管是中国古代诞生的社会理想，但与共产主义理想和习近平总书记提出的"人类命运共同体"多有相通之处，与今天我们为之奋斗的中国特色社会主义事业息息相通。党的十八大以来，习近平总书记多次阐述过"人类命运共同体"问题，明确提出了"构建人类命运共同体，实现共赢共享"的中国方案。"人类命运共同体"这个具有空前历史视野的概念,是对中国古代"大同""天下观"等思想的继承和发展,也是将优秀传统文化运用到国际关系的创造和创新。中国倡导的"构建人类命运共同体",正日益成为世界各国的重要共识。

四 中道圆融:治国理政的中国艺术

中华优秀传统文化重视强调人自身、人与人、人与社会、人与自然等之间的"和",即和合、和谐、中和。中道、中庸、中和作为中国文化思想的一个重要内容,是指事物的一种最佳的境界和状态,既包括人自身、事物自身的和谐,也包括人与人之间、群体与群体之间、民族与民族之间、国家与国家之间的和谐。中国先人在认识宇宙、自然、万物、社会、人生、人身等,经历了长久复杂的过程。他们仰观天象、俯察地理、近取诸身、远取诸物,不论是在思想认识上还是在现实实践中,把天、地、人、物、我等圆融起来,而不是将其对立起来,形成了中道、中和、以和为贵的具有中华民族文化主要特征的思想和理念。这在中国传统文化的三个主体儒释道中都有阐述。与世界其他文化文明相比,不论是在理论思辨层面还是在生活实践层面,中道、中庸代表了中华文化独特的思维方式,对历代治国理政的支撑与指导具有独特的魅力。儒家经典《中庸》称:"君子尊德性而道问学,致广大而尽精微,极高明而道中庸。"这就是说,"中庸"之道反映的是一种高明的政治思维方式和恰当的政治手段,是人们在处理极为复杂的政治问题时探索出的最为恰当的方式和方法。

"中庸"即中道,适度,无过无不及,绝不是人们通常所理解的折中主义,而是一种恰如其分、善巧适度的思维方式、处世方式。说易行难,这在现实生活中并不好把握,乃至难以达到,也就是孔子所说的:"中庸之为德也,其至矣乎,民鲜久矣。"(《论

语·雍也》)

在儒家经典中,"中庸"始见于《论语》,而"中"作为一种思想、理论和思维方式,则由来已久。例如《尚书·大禹谟》言:"人心惟危,道心惟微,惟精惟一,允执厥中";《尚书·酒诰》言:"尔克永观省,作稽中德";《尚书·立政》言:"兹式有慎,以列用中罚。"又如《周易·观卦》言:"中正以观天下"。春秋时期,孔子将"中"与"庸"连用,并把它提到了"至德"的高度,即所谓"中庸之为德也,其至矣乎"。(《论语·雍也》)值得注意的是,孔子在阐发如何执"中"的过程中,提出了"过犹不及""叩其两端"等思想。"中庸"的方法论意义在于对待事物持适度原则。

战国时期,《中庸》一书将孔子所提"中庸"思想进一步发展,例如:

> 仲尼曰:"君子中庸,小人反中庸。君子之中庸也,君子而时中;小人之反中庸也,小人而无忌惮也。"
>
> 子曰:"中庸其至矣乎,民鲜能久矣。"
>
> 子曰:"道之不行也,我知之矣,知者过之,愚者不及也。道之不明也,我知之矣,贤者过之,不肖者不及也。"
>
> 子曰:"舜其大知也与。舜好问而好察迩言,隐恶而扬善,执其两端,用其中于民。其斯以为舜乎!"

尤其值得一提的是,《中庸》将中庸由"至德"提升到"大本""达道"的高度,把中庸本体化,也就是"中也者,天下之大本也。和也者,天下之达道也。至中和,天地位焉,万物育焉。"这就将"中"与"和"作为宇宙最根本、最普遍的法则,遵循这个法则,天地万物就可以各得其所繁荣兴旺。由此,中庸由社会行为准则被改造为宇宙运行法则，具有万物生长本源的本体意义。

自西汉"罢黜百家，独尊儒术"开始，儒家地位逐步抬高，中庸思想亦逐步发展成为历代治国理政的重要思想理论。在这个演变过程中，董仲舒是一位关键性人物。他认为："夫德莫大于和，而道莫正于中……是故能以中和理天下者，其德大盛；能以中和养其身者，其寿极命。"①也就是说，中庸之用大则治国安邦，小则安身立命，颐养天年。之后，对中庸思想阐发最要者为以程颢、程颐、朱熹为代表的宋明理学家。程朱对中庸的解释基本一致，例如，程子言："不偏之谓中，不易之谓庸。中者，天下之正道。庸者，天下之定理。"朱熹言："中庸者，不偏不倚，无过不及，而平常之理。"② 在他们看来，中庸就是不偏不倚、无过与不及，此乃恒常不变的"正道"和"定理"。由此可见，他们对中庸的解释比前人更加明确。

在本质上，儒家中庸思想与释道中道思想一致，这在道家和释家典籍中多有阐述。由此，中庸中道思想构成了中华文化思想的一个主要内容和重要特征，对治国理政、移风易俗、道德修养等产生了多种功用和影响。可以说，中华民族在世界文明史创造的灿烂辉煌与中庸思想息息相关，不但丰富了中华文化的思想内涵，而且增强了中华民族的群体意识、凝聚力、融合力，促进了社会安定、民族团结和国家统一，以及民族、文化的认同。这对当今不大太平、冲突不断的世界依然有着重要的启示价值和解决冲突的智慧。

其一，中庸中道乃高明的政治艺术。中庸中道要求人们在治国理政实践中，在观察、处理、解决问题时，全面稳重，不走极端，善于权衡而恰到好处。其中并没有照搬的模式、套用的公式，其高

---

① 《春秋繁露·循天之道》。
② 《四书章句集注·中庸章句》。

明之处，在于时势的判断、分析的果断、执行的决断中各所体现出的稳重、恰到，乃如炉火纯青的政治艺术。

其二，"无过无不及"的政治策略。"中庸"之所以能够成为儒家的政治黄金律，关键在于它教导人们特别是教导为政者，如何能够恰当地把握"中"，在实践中能够"允执厥中"。虽然这是一种理想化的政治目标，并在现实政治实践中实现较难，但我们不能否认中庸的方法论意义和理论指导价值。否则，势必离正确的原则越来越远，而产生适得其反的治国理政效果。在这方面，历史上有不少惨痛的政治教训。

其三，不但强调"中"，而且重视"和"的价值和作用。这就形成了中庸中和、中道融和的思想体系。《中庸》开篇即讲："喜怒哀乐之未发，谓之中。发而皆中节，谓之和。中也者，天下之大本也；和也者，天下之达道也。致中和，天地位焉，万物育焉。"《周易·乾卦》说："乾道变化，各正性命。保合太和，乃利贞。首出庶物，万国咸宁。"由此可见，中和可使天地万物各安其位，生生不息。中和思想在中华民族的融合、发展和繁荣中发挥了重要作用。这一点，盛唐气象是一个很好的借鉴和说明。从初唐到开元、天宝年间，国家一统，经济繁荣，政治开明，儒释道并盛，文化发达，对外交流频繁，国家呈现出海纳百川、兼容并包的盛唐气象。开放的时代精神，广泛的文化交流，使盛唐社会生机勃勃，并创造了气度恢宏的文化，达到了中国历史的一个新高度。

中国文化对"和"有不同层面的表述，如"家和万事兴""和气生财""政通人和""以和为贵""协和万邦"，等等。"和合"出自《墨子·尚同中》，即"内之父子兄弟作怨雠，皆有离散之心，不能相和合。"在中国历史上，不论是诸子百家，还是儒释道，都强调"和"。其一，在深层次上，"和"是最为根本的状态，如太虚之和，能生万物。其二，"和"中蕴含着开放性和包容性，有容乃大之意。其三，"和"的尺度是中道、中庸、中和。其四，"和"表现出的状态是和谐、和合。

"和而不同"是中国文化和思想的一个重要理念，在个人修养、为人处世、治国理政等各个层面都有所体现。"有容，德乃大。"（《尚书·君陈》）尽管不论在历史和社会中，人与人，群体与群体、国家与国家之间存在冲突乃至战争，但是他们之间都需要宽容与和谐。和而不同，无疑指明了消除对立乃至斗争的路径和智慧。中华文明推崇的"和而不同""协和万邦"，对今天我们推动构建人类命运共同体大有裨益。

中道、中庸、中和，并不仅是一个文本概念，而是生动活泼的思想，不但能够在人的内心，而且可以在齐家、治国、平天下等各个层面生根、发芽、成长，育化出内心或外物和谐优美的状态。所以，中道、中庸、中和等文化思想，是维系与协调不同族群、文化、宗教的圆融智慧，对中国历史及文化发展产生了广泛而久远的影响。这也是中华文化能够有容乃大的根源所在。正如习近平总书记所言："这种'贵和尚中、善解能容、厚德载物、和而不同'的宽容品格，是我们民族所追求的一种文化理念。自然与社会的和谐，个体与群体之间的和谐，我们民族的理想正在于此，我们民族的凝聚力、创造力也正基于此。"[1]中和、中庸、中道圆融等思想，为世界和平共处提供了中国智慧和中国经验。特别是中庸、中道、中和、圆融是破除二元对立的良方。二元对立及斗争思维是西方文化的一个主要特征。对如何从根本上破解二元对立及斗争思维，中国优秀传统文化中的"中道融合"就蕴含着值得参考借鉴的中国智慧。

由中国历史发展来看，中国先祖所创立的天下观，以及中道、

---

[1] 习近平：《之江新语》，浙江人民出版社2007年版，第150页。

中和思想，在中华民族发展和融合的过程中，比较容易突破和超越狭隘的民族与国家界限。虽然，在中原与周边、农业民族与游牧民族间有排斥、冲突乃至战争，但总体趋势是不断融合。长期以来，汉民族与匈奴、鲜卑、突厥、吐蕃、回鹘等民族不断交融，形成了中华民族共同体，共同造就了灿烂的中华文化和中华文明。

中外历史表明，一个文明如果没有自己的知识体系，就不可能变得强大。任何一个知识体系都是基于自身的实践之上，既能解释自身，又能聚合各种力量，表现为强大的软力量。中国古代的知识体系即是如此，不但令中华民族屹立在世界的东方，而且对东亚乃至世界产生了重要影响。中华民族从远古走来，文明的河流从未干涸，其中一个重要的不可或缺的因素就是文化。中华文化所蕴含的中国价值、中国智慧、中国精神，使得中华民族生生不息，充满生机活力。这体现在历代治国理政方面，就是文化及其思想预设了国家治理的深度、广度和高度。

第二节　思想文化与治国理政

思想文化与意识形态互为关联，也相互作用。思想文化是意识形态的基础，没有思想，就不会有意识形态。另一方面，一旦一种意识形态形成了，就会演变成思想的"范式"，一方面把思想文化纳入意识形态之中，另一方面把意识形态视作为判断事物的标准。就历代治国理政而言，有些思想文化观念直接转化为具体的大政方针，或具体的政策规章，从而在国家治理中发挥着重要作用。

一　思想文化与治国之策的选择

从历代治国理政的实践看，诸多文化思想直接成为国家治理思想及措施的重要组成部分，对历代产生了重要影响。

(一) 西周礼治

西周初期，成王年幼，周公摄政。在周公主持下，周王朝采取了一系列巩固政权的重要措施，其中之一就是制礼作乐，即从政治、文化等方面制定一系列典章制度，其核心内容是一套严格贯彻宗法等级制、分别亲疏上下的礼仪体系，各种礼仪又配有相应的乐舞。这套礼乐制度是在系统地总结前代礼仪体系、社会规范内容的基础上进一步发展、完善而成，成为周朝典制的重要内容。

在周朝，礼的范围很广，由社会风俗习惯直至国家关系、军队征伐、典章制度等诸多方面，可谓包罗万象。其基本内容，主要见于先秦典籍《仪礼》一书。《仪礼》托名为周公所作，一般以为它成书于春秋后期，可能经过孔子编订。但书中所述礼仪制度大体都是从西周沿用到春秋的，可以作为了解西周礼制的依据。《仪礼》共17篇，述17种典礼，每种典礼都有十分具体复杂的仪节。后人将其概括为"八达"之礼：冠、昏、丧、祭、射、乡、朝、聘。其中前四种分别指成人仪式、结婚仪式、丧葬仪式、祭祀仪式。射礼指射箭比赛仪式，是氏族社会遗留下来的体育、习武习俗。乡礼指乡饮酒仪式，是社会基层举行的敬老酒会。朝礼是诸侯朝见天子的仪式，聘礼是诸侯之间互相聘问的仪式。在各种典礼、仪式当中，不同社会地位的参与者都有各自不同的、严格的具体行为规范。通过这些行为规范区别尊卑亲疏等社会范畴，界定每个人在社会秩序中的具体位置，协调全体社会成员之间的关系。这就是周朝礼制的基本精神。

礼的实施与乐密不可分，各种礼都有为之服务的乐。乐在广义上包括诗歌、音乐、舞蹈，它们在氏族社会本来都是用以表达情感的文化活动。与礼结合以后，乐的性质发生了较大变化，等级性的内容明显增强。不同阶层的人所用乐舞在规模、人数等方面皆有严格规定，不得逾越。因为有乐相配，礼的审美属性得到了进一步加强。礼乐相合，更具有一种潜移默化，影响人们心理情感的作用，能够体现出崇高、肃穆、和谐的氛围。周朝礼乐制度对维护当时的社会秩序、巩固王朝统治起到了重大作用，其中很多内容对后世产生了久远的影响。

（二）秦之法家

从春秋争霸到秦并六国的过程中，法家学说表现得淋漓尽致。法家可分为前期法家和后期法家。战国初期和中期的法家称为前期法家，主要代表人物是管仲、子产、李悝、吴起、申不害、慎到和商鞅等，他们强调变法以求富国强兵，并提出明确的变法措施。战国末期的法家称为后期法家，主要代表人物是韩非和李斯，他们注重"定法"，主张将现实的封建秩序用法律固定下来。

从治国理政而言，法家的思想涉及政治、经济、军事、法律等众多领域，具有独具特色的概念和术语，如法、势、术、刑、罚、赏、公、私、耕、战等。其主要内容包括以下几个方面：（1）法是治国的不二法门，一切由法裁断。（2）主张通过农耕和战争达到富国强兵的目的。法家特别注重实力，认为实力是解决社会矛盾的基本手段，耕战是富国强兵的根本途径。（3）鼓吹君主专制和独裁，主张用严刑峻法来镇压人民的反抗。法家主张君主应该拥有绝对权力，而臣下必须绝对服从君主的意志。为了维护君主的政治统治地位，法家主张君主操法、术、势三柄，以此驾驭群臣、统治民众。法家是君主专制的讴歌者，从而把君主专制思想推向了顶峰。[①]

法家的治国理政思想在春秋战国时代在不同程度上得到贯彻实施，并取得了一定的成效，尤其是商鞅的思想在秦国的实施，更是取得了极大的成功。秦国之所以强盛并能吞并六国、一统天下，就

[①] 参见江荣海主编《中国政治思想史九讲》，北京大学出版社2012年版，第87—88页。

是法家思想主张得以落实的结果。之后，法家思想统治下的秦朝经济文化的突出特点是"统一"。在经济方面，秦始皇推行了统一货币、度量衡等系列措施；在文化方面，最为突出的便是"书同文"。在统一国家建立之初，这些措施的推行十分有利于巩固统一。因为，在六国初定、人心未稳的时刻，为确保大一统局面而一时以严刑峻法治天下，采取"治乱世用重典"原则以定人心、诛逆，是无可厚非的。但过犹不及，这种严刑峻法只能是一时之计而不能持久，长期的高压统治势必会导致"民不堪命"而最终埋葬自己。事实上，秦始皇正是为满足自身的无限欲望而要把这种一时的高压统治持久化，从而导致不可一世的强秦在二世随即灰飞烟灭。秦朝的灭亡，并不一定是法家思想的过错，但一定是将法家思想在现实政治中推向极端的结果。法家的历史命运之所以悲剧性结束，最为关键的原因就是一味严刑峻法，企图把战时的权宜之策持久化，从而造成民不堪命，揭竿造反。

从历史看，战时政策在天下一统之后须及时转变，文武张弛对治国理政不可或缺。其中的辩证关系及其处理的"中道"艺术，仍然值得今天治国理政所借鉴。

其一，自律和他律相结合。对社会的有效治理，既需要他律也需要自律。"法安天下，德润人心。"法治是对峙人性弱点的有效方式，但仅仅他律远远不够，这就是以自律治心。治心非外部力量所完全能完成，治心比治标更根本。治心，能够引导人的自觉自律，增强人们自我净化能力，从而更具根本意义。这就需要通过法治防范人的弱点，惩治违法犯罪；以道德规范、价值信仰启发人的良知。治心与治身相结合，才能标本兼治。

《尚书·大禹谟》中说："人心惟危，道心惟微。"人心之中有消极力量，例如贪欲、狭隘、偏见、自私；也有积极力量，譬如良知、仁爱、济世、慈悲，而后者可称为"道心"。不论是在人类文明史上,还是在中华文明史上,所有的辉煌都是在"道心"的引导下创造的;所有的悲剧,都与"人心"的贪欲、狭隘、偏见、自私、傲慢等负面的意念相关。

在中国历史上,孔子、孟子、庄子、王阳明、朱熹等历代圣贤、思想家,都在引导人们如何护养、启迪和坚守自己的"道心",如何更好防范、启迪、育化"人心"。例如,子曰:"士志于道,而耻恶衣恶食者,未足与议也","志士仁人,无求生以害仁,有杀身以成仁"。孟子曰:"生,亦我所欲也;义,亦我所欲也。二者不可得兼,舍生而取义者也。"《论语》说,"修己以敬""修己以安人""修己以安百姓"。古人所推崇的"修身、齐家、治国、平天下",修身是第一位,但最后落脚点都是治国平天下。把社会、历史扛在肩上,把国家发展、民族统一扛在自己肩上,这是儒家的一个非常重要的特点。因此,儒家并非以往我们所界定的一种古代伦理体系,而更是一种典范完备的社会发展理论,可以为当代建设和完善中国特色社会主义制度体系与国家治理提供源远流长的参考与经验,带有典范意义。

其二,德治与法治相辅相成。良好的社会治理必须将德治和法治紧密结合,将道德建设和法治建设有机统一。一方面道德建设促进法治建设,法治文明促进道德进步;另一方面,反对强调法治,忽视德治。良好的国家治理,以德治国和依法治国,两者缺一不可。《管子》将礼义廉耻作为四维,曰"四维不张,国乃灭亡。"[①]这里将中国文化的传统道德、价值、美德,看作治国理政之要和国家存亡之道。孔子说:"为政以德,譬如北辰,居其所而众星共之。"[②]孟子倡导"以不忍人之心,行不忍人之政"的王道仁政。[③]这

[①]《管子·牧民》。
[②]《论语·为政》。
[③]《孟子·公孙丑上》。

些都体现了"德治"在政治生活中的作用。这种"德治"的主张，经过后世的不断强化，已深入社会的各个方面。从历代国家治理看，自秦亡之后，汉武帝之后的历代王朝，大都儒法并用、外儒内法，也就是德治与法治相结合，德刑并用。

（三）汉初的无为而治

"汉初"是指由高祖刘邦建汉，历经惠、吕、文、景一直到武帝继位之初70年左右的时间。这一时期，黄老无为思想成为统治者治国理政的指导思想，对于恢复社会经济、促进西汉王朝国力的提升起到了积极的推动作用。汉初黄老无为政治思想的主要著作有陆贾的《新语》和刘安的《淮南子》等。同时，汉初君臣如文帝、景帝、曹参、成平等，也都信奉黄老思想，并将其运用于政治实践。此时，西汉王朝之所以将黄老思想作为治国理政的指导思想，有其具体的社会背景及困局。

其一，吸取秦朝教训，避免亡秦之覆辙。秦始皇以法家法治"灭周祀，并海内，兼诸侯，南面称帝"，但在治理天下之时却忽略百姓的困苦和天下思治的大局，致使秦王朝仅二世就土崩瓦解。汉初统治集团的主要成员皆来自社会下层，对于秦王朝二世短命而亡的严酷教训有切肤之感；而且刚刚建立起来的汉王朝，如果不以亡秦为鉴，改弦易辙，就可能重蹈亡秦覆辙。

其二，西汉王朝建立在秦朝废墟之上，面临的是一个满目疮痍、经济凋敝、民生艰辛的残破局面。不仅久经战乱的百姓企望安定，而且西汉君臣上下也俱欲休养生息。

其三，经过秦末农民战争的冲击，西汉王朝的统治基础甚为薄弱，并处于某种内外交困的境地。对内，在社会经济极端困难的情况下还要应对异姓王的战争；对外，则不能有效抵御和防御匈奴的侵扰，只得采取"和亲"之策。因此，汉初统治者不可能依照前朝的方式治理国家，必须寻求新的治国理政方略。

其四，强秦的暴政为法家学说带来恶名，汉初的政治局势呼唤一种能纠亡秦之弊的治国思想。以"清静无为"为特征的道家黄老学派与这种局面相呼应，从而顺应历史走到了政治舞台的前台。这具有历史必然性。

汉初近70年间，黄老之学在社会上都居于支配地位，被视为时代精神之主流，在治国理政方面取得较好成效。当时天下初定，"汉兴，接秦之弊，丈夫从军旅，老弱转粮饷，作业剧而财匮，自天子不能具钧驷，而将相或乘牛车，齐民无藏盖。"①针对这种天下疲惫局面，汉高祖刘邦在陆贾等人辅佐下，开始了深刻反省，总结秦朝迅速灭亡的教训，确定了"无为而治"的治国方略。

第一，无为而治，与民休息。从汉初政治实践来看，道家黄老思想被作为治国理政的战略思想加以运用。从汉高祖刘邦开始，汉初统治者在一定程度上实施了无为而治。汉高祖五年，曹参被任命为宰相。此后，无为而治成为西汉国家治理的基本国策。孝惠、高后时，"黎民得离战国之苦，君臣俱欲休息乎无为，故惠帝垂拱，高后女主称制，政不出房户，天下晏然。刑罚罕用，罪人是希。民务稼穑，衣食滋殖。"后来的文帝、景帝继续道家无为而治的理政原则，直至窦太后去世、汉武帝"罢黜百家，独尊儒术"之时。汉初所实施的无为之政长达70年之久，取得了良好的治理效果，创造了历史上著名的"文景之治"，深刻影响了中国古代的传统政治体制和文化。

第二，寡欲安民，躬修节俭。汉初政治上的清静无为主要表现为统治者少私寡欲，与民休息。早在刘邦初定天下时，便决定"约法省禁，轻田赋，什五而税一，量吏禄，度官用，以赋于民"②。萧何兴造未央宫，汉高祖责备其过于华丽，"天下匈匈，劳苦数岁，

---

① 《史记》卷三〇《平准书》。
② 《汉书》卷二四《食货志》。

成败未可知，是何治宫室过度也！"①无为而治作为国策确定以后，文帝、窦太后、景帝都能"守而勿失"，实行少私寡欲、轻徭薄赋、宽刑简政的治国方针。文帝可谓实施"无为而治"的典范。《汉书》记载曰："孝文皇帝临天下，通关梁，不异远方。除诽谤，去肉刑，赏赐长老，收恤孤独，以育群生。减嗜欲，不受献，不私其利也。罪人不帑，不诛无罪。除宫刑，出美人，重绝人之世。朕既不敏，弗能胜识。此皆上世之所不及，而孝文皇帝亲行之。德厚侔天地，利泽施四海，靡不获福焉。"②《汉书·文帝纪》赞曰：

> 孝文皇帝即位二十三年，宫室苑囿车骑服御无所增益。有不便，辄弛以利民。尝欲作露台，召匠计之，直百金。上曰："百金，中人十家之产也。吾奉先帝宫室，常恐羞之，何以台为！"身衣弋绨，所幸慎夫人衣不曳地，帷帐无文绣，以示敦朴，为天下先。治霸陵，皆瓦器，不得以金银铜锡为饰，因其山，不起坟。南越尉佗自立为帝，召贵佗兄弟，以德怀之，佗遂称臣。与匈奴结和亲，后而背约入盗，令边备守，不发兵深入，恐烦百姓。吴王诈病不朝，赐以几杖。群臣袁盎等谏说虽切，常假借纳用焉。张武等受赂金钱，觉，更加赏赐，以愧其心。专务以德化民，是以海内殷富，兴于礼义，断狱数百，几致刑措。呜呼，仁哉！

这些都是对汉文帝无为之政的中肯评价。从汉初"至武帝之初七十年间，国家亡事，非遇水旱，则民人给家足，都鄙廪庾尽满，而府库余财，京师之钱累百巨万，贯朽而不可校。太仓之粟陈陈相

---

① 《汉书》卷一《高帝纪》。
② 《汉书》卷五《景帝纪》。

因，充溢露积于外，腐败不可食"①。由此可见当时的繁荣与殷实。

第三，谦下不争。汉初的西汉王朝在边防上谦下不争，尽量避免发生大规模的战争。当然，边防上的谦下不争方针与国力有关，但总体而言，也与当时统治者奉行无为而治、"欲为者，毋烦民"的统治策略密切关联。孝惠年间，匈奴南下干扰不断，但汉初统治者却一直采取消极避让政策。他们加强边防，采取和亲的办法，但反对发兵深入进行大规模战争。文帝对用兵之事非常谨慎："南越王尉佗自立为武帝，然上召贵尉佗兄弟，以德报之，佗遂去帝称臣。与匈奴和亲，匈奴背约入盗，然令边备守，不发兵深入，恶烦苦百姓。"②文帝写给南越赵佗信中提到不愿双方发动战争的原因为："前日闻王发兵于边，为寇灾不止。当其时长沙苦之，南郡尤甚，虽王之国，庸独利乎！必多杀士卒，伤良将吏，寡人之妻，孤人之子，独人父母，得一亡十，朕不忍为也。"③在反思秦"事愈烦，天下愈乱"的历史教训中，文帝元年曾下诏"令郡国无来献"，致使"诸侯四夷远近欢洽"。不让郡国来献，其目的在于减轻藩国百姓的负担，令诸侯归国，体恤"吏卒给输费苦"，实则为轻徭、省事之举。在处理匈奴、南越问题上，纵观整个文景时期无一次主动进攻，究其原因在于统治者在一定程度上考虑了汉初民生之艰、稼穑之难的社会现实。文帝在拒绝张武等提出"以一封疆"时说："朕能任衣冠，念不到此。会吕氏之乱，功臣宗室共不羞耻，误居正位，常战战栗栗，恐事之不终。且兵凶器，虽克所愿、动亦耗病，谓百姓远方何？又先帝知劳民不可烦，故不以为意。朕岂自谓能？今匈奴内侵，军吏无功，边民父子荷兵日久，朕常为动心伤痛，无日忘之。今未能销距，愿且坚边设侯，结和通使，休宁北陲，为功

---

① 《汉书》卷二四《食货志》。
② 《史记》卷一〇《孝文本纪》。
③ 《汉书》卷九五《南粤传》。

多矣。且无议军。"①"文景之治"的出现与最高统治者较少用兵有很大关系。

汉初无为之治的施行及所创造的"文景之治",对中国古代的治国理政产生了极大影响。后来,每一个新王朝建立,大多会汲取汉初"黄老之治"的思想及成功经验,与民休养生息,治愈战争创伤,缓和社会矛盾,促进社会由战乱转向安定,从而巩固新政权。

二 儒家思想成为历代统治思想

如果说中华文化和中国历史在西周时转向人本,那么,作为中华文化主干的儒家文化的成形则标志着这种转向的完成,同时自汉代成为历代意识形态的重要组成部分,从而奠定了中华文化绵延数千年的基本品格。

儒家形成于春秋末期,由孔子与其学生共同创立,以仁为核心,提倡仁义礼智、孝悌忠信、中庸中和、大一统等思想观念。儒家可远朔尧舜,后有文王、武王、周公,孔子是集大成者。之后,孟子继承孔子思想,发展了"仁政"思想;荀子继承孔子思想,发展了礼治学说。《汉书·艺文志》对儒家作了简单概括:"儒家者流,盖出于司徒之官,助人君顺阴阳、明教化者也。游文于六经之中,留意于仁义之际,祖述尧舜,宪章文武,宗师仲尼,以重其言,于道最为高。"儒家经典为"六经",即《易》《书》《礼》《诗》《乐》《春秋》。

(一)罢黜百家,独尊儒术

秦始皇"焚书坑儒",沉重打击了儒家。秦亡以后,汉初学者总结历史教训,认为秦不施仁政而迅速败亡。由贾谊、董仲舒等学者的大力提倡,儒学的社会地位不断提高。特别是汉武帝接受董仲

---

① 《史记》卷二五《律书》。

舒的建议，实行"罢黜百家，独尊儒术"，开始以儒书为经典，以经取士建立文官制度。由此奠定了儒家思想不论是在社会层面还是治国理政层面的主导作用，对中国历史产生了深远影响。

罢黜百家，独尊儒术，是董仲舒于元光元年（前134年）提出的治国思想，在汉武帝时开始推行。"罢黜百家，独尊儒术"之政策，确立了儒家思想的正统与主导地位，使得专制"大一统"的思想作为一种主流意识形态定型。它维护了封建统治秩序，神化了专制王权，因而受到中国古代封建统治者与历代儒客推崇，成为两千多年来中国传统文化的正统和主流思想。

汉代儒家竭力研究经书，注解经文，讲授经学，形成了古文经学和今文经学两大派。古文经学重考证和章句训诂，努力恢复儒家经书的本来面目及其本意。今文经学则注重阐发儒家经书的微言大义，并服务于当时的政治和社会。

经学由汉朝官方维持其崇高地位，但随着汉朝消亡，经学的烦琐和僵化也遭到社会的批评和抛弃，于是有了玄学兴起。东汉以后，随着道教创立和佛教的传入，儒释道三教鼎立，它们之间相互渗透、相互吸收，共同在价值、思想、道德、伦理、终极关怀等维持社会运转。唐朝统治者尊儒、重道、礼佛，不但在政治上达到了中国历史的鼎盛时期，而且在文化、思想、史学、文学上都达到了新的高峰。就儒家谱系而言，唐代韩愈排斥佛、道，独崇儒学。他认为儒家有传道的"道统"，即从尧、舜、禹、汤、文、武、周公、孔子，一直传到孟子。孟子死后，没有人传，所以韩愈以弘扬儒道为己任。

宋代儒学可分为理学、心学、功利学三大派。其中理学影响较大，成为自宋至清几百年历史的主流思潮，也是这一历史时期科举考试的主要内容和论说依据。北宋周敦颐、邵雍、程颢、程颐、张载等融佛、道思想于儒学。南宋朱熹继承二程等人的思想，以

"理"为宇宙本原，故称"理学"。理学是儒学的新阶段、新发展。理学家提出"存天理，灭人欲"等思想，强调心性修养、抑制欲望、重视气节等理念。与此同时，陆九渊提出"宇宙便是吾心，吾心即是宇宙"等思想，创立"心学"。明代王阳明继承陆学，并把心学推向极致。至清朝乾隆、嘉庆年间，由于文化专制、大兴文字狱等原因，社会上兴起了对经书整理、考证、辨伪思潮，并形成了影响持久的"乾嘉学派"。

回望数千年人类文明史和中华民族史，儒家自诞生以来，忽而被高捧入云，忽而被打翻在地，几起几落，时兴时废，令人感慨万千。在古代中国，以儒家为主导的意识形态有其历史的合理性，只是随着近代西方的入侵和现代化进程日渐式微。是耶非耶，儒家伴随历代治国理政数千年，自有许多经验教训值得我们回味和吸取。

（二）主张王道仁政

仁政是以仁义道德统治天下的统治方式。《尚书·洪范》首次提到王道概念，即"无偏无党，王道荡荡。无党无偏，王道平平。无反无侧，王道正直"。在这里，王道不仅指周文王所实行的统治方式，而且也指一种公平正直的统治方式。儒家创始人孔子十分重视道德对政治的作用。他说："道之以政，齐之以刑，民免而无耻。道之以德，齐之以礼，有耻且格。"（《论语·为政》）孔子的道德政治到了孟子那里发展为王道仁政。孟子明确地区分了王道和霸道两种不同的统治方式。他认为王道就是行仁政，用道德去感化、教导下民，并且反对靠强力压服下民的霸道。他说："以力假仁者霸，霸必有大国。以德行仁者王，王不待大，汤以七十里，文王以百里。以力服人者，非心服也，力不赡也。以德服人者，中心悦而诚服也，如七十子之服孔子也。"（《孟子·公孙丑》）总体而言，孟子的王道包括发展生产、道德教化、轻徭薄赋、选贤任能等措施。他认为，只要君主能行仁政，就能赢得民心，称王天下。荀子的治国论也推崇王道政治。他认为:"人君者,隆礼尊贤而王,重法爱民而霸,好利多诈而危,权谋倾覆,幽险而亡。"《荀子·强国》虽然孟子、荀子都主张仁政王道,但如何以道德治国,孟子和荀子又有很大不同。孟子主张人性善,而他的仁政思想就是要靠统治者发挥内在的仁人之心。因此,他十分重视统治者内心自律的作用和道德对民众的感化作用。而荀子主张人性恶,他重视用外在的道德规范——礼去约束统治者和民众,使他们各安其位。

总体而言,王道仁政以仁义道德作为为政之本和立国之本,有着丰富的思想内涵。

其一,为政以德。孔子继承和发展了西周时期提出的"以德配天""敬德保民"思想,明确提出了"为政以德"的政治原则。他指出:"为政以德,譬如北辰,居其所而众星拱之。"(《论语·为政》)同时,孔子把"正"与"不正"作为衡量"仁政"或"恶政"的重要标准。他说:"政者,正也。子帅以正,孰敢不正。"(《论语·颜渊》)又曰:"其身正,不令而行。其身不正,虽令不从。"(《论语·子路》)毫无疑问,孔子所言极有道理,因为统治者的德性对社会大众具有强烈的示范和导向作用,甚至影响着民德、民风、民情。即孔子所强调的:"君子之德风,小人之德草,草上之风必偃。"(《论语·颜渊》)孟子更是把"仁德"提到得天下与失天下的高度来认识,即"天子不仁,不保四海。诸侯不仁,不保社稷。卿大夫不仁,不保宗庙。士庶人不仁,不保四体"(《孟子·离娄》)。

与"为政以德"相应,为政者如何才能获得仁德,以保证仁政的实施呢?儒家认为,最主要的路径就在于他们自身提高道德修养,即"克己""正己""修为"。孔子曰:"苟正其身矣,于从政乎何有。不能正其身,如正人何。"(《论语·子路》)又曰:"修己以安人","修己以安百姓"。(《论语·宪问》)孔子以后,孟子、荀子都对这一思想表示赞同，并在某种程度上给予了发展。如孟子强调"养心莫善于寡欲"（《孟子·尽心下》）、善养"浩然之气"（《孟子·公孙丑上》）和"富贵不能淫，贫贱不能移，威武不能屈"的大丈夫精神。（《孟子·滕文公下》）荀子则强调按照礼义的要求提升自身修养。他认为："礼及身而行修，义及国而政明，能以礼挟而贵名白，天下愿；令行禁止，王者之事毕矣。"（《荀子·致士》）

其二，国泰民安为宗旨。《尚书·大禹谟》有言："德惟善政，善在养民，水火金木土谷惟修，正德利用厚生惟和。"孔子、孟子继承并发展这一思想。孔子把"养民""富民""安民"当作为政者的首要任务。他认为，"因民之所利而利之"，"择可劳而劳之"，方能"惠而不费，劳而不怨"。（《论语·尧曰》）孟子提出"民为贵，社稷次之，君为轻"的思想，告诫统治者"重民"、"保民"、使民"有恒产"，才能赢得人民的拥戴。他曾劝说齐宣王，要"与民同乐"，"乐民之乐者，民亦乐其乐。忧民之忧者，民亦忧其忧。乐以天下，忧以天下，然而不王者，未之有也。"（《孟子·梁惠王下》）荀子还在"富民""保民"基础上进一步提出富国强国的任务，并认为富民与强国之间具有内在的一致性，"下贫则上贫，下富则上富"。"裕民以政"才能富国强国、治国安邦、平定天下。先秦儒家把强国富民作为安邦之本，反映了社会发展的客观要求和人民的根本需要，是治世之道的精髓，为历代统治者尤其是那些知名帝王将相所重视。

其三，宽猛相济为手段。《史记》记载，桀和纣的暴政和虐政给国家和人民造成无尽灾难，也最终导致自己人亡政息。孔子坚决反对用杀戮的手段来治理国家，提倡使用宽猛相济的治理方法。例如，季康子问政于孔子曰："如杀无道，以就有道，何如？"孔子对曰："子为政，焉用杀？子欲善而民善矣。"（《论语·颜渊》）当然，孔子并非片面反对使用暴力手段，而是要把宽猛有机结合起来。又如，孔子认为："政宽则民慢，慢则纠之以猛。猛则民残，残则施之以宽。宽以济猛，猛以济宽，政是以和。"（《春秋左传·昭公二十年》）孟子对当时存在的暴政、苛政更是深恶痛绝，抨击说："庖有肥肉，厩有肥马，民有饥色，野有饿莩，此率兽而食人也。兽相食，且人恶之。为民父母行政，不免于率兽而食人，恶在其为民父母也。"（《孟子·梁惠王上》）此外，孟子还主张"罪人不孥"（《孟子·梁惠王下》），反对一人犯罪，株连九族，滥杀无辜。另一方面，孟子认为"伐暴"是深得人心的，是"救民于水火之中，取其残而已矣"。实行这样的"王政"，就能使"四海之内皆举首而望之，欲以为君"。（《孟子·滕文公下》）历史上关于实行宽猛相济的从政主张，也给后人以警示。历史经验告诉我们，得民心者得天下，失民心者失天下。"导之以德，齐之以礼"的宽得民心，"导之以政，齐之以刑"的猛也得民心，问题的关键在于对时机的把握。这些都是值得为政者深思的政治艺术。

（三）重道德教化

没有伦理道德的制约，没有价值观的正确引导，社会将难以治理，因此，注重道德教化，成为我国古代治国理政的重要内容。自西周开始，就确立了政治系统中的礼乐制度传统，并被历代统治者视为文化传承与治国理政的重要手段。孔子曰："上好礼，则民莫敢不敬。上好义，则民莫敢不服。上好信，则民莫敢不用情。夫如是，则四方之民襁负其子而至矣。"（《论语·子路》）孟子则强调："善政不如善教之得民也。善政，民畏之；善教，民爱之。善政得民财，善教得民心。"（《孟子·尽心上》）荀子把"隆礼贵义"作为正国的重要手段，明确指出："国无礼则不正，正之所以正国也。"（《荀子·王霸》）先秦儒家重视礼治德教的主张，对后世产生很大影响。这就是体现在历代治国理政中的教化。

冉有曾经问孔子：民众"既富矣，又何加焉？"孔子回答："教之。"（《论语·子路》）《论语》中还有"道之以政，齐之以刑，民免而无耻；道之以德，齐之以礼，有耻且格"的论述。（《论语·为政》）自汉代开始，思想家、政治家从秦亡的教训中认识到，礼乐教化与法同等重要，从而将经过改造的儒家思想树立为正统意识形态，将孝悌忠信、礼义廉耻、仁爱和平等作为普遍的社会价值观，并与蒙学教育、学校教育、家庭教育、选举考试、乡规民约、政府表彰等形式相结合，倡导治国理政所需的价值观、义利观，移风易俗，深入社会，建立和巩固政治秩序与社会秩序。

因此，教化是意识形态大众化的主要途径，方式主要有四个方面：第一，以皇帝的意旨作为教化的指导原则。第二，全国各级学校教育。第三，将教化作为各级官员的日常工作内容。第四，将地方士绅及民间善士的自觉教化活动作为重要补充。教化对于我国古代社会的长久延续、长治久安有着不可忽视的作用。治国理政必须重视教化，这是历代王朝总结出来的历史经验。历史表明，无论是政权的延续或更替，还是汉族抑或少数民族入主中原，只要重视教化，其政权就会兴，社会就相对稳定，而蔑视或践踏教化，则适得其反。

自五四运动以来，在近现代革命、科学、民主话语背景下，以儒家为代表的传统文化被当作革命与反封建的对象，与之相应的教化也被全然否定。自改革开放尤其是党的十八大以来，随着党和国家对优秀传统文化的弘扬，以儒家为主体的中国传统文化思想再次受到社会各界的关注，并得到程度不同的肯定。由此，中国古代社会的教化问题也再次引起人们的重视。

总体而言，对古代的礼治德教，我们既要肯定其对维护政治秩序、社会文化和促进文化发展所起的积极历史作用，又要认清教化所起的负面作用，尤其是导致人的奴性的一面。通过对历代教化的具体分析，汲取历代各种文化教化的优长，避免不同文化教化的不足和负面作用，以中华优秀文化创造性转化、创新性发展为契机，优化并加强新时代中国社会的"教化"问题。

当今世界，一个很大的问题就是道德的弱化乃至缺位。仅仅依靠科技、科学、法治等现代手段，远远解决不了德性的缺失与心灵的提升问题，而以儒家为主的中华优秀文化则能弥补此方面不足。从历史上看，儒家一直是教化的主要承担者，拥有广泛而深厚的社会基础。释道在这方面虽不及儒家，但作为中华文化的重要组成部分，也发挥着重要的教化作用。因此，我们完全可以继承历代优良传统，充分发挥儒释道三者的教育功能和教化作用，育化人心、提升心灵、稳定政治和社会秩序。同时，在世界不同文明的社会教化中，存在着因思想观念不同而引发众多重大社会问题、局部战争甚至世界大战的问题，这在伊斯兰文明和基督教文明社会中表现得更为明显和突出。因此，从中国文化、世界文明的优秀成果中提炼出对当今社会教化依然有益的思想、概念、观念、方式、路径，以利于育化人心、提升心灵、稳定社会，乃至作为我们国家乃至人类未来的参照和指导。

（四）儒家经典成为科举考试的重要内容

中国古代具有较完备的选官制度。商周时期是世袭性的世官制，春秋战国时期是自荐与他荐相结合的荐举制，战国至秦汉初期还存在以二十等爵制用人的功劳用人制，汉武帝以后至隋唐是察举制、九品中正制，隋唐至明清则以科举制为主。科举制度始于隋朝。598年，隋文帝诏令京官五品官以上，以及总督、刺史，以"清平干济""志行修谨"二科推选人才，开创了科举制先河，取代了魏晋时期的九品中正制。606年，隋炀帝正式设立进士科。进士科的考试内容主要以儒学为主，成为唐、宋、明、清科举的重点主考科目。

科举制完善于唐朝,每年举行的考试称作常科,皇帝临时举办的考试称作制科。690年,武则天举行了中国历史上最早的殿试,但在唐朝,还没有形成殿试制度。至宋代,科举制度进一步发展。宋初承唐制,分为常科、制科与武举。与"重文轻武"国策相关,宋代的进士科最受重视,在进士录取人数上,也比唐代要高得多。而元朝与宋朝科举制度发展相反,因习儒者少,科举制度处于衰落。但科举在明代进一步发展,以乡试、会试及殿试三级展开。在清代,科举仅为汉人所铺设的参与时政的阶梯,而满人则无须通过科举考试而享有诸多特权。科考内容则以八股文为主,从而实现对士大夫思想的禁锢。另外,尽管清政府对科场舞弊处罚严厉,但弊端愈演愈烈,成为历史发展的阻碍,于1905年最终消亡。

作为中国历代封建王朝实行的分科考试选拔各级官吏制度,科举制度拥有1300多年的历史,对我国古代的政治、经济及文化、教育皆产生了巨大影响,起到了积极的推动作用。其一,科举制被视为"天下之公",推动了社会的学习风气,对维护社会稳定、形成社会公平有极大意义。其二,科举制选拔了大批治国安民的杰出人才,改变了古代官员的结构,提高了古代官员的素质,推动社会上下流动,有利于社会稳定发展。其三,科举取士促进了文化教育事业的发展,对近代文官制度的产生也具有借鉴作用。其四,科举制不仅仅影响到中国社会发展,而且还远播海外,对东亚和世界文明进程产生重要影响。科举制于政治、文化、经济、教育上取得的成绩,吸引日本、朝鲜及越南等国前来学习,并且效仿创建了适合自身的科举制度。同时,作为世界上最早的文官考试制度,中国科举制对西方文官制度也产生了重要影响。英、法、德、美等西方国家在对科举制进行适应性改造的基础上,发展出了现代的文官制度。中国科举制度为世界现代文官制度提供了借鉴,是对人类文明的一大贡献。

选用国家统治所需人才是治理能力高低的关键。在我国历史上，选贤任能的思想和措施早在春秋战国之际就已兴起，在秦汉以后日渐成熟。与此相应，中国古代文官政治也日益成熟并深入发展，最终在秦汉时期定型，在隋唐时期逐渐成熟完善。而在宋代重文轻武政策的影响下，文官的政治地位显著提高，文官政治进一步发展。但在明清时期由于皇帝专权及其制度的强化，文官政治随之走向衰落。从中国历史看，文官不但成为政治结构不可或缺的重要组成部分，而且他们所习知的儒家思想以及伦理价值规范成为意识形态的重要内容。同时，他们具有高度的政治主体意识和强烈的使命感，积极上书言事，参与政治决策或其他政治活动。这在很大程度上提高了官僚集团的整体文化素质，扩大统治基础，有利于吏治的清明和社会文化事业的发展。唐宋时代的文化繁荣，再创中国历史的新高峰，便是典型例证。这也从一个侧面说明，在传统中国，国家治理的过程在一定时期是相当开放的，尤其是在唐代。尽管皇权属于皇帝，但治权向社会开放，并且高度制度化。历史表明，治权越开放，国家治理就越有效。相反，当治权不够开放，皇权与治权的关系又处理不好的时候，就要发生政治危机，这在明代之后非常明显。

当然，我们需要辩证认识科举考试制度的历史影响，客观评价科举制的历史地位与作用，既要看到它在中国封建社会早中期的积极作用，对世界文官政治的积极影响，又要看到随着社会的发展，科举制的种种弊端日渐暴露，难以适应时代的发展要求。尤其是明清时代的八股文，窒息了科举的生机和活力，使其治国安邦效用减失，最终于清朝末年被废除。

三 北魏孝文帝汉化改革对民族交融的重要作用

一般认为，先秦时期是第一次民族大融合时期，魏晋南北朝是第二次民族大融合时期，五代十国及辽宋金元时期是第三次民族大融合时期，明清时期是第四次民族大融合时期。①其中北魏孝文帝的汉化改革是显著的范例，可知古代少数民族的上层统治者利用华夏文化在促进民族融合中的重大作用。

北魏是鲜卑族建立的政权，鲜卑族入主中原时还处于游牧时代，生产力发展水平低，文化落后。鲜卑族大规模的军事征服和经济掠夺以及对其他民族残酷的统治，激起了北方各族人民的不断起义，同时在鲜卑统治集团内部也是矛盾重重，孝文帝改革就在此背景之下。

第一，继续推行均田制。早在冯太后时，曾颁行均田制、三长制和新租庸调制，不但冲击了北魏旧有的经济、政治制度，而且为后来孝文帝改革奠定了基础。孝文帝继续推行均田制，使农民获得了土地，赋税减轻，调动了农民的积极性，耕地面积扩大，北方经济得到了恢复和发展。

第二，迁都洛阳。孝文帝深受冯太后的熏陶，其仰慕汉文化，为改变鲜卑民族的落后面貌，认为只有迁都中原，才能与鲜卑旧势力彻底决裂。平城（今山西大同）地处边塞，自然条件恶劣，农业落后。中原地区不但农业发达，而且迁都于此有利于国家加强对此地区的控制。为了摆脱保守旧贵族势力的束缚和影响，加强统治，孝文帝决意迁都。他力排众议，采取迂回策略，于494年从平城迁都到洛阳。

第三，改革习俗。（1）学说汉语。495年下令禁止说鲜卑语，改用汉语。（2）穿汉装。公元494年下诏禁止"士民胡服"，一律改穿汉服。（3）改汉姓。公元496年孝文帝改鲜卑复姓，如拓跋为元氏，又命令迁洛的本族功臣旧贵一律改从汉姓。（4）改籍贯。规

---

① 参见陶懋炳《中国古代民族融合发展阶段初探》，《湖南师大社会科学学报》1988年第2期。

定凡迁到洛阳的鲜卑人，死葬河南，不得北还。(5) 禁止鲜卑同姓通婚，与汉族通婚。

第四，强化法制。孝文帝重视法制，亲自参加修改律令，并亲临刑狱、听诉讼、决疑案。这都对稳定统治发挥了重要作用。

第五，尊崇孔子和儒学，重视礼乐。孝文帝以传统儒家思想为汉化理论基础，以儒家礼仪改造鲜卑旧俗，目的是以礼乐来强化北魏统治，但在客观上促进了北方民族的融合。

第六，重视教育。孝文帝兴办各级学校，大力推广儒家教育，教材主要为儒家经书。通过儒家教育提高了鲜卑族的文化，促进了中华文化的认同。

第七，建立门阀制度。从中国历史整体讲，门阀制度不利于国家人才的选拔及流动，但是在北魏特殊历史条件下，孝文帝门阀制度促进了鲜卑贵族和汉族士族之间的联合，有利于北魏政权的巩固，有利于从姓氏上消除民族之间的差异，加速了鲜卑族的汉化，加速了各民族的融合。

经过孝文帝的主动融合和以后的发展，鲜卑族和其他北方少数民族最终成为汉族的一部分。鲜卑族在生产、生活方式上的转变促使了整个社会习俗的改变，汉族风俗习惯成为整个社会生活习惯的主体。鲜卑和其他民族的加入，不仅使鲜卑文化融入汉族文化之中，而且使汉民族的人口大大增加，促进了社会经济及生产力的发展。可以说，鲜卑文化与汉族文化相互交融，促进了整个中华文明的发展与进步，为当时的中国注入了新的活力。

北魏孝文帝所推行的改革，不但促进了社会经济和文化的发展，而且推动了北方各民族的大融合。一方面，从中我们可以看清文化在民族融合中的重要作用；另一方面，可以从中窥见政治家及其政治措施对民族融合所起的重要作用。北魏建立政权后，为了保证自己在政治、经济、军事等方面的先进，很重视吸收汉族人才及文化。但只有到魏孝文帝采取上述一系列汉化措施后，鲜卑人原有的社会组织才被瓦解，相当数量的契丹女真融入汉族之中。这说明，政策法规在促进民族融合过程中所起的重要作用。孝文帝能以中原先进文化促进北魏社会发展、民族融合，符合历史发展大势，有巨大进步作用。

四　文化政策促成大唐气象

当辉煌一时的古希腊、罗马文化被历史尘封，欧洲文化处于低谷之时，在东方以长安为中心的中华文化正经历着最繁盛的时期，成就着我国历史上文化空前繁荣的黄金时代——人才辈出，群星灿烂，文学、史学、哲学、艺术、宗教、科技等领域都取得了很多突破性或开创性的成就。特别是诗歌创作，更是达到了后人不可企及的境界。唐代文化繁荣的原因众多，如政治统一、社会安定、经济富裕、中外交通发展等，但具备这些社会历史条件的朝代不止唐朝，其余的朝代并没有像唐代那样在文化上取得如此辉煌的成就，可见唐代文化繁荣还有其特殊条件，其中一个重要方面就是唐王朝实行的文化政策。例如：对文化事业采取奖掖政策；广开言路，对知识分子采取宽容政策；兼容并包，对外来文化采取开放政策，等等。[①]而其中最为重要方面的则是提倡儒释道合一，三教汇通。

唐朝历代君主虽对儒、释、道时有偏重，但"三教共弘"是大势，确定了三教并用原则。唐太宗李世民不但加强儒家思想在文化领域内的主导地位，而且提倡佛道二教，强调佛道对于安定社会、

[①]　参见魏承思《论唐代文化政策与文化繁荣的关系》，《学术月刊》1989 年第 5 期；梁红仙《盛唐文化政策的调整与改革》，《宁夏大学学报》（人文社会科学版）2012 年第 6 期；刘修明、吴乾兑《试论唐代文化高峰形成的原因》，《学术月刊》1982 年第 5 期。

纯厚风俗的教化作用。至此,以儒学为正宗、三教并重被定为国策。①

其一,儒学昌明。自唐初起,统治者即大力崇儒。为了进一步振兴儒学,唐太宗委命国子祭酒孔颖达撰《五经正义》、秘书监颜师古定《五经定本》,令天下士子传习。此举对儒学发展所起的作用,与汉武帝"罢黜百家,独尊儒术"异曲同工。唐代中期以后,为使儒学顺应时代的新要求,韩愈、柳宗元、元稹、白居易等发起一场古文运动与新乐府运动,目的是重建儒家道统。

其二,道教风行。有唐一代,道教在上层统治集团中格外得宠。李唐皇室奉老子李耳为先祖,唐高宗敕封老子为"太上玄元皇帝",推崇备至。全国各地,广为兴建道观,崇奉道教成为一时风尚。

其三,佛教兴旺。唐代皇帝普遍崇佛,是佛教扶摇直上的时代。佛教的许多义理与中国传统文化逐渐融合,广泛渗入社会各阶层人们的生活之中。佛教中国化的最高标志,就是在唐代形成了中国化的佛教宗派,如天台宗、华严宗和禅宗等。

正是由于唐代统治集团实行较为开明的文化政策,营造了一种相对宽松的文化氛围,使得各项文化事业出现了生动活泼、风格各异的多元格局,为唐代文化的发展提供了一个历史的机遇和舞台,而文化的繁荣和发展又推动了整个盛唐历史达到了世界历史的一个新高峰。

第一,儒释道三教并行不悖,不以一教为尊,有力促进了儒释道之间的相互借鉴。在唐代,儒释道三家之间的相互影响比以前更为加深,"三教合一"成为一种必然趋势,并开释老入儒风气之先。

---

① 参见王永平《论唐代的文化政策》,《思想战线》(云南大学人文社会科学学报)1999年第3期;卢勋等《中华民族凝聚力的形成与发展》,社会科学文献出版社2007年版,第136—154页。

正是在唐代开创的这种活跃文化氛围中,为宋代儒学糅佛入儒、糅道入儒进而推出新的儒学体系,奠定了思想基础。

第二,在文化创造上,禁忌较少,言论著述较为自由。像杜甫、白居易、元稹等人的诗歌反映民生疾苦,触及时事,为社会呼喊,但都没有遭到迫害。这种空前的宽容气氛,在历史上是很罕见的。文网的宽疏和文禁的松弛,使唐代士人充满了文化创造的活力,使他们在诗、文、书、画、乐、舞、雕塑、建筑等诸方面,都取得了举世瞩目的成就。[1]唐代是诗歌、书法、绘画、雕塑的黄金时代,也是史学、医学、科技等发展的极盛时期。

第三,唐代文化的繁荣促进了各民族之间文化的融合。经过魏晋南北朝长时期的民族融合,中原地区的文化已经不是单纯的汉族文化,而是增加了大量少数民族的成分。在唐代文化中,少数民族成分更为增多,内容更为丰富多彩、绚丽多姿。盛唐文化之所以能极一时之盛,达到辉煌极致的地步,与以博大的胸怀吸收和融合各少数民文化密不可分。

第四,促进了对外文化传播和中外交流。唐代不仅经济发达,综合国力居当时世界各国首位,而且文化极其繁荣,为各国所仰慕,影响波及亚洲、欧洲东部、南部和非洲北部,大大促进了中外文化的交流和发展,对世界文化、文明的发展作出了巨大贡献,是世界文化史、文明史上的光辉篇章,奠定了中国在世界史上的重要地位。

在漫长的中外历史上,文化的每一次复兴都和开放政策紧密相关。唐代文化就是在与外来文化的冲突和融合中走向繁荣,是开放政策的结果。与宗教文化相比,这也再次证明中国世俗文化的优长。世俗文化包容一切,各种不同的文化因素纷纷走到中国传统文

---

[1] 参见刘梦溪《唐朝的文化气象》,《人民政协报》2016年7月25日第11版;任士英:《盛唐气象》,中华书局、上海古籍出版社2010年版。

化中来，得到有机融合。尽管外来文化的进入不可避免地冲击本土文化，导致中国传统文化在很多方面急剧消逝，但在其他很多方面，也孕育发展着新的文化因素，从而不断推进中华民族的发展。

第三节　历史意义及启示

文化是一个民族一个国家发展不可或缺的软实力，它维系着一个民族或国家的精神、信念和深沉的价值追求。怎样对待本国历史？怎样对待本国传统文化？这是任何国家在实现现代化过程中都必须解决好的问题。中华优秀传统文化是中华民族的"根"和"魂"，是中华民族的血脉传承和精神标识，凝聚着中华民族自强不息的精神追求和历久弥新的精神财富，也是人类弥足珍贵的精神瑰宝。在治国理政方面，悠久璀璨的中华文化给我们留下了宝贵的经验与启示。

一　维护国家统一

五千年沧桑岁月，中华民族虽历经战和更替，却始终紧紧融合为命运共同体。对国家统一的不懈追求，日渐发展成为历代的政治理想。个中缘由众多，但最为重要的奥秘则是中华文化所起的重要作用。在中华民族统一大势不断巩固和发展的过程中，博大精深的中华文化不但构筑民族共同心理、维系民族感情，起到了团结各族人民、促进国家统一的重要作用，而且为合理化解统一道路上所遇到的各种矛盾和问题，提供了强大的智力资源。尤其是中华文化追求"大一统"的价值观念，是强化国家统一的牢固基石，成为人们所普遍认同的政治秩序。中华民族曾遭受无数来自内部的矛盾与冲突，来自外部的挑战与威胁，但国家统一和民族融合始终是历史发展的主流，形成了大一统的历史传统，造就了中华民族多元一体格局。

"大一统"既是儒家政治思想的重要内容,也是中华文化的一个独特标识。周代"普天之下,莫非王土;率土之滨,莫非王臣",是大一统的典型说法。《公羊传》上有"大一统"的提法,董仲舒把《公羊传》的"大一统"跟儒家传统的"大一统"政治思想相结合,进一步丰富大一统思想。《春秋》记载曰:鲁隐公"元年,春,王正月"。《公羊传》解释说:"元年者何?君之始年也。春者何?岁之始也。王者孰谓?谓文王也。曷为先言王而后言正月?王正月也。何言乎王正月?大一统也。"西汉董仲舒则将"大一统"的思想大大丰富:一是反对诸侯分裂割据;二是加强中央集权;三是要将全国思想统一于儒家。这三方面也就是领土完整,统一政治,统一思想。①

从历代来看,"大一统"一方面体现为思想的大一统,这也就是以儒家文化为主体的中华文化所蕴含的道德、伦理、价值观念。一方面是国家领土和政治的"统一",指全国只有一个政治中心,而且全国都要统一于这个政治中心。有先秦、秦汉逐步形成的"大一统"思想及秦朝和西汉王朝具体的"大一统"政治实践,使得"大一统"构成了中华文化的独特标识之一,深厚的文化积淀,对此后的历代王朝包括近现代中国的发展产生了深远影响。这不但体现为思想、民族与文化的认同,而且体现为一种治国理政的思维方式、政治追求。中华民族虽历经三国、两晋、南北朝的分裂,以及五代十国的混乱和宋、辽、金、元的纷争,乃至近代外国列强的入侵,但都没有分崩离析。其中原因众多,但重要的一点就是"大一统"影响下的民族向心力、凝聚力。这种向心力和凝聚力,在国家统一的时候,起着维护统一、防止分裂的作用;在国家分裂的时

---

① 江荣海:《中国政治思想史九讲》,北京大学出版社2012年版,第56页。

候，起着促进统一、结束分裂的强大作用。可以说，自秦汉以来，中国能以统一多民族的大国屹立于世界民族之林，"大一统"思想及其实践起了不可或缺的重要作用。

站在新时代治国理政的角度，有以下几点值得注意：其一，中国历史上的统一时期与分裂时期作比较，繁荣昌盛都是在统一时期，例如文景之治、贞观之治、开元盛世，都是在汉唐的统一时代；而分裂时期由于战争频繁，生产力严重破坏，社会动荡，甚至广大民众在水深火热中挣扎。因此，不论是从中华文化广义的道统看，从儒释道三家的"济世"看，还是从实实在在的历史实际看，"大一统"确确实实有利于国泰民安。所以，它对中华民族的感召力、影响力不言而喻。因此，促进中华民族的统一，维护"大一统"的文化思想及理念，具有极大的现实意义。

其二，国家统一与思想统一的辩证关系。从中华文化的最根本处看，不论是国家统一还是思想统一，其最终指向就是"国泰民安"或"天下太平"。如果背离于此，则往往难以长久。由于国君一己之私对"国泰民安"的伤害，而导致国家或天下陷入战争，从而由统一到分裂的实例很多。例如，秦始皇统一中国后，依然用法家一统天下的思想。秦王朝虽政治统一促成了思想统一，但思想统一却没有起到巩固政治统一的作用。最终虽然勉强统一，但天下却大乱。隋炀帝穷奢极欲、唐玄宗任人唯亲所致天下大乱的教训同理。

其三，"大一统"有利于促进民族融合和国家稳定。在历史上，中华民族虽历经劫难，但始终巍然屹立在世界东方。原因众多，其中之一就是中国古代"大一统"的思想及政治实践。"大一统"既是中华民族根深蒂固的文化思想，也是传承历代的政治观念、国家治理思想，并成为历代主流意识形态。统一而非分裂、融合而非隔绝，是中国历史发展的基本趋势。追求统一、维护统一始终是中华文化的本质属性与价值取向。

自秦汉以来,"大一统"支配和规范着历代传统政治实践,成为传统政治运作的至上原则和行为方式。正因如此,历朝历代都在不断地巩固多民族统一国家这一成果,从而使中华民族多元一体的政治格局不断地得到巩固和拓展。同时,"大一统"文化观念深入人心,汉族与各少数民族在碰撞、融合、和谐的基础上互动互补,共同发展,不断增强政治与文化的认同感。中华民族的历史上也不乏少数民族进入中原并成为统治民族执掌政权的朝代,如十六国时期的匈奴刘渊政权,南北朝时期的鲜卑拓跋氏政权,辽代契丹,金朝女真,西夏党项,元代蒙古,清朝满族。他们建立王朝后也都追求中华大一统,始终保持着国土的基本统一,以此来增进各民族之间的凝聚力和向心力。

二 促进民族交融

中国自古以来就是多民族的国家,民族关系错综复杂。自先秦至明清,少数民族与汉族的交融,对古代政治、经济、文化的发展产生了深远影响。从中国多民族国家发展史来看,历朝统治者都重视处理民族关系,包括制定民族政策,加强民族间的交往。民族关系发展总趋势是融合不断加强,既有少数民族的不断汉化,也有汉民族对少数民族文化的积极汲取。尽管文化在民族融合中的作用不及政治、经济、军事那样明显,但润物细无声的重要作用非前者所能比拟。自古至今,中华民族的融合有其内在文化根源,即中华文化不但是中华民族世代传承的宝贵精神财富,而且也是民族融合的内在动力。从治国理政角度,梳理、探究文化及文化政策对民族融合的重要作用,可为当下如何更好地处理民族关系问题提供借鉴。

(一) 先进文化是民族融合的根本性因素

在中国多民族的关系史上,既有政治、军事、战争等强制同化，又有自然而然的自愿融合。中华民族经历了战争与和解、聚散与分合、对峙与融汇，却始终不曾割断共同的文化传统。中华民族发展史表明文化在民族融合中的独特而长久的作用。尽管武力、暴力、行政权力对民族融合起到了重要的促进作用，但其持续性只是暂时的，而长久发挥根本性作用的则是文化。

历史上凡是北方和境外生活的游牧民族进入汉族农耕地区，不论是被掳掠或强制迁入，还是作为征服者，最终在文化上都不可避免地成为被征服者。匈奴、鲜卑、羯、氐、羌、突厥、回纥、契丹、女真等无不如此，这些民族消亡的过程基本上是被动的，特别是处于统治阶级的民族，总是千方百计地抵制汉族的同化。但统治者都无法解决两难问题：为了巩固政权，特别是统治人口比他们多得多的汉族臣民，不得不选择汉族文化，但为了保持自身的民族特色，防止被汉化，又要采取措施甚至法律，如元朝对蒙古人、色目人、汉人、南人实行的不同政策，清朝满汉异制等。但即便如此，仍难以抵挡被汉族融合的趋势。①历史上有过少数民族进入中原并成为统治民族的事实。例如，十六国时期的匈奴刘渊政权，南北朝时期的鲜卑拓跋氏政权，辽代契丹，金朝女真，西夏党项，元代蒙古，清朝满族。他们建立王朝后无不对被统治民族实行强制同化。他们把自己的族人大批迁入中原，结果他们不但没有同化掉汉族，反倒被汉族同化掉。这说明，在中华大地上，文化上的先进性，决定了汉族对其他民族融合的吸纳力和融合力。这就应了马克思讲过的那句名言："野蛮的征服者，按照一条永恒的历史规律，本身被他们所征服的臣民的较高文明所征服。"②

---

① 参见葛剑雄《盖世英雄还是千古罪人：元（拓跋）宏及其迁都和汉化》，《读书》1996年第5期。

② 《马克思恩格斯全集》第12卷，人民出版社1998年版，第246页。

(二) 儒家文化有利于中华民族的融合

思想文化上的相互交融、认同，在中华民族融合发展的历史长河中，从来没有停止过。以儒家文化为核心的思想观念、价值追求等始终是民族融合的基础。作为中华传统文化的主导，儒家文化对中华民族的历史发展、民族性格、行为规范等都产生了根深蒂固影响。这种影响的广度为其他文化所不能及。正是基于这种影响力，儒家文化奠定了各民族交往融合的心理基础和文化基石。儒家文化的广泛传播过程使一些民族的思维方式、风俗习惯趋于汉化，使得这些民族更加容易与汉族交流和融合。在调整和维护社会关系、伦理道德、宗法制度、教育内容等方面，儒家思想历来被绝大多数中原王朝统治者奉为经典。儒学也使中国各少数民族的文化教育及有些风俗习惯逐步向汉族接近，逐步汉化。

(三) 中华文化的包容性促进了民族大融合

在世界文化体系中，中华文化是唯一没有中断的文化，由此可见中华文化的独到之处。与其他文化、文明相比，中华文化的一大特点就是包容性。例如，儒家文化中天人合一、仁者爱人、和而不同、己所不欲勿施于人、中庸中和，释道中的平等观，道家的济世、释家的慈悲，等等，都表现出中华文化的包容性。可以说，在中华民族大家庭内部，不同民族之间的矛盾都可以用文化来包容、化解，从而使得这些民族之间不但没有形成绵延数代的仇恨，而且促进它们走向融合共生。中华文化的这种包容性促进了各民族的交流，在广度、深度上都极大地推动了中华民族的融合。如果说，生活方式的融合还处于民族融合的表层，那么文化上的融合则是更深层次融合。

中华本土文化在秦汉形成后，有匈奴文化、突厥文化、蒙古文化、满族文化乃至域外的佛教文化、伊斯兰文化、基督教文化等楔入其中，并最终在不断交流互鉴中，与中华文化有机融合。中华文明没有因此出现断裂，而是不断发展更新，不断展现新形态和新活力。可见，文化的包容性增强了中华文化的生命力，民族融合也在这种开放包容的文化体系中得到了长足发展。

另外，中国的宗教具有很强的民族融合纽带作用，不仅为各个民族的文化及生活交流提供广阔的舞台，而且在思想层面有利于统一民族之间的精神诉求，促进了各民族之间的融合。自古至今，中国宗教流派较多，可是几乎没有因宗教信仰的不同而发生过战争。这主要有三个原因：一是历代帝王大多对宗教信仰采取兼容并蓄的态度。唐、宋不少皇帝可以同时接受佛、道两教的名誉称号，元世祖忽必烈更对佛教、道教、基督教、伊斯兰教一律尊重，以利于庞大帝国的统治。清代帝王也采取类似政策，雍正帝同时尊重儒、佛、道三教。二是以儒家为主导、道释为两翼的中华文化具有相当强的包容性，这不但化解了不同文化之间的矛盾，而且使中华大地上从来没有发生过宗教战争。不论是中华文化的这种包容性，还是这种不同文化、不同宗教信仰之间融合的奇迹，世所罕见。正是这种文化的包容性促进了中华各民族的发展，增强了民族向心力、凝聚力，使中华各民族结合成为一个稳定发展的共同体。毋庸讳言，中国历史上不乏民族冲突和战争，但每一轮战争之后，往往是更大规模和更高层次的民族融合，与欧洲历史上民族和国家越打越多形成鲜明反差。其中原因之一就在于中国传统的多元宗教信仰，以及中华文化所秉持的中道中和及包容相关。这不仅使得不同性质的民族文化和宗教文化相互承认、和睦相处，而且相互吸收，共同发展，从而不仅保持自身特色，而且在内涵上更加丰富，各得其所。中华文化的这种特质和优势，对国家的稳定统一和民族融合发挥了重要作用，对至今尚未平静的世界有着深刻启示。

（四）多元宗教、文化政策在民族融合中的重要作用

自秦汉以来，古代中国有两种不同的国家治理模式：一是中原

王朝的郡县制，二是元、清王朝施行的多元宗教和双重治理体制。由边疆民族创造的，到清代成熟的多元宗教和双重治理体制，有效地解决了农耕民族与游牧民族的并存共生，并最终将农耕民族视野之外的广袤的边疆，从草原、戈壁到高原森林，统统列入了中国的版图。清朝统治者，在郡县制基础上，发展出一套对汉民族与边疆民族分而治之的双重治理模式：一方面，通过拥有多元象征符号的王朝认同，保持国家的政治同一性；另一方面，又将多元治理作为王朝的长期国策，以此保持各民族宗教、文化和制度的多样性。

中华民族融合史的经验和教训告诉我们，不论是实现中华民族伟大复兴的"中国梦"，还是走向世界舞台的中央，都需要汲取其他国家其他民族之长以补自身之短，以促进国家和民族的繁荣发展。中外历史经验充分证明了一个真理：一个国家和民族只有善于借鉴、吸收、学习其他国家或民族的先进文化，才能不断提升新境界，拓展新格局，从而最终获得新发展。

三 利于社会安定，巩固政治

文化思想既是一种客观的历史存在，也是源远流长的历史传统。这既是治国理政面临的重要问题，也是绕不过去的根基所在。从中外历史看，思想文化不但对经济、政治、社会和生态文明建设均有促进作用，而且通过文化可以整合社会，优化社会秩序，形成强大凝聚力，促进历史发展。

（一）中华美德有利于社会和谐安定

自古以来，中国文化就以道德伦理著称于世。在漫长的历史过程中，先人在认识自然、改造自然的同时，也不断认识、改造自身，认识和调节人与人之间、个人与社会之间的关系，形成了个人、家庭、社会、国家等不同层面的传统美德体系。

中华民族的传统美德形成，既与中国独具特色的源远流长的传统文化密切相关，也与中国古代家国同构的社会结构密切相连。这种家国同构的社会结构，是中国伦理文化的体现。它之前连接着个人，之后连接着天下，从而形成了个人、家族、国家多位一体的文化特征，即孟子所说："天下之本在国，国之本在家，家之本在身。"（《孟子·离娄上》）天下的根本在国家，国家的根本在家庭，家庭的基本在个人。《大学》中的格物、致知、正心、诚意、修身、齐家、治国、平天下，则将这种关系体现得更为细致。这种家国同构的社会结构和文化观念渗透于中国古代社会生活的方方面面，从而在个人修身、家庭家风、社会风气、国家民族等各个层面形成了源远流长的中华美德。中国历代形成的个人美德、家庭美德、社会美德有利于促进和维持社会安定，有利于巩固统治。

1. 个人美德

不论是古代社会还是现代社会，都存在一个基本事实，那就是一个人事业的成功与否，不仅取决于能力、智力等因素，还取决于他的德行。中国文化中天下、国、家、个人之间相辅相成、四位一体的辩证关系，对界定和看清个人的修身、处事、做人等有着非常重要的启发和教育意义。

其一，"君子务本，本立而道生"。（《论语·学而》）中华文化的一个重要特征是重视道德修养的培育和提升，主张人们通过自身的学习、修行成为道德情操高尚的人，也就是"自天子以至于庶人，一是皆以修身为本"。（《礼记·大学》）

一方面，道德修养具有主体性和主观能动性，也就是孔子所说的"我欲仁，斯仁至矣"（《论语·学而》），亦即《大学》所言："欲修其身者，先正其心。欲正其心者，先诚其意。欲诚其意者，先致其知，致知在格物。"

另一方面，德行是内圣外王基点，即《大学》所说："物格而后知至，知至而后意诚，意诚而后心正，心正而后身修，身修而后家齐，家齐而后国治，国治而后天下平。"可以说，中国文化中的"内圣外王"，对君子如何"务本"做了另一个视角的阐释。内圣，指内心致力于心灵的修养，具有圣人的才德；外王，指对外施行王道，也就是齐家、治国、平天下。内圣和外王相互统一，内圣是基础，外王是目的。内心境界不断修炼提升，才能达到内圣，在内圣基础上，才能够安邦治国，达到外王之目的。可以说，"内圣外王"是儒家的最高境界。例如，孔子曰："夫仁者，己欲立而立人，己欲达而达人。"立己、达己是基础，立人、达人是归宿。内圣与外王的辩证关系，在道家和佛家中，也有不同形式的体现。道家：内修清净心，外才能更好地济世，才能修行得道。佛家：对内破除贪嗔痴，明心见性，对外才能更好地慈悲度人而成正觉。

  向自身、自心回溯，可谓是"内圣"的路径。这点与西方文化有根本区别。在唐君毅先生看来，西方文化的缺点在于由末返本不够，也就是内圣方面不足。[①]也就是说，往心灵深处讲，西方文化对内心及修心探究的程度远不及中国文化。在中国文化中，儒释道对心各有程度不同、方式各异的探究，程度也多有差别。对儒家而言，自孔子、孟子乃至宋明理学多强调心性论。道家则主张修清净心。而佛家最为彻底，直指人心，明心见性。所以，除了"外王"层面，中华文化非常重视对人心灵探究，即把人之为人最为根本的、灵魂性的核心抓住。这是中国文化区别于西方文化的一个极为重要的方面，也是对中华优秀传统文化创造性转化、创新性发展的一个重要方面。

  其二，君子志于道。中外历史上，凡是有作为、成大器者，无不具有高度的责任感、进取心、自信心，以及关心他人、勇于奉献、爱家爱国等优秀品质。儒家的仁爱观、道家的济世观、佛家的

---

① 参见郭齐勇《中国思想的创造型转化·新儒家三贤：唐君毅、牟宗三、徐复观》，上海教育出版社 2018 年版，第 176 页。

慈悲观就是中国文化在这方面的典型代表。《论语·微子》记载了这样一件事：

> 长沮、桀溺耦而耕。孔子过之，使子路问津焉。长沮曰："夫执舆者为谁？"子路曰："为孔丘。"曰："是鲁孔丘与？"曰："是也。"曰："是知津矣。"问于桀溺。桀溺曰："子为谁？"曰："为仲由。"曰："是孔丘之徒与？"对曰："然。"曰："滔滔者天下皆是也，而谁以易之？且而与其从辟人之士也，岂若从辟世之士哉？"耰而不辍。子路行以告。夫子怃然曰："鸟兽不可与同群，吾非斯人之徒与而谁与？天下有道，丘不与易也。"

春秋战国时期，诸侯国争王称霸，追名逐利，尔虞我诈，乃至弑君弑父。面对天下大乱的局面，每个人都可以做出自己的选择，既可以隐居山林，也可以随波逐流，又可以正天下是非。而孔子选择了后者。用他自己的话说，假若"天下有道"，又何必周游列国呢？孔子用自己的实际行为非常清楚地告诉世人，人和动物不一样，不能只顾及自己的生活，而要承担对众生、对社会、对国家的责任。由此我们不难发现，"家国情怀"在源头上的悲壮与高远——"士不可不弘毅，任重而道远"（《论语·泰伯》）、"知其不可为而为之"（《论语·宪问》），等等。

其三，意境深远的义利观。中华优秀传统文化中的义利观蕴含着深刻的思想内涵，仍然值得今天的人们学习和借鉴。我们可从孔子的表述中，窥见其中的真意。

> 富而可求也，虽执鞭之士，吾亦为之。如不可求，从吾所好。（《论语·述而》）

饭疏食，饮水，曲肱而枕之，乐亦在其中矣。不义而富且贵，于我如浮云。(《论语·述而》)

君子固穷，小人穷斯滥矣。(《论语·卫灵公》)

以上所述，可看出孔子及儒家如何处理富贵与义利的关系。只要合乎于道，富贵就可以去追求；不合乎于道，富贵就不能去追求，就去做自己喜欢做的事情，这是原则问题。孔子表明自己不会违背原则去追求富贵荣华。

一个内心缺乏道德情怀，或道德意志不坚定的人，很容易在物欲横流中随波逐流、腐化堕落。这种社会现象已成为当今中外社会的重大问题，受到社会各界的高度关切。对个人而言，欲立事，先立人，培养起良好的道德品格，不仅有益于自我的成长和进步，而且有益于人生价值的实现。对社会而言，若无道德价值对人心负面的约束和正向的引导，那么这个社会将失去灵魂和凝聚力，而沦为一盘散沙。

所以，这里特别强调的是，中华传统文化注重个人的道德修养，绝不仅仅是文字上的阐述，而是落实到实实在在的行为，必须身体力行，否则一切皆如空中楼阁。"人能弘道，非道弘人。"(《论语·卫灵公》) 再辉煌的文化，也要靠人的践行和弘扬。如果人不图进取，萎靡不振，抛弃大道，那么再伟大的文化也会萎缩，再伟大的文明也会消亡。以儒释道为主体的中华文化绵延数千年，在很大程度上维系着中华民族历久弥新的价值系统。一个重要原因，就是历代先人尤其是大德圣贤，能够摆正义利之间的关系，能够不畏艰难险阻而践行之、弘扬之、传承之。

2. 家庭美德

中华民族有一个非常独特的文化现象，就是自古以来特别注重家庭、家风、家教。家庭是一个人道德素养开始养成的地方，也是一个人道德修养的根系所在。在一个人的人生历程中，对其影响最大的往往并不是学校，而是家庭。好的家教带来好家风，好的家风培养好孩子。家庭有善教，国家才有贤才。

其一，孝悌爱家。孝是中华民族首位的家庭伦理，被视为百善之先、仁爱之本，即孔子所言"孝弟也者，其为仁之本与"（《论语·学而》）。同时，中华文化又将孝上升为一种治国之道，即"尧舜之道，孝悌而已矣"（《孟子·告子下》）；"人人亲其亲，长其长，而天下平"（《孟子·离娄上》）。可以说，在个人、家、国、天下同构的社会中，孝道成为中国社会的重要血缘基础、文化基础和社会基础。因此，中国历代的家庭、家训、家风，都将"孝道"放到一个非常高的地位上。

其二，睦邻友善。家庭并非独立的存在，而是存在于邻里、社区的相互交往之中。因此，如何处理好邻里关系，历来是家风建设的一个重要内容。邻里关系和睦融洽，不仅是社会和谐的重要体现，亦关系到社会治理，连接着公共文明风尚。用《左传》的话说就是"亲仁善邻，国之宝也。"[1]

其三，源远流长的家风。家风是一个家庭在长期生活实践中所形成的较为稳定的行为规范与准则。这不仅对每个家庭意义重大，亦关系到一个国家的民风、社风与国风。历代大德圣贤出于对个人修身、家庭安定和社会教化的高度重视，对家教家风提出了系统理论和切实可行的方法。因此，自汉代起中国出现了许多家规家训，代表性大作当属南北朝时期颜之推所创《颜氏家训》、明代袁了凡所作《了凡四训》等。这些家训记录了中国古代一些大家族关于修身齐家的良方，且对家国意识、责任意识多有强调。例如，孝老爱亲、明德立志、勤劳节俭、自律慎独、谦恭宽厚、明礼诚信、睦邻

---

[1] 《左传·隐公六年》。

友善、报国奉公。①这些家训在社会广为流传，其中许多修身治家观念直到今天仍具有正面、积极的意义，为教育后代子孙发挥了很好的道德规范和引领作用。

由中国家风的思想宗旨，我们不难发现，由个人修身、家教家风向社会、国家、天下等公共领域延伸和扩展。这不论在哪个层面都有着中国文化独特的道德、伦理、价值观念及绵延传承。这也就不难理解，在中国传统社会和中华文化中为什么如此重视家庭、家教和家风的深层原因，一种西方等其他文化所不曾有的深层原因。也就是在家国同构的文化传统和社会实践中，家庭处于一个重要地位，不论是在道德、伦理、文化还是实际的社会运行中，都构成了群体、国家、天下的一个重要起点，一个社会和谐、国家发展、文明进步的重要基点。家庭、家教、家风建设既是家事，也是国事，不但关系到个人的健康成长、家庭的延续，还事关社会的和谐稳定和国家的繁荣发展。由此我们也就深切理解"国之本在家"的深刻内涵和重要的实践意义。

3. 社会美德

在中国历史上，形成了广为人们认同和践行的社会美德体系，影响至今。

其一，永不褪色的伦理性。以伦理为本位的中国传统文化及传统美德，自古至今影响了中国人的思维方式、价值观念和行为规范。而且其中诸多理念成为人们日常生活的基本准则、价值信念乃至终极追求，其影响力不可低估。这些伦理的主要内容有：

四维：礼义廉耻。"四维不张，国乃灭亡。"（《管子·牧民》）

四端："恻隐之心，仁之端也；羞恶之心，义之端也；辞让之

---

① 参见张艳国《家训辑览》，武汉大学出版社2007年版；陈明编《中华家训经典全书》，新星出版社2015年版；刘继业、王雅编《中国传统家训集萃：好家风好家训好家规》，沈阳出版社2016年版。

心，礼之端也；是非之心，智之端也。"(《孟子·公孙丑上》)

五常：仁义礼智信。

五伦："父子有亲，君臣有义，夫妇有别，长幼有序，朋友有信。"(《孟子·滕文公上》)

八德：孝悌忠信礼义廉耻。

这些具体的伦理规范有其历史性和相对性，但也有绝对性的一面，即在相对性中蕴含着普适性。这种普适性可以超越时空，适用于不同的时代。例如，即使在当今社会，仁义廉耻、孝悌忠信、知行合一、仁爱和平、天人合一等价值理念对处理人与人、人与社会、人与自然的关系，仍然具有重要的思想价值和借鉴意义。

其二，永不褪色的价值性。中华传统美德内容系统、深邃、全面、丰富。它的核心理念如仁义礼智、孝悌诚信、慈悲济世、平等公正、中道圆融、知行合一、天人合一等，就像是种子，在不同时代不同人们的身上生根、发芽、开花、结果。即使在最为困难的战争、天灾人祸期间仍然绵延不绝，一旦过后则春风吹又生，再次形成燎原之势。因此，在中华民族悠久的历史中，世世代代传承，渗透在上自达官贵人下至普通百姓的生活中，形成了中华民族的民族认同、文化认同以及强大的向心力、凝聚力、创造力。

其三，永不褪色的实践性。在中华优秀传统文化中，无论是儒家的仁爱和平、孝悌忠信、礼义廉耻、温良谦恭，还是道家的济世观，佛家的慈悲观等，无不是以实践为第一要义。另一方面，中华美德的重要思想及理念，并非仅是深奥义理的阐发，而是和人们的现实生活密切相连，见之于生活，圆融于生活。同时，这些美德思想已有众多大德先贤实践过、落实过、经历过，其中既有生动的案例，也有成功的经验。这些都为后人提供了借鉴。

一方面，积极肯定、称颂、弘扬正向的美德思想及观念。例如，修身正己、知行合一、自强不息、浩然正气、立己达人、勤俭持家、清正廉明、见贤思齐、刚正不阿、惩恶扬善、仁者爱人、以民为本、家国情怀、杀身成仁、舍生取义、中道圆融、天人合一，等等。

另一方面，否定、贬斥消极、负面、丑恶的东西。例如，不忠不孝、不诚不信、贪污腐败、投机取巧、奢靡浪费、暴力犯罪、祸国殃民，等等。这些负面的东西往往难以拿上桌面，而为国人所不耻。一旦横行于世，那么个人、群体、社会、国家、民族等之间的和谐有序绝无可能，遑论"世界大同"。如果积极正向的价值观念被扭曲，传统美德被消解，那么社会的价值观、道德观及社会秩序就会出问题，乃至出现严重的信仰、价值、道德等危机，从而影响国家的可持续发展和国泰民安。由此，我们不难理解那些大德圣贤倡导正向美德、贬斥负面丑恶的良苦用心。

中国优秀文化滋养了中华传统美德，中华传统美德凝练了中国优秀文化。中华民族的传统美德是从老子、孔子、庄子、孟子、岳飞、文天祥等历代大德圣贤的人生事迹里提炼出来的，绝不是空洞的说教。否则不可能成为历代中国人格致诚正修齐治平的规范，也不可能在芸芸众生那里生根发芽，开花结果。这些传统美德与我们当今的社会主义核心价值观有着许多相通之处，比如富强、和谐、平等、公正、法治、爱国、敬业、诚信、友善等，既是对中华传统美德的继承，又是在新时代的发展。

（二）发扬"厚德载物"的优良传统

中华文明以其伦理性著称于世，锻造了"厚德载物"的民族品格。厚德载物出自《周易·坤卦》，即"地势坤，君子以厚德载物"。顾名思义，君子要像大地一样德性丰厚，承载万物，滋养万物，生长万物。也就是说，只有德行丰厚，才能载物；而承载多寡，与德行的丰厚程度成正比。这里的物，既可指有形的财色名食，也可指无形的安康福寿。"厚德载物"高度浓缩和凝聚了中国文化"重德"的特质，彰显了中国文化的特色。

"厚德载物"指厚德才能载物，另指，非厚德不能载物。厚德与载物的辩证关系，说明一个人有多大德行，才能承载多大的成就。对此，《周易》等典籍有充分阐述。例如，《周易·系辞传下》："善不积不足以成名，恶不积不足以灭身。……故恶积而不可掩，罪大而不可解。"而"德薄而位尊，知小而谋大，力小而任重，鲜不及矣。"《周易·坤卦》："积善之家，必有余庆；积不善之家，必有余殃。"《尚书·伊训》："作善降之百祥。作不善降之百殃。尔惟德罔小，万邦惟庆；尔惟不德罔大，坠厥宗。"《尚书·大禹谟》："惠迪吉，从逆凶，惟影响。"

由上可见厚德载物在中国文化中的深厚内涵。这也昭示我们，不论是个人还是群体，"自强不息"必须以"厚德"为依托，厚德载物与自强不息相辅相成。内圣与外王的辩证关系，可以更生动地说明这一点。可以说，自强不息体现在内圣与外王的各个环节，而厚德载物也指向"内圣"与"外王"两个向度，既是"内圣"与"外王"的必要条件，又是联结两者的桥梁。一方面，厚德是指向人自身和内在德性的提升，由此育化出自身生命和内在心灵境界的提升。也就是说，只有自身和内心的不断修养，积功累德，才能达到内圣，在格物、致知、诚意、正心、修身上达到如同圣人一样的崇高境界。另一方面，只有在内圣的基础上，才能够齐家治国而达"外王"。这里所谓的"外王"不一定在现实生活中成为帝王将相，而是施行王道，在言行作为上能够利于安邦定国、天下太平，成就一番事业。

《尚书·蔡仲之命》言："皇天无亲，惟德是辅。"意思是说，上天公正无私，只帮助、辅佐那些有德之人。不仅对个人如此，对一个群体、国家、民族也是如此。这样的具体实例不胜枚举。所以，道德建设是社会长治久安和国泰民安的重要保证，即使现代社会特别强调法制的重要作用，也绝不可轻视道德的作用。毕竟，那些最深入人心的东西，绝不仅仅是依赖外在的强力、强制所能完成，还需依赖人的自律和自觉。

在历史中，不论是个人、群体，还是国家、民族，都会随着时光的流逝而推陈出新。其中必然有承载它们的无形力量，而德行是这种无形力量的核心。"厚德载物"蕴含着中华民族精神的宝贵资源，是构建新时代民族精神的重要内容。

（三）发扬爱国主义优良传统

中华优秀传统文化中的爱国优良传统，无疑是中华传统美德的重要内容。爱国是人们对自己祖国的一种深厚情感，一种对自己民族、国家的责任担当。

其一，对民族和国家的炽热情怀。在中华民族的历史中，把对父母姊妹的孝悌扩展到对国家的忠诚，由爱家延展到爱国，从而形成了深厚的爱国主义情感、发自内心的民族自豪感、真挚而深沉的民族情怀，由这种民族情怀而产生了普遍的爱国主义情感。在多灾多难、面临亡国灭种的近代中国如此，新中国成立后亦如此，包括钱学森在内的许多留学生选择回到祖国的怀抱，把毕生心血、智慧乃至生命献给了伟大的祖国。若人人都如此，何愁国不泰民不安？"覆巢之下焉有完卵"，国泰才能民安。

其二，感人至深的责任担当。爱国不是一句空话，而要付诸实际。在中国历史上，有识之士的爱国情怀无不见之于行动，见之于奋斗。例如，在近代中国，外敌入侵、内忧外困、山河破碎、风雨飘摇、民不聊生。在此危急时刻，涌现出了林则徐、戊戌六君子、秋瑾等仁人志士。他们是敢于为国家和民族"杀身成仁，舍生取义"的人。"苟利国家生死以，岂因祸福避趋之？"中华民族之所以历经磨难而浴火重生，中华文明之所以绵延数千载而生生不息，根植于文化血脉深处的家国情怀起了重要作用。中华民族如果没有优秀文化和传统美德力量的支撑,没有仁人志士的责任担当,就不可能一直屹立在世界东方。所以,爱国不仅仅是一种文化情怀,一个公民应尽的义务,更是一种高尚的家国情怀和责任担当。

其三,居安思危的忧患意识。中华民族在为自身生存和发展而奋斗的长期历史中,产生了深沉忧患意识。一方面,忧患意识在治国理政上多有体现。例如,《尚书·周官》言:"制治于未乱,保邦于未危。"另一方面,忧患意识是中华民族精神的结晶。《论语·微子》记载了这样一件事:

> 子路从而后,遇丈人,以杖荷蓧。子路问曰:"子见夫子乎?"丈人曰:"四体不勤,五谷不分,孰为夫子?"植其杖而芸。子路拱而立。止子路宿,杀鸡为黍而食之。见其二子焉。明日,子路行以告。子曰:"隐者也。"使子路反见之。至,则行矣。子路曰:"不仕无义。长幼之节,不可废也;君臣之义,如之何其废之?欲洁其身,而乱大伦。君子之仕也,行其义也。道之不行,已知之矣。"

在子路看来,孔子周游列国推行大道,尽自己的责任和使命,与追求个人的名利和地位无关。从这件事,我们清晰地看出孔子等对"名利"的超越。可以说,他们之所以历经千难万险,矢志不渝,就是为了他们所坚信的大道、道义。孔子之后,屈原"长太息以掩涕兮,哀民生之多艰";范仲淹"先天下之忧而忧,后天下之乐而乐";陆游"位卑未敢忘忧国";顾宪成"家事、国事、天下事,事事关心";顾炎武的"天下兴亡,匹夫有责";魏源"不忧一家寒,所忧四海饥";等等,都表达了中华民族的忧患意识、以天下为己任的崇高担当精神。

其四,杀身成仁,精忠报国。《论语·卫灵公》有言:"仁人志士，无求生以害仁，有杀身以成仁。"《孟子·滕文公下》有论："富贵不能淫，贫贱不能移，威武不能屈。此之谓大丈夫。"由此可见中国文化刚烈的一面。在上下五千年的历史长河中，特别是自1840年以来，中华民族屡遭劫难，乃至处于亡国灭种的边缘，但在历史的紧要关头，总有大批中华儿女呐喊奋起，视死如归，浴血奋战。他们在枪林弹雨、血雨腥风中纵横驰骋，为民族、国家献出了自己宝贵的青春与生命，使中华民族屡屡转危为安。如此可歌可泣的英雄事迹至今仍具有强大的感召力。至元十九年十二月（1283年1月），文天祥被执行死刑数日后，在其衣带中发现记有这样的文字："孔曰成仁，孟曰取义，惟其义尽，所以仁至。读圣贤书，所学何事，而今而后，庶几无愧。"①由此可见，中国历代大德圣贤的家国情怀，绝非名利所能羁绊，绝非生死所能阻拦。可以说，正是有这些大义凛然的死难之士支撑，才有我们中华民族坚硬的脊梁。

中华文明之所以在世界历史上绵延不绝，成为唯一不曾中断的文明，至今依然焕发着强劲的生命力，与仁人志士这种敢于"杀身成仁"的刚烈密切相关。这是中华民族的力量，更是中国文化的力量。因此，爱国主义成为中华民族精神的核心，深深根植于中华民族心中，"维系着华夏大地上各个民族的团结统一，激励着一代又一代中华儿女为祖国发展繁荣而不懈奋斗。五千多年来，中华民族之所以能够经受住无数难以想象的风险和考验，始终保持旺盛生命力，生生不息，薪火相传，同中华民族有深厚持久的爱国主义传统是密不可分的。"②

---

① 《宋史》卷四一八《文天祥传》。
② 《习近平在中共中央政治局第二十九次集体学习时强调 大力弘扬伟大爱国主义精神 为实现中国梦提供精神支柱》，《人民日报》2015年12月31日第1版。

结　语

从中外历史看，文明的核心是其文化体系，没有一个强大的文化体系，很难说是一个强大的文明。当今，中华民族正在走向伟大复兴。除了经济、社会的复兴，还有一个重要方面就是文明复兴，而复兴的关键是中国文化体系的创造。随着中华民族的复兴，面临世界百年未有之大变局，这里最为关键的问题是，中国能否为世界提供另一种文化选择？这是一个既关联历史又联系现实的重大问题，也是对当今治国理政的一个重大考验。

在中华民族走向伟大复兴和世界面临百年未有之大变局之际，我们应清醒认识中华文化的精华与糟粕，取其精华去其糟粕，贡献于新时代中国特色社会主义建设。正如习近平总书记所言："对古代的成功经验，我们要本着择其善者而从之、其不善者而去之的科学态度，牢记历史经验、牢记历史教训、牢记历史警示，为推进国家治理体系和治理能力现代化提供有益借鉴。"[①] 关于中国传统文化对当今治国理政的重要价值，习近平总书记作了深刻阐述，现列举主要观点如下。

其一，中华优秀传统文化是中华民族安身立命的基础。中华优秀传统文化是中华民族的精神命脉，是我们最深厚的文化软实力，如果丢掉了，就割断了精神命脉。

其二，中华优秀传统文化是中华民族文明史的记录、民族精神的追求和精神标识，是中华民族自强不息、发展壮大的强大精神力量，为中华民族生生不息、发展壮大提供了丰厚滋养，是培育中华民族精神的重要源泉。

[①] 《习近平在中共中央政治局第十八次集体学习时强调 牢记历史经验历史教训历史警示 为国家治理能力现代化提供有益借鉴》，《人民日报》2014 年 10 月 14 日第 1 版。

其三，中华优秀传统文化是中华民族文化自信的重要根基。中华优秀传统文化是我们最深厚的文化软实力，积淀着中华民族最深沉的精神追求。习近平总书记指出："我们说要坚定中国特色社会主义道路自信、理论自信、制度自信，说到底是要坚定文化自信。文化自信是更根本、更深沉、更持久的力量。"①

其四，中华优秀传统文化是实现中华民族伟大复兴"中国梦"的重要保证。任何国家的生存、可持续发展都是以其文化传统和价值观作为指引。在当今世界综合国力的竞争中，文化的地位和作用更为凸显，越来越成为民族凝聚力和创造力的重要源泉。

其五，中华优秀传统文化是构建人类命运共同体的重要思想资源和经验借鉴。党的十八大以来，习近平总书记明确提出了"构建人类命运共同体"的中国方案。这对于促进世界和平、友好、发展，减少和化解生态危机、不同文明之间和国与国之间的矛盾冲突，都有重要思想价值。

习近平总书记关于继承和弘扬中华优秀传统文化的重要论述，不但昭示了文化自信的重要性，而且昭示了新时代党和国家对中华优秀传统文化价值的充分肯定和积极践行。这是新时代治国理政的重要文化战略，必将对走向世界中央的中国产生巨大影响。当今世界经济社会的发展，全球化是大势所趋。经济社会全球化之后，必定是新一轮文化的交流、碰撞及交融。一方面，我们要有准备地迎接这场世界性文化的碰撞与争鸣。另一方面，中西文化、中外文化各有所长。在与世界交往交流的过程中，把我们文化中好的东西创造性转化成为世界性的东西。这需要首先解决思想文化的本土化问题，然后才是全球化问题。本土化并非为了把自己的视野局限在本土文化或中国本土历史的界限之内，而是为了在认清自己的前提

---

① 习近平：《在哲学社会科学工作座谈会上的讲话》，人民出版社2016年版，第17页。

下，寻求中国道路的内在路径，以及世界不同文化和平共处之道。在世界全球化过程中，不同民族、不同文化、不同文明并存。这既需要尊重本土历史和文化，也需要尊重不同地区或国家的文化，从而探究不同文化交流互鉴、和平共存、协同发展的路径，促进世界和平。

当前，世界多极化、经济全球化深入发展，文化在综合国力中的地位和作用也越来越凸显，越来越重要，越来越成为一个国家凝聚力和创造力的重要源泉。习近平总书记指出："中华优秀传统文化是中华民族的精神命脉，是涵养社会主义核心价值观的重要源泉，也是我们在世界文化激荡中站稳脚跟的坚实根基。"[1] 加强文化自信，大力推动中华优秀传统文化创造性转化、创新性发展，是建设社会主义文化强国的重大战略任务。

中华民族的伟大复兴绝不仅是经济层面的，还要在文化层面，在中国精神和中国价值层面发力。只有伟大的精神家园、伟大的心灵世界、高远的精神追求，才能真正支撑起中华民族万古长青的事业。2016年11月，习近平总书记在哲学社会科学工作座谈会上指出，"中华文明延续着我们国家和民族的精神血脉，既需要薪火相传、代代守护，也需要与时俱进、推陈出新。……要推动中华文明创造性转化、创新性发展，激活其生命力，让中华文明同各国人民创造的多彩文明一道，为人类提供正确精神指引。"[2] 回望中华民族五千年文明史，我们曾经给这个世界的文化作出了重大贡献。中华文化不仅是中国的，也是世界的；不仅属于历史，也属于未来。我们应该有这个责任，为人类的进步作出更大贡献，提供精神指引。中国优秀传统文化蕴含着中华民族最核心的价值追求，最顽强的命脉基因，是中华民族生生不息、发展壮大的丰厚滋养。我们要从本

---

[1] 习近平：《在文艺工作座谈会上的讲话》，人民出版社2015年版，第25页。
[2] 习近平：《在哲学社会科学工作座谈会上的讲话》，人民出版社2016年版，第17页。

土历史和文化中提炼出中国思想、中国智慧、中国话语，探究传统文化的深层价值和新时代中国文化的创新动力，为国泰民安、民族复兴、世界和平提供智力支持和文化支撑。

总之，中华文化及思想是历代治国理政的"根"和"魂"，为历史治国理政提供了思想上的支撑。同时，历代的思想文化政策制度对思想文化具有重要的反作用，从而影响到每一朝代具体的文化形态及思想状况。中国的经验表明，不论是治国理政还是制度建设，不但不能放弃自己的文明，不能放弃自己的文化根基，而且要与时俱进，因时制宜，创造性转化创新性发展，以适应新形势，解决新问题。只有找到适合自己历史文化传统的制度形式，才能建设一套对治国理政行之有效的制度体系，才能更好地服务于中华民族的伟大复兴。

第六章

礼治与法治

"周虽旧邦，其命维新。"中国为文明绵延悠久之邦，也是一个正在复兴之路上之大国。其韧性之坚强、其命运之坎坷，值得反思与展望之因缘甚多，关于治国理政，是一个重要方面。

我们在这里要探讨的是中国传统治理体系中的礼治与法治及其相互关系问题。这个问题也大大关乎中国政治文明的特色与精神。这一课题涉及中国传统治道治术中自古就有的问题，诸如刑法之辨、礼法之辨、出礼入法等问题，更是近代遭遇西方列强冲击以后激剧彰显演绎出来的问题，诸如礼治与法治、人治与法治、德治与法治，等等。

礼乎？法乎？礼治乎？法治乎？出主入奴之间，抚今追昔，可以觇世变。

1898年3月，正是戊戌变法行将到来的大时代前夜。梁启超发表《论中国宜讲求法律之学》，有感于"国势""政体""人心风俗"尽皆颓败的危局，立志"发明西人法律之学，以文明我中国，又愿发明吾圣人法律之学，以文明我地球"，[①] 代表了有识之士"发明法律之学"以自砥砺振作谋图"自荐"的努力方向。如他在

[①] 梁启超：《论中国宜讲求法律之学》，载汤志钧、汤仁泽编《梁启超全集1》，中国人民大学出版社2018年版，第425—426页。

1906年发表的《中国法理学发达史论》宣扬"法治主义，为今日救时唯一之主义，立法事业，为今日存国最急之事业"。① 而举国昌言法治之声浸盛，我国渐入"欧美法系侵入时代"（用杨鸿烈《中国法律思想史》中之语）。至清末修律乃有所谓"法治派"（以沈家本、伍廷芳、杨度为代表）与"礼教派"（以张之洞、劳乃宣为代表）之大论战，学者多以后者所谓旧派为得势，② 而至1922年唐文治作《礼治法治论》则力主"礼为人治之大源"之说。③ 也只是见证了"法治"派主导天下时代的来临。而此等尊礼之论，如1927年刘咸炘《礼废》之作等已为微弱的发声。④ 到20世纪30年代杨鸿烈评论此前"根据'三民主义'的立法而最早成功的法典"的民法条文说："这些规定虽然还不能说是极彻底的法律革命，但已经是能够根本推翻几千年来'藏垢纳污'伪善的旧礼教所护持的名分、亲属关系、宗法观念，造成了一种不流血的礼教革命了。"⑤ 或可以代表国人在大体上无论于法制或法律观念上均彻底告别了礼治、礼教当令之时代。对于中国传统的"法律或政治的制度"，他们根据"大量输入"的"欧美学说"诸如"'保障人权'和'权利'、'义务'的思想"对于中国传统的"法律或政治的制度"也旗帜鲜明地下了这样否定性的评判用语："'礼'、'法'分不清"，⑥ 正如他们批评清末修律争议中"朝野之守旧者"如劳乃宣等也是

---

① 梁启超：《中国法理学发达史论》，梁启超著，汤志钧、汤仁泽编：《梁启超全集5》，第430页。

② 参见杨鸿烈《中国法律思想史》，商务印书馆2017年版（该书据商务印书馆1936年版排印）；武树臣《中国法律文化大写意》，北京大学出版社2011年版。

③ 唐文治：《礼治法治论》，原载《茹经堂文集》三编卷二后收入《唐文治文集（全六册）》第二册，上海古籍出版社2018年版，第658页。

④ 近年有学者注意及之，参见严寿澂《礼俗与中国社会——以唐文治〈礼治法治论〉及刘咸炘〈礼废〉为中心》，收在彭林、单周尧、张颂仁主编《礼乐中国——首届礼学国际学术研讨会论文集》，上海书店出版社2013年版。

⑤ 杨鸿烈：《中国法律思想史》，第407—414页。

⑥ 杨鸿烈：《中国法律思想史》，第370页。

"将法制与礼教观念混而为一"① 一样。

礼与法、礼制与法制、礼治与法治、人治与法治之间纠缠不清的关系及其概念，不光在西法输入时代的社会精英中严重地撕扯着，也在此后的一系列法制史、法律思想史、法文化史研究中以变相的方式持续存在。比如，谈到中华法系的特色，学术界有一种强劲的"礼治"与"法治"结合论观点。有的学者设专章讨论"礼刑合一"为"中国固有法系"之内涵；② 有的学者以为"礼与法的相互渗透与结合是中国传统法律文化的核心内容"；③ 也有学者将"礼法合治"作为中国古典法治的常态表现与主要特征；④ 有的学者则在梳理中国传统法律文化的历史遗产中，特别强调"'人治'、'法治'相结合的'混合法'样式"。⑤ 这些带有历史学描述色彩的论断与前述江庸、杨鸿烈等带有强烈价值评判色彩的论断实际指涉的对象是何其相近，足以促使人们检讨在中华法系中并有必要跳脱出来重新反思中国的治理传统中礼治与法治到底是何等关系？

更专业地深入去了解历史是一方面；通达地调整观念也很重要。鉴于学界多以西方法为参照系，而狭隘地判定中国古代的法是"以刑"为主的将礼置于法的对立面，有学者就认为，以现代法的视野考察中国古代社会时，无"法"之名，却有"法"之实的"礼"理所当然地应纳入法的研究中："西周的'礼'，其实就是西周调整贵族内部和同族平民关系的'法'。……只是在西周不叫

---

① 语出江庸，转引自杨鸿烈《中国法律思想史》，第389页。
② 陈顾远：《中国法制史概要》第三编"后论"第一章"礼刑合一"，商务印书馆2017年版。
③ 参见张晋藩《中国传统法律文化十二讲》，高等教育出版社2018年版，第17页。
④ 参见武树臣《从古典法治走向现代法治——段秋关新作读后》，载《西北大学学报》（哲学社会科学版）2019年第6期。（段秋关的新作，是指《中国现代法治及其历史根基》一书，商务印书馆2018年版。）
⑤ 参见武树臣《中国法律文化大写意》，引文见《序言》第4页。

'法'或'法律',而名之曰'礼'。"① 学者又加以引申发挥说:"事实上,不仅仅只是西周的'礼'有法之实,无法之名,整个中国古代皆是如此。所以,中国传统法是古代礼法体系的阐释,在现代法的视野中,古代法是礼法的'共同体'。"作者为此勇敢而不免生硬地以"传统法"诠释路径取代"古代法"实证研究取向,使得"中国传统法是'礼'与'法'的'共同体'"这一核心观点仍然是暧昧不清的。② 不过,类似尊重"礼法传统"在"中华法系"中的地位与作用,越来越成为法史学界的致力方向,③ "'礼法'探原"的工作也越来越成为资深法学家的要务,④ 年青一代还特别利用新出的诸如金文简牍材料探讨"大变局下的早期中国法"。⑤ 上述研究一方面或可以代表意向性的突破努力所带来的进展,另一方面也兼存矫枉过正的负累。语辞的梳理如何与历史的脉络相契合,概念的复原如何与内容的本真相统一,专业的视域精深如何与跨学科研究才能赢来的通识融合无间,都是值得期待的远景。

事情已经较为明朗,礼与法在中国法律传统中的定位,礼治与法治在中国传统治理体系中的定位,都需要一种原始要终的研究,这是超越名相的研究,但不可能是超历史的探索。他应该是超越中西简单比附或生硬对立的包容性取态的研究,但更是彰显主体性的探讨。

---

① 李光灿、张国华主编:《中国法律思想通史》(1),山西人民出版社1994年版,第13页。引文为张国华的观点。
② 马小红:《礼与法:法的历史连接》(修订本),北京大学出版社2017年版,第93—94页。
③ 参见俞荣根《礼法传统与中华法系》,中国民主法制出版社2016年版。
④ 参见梁治平《为政——古代中国的致治理念》,生活·读书·新知三联书店2020年版。
⑤ 参见王沛《刑书与道术——大变局下的早期中国法》,法律出版社2018年版。

第一节　中国式法治：早期中国的治理原型

展开研究的第一步，也是至为关键的环节，就是必须对早期中国治理的原初形态加以系统的梳理。"作始也简，将毕也钜"，如江河之泛滥，源头浑浊末流清澈，是不可能的事。我们试图尽量避免挪用后设的观念去选取意向性材料，而努力从最基本的事实与趋向上来钩沉本相、推寻原始。当然，概念工具的采择是不可避免的，不过我们必须声明，不得已的倾向性决定是基于辩证的讨论而非单纯的立异。

晚近以来，国人述法律法制法治本源，多推本于刑之缘起。而论刑之发生，又多归结于"兵刑不分"或"刑出于兵"诸说，推绎之极，则蚩尤为法神，皋陶复为蚩尤，[①] 兵也刑也法也不知界限何在，无有底止，似此可谓以偏概全似是而非之说。寻其缘由，大要有二，一则预设偏至之法律法制法治观念，以衡中国之古法古制古治原始；二则肢解、拘泥且敷衍东汉许慎"法"字训诂以裁前古。二者互为因缘，愈说愈歧。请从后者说起。《说文解字》廌部云："灋：刑也。平之如水，从水；廌，所以触不直者；去之，从去。（方乏切。）法，今文省。佱，古文。"[②] "刑"字，段玉裁正为"荆"，《注》云："荆者，罚罪也。《易》曰：利用荆人，以正法也。引伸为凡模范之称。木部曰：模者，法也。竹部曰：范者，法也。土部曰：型者，铸器之法也。"[③] 则许君训"法"字本义确实偏重罚罪方向，但他用字遣词，同时又兼顾了引申义"模范之称"。

---

① 参见武树臣《中国法律文化大写意》，第二章"寻找最初的独角兽——对'廌'的法文化考察"，尤其是第 157 页。
② 许慎撰：《宋本说文解字》，国家图书馆出版社 2017 年版，第 190 页。
③ 段玉裁：《说文解字注》，上海古籍出版社 1988 年版，第 470 页上栏。

孙诒让述之云："法本为刑法，引申之，凡典礼文制通谓之法。"①皆得许君意旨。然罚罪刑法之训，实为晚出之说，若专以此偏至之义说古代法律法制法治，殊不可通。不局限于"刑法"的"典礼文制"，乃为中国自古相传治理模式原型之内涵本相，在此意义上，难以名称，强命之，似非"中国式法治"莫属。

相较而言，《尔雅》之训更为近古。

《释诂》云：

> 典、彝、法、则、刑、范、矩、庸、恒、律、戛、职、秩，常也。（郭注：庸、戛、职、秩，义见《诗》《书》，余皆谓常法耳。）
>
> 柯、宪、刑、范、辟、律、矩、则，法也。（郭注：《诗》曰："伐柯伐柯，其则不远。"《论语》曰："不逾矩。"）
>
> 辜、辟、戾，罪也。（郭注：皆刑罪。）

《释言》云：

> 坎、律，铨也。（郭注：《易·坎卦》主法。法、律皆所以铨量轻重〔也〕。）②

如《尔雅》经注所述，"刑"之古训为"常"为"法"（即郭注所谓"常法"），若"典、彝、法、则、刑、范、矩、庸、恒、律、戛、职、秩""柯、宪、刑、范、辟、律、矩、则"皆为经典表述法律之用辞，且不拘泥"刑罪"为说，可谓要而当矣。我们说，自古以来中国治理之原始典型为"中国式法治"，正名之初，

---

① 孙诒让著，汪少华整理：《周礼正义》，中华书局2015年版，第77页。
② 周祖谟：《尔雅校笺》，云南人民出版社2004年版，第6、28、195页。

首当及此。

而最初的"法治"可以说是以上天以圣王为法象之模范政治，虽不必以"法"称，但确有法意，而表述为"典""典刑""洪范"（《诗》《书》所称）、"汤之典刑"（《孟子》所述）、"文王之法""周公之典""先王之制"（《左传》《国语》等所记）等是也。概括言之，五帝三王之治为"中国式法治"之原型。

这是取其古义通义，而非限于"刑法"之类的狭偏义。我们的"法治"概念自是针对了近代以来以挞伐传统政治为绝对命令的偏至之论，但是并非排斥认真吸纳西法善治的开放努力。事实上，有学者已经注意到，中国近代伟大的启蒙者严复于《法意》中早就指出："西文'法'字，于中文有理、礼、法、制四者之异译，学者审之。"以及"西人所谓法者，实兼中国之礼典。"等博通之论。[①] 追溯原始，明末清初的西方传教士等实有开启西"法"东渐之功，如他们"将固有汉字'法学'在'勒义斯'的意义上加以界定和运用本身就表明，这些语词蕴含的概念已完全超出了中国传统的刑名之学或律例之学的范畴，只是由于种种复杂原因而令这些作品湮没不彰，极少流传。……西方法学首次用中国语言、中国文字、中国方式予以表达，亦即开启了西方法学的中国化进程……"[②] 我们当然也可以说，"法""法学""法治"等的译法和概念承用于今，反映了中华"法"文化的深厚渊源与强大包容性。"中国式法治"之原型，大体包括下述诸端。

一　法天为治

尧之为君，其巍巍伟大本乎"则""天"，孔子深得此义。司

[①] 参见马小红《礼与法：法的历史连接》（修订本），第57、121页。严复《法意》原文，经校正。

[②] 参见王健《西方法学邂逅中国传统·序》，知识产权出版社2019年版，第5—6页。

马迁述《五帝本纪》，为中华文明史书写开辟新纪元，《太史公自序》述其作意有云："维昔黄帝，法天则地，四圣遵序，各成法度；唐尧逊位，虞舜不台；厥美帝功，万世载之。作《五帝本纪》第一。"① 就把这一层揭示得更清楚了：一方面，天地为帝王之"法""则"，而上古尊天尤过于地；另一方面，圣王之治，又成为后世遵循之"法度"。纪中云"（帝尧）乃命羲、和，敬顺昊天，数法日月星辰，敬授民时……于是帝尧老，命舜摄行天子之政，以观天命"②。就是顺天法天本天意为治，以此为例，可概其余。近代梁任公于《志三代宗教礼学》一文中发明中国"天教"甚详，后在《先秦政治思想史》中则分述为"具象的且直接的天治主义"与"抽象的天意政治"，颇为扼要。③ 经典述本天为治之理，以《尚书·皋陶谟》最为系统：

> 无旷庶官，天工，人其代之。天叙有典，敕我五典五惇哉！天秩有礼，自我五礼有庸哉！同寅协恭和衷哉！天命有德，五服五章哉！天讨有罪，五刑五用哉！政事懋哉懋哉！天聪明，自我民聪明；天明畏，自我民明威。达于上下，敬哉有土！

"典"也、"礼"也、"德"也、"刑"也，凡"政事"之纲纪、"庶官"之职守，莫不推本于"天叙""天秩""天命""天讨"；而最为难得的是径将天意归结为"民"心。"天聪明，自我民聪明；天明畏，自我民明威。"此处经文，借皋陶之口，以天之名义，将圣贤法治的基本内涵及其必以尊重民意为媒介的大道理向

---

① 《史记》卷一三〇《太史公自序》。
② 《史记》卷一《五帝本纪》。
③ 参见梁启超《先秦政治思想史》，商务印书馆 2014 年版，第 29、31 页。

执政者（"有土"）作最为庄严的宣示。孟子引"《泰誓》曰：'天视自我民视，天听自我民听。'"（《孟子·万章上》）《左传》襄公三十一年，鲁穆叔曰："《大（太）誓》云：'民之所欲，天必从之。'"昭公元年，郑子羽亦引之。《国语·周语》单襄公、《国语·郑语》史伯又一再引之，至伪古文《尚书·泰誓》云："天矜于民，民之所欲，天必从之。"发挥的是同一正道大义。像《皋陶谟》里这样整饬系统的见解，虽出于后世录史者追述之辞，但基本思想应远有渊源。

李约瑟认为，中国缺乏罗马传统的"法"的观念，也缺乏古犹太教里面"神"的观念。他进而说我们中国"法"的观念与西方不一样，中国没有产生寻找法则、寻找终极根源的习惯。许倬云部分同意李氏的观察，也强调中国之"道与法的观念与欧洲的观念很不相同"。关于中国"法"的观念，许氏云："我们常常说要效法某人，效法这个'法'的定义比法律的'法'来得早，先秦最先使用'法'这一字的时候，是指模仿的意思。"[①] 的确，"法"之"模仿的意思"较为早出；但我们必须指出，从历史上来看，"模仿"的对象最重要的是"天"。对执政者来说，他们只有向天学习得好，才有资格成为后世模仿的对象，而法律、法制、法治的最悠久的本源也就是天。在这一点上，即使持有"道"本"道"尊观念的道家或"理一""理"本观念的理学家，都没有也不可能排除"天道""天理"观念，都不能不依托于道根与理原之"天"。"天"才是中国法律与治道的"终极根源"。

从现代政治思想的角度，我们对天意在民的观念较容易欣赏；从重审中国历代治理精神的视域来看，那些把先民凝聚为一个可大可久的政治文化共同体的一统观念，似更为重要。而这又直接关联

[①] 许倬云著，陈宁、邵东方编：《历史分光镜》，上海文艺出版社1998年版，第344—346页。

到本天法天为治的经验与模式。钱穆对此作了很好的概括，他从《尚书》中总结出两个内在联结的政治思想：以"天子"为"天下共主"的观念；"天下一家"的观念。

《尚书·召诰》云：

皇天上帝，改厥元子，兹大国殷之命。惟王受命，无疆惟休，亦无疆惟恤。呜呼！曷其奈何弗敬？……王其疾敬德！相古先民有夏，天迪从子保，面稽天若，今时既坠厥命……我不可不监于有夏，亦不可不监于有殷……今王嗣受厥命，我亦惟兹二国命，嗣若功。

钱穆释之曰：

中国人在那时已经有一个世界一统的大观念，普天之下有一共主。此一个共主，当时称之为"天子"，即是上帝的儿子。亦称"王"，王者往也，大家都向往他。中国古代有夏，夏王便是上帝的儿子，天下统一于夏王室之下。后来商、周迭起，可知周亦不能永此统治，将来还要有新王朝代之而起。中国古人此种观念之伟大，实是历久弥新……

若使科学再发达，而终于没有一个"天下一家"的观念，那岂不更危险？纵使宗教复兴，但以往各宗教信仰上对内对外各项斗争，也没有统一过。只有中国，唐、虞、夏、商、周一路下来，是一个大一统的国家，地广人多，四千年到现在。推溯到我们古人早有此一种政治观点，确是了不得。说来似平常，但从政治观可推广到整个人生观，乃至整个宇宙观，中国此下思想学术俱从此发端。①

钱氏之见并不夸张,当"大传统"影响到"小传统",当普天之下皆向往"一统",皆以"一家"为归宿,则自然而然会产生巨大的凝聚力和坚忍的心理定式,终究会克服暴乱、分裂的倾向。这不能不说是中华民族历久不衰的一大政治文明基因。再推原而论之,有"天"的信仰,才会有"天下"的观念;有父母孩子的伦理,才会有"一家"的意识、"天子"的观念以及"天子"为"民之父母"的思想;有天意在民的观念,才会有真命"天子"为"天下"之"王"的思想。本天法天的观念与家族观念相结合,天下主义与民本主义相结合,是这种独特的政治文明基因的奥秘。原始要终,分析到最后,都会归结到天上人间彻上彻下为"一家"的天人合德的治理模式。

《洪范》,晚近多被判定为战国晚出的文献,最近的研究则逐步恢复其为周初之原典。洪范,今语直译为大法。传统上被视为"大法九章"②。箕子以为"天乃锡(赐)禹洪范九畴,彝伦攸叙"。在第五畴"建用皇极"之"皇极",即最高法则中,云:

> 会其有极,归其有极。曰:皇,极之敷言,是彝是训,于帝其训。凡厥庶民,极之敷言,是训是行,以近天子之光。曰:天子作民父母,以为天下王。

我们认为典型地表述了中国原初本天、法天为治之模式。若《洪范》诚为《左传》文公五年、成公六年、襄公三年及《说文》

---

① 钱穆:《中国史学名著》,九州出版社2011年版,第11—12、17—18页。
② 见《汉书·五行志》《汉书·律历志》。

等文献称引之"商书",① 则"天子作民父母"之说法颇为早出。② 如是，则有上下双重亲子关系：就"帝"/"天"与"天子"/"王"之关系而言，人间之执政者为上天之子；就人间之执政者与"庶民"之关系而言，"天子"应为"民"之"父母"，乃得为"王"者。我们并不否认"在《洪范》的规范系统中，民本主义的色彩很淡，而皇权主义的色彩较浓"③，我们也承认历史上即使有帝王君主之杰出者，在他们以"民之父母"的姿态以宽仁亲和为怀或秉公执法以待"庶民"时仍不免是"作威作福"的，但我们还是认为，若看不到"天下共主""天下一家"等天人合一观念所系之治理模式在抟成一个历史悠久的大国家大民族中的伟大作用，也是闭目塞听的。在这个意义上，《尚书》等文献所反映的正是远有渊源的史实。

二 明德为则

我们已经看到，在先民的政治意识中，在他们意念之天上人间连体一气的大家庭中，天子即王朝的执政者在宇宙秩序和国家社会秩序中占据枢纽的地位。因为他们兼有长子（对"上帝"/"天"而言）与父母（对"庶民"而言）的双重身份。他们要善尽其职责，也须遵守法则，"上下"对于他们最大的要求就是"有德"，这既是天之律令（"天命有德"，消极地说，可谓神意法；积极地

---

① 参见刘起釪《古史续辨》，中国社会科学出版社 1991 年版，第 313 页。

② 西周中期燹公盨铭文有"天令（命）禹……降民监德，乃自乍（作）配鄉（饗）民，成父女（母），生我王，乍（作）臣……"的记载，颇可证此说之有本。裘锡圭认为："'成父母，生我王'，是说天为下民生王，作民之父母。《洪范》：'曰天子作民父母，以为天下王。'与此文若合符节。"冯时也指出："禹修德而王天下，故成民之父母。《尚书·洪范》：'天子作民父母，以为天下王。'《诗·小雅·南山有台》'乐只君子，民之父母。乐只君子，德音不已。'皆此之谓。"参见周宝宏《近出西周金文集释》，天津古籍出版社 2005 年版，第 240、248 页。

③ 参见陈来《古代宗教与伦理——儒家思想的根源》，生活·读书·新知三联书店 2009 年版，第 225 页。

说可谓"天德"政治），也是庶民归往与否的先决条件（"王"之定义，消极地说可谓民之压力；积极地说可谓民意法——权且分析言之，在中国古代"天意"与"民心"实是纽结在一起的）。如果他们很自觉地意识到这一点并兢兢业业修行之，这就是德性彰明的大善了。上面描述的可以说就是历史上艳称的"德治"之关键。不过我们也不要偏忽了，它只是先民治理典型之一个环节与侧面，尽管非常重要。

众所周知，至少至西周文武周公时代，已经有非常成熟的"明德慎罚""王其疾敬德"[1]的政治思想与治理实践。此不烦重述，而"明德为则"为中国式法治一大端，则犹待彰显。

司马迁述五帝三王德法之治，最为明晰。司马迁言必称五帝之盛德。其叙黄帝，首举"修德振兵"；记"（帝颛顼）高阳有圣德焉"；述帝尧"能明驯德"、帝舜"让于德"，"（尧）命十二牧论（舜）帝德，行厚德，远佞人，则蛮夷率服。"极称"天下明德，皆自虞帝（舜）始"。他又合纪五帝云："自黄帝至舜、禹，皆同姓，而异其国号，以章明德。"五帝之治，一言以蔽之，可谓"明德"之治，最为后世善治之纲纪与法度。

司马迁述三代更迭系乎积德失德之经验教训颇为周详，此亦不烦屡述，而揭示古来明德为法之旨，尤为深切著明，却往往为人所忽。《夏本纪》本《尚书》述皋陶"九德"之类"美言"及功德诸端后云："皋陶于是敬禹之德，令民皆则禹。不如言，刑从之。舜德大明。"司马迁又述皋陶之"扬言"曰："念哉，率为兴事，慎乃宪，敬哉！"皋陶"作士以理民"，其职为"士"（今或谓之法官），宜有此以（禹之）"德"为（民之）"则"，进而以"刑"卫"德"之箴言。"则"也，"宪"也，皆谓法也。不仅如此，也

---

[1] 本段引文分别出自《尚书·康诰》《召诰》。

不必拘泥职官为说，德则为法宪，实为古治之通义也。故《殷本纪》又云：

> 帝太甲既立三年，不明，暴虐，不遵汤法，乱德，于是伊尹放之于桐宫。三年，伊尹摄行政当国，以朝诸侯。帝太甲居桐宫三年，悔过自责，反善，于是伊尹乃迎帝太甲而授之政。帝太甲修德，诸侯咸归殷，百姓以宁。

何谓"汤法"？司马迁所述，实本孟子。《孟子·万章上》云："太甲颠覆汤之典刑，伊尹放之于桐。三年，太甲悔过……"可见，"典刑"即"法"，"汤之典刑"即"汤法"；亦即史文前述所云"汤德至矣，及禽兽"之类的"汤德"。此由"帝太甲修德"改弦更张，由犯法而一转为循德，可证也。[①]《史记·殷本纪》又叙殷王盘庚事迹云：

> 盘庚乃告谕诸侯大臣曰："昔高后成汤，与尔之先祖俱定天下，法则可修。舍而弗勉，何以成德！"乃遂涉河南，治亳，行汤之政，然后百姓由宁，殷道复兴。诸侯来朝，以其遵成汤之德也。

"汤之政"与"汤德""汤法""汤之典刑"当为异辞而同指，此最可证开国圣君之德行往往被后世尊为"法则"之历史成例。遵修之者治，违犯之者乱。《诗·大雅·抑》"罔敷求先王，克共明刑"。所谓"先王"之"明刑"，即先王之法度，这是从正面称之；

[①] 有学者认为："所谓'汤法'、'汤之典刑'，亦即'汤刑'，均指商奴隶制国家的法律刑典。"见胡庆钧主编《早期奴隶制社会比较研究》第八章"商代法律制度"，中国社会科学出版社1996年版，第187页。此说于《孟子》《史记》皆不得其旨，可谓两失之。

《尚书·无逸》周公所谓"变乱先王之正刑","正刑"亦为法度之称,这是从反面斥之。

一至于周,司马迁又极称文王之功德:①

> 西伯曰文王,遵后稷、公刘之业,则古公、公季之法……西伯盖即位五十年。其囚羑里,盖益《易》之八卦为六十四卦。诗人道西伯,盖受命之年称王,而断虞芮之讼。后十年而崩,谥为文王。改法度,制正朔矣。追尊古公为太王,公季为王季:盖王瑞自太王兴。(《史记·周本纪》)

一朝王业,一代圣王开之。王者之德为王朝法宪法度法则之所系,无论"则"、"法"、"改法"、立法,王者之德实为后世法制之枢纽。备享盛誉若文王者,大树德行为法宪,书写良法美治之极则,彪炳史册,悬为至高至善之典制理型。所以《诗·周颂·我将》"仪式刑文王之典",《左传·昭公六年》引作"仪式刑文王之德"。"文王之典"即为"文王之德","典"言其王朝之法制,"德"言其王者之内涵,纪述角度不同,其实一也。即为后世"仪式刑"即应当师法效法的法度。一若《孟子》所称"汤之典刑"《史记》谓之"汤法"。"则"也,"宪"也,"典"也,"刑"也,"典刑"也,"正刑"也,皆谓法也。要言之,实以"德"为中心意义。此等之德治不可谓之法治乎?

若有人以为《史记》等所称述,于文献上过于晚出,则请证之周代之金文。西周早期康王时大盂鼎铭,述"王"者之言有云:

> 今我唯即井(型)禀(廪)于文王正德……今余唯令女

---

① 上古"功"与"德"合一,不如后世若"立德""立功""立言"之类区分之严。《左传·昭公元年》:"刘子曰:'美哉禹功!明德远矣。'"

（汝）盂召（绍）荣，敬拥（雍）德巠（经）……令女（汝）盂井（型）乃嗣祖南公。①

有学者以今语译之曰："今我以文王的正德为典范效法而禀受之……今我命令你盂辅助荣谨敬地协和道德及准则……命令你盂效法你的嗣祖南公。"② 对本书来说，此铭至关重要处，对南宫家族意义深远的，至少有两个层次：从王法的角度来说，"文王正德"为至尊之法宪；从家法的角度来说，"嗣祖"之"德经"为必遵之法度。此铭最为典型地反映了周代之法治必以明德为则的向度，于国于家，无一例外，于王于公，贯彻上下。

春秋初年的青铜器秦公镈铭文，亦云：

秦公曰：不（丕）显朕皇祖受天命，鼀（肇）又（有）下国，十又二公……余虽小子，穆穆帅秉明德，叡（睿）尃（敷）明井（刑）……③

秦国地处偏远，中原多视其为戎狄之邦，此铭虽语涉僭妄（称"受天命"），但是颇知"明德"为法［即文中之"井（刑）"］的道理，而谨敬自勉。正可觇有周明德为则之法治的播远效应了。春秋晚期滕国司马楙编镈铭文，更有这样的说辞："朕文考懿叔，亦帅刑瀍则先公正德，俾作司马于滕"。有学者以为，"瀍"字"作为动词'效法'来使用的古文字资料，此处为最早。"④ 此说确否尚待考，但是"先公正德"为"帅刑瀍则"之对象的观念，与

---

① 中国社会科学院考古研究所编：《殷周金文集成》（修订增补本）第 2 册，中华书局 2007 年版，第 1517 页。
② 马承源主编：《商周青铜器铭文选（三）》，文物出版社 1988 年版，第 40 页上栏。
③ 中国社会科学院考古研究所编：《殷周金文集成》（修订增补本）第 1 册，第 318 页。
④ 参见王沛《刑书与道术——大变局下的早期中国法》，第 295 页。

"文王正德"为典刑法宪的观念一脉相承，我们以为这是以德则为宪政的治理模式的体现，应该说是不过分的。而"法则"与"正德"（犹言"明德"）之间竟有如此深厚的历史渊源，这是我们在探讨中国治理之原型模式时特别需要注意的。

我们看到，"明德"为"则"的治道，不仅为王朝之最高统治者王者所秉持、自我约束，亦为贵族所习得与规范；它也施及庶民下层。可以说，普天之下，明德为法。

西周《尚书·召诰》云：

> 其惟王位在德元，小民乃惟刑用于天下，越王显。

曾运乾释之曰："言王位居元首，德称其位，小民自仪刑于下，而发扬王之光显矣。"[1] 前引西周中期燹公盨铭文，又有"民好明德""民唯克用兹德"等等彰显"懿德""好德"诸训，[2] 则不仅集中反映了周代德治之内涵，而且显示了其贯彻上下的推行力度。我们可以看到，为达致孔子所称"民德归厚"之效，为政者需要付出怎样的努力。《孟子·告子上》引《烝民》之诗，并孔子之解经语，道：

> 《诗》曰："天生蒸民，有物有则。民之秉彝，好是懿德。"孔子曰："为此诗者，其知道乎！故有物必有则；民之秉彝也，故好是懿德。"

处于战国时代的孟子，援经探讨的是"仁义礼智"的终极根源（必本于"天"），先王之德则，几经创造性转化而成人心深处的道

---

[1] 曾运乾：《尚书正读》，中华书局1964年版，第198页。
[2] 释文参见前揭周宝宏《近出西周金文集释》，第201页。

德律令，反映了"德"之内在化的历史进程，却也可见德法之治的深远影响了。

当然，与"小民"相较，执政者的德范更为重要，处于立法者的地位。"孝"为西周金文中常见称述之德，《诗·大雅·下武》亦云："王配于京，世德作求。永言配命，成王之孚。成王之孚，下土之式。永言孝思，孝思维则。"以成王之孝顺为楷式，立"孝"以为法则，衍为《诗》教，德法之治道亦可见矣。唯先民尚以为人间之法度虽寄身于圣王，推本溯源则仍本乎皇天上帝，如《诗·大雅·皇矣》云："帝谓文王：'予怀明德……不识不知，顺帝之则。'"《洪范》以"正直""刚克""柔克"为"三德"，箕子亦以为括此在内的"洪范九畴"为"天乃锡（赐）禹"，可谓同一意趣。则皇天上帝为最高的立法者与审判者。这就为不如人意的现实政治树立了榜样，也提供了批判性的法原，体现了先民的政治智慧。

三 以礼为法

在关于中国政治文明之缘起形态的探讨中，与"德则"密切相关而内涵更为丰富，治理范围更为广泛且更能彰显中国文化特色的是"礼法"。

《史记·乐书》，录《乐记》云：

> 故礼以导其志，乐以和其声，政以壹其行，刑以防其奸。礼乐刑政，其极一也，所以同民心而出治道也……礼节民心，乐和民声，政以行之，刑以防之。礼乐刑政四达而不悖，则王道备矣。

以"礼乐刑政"分疏论"治"，让我们想起前引《尚书·皋陶谟》以"典""礼""德""刑"分括"政事",反映了不同历史时期的中国论政模式,颇有理致。以四者之"达而不悖"为"王道"之内涵,可谓深得"治道"之要矣。而"礼"为最尊,盖乐可附礼而礼可兼乐也。《太史公自序》引其"先人"之说:"尧、舜之盛,《尚书》载之,礼乐作焉。"[1] 追溯已远。近代礼学大师孙诒让更由周公而推原于"五帝""三王":"盖自黄帝、颛顼以来,纪于民事以命官,更历八代,斟酌损益,因袭积累,以集于文武,其经世大法,咸粹于是。(指《周礼》——引者按)"[2] 孙氏本刘歆、郑玄之说,以《周官》为周公制作,实未必然。但是,周公以盛德而摄王政,集上古礼治之大成,其制礼作乐、规模礼法,范围宏远,确乎从古未有之圣也。

学者或以"周公'制礼作乐'的说法最早见于《礼记》的《明堂位》,亦见于汉儒的《书传》"[3]。然《左传》所述更为近古,《文公十八年》纪鲁"季文子使太史克对(鲁宣公)曰"之言(括号内并录《杜注》)云:

> 先君周公制周礼曰:"则以观德,(则,法也。合法则为吉德。)德以处事,(处,犹制也。)事以度功,(度,量也。)功以食民。(食,养也。)"
>
> 作誓命曰:"毁则为贼,(誓,要信也。毁则,坏法也。)掩贼为藏。(掩,匿也。)窃贿为盗,(贿,财也。)盗器为奸。(器,国用也。)主藏之名,(以掩贼为名。)赖奸之用,(用奸器也。)为大凶德,有常无赦。(刑有常。)在九刑不忘!"(誓命以下,皆《九刑》之书,《九刑》之书今亡。)

---

[1] 《史记》卷一三〇《五帝本纪》。
[2] 孙诒让著,汪少华整理:《周礼正义·序》,第1页。
[3] 陈来:《古代宗教与伦理——儒家思想的根源》,第246页。

这段话极为重要，深得周公制礼、周代礼法的纲领。杨伯峻认为不能以"除《考工记》外，或成于战国"的晚出《周官》当"周礼"，其说平允；但仍以"《周礼》，据文，当是姬旦所著书名或篇名，今已亡其书矣"。却不免失之于文献主义了，[①] 一若杜预将"九刑"释为"《九刑》之书"，所失正同。其实"周礼"为周公制作实体之礼法，"九刑"为捍卫此礼法之众多实刑之统称。岂得谓文书章程乎？一旦违礼则有众多常刑伺候，"礼"之"法"威岂不彰明哉！《左传》此段上文云："先大夫臧文仲教行父事君之礼，行父奉以周旋，弗敢失队（坠），曰：'见有礼于其君者，事之，如孝子之养父母也；见无礼于其君者，诛之，如鹰鹯之逐鸟雀也。'"从周公到臧文仲，"有礼"/"无礼"之辨；"事""养"（"功以食民"之"食"即"养"）/"诛""逐"之间，最可觇有周"礼法"之本相了。西汉贾谊的名论"夫礼者禁于将然之前，而法者禁于已然之后"[②]，未免将礼法之界限划分得过于绝对，出礼则刑，距离在咫尺之间。所以我们不能同意有些学者机械地对立理解礼法关系，以为后者才有国家力量所捍卫的强制性而前者非是。

再可注意者，"周礼"内涵颇为丰富，可以包括"则""德""事""功"诸方面，而终极宗旨则甚为明确，即以"食民"即"养""民"为归宿。臧文仲教行父之"礼""君"如"养父母"之见，自不如周公制礼之意为深远，此乃德位高下区别所致，于礼宜然。

尤可注意者，为"礼"与德则之关系。下文云"孝敬、忠信为吉德，盗贼、藏奸为凶德"，本周公"誓命"之针对"大凶德"而施"常"刑，而将"德"区分为"吉德""凶德"。杨伯峻引

[①] 杨伯峻编著：《春秋左传注》（修订本）第2册，中华书局1990年版，第633—634页。下文不另出注。
[②] 《汉书》卷四八《贾谊传》。

《左传·文公六年》"道（导）之礼则"，训"则以观德"之"则"为"礼则"，实与杜注训"则"为"法也"可互通，均指向"周礼"之法则"吉德"、刑惩"凶德"的治理精神。所以从治理体系的角度来说，"礼治"实可兼包"德治"，而"德治"又具有枢纽的地位。其间的关系，可谓礼非德不生，德非礼不成。如郭沫若云：

> 从《周书》和"周彝"看来，德字不仅包括着主观方面的修养，同时也包括着客观方面的规模——后人所谓"礼"。礼字是后起的字，周初的彝铭中不见有这个字。礼是由德的客观方面的节文所蜕化下来的，古代有德者的一切正当行为的方式汇集了下来便成为后代的礼。[①]

"礼"字是否如此晚出，是可以讨论的。但是德礼之间应有这个向度的内在关联。在这方面，周公本人无疑是"古代有德者"制礼立法的伟大典范。而"后代的礼"仍可以周礼为楷则。其详情苛细，刘师培《中国历史教科书》所述颇为扼要。他说："盖周公以礼治民，故民亦习于礼仪，莫之或越，则谓周代之制度，悉为礼制所该，可也。礼之最大者有四：一曰冠，二曰婚，三曰丧，四曰祭。"祭礼又分郊禘、社稷、山川、祖庙、杂祭诸礼。四大礼之外，礼典尚多，有养老、大射、宾射、燕射、诸侯相朝大飨、聘飨、迎宾、投壶、燕、乡饮、大饮诸礼。又有拜跪、迎送揖让、授受、坐立、语言、趋行、饮食、执挚、彻（撤）俎、脱屦、设尊、酬币、侑币等礼俗。周代天子之礼，包括即位、视朝、听朔、合诸侯、巡

[①] 郭沫若：《先秦天道观之进展》，见《青铜时代》，《郭沫若全集·历史编》第1卷，人民出版社1982年版，第336页。

狩、布宪令诸礼。① 周礼繁复，从近代的眼光看，颇有其弊，主要表现在阶级制度上的不平等。刘氏也有很好的概括：

> 周代臣民，权利虽优，然周代最崇名分，以礼为法，以法定分。故西周之时，区阶级为五等：一曰天子，二曰诸侯，三曰卿大夫，四曰士，五曰庶人。所享利权，因之大异，故"礼不下庶人，（《礼经》之成于周代者四，《仪礼》十七篇，皆为士礼。）刑不上大夫。"名位不同，礼亦异数。以礼仪之繁简，定阶级之尊卑，故周代之礼，各依等级，不可或越。此则西周极不平等之制度也。②

"以礼为法，以法定分"一语，尤为精辟。

然"礼法"之大者，从长时段的发展眼光来看，更有其伟大的文明价值与历史意义。

《礼记·中庸》录孔子述及周公之礼制云：

> 武王末受命，周公成文武之德，追王大王、王季，上祀先公以天子之礼。斯礼也，达乎诸侯、大夫，及士、庶人。父为大夫，子为士，葬以大夫，祭以士。父为士，子为大夫，葬以士，祭以大夫。期之丧，达乎大夫。三年之丧，达乎天子。父母之丧，无贵贱，一也。

朱子《四书章句集注》极赞周公"制为礼法，以及天下……推己以及人也"③。从中可见，"礼法"贯彻上下之普遍，不必拘泥

---

① 刘师培著，万仕国点校：《中国历史教科书》，《仪征刘申叔遗书14》，广陵书社2014年版，第6525—6543页。
② 刘师培著，万仕国点校：《中国历史教科书》，《仪征刘申叔遗书14》，第6455页。
③ 《四书章句集注·中庸章句》。

所谓"礼不下庶人"为说也。

晚近史学大家王国维《殷周制度论》结合新材料，阐发周代之礼治精神更为系统扼要："周人以尊尊、亲亲二义，上治祖祢，下治子孙，旁治昆弟，而以贤贤之义治官。"而礼治之目标，是在道德团体之抟成："其旨则在纳上下于道德，而合天子、诸侯、卿、大夫、士、庶民以成一道德之团体。周公制作之本意实在于此。"可谓融德治为礼治。王氏述此，亦未忘忽了"庶民"，相反还大发尊重"民彝"之义，曰："周之制度、典礼，乃道德之器械，而尊尊、亲亲、贤贤、男女有别四者之结体也，此之谓民彝。其有不由此者，谓之非彝。"王氏揭示阐发周代之礼治，重"道德"、尊"民"意，既原本古制古义，又富于时代气息，可谓学思兼备。

又如王氏所揭示，以周治为代表的中国古代国家治理之精神，有一使"政治""道德""法制""教化"合一之模式："古之所谓国家者，非徒政治之枢机，亦道德之枢机也。使天子、诸侯、大夫、士各奉其制度典礼，以亲亲、尊尊、贤贤、明男女之别于上，而民风化于下，此之谓'治'；反是，则谓之'乱'。是故，天子、诸侯、卿、大夫、士者，民之表也；制度典礼者，道德之器也。周人为政之精髓，实存于此。"

好像是一个铜板的两面，"礼法"之弊在于分别之极，极而至于等级之压制；而"礼法"之长，在于"和而不同"，和合之极为统一的共同体之凝成。

周代礼治的一个伟大历史遗产，是一个大一统的政治格局和文化心理趋向传统。

王国维探其根源云："是故有立子之制，而君位定；有封建子弟之制，而异姓之势弱，天子之位尊；有嫡庶之制，于是有宗法、有服术，而自国以至天下合为一家；有卿、大夫不世之制，则贤才得以进；有同姓不婚之制，而男女之别严。且异姓之国，非宗法之所能统者，以婚媾甥舅之谊通之。于是天下之国，大都王之兄弟甥舅；而诸国之间，亦皆有兄弟甥舅之亲；周人一统之策实存于是。此种制度，固亦由时势之所趋；然手定此者，实惟周公。"①

　　王氏所说，是否真正达至历史与逻辑相统一的程度，是可以讨论的，但大体可从。"自国以至天下合为一家"一句，实堪为中国能够绵延悠长且如滚雪球般体积庞大之特色之写照。"有子曰：'礼之用，和为贵。先王之道斯为美！'"②千载之下，可信斯言之确。

　　家族主义是礼治的重要内涵，也是古代中国法制的根底，是中华民族凝聚力的一大渊源。实为从王法到家法，彻上彻下之"礼法"的核心。君为"民之父母"，这是为君者的伦理。"故圣人耐以天下为一家，以中国为一人者，非意之也，必知其情，辟于其义，明于其利，达于其患，然后能为之。"③"以天下为一家，以中国为一人"不仅是写在经典文本上，也见之历代贤明执政者的思想与施政中。而这种家族主义不仅是政治性的，更是社会性的，是身、家、国、天下一以贯之。于此，周公之"封建"与"定宗法"已经树立规模。如钱穆说："周公封建之大意义，则莫大于尊周室为共主，而定天下于一统……周公封建之能使中国渐进于一统之局，尤贵在其重分权而不重集权，尊一统又更尚于分权，周公封建之为后儒所崇仰者正在此。不尚集权而使政治渐进于一统，其精义则在乎礼治。故封建之在古人，亦目之为礼也……周公封建之主要义，实在于创建政治之一统性，而周公定宗法之主要义，则实为社会伦理之确立。而尤要者，在使政治制度，俯就于社会伦理而存在。故政治上之一统，其最后根底，实在下而不在上，在社会而不在政府，在伦理而不在权力也。而就周公定宗法之再进一层而阐述

---

　　① 上引王氏之说，参见王国维《殷周制度论》，王国维著，彭林整理：《观堂集林》（外二种）（上），河北教育出版社 2001 年版，第 299、288—289、302、301、300 页。
　　② 《论语·学而》。
　　③ 《礼记·礼运》。

其意义，则中国社会伦理，乃奠基于家庭。而家庭伦理，则奠基于个人内心自然之孝悌。自有个人之孝悌心而推本之以奠定宗法，又推本之以奠定封建；封建之主要义，在文教之一统；故推极西周封建制度之极致，必当达于'天下一家，中国一人'。太平、大同之理想，皆由此启其端。故论周公制礼作乐之最大最深义，其实即是个人道德之确立，而同时又即是天下观念之确立也。"

周公之"礼法"，又规划了中国治理精神之尚"文"取向。钱穆又以前引《中庸》之纪，为未尽周公"制为礼法"（本文用前引朱子语）之美，而特别推崇"周公之宗祀文王（而非武王——引者按），尊奉以为周室受命之始祖"之创制："由是言之，中国此下传统政制之必首尚于'礼治'，必首尚于'德治'，又必首尚于'文治'（而非武治——引者按），此等皆为此下儒家论政大义所在，而其义皆在周公制礼之时，固已昭示其大纲矣。"[①]

这些都是中国能久能大而具有文明特色的历史渊源。

四 以刑卫法

近来学者考究法治缘起，或必于"刑"中追溯原始，此一偏也；或将"刑治"置于熟视无睹、不议不论之列，而单举"礼法"之治，此又一偏也。其实"刑"与"礼"相对而相系相反而相成，如前述或有不以"以刑卫礼"称之而难符者，而"礼"以德则为尚，德礼即为大法，是故"刑"与"法"亦相关而不混，则不以"以刑卫法"名之而难通。上古之先民，大概早就知道"两手都要硬"的道理了。

太史公《五帝本纪》记黄帝之定"天下"云：

[①] 上引钱氏之说，参见钱穆《周公与中国文化》，《中国学术思想史论丛（一）》，九州出版社2011年版，第144—146、147—150页。

> 轩辕之时，神农氏世衰。诸侯相侵伐，暴虐百姓，而神农氏弗能征。于是轩辕乃习用干戈，以征不享，诸侯咸来宾从。而蚩尤最为暴，莫能伐。炎帝欲侵陵诸侯，诸侯咸归轩辕。轩辕乃修德振兵……以与炎帝战于阪泉之野。三战，然后得其志。蚩尤作乱，不用帝命。于是黄帝乃征师诸侯，与蚩尤战于涿鹿之野，遂禽杀蚩尤。而诸侯咸尊轩辕为天子，代神农氏，是为黄帝。天下有不顺者，黄帝从而征之，平者去之，披山通道，未尝宁居。

古者兵刑不分，《国语·鲁语上》录臧文仲与僖公之言"大刑用甲兵，其次用斧钺；中刑用刀锯，其次用钻笮；薄刑用鞭扑，以威民也。"《汉书·刑法志》采之，近人杨鸿烈"兵刑一体说"、[①]顾颉刚"古代兵、刑无别"诸说论之甚明，[②] 考古材料亦多证其确，真可谓"其所繇来者上矣！"（班固语）然今人或从"作乱"之蚩尤，而不从黄帝之"征""伐"，推究中华法律之缘起，可谓不揣其本而齐其末矣。然上古之事，难以详说，请据可征之文献上下推寻。

《左传·昭公六年》纪"三月，郑人铸刑书。叔向使诒子产书"，有云：

> 夏有乱政，而作禹刑；商有乱政，而作汤刑；周有乱政，而作九刑：三辟之兴，皆叔世也。

叔向反对子产之所为，引《诗》曰："仪式刑文王之德，日靖

[①] 参见杨鸿烈《中国法律思想史》，商务印书馆2017年版（该书据商务印书馆1936年版排印），第192—196页。

[②] 参见顾颉刚《史林杂识初编》，中华书局1963年版，第82—84页。

四方。"及"仪刑文王，万邦作孚。"让他师法文王之德行典法，而不可从"叔世"之刑："民知争端矣，将弃礼而征于书，锥刀之末，将尽争之。"如此必遭败乱。叔向之训诫，维护"礼"法而反对"刑""辟"（即"刑书"、刑法），用心良苦。他所称述的"大刑""汤刑""九刑"，亦成为后世称述三代刑法、近人甚至据以为三代成文法的文献根据。但是，他对古代礼法与末世刑法多作了意向性的过度诠释，未必属实。他说刑辟兴于末世之说就不可靠，前引"周公制周礼"而"作誓命"云违犯之者"在九刑不忘"，就是周公之制而非末世之滥刑。事实上，在西周立国之初，《尚书·康诰》就纪周之最高执政者，自觉择取殷代刑法制度之适当者而合理施用刑罚了：

王曰："呜呼！封。敬明乃罚……若保赤子，惟民其康乂。非汝封刑人杀人，无或刑人杀人；非汝封又曰劓刵人，无或劓刵人……外事，汝陈时臬，司师，兹殷罚有伦……汝陈时臬，事罚，蔽殷彝，用其义刑义杀，勿庸以次汝封……朕心朕德，惟乃知。凡民自得罪，寇攘奸宄，杀越人于货，暋不畏死，罔弗憝。"

"明罚"与"明德"可谓周政一体之两面，合言之，即"明德慎罚"。"罚"之正当性或用"天罚"来表述，实际上均是通过"刑"来施行的，"刑"治绝不在可有可无之位置。所以《康诰》不仅记录了有周之立国者不仅如何斟酌损益殷代之刑罚，而且竟将周代之刑治追溯于文王：

王曰："封。元恶大憝，矧惟不孝不友？……惟吊兹，不于我政人得罪，天惟与我民彝大泯乱，曰：乃其速由文王作罚，刑兹无赦。"

从上下文看，很清楚，文王速行"天罚""刑兹无（毋）赦"的对象是比"元恶大憝"更当惩治的"不孝不友"者，这可反映周政以刑卫法、实际以刑卫德礼之则的实质。王国维说："此周公诰康叔治殷民之道。殷人之刑惟'寇攘奸宄'，而周人之刑则并及'不孝不友'……是周制刑之意，亦本于德治、礼治之大经，其所以致太平与刑措者，盖可睹矣。"[①] 正是有见于此。

周政之以"刑兹无（毋）赦"捍卫"孝友"的德礼刑法合一之治，或可称以德礼之治统法治的基本架构，对后世的影响是极大的。孔门儒家之以礼统法的思想基调实渊源于此。而后世"出礼入刑""与礼相应"的历史努力亦莫不可追溯于此。[②] 而瞿同祖等的研究也证明历代的法制是必须优先维护礼教的。[③] 随着新出材料的涌现，新近的研究越来越证明即使号有"暴秦"之称的秦朝在这一点上也如出一辙。

从这个意义上看，叔向用"文王之德"述之，虽抓住了要害，但也不可太过绝对。前引《诗·周颂·我将》"仪式刑文王之典"大概也不能将文王之"刑"排除了。《左传·昭公七年》纪楚芋尹无宇之言："周文王之法曰：'有亡，荒阅'，所以得天下也。"盖述文王诸如此类的法政也。

还有一点值得注意。如果不死于字词之下，此处当为"刑罚"一词的较早经典出处。但有学者以为"刑"之"刑罚、用刑等义

---

① 参见王国维《殷周制度论》，王国维著，彭林整理：《观堂集林》（外二种）（上），第302页。
② 参见梁治平《寻求自然秩序中的和谐——中国传统法律文化研究》，商务印书馆2013年版，第21页。他本王国维说进而指出："这正是后来'出于礼则入于刑'之礼法的原始模型。"此一看法有理。但是他又说"礼既是道德，又是法律"，等等，稍嫌笼统混淆。
③ 参见《瞿同祖法学论著集》，中国政法大学出版社1998年版。

项"及其用法较为晚出,到东周以后,才流行。① 如此论断,失之太晚。

西周宣王时兮甲盘铭文有云:

> 王令甲政(征)𤔲(司)成周四方责(积),至于南淮尸(夷)。淮尸(夷)旧我帛晦人,毋敢不出其帛、其责(积)、其进人。其责(积),毋敢不即次,即市。敢不用令(命),鼒(则)即井(刑)扑伐。其唯我者(诸)侯、百生(姓),厥贮(贾),毋不即市,毋敢或入蛮宄贮(贾),鼒(则)亦井(刑)。②

有学者以今语译此铭前段:"王令兮甲征收天下贡于成周的赋税,到达了南淮夷。淮夷从来是向我贡纳财赋的臣民。不敢不提供赋税、委积和力役。不准不向司市的官舍办理货物存放和陈列市肆的手续。"最值得注意的是下面关于西周刑治的内容。如果不遵王命,触犯王法,"则即刑扑伐"。"诸侯百姓的货物亦不能不就市纳税,如敢有妄入盗窃货物的,则亦施以刑法。"学者将铭文之"井(刑)"字释为"施以刑法"。③ 甚确。我们认为,这是文献中较早而又非常确凿表述刑法与刑罚的文献,已在西周宣王时。与之相较,若《尚书·多方》"天惟时求民主,乃大降显休命于成汤,刑殄有夏"。与上引《康诰》之文"天惟与我民彝大泯乱,曰:乃其

---

① 参见王沛《刑书与道术——大变局下的早期中国法》,第62、138、142页。作者缘此而将《康诰》之"刑人"硬说成"以法度治人",即将"刑"释为"法度"而非"刑罚",作者全不理会古典"天罚"与"刑"治之关联,割裂文脉,强为之说,武断甚矣。又参见该书第146—147页。

② 中国社会科学院考古研究所编:《殷周金文集成》(修订增补本)第7册,第5483页。

③ 参见马承源主编《商周青铜器铭文选(三)》,第305—306页。有学者将此铭之"井(刑)"臆解为"效法",失之远矣。若如其说,"效法""扑伐",甚为不辞。参见王沛《刑书与道术——大变局下的早期中国法》第141页等。

速由文王作罚,刑兹无赦"中"刑"字的用法,从上古兵刑不分的角度来看,要比金文的用法还要早。

我们还可以看到,"我诸侯百姓"即西周之贵族,一旦冒犯王法,一律严施刑法刑罚,概莫能外。然则后世《礼记·曲礼上》撰集所谓"刑不上大夫"之说,亦不可以作必然观了。可见西周以刑卫法之治,治理的范围从德礼延伸至贡纳,非常广泛;治理的对象,从殷民到淮夷还包括"我诸侯百姓",非常普遍。《诗·小雅·北山》"溥天之下,莫非王土;率土之滨,莫非王臣"①。不是此种治理精神所达致的道一同风之心理反映的真实写照吗?

天之令(命)为法,圣王之德范为法,上下之礼则为王法、家法,时王之令(命)亦为法。刑为维护捍卫此诸法之法器,法为行刑之依据,两者之间有不可离散之关系。但亦有极分明之界限。若《易·蒙卦》"《象》曰:'利用刑人',以正法也"。《易·噬嗑卦》"《象》曰:'雷电,噬嗑;先王以明罚敕法。"均言及"刑""罚"与"法"之密切而不可混同之关系。

关于这一点,《尚书·吕刑》析之最晰,惜乎人多忽略而每每加以混淆之。《尚书·盘庚上》"盘庚敩于民,由乃在位以常旧服、正法度。"已有明确的"法度"观念。《尚书·大诰》"爽邦由哲,亦惟十人迪知上帝命,越天棐忱,尔时罔敢易法"。所称则为"天命""天法"。至《尚书·吕刑》则深涉乎"刑"与"法"的关系了。《史记·周本纪》载:周穆王时"诸侯有不睦者,甫侯言于王,作修刑辟……命曰《甫刑》"。《甫刑》即今《尚书·吕刑》,从中反映出强烈的以刑(应该是"祥刑"而非"虐刑")明法的倾向,是中国法律史上的一件大事。太史公笼统称曰"作修刑辟",其实"刑"与"法"大有分辨。欲明此义,先当区隔"虐刑"与

---

① "溥天之下",《左传·昭公七年》引作"普天之下"。

"德刑"或曰"详刑"之别。经文云:"若古有训,蚩尤惟始作乱,延及于平民;罔不寇贼,鸱义奸宄,夺攘矫虔。苗民弗用灵,制以刑,惟作五虐之刑曰法,杀戮无辜。爰始淫为劓、刵、椓、黥。越兹丽刑并制,罔差有辞。"《伪孔传》云:"三苗之君习蚩尤之恶,不用善化民,而制以重刑。惟为五虐之刑,自谓得法。""自谓得法"之训,甚得经义。即是说经文作者并不认可此等"虐刑"为"法"也。[①] 则经典所述周穆王心中之"法"的观念已经相当持重。"上帝监民,罔有馨香,德刑发闻惟腥。皇帝哀矜庶戮之不辜,报虐以威,遏绝苗民,无世在下。"待上帝看不下去,出手以"德刑"(犹言正义之刑)惩治之乃罢。"皇帝……乃命三后,恤功于民。伯夷降典,折民惟刑。"伯夷与禹、稷并称"三后","折民惟刑",《汉书·刑法志》引作"悊民惟刑","悊"今读"哲";段玉裁读为"制民惟刑"。从上下文来看,两通,而以班固读法为美。盖刑法之作用虽在制服凶恶,而意义却在使民明智向善也。"伯夷降典",《伪孔传》训说为"伯夷下典礼教民而断以法"。其实伯夷所降之"典""刑"亦正自"皇帝"上天而来,如上文之"德刑",确有"法"意,而不必牵合"典礼"为说。"典"到底是什么呢?注家纷纭,未必得其确解。我们认为是天赐的法度法则,也可说即后世所谓广义的"法"。经文又云:"士制百姓于刑之中,以教祗[祇]德。"这是让典狱之官司法之臣(今言法官)用此"典刑"(可言"德刑")治理"官伯族姓"(见后之经文),以此来"教"对皇天上帝或对皇天上帝之法度典刑的敬德,此实为以刑明德或以刑卫法之说也。(我们又看到了所谓"刑不上大夫"说之不可尽通。)下文"穆穆在上,明明在下,灼于四方,罔不惟德之

[①] 有学者却认为:"所谓'五虐之刑'的刑,也不是单纯的五刑,即五种刑罚的意思,而是'包含有五种酷刑的法律'。此处的刑依旧是指法律、法度、法则的意思。'五虐之刑曰法',本身就说明了'刑曰法',即法度的意思。"参见王沛《刑书与道术——大变局下的早期中国法》第182页。此种解读,断章取义,不可从。

勤。故乃明于刑之中，率乂于民棐彝。"都是此义，并将治教之范围扩大到"民"了。再下文"惟敬五刑，以成三德……有邦有土，告尔祥刑……受王嘉师，监于兹祥刑"。都是点题的话，叮咛反复，一言以蔽之，不是出于蚩尤、苗民之"虐刑"，只有"教德""成德"之"德刑""祥刑"才是真正的法度。故与其说是"刑法"，不如说是"德法"。实与"周公制周礼"刑惩"凶德"的礼法之治一脉相承。我们看到，它与后世法家所尚之"刑法"之距离真不可以道里计也。①

后来伪古文《尚书·大禹谟》"帝曰：'皋陶，惟兹臣庶，罔或于[干]予正。汝作士，明于五刑，以弼五教，期于予治。刑期于无刑，民协于中，时乃功，懋哉！'"为后世儒者称颂不绝之"明刑以弼五教，而期于无刑"②之明刑弼教说，盖即远本于《吕刑》之刑法思想。

以刑卫法，以刑辅德，出礼则刑，治教合一。这是周代刑治之精神，却不独周为独享。《左传·昭公十四年》叔向引"《夏书》曰：'昏、墨、贼、杀。'皋陶之刑也"。皋陶为"士"，为刑官法官之鼻祖，但是《皋陶谟》核心精神却是述"九德"、本"天"心"民"意叙"五典五惇""五礼有庸""五服五章""五刑五用"。虽职有所专，而思接天人，虽不必语语皆出皋陶当时，却真为上古法治之好写照了。

《后汉书》卷四十六《郭陈列传第三十六》记载东汉时，陈宠向章帝上疏有云：

臣闻先王之政，赏不僭，刑不滥，与其不得已，宁僭不

---

① 孙星衍曾作《李子法经序》说："法家之学自周穆王作《吕刑》后，有春秋时《刑书》、《竹书》及诸国刑典，未见传书，惟此经为最古。"转引自杨鸿烈《中国法律思想史》，第76页。孙氏以《吕刑》为"法家之学"之原始，颇失之于断限不明。

② 用朱子语，参见杨鸿烈《中国法律思想史》，第186页。

滥。（事见《左传》蔡大夫声子辞。）故唐尧著典，"眚灾肆赦"；（《尚书·舜典》之辞也。眚，过也。灾，害也。肆，缓也。言过误有害，当缓赦也。）周公作戒，"勿误庶狱"；（《尚书·立政》之辞也。言文子文孙，从今以往，惟以正道理众狱勿误也。）伯夷之典，"惟敬五刑，以成三德"。（三德，刚、柔、正直。《尚书·吕刑》曰："伯夷降典，折民惟刑，惟敬五刑，以成三德。"）由此言之，圣贤之政，以刑罚为首。

陈氏之言："圣贤之政，以刑罚为首。"若不以偏至之眼光视之，亦可谓善述上古法治之扼要。不过他实意主宽仁，反对滥刑。《后汉书》陈氏本传又纪云：

> 宠又钩校律令条法，溢于《甫刑》者除之。曰："臣闻'礼经三百，威仪三千'，故《甫刑》大辟二百，五刑之属三千。礼之所去，刑之所取，失礼则入刑，相为表里者也……宜令三公、廷尉平定律令，应经合义者，可使大辟二百，而耐罪、（据上文注：'耐者，轻刑之名也。'——引者按）赎罪二千八百，并为三千，悉删除其余令，与礼相应，以易万人视听，以致刑措之美，传之无穷。"

虽然陈宠之努力"未及施行"，但是以《吕刑》为典范的法治仍然活跃在追求美善之治的人们心中，不独后汉为然。陈氏以"威仪"为刑法，与"礼经"相对成文，甚有独到见地。而"礼之所去，刑之所取，失礼则入刑，相为表里者也"之说，对礼刑关系之揭示可谓深切著明，也不失为对礼法之治的中肯概括，给后人以无尽的启发。

五　人治为要

近代以来，随着西学西政西风东渐，传统与现代之间乃有"人治"与"法治"之辨，开放与吸收，有不得不然之势，出主而入奴，亦多似是而非之说。其实法治之建立，最赖乎守纪而明德之立法者，或称法治之缺位与难树基址者，深究之到底是否人治之不得力为患呢？钱穆说："……制度必须与人事相配合……制度是死的，人事是活的，死的制度绝不能完全配合上活的人事。就历史经验论，任何一制度，绝不能有利而无弊。任何一制度，亦绝不能历久而不变。"① 历史离不开制度的运转，更是人事活动的展开，所以我们必须注意中国治理早期形态之人治纲维。

无论如何，中国自古之重人治，重执政者的主导作用、重贤能政治、重民意之向背，占据到政治生活之纲纪地位，不可不述。舍此而言中国治理之大体，尽成空中楼阁矣。

第一，要提到的是，中国自古以来对"老成人"的倚重。

《尚书·盘庚上》纪盘庚说："古我先王，亦惟图任旧人共政。"他又引"迟任有言曰：'人惟求旧，器非求旧，惟新。'"而训诫朝臣："汝无侮老成人，无弱孤有幼。"对"老成人"政治作用的看重和体恤，已是商代的一项宝贵政治经验了。反之，背离这一政治原则，使得殷商尝到不能承受之败亡结局。《诗·大雅·荡》"文王曰：咨！咨女殷商。匪上帝不时，殷不用旧。虽无老成人，尚有典刑。曾是莫听，大命以倾。文王曰：咨！咨女殷商。人亦有言：'颠沛之揭，枝叶未有害，本实先拨。'殷鉴不远，在夏后之世！""虽无老成人，尚有典刑。"从此成为经典名言，如《荀子》等均引及之（见《荀子·非十二子》）。从诗文来看，"老成人"与

---

① 钱穆：《中国历代政治得失·序》，九州出版社2011年版，第1—2页。

"典刑"同为政治之纲纪（即诗后文所谓"本实"），而地位似尚在后者之上。而这，显然成为"殷鉴"的关键一环。《抑》诗揣摩文王之口气极为逼真，从周初之史迹来看，周武王虚怀向箕子（或为"老成人"）咨访治国大道，而得闻"洪范九畴"（堪称"典刑"），正可为之范例，而武王应是坚定秉承了父训的。不仅如此。周公向康叔也郑重叮嘱道："往敷求于殷先哲王，用保乂民。汝丕远惟商耇成人，宅心知训。"（《尚书·康诰》）对于饱有经验智慧的老者的重视同样情见乎词，更不用说所谓"商耇成人"还是胜国之亡臣了。咨访老成人一举，积久成为一项后世遵循不替的治国大法。《国语·晋语》纪叔向见范宣子曰："闻子与和未宁，遍问于大夫，又无决，盍访之訾祏？訾祏实直而博，直能端辨之，博能上下比之，且吾子之家老也。吾闻国家有大事，必顺于典型，而访咨于耇老，而后行之。"仍然是"典刑"（即"典型"）与"耇老"并举，而史文实主"老成人"为说也。《盐铁论》卷五《遵道第二十三》，文学引"诗云：'虽无老成人，尚有典刑。'言法教也"。则主"典刑"为说。义各有当。

"老成人"在政治生活中的地位往往甚于"法教"，这是上古"人治"的重要内涵。其道理安在？《逸周书·（大）[文]匡解》有云："明堂，所以明道。明道惟法，法人惟重老，重老惟宝。"后世常常称说"徒法不能以自行"（《孟子·离娄上》）、"老人是宝"等典训，古人早就知道了。

但"老成人"与"典刑"（"法教"）之间两者实有不可分割之关系，王者之典刑，就是"法教"的楷模。所以，必须注意到上古另一个重要的政治原则：对"先王"的师法，是"人治"之洪宪。

前引《尚书·康诰》周公谆谆教导康叔注重的不限于"老成人"："今民将在祗遹乃文考，绍闻衣德言。往敷求于殷先哲王，用保乂民。汝丕远惟商耇成人，宅心知训。别求闻由古先哲王，用康保民，弘于天，若德裕乃身，不废在王命。"（《尚书·康诰》）更有包括"殷先哲王"在内的"古先哲王"，都是取法的标准，是为"人治"而兼"德治"者也。《诗·大雅·抑》也说"女虽湛乐从，弗念厥绍。罔敷求先王，克共明刑。肆皇天弗尚，如彼泉流，无沦胥以亡。"并将是否遵则"先王"之"明刑"提高到生死存亡的高度。

所以在经典中，效法先王之记载不胜屡举。有纪法则先王之"德"的，如《诗·周颂·烈文》："不显维德，百辟其刑之。於乎！前王不忘"。《尚书·洛诰》："考朕昭子刑，乃单文祖德。"有纪法则先王之"典"的，如《诗·周颂·我将》："仪式刑文王之典，日靖四方。"有纪当则先王之"法"的，如《国语·晋语》："夫先王之法志，德义之府也。夫德义，生民之本也。"《孟子·离娄上》："《诗》云：'不愆不忘，率由旧章。'遵先王之法而过者，未之有也。"等等。《易传》记"先王"行事尤详：《易·比卦》："《象》曰：地上有水，比；先王以建万国，亲诸侯。"《易·豫卦》："《象》曰：雷出地奋，豫；先王以作乐崇德，殷荐之上帝，以配祖考。"《易·观卦》："《象》曰：风行地上，观；先王以省方观民设教。"《易·噬嗑卦》："《象》曰：雷电，噬嗑；先王以明罚敕法。"《易·复卦》："《象》曰：雷在地中，复；先王以至日闭关，商旅不行，后不省方。"《易·无妄卦》："《象》曰：天下雷行，物与无妄；先王以茂对时育万物。"《易·涣卦》："《象》曰：风行水上，涣；先王以享于帝立庙。"凡此种种，"先王"虽效法卦象而有所作为，而本身又为执政者师法的对象。《易传》所述，颇可见"先王"作为政治法象对象之无可替代位置，此等之刻画，自出于儒者之描摹，但亦颇可反映上古"先王"治国理政的范围、方面之大要了。

在执政者的政治素养中，"德"无疑又居于中心的位置。"人治"而兼"德治"的最伟大典型，其实正是无冕之王的周公。执政者之道德素养，再怎么强调也不过分。即以周代之礼治而论，它的达成实原本于创制者如周公之德行。关于这一点，还是王国维最识其要："原周公所以能定此制者，以公于旧制本有可以为天子之道，其时又躬握天下之权，而顾不嗣位而居摄，又由居摄而致政，其无利天下之心？昭昭然为天下所共见。故其所设施，人人知为安国家、定民人之大计，一切制度遂推行而无所阻矣。"① 若无此德，则其一切创制设计规模大略皆失其依据。这应该是后世儒家主张"德治"的一个历史根源。所以荀子才会这般推崇"大儒之效"②，而揭示"人治"之精义，亦最精辟："有治人，无治法……故法不能独立，类不能自行；得其人则存，失其人则亡。法者，治之端也；君子者，法之原也。"③

第二，在中国上古之"人治"范畴内，除了王者处于政治主体的实际位置，"先王"占据提供理想政治范式的法原地位，"老成人"起很大的咨鉴作用外，还有一个角色，不可或缺，即王国维所谓"以贤贤之义治官"的官治。通过"推贤举能"以及各种各样的"礼贤"方式，获取治世之才，达到主上"无为而治"的理想境界。"子曰：'无为而治者，其舜也与！夫何为哉？恭己正南面而已矣。'"④

在"贤治"之中，职官的分工配合又是非常重要的。《汉书·百官公卿表》于秦汉之前叙历代职官多本经典，有不可尽据者，如以《周官》所记为"周官"，但是他说历官"各有徒属职分，用于百事"。确很重要。《汉书·艺文志》又有著名的"九流出于王官"

---

① 参见王国维《殷周制度论》，王国维著，彭林整理：《观堂集林》（外二种），第300页。
② 《荀子·儒效》。
③ 《荀子·君道》。
④ 《论语·卫灵公》。

说，推寻诸子缘起——源本诸官，近代以来备受胡适等反驳，王官与诸子是否有如此机械的一一对应关系自可以讨论，但是设官分职为自古以来政治生活之大要，《汉志》所叙诸官多有渊源，而诸子宗旨，据太史公父子概括所说"夫阴阳、儒、墨、名、法、道德，此务为治者也"（《史记·太史公自序》），则其间是否无一点关系，颇可反省。无论如何，经典多见从设官分职角度阐述政治理想治道治术者，此实为理解上古治理精神一要项。《周礼》虽伪而不可废，也是抓住了这一关键之故。是为"人治"而兼涉"礼治"者也。经典中论君民上下各有所职，相协而治，可觇"人治"精神之美旨而非暴戾者，以《左传·襄公十四年》所记师旷对晋侯之言最有义理，引之以终此节：

> 天生民而立之君，使司牧之，勿使失性。有君而为之贰，使师保之，勿使过度。是故天子有公，诸侯有卿，卿置侧室，大夫有贰宗，士有朋友，庶人、工商、皂隶、牧圉皆有亲昵，以相辅佐也。善则赏之，过则匡之，患则救之，失则革之。自王以下各有父兄子弟，以补察其政。史为书，瞽为诗，工诵箴谏，大夫规诲，士传言，庶人谤，商旅于市，百工献艺。故《夏书》曰："遒人以木铎徇于路，官师相规，工执艺事以谏。"正月孟春，于是乎有之，谏失常也。天之爱民甚矣，岂其使一人肆于民上，以从（纵）其淫，而弃天地之性？必不然矣。

近代以来，国门洞开，国人见识增广而意气发扬。重读经典，颇见其"理想化古代"之幻，反思"落后挨打"之所以然，固有之历史、政治与文化颇有不能不弃之如敝屣之贱。少数大师通儒若王国维、梁启超、钱穆等能通知古制、古人之精神风范有历久而不可废者,若"黄金古代"虽敷衍有后人之想象成分,岂尽是往昔之噩梦,而非为中国历史文化之价值渊源?

最近之学术界颇知爱重中国固有之价值与文化,纷纷援用西人"轴心时代"之论述话语,以增重中国早期文明的分量。或从"天人之际"角度探讨"中国轴心突破及其历史进程";或从"古代宗教与伦理"方面探讨"中国前轴心时代"("前孔子时代")"儒家思想的根源"。[①] 大概由于将视野设定在"哲学突破"或"思想的根源",所以无论是敷衍"轴心时代"还是上溯之"前轴心时代",都深深受制于"轴心时代"理论。

其实在孔子之前至少还有周公,在"诸子时代"之前还有圣王圣贤之制礼作乐时代、创法立制时代。在此上古时代,他们通过治国理政,已经表现出了高度的政治文明、道德修养和文化水准。"中国历代治理体系研究"课题提供给我们相对开阔的视野,去重访早期中国的治理精神,其中以"法天为治""以德为则""以礼为法""以刑卫法""人治为要"诸方面为根本原则与内涵,其中的每一部分都对后世产生深远的影响,对中国的长治久安来说,重要到了大宪大法的地步。我们用"中国式的法治"来称呼它,就是希望大家注意到中国治理之原初形态之政治原则、政治构成和系统性状。这对于认识中华文明史的早期成熟水平是有意义的,对考察它对后来的影响及知古鉴今,或亦不无裨益。

最后必须指出,本章钩沉分析的"天治""德治""礼治""刑治""人治"诸端,每一方面均不可或缺,而其中最有涵盖性的,还是"礼治"。这当然不是我们浅薄的智力所能承当的,指出这一

[①] 参见陈来《古代宗教与伦理——儒家思想的根源》,生活·读书·新知三联书店1996年初版、2009年再版。作者又有后续时代的讨论,参见陈来《古代思想文化的世界——春秋时代的宗教、伦理与社会思想》,生活·读书·新知三联书店2009年版。

点的,是继周公以后中国历史上另一位伟大人物,就是孔子,以及由他所衍生的儒家学派:

(子曰:)明乎郊社之礼、禘尝之义,治国其如示诸掌乎!(《礼记·中庸》)

孔子曰:"夫礼,先王以承天之道,以治人之情……是故夫礼,必本于天,殽于地,列于鬼神,达于丧祭、射御、冠昏(婚)、朝聘。故圣人以礼示之,故天下国家可得而正也。"(《礼记·礼运》)

道德仁义,非礼不成;教训正俗,非礼不备;分争辨讼,非礼不决;君臣、上下、父子、兄弟,非礼不定;宦学事师,非礼不亲;班朝治军,莅官行法,非礼威严不行;祷祠祭祀,供给鬼神,非礼不诚不庄。是以君子恭敬撙节退让以明礼。(《礼记·曲礼上》)

子张问:"十世可知也?"子曰:"殷因于夏礼,所损益,可知也;周因于殷礼,所损益,可知也;其或继周者,虽百世,可知也。"(《论语·为政》)

孔子以前,早有"礼治"之实,而未可由之概括净尽,故我们称为"中国式法治",这可以说是中国历代治理体系之总根源,也是后世中国历朝治理者不断回溯与仿效和从各个不同侧面据之以批评变革现实的典范与理型。

第二节　周秦之际治道的传承、裂变与分化

如上所述,对"礼"与"法"、"礼治"与"法治"关系的研究,近代以来有由极端对立走向最近的混淆合一之趋势。我们尝试

超越既有分析架构与观念设置，努力钩沉与分析中国治理原初形态之"天治""德治""礼治""刑治""人治"诸本相；"法天为治""以德为则""以礼为法""以刑卫法""人治为要"诸法则。认为诸要素之间彼此相互关联融合一体，对中国的长治久安关系重大、意义深远，具有法原般的地位与价值，构成"中国式法治"；它的核心，是以刑法为卫、以人治为要的德礼之治（着重从承前的角度说），或曰礼法之治（着重从启后的角度说），无论从天人、德刑、礼法诸关系方面来说，都是较为均衡的，这是以中国治理体系之原型的基本性状。以"三代"之治为典型的政治文明，跨越周秦之间有了一个可以说远逾殷周之际的大变化，就是基于德礼之治的"王道"政治文明与基于刑法之治的"霸道"治理方略的分裂、拓展与竞争。无论是从思想的系统性还是对后世的实际影响来说，都可以诸子争鸣时代的儒家与法家为代表。

展开讨论之前，必须交代一下分析的取径，尤其是要明了法家之法非复往昔广义之"法"而专重"刑法"的内涵。

又如前文所引《尚书·皋陶谟》以"典""礼""德""刑"分括"政事"，《史记·乐书》录《乐记》则以"礼""乐""政""刑"分疏"治道"：

> 故礼以导其志，乐以和其声，政以壹其行，刑以防其奸。礼乐刑政，其极一也，所以同民心而出治道也……礼节民心，乐和民声，政以行之，刑以防之。礼乐刑政四达而不悖，则王道备矣。

上述带引号的节目，若"典""礼""德""（礼）乐""政""刑"均为我们原原本本讨论古代政治的路径，如司马迁录其父司马谈"论六家之要指"所云："《易大传》：'天下一致而百虑，同归而殊途。'夫阴阳、儒、墨、名、法、道德，此务为治者也，直所从言之异路，有省不省耳。"史谈论及儒家、法家者道：

> 儒者博而寡要，劳而少功，是以其事难尽从；然其序君臣父子之礼，列夫妇长幼之别，不可易也……法家严而少恩；然其正君臣上下之分，不可改矣……
>
> 夫儒者以六艺为法。六艺经传以千万数，累世不能通其学，当年不能究其礼，故曰"博而寡要，劳而少功"。若夫列君臣父子之礼，序夫妇长幼之别，虽百家弗能易也……
>
> 法家不别亲疏，不殊贵贱，一断于法，则亲亲尊尊之恩绝矣。（《索隐》：案：礼，亲亲父为首，尊尊君为首也。）可以行一时之计，而不可长用也，故曰"严而少恩"。若尊主卑臣，明分职不得相逾越，虽百家弗能改也。

重读《太史公自序》，殊觉史谈论断之精当。首先值得注意的是，"法"之含义的分别与变迁。"儒者以六艺为法"之"法"固大不同于法家"一断于法"之"法"。胡适曾一翻"司马谈把古代思想分作'六家'"之旧案而"不承认古代有什么'道家'、'名家'、'法家'"，此系附会西学的格义之举，不足以为典要。[①] 反而促使我们应该深入体会诸家成立的苦心孤诣及其分别界限。若法家，诸子百家皆有论及"法"者，缘何独以"法"自鸣？如太史公父子所揭示，显为对于如儒家所崇尚的"亲亲尊尊之恩"礼治原则的大反动，而有革命性的独到之处，此其一；他们的"不别亲疏，不殊贵贱，一断于法"之尚"法"，于诸家中最为突出，他们的努力，纵然有尊公抑私的力量"可以行一时之计"，终为暴秦短

---

① 参见刘巍《中国学术之近代命运》，北京师范大学出版社2013年版，第161、187—188页。

促而亡的历史所证明非长治久安之道，此其二。《汉书·艺文志》云：

> 法家者流，盖出于理官，信赏必罚，以辅礼制。《易》曰"先王以明罚饬法"，此其所长也。及刻者为之，则无教化，去仁爱，专任刑法而欲以致治，至于残害至亲，伤恩薄厚。

也是说，若辅助"礼制"（礼治）则法治自有其存在之"明罚饬法"价值，而"专任刑法"则没有不败的。可以说自儒家、法家之分明而礼治法治之别严，自有法家之论说及其效验白，而后世谈论及"法"处盖无不牵连"刑法"为主义了。这是法家的理论与实践对中国文化细微至于语言表述的深刻影响与强力塑造，这可以《汉书》专列《刑法志》一目为典型，此为历史一大变。说穿了，此流于"刻者"之道为与儒家所标举的"先王"法治王道大有上下床之别的霸道是也。

其次，并不是更不重要的是，单向度的尊君卑臣上下悬隔绝对化等级名分制度（尤其是君臣一伦）虽不能说完全出于法家，但实造极于法家，而与讲求有差序之对等互动原则的儒家礼治大为不同，这在儒家法家之间界限甚明，司马谈《论六家要旨》也是毫不含糊的。所以他叙儒家的功用长处为："序君臣父子之礼，列夫妇长幼之别""列君臣父子之礼，序夫妇长幼之别"；而述法家的着力点则在于："正君臣上下之分""尊主卑臣，明分职不得相逾越"。"礼"以及"别"与"分"之间，有看似微妙而实为深刻的不同，绝不可等量齐观。其间的分别，原始要终，在当初一目了然，逐渐混而不分了。严谨地说，法家的这一套，西汉司马氏父子时代已经认为是理所当然，历久则更为深刻地渗透到后世的治理体系中去了，这一点留待下文再来讨论。从一定意义上说，这一治理精神的意境高下，也可以说是王道与霸道之分。

一 "导德齐礼"为本的"王道"政治文明

"礼乐刑政四达而不悖，则王道备矣"[①] 是后世儒家概括的"王道"之治的扼要，他们并未忽略了同样为法家所崇尚的"刑"法，但是在轻重缓急上，与法家绝不同，基本置诸末务的位置上。此句名言，《汉书·礼乐志》作"礼乐政刑四达而不悖，则王道备矣"这一定型化的表述方式，将"刑"置于最末，亦可证。这一结构，在儒家，上溯至孔子，大原则已经确立了。《论语·为政》："子曰：'道（导）之以政，齐之以刑，民免而无耻；道（导）之以德，齐之以礼，有耻且格。'"这一句话可以说是儒家政治思想的总纲，既是对往昔政治文明的总结与提炼，对后世更有深远的影响，极为重要，把儒家"王道"政治文明的核心彻底交代出来了。

但是受制于文本之语录体的体裁，以及文献本身的简约风格，这句话理解起来并不容易。为此先要了解孔子处的时代，那是一个王纲解纽的时代。它有两个大的背景：第一，这是一个礼乐崩坏伦理失序的时代。范宁《春秋谷梁传序》所描述，颇得其情：

> 昔周道衰陵，乾纲绝纽，礼坏乐崩，彝伦攸斁。弑逆篡盗者国有，淫纵破义者比肩。是以妖灾因衅而作，民俗染化而迁，阴阳为之愆度，七耀为之盈缩，川岳为之崩竭，鬼神为之疵厉。故父子之恩缺，则《小弁》之刺作；君臣之礼废，则《桑扈》之讽兴；夫妇之道绝，则《谷风》之篇奏；骨肉之亲

[①] 见前引《史记·乐书》录《乐记》语。

离,则《角弓》之怨彰;君子之路塞,则《白驹》之诗赋……盖诲尔谆谆,听我藐藐,履霜坚冰,所由者渐。四夷交侵,华戎同贯,幽王以暴虐见祸,平王以微弱东迁。征伐不由天子之命,号令出自权臣之门,故两观表而臣礼亡,朱干设而君权丧。下陵上替,僭逼理极。天下荡荡,王道尽矣。

子曰:"天下有道,则礼乐征伐自天子出;天下无道,则礼乐征伐自诸侯出。自诸侯出,盖十世希不失矣;自大夫出,五世希不失矣;陪臣执国命,三世希不失矣。天下有道,则政不在大夫。天下有道,则庶人不议。"[1] 孔子目睹天下之无道,乃矢志重振"王道",这是他意欲"导德齐礼"[2]之时代语境。第二,这是一个刑法主义崛起的时代,是郑、晋、楚等各诸侯国纷纷颁布"刑书"崇尚刑法危害礼序的时代。其中最著名的有鲁昭公六年(前536年)"三月,郑人(子产)铸刑书"以及鲁昭公二十九年(前513年)"晋赵鞅、荀寅……铸刑鼎,著范宣子所为刑书"。这两件大事先后分别遭到了被孔子尊为"古之遗直"的叔向和孔子本人的激烈批评。其中的争议焦点就深刻地涉及以礼为核心的先王法度法治(即后世所谓礼治)与以刑为法的以法治国的"刑法"之治(即后世所谓法治)孰轻孰重何去何从的问题。这是他面对和必须回应的时代课题。

(一)"为政"之纲领

孔子如何回应这一时代的挑战?《尚书大传》之《甫刑》传云:"孔子曰:'古之刑者省之,今之刑者繁之。其教,古者有礼然

---

[1] 《论语·季氏》。
[2] 用皇侃的义疏用语,参见皇侃撰,高尚榘校点《论语义疏》卷一,中华书局2013年版,第25页。

后有刑，是以刑省也。今也反是，无礼而齐之以刑，是以繁也。'"① 我们结合《论语》本文，可将孔子的基本思想概括为"尚礼省刑"。

《论语》传本极多，将这一以"导德齐礼"为优位的治理主张展现得简明扼要，以《宋刊论语》最为启人心智，今全录于下：

> 子曰："道之以政，（孔曰：'政，谓法教。'〇道，音导。下同。）齐之以刑，（马曰：'齐整之以刑罚。'）民免而无耻。（孔曰：'免，苟免。'）道之以德，（包曰：'德，谓道德。'）齐之以礼，有耻且格。"（格，正也。〇格，加百反，郑云：来也。《互注》：《记·缁衣》"子曰：'夫民，教之以德、齐之以礼，则民有格心；教之以政、齐之以刑，则民有遁心。'"）②

经文颇有异文异解。我们力避细碎，务通大义。道，或作"導（导）"，字通。或训治理，或训引导。"这一章两处都是'道'和'齐'并提，解释为引导更通顺些。"③ 免，"先秦古书若单用一个'免'字，一般都是'免罪'、'免刑'、'免祸'的意思"。④ 这些文字疏通，是不难达成共识的。此章容易引起歧解之处，关键在于"格"字字义的训诂会影响到对整章义理的把握。何晏不取郑君训为"来也"，而改训"正也"，哪一种解读更得经文的本意呢？此本的长处就在于，其《互注》所引《礼记·缁衣》不仅让我们了解到郑注之渊源，而且让我们认识到郑君之训诂更接近经典之本

---

① 伏胜：《尚书大传》，董治安主编，刘晓东、王承略副主编，庄大钧、李士彪、林开甲、胡长青、唐子恒、王承略、刘晓东整理：《两汉全书（第一册）》，山东大学出版社2009年版，第181页。
② 何晏集解：《宋刊论语》，福建人民出版社2008年版，第13—14页。
③ 钱逊解读：《论语》，国家图书馆出版社2017年版，第72页。
④ 杨伯峻译注：《论语译注》，中华书局1980年第2版，第12页。

义。"格",汉碑或作"佫",训至,① 与郑君训"来也"之"格"意义相通,也可以解释为民心归服之意,是可加强郑说的;汉碑又或作"恪",训敬,② 意谓"导德齐礼"的效果是使民起敬意而非叛逆作乱或轻慢肆无忌惮之心(从长民者角度说是引发出离心离德的效应),也与郑君之训释相通。然皆不如《礼记·缁衣》之说为切,此不仅如学者已指出:《礼记·缁衣》"这话可以看作孔子此言的最早注释,较为可信"③。而且从义理上来说,以"格心"与"遁心"对举,精确描摹出"导德齐礼"与"导政齐刑"两种治理方式作用于民众所产生的两种截然不同的心态,一种为中心诚悦而归服之,另一种为逃避之唯恐不及。这是高下判然的不同政治境界。最得经意。新出土郭店楚简《缁衣》与相传《礼记》本略有不同:"子曰:长民者教之以德、齐之以礼,则民有劝心;教之以政、齐之以刑,则民有免心。"④ 作为整句话的主格"长民者"(传世本上下文主格"君民者"在句后出现),当由传学者添入,倒是方便我们对经文的理解,比如学者或以"明王"(《穀梁传》庄公八年疏)、或以"君上"(《论语注疏》之邢昺疏)、或以"在民上者"(《汉书·货殖传》)等为主格,⑤ 当因情设辞,不可一概而论。《论语》经文将主格含藏起来,可以说意味隽永,端赖读者以自身身份对号入座。但是,整体来看,郭店简本"劝心"/"免心"对举之说较为注重民一方的反响,而在君民关系⑥方面的相感互动尤

---

① 参见刘宝楠撰,高流水点校《论语正义》卷二,中华书局1990年版,第41页;黄式三撰,张涅、韩岚点校《论语后案》,凤凰出版传媒集团凤凰出版社(原江苏古籍出版社)2008年版,第23页。
② 参见刘宝楠撰,高流水点校《论语正义》卷二,第41页;黄式三撰,张涅、韩岚点校《论语后案》,第23页。
③ 杨伯峻译注:《论语译注》,第12页。
④ 参见李零《郭店楚简校读记》(增订本),北京大学出版社2002年版,第62页。
⑤ 参见黄怀信主撰,周海生、孔德立参撰《论语汇校集释》卷二,上海世纪出版股份有限公司上海古籍出版社2008年版,第104—107页。
⑥ 当作广义理解,指如领导者与被领导者、管理者与被管理者。

其是心理感应方面以及由此而达到的致治境界方面,均不如传世本为透彻到位,贴合经义。《礼记正义》云:

"则民有格心"者,格,来也。君若教民以德,整民以礼,则民有归上之心,故《论语》云"有耻且格"。

早已将此义传达明白了。那个"归"字尤其贴切!我们将会看到,天下归心,那是王道的至高境界。

那么,何晏将"格"改训为"正也"有无根据呢?刘宝楠《论语正义》:

注:"格,正也。"○正义曰:《汉书·刑法志》颜师古注同。《孟子·离娄》云:"惟大人为能格君心之非。"①

颜注晚出,可以不论。而赵岐注《孟子》"格君心之非"之"格",恰训为"正也"。② 所以何晏之注不可谓前无先例,但是"正也"之训可以解《孟子》,而未必可以通《论语》。作为动词之"格"在《孟子》中有其针对对象"君心之非",而在《论语》中则毫无着落,所以在语法上就很难说通了。③ 但是从义理上看,他作如此训解还是有所本的,我们揣度他依据的主要是《论语》的语境。此章为《为政》的第三章,其上接的第二章云:

子曰:"《诗》三百,(孔曰:'篇之大数。')一言以蔽之,

---

① 刘宝楠撰,高流水点校:《论语正义》卷二,第43页。
② 《孟子注疏》卷七下。
③ 朱子《四书章句集注》云:"一说:格,正也。《书》曰:'格其非心'。""格其非心"典出《尚书·囧命》,为伪古文,不足据。然仅就文辞而观,"格"亦有其对象"非心",与《孟子》文例相似,与《论语》也大不同。

(包曰:'蔽,犹当也。'○蔽,必世反。当,丁浪反;又如字。)曰:'思无邪。'"(包曰:"归于正。"○邪,似嗟反。)①

包氏以"归于正"解释"思无邪",可谓精当。② 何晏很可能受这一章的文意尤其包氏训解的影响,而将相承紧接的"有耻且格"之"格"也训为"正",但是这在语法是不通的,或还不免于同义反复之弊,事实上"有耻"已经是一种有品质有格调的意境了,"子曰:'行己有耻,使于四方,不辱君命,可谓士矣。'"③ 民众已经普遍具有类似士君子的品格,何必再正?他们的望风影随,则正是"导德齐礼"超越于"导政齐刑"的自然景象。必须向前再追溯一章,可以看得更为明白。《为政》第一章云:

> 子曰:"为政以德,譬如北辰,居其所而众星共之。"(包曰:"德者无为,犹北辰之不移而众星共之。"○共,求用反,郑作"拱",俱勇反,拱手也。)④

邢昺疏云:"此章言为政之要。'为政以德'者,言为政之善,莫若以德。"⑤ 这是得其旨的。"政",定州汉墓竹简《论语》作"正",整理者云:"正、政可通,古多以正为政。"⑥ 是的,正,长也。如何当好执政者行政者("为正"),是古人"为政""从政"

---

① 何晏集解:《宋刊论语》,第13页。
② 李零认为"思""表示愿望",而"无邪"之"邪""未必就是邪僻的意思",或可谓之解《诗》,非解《论语》。参见李零《丧家狗——我读〈论语〉》(修订版),山西人民出版社2007年版,第70—71页。
③ 《论语·子路》。
④ 何晏集解:《宋刊论语》,第13页。
⑤ 《论语注疏》卷二。
⑥ 河北省文物研究所定州汉墓竹简整理小组:《定州汉墓竹简〈论语〉》,文物出版社1997年版,第14页。

即参与和领导政治（"政事"）的要务。在孔子看来，为政者的道德素养是第一位的。它的功效是不令而行，如众星之拱北辰，有一种天然的感召力和呼应效果。"北辰"与"众星"是一种隐喻与象征，说的应该是执政者与助理者（宽泛地说也可以波及民众）的关系。这是第一章。关于第二章及其与第一章的关系，以皇侃的解读最到位。孔子为何引"《诗》三百"以论政？"《诗》虽三百篇之多，六义之广，而唯用'思无邪'之一言以当三百篇之理也。犹如为政，其事乃多，而终归于以德不动也。"[①] 也就是说，"政事"之繁杂纷纭，当以"无邪"之"德教"（孟子用语）统领之。第三章讲的就是"为政"者（"长民者"）如何把握"德""礼""政""刑"等"政事"的关键项目之轻重缓急，以及如何处理与施政对象"民"的关系，并描述了美政之理想图景。三章之间可以说是层层递进顺序展开的关系，照我们的理解，第三章与第一章是特别能关联呼应的。

我们之所以费些笔墨对《论语·为政》的前三章尤其第三章略作疏解，因为它把儒家最为核心的政治原则、治理模式、施政目标作了清晰的规划。

（二）"风""德"之政

孔子自称"述而不作，信而好古"[②]，孟子、荀子在"法先王"与"法后王"之间或有畸重畸轻之程度差别，但谁也没有偏离王道法统的主观意向。儒家对早期中国以德礼之则为核心而又尊贤本天而重人事的先王之治确实有传承、有彰显又有发挥，而力主礼治、德治、人治。瞿同祖对此有很扼要的论述，我们不避其详，引在下面：

---

① 皇侃撰，高尚榘校点：《论语义疏》卷一，第23页。
② 《论语·述而》。

儒家主张礼治、德治、人治。儒家所主张的社会秩序是存在于社会上的贵贱和存在于家族中的亲疏、尊卑、长幼的差异，要求人们的生活方式和行为符合他们在家族内的身分和政治、社会地位。不同的身分有不同的行为规范，这就是礼。儒家认为只要人人遵守符合其身份、地位的行为规范，便可维持理想的社会秩序，国家便可长治久安了。因此儒家极端重视礼在治理国家上的重要性，提出礼治的口号。儒家同时主张德治。孔子说"为政以德"。他比较德刑的优劣，得出结论："道之以政，齐之以刑，民免而无耻；道之以德，齐之以礼，有耻且格。"儒家既坚信人之善恶是教化所致，便坚信教化只是在位者一二人潜移默化的力量，于是从德治主义愆而为人治主义。[1]

无论礼治、德治、人治，掌握治理体系的核心关键无疑是"在位者"。在儒家看来，在政治生活中，像天极一样居于中心地位的是"在位者"自身之正。"政者，正也"，[2] 孔子针对季康子与哀公在不同机缘下的提问所作的一致回答，把正身主义表达得异常鲜明。[3] 为民上者之己身为百姓之表率，即为国家之定准（法式）。"君仁，莫不仁；君义，莫不义；君正，莫不正。一正君而国定

---

[1] 瞿同祖：《法律在中国社会中的作用——历史的考察》，《瞿同祖法学论著集》，中国政法大学出版社1998年版，第393—394页。

[2] 季康子问政于孔子。孔子对曰："政者，正也。子帅以正，孰敢不正？"（《论语·颜渊》）孔子侍坐于哀公，哀公问何谓为政？孔子对曰："政者，正也。君为正，则百姓从政矣。君之所为，百姓之所从也。君所不为，百姓何从？"（《礼记·哀公问》，又见《大戴礼记·哀公问于孔子》以及《孔子家语·大婚解》。"从政"，《孔子家语》作"从而正"。参见陈士珂辑，崔涛点校《孔子家语疏证》卷一，凤凰出版社2017年版，第20页。)

[3] 管子学派分享了类似的观点："政者，正也。正也者，所以正定万物之命也。是故圣人精德立中以生正，明正以治国。故正者所以止过而逮不及也。过与不及也，皆非正也。非正，则伤国一也。"（《管子·法法》）

矣"。① 这当然不仅仅是有国家者的"位"分重要决定的，更有政治运转的机制在焉。"己所不欲，勿施于人。"② "是故君子有诸己，而后求诸人；无诸己，而后非诸人。"③ 人同此心，心同此理，人心相通，自己都不能做到的，怎么能要求别人呢？"其身正，不令而行；其身不正，虽令不从"。"苟正其身矣，于从政乎何有？不能正其身，如正人何？"④ 讲的就是这个道理。儒家最强调的就是不用暴力不使强制而让人心服。所以说"举直错诸枉则民服，举枉错诸直则民不服"。⑤ 只有自身正直，才能赢得民心，让人中心诚悦而归附之。所以，儒家的"修身"主义是从"为己""由己"主义生发出来的。《礼记·大学》云："自天子以至于庶人，壹是皆以修身为本。"这是治国平天下的枢纽，位高者责重，"修身"虽为对上下的普遍要求，"天子"方面的职分及其要求显然要比"庶人"严重得多了。

相对于施治对象而言，这就是要"道（导）之以德"而非"道（导）之以政"了。此处之"政"何所谓？《论语集解》何晏引"孔曰：'政，谓法教。'"朱子《四书章句集注》则解为"政，谓法制禁令也。"皆有未确。《荀子·儒效》、《盐铁论》卷五《相刺》等均有言及"法教"，大体谓礼教、诗教之所指涉的先王法度正教，均非此处所谓之"政"所能承当，《新语·无为》《新书·君道》等所述则近于"法令"，而朱子所谓"法制禁令"又与"齐之以刑"之"刑"牵扯不清，难以区隔。我们以为，不如训为"政令"较妥。《管子·正》云："正之，服之，胜之，饰之，必严其令，而民则之，曰政。……政以令（命）之，……"又曰："出

---

① 《孟子·离娄上》。
② 《论语·颜渊》。
③ 《礼记·大学》。
④ 《论语·子路》。
⑤ 《论语·为政》。

令当时曰正（政）"政即执政者的命令，以顺"时"为要；而《荀子·非相》"起于上所以导于下，政令是也"，则可为《论语》"道之以政"之"政"的确诂。在孔子看来，一味发号施令的治理模式是难以奏效的，只有"道（导）之以德"，"为政以德""明德""止善"，治理体系有了灵魂，才能政通人和。在这方面，儒家显然有道德理想主义甚至道德绝对主义的倾向。瞿同祖在作儒法比较时，强调指出法家追求"必然之治"的努力："法家则完全与儒家立于相反的立场，否认社会可以借德化的力量来维护，更不相信一二人的力量足以转移社会风气，决定国家的治乱。根本反对有治人无治法，人存政存，人亡政亡的办法。法家所需要的是必然之治，使社会长治久安，而不是这种渺茫不可期，时乱时治的办法。"[①] 我们想说的是，儒家早已追求它的"必然之治"了，如果说法家的"必然之治"必须由以国家强制力保障的"一断于法"来实行的话，儒家的"必然之治"则建立在对"德"之本性与功效的坚强自信上。能近取譬，孔子答季康子问政，引出著名的风草之喻：

> 季康子问政于孔子曰："如杀无道，以就有道，何如？"孔子对曰："子为政，焉用杀？子欲善，而民善矣！君子之德，风。小人之德，草。草，上之风，必偃。"（《论语·颜渊》）

钱穆本旧注而有扼要的解释：

> 君子之德，风；小人之德，草：此处君子小人指位言。德，犹今言品质。谓在上者之品质如风，在下者之品质如草。然此两语仍可作通义说之。凡其人之品德可以感化人者必君

[①] 瞿同祖：《中国法律与中国社会》，《瞿同祖法学论著集》，第324页。

子。其人之品德随人转移不能自立者必小人。是则教育与政治同理。世风败坏，其责任亦在君子，不在小人。

　　草，上之风，必偃：上，或作尚，加义。偃，仆义。风加草上，草必为之仆倒。

他并总结相承接的"以上三章"云："孔子言政治责任在上不在下。下有缺失，当由在上者负其责。陈义光明正大。若此义大昌于后，居上位者皆知之，则无不治之天下矣。"① 他用"感化"一词描述"在上者"之"德"的"风"动效应（政治与教育功能）是非常恰当的。他用"无不"一词同样鲜明表达了儒家德治天下的自信。《论语》此章用一"必"字，充分展现了他们所追求的"必然之治"的理想。《中庸》引"子曰"以舜为例，亦决绝地说："大德必得其位，必得其禄，必得其名，必得其寿。"这种高远之志尚很可能是天启甚至可以拟天的："子曰：'予欲无言。'子贡曰：'子如不言，则小子何述焉？'子曰：'天何言哉？四时行焉，百物生焉，天何言哉？'"② 所谓"正己"之政、"为己"之治、"克己"之功、不令之行、无言之教，就是这个意思。一方面，德性自足："孟子曰：'万物皆备于我矣。反身而诚，乐莫大焉。强恕而行，求仁莫近焉。'"③ 而德化流行之效，若"致中和，天地位焉，万物育焉。"④ 所以儒家之关切不止于"理想的社会秩序"，而将"德行""德教"涵盖了宇宙秩序。荀子说："君国长民者……必先修正其在我者，然后徐责其在人者，威乎刑罚。"⑤ 他们未必真的相信"教化只是在位者一二人潜移默化的力量""一二人的力量足以转

---

① 以上参见钱穆《论语新解》，九州出版社2011年版，第363—364页。
② 《论语·阳货》。
③ 《孟子·尽心上》。
④ 《礼记·中庸》。
⑤ 《荀子·富国》。

移社会风气,决定国家的治乱"。不过是,他们确信责人不如求己,正人不如正己,悠悠万事,应该而且必须从自己出发罢了。①

儒家不是主张执政者树立榜样强使人仿效,而是自立为榜样,诱人从善如流,并相信有法一样甚至为法所不及的功效而更有必然性、普遍性。所以他们特别强调"风""化"、"教""化"对于政治乃至不限于政治之整个人生的意义。

举要而说,若陆贾《新语·无为》:"上之化下,犹风之靡草也。"②《韩诗外传》三引传曰中孔子的话说:"上陈之教而先服之,则百姓从风矣。邪行不从,然后俟之以刑,则民知罪矣。"③《说苑·君道》又云:"夫上之化下,犹风靡草,东风则草靡而西,西风则草靡而东,在风所由,而草为之靡。是故人君之动,不可不慎也。"④ 陆、韩、刘氏之传言均可以作为《论语·颜渊》风草章的注解来看。

孔子既以"风""德"自任,又"有教无类"⑤ 开辟广大绵远教统,促使学术文化下移,泽被苍生万世。孟子有师风之说:谓"圣人,百世之师也"呼吁当"闻伯夷之风""闻柳下惠之风"而"兴起",这是士君子主动择取师法,绝非被动接受感化可比。并一再强调以"人伦"为"教":"父子有亲,君臣有义,夫妇有别,长幼有序,朋友有信。"又以"教"为君子的职分义务,以"得天下英才而教育之"为人生之大"乐"。⑥ 荀子最重"师法",实际上

---

① "在上位,不陵下;在下位,不援上。正己而不求于人,则无怨。上不怨天,下不尤人。故君子居易以俟命,小人行险以侥幸。"(《礼记·中庸》)
② 王利器撰:《新语校注》卷上,中华书局1986年版,第67页。
③ 屈守元笺疏:《韩诗外传笺疏》卷三,巴蜀书社2012年版,第153—154页。《说苑·政理》所引大同,"邪行"作"躬行"。
④ 刘向撰,向宗鲁校证:《说苑校证》卷一,中华书局1987年版,第3页。
⑤ 《论语·卫灵公》。
⑥ 本段所引孟子的言论,分别出自《孟子·尽心下》《滕文公上》《尽心上》。

也是最重"教化"的，所谓"礼义教化，是齐之也。"①《礼记·中庸》论及"知天地之化育"又称"大德敦化"，文末极赞"君子笃恭而天下平"之得力于以"明德""化民"的至境。《毛诗·大序》"风之始也，所以风天下而正夫妇也，故用之乡人焉，用之邦国焉。风，风也，教也。风以动之，教以化之。"云云，则将风教、风化的理论寄托于诗教而规整化了。"乐也者，圣人之所乐也，而可以善民心，其感人深，其移风易俗[易]，故先王著其教焉。"《礼记·乐记》记"感""动"、"感""化"、风俗教化之理最为详明，而从礼乐对比入手主讲乐教。"孔子曰：'入其国，其教可知也。其为人也：温柔敦厚，《诗》教也；疏通知远，《书》教也；广博易良，《乐》教也；洁静精微，《易》教也；恭俭庄敬，《礼》教也；属辞比事，《春秋》教也。'"《礼记·经解》所云，则将六艺之教作了全面而明白的宣示。"夫儒者以六艺为法"，司马谈总结得一点不错，是为儒家的"法教"。《盐铁论·遵道》录文学之言曰：

> 圣王之治世，不离仁义。故有改制之名，无变道之实。上自黄帝，下及三王，莫不明德教，谨庠序，崇仁义，立教化。此百世不易之道也。殷、周因循而昌，秦王变法而亡。《诗》云："虽无老成人，尚有典刑。"言法教也。故没而存之，举而贯之，贯而行之，何更为哉？

"仁义"为德之要目，"教化"为"德行"之路径，"明德教"何以就是尊"法教"？对儒家来说，道统就是法统，王道与教化相表里，皆为后世法也。所以《中庸》说："天命之谓性，率性之谓道，修道之谓教。"从政始正己，德性为本，德行为道，可以说是

---

① 《荀子·议兵》。

德性政治；从风德而教，不令而化，可以说是教化政治。所以后世多以"政教""德化"称治理，儒家将政治的观念大大拓展了。

（三）齐礼致"和"之治

综上所述，非常清楚，儒家如何从正己、明德主义生发出教化主义、移风易俗主义。由此也许可以明白《礼记·缁衣》所录孔门后学将《论语·为政》"道（导）之以德"、"道（导）之以政"的"道（导）"换辞为"教之以德""教之以政"的"教"的历史脉络。我们要问，孔子在这样讲时会想到什么呢？《国语·周语上》：

> 襄王使太宰文公及内史兴赐晋文公命……内史兴归，以告王曰："晋，不可不善也。其君必霸，逆王命敬，奉礼义成。敬王命，顺之道也；成礼义，德之则也。则德以导诸侯，诸侯必归之。"

内史兴从晋文公尊德礼之则以"导"诸侯，而断言他必为霸主——诸侯必"归"（即《论语·为政》"有耻且格"之"格"）之。孔子当有类似的观感。从他老人家赞许辅佐齐桓公"九合诸侯，不以兵车"成霸业的管仲"如其仁！"并称其"相桓公，霸诸侯，一匡天下，民到于今受其赐"来看，可以明白那个时代的霸（即伯）业成立的道义基础和被认可度。不过儒家的心之所向更在王道，则是无疑的。所以孔子要批评他未能"俭""不知礼"，并感叹"管仲之器小哉！"①

孔门有子将儒家所追求的以礼治为核心的王道传达得最为鲜明透彻，可以看作他们向往的"齐之以礼"的至境：

---

① 本段分别引自《论语·宪问》《八佾》。

有子曰:"礼之用,和为贵。先王之道,斯为美;小大由之。有所不行,知和而和,不以礼节之,亦不可行也。"(《论语·学而》)

今节朱子说之当理者以释之:

礼者,天理之节文,人事之仪则也……愚谓严而泰,和而节,此理之自然,礼之全体也。毫厘有差,则失其中正,而各倚于一偏,其不可行均矣。①

他以"和者,从容不迫之意"为说,失之太过轻浅而难明"和"之"贵",但是他以"中正"为准则是恰当的。礼治以基于差序的和谐为核心,这是首要的原则。近人钱穆释此云:

本章大义,言礼必和顺于人心,当使人由之而皆安,既非情所不堪,亦非力所难勉,斯为可贵。若强立一礼,终不能和,又何得行?故礼非严束以强人,必于礼得和。此最孔门言礼之精义,学者不可不深求。②

此说颇能得其大体。他以"情"与"力"着眼分疏,而归结于"人心"之"和顺",甚为精当。然近代以来,"礼教革命"当道,在西来的"法治"映照、加持之下,正义的火气使得国人很难或很不愿去明了古代礼治尤其是先秦儒家所倡导的礼治的真相了。

比如,瞿同祖认为:"所谓儒法之争主体上是礼治、法治之争,

---

① 《四书章句集注·论语章句》。
② 钱穆:《论语新解》,第17—18页。

更具体言之，亦即差别性行为规范①及同一性行为规范②之争。至于德治、人治与刑治之争则是较次要的。采用何种行为规范是主体，用德化或用刑罚的力量来推行某种行为规范，则是次要的问题。"③ 虽然他正确地指出，"儒家所争的主体，与其说是德治，毋宁说是礼治。"④ 但是他倾向于将法家视为"法律平等主义"的维护者，而把儒家视为封建等级名分制度和"法律上的特权"或"法律上的特权阶级"的维护者，不免分疏生硬失当。在"中国法律之儒家化"等重要论述中，亦蕴含强烈的价值评判（实以批评为主），在后法家时代的中国法律与中国社会里，他所揭示与批评的对象不是不存在，但是在法律渊源的追溯上，把大部分的恶归结为儒家也是有失公允的。

回到先秦儒家对礼治的规划上来。

到春秋战国时代，虽然礼乐崩坏日益成为大势所趋，但是礼治为诸子百家共同的历史背景。墨子尚同，而忧心于"无君臣上下长幼之节，父子兄弟之礼，是以天下乱焉。"⑤ 管子学派重四维，"四维不张，国乃灭亡……何谓四维？一曰礼，二曰义，三曰廉，四曰耻。"⑥《晏子春秋》道："饬法修礼以治国政，而百姓肃也。"⑦ 连被称为法家的慎到也说"法制礼籍，所以立公义也"⑧，等等。或尊礼节，或张四维，或兼礼法，尚存前诸子时代礼治的遗风。

儒家对日形风流云散的早期中国治理原型时代的"先王之道"

---

① 引者据瞿氏上下文。按：即"儒家所谓礼，亦即儒家治平之具"。亦即"儒家所标榜的亲亲尊贤之道"，主要内容为追求"贵贱、尊卑、长幼、亲疏有别"。
② 引者据瞿氏上下文。按：即以"法——为治国工具，使人人遵守，不因人而异其法"。
③ 参见瞿同祖《中国法律之儒家化》，《瞿同祖法学论著集》，第361—362页。
④ 参见瞿同祖《中国法律与中国社会》，《瞿同祖法学论著集》，第354页。
⑤ 《墨子·尚同中》。
⑥ 《管子·牧民》。
⑦ 《晏子春秋·内篇谏上》。
⑧ 《慎子·威德》。

更懂得继承与护惜,尽管在他们"述而不作"的恢复努力中,其实是经历了深刻的转化与重建的:

> 颜渊问仁。子曰:"克己复礼为仁。一日克己复礼,天下归仁焉。为仁由己,而由人乎哉?"颜渊曰:"请问其目。"子曰:"非礼勿视,非礼勿听,非礼勿言,非礼勿动。"(《论语·颜渊》)

"克己复礼,仁也"并不是孔门的创辟之言,而是孔子所称"古也有志"。[①] "仁"为全德而非抽象的教义,孔门将其规定到"非礼勿视,非礼勿听,非礼勿言,非礼勿动"的细密程度,须臾不可触犯,则不仅视礼为法,而且内化为自觉的人格修养准则了,故颜渊又说"夫子循循然善诱人,博我以文,约我以礼"。所以礼治首先是自治,孔子再三强调"君子博学于文,约之以礼"是注重实践而非虚文,是所谓"文质彬彬,然后君子"。孔子尝反思:"人而不仁,如礼何?人而不仁,如乐何?""礼云礼云!玉帛云乎哉?乐云乐云!钟鼓云乎哉?"[②] 春秋时代已经大有"是仪也,不可谓礼"的形式主义流行趋向了,[③] 而孔子对治之以仁礼交修,使礼治葆有精神性的格调与内涵。

孔门注重礼治的一个着眼点,的确是个"序"字。《左传》昭公二十九年,冬,晋"铸刑鼎,著范宣子所为刑书"。孔子对此有严厉的批评,除了"宣子之刑"为"晋国之乱制"不足取法外,"贵贱无序,何以为国?"是反对的中心理由。他主张"天下有道,则礼乐征伐自天子出",看到季氏之家"八佾舞于庭,是可忍也,

---

[①] 《左传·昭公十二年》。

[②] 本段所引孔子关于礼治的言论,分别出自《论语·子罕》《雍也》《颜渊》《八佾》《阳货》。

[③] 《左传·昭公五年》。

孰不可忍也？"又认为"不在其位，不谋其政。"①

而质仁而有序的礼治又以伦理为本。有子曰："其为人也孝弟，而好犯上者，鲜矣！不好犯上，而好作乱者，未之有也。君子务本，本立而道生。孝弟也者，其为仁之本与！"②家齐乃能通乎国治，"其为父子兄弟足法，而后民法之也。"③这是儒家的法治。儒家是如此重视伦理本位，以至于认为不必居位为官乃得谓"为政"："或谓孔子曰：'子奚不为政。'子曰：'《书》云："孝乎！惟孝，友于兄弟，施于有政。"是亦为政，奚其为为政？'"这是一种泛伦理教化主义的政治观，他们还认为君子以礼治身待人，能获致洋溢的亲情，如子夏说："君子敬而无失，与人恭而有礼，四海之内，皆兄弟也！"不仅如此，儒家还有一种超政治的价值观。"子曰：'巍巍乎！舜、禹之有天下也，而不与焉。'"他们确乎关心"为政"，但是他们并不以政治为绝对的价值。"舜为天子，皋陶为士（按即法官），（舜之父）瞽瞍杀人"，舜如何面对呢？孟子的设想是："舜视弃天下犹弃敝蹝也。窃负而逃，遵海滨而处，终身䜣（欣）然，乐而忘天下。"尽孝比得天下还重要，这是与后世所谓"官本位"截然不同的人生价值论。孟子还主张"君子有三乐，而王天下不与存焉"："父母俱存，兄弟无故，一乐也；仰不愧于天，俯不怍于人，二乐也；得天下英才而教育之，三乐也。君子有三乐，而王天下不与存焉。"④重视政治而又不拘泥于政治，这是我们在考察儒家的"王道"理想时值得注意的面向。

除了孝亲悌长之外，儒家最重礼贤。"君子尊贤而容众，嘉善而矜不能。""贤贤""见贤思齐"尤重举贤，主张为政当"举贤

---

① 本段引文，分别出自《论语·季氏》《八佾》《泰伯》。
② 《论语·学而》。
③ 《礼记·大学》。
④ 本段引文，除上页所注外，有关孔子的分别出自《论语·为政》《颜渊》《泰伯》；有关孟子的出自《孟子·尽心上》。

才""举直":"举直错诸枉""举善":"举善而教不能则劝"。"举人"有道:"君子不以言举人,不以人废言。"要当"知言":"不知言,无以知人也。"君子肩负举贤、立贤的责任,像臧文仲"知柳下惠之贤而不与立也",被孔子批评为"窃位者"。所以像"夫仁者,己欲立而立人,己欲达而达人"。所谓"立人""达人",主要当指能"尊贤""举贤""立贤"而言的。所谓"不学礼,无以立!"主要当指立于朝而言。孔子主张"仁"者"爱人"、"知(智)"者"知人"。主要也是从这个角度说的,所以子夏紧接着发挥师说云:"富哉言乎!舜有天下,选于众,举皋陶,不仁者远矣。汤有天下,选于众,举伊尹,不仁者远矣。"所以这样才有后来孟子所谓"惟仁者宜在高位。不仁而在高位,是播其恶于众也"一套理论。① "大道之行也,天下为公。选贤与能,讲信修睦。"② "选贤与能"之"舉(与)"读"舉(举)","贤"与"能"有所不同,③ 而选举贤能为儒家治理体系的大纲则是无疑的。

儒家重礼君,"事君尽礼,人以为谄也。"不过求为"大臣",而非"具臣",坚持"以道事君,不可则止④"。《大戴礼记·卫将军文子》对晏子的赞许,可见此类价值观:"其言曰:'君虽不量于臣,臣不可以不量于君,是故君择臣而使之,臣择君而事之,有道顺君,无道横命。'晏平仲之行也。"⑤ 荀子引"《传》曰"说得更为干脆:"从道不从君。"⑥ 又说:"入孝出弟,人之小行也;上

---

① 本段引文,除另有标注外,均分别出自《论语·子张》《学而》《里仁》《为政》《卫灵公》《尧曰》《雍也》《季氏》《颜渊》等,以及《孟子·离娄上》。
② 《礼记·礼运》《孔子家语·礼运》。
③ 如《荀子·王霸》将"贤士""能士"与"好利之人"按次分别为说,"贤士"与"能士",杨倞注一以为有"道德"者一以为有"才艺"者,是其分别。
④ 《论语·八佾》《先进》。
⑤ 王聘珍撰,王文锦点校:《大戴礼记解诂》卷六,中华书局1983年版,第115页。
⑥ 《荀子·臣道》。

顺下笃，人之中行也；从道不从君，从义不从父，人之大行也。"①荀子于"臣道""子道"两篇均不肯放松"从道""从义"的原则，则可知儒家并非单向度地维护以上凌下以贵凌贱的等级压迫，是无疑的。孔子明确主张"为国以礼"，紧接下文为"其言不让，是故哂之"。是则礼治主于"让"："能以礼让为国乎？何有！不能以礼让为国，如礼何！"又主于"敬"："居上不宽，为礼不敬，临丧不哀，吾何以观之哉？"他们对"居上"者的要求更高，尤其对"君"："君使臣以礼，臣事君以忠。"② 可见是双向要求，而非片面服从。后来孟子说得更激烈："君之视臣如手足，则臣视君如腹心；君之视臣如犬马，则臣视君如国人；君之视臣如土芥，则臣视君如寇仇。"③ 所以我们不难理解所谓"君君、臣臣、父父、子子"④ 是各自负责的伦理与和谐秩序的要求，而非单向服从的伦理。从当时孔子说话的对象是"君"（齐景公）而非"臣"来看，我们想到的是孟子所谓"惟大人为能格君心之非"⑤ 这也成为后世理学家孜孜以求的历史使命。

儒家的礼民之治也很有特色。从历史的角度来看，与对于执政者、行政者的要求与规范相比，儒家对民众的看法与态度与定位似乎更为重要。

在前孔子时代的封建社会，礼治为本，所谓"刑不上大夫、礼不下庶人"只能说大体为常态。春秋时代孔子的前辈子产就说："夫礼，天之经也，地之义也，民之行也。"引此说者子太叔继而云："天地之经，而民实则之。"⑥ 民众以礼法为则，是不可能与之

---

① 《荀子·子道》。
② 本段所引孔子言论，分别出自《论语·先进》《里仁》《八佾》。
③ 《孟子·离娄下》。
④ 《论语·颜渊》。
⑤ 《孟子·离娄上》。
⑥ 《左传·昭公二十五年》。

不发生关系的。

不过，使礼下庶人，以礼敬民，使民以礼，坊民以礼，重民爱民，以民为政治生活之根本要素与力量，以民之归服为治理成功之标准，为儒家对治理体系之重大贡献。

孔子处于"夫民，神之主也，是以圣王先成民而后致力于神"①之尊民思潮涌动的时代，而主张"务民之义，敬鬼神而远之，可谓知矣"。近则亵，所谓"远之"，是礼敬鬼神之意。近世好从不可知论甚至无神论的角度解读这句话，是大有偏差的，若如其说，则祭祀等礼就无从谈起了，但是孔子确将"务民之义"（"义"即宜也，盖指民众的合宜正当要求）置于优位，放在敬事鬼神（多指已故祖先或圣贤）之前，其重民之程度可谓非同一般。《论语》结束《尧曰》论及"所重：民、食、丧、祭"②或说"民食"连文，无论如何，"民"或"民食"列首位。

为政者不能不"使民"，孔子以"使民如承大祭"为仁德之一种内涵，则民之当敬若神灵可知。如果说这是对在民上者一种主观态度的要求，那么"上好礼，则民易使也"。则为在民上者礼敬下民的效应了。而"使民以时"不可任性失度，亦为对"道千乘之国"者的一种要求。③

孔子又主"教民"。以"善人教民七年，亦可以即戎矣"。"以不教民战，是谓弃之。"其治国之不废戎战而尤其爱惜民命有如此，又曰："不教而杀谓之虐"，则其未必绝弃刑杀，而尤重教责。孟子也说："不教民而用之，谓之殃民。"孔子也很关心因"刑罚不中"而致"民无所措手足"之境遇。聚讼纷纭的"民可使，由之；不可使，知之"一章，很可能有教——"知（智）之"——而便

---

① 《左传·桓公六年》。
② 本段所引孔子言论，除另有标注外，分别出自《论语·雍也》《尧曰》。
③ 本段引文，分别出自《论语·颜渊》《学而》《宪问》。

"使民"的意思。曾子曰："慎终、追远，民德归厚矣！"① 民之向礼从礼，是孔门乐见而从事的。他们似乎前所未有地郑重关注"民德"问题。

民众的口碑，是物议的标准。"齐景公有马千驷，死之日，民无德而称焉。伯夷叔齐饿于首阳之下，民到于今称之。"尧"成功"之"巍"与"文章"之"焕"实在太伟大，而致"民无能名焉"。泰伯与之类似："泰伯，其可谓至德也已矣！三以天下让，民无得而称焉。"民众的风议，是察政的窗口。"天下有道，则庶人不议"也表示了对庶人议政权的尊重，这一点，从孔子以"古之遗爱"高度评价不毁灭乡校的子产，透露无遗。民众的获得感尤其重要，"管仲相桓公，霸诸侯，一匡天下，民到于今受其赐"而得孔子以"仁"的首肯。"如有博施于民而能济众"，就不但具"仁"德且入于"圣"境了。民众的归服，则为理想政治的标配图景。"上好礼，则民莫敢不敬；上好义，则民莫敢不服；上好信，则民莫敢不用情。夫如是，则四方之民襁负其子而至矣。"诸如此类，盖谓"天下之民归心焉"②。

在这种逻辑之下很自然地发展出孟子的民贵君轻理论和杀暴君为"诛一夫（按即独夫）"而非弑君的尊民论和荀子的君民之间的舟水关系论。影响所及，后世如刘向竟发展出"君臣"与"百姓"之间的"转相为本"论：

> 夫君臣之与百姓，转相为本，如循环无端。夫子亦云："人之行莫大于孝。"孝行成于内而嘉号布于外，是谓建之于本，而荣华自茂矣。君以臣为本，臣以君为本；父以子为本，

---

① 本段引文，分别出自《论语·子路》《尧曰》《泰伯》《学而》，以及《孟子·告子下》。
② 本段引文，分别出自《论语·季氏》《泰伯》《宪问》《雍也》《子路》《尧曰》，以及《左传·昭公二十年》。

子以父为本。弃其本者，荣华槁矣。(《说苑·建本》)

儒家在这方面的贡献是很值得注意，而往往多被忽视的。

儒家与诸子百家的区分大界还是在"明分使群"上。孔子已有以礼治民"焉用稼？"①的理论；孟子区别为"劳心""劳力"之分，以仁心推"仁政"；而荀子总结道："论德使能而官施之者，圣王之道也，儒之所谨守也。《传》曰：'农分田而耕，贾分货而贩，百工分事而劝，士大夫分职而听，建国诸侯之君分土而守，三公总方而议，则天子共（拱）己而（矣）[已]。'出若入若，天下莫不平均，莫不治辨。是百王之所同也，而礼法之大分也。"②荀子很冷静地看到："人道莫不有辨。辨莫大于分，分莫大于礼，礼莫大于圣王。圣王有百，吾孰法焉？"③他是胸襟宽宏论古有序既法后王也推本先王的，所以《荣辱》篇说：

故先王案为之制礼义以分之，使贵贱之等，长幼之差，知贤愚、能不能之分，皆使人载其事而各得其宜。然后使（慤）[谷] 禄多少厚薄之称，是夫群居和一之道也。故仁人在上，则农以力尽田，贾以察尽财，百工以巧尽械器，士大夫以上至于公侯，莫不以仁厚知能尽官职，夫是之谓至平。故或禄天下，而不自以为多，或监门、御旅、抱关、击柝，而不自以为寡。故曰："斩而齐，枉而顺，不同而一。"夫是之谓人伦。《诗》曰："受小共大共，为下国骏蒙。"此之谓也。

这可以说是对"礼之用，和为贵，先王之道斯为美！"以及

---

① 《论语·子路》。
② 《荀子·王霸》。
③ 《荀子·非相》。

"齐之以礼"的最好注解了。

"夫物之不齐，物之情也"[①]；"人伦"之差等，端赖礼治足以"斩而齐"之，而"齐"之归宿绝非绝对的同一（如墨家的"尚同"），而是"各得其宜"的"群居和一之道"，即"不同而一"的"和为贵"也。[②] 用学者一个精辟的概括来说，"和""就是一种多元统一的状态。多元的统一，多种成分，各个局部共生在一起，表现为一种秩序……承认差异是前提，求各得其所是目标。始于承认差别，终于各得其所。"[③]

荀子所谓"百王之所同也，而礼法之大分也"，强调的是儒家所传承和发挥的王道法统，而非个别私说；不仅如此，先秦荀子学派以前的文献，即使被认为是儒家的文献，都很少公然自居"儒"者身份来发言的，所以荀子在儒家学派的定型过程中实居举足轻重的地位。而他对"圣王之道"的阐释，确能代表儒家的大义通说。

二 以法术之治为核心的"霸道"政治思想及其实践

对儒家的仁义德礼之治起而作根本的反动，并构成实质性挑战，且在中国历史上产生深刻影响且蔚为传统的，是法家的法术之治。

（一）更法而尚法

《商君书》第一篇《更法》，确实可谓足以代表法家治理理念的纲领性文献。秦孝公君臣谋议"变法以治，更礼以教百姓"，公孙鞅揭明其旨云："法者，所以爱民也；礼者，所以便事也。是以圣人苟可以强国，不法其故；苟可以利民，不循其礼。"直接针对

[①] 《孟子·滕文公上》。
[②] 如贾谊《新书·礼》云："君惠臣忠，父慈子孝，兄爱弟敬，夫和妻柔，姑慈妇听，礼之至也。"
[③] 钱逊解读：《论语》，第23—24页。

前法家时代的礼治开火。并兼引王霸之例以壮声色："三代不同礼而王，五霸不同法而霸，"面对"法古无过，循礼无邪"的反批评，公孙鞅称引更远的帝王之事以为辩护："前世不同教，何古之法？帝王不相复，何礼之循？伏羲、神农教而不诛；黄帝、尧、舜诛而不怒；及至文、武，各当时而立法，因事而制礼。礼、法以时而定，制、令各顺其宜，兵甲器备，各便其用。臣故曰：'治世不一道，便国不必法古。'汤武之王也，不修古而兴；殷夏之灭也，不易礼而亡。然则反古者未必可非，循礼者未足多是也。君无疑矣。"① 当然，法家努力发挥和践行的是"霸道"而非"王道"，这一点，从公孙鞅说秦孝公以"帝道""王道"不能听而改说"霸道"就正中下怀一拍即合来看，就很清楚了。从商鞅那方面说，也确如太史公所讥："迹其欲干孝公以帝王术，挟持浮说，非其质矣。"②

值得注意的是，中国历史上系统地提出"变法"的主张并付诸实践，自法家始。尤其值得注意的是，他们虽然称引远古，但是实质上将历史上尤其是儒家所总结的那一套仁义德礼之治完全抛弃了，并且将他们津津乐道的王道法统"礼法"之"法"的内涵完全改变，并革命性地提出了全新的"变法""立法"行法的主张和治国理政的一套新理论。

孔子反对晋"铸刑鼎，著范宣子所为刑书"。但远引"唐叔之所受法度"，近引晋文公"作执秩之官，为被庐之法"，作为批评的根据，③ 并非一般性地反对法制。孔子又援引"周公之典"或"周公之籍"即周公之"法"，批评季孙氏之田赋过制。④ 子张问："十世可知也？"子曰："殷因于夏礼，所损益可知也；周因于殷

---

① 《商君书·更法》。
② 均见《史记》卷六八《商君列传》。
③ 《左传·昭公二十九年》。
④ 参见《左传·哀公十一年》；《国语·鲁语下》。

礼，所损益，可知也；其或继周者，虽百世可知也。"① 以赞序三代之礼治为正统。颜渊问为邦，子曰："行夏之时，乘殷之辂，服周之冕，乐则《韶》《舞》。"② 对先王礼乐择善而从。《礼记·中庸》说："仲尼祖述尧、舜，宪章文、武；上律天时，下袭水土。"天地、尧、舜、文、武等亦皆为孔子所师法。孟子说："徒善不足以为政，徒法不能以自行。"引《诗》云："不愆不忘，率由旧章。"而称："遵先王之法而过者，未之有也。"③ 所谓、所称引之"法"皆不离乎"先王之法"。子曰："五刑之属三千，而罪莫大于不孝。要君者，无上；非圣人者，无法；非孝者，无亲，此大乱之道也。"④ 此为非圣即无法之说也。孟子曰："规矩，方员之至也；圣人，人伦之至也。欲为君，尽君道；欲为臣，尽臣道。二者皆法尧、舜而已矣。"⑤ 此所谓法者即法圣王之说也。无如法家所谓之"法"者，或有时而称引先王，实大非圣王之法统，自出法义法术。即使在法家崛起之后不得不努力应对挑战的荀子也说："圣也者，尽伦者也；王也者，尽制者也；两尽者，足以为天下极矣。故学者以圣王为师，案以圣王之制为法，法其法以求其统类，（类）以务象效其人。"⑥ 这是儒家"师法"的通义，"以圣王之制为法"乃儒家"法"之确诂。所以凡以"《王制》"名篇的文献，兼有理想国与宪法的性质。这是相传早期中国治理原型之王道法统之所谓"法"也。以"圣""王""圣王"为法原，保证了它的合法性、正统性与权威性。

自法家出而法之意义大变。史称：

---

① 《论语·为政》。
② 《论语·卫灵公》。
③ 《孟子·离娄上》。
④ 《孝经·五刑》。
⑤ 《孟子·离娄上》。
⑥ 《荀子·解蔽》。

> 是时（引者按，指魏时）承用秦汉旧律，其文起自魏文侯师李悝。悝撰次诸国法，著《法经》。以为王者之政，莫急于盗贼，故其律始于《盗》《贼》。盗贼须劾捕，故著《（网）〔囚〕》《捕》二篇。其轻狡、越城、博戏、借假不廉、淫侈、逾制以为《杂律》一篇，又以《具律》具其加减。是故所著六篇而已，然皆罪名之制也。商君受之以相秦。汉承秦制……①

此不独著秦以降中国刑律之缘起，亦足以明先秦以来法意之剧变。李悝所撰次"《法经》"之"法"意绝非儒家所称道之"周公之典""先王之法""圣王之制""宪章文武"之"宪章"等指涉之"法"义可知，所谓"王者之政，莫急于盗贼"、以"罪名之制"为《法经》等，显系法家一派之说，而其影响之大，以后世虽有变更而绝不可废弃之刑律系统形式，将法家的刑法观念深深镌刻在中国历代治理体系中了，自此以后，国人心中的"法"观念、口头的"法"语言，很难不涉"刑"之关联而为说了。

此其一。其二，被认为是中华法系的特点之一的"法自君出"，也深深打上了法家的烙印。与儒家之彰明德礼之制之必有取法对象之圣王之迹、圣王典型不同，他们援引王霸只是作为阐发自己思想的方便设辞，实际上主张法权出于当世当值之君主，并不在乎君主之合法性、理想性、正统性，所以是真正彻底地主张君权的，反映了君主集权制的要求和国家主义的法治主张，与胸怀天下的儒家王道论形成鲜明的反差。"夫民之不治者，君道卑也；法之不明者，君长乱也。故明君不道卑、不长乱也；秉权而立，垂法而治……故圣人之为国也，不法古，不修今，因世而为之治，度俗而为之法。

---

① 《晋书》卷三〇《刑法志》。

故法不察民之情而立之，则不成；治宜于时而行之，则不干。故圣王之治也，慎为、察务，归心于壹而已矣。"所以他们虽以"爱民""便民"为辞，实以尊君为尚："夫利天下之民者莫大于治，而治莫康于立君，立君之道莫广于胜法，胜法之务莫急于去奸，去奸之本莫深于严刑。"实以刑法制民为纲："法令者，民之命也，为治之本也，所以备民也。"《商君书·画策》说得更清楚："昔之能制天下者，必先制其民者也；能胜强敌者，必先胜其民者也。故胜民之本在制民……民本，法也。故善治者，塞民以法，而名地作矣。"为人君之要全在"制民"，"制民"之要全在"塞民以法"。而"法"不必循古，君主依据世俗之情随时而立即可（"因世而为之治，度俗而为之法"），而法治之目标为"归心于壹"："圣人之为国也：壹赏，壹刑，壹教。"而"法"之枢纽，为一赏一刑文武并用："凡赏者，文也；刑者，武也。文武者，法之约也。故明主慎法。"①

他们最重作为法治保障的君主之权威："国之所以治者三：一曰法，二曰信，三曰权。法者，君臣之所共操也；信者，君臣之所共立也；权者，君之所独制也。人主失守，则危；君臣释法任私，必乱。故立法明分，而不以私害法，则治。权制独断于君，则威。民信其赏，则事功成；信其刑，则奸无端。惟明主爱权重信，而不以私害法。"② 所以法家才是最重名分的，这一点留待下文再论。慎到就直白地宣称君主之威德全由"势位"而来："故贤而屈于不肖者，权轻也；不肖而服于贤者，位尊也。尧为匹夫，不能使其邻家；至南面而王，则令行禁止。由此观之，贤不足以服不肖，[而势位足以服不肖]，而势位足以屈贤矣。"③ 即是说，治理国家之要

---

① 《商君书·修权》。
② 本段引文，分别出自《商君书·壹言》《开塞》《定分》《赏刑》《修权》。
③ 《慎子·威德》。

诀在于以权势凌人。《管子》学派在君主当牢牢掌控"权势"上与《商君书》有相同的见解："法令者，君臣之所共立也；权势者，人主之所独守也。"① 韩非之比喻更为形象："威势者，人主之筋力也。"在权势为人主所私有而绝不能与属下分享这一点上，主张更为坚决："人主安能与其臣共权以为治？""人主又安能与其臣共势以成功乎？"他们不以君权独制为私而以冒犯之者为私，这是赤裸裸的君权独裁主义。"明主之道，在申子之劝'独断'也。"韩非子与申不害都主张君主"独断"，"人主使人臣虽有智能不得背法而专制，虽有贤行不得逾功而先劳，虽有忠信不得释法而不禁，此之谓明法。"② 所谓"明法"之"法"必须加以主格修饰，应为"人主之法"，所谓"夫生法者，君也；守法者，臣也；法于法者，民也。君臣上下贵贱皆从法，此谓为大治。"《管子》学派将"以法治国"③ 的理论和盘托出，尤其将"法自君出"的观念阐发得最为透彻。像西汉杜周"专以人主意指为狱"，所根据的就是"前主所是著为律，后主所是疏为令；当时为是，何古之法乎！"的一套理论④，可谓全从此出。

所以法家强调的是法的制定者与保存发布机构的国家权威性，而非历史正统性与道义合法性。《管子》学派已云："法制不议，则民不相私；刑杀毋赦，则民不偷于为善；爵禄毋假，则下不乱其上。三者藏于官，则为法，施于国，则成俗，其余不强而治矣。"⑤ 这是以"法制""刑杀""爵禄"之"藏于官"者为法。而从法原来看，它们可说是"人主之大物"："人主之大物，非法则术也。

---

① 《管子·七臣七主》。
② 本段关于韩非子思想的引文，分别出自《韩非子·人主》《外储说右下》《外储说右上》《南面》诸篇。
③ 《管子·任法》《明法》。
④ 《汉书》卷六〇《杜周传》。
⑤ 《管子·法禁》。

法者，编著之图籍，设之于官府，而布之于百姓者也。术者，藏之于胸中，以偶众端，而潜御群臣者也。"① 法术之威严高妙全是针对民众属下而设的，从最终的服务对象来说，法术不过是帝王之工具："今申不害言术，而公孙鞅为法。术者，因任而授官、循名而责实、操杀生之柄、课群臣之能者也，此人主之所执也。法者，宪令著于官府、刑罚必于民心、赏存乎慎法而罚加乎奸令者也，此臣之所师也。君无术则弊于上，臣无法则乱于下。此不可一无，皆帝王之具也。"② 韩非的法术主义真可代表法家的集大成者，而他的法术观，则从权威主义始，以工具主义终。

儒家有儒家的"法教"，法家也有法家的"法教"。"今或言礼谊之不如法令，教化之不如刑罚，人主胡不引殷、周、秦事以观之也？"③ 以贾谊为代表的反省秦之短促而亡的思潮曾以此责秦与法家。其实，法家并非不重教化，唯在教化的内容和施教之职的规定上，与儒家大相径庭。与儒家将圣王作为最高的师法渊源不同，他们既重视当世当值之君主法令、官府宪章，乃一并将教权收归于官吏。一言以蔽之："以法为教""以吏为师"。④ 商鞅就以为："圣人立天下而无刑死者，非可刑杀而不刑杀也，行法令明白易知，为置法官吏为之师以道之知。万民皆知所避就，避祸就福，而皆以自治也。"特别重视"为置法官，置主法之吏，以为天下师，令万民无陷于险危"。商鞅将《诗》、《书》、礼、乐列入治国当消灭的"六虱"祸害之中，认为"国用《诗》、《书》、礼、乐、孝、悌、善、修治者，敌至，必削国；不至，必贫国"。极力反对"豪杰务学《诗》《书》"及国中充斥"《诗》《书》辩慧者"的衰象，而务

---

① 《韩非子·难三》。
② 《韩非子·定法》。
③ 《汉书》卷四八《贾谊传》，又见《大戴礼记·礼察》。
④ 《韩非子·五蠹》。

驱民于"农战"以"兴国"[①]。他们均主张致力于教法教农战而排斥历史经验与《诗》《书》经典之学。韩非说得更为露骨：

> 故明主之国，无书简之文，以法为教；无先王之语，以吏为师；无私剑之捍，以斩首为勇。是境内之民，其言谈者必轨于法，动作者归之于功，为勇者尽之于军。是故无事则国富，有事则兵强，此之谓王资。既畜王资而承敌国之釁，超五帝、侔三王者，必此法也。（《韩非子·五蠹》）

所谓"儒以文乱法，侠以武犯禁"，一以法禁为准，儒墨等诸"显学"私学皆在摒斥之列，"以法为教""以吏为师"，由政治法律上的君主独裁主义终于发展到从文化到社会各方面的专制恐怖主义。像"燔《诗》、《书》而明法令"[②]这样极端粗暴的政策也直白宣之于口，落之于行。凡此，秦王朝做了最为忠实的实践。李斯就看不惯"私学乃相与非法教之制"而奏"'请诸有文学诗书百家语者，蠲除去之。令到满三十日弗去，黥为城旦。所不去者，医药卜筮种树之书。若有欲学者，以吏为师。'始皇可其议，收去《诗》《书》百家之语以愚百姓，使天下无以古非今。明法度，定律令，皆以始皇起"[③]。这就是韩非所谓"超五帝，侔三王者，必此法也"之"法"的落实。他们有推倒万古的雄霸风概，如《文心雕龙·练字》总结的所谓"秦灭旧章，以吏为师"；[④]他们又有独裁自圣的颠顶心态，《商君书·定分》云："民愚则易治也"，这是典型的愚民政策。韩非也主张"民智之不可用""民智之不足用"："故举

---

① 本段关于商鞅思想的引文，分别出自《商君书·定分》《去强》《农战》。
② 此为《韩非子·和氏》述商鞅教秦孝公所为之文字。
③ 《史记》卷八七《李斯列传》。
④ 刘勰著，詹锳义证：《文心雕龙义证》，上海古籍出版社1989年版，第1447页。

士而求贤智，为政而期适民，皆乱之端，未可与为治也。"①

（二）尚力而重刑

法家不但彻底更替转换了以儒家为代表的传统法度观念尤其是王道法统主张，而且这一套迥异的治国主张也有一套系统的价值观与历史观与之对抗。

与儒家的尊德礼、明仁义相反，法家崇尚实力乃至暴力。由于尚力，所以重刑。《商君书·去强》云："治国能令贫者富，富者贫，则国多力，多力者王。王者刑九赏一，强国刑七赏三，削国刑五赏五。"这是以力、刑致王的价值观。又云："以刑去刑，国治；以刑致刑，国乱。故曰：行刑重轻，刑去事成，国强；重重而轻轻，刑至事生，国削。刑生力，力生强，强生威，威生惠，惠生于力。举力以成勇战，战以成知谋。"《商君书·说民》也说："刑生力，力生强，强生威，威生德，德生于刑。故刑多则赏重，赏少则刑重。""德生于刑"诸说，为儒者所不敢知。所谓"以刑去刑"，即主张以严刑峻法治国："禁奸止过，莫若重刑。"这是以对"力"的信仰为基础的。故主刑杀使民勇："民勇，则赏之以其所欲；民怯，则刑之以其所恶。故怯民使之以刑，则勇；勇民使之以赏，则死。怯民勇，勇民死，国无敌者必王。"②这明明是说敢死强力为王，与孟子所谓"仁人无敌于天下"③大异其趣。

韩非子进而将法家对"力"的崇拜找到了历史的根据："故曰：事异则备变。上古竞于道德，中世逐于智谋，当今争于气力。"他们这一套历史的观察，充满了变化的观念，而结论是他们身处竞于力而非竞于德义的时代。通过以力为尚的价值标准的历史观，将儒者所称颂的圣王之治彻底历史化也虚无化了："然则今有美尧、

---

① 《韩非子·显学》。
② 本段关于《商君书》的引文，分别出自《赏刑》和《说民》。
③ 《孟子·尽心下》。

舜、汤、武、禹之道于当今之世者，必为新圣笑矣。是以圣人不期修古，不法常可，论世之事，因为之备。"而高唱圣王价值理想的儒、墨者流，不过是守株待兔之类也。① 立定积极期盼迎接"新圣"的历史根基之后，自然是"务力"论的展开："是故力多则人朝，力寡则朝于人；故明君务力。夫严家无悍虏，而慈母有败子，吾以此知威势之可以禁暴，而德厚之不足以止乱也。夫圣人之治国，不恃人之为吾善也，而用其不得为非也。恃人之为吾善也，境内不什数；用人不得为非，一国可使齐。为治者用众而舍寡，故不务德而务法。"这被认为是法家的"必然之道"："故有术之君，不随适然之善，而行必然之道。"② 类似的观点，商鞅盖已经类有之："故凡明君之治也，任其力不任其德，是以不忧不劳而功可立也。"③ 以尚"力"起脚，以"不务德而务法"为归结，这是法家治理体系的内在理路。而尚"法"之中，"刑"的比例极为吃重。为诸国争雄时代的"强国"目标所驱使，以变法为号召，站在功利主义或迎接"新圣"主义的立场，法家认为儒家本于历史教而归结的礼治为时势所抛弃，不复实用，故而主张"重刑"："学者之言，皆曰'轻刑'，此乱亡之术也……所谓重刑者，奸之所利者细，而上之所加焉者大也；民不以小利蒙大罪，故奸必止者也……是以轻罪之为民道也，非乱国也则设民陷也，此则可谓伤民矣！"④ 韩非子又以"刑德"为明主所以控制其臣的"二柄"："何谓'刑'、'德'？曰：杀戮之谓'刑'，庆赏之谓'德'。为人臣者畏诛罚而利庆赏，故人主自用其刑德，则群臣畏其威而归其利矣。"⑤ 韩非之所谓"德"，实近于《商君书》文武兼备之"法"中枢纽的"文"

---

① 《韩非子·五蠹》。
② 《韩非子·显学》。
③ 《商君书·错法》。
④ 《韩非子·六反》。
⑤ 《韩非子·二柄》。

法一面也。儒家以德礼为治法之尚，而法家竟以"德"为"庆赏"，与"刑"一道全成驭下之术，这个转换实在太大，盖唯有近人所盛称的哥白尼式的倒转可以比拟之也。

尚"力"薄"德"（在儒家的意义上）价值观的另一面，是非毁"仁义"。《商君书·画策》说得明确：

> 仁者能仁于人，而不能使人仁；义者能爱于人，而不能使人爱。是以知仁义之不足以治天下也。圣人有必信之性，又有使天下不得不信之法。所谓义者，为人臣忠，为人子孝，少长有礼，男女有别；非其义也，饿不苟食，死不苟生。此乃有法之常也。圣王者，不贵义而贵法，法必明，令必行，则已矣。（《商君书·画策》）

法家偶尔称说"仁义"，皆为假借之辞："瞽瞍为舜父，而舜放之；象为舜弟，而舜杀之。放父杀弟，不可谓仁；妻帝二女，而取天下，不可谓义；仁义无有，不可谓明。"[1] 法家是崇尚"圣人知必然之理、必为之时势""圣人见本然之政、知必然之理"的，[2] 所以他们认为昌言"仁义"者都是一厢情愿，没有功效可期。"是以知仁义之不足以治天下也"，这是法家对"举先王、言仁义者"[3]的判书。

法家还认为他们妨碍了其劝"耕战"之国策："而今夫世俗治者，莫不释法度而任辩慧，后功力而进仁义，民故不务耕战。"[4] 这也是实用主义的看法。韩非既已指出"文王行仁义而王天下，（徐）偃王行仁义而丧其国，是仁义用于古，不用于今也。故曰：

---

[1] 《韩非子·忠孝》。
[2] 《商君书·画策》。
[3] 《韩非子·五蠹》。
[4] 《商君书·慎法》。

世异则事异。"① 这样就将"行仁义"之王迹历史化，既悬置否弃了，又站在法术主义的立场批评说：

> 今世皆曰"尊主安国者，必以仁义智能"，而不知卑主危国者之必以仁义智能也。故有道之主，远仁义，去智能，服之以法。是以誉广而名威，民治而国安，知用民之法也。凡术也者，主之所执也；法也者，官之所师也，然使郎中日闻道于郎门之外，以至于境内日见法，又非其难者也。(《韩非子·说疑》)

他再三强调："言先王之仁义，无益于治……故明主急其助而缓其颂，故不道仁义。"② 并痛诋儒家之说近于巫祝之妄言：

> 今世儒者之说人主，不善今之所以为治，而语已治之功；不审官法之事，不察奸邪之情，而皆道上古之传誉、先王之成功。儒者饰辞曰："听吾言则可以霸王。"此说者之巫祝，有度之主不受也。故明主举实事，去无用；不道仁义者故，不听学者之言。(《韩非子·显学》)

儒法两派置于彻底对立的局面中了。且不论其他，从韩非子的师承来说，荀子就既好言"霸王"（"王霸"），又好以"学者"的名义发言，若《荀子·非相》开篇云"相人，古之人无有也，学者不道也"等。韩氏所论，可谓公然谢本师了。

（三）明私而张公

法家普遍地持有一种公私截然对立、张公抑私甚至大公无私的

---

① 《韩非子·五蠹》。
② 《韩非子·显学》。

观点，并贯彻到其法治之中。法家所系统发挥的公私观影响非常大，有形无形之间或为诸子所承袭吸纳。

治国理政的主张建立在对时势与民情的观察与理解上，这是一定之理。法家尚力重权术严刑峻法的主张，建筑在对于人性之自私好利奸诈的认知基础之上。

法家对于人性幽暗的揭露是空前的。《商君书·算地》揭示"民性""民情"之好利好名求利求名之本性实情云："民之性，饥而求食，劳而求佚，苦则索乐，辱则求荣，此民之情也。民之求利，失礼之法；求名，失性之常。"既然如此，为人主者，当掌"名利之柄"以制之："故曰名利之所凑，则民道之。主操名利之柄，而能致功名者，数也。圣人审权以操柄，审数以使民。数者臣主之术，而国之要也。"法家之重法术，实为针对驭民之需要应运而生。所谓"夫人情好爵禄而恶刑罚，人君设二者以御民之志，而立所欲焉"。"古之民朴以厚，今之民巧以伪。故效于古者，先德而防；效于今者，前刑而法。"① 然则不仅普遍地说，民性好利好名，特殊地说"今世强国事兼并，弱国务力守"，而"今之民巧以伪"，则法术刑治之施，实又有不得不然之时代要求。慎到称此民情民性为"自为"："人莫不自为也，化而使之为我，则莫可得而用矣。是故先王见不受禄者不臣，禄不厚者不与入难。人不得其所以自为也，则上不取用焉。故用人之自为，不用人之为我，则莫不可得而用矣。此之谓因。"② 他们都是主张根据因缘人的自私本性为治的。这种本性，即韩非子所谓人"皆挟自为心也"，总之，离不开利害计较。"自为心"说穿了，就是一个"私"字："古者仓颉之作书也，自环者谓之厶（私），背厶（私）谓之公，公私之相背也，乃

---

① 本段上述《商君书》中的观点，分别出自《算地》《错法》《开塞》。
② 《慎子·因循》。

仓颉固以知之矣。"①

人性之私在法家看来是远有渊源，深入人心，很难克治的。他们为此伤透了脑筋、费尽了心机。他有时看到"父母之于子也，产男则相贺，产女则杀之……虑其后便，计之长利也。故父母之于子也，犹用计算之心以相待也，而况无父子之泽乎？"他们拿这种极端的例子做普遍的社会关系分析，推论到君臣之间，尤其充满了以自私为本位的计算与戒备："人情莫不爱其身，……臣尽死力以与君市，君垂爵禄以与臣市。君臣之际，非父子之亲也，计数之所出也。君有道，则臣尽力，而奸不生；无道，则臣上塞主明，而下成私。"君臣父子之间，是赤裸裸的交易买卖关系，因"私"成"奸"为臣下的本性，人君只有用法术才能制驭之，使不用于己身。这就是法家所谓"明主之道"："明主之道不然。设民所欲，以求其功，故为爵禄以劝之；设民所恶，以禁其奸，故为刑罚以威之。庆赏信而刑罚必，故君举功于臣，而奸不用于上。"②

所以在他们的文献里充斥着对"奸臣"与"奸民"的揭露、贬斥、防备与应对之辞。商鞅以"法制"缘起于对民众奸邪的整治："民众而奸邪生，故立法制、为度量以禁之。是故有君臣之义、五官之分、法制之禁，不可不慎也。"又说："不作而食，不战而荣，无爵而尊，无禄而富，无官而长，此之谓奸民。"这是他对"奸民"的定义，一言以蔽之，即法治的对象。"靳令，则治不留；法平，则吏无奸……国无奸民，则都无奸市。"③ 只有法治公正，才能吏民去奸，社会无奸。韩非也主张"以刑治，以赏战，厚禄以用术。行都之过〔或本作：国无奸民〕，则都无奸市"。刑罚得当尤其重要："据法直言，名刑相当，循绳墨、诛奸人，所以为上治

---

① 《韩非子·外储说左上》《五蠹》。
② 《韩非子·六反》《难一》。
③ 上述关于商鞅思想的引文，分别出自《商君书·君臣》《画策》《靳令》。

也",致力于达到以法去私的境界:"夫立法令者,以废私也;法令行,而私道废矣。私者,所以乱法也……故曰:'道私者乱,道法者治。'"①

而法家很明白锄奸的关键,在于吏治的质量。"夫废法度而好私议,则奸臣鬻权以约禄,秩官之吏隐下而渔民……是故明王任法去私,国无隙、蠹矣。"②"明王任法去私"之要在于整治奸臣官吏之奸邪,韩非进而有"明主治吏不治民"的主张:"人主者,守法责成以立功者也。闻有吏虽乱而有独善之民,不闻有乱民而有独治之吏,故明主治吏不治民……故吏者,民之本、纲者也,故圣人治吏不治民。"法家紧紧抓住了吏治这一关键。而关键还是以法术控制属下的奸私。"赏偷,则功臣惰其业,赦罚,则奸臣易为非。"(《韩非子·主道》)又说"士无幸赏,赏无逾行;杀必当,罪不赦,则奸邪无所容其私矣。"那是重赏罚;"故世之奸臣则不然,所恶,则能得之其主而罪之;所爱,则能得之其主而赏之。今人主非使赏罚之威利出于己也,听其臣而行其赏罚,则一国之人皆畏其臣而易其君,归其臣而去其君矣,此人主失刑德之患也。"那是说赏罚之柄必须夺于奸臣而操之在己。"夫有术者之为人臣也,得效度数之言,上明主法,下困奸臣,以尊主安国者也。是以度数之言,得效于前,则赏罚必用于后矣。人主诚明于圣人之术,而不苟于世俗之言,循名实而定是非,因参验而审言辞。是以左右近习之臣,知伪诈之不可以得安也……此管仲之所以治齐,而商君之所以强秦也。"这是彰明为有术之臣(亦为忠臣)之道,亦是讲对付奸臣之法。韩非在总结前辈的法治理论与实践的基础上,指出法术结合为除奸最要妙道:"申不害不擅其法,不一其宪令,则奸多……申不害虽十使昭侯用术,而奸臣犹有所谲其辞矣。故托万乘之劲韩,七十

---

① 上述关于韩非子思想的引文,分别出自《韩非子·饬令》《诡使》。
② 《商君书·修权》。

年而不至于霸王者，虽用术于上，法不勤饰于官之患也。公孙鞅之治秦也，设告相坐而责其实，连什伍而同其罪，赏厚而信，刑重而必。是以其民用力劳而不休，逐敌危而不却，故其国富而兵强。然而无术以知奸，则以其富强也资人臣而已矣。"一句话："人主者不操术，则威势轻而臣擅名。"他们是千方百计为人主作谋划打算的。①

韩非宣称，与醉心于"道上古之传誉、先王之成功"（所谓"语已治之功"）之"今世儒者之说人主"者大不相同，而用心于"善今之所以为治"，除了"审官法之事"，就是以"察奸邪之情"为要务。②《管子·七臣七主》所谓"官无邪吏，朝无奸臣，下无侵争，世无刑民。"可为他们所向往之治境的写照。如果说儒家的政治理想是"天下归仁"③——本意是天下之人将"仁"的评价归于克己复礼的君子为政者，也可以一般地理解为一种天下之人归心于为政之仁者或仁政的王道境界——用孟子的话说是"仁覆天下"④。法家的政治理想，则可以说是"天下无奸"。如果说前者是高调的理想主义者，那么后者就是低调的现实主义者。法家似乎清醒地认识到奸邪之难尽锄，反而主张用奸民而非良民治国："用善，则民亲其亲；任奸，则民亲其制。合而复之者，善也；别而规之者，奸也。章善，则过匿；任奸，则罪诛。过匿，则民胜法；罪诛，则法胜民。民胜法，国乱；法胜民，兵强。故曰：以良民治，必乱至削；以奸民治，必治至强。"⑤为达强治的目标，他们宁肯设想以"奸民"为政治基础，而张法制。对于这种用法制勉强的理论，韩非讲得更透彻：

---

① 本段出自《韩非子》的引文，分别引自《外储说右下》《主道》《备内》《二柄》《定法》《外储说右下》诸篇。
② 《韩非子·显学》。
③ 《论语·颜渊》。
④ 《孟子·离娄上》。
⑤ 《商君书·说民》。

从是观之，则圣人之治国也，固有使人不得不爱我之道，而不恃人之以爱为我也。恃人之以爱为我者危矣，恃吾不可不为者安矣。夫君臣非有骨肉之亲，正直之道可以得利，则臣尽力以事主；正直之道不可以得安，则臣行私以干上。明主知之，故设利害之道，以示天下而已矣。（《韩非子·奸劫弑臣》）

法家或者看得"为我"过重，自然视他人之自私也深沉，这是"利害之道"的必然。所以他们内心充满了危机感，这给他们的政治品格打上了深深的烙印。

由于法家对"民性""人情"之私观察得清楚，所以他们主张"任法去私"，明于"公私之分"，追求法治之"公正"："故法者，国之权衡也，夫倍法度而任私议，皆不知类者也……夫废法度而好私议，则奸臣鬻权以约禄，秩官之吏隐下而渔民。谚曰：'蠹众而木析，隙大而墙坏。'故大臣争于私而不顾其民，则下离上；下离上者，国之隙也。秩官之吏隐下以渔百姓，此民之蠹也。故国有隙、蠹而不亡者，天下鲜矣。是故明王任法去私，国无隙、蠹矣。"（《商君书·修权》）尚法贵公则主壹："圣人之为国也：壹赏，壹刑，壹教。"比如"所谓壹刑者，刑无等级"的做法，就体现了对执法公正的追求："自卿相、将军以至大夫、庶人，有不从王令、犯国禁、乱上制者，罪死不赦。有功于前，有败于后，不为损刑。有善于前，有过于后，不为亏法。忠臣孝子有过，必以其数断。守法守职之吏，有不行王法者，罪死不赦，刑及三族。周官之人，知而讦之上者，自免于罪。无贵贱，尸袭其官长之官爵田禄。"[1] 这就有法律平等主义的意思了。慎到也主张法治贵在立公弃私："法虽

---

[1] 《商君书·赏刑》。

不善，犹愈于无法……故蓍龟，所以立公识也；权衡，所以立公正也；书契，所以立公信也；度量，所以立公审也；法制礼籍，所以立公义也。凡立公，所以弃私也。"① 不徇私情，唯法为治国行政的根据："为人君者不多听，据法倚数，以观得失。无法之言，不听于耳；无法之劳，不图于功；无劳之亲，不任于官。官不私亲，法不遗爱，上下无事，唯法所在。"② 韩非也主去私就公："故当今之时，能去私曲就公法者，民安而国治；能去私行行公法者，则兵强而敌弱。"③ 尤其强调"以法治国""法不阿贵"：

> 故以法治国，举措而已矣。法不阿贵，绳不挠曲。法之所加，智者弗能辞，勇者弗敢争。刑过不避大臣，赏善不遗匹夫。故矫上之失，诘下之邪，治乱决缪，绌羡齐非，一民之轨，莫如法。属官威民，退淫殆，止诈伪，莫如刑。刑重，则不敢以贵易贱；法审，则上尊而不侵。上尊而不侵则主强而守要，故先王贵之而传之。人主释法用私，则上下不别矣。（《韩非子·有度》）

韩非将刑法之平理上下一民之轨的治理功能阐发得可谓扼要矣，不过"人主"与"帝王"皆在法所不阿的"贵"之外，也在《商君书》所谓"等级"之外，这是要下一个转语的。但是一般来说，法家确有实践精神。若商鞅碰到"太子犯法"的问题，面对"法之不行，自上犯之"的考验，致"刑其傅公子虔，黥其师公孙贾"，后来"公子虔复犯约，劓之"。虽由此招杀生灭家之祸，④ 深深触犯一般贵族享有的所谓"刑不上大夫"旧制度规则大界，亦可

---

① 《慎子·威德》。
② 《慎子·君臣》。
③ 《韩非子·有度》。
④ 见《史记》卷八七《商君列传》。

谓能践行"刑无等级""法不阿贵"之说了。《战国策》卷三《秦策》云:"商君治秦,法令至行,公平无私,罚不讳强大,赏不私亲近,法及太子,黥劓其傅。期年之后,道不拾遗,民不妄取,兵革大强,诸侯畏惧。然刻深寡恩,特以强服之耳。"既称"公平无私"之效,又明"寡恩强服"之短,可谓持平。这一公允的论断当为太史公所本,不独足以论商鞅,亦可概法家也。

法家严于公私之辨,他们对"公"的崇尚还发展出"公""天下"的观念。慎到已有"古者,立天子而贵之者,非以利一人也"①之说,《商君书·修权》亦云:"公私之分明,则小人不疾贤,而不肖者不妒功。故尧、舜之位天下也,非私天下之利也,为天下位天下也。论贤举能而传焉,非疏父子亲越人也,明于治乱之道也。故三王以义亲,五霸以法正诸侯,皆非私天下之利也,为天下治天下。是故擅其名而有其功,天下乐其政而莫之能伤。今乱世之君臣,区区然皆擅一国之利而当一官之重,以便其私,此国之所以危也。故公私之交,存亡之本也。"有学者指出:"君主独制权柄,非为一己之利,须为天下治天下,此商君之势治要义,而常为世人所忽略,读之者亦当察其公心也。"② 此可谓善体商鞅之苦心者,人主虽多不能如持论者般一秉公心,或在实践过程中不免流于卑私,但是贵公之论,殊有影响,亦确为法家之可称述者也。

(四)重名分而张君权

众所周知,儒家主于礼治,自然对于本于前诸子时代流传下来的人伦秩序等级差别礼节规范,所谓"名位不同,礼亦异数"③,是持维护态度的。他们以建立有差别而和谐的"天人之际"社会宇宙秩序为目标,无论是通过人治、德治等不同出发角度,都要落实

---

① 《慎子·威德》。
② 陈奇猷:《商君书·韩非子》"前言",张觉点校,岳麓书社2006年版。
③ 《左传·庄公十八年》。

到礼治上来。《礼记·中庸》将人治与德、礼之治的关系交代得甚为清晰：

> 哀公问政。子曰："文、武之政，布在方策，其人存，则其政举；其人亡，则其政息……故为政在人，取人以身，修身以道，修道以仁。仁者，人也，亲亲为大；义者宜也，尊贤为大。亲亲之杀，尊贤之等，礼所生也……故君子不可以不修身；思修身，不可以不事亲；思事亲，不可以不知人；思知人，不可以不知天。天下之达道五，所以行之者三。曰：君臣也，父子也，夫妇也，昆弟也，朋友之交也，五者天下之达道也。知、仁、勇三者，天下之达德也，所以行之者（一）①也。"（《礼记·中庸》）

先王之法治美政，待人而传，这是儒者所谓"人治"的核心，人治以正己举贤为要，而皆以修身为本，修身以道德为途径纲领，君臣、父子、夫妇、昆弟、朋友（"五伦"）为五达道，②仁、知（智）、勇为三达德。这是儒家所谓的"道德"，是德治的核心，道德以伦理为本，所以仁以亲亲为大，义以尊贤为大。儒家当然不停留于伦理原则的规定与说教，故必落实于礼治，以"亲亲之杀，尊贤之等"为生活与政治之重要内容与基本规范。③

那么，针对儒家礼治的基本原则与规范，法家的态度与主张及

---

① 据王引之《经义述闻》，"一"为衍文。参见王引之撰，虞思徵、马涛、徐炜君校点《经义述闻》，上海古籍出版社 2016 年版，第 941 页。
② 孟子以"父子有亲，君臣有义，夫妇有别，长幼有序，朋友有信"为"人伦"。见《孟子·滕文公上》。
③ 正如瞿同祖所说："礼有上述实践的社会功能，足以维持儒家所期望的社会秩序，而达到儒家心目中的理想社会，所以儒家极端重视礼，欲以礼为治世的工具。所谓礼治，断不是说仅凭一些抽象的伦理上道德上的原理原则来治世之谓，这是我们所应该注意而深思的。"瞿同祖：《中国法律与中国社会》，《瞿同祖法学论著集》，第 308—309 页。

其实践又如何呢？瞿同祖说：

> 法家并不否认也不反对贵贱、尊卑、长幼、亲疏的分别及存在，但法家的兴趣并不在这些与治国无关，无足轻重，甚至与治国有妨碍的事物上，他所注意的是法律、政治秩序之维持，认为国之所以治，端在赏罚，一以劝善，一以止奸。①

又总结说：

> 总之，儒家着重于贵贱、尊卑、长幼、亲疏之"异"，故不能不以富于差异性，内容繁杂的，因人而异的，个别的行为规范——礼为维持社会秩序的工具，而反对归于一的法。法家欲以同一的，单纯的法律，约束全国人民，着重于"同"，故主张法治，反对因贵贱、尊卑、长幼、亲疏而异其施的礼。两家出发点不同，结论自异。礼治法治只是儒法两家为了达到其不同的理想社会秩序所用的不同工具。②

我们认为，儒法两家在名分制度与规范上，确有相同之处，而相同的来源，当拜旧社会之赐，即为旧社会遗存的反映。而根本分歧之处，却不在重"异"重"同"之别。

《睡虎地秦墓竹简·为吏之道》有云："以此为人君则鬼（怀），为人臣则忠；为人父则兹（慈），为人子则孝……君鬼（怀）臣忠；父兹（慈）子孝，政之本殹（也）。"③ 此等条规，应该是教谕为吏者的，带有很强的宣传意味，或者可说是旧时代伦理

---

① 瞿同祖：《中国法律与中国社会》，《瞿同祖法学论著集》，第309页。
② 瞿同祖：《中国法律与中国社会》，《瞿同祖法学论著集》，第313页。
③ 睡虎地秦墓竹简整理小组编：《睡虎地秦墓竹简》，文物出版社1978年版，第285页。

观念的遗存，与儒家之作为政治基础观念的人伦教化息息相通，都是对等性的双向伦理规范。如瞿氏所引《左传》昭公二十六年晏子对齐侯云："君令臣共（恭），父慈子孝，兄爱弟敬，夫和妻柔，姑慈妇听，礼也。君令而不违，臣共（恭）而不贰；父慈而教，子孝而箴；兄爱而友，弟敬而顺；夫和而义，妻柔而正；姑慈而从，妇听而婉：礼之善物也。"《论语·颜渊》孔子答齐景公问政云："君君，臣臣，父父，子子。"及《礼记·礼运》记"圣人之所以治人七情、修十义"之"十义"："父慈、子孝、兄良、弟弟（悌）、夫义、妇听、长惠、幼顺、君仁、臣忠。"① 除此之外，如《左传》隐公三年"君义，臣行，父慈，子孝，兄爱，弟敬，所谓六顺也"。《逸周书·官人解》"父子之间，[观其孝慈；兄弟之间，]观其和友，君臣之间，观其忠惠；乡党之间，观其信诚。"② 连墨家也说："又与为人君者之不惠也，臣者之不忠也，父者之不慈也子者之不孝也，此又天下之害也。""故君子莫若审兼而务行之，为人君必惠，为人臣必忠，为人父必慈，为人子必孝，为人兄必友，为人弟必悌。故君子莫若欲为惠君、忠臣、慈父、孝子、友兄、悌弟，当若兼之，不可不行也，此圣王之道，而万民之大利也。""……君臣不惠忠，父子不慈孝，兄弟不和调，此则天下之害也。"③ 贾谊《新书·礼》："君惠臣忠，父慈子孝，兄爱弟敬，夫和妻柔，姑慈妇听，礼之至也。"从上述文献等反映的礼制可以看出，一般来说都是尊卑上下双方并举，各有基于职分的不同而有不同的伦理要求，然而都是互动的，绝不是单方面的义务、单向度的服从。而从晏子、孔子的答说对象为君侯来看，责于君上的意味还重于命于臣子。

---

① 参见瞿同祖《中国法律与中国社会》，《瞿同祖法学论著集》，第306—307页。
② 黄怀信、张懋镕、田旭东撰，黄怀信修订，李学勤审定：《逸周书汇校集注》（修订本）卷七，上海古籍出版社2007年版，第761页。
③ 本段关于墨家思想的引文，分别出自《墨子·兼爱下》《兼爱中》。

然而，法家与之大为不同，他们一改旧章，极力倡导以上凌下、以尊屈卑的压制性的和单向屈服性的名分制度。更为重要的是，他们以法术来强化和维护之。可以说法治与名分之制是相为表里的，从而使得产生于宗法社会的人伦礼教一变而为维护君主集权制乃至帝制的"名分"之制。从礼治"正名"一变而为以法治定"名分"。

《商君书·画策》云："神农既没，以强胜弱，以众暴寡，故黄帝作为君臣上下之义、父子兄弟之礼、夫妇妃（配）匹之合；内行刀锯，外用甲兵，故时变也。由此观之，神农非高于黄帝也，然其名尊者，以适于时也。故以战去战，虽战可也；以杀去杀，虽杀可也；以刑去刑，虽重刑可也。"所谓"君臣上下之义，父子兄弟之礼，夫妇妃匹之合"，未必是他们愿意共享的礼义，相反只是作为论证"适于时"（实主"重刑"）的悬置起来的历史材料而已。前文已论及他们对"仁义之不足以治天下也"的定案，而他们轻蔑地提及之"义"："所谓义者，为人臣忠，为人子孝，少长有礼，男女有别"，已经偏向对忠臣孝子片面义务观了。有一点特别重要：法家虽非毁"仁义"，但极重视"名分"。《商君书》有《定分》篇专讲"定名分"之为法治之标的。此番道理，是从一个关于百人逐兔的生动故事讲起的：

> 一兔走，百人逐之，非以兔为可分以为百，由名之未定也。夫卖兔者满市，而盗不敢取，由名分已定也。故名分未定，尧、舜、禹、汤且皆如鹜焉而逐之；名分已定，贪盗不取。今法令不明，其名不定，天下之人得议之。其议，人异而无定。人主为法于上，下民议之于下，是法令不定，以下为上也。此所谓名分之不定也。夫名分不定，尧、舜犹将皆折而奸之，而况众人乎？此令奸恶大起、人主夺威势、亡国灭社稷之

道也。(《商君书·定分》)

这个故事，慎到亦引以为说，似乎更为明白，当为法家之通说。《吕氏春秋·审分览·慎势》引慎子之言曰：

> 今一兔走，百人逐之。非一兔足为百人分也，由未定。由未定，尧且屈力，而况众人乎？积兔满市，行者不顾。非不欲兔也，分已定矣。分已定，人虽鄙不争。故治天下及国，在乎定分而已矣。

故事的要害在于兔少人多，只有一比一百的比例，难以分享分配，群抢之必生争端；这一只兔的归属之关键在于确定主名为谁，主名清、名分定、人不争。对于法家来说，所谓"治天下及国，在乎定分而已"，不但在抓住"定分"这一枢纽，而且必须用法术定之。这一点，还是以《商君书·定分》说得透彻：

> 今先圣人为书，而传之后世，必师受之，乃知所谓之名；不师受之，而人以其心意议之，至死不能知其名与其意。故圣人必为法令置官也，置吏也，为天下师，所以定名分也。名分定，则大诈贞信，民皆愿悫，而各自治也。(《商君书·定分》)

《管子·七臣七主》也已有"是故明王审法慎权，下上有分"的主张，今商鞅学派更为彻底："故圣人必为法令置官也，置吏也，为天下师，所以定名分也。"真是图穷匕见！"定名分"是何其重要，它一方面是"以法为教""以吏为师"之类的治理方向或目标，另一方面也是一个中心环节，只有通过它，才能达到理想的使

"大诈"化而为"贞信"与夫万"民皆愿悫"而臻"各自治也"之至境。有一点也很清楚，"名分"之第一级主名为人主或帝王，应当优先维护，这更是毫不含糊的。"名分"的结构可以描述为自上而下的金字塔结构（高居于塔尖的正是人主或帝王），这正是法家法治的护法对象。所谓"故立法明分，而不以私害法，则治……是故先王知自议誉私之不可任也，故立法明分，中程者赏之，毁公者诛之，赏诛之法，不失其议（仪），故民不争"[1]。等盖无不从此着眼。用韩非的话来说就是"人主释法用私，则上下不别矣"[2]。在"刑无等级"中必有例外者以此，在"公私之分"中必有所维护者亦以此。所以我们似不能泛泛而谈法家的"法律平等主义"，他们要维护的恰恰是以君主集权为中心的高下悬隔等级凝定不可逾越的名分主义。

《韩非子》中有《忠孝》一篇专明此义。开篇云：

> 天下皆以孝悌忠顺之道为是也，而莫知察孝悌忠顺之道而审行之，是以天下乱。皆以尧、舜之道为是而法之，是以有弑君，有曲于父。尧、舜、汤、武，或反君臣之义、乱后世之教者也：尧为人君，而君其臣；舜为人臣，而臣其君；汤、武为人臣，而弑其主、刑其尸；而天下誉之，此天下所以至今不治者也。夫所谓明君者，能畜其臣者也；所谓贤臣者，能明法辟、治官职，以戴其君者也。今尧自以为明，而不能以畜舜；舜自以为贤，而不能以戴尧；汤、武自以为义，而弑其君长。此明君且常与，而贤臣且常取也。故至今为人子者，有取其父之家；为人臣者，有取其君之国者矣。父而让子，君而让臣，此非所以定位一教之道也。

---

[1] 《商君书·修权》。
[2] 《韩非子·有度》。

《荀子·儒效》云："故以枝代主而非越也；以弟诛兄而非暴也；君臣易位而非不顺也。因天下之和，遂文、武之业，明枝主之义，抑亦变化矣！天下厌然犹一也，非圣人莫之能为。夫是之谓大儒之效。"韩非可谓与之截然悖反。此最可见儒家的法治与法家的法治之不同。儒家倡导的是"以尧、舜之道为是而法之"的法治，法家力行的是"定位一教之道"的法治。如其说，则汤、武革命为"弑君"，孟子等尊民轻君"诛一夫"论为邪说，① 荀子"从道不从君"之说为逆伦，舜非孝子，而孔子为忠臣孝子之大敌：

《记》曰："舜见瞽瞍，其容造焉。孔子曰：'当是时也，危哉，天下岌岌！有道者，父固不得而子，君固不得而臣也。'"臣曰：孔子本未知孝悌忠顺之道也……所谓忠臣，不危其君；孝子，不非其亲。今舜以贤取君之国，而汤、武以义放弑其君，此皆以贤而危主者也，而天下贤之……古之烈士，进不臣君，退不为家，是进则非其君、退则非其亲者也。且夫进不臣君，退不为家，乱世绝嗣之道也。是故贤尧、舜、汤、武而是烈士，天下之乱术也。（《韩非子·忠孝》）

他们所谓"忠臣孝子"，全以无条件服从君亲为主义。"官正以敬其业，和顺以事其上，如此，则至治已。"② "故人臣毋称尧、舜之贤，毋誉汤、武之伐，毋言烈士之高，尽力守法，专心于事主者为忠臣。"③ "忠臣之欲明法术、以致主之所欲、而除主之所恶者，奸臣之擅主者，有以私危之，则忠臣无从进其公正之数矣。故

---

① 《荀子·议兵》云："故王者之兵不试。汤、武之诛桀、纣也，拱揖指麾，而强暴之国莫不趋使，诛桀、纣若诛独夫。故《泰誓》曰：'独夫纣'。此之谓也。""诛独夫"即孟子所谓"诛一夫"（《孟子·梁惠王下》），可见在这个关节上荀子与孟子高度一致，此为儒家之通说也。
② 《慎子·知忠》。
③ 《韩非子·忠孝》。

《明法》曰:'所死者非罪,所起者非功,然则为人臣者重私而轻公矣。'"① 这种主义深刻地渗透到他们的忠奸之辨乃至公私之分观念中去了。可以说,自法家出,传统所谓"忠臣孝子"之义、"孝悌忠顺之道"为之变色。集中表现在他们不尚"贤"而尚"法",那么他们所谓"定位一教之道"的法治有什么内涵吗?集法家之大成者的韩非,做了最透彻的阐发:

> 臣之所闻曰:"臣事君,子事父,妻事夫,三者顺则天下治,三者逆则天下乱。"此天下之常道也,明王贤臣而弗易也,则人主虽不肖,臣不敢侵也。今夫上贤、任智、无常,逆道也,而天下常以为治。是故田氏夺吕氏于齐,戴氏夺子氏于宋。此皆贤且智也,岂愚且不肖乎?是废常上贤则乱,舍法任智则危。故曰:"上法而不上贤。"(《韩非子·忠孝》)

法家看到夺权作乱之辈之"贤且智",这大概是他们主张愚民政策之缘起,这大约也是学者所称"反智主义"的缘起,不过这种"反智主义"还是要归结到名分主义。我们必须强调指出,法家与儒家的对立是全方位的,从治国理政的方略到伦理道德观念径唱反调。"常道"即"法"也,这是法家的纲常。将"臣事君,子事父,妻事夫"视为"天下之常道","三者顺则天下治",是为法家法治的扼要。与传统伦理尤其是儒家伦理甚至秦简之"为吏"教条都大为不同,是史不经见的明确以一方服事一方的绝对主从关系为基本的伦理教条规划。之所以说是"绝对",一方面是连"明王贤臣"也不能改动而必须遵守的法条;另一方面是以必须捍卫"人主"权威为主旨的,即使"不肖"者也不容侵犯。这是一份中国

---

① 《管子·明法解》。

历史上维护君权、父权、夫权尤其是君权的纲领性文献,可谓法家之绝作。这也是被后世尊为"纲常名教"之核心的——"三纲"说的一大法原。

第三节 儒法之竞合与"以礼统法"的定局

众所周知,秦王朝的一统天下,基本上是依循法家的法治而获得成功的。儒家奠定的以"导德齐礼"为本、以刑罚为末务的治理格局,被抛到了九霄云外。而它的二世而亡引出的亡秦之思,以及汉代多年的治理实践,才将这一架构逐渐寻访回来。让我们回顾一下法家的先驱子产回复叔向责难的话:"侨不才,不能及子孙,吾以救世也。"① 看他发表过关于礼的一大套议论,他何尝不知道礼治的重要,只是出于当务之急"救世",不能计之太远。说到长治久安之谋,儒家所总结的先代历史经验及礼法主副轻重之架构,是无法回避的。汉宣帝的名言"汉家自有制度,本以霸王道杂之,奈何纯(住)[任]德教,用周政乎!"② 放到这个大的历史脉络里来理解,会焕发出新的光彩。连他用的语言也是荀子以来流行而一脉相承的王霸词汇。这句话似乎说明,当西汉宣帝时代,仍然是"汉承秦制"③ 为主的时代,或者说是王霸定位尚未明晰的时代。到东汉班固著《汉书》以《刑法志》列《礼乐志》之后,反映一代治体之要,亦兼以明历史源流,"礼乐"在先"刑法"在后的此种格局为后史楷模,大体谨遵勿替,象征着中华以礼统法的治体格局的渐

---

① 《左传》昭公六年。《史记·平准书》有云:"有国强者或并群小以臣诸侯,而弱国或绝祀而灭世。"子产所谓"救世",当如侯外庐所理解的"使将失之世祀不能一旦而亡罢了!"参见张岂之主编《侯外庐著作与思想研究》第八卷《中国古代思想学说史》,长春出版社2016年版,第252—253页。"有国彊(强)者",侯书误引为"有国疆者",今正。

② 《汉书》卷九《元帝纪》。

③ 《后汉书》卷四〇上《班彪传上》记班彪对隗嚣之言曰:"汉承秦制,(改)[并]立郡县,主有专己之威,臣无百年之柄。"当为"汉承秦制"用语之典所出。

趋定型。《刑法志》的专列，也彰显了法家、法吏、法治的历史贡献及律令、法制、法度的兴替演变，尽管它也绝不可能穷尽更不可能掩盖治理的主体。

东汉陈宠上疏章帝云："礼之所去，刑之所取，失礼则入刑，相为表里者也……汉兴以来，三百二年，宪令稍增，科条无限。又律有三家，其说各异。宜令三公、廷尉平定律令，应经合义者，可使大辟二百，而耐罪、赎罪二千八百，并为三千，悉删除其余令，与礼相应，以易万人视听，以致刑措之美，传之无穷。"①虽一时"未及施行"，但"失礼则入刑"，后代历朝往使律令"与礼相应"这个方向的努力，可谓史不绝书，斑斑可考。王安石对宋神宗语云："刑名法制，非治之本，是为吏事，非主道也。"②从另一个侧面反映了这种治理精神。

总而言之，我们将秦汉以降（至"欧美法系侵入时代"）以及由此上溯推本渊源至早期中国的整个中国历代治理体系的政治文明之精神概括为"以礼统法"。

首先我们必须说明一下，为什么提出"以礼统法"这一综合性的概念。

在近来有关法治史、法制史、法律思想史的研究中，与政治文明、治理精神密切相关而与本文主题尤有关系的有两种代表性观点。一种可以段秋关《中国现代法治及其历史根基》一书[3]为代表，认为"中国古典法治常规形态及古代正统思想的本质特征是'礼法合治'"[4]。段氏声明其说本于张国华的下述观点："从先秦时期到'五四'运动以前的中国法律思想史，始终贯穿着这样一条线

---

① 《后汉书》卷四六《陈宠传》。
② 《续资治通鉴长编》卷二三〇，熙宁五年二月乙卯条。
③ 段秋关：《中国现代法治及其历史根基》，商务印书馆2018年版。
④ 语出武树臣对该书主旨的一项概括。参见武树臣《从古典法治走向现代法治——段秋关新作读后》，《西北大学学报》（哲学社会科学版）2019年第6期。

索：礼治—法治—礼法合治"。① 段氏继而发挥道："'礼治'的实质是维护周礼（当时政治制度、宗法伦理、法律刑罚、宗教习俗的综合体），这是传统法律观的最初形态。'法治'是'礼治'的变形与更新，是封建官僚制取代贵族奴隶制的产物。它开辟了成文法时代，建构了古代法律制度的基本框架。虽然'法治'学说在秦汉之际遭到否定，但是在它主导之下所形成的封建法令律典体系却一直保持到魏晋时期才开始改变。这是传统法律观的过渡形态。'礼法合治'，即宗法制与官僚制的结合，家族伦理原则与君主专制原则的结合，礼义教化与律令强制的结合，贤人政治与以刑法治国的结合。它既显示了礼、法在制度上由原先的对立走向统一，又体现了礼、法在统治方法上的相互补充和交替使用。同时，在礼、法结合的基础上，还吸收、融合了其他有利于维护社会秩序与发展的观点和主张。'礼法合治'体系形成、发展的过程，表现了传统法律观从初成到成熟的历史轨迹。"② 作者遵循了张氏的三段论，而结胎于"'礼法合治'体系"。作者的看法很有代表性，他所用"综合体"的概念显然吸纳了近段时期以来将"礼"纳入"法"来考察的新动向，他也沿袭了近代以来对"律令体系"之作为法要之重视，"礼法合治"也已经成为学术界的一种主流看法了。比如，曾宪义、马小红也认为"如果用发展的观点去研究，我们就会将'礼'纳入视野，就会得出中国传统法的结构是礼与法的完美结合这一显而易见的结论。"而分以夏、商、西周的"礼治"时代、春秋战国至秦的"法治"时期、汉中期以后的"礼法融合"时期为"礼与法的结合"所经历的三个历

---

① 参见段秋关《中国现代法治及其历史根基》，第385页。
② 段秋关：《中国现代法治及其历史根基》，第247—248页。

史阶段。① 然而所谓"合治",② 是以礼治、法治的分立为前提的,作为从礼治与法治关系的角度探讨中国政治文明的基本精神来说,我们必须提出这样的问题:到底何者为主何者为从呢?用传统术语来说,何为纲何为纪?而从《中国现代法治及其历史根基》的立义与基本倾向来看,他是非常重视"法治"的地位与作用的。这种"中国现代法治"寻访"历史根据"的努力,值得敬重,并且他的观点至少可以对学术界一度占据主导地位的"中国法律儒家化"观点起到一种对症或平衡作用。也许正是有见于此,书评作者武树臣说:

> 值得强调的是,学界通行"中国法律儒家化"之说,认为汉魏以后儒家思想已取代法家,成为法律的主干。其实,不仅"汉承秦制",后世各代都延续着集权、郡县、选官等法家创设的基本制度,尤其是刑律体系。虽然增补了通称为"礼制"的《礼仪》《礼律》等专项法律制度,但除刑事法规之外并未出现所谓"儒家化"现象,更不存在法制结构与内容上明显的"儒家化"趋势。刑律之外的大多数法律法规不具备儒家色彩,也不全是在儒家思想指导下制定的。即使在刑事法规领域,法家思想及其实践仍然发挥着不可忽视的作用。"一准乎礼"的《唐律疏议》,全文502条,与"礼"即宗法伦理直接相关的仅98条,维护国家政治秩序的条文却超过半数。可见,"一准乎礼"只是赞许之辞,"半准乎礼、半准乎法"才合乎实际。因此,作者将"礼法合治"作为中国古典法治的常态表现与主

---

① 参见曾宪义、马小红《中国传统法的结构与基本概念辨正——兼论古代礼与法的关系》,《中国社会科学》2003年第5期。
② 瞿同祖已经有"礼法合治";"礼法分治,同时并存""古人常礼法并称,曰礼法,曰礼律";"礼法结合、德刑并用"等表述与论说,参见《瞿同祖法学论著集》第350、354—355、394页等,后学则运用范围更广,所涉及历史时代也更长时段了。

要特征，是值得肯定的学术判断。①

远本于陈寅恪，详发于瞿同祖，"儒家化"之类表述是否准确周延乃至所谓"中国法律儒家化"的概念、论述能否成立，都是可以讨论的问题。但是"汉承秦制"之外是否还有"汉改秦制"的一面以及如何评估？春秋以后，"礼"是否仅限于在"社会家族领域"发挥作用，所谓"维护国家政治秩序"难道与"礼"无涉？我们所关切的问题实质是：儒家与法家，礼治与法治，在历代治理体系中，何者为统要、何者为辅助？他们是如何形塑了中国的政治文明？

另一派颇具代表性的观点，则要重视儒家得多了。近年来致力于发掘"礼法学"的俞荣根专注在法治中国视域下阐发中华礼法传统之价值。无独有偶，他的核心观点——"中华法系是礼法体制而非律令体制"——也是在段氏所著《中国现代法治及其历史根基》之序言中概括得最为扼要：

> 长期以来，法史学界似多认同以"律令体制"界定中华法系的说法。"律令体制"说源自日本学者……流行已久的中华法系"以刑为主"特点说，便是"律令体制"说的一种变体。我曾在中国法律史学会一次年会上呼吁：以"律令体制"说去讲中国古代法和中华法系，只讲了它们的一半，甚至连一半都不到。中华法系是礼法体制而非律令体制，律令是礼法中的律令……中国古代之法至少有三个面相：一为礼典，《大唐开元礼》是其典范；二为律典，《唐律疏议》堪称大成之作；三是以礼俗为主干而开枝散叶的乡约、族规、寨规、少数民族习惯

---

① 武树臣：《从古典法治走向现代法治——段秋关新作读后》，《西北大学学报》（哲学社会科学版）2019年第6期。

法等。它们都是礼法的组成部分。①

作者有《儒家法思想通论》②《礼法传统与中华法系》③ 等阐发其说甚详。他不光注重儒家，也好辨析关键术语之名义而致力于建构论说之概念化。他一再称引严复之卓见，比如："西文'法'字，于中文有理、礼、法、制四者之异译，学者审之。"又如"西人所谓'法'者，实兼中国之礼典。"④ 事实上，类似之称引严说者越来越多，重访西法输入关键时代通儒之见，反映了文化复兴时代学人重建主体性的努力方向，这是值得注意也是值得肯定的趋向。但是这真不是一件容易的事。如作者所力主之"中华法系是礼法体制"的关键词"礼法"，是否真的如他认为的那样：

> 荀子很重视"正名"，"礼法"一词绝非他随便使用的一个名词，而是他为中央大一统君主制度设计的政治法律模式。"礼法"一词，作为荀子首创的新名，它所要透露的是这样一种消息：未来的中央大一统君主制国家的法制是"礼法"，而不是揆法于外的单纯的礼，或无礼统率的单纯的法。因此，"礼法"即法，就是一个双音节的法概念，一个法哲学范畴。中国古代法的发展历史证明，只有"礼法"这个范畴，才能准确地表达中国古代法的全体大用，才能揭示中国古代法的特质。质言之，中华法系是"礼法"，是"礼法法系"。中国古代法的律、令、典、刑等等只是礼法的外在形式。⑤

---

① 俞荣根为段秋关《中国现代法治及其历史根基》所作《序一》，第8页。
② 俞荣根：《儒家法思想通论》（修订本），商务印书馆2018年版。
③ 俞荣根：《礼法传统与中华法系》，中国民主法制出版社2016年版。
④ 俞荣根为段秋关《中国现代法治及其历史根基》所作《序一》，第7、8页。
⑤ 俞荣根：《儒家法思想通论》（修订本），第445页。

这等于是把荀子当作预言家,把"礼法体制"的命名任务布置给千年以前的荀子并强迫他来完成。作者的本意也许在于强调儒家在中华法系中的地位与作用,但是若如其说:"礼法论与王霸论相辅相成,他们的共同纲领是:'隆礼尊贤而王,重法爱民而霸'。这里所重之'法'乃是礼法之法,不是刑名法术之刑。"① 然则所谓"礼法体制"实际上将会成为一个空壳,法家传统在中国历史上的实际影响将被勾销殆尽;所谓"礼法合一"② 无异于儒家独霸。退一步说,即使作者的理解不像我们担心的那样架空,诚如瞿同祖所说:"礼法的关系是密切无比的,有时为一,有时为二;有时分治,有时合治。"③ 除了礼与法、礼治与法治有相结合甚至相统一的方面,也还有一个礼与法、礼治与法治相矛盾的方面及其如何解决的问题。④

不仅如此,在"礼法合治"上与段秋关有同调的武氏与力主"礼法体制"的俞氏在论述对象与内容上其实相差不大(不外乎礼典、律令等),却不约而同地各自强调看重的一"半",也可以促使我们是否可以跳脱出来反思其主导形态、基本精神为何的问题。

职是之故,这里尝试从以下几个方面展开论述。当然,由于论题设定与之有所不同,我们会侧重在中国治理之政治文明方面,这是不消说的。

一 "以礼统法"的前奏——荀学之尊王贱霸

从上文的论述可知,周秦之际,以儒家为代表的礼治主张,总结了先秦时代的王道政治传统,秦的崛起与秦王朝的建立则多得力于法家的理论与实践。而儒法合流的治理传统则发生在汉代秦之

---

① 俞荣根:《儒家法思想通论》(修订本),第 534 页。
② 语出俞荣根《儒家法思想通论》(修订本),第 445 页。
③ 瞿同祖:《中国法律与中国社会》,《瞿同祖法学论著集》,第 353 页。
④ 参见王立民《论唐律的礼法关系》,《浙江学刊》2002 年第 2 期。

后。在治理体系之发生划时代之剧变的大历史关节点上,有一位为"以礼统法"的格局在思想上定下基调的关键人物甚至可以说最重要的定鼎角色,他就是荀子。

然而在相当长的历史时期,尤其从近代以来,荀子是备受误解的大儒。

有一种流行的看法认为,荀子应该为秦以来的暴政负责。持此说最著者为殉身于戊戌变法之烈士谭嗣同,其言殊为沉痛:

> 孔学衍为两大支:一为曾子传子思而至孟子,孟故畅宣民主之理,以竟孔之志;一由子夏传田子方而至庄子,庄故痛诋君主,自尧、舜以上,莫或免焉。不幸此两支皆绝不传,荀乃乘间冒孔之名,以败孔之道。曰:"法后王,尊君统。"以倾孔学也。曰:"有治人,无治法。"阴防后人之变其法也。又喜言礼乐政刑之属,惟恐箝制束缚之具之不繁也。一传而为李斯,而其为祸亦暴著于世矣……故常以为二千年来之政,秦政也,皆大盗也;二千年来之学,荀学也,皆乡愿也。惟大盗利用乡愿,惟乡愿工媚大盗。二者交相资,而罔不托之于孔。[1]

谭氏截取儒家之"仁"为宗旨,会通于佛学与西学之平等、民主、自主诸理,据此将荀学贬斥之为"君统"张目之"伪学",从政治伦理角度反省而集矢于荀子,连大儒若"顾(炎武)出于程、朱,程、朱则荀之云礽也,君统而已,岂足骂哉!"[2] 陈义甚高,自有时代的意义。不仅如此,其中"为祸亦暴著于世"的"秦政"经由李斯而归本于荀子的见解,还演为一种强劲的史论。如陈寅恪

---

[1] 谭嗣同:《仁学》,蔡尚思、方行编:《谭嗣同全集》(增订本),中华书局1981年版,第335—337页。
[2] 谭嗣同:《仁学》,蔡尚思、方行编:《谭嗣同全集》(增订本),第339页。

在其著名的《冯友兰中国哲学史下册审查报告》中，就以此为起点而通论儒家学说在政治法律等方面对秦以降的中国社会历史的影响云：

> 儒者在古代本为典章学术所寄托之专家。李斯受荀卿之学，佐成秦治。秦之法制实儒家一派学说之所附系。《中庸》之"车同轨，书同文，行同伦"。（即太史公所谓"至始皇乃能并冠带之伦"之"伦"。）为儒家理想之制度，而于秦始皇之身，而得以实现之也。汉承秦业，其官制法律亦袭用前朝。遗传至晋以后，法律与礼经并称，儒家《周官》之学说悉采入法典。夫政治社会一切公私行动，莫不与法典相关，而法典为儒家学说具体之实现。故二千年来华夏民族所受儒家学说之影响，最深最巨者，实在制度法律公私生活之方面，而关于学说思想之方面，或转有不如佛道二教者。[①]

在此详引陈氏之说，并非完全同意他的看法，而是因为他为我们的讨论提供了扼要的线索。本书同意陈氏所说的——"在制度法律公私生活之方面"儒家学说在"二千年来华夏民族"史上超越诸家的主导历史影响力。我们认为这种历史影响的一个重要表现就是"以礼统法"的治理精神。像荀子就是这一基本精神的阐释者，他为汉以后的"以礼统法"提供了思想资源。但是将荀子作为儒家思想影响"秦之法制"的代表人物是于史无征的，这方面自有法家担纲，仅仅因为荀子与李斯（或者韩非）有师承关系，就将秦之暴政归咎于"荀学"就更为武断了，老师不能代徒受过；儒家的影响并非从"汉承秦业"上体现出来，恰恰相反，我们所说的"以礼

[①] 陈寅恪：《冯友兰中国哲学史下册审查报告》，《陈寅恪集·金明馆丛稿二编》，生活·读书·新知三联书店2001年版，第283页。

统法"主要落实在汉改秦制等的历史努力中;不仅仅如陈氏所称"至晋以后,法律与礼经并称,儒家《周官》之学说悉采入法典"反映了儒家的主导影响,"三礼"之一的"《周礼》"及其历史影响在体制上就非常典型地反映了"以礼统法"精神。

下面我们将逐层展开论述,先从对荀子的辩解开始。

不仅先贤如谭嗣同、陈寅恪等或从价值判断或从历史判断上,将荀子与"秦政"相关联,最近的研究也很强调荀子对法家的吸纳或影响。有学者认为:"'法'形成于春秋战国时期,力图取代'礼'制,并包含了'刑'。战国时荀况最早提出两者的结合,主张既'隆礼'又'重法'(《荀子·强国》:'隆礼尊贤而王,重法爱民而霸'),突出其国家制度方面的统一,有意识地将生活礼节与饮食男女的习俗排除在外,同时将'礼'制提高到类似于今天宪法的地位。"[①] 这是主于"结合"说;他又认为:"荀况之'礼'被其弟子韩非发展为'法',而秦始皇'别黑白定一尊',以法家统一百家又成为汉武帝'罢黜百家,独尊儒术'以儒家统一百家的前提。"[②] 这是承袭了以往视荀子为以儒导法之典型的传统见解。有学者对此类以法治为主旨的韩非、李斯之学出于乃师荀子的看法颇不以为然,而很清楚地认识到:"韩李之学在学术观点上显然出自慎子、申、商之学,或可再加上战国黄老之学、《管子》中的早期法术之学等,而不是出自荀学。要之,荀子之前有前期法家之学,无荀子照样会有集法家大成的后期法家之学,这是由法到法,而不是由儒到法,并不以荀子为桥梁。"[③] 这是很有见地的。但是他却仍然认为:"荀子开一代风气之先,成为释礼为法,以儒兼法的时代导师……荀子所开创的释礼为法,以儒兼法的思路和学风,大约经过

---

① 段秋关:《中国现代法治及其历史根基》,第392页。
② 段秋关:《中国现代法治及其历史根基》,第396页。
③ 俞荣根:《儒家法思想通论》(修订本),第537页。

五六十年的停滞,直到西汉中期才再度昌明。"[1] 这是主于吸纳说。两种代表性的见解,有共同之处,均认为荀子对汉以降以"礼法结合"乃至"礼法一体"为主要特征的"正统法律思想"或"法文化发展模式"有奠基意义,用前者的说法是:"'儒法合流'和'礼法结合'的先行者",[2] 后者则表述为对"长达两千年帝制时代的正统思想及其法思想"有深远的影响。[3]

近代以来在君主制度式微的大时代背景下,人们不约而同地追责其学术思想渊源,而找到荀学头上。的确,荀子对其后的中国政治法律思想或文化模式有深刻的影响,但是影响的途径和性质究竟为何却是值得深入探讨的。他是通过秦制还是通过汉制?要明了这一点,还必须探讨一个先决问题,在荀子的时代,"兼法"或曰与法家法治的"结合"是荀子优先考虑的问题吗?若如所说,荀子视"礼"何其轻而视"法"又何其重,又何劳乎董生之"作书美孙卿"呢?

我们认为"以礼统法"的前提是礼法分治,从学派来分析,是儒家处于主导地位,而法家处于从属地位。在战国晚期,儒家面对诸子百家的挑战,站出来批评异端抑制众流阐明并挺立儒家立场承前启后的核心人物,正是荀子。在礼乐论上反墨家,在正名论上反名家,在用兵论上反兵家,更重要的是在"经国"治理论上反法家。在冲击与反应过程中,或不免于沾染上对手方的某些议论,那也是入室操戈的意味浓而试图融合的兴趣寡。如果对这一原则立场把握不清,那将失之毫厘谬以千里。

《荀子·非十二子》有对慎到、田骈的批评:

---

[1] 俞荣根:《儒家法思想通论》(修订本),第534—536、537页。
[2] 段秋关:《中国现代法治及其历史根基》,第395页。
[3] 参见俞荣根《儒家法思想通论》(修订本),第537页。

> 尚法而无法，下修而好作；上则取听于上，下则取从于俗；终日言成文典，反紃察之，则倜然无所归宿，不可以经国定分。

《荀子·解蔽》又云：

> 慎子蔽于法而不知贤，申子蔽于埶（势）而不知知（智）。

这可以代表荀子学派对名法之学尤其是法家的基本看法。慎到本人未必弃绝于"礼"，若《管子》学派亦不废"礼义廉耻"，但是法家后学确以"尚法"之"好作"为宗旨而名世。他们主张法自君出、法在官府、法由吏教、法主严刑、法不循旧，此为法家"尚法"之"法"，他们对儒家所总结与倡导的礼治构成了严峻的挑战，甚至在话语权上也日占上风，礼法之争是如此而愈演愈烈的。荀子一派的策略是直面对方的议题甚至接过对方的话语方式（也许只有这样做才得釜底抽薪之效），站在儒家的立场进行针锋相对的驳击与回应。"无法"的判案，一方面表明儒家一般地也承认"法度"的重要，但那不是以"刑法"为核心的法家之法，而是贯通"先王""后王""百王所同"之"王道"法统，核心就是"礼义之统"、"圣王"之"师法"。荀学一方面系统阐发了儒家传统德礼之治的主张，另一方面，将以法家为代表的以功利权诈兵谋为尚的百家杂说牢牢定位于霸道甚至不如霸道的地位，尊王贱霸。

所谓"上则取听于上"，盖若法家主张措施之权势威严衰集独擅于君上而忌惮臣属所染指，这是荀学所反对的。《荀子·非十二子》:"古之所谓（士仕）[仕士]①者，厚敦者也，合群者也，乐富贵者也，乐分施者也，远罪过者也，务事理者也，羞独富者也。今之所谓（士仕）[仕士]者，污漫者也，贼乱者也，恣睢者也，贪利者也，触抵者也，无礼义而唯权埶（势）之嗜者也。"此"礼义""权势"之辨，一若《荀子·仲尼》"人主不务得道而广有其埶（势），是其所以危也！"盖为批评此类法家说而发。

法家尚力重刑，而荀子学派则主张以德服人。"礼义之统"可以归结为一个"分"字，为荀学最所尊尚，所以谓之"大分"。"大分"确以"差等"为前提，而"差等"并不意味绝对性的上之压制下，而首先是各明位分、职分，其中"人君"自然是"所以管分之枢要"，而"人君"之"分"的内涵在仁德而非淫利暴力："古者先王分割而等异之也，故使或美或恶，或厚或薄，或佚或乐，或劬或劳，非特以为淫泰夸丽之声，将以明仁之文，通仁之顺也。"所贵乎"人君"者在乎"仁人之善"："故仁人在上，百姓贵之如帝，亲之如父母，为之出死断亡而愉者，无它故焉，其所是焉诚美，其所得焉诚大，其所利焉诚多。"（《荀子·富国》）"人君"既以仁德而为"百姓"所贵所亲；自以德而不以势服人："聪明君子者，善服人者也。人服而势从之，人不服而势去之，故王者已于服人矣。"至"服人"之境，则人君可以为"王者"矣。恰与法家所主持者相反。不仅如此，荀子学派著名的"有治人，无治法"之说，也是针对法家的："故法不能独立，类不能自行。得其人则存，失其人则亡。法者，治之端也；君子者，法之原也。故有君子，则法虽省，足以遍矣；无君子，则法虽具，失先后之施，不能应事之变，足以乱矣。不知法之义而正法之数者，虽博传，临事必乱。故明主急得其人，而闇主急得其埶（势）。"《荀子·臣道》也说：

---

① 从王念孙校读，"士仕"当作"仕士"。

"故明主好同而闇主好独，明主尚贤使能而飨其盛，闇主妒贤畏能而灭其功，罚其忠，赏其贼，夫是之谓至闇，桀、纣所以灭也。""急得其埶（势）""好独"等正是对法家所维护之"人主"的绝妙写照。我们认为，正是不满于法家绝对维护君主专擅独制的卑私之说，荀子学派乃提出著名而尚未引起我们充分重视的君者"善群""能群"之说。"君者，善群也。群道当，则万物皆得其宜，六畜皆得其长，群生皆得其命。故养长时，则六畜育；杀生时，则草木殖；政令时，则百姓一，贤良服。"此君者善群之说；"君者，何也？曰：能群也。能群也者，何也？曰：善生养人者也，善班治人者也，善显设人者也，善藩饰人者也。善生养人者人亲之，善班治人者人安之，善显设人者人乐之，善藩饰人者人荣之。四统者具，而天下归之，夫是之谓能群。"[①] 此君者能群之说。"天下归之"，此等君者，亦至"王者"之境矣。"君者，群也。"荀子学派的这一充满王道精神的看法在后世尤其汉代有广泛而深远的影响。这一为君之大义，在《新书》《春秋繁露》《韩诗外传》《白虎通》等文献中，都有反映。《新书·大政下》："君者，群也，无人谁据？无据必蹶，政谓此国素亡也。"《春秋繁露·深察名号》曰："君者，元也；君者，原也；君者，权也；君者，温也；君者，群也……道不平，德不温，则众不亲安；众不亲安，则离散不群；离散不群，则不全于君。"《韩诗外传》卷五云："君者何也？曰：群也。（为）[能群]天下万（物）[民]而除其害者，谓之君。王者何也？曰：往也。天下往之谓之王。"如此等等，对《荀子》作了更为详尽的摘录。《白虎通》是法典性质的文献，在"号"一节云："或称君子者何？道德之称也。君之为言群也。"在"三纲六纪"一节又云："君臣者，何谓也？君，群也，群下之所归心也。"

---

① 本段所引《荀子》中的言论，分别出自《王制》《王霸》《君道》。

都是远本于《荀子》的。我们认为诸如此类的看法，提示我们要反省到，学术界普遍存在的诸如将荀子视为"君主主义"者是否合适，至少该学派是对于独夫民贼式的法家类"君主主义"的一大反动。

所谓"下则取从于俗"，当指法家之流于世俗之说而不知大义。"世俗之为说者曰：'桀、纣有天下，汤、武篡而夺之。'"此为法家所津津乐道（参见前文），① 而荀子严正批评之曰"是不然"。"圣王没，有埶（势）籍者罢不足以县天下，天下无君；诸侯有能德明威积，海内之民莫不愿得以为君师；然而暴国独侈，安能诛之，必不伤害无罪之民，诛暴国之君若诛独夫。若是，则可谓能用天下矣！能用天下之谓王。汤、武非取天下也，修其道，行其义，兴天下之同利，除天下之同害，而天下归之也。桀、纣非去天下也，反禹、汤之德，乱礼义之分，禽兽之行，积其凶，全其恶，而天下去之也。天下归之之谓王，天下去之之谓亡。"此"王"/"亡"之辨，绝不拘泥于世俗之所谓尤其是法家所偏执之君臣名分，而一本于孔、孟以来重民轻君一以"仁义"为本的"革命"大义而立说，凡此皆为儒家"王道"法统之要义，更何况《荀子》还主张"从道不从君，从义不从父，人之大行也"。且其好引孔子之所闻格言："君者，舟也；庶人者，水也。水则载舟，水则覆舟。"② 在在表明荀子学派对道义的坚守、对民众作为政治基础的重视，都是儒家"王道"精神的体现，与法家之法治不可同日而语。以荀学为"乡愿"、为"工媚大盗"，真不知从何说起。且不论这一系列的政治伦理对后世中国历史的影响有多么深刻，也不论它们

---

① 《韩非子·忠孝》颇有所谓"汤、武为人臣而弑其主、刑其尸……汤、武自以为义而弑其君长"等的激烈批评，反映了这一派的主张。其实质是：不问道义，唯论名分。与儒家所主，大相径庭。

② 本段所引《荀子》中的言论，分别出自《正论》《子道》《哀公》。

到底被判为"民本"思想还是"民主"思想更为合适,[①] 我们要指出,"诛独夫"之类的话语资源也为后世英俊反暴政批专制提供了强大的论述方式。其润物之无声,到了日用而不知的地步。《荀子·议兵》云:"故王者之兵不试。汤、武之诛桀、纣也,拱挹指麾,而强暴之国莫不趋使,诛桀、纣若诛独夫。故《泰誓》曰:'独夫纣。'此之谓也。"这很自然让人想起《孟子·梁惠王下》的纪述:"齐宣王问曰:'汤放桀,武王伐纣,有诸?'孟子对曰:'于传有之。'曰:'臣弑其君,可乎?'曰:'贼仁者,谓之"贼";贼义者,谓之"残"。残贼之人,谓之"一夫"。闻诛一夫纣矣,未闻弑君也。'"孟、荀所论,与《易传》"汤、武革命"论都是一脉相承的儒家大义,《荀子》"诛独夫"思想及论述方式当是近承孟子而远本《尚书》经典之《泰誓》,从修辞习惯来看,对后世的影响可能还要超过《孟子》。别的且不论,谭嗣同的《仁学》中就充满了声讨"独夫民贼"的语言,我们细究其典出,就可以思过半矣。

说到荀学与"秦政""秦治"的关系,"李斯问孙卿子曰:'秦四世有胜,兵强海内,威行诸侯,非以仁义为之也,以便从事而已。'"荀子批评他说:"女(汝)所谓便者,不便之便也。吾所谓仁义者,大便之便也……今女(汝)不求之于本,而索之于末,此世之所以乱也。"荀子又严厉批评秦之"无儒":"故曰:佚而治,约而详,不烦而功,治之至也。秦类之矣,虽然,则有其諰矣。兼

[①] 李明辉总结梁启超、萧公权等先贤的看法说:"诚如不少前辈学者所指出,民本思想尚非现代意义的民主思想,因为前者仅包含'民有'(of the people)与'民享'(for the people),而未及于'民治'(by the people)。这几乎已成为学术界的共识。换言之,在民本思想之中,人民尚未具有公民的身份而享有政治权利。"李明辉著:《儒家视野下的政治思想》,北京大学出版社2005年版,第64页。也有学者认为以"王道"追求为要义的"儒家学说不唯在本质上是一种非暴力主义的学说,而且是一种以民为本的学说,极接近西方近现代的民主主义"。参见苏亦工《天下归仁:儒家文化与法》第十九章"王不必大——从瑞士联邦制探讨中西共同的价值观"第二节"王道与民主",人民出版社2015年版,第456页。

是数具者而尽有之，然而县之以王者之功名，则偆偆然其不及远矣！是何也？则其殆无儒邪！故曰：粹而王，驳而霸，无一焉而亡。此亦秦之所短也。"① 在荀子学派眼里，秦之暴兴，恐连"霸"道尚未达到，枉论"王"境，又如何让荀学为"秦政""秦治"负责呢？

学者又认为荀子注重用刑，或以之为荀学发展成韩、李之学桥梁的表征。然而，荀子的主旨实不在重刑而在于"刑称罪"——因罪量刑罪刑相应。《荀子·正论》云："以为人或触罪矣，而直轻其刑，然则是杀人者不死，伤人者不刑也。罪至重而刑至轻，庸人不知恶矣，乱莫大焉。"故他不主轻刑。"凡刑人之本，禁暴恶恶，且徵（惩）其未也。杀人者不死，而伤人者不刑，是谓惠暴而宽贼也，非恶恶也。"根据他对"刑"的之禁暴惩恶防微杜渐之本质的了解，而主"罚"之"当罪"："夫德不称位，能不称官，赏不当功，罚不当罪，不祥莫大焉……夫征暴诛悍，治之盛也。杀人者死，伤人者刑，是百王之所同也，未有知其所由来者也。刑称罪，则治；不称罪，则乱。故治则刑重，乱则刑轻。犯治之罪固重，犯乱之罪固轻也。《书》曰：'刑罚世轻世重。'此之谓也。"如此似有重刑的意味了，但中心所主还在"师旅有制，刑法有等，莫不称罪"，② 而归宿则在以省刑德化为至境的"圣王"之制：

圣王在上，分义行乎下，则士大夫无流淫之行，百吏官人无怠慢之事，众庶百姓无奸怪之俗，无盗贼之罪，莫敢犯大上之禁……是故刑（罪）[罚]綦省而威行如流……故刑当罪则威，不当罪则侮；爵当贤则贵，不当贤则贱。古者刑不过罪，爵不逾德，故杀其父而臣其子，杀其兄而臣其弟。刑罚不怒

---

① 《荀子·议兵》《强国》。
② 《荀子·礼论》。

罪，爵赏不逾德，分然各以其诚通。是以为善者劝，为不善者沮，刑罚綦省而威行如流，政令致明而化易如神。①

荀子以"刑罚怒罪，爵赏逾德，以族论罪，以世举贤"为"乱世"之制，他所崇尚的"法圣王"的"王道""王制"在下文中得到了充分的论述："论法圣王，则知所贵矣；以义制事，则知所利矣。论知所贵，则知所养矣；事知所利，则动知所出矣。二者，是非之本，得失之原也。故成王之于周公也，无所往而不听，知所贵也。桓公之于管仲也，国事无所往而不用，知所利也。吴有伍子胥而不能用，国至乎亡，倍道失贤也。故尊圣者王，贵贤者霸，敬贤者存，慢贤者亡，古今一也。故尚贤使能，等贵贱，分亲疏，序长幼，此先王之道也。故尚贤使能，则主尊下安；贵贱有等，则令行而不流；亲疏有分，则施行而不悖；长幼有序，则事业捷成而有所休。故仁者，仁此者也；义者，分此者也；节者，死生此者也；忠者，惇慎此者也。兼此而能之，备矣。备而不矜，一自善也，谓之圣。不矜矣，夫故天下不与争能而致善用其功。有而不有也，夫故为天下贵矣。《诗》曰：'淑人君子，其仪不忒；其仪不忒，正是四国。'此之谓也。"②

只有"仁""义""节""忠"诸德兼备而又"自善"，乃为"圣"者。"圣"以周公为典型，《儒效》述其德行功业耀于国史。荀子论"圣"与"王"（统曰"圣王"）既见其分别，又明其统合：

故学也者，固学止之也。恶乎止之？曰：止诸至足。曷谓至足？曰：圣也。圣也者，尽伦者也；王也者，尽制者也；两尽者，足以为天下极矣。故学者以圣王为师，案以圣王之制为

---

① 《荀子·君子》。
② 《荀子·君子》。

法，法其法以求其统类，(类)以务象效其人。向是而务，士也；类是而几，君子也；知之，圣人也。①

所谓"故非圣人莫之能王。圣人，备道全美者也，是县（悬）天下之权称也"②。我们看过这一段，才能充分理解儒家"法"的要义、儒家"法治""德治""礼治""人治"的核心与基准，"圣王"既是"师法"的标准，也是"礼法""礼义之统"的至尊主体，也是"王道"的担纲者与落实者。这是如法家等所张扬的杂霸之道无与伦比的。进言之，荀子学派再度彰明儒家的"王道"法统，正是为了抵制和压抑以法家为代表的百家杂说。学者好引"人君者，隆礼尊贤而王，重法爱民而霸，好利多诈而危，权谋倾覆幽险而亡"③。或者说："这里所重之'法'乃是礼法之法，不是刑名法术之刑。荀子又将'爱民'原则纳入霸道，于是也就改铸了霸道。所以，荀子'隆礼重法'而以礼为先、为帅，尊王称霸而以王道为高、为主。"④ 或者说："战国时荀况最早提出两者的结合，主张既'隆礼'又'重法'。"⑤ 其意相通，可以统谓之"以儒兼法"说。类此真是断章取义的说法，完全不得荀学尊王贱霸的精神。这段关于"王""霸""危""亡"治理境界分等之说，既见于《荀子·强国》，亦见于《荀子·天论》，而文前均有"故人之命在天，国之命在礼"的强调文字，则荀子立论重心在力倡"王"道，这是很明显的。不仅如此，《商君书》之首篇《更法》，商鞅开宗明义、旗帜鲜明地说："法者，所以爱民也；礼者，所以便事也。是以圣人苟可以强国，不法其故；苟可以利民，不循其礼。"这正是

---

① 《荀子·解蔽》。
② 《荀子·正论》。
③ 《荀子·强国》。
④ 俞荣根：《儒家法思想通论》（修订本），第534—537页。
⑤ 段秋关：《中国现代法治及其历史根基》，第392页。

《荀子·强国》"重法爱民而霸"之所针对，何得云"这里所重之'法'乃是礼法之法，不是刑名法术之刑"？《强国》以"强国"名篇，正是针对了商鞅们热衷的话题，文中云"力术止，义术行。曷谓也？曰：秦之谓也"，严肃批评秦之"无儒"难侪"王""霸"，所谓："粹而王，驳而霸，无一焉而亡。此亦秦之所短也！"也在此篇，通篇以批秦为主，旨趣甚明，尊王贱霸之义甚正。又哪里是对霸道的"改铸"呢？此处语云"尊贤"，上引《君子》则曰"故尊圣者王，贵贤者霸，敬贤者存，慢贤者亡，古今一也"。文有出入而义旨一贯，法家好引"商、管之法"（《韩非子·五蠹》）而《荀子》必以周公义盖管仲者，此也。此《孟子·梁惠王上》所谓"仲尼之徒无道桓、文之事者"，《荀子·仲尼》亦云"仲尼之门人，五尺之竖子，言羞称乎五伯"，皆为儒家共通之大义，不可放松懈怠者也。

关于《荀子》的宗旨，以校雠其书的西汉刘向《孙卿书录》所述，最为得要：

> 诸子之事，皆以为非先王之法也……（诸子）皆著书，然非先王之法也，皆不循孔氏之术，惟孟轲、孙卿为能尊仲尼……至汉兴，江都相董仲舒亦大儒，作书美孙卿。（这一句，据卢文弨说，移于此处——引者）孟子、孙卿、董先生皆小五伯，以为仲尼之门，五尺童子，皆羞称五伯。如人君能用孙卿，庶几于王，然世终莫能用，而六国之君残灭，秦国大乱，卒以亡。观孙卿之书，其陈王道甚易行，疾世莫能用……其书比于记传，可以为法。[①]

[①] 荀况著，王天海校释：《荀子校释》（修订本）附录一"刘向《孙卿书录》"，上海古籍出版社2016年版，第1182—1189页；并参见（清）王先谦撰，沈啸寰、王星贤点校《荀子集解》，中华书局1988年版，第557—559页。本书所引《荀子》正文则均据王天海校释《荀子校释》（修订本）。

观此可知，荀学的精神在于"小五伯"而大明"先王之法""陈王道"，它在汉代的影响更在尊王贱霸。

《太史公自序》："维三代之礼，所损益各殊务，然要以近性情，通王道，故礼因人质为之节文，略协古今之变。作《礼书》第一。"不管今传《太史公书》之《礼书》部分是否为褚少孙所补，但颇录《荀子·礼论》《荀子·议兵》文字；①《汉书·刑法志》亦多承袭《荀子》之文，其述："春秋之后，灭弱吞小，并为战国……先王之礼没于淫乐中矣。雄桀之士因势辅时，作为权诈以相倾覆，吴有孙武，齐有孙膑，魏有吴起，秦有商鞅，皆禽敌立胜，垂著篇籍。当此之时，合从连衡，转相攻伐，代为雌雄……世方争于功利，而驰说者以孙、吴为宗。"班固特别点出"时唯孙卿明于王道"，并详引其说，以非"上（尚）势力而贵变诈"之见，又引荀子论刑之文以为依据，极赞"善乎，孙卿之论刑也"！从两史之文，亦可概见荀学在汉代传流的大体所在了。

二 汉改秦制与"以礼统法"

陈寅恪认为"秦之法制实儒家一派学说之所附系"，实未必然，这方面自有法家担纲。说"汉承秦业，其官制法律亦袭用前朝"则信而有征。无论是郡县制、皇帝制、官制、度量衡文字之制，乃至律令体制等，对后世中国有广泛而深远的影响，岂但汉政汉制而已，如《新唐书》卷十一《礼乐志》所称："及三代已亡，遭秦变古，后之有天下者，自天子百官名号位序、国家制度、宫车服器，一切用秦。""秦政""秦制"在"三代"之后新阶段的统一达到高度文明的国家形塑历程中，其制度创新是值得大书特书的。但是其政太暴，其命太短，相对于早期中国以德礼之治为核心的"中国式

---

① 参见司马迁撰，[日]泷川资言考证，杨海峥整理《史记会注考证》卷二三，第1315页。

法治"传统来说，其偏离轨道也太严重太极端了。这就需要后继者一则顺承其制弘扬广大，一则改弦更张补偏救弊，则其制之良法美意乃能历时历朝而显。另一方面，重新回溯、评估、融汇先秦之"王道"法统，是另一番的创造性转化。历史有蓄积的惰性，文明有伟大的活力，每一个世代都有他的责任，在这个意义上，汉代的"复古更化"与"汉承秦业"是缺一不可的历史业绩，均有承前启后的伟大意义，从治理体系之"以礼统法"的政治文明之重建的角度来看，前者是更为重要的。

（一）"以礼统法"——寻访回来的架构

瞿同祖指出："其实儒、法两家思想的调和早就有其可能存在。法家固然绝对排斥礼治、德治，儒家却不曾绝对排斥法律，只是不主张以法治代替礼治、德治而已。"[1] 大体确有依据。不过，与其说儒法两家早就有其调和的可能，不如说儒家总结早期中国的"王道"法统，早就有一个以礼统法的基本架构，即"导德齐礼"而不废刑法的治理模式与文武兼备的基本精神。这个框架的基本内涵表明，礼治可统法治，儒家可统法家，反之则不然。这个先天优越的结构早为秦政法家所抛弃，而秦王朝的短促而亡，重新证明了这一伟大传统的合理性，而汉儒、汉代执政者的重访，正从亡秦之反思出发。

前文已经指出《商君书》与《韩非子》等法家均非毁"仁义"，而秦政则酷刑峻法武伤百姓。史称：

> 陆生时时前说称《诗》《书》。高帝骂之曰："乃公居马上而得之，安事《诗》《书》！"陆生曰："居马上得之，宁可以马上治之乎？且汤、武逆取而以顺守之，文武并用，长久之术

---

[1] 《瞿同祖法学论著集》，第338页。

也。昔者吴王夫差、智伯极武而亡；秦任刑法不变，卒灭赵氏。(【集解】赵氏，秦姓也。【索隐】案：韦昭云'秦伯益后，与赵同出非廉，至造父，有功于穆王，封之赵城，由此一姓赵氏'。)乡使秦已并天下，行仁义，法先圣，陛下安得而有之？"①

曾为秦朝小吏的刘邦"安事《诗》《书》"之詈骂，正反映了"秦政"愚民之治效。陆贾劝高帝接受暴秦短促而亡的教训，谋求"长久之术"，揭开了重访"先圣"法统的历史努力。贾谊的《过秦论》在同一方向进言，而立论更为斩截，一言以蔽之："仁义不施而攻守之势异也"：

> 秦并海内，兼诸侯，南面称帝，以养四海，天下之士斐然乡风，若是者何也？曰：近古之无王者久矣……
> 秦王怀贪鄙之心，行自奋之智，不信功臣，不亲士民，废王道，立私权，禁文书而酷刑法，先诈力而后仁义，以暴虐为天下始。夫并兼者高诈力，安定者贵顺权，此言取与守不同术也。秦离战国而王天下，其道不易，其政不改，是其所以取之守之者[无]异也。孤独而有之，故其亡可立而待。借使秦王计上世之事，并殷周之迹，以制御其政，后虽有淫骄之主而未有倾危之患也。故三王之建天下，名号显美，功业长久。②

秦之得天下，在"近古之无王者久矣"，天下之民思"王"；秦之暴亡，在于"废王道，立私权"，所以长治久安之谋，正在复兴"王道"。

---

① 《史记》卷九七《陆贾列传》。
② 《史记》卷六《秦始皇本纪》。

而重返"王道"的途径,在由以"法令""刑法"为急改弦更张,而回到以"仁义礼乐""礼义""教化"为本:

> 夫礼者禁于将然之前,而法者禁于已然之后,是故法之所用易见,而礼之所为生难知也……夫天下,大器也……汤、武置天下于仁义礼乐,而德泽洽,禽兽草木广裕,德被蛮貊四夷,累子孙数十世,此天下所共闻也。秦王置天下于法令刑罚,德泽亡一有,而怨毒盈于世,下憎恶之如仇雠,祸几及身,子孙诛绝,此天下之所共见也。是非其明效大验邪!……今或言礼谊之不如法令,教化之不如刑罚,人主胡不引殷、周、秦事以观之也?①

正是在这一大的历史背景与时代思潮之下,贾谊惩于"汉承秦之败俗",故当"移风易俗,使天下回心而向道",向汉文帝提出"宜定制度,兴礼乐"的建言;董仲舒认为"王者欲有所为,宜求其端于天。天道大者,在于阴阳。阳为德,阴为刑",向汉武帝提出"王者承天意以从事,故务德教而省刑罚"为核心内容"以教化为大务"的"更化"对策。继之者,如宣帝时王吉有"愿与大臣延及儒生,述旧礼,明王制,驱一世之民,济之仁寿之域"的建言;成帝时刘向有"教化,所恃以为治也,刑法所以助治也"之痛谏等,② 他们的献言献策,人主之采纳程度有不同,朝廷的措施有顿挫,但是王朝治理的大体趋势,确是向矫秦弊、采"王道"、"以礼统法"的方向迈进的。

汉高祖虽曾溺儒冠暴粗口,但毕竟采纳陆贾政策转型的建议,看清了"马上得之不能马上治之"的大时代之变,虚怀促其著

---

① 《汉书》卷四八《贾谊传》。
② 以上并参见《汉书》卷二二《礼乐志》。

《新语》。① 文帝对贾谊一系列的建策，也只有部分的采纳，但是《贾谊传》"赞曰"称"追观孝文玄默躬行以移风俗，谊之所陈略施行矣"，则其返本之论是很有历史作用的。汉武帝、董仲舒君臣在"推崇孔氏，抑绌百家"②之定策建制方面的伟大贡献影响更为久远。至于宣帝，未纳王吉之言，又有著名的对太子（元帝）之言云：

　　汉家自有制度，本以霸王道杂之，奈何纯（住）［任］③德教，用周政乎!④

"德教"用语典出《孟子》，"王""霸"论式及术语荀子以来尤为流行。这句话被广为征引，多引以证汉朝治理模式之杂霸性质。此言的确意蕴丰富，我们以为，这不过反映了好法轻儒的宣帝一帝一家之言，不足以整体概括汉代政治之家法，却生动而鲜明地折射出在亡秦之后礼治与法治、王道与霸道、儒家与法家竞争、较量、融合过程中孰主孰次孰本孰末一时未见分晓的状态，但是有汉一代，在"汉承秦业"之外尤致力于"汉改秦制"，而最终底定"以礼统法"之格局，是不可否认的大趋势。

即以汉诸帝纪而言，《史记·高祖本纪》称"三王之道若循环（夏忠、殷敬、周文——引者），终而复始。周秦之间，可谓文敝矣。秦政不改，反酷刑法，岂不缪乎？故汉兴，承敝易变，使人不倦，得天统矣"。点出汉政以变周秦间之文敝承王道得天统的功业、大势与趋向。《汉书·惠帝纪》赞"孝惠内修亲亲，外礼宰相"为"宽仁之主"；《汉书·高后纪》据《史记·吕太后本纪》赞"孝

---

① 《史记》卷九七《陆贾列传》。
② 用荀悦《汉纪》卷二五语，张烈点校：《两汉纪》，中华书局2002年版，第438页。
③ "住"，从钱大昭说当作"任"。
④ 《汉书》卷九《元帝纪》。

惠、高后之时……天下晏然，刑罚罕用，民务稼穑，衣食滋殖"。班书之文，全本《史记》，孝惠、高后时代为有省刑趋礼之致。《汉书·文帝纪》赞："（孝文皇帝）专务以德化民，是以海内殷富，兴于礼义，断狱数百，几致刑措。呜呼，仁哉！"《汉书·景帝纪》赞"周秦之敝，罔密文峻，而奸轨不胜。汉兴，扫除烦苛，与民休息。至于孝文，加之以恭俭，孝景遵业，五六十载之间，至于移风易俗，黎民醇厚。周云成、康，汉言文、景，美矣！"文、景之治为史所称，其至仁美之境者，正在复归德礼之政。《汉书·武帝纪》赞：

孝武初立，卓然罢黜百家，表章六经。遂畴咨海内，举其俊茂，与之立功。兴太学，修郊祀，改正朔，定历数，协音律，作诗乐，建封禅，礼百神，绍周后，号令文章，焕焉可述。

在确立尊经崇儒国策，从制度上体现与保障兴复"三代之风"之"稽古礼文"方面，是建有"洪业"的。至于昭帝朝之"轻徭薄赋，与民休息……举贤良文学，问民所疾苦，议盐铁而罢榷酤"，可称善政。而"孝宣之治"则有"中兴"之美，其"信赏必罚，综核名实，政事文学法理之士咸精其能，至于技巧工匠器械，自元、成间鲜能及之，亦足以知吏称其职，民安其业也"。可谓能得法治之长者。其父好法，其子好儒，元帝虽不能恢宏父业，"然宽弘尽下，出于恭俭，号令温雅，有古之风烈。"成帝、哀帝、平帝时代，外戚擅朝，权柄转手，致王莽当政，班固称："昔秦燔《诗》《书》以立私议，莽诵《六艺》以文奸言，同归殊涂（途），俱用灭亡……圣王之驱除云尔！"[①] 不过，王莽雅好"制礼作乐"，他的兴作云为却并不因人亡政息而尽皆消散。如他的"发得周礼，

---

① 本段所引《汉书》史料，分别出自《昭帝纪》《宣帝纪》《元帝纪》《王莽传》。

以明因监"——《汉书·艺文志》录"《周官经》六篇。王莽时刘歆置博士"。颜师古注曰:"即今之《周官礼》也,亡其《冬官》,以《考工记》充之。"荀悦《汉纪》卷二十五有云:"刘歆以《周官》(十)六篇为《周礼》,王莽时,歆奏以为《礼经》,置博士。"①——使《周官》从此成为《周礼》,为《六艺》中之一大经,对后世有深远的影响,也是"以礼统法"之政治文明史上值得记录的一页。

东汉光武帝为儒生,习经艺,曾"之长安,受《尚书》,略通大义"。"初,帝在兵间久,厌武事,且知天下疲秏,思乐息肩。"后勤勉视朝之余,"数引公卿、郎、将讲论经理",乐此不疲,"故能明慎政体,总揽权纲,量时度力,举无过事。退功臣而进文吏,戢弓矢而散马牛,虽道未方古,斯亦止戈之武焉。"可知其治国安邦之大体,是向崇儒方向迈进的。而继任者"明帝善刑理,法令分明。日晏坐朝,幽枉必达。内外无幸曲之私,在上无矜大之色。断狱得情,号居前代十二。故后之言事者,莫不先建武、永平之政"②。则能得法治之平。可见汉政在礼治法治之间或有畸重畸轻之别,但没有说将此两大治理传统一概弃之不顾的。不过其间有一个方向性结构"以礼统法"势不可当,而在随后的章帝朝大体底定了。《后汉书·肃宗孝章帝纪》,范晔"论曰":

> 章帝素知(人)[民]厌明帝苛切,事从宽厚。感陈宠之(义)[议],除惨狱之科。(宠时为尚书,以吏政严切,乃上

---

① 《汉书艺文志讲疏》云:"此亦可征歆奏定《七略》与仕莽朝绝然两事。而末世妄人诋歆为莽伪造《周官》一书,非真吠影吠声之谈哉。"(汉)班固编撰,顾实讲疏:《汉书艺文志讲疏》,上海古籍出版社1987年版,第48页。此说不免矫枉过正,《周官》确非如晚清之经今文家之流如康有为等所认为者由刘歆伪造,但是它之升格为礼经,确与新朝王莽、刘歆君臣的努力分不开的。

② 本段所引,分别出自《后汉书·光武帝纪》《显宗孝明帝纪》。

书除惨酷之科五十余条，具本传也。）深元元之爱，著胎养之令。（元和二年令，诸怀妊者赐谷，人三斛。）奉承明德太后，尽心孝道。割裂名都，以崇建周亲。（周，至也。）平徭简赋，而人赖其庆。又体之以忠恕，文之以礼乐。故乃蕃辅克谐，群后德让……在位十三年，郡国所上符瑞，合于图书者数百千所。乌呼懋哉！（懋，美也。）①

陈宠之议有云："礼之所去，刑之所取，失礼则入刑，相为表里者也……宜令三公、廷尉平定律令，应经合义者，可使大辟二百，而耐罪、赎罪二千八百，并为三千，悉删除其余令，与礼相应，以易万人视听，以致刑措之美，传之无穷。"② 为中国法制史、中国法律史也是中国历代治理史上的重要文献，我们已经详引在前。他对礼与刑、礼治与法治之间关系的揭示是极为深刻的，故被广为征引。我们兼观此"论"，可知意主宽仁、反对滥刑的陈氏所发并未流于空论，而是得到了最高执政者汉章帝的响应。章帝君臣以德礼之治为本（所谓"体之以忠恕，文之以礼乐"）务使狱省政"平"，其以礼折法之效，岂不"懋哉"！亡秦以来，"汉改秦制"而又不尽废其法治的历史努力，终于落实到"以礼统法"的治理格局与基本精神中了。

范氏又"赞曰"：

肃宗济济，天性恺悌。於穆后德，谅惟渊体。（於穆，叹美也。《尚书》曰"齐圣广渊"也。）左右艺文，斟酌律礼。（"艺文"谓诸儒讲《五经》同异，帝亲称制论决也。"律"谓诏云"立春不以报囚"也。"礼"谓修禘祫，登灵台之属。）

---

① 《后汉书》卷三《章帝纪》。
② 《后汉书》卷四六《陈宠列传》。

思服帝道，弘此长懋。儒馆献歌，戎亭虚候。（"献歌"谓崔骃游太学时上《四巡》等颂。）气调时豫，宪平人富。（《后汉书》卷三《肃宗孝章帝纪第三》）

其"赞"所举"左右艺文，斟酌律礼"等，亦是"以礼统法"精神之体现。具有法典意义与功能的《白虎通》，正是其精华的结晶。

（二）《汉书·礼乐志》《刑法志》所见"以礼统法"思想

我们先来看《白虎通》的撰集者班固，其精心结构的《汉书·礼乐志》与《汉书·刑法志》之分篇并列的体式内容，是如何表征这一精神的。

《后汉书》卷四十下《班彪列传第三十下》"赞曰"："二班怀文，裁成帝坟。比良迁、董，兼丽卿、云。彪识皇命，固迷世纷。"虽识不如乃父，但是良史而兼长文才的班固，也深通经义。这让他染有一种强烈的"理想化古代"的倾向，使得他对有汉一代的兴礼作乐事业成绩持有严厉的批评态度：

> 今大汉继周，久旷大仪，未有立礼成乐，此贾（宜）[谊]、仲舒、王吉、刘向之徒所为发愤而增叹也。（《汉书》卷二十二《礼乐志第二》）

这样的论断，与其说是客观评估，不如说是深切期望。我们承认，相比于"前圣"若"三代"之"王制"，"大汉"之"立礼成乐"诚有不逮，班固的体会一定比我们深刻。但是"贾谊、仲舒、王吉、刘向之徒"等精英之士及执政者的持续努力终究没有白费。亡秦之后，早期中国德礼之治的精神不断被重访回来，成为统摄被法家和秦政改铸过的刑法之治的指导思想，即以"礼法"统"刑法",简称"以礼统法"。这是对儒家所总结的"导德齐礼"精神的重温,也是对法家法治传统的融化与束纳。班固本人也在这一辈精英之士的行列中,他的《汉书》以《刑法志》列《礼乐志》之后,反映一代治体之要,亦兼以明历史源流,"礼乐"在先"刑法"在后的此种格局为后史楷模,大体谨遵勿替,象征着中华"以礼统法"的治体格局的渐趋向定型。《刑法志》的专列,也彰显了法家、法吏、法治的历史贡献及律令、法制、法度的兴替演变。分别而观,"礼乐"与"刑法"成绩均不免有不合理想的地方,诚如班固之所观察;合而观之,"以礼统法"的精神特别彰明,却有绝大历史意义的。

《汉书·礼乐志》称:"礼节民心,乐和民声,政以行之,刑以防之。礼乐政刑四达而不悖,则王道备矣。""礼乐政刑",《礼记·乐记》与《史记·乐书》均作"礼乐刑政","礼、乐、政、刑"之序的厘定,亦可见东汉将"刑"治的权重置于更低的位阶上。

《汉书·礼乐志》称:"及其衰也,诸侯逾越法度,恶礼制之害己,去其篇籍。遭秦灭学,遂以乱亡。"可见"法度"即"礼制";又称:"汉兴,拨乱反正,日不暇给,犹命叔孙通制礼仪,以正君臣之位……以通为奉常,遂定仪法,未尽备而通终。"可见"礼仪"即"仪法"。"法度""礼制""礼仪""仪法"辞异而义同,可统称为"礼法"。后文又称:"今叔孙通所撰礼仪,与律令同录,臧于理官,(师古曰:古书怀藏之字本皆作'臧',《汉书》例为'臧'耳。理官,即法官也。)法家又复不传。[1] 汉典寝而不

---

[1] 王先谦《汉书补注》:"刘敞曰:'法家'当属上句。先谦曰:刘说非也。《艺文志》'法家者流,盖出于理官'。理官者,掌刑法之官。法家者,习刑法之家也。官书无臧于私家之理,特礼仪以臧在理官,而法家又无讲习之者,故不传耳。"班固撰,王先谦补注,上海师范大学古籍整理研究所整理:《汉书补注·礼乐志第二》,上海古籍出版社2008年版,第1456—1457页。

著，民臣莫有言者。""汉典"据《汉书补注》王先谦说，指若叔孙通《汉仪》、卫宏《旧仪》之类，则与前文"礼仪"相通。"礼仪""律令"均藏于"理官"，则礼法、刑法同为官法可知，而"礼仪"叙在"律令"之前，则班氏视礼法固尊于刑法。而"法家不传"，则可见法家的影响大体只能寄身于"律令"体制，而很不易体现在法理之探讨与主张上了。这些都不能不说是"以礼统法"精神见之于细微之处的表现。

《汉书·礼乐志》继此又称："又通没之后，河间献王采礼乐古事，稍稍增辑，至五百余篇。（师古曰：'辑与集同。'）今学者不能昭见，但推士礼以及天子，说义又颇谬异，故君臣长幼交接之道寖以不章。（师古曰：'寖，渐也。'）"则"礼乐"之要，尽在"君臣长幼交接之道"，此即礼义礼法是也。

《汉书·刑法志》称："圣人既躬明悊之性，（师古曰：'躬谓身亲有之。'）必通天地之心，制礼作教，立法设刑，动缘民情，而则天象地。"此本天人合一的思维模式，论证"礼教"与"刑法"轻重不同各有分职而密切相联之关系，在《刑法志》中优先以叙"礼教"对于"刑法"之意义，正如《礼乐志》无法脱离"政刑"法度一样，其间的深意是大可注意的。

《汉书·刑法志》称："鞭扑不可弛于家，刑罚不可废于国，征伐不可偃于天下；用之有本末，行之有逆顺耳……文德者，帝王之利器；威武者，文德之辅助也……三代之盛，至于刑错兵寝者，其本末有序，帝王之极功也。"所谓"本末有序"，主旨就在以"文德"帅"武威"，庶几"以礼统法"之谓。

《汉书·刑法志》称："昔周之法，建三典以刑邦国，诘四方：一曰，刑新邦用轻典；二曰，刑平邦用中典；三曰，刑乱邦用重典。""三典"出于《周官·大司寇》，此明以《周礼》之文为"周之法"，可见古人亦礼亦法礼法不分之习惯，亦可视为以礼入法一文例。后文又称"周官有五听、八议、三刺、三宥、三赦之法"。此又以《周官》(《周礼》)之文为"法",实启后世以礼入法典之端绪也。

《汉书·刑法志》称:"陵夷至于战国,韩任申子,秦用商鞅,连相坐之法,造参夷之诛;(师古曰:'参夷,夷三族。')增加肉刑、大辟,有凿颠、抽胁、镬亨之刑。至于秦始皇,兼吞战国,遂毁先王之法,灭礼谊之官,专任刑罚,躬操文墨,昼断狱,夜理书,自程决事,日县石之一。(服虔曰:'县,称也。石,百二十斤也。始皇省读文书,日以百二十斤为程。')而奸邪并生,赭衣塞路,囹圄成市,天下愁怨,溃而叛之。"班固在此集中批评了法家与秦政严刑峻法而非毁"先王之法"的负面效应,其以"王道"评判"霸道"的立场甚为鲜明。

《汉书·刑法志》称"今汉道至盛,历世二百余载",他对汉代之自我评价也不低,但犹有"刑""蕃"之弊,"原狱刑所以蕃若此者,(师古曰:'蕃,多也,音扶元反。')礼教不立,刑法不明,民多贫穷,豪桀务私,奸不辄得,狱豻不平之所致也"。可注意者,此处"礼教"为文献中早出之用词,为后世所承用的习语,非常重要。班固探讨"狱刑"滋多的原因,首先强调的是"礼教"方面的问题("不立"),其次才是"刑法"本身的问题("不明"),最可见"以礼统法"精神之确立了。而我们所谓"以礼统法"之"礼",是传统上包蕴深广之辞,若"礼法""礼义""礼教"等皆统摄之,事实上它们之间亦不能截然区隔。当然,这绝不是说"刑本不正"之类可以丝毫放松的意思,更不是"礼教"可以包治天下的意思。刑治之过重与过轻皆有其弊,而欲至理想的治境,徒法亦不足以自行。一句话:"必世而未仁,百年而不胜残,诚以礼乐阙而刑不正也。"这也可以作为我们所谓"以礼统法"精神的完整写照了。

三 "三纲"之确立及其"以礼统法"之精神

瞿同祖指出:"家族主义及阶级概念始终是中国古代法律的基本精神和主要特征,它们代表法律和道德、伦理所共同维护的社会制度和价值观念,亦即古人所谓纲常名教。"[1]

在"纲常名教"之中,或举"三纲五常"或举"三纲六纪",要以"三纲"为核心。

《论语注疏·为政》有云:

> 子张问:"十世可知也?"(孔曰:"文质礼变。")子曰:"殷因于夏礼,所损益,可知也。周因于殷礼,所损益,可知也。(马曰:'所因,谓三纲五常。所损益,谓文质三统。')其或继周者,虽百世,可知也。"(物类相召,世数相生,其变有常,故可预知。)

东汉马融以"三纲五常"注孔子所称三代礼治之"所因",则亦以其为"百世"不变者可知,古人对它的崇敬信仰是不言而喻的。何谓"三纲五常"?《论语注疏》引《白虎通》云:

> 三纲者何谓?谓君臣、父子、夫妇也。君为臣纲,父为子纲,夫为妻纲。大者为纲,小者为纪,所以张理上下,整齐人道也……五常者,何谓?仁、义、礼、智、信也。

与"三纲五常"一样重要而成为信条的,还有"三纲六纪"。《礼记·乐记》:"然后圣人作为父子君臣,以为纪纲。纪纲既正,

---

[1] 瞿同祖:《中国法律与中国社会》,《瞿同祖法学论著集》,第360页。

天下大定。"《礼记正义》：

"作为父子君臣，以为纪纲"者，按《礼纬·含文嘉》云："三纲，谓君为臣纲，父为子纲，夫为妻纲矣。六纪，谓诸父有善，诸舅有义，族人有叙，昆弟有亲，师长有尊，朋友有旧，是六纪也。"

三纲六纪五常，备载于东汉章帝时代底定的法典《白虎通》。① 上述条文，或入经注，或入注疏，影响之大，要远远超过一般所谓法律的。

而"三纲"对中国传统社会公私生活的影响尤为深切，这也是事实。很多人认为它典型地反映了儒家思想的作用。但是徐复观的看法大为不同，他将其归咎于法家的篡改：

到了法家，便把由德性所转出的人格平等，以及由各人德性所转出的义务的伦理关系，简化而为地位上的服从的关系；把以德性为中心的人伦，转变而为以权威为中心的人伦，这才完全配合上了他们极权专制的政治构想。所以《韩非子·忠孝》篇说"臣事君、子事父、妻事夫，三者顺，则天下治，三者逆，则天下乱"，而责"孔子本未知孝弟忠顺之道"。这一套思想，形成秦代专制政治的基底，为汉代所继承。西汉儒家，如前所述，一部分人是对专制的抗争，一部分是对专制的妥协。到了东汉初年，便通过谶纬而几乎完全投降于专制君权之下。谶纬，尤其是纬，是尽了把学术思想转向专制的大责任。于是"三纲"之说，乃正式成立。《白虎通·三纲六纪》

---

① 将《白虎通》视为法典，很有道理。参见侯外庐、杜国庠、赵纪彬、邱汉生《中国思想通史（第二卷）》第七章"汉代白虎观宗教会议与神学思想"，人民出版社1957年版。

说："三纲者何谓也，谓君臣、父子、夫妇也……故君为臣纲，夫为妻纲。纲者张也，纪者理也。大者为纲，小者为纪，所以张理上下，整齐人道也……若罗网之有纪纲而万目张也。"纲纪，主要是由"大小"、"上下"而来，亦即由外在权威而来，这是法家思想挟专制之威，篡夺了儒家的人伦思想，乃儒家人伦思想的一大变化，实亦中国历史命运的一大变局。①

徐氏将儒家与法家的"伦理"与"政治构想"做了明确区分，并认为法家的思想渗透进了"三纲"，并引《韩非子》以为证，这是很有见地的。但是他说，以《白虎通》为代表的正统政治法律架构只是表明儒家对法家秦政的一味"妥协"或"投降"，并导致"中国历史命运的一大变局"，而徒具负面意义，则殊为偏颇。

事实上，由《白虎通》所定型的"三纲"，仍然反映了"汉改秦制"的历史努力，体现了儒家对法家的改造，并从根本上象征了"以礼统法"的精神。

让我们从《韩非子·忠孝》说起。韩非子不仅以卑者（臣、子、妻）对尊者（君、父、子）的"事"，即单方面的服从，来定义三伦（君臣、父子、夫妇）之间的关系，以其"顺""逆"决定天下"治""乱"的关系；并认为"此天下之常道也，明王贤臣而弗易也，则人主虽不肖，臣不敢侵也"。他以绝对的"顺事"为义务为职分为普遍原则，不以伦常代表身份本身的贤不肖为转移。前文已经引过，《忠孝》开宗明义说："天下皆以孝悌忠顺之道为是也，而莫知察孝悌忠顺之道而审行之，是以天下乱。皆以尧、舜之道为是而法之，是以有弑君，有曲于父。尧、舜、汤、武，或反君臣之义、乱后世之教者也：尧为人君，而君其臣；舜为人臣，而臣

---

① 徐复观：《中国孝道思想的形成、演变及其在历史中的诸问题》，《中国思想史论集》，上海书店出版社 2004 年版，第 166—167 页。

其君；汤、武为人臣，而弑其主、刑其尸；而天下誉之，此天下所以至今不治者也。"所以《韩非子》"三常道"的主张，主要是针对儒家的禅让（法尧、舜）和革命（法汤、武）理论而提出的。"今夫上贤、任智、无常，逆道也，而天下常以为治。是故田氏夺吕氏于齐，戴氏夺子氏于宋。此皆贤且智也，岂愚且不肖乎？是废常上贤则乱，舍法任智则危。"他的结论是："上法而不上贤。"这也是担忧篡夺乱象而倡导的安分守位论。所谓"常道"亦可谓之"常法"："故人臣毋称尧、舜之贤，毋誉汤、武之伐，毋言烈士之高，尽力守法，专心于事主者为忠臣。"君臣一伦最为重要，次之则为父子："所谓忠臣，不危其君；孝子，不非其亲。"诸如此类对"忠臣孝子"的规定，对后世的确有深远的影响。像"君要臣死，臣不得不死；父要子亡，子不得不亡""天下没有不是的父母"等，盖均远本于此。此在秦代固已实践之矣，扶苏在自杀前对蒙恬说的最后一句话就是："父而赐子死，尚安复请！"[①]

但是说到《韩非子》对"三纲"的影响，恐怕不仅在于单向度的服从伦理，而更在君臣、父子、夫妇三伦之绝对重要性即"纲"的地位的奠定。他用"常道"这一形容词，[②] 来界定君臣、父子、夫妇三伦之至上性，这是前古所无的。

《白虎通》之前的文献，论及此三伦的重要，与之最为接近的要数《礼记·哀公问》引孔子对哀公之言："夫妇别，父子亲，君臣严。三者正，则庶物从之矣。"[③] 以及《大戴礼记·哀公问于孔子》："夫妇别，父子亲，君臣严[④]，三者正，则庶民从之矣。"但是，人伦的要目虽同，《韩非子·忠孝》关于三伦的排序却与这些

[①] 《史记》卷八七《李斯列传》。

[②] 盖远本《老子》之"道可道，非常道"之"常道"用语，《荀子》等诸子书亦有用此一词汇者，唯不用于对三伦的评论。

[③] "君臣严"，《孔子家语·大婚解》作"君臣信"。

[④] "君臣严"，陈士珂《孔子家语疏证》引作"君臣义"。

儒家经典大为不同，君臣一伦居首，更多反映了君主集权体制的发达，而父子列于夫妇之前则体现了家族制度进一步发展之社会现实。这也均为《白虎通》所继承。另外，儒家典籍只要求三伦之间的"别""亲"与"严"（或"信""义"），并不要求各伦中之一方对另一方绝对服从，这也是他们与法家的区别。还有就是《荀子·天论》："若夫君臣之义，父子之亲，夫妇之别，则日切瑳而不舍也。"① 三伦之序与《韩非子》完全一致，但是并不以"顺事"为说，在重要性的彰显上亦不如《韩非子》为鲜明。在法家文献中与《韩非子》最为接近的是《商君书·画策》："故黄帝作为君臣上下之义、父子兄弟之礼、夫妇妃匹之合"，不过《商君书》所述，倒是更为接近儒家的，更何况还混杂有"君臣""父子""夫妇"之外的伦理。

另一些可资比较的是，包含了此三伦而不限于此三伦的文献。《礼记·中庸》有云："天下之达道五，所以行之者三。曰：君臣也，父子也，夫妇也，昆弟也，朋友之交也，五者天下之达道也。知、仁、勇三者，天下之达德也。"② 与《中庸》特别接近的是《孟子·滕文公上》提到的"教以人伦"论："圣人有忧之，使契为司徒，教以人伦：父子有亲，君臣有义，夫妇有别，长幼有叙，朋友有信。"我们将它们与《韩非子·忠孝》比较，可见《孟子》将"父子"列于法家更为注重的"君臣"之前，的确反映了较为早期也更为彻底的儒家立场，其间的关系如《周易·序卦》所云："有天地，然后有万物；有万物，然后有男女；有男女，然后有夫妇；有夫妇，然后有父子；有父子，然后有君臣；有君臣，然后有上下；有上下，然后礼义有所错（措）。"将"夫妇"列于"父子"之前，取某种家庭伦理优先的或更有历史感的特定论述角度。《礼

---

① 《韩诗外传》卷二同。
② "朋友之交也"，《孔子家语·哀公问政》作"朋友也"，大体相同。

记·昏义》云:"男女有别,而后夫妇有义;夫妇有义,而后父子有亲;父子有亲,而后君臣有正。故曰:昏礼者,礼之本也。"侧重婚礼为礼之本的角度,宜有此论。而《中庸》的排序与《韩非子》一致,或从一个侧面反映出其成书较《孟子》相对为晚,而不能不默认君主集权制时代的现实了。《孟子》可称之基于实质上"五伦"之"五教",《中庸》则可称之"五达道","达道"一词与《韩非子》"常道"的用词已经非常接近了。其他如《孔子家语·问礼》:"……以正君臣,以笃父子,以睦兄弟,以齐上下,夫妇有所,是谓承天之祜。"[1]《礼记·礼运》:"大人世及以为礼,城郭沟池以为固,礼义以为纪;以正君臣,以笃父子,以睦兄弟,以和夫妇,以设制度,以立田里,以贤勇知,以功为己。"《淮南子·齐俗训》:"夫礼者,所以别尊卑、异贵贱;义者,所以合君臣、父子、兄弟、夫妻、朋友之际也。"三伦的序列大体与《中庸》《韩非子》一致,而仍不如《韩非子》与《中庸》之相近。若《礼记·祭统》"夫祭有十伦焉:见事鬼神之道焉,见君臣之义焉,见父子之伦焉,见贵贱之等焉,见亲疏之杀焉,见爵赏之施焉,见夫妇之别焉,见政事之均焉,见长幼之序焉,见上下之际焉。此之谓十伦"。则三伦之序虽同,几乎淹没在"十伦"中,而显不出重要性了。《新语·道基》:"于是先圣乃仰观天文,俯察地理,图画乾坤,以定人道,民始开悟,知有父子之亲,君臣之义,夫妇之别,长幼之序。于是百官立,王道乃生。"其中三伦次序与《韩非子》不同;《礼记·王制》"七教:父子、兄弟、夫妇、君臣、长幼、朋友、宾客"。则三伦之序既不同,且亦淹没在"七教"中,可以略过。《韩诗外传》卷五"若夫君臣之义,父子之亲,夫妇之别,朋友之序,此儒者之所谨守,日切磋而不舍也"。三伦次序与《韩

---

[1] 《礼记·礼运》同。

非子》同,盖在前引《荀子·天论》所述三伦之外,加了"朋友"一伦。而《淮南子·泰族训》"制君臣之义,父子之亲,夫妇之辨,长幼之序,朋友之际,此之谓五"。述五教盖本于《孟子》,而其中三伦次序则与《韩非子》相同。《说苑·贵德》"契教以君臣之义,父子之亲,夫妇之辨,长幼之序"。述四教当本《孟子》,而三伦次序亦与《韩非子》同。

综上所述,法家的代表文献《韩非子》关于"三常道"的思想容或前有所承,从其因袭之迹看,也不能完全排除儒家的影响,但是它按君臣、父子、夫妇的序列,将三者别择出来确立为伦常之要,反映了他们擅长其从国家政治法制顶层出发下及社会生活而论治之要的独到眼光,实有重大的历史意义,也的确发生了深远的历史影响。

但是,他们一味以卑下柔弱一方"顺""事"尊贵强权一方的伦理与法律,虽亦不乏后继者,但随着暴秦的暴亡,很快得到纠偏,并逐步得到改造。

在秦尚未灭亡之际,对《韩非子·忠孝》所主张"三常道"已经有所发挥并转化的,有并不为秦王朝所接受的《吕氏春秋》:

> 凡为治必先定分。君臣、父子、夫妇,君臣、父子、夫妇六者当位,则下不逾节,而上不苟为矣,少不悍辟,而长不简慢矣。金木异任,水火殊事,阴阳不同,其为民利一也。故异所以安同也,同所以危异也。同异之分,贵贱之别,长少之义,此先王之所慎,而治乱之纪也。①

吕不韦学派从"定分""当位"的角度来阐释三伦之作为"治

---

① 《吕氏春秋·似顺论·处方》。

乱之纪"，一方面妙得韩非子学派"常道"的精神，另一方面比单向度的"顺""事"之说远为合理。他们又从"为民利"的角度着想，我们认为是向着"王道"方向改造的。他们用"纪"字来概括，则开启了后世用"纲纪"来称说之先河。

此前《荀子》好用"纲纪""经纪"诸辞。若《荀子·劝学》云："《礼》者，法之大分，群类之纲纪也。""纲纪"与"大分"对言，是总要的意思。《荀子·非十二子》批评惠施、邓析"不法先王，不是礼义，而好治怪说、玩琦辞，甚察而不惠，辩而无用，多事而寡功，不可以为治纲纪"，则明确以是否符合"为治纲纪"即政治之总要或原则为立论之标准。《荀子·富国》引"《诗》曰：'雕琢其章，金玉其相，亹亹我王，纲纪四方。'"不啻交代了《荀子》用辞之典出。值得注意的是，《荀子》是将"纲纪"作为整词使用，并不在"纲""纪"之间区分轻重。所以又用"纪纲"一词，将"纪"字置于"纲"字之前，如《荀子·尧问》推崇荀子"其知至明，循道正行，足以为纲纪"。"足以为纲纪"或本作"足以为纪纲"，先秦典籍中或用"纲纪"或用"纪纲"多有其例，义旨一贯，不备列。后世有相承者，如《荀子·儒效》"修修兮其用统类之行也"，杨倞注云："统类，纲纪也。"《荀子·非十二子》批评子思、孟子"略法先王而不知其统"，杨倞注云："统，谓纲纪也。"则杨氏亦以"纲纪"为统类总要。正是在这一意义上，"纪"字有时也与"经"字搭配使用为"经纪"一词，如《荀子·儒效》"然而通乎财万物、养百姓之经纪"，杨倞注云："常通于裁万物、养百姓之纲纪也。"用"纲纪"来注"经纪"，都是总要的意思，颇可参证。

《礼记·乐记》："然后圣人作，为父子君臣，以为纪纲。纪纲既正，天下大定。"正是在这一语境下使用"纪纲"一词的，而文中未列"夫妇"一伦，且先"父子"而后"君臣"。《吕氏春秋》

则采纳了《韩非子》的"三常道"义,而又用儒家"王道"的精神与语言改造转化之云:"同异之分,贵贱之别,长少之义,此先王之所慎,而治乱之纪也。"所谓"治乱之纪",犹如《荀子》所追求的"为治纲纪",这是班班可考的。

至董仲舒《春秋繁露》,始以从《韩非子》到《吕氏春秋》所重之三伦为"王道之三纲":

> 举而上者,抑而下也;有屏而左也,有引而右也;有亲而任也,有疏而远也;有欲日益也,有欲日损也。益其用而损其妨,有时损少而益多,有时损多而益少。少而不至绝,多而不至溢。阴阳二物,终岁各壹出。壹其出,远近同度而不同意。阳之出也,常县于前而任事;阴之出也,常县于后而守空处。此见天之亲阳而疏阴,任德而不任刑也。是故仁义制度之数,尽取之天。天为君而覆露之,地为臣而持载之;阳为夫而生之,阴为妇而助之;春为父而生之,夏为子而养之;秋为死而棺之,冬为痛而丧之。王道之三纲,可求于天。[①]

董仲舒在"三纲"建立史上,有承前启后的重要意义。第一,他将儒家所推崇的治道与法家所实践过的法术重新定位并加以统合,所谓"此见天之亲阳而疏阴,任德而不任刑也"。他根据天道之"亲阳而疏阴"法则,将儒家"任德"之礼治以"天"之名义绝对性地置于法家"任刑"之法治之上,从而重新贞定了儒家治理原则关于"德""刑"关系的基本架构;另一方面,阴阳之间除有主从地位还有配合关系,所以这种方式也确认了秦政、秦治所彰明的法治传统之历史地位与现实上之不可或缺性。我们说他充分表征

[①] 《春秋繁露·基义》。

了"以礼统法"的治理精神,是一点也不过分的。第二,他把《韩非子》《吕氏春秋》以来所注重的治道三伦纳入"王道之三纲",并以天地、阴阳、四时等"天道"法则作了空前系统化的论证,不仅大大提升了其重要性,进一步确认了其合法性、合理性、原则性,而且也大大软化了每一伦之间的相互关系,服从之义务虽未必减弱,但相互依存、相互配合、和而不同的精神也得到了空前的张扬。

至于君臣、夫妇、父子之排序,反而是待定的:所谓"凡物必有合……阴者阳之合,妻者夫之合,子者父之合,臣者君之合,物莫无合,而合各有阴阳。阳兼于阴,阴兼于阳,夫兼于妻,妻兼于夫,父兼于子,子兼于父,君兼于臣,臣兼于君。君臣、父子、夫妇之义,皆取诸阴阳之道"①。说的就是这个道理,而此处三伦之序与《韩非子》《吕氏春秋》完全一致。《春秋繁露·观德》云:

> 天地者,万物之本、先祖之所出也,广大无极,其德昭明,历年众多,永永无疆。天出至明,众之类也,其伏无不昭也;地出至晦,星日为明,不敢暗。君臣、父子、夫妇之道取之此。②

这就把董仲舒如何将《韩非子》所称的"三常道"建构加以基于"天道"论证的努力,表达得一览无余了。所以,潘光旦虽然对"五伦"有很好的研究,但是他说:"('三纲')这是东汉以来就有的一个习语,初见于《汉书·谷永传》③ 与《白虎通》,并不新鲜",④ 则未免把董仲舒等西汉大儒的贡献抹杀太过。刘向《列

---

① 《春秋繁露·基义》。
② 《春秋繁露·观德》。
③ 《汉书》卷八五《谷永传》有云:"勤三纲之严,修后宫之政(师古曰:'三纲,君臣、父子、夫妇也。')。"
④ 潘光旦:《说"五伦"的由来》,潘乃谷、潘乃和选编:《潘光旦选集》第1册,光明日报出版社1999年版,第373页。

女传·魏曲沃负》亦云：

> 夫男女之盛，合之以礼，则父子生焉，君臣成焉，故为万物始。君臣、父子、夫妇三者，天下之大纲纪也。三者治则治，乱则乱。①

这是由《白虎通》来定型"三纲"法条之前夜，已经表述得颇为扼要了。

让我们回到《白虎通》，它是否如徐复观所说，反映了儒家思想对法家思想的"完全投降"呢？

《白虎通·三纲六纪》篇云：

> 三纲者，何谓也？谓君臣、父子、夫妇也。六纪者，谓诸父、兄弟、族人、诸舅、师长、朋友也。故《含文嘉》曰："君为臣纲，父为子纲，夫为妻纲。"又曰："敬诸父兄，六纪道行，[诸父有善]，诸舅有义，族人有序，昆弟有亲，师长有尊，朋友有旧。"何谓纲纪？纲者，张也；纪者，理也。大者为纲，小者为纪。所以张理上下、整齐人道也。人皆怀五常之性，有亲爱之心，是以纲纪为化，若罗网之有纪纲而万目张也。《诗》云："亹亹我王。② 纲纪四方。"③

---

① 刘向撰，刘晓东校点：《列女传》卷三，辽宁教育出版社1998年版，第34页。
② 陈立《白虎通疏证》本作"亹亹文王"，或为手民之误。今据《元本白虎通德论》，正为"亹亹我王"。参见班固撰《元本白虎通德论（全二册）》第二册，国家图书馆出版社2019年版，第66页。
③ 参见陈立撰，吴则虞点校《白虎通疏证（全二册）》，中华书局1994年版，第373—374页。陈立校云："《乐记疏》引《礼纬》'六纪道行'作'诸父有善'，当据改正。"《礼记·乐记疏》引《礼纬·含文嘉》已见前文，笔者以为《乐记疏》例为约引，"六纪道行"《白虎通》未必无其文，而"诸父有善"则确为今本所脱，致"六纪"缺一。故当据以补入，而非"改正"也。

《白虎通》引《诗》与《荀子·富国》引《诗》同，① 均明"纲纪"之出处。而用法又不同，《白虎通》据《礼纬》将"纲"与"纪"作严格区别用，以"纲"统"纪"，具体条目明确以"三纲"统"六纪"。不过类此以纲统纪之主张，西汉贾谊已有阐发，《汉书·礼乐志》述贾氏之见曰：

> 夫立君臣，等上下，使纲纪有序，六亲和睦，（如淳曰："六亲，贾谊书以为父也，子也，从父昆弟也，从祖昆弟也，曾祖昆弟也，族昆弟也。"）此非天之所为，人之所设也。②

贾谊在此已凸显了"纲纪"一词，隐约欲以之整理"君臣""上下"与"六亲"之关系。《汉书·贾谊传》引贾氏之言又云：

> 夫立君臣，等上下，使父子有礼，六亲有纪，（师古曰："纪，（礼）[理]也。"）此非天之所为，人之所设也……秦灭四维而不张，故君臣乖乱，六亲殃戮，奸人并起，万民离叛，凡十三岁，[而]社稷为虚。（师古曰："虚读曰墟，谓丘墟。"）今四维犹未备也，故奸人几幸，而众心疑惑。（师古曰："几读曰冀。次下亦同。"）岂如今定经制，（师古曰："经，常也。"）令君君臣臣，（师古曰："君为君德，臣为臣道。"）上下有差，父子六亲各得其宜，奸人亡所几幸，而群臣众信，上不疑惑！（师古曰："众信谓共为忠信也。"）此业壹定，世世常安，而后有所持循矣。（师古曰："执持而顺行之。"）若夫经制不定，是犹度江河亡维楫，（师古曰："维所以系船，楫所以刺船也。《诗》曰'绋缡维之'。楫音集，又

---

① 《毛诗·大雅·棫朴》作"勉勉我王，纲纪四方"。
② 《汉书》卷二二《礼乐志》。

音接。") 中流而遇风波，船必覆矣。（师古曰："覆音芳目反。"）可为长太息者此也。①

如此，则"六纪"的框架亦有了着落（即"六亲有纪"），唯具体指涉为何，尚无定论，所以如淳注"六亲"与《白虎通》明确的"六纪"不同。"张理上下"等"张"字的语境也显现了，贾谊引"筦子曰：（师古曰：'筦与管同。管子，管仲也。'）'礼义廉耻，是谓四维；四维不张，国乃灭亡。'"② 贾氏的主张正在于"张""四维"之类。我们也看得很清楚，这是亡秦之思引出的"汉改秦制"的历史努力之积极步骤。所谓"可为长太息者此也"，正是《汉书·礼乐志》结语——"今大汉继周，久旷大仪，未有立礼成乐，此贾（宜）[谊]、仲舒、王吉、刘向之徒所为发愤而增叹也"——这一深沉的反响之缘起也。

必须承认，这一历史使命，到《白虎通》之撰定，大体粗具规模。更为重要的是，《韩非子》的"三常道"被儒家的主体精神收服而沉潜下来了。

贾谊所强调的"令君君臣臣，上下有差，父子六亲各得其宜"，正是礼治的精神。《白虎通·三纲六纪》继云：

> 君臣、父子、夫妇，六人也。所以称三纲何？一阴一阳谓之道，阳得阴而成，阴得阳而序，刚柔相配，故六人为三纲。
>
> 三纲法天、地、人，六纪法六合。君臣法天，取象日月屈信，归功天也。父子法地，取象五行转相生也。夫妇法人，取象人合阴阳，有施化端也。六纪者，为三纲之纪者也。师长，君臣之纪也，以其皆成己也。诸父、兄弟，父子之纪也，以其

---

① 《汉书》卷四八《贾谊传》。
② 《汉书》卷四八《贾谊传》。

有亲恩连也。诸舅、朋友,夫妇之纪也,以其皆有同志为己助也。

《白虎通》用阴阳、三材、六合等来系统论证诸人伦之"宜",也是继承了董仲舒以来的儒者参天地的精神,此间的关系与《韩非子》"三常道"之一方绝对"顺事"另一方的伦理不可同日而语,所以从系统性的角度去看待某些条文的实质内涵是非常重要的。《白虎通》云:"人皆怀五常之性,有亲爱之心,是以纲纪为化,若罗网之有纪纲而万目张也。"这更是一句点睛之笔,而常为人所忽略。"是以纪纲为化",刘师培据《原本玉篇残卷》系部所引,将之校正为"是以维纲纪为化首",[①] 甚是。就是说,《白虎通》认定三纲六纪是儒家所主持之以教化为本的为政之道的首要。因此要用"五常之性""亲爱之心"以为施政最终极之心性根据。而"五常之性"从《白虎通》整部来看,指的就是仁义礼智信之性。[②] 所以是整体性的儒家礼治精神之网笼罩在某些秦政法家所厘定的治理传统,无远弗届。

在君主制已经成为历史陈迹的时代,一旦听闻"君为臣纲"之类,正义的火气或不免掩埋了历史考察的理性。不过说到"三纲"之法典化,至少要看明白《白虎通》之具体界定为何。今举其要,以"君臣"一伦为主:

> 君臣者,何谓也?君,群也,群下之所归心也。臣者,繵坚也。厉志自坚固也。《春秋传》曰:"君处此,臣请归"也。父子者,何谓也?父者,矩也,以法度教子也。子者,孳也,

---

[①] 参见刘师培《白虎通义斠补》卷下,刘师培著,万仕国点校:《仪征刘申叔遗书8》,广陵书社2014年版,第3360页。

[②] 不烦多引,观乎《白虎通·谏诤》"人怀五常,故知谏有五:……此智之性也……此仁之性也……此礼之性也……此信之性也……此义之性也。"可知其概。

孳孳无已也。故《孝经》曰："父有争子，则身不陷于不义。"夫妇者、何谓也？夫者，扶也，以道扶接也。妇者，服也，以礼屈服也。《昏礼》曰："夫亲脱妇之缨。"《传》曰："夫妇判合也。"（《白虎通·三纲六纪》）

先看父子、夫妇。父子之间：主于为父之立家法、施教训；为子之贵"争（诤）"，以"义"父"身"。各有所职，非"孝子，不非其亲"[①] 之谓也。夫妇之间：主于为夫之"扶"妇；为妇之"服"夫。互相扶助配合，亲密相待，"判合"一体，而各以"道"、以"礼"相处，所谓以礼治家也。

君臣之间，尤为重要。"君，群也，群下之所归心也。"《白虎通》的规定，远本《荀子·王制》"君者，善群也"及《荀子·君道》"君者，何也？曰：能群也。……善生养人者也，善班治人者也，善显设人者也，善藩饰人者也。……四统者具，而天下归之，夫是之谓能群"。等君者善群而群归心之说。与"权者，君之所独制也"[②] "权势者，人主之所独守也"[③] "王者独行，谓之王"[④] 等权势为人主"独擅"等真正的独夫民贼之说，大异其趣。"臣者，繵坚也。属志自坚固也。"强调的也是为臣之"属志自坚"自求为贤的本分。这与法家所倡导的一味臣奴顺服，也绝不可等量齐观。

《韩非子·忠孝》："今尧自以为明，而不能以畜舜；舜自以为贤，而不能以戴尧，汤、武自以为义，而弑其君长，此明君且常与，而贤臣且常取也……此非所以定位一教之道也。"儒家持禅让、革命说，而法家对此斤斤计较，务取坚决反对态度。对于这个关节

---

① 《韩非子·忠孝》。
② 《商君书·修权》。
③ 《管子·七臣七主》。
④ 《韩非子·忠孝》。

问题，《白虎通》又是如何规定的呢？

《白虎通·三军》"论商周改正诛伐先后之义"末云：

> 《礼》曰："汤放桀、武王伐纣，时也。"

陈立《白虎通疏证》引《荀子·正论》："天下归之之谓王，天下去之之谓亡。故桀、纣无天下，而汤、武不弑君，由此效之也。汤、武者，民之父母也；桀、纣者，民之怨贼也。"以释此条曰："即时义也。"[①] 甚确。则《白虎通》秉持儒家主导之礼治立场，是毫不放松的。

总而言之，从"三纲"之建立进程，可以清晰地看到，绝不是儒家一味臣服拜倒在法家的淫威之下苟延残喘，而是在"汉改秦制"的历史大趋势之下，儒家一步步改造与转化了法家的治理经验，并以《白虎通》的法典形式，确立了"以礼统法"的政治法律精神。

最后，我们也不能忽略了，在历史长河中，这一法条所蕴含的普遍意义。关于这一点，陈寅恪有感于王国维之自杀，论之甚切：

> 吾中国文化之定义，具于《白虎通》"三纲六纪"之说，其意义为抽象理想最高之境，犹希腊柏拉图所谓 Eîdos 者。若以君臣之纲言之，君为李煜亦期之以刘秀；以朋友之纪言之，友为郦寄亦待之以鲍叔。其所殉之道，与所成之仁，均为抽象理想之通性，而非具体之一人一事。[②]

[①] 陈立撰，吴则虞点校：《白虎通疏证（全二册）》，第205页。
[②] 陈寅恪：《王观堂先生挽词（并序）》，《陈寅恪集·诗集（附唐篔诗存）》，生活·读书·新知三联书店2001年版，第12—17页。

依陈氏之见，王氏之"一死从容殉大伦"，正为其有见于此"纲纪"将随其所"依托"之"社会制度"之共沦亡而殉身。此前，吴宓在日记中也表示："若夫我辈素主维持中国礼教，对于王先生之弃世，只有敬服哀悼已耳。"又云："先生忠事清室，宓之身世境遇不同，然宓固愿以维持中国文化道德礼教之精神为己任者。"欲效其以死殉伦的精神。又纪："黄先生（指黄节）大悲泣，泪涔涔下，谓以彼意度之，则王先生之死，必为不忍见中国从古传来之文化礼教道德精神，今日将全行澌灭，故而自戕其身。"追悼王氏挽联中，有柯劭忞挽"臣职不再辱；天鉴此孤忠"等。①

上述颇为一致的意见与操守，均涉及对"纲纪"普遍意义乃至中国"礼教"精神的理解。其中的意蕴，以贺麟的阐发最为扼要：

> 先秦的五伦说注重人对人的关系，而西汉的三纲说则将人对人的关系转变为人对理、人对位分、人对常德的单方面的绝对的关系。故三纲说当然比五伦说来得深刻而有力量……唯有人人都能在其位分内，单方面地尽他自己绝对的义务，才可以维持社会人群的纲常。②

王国维之死，以最惨烈的方式，诠释了中国传统之政治文化结晶的"纲常"之意义。所以是不能仅视为旧时代终将沦亡之象征的。

---

① 参见吴学昭《吴宓与陈寅恪》（增订本），生活·读书·新知三联书店2014年版，第73、74、78、84页。

② 贺麟：《五伦观念的新检讨》，见氏著《文化与人生》，上海人民出版社2019年版，第65页。

结　语

　　从政治文明的角度，探讨中国历代治理体系中的礼治与法治传统及其畸重畸轻之特色所在，是本章的中心任务。对于"原始要终"的工作要求来说，源不清则流不明；兼以近代以来中西冲突与交融的历史经验带来的观念上的纠葛缠绕不清，我们将精力更多投注在溯原与辨析上，但这恰恰是出于历史理解的需要，并不说历史的发展进程尤其是后续演变和成败得失之不重要。结语部分我们试着总结出若干要点，并观照到历史的流变，揭示若干资鉴意义。

　　寻访早期中国的治理原型，我们作了一个概括，叫"中国式法治"。这是一个具有抗议性色彩的提法。将"礼治"与"法治"对举，作为政治模式及政治思想的分野，并据此以论中西政治之区别大界，盖自梁启超始。钱穆高度认可梁氏之论断，并援之发挥通论"中西文化之相异"："近人如梁任公以中国重'礼治'与西方重'法治'相对，此可谓深得文化分别之大旨所在。"[1] 梁、钱二公的看法当然是深刻的，但是据今视之，仍然过于拘泥或受制于"重'法治'"之"西方"这一强势他者的约束了。我们希望通过抗辩性的却是虚心的回访，认清中华德礼之治、礼法之治、刑礼兼备之治、天人一贯之治的基原，而不是像近代以来很多时候流行的那样刻意贬低它、肢解它。

　　它在历史上的确有影响力，至少发生过照明的作用。所以后代不断涌现复"三代"以及追求"二帝三王"郅治等的诉求。陆贾、贾谊、董仲舒等西汉大儒鉴于亡秦之教训而"复古更化"的努力就不用说了，当东汉的陈宠向章帝上疏云："圣贤之政，以刑罚为

---

[1] 钱穆：《国史新论》，九州出版社2011年版，第172页。

首。"① 采仿的是先王法度之刑治侧面。明清之际的吕留良引南宋大儒朱子的话"自汉以来二千余年二帝三王之道未尝一日行于天下"以论秦汉以来王者施政之心理渊源,② 那是从心术德行的角度,以早期中国的治理典型为镜鉴的。虽语出激愤,而理实严正。

伴随着从封建天下到郡县天下的大时代转移,"道术为天下裂",治道也日益分化为以儒家为代表的礼治及以法家为代表的法治两大宗。

儒家是以"三代"为典型的早期中国王道政治的继承、发掘与发挥者,他们以"导德齐礼"期以天下归服为政治之纲领,以执政、主政、从政者的德行风化为政治之主轴,以伦理本位的礼贤、礼君、礼民等明"分"致"和"之治为政治之目标,儒家代表了中国政治的王道法统,实质内涵为德礼之治,以各明分位分职的双向互动、有序和谐为原则;法家则变更"法"意,张扬霸道,主以刑法,期以富强,力主法自君出,去私明公,以权势为杠杆,以法令刑罚为工具,以吏治为入手,以君王之强力独裁为价值追求,以严肃尊卑、恪守名分、维护君上之权为依归,可以得短时一统之盛,而不能长治久安;"王道""霸道"之分张各有所长,对中国的政治传统有深远的影响。

秦王朝的建立实践了法家的政治法律主张,它的二世而亡也促使汉代等后继王朝寻访回由儒家所开发的以礼统法的结构与精神,以王道统摄霸道。荀子不是"阳儒阴法"的始作俑者,更不是"秦政"的教师爷,而是尊王贱霸"以礼统法"之伟大先驱。汉代也不仅有"汉承秦制"的因循沿袭,更有"汉改秦制"之历史努力。到东汉班固著《汉书》以《刑法志》列《礼乐志》之后,反映一代治体之要,亦兼以明历史源流,其"礼乐"在先"刑法"

---

① 《后汉书》卷四六《陈宠列传》。
② 参见钱穆《中国近三百年学术史》,九州出版社2011年版,第83页。

在后之格局为后世楷模,大体谨遵勿替;具有法典性质的《白虎通义》将"三纲"等伦理政治法条规定下来,皆象征着中华以礼统法的治体格局及其政治文明精神之渐趋定型、定局、定格。从礼治与法治关系的角度探讨中国政治文明的特色,严格来讲,不是"儒法合流""礼法合治"或"礼法合一",而是"以礼统法"才足以概括之。

礼治的确是以差序等级制为前提的,即所谓"名位不同,礼亦异数"①。但是目标所在却是和谐凝一,即所谓"礼之用,和为贵"②。荀子说:"故先王案为之制礼义以分之,使贵贱之等,长幼之差,知贤愚、能不能之分,皆使人载其事而各得其宜。然后使谷禄多少厚薄之称,是夫群居和一之道也。"③贾谊说:"令君君臣臣,上下有差,父子六亲各得其宜。"④都是深得礼治精神的。它并不以压制为贵,而以秩序为尊以人情为本。所以既礼天亦礼祖宗,礼君、礼臣、礼民、尤礼贤。从自身修养(德)出发,"克己复礼",以得行"王道"("天下归仁")为归宿。礼治的范围又是包罗万象本末兼备的:"孔子曰:'夫礼,先王以承天之道,以治人之情……是故夫礼,必本于天,殽于地,列于鬼神,达于丧祭、射御、冠昏(婚)、朝聘。故圣人以礼示之,故天下国家可得而正也。'"⑤也只能约略概括言之。近代以来,国人割裂体仁文礼之治统道统,尊仁轻礼,以相会于西方文艺复兴、启蒙运动以来"人道主义"等之哲理,厚彼薄此,是不得其平的。

中国治理体系之金字塔结构的顶端皇权,是约束于礼制的。平民出身的汉高祖,在叔孙通立朝仪后即当场赞叹"吾乃今日知为皇

---

① 《左传·庄公十八年》。
② 《论语·学而》。
③ 《荀子·荣辱》。
④ 《汉书》卷四八《贾谊传》。
⑤ 《礼记·礼运》。

帝之贵也"，道出受礼敬的滋味。① 不过，礼制笼罩下，如孟德斯鸠所界定为无所约束并拥有无限权力的专制统治，即无限皇权，与中国的治理传统毕竟是有所区别的。如学者所说："皇权不是绝对的，但不是因为皇权受到法律制度的规范，而是它的权力运作方式是礼制式的。"②

礼治所关也不尽是"温、良、恭、俭、让"，从孟、荀、《易传》的理论与《白虎通》的法条来看，革命与禅让关乎"礼之时"义大焉。史称"陈涉之王也，而鲁诸儒持孔氏之礼器往归陈王。于是孔甲为陈涉博士，卒与涉俱死"③。盖不尽如太史公所言"以秦焚其业，积怨而发愤于陈王也"。赞助革命，本为儒家之大义。而魏文帝"升坛礼毕，顾谓群臣曰：'舜、禹之事，吾知之矣。'"④为史家所讥，可见法古礼让与恣意篡夺泾渭分明。经典法意是不容窜乱的。就连五胡时后赵的石勒，尚谓："大丈夫行事当磊磊落落，如日月皎然，终不能如曹孟德、司马仲达父子，欺他孤儿寡妇，狐媚以取天下也。"⑤ 取之非礼与政之不义、祚之不永，不能谓无关系也。

礼者，体也。治之大体、为政之要，当君臣上下和衷共济而又以民意为本，以天下为怀。在这方面，贞观之治可为楷模。唐太宗善纳雅言，法"古之帝王为政，皆志尚清净，以百姓之心为心"。"载舟覆舟，所宜深慎"，著名的君舟民水之喻训，近纳诸贤臣魏徵所谏，远本于大儒荀子所述。太宗"志在君臣上下，各尽至公，共相切磋，以成理（治）道"，所以鼓励臣下"耳目股肱寄于卿辈，

---

① 《史记》卷九九《叔孙通列传》。
② 甘怀真：《皇权、礼仪与经典诠释：中国古代政治史研究》，华东师范大学出版社2008年版，第390页。
③ 《史记》卷一二一《儒林列传》。
④ 《三国志》卷二《魏书·文帝纪》裴松之注引《魏氏春秋》。
⑤ 《晋书》卷一〇五《载记第五·石勒下》。

既义均一体，宜协心同力，事有不安，可极言无隐"。于君臣应对中，褚遂良引汉宣帝之言"与我共理（治）者，惟良二千石（按指郡守）乎！"道出了他们斟酌借鉴汉代之治的苦心。太宗也称扬"（房）玄龄昔从我定天下""魏徵与我安天下"等诸大臣之草创与守成之功，所谓"斯盖股肱磬帷幄之谋，爪牙竭熊罴之力，协德同心，以致于此"①。则"与士大夫共治天下"实为治道之正轨，不待宋儒来张扬。清乾隆御制《书〈程颐论经筵札子〉后》有云："且使为宰相者，居然以天下之治乱为己任，而目无其君，此尤大不可也。"② 相较之下，得失之间，不待繁言而决。

法家的"法治"传统主要保存于历代的吏治与律令体系中。汉代不但有"循吏"与"酷吏"之分，且有"文吏"与"儒生"之辨，大体代表了儒法有别而互济的治理传统。能臣之中，王莽、曹操分别以儒法名世，而均不免被篡夺之讥。宋代范仲淹以儒家风范被尊，而王安石见讥为申韩，明代张居正多被定义为权臣。似均不如偏据蜀地的诸葛亮广为历代所推重，何以故？

陈寿评曰：

> 诸葛亮之为相国也，抚百姓，示仪轨，约官职，从权制，开诚心，布公道。尽忠益时者，虽仇必赏；犯法怠慢者，虽亲必罚；服罪输情者，虽重必释；游辞巧饰者，虽轻必戮。善无微而不赏，恶无纤而不贬，庶事精练，物理其本，循名责实，虚伪不齿。终于邦域之内，咸畏而爱之，刑政虽峻而无怨者，以其用心平而劝戒明也。可谓识治之良才，管、萧之亚匹矣。③

---

① 以上均见《贞观政要》，吴兢撰，谢保成集校：《贞观政要集校》，中华书局2009年版，第29、18、85—86、33、197、15、299页。
② 转引自钱穆《中国近三百年学术史·自序》，第2页。
③ 《三国志集解》卷三五，上海古籍出版社2012年版，第2496页。

是赞许其为以心术之公驾驭以执法之正的"识治之良才"。

袁宏《三国名臣序赞》则称其"治国以礼，民无怨声，刑罚不滥，没有余泣"，又赞其与"刘后"之间"君臣之际，良可咏矣"。[①] 兼观陈、袁二氏之论，可知诸葛孔明盖深契乎中华治理体系"以礼统法"之精神，故永为国人所称道也。

---

① 《三国志集解》卷三五，第2500页。

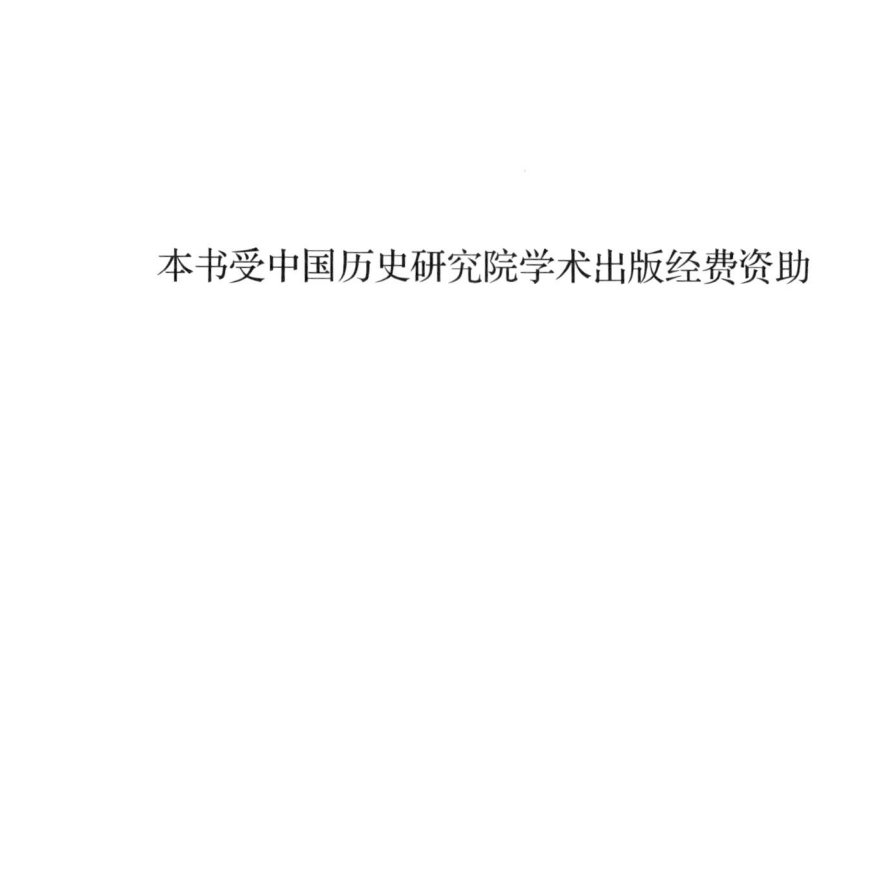

本书受中国历史研究院学术出版经费资助

中国历史研究院学术文库

中国历代治理体系研究（下册）

Research on Chinese Governance System in Past Dynasties

夏春涛　主编

中国社会科学出版社

目　　录

（下册）

第七章　基层秩序……………………………………（693）

第一节　历代基层行政组织体系嬗变……………………（697）

　　一　古代乡里制度的发展嬗变…………………………（698）

　　二　基层治理的近代转型……………………………（719）

第二节　"皇权不下县"的真相……………………（729）

　　一　传统基层治理模式相关争议溯源……………（729）

　　二　基层治理运作的实况……………………………（735）

　　三　基层控制与失控…………………………………（740）

第三节　士绅在基层治理中的作用………………………（743）

　　一　"士绅"的界定……………………………………（744）

　　二　士绅与基层治理…………………………………（746）

　　三　士绅制度的近代转型及其没落……………（754）

第四节　宗族与基层治理…………………………………（757）

　　一　宗族制度的历史演变……………………………（758）

　　二　宗族与基层治理…………………………………（765）

第五节　基层道德教化……………………………………（771）

　　一　旌善惩恶，化民成俗……………………………（773）

　　二　兴办教育以施教化………………………………（775）

三　以乡约推广教化……………………………………（776）
　结　语………………………………………………………（779）

第八章　边疆治理…………………………………………（788）
　第一节　中国疆域的变迁…………………………………（789）
　　　一　中国疆域的变迁…………………………………（789）
　　　二　中国古代疆域的特点……………………………（796）
　　　三　近代中国疆域与边界的变动……………………（800）
　第二节　中国历代治边思想………………………………（806）
　　　一　从"华夷之辨""华夷一体"到
　　　　　"五族共和"………………………………………（806）
　　　二　四种治边思想……………………………………（810）
　第三节　边疆军政建置与民族宗教事务治理制度………（813）
　　　一　"设官置守"的军政建置制度……………………（813）
　　　二　民族和宗教事务治理制度………………………（828）
　第四节　边疆经济与社会发展制度………………………（832）
　　　一　移民实边…………………………………………（832）
　　　二　交通建设…………………………………………（835）
　　　三　兴办教育…………………………………………（841）
　　　四　海疆开发…………………………………………（843）
　结　语………………………………………………………（845）

第九章　民族治理…………………………………………（856）
　第一节　中国历史上的"华夷"与"大一统"………………（856）
　　　一　大一统的治理目标与"夷夏之防"和
　　　　　"华夷一统"………………………………………（858）
　　　二　大一统下的"一道同风"与"因俗而治"…………（864）

三　各民族的紧密联系与大一统的巩固……………………(870)
第二节　地方层面的民族治理：羁縻府州与土司制度……(876)
　　一　秦汉魏晋南北朝时期地方层面的民族治理…………(877)
　　二　唐宋的羁縻府州…………………………………………(884)
　　三　元明清时期的土官土司制………………………………(891)
　　四　清代的"藩部"和驻防八旗 ……………………………(899)
　　五　古代地方层面民族治理体系的连续性…………………(908)
第三节　中央层面的民族治理：政策与中央机构…………(911)
　　一　古代民族治理诸政策……………………………………(911)
　　二　秦汉唐宋时期民族治理中央层面机构和职官
　　　　设置的演变………………………………………………(924)
　　三　从宣政院到理藩院：元明清中央层面的民族
　　　　治理…………………………………………………………(935)
　　四　古代王朝民族治理政策的基本原则及影响……………(943)
第四节　礼仪文教与民族治理：德化政治中的文化
　　　　认同…………………………………………………………(947)
　　一　"礼分华夷""怀柔远人"的礼仪制度 …………………(948)
　　二　儒学为核心的文教设置…………………………………(959)
　　三　礼仪文教与各民族文化的交流共通……………………(967)
结　语……………………………………………………………………(970)

第十章　宗教治理……………………………………………………(974)
第一节　中国古代宗教治理体系的形成过程………………(975)
　　一　中国古代社会的国家宗教………………………………(976)
　　二　儒家宗教观与古代宗教的嬗变…………………………(980)
　　三　汉代之后中国宗教发展大势……………………………(985)
　　四　中国历代宗教治理体系的演化过程……………………(997)

第二节　宗教治理体系及其特点 (1006)
  一　中央集权的国家治理体制及其影响 (1006)
  二　对宗教"敬而远之"的治理理念 (1011)
  三　礼乐教化引导外来宗教中国化 (1018)
  四　多元宗教和谐并存又不一家独大 (1024)
  五　"以教辅政"成为宗教治理的双赢结果 (1032)

第三节　宗教治理的成功经验 (1038)
  一　政治上保持政教之间的适度张力 (1039)
  二　经济上控制宗教发展的适度规模 (1058)
  三　正确引导宗教成为社会和谐的正能量 (1066)
  四　政府管理和宗教自治相结合 (1071)
  五　高度警惕以宗教为工具的"民变" (1076)
  六　防范境外宗教干涉引发国家主权危机 (1085)
  七　"因俗而治""恩威并重"治理民族宗教 (1091)

第四节　宗教治理的失败教训 (1101)
  一　宗教治理的低效性、负效性 (1101)
  二　对宗教的过度管理 (1105)
  三　迷信权力、滥用暴力 (1109)
  四　个人信仰主导国家宗教政策 (1114)
  五　政治权力缺乏刚性制衡 (1117)

结　语 (1120)

第十一章　环境治理 (1122)
第一节　环境治理与"德政"理念生成 (1122)
  一　环境治理与文明国家起源 (1124)
  二　"大禹治水"的环境政治典范意义 (1132)
  三　环境治理作为圣君"德政"的要求和表现 (1145)

第二节　早熟的山林川泽管理思想与制度 …………… (1153)
　一　经济转型期的资源忧患意识 …………………… (1154)
　二　山林川泽资源对国计民生的重要性 …………… (1161)
　三　管理保护的思想、制度和举措 ………………… (1166)
第三节　两千余年环境治理的成就和缺失 …………… (1185)
　一　秦汉以下人与自然关系演变总趋势 …………… (1187)
　二　山泽管理制度废弛的原因和后果 ……………… (1199)
　三　封建晚期生态环境恶化与社会初步觉醒 ………… (1206)
结　语 ……………………………………………………… (1215)

结束语　中国古代治理体系的主要特点及当代启示 ……… (1229)
　一　中国古代治理体系的主要特点 ………………… (1229)
　二　中国古代治国理政实践的当代启示 …………… (1242)

参考文献 ………………………………………………… (1249)

后　记 …………………………………………………… (1283)

第七章

基层秩序

古代中国以农立国，农业是国家财富的主要来源，基层乡村是中国社会之基石。梁漱溟说："中国文化是以乡村为本，以乡村为重；所以中国文化的根就是乡村。"[①] 周振鹤则强调指出："国家的发展与社会的进步无不赖于中央与地方行政制度的协调与完善，尤其地方政府是联系中央与民众的中介机构，基层地方政府更是直接管理的行政机构，因此在某种意义上来说，地方行政组织的重要性有时还超过中央政府。"[②] 只有对基层乡村进行有序管理，才能获取国家机器运转所需的资源。国家对基层的有效治理，支撑起大一统中央集权统治体系，无疑构成整个王朝国家治理机器运转的基础，也是王朝统治合法性的根基所在。

基层管理工作涉及范围相当广泛，诸如国家赋税、徭役、兵役，以及地方教化、治安、狱讼等，均包含在其中。历代统治者都极重视基层管理，并通过制度设计，采取种种措施，以督励基层官吏恪尽职责。正如顾炎武所指出的："惟于一乡之中，官之备而法

[①] 梁漱溟：《乡村建设大意》，《梁漱溟全集》第1卷，山东人民出版社2005年版，第612—613页。

[②] 周振鹤：《中国地方行政制度史》，上海人民出版社2014年版，第1页。

之详，然后天下之治若网之在纲，有条而不紊。"①

历代基层治理包含着相当丰富的社会与政治意蕴，关于中国古代基层乡村社会结构及治理形态的研究，历来为历史学、社会学、法学、政治学等学科所共同关注，并提出了种种解释。应该看到，以中国地域之辽阔、历史之久远，经济社会结构差别甚大，各种解释范式都能找到不少史料支持。揆诸历史实际，历代基层治理形态充满了构想与实际、理念与实践、应然与实然等关系的紧张，本就颇为丰富复杂，掺杂了不同模式，呈现出不同面向。

有学者认为，传统中国在国家治理中建立起一套相当严密发达的官僚制度，但其基层社会治理却相对滞后。黄仁宇用"潜水艇夹肉面包"（submarine sandwich）来描述传统政治社会结构，以形容传统政治社会结构中国家统治官僚制度日益完善，而基层治理却较为粗率，未能发展成熟。②还有学者强调："从三皇五帝到国民党，中国政治最大的弊端，就是理论与实际脱节、政治与基层民众脱节、经济活动与国家财政金融脱节，而历代统治者想出来的办法，竟是主张放弃基层，并放手让土豪劣绅、黑社会和非正式的'包税人'控制和鱼肉基层。"③

这种看法不无偏颇和片面之处。诚然，秦汉郡县制确立后，历代王朝均以县作为国家权力直接控制的末端，作为国家治理的"分水岭"。国家科层制官僚以县级官吏为起点，县以上设计规范的制度体系、权力框架与事务安排，按照科层制建立一套颇为严密的官僚制度。但有必要特别强调的是，县级行政建制是国家统治秩序最坚实的根基，县政作为国家政权与基层社会相连接的枢纽，其本身

---

① 顾炎武：《乡亭之职》，顾炎武著，黄汝成集释，栾保群、吕宗力校点：《日知录集释》，上海古籍出版社2014年版，第185页。
② 黄仁宇：《万历十五年》，九州出版社2011年版，第294页。
③ 韩毓海：《国家与基层社会》，载《五百年来谁著史》，九州出版社2011年版，第10页。

亦为基层治理的重要组成部分。历代王朝均极重视县政建设，亦主要着眼于对基层乡村的控制和治理，故有"郡县治，天下安"之说。县官由中央政府直接任命，领取朝廷俸禄，被称为地方"父母官"，是皇权在基层行政体系的代理人。王朝国家的意志通过县域治理得以在基层社会落实，中央政府的准则与取向始终主导与制约着县域基层治理的基本态势。

县制以下基层乡村治理，的确不像县以上政区层级治理体系具有严整规范的制度化安排，这其实是统治者基于实际情况而作出的理性选择。大一统王朝国家幅员辽阔，底层乡村社会中小农经济分散生存，彼此之间缺乏横向集合联系。在通信和交通不发达的时代，国家权力主观上具有渗透到国家基层每个村落的意愿和冲动，实际上难以直接面对每个个体进行管理。因而王朝国家一方面通过正式的管控体系——乡里制度与户籍制度——对乡村形成有效治理并最大限度汲取赋役；另一方面，中央政府要将触角深入乡村，还要多管齐下，充分利用乡村本土性资源——宗族、村落——进行治理，不会仅局限于正式管控体系之一途。国家对个人实行行政统治时需要利用一个社会空间，国家与个人的关系主要通过这个空间连接起来，这个空间与行政系统混合、交叉。国家的统治需要借用这个空间，日常社会秩序的维持也需要这个空间。因而乡村基层治理中实际运行的是一种既非官治亦非民治的互嵌型官民共治权力结构形态。[①] 官治与民治不是非此即彼的对立关系，官民共治可以节约大量行政治理成本，也有助于协调国家与地方之间的矛盾，是统治者权衡之下的理性选择。

揆诸中国历史实际，历代王朝形成了具有鲜明中国特质的中央与地方相辅相成、内在一体的治理体系格局，中国基层乡村治理经

[①] 周庆智：《官民共治：关于乡村治理秩序的一个概括》，《甘肃社会科学》2018年第2期。

过长期发展演变，形成了一套独具特色的、颇为精巧的治理模式和体系，有其自身悠久的政治文化传统，其中蕴含着相当丰富的思想资源。从其实际运作效果来看，历代王朝对乡村基层社会的控制程度也是一个动态变化的过程，不宜简单化认识；但整体而言中国县域基层治理严整而坚韧，将国权与基层社会有机联结起来，形成了县政与县以下政区及其治理有机结合的一体多层的基层治理结构，支撑着中央集权的国家治理体系。纵观历史，联系现实，基层治理可谓一个跨越中国数千年历史的政治难题。在当今推进国家治理现代化的进程中，基层治理依然至为关键，在相当程度上决定整个国家治理体系的运转效能，成为整个国家治理体系的基础环节，深刻影响国家治理现代化进程。①

中国当前的基层治理模式，根植于中国悠久的历史土壤之中，有其自身的历史脉络。周雪光强调指出，关于国家治理的一些现象在历史上重复出现，体现出强大的历史延续性，"这意味着其背后的渊源机制不能简单地归因于即时即地的场景因素或国家政策，而是有着更为源远流长的因果关系和深厚的历史根基。"② 若不充分考虑中国的历史实际，弱化甚至失去中国本位意识，简单照搬套用西方的基层治理理念与制度，必然导致难接地气，基层民众难以产生共鸣，其效果也就可想而知了。

在新的时代背景与社会条件下，面对基层治理的挑战，有必要充分反思、汲取传统基层治理经验，结合现代政党的组织力量与现代契

---

① 中国基层行政管理体制改革自20世纪80年代起步，中国政府在乡镇一级建立基层政权，在乡镇以下的行政村建立村民自治组织。前者对辖区内事务行使国家行政管理职能，后者对本村事务行使自治权，直接管理基层乡村事务。从形式上看，中国农村确立起"乡政村治"的治理模式，国家权力与社会权力实现有机衔接。进入21世纪后，以行政科层化为主要特征的基层治理改革快速推进。中央政府着力规范乡镇政府和村委会的权力运作。取消农业税费后，政府大力发展国家基础权力，提升国家制度能力和行政效能，也赢得民众的广泛支持。与此同时，基层治理改革也遇到困境，面临诸多挑战，亟须寻求破解之道。

② 周雪光：《寻找中国国家治理的历史线索》，《中国社会科学》2019年第1期。

约、法律等新型治理资源，提高基层治理效率；同时超越单纯强化社会管控的简单思维，着力协调各方利益和政治诉求，利用民间自治性力量，激发民间活力，形成一种有机的自治与行政相结合的治理形态。

现代与传统并非简单的对立关系，传统基层乡村社会规范至今仍发挥着不可忽视的作用，中国当前对乡村治理模式的进一步探索也不能失去中国乡土之根。正如习近平总书记所指出的："一个国家选择什么样的治理体系，是由这个国家的历史传承、文化传统、经济社会发展水平决定的，是由这个国家的人民决定的。"① 欲破解中国现实基层治理难题，极有必要梳理中国基层治理的历史演变轨迹，把握中国历代基层治理的演变过程和规律性特点，从历史维度开拓研究视野，充分挖掘中国本土基层治理的传统思想资源，从中寻求历史经验、历史智慧与历史借鉴。

第一节　历代基层行政组织体系嬗变

学界对中国古代政治体制之研究，以往多聚焦于县级及县以上政治制度，较少关注基层乡里制度。乡里在大多数朝代并非正式一级行政政权机构，而是作为县以上行政权力的补充而存在，其制度往往不免具有随意性、零散性。对乡里制度之研究滥觞于20世纪30年代，当时乡村经济一片凋敝，如何加强基层乡里社会的户籍及税收管理，成为当政者的重要考量，学者研究古代乡里制度，亦有服务现实之用意。②

---

① 《完善和发展中国特色社会主义制度　推进国家治理体系和治理能力现代化》，《人民日报》2014年2月18日。
② 这一时期最有影响的著作当属闻钧天著《中国保甲制度》（商务印书馆1935年版）。此书不仅有史料钩沉之功，且将中国历代乡里制度作为一个发展的有机体，力图揭示乡里制度运作的内在规律。此外尚有黄强著《中国保甲实验新编》（正中书局1936年版）、江士杰《里甲制度考略》（重庆商务印书馆1944年版）、吴晗等著《皇权与绅权》（上海观察社1948年版）等。参见赵秀玲《中国乡里制度研究及展望》，《历史研究》1998年第4期。

需特别指出的是，历代关于乡里制度与乡间设置的记载，向所欠缺，往往不够精确，语焉不详。沈约《宋书·百官志》追溯秦汉以来县令以下官吏时，谓"其余众职，或此县有而彼县无，各有旧俗，无定制也"。

本节通过系统梳理中国基层治理体系的源起与流变及其在近代面对西潮冲击后的转型，考察基层治理模式、基层权力结构的实际情形，寻绎其发展规律，总结其利弊得失。

一　古代乡里制度的发展嬗变

（一）从分封到郡县

西周时期，从理论上说土地和人口都属于天子，所谓"普天之下，莫非王土；率土之滨，莫非王臣"，但由于地广人稀交通不便，中央并无足够的实际控制力，于是采取"授民授疆土"的分封制作为国家权力、资源的分配方式，天子按照公、侯、伯、子、男的等级，分封给诸侯和各级贵族相应土地与人口；诸侯在其封国内世袭统治，继续向下分封领地。土地和人口结合在一起，隶属于诸侯和贵族；诸侯和贵族承认王的天下共主地位，参加王朝举行的朝聘会盟，为王朝贡象征性的赋税。诸侯和贵族在行政上具有自主性和相对独立性，与王之间构不成行政上的统属和指挥关系，天子政教之所及往往象征多于现实。朝聘会盟也更多是象征性和礼仪性的，而非实际的统属指挥关系。分封制的背景是宗法制，其实质是以地缘关系来维护血缘关系。周振鹤指出："周代实际上是一个全面分权的社会，不存在任何形式的行政区划和地方政府，并无所谓中央与地方的行政关系，自然也无所谓地方行政制度"，这一时期的地域差异"只存在于国与野之间。国就是城，城外为郊，郊外为野"。[①]

[①] 周振鹤：《中国地方行政制度史》，第14页。

但有限的国土与人口资源无法长期维持逐代分封，受封者的食邑面积越来越小，生活水平与生活质量自然不断下降。宗法制和分封制无法在制度框架内解决这一问题，东周时期王权趋于衰落，诸侯国之间为夺取土地与人口遂频繁发生征服兼并战争。战国是中国历史的转折期，此一历史时期，大量被兼并的土地和人口直接由君主控制，在被征服地区建立起郡县，由君主派人担任官吏负责管理。这时候土地的所有权和占有权转到君主手中，人口变为直接隶属于国家的编户齐民。

郡县制之起源，学界一般认为起于春秋，形成于战国，将公元前514年晋国设置十县的举措作为地方行政制度萌芽之标志。① 据《齐语》，齐桓公推行管仲改革，行"制鄙之制"，设立家、邑、卒、乡、县、属等行政区划，三乡为县，十县为属。② 至战国中期，秦献公将全国人口编为五家为伍、十家为什的单位，称为"户籍相伍"。秦孝公十二年（前350年），推行商鞅变法"集小（都）乡邑聚为县，置令、丞，凡三十一县。为田开阡陌封疆，而赋税平"。③ "户籍相伍"与集乡聚县，是秦国地方行政制度的重大转折点。春秋置县是由上而下（灭国为县），战国置县则是由下而上（集乡聚为县），"县既由基层的乡聚组成，乡聚以下又有什伍之组织，这样一来，就将过去血缘关系的氏族组织，改造成为从户开始经什伍到乡聚再到县的严密的地缘关系组织，形成了完全意义上的

---

① 周振鹤指出，县的意义在春秋战国时期有三个阶段的发展，即县鄙之县，得县之名；县邑之县，得县之形；郡县之县，由县的长官不世袭而得郡县之实。从行政单位角度而言，春秋的县尚未成形，保留着从县鄙衍化而来之痕迹，这些"县"的基层组织也未经过改造，仍是原来的氏族组织。郡县之县与县邑之县至少有4个差别：一是郡县之县不是采邑，而完全是国君的直属地；二是其长官不世袭，可随时或定期撤换；三是其幅员一般经过人为划定，而非纯粹天然形成；四是县以下还有乡里等更为基层的组织。参见周振鹤《中国地方行政制度史》，第14—30页。

② 周振鹤认为，春秋时似不大可能有如此规划齐整的制度，管仲制鄙可能是战国时期齐县改造情况之反映。参见周振鹤《中国地方行政制度史》，第32—33页。

③ 《史记》卷六八《商君列传》。

基层地方行政组织体系"。① 公元前221年，统一六国的秦始皇为实现"事在四方，要在中央，圣人执要，四方来效"之目标，在全国推行郡县制，"分天下以为三十六郡"，而秦县数目推测约是一千之谱，每郡约辖20个县。②推行郡县制并非纯粹个人意志，有其历史发展的必然性，不过，"局部的郡县制虽然在秦代以前已经出现了数百年之久，但是实现全面的郡县制仍需秦始皇这最后的一蹴。尤其是郡一级政区并不是简单地接受旧六国的遗产，而是经过了重新的规划"。③

自春秋至秦统一六国止，郡县制从无到有，后来居上，因其能有效集中和动员全国力量，遂取代分封制成为安天下的基本国策，成为此后两千年中国最主要的政权组织形式。郡县制的出现与定型，是中国社会组织结构一次极其重大的调整。得益于郡县制，中国的国家形态逐步脱离多元化的原氏族部落基础上的邦国，而向中央集权模式转型。秦统一建立中央集权的庞大国家，以郡县制为基础实施对广土众民的实际治理，其基本特征是将国家一切政治权力高度集中到皇帝手中，皇帝将全国划分为若干不同层级的行政区划进行治理，派出专业官僚至各地方行使政治权力。各级官僚是"朝廷命官"而非"封建领主"，接受任命而非世袭，且随时可调换罢免。国家通过官僚体系、编户齐民，对资源的掌控能力大大增加，可以征发大量财富、力役和军役，构建起由国家和君主掌握的力量。这时候君主、官僚与平民形成了明确的等级和工作关系，互相之间的活动是行政统属和工作安排，必须建立严格、高效的关系规范。

从分封制到郡县制，诸侯食邑与国家政区逐渐脱钩，国家政权

---

① 周振鹤：《中国地方行政制度史》，第32页。
② 《史记》卷六《秦始皇本纪》；周振鹤：《中国行政区划通史·总论》，复旦大学出版社2009年版，第48页。
③ 周振鹤：《中国地方行政制度史》，第36页。

组织的纽带由血缘关系转变为地域层级。但是，小农经济的主要模式为"男耕女织"，一家一户基本能做到自给自足，在自然状态下呈现各自联系零散且较为远离市场交换的状态。大一统中央集权制恰恰能够"化零为整"，将小农经济、各个不同地域统合成一个整体。中央政府对郡县垂直管理，郡县长官由中央任命。中央政府还将民众纳入"编户齐民"的户籍体系，在基层乡村建立乡里制度，通过郡县官员和乡里、保甲等组织向农民直接征收赋税、征发劳役，实现国家对财政资源的统一管理。

（二）乡里制度之嬗变

费孝通论及历史上国家与社会关系时，提出"传统中国政治双轨制"："一方面是自上而下的皇权，另一方面是自下而上的绅权和族权，二者平行运作，互相作用，形成了'皇帝无为而天下治'的乡村治理模式。"[1] 对此学界虽也存在不同认识，但总体认为确有见地。中国行政区划体系也呈现双轨制，县以下区划缺少直接委派的职官，亦缺少制度性安排，显得凌乱而随意，各种组织兼而并存，层级亦不清晰。由于县级以下的基层组织并非正式的政权机构，在历代推行过程中，其实际的运转与嬗变情形相当复杂。县以下层级非正式的基层政治组织，在各个朝代称谓多变，层级有异，其组织功能"或重于教，或重于刑，或重于兵役，或重于捕盗，或重于户口，或重于课赋，或重于诘奸，或重于劝农，综其目的之所归宿，要皆在于谋安定社会之一端"。[2]

白钢较早使用"乡里制度"概念，将之界定为王朝国家政权结构中最基层的行政单位。[3] 鲁西奇进而提出，田制、户籍、乡里制

---

[1] 费孝通：《再论双轨政治》，《费孝通文集》第4卷，群言出版社1999年版，第343—464页。
[2] 闻钧天：《中国保甲制度》，商务印书馆1935年版，第1页。
[3] 白钢：《略论乡里制度》，《光明日报》1984年12月5日。

度，构成国家权力控制乡村的三个支柱。乡里制度是王朝国家立足于统治需要建立的县级政权以下的、直接或间接控制乡村民户与地域、以最大限度获取人力与物力资源、维护乡村社会秩序的控制制度，它既是王朝国家通过不同的行政方式实现其社会控制的主要制度性安排，也是王朝国家政治控制权力在县级政权以下的延伸。①乡里制度无疑是王朝国家的制度，而非民间社会的制度，与以各种乡村社会力量为主导的具有"自治"性的诸种制度（包括血缘、地缘、业缘以及信仰或仪式相联系的组织及其制度性安排）不可同日而语。

需特别强调的是，乡里制度以户籍控制为基础。自战国时始，国家即大规模编排民户，列入籍帐，将民众纳入国家的户口控制系统。②通过严格的户籍制度，国家得以控制民众的居住、移动、财产乃至婚姻家庭，实现对民众在政治身份、经济地位、社会角色、文化认同的全方位控制。因此历代王朝均极重视户籍制度的建立和实施。③户籍是中央集权制国家赋役与治安之所系，堪称国之基石，秦汉至隋唐的县令直接参与户籍的编制与赋役的征发，尤其是对编户民逐一貌阅，即外形（如身高）、身体特征（如色黑）等仔细检核。户籍内容的更改必须取决于县令。汉代每年一造户籍，由乡官组织民户到县"案比"，登记其财产和人丁年龄。隋朝开皇五年（585年）下令全国"大索貌阅"，户口不实者里正党长流配。《唐律疏议·户婚律》载："里正之任，掌按比户口，收手实，造籍书"，若里正和主管部门有意脱漏户口，要以枉法论，处徒、流。

---

① 鲁西奇：《"下县的皇权"：中国古代乡里制度及其实质》，《北京大学学报》（哲学社会科学版）2019年第4期。

② [日]池田温：《中国古代籍帐研究》，龚泽铣译，中华书局2007年版，第22—41页；杜正胜：《编户齐民：传统政治社会结构之形成》，联经出版事业股份有限公司2014年版，第1—48页。

③ 鲁西奇：《"下县的皇权"：中国古代乡里制度及其实质》，《北京大学学报》（哲学社会科学版）2019年第4期。

明朝编造户籍,将中央印发的格式分发各户,各户将本户人丁、田产依式填写,然后逐级上交。各级行政长官需亲自检核户籍内容项目准确无误。朝廷对此事极为重视,据《大明会典》卷20《户部》七载,若有隐瞒之事,要处以死刑。《大清律例》规定:"若里长失于取勘致有脱户者,一户至五户,笞五十,每五户加一等,罪止杖一百。漏口者,一口至十口,笞三十。每十口加一等,罪止笞五十。"①

中国历代基层乡村治理的嬗变历程,大体可以分为四个阶段:其一,先秦时期渐具雏形。其二,秦汉至南北朝,乡里制度、乡官制度发展成熟。其三,隋唐两宋时期,出现从乡里制到保甲制、乡官制到职役制之转折。其四,元至清,乡里制度转变为职役制,直至近代晚清民国推进乡村自治之兴革。

论及夏、商、西周"三代"乡村基层组织之实况,夏代不可考知,商代甲骨文中记载"族尹"率领族内成员从事"师田行役",负担军事、田猎、看守仓库及承应徭役。里与族相通,均为以宗族构成的基层社会组织。"族尹"也称"里君""里尹",是中国历史上最早的基层长官。

周朝的行政建制逐渐完备,《周礼》一书有详细记载。其时行政区划分为国、都、邑和邦鄙(广大农村)等,国是王室所在的王城;都是大邑;邑是村庄或居民点。王畿内的乡村行政系统采用六级"乡制",即:五家为比,五比为闾,四闾为族,五族为党,五党为州,五州为乡,分别设有比长、闾胥、族师、党正、州长和乡大夫等职。邦鄙地区则设六级"遂制",即"五家为邻、五邻为里、四里为酂、五酂为鄙、五鄙为县、五县为遂"。各级行政长官分别称为邻长、里胥、酂师、鄙正、县长、遂大夫。这两套基层行

---

① 张荣铮等点校:《大清律例》,天津古籍出版社1993年版,第187页。

政组织合称"乡遂制度",亦称"国野制度""都鄙制度"。乡遂首长"大夫"均由王亲贵族担任,辖区即为其"封邑"。[①] 乡、党、邻、里为四种最基本的组织形式,"乡"之称谓作为行政区划沿用至今。但需注意的是,西周时期乡的层级高于州县的行政建制,并非后来严格意义上的基层组织形式。[②]

齐桓公用管仲之法进行改革,将全国按职业划分为工商、士、农三部分,"士乡"农民在"五鄙"之内,其组织为:"三十家为邑,邑有司;十邑为卒,卒有卒帅;十卒为乡,乡有乡师;二乡为县,县有县帅;十县为属,属有大夫。"意在遇战争时将居住鄙乡的农民组织起来充当"士乡"之后勤。"士乡"需服兵役,其行政组织与军事组织密切结合,其行政组织为"五家为轨,轨为之长;十轨为里,里有司;四里为连,连为之长;十连为乡,乡有良人焉"。军事组织"五家为轨,故五人为伍,轨长帅之;十轨为里,故五十人为小戎,里有司帅之;四里为连,故二百人为卒,连长帅之;十连为乡,故二千人为旅,乡良人帅之;五乡一帅,故万人为一军,五乡之帅帅之"。[③]

战国时期以郡领县的"郡县制"逐步在各国推行,乡里制度已普遍实行,乡的层级下沉至县下,成为基层组织。具体而言,在县之下设乡、里、聚或连、闾等基层组织。乡设三老、廷掾、乡师等,主管教化和治安;里设里正。此外,还根据"比邻而居"的地缘原则加以编排,以五家(或十家)民户为基本单元的什伍制度也初步形成,设立什、伍长以领之,并推行什伍连坐制度。什、伍是

---

① 王夫之注意到,《周礼》中关于比、闾、族、党、邻、里、酂、鄙之记载,"未详其使何人为之","《周礼》但记其职名,而所从授者,无得而考"。王夫之:《读通鉴论·隋文帝》。

② 参见朱宇《中国乡域治理结构:回顾与前瞻》,黑龙江人民出版社2006年版,第50、54页。

③ 《国语·齐语·管仲对桓公以霸术》。

王朝国家控制乡村的最基层单位。比邻而居的五家民户可以互相监督、荣辱与共，赏罚相延及。清人陆世仪说："治天下，必自治一国始；治一国，必自治一乡始；治一乡，必自五家为比、十家为联始。"[1]

秦统一六国，将全国划分为36郡，郡下设县。以郡县制为基础，国家行政制度得以完善。国家官僚体系以州县为最低一级，作为最基层政府的县衙几乎为"一人政府"。县官乃吏治之基，由中央正式任命，身兼多职，如瞿同祖所论："他是法官、税官和一般行政官。他对邮驿、盐政、保甲、警察、公共工程、仓储、社会福利、教育、宗教和礼仪事务等等都负有责任。"[2] 从秦汉至明清，郡县制的结构形式不断嬗变，但县作为国家行政体系的基础层级则始终未变，一直作为皇权向基层拓展延伸的制度性载体。

秦汉时期简化了先秦时期轨、伍、里、连、乡等多级结构，在县下基层设置乡、里、亭。西汉"三老掌教化，啬夫职听讼、收赋税，游徼徼循禁贼盗"。东汉时三老掌教化，以礼教劝民于善，地位较高。"举民年五十以上，有修行，能帅众为善，置以为三老，乡一人。"又规定："择乡三老一人为县三老，与县令丞尉以事相教，复勿徭戍。"对未尽教化之责的三老，朝廷亦严加责备。有学者认为，"乡三老"具有官方身份但并非纯粹的吏，他们通常颇有资财，有一定的文化和议政能力，对当地民众有号召力，是乡族势力的代表。[3]

关于有秩和啬夫之设置，5000户以上的大乡由郡派有秩一人，5000户以下之乡由县派啬夫一人。有秩、啬夫之职责为征收赋税、审理评断轻微的诉讼案件，"皆主知民善恶，为役先后，知民贫富，

---

[1] 陆世仪：《论治邑》，引自《皇朝经世文编》，岳麓书社2004年版，第339页。
[2] 瞿同祖：《清代地方政府》，范忠信、晏锋译，法律出版社2003年版，第31页。
[3] 陈明光：《汉代"乡三老"与乡族势力蠡测》，《中国社会经济史研究》2006年第4期。

为赋多少，平其差品"①。他们直接面对百姓，故一般百姓"但闻啬夫，不知郡县"。游徼直属县尉，"掌循禁，司奸盗"，负责乡中治安。②有秩俸禄达百石，由郡府任命；其他啬夫、游徼由县廷任命批准。里设里魁或里正、里典，负责一里事务，兼有官民双重身份，掌管100家，多由地方有名望的族长或富豪担任。其下设什、伍，形成连坐关系，"以相检察。民有善事恶事，以告监官"。

此外，秦汉县下还设置与乡平级的亭，组成"乡、亭"并行的农村基层建制。"亭"是县派出的治安机构。亭设亭长，由郡府任命，"主求捕盗贼，承望都尉"，③协助都尉管理治安，并负责往来接待，兼管官府文书、物资承传转递等。东汉废除郡都尉后，亭仍然保留，除承担原有事务之外，逐渐转向民事，并纳入县级行政系统。亭长之下设有求盗、亭吏等属员。概言之，秦汉时期已然构筑层次分明、职责明确的基层社会治理与控制体系。乡里制度给秦汉王朝带来了巨大的社会动员能力和资源汲取能力。

秦代乡里制度的基础在于将军队的组织管理方法应用于民户编排，其核心在于户口控制，乡里编排的基本依据是著籍户口。汉代沿用并强化此原则，规定以五家为伍、十家为什、百家为里、十里（千家）为一乡。当然，如此严整划一只是基于统治理念的制度规定，在实际操作中受制于各地实际条件而体现出相当强的地域差异。

三国时期鼎足而立的三个政权均沿用乡里制度，曹魏"诸乡有秩三老，第八品；诸乡有秩，第九品"。孙吴大体相同："乡置有秩

---

① 《后汉书》卷一一八《百官志五》。
② 严耕望指出："乡游徼即县职之外部耳。"严耕望：《秦汉地方行政制度》，"中央研究院"历史语言研究所1990年版，第228页。安作璋、熊德基亦认为："游徼是直属于县而派往吉乡徼巡者……巡行于乡以禁盗贼，故名。"安作璋、熊德基：《秦汉官制史稿》（下），齐鲁书社1985年版，第202页。
③ 《后汉书》卷一一八《百官志五》。

三老，百石，第八品；乡小者置有秩啬夫，亦百石，第九品。得假半章印。"[1] 魏晋南朝基本沿袭汉代的乡、里、亭体系，但因分裂乱离，户口流散严重，民户或逃亡异地，或托庇依附于世家大族，国家所控制的著籍民户愈趋减少。西晋在县廷中按乡分设治书史，负责编制各乡户口赋役籍帐，使乡的事务重心转移到县廷中来，乡正、啬夫之地位逐渐降低，甚至普遍不予设置。至东晋南朝，侨郡县、蛮左郡县一般不再分划各乡，南方土著县原有的乡在县域行政管理中亦作用日趋式微。"里"的管理也趋于松弛；不少百姓背井离乡，聚集开发新的地方形成有别于原来的"里"的村落，丘、村等自然聚落逐步演变为实际的乡村行政管理单位，与"里"并存，甚至逐步取代"里"，成为乡治的基本组织单元。乡里制度实际上遭到严重破坏以至名存实亡，基层社会的实际控制权逐渐落入所谓"郡邑岩穴之长，村屯坞壁之豪"手中。魏晋十六国以至北朝前期，北方地区普遍存在坞壁，实际控制了北方乡村。土豪宗帅用武力、财力控制其所团聚的民户，其主导的、以居住地为原则的村、丘、屯、坞，在乡村社会治理、控制体系中发挥核心作用，乡里组织之地位反在庄园村坞堡之下。村坞内部的社会结构和外部与国家的关系，与乡里制度大相径庭。[2] 朝廷虽一再下诏竭力恢复乡里制度之功能，但收效甚微。

北朝的北魏以北方游牧民族入主中原，其基层组织采用以宗族为单位的宗主督护制，由氏族首领以宗主身份管理部民。北魏孝文帝进行一系列汉化改革，太和十年（486年）以《周礼》中的邻、里、族、党为蓝本，实行"三长制"，五家立一邻长，五邻立一里长，五里立一党长，均"取乡人强谨者充之"[3]。共同负责户口查

---

[1] 杨晨：《三国会要》卷二五《职官四》，中华书局1956年版。
[2] 赵秀玲：《中国乡里制度》，社会科学文献出版社1998年版，第24页；沈延生：《村政的兴衰与重建》，《战略与管理》1998年第6期。
[3] 《魏书》卷五《李冲传》。

验，征调赋役，处理民事诉讼，维护乡村治安等。冯太后说："立三长，则课有常准，赋有常分，苞荫之户可出，侥幸之人可止，何为而不可？"① 三长皆须有德才，若政绩突出便可升迁擢用。三长制以《周礼》中的邻、里、族、党为蓝本，实际上是中央政权与地方豪强争夺民户，提升了中央政府的赋役征收能力。

隋唐两宋时期，基层治理制度发生根本性变革。自北魏以迄于隋至唐初，长期的乱离之后，户口控制成为乡里制度的基本原则和基本依据。隋王朝建立伊始，就"颁新令，制人五家为保，保有长。保五为闾，闾四为族，皆有正"。② 开皇九年（589 年），在苏威等人奏请下，党改称"乡"，并扩大辖区，设置"五百家为乡，正一人；百家为里，长一人"③。隋朝乡里拥有的权力颇为可观，王夫之谓：隋"令五百家而置乡正，百家而置里长，以治其辞讼，是散千万虎狼于天下，以攫贫弱之民也"。④

隋开皇十五年（595 年），"罢州县乡官"。⑤ 长期以来，一般认为隋废乡官即指隋朝废止县以下的乡党闾里一类官职，为基层制度的重大变革。日本学者滨口重国认为，此为废止州刺史可自行辟用本州人为属官，与乡闾吏职无关。⑥ 罗志田研究指出，隋至唐初为制度动荡期，隋之所以罢废乡官，或因当时乡的范围较宽，以及乡正地位一度提升，但从根本而言还是体现了治理思路的转折。⑦ 乡官的衰落经历了一个相当长的过程，⑧ 而其本质性转折正在隋废乡

---

① 《魏书》卷五《李冲传》。
② 《隋书》卷二四《食货志》。
③ 《隋书》卷二《高祖纪》下。
④ 王夫之：《读通鉴论·隋文帝》。
⑤ 《隋书》卷二八《百官志下》。
⑥ ［日］滨口重国：《所谓隋的废止乡官》，刘俊文主编，夏日新等译：《日本学者研究中国史论著选译》，中华书局1992年版，第4卷《六朝隋唐》，第315—333页。
⑦ 罗志田：《隋废乡官再思》，《社会科学研究》2015年第1期。
⑧ 唐长孺注意到，《后汉书·独行传·李充传》已称县都亭长为"职役"。参见唐长孺《魏晋南北朝时期的吏役》，《江汉论坛》1988年第8期。

官之举。

　　唐朝经济文化高度繁荣，乡村治理也更为有序，乡里组织进一步完善，基层管理实行乡、里、村三级制："百户为里，五里为乡，两京及州县之郭内，分为坊，郊外为村。里及坊村皆有正，以司督察。四家为邻，五邻为保。保有长，以相禁约。"① 非常值得注意的是"郊外为村"，即将城邑之外纷繁杂乱的民众聚落形态加以规范，统一名之为"村"，且实施统一管理，村在中国历史上正式作为一级基层管理组织出现，其意义实不可轻忽。有学者认为："村制度的推行，是对郊野聚落自魏晋以来三百年间离乱局面的一次大融合，是国家力量向基层社会进一步渗透的有力举措。"② 此后村实际已逐渐取代里，成为北方乡村基层管理单位与社会组织。唐代后期，以村落为背景的宗族势力亦在加强。

　　与此相对照的是"乡"制弱化衰落。唐初曾短暂恢复乡官设置，不过回光返照，旋即罢废，仍承隋制。因而唐代乡政长期有乡的编制而无乡长，由所属五里的里正轮流到县衙当值，处理本乡事务，直接向县负责，成为基层组织的实权者；诸乡不再有乡司驻地。③ 中唐以后，乡逐渐向以赋役征收为核心的籍帐汇总单元和人文地理单元演变。在乡逐步退出乡村事务的具体运作之后，管、都保等相继成为县与里之间的、统领数村的地域行政单元，其所领户数在250户至千余户不等。唐后期实行两税法，"户无主客，以见居为簿；人无丁中，以贫富为差"，居地与田亩成为"居人之税"和"田亩之税"的主要根据。④ 户口的意义大为降低，户口籍帐趋

---

　　① 《旧唐书》卷四三《百官志》。
　　② 唐鸣、赵鲲鹏、刘志鹏：《中国古代乡村治理的基本模式及其历史变迁》，《江汉论坛》2011年第3期。
　　③ 参见张国刚《唐代乡村基层组织及其演变》，《北京大学学报》（哲学社会科学版）2009年第5期。
　　④ 《旧唐书》卷一一八《杨炎传》。

于荒废，原来以籍帐为基础的乡里制度也不可避免走向崩解。与此同时，以地域为核心的村以及作为两税法基础的田亩，成为征收赋税的基本单位。这一变化意义深远，表明在基层治理中居地与地域控制原则逐步取代了户口控制原则。

北宋将农户划分为五等，一等户服"里正"职，二等户服"户长"职，壮丁之类由五等户轮流承担。整顿乡里体系时，不再按户口原则编排，如北宋前期无论是乡里（置有乡书手、里正），还是耆（置耆长）、管（置户长），均基本上按地域和村落划分。宋代对于地方管理的一大创举是推行"保甲制"。为加强兵政和增加财赋收入，王安石宋神宗熙宁三年（1070年）推行变法，熙宁六年在全国实行保甲制度，以"十家为一保，选主户有干力者一人为保长，五十家为一大保，选一人为大保长；十大保为一都保，选为众所服者为都保正，又以一人为副"。[1] 以税户30家为一甲，设甲长主管放贷青苗钱及收税。保甲虽未列入正式行政范畴，但起辅助行政作用，保甲长实际上可算是为州县政府服役的半公职人员。变法后，治权所代表的官治体制从乡镇收归到县，农村基层组织只有收税的职能，不再署理乡村诉讼和治安事件，"收乡长、镇将之权悉归于县"。[2]

保甲制的户口控制原则，适应两税法按田亩征收赋役的原则，从而使都保、大保逐渐由户口控制单元演变为地域控制单元。保甲制之施行，不仅是户数名称的调整，更为重要的是目的之变化。"保甲制"的原意是基于北宋时期强敌环伺、困于边患，为快速增强军力所采取的一种措施，其基本精神是"兵民合一"，老百姓"忙时务农、闲时习武"，实质是以一种拟军事化的方式对基层加以

---

[1] 《宋史》卷一九二《兵志六》。
[2] 范祖禹：《上哲宗乞行考课监司郡守之法》，载赵汝愚编《宋朝诸臣奏议（上）》，上海古籍出版社1999年版，第794页。

管理。这种拟军事化管理百姓的方式,有助于国家权力牢牢控制乡里社会,受到统治者青睐。即便后来军事训练之功能名存实亡,但"保甲制"这套管制精神和方式仍旧沿袭下来。宋朝以后统治者通过推行"保甲制"和"里甲制"这类控制体系,使基层社会民众被严格限制,无论是从经济上还是安全上,都实现了对乡村社会的严密控制和管理。有学者认为:"为了控制目的而把民众分成小单位的基本思想,连同其变异形式和更细致的形式(最著名的是保甲制)在以后的帝国时代,甚至晚至民国时代仍行之不辍。"[1] 把民众分成小单位就是在乡村基层建立一定行政区划和管理层级,以便于治理。20世纪30年代闻钧天还认为:"自来办理保甲者,或尚切结,或重练勇,或尚团,或尚练,或重保,或重甲,或禁蓄武器,或废置牌册,或专行联防,或并立公约,各具观点不同,故发于言而措于事者,亦多奴主之见";保甲"在国家政治上积极意义之任务者,即抽丁,纳粮,纠察,自卫,火盗,人口等事是也,在教育上,劝粮,尚武,兴教。此外,因时因事因人之因变,其策用之方略稳中有降自殊异,皆属应用,如堡寨,团防,乡政"。并认为:"保甲制度其广义为吾国地方之自治良规,其狭义为农村之保卫政策;一方面可依其共同责任,互相为力,另一方面可自其本位组织,己立立人;当今国家社会民族凋丧万分,挽救策,只有从个别方法,由下而上,方能有济。"[2]

隋废乡官切断了乡官的上升之路,乡官地位就此江河日下,这也促进了朝廷与乡里层级的疏离,成为后来"郡县空虚"局面的重要造因之一。[3] 废乡官明确了"官"止于州县。宋恕指出:隋"竟

---

[1] [英]崔瑞德、鲁惟一:《剑桥中国秦汉史》,杨品泉译,中国社会科学出版社1994年版,第52页。
[2] 闻钧天:《中国保甲制度》,第2、27页。
[3] 罗志田:《隋废乡官再思》,《社会科学研究》2015年第1期。

废乡官，而数千年地方自治之精神乃亦荡然"。① 马端临注意到："自汉以来，虽叔季昏乱之世，亦未闻有以任乡亭之职为苦者"；隋废乡官犹为"上之人重其事而不轻置"；至唐代则转为"下之人畏其事而不肯充"，"乡职之不愿为，故有避免之人"。终至"乡亭之职，至困至贱。贪官污吏，非理征求，极意凌蔑"。② "大抵以士大夫治其乡之事为职，以民供事于官为役"，乡里组织任公职，成为一种国家的"职役"。宋朝完成了"乡官制"向"职役制"的变革，意味着乡举里选的传统消亡，朝廷更直接地面对基层民众。基层管理人员由领取薪俸、有一定地位的乡官，蜕变为最底层的政府办事人员，主要任务是负责催讨税赋钱粮。宋代规定里正需要充当衙前，地位低下，地方官员动辄可以对其打骂；里正肩负着催讨税赋的重任，若未完成则须以家产冲抵，往往导致倾家荡产。民众对成为里正衙前避之唯恐不及。

基层社会管理者由乡官制向职役制的转变，根本上反映的还是中央和政府的权力不断加强、地方和民间的权力削弱之格局。罗志田认为：一个没有乡官而只剩职役甚至"差役"的州县，"更多是'空虚'的。身为'亲民官'的州县官直接面对着民本身，不得不'举向者民所自为之事，而悉以官督之'，依靠身份卑贱的'在官人役'理事，两者均使'民之视地方公事，如秦越人之肥瘠'"。乡官废除后，州县官都是外来的，吏员虽维持地方性，却是在相对低贱的意义上维持的。"对乡里公共事务从业人的贱视习惯，影响是相当深远的。任何类型的人担任了这类'职位'，都逃不出被贱视的命运。"③

南宋以后，西夏、辽、金、元四个少数民族政权吸收了汉民族

---

① 宋恕：《沈编〈日本地方自治制度述略〉序》（1907 年），胡珠生编：《宋恕集》上，中华书局 1993 年版，第 417 页。
② 《文献通考》卷一三《职役二》、卷一《自序》。
③ 罗志田：《隋废乡官再思》，《社会科学研究》2015 年第 1 期。

的制度文化，其农村基层治理大多"因俗而治"，与游牧民族迁徙移动的生活习俗相适应。

元代县级政权之下的乡里基层组织，融合唐代乡里制与金代社制，其特点有二：第一，出现都图制。这种都图制源自宋代保甲制中的都保。第二，广泛设立官办民间协作组织"社"，在广大乡村有社长之设，其主要职能为举察勤惰、劝课农桑、掌管义仓和兴办学堂。并办有社学，要求每个社都要"择通晓经书者为学师，于农隙时月，各令子弟入学"，形成村学合一、政教一体的体制。明人曾对此予以肯定评价："元之社长犹与汉制为近。汉乡亭之任，每乡有三老孝弟力田，所以劝导乡里，助成风俗也。隋唐以后，其意日衰，其职亦日贱。善良者多为役所累，豪猾者或倚法为奸，欲望其修善行以率乡人，岂可得乎？农桑孝弟者，王政之本也。元世祖以是教民而专其责于社长，其与宋之保正副、耆户长仅执催科奔走之役者，异矣。"[①] 元代农村显现出一些"自治"因素，以致有学者认为："比较完整意义上的中国村民自治的历史应始于元明时期。"[②]

明朝初年，建立黄册里甲制，以人户控制为基本原则，实际上主要来源于元代北方地区实行的村社制和户丁税制。不过黄册里甲制在南方地区的实行过程中，事实上是与此前已普遍编造的鱼鳞图册制度相结合，其里甲编排实际上尽可能将户口编排落实到居地——田亩系统之中。因大规模人口迁移，北方地区按屯编排迁民，户口原则得到较全面的实行。里甲制"以一百十户为一里，推丁粮多者十户为长，余百户为十甲，甲凡十人。……在城曰坊，近城曰厢，乡都曰里"[③]；设里长、甲首、里书和粮长，负责编制黄

---

① 《续文献通考》卷一六《职役二》。
② 赵秀玲：《村民自治通论》，第4页。
③ 《明史》卷七七《食货一》。

册、摊派赋役、征收田税，建立起以黄册里甲制为基础的"配户当差"体制，国家所需人力和物资资源均通过里甲体制之运作来获取。政府确定的征收原则为："凡赋役必验民之丁粮多寡，产业厚薄，以均其力。"① 里甲实际上起基层政权之作用，里长、甲首则为最低级的半官职人员。但里长地位甚低，忙于各种差役，以致无人愿意充任。里甲制以户为基本征收对象，根据每户的丁粮（成年人口与田地数量）核定户的等级，然后按照户等派给轻重不同的差役。某户若应重役，往往难以支撑，甚至倾家荡产。明人何乔远《闽书》中记述："里甲之役，其始催征钱粮、勾摄公事而已，后乃以支应官府诸费，若祭祀、乡饮、迎春等事，皆其措办。浸淫至于杂供私费，无名百出，一纸下征，刻不容隐。加以吏皂抑索其间，里甲动至破产。"② 民众只能以脱籍逃役或"诡寄飞洒"（将财产寄到别人的户里，以降低自己的户等）、或买通胥吏以"花分子户"以逃过重役。但因国家户籍管理对于"分户"倾向于"限制"，仅有权势的大户才可能"花分子户"，对于大多中小编户而言，只能以"逃亡"方式逃避赋役。在明代地方文献中，户口逃亡情况相当严重。

里甲编户的赋役负担沉重不堪应付，而编户数逐渐减少，形成恶性循环。明中期以后，随着人口流动频繁、聚落社区分化重组、田亩土地变动，明初建立在"画地为牢"秩序之上编制的黄册与实际社会秩序严重不符；里甲编户的变动与逃户现象日益严重，里甲残破不整。以户籍编排为核心的里甲制渐至崩解。吕坤说："一里之地，满县分飞；满县之田，皆无定处。"③ 种种情况交织，导致按户等（人丁事产）佥派赋役的做法陷入困境，危及政府的资源索取

---

① 《明太祖实录》卷一六三，"洪武十七年七月乙卯"条，"中央研究院"历史语言研究所1966年版，第2528页。
② 何乔远：《闽书》卷三九，《版籍志》，第962页。
③ 吕坤：《实政录》卷四《民务》，《吕坤全集》下册，中华书局2008年版，第1024页。

和统治秩序之维持。各地不得不采取种种应对措施，户籍遂与特定的村落、田亩相脱离。隆庆、万历年间，各地遂不得不推行赋役改革，清丈地亩，以田地为基础取代了以户籍为基础，"以地为主，不以人为主。人系名于地，不许地系亩于人"。① 赋役制度则由各级政府向编户索取的差役折算为用白银计算的数额，由原来按户佥派改为按丁粮（田）征银，征派原则基本相同的项目被归并为一条，即"一条鞭法"，大致在嘉靖至万历年间遍行于全国。"地方官府在实行这一办法的时候，其实借鉴了民间的和家族在里甲人户内分摊赋役负担采用的种种方式。""一条鞭法"的施行，使黄册里甲制的"户"逐渐由家户变质为纳税账户；也使原来的等级户役制转变为直接以"丁"（既定的计税单位）和"粮"（反映田产赋税轻重的计税单位）按比例税率课征赋税的原则。②

清代基层乡村治理制度基本上沿袭前朝，创立保甲和图甲两个基层组织体系，架设在自然形成的村庄市集的基础之上。乡、村并非一个官方认可的图甲、保甲组成要素，但实际上乡、村被当作和保共存的单元。清王朝为何不直接以"乡""村庄"这样的乡村自然组织来设立基层行政组织？萧公权认为原因可能有数端：一因这些自然单位并不总是适合治安组织的十进位体系；二因"让原有的乡村团体和机构无法发展成地方权力的中心"，"朝廷认为一套完全分开的体系比较安全，可以免于村庄组织的影响。的确清朝皇帝们的意图可能就是利用这个体系来抵消乡村社区可能发展出来的任何力量"。但地方官员发现，"利用自然的乡村组织所提供的功能是最方便的。因此，乡与村最终成为保甲体系的运作单位，而无视皇家

---

① 吕坤：《实政录》卷四《民务》，《吕坤全集》下册，第1026页。
② 参见刘志伟《自下而上的制度史研究——以"一条鞭法"和图甲制为例》，《溪畔灯微》，北京师范大学出版社2020年版，第44—48、56—57、69页。

的意图"。①

清代的图甲制保留了一图十甲的结构，但其内在构成与运作机制与明代的里甲制已然不同：首先，其基本单元为"户"，是一个田产的赋税责任的登记单位，不登记人口，其中的丁数只是一种纳税单位。其次，图甲"总户—子户"结构，其本身不是一种社会组织系统，而是赋税征收、稽查系统。最后，图甲制下，开立一个户的社会单元不是一个家庭，而是一个基于共同利益或合作关系形成的社会组织，最常见的是血缘组织，或为家族、宗族。刘志伟认为，里甲制到图甲制的转变，是明代到清代社会结构的一个基本转变。图甲制下，一个上千人组合在一起的户，其运作在很大程度上需要依靠基层社会的自治机制。刘志伟认为："这种自治并没有脱离国家体系，而是在'一条鞭'的原则下，不改变洪武体制'夏税秋粮'的税收结构，也不用废除里甲制，仍然在原有框架下通过民间自治的方式去运作，仍然是国家基本制度的财政、赋税和户籍体制。这样一来，所谓民间自治和大一统的集权国家有了新的、更稳定的融合机制。"②

清代设置保甲组织体系意在强化对基层社会的治安控制，大体规定：10户为1牌，设牌头；10牌为1甲，设甲长或甲头；10甲为1保，设保长或保正，综理全保事务。随着保甲制的推行，以千家为基本编制原则的"保"在乡集的基础上发展起来，成为以百家为原则、以村落为基础编排确立的"甲"或"里"之上的地域性行政管理单元，是为近代以乡镇为核心的乡村控制体系之雏形。设置里甲组织体系意在征收土地税和摊派徭役，保甲与里甲是不同的两个体系。清中叶以后，因土地兼并加剧，人口大量流动，1726年

---

① 萧公权：《中国乡村——论19世纪的帝国控制》，张皓、张升译，联经出版事业股份有限公司2014年版，第6、42页。
② 刘志伟：《自下而上的制度史研究——以"一条鞭法"和图甲制为例》，《溪畔灯微》，北京师范大学出版社2020年版，第66—68页。

雍正批准将丁税摊入田赋中征收，清廷改行"摊丁入亩"的赋税政策，里甲制赖以存在的根基不复存在，里甲制的主要功能转给保甲组织，[①]并就落实保甲制度详细规定对保正、甲长、牌头的赏罚措施。保甲组织的功能得以强化，主要职责包括：其一，征收赋役钱粮，承办差务；其二，协助办理地方司法事务，查造户口，整顿基层治安；其三，救灾赈济等社会福利事务。

此外，乡约本偏重教化和自治功能，但清代乡约亦趋于官役化，被赋予一定基层行政管理职能，具体表现为乡约承担诸如基层司法、稽查奸宄、催办粮差等职能。其根本原因在于保甲、里甲等基层社会组织逐渐衰落，其部分职能向乡约转移。[②]

纵观历代基层治理之演变，户口控制与居地控制是中国古代王朝国家基层控制治理的两种基本方式。秦汉、隋唐与明朝在建政初期均立足于户口控制原则，以著籍户口编排乡里控制体系，而随着时间推移，因人员流动、战乱等种种原因，建立在户口原则之上的乡里控制体系逐步松弛趋于崩解，又不得不因应实际情况之变化，而根据人户住地、耕种田亩来征收赋役，并以村庄、地域为基础维持乡村基层社会秩序。[③]

值得着重指出的是，秦汉以后，中国人口不断增加，但作为基层政府的县级区划却维持在一个稳定的数量。以每个王朝的极盛时期的县数来看，汉代为1180个，隋代1255个，唐代1235个，宋代1230个，元代1115个，明代1385个，清代1360个。在此历史时期，全国人口从秦代2000万左右增至19世纪中期的4亿。这意味

[①] 孙海泉：《论清代从里甲到保甲的演变》，《中国史研究》1994年第2期。
[②] 参见段自成《清代乡约基层行政管理职能的强化》，《河南师范大学学报》2011年第2期。
[③] 鲁西奇：《"下县的皇权"：中国古代乡里制度及其实质》，《北京大学学报》（哲学社会科学版）2019年第4期。

着县级政府承担的治理任务愈益繁重，对基层治理能力构成严峻挑战。①

最后附带提及，传统中国城市基层管理体系与乡村颇为相似。牟复礼指出："中国的城乡分野很早就消失了。""中国的文明的乡村成分或多或少是均一的，它伸展到中国文明所及的每一处地方。不是城市，而是乡村成分规定了中国的生活方式。它就像一张网，上面挂满了中国的城镇。""中国城市只是在同一张网里用同一料子织的结子，质地虽较致密，但并非附丽于网上的异物。"② 城市基层社会的结构与组织大体可以视为乡村结构形态的复制。农村的里社、保甲在城市中的对应物即坊厢组织，其用意在于户籍控制与完成赋税力役。传统中国国家政府对城乡基层组织亦使用同样的策略手段进行管理。城市基层管理亦存在三种组织体系：一是官方体系；二是行会性民间体系；三是半官方的坊厢组织。模仿农村保甲制度的城市"坊厢"制是城市的基层政权组织，它极有效地将行政权力渗透到城市基层。③ 从西周至秦汉，城邑中居民聚居的基本单位均叫"里"，设里正、里尉等。为防"乱贼之人"，里设唯一的"闾"门，并设专门的守门人"闾有司"对居民实行封闭式管理。东汉北魏时开始出现坊，至唐时开辟街道，筑成坊里，形成严格的坊制，此种封闭式管理则一脉相承，并愈益严格。如北魏时的里设里正二人、里吏四人主管里中政务，并设门士八人，监督观察四门出入之人。唐代设坊正，下设十余个甚至几十个里正。坊门设"守卒"，属都市正式的警卫系统金吾卫。居民居住的坊与专门行商的市分开，市同样实行封闭管理。④ 唐宋之际，这种封闭式管理的市

---

① 蒋楠：《历史视野下的中国乡村治理》，《光明日报》2015年4月8日。
② ［美］牟复礼：《元末明初时期南京的变迁》，［美］施坚雅主编：《中华帝国晚期的城市》，中华书局2000年版，第114、117页。
③ 徐勇：《非均衡的中国政治》，中国广播电视出版社1992年版，第153页。
④ 杨宽：《中国古代都市制度史研究》，上海人民出版社2003年版，第238—250页。

制与坊制随着新的"街""市"兴起，繁华街市逐渐形成而开始瓦解，相应的是商人的"行""市"组织兴盛。唐代每一行市已设有"行头""行首"，总管本行事务，官府设于市的市署对市场进行管理必须通过行头。北宋年间的街市更趋繁华，形成了街市，商业、集市、娱乐等各种民间活动及组织繁多。城市行政管理也相应发展，在坊上增设厢级组织，每厢设厢使、厢典、厢巡检。厢巡检下有禁军，主管巡逻、救火与捕盗。[①] 中国的城市基层管理与西方不同，行业组织只是进行本行间的商业性管理，并服务于行政系统，不存在西方式的包括政治等各种主体权力性的自治管理。

二 基层治理的近代转型

(一) 晚清地方自治

近代以来，在西力东侵的冲击之下，中国亦开始近代民族国家的建构进程，国家与社会之关系发生深刻变动。传统中国的基层治理格局遭遇挑战，开始深刻的转型。现代国家对资源需求更大，自然要求改变传统国家的治理模式。清王朝统治者面对内外失控的局面，为因应危局而开启新政变革。一个根本变化就是朝野都开始疏离小政府的传统思路，从不作为向有作为转化。[②] 清末新政政治改革仿效日本明治维新之经验，试图在开掘传统中国基层治理的基础上，主要模仿西方政治制度推行地方自治改革。

作为地方自治决策者的疆吏廷臣，大多从"托古改制"着眼来理解和接受"地方自治"改革。宪政编查馆在给朝廷的奏折中称："臣等查地方自治之名，虽近沿于泰西，而其实则早已根荄于中古，

[①] 杨宽：《中国古代都市制度史研究》，第 273—359 页。
[②] 罗志田：《国进民退：清季兴起的一个持续倾向》，《四川大学学报》2012 年第 5 期。

周礼比间、族党、州乡之治,即名为有地治者,实为地方自治之权舆。"① 统治者对西方的地方自治制度寄予厚望,御史徐定超奏:"东西各国号称富强,究其富强之原,非地方自治不为功,今者预备立宪诚为中国当务之急,然预备立宪而不从地方自治入手,则立宪终无实行之一日。"②

清末基层治理转型始于光绪三十二年(1906年)6月,直隶总督兼北洋大臣袁世凯率先在天津试办地方自治,设立天津府自治局,展开筹备工作。袁世凯称:"此次试办地方自治为从前未有之事,凡在官绅务必和衷共济,一秉大公,以为全省模范。"③ 在清廷宪政逐年筹备事项清单中,预备宪政第一年颁布城镇乡地方自治章程;第二年筹办城镇乡地方自治,设立自治研究所;第三年续办城镇乡地方自治;第五年限定城镇乡地方自治粗具规模;第六年城镇乡地方自治一律成立。④ 在社会政治危机日益加剧之时,推进县域地方自治殊为不易。1909年1月18日制定《城镇乡地方自治章程》,在实际操作中效果并不理想。宣统二年(1910年)12月17日,清廷决计加速宪政进程,而将续办地方自治纳入变通事项,强调"续办地方自治各条,循序渐进,计非旦夕所能观成,兹酌改为按年续办,以求实际而免阻碍"。⑤

晚清预备立宪开启的县域地方自治,旨在形成官治与自治相辅

---

① 故宫博物院明清档案部编:《清末筹备立宪档案史料》(下),中华书局1979年版,第724—725页。

② 《御史徐定超奏更定官制办法十条折》,《清末筹备立宪档案史料》(上),中华书局1979年版,第164页。

③ 甘厚慈辑:《北洋公牍类纂正续编》(一),罗澍伟点校,天津古籍出版社2013年版,第48页。

④ 上海商务印书馆编译所编纂:《大清新法令(1901—1911)》点校本第一卷,李秀清等点校,商务印书馆2010年版,第117—118、122—126页。

⑤ 上海商务印书馆编译所编纂:《大清新法令(1901—1911)》点校本第十卷,何勤华等点校,商务印书馆2011年版,第169页。

相成、自治"助官治之不足"的基层治理格局。① 城镇乡地方自治，通过选举产生城镇议事会以及城镇、乡董事会，可对其自治范围内的各项事务有决议之权。但实际上自治权受到地方行政官的监督制约。《城镇乡地方自治章程》规定："城镇乡自治职，各以该管地方官监督之"；"地方官有申请督抚解散城镇乡议事会、城镇董事会及撤销自治职员之职"。② 这一制度安排，使地方自治实际推行中窒碍重重。有学者分析："政府官僚政治对这些地方政府官员的批准不能实施。知县能够免除镇乡的董事的职务，而且可以不同意有关自治会选出的自治会办事人员。"自治会不免成为政府的辅助机构或咨询机构。③ 且地方自治制度设计，亦造成固有自治事务与国家委任事务之间的冲突，地方自治不免成为官治的附庸。梁启超当即提出质疑："城镇乡为地方自治团体，固也，然同时又为国家行政区域，故其所办之事可分为两种。一曰本团体固有之事务，二曰国家所要办之事务。国家要办事务者何？如代收国税、执行征兵令、执行国会及咨议局乃至厅州县议事会之选举、执行各种民事商事之注册，乃至以乡董而兼为刑事上之起诉人等类。凡此皆与本团体之利害无关，而以国家行政区域之资格，受委任而行之者也。"④ 并提出尖锐批评："除纳钱粮外，几与地方官全无交涉（讼狱极少）。窃意国内具此规模者尚所在多有，虽其间亦恒视得人与否为成绩之等差，然大体盖相去不远。此盖宗法社会蜕余之遗影，以极自然的互助精神，作简单合理之组织，其于中国全社会之生存及发展，盖有极重大之关系。自清末摹仿西风，将日本式的自治规条剿

---

① 上海商务印书馆编译所编纂：《大清新法令（1901—1911）》点校本第一卷，李秀清等点校，第149页。

② 王建学编：《近代中国地方自治法重述》，法律出版社2011年版，第39页。

③ ［美］费正清、刘广京编：《剑桥中国晚清史（1800—1911）》下卷，中国社会科学院历史研究所编译室译，中国社会科学出版社1985年版，第392页。

④ 梁启超：《城镇乡自治章程质疑》，王建学编：《近代中国地方自治法重述》，第41页。

译成文颁诸乡邑以行'官办的自治'。所谓代大匠斫必伤其手，固有精神，泯然尽矣。"[①]

晚清地方自治改革使国家得以突破乡村传统的权力格局，以自治为名行官治之实，保甲制度也被警察制度所取代。但从实际情况来看，则呈现出新与旧并存、公与私交织、他治与自治相互依托的状态。在村落治安、教育方面，国家也开始将其纳入统一管理。国家对村政自治建设的关注和真正投入却极少，在许多方面还不得不依靠村落固有的自治资源。总体来说，清末民初的基层治理改革实际效果与设想距离甚大，基层治理处于复杂多变和纷乱状态。

首先，清末直至民国初期，县以下的行政机关无法统一，一直由警察和乡地两种组织系统分别发挥机能。新政改革后，县级政府的设置发生显著变化，县一级设有警政、工艺局和理财所等机关。但警察机关一直很小，所管辖事务有限。县政府的公文传递、田赋征收仍离不开原有乡地组织。警务分局负责治安、修路、修桥和训练等，而保正继续负责田赋征收等税赋事情。两者之间并行，各行其是，而无统属关系。

其次，从形式上看，国家行政权力正式进入了乡村基层社会，从而将原有的双重权力体系变为自上而下的单纯国家权力架构，但实际上这一努力并不成功，国家权力体系并未顺利占领传统民间权力体系瓦解后的空间。有学者认为，正是近代以来的现代国家政权建设破坏了原来的文化权力网络，民国政权造就了一批赢利性政客，取代传统的乡村领袖，造成国家政权的内卷化。[②] 警

---

① 梁启超：《中国文化史·社会组织篇》（1927年），《梁启超全集9》，北京出版社1999年版，第5109页。
② [美] 杜赞奇：《文化、权力与国家——1900—1942年的华北农村》，王福明译，江苏人民出版社1996年版。所谓"内卷化"（Involution）亦称"过密化"，最初由文化人类学家戈登威泽提出，杜赞奇借用"内卷化"这一概念分析了中国的农业社会。总体上来看，"内卷化"就是指一个社会或一种文化发展到一定水平之后便陷入停滞状态，无法向更高级模式进行转化的现象。

察制度也并未顺利取代保甲制,而存在多重变相:既有袁世凯主持的直隶五县取消保甲建立巡警,也有如陕西将保甲与警察合而为一,还有将旧保甲改为警察、将保甲改易名称编为警兵者。①一些地方"恍惚具自治雏形,而实则保甲,系旧制,与新制自治性质完全不合"。②

最后,村政与宗族交织,国家统治仍需要利用宗族的力量。宗族是华北村落内部社会结合的基本纽带,与村政有复杂联系。一些人认为华北近代村政的首领构成发生巨大变化。但根据调查资料,实际上在国家推行自治和对村落加强掠夺时,作为村落代表的村长发生变化,但协助村长施政、真正有实权的会首(甲长、牌长等)集团却变化很小。村政的运营仍离不开宗族组织的合作,呈现出行政机构与宗族组织相交织的局面。③

清末新政地方自治改革的结果有二:其一,国家政权开始"下沉"到乡村社会,"出现'政权下乡'的过程"④,国权向基层社会广泛渗透,初步构建组织化制度化的县(区)乡政权系统。如果说传统中国基层政权治理体系乃是种类庞杂且行政层级不甚清晰的县辖政区,那么,近代以来国家权力日益制度化地延伸到基层社会生活领域,晚清新政改革逐步从法律意义上确立了县区乡行政治理体系。县级政府以下的区及其乡镇政府,便成为中央政府在基层政区

---

① 王先明、常书红:《传统与现代的交错、纠葛与重构——20世纪前期中国乡村权力体制的历史变迁》,复旦大学历史系编:《近代中国的乡村社会》,上海古籍出版社2005年版,第63页。

② 民国《光山县志约稿·自治志》,转引自王明明、常书红《传统与现代的交错、纠葛与重构——20世纪前期中国乡村权力体制的历史变迁》,复旦大学历史系编《近代中国的乡村社会》,第64页。

③ 祁建民:《自治与他治:近代华北农村的社会和水利秩序》,商务印书馆2020年版,第12页。

④ 韩小凤:《从一元到多元:建国以来我国村级治理模式的变迁研究》,《中国行政管理》2014年第3期。

的代理人,对基层社会实施治理之权。[①] 其二,地方自治逐渐兴起,基层治理中的自治与官治之间的张力增大,政府制度化介入地方自治事务。这一自治改革运动以西方地方自治模式为目标,"它强调法律至上,提倡'争讼'理念,以权利平等和权利保障为价值标签"[②]。这一改革运动试图移植西方基层治理模式,实践的结果加剧了基层治理过程中官治与自治之间的紧张,总体而言未获成功。

近代以来城市基层的变迁与乡村呈现不同的路径,当国家政权开始进入城市基层时,行业性组织并未像乡村乡绅阶层一样趋于瓦解,行会、会所等传统城市基层组织开始发生趋向于近代的嬗变,一些新兴行业组织大量出现,并开始逸出传统会馆会所的限制,而颇有成效地开始适应近代行业经营的公务活动。与此同时,绅士、商人借助这些新式行业性组织登上现代城市管理的舞台。晚清的地方自治运动,在上海就是由绅商自发组织的城乡内外总工程局开始的。绅商阶层甚至还在新兴的警察事务中占一席之地。

20世纪早期这个政局动荡的时代,尽管政权急剧更替,但加强国家对乡村的控制则成为一个趋向。辛亥革命后,与皇权相联系的保甲制失去了存在的根基,地方自治成为时趋。北洋政府1914年12月颁布《自治条例》、1919年9月颁布《地方自治条例》,1921年7月颁布《乡自治规则》,将县以下的基层组织一律变为市、乡,并规定市、乡是具有法人性质的自治团体,承担办理本地教育、卫生、交通、水利、农业、商务、慈善等事务之责,且按西方近代政治制度模式设计了由选举产生的议决机关、执行机关和监督机关。但当时的社会政治环境及民众素质,均不具备实行自治的条件,公权下探的趋势并未改变,自治机构实际失去"自治功能"

[①] 魏光奇:《官制与自治——20世纪上半期的中国县制》,商务印书馆2004年版,第121页;[美]杜赞奇:《文化、权力与国家——1900—1942年的华北农村》,王福明译,江苏人民出版社1996年版,第1—2、38—41页。

[②] 荆月新:《近代乡里制度转型的当代法治意义》,《光明日报》2015年8月29日第7版。

而蜕变为区、乡层级行政机构，乡村事实上仍依靠行政权力实行统治。例如1917年山西推行村制改革，颁布《县属村制通行简章》，实行编村制度，作为山西村治的基础，即在制度设计方面突出行政权对基层社会的控制。随着山西村治之推广，多省仿效，如江苏民政厅即出台《江苏省市县行政组织大纲》："考村制大略，凡五家为邻，二十五家为闾，邻闾各有长，一百家为村，村有长副，各若干村为区，区亦有长，直隶于县，佐理民政，如此则指挥灵便，脉络贯通。"[1]

概言之，清末新政推行的地方自治改革，以富国强兵、加强对基层社会的户籍与税收管理为目标，力图借机构设置确定地方权威在官僚体系中的位置，从基层乡村获取更多的资源。随着国家权力逐步向基层乡村社会下探，传统基层乡村治理结构与运作逻辑也发生深刻改变。

（二）民国基层治理变革

南京国民政府成立后，以孙中山的政治思想为指导，着力推行地方自治。[2] 1928年9月，南京国民政府颁布《县组织法》，规定以"地方自治"原则建立区、村（里）、闾、邻制度。但事实上未能实行。1929年6月5日，南京国民政府推出以县（市）为自治单位的地方自治改革，制定《县组织法》和《市组织法》。1939年9月26日颁布《县各级组织纲要》，推行"新县制"，以之作为"训政"的重要内容。实际操作中，政府官治广泛渗透到地方自治事务之中，二者融为一体，地方自治不过成为摆设，所谓的地方自治机关依仗地方官府赋予的征收赋税、募集公债、办理乡团等地方公共事务职责，把持地方事务，县域地方自治徒具虚名。20世纪

---

[1] 转引自尹仲材《村制学与地方自治》，《现行关系村制法令及党纲党义讲义》，上海大中书局1928年版，第30页。

[2] 洪英：《孙中山先生地方自治思想综述》，《法史研究》2003年第3期。

30年代初兴起的"县政建设实验区"计划，企图将县政改革与乡村建设结合起来，进一步加强对乡村社会的控制，仍以失败告终。①

南京国民政府推行旨在强化对基层社会控制的保甲制度，试图以此作为地方自治的替代品。1932年8月，豫鄂皖三省"剿匪"司令部颁行《剿区内各县编查保甲户口条例》，同时蒋介石发布《施行保甲训令》，乡村基层倒退回以人身依附为特征的保甲体制。1935年国民政府为解决乡村办自治还是办保甲的问题，在南京召开"全国最高行政会议"，蒋介石提出"执简而驭繁"之道在于办保甲。是年7月，国民党军委会委员长行营颁发《修正剿区内各县编查保甲户口条例》，通令豫鄂皖赣闽陕甘湘黔川10省将保甲列为地方四项要政之一。

国民党政府推行保甲制，主要出于"剿"共的政治、军事考虑，其具体运作与既往的保甲制也名同而实异，最大的区别在于：民国时期保甲制度的建立是在政治现代化架构的大背景中，因而国民党政府不得不将保甲与地方自治相联系，标榜其为实现民主政治权力的自治组织。② 保甲作为村政机构，其官治化趋势明显增强。村政制度趋于规范化，保长、甲长由政府任命，而不再由族长、房长自然担任。保、甲和区的权力，对村落的社会、政治、经济加以直接干预，并对上级行政单位负责。③ 新县制下的保甲还有重建农村社区之目的，蒋介石表示："办理保甲，最好寓有经济意味于其间，同时提倡各种之合作社。"④

保甲制实质上体现的是现代国家进入基层社会并加以控制的逻

---

① 参见《各省设立县政建设实验区办法》（1933年8月16日内政部公布），王建学编：《近代中国地方自治法重述》，第246—248页；李伟中：《20世纪30年代县政建设实验研究》，人民出版社2009年版，第21—23页。
② 闻均天写作《中国保甲制度》的根本目的即在于此，并对历史上的保甲制度有所美化。
③ 王铭铭：《社区的历程》，天津人民出版社1996年版，第88—89页。
④ 赵泉民：《张村社会整合中的"异趣"》，《华东师范大学学报》2003年第1期。

辑，只是有心而无力，这种努力并不成功。村庄制度型权力未能建构起来，"代表国家权力的管辖权和规则既没有建立，也没有通过机构的设置贯彻下去，国家并没有改造地方权威的管制原则或取代它的管制权力，从而将地方社会纳入国家规则的治理范围中。"①

所谓行自治权力的保甲大多不过徒具形式，与居民并无多少真正的联系。费孝通批评20世纪30年代的保甲制："把自上而下的政治轨道筑到每家的门前"，这样在乡村中形成"官方"和"民方"两套重叠的制度，逐渐导致"政治双轨的拆除"和"基层行政的僵化"。② 有学者研究认为：由于国民党政府始终将加强其对基层社会的控制放在优先位置，以及当时的社会条件制约，致使自治与保甲均遭失败。③

清末新政以来力图在基层推进政权建设，但直至1949年，华北农村并未能建立起真正的地方自治体制，地方自治改革也丧失了内生动力。杜赞奇提出"国家政权的内卷化"概念，认为20世纪前半期国家权力向基层社会扩张的现代化进程导致基层乡绅社会的破坏。④ 自治改革结果呈现为一种他治（或称官治）与自治的混同局面。祁建民认为，这一方面是因为政府推行自治的目的本不在于实现民主自治，而仅将之作为一种加强自身统治的手段。而且县级政府在实际推行中亦多敷衍了事。⑤ 纵观晚清和民国时期国家权力力图向基层渗透的过程，可以明显看到国权与地方绅权、宗族势力的复杂博弈周旋。基层治理体系发生了剧烈变化，但不管是清末的地方自治改革，还是民国时期的"新县制""保甲制"，均止于机

---

① 张静：《基层政权：乡村制度诸问题》，浙江人民出版社2000年版，第31页。
② 费孝通：《乡土重建》，《费孝通文集》第4卷，第343页。
③ 肖如平：《理想与现实的两难：论国民政府的地方自治与保甲制度》，《福建论坛》2004年第12期。
④ ［美］杜赞奇：《文化、权力与国家——1900—1942年的华北农村》，王福明译，江苏人民出版社1996年版。
⑤ 祁建民：《自治与他治：近代华北农村的社会和水利秩序》，第13页。

构建制和委任的形式之上，而未能完成对基层乡村社会的深度整合。杜赞奇认为，这种国家政权的下沉只是靠复制经济体制来完成的，从而出现国家政权的内卷化。[①]

不过客观而论，近代以来的村政建设，就大多数普通村落来说，虽然真正的自治机制未能建成，但也并未出现村落秩序完全崩解、完全由土豪劣绅掌权的局面。原有的秩序仍基本得以维持。国家权力虽然向村落延伸，但也并未将村落原有的自治资源完全摧毁，而是相互依赖互为补充。近代以来乡村凋敝，濒临破产，也不能完全归咎于乡村治理改革之失败，而与整个国家面临的整体性危机息息相关。

民国时期，面对乡村社会的衰败，不少有识之士认识到乡村基层之重要，力图以改造乡村作为改造国家的首要环节，掀起乡村建设运动的高潮，试图通过发展乡村教育来复兴乡村社会，实现对乡村的改造。其中晏阳初领导的"中华平民教育促进会"在河北定县开展以教育为中心的乡村建设，试图开展平民教育、改善农村经济；梁漱溟领导的"山东乡村建设研究院"在邹平推行乡村建设，试图以教育力量取代行政力量，着力推行整个行政系统教育机关化改革。乡村建设运动有一定成效，但最终均未成功。真正对乡村基层进行根本性变革，还是中国共产党领导农民进行土地革命，基层治理结构发生翻天覆地的变化。1949年中华人民共和国成立后，"国家政权的扩张改造了乡村旧有的领导机构，并建立了新型的领导、推行了新的政策；特别是50年代以后的合作化，使得征税单位、土地所有和政权结构完全统一起来，故而完成了民国政权未尽的'国家政权建设任务'"。[②] 通过在农村成功建立现代国家的基层

[①] ［美］杜赞奇：《文化、权力与国家——1900—1942年的华北农村》，王福明译，第51页。

[②] ［美］杜赞奇：《文化、权力与国家——1900—1942年的华北农村》，王福明译，第241页。

组织，为实现民族复兴奠定了最重要的基石。

第二节 "皇权不下县"的真相

"皇权不下县"是近年来人们耳熟能详、颇有影响的一个概念，此概念由温铁军于1999年撰文提出，意指帝制时代中国官僚机构末梢为县衙，国家权力即"皇权"只下探至县这一层级，基层正式官员维持在较低数量。因契合当时农村体制改革与乡镇行政组织的存废这一现实政治热点，迅速引起各界关注。温铁军明确表示："由于小农经济剩余太少，自秦置郡县以来，历史上从来是'皇权不下县'……这种政治制度得以延续几千年的原因在于统治层次简单、冗员少，运行成本低。"2000年温氏出版《中国农村基本经济制度研究》，又补充解释：统治者允许农村基层长期维持"乡村自治"，"这是我们这个农业剩余太少的农民国家能够维持下来的最经济的制度"，地主则"是农村实际上自然产生的、起管理作用的社区精英"，"'乡村自治'就是'乡绅自治'"。[1] 换言之，所谓"皇权不下县"意指县级以下基层社会治理，主要依靠乡村社会中的非正式组织来实现。

揆诸中国历史实际，国家权力在基层的实际运作，远非"皇权不下县"能够概括。

一 传统基层治理模式相关争议溯源

温铁军提出"皇权不下县"的概念，并未作系统阐释和严格的学术论证，却得到不少应和、激赏，甚至被视为不言自明的理论前

---

[1] 温铁军：《半个世纪的农村制度变迁》，《战略与管理》1999年第6期；温铁军：《中国农村基本经济制度研究——"三农"问题的世纪反思》，中国经济出版社2000年版，第411页。在此之前，温氏于1993年也提出过这一概念，但未引起多少反响。胡恒：《"皇权不下县"的由来及其反思》，《中华读书报》2015年11月4日第5版。

提，成为一种传统乡村的认识范式。究其原因，"皇权不下县"只是以更简单明快的表述，对一种早已存在、影响甚广的关于中国传统基层治理模式之认识作了概括提炼。梁启超在1899年即撰文提出："吾中国则数千年来，有自治之特质。其在村落也，一族有一族之自治，一乡有一乡之自治，一堡有一堡之自治……乡之中有所谓绅士耆老者焉，有事则聚而议之，即自治之议会也。"因此而造成官民悬隔，"我民因君相不代我谋，于是合群以自谋之。积之既久，遂养成此一种政体。故以实情论之，一国之内，实含有无数小国。朝廷之与地方团体，其关系殆如属国"。① 20世纪40年代，费孝通从国家与社会关系着眼，提出传统中国的双轨政治："一方面是自上而下的皇权，另一方面是自下而上的绅权和族权，二者平行运作，互相作用，形成了'皇帝无为而天下治'的乡村治理模式。"② 从人民的实际生活来看，皇权是"松弛和微弱的，是挂名的，是无为的"。③ 而由乡绅连接两种秩序和力量。如此一来，"乡绅—宗族几乎成了传统乡村社会的代名词，'国家—社会'二元对立的西方政治社会学视角在这里落实为'国家—宗族'或'皇权—绅权'的二元模式"。④ 费孝通的"双轨制"论述，受西方"国家与社会"二元关系理论的影响，以县为界将中国传统政治结构分为县以上的"中央集权"和县以下的"自治体制"，县以上由国家正式官僚实现政治整合，县以下则通过乡绅实现社会整合，二者结合维持国家与社会的交接关系。显而易见其论述重心还是放在"乡村自治"。

---

① 梁启超：《论中国人种之将来》，《饮冰室合集》文集之三，中华书局1989年版，第49页。
② 费孝通：《再论双轨政治》，载《费孝通文集》第四卷，第343—364页。
③ 费孝通：《乡土中国 乡土重建》，第67页。
④ 秦晖：《传统中华帝国的乡村基层控制：汉唐间的乡村组织》，载《传统十论》，东方出版社2014年版，第9页。

20世纪初,德国学者马克斯·韦伯提出:"中国的治理史乃是皇权试图将其统辖势力不断扩展到城外地区的历史。但是,除了在赋税上的妥协外,帝国政府向城外地区扩展的努力只有短暂的成功,基于其自身的统辖力有限,不可能长期成功。这是由统辖的涣散性(extensitat)所决定的,这种涣散性表现为现职的官吏很少,这决定于国家的财政情况,它反过来又决定财政的收入。……出了城墙,统辖权威的有效性便大大地减弱,乃至消失。因为除了势力强大的氏族本身以外,皇权的统辖还遭遇到村落有组织的自治体的对抗。"①

陈独秀也认为,中国传统社会"上面是极专制的政府,下面是极放任的人民","除了诉讼和纳税以外,政府和人民几乎不生关系",而人民"却有种种类乎自治团体的联合",成为中国实行民治的基础。② 吕思勉亦强调"中国官治,至县而止"③。费正清的《剑桥中国晚清史》认为传统中国存在双重统治格局:"一类是往下只到地方县一级的正规官僚机构的活动,另一类是由各地缙绅之家进行领导和施加影响的非正规的网状系统的活动。"④ 当代学者王先明综合提出,传统中国的治理结构有两个部分:"其上层是中央政府,并设置了一个自上而下的官制系统,其底层是地方性的管制单位,由族长、乡绅或地方名流掌握。"⑤

不过,学界对传统基层治理模式与机制的认识向来存在争议。萧公权强调指出:因帝国广土众民,而通信和交通工具落后。帝国

---

① [德]马克斯·韦伯:《儒教与道教》,洪天富译,江苏人民出版社2014年版,第97页。学界对韦伯的观点有所误读,后来者更多将韦伯视为强调帝国政权严密控制地方精英与乡村社会的论者,并在反对韦伯看法的基础上发展出"士绅社会"研究模式。参见狄金华、钟涨宝《从主体到规则的转向——中国传统农村的基层治理研究》,《社会学研究》2014年第5期。
② 陈独秀:《实行民治的基础》,《新青年》1919年7卷1号。
③ 《吕思勉读史札记》,上海古籍出版社1982年版,第1097页。
④ [美]费正清、刘广京编:《剑桥中国晚清史(1800—1911年)》上卷,第20页。
⑤ 王先明:《近代绅士》,天津人民出版社1996年版,第21页。

政府的行政和军事力量，实际上不可能达到遍布的每一个大小村落，"为了把控制延伸到乡村的层面，就需要运用一种可以称为基层行政体系的地方组织。……这样一来，乡村生活的每一个重要面向理论上都置于政府的监督和指导之下"。概言之："尽管皇帝们想要把控制延伸到帝国的每一个角落，但乡村地区却这样存在着局部的行政真空。这个真空是行政体系不完整的结果，却给人一种乡村'自主'的错觉"；而实际上"地方自治的概念与乡村控制体系是不相干的。村庄里展现出来的任何地方上自发或社区性的生活，能够受到政府的包容，要么是因为它可以用来加强控制，要么是认为没有必要去干涉。在政府眼里，村庄、宗族和其他乡村团体，正是能够把基层控制伸入到乡下地区的切入点"。[①]

瞿同祖也认为："清代中国，各级地方政府都是按同样的原则组成的，所有行政单位，从省到州县，都是中央政府设计和创建的。……所有地方官员，包括州县，都是中央政府的代表。在州、县或组成州县的市镇、乡村，都没有自治。"[②] 更有学者明确提出："秦代以来，中国的传统乡村基层社会是一种处于传统政治权力全控下的极少自由的气氛令人窒息的专制型基层社会。"秦汉以后的所谓"自治"，只是一种类似于监狱管理者让囚徒们自我管理的假性自治。[③]

温铁军所提出的"皇权不下县"渊源于费孝通的"乡村自治"论，而据萧公权所论，所谓"自治"不过是一种"错觉"。这种分歧源于其分析、研究的视角不同，"皇权不下县"在当代亦难免争议。秦晖顺着"自治"路向先提出对于传统基层治理模式更为完整的概括："国权不下县，县下惟宗族，宗族皆自治，自治靠伦理，

[①] 萧公权：《中国乡村——论19世纪的帝国控制》，张皓、张升译，联经出版事业股份有限公司2014年版，第7、595—596页。
[②] 瞿同祖：《清代地方政府》，第5页。
[③] 万昌华、赵兴彬：《秦汉以来基层行政研究》，齐鲁书社2008年版，第6—8页。

伦理造乡绅";进而对此提出质疑:其一,乡村宗族化是否存在?从走马楼吴简来看,即便世家大族最为兴盛的魏晋时期,乡村宗族化也有限。其二,县以下存在发达的基层组织,体现国家政权控制基层乡村的努力,应可视为皇权向下延伸的产物。他认为:"只要处在帝国官府的控制下,那里的乡村仍然是编户齐民的乡村,而不是宗族的乡村";并尖锐指出:"传统乡村自治"的说法"在逻辑上完全混乱"。①

胡恒认为,秦晖等人的论点,"皆以历史时期基层社会的各类非正式组织的存在来反驳'皇权不下县',其实并不能从根本上动摇其理论根基"。他认为"皇权"取其狭义定义,专指国家正式委派的职官和行政机构而言,不包括广义的皇权及其衍生物。因而"皇权不下县"命题的理论根基在于"区分皇权对县以上和县以下不同的治理模式,县以上通过建立科层式的官僚机构进行直接统治,而对县以下借助三老等乡官或里甲、保甲等带有职役性质的基层组织进行间接统治,从而缓解了传统社会资源不足的困境,并因介入力度较弱而为宗族、士绅留下了运作空间"。② 高寿仙则指出,胡恒将"皇权"限制在是否设置正式职官这一狭义范围上,可能未必切合其本意。因"皇权不下县"有"官不下县"与"权不下县"两个方面,仅关注县以下是否有职官而不论其是否为自治,"恐怕也就大大缩小了这个命题的学术意义"。③ 周雪光则提出,从正式制度角度看,县域内政府在编人员规模在一定程度上反映了皇权向下延伸,"但这些县属机构人员的实际作为在多大程度上体现或代表

---

① 秦晖:《传统中华帝国的乡村基层控制:汉唐间的乡村组织》,《传统十论》,第7—23页;秦晖:《权力、责任与宪政——关于政府"大小"问题的理论与历史考查》,《社会科学论坛》2005年第2期。
② 胡恒:《皇权不下县?——清代县辖政区与基层社会治理》,北京师范大学出版社2015年版,第304页。
③ 高寿仙:《"官不下县"还是"权不下县"?——对基层治理中"皇权不下县"的一点思考》,《史学理论研究》2020年第5期。

了'皇权'抑或地方利益？换言之，皇权是否下县，不仅要看正式制度，还要看实际运作过程，看非正式领域中的具体行为"。①

就"官不下县"来看，有不少历史学者提出质疑，鲁西奇、张德美等学者梳理秦汉以来乡里制度从"乡官制"到"职役制"之演变，强调县以下历来存在官方或半官方的政权组织（或准政权组织）。②刁培俊研究两宋地方志，认为虽然基层社会看似"国家不在场"，其实基层中的许多半官方组织都是皇权的延伸。③

近年来一些学者着力研究县以下政区及其治理的构造问题，通过细致考察清代州县佐杂官分辖与县辖政区问题，梳理县域内基层政府的机构设置和人事安排，以翔实的史料证实清代县域内有相当数量的国家正式职官，论证县以下存在国家行政机构。这种缺乏统一规范的县以下政区与地域划分体系，是不同历史时期国家管控与社会自发生长的混合状态下的产物，其表现形态、区域划分及功能权限，往往繁复多变，因时而设。由州县僚属官的分辖而形成的县以下政区，县丞、主簿、巡检司等分防于乡村；地方上广泛存在的堡、图、社、乡保等多种名目的县以下政区的沟通机制。④不过对于县以下设置的行政机构和在编职官，究竟属于派驻性质还是正式的一级政府，究竟属于权宜之计还是正规的官僚行政体系，学界仍存在争议。陆悦即指出，佐杂官分区管乡的所谓"县辖政区"职能并不完整，也未成为官方正式规制，并不能视为一级正式的行政

---

① 周雪光：《寻找中国国家治理的历史线索》，《中国社会科学》2019年第1期。
② 鲁西奇：《"下县的皇权"：中国古代乡里制度及其实质》，《北京大学学报》2019年第4期；张德美：《皇权下县：秦汉以来基层管理制度研究》，清华大学出版社2017年版。
③ 刁培俊：《官治、民治规范下村民的"自在生活"》，《文史哲》2013年第4期。
④ 魏光奇：《清代"乡地"制度考略》，《北京师范大学学报》2017年第5期；胡恒：《皇权不下县？——清代县辖政区与基层社会治理》；张海英：《"国权"："下县"与"不下县"之间——析明清政府对江南市镇的管理》，《清华大学学报》2017年第1期。

机构。①

二 基层治理运作的实况

单纯从县域以下是否设有正式职官,并不能从根本上回答"皇权"是否下县的问题。实际上,秦汉隋唐的乡里正长一般得到县廷的任命,宋元明清的诸种乡里职役也需得到县衙认可。其所行使的权力主要来自国家权力即"皇权",其目的亦主要服务于"皇权"。因此这种乡村基层的准政权机构,或曰附属政权机构,与县级正式官僚机构并无本质上的区别。自费孝通到温铁军,其所论的核心问题在于是否"皇权不下县"这一面向,在于帝制时代乡村的"自治"究竟有多大空间。

有学者指出,中国社会的自治性是在国家权力内的一种自治空间,"皇权不下县"则主要出于治理能力、治理策略等方面的考量,让皇权选择其认为更有效的治理模式。但这并非自治权的概念,皇权是否下县是皇权的选择,基层社会并无对抗之权,如果皇权想要进入,在权力结构上毫无障碍。"因而,中国传统社会的自治是治理事实,而不是一种权力结构。"传统社会有自治的事实和空间,却没有独立的自治权力结构和独立的自治组织。②

如果考察国家权力向基层社会下探的层级,则显而易见并非仅止于县。县级政府及其代理者实际上向基层社会行使的仍然是国有权力,农村士绅身上仍然体现了国家权力因素。国权在县以下的活动与控制相当清晰,其赋役征收之权力行使可谓无远弗届,甚至达到"任是深山更深处,也应无计避征徭"的程度。帝制时代的基层乡村治理亦并非仅仅体现国家权力与基层社会单向度的控制与反抗

---

① 陆悦:《县以下代表皇权的人员?——胡恒〈皇权不下县?〉读后》,《法律史评论》第9卷,法律出版社2017年版。

② 江必新、鞠成伟:《国家治理现代化比较研究》,中国法制出版社2016年版,第44页。

关系，实际情形可能要更为复杂。高寿仙提出，基层社会的权力运作，表现为在皇权支配下多方相互制约、相互冲突的"多元竞合"格局，官员、职役、绅士和普通百姓，"都会不可避免地参与或卷入这个庞杂的社会体系，并根据自己拥有的资源和所处的境遇采取相应的策略，在其中发挥或大或小的作用"。① 这一概括表述更为周全圆融。

同时还须看到，在中央集权制的王朝国家体制下，所谓"皇权"，② 即王朝国家权力，不宜理解得过于狭隘，仍需要作进一步分殊。迈克尔·曼提出专断权力与基础权力之区别，专断权力是一种针对市民社会的国家个别权力，源于国家精英的运作，并且无须与市民社会群体作协商；基础权力则指的是一个中央集权国家的制度能力，是一种国家通过基础设施渗透和集中地协调市民社会活动的权力。③ 王朝中国基层治理存在着截然不同的两个领域：即在赋役和地方治安领域，政府具有压倒性的优势，"皇权"中的"专断权力"绝未缺席，并且大体能够如愿获取赋役等资源，并实施对地方百姓和基层秩序的掌控。而在地方公共服务领域，诸如公益活动、社会救助、水利设施等地方公共事务，政府所做的更多只是一种礼仪风尚的教化和倡导，而少有实质性的管理和帮助。这些公共产品的提供基本上是由地方百姓自行筹划、解决，乡村士绅在其中起到关键作用。换言之，"皇权"中的基础权力确乎相当程度转让给了宗族士绅来行使。顾炎武即指出："自三代以下，人主之于民，赋敛之而已尔，役使之而已尔。凡所以为厚生正德之事，一切置之不

---

① 高寿仙：《"官不下县"还是"权不下县"？——对基层治理中"皇权不下县"的一点思考》，《史学理论研究》2020 年第 5 期。
② 罗志田认为，现在学界讨论的"皇权"，其实更多是一种位势，不妨表述为"君位"（emperorship），盖其兼具职责，涵括然却并不总是着眼于权力。参见罗志田《地方的近世史："郡县空虚"时代的礼下庶人与乡里社会》，《近代史研究》2015 年第 5 期。
③ ［英］迈克尔·曼：《社会权力的来源》第二卷，陈海宏等译，上海世纪出版集团 2007 年版，第 68—69 页。

理，而听民之所自为。"① 秦晖所谓"国责不下县"②，从这个意义上来看，确不无道理。

鲁西奇则将皇权区分为政治权力与社会权力两个层面：政治权力主要指权力集团通过诸种政治手段控制不同层级的权力集团，其目标在于建立并维护王朝国家对于疆域与人民的控制；而社会权力主要是统治者通过委托、制衡、协商、征发等方式以调动不同人群，控制社会运行的各个环节，以获取人力物力资源，维护相对稳定的社会秩序。③ 政治权力与社会权力相结合，社会控制是政治控制的基础，而基层治理又是社会控制的核心。国家权力中的社会权力，其实一直在努力有所作为，采取各种制度、政策、策略，以掌握、汲取基层乡村的资源与财富，维护社会稳定。而乡村社会的宗族、乡绅，也不会将其所掌控的资源财富主动奉献给国家，诸多强行委派征发的职役更谈不上"自治"。

不过另一方面，揆诸中外历史，官僚体系本有自动扩张的天性，而古代中国的统治者似有意对官僚系统予以限制，一方面权收于上，另一方面则有意对基层放权。传统中国政治讲究社会秩序的和谐，确有"无为而治"的立意，国家缺乏向基层扩张的意愿和动力，从观念和体制上对国家机器的自动扩张加以持续有效的约束。因而传统政治是一种"小政府""大民间"模式。基层机构设置的重叠及更改频繁，体现出有意的"放任"，"在某种程度上或可以说，中国历代政权所追求的，就是在'天威'象征性存在的同时，又使国（state）与民相忘，不必时时向老百姓提醒

---

① 顾炎武：《华阴王氏宗祠记》，《顾亭林诗文集》，中华书局1983年版，第108—109页。

② 秦晖：《传统中华帝国的乡村基层控制：汉唐间的乡村组织》，《传统十论》，第7—23页；秦晖：《权力、责任与宪政——关于政府"大小"问题的理论与历史考查》，《社会科学论坛》2005年第2期。

③ 鲁西奇：《"下县的皇权"：中国古代乡里制度及其实质》，《北京大学学报》（哲学社会科学版）2019年第4期。

'国家'的存在"。①

县衙以下的基层社会主要通过三个非正式的权力系统以实施治理：其一，附属于县衙的衙役胥吏群体，清代州县吏役人数相当庞大，大县逾千，小县亦至数百名。②其二，是里甲、保甲等乡级准政权组织中的乡约地保群体。其三，是由具有生员以上功名及退休官吏组成的乡绅群体。据张仲礼研究，至19世纪前半期中国绅士总数达100余万。③这种半正式的基层行政方法体现出中国传统文化中实用主义的治理理念，体现了中国独特的政治文化。有学者指出，这种基层治理模式是在国家与村庄的共同需求下产生的内生制度安排，具有顽强的生命力。④此一对乡村社会的治理策略自然也是理性选择的结果，体现出一种治理艺术，总体而言可谓成功，以较小的政府而能维系如此庞大国家的治理与控制。

国家在基层设立乡里组织，无疑是国家直接进入基层社会的努力。如果完全不成功，国家何以一再延续这种不成功的制度摆设？显然这种组织对于国家有其存在的价值，尽管它可能实际上处于乡绅的影响之下，乡绅才是地方基层社会的实际权威者。然而长期来看，国家通过这类组织完成的主要任务，如赋税力役的承担，还是达到了其目的。国家在行使权力时也为节约成本，有时希望村落内部自主管理，只要保证税赋征收或不出现大的刑事案件。因此官治与自治并非截然两分，而是相互补充相互依存的。国家关系已经渗透到相互交错的社会结合之中，社会结合也离不开国家权力的介入。国家要利用一切社会关系加强自己的统治，社会结合围绕国家

---

① 罗志田：《地方的近世史："郡县空虚"时代的礼下庶人与乡里社会》，《近代史研究》2015年第5期；罗志田：《国进民退：清季兴起的一个持续倾向》，《四川大学学报》2012年第5期。

② 吴吉远：《试论清代吏役的作用和地位》，《清史研究》1993年第3期。

③ 张仲礼：《中国绅士》，上海社会科学院出版社1991年版，第137页。

④ 强世功：《"法律不入之地"的民事调解——一起"依法收贷"案的再分析》，《比较法研究》1998年第3期。

权力而展开。

　　自上所述可以看出,"皇权不下县"这一概括虽然简单明了,夺人耳目,但实际上不免似是而非,与历史实际有一定距离。这一概括也并不完全契合费孝通的思想。费孝通其实也关注到县衙中胥吏直接代表统治者向"在乡村里被称为'公家'那一类的组织"即乡里组织传递县政府的命令,在他看来,皇权向下延伸的边界实际上直达乡里。"在父母之间和子民之间有着往来接头的人物。在衙门里是皂隶、公人、班头、差人之类的胥吏。这种人是直接代表统治者和人民接触的,但是这种人的社会地位却特别低,不但在社会上受人奚落,甚至被统治者所轻视,可以和贱民一般剥夺若干公权。这一点是很值得注意的,因为这是最容易滥用权力的地位,如果在社会地位上不用特殊的压力打击他们的自尊心,这些人可以比犬狼还凶猛。"[①]

　　而且,"皇权不下县"这一命题仅着眼于"皇权"是否下县(不管是"官"还是"权"是否下县),也局限了考察的视野和思路。因为仅从"是否"下县的角度发问,无论答案为"是"或"否",相对于中国几千年来基层治理的复杂实态,都不免过于简单。答案实际上并非非此即彼截然分明,皇权力图延伸到基层乡村的每一个角落,不断制定并实施相关制度性安排,由此形成多层次的县域治理结构体系;同时皇权也确乎给乡村士绅、宗族等以一定的自治空间。

　　立足于乡村自身需要及文化传统的"乡村自治",与根源于王朝国家权力的"乡村控制",实际是中国古代基层社会建构的两个方向:两者既对立,又依存、结合,甚至转化。王朝国家通过诸种手段或方式,将主导"乡村自治"的地方精英纳入国家权力系统,

---

[①] 费孝通:《基层行政的僵化》,《费孝通文集》第4卷,第338页。

是国家权力对"乡村自治"不断渗透、强化控制的结果。"乡村自治"与"乡村控制"两种关于中国基层乡村治理的研究范式，是两种理想型，乡村基层治理的实态是在两端之间游走，在不同时期不同地点呈现出不同面向。乡村基层控制类型复杂多样，变化无常，皇权力不从心时，就要寻求与基层精英的合作、共谋，与乡村基层势力博弈。不同的基层社会精英也需要援引国家权力来实现个人利益。中央集权国家的逻辑必然有竭力向下渗透的冲动，即设立代表国家的乡里制度以实现控制，这是主线。而国家与在乡村的代理人以及其他基层精英，总有利益、意志不一致之处，这条线索可视为副线。传统中国的乡村治理结构和运作概况，大体而言由此主、副两条线塑造而成。

概言之，与其争论皇权是否下县，不如深入探讨不同历史时期基层治理权力运作的实际状况及其机制，揭示王朝国家基层治理所采用的技术和策略，呈现基层治理模式的丰富性与复杂性，分析其实际效果及利弊得失，更能予人以启迪。

三 基层控制与失控

中国封建社会的阶级矛盾相当尖锐，历代王朝基层治理均力图采取种种措施以加强对基层社会的控制。萧公权在1960年出版的《中国乡村——论19世纪的帝国控制》一书，即以"乡村控制"为关键概念展开论述。他强调指出：统治者与民众之间的利益背道而驰，从秦朝到清朝的王朝兴替过程中，有效的解决方案主要在于建立一套行政组织，以帮助皇帝确保臣民的顺从并防止反叛。一则通过照顾臣民基本的物质需求，避免臣民因难以忍受艰困的生活"铤而走险"；二则通过向臣民反复灌输精心筛选的道德教条（大部分是从儒家学说中筛选出来的），使臣民接受或认同现存的统治秩序；三则通过不断监视臣民，从而查出"奸民"并及时加以处理。自秦以降，王朝中央权力掌控基层社会的基本原则几乎没有发生什么改变，但因经验积累，在细节方面不断加以强化和改进，"以利于更进一步集权中央，法律规章更加详密，监视更加严密，控制更加紧密"。[1]

统治者虽然在基层控制上费尽心机，但当基层民众受到过度剥削压榨难以生存时，只能起而抗争，基层秩序走向失控，对中央政权往往造成根本性冲击。中国历史上周期性王朝易代。究其原因，包括统治阶级内争、外敌入侵、自然灾荒、农民起义，但不论何种形式，王朝末期由于基层失控而爆发的农民起义大多成为推动王朝更替的关键力量和工具。自秦统一建立中央集权的大一统国家，直至近代西力东侵，两千余年的地主封建制一脉相续，其间农民起义此起彼伏，毛泽东在《中国革命和中国共产党》中指出："中国历史上的农民起义和农民战争的规模之大，是世界历史上所仅见的。"[2]

农民战争频发的根本原因在于封建地主阶级对民众的剥削压榨，使国家利益与基层民众利益之间的平衡被严重破坏，从而导致社会动荡乃至崩溃。大体说来，在王朝建立之初，统治者理解民间疾苦，鉴于前朝覆灭的教训，对民众多实行轻徭薄赋的经济政策，社会经济得以恢复发展，基层秩序较为安定。随着时间推移，政府对民众的汲取压榨加重，吏治日益腐败，土地兼并加剧，社会矛盾愈益激化；统治者进一步征敛、高压以保持政权稳定，恶性循环之下，官逼民反，农民揭竿而起，或叠加外敌入侵、统治集团分裂，王朝进入衰亡的末期。纵观历史，秦末农民起义源于国家力役赋税的过度征收，严重超出民众的承受能力。隋末农民起义的直接原

---

[1] 萧公权：《中国乡村——论19世纪的帝国控制》，张皓、张升译，联经出版事业股份有限公司2014年版，第3—4、591—592页。

[2] 《毛泽东选集》第2卷，人民出版社1991年版，第625页。

因，在于隋炀帝为征伐高句丽而过度征发兵役，使"天下死于役而家伤于财"，严重危及民众的基本生存。明末农民起义则主要在于赋税征收严重失衡，农民生存条件受到威胁只得铤而走险。

基层社会失控、民众起而反抗，其根本原因以及发展路径大体相似，但官方之应对也相当关键。例如，公元1596年，万历皇帝朱翊钧向全国各地派遣宦官充任矿监和税使，以增加税收力度。此举诱发全国各地持续不断的反抗。1601年苏州民变中，成千上万民众冲击税使衙门，给税务机关以致命打击，但仅5天当地政府就平复此次危机。而同时期的武昌，类似的抗税活动在1599年至1601年两次爆发，并演变为当地军队和民众之间大规模的流血冲突。造成两地民变不同发展走向及结局的关键因素，即为当地官方的"理性决策能力"。①

相对于其他帝制王朝，宋朝持续时间最长，且宋代未爆发全国性农民战争，农民起义并未成为宋朝灭亡的原动力。从基层控制角度来看，宋代朝廷有其独到之处，其特别措施，最重要者在于实行保甲法，充分发动民间力量，保甲既是联户组织，也是军事组织，且具备较强的组织性和战斗力。宋朝保甲组织参与平定民变的案例颇多。其次，对尚勇好斗、民变易发的特别地区实行特殊法令，采取"重法地分"政策。② 不过也应看到，宋代采取的这些措施，仍治标不治本，并不能从根本上缓解阶级矛盾，不能真正改善底层民众的生存状态，自然也不能消除民变的社会根源。正如朱熹在分析汀州社会矛盾时所言："税役不均，小民愈见狼狈，逃亡日众，盗贼日多。"③

由于人口迁移流动，也导致基层控制的难度大为增加。清代金

---

① 参见徐进、赵鼎新《政府能力和万历年间的民变发展》，《社会学研究》2007年第1期。
② 参见廖寅《宋朝应对民变若干措施新探》，《齐鲁学刊》2017年第1期。
③ 《朱熹集》，四川教育出版社1996年版，第1165页。

田起义以前的两百年间，中国人口从东南地区向西南地区有持续的大规模迁移，先后形成三次移民高潮。山地移民与宗法制度下的农民相比，宗族宗法观念淡薄，礼教礼法约束甚少，治理难度不可同日而语。严如煜《三省山内边防论》中说："川陕边徼土著之民，十无一二，湖广客籍居其五，广东、安徽、江西各省居其三四。五方杂处，无族姓之联缀，无礼教之防维。呼朋招类，动称盟兄，姻娅之外，别有干亲；往来住宿，内外无分。奸拐之事，无日不有，人理既灭，事变频仍。"在基层治理中发挥重要作用的保甲，对管理移民亦多无能为力，"棚民本无定居，今年在此，明岁在彼，甚至一岁之中迁徙数处。即其已造房屋者，亦零星散处，非望衡瞻宇，比邻而居也。保正甲长相距恒数里、数十里，讵能朝夕稽查？"[1] 移民背井离乡而来，渴求群体之间的互助与精神慰抚，为白莲教的传播提供了十分适宜的社会土壤。当这些移民被神道感召而聚为一团之时，正好面对乾嘉之交的长久灾荒，已有失控之势。乾隆五十九年（1794年）朝廷对各地教徒厉行搜捕屠杀，使天灾造成的社会动荡因人祸而日趋激烈，终于酿成嘉庆初年的白莲教大规模起义。[2]

第三节　士绅在基层治理中的作用

士绅既是基层社会的代言人，同时作为有特定身份地位、民意声望的所谓地方领袖，又是政府在基层社会治理的基石。一身而二任，使他们成为连接社会高、低层结构的桥梁，在乡村社会道德秩序维系、构建基层社会治理秩序发挥不可或缺的作用。

---

[1] 严如煜：《三省三内边防论》，《皇朝经世文编》，岳麓书社2004年版，第471页。
[2] 杨国强：《百年嬗蜕——中国近代的士与社会》，上海三联书店1997年版，第25—26页。

一 "士绅"的界定

《辞海》中"绅"解释为"古代士大夫束在衣外的大带",后"引申以指束缚的人士"。"绅士"指旧时地方上"有势力的地主或退职的官僚"。①"绅士"是明清以来流行的一种称谓,明以前的文献中未见单独的"士绅""乡绅",在明代文籍中始常见。② 明代人口大幅增加,科举考试竞争趋于激烈,朝廷增加了府州县考出的"生员"(秀才)一级功名,实际任官相对更难。科举获取功名之后,由于仕途艰难或功名较低,相当部分人员选择回归乡村,成为士绅群体的重要来源。常规入仕者也会因罢黜、丁忧、致仕等原因返回乡里。瞿同祖亦指出:"'绅士'或'绅衿'名词在明清时期广泛使用,预示着一个新的社会集团——功名持有者('士'或'衿')集团的出现。"③

关于士绅的定义,学界多有争议。张仲礼认为:"绅士的地位是通过功名、学品、学衔和官职而获得。凡属上述身份者即自然成为绅士集团成员……学品和学衔都是通过政府的科举考试后取得的,这种考试是证明受教育者资格的正式方法。因此人们常将经科举考试而成为绅士的那些人称为'正途'。然而,功名可以由捐纳而获得。虽然捐功名的人一般也是有文化或受过若干教育的,但他们并不需要提供任何足证其受教育资格的证明。这些绅士们常称之为'异途'。""中华帝国的绅士是一个独特的社会集团,具有公认的政治、经济与社会特权以及各种权力。"④

傅衣凌指出,"乡绅"概念实际上大大超过了这两个字的语义

---

① 《辞海》,辞书出版社1979年版,第1160页。
② 罗志田:《地方的近世史:"郡县空虚"时代的礼下庶人与乡里社会》,《近代史研究》2015年第5期。
③ 瞿同祖:《清代地方政府》,第284页。
④ 张仲礼:《中国绅士研究》,第1页。

学含义，既包括在乡的缙绅，也包括在外当官但仍对故乡基层社会产生影响的官僚；既包括有功名的人，也包括在地方有权有势的无功名者。[1] 据干春松的界定，近代以来的绅士指的是官、商、农、工以外的一个特定群体，是官和民之间的"中间阶层"，包括：具有举贡生员身份以上的功名者；回乡居住的退职官员或具有官衔身份却不实际担任职务者；具有军功劳绩的乡居退职人员；具有武举功名出身者；由捐纳而获得功名者。[2] 有人提出，士绅身份是以取得"官宦身份"或"仕宦资格"为前提的，前者称为官绅，后者称为学绅。士绅身份的政治性质在于：他们是一个通过科举取士制度与国家政权建立起紧密联系的特殊阶层。[3] 还有学者认为，"乡绅"作为在地的核心凝聚者，在某种意义上他们取代的正是以前的乡官。[4] 其主要责任就是化民成俗、凝聚社会、改善基层风气。

有学者对"乡绅""绅士""士绅"加以辨析，认为"乡绅"主要指居乡或在任的本籍官员；"绅士"在明代分指"乡绅"和"士人"，到晚清已演变为对所有"绅衿"的泛称；"士绅"一词内涵较宽，主要指在野的并享有一定政治和经济特权的知识群体。[5] 须注意的是，"士绅""乡绅"之名始于明代，但明代以前亦有类似的群体。如唐代乡间具有文化和仕宦背景的士人与退职官员，即与明清的乡村士绅相类，儒家文化的熏染使他们对王朝有强烈认同，虽然他们还未像明清士绅那样形成一种稳固的阶层，但在乡村基层的作用亦不可小视。宋代就有一些官僚士人着眼于地方，在基

---

[1] 傅衣凌：《中国传统社会：多元的结构》，《中国社会经济史研究》1988年第3期。
[2] 干春松：《制度儒学》，上海人民出版社2006年版，第80页。
[3] 李北方：《历史纵深中的农村基层治理》，《南风窗·双周刊》2014年第14期。
[4] 王霜媚：《帝国基础：乡官与乡绅》，载《立国的宏规——中国文化新论·制度篇》，联经出版事业股份有限公司1983年版，第407—408页。
[5] 徐茂明：《明清以来乡绅、绅士与士绅诸概念辨析》，《苏州大学学报》2003年第1期。

层公共事务中发挥重要作用。宋代乡村中的富民阶层亦成为国家乡村基层治理的主要力量,他们凭借自己的经济优势,在乡村社会中扶持贫弱,在灾荒年间进行救济,还利用其社会影响力积极参与乡村事务,如兴办乡学、建设水利设施等,"成为国家所依、州县所赖、乡民所靠的社会中间层、稳定层"。①

实际上自秦汉以来,士农工商为中国传统社会的基本结构,士为四民之首,即与后来所谓"士绅"相类,一直受到历代封建王朝统治者的倚重,在传统基层社会治理中发挥重要作用。乡村社会以小农经济为主体,分散、自主与脆弱是小农的基本特征。皇权缺乏以高成本的方式对"一盘散沙"形态的小农进行直接治理的自主性,于是士绅成为皇权维护与乡村秩序建构之间的中介。

"士绅"是一个较为含混称谓,②笔者亦从较为宽泛的意义上使用"士绅"概念。所谓"官于朝,绅于乡"形象说明了士绅阶层之地位。在"定贵贱,明等威"的封建社会,士绅阶层享有徭役优免之特权,地方官走马上任首先拜会一方绅耆,地方官升迁任免甚至有时亦受士绅好恶之影响。③清末官方文件中将"士绅"作为一个社会职业集团,与农业、工业、商业、兵勇并列。④

二 士绅与基层治理

20世纪40年代,学界兴起对中国士绅的研究,其主旨在于以士绅为切入点研究古代中国社会结构与基层治理形态,试图探讨基层社会的治理主体。进而形成"士绅自治"的解释模式。20世纪

---

① 杨瑞璟:《宋代乡村社会经济关系研究》,云南大学出版社2018年版,第233页。
② 梁其姿提出,对于清中后期文献中"士绅"一词,"所指涉的其实很可能是社会性格不同的阶层,极容易引起误解"。梁其姿:《施善与教化:明清时期的慈善组织》,北京师范大学出版社2013年版,第232页。
③ 《大公报》1910年5月12日载:"乐亭县赵大令因与地方绅士意见不合而被撤任。"
④ 《清末的北京人口》,《文摘报》1986年8月21日。

80年代后，对基层治理主体的探讨经历了从士绅到地方精英的拓展。[1]不过，精英一词为外来词"elite"的翻译，"elite"在西文中兼有权力、身份均居上等之意，但在中文世界里，权力与身份往往分解而疏离，尤其在基层社会，很多时候两者可能是对立的，"地方精英"概念可能在理解上造成一定困扰。[2]

张仲礼研究表明：士绅们是国家和地方政治衔接的桥梁，作为地方领袖，他们与政府结成联盟，在本地承担许多职责，诸如公益活动、排解纠纷、兴修公共工程、组织团练、征税等。[3]

萧公权则强调：19世纪的中国乡村不是一个同质社会，"在社会方面，一个村庄的居民经常分为两大群体：'绅'和'民'"。士绅亦须缴纳赋税，但可免除徭役。士绅在基层乡村发挥着重要作用："一个村庄有限的组织和活动，绝大部分取决于绅士——退职官员和拥有头衔的士子——提供的领导。经过科举训练、拥有特殊社会地位的人，经常积极推动村庄的计划，包括灌溉和防洪工程，道路、桥梁、船渡的修建，解决地方争端，创办地方防卫组织，等等。毫不夸张地说，绅士是乡村组织的基石。没有士绅，村庄可以也真的能继续存在；但是没有士绅的村庄，很难有任何高度的有组织的村庄生活，或任何像样的有组织的活动。只要绅士有意维持其所在村庄的秩序与繁荣，他们的领导和活动就会广泛地为他们的乡

---

[1] 自1987年"中国的地方精英和支配型式"讨论会始，学界对"士绅"概念加以反思，并用意涵更广的"地方精英"概述来替代"士绅"概念，以理解整个中国社会中复杂的权力结构和背后的制度框架。在地方精英的分析模式下，研究者强调从地方精英对基层资源的控制策略出发，更多以具体的县乡为分析单位来分析地方社会的权力关系和治理结构，聚焦于中国的历史与社会结构来探讨农村基层治理。近年来，研究基层农村治理的分析范式发生微妙变化，一些学者开始从治理规则的角度来分析传统基层治理结构，从注重"谁在治理"转向突出"如何治理"。参见狄金华、钟涨宝《从主体到规则的转向——中国传统农村的基层治理研究》，《社会学研究》2014年第5期。

[2] 罗志田：《地方的近世史："郡县空虚"时代的礼下庶人与乡里社会》，《近代史研究》2015年第5期。

[3] 张仲礼：《中国绅士研究》，上海社会科学院出版社1991年版，第48页。

邻整体带来福祉。事实上，他们会设法保护地方利益，对抗官府的侵犯，像是州县官员及其吏胥的敲诈勒索或腐败行为。他们的学识和特殊地位经常能让他们的抗议被听见，甚至可以让他们的冤屈得到补偿。"①

士绅身份源于知识、功名与权力之结合，知识的掌握是士绅社会权威的重要来源；且因士绅接受儒家思想，认同国家政治意识形态，亦能一定程度消解国家统治者对地方分离倾向的担忧。乡村社会中存在大量非正式组织、非正式权力以及非正式制度，构成地方士绅获取权威身份和掌握治理资源的主要路径，国家权力在向乡村社会渗透的过程中亦须借助士绅之力。在地方文化网络中，士绅的权威主要并非直接源于上级国家权力的授予，而是在地方性意义、象征、认同、价值等要素的共同编织中产生的。

士绅则凭借在"礼"与"法"的话语权来解释和调节乡村社会中的利益关系，具有协调与平衡国家和社会之间关系的作用，体现传统中国社会治理结构的独特属性，强化了基层治理模式的韧性。② 傅衣凌指出：中国社会所特有的"乡绅"阶层，在公和私两大系统之间发挥着重要作用。"国家利用察举、荐举、科举、捐纳和捐输等社会流动渠道，把地方上的精英分子和有钱有势之人吸收到政权体系之中，授予官职、功名和各种荣誉，他们享有优免特权和一定的司法豁免权，这是'乡绅'阶层产生和长期存在的直接原因。同时，高度集权的中央政权实际上无法完成其名义上承担的各种社会责任，其对基层社会的控制只能由一个双重身份的社会阶层来完成，而基层社会也期待着有这样一个阶层代表它与高高在上的国家政权打交道，这就是'乡绅'阶层长期存在的根本原因。乡绅

---

① 萧公权：《中国乡村——论19世纪的帝国控制》，张皓、张升译，第378、372页。
② 刘志伟：《在国家与社会之间——明清广东地区里甲赋役制度与乡村社会》，中国人民大学出版社2010年版，第22—26页。

一方面被国家利用控制基层社会，另一方面又作为乡族利益的代表或代言人与政府抗衡，并协调、组织乡族的各项活动。"①

这种所谓的"士绅政治"，借助礼治的价值规范系统，在相当程度上实现了国法与乡俗的有效联结，体现了基层社会自我调节与功能融合的有机关联。② 士绅是道德的化身、社会的典范，其言行举止对民众起潜移默化的教育作用。他们又是儒家经典的解说者和传播者，将儒家经典与民众的日常生活联系起来，使抽象的纲常伦理得以普及，并被广泛接受。

因国家与社会之间直接关联不足，统治阶层与基层社会对士绅充满双向期待。士绅在传统基层乡村秩序生成中发挥协调者与调节器的作用。③ 县域之内，因信息、交通等治理技术的限制，仅凭县官及体制内附属并不能完成有效治理。对于乡村社会管理，委托出身于乡土的具有威望、德行、财富及学识的士绅，并授以权力，便是一种现实选择。士绅既是国家权力的"代理人"，需要配合基层行政官僚完成支撑皇权地位的税赋、徭役之征缴，维护乡村秩序，组织乡村民众合力解决分散的传统小家族所不能解决的地方公务，如自卫、调解、互助、宗教等；士绅又是乡村的"当家人"，他们同时以维护具有地缘、血缘关系的乡村民众利益来增强个人威望和声誉，乡村社会的民意和利益表达，往往也通过士绅呈交封建官僚。"代理人"与"当家人"的双重身份，使士绅承担"上意下达、下情上通"的国家与基层乡村社会沟通桥梁之责。这一点在税赋征收上体现得最为典型。国家赋予地方行政体系相当的操作空间，税收上存在地方官员层层加码行为，社会系统中缺少有效的组织性力量予以制衡。税赋征收中，士绅在行政指令与民众生计之间

---

① 傅衣凌：《中国传统社会：多元的结构》，《中国社会经济史研究》1988 年第 3 期。
② 参见阎步克《士大夫政治演生史稿》，北京大学出版社 2015 年版，第 414—416 页。
③ 徐祖澜：《历史变迁语境下的乡绅概念之界定》，《湖北社会科学》2016 年第 6 期。

来回，县官行政能力之局限，为士绅发挥其能动性创设空间。在此过程中，士绅既可以使用自上而下的法律法规等正式的治理资源，也可以使用来自乡村社会内部的乡规民约、族规家法等非正式的治理资源。

由于封建等级森严，官、民不能轻相交接，须借助第三种力量方可沟通。具有功名、顶戴而又无实职官位的士绅便成为沟通之桥梁。对于士绅在基层治理权力的实际运作情形，费孝通在《乡土重建》中有相当形象的描述：

> 衙门里差人到地方上来把命令传给乡约。乡约是个苦差，大多是由人民轮流担任的，他并没有权势，只是充当自上而下的那道轨道的终点。他接到了衙门里的公事，就得去请示自治组织里的管事，管事如果认为不能接受的话就退回去。命令是违抗了，这乡约就被差人送入衙门，打屁股，甚至押了起来。这样，专制皇权的面子是顾全了。另一方面，自下而上的政治活动也开始了。地方的管事用他绅士的地位去和地方官以私人的关系开始接头了。如果接头的结果达不到协议，地方的管事由自己或委托亲戚朋友，再往上行动，到地方官上司那里去打交涉，协议达到了，命令自动修改，乡约也就回乡。①

费孝通的"双轨制"理论，基层乡村治理由自上而下的皇权与自下而上的绅权的良性互动模式来实现，士绅在其中居于核心地位，县以下主要通过士绅实现社会整合与治理。士绅配合官府向人民征派赋税，维持基层秩序；同时他们又担任基层民众代言者，向官方表达民意，甚至与官府进行抗争。既防御国家权力过度剥削乡

---

① 费孝通：《乡土重建》，《费孝通文集》第 4 卷，第 339 页。

村社会，同时也防止底层民众以起义的激烈方式反抗国家权力。乡绅的上下沟通，形成官民之间的互动，一定程度维持基层社会的稳定运转。与此同时，乡绅在乡村社会赈灾救济、兴办公益、立学导善、纠纷调解等方面也发挥重要作用。换言之，国家权力赋予士绅相当的自治空间，"国家总是通过地方权威，而不是企图取代他们治理地方社会。在地方范围内，尤其在它的基础结构层，地方权威替代了国家所不能完成的局部整合作用"。①

士绅也在一定程度上对官僚体系形成制衡作用，一些士绅帮助百姓与政府交涉甚至诉讼，让官员颇为头痛，斥之为"刁生劣监"。这实际上可以视为基层社会对官僚体系的一种制衡，反映了不同利益群体之间的博弈。国家设立的半行政性的里甲、保甲组织，往往也受到乡绅的实际掌控。在乡村社会中，作为官方代表的保甲人员在权威上很难与宗族乡绅相抗衡，保甲人员被看作官方的职役，地位低下，而乡绅却得到乡民认可，有较高的社会地位，实际承担着一些公共福利；在国家索取过度时对村社形成一定的庇护，即杜赞奇所说的保护型经纪。② 这种乡绅权威与统治者的利益往往并非一致，尤其是异族统治的清代，国家统治者对汉族乡绅宗族势力心存戒心，并试图通过加强保甲制度遏制乡绅宗族势力。然而"到19世纪末20世纪初，保甲要么形同虚设，要么被乡土组织所吞噬"。"保甲不仅不能绕过乡土社会权力，反而成为事实上的乡土社会权力的附属。"③

对于绅士在基层治理中的作用，一些学者与费孝通看法既有相同之处，又不无差异。吴晗认为"官僚，士大夫，绅士，是异名同

---

① 张静：《基层政权 乡村制度诸问题》（增订本），第18页。
② ［美］杜赞奇：《文化、权力与国家——1900—1942年的华北农村》，江苏人民出版社1996年版。
③ 王先明、常书红：《传统与现代的交错、纠葛与重构——20世纪前期中国乡村权力体制的历史变迁》，复旦大学历史系编：《近代中国的乡村社会》，第52页。

体的政治动物",强调绅士与官僚"共治地方","绅权"与"官权"合作,即"官绅共治";"往上更推一层,绅士也和皇权共治天下"①。瞿同祖也认为,绅士和官吏属于同一集团,士绅实际上属于"一个以非正式权力方式控制地方事务的权力层"。②绅士与地方政府共同进行基层乡村治理,士绅"与地方政府所具有的正式权力相比,他们属于非正式的权力;从士绅和官吏隶属于同一集团(都是官僚集团的实际成员或追补成员)这一意义上讲,他们的权力直接来源于传统的政治秩序。因此,尽管有正式权力和非正式权力的差别,实际上是同一个权力集团在控制社会"。绅士与地方官员形成了"既协调合作又相互矛盾的关系格局"。而且绅士亦不能简单视为地方百姓利益的代表者,"只有在不损及自己切身利益的情况下,士绅才会考虑社区的共同利益,并在州县官和地方百姓之间进行调停"。③

萧公权也重视绅士在基层治理中的作用,他一方面认为绅士是农村组织的基石,缺少绅士的乡村"很难有任何高度的有组织的村庄生活,或任何像样的有组织的活动"。绅士"会设法保护地方利益,对抗官府的侵犯,像是州县官员及其吏胥的敲诈勒索或腐败行为。他们的学识和特殊地位经常能让他们的抗议被听见,甚至可以让他们的冤屈得到补偿"。绅士作为一个团体倾向于维护现存秩序,"他们的态度和立场在不同程度上受到钦定儒学教条的左右。他们基本上忠于皇帝……无意与清政府作对,也无意向朝廷挑战"。因而政府亦"利用绅士来执行乡村控制"。但另一方面,绅士也会因私利膨胀而剥削欺压普通村民,且与地方政府发生冲突,不仅危害乡邻利益,也危及王朝统治者。此时"绅士不再是清政府乡村控制

---

① 参见吴晗《论绅权》《再论绅权》,费孝通、吴晗等《皇权与绅权》,华东师范大学出版社 2015 年版,第 37—38、40—41、47—48 页。
② 瞿同祖:《清代地方政府》,范忠信、晏锋译,第 284 页。
③ 瞿同祖:《清代地方政府》,范忠信、晏锋译,第 284、282—283、307 页。

可以利用的代理人",甚至可能"更容易加重农民的不满与不安"。乡村的两大群体"绅"和"民"之间"无论在哪个层面,目的都不同,利益也不一致,因而导致'冲突关系',阻碍了村庄发展成为一个地方自治的单位"。① 他进而强调:"这些非官僚的绅士成员,与平民文人一样,一定更关心他们个人和家庭的利益,而不是帮助统治者控制他们的疆域。因此,他们与普通村民或镇民有更多共同点。因为除了是绅士之外,他们也是家长、纳税人,或许也是地主,其利益有时也会受到朝廷政策或地方政府腐败的危害或威胁。"② 他还强调:"帝国统治者正是从这个精英群体中,挑选帮助他们统治的臣仆。不过,他们在家乡的领导地位以及在统治体系中服务,并没有使绅士成为统治阶级中的一部分,也没有使他们的利益与统治者变得一致。无论在事实上或是理论上,士大夫仍然是天子的臣民,与普通百姓一样,都是帝国控制的对象。"③ 清代社会动荡时,士绅会在地方官鼓励之下起而组织"乡勇""团练"等乡村自卫武装,以对付烽烟四起的暴动。但"乡绅的直接目的是保护自己的家与村庄,而不是帮助清政府全面剿'贼'"。④

显而易见,吴晗、瞿同祖、萧公权等学者均倾向于认为并不存在所谓的"绅士自治"。概言之,帝制时代的确给乡村留下了一定的"自治"空间,让部分士绅得以介入基层权力运转。但如果以西方地方自治的标准来衡量,中国传统社会这种自治性是名不副实的。中国的绅士自治,是在国家权力内的一种自治空间,是国家权力出于治理能力、策略等方面的考量而主动选择的治理模式,所谓"自治",并未形成独立的自治权力结构。基层自治的主角——士绅非经选举产生,并无合法地位,也并无参政的合法程序,无法代表

---

① 萧公权:《中国乡村——论19世纪的帝国控制》,张皓、张升译,第372—378页。
② 萧公权:《中国乡村——论19世纪的帝国控制》,张皓、张升译,第597页。
③ 萧公权:《中国乡村——论19世纪的帝国控制》,张皓、张升译,第596页。
④ 萧公权:《中国乡村——论19世纪的帝国控制》,张皓、张升译,第347—352页。

地方其他社会群体的利益。① 值得指出的是，以西方标准为圭臬来衡量中国的历史实际，这种考察取向不无"西方中心论"的意味。

有学者认为，费孝通用关于民国时期的调查研究来解释中国古代的绅士，其"绅士自治"的论述不无偏颇，"并不能代表对帝国时代绅士的研究"。② 不过还须看到，吴晗等学者与费孝通并无根本矛盾，只是各强调士绅基层治理的一个面向，实际情形则更多是在两种"理想类型"之间游走：乡绅在关系乡村利益的事务上与国家进行一定程度的抗衡，又表现出对国家行政指令亦步亦趋的现象。二者不过为一体之两面，看似相反，实则相成。

最后值得指出的是，封建王朝虽然实现了大一统，但其实地方性的文化网络依然显现并发挥作用，地方性文化与权威短期内并未能完全纳入国家框架之中，王朝建构以宗族为基础，秉持原有地方风俗气质者聚居在一起，"铸就了大一统国家格局下的'十里不同风'的画面"。在国家认同建构和融合能力建构进路中，皇权"理应尊重旧势力、旧宗族所在区域的地方差异，主动对话与消解其中的冲突点，方能有效避免国家与地方的关系失衡"。传统士绅来源于地方文化网络中，"掌握地方性知识、伦理、文化与话语的解释权。在执行国家话语时，能够兼容本地的特殊性"，从而能够充当国家利益与地方话语之间协调者的角色。③

三 士绅制度的近代转型及其没落

应该承认，近代以来传统中国的士绅制度的确经历了历史性的转型过程。清末新政以来的地方自治改革，使士绅阶层的政治与社

---

① 萧公权、瞿同祖、钱端升均以西方地方自治的标准评判中国传统社会的基层自治。
② [美]费兰兹·迈克尔：《导言》，张仲礼：《中国绅士——关于其在19世纪中国社会中作用的研究》，李荣昌译，第7页。
③ 王杨：《传统士绅与次生治理：旧基层社会治理形态的新考察》，《浙江社会科学》2020年第2期。

会地位得以提升，绅权渐成为一种相当重要的几乎与官权并驾齐驱的社会政治力量载体，对近代中国基层治理格局带来了重大影响。[①] 地方士绅更广泛地参与到基层事务管理活动之中，在维持基层社会秩序中角色作用愈益重要。新政改革成立的地方自治会，大多成为地方绅士活跃的舞台，自治会成员中"相当数量的人是有低级功名的绅士。大部分被选为自治会会长和镇乡董事的人是绅士"，因此有学者认为晚清地方自治可称为"绅士之治"。[②] 绅士对基层治理的主导作用，得到国家官制系统和法律的明确认可，成为实际影响中国政治发展进程的重要政治力量。晚清新政基层治理机制改革，得到地方士绅的积极推动，地方士绅与基层政府相互利用，职能互补，支配着地方自治的进程与走向。地方士绅一定程度上成为国家体制的基层代理者，官治与绅治合而为一，一度形成"官绅合治"之基层治理格局。

近代士绅对西方自治的认知和接受，较国家上层统治者要早，但客观而言，他们对西方自治的理解多止于对制度形式的模仿，对于奠定制度形式基础的文化认知还停留在"以绅治民"层级。这也导致地方自治在近代中国的政治转型中，虽然力图学习西方地方自治的制度形式，但其本质仍是以绅权为核心的治民思维，并以完善地方自治政体提高绅士的自治能力为中心任务。[③]

辛亥鼎革之后，中央权威涣散，中央与地方相辅相成的平衡格局被打破，地方实际上居于主导地位，地方自治的绅权在军阀政治背景之下进一步得到扩展。从民初政治的表象来看，各省军阀均支持不同形式的地方自治，但地方自治成为军阀对抗中央的工具，并进一步造成地方基层的混乱无序。与此同时，乡村精英大规模流

---

① 公丕祥：《传统中国的县域治理及其近代嬗变》，《政法论坛》2017年第4期。
② [美]费正清、刘广京编：《剑桥中国晚清史（1800—1911年）》上卷，第392页。
③ 参见张嘉友、叶宁《论近代中国地方治理的演变历程》，《西南民族大学学报》2016年第12期。

失，乡绅质量显著退化。随着南京国民政府力图在基层农村恢复推行保甲制，加强对基层社会的管控，士绅阶层的基层统治地位受到严重侵蚀，士绅的没落也就不可避免。

还须看到，士绅阶层的存在与科举制度息息相关。科举制打通了社会精英垂直流通的渠道，乡村社会成为社会文化精英的蓄水池。退役的文化精英及作为后备役的社会精英，都以"耕读并重"的生活方式大量存在于乡村社会，以士绅面目出现。20世纪初期清政府推行新政，废除科举考试制度，已然对传统士绅釜底抽薪，士绅的制度性来源被强行中断，士绅存在的文化与制度基础一去不返，士绅本身面临存亡危机。

随着新学推行，传统的功名赋予变成学识教育，而学识教育的主要空间在城市，大量的知识人从乡村流入城市。"五四"以后，随着新知识分子群体兴起，传统士绅从政治社会的权力中心退缩，其衰落退场的命运已然注定。20世纪20年代末，大革命风潮涌起于乡村社会之际，"土豪劣绅""无绅不劣"的说法已颇为流行，"打倒绅士"成为革命口号。国民党第三届中央执行委员会第三次全体会议公开宣言："因此革命的要求，需要一个农村的大变动。每一个农村里，都必须有一个大的变革，使土豪劣绅不法地主及一切反革命的活动，在农民威力之下，完全消灭。使农村政权从土豪劣绅、不法地主及一切反革命派手中，转移到农民的手中。"[①] 士绅成为农民革命的首要对象，至20世纪30年代初，拥有科举功名的最末一代士绅已濒临整体性没落的境地。湖北省民政厅在调查中发现："现在各县风俗……其最堪忧虑者，厥惟士绅之不安于其乡，在乡者之不愿出而问事。"[②] 随着传统士绅的衰落消亡，基层政治文

[①] 《中国国民党第二届中央执行委员会第三次全体会议对农民宣言》（1927年3月），载《第一次国内革命战争时期的农民运动资料》，人民出版社1983年版，第46页。

[②] 湖北省民政厅编印：《湖北县政概况》（1），1934年，第10—11页。

化生态亦将发生根本性改变。

第四节　宗族与基层治理

古代中国主要为农耕社会，人有土地依附性。费孝通指出："从基层上看去，中国社会是乡土性的"；中国乡土社会"采取了差序格局，利用亲属的伦常去组合社群，经营各种事业……不论政治、经济、宗教等功能都可以利用家族来担负，另一方面也可以说，为了要经营这许多事业，家的结构不能限于亲子的小组合，必须加以扩大……于是家的性质变成了族"。[①] 宗族（家族）制度是中国古代以血缘关系为纽带、依托于农耕生产方式而存在的一种特殊社会体制。宗族无疑是传统中国社会中最基本的结构单元，它与封建国家相互依存，成为国家统治个人的基础，贯穿于漫长的历史时期。"自殷周至民国，家族势力虽然时遭贬抑，但家族的观念意识和结构组织却绵延不绝地存续了三千余年。"[②]

中国基层农村社会，宗族得到官方的默许，以无所不在的族权对村民进行管理，村民日常生活的运转、乡村秩序的维持，均离不开宗族组织。基层民众头脑中亦有根深蒂固的宗族意识和观念。毛泽东曾强调指出："由宗祠、支祠以至家长的家族系统"，构成一种以祠堂族长为代表的族权，是压迫中国人民的四大权力体系之一。[③] 梁启超认为，"中国古代的政治是家族本位的政治"。[④] 孙中山亦指出："中国人最崇拜的是家族主义和宗族主义，所以中国只有家族

[①] 费孝通：《乡土中国》，《费孝通文集》第5卷，第316、347—348页。
[②] 唐军：《仪式性的消减与事件性的加强——当代华北村落家族生长的理性化》，《中国社会科学文丛·民族学、人类学、宗教学卷》，中国政法大学出版社2005年版，第1318页。
[③] 《毛泽东选集》第1卷，人民出版社1991年版，第31页。
[④] 梁启超：《先秦政治思想史》，中华书局1986年版，第40页。

主义和宗族主义。"① 可以并不夸张地说，宗族是中国乡村社会的基本细胞，宗族制度是基层社会的核心，是儒家思想在乡村中的制度化、具体化体现，是王朝国家基层治理的基础。

一 宗族制度的历史演变

宗族制度支配着中国古代基层民众日常生活的方方面面。傅衣凌认为："国家的权力似乎是绝对和无限的。另一方面，实际对基层社会直接进行控制的，却是乡族的势力。"② 冯天瑜更强调："宗法家族成为'国'与'民'之间的中介，'国'与'家'因而彼此沟通，君权与父权也就互为表里，社会等级、地缘政治始终被笼罩在宗法关系的血亲面纱之下。"③ 族权、绅权与皇权形成了我国中央集权的金字塔式统治结构中的三个层次。皇权居于塔顶；绅权居中，是皇权与族权之中介；族权为基石。宗族组织的势力，在统治者授权和倡导下逐渐成为一种自在的秩序。宗族组织与政府高度融合，统治者以政权控制王朝，以族权控制乡土社会，宗族组织成为基层最重要的组织力量，协助政权控制民众，在基层治理中居于举足轻重之地位。明清时期由于国家对家族组织的扶持，一个人的婚姻嫁娶、择业谋生、生老病死等人生基本事情，都有宗族组织干预的影子。

宗族制度脱胎于氏族社会，是指以血缘关系为基础，以父系家长制为核心，以大宗小宗为准则，按尊卑长幼关系形成的封建伦理体制。④ 冯尔康在结合多种认识的基础上提出："宗族，就是有男系血缘关系的人的组织，是一种社会群体。这里需要特别指出的，它不只是血缘关系的简单结合，而是人们有意识的组织，血缘关系是

---

① 《孙中山选集》（下），人民出版社1981年版，第147页。
② 傅衣凌：《中国传统社会：多元的结构》，《中国社会经济史研究》1988年第3期。
③ 冯天瑜等：《中华文化史》，上海人民出版社1990年版，第207页。
④ 毛少君：《中国宗族制度的历史沿革及其重要内容》，《浙江社会科学》1994年第4期。

它形成的先决条件，人们的组织活动，才是宗族形成的决定性因素。"① 血缘无疑是宗族的基础，但实际上血缘关系与地缘关系往往互相渗透杂糅在一起，一个大姓家族也能将一些并无血缘关系的小群体容纳进自己的大宗族中，从而形成地域化的宗族和宗族联盟。到明清以后，宗族的情形更为复杂，郑振满将宗族组织分为三种类型：一是以血缘关系为基础的继承式宗族；二是以地缘关系为基础的依附式宗族；三是以利益关系为基础的合同式宗族。"明清时期各种超家族的社会组织，实际上都是以家族组织为基础的，或者说是某些家族组织的联合形式。"②

氏族社会宗族制度的萌芽是出于人类生存之需要，进入阶级社会宗族制度自然更多带有政治性质，逐渐发展成为维护剥削者世袭特权的、具有浓厚政治意味的宗法制度。它是中国古代基层社会的特殊社会结构，并且因时势不同而不断发展演变，呈现出不同的形态。秦晖曾将传统乡村治理的认知范式概括为："皇权不下县，县下唯宗族，宗族皆自治，自治靠伦理，伦理造乡绅。"他对这一范式并不认同，认为"在我国历史上大部分时期，血缘共同体（所谓家族或宗族）并不能提供——或者说不被允许提供有效的乡村'自治'资源，更谈不上以这些资源抗衡皇权"，甚至认为中国传统乡村社会与其说是血缘族群社会，不如说是皇权控制之下的编户齐民社会。③

"县下唯宗族"未免有所夸大，但宗族在传统中国的基层治理中绝非无足轻重，而是确切无疑地发挥了极为重要的作用。我们或

---

① 冯尔康：《宗族制度、谱牒学和家谱的学术价值》，《中国家谱综合目录·代序》，中华书局1997年版，第2—3页。

② 郑振满：《明清福建家族组织与社会变迁》，北京师范大学出版社2020年版，第18、208页。

③ 秦晖研究20世纪末发现的长沙走马楼三国吴简，认为其反映的是极端非宗族化的社会，多姓杂居普遍存在。秦晖：《传统十论——本土社会的制度、文化及其变革》，第31、43、44页。

许可以将传统基层治理概括为以皇权为经、宗族为纬的交叉治理模式，国家与宗族共同作用，相互结合相得益彰，从而实现对基层乡村的有效与有序控制。基层乡村治理实际上是宗法制度与保甲制度的有机结合，王朝国家以政权控制社会政治，以族权控制基层社会，通过宗族、伦理实现国家对乡村社会高度整合。具有自组织功能的宗族在一个较有限的地域社区里形成自治共同体，对农村社会施行教化、征收赋税、摊派徭役、维持治安。古代中国乡村权力体系就其形式和功能而言体现出行政权与自治权的二元特征，但正如有学者指出，这种二元性"只是表明，由于特殊的社会结构，行政权和自治权分别掌握在占统治地位的地主阶级中的不同成员手中，它们从根本上是统一的，即统一在地主阶级对农民的政治统治基础上，其直接表现则是地主士绅对乡村社会的统治"。[①] 梳理宗族与基层治理的历史线索，不仅有其学术价值，也有强烈的现实意义。

宗族的起源可以追溯至原始社会晚期的父系氏族时期。根据考古发现，至父系氏族后期，父权制已经建立，其社会组织仍是血缘性的亲属集团，但父家长权已进一步政治化。这已经是商、西周时期的宗法制度的雏形。

西周王权微弱，主要倚重、利用宗法手段来进行治理社会，并形成一套完整的宗法制度，它结合血缘与政治，既是家族组织形式，又是政权组织形式，可见国家从其产生初期就承担着维持以血缘关系为核心的等级秩序的任务。周王朝既是一个庞大的政权组织，又是一个重重叠叠的家族体系。即所谓"天子建国，诸侯立家，卿置侧室，大夫有贰宗，士有隶子弟"[②]。此时"族权"与"政权"结合，各级统治者又控制着祖庙作为维系隶属关系之象征，

[①] 徐勇：《非均衡的中国政治：城市与乡村比较》，中国广播电视出版社1992年版，第78页。

[②] 杨伯峻：《春秋左传注》，中华书局1981年版，第94页。

各以大宗宗子资格实行敬宗、收族，由此形成了所谓"宗子"制度。概言之，分封制体现了皇权与宗法关系之结合，从形式上推动了宗法伦理和宗法组织之发展，亦有利于实现国家对地方的控制。

春秋后，宗子制度经历了一个相当长的嬗变过程。至战国中叶后，周王已无力维持天下共主之地位，大宗、小宗关系混乱颠倒，许多强大的异姓大夫起来夺取国君之位，兼具政治关系与家族关系于一身的宗子制趋于瓦解。秦统一六国后，以法家实现政治上之统一，建立强大的中央集权制官僚政治取代了宗法政治，从意识形态和制度设计上都压制宗法，皇权通过瓦解宗族直接控制基层。宗族制度逐渐脱离国家表面政治生活，但其基本精神却被封建统治者继承。血缘纽带并未削弱，宗族组织、宗族制度也沉潜至社会深层，深深根植于乡土社会，继续在基层社会治理中发挥着至为重要的作用。

汉朝虽然在政治架构上沿袭秦制，但其奉行的主流意识形态为儒学思想，在具体制度上试图贯彻儒家典籍中的家族伦理，血亲宗法伦理为家族、宗族的发展提供了空间。东汉以后政权分裂格局客观上为宗族的生长腾出空间，形成一些强宗大族。这些大宗族不仅订有宗族规范来约束族人行为，在战乱时出于自卫，建立坞壁，以军事化的形式来组织族众，使他们成为当时称为"部曲"的宗族军队。

东汉时期的士族地主，是具有特殊政治社会地位的名门望族，与之相适应，出现了严格等级性的宗族制度，具体表现为谱牒制。士族地主将宗族制度作为维护特殊门第的手段，地方政权则将之作为选官的依据。

因魏晋时期宗族势力过于强大，对中央权威形成威胁，成为统治者的大患，统一后的政权无疑要从制度上消除地方割据的隐患。于是削弱门阀世族，成为隋唐制度设计的重要考量。隋唐的科举制度在一定程度上削弱了宗族，"儒家贵族政治被废弃并代之以'冷冰冰的'科场角逐，无疑是极权国家权威对守法权威、'法术势'对温情主义占优势的结果"。① 但隋唐制度并非一概反对宗法，如唐律中"同居相为隐"，实际上有助于宗族发展。皇权实际上亦鉴于家族伦理有事实上凝聚社会的功能，一定程度上弘扬此种伦理，为宗族发展留下余地。

唐末以后，因战乱频繁，旧贵族相继衰落，中小地主出现。宗族制度相应发生变化，废除关于建祠及追祭世代的限制。家族关系的政治性质加强，将建祠、修谱、制定族规结合起来，由着重于尊祖敬家和睦族收族，发展到对族众的控制和制裁，成为维护封建统治的基层社会组织。

宋代因应政治权力向上收缩，州县以下不复有乡官，欧阳修、司马光、范仲淹等走上了一条通过宗族、家族重建社会秩序之路。而程颐、朱熹等进而通过祭拜祖先把整个社会团结起来。②社会名流的呼吁及当权者重建宗族的主张，为此后宗族观念及宗族组织的发展提供推动力，用以治理宗族事务的家法族规开始流行。北宋司马光的《居家杂仪》成为当时名门望族治理家族的经典文本。朝廷放宽对士大夫建家庙的限制，甚至庶民皆可建祠堂。由宋朝开始，由同姓家族所组成的宗族在乡村社会中发挥越来越重要的影响。几个同姓家族合在一起构成宗族，建宗祠、设义塾、接济族中困难族众，设立宗族共同财产——族田。由于政府也在一定程度上鼓励此种宗族行为，在族田的税赋上有所照顾，宗族势力愈益壮大。士绅在其中发挥着主导性作用。宗族制完善之结果是"国"与"家"的统一，宗族组织成为封建国家专制官僚政体的基础。

---

① 秦晖：《传统十论——本土社会的制度、文化及其变革》，第83页。
② 郑振满：《明清福建家族组织与社会变迁》，北京师范大学出版社2020年版，第227—228页。

陈其南认为，传统中国"家族即是社会"，在乡村除了家族团体之外没有其他社会组织。自宋代开始发展起来的家族制度可视为中国宗族（家族）社会的复兴，开启了中国民间社会的新页。而宋以前的乡村民间社会尚难看出有像宋明以来那种已然具体化和组织化的共同体社会——民间宗族组织。① 范仲淹义庄、义田施"兼给族外"，"既给族外，则义田虽曰惠一族，而实以惠一乡"。"范氏义庄专于养，亦不废教；《吕氏乡约》偏于教，亦兼及养。范以赡族亦及于族外，吕以睦乡亦及于约外。农业社会，乡族皆聚居，实无大异。由近及远，以亲推疏，故以乡族始，固不以乡族终也。"② 有学者指出，宋以后宗族组织"在政治、经济和思想文化各个方面满足同姓族人的群体要求，进而达到在宗族内部稳定封建秩序的目的。国家统治者借重宗族组织在维护基层社会秩序方面的积极作用，允许宗族部分地代行国家基层行政组织的某些职能"，因而宗族组织"具有一定程度的自治性"。③

明清时期是中国宗族发展的鼎盛时期，大量的家法族规涌现，宗族组织相当发达。明代二百余年间，宗族制更着重于对族众的控制和制裁，变成维护封建统治的基层社会组织，其体现形式"由过去重谱牒制的修撰进而把建祠、修谱、制定族规等结合起来"。封建统治阶级大力宣扬宗法伦理说教，既是人们宗法血缘思想趋向松懈的产物，也和尊卑贵贱等级关系的削弱有一定联系，"谱牒制的等级性相对削弱，建祠修谱普及于庶民之家，是庶民户和官绅户的社会地位及相互关系发展变化的产物；族田义庄制的迅速发展，依

---

① 陈其南：《传统中国的国家形态·家族意理与民间社会》，《认同与国家：近代中西历史的比较论文集》，"中央研究院"近代史研究所1994年版。

② 蒙文通：《宋明之社会设计》，《儒学五论》，广西师范大学出版社2007年版，第134、136页。

③ 朱勇：《清代宗族法研究》，湖南教育出版社1987年版。

靠经济关系睦族收族控制族众，乃是阶级矛盾日趋激化的产物"。①

满人入主中原后，更看重借助宗族势力来支撑其统治，因而对宗族多采取扶植政策。宗族进一步与封建政权结合。清代中期人口剧增带来社会治理之压力，国家权力需要宗族的内部治理作为社会控制之辅助，宗族大为发展。②郑振满研究指出：明清时期基层社会的自治化程度不断提高，福建地区"至迟自明中叶以后，家族组织已直接与里甲制度相结合，演变为基层政权组织"。一般认为，明清时期的专制集权得到了高度发展，但这也许只是官僚政治的一种表面现象，"如果深入分析明清时期的统治体制，我们不难发现，专制集权的维系是以基层社会的自治化为代价的"，换言之，明清时期的官僚政治实际上"并不具备有效的社会控制能力"，在这一历史条件下，"'私'的统治体制不断得到了强化，乡族组织与乡绅集团空前活跃，对基层社会实现了全面的控制"。③

纵观王朝国家时期之历史，宗族无疑在基层治理中扮演了相当重要的角色。皇权在向地方延伸时，由于信息、交通、人力等方面的局限，必须一定程度依赖宗族这一最基本的乡村社会组织的辅助、配合，方可收效。国家权力越过宗族直接控制编户齐民，这是法家的社会控制理想，但在现实中却难以实现。秦朝社会的一盘散沙告诫人们皇权彻底瓦解家族之危害。而魏晋中央政权削弱，豪族崛起尾大不掉，新政权建立时又寻求制约大族势力。中央政权与宗族治理之间必须保持某种平衡，才能使基层乡村既处于皇权控制之下，又不失自身的活力和凝聚力。这种平衡对于整个国家治理而言亦颇为关键。

---

① 李文治：《明代宗族制的体现形式及其基层政权作用》，《中国经济史研究》1988年第1期。

② 参见费成康主编《中国的家法族规》，上海社会科学院出版社1998年版，第19—20页；王思治《宗族制度浅论》，《清史论丛》第4辑，中华书局1982年版。

③ 郑振满：《明清福建家族组织与社会变迁》，第214、227—228页。

二 宗族与基层治理

纵观宗族的发展演变，有几个特点：一是宗族制度的演变总趋势是逐渐削弱；二是由贵族为主发展至以平民为主；三是宗族的政治功能下降，社会功能逐渐加强；四是宗族的血缘关系逐渐削弱，政治因素逐渐增长。①

宗族制度的基本内容包括：第一，聚族而居历史事实的形成既是宗族制度长期延续的前提条件，又与宗族制度提倡封建礼教、重视孝悌等伦理纲常、推崇儒家思想的传统密不可分。第二，以族长为首的家族管理机构。族长是全族的统治者，在他之下有各房房长和家长，以及协助他的事务执掌人员。族长是族权的人格化和集中体现，具有对族众的支配和惩罚权，其权利是国家赋予的。第三，以家法、族规为主要内容的系统规范。

家族作为封建国家的细胞，作用至巨。具有行政权力的乡里准行政组织体现的是国家意志，其行政权的基点是维护乡村社会秩序的稳定，以保证国家获得赋税和徭役。这种权力凌驾于乡村社会之上，并不关注乡村社会生活的其他内容，与乡村部民的自身利益并不契合。众多的乡村民间事务只能依赖乡村自治组织来完成。"宗族所具有的乡村自组织功能使游离于国家行政组织功能之外的社会问题得到一定程度的解决。因此，乡村控制之所以能够得以实现，是乡里组织与宗族组织共同作用的结果。"② 宗族组织直接有效地利用族规、宗约、祖训来控制族民，使其言行举止符合伦理纲常。统治者重视宗族，使之成为地方社会组织力量，利用人们的宗法观念来促使父子相勉、兄弟相励，全族相互制约，安于统治，发挥宗族

---

① 冯尔康等：《中国宗族社会》，浙江人民出版社1994年版，第13—18页。李文治：《明代宗族制的体现形式及其基层政权作用》，《中国经济史研究》1988年第1期。

② 李浩：《论唐代乡族势力与乡村社会控制》，《中国农史》2010年第1期。

在社会控制和调节中的巨大作用。

宗族的功能主要包括政治功能与社会功能两个方面。从政治功能来看，宗族结构与封建政治等级结构相吻合，宗族组织与宗族制度是维护基层社会秩序的关键，成为王朝统治的基础；宗族组织与政府里甲制度、保甲制度相结合，督促族人完纳赋税，为政府提供经济基础，稳定地方秩序。就社会功能来看，主要体现在几个方面：

其一，宗族为成员提供经济上的帮助。宗族产生于自然小农经济社会，自然经济有其脆弱性，难以承受天灾人祸的打击，本有团体互助之需求。宗族以公有财产作为团结族人的手段，以义田等族产为基础，可以集中个体力量修建祠堂、兴建水利设施、修筑公用道路，为民众提供与生活密切相关的公共品；并赈济贫苦族众，族众之间也可经济互助。宋代范仲淹首创义庄时说："吾吴中宗族甚众，于吾固有亲疏，然吾祖宗视之，则均是子孙，固无亲疏也。苟祖宗之意无亲疏，则饥寒者吾安得不恤也？自祖宗来，积备百余年，而始发于吾，得至大官。若独享宝贵而不恤宗族，异日何以见祖宗于地下，今何颜入家庙乎？"[①]

其二，维护宗族伦理。所谓伦常即尊卑长幼关系，尊卑关系表现为"孝"，长幼关系表现为"悌"，这种伦常关系且及于整个村镇同族，体现为"睦"。宗族通过建祠堂、置族田，以敬宗收族，团结族人，形成聚族而居的宗族组织。宗族建祠修谱之活动，即为睦族，使所有族众不分阶级等级，能和睦相处。明清时代，社会各阶层分子的阶级地位变动频繁，对统治者而言，这一方面有利于扩大和更新统治基础，同时亦给社会带来震荡。为减少和克服震荡，乃倡导敦睦宗族。在孝睦思想支配下，使尊卑长幼成为内化于所有

[①]《范仲淹全集》，李通先、王蓉贵校点，四川大学出版社2002年版，第802页。

人心灵深处的合理合法之观念。

其三，稳定基层社会秩序，调解族内婚田争执等纠纷，缓和社会矛盾。宗族通过族规家法以劝善惩恶，广教化而厚风俗，并将国家法纪中的一般规定具体化，转化为宗族内部的约束力量，以稳定社会秩序，维护地方治安。"家法族规调整的主要是家事和族事，其中有些内容，诸如涉及纳税、孝悌、财产、婚姻、继承、偷盗等方面的事务，直接关系到国家的治理、社会的秩序、地方的治安，也是国法始终予以规范的。这些方面，便是家法族规与国法的重合部分。不过，家庭和宗族中有着一些特殊的家事、族事，其中不少对国家来说实在是不足挂齿的琐事。这些规定集中在祠堂、祭祀、进主、谱牒、学塾等方面。"①"举凡族人争吵沟洫等事，均取决于族中之贤者、长者，必重大案件，为族人调解不开者，始诉之于官。"②宗族制度同时与国家法律密切配合，维护基层社会的秩序，以达到稳定国家统治基础之目的。

中国古代法律特点为以礼入法、礼法合一，宗族制度得到国法之维护，家法族规亦密切配合、贯彻封建国法，可谓国法的重要补充，二者甚至互为表里，融为一体，统治者在立法时即以宗法伦理思想作为指导思想，在法律条文中予以吸收和体现，以达到维护宗族制度、推行纲常名教之目的。在国法无力顾及之处，家法族规则具有填补空白之意义。

当机械运用国法出现事与愿违的局面时，家法族规中的一些变通规定可以避免这种情形，又不至于造成对国法的消解。"在传统中国的司法体系中，宗族承担着初级司法的功能……对于族内纠纷，宗族施行着一套完备的'类司法'程序：家法族规充当裁判依据，族长等扮演司法官角色，宗祠成为裁判的场所，并贯穿着一套

---

① 费成康主编：《中国的家法族规》，上海社会科学院出版社1998年版，第185页。
② 《中华全国风俗志》下篇卷五《合肥风俗记》，上海书店1986年版，第3页。

较为严格的程序运作体系。"宗族裁决事实上处理了大量日常纠纷，且相对于国家层面的正式司法程序，此种解纷方式有其独特优越之处，较之正式司法"更灵活，也更公正、有效"。①

此外，明清时期的宗族，还组织宗族武装，团结丁壮，自保乡里，防范盗贼，维护治安。②

宗族制度将"家"和"国"密切联结起来。王朝国家政权充分利用宗族巨大的内部凝聚力，依托乡村内生的民间权威，力图通过宗族以实现对乡村的控制。历代乡里组织与宗族组织自然不能等同，但乡里制度与宗族制度又具有一定相似性与密切关联。乡村社会成为皇权与宗族权威的交汇地带，皇权与族权既矛盾又合作，当二者比较协调时，二者上下相维、相得益彰，基层乡村稳定有序；当二者尖锐对立时，基层则可能出现失控，导致乡民起义，甚至颠覆王朝统治。

宗族制度是农业社会的产物，小农经济及其生产方式是宗族制度存在的土壤。由于宗族制度发达，民众往往只关心宗族利益，只知有宗族而不知有国，下层民众缺乏爱国主义观念，在面对外族入侵压力时也往往表现为一盘散沙，难以汇成强大的民族凝聚力以御外侮。近代以来，中国发生急剧的社会变革，根植于农耕社会的宗族制度亦受到相当的冲击，体现出与工业化进程存在的不谐之处。自新文化运动以来，宗族制度和观念受到激烈批判，被认为是"吃人"的制度，是中国落后的根源，甚至是罪恶的渊薮。

1949年新中国成立后，中国共产党推动土地改革和社会主义改造，作为宗族共有财产（也是宗族存续的物质要素）的族田被重新分配，宗族合法性丧失，宗族组织被取缔，宗族势力与宗族活动遭

---

① 黄金兰：《传统中国的乡村社会控制方式——兼及宗族的社会控制功能》，《民间法》第12卷，厦门大学出版社2013年版，第159—160页。

② 徐晓望：《试论明清时期官府和宗族的相互关系》，《厦门大学学报》1985年第3期。

到打击，族权被清除出乡村管理体制；建立起高度集中的农村政权组织、党的基层组织，以实现对农村基层社会的管理与对农村经济的控制。而农民以独立主体地位拥有属于自己的土地，对家族依附的必要性大为减弱。但不可否认，宗族制度的外部存在如祠堂、家庙、族谱并未完全取缔，宗族关系仍然是一种无形的纽带，宗族认同观念依然根深蒂固，宗族作为非正式制度存在的土壤并未彻底清除。亲族聚居的传统居处形式，反而因对农民流动自由的限制而更趋强化，民众的观念与活动不能不带上家族色彩。而且在将近 30 年接连不断的政治运动中，人们在个体安全方面可以依赖的保护者主要还是家族网络。[1] 而在 1953 年至 1958 年的农村集体化运动中，宗族"向农村社区的人民公社管理体制中渗透，使其披上集体经济的外衣，继续发挥作用"。[2]

从新中国成立至 1978 年实行改革开放，农村宗族制度总的趋势是被弱化；改革开放以后，伴随经济体制、社会结构的急剧变迁，宗族制度中的生存保障功能逐渐失去存在的必要性，发展成为农民参与经济活动的主要目标，但经济市场化发展使农民在面临市场压力时又转而向宗族寻求支持，宗族组织与宗族势力有再度兴起之势，在获取和配置资源上发挥重要作用。[3] 修谱续谱、认宗联族等宗族活动颇为活跃。以湖南省临湖县为例，在 20 世纪 90 年代，全县 273 年行政村中，有 230 个村成立了"清明委员会""家族委员会"等宗族组织，民众自选族长、门长 574 人，其中党员、村干

---

[1] 赵力涛：《家族与村庄政治：河北某村家族现象研究》，硕士学位论文，北京大学，1998 年，第 42—43 页。

[2] 陈永平、李委莎：《宗族势力：当前农村社区生活中一股潜在的破坏力量》，《社会学研究》1991 年第 5 期。

[3] 王沪宁：《当代中国村落家族文化：对中国社会现代化的一项探索》，上海人民出版社 1991 年版；蔡立雄：《功能转换与当代中国农村家族制度演化》，《中国经济史研究》2010 年第 4 期。

部占38%。①

随着20世纪80年代末期村民自治建设的推进，宗族组织与村民自治又缠绕在一起。有学者根据在湖南、湖北、江西、广东、安徽、河南等省的调查，发现宗族势力通过编辑族谱、修建祠堂、联宗祭祖等活动，募集大量钱财，组织化日趋严密、规模日趋扩大，有的实现了县际和省际联系，少数地方甚至出现宗族势力把持基层政权组织的现象。具体表现为：干扰村民委员会的选举，利用宗族势力把持村民自治组织；影响农村党组织建设，出现"宗族党支部"；宗族组织直接取代或对抗农村基层政权组织。②

不过，毕竟如今政治环境已然发生根本变化，传统族权的强制约束力已然大为减弱，其负面影响不宜夸大。而且应该看到，宗族组织在乡村治理中有时也能发挥正面作用。如贵州锦屏县万凤镇山坪村的各房族在承续传统的基础上适应时代特点，教育管理族众、组织族众互助、支持村寨建设、传承民族文化、合理解决纠纷，广泛参与村寨公共事务和公益事业，充分发挥其优势参与乡村社会治理。③

在基层乡村的社会文化生活中，宗族仍然既扮演着活动规则与文化的角色，又扮演着活动组织者和操办者的角色。宗族为日常生活提供了必要的规则与文化，使之能遵循一定的规则和仪式进行，而不致失范无序；更重要的是，为日常生活的运作提供了不可缺少的人力与物质援助。④

概言之，聚族而居的村落至今仍是村民生活的主要空间，宗族如今依然在乡村民众的日常生活中保持着相当大的影响，宗族仍是

---

① 转引自毛少君《农村宗族势力蔓延的现状与原因分析》，《浙江社会科学》1991年第2期。
② 于建嵘：《要警惕宗族势力对农村基层政权的影响》，《江苏社会科学》2004年第4期。
③ 参见高其才《辅村助力：宗族参与乡村社会治理探析》，《政法论丛》2020年第3期。
④ 肖唐镖：《乡村治理中宗族与村民的互动关系分析》，《社会科学研究》2008年第6期。

当今乡村中一股不可忽视的社会力量，也给今天基层治理现代化改革带来挑战。总体来说，宗族制度成为社会进步的一个阻碍因素，但也应看到，其中也存在反映中华民族优良传统的因素，诸如要求勤俭节约、自强自立的规定，和睦相处、患难相助的理念，在当今仍未失去其价值。我们要充分考虑中国历史发展的独特路径，避免完全抛弃宗族在乡村社会的影响力，使之在法律框架内进行活动，并探索如何对之加以创造性转化，发挥宗族在当今基层治理中的正面价值；同时又需加强基层党组织的核心作用，淡化宗族对乡里社会的控制，降低乃至消解其负面作用。

第五节　基层道德教化

秦汉建立的大一统中央集权国家，必然要求意识形态上的统一。与中央集权的国家治理体系相适应的，是在各种治道理念竞争中，通过逐渐融汇、演化而形成的儒家占据主干地位的意识形态。秦统治者选择的是法家思想，但严刑峻法激化了民众反抗。汉初统治者吸取秦朝速亡的历史教训，为寻求长治久安之道，汉武帝最终采纳董仲舒等儒家学者的建议，确立"罢黜百家，独尊儒术"的统治方略。经过发展与改造的儒家思想取得独尊地位。儒家文化整合了社会不同阶层的价值观，在制度方面为社会提供了一套完整的行为规范——儒家伦理道德，逐步完成治统与道统的统一，实现意识形态结构与政治结构的一体化。魏晋时期正式采用"以礼入法"方式，将礼治的精神贯彻到国家的各项法律制度中，构成封建统治合法性的重要支柱。概言之，儒家意识形态既符合统治者的需要，又适合基层社会现实，渗透到社会各个阶层，融入人们的心灵深处，发挥了强大的思想文化整合作用。这种思想整合有其深刻的历史意义和久远的社会影响，也架构了中国传统时代的政治统治模式。统治者的更易并未改变王权合法性的思想基础,王朝的更替也不会动摇儒家思想作为主流文化的根本地位。

儒家思想主张"仁政"。在"仁政"推行过程中,民众的教化是最重要的途径:"仁言不如仁声之入人深也,善政不如善教之得民也。善政,民畏之;善教,民爱之。善政得民财,善教得民心。"① 中国历代统治者认识到,国家治理的基本要素并不能一味依靠暴力,更多的是依靠文礼教化稳固社会秩序,即所谓"文治"。在儒家思想广泛传播的基础上,文德与伦常自然和谐共生,巩固了以王权为核心的政治体系。中央王朝制定相应的文教制度作为政治制度的辅助,着力构筑由中央到地方的官学教育体系,传输主流意识形态,巩固统治之基。

儒家思想有"礼不下庶人"之说,傅斯年就认为传统文化忽视大众:"庶人心中如何想,生活如何作心理上的安顿,是不管的。于是庶人自有一种趋势,每每因邪教之流传而发作……就是这一套。佛教道教之流行,也由于此。这是儒家文化最不安定的一个成分。"② 傅斯年所论不无偏颇,历代统治者对于乡村的道德教化实际上是颇为重视的。在高度分散的传统农耕经济基础之上,国家律法难以对散落在无数乡村的民众进行全面管控,因此历代统治者奉行"德主刑辅"的治国思想,力图以道德教化补法律之不足。③ 礼法规约的乡村教化适应中国古代家国同构的格局,统治者在基层治理上均极为重视乡村道德教化,将教化民风、化民成俗作为乡村治理的重要环节。教化深入人心,不仅使人情敦厚、风俗淳良,也能安定和凝聚社会。历代乡里制度之职能,如前所述主要包括管理乡村

---

① 《孟子·尽心上》。
② 傅斯年:《中国学校制度之批评》,《傅斯年全集》第6册,联经出版事业股份有限公司1980年版,第2124—2125页。
③ 瞿同祖指出:儒家思想将礼的原则和精神编入法典,儒家思想"在法律上一跃而为最高的原则,与法理无异"。《瞿同祖法学论著集》,中国政法大学出版社1998年版,第355页。

赋税、徭役、狱讼、治安等方面，以维护中央政权的经济基础与政治基础；同时亦极重视思想教化工作，如梁漱溟所言："纳政治于礼俗教化之中，而以道德统括文化。"[1] 通过潜移默化的礼俗教化增进民众对于封建伦理价值的认同。

明代王阳明可谓基层教化的标志人物。他将两宋"得君行道"的理想正式转向"觉民行道"之途，极重视民众的教化，将圣人的标准化约为致良知一项，以此鼓舞中下层人士甚至平民百姓的向上之心，影响十分深广。他强调："天下之患，莫大于风俗之颓靡而不觉。夫风俗之颓靡而不觉也，譬之潦水之赴壑，浸淫泛滥，其始若无所患，而既其末也，奔驰溃决，忽焉不终朝而就竭。是以甲兵虽强，土地虽广，财赋虽盛，边境虽宁，而天下之治，终不可为，则风俗之颓靡，实有以致之。古之善治天下者，未尝不以风俗为首务。"[2] 王阳明通过书院讲学、讲会、兴社学、发告谕、制乡约等教化途径，使教化由上层精英转向下层庶民，达到化民成俗和建构大众道德信仰的目的，又使心学信仰演化成贴近百姓日常生活的实践之学，构建了世俗社会中的道德信仰。

为了通过思想影响以控制乡村社会的广大民众，历代王朝结合官方系统与非官方系统，通过多种途径、多重层次以达成教化目标。乡村教化的主要内容为儒家的纲常名教，如宣扬忠孝节义、尊卑有序的礼法等级观念，宣扬睦族和乡的生活观念，宣扬重农尚俭、务本安土的职业乡土观念。

一　旌善惩恶，化民成俗

古代中国追求贤人政治，统治者通过选贤纳士来宣扬正统观念，贤良之士作为封建伦理的代言者在乡村社会通过言传身教发挥

---

[1] 梁漱溟：《中国文化要义》，学林出版社1999年版，第17页。
[2] 《王阳明全集》，上海古籍出版社2011年版，第954—955页。

教化作用。秦汉时期乡村基层教化工作主要通过乡三老、里父老、孝弟、力田等乡里官吏的表率与教育而进行。汉代三老掌教化，选素著德行的老人担任，"为众民之师"。汉宣帝时，高陵县出现兄弟争田之讼，左冯翊韩延寿自责曰："幸得备位，为郡表率，不能宣明教化，至令民有骨肉争讼，既伤风化，重使贤长吏、啬夫、三老、孝弟受其耻，咎在冯翊，当先退。""令丞、啬夫、三老亦皆自系待罪。"① 可见若出现有伤风化之事，三老须受责罚。孝悌、力田亦为政府树立之典型，"孝、弟，天下之大顺也；力田，为生之本也"。② 西汉自文帝始行察举制，"举贤良方正能直言极谏者，以匡朕之不逮"。③ 武帝时期，察举特设孝廉一项，"孝谓善事父母者，廉谓清洁有廉隅者。"④ 其察举标准，亦主要着眼于教化功能。明代设乡贤祠以"崇德抱功，激励来者，血食朝廷"⑤，入祠者为当地有仁德之人，即需有立德、立功、立言三不朽之业者。历代王朝对于恪守封建道德、忠孝节义、有益社会风化为民法式者，皆旌表其门。清代设有耆老一职，负责宣谕王化，启民俭朴，教民风化。

礼仪道德在古代教化体系中居于主体地位。在家国同构的社会格局下，君权臣道与宗规家礼、家族中的孝道与朝堂中的忠君观念皆可贯通，构成一套完整的道德规范体系。礼仪道德在整合古代中国社会秩序与人心之中发挥了至为关键的作用，并作为基层教化的主体内容，融入民众的日常生活，影响人们的思想观念和行为方式。外在规范内化为人们的文化心理积淀，对安定和凝聚基层社会、整合社会秩序与人心发挥了不可或缺的重要作用。

在古代乡村社会，风俗规矩对民众的影响、规范与调节作用远

---

① 《汉书》卷七六《韩延寿传》。
② 《汉书》卷四《文帝纪》。
③ 《汉书》卷四《文帝纪》。
④ 《汉书》卷六《武帝纪》。
⑤ 何良俊：《四友斋丛说》，中华书局1997年版，第142页。

超法律。费孝通曾说:"在一个熟悉的社会中,我们会得到从心所欲而不逾矩的自由。这和法律所保障的自由不同。规矩不是法律,规矩是'习'出来的礼俗。从俗即是从心。换一句话说,社会和个人在这里通了家。……乡土社会的信用并不是对契约的重视,而是发生于对一种行为的规矩熟悉到不假思索时的可靠性。"① 这些民风礼俗规矩深入民心,对于乡村民众日常生活产生润物无声无所不至的影响,成为维护基层秩序的关键所在。统治者以化民成俗作为教化的主旨,将"齐风俗、一民心"作为关系社稷兴衰的要务。

二 兴办教育以施教化

中国乡里学校教育起源可溯及夏、商、周时期,其主要职能为施行教化,所谓"里有序而乡有庠,序以明教,庠则行礼而视化焉"②。汉武帝时,董仲舒建议"设庠序以化于邑"③,在郡县范围内设立地方官学,"令天下郡国皆立学校官"④,乡里学校教化得以发展。"郡国曰学,县、道、邑、侯国曰校;校、学置经师一人。乡曰庠,聚曰序,序、庠置孝经师一人。"⑤ 汉代乡里学校教育主要着眼于道德教化,由孝经师对乡民进行礼教训练。吕思勉指出:"古代学校本讲教化,非重学业,汉人犹有此见解。"⑥ "古之言学校者,皆重行礼视化,非重读书讲学问也。"⑦ 明清时期,中央王朝更着力建立完善地方官学教育体系,将之作为意识形态塑造的主阵地。明洪武二年(1369 年)在全国范围内设立府、州、县学;洪

---

① 费孝通:《乡土中国》,《费孝通文集》第 5 卷,第 320 页。
② 《汉书》卷二四《食货志》。
③ 《汉书》卷五六《董仲舒传》。
④ 《汉书》卷八九《循吏传·文翁》。
⑤ 《汉书》卷一二《平帝纪》。
⑥ 吕思勉:《秦汉史》,上海古籍出版社 1983 年版,第 721 页。
⑦ 《吕思勉说史》,上海古籍出版社 2000 年版,第 154 页。

武八年更置社学，"延师儒以教民间子弟，庶可导民善俗也"。[①] 明代社学多以村落为单位兴办，通常一个聚族而居之大家族亦办有塾学，"凡乡里之教，一曰崇孝敬，二曰存忠爱，三曰广亲睦，四曰正内外，五曰笃交谊"。[②] 清代中央王朝在边疆少数民族地区推广义学教育，成效卓著，增进了国家主流意识形态在边疆基层的播衍和影响。

三 以乡约推广教化

乡约是基层民众自发制定的一种乡规民约。宋儒与汉儒的一大不同，即其谆谆于基层社会之教化，蒙文通指出，"宋儒于乡村福利，恒主于下之自为"，故"重乡之自治，而不欲其事属之官府"。[③] 自宋代始，乡村基层就制定乡约村规，设立乡约等民间自设组织，推广教化。宋儒开创的各类乡间教养建制在元代得以延续。

北宋神宗熙宁九年（1076年），陕西蓝田县吕大端、吕大防兄弟参照《周礼》之义理创《吕氏乡约》，由乡民自愿组织，采取自下而上的原则，体现出一种基层自治的样貌。其要旨为：第一，推举地方年高德劭者一人为约正，有学行者二人为约副。第二，德业相劝，约中之人居家要敬奉父母，教诲子弟，善待妻妾；在外尊长上、睦朋友、御童仆。第三，过失相规，如有犯过者，则请约正加以训导。第四，礼俗相交。制定日常生活中应对进退的礼法，供约中之人共同遵守。第五，患难相恤。对凡因灾荒、盗贼、死丧等而致孤弱贫苦的家庭，约正邀集约中之人聚资救济。张东荪认为："在中国历史上，士能发挥其使命的，则比较上以宋朝为最。有吕

[①] 丘濬：《大学衍义补（上）》，金良年整理，朱维铮审阅，上海书店出版社2012年版，第513页。

[②] 黄佐：《泰泉乡礼》，《文渊阁四库全书》，商务印书馆1986年版，第594页。

[③] 蒙文通：《宋明之社会设计》，载氏著《儒学五论》，广西师范大学出版社2007年版，第131—148页。

氏的乡约，范氏的义庄，有朱子的社仓。凡此都不是借着官力而办的，乃真是士之所自办。不仅有关于教化，并且有助于组织。"①

王阳明心学信仰教化的途径和成果之一，就是在北宋《蓝田吕氏乡约》的基础上制定了《南赣乡约》，不仅传播和普及心学信仰，还使得社会成员以这种共同的道德信仰增强了凝聚力，起到"共成仁厚之俗"的教化作用。王阳明从"心即理""良知即是天理"出发，认为人之所以会有种种恶行，就是因为受到不好的社会风气和陋习的影响，为此他提出"学以去其昏蔽"的思想。主张通过教化来剔除私欲和积习的障蔽，使人能够"明其心"，人人都能按照自己的良知处事，社会风气会日善日美。他制定的《南赣乡约》以"孝尔父母，敬尔兄长，教训尔子孙，和顺尔乡里，死丧相助，患难相恤，善相劝勉，恶相告诫"为指导思想：

  昔人有言：蓬生麻中，不扶而直；白沙在泥，不染而黑。民俗之善恶，岂不由于积习使然哉！往者新民盖常弃其宗族，畔其乡里，四出而为暴，岂独其性之异，其人之罪哉？亦由我有司治之无道，教之无方。尔父老子弟所以训诲戒饬于家庭者不早，薰陶渐染于里闬者无素，诱掖奖劝之不行，连属叶和之无具，又或愤怨相激，狡伪相残，故遂使之靡然日流于恶，则我有司与尔父老子弟皆宜分受其责。呜呼！往者不可及，来者犹可追。故今特为乡约，以协和尔民，自今凡尔同约之民，皆宜孝尔父母，敬尔兄长，教训尔子孙，和顺尔乡里，死丧相助，患难相恤，善相劝勉，恶相告戒，息讼罢争，讲信修睦，务为良善之民，共成仁厚之俗。呜呼！人虽至愚，责人则明；虽有聪明，责己则昏。尔等父老子弟毋念新民之旧恶而不与其

---

① 张东荪：《理性与民主》，商务印书馆1946年版，第171页。

善，彼一念而善，即善人矣；毋自恃为良民而不修其身，尔一念而恶，即恶人矣；人之善恶，由于一念之间，尔等慎思吾言，毋忽！①

《南赣乡约》还包括乡约如何运作的基本规条。它将心学信仰的方式进行规范化、制度化的提炼和建构，并落实为社会机制和政策，劝导人们内心向善，形成百姓的自我约束与监督机制，使广大民众真正自觉顺从官府治理和道德良知，凝聚人心、端正风气。南赣地区的社会秩序也因之而大为改善，俗尚淳厚。

至明清时期，这种民间自发性的"乡约"团体得到统治者支持，乡约也发生结构性转型，到明清出现了"官督商办"状态②，发展成为国家组织的地方基层组织——乡约，以提倡高尚伦理道德、贯彻教化政策、纯化社会风俗、救助贫弱困厄为主要目的。如隆庆六年（1572年）《文堂乡约家法》中说："乡约大意，惟以劝善习礼为重。"

明太祖朱元璋颁布《圣训六谕》作为教化大纲；很多地方官员在推行乡约的过程中，将六谕作为乡约宣讲的重要内容。清顺治仿朱元璋的六谕，颁布"圣谕六条"：孝敬父母、恭敬长上、和睦乡里、教训子孙、各安生理、无作非为，作为教化之准则。顺治十六年在全国推行约讲，规定乡里必须设立约正、约副作为讲解员，由全乡公举60岁以上行履无过、德高望重的生员或70岁以上乡民担任。康熙即位后，将孔孟与程朱理学作为官方正统思想加以推崇，并决心效法古代帝王"尚德化刑，化民为俗"，以儒学思想教育全国臣民，于九年十月颁布"上谕十六条"，系统阐述其乡教思想，规定地方官在每月朔望宣讲。"十六条"主要内容为敦孝弟以重人

---

① 《南赣乡约》，《王阳明全集》第10卷，北京燕山出版社2009年版，第2690页。
② 杨开道：《中国乡约制度》，商务印书馆2015年版，第235—253页。

伦，笃宗族以昭雍睦，黜异端以崇正学，讲法律以儆愚顽，明礼治以厚风俗，务本业以定民志。其核心思想为宣扬儒学的纲常名教化导百姓。雍正即位后，将康熙十六条加以诠释发挥，编成洋洋万言的《圣谕广训》，颁行全国。乡村教化得到官方制度化和体制化的大力支持，对乡民产生深远影响。

通过宋以来历朝统治者自上而下积极倡导，儒家思想向基层渗透，至清朝儒家思想在村庄一级得以全面贯彻，这无疑也有助于王朝统治合法性的巩固。[1]

道德对公民的教化作用，可补法律之不足。社会要健康、稳定地发展，需要将法治与德治相互结合，相得益彰。中国历代基层治理的一大特点，即为强化民间组织的道德建设功能，着力构建完善民间伦理共同体，树立道德模范，形成乡村道德评价机制，蕴蓄民风民俗，通过培育个体美德进而实现公共道德。

结　语

基层治理发生于国家官僚体系末端和乡村社会的接合处，自上而下的国家权力与自下而上的基层诉求之间，形成颇为丰富复杂的互动关系。费孝通早在20世纪40年代有一个颇形象的说法："普通讲中国行政机构的人很少注意到从县衙门到每家大门之间的一段情形，其实这一段是最有趣的，同时也最重要的，因为这是中国传统中央集权的专制体制和地方自治的民主体制打交涉的关键，如果不弄明白这个关键，中国传统政治是无法理解的。"[2] 中国长期以来人口众多、地域差异巨大、社会关系高度依存制约，从国家顶层构

---

[1] 杨念群：《重建"中华民族"历史叙述的谱系——〈重塑中华〉与中国概念史研究》，《近代史研究》2018年第5期。
[2] 费孝通：《基层行政的僵化》，《费孝通文集》第4卷，第337—338页。

想达到基层社会实际运作，其中多有曲折迂回，情形复杂。探讨古代基层治理的制度设计与实践方略，主要还是考察"从县衙门到每家大门之间"的情形，这也是中国国家治理极为重要的层次和核心组成部分，颇能体现中国的运作机制与中国历史发展的独特性。

1949年中华人民共和国成立，中国共产党以无与伦比的组织力、动员力，通过土地改革，彻底改造了中国农村基层组织，形成了一套全新的基层治理方式，实现国家与社会的上下整合、融为一体，为建立真正意义的现代民族国家奠定极为坚实的基础。

在经历了自晚清民国以来一百多年的现代化探索之后，当今的中国乡村发生了翻天覆地的变革，21世纪初中央政府在各地试点农业税费改革，2006年全面取消农业税，征收了两千多年的"皇粮国税"成为历史。城乡关系的格局从资源汲取转向资源输送：工业反哺农业，城市支援乡村，公共财政覆盖乡村，各类支农惠农项目纷纷下乡。若从经济方面来看，今日基层乡村与中国传统的乡村已完全不可同日而语，基层治理所面对的问题也颇有不同。王朝时代中国基层治理，中央政府的首要目标是征收赋役资源，其次为治安管控；至于乡村公共建设则往往无所措置，而交由宗族士绅办理。如今的基层乡村治理已转为资源输入，意味着国家权力以一种完全不同的方式切入乡村社会，其核心任务已转向乡村建设。基层治理组织由管理型向服务型转变，主要以服务来实现治理。这亦可谓数千年未有之变局。从城乡一体化的农村社区建设、实现共同富裕的脱贫攻坚战，到美丽乡村建设以及各种乡村振兴规划，都充分体现了这一深刻变革。

在党的十九大报告中，"乡村振兴"作为国家发展战略被确定下来，基层乡村治理无疑是当前中国进行现代化建设、实现民族复兴伟业的重中之重。但毋庸讳言，基层治理也面临前所未有的严峻挑战。传统基层乡村社会以儒家思想和血缘关系为纽带，维系着社会秩序；现代社会随着市场化、城镇化的快速推进，乡村社会联系的纽带愈益脆弱，乡村趋于边缘化、空心化，乡村文化断裂、人才流失，如何维系当代乡村社会的稳定有序健康发展，便成为基层治理亟须解决的难题。中国农村当前处于社会急剧转型期，农民的利益诉求亦呈现多元化与复杂化的特征，基层治理的负荷并未减轻，反而加大。而乡镇政府和村委会的官僚化色彩较为浓厚，乡土气息愈益淡薄，法治化、规范化的改革并未能迅速提升基层治理的效率，其实际效果并不如人意。有学者指出："在民众的心智结构尚未发生根本改变、分散小农尚不具备现代公民素质的情况下，过快的行政体制改革可以使基层行政主体失去采用老办法的合法性，却无法保证他们能够依赖新办法完成基层治理的重任"，使乡村基层行政陷入"老办法不管用、新办法不实用"的困境。①

如何破解基层治理的难题，真正实现乡村振兴，学界已有诸多探讨。但客观而论，这些探讨往往偏重现实，而相对忽视对基层治理之历史渊源的追溯，也难以进行历史长程的审视。相关探讨往往不免失于片面化理解现代性，过于强调以西方理论、理念从事中国乡村治理。必须看到，中国有其独特的历史发展路径，中国的基层乡村产生于历史的乡村，虽然发生了前所未有的深刻变化，但仍有其不变之处。换言之，中国古代基层政治文化依然对当今的乡村治理产生无形影响，中国当前基层治理有其不同于其他国家的国情和土壤，对基层治理模式和机制的探讨，不能脱离历史和传统的土壤，不能脱离中国国情。若简单套用西方理念，将现代与传统完全对立起来，完全照搬西方国家地方自治的模式，将西方标准作为衡量中国基层治理的绝对标准与未来的追求目标，势必难接地气，甚至可能会给乡村振兴事业带来认识上的偏蔽与实践中的误导。例

---

① 赵晓峰：《"双轨政治"重构与农村基层行政改革——激活基层行政研究的社会学传统》，《北京社会科学》2016年第1期。

如，片面强调乡村拆迁、强迫农民上楼，以"去乡村化"的方式建设乡村，难免引起农民的反弹，用心虽好，却不利于基层乡村的和谐稳定与繁荣发展。

中国历代基层治理史，是当今乡村治理的本源和血脉。通过系统梳理考察历代基层治理顶层设计、制度安排和实际运作情形，从历史的纵深来看基层治理问题，中国古代基层治理体系和治理机制无疑为我们提供了丰富而宝贵的经验教训。兹就其主要方面略作申述。

其一，中国古代基层治理有其自身悠久的历史传统，形成了一套行之有效、颇具特色的治理体系和治理机制，以小规模政府、较低的成本实现对广土众民的有效治理，达到最大限度获取人力与物力资源、建立并维护基层社会秩序之目的。古代基层治理虽然也一定程度上体现了制度化、法律化，但又注重发挥非正式制度在基层治理中的作用。首先，基层设置并不追求精确无误的"铁板一块"，实际上基层治理单元层级繁多，从称谓到职掌具有一定的模糊性，既有规则，但又因时因地变化伸缩，以契合乡村分布零散、人口数量庞大的实情，其中凝聚着古代基层治理的智慧。其次，非正式制度是中国古代乡里制度的内在特色。非正式制度具有随意性和伸缩性，体现出传承性、内在化、微细化等特点，其优长在于切近实际、实用有效，使中国古代基层治理制度更具弹性、韧性和张力，能较好地契合复杂的广大基层乡村的实际情况。

其二，一定意义上，历代王朝治乱兴衰的枢机就在于中央政府能否实现对基层社会的有效治理与控制。从皇权的角度而言，实现对基层社会的直接治理是其理想与追求。自商鞅变法实行编户齐民，国家与农户直接发生联系。秦统一建立极为庞大的中央集权制国家，进一步体现国家对基层社会进行垂直管控、直接治理的意愿。但随着国家版图扩大，人口规模大幅增加，以垂直方式实现对基层的直接治理因成本过高而难以为继。加之中国政府机构属于韦伯所谓的"世袭主义官僚制","世袭主义制的逻辑要求政府机构保持最少数量的科层,以免切断整个体系倚为纽带的个人忠诚,造成地方性的世袭分割"①,具有较高的专制权力和较低的基层渗透权力。② 如何控制基层治理费用、降低治理成本,是历代统治者必须认真考虑的问题。治理成本的现实逻辑促成了唐宋之后基层治理理念与实践的变革,由秦汉的"自上而下"为主导转向以"自下而上"为主导,实行降低行政配置、压缩官僚体系,赋予基层乡村一定的自治空间,力图对基层加以层级化间接治理。有学者肯定"中国乡村治理方式的转变是传统中国以最小成本维持社会运转的必然",同时也指出这一转变"导致乡官职役化、政府乡村管理虚化。这是中国历史上'强干弱枝'的一个表现,也是社会基础不稳、治乱频仍的一个原因"。③

其三,"皇权不下县"这一命题着眼于"皇权"是否下县(不管是"官"还是"权"是否下县),无论答案为"是"或"否",都难以真切反映中国几千年来基层治理的复杂实态。皇权力图延伸到基层乡村的每一个角落,不断制定并实施相关制度性安排,由此形成多层次的县域治理结构体系;同时皇权也确乎给乡村士绅、宗族等以一定的自治空间。皇权与基层自治权双轨运行的治理方式,在现实运作中因应时势不断进行动态调整,并非一套僵化不变的模式。双轨的合理平衡往往只是理想状态。两种关于中国基层乡村治理的解释模式——立足于乡村自身需要及文化传统的"乡村自治",根源于王朝国家权力的"乡村控制"——均有其合理性与解释力,"乡村自治"与"乡村控制"是两种理想型,古代中国基层治理的

---

① [美]黄宗智:《集权的简约治理——中国以准官员和纠纷解决为主的半正式基层行政》,《开放时代》2008年第2期。
② [英]迈克尔·曼:《社会权力的来源》第2卷,第70页。
③ 蒋楠:《历史视野下的中国乡村治理》,《光明日报》2015年4月8日。

实态是在这两者之间游走,在不同时期不同地点呈现出不同面向。只注重某一方面不免简单化。还须强调的是,统治者虽然在基层控制上费尽心机,但当阶级矛盾激化、基层民众走投无路之时,基层秩序走向失控,民众揭竿而起,成为推动王朝更替的关键力量和工具。

从中国的历史实际来看,古代基层乡村"自治"与政府并非对立关系,实际上仍在政府权力主导之下,因而与西方地方自治模式有相当大的差异。中国的村民自治改革须立足于中国的历史土壤,不能照搬西方地方自治模式,也不能简单以西方观念和标准来进行评判。一些人脱离中国的历史传统和国情,用西方所谓纯粹"自治"来衡量中国乡村自治,反对政府对村民自治的主导,认为给村民的干预多而自治空间不足,刻意贬低我们近二十多年来村民自治所取得的举世瞩目的成就,实际上陷入了西方中心主义的窠臼。而若去除政府的组织推动,中国村民自治实践必然举步维艰,步入歧途,难以稳定健康发展。必须坚持推进中国特色村民自治。

其四,中国历代统治者认识到,国家治理离不开文礼教化即"文治",因此历朝均奉行"德主刑辅"的治国思想,极为重视道德教化的作用,将教化民风、化民成俗作为国家治理的重要环节。基层教化的主要内容为儒家的纲常名教,如宣扬忠孝节义、尊卑有序的礼法等级观念,宣扬睦族和乡的生活观念,宣扬重农尚俭、务本安土的职业乡土观念。为了通过道德教化以控制基层乡村社会,历代王朝结合官方系统与非官方系统,通过多种途径、多重层次向基层广大民众传输主流意识形态,着力构建完善民间伦理共同体,树立道德模范,形成乡村道德评价机制,蕴蓄民风民俗,通过培育个体美德进而实现公共道德,以巩固统治之基。

其五,中国古代基层治理具有一定程度的宗法性,基层政权与地方族权绅权往往相结合,使基层行政管理带有较浓厚的宗法色彩。唐宋以后，农村宗族制度得到中央权力的认可，成为乡村基层自治的合法组织形态。乡村大多聚族而居，以父子为主轴的家庭结构，通过血缘、姻缘关系形成纵横交错的家族宗族。家族宗族的族长往往充任乡长、里正、保长、甲长，实际承担基层治理职能。历代封建王朝依靠宗族作为基层治理的中坚力量和封建统治的稳定基础，宗族组织和权力实际发挥了完善封建政权、支持封建政权的职能。这种将族权绅权与政权熔为一炉的基层权力结构可谓利弊互见。其优长在于：一则可以避开行政机构的冗余程序，降低基层治理成本；二则对于减少犯罪、安定基层秩序能发挥一定作用，三则能一定程度发挥社会对政府、国家权力的制衡。其弊病也不可忽视：一则族权膨胀易导致破坏基层行政权力结构，为基层胥吏群体胡作非为提供了条件，甚至构成对基层治理的严重威胁。二则乡村宗族组织使基层治理呈现出暴力化、军事化趋势。乡村宗族组织也承担维护地方秩序之责，拥有训练和组织乡兵、民团的权力。"乡村治理方式的转变令基层社会更易于'军事化'，乡族控制的民团、乡兵既可帮助维持地方治安，也可能带来械斗民乱。晚清的地方军事化，被视为20世纪军阀割据的根源。"[1]

中国宗族文化积累极为深厚，虽然近代以来经历巨变，但其深层的核心结构及文化观念仍有相当顽强的生命力。改革开放后，宗族势力呈复兴之势，各地家族宗族干预村民选举并不鲜见，对宗族势力绝不能放任自流，而须将之纳入党委政府的整体掌控与主导之下。但宗族对基层农村治理亦存在正面作用。如为族内互助合作提供保障，为农民利益表达提供渠道，有利于稳定地方秩序和人心等。[2] 乡村的宗族组织资源，并非公共治理的障碍，相反可以成为

---

[1] 蒋楠：《历史视野下的中国乡村治理》，《光明日报》2015年4月8日。
[2] 肖唐镖、史天健：《当代中国农村宗族与乡村治理》，西北大学出版社2002年版。

民主自治的基础。① 还有学者提出，宗族对于乡村社会治理有很大的正面价值，可以考虑让宗族成为党委领导的一核多元乡村治理体系中的一个元。②

其六，古代基层治理体系中，士绅扮演着相当重要的角色，体现传统中国社会治理结构的独特属性。士绅一身而二任，既是具有天然内生属性的基层社会代言人，是乡村组织的基石，又是国家权力在基层社会的代理人；既防御国家权力过度剥削乡村社会，同时也防止底层民众以起义的激烈方式反抗国家权力。士绅因而在公、私两大系统之间发挥重要作用，协调与平衡国家和社会之间的关系，成为国家与基层乡村社会沟通的桥梁。

士绅在基层乡村既体现出"自治"的一面，又体现出与官方密切配合，即所谓"官绅共治"的一面，士绅与地方官员形成既协调合作又相互矛盾的关系格局。还须看到，士绅阶层也有自身的利益追求，他们可能把持乡里对村民形成常态化欺压，也可能在赋税征收中上下其手饱其私欲。国权与士绅的矛盾互动，也是国家兴衰的一个标志：中央政权强大时，地方绅权就受到较多约束。中央政权对基层社会的控制力削弱，乡绅势力就会膨胀，以填补基层控制的真空。国家权力崩溃时，绅权就可能谋求扩大地方势力。

近代以来士绅制度经历了历史性的转型，晚清新政基层治理机制改革倚重地方士绅，士绅与基层政府共同支配着地方自治的进程与走向，一度形成"官绅合治"的基层治理格局。辛亥之后，中央权威涣散，绅权在军阀政治背景之下进一步得到扩展，但地方自治成为军阀对抗中央的工具，并进一步造成地方基层的混乱无序。大

---

① 肖唐镖：《村庄治理中的传统组织与民主建设——以宗族与村庄组织为例》，《学习与探索》2007年第3期。

② 张林江：《正确认识宗族在乡村治理中的作用》，《中国民政》2018年第10期。

批士绅迁居城市，留下一批代理人在乡村为其收租，"土豪劣绅"化相当普遍。尤为重要的是，清末废除科举制度已然对传统士绅釜底抽薪，士绅的制度性来源被强行中断，士绅存在的文化与制度基础一去不返，士绅本身面临存亡危机。"五四"以后，随着新知识分子群体力量兴起，传统士绅从政治社会的权力中心退缩，注定了其衰落消亡的命运。

第八章

边疆治理

"立国自有疆",边疆治理是中国历代国家治理的重要内容,主要包含历代的治边思想、治边方略、边疆管理机构、边疆开发等。中国历代边疆治理长期受到国内外学术界关注,相关成果丰富。[①] 本章拟在借鉴、吸收已有成果基础上,重点阐述中国历代边疆治理的思想、制度、军政体制、民族宗教政策、边疆开发政策,并总结历代边疆治理的经验教训与历史启示。

[①] 国内外学者在中国历代边疆治理领域出版大量论著,如马大正主编:《中国边疆经略史》,中州古籍出版社2000年版;方铁主编:《西南通史》,中州古籍出版社2003年版;陈庆英、高淑芬主编:《西藏通史》,中州古籍出版社2003年版;赵云田主编:《北疆通史》,中州古籍出版社2003年版;余太山主编:《西域通史》,中州古籍出版社2003年版;厉声等:《中国历代边事边政通论》,黑龙江教育出版社2015年版;郑汕主编:《中国边防史》,社会科学文献出版社1995年版;李大龙:《两汉时期的边政与边吏》,黑龙江教育出版社1996年;赵云田:《中国治边机构史》,中国藏学出版社2002年版;孙喆:《中国东北边疆的治理》,湖南人民出版社2015年版;宝音朝克图:《中国北部边疆的治理》,湖南人民出版社2015年版;周卫平:《中国新疆的治理》,湖南人民出版社2015年版;许建英:《中国西藏的治理》,湖南人民出版社2015年版;孙宏年:《中国西南边疆的治理》,湖南人民出版社2015年版;李世愉:《清代土司制度论考》,中国社会科学出版社1998年版;马汝珩、马大正主编:《清代的边疆政策》,中国社会科学出版社1994年版;成崇德:《清代西部开发》,山西古籍出版社2002年版;赵云田:《清末新政研究——20世纪初的中国边疆》,黑龙江教育出版社2004年版;翁独健主编:《中国民族关系史纲要》,中国社会科学出版社1990年版;刘信君主编:《中国古代治理东北边疆思想研究》,吉林人民出版社2008年版;程妮娜:《中国历代边疆治理研究》,经济科学出版社2017年版;等等。限于篇幅,不再一一列出。

第一节　中国疆域的变迁

"边疆"的基本概念是基于国家疆域产生的,即"边疆,边境之地"[1],是指"靠近国界的领土"[2]。中国历代的边疆治理与历代疆域的变迁密切相关,中国疆域的变动有其特点,其拓展、盈缩与历代治边思想、政策、措施等相互影响。

一　中国疆域的变迁

先秦时期,即夏、商、周三代,是古代中国统一多民族国家的奠基时期,也是中国边疆的开拓时期。夏朝是中国历史上的第一个王朝。夏朝确切的疆域仍待进一步考证,现在一般认为,夏朝的中心区域在今天山西南部、河南西部的汾水下游和伊洛地区,东疆应当包括今天河南东部、安徽和江苏的北部、山东的全部以及河南的南部,南疆应当到达今天长江中游的洞庭湖、鄱阳湖一带,西疆到达今天河西走廊地区,北疆可能到达今天河北涿鹿。夏朝辖区的面积大约有50万平方千米。[3]

商朝是我国有确凿可信历史的最早王朝。商朝前期的疆域与夏朝大致相同,后期有较大扩展,疆域面积大约有100万平方千米,东达今山东滨海,南及今天江、汉、湘、赣流域,西含今陕西大部及甘肃南部,北至今河北北部和辽宁西部。"邦畿"是商朝的中心区域,范围包括今天河北南部、河南北部和山东西部的广大地区。邦畿外围是臣属于商王朝的众多的方国,这些地区在甲骨卜辞里称为"四土",即"东土""南土""西土"和"北

---

[1] 《辞源》,商务印书馆1989年修订版(合订本),第1683页。
[2] 《现代汉语词典》,商务印书馆2016年版,第76页。
[3] 本节中的历代疆域面积,参见郑汕《中国边疆学概论》,云南人民出版社2012年版,第103—112页。

土"。在商朝的广大疆域内，许多地区尚未开发，仍有不少地区是荒山野林，所以更像一张由村邑、城邑、方国以及散居其间的多民族部族构成的大网。在这个网状疆土之中，华夏族主要生活在中心区域的村邑、城邑里，邦畿外围的方国就是当时边疆的民族或部族。

周朝包括西周、春秋、战国几个时期，西周初期的疆域和商朝差不多，疆土包括西周直辖的"王畿"和诸侯国辖地两部分。武王灭商后定都丰镐（今西安市西南），附近的渭河平原地区称为"宗周"；成王时期又在伊河、洛河流域修建了洛邑，附近地区称为"成周"。宗周、成周都是周天子直接统治的地区，称为"王畿"。西周初年推行"封邦建国"政策，大批的姬姓和异姓（主要是姜姓）贵族被分封到商人残余势力集中分布区和边疆部族居住区。相传周初分封了 71 个诸侯国，它们的辖地和王畿就构成了西周时期的疆域：东至今天的渤海、黄海、东海之滨，南抵长江以南，西到今甘肃省，东北到今天的辽宁，影响区域则到达今天松花江、黑龙江流域。经过春秋、战国时期各诸侯国的扩展，东周时代周王的王畿再加上各国的疆土，总体上比西周时期的疆土有所拓展，面积达到约 250 万平方千米。

秦、汉是中国统一多民族国家中央集权制的形成和发展时期，秦、汉王朝都在继承商、周时期疆域的基础上致力于边疆的开拓，奠定了古代中国的历史疆域规模。秦朝极盛时的疆域面积约 300 万平方千米，东起今天朝鲜半岛北部，西至陇山、川西高原和云贵高原；南到今两广地区和越南北部，北至今天的河套、阴山和辽河下游。秦朝在这样辽阔的土地上，建立统一的国家，这在中国历史上还是第一次，这些地区也构成以后历代中原王朝疆域的主体，成为中国统一的基础。秦朝疆土之内，华夏族是主体民族，在边疆地区生活着众多的民族或部族，东北是夫余、秽貊、朝鲜、真番，东南仍是百越的活动区域，西南则为巴、蜀、滇等部族。

汉朝包括西汉、东汉两个时期，西汉初期辖境比秦朝极盛时期的疆域有所缩减，汉武帝时大力开拓疆土，最强盛时的疆域东西9300多里，南北13300多里，东北包括今天朝鲜半岛北部，东临大海，南到今天海南岛和越南北部，西南包含哀牢夷地区（今天云南和邻近的东南亚地区），西北到达巴尔喀什湖、费尔干纳盆地和葱岭，这一疆域在某些地区、基本时期又有所变化。

三国两晋南北朝时期，中国境内出现了众多的割据政权，处于多民族建立的政权分立时期，但它们基本维持秦汉时期的疆域。这一时期，中国疆域在汉朝疆土的基础上也有所盈缩：东北边疆，在十六国和北朝时期，朝鲜半岛南部的马韩夺取了带方郡，高句丽、鲜卑等少数民族也建立了自己的政权，中原王朝在朝鲜半岛上设立正式政区的历史至此结束。高句丽逐步强大起来，统治着辽东、玄菟、乐浪三郡，还控制了辽水以东地区，成为当时中国东北地区强大的边疆民族政权。

东南、南部边疆，从东汉末年至南朝时期，由于林邑的兴起和北侵，交州南部的日南郡被林邑逐步侵吞，孙吴、东晋、南朝的疆土也由汉朝强盛时的北纬14°逐渐退缩到北纬18°一线。此外，孙吴政权对今天台湾的经营也值得关注，吴黄龙二年（230年），孙权派将军卫温、诸葛直率军万人渡海前往夷洲，历时一年左右，80%以上的士兵不服水土，因疾病、瘟疫而死，从那里返回时带走一千多名夷洲人。夷洲就是今天的宝岛台湾，孙吴政权派军前往台湾，增加了内地对台湾的了解，为今后大陆与台湾的经济文化交流打下基础。

隋唐时期历时三百多年，是中国古代统一多民族国家及其疆域发展极为重要的时期。隋、唐王朝拥有比秦汉更为辽阔的疆土和众多的民族，在开拓、治理和安定边疆方面形成较为系统的政策，边疆与内地的联系更加紧密，边疆地区特别是东北、吐蕃、南诏的社会经济发展水平得到迅速提高，为中国统一多民族国家的进一步发展打下坚实基础。隋朝在短短的30多年间消灭南方的陈朝，又多次用兵边疆，在辽阔的疆土上建立统治，其陆地疆域东北到今天辽宁西部，东至大海，南抵今海南岛和越南北部，西南包括今天云南、四川、贵州部分地区，西到今天新疆的且末县和罗布泊一带，北达今内蒙古的南部。其中，隋朝派羽骑尉朱宽到达流求（今台湾），因语言不通而返，虽未设郡县，但与三国时孙吴派军到夷洲一样，有助于加强大陆与台湾的联系。

唐朝最强盛的时期，疆土东北至黑龙江、外兴安岭一带，东到大海，包括台湾岛及其附属岛屿；南及南海，包括今天越南的北部和中国的海南岛及所属南海岛屿；西至咸海，西北到巴尔喀什湖以东以南地区，北达贝加尔湖。这一疆域超过了西汉鼎盛时的版图，使唐朝成为当时世界上版图最大、势力最强的国家。

唐朝的疆域如此广阔，但并没有同时管辖过这样的范围，而且到达最远点的时间也是短暂的，比如唐朝仅仅在661年至665年的4年间控制了碎叶以西至咸海的广大地区，但那时还没有灭掉高句丽，东部边疆还在辽河一线。唐朝中期以后，大食侵占了葱岭以西的唐朝疆土，吐蕃的争夺和南诏、渤海、回纥（788年起改译为"回鹘"）的兴起也使唐朝疆土内缩，六大都护府也被迫撤并或内迁。这些边疆民族政权与唐朝的争夺与大食的侵占有本质的不同，因为这些政权都是当时中国的一部分，它们与唐朝疆土的进退得失都是当时中国内部不同政权的领土变动，而大食的东侵则使当时的中国丧失了大片土地。当时，吐蕃控制着今天的青藏高原，后来从唐朝夺取了河西走廊和西域大部分地区；南诏控制着今天中国的云南和缅甸、越南的一部分，渤海控制着今天中国的东北北部、朝鲜北部和俄罗斯远东部分地区，回纥控制着蒙古高原。当时中国的这些地方性民族政权的辖区与唐朝的疆土共同构成了当时中国的疆域，而且它们从不同方向拓展了中国的历史疆域。以西南边疆为例，吐蕃极盛时西北部已伸入今哈萨克斯坦、吉尔吉斯斯坦、塔吉克斯坦和阿富汗所属的邻近中国新疆的边境地区，并包括了今天巴基斯坦控制的克什米尔内的绝大部分地区，中部则到达今尼泊尔的中部；吐蕃曾经出兵远征天竺（今印度），一度占领恒河北岸。南诏势力极盛时期，不仅统治着今天我国贵州省西部、四川省西南部、云南省，而且东南包括今天越南北部的一部分地区，南部和西南管辖着今天老挝北部、泰国北部和缅甸中部、北部的部分地区，最西管辖着在今天印度比哈尔邦的部分地区。902年，南诏所辖地区先后由大长和国、大天兴国、大义宁国和大理统治，奠定了后来元朝统一全国时西南地区疆土的基础。

五代十国、宋、辽、夏、金时期，中国处于多个政权并存的时期，其中吐蕃、回鹘、契丹、女真、党项、蒙古等民族建立的政权不仅统治着边疆地区，而且辽、金曾经管辖中原广大地区，频繁的战争加速了民族的交流，为元朝的统一奠定了基础。

元朝、明朝、清朝实现了中国历史上第三次大统一，开创和奠定了全国范围内的大一统局面。有人测算，清前期统辖的疆土达到约1300万平方千米。

元朝比较稳定的疆域，北部东起鄂霍次克海，西至今额尔齐斯河；东北部拥有朝鲜半岛东北部，东南至大海，西南包括今泰国北部、缅甸东北部和不丹、锡金（现为印度锡金邦）和克什米尔地区，超过了汉、唐王朝极盛时的疆域。

蒙古铁骑横扫亚欧的过程，不但在当时中国境内建立了庞大的元朝，还对周边国家进行军事征服，有的还设置行政机构，并在欧亚大陆形成了四大汗国，但这些地区并不一定就是元朝疆域的组成部分。蒙古对当时中国的周边国家，包括高丽、安南、日本、占城、爪哇、缅甸等国用兵，还在高丽、缅甸等国设置行省，向安南派了官员监督行政，但这些国家事实上仍是独立的，元朝的统治根本维持不下去，比如在安南，因该国人民的反抗不得不撤出；在高丽，所设征东行省的丞相就是高丽国王，而且高丽国王对国内仍然称国王，所以事实上也只是元朝的藩属国。

四大汗国包括窝阔台（成吉思汗三子）汗国，辖境包括今天新疆天山以北地区和哈萨克斯坦的一部分；察合台（成吉思汗二子）汗国，最初仅拥有原来西辽的辖地，后来兼有天山南北路与阿姆河以东广大地区，与蒙古高原和中原汉地紧密相连；钦察汗国又称为金帐汗国，是成吉思汗之孙拔都创建的，疆域东起额尔齐斯河，西至斡罗思（俄罗斯），南至巴尔喀什湖、里海、黑海，北到北极圈附近；伊儿汗国又译为伊利汗国，是成吉思汗之孙旭烈兀建立的，封地在阿姆河以西至密昔儿（埃及）。这四大汗国的领地也并非都是元朝疆土的一部分，其中钦察汗国和伊儿汗国名义上对元朝皇帝称藩，但实际上是独立的国家；察合台汗国与窝阔台汗国曾联合反元，不承认元朝皇帝的宗主地位，后来察合台汗国与元通好称藩，1306年窝阔台汗国被元军消灭，其领地的一部分归于元朝，一部分被察合台汗国控制。

明朝前期，在元朝版图的基础上，完成了除北元控制区外大部分地区的统一。与元朝的疆域相比，明朝强盛时的疆域只是在北部边疆有所收缩，在东北以鸭绿江为界与朝鲜接壤，1409年设置了奴尔干都司，驻在今天俄罗斯远东的黑龙江下游东岸的特林，管辖着西起鄂嫩河、东至库页岛、北到外兴安岭、南临日本海的广大地区；西北疆界止于嘉峪关，关外的今新疆地区不在明朝管辖之下。在南部、西南边疆，明朝设置了乌思藏都司、朵甘都司和俄力思军民元帅府，今天西藏始终是明朝疆域不可分割的一部分；还拥有缅甸、泰国、老挝、越南各国北部的一部分。1407年至1427年，明朝出兵安南，在其辖境内设置交趾布政司，下设17府、47州和157县，1427年又撤销交趾布政司，重新承认其藩属国地位。

在明朝的疆土之外，当时中国的北疆则是由蒙古族建立的政权，今青海地区是鞑靼的土默特部；今新疆、帕米尔高原和巴尔喀什湖、塔什干以东有亦力把里、叶尔羌、土鲁番，这三国的国王都是察合台汗国统治者的后裔；鞑靼、瓦剌控制着今内蒙古和蒙古国地区，兀良哈游牧在大兴安岭南麓、嫩江和洮儿河流域，以后又进入西拉木伦河以南地区。这些政权与明朝的关系比较复杂，明朝在兀良哈游牧地区设置了朵颜、福余、泰宁三个羁縻卫所，与鞑靼、瓦剌各部虽有程度不同的藩属关系，又战火时起，使明朝北方边患不断，1449年瓦剌还在土木堡之战俘获了明朝的英宗皇帝。

值得注意的是，明王朝不仅要在北方防御蒙古各部的南下，而且东南海疆也在14世纪至16世纪受到倭寇的侵扰，16世纪60年代倭寇之患才被清除；1553年，葡萄牙人通过贿赂地方官在广东镜澳（今澳门）建立居留地，1557年起又认每年缴纳一定租金的形式，强租澳门，从此澳门被葡萄牙长期占据；1624年，荷兰人入侵台湾，实行殖民统治。

清前期，经过一百多年的开拓和经略，形成了东到鄂霍次克海和库页岛，西到巴尔喀什湖和帕米尔高原，北起萨彦岭、额尔古纳河和外兴安岭，南到南海诸岛的辽阔疆土，国土面积约1300万平方千米。清朝全盛时期把全国划分为26个一级行政区，即内地18省，盛京（奉天）、吉林、黑龙江、伊犁、乌里雅苏台5个将军辖区，驻藏大臣、西宁办事大臣和内蒙古的盟旗，对全国实施了有效管辖。尽管在有些地区实行一定程度的自治，但涉及国家主权的重大问题完全由朝廷掌握，这样的统一范围和程度是以往的中原王朝从未达到的。

二 中国古代疆域的特点

中国历史上就是一个多民族的国家，各个民族不断融合，从而形成了今天的中国和中国的疆域。中国历史疆域具有"统一是大趋势、多民族共同创造、文化认同是基础"的特点。

（一）中国历史疆域始终保持着内聚力，统一是历史发展的导向和主流

在1840年以前，中国从最早的朝代夏朝（前21世纪—前16世纪）开始，在近四千年的发展过程中统一和分裂交错出现，但统一始终是主流。

一是统一的规模一次比一次扩大。夏朝、商朝（前16世纪—前11世纪）、西周（前11世纪—前771年）、春秋和战国（前770—前221年），是国家形成和酝酿统一时期。公元前221年，秦统一六国，统一多民族的国家得以形成。秦朝是开创性的统一时期，有人测算其管辖面积约300万平方千米。汉朝（西汉、东汉时期，前202—220年）也是统一的多民族国家，其辖区比秦朝扩大了一半以上。汉朝以后，中国进入三国魏晋南北朝（220—589年）的分裂时期，隋（589—618年）、唐（618—907年）时期实现第二次统一，这两个时期疆域超过了秦汉时期，秦、汉时期未曾直接管辖的东北、北部、西北地区，在盛唐时期都纳入了中央政府的统一辖区范围内。唐朝以后，中国经历了一个民族融合与各政权并立时代，包括五代十国（907—960年）和辽（契丹族建立，916—1125年）、宋（960—1279年）、金（女真族建立，1115—1234年）及西夏（党项羌人建立，1038—1227年）、大理（白族建立，

937—1254年）等并立的时期，最终由元朝（蒙古族建立，1206—1368年）实现了更大范围的大统一，疆土比秦汉、隋唐时期更为辽阔。元朝以后，明朝（1368—1644年）、清朝（1644—1911年）都是多民族的统一国家。元、明、清时期实现了第三次大统一，开创和奠定了全国范围内的大一统局面，清朝前期统辖的疆土达到约1300万平方千米。

二是从时间上看，统一比分裂的时间长。如果把王朝、政权存在的时间进行简单统计，秦、两汉、西晋、隋、唐、元、明、清等统一王朝的时间共1458年；三国、东晋十六国、南北朝、五代十国和宋、辽、夏、金的分裂时期共686年。当然，部分年份有重复，比如隋朝在581年建立，而南灭陈、统一全国是在589年；元朝在1271年建立，而南宋到1276年才灭亡。从公元前221年至公元1911年的2132年间，即使新王朝建立、尚未实现统一的重复年份视为分裂时间，统一时间仍有1446年，占总时间的67.8%，分裂时期占总时间的32.2%。

三是分裂时期同样酝酿着新的统一，为更大范围的统一做准备。《三国演义》第一回第一句话就是"话说天下大势，分久必合，合久必分"。这句中的"合久必分"讲出中国历史发展过程中的一个对象即统一王朝之后难免会出现多个政权的分裂时期，而"分久必合"则讲出中国疆域发展的大趋势。比如，三国时期，魏、吴、蜀鼎立，但又都想统一全国，诸葛亮多次北伐，目的就在于统一，后来由西晋完成了统一。宋、辽、夏、金时期，当时中国境内存在大理、西夏等多个政权，它们之间时战时和，最终为元朝统一全国奠定了基础。

（二）中国历史疆域由多民族共同创造，中国是中华民族的共同家园

在秦朝之前，中国文献中就有"五方之民"的记载，也就是东方的"夷"、南方的"蛮"、西方的"戎"、北方的"狄"和中部的"华夏"。华夏族就是后来汉族的前身，后来与其他族群不断融合，成为中华民族的主体。"夷"人指背着弓箭的人，是指东部以打鱼、狩猎为主的部族，今天中国江苏、山东等地都属于这一地区，中国传说中的五帝之一舜就生活在这一地区。"蛮"也包括后来称为"百越"的部族，主要指分布在今天中国淮河以南的江西、福建、广东等地和越南北部地区的各个部落、民族，所以公元前214年秦始皇在百越地区设置的象郡就包括了越南的北部、中部地区。在"五方之民"融合的基础上，秦、汉时期形成了由汉族主导建立的多民族的统一国家，此后两千多年间形成"各民族融合、少数民族获得发展—国家统一—各民族再融合、少数民族兴起—国家更大范围的统一"的特点：公元220年后，经历了近四百年的民族融合、少数民族崛起，进入隋（589—618年）、唐（618—907年）的统一多民族国家时期，疆域超过了秦汉时期；907年后，经历了近三百年民族融合、各政权并立时代，过去发展滞后的少数民族先后获得了大发展，并建立了各自的地方性政权，包括契丹族建立的辽（907—1125年）、女真族建立的金（1115—1234年）、党项羌人建立的西夏（1038—1227年）、白族建立的大理（937—1254年）、蒙古族建立的蒙古政权等，最终由元朝（1206—1368年）实现民族融合基础上的大统一，疆土比汉、唐时期更为辽阔。1644年，满族建立的清朝再次统一，并且奠定今天中国的历史版图。无论是华夏族、汉族，还是边疆地区的夷、狄及女真、契丹、蒙古族、满族等少数民族，都是中国历史上的民族，他们都是今天中华人民共和国公民的祖先，正是他们之间的融合形成了今天中国境内的众多民族；无论是汉族建立的汉、唐、宋、明，还是少数民族建立的辽、金、元、清，都是历史上中国的王朝、政权，都为中国历史发展和中国疆土的形成作出过贡献。

（三）文化认同是中国历史疆域发展的基础，中华文明的传播对于中国历史疆域产生了重要影响

中国是世界上的文明古国之一，是世界上各早期文明国家中唯一没有中断自身文明发展过程的国家。今天，古代印度、巴比伦、埃及、希腊等或者多次更换主人，或者消失在历史的长河之中，唯独中华文明得到了继承和发扬。英国哲学家罗素认为："与其把中国视为政治实体，还不如把它视为文明实体——唯一从古代存留至今的文明。从孔子的时代以来，古埃及、巴比伦、马其顿、罗马帝国都先后灭亡，只有中国通过不断进化依然生存。"①

中华文明是中华民族共同创造的，内容丰富，既包括内地汉族和其他民族创造的文化，也包括边疆少数民族的文化；既包括中国历史上形成的典章、政治制度、礼仪等，也包括儒家、道家、佛教（包括藏传佛教）等的经典、仪轨、艺术等。可以说，在1800年以前，中华文明是支撑中国历史疆域"滚雪球式"不断扩大、巩固并发展的"精神凝聚力"，也是中国古代"软实力"的反映。这在明清时期治理国家、巩固疆土的政策中就有所体现，一方面在内地和边疆地区举办学校，传播以儒家经典为基础的内地传统文化，通过科举制度选拔各民族的人才，用儒家文化"教化"人民、巩固对国家的认同；另一方面，针对蒙古、西藏地区少数民族信仰藏传佛教的现实，尊崇藏传佛教的高僧大德，清代五世达赖喇嘛、六世班禅额尔德尼曾经进京朝觐，还在北京、承德等地建造藏传佛教的寺庙，比如北京今天仍然保存着北海白塔寺、雍和宫和颐和园的须弥灵境建筑群。

文化认同是中国历史疆域形成的"精神凝聚力"，也是各民

---

① ［英］罗素：《中国问题》，秦悦译，学林出版社1996年版，第164页。

族、部族维护统一的心理基础。比如两汉时期，汉朝与匈奴战争、和平并存，但当时认为是一家人。《史记》谈到匈奴时，称他们的祖先是"夏后氏之苗裔"（夏族的后代），周朝时与华夏族联系渐少，故转成"夷狄"，汉朝时又与匈奴"约为兄弟"，想用"和亲"等办法再把它转过来，至少要让它的统治集团被"汉化"。在匈奴归降、西域归附以后，汉朝并不把这些地区视为"化外之地"。少数民族的首领进入中原后，如果才干突出，也可位至王侯。金日磾就是一个例子，他本是匈奴休屠王的太子，武帝时归附汉朝，为人忠厚勤谨，精通养马之术，因养马有成绩受到武帝赏识，被任命为马监专门管理宫廷养马事宜。以后，武帝对他十分信任，提升为侍中、驸马都尉、光禄大夫等官职，武帝临死前又托以重任，让他与大臣霍光共同辅佐太子刘弗陵（昭帝）继位。金日磾的子孙在西汉后期也长期担任要职，且有位列九卿。这样的朝廷重臣和家族，在当时的汉族官员中也不多见。

这种观念在中国处于多个政权并立时期仍然占有主导地位。比如宋、辽、金时期，"中华一家"仍是各个政权的共识。辽、宋对峙之时，辽兴宗致书宋仁宗，表示"封域殊两国之名，方册纪一家之美"；辽道宗时又讲"华夷同风"，在致宋神宗的信中表示，虽然"境分两国"，但"义若一家"。金朝的海陵王杀金熙宗后自立为帝，认为"自古君王混一天下，然后方可为正统"，并率军南下以统一全国。

三 近代中国疆域与边界的变动

19 世纪中期以后，由于资本主义列强的入侵，大片领土被列强侵占（参见表 8-1）。沙俄通过不平等条约强占了中国东北、西北 150 多万平方千米的领土，1858 年、1860 年先后迫使清政府签订《中俄瑷珲条约》《中俄北京条约》，强占了东北边疆黑龙江以北、乌苏里江以东的中国领土；在西北地区，通过1864年至1881年签订的《中俄勘分西北界约记》《中俄改订条约》和几个边界议定书，沙俄强占了从唐努乌梁海、科布多到巴尔喀什湖、帕米尔地区的大片中国领土；1892年沙俄派兵强占了帕米尔高原萨雷阔勒岭以西2万多平方千米领土，1900年又强占了黑龙江边的江东六十四屯。在南部边疆，19世纪末中法勘界，法国把原属中国云南的乌得、孟乌和广西的一些地区划给法属交趾支那。英国在强迫清政府割让香港岛之后，对中国的西南、西北边疆加紧侵略，19世纪中期英国吞并了中国西北的拉达克地区，后又与沙俄分割、侵占了中国帕米尔高原的部分地区，还把中国西藏、云南的不少地区并入其殖民地。甲午战争后，日本强迫清政府签订《马关条约》，侵吞了台湾省。另外，列强还强租强占了沿海的胶州湾、广州湾等地区。这些都使中国的民族、边疆危机不断深化。

1912年1月1日，中华民国建立，临时政府在南京宣告成立。1912年4月，临时大总统孙中山让位于袁世凯，首都也迁到北京，开始了北洋军阀统治时期。1928年，由国民党领导的南京国民政府取代了北京民国政府，抗日战争时期国民政府又迁往武汉、重庆，抗战胜利后迁回南京。民国建立后，中国的边疆形势比清末更为复杂，边疆危机依然十分严峻。在东北地区，沙俄、日本在辛亥革命后利用内蒙古王公中的反动势力，策划"独立"，阴谋分裂中国，1916年前后又企图利用巴布扎布匪帮分裂中国东北，但这一阴谋未能得逞。日本帝国主义还试图利用奉系军阀，在东北地区扩张势力，东北边疆不断出现危机。

表 8-1　　1840—1911 年列强侵占中国领土统计

国家	时间	列强侵占中国领土的背景或条约	中国失地及面积（平方千米）	备注
英国	1842 年	鸦片战争后，签订中英《南京条约》，中国割让香港岛	香港地区，1095	
	1860 年	第二次鸦片战争后，签订中英《北京条约》，中国割让九龙半岛南端和昂船洲		
	1898 年	中英《展拓香港界址专条》，英国"租借"新界陆地和附近岛屿		
	19 世纪末期	1888 年英国发动侵略中国西藏的战争，战后英国控制哲孟雄（锡金），中国领土被划入哲孟雄		
		中英勘定中国与英属缅甸边界，中国领土被划入缅甸		
葡萄牙	1887 年	中葡《里斯本草约》，中葡《和好通商条约》，葡萄牙"永驻、管理澳门"，并强占澳门半岛、氹仔岛和路环岛	6.05	16 世纪起葡萄牙殖民者在澳门居留，鸦片战争后强占

第八章　边疆治理　803

续表

国家	时间	列强侵占中国领土的背景或条约	中国失地及面积（平方千米）	备注
俄国	1858 年	中俄《瑷珲条约》	黑龙江以北、乌苏里江以东领土，100 多万	
	1860 年	中俄《北京条约》		
	1861 年	《勘分东界约记》		
	1864 年	中俄《勘分西北界约记》	巴尔喀什湖以东以南，包括斋桑湖、特穆尔图淖尔在内的中国领土，约44 万	
	1881—1884 年	《伊犁条约》及其子界约《伊犁界约》、《喀什噶尔界约》、《科塔界约》、《塔尔巴哈台西南界约》、《续勘喀什噶尔界约》，俄国割占中国大片领土	7 万多	
	1892—1895 年	派军强占帕米尔高原萨雷阔勒岭以西的中国领土，俄、英私分中国萨雷阔勒岭以西的帕米尔地区	2 万多	
	1900 年	派军强占中国的江东六十四屯		
日本	1895 年	甲午战争后签订《马关条约》，中国割让澎湖列岛、"台湾全岛及所有附属岛屿"	3.6 万	
法国	19 世纪末期	中法勘定中国与法属印度支那边界，中国的乌得、孟乌划入法属老挝，中国云南、广西一些地区划入法属越南		

说明：1. 本表主要依据以下文献编制：（1）王铁崖编：《中外旧约章汇编》（第 1 册），生活·读书·新知三联书店 1957 年版；《中外旧约章汇编》（第 2 册），生活·读书·新知三联书店 1959 年版。（2）吕一燃主编：《中国近代边界史》，四川人民出版社 2007 年版。（3）李侃、李时岳、李德征、杨策、龚书铎：《中国近代史》（第四版），中华书局 1994 年版。2. 19 世纪末期 20 世纪初期末列强在中国的租借地和"势力范围"，也是中国丧失主权——全部或部分主权的领土，考虑此项内容较多，为求表格简明扼要，除英国"租借"新界陆地和附近岛屿外，其余事项未列入表中。

在西南地区，英帝国主义在1913年侵入中国云南的片马、古浪、岗房等地区；还企图把西藏地区分裂出去，1913年至1914年召开了中、英、藏三方参加的西姆拉会议。会议期间，英国代表暗地里与西藏地方的代表进行秘密交易，即英国支持并迫使中国中央政府同意西藏"独立"，并将原属青、川、滇等省近百万平方千米土地划归西藏，同时要求把门隅、珞瑜和下察隅的9万平方千米中国领土割让给英属印度作为报酬。麦克马洪还画了一张所谓的"印藏边界线"，把达旺等中国领土划入了英属印度境内，这就是臭名昭著的"麦克马洪线"。中国政府代表拒绝承认所谓的英藏《西姆拉条约》，会议宣告决裂。1919年前后，英国又支持西藏地方的分裂势力挑起与邻省的战争，英国又想毛遂自荐，以"调停人"的立场，再次变着法地抛出西姆拉会议上的阴谋，使中国的西南边疆再次出现危机。由于全国人民的坚决反对，民国政府拒绝了英国的"调停"，英帝国主义的阴谋未能得逞。

在西北地区，沙俄在1914年派兵强占中国的唐努乌梁海地区，派兵侵入阿尔泰地区，一度入侵新疆的喀什噶尔地区。在北部地区，为把中国的外蒙古地区变成自己的殖民地，沙俄先是策划了外蒙古"独立"，又与哲布尊丹巴集团签订《俄蒙协约》《俄蒙商务专条》，攫取种种特权；接着通过外交手段，迫使中国政府承认外蒙古的"自治"地位以及沙俄在外蒙古的既得利益。而且，沙俄还策动内蒙古反动王公在呼伦贝尔、哲里木地区搞所谓的"独立"，阴谋分裂内蒙古。俄国十月革命以后，哲布尊丹巴集团失去靠山，1919年外蒙古才取消"自治"，重新回到祖国怀抱。

20世纪三四十年代，由于日本帝国主义的入侵，中华民族到了生死存亡的紧急关头。1931年，"九一八"事变爆发，东北的大部分地区沦陷，第二年建立了以溥仪为傀儡的"满洲国"，把东北变成殖民地。而后，日本侵略军逐步向华北推进，并拉拢以德穆楚克栋鲁普（即德王）为首的部分内蒙古王公，1936年德王在日本帝国主义支持下成立伪"蒙古军总司令部"，并计划成立内外蒙古与青海一体的"蒙古国"，充当日本侵华的傀儡和爪牙。1937年，"七七"事变爆发，日本帝国主义发动全面侵华战争，侵占华北、华东、华南和西南的大片地区，不仅中国边疆的许多地区遭到日本侵略者的蹂躏，而且内地大片领土也被日本帝国主义占领。1945年，中国人民的抗日战争和世界人民的反法西斯战争胜利结束，中国在战后收复失地，并收回了已被日本割占50年的台湾省及附属岛屿。

这一时期，英帝国主义乘日本侵略我国之机，继续侵略我国的西南边疆。1934年，英国派军侵入我国佤族居住的班洪、班老等地，这一地区称为阿佤山区，蕴藏着丰富的银矿和铅矿。我国云南各族人民英勇抗击来犯之敌，使英国侵略者受到沉重打击。对于中国的西藏地区，英帝国主义始终抱有领土野心，长期阻挠西藏地方政府与中国中央政府之间的关系，并采取种种手段加以干涉、破坏。抗战期间，英帝国主义更是趁火打劫，1941年前后阻挠中国通过察隅修筑中印公路，1944年至1947年又侵占了"麦克马洪线"以南的大片中国领土，1947年8月又把非法占领的中国领土移交给印度政府，为中、印两国留下了一个长期难以解决的历史遗留问题。

如上所述，中华民族共同缔造了中国辽阔的疆域，经过漫长而曲折的发展历程，中国历史上的边疆地区大致有三种发展趋势或归宿：原来为某一王朝的边疆地区，经过长时期甚至是有反复的发展，逐步变为内地的一部分；二是曾经域外或边疆的地区，经过长时期甚至是有反复的发展，现在成为或仍为中国边疆的组成部分；三是由于外来势力的影响，曾经是中国边疆有机组成部分的地区，成为今天中国域外之地。

第二节　中国历代治边思想

中国历代的边疆治理思想包括古代传统治边思想体系和近代治边思想两个部分。古代传统治边思想体系"大体酝酿于先秦，成形于秦汉，进一步发展充实于以后各个朝代。这个过程与中国古代政治制度发展的历程大致相当"，在古代传统边疆观服事观、华夷观的影响下，逐步形成"夷夏之防""以华变夷"和"因时、因地、因人而治"等古代传统治边思想。[1] 近代治边思想是在继承古代治边思想体系基础上，融合近代国家观念形成的，比如"华夷观"演变为"五族共和"，萌生于清末边疆治理的实践，在中华民国时期（1912—1949年）逐步完善。

一　从"华夷之辨""华夷一体"到"五族共和"

先秦到清前期，中国始终存在以"华夷之辨"为核心的"华夷观"与以"华夷一家"为核心的"大一统"两种治边思想，它们长期并存，又随形势的变化而演变，到近代则发生质的变化。先秦时期，中国境内存在众多的部族，华夏族主要生活在中心区域，东、南、西、北的少数民族分别被称为夷、蛮、戎、狄，又统称为"四夷"。这一时期，华夷之别、华夷之防的观念颇为流行，同时有人提出"华夷一体"的说法，孟子自己就讲过，舜"生于诸冯，迁于负夏，卒于鸣条"，是"东夷之人"；周文王"生于岐周，卒于毕郢"，是"西夷之人"，但他们"得志行乎中国，若合符节"，都成了华夏族的圣人。[2] 言下之义，华、夷有别，但若有德行，均能受到华夏族的拥护，可在华夏族地区成就

---

[1] 马大正主编：《中国边疆经略史》，中州古籍出版社2000年版，第436—455页。
[2] 《孟子·离娄章句下》，朱熹撰《孟子集注》，齐鲁书社1992年版，第110页。

帝业。

秦汉时期，中原王朝致力开拓边疆，建立了统一的多民族国家，此后"大一统"观念不断强化。三国以后近四百年间，中国长期处于多政权并存、民族大融合的状态，但"中华一体"的观念却在加强，即使少数民族建立的政权也以"中华正统"自居。经过长期的民族融合，隋唐时期"华夷一家"的观念更加强烈，唐太宗的话最有代表性，647年他强调，"自古皆贵中华，贱夷狄，朕独爱之如一，故其种落皆依朕为父母"。[①]唐太宗把"华夷一家"与"大一统"观念有机结合起来，由于他和唐朝统治者对"中华"与"夷狄"一视同仁，唐王朝实现了前所未有的国家统一。

从五代到元统一前，当时中国境内两度出现多个政权并存的局面，而且少数民族建立了强大的辽、金、夏、大理政权，长期与汉族建立的宋朝对峙、并存，它们之间时而对抗，时而和好，但又都自认为是"中华"的一部分，"中华一家"的观念仍在增强。

元明清时期，中国的疆域空前辽阔，元朝一反过去"贵中华，贱夷狄"的观念，纂修前代"正史"时把辽、金与宋同样视为"中华正统"，各自独立修史。明朝的统治者来自汉族，为减弱"华夷之辨"观念也不断努力。作为开国之君，太祖朱元璋一再表示：天下的"守土之臣"都是明朝的官吏，人民都是明朝"朝廷赤子"；"我既然是天下共主，华夏与夷狄没有什么差别，我都一视同仁地对待"。[②]清朝前期在面积约1300万平方千米的辽阔版图上实现了前所未有的国家统一。清王朝不仅经过一百多年的开拓和经略实现了国家的"大一统"，而且重视"大一统"思想、观念的传

[①] 《资治通鉴》卷一九八《唐纪十四》，贞观二十一年五月庚辰。
[②] 孙宏年：《中国西南边疆的治理》，湖南人民出版社2015年版，第100—101页。

承和弘扬，雍正帝就是清朝统治者中的代表。雍正帝亲自撰写《大义觉迷录》，强调"天下一统，华夷一家"，并下令"颁布天下各府州县远乡僻壤，俾读书士子及乡曲小民共知之"。他回顾中国历史，强调"自古中国一统之世，幅员不能广远，其中有不向化者，则斥之为夷狄。如三代以上之有苗、荆楚、猃狁，即今湖南、湖北、山西之地也。在今日而目为夷狄可乎？至于汉、唐、宋全盛之时，北狄、西戎世为边患，从未能臣服而有其地，是以有此疆彼界之分。自我朝入主中土，君临天下，并蒙古，极边诸部落俱归版图。是中国之疆土，开拓广远，乃中国臣民之大幸，何得尚有华夷中外之分论哉！"①雍正帝通过总结中国历史发展的脉络，明确了各民族（部族）共同缔造中国疆域的事实，清晰地阐明了"天下一统，华夷一家"的思想。

鸦片战争以后，中国逐步沦为半殖民地半封建社会，国家蒙辱、人民蒙难、文明蒙尘。②中国遭受英、法、俄、美、日等列强侵略，边疆危机、民族危机不断加深。19世纪末20世纪初，孙中山领导的反清革命运动风起云涌，革命派对于革命运动中如何处理国内各民族的关系，革命成功后如何治理边疆民族地区的问题，存在明显不同的主张，大致有三种：第一种以章太炎在《支那亡国二百四十二年纪念书》、章士钊在《杀人主义》、邹容在《革命军》中的主张为代表，强调"满汉不能两立"，革命就是"反满兴汉"，也就是"汉人"针对"满洲"的"复仇主义"；第二种以陈天华在《猛回头》《警世钟》中的主张为代表，强调一方面要反对帝国主义，另一方面要反满革命，"驱除外族，复我汉京"；第三种以孙中山等人的主张为代表，强调革命并非向所有"满洲人"寻仇，"其

---

① 爱新觉罗·胤禛：《大义觉迷录》卷1《上谕》，雍正内府刻本，《四库禁毁书丛刊》史部第22册，北京出版社2000年影印版。

② 习近平：《在庆祝中国共产党成立100周年大会上的讲话（2021年7月1日）》，《人民日报》2021年7月2日第2版。

最终目的，尤在废除专制，创造共和"。①

上述三种主张中，第一、第二种明显地带有"种族革命＝排满＋汉人复国""种族革命＝反帝＋排满"的倾向，这些主张的主要思想基础就是大汉族主义。1911年以前，革命派中始终弥漫这种以大民族主义为基础的"排满革命"观念，这遭到梁启超、杨度等人的反驳。杨度指出"以今日中国国家论之，其土地乃合二十一省、蒙古、回部、西藏而为其土地，其人民乃合满、汉、蒙、回、藏五族而为其人民"，根据各族社会发展程度，"汉族为首，满次之，蒙、回、藏又次之"，但是满、汉、蒙、回、藏五族同为中国国民。②他强调历史上的中国并非仅仅是汉族的中国，而是汉、满等许多民族共同形成的中国，击中了"种族革命＝排满＋汉人复国"观念的要害。孙中山等人也意识到如果过分强调革命就是为汉族"复仇、复国"，革命过程中会引起国内其他民族对汉族、对革命的不信任乃至反对，即使革命成功也可能使边疆地区和其他民族脱离新生的国家。1906年12月，孙中山在《民报》创刊一周年纪念会上就特别强调，"民族主义并非是遇着不同族的人，便要排斥他，是不许那不同族的人来夺我民族的政权"；有人说"民族革命是要尽灭满洲民族，这话大错"，而"民族革命的原故是不甘心满洲人灭我们的国，主我们的政，定要扑灭他的政府，光复我们民族的国家"；"假如我们实行革命的时候，那满洲人不来阻害，我们决无寻仇之理"。③

---

① 陈建樾：《国族观念与现代国家的建构：基于近代中国的考察》，郑信哲：《辛亥革命对中国统一多民族现代国家构建的贡献》，孙宏年：《辛亥革命前后"殖民"、"同化"的治边思想及其演变》，马骍：《章太炎的民族主义：天下、世界与民族国家》，方素梅、刘世哲、扎洛主编：《中华民族与近代民族国家建构》，民族出版社2012年版，第40—162页。

② 杨度：《金铁主义说》，转引自彭武麟《南京临时政府时期的近代国家转型与民族关系之建构——以"五族共和"为中心》，《民族研究》2009年第3期。

③ 民意：《纪十二月二日本报纪元节庆祝大会事及演说辞》，《民报》第10号，东京，1906年12月20日发行，"纪事"第3—16页。

1912年1月1日，中华民国在南京宣告成立，临时大总统孙中山宣布："国家之本，在于人民，合汉、满、蒙、回、藏诸地为一国，即合汉、满、蒙、回、藏族为一人，是曰民族之统一"。① 这表明，中华民国是统一多民族的共和国，汉族与满族、蒙古族、回族、藏族都是这个新生共和国的重要成员。3月，南京临时政府颁布具有宪法性质的《中华民国临时约法》，其中第3条明确规定中华民国的领土"为二十二行省、内外蒙古、西藏、青海"；第5条规定中华民国人民"一律平等，无种族、阶级、宗教之区别"。② 这就在根本大法中明确地规定了蒙古、西藏、青海的法律地位，也强调了国民不分种族一律平等，从而在法律上维护了国家统一和中国疆域的完整性。此后，古代的"华夷之辨"思想已被"五族共和""民族平等"等观念代替，尽管事实上并未实现真正的平等，但"五族一体"成为社会舆论的主流，"五族共和""民族大同"成为公众认同的思想，宪法和各种法令一再强调国民不分种族、宗教一律平等，并且中央政府以"大一统"的思想为指导，采取了多项措施，加强与蒙古、西藏等边疆地区的联系，以维护边疆稳定、国家统一。

二　四种治边思想

在近代以前，"华夷之辨"与大一统两种观念始终并存，由"华夷之辨"引发"用夏变夷"思想，与"大一统"结合起来之后，就产生了为大一统服务的四种治边思想，其中部分思想影响到20世纪上半期。

一是多事四夷，即先用强大的武力对四夷进行征服，然后在边疆地区建立较为稳定的统治。在中国古代，许多著名的帝王，如秦

---

① 孙中山：《孙总统宣言书》，《东方杂志》第8卷第10号"内外时报"。
② 《中华民国临时约法》，《东方杂志》第8卷第10号"内外时报"。

始皇、汉武帝、唐太宗、武则天、忽必烈等以此为指导，积极开拓边疆。这种思想无疑是一种积极的治边思想，但开边需要耗费巨大的财力、人力，又要征发百姓万里从征，且边疆地区多不适于农耕，甚至连驻军都养不起，往往在"开边"之后还要以巨大的代价守边，所以在古代就存在极大的争议。赞成者主张征伐"四夷"，以稳固边疆、安定国内，但反对者认为这是以巨大的人力、财力换取"无用之地"。这种争议各有一定的道理，那些致力"开边"又使国力削弱甚至亡国的君主，比如隋炀帝，就成了反对者的例证，即使成功者也会因削弱了国力而有些自责，比如汉武帝在晚年就下诏罪己。

二是守在四夷，即以四夷为中原王朝守边。《左传》中就讲上古时候"天子守在四夷"，如果天子衰弱就"守在诸侯"，让诸侯防御四夷。这种说法反映了西周强大时的某些状况，到春秋战国时已不能适用，因为不但四夷不断内侵，而且连诸侯都"欺负"周天子了。作为一种治边思想，"守在四夷"与大一统思想是一致的，它承认了边疆少数民族与中原民族的差别，并承认它们有自己的生活权利，在大一统的前提下让他们在边疆生活、守卫。这种思想长期存在，比如明朝曾利用哈密、兀良哈部守边，后来还被扩大到与周边国家的关系之中，清前期就力图借助中国边疆的部分地区和安南、朝鲜等邻国构筑一条战略防线，但西方殖民者在近代直接进攻中国沿海，又吞并、侵占周边邻国，最终打碎了这条带有理想化色彩的防线。

三是以夷制夷，包括几个层面，利用夷狄之间的矛盾，让他们互相牵制，攻杀不休，由中原王朝坐收渔翁之利，是最低层次；让"华化"比较深的夷制约"华化"较浅的夷则是较高的层次；"华夏"利用夷狄的"长技"制服他们，则是更高的层次。汉代在与匈奴的斗争中，汉朝与乌孙等西域小国"和亲"、加强关系，就是在使用"以夷制夷"之策；唐朝后期，用"和亲""贡赐"贸易等手段结好回纥（鹘），目的也是借助它制约其他的少数民族。到了近代，面对西方的侵略，有识之士一再建议清政府"以夷制夷"，1840年前后英国侵略中国时，据说尼泊尔曾要求协助进攻英属印度，但被清政府拒绝，后来魏源曾就此感叹说，当时失去了"以夷制夷"的大好时机！当然，他接着又提出了著名的"师夷长技以制夷"，也就是学习西方的长处制服西方侵略者，后来兴起的洋务运动也正是想这样做，可惜并未完全达到目标。

四是对边疆地区因俗、因地、因时而治。中国历代边疆治理政策、制度既有"共性内容"，又有不同时期、不同地域的"个性特点"，即不同时期针对不同的边疆民族地区，因地制宜地推行政策，制定具有某些地域性、时代性特征的政策、制度，因此先秦时期以来中国边疆治理政策、制度在总体上有规律的同时，又具有因俗、因地、因时而治的特征。

由于不同时期、边疆的不同地区有不同的情况，中国历代的治边政策经常变化，体现了因俗、因地、因时而治的特点。这就首先要求统治者或边疆官吏熟悉边疆的情况，清代的松筠长期在边疆任职，他就总结说，要治理好边疆，首先在于"熟悉'夷'情"，不仅要知道他们的长处、风俗、习惯，而且要知道各部落的强弱、形势、官制、首领承袭等情况，然后才能根据情况把握要领，收服人心。这一论述的要点在于，治边要从"熟悉'夷'情"入手，既是他自己多年治边经验的总结，也是对古代治边经验的提炼。因俗、因地、因时而治在历代治边中多有体现，不同的王朝都强调过这一点，而且又适于不同地区。这样的事例不胜枚举。比如在"和亲"方面，汉武帝把细君公主嫁给乌孙王猎骄靡，他年老时想让公主再嫁给他的孙子军须靡。细君公主开始坚决不肯听从，汉武帝下令让她依照乌孙国的习俗嫁给军须靡，公主接到谕令后也只好听从。在西南、南部边疆，秦汉隋唐时期采取羁縻政策，对少数民族首领加以册封，或任命他们管理边疆；元明时期逐渐发展为土官、土司；清前期在沿袭土司制度的同时，又进行了"改土归流"。而且，相关的政策一直沿用到近代，清末在川藏滇交界地区再度实行"改土归流"；民国时期也曾在残余的土司中推行这一政策。

第三节　边疆军政建置与民族宗教事务治理制度

中国历代边疆治理政策涉及政治、军事、经济、社会、民生诸多领域，本节主要论述治边军政管理制度、宗教和民族事务治理制度。

一　"设官置守"的军政建置制度

设置军政机构、选派官吏即"设官置守"，是中国历代治理边疆地区的重要内容，无论是先秦至明清，还是中华民国，军政制度、边疆官吏的能力对于边疆稳固、发展具有重要意义。

边疆治理的军政机构、制度萌芽于商周，产生于秦汉，从三国两晋、南北朝到元朝的一千多年间不断发展，明朝和清前期日渐完备，晚清和中华民国时期又随着形势的发展而演变。作为国家政权的组成部分，边疆治理机构往往由中央政府主管机构和边疆地方机构两部分组成。[①]

（一）商、周、秦、汉：边疆治理机构萌芽、产生

商、周是边疆治理机构的萌芽时期。为了处理与周边民族的关系，商朝在中央政府设置了"宾"的官职，负责掌管诸侯朝觐、接待"宾客"。西周建立后，鉴于疆土的扩大和事务的增加，设置了

[①] 先秦至清代治边机构演变，详见赵云田《中国治边机构史》，中国藏学出版社2002年版。

一系列的机构、官职管理边疆民族事务，主要包括小行人、象胥、掌客、职方氏、怀方氏等。西周时期的这些机构、官职分工较为明确，较商朝更为系统化、专门化，各司其职，分工配合，共同管理着边疆民族事务。东周，周天子的影响逐渐衰减，各诸侯国的力量日益强大，各诸侯国也设立专门机构处理本诸侯国的边疆民族问题。当时，许多诸侯国设置"行人"负责外事活动，设置"封人"主管边疆事务，例如战国时期的齐国设有负责接待"宾客"的"大行"，下设"谒者"和"主客"两个属官，他们接待的"宾客"中就包括周边少数民族的首领。

在统一六国后，秦始皇建立了中央集权的多民族国家，中央政府设置三公九卿，地方上推行郡县制。无论是中央政府，还是在地方行政系统，秦朝都设置了专门的机构管理边疆民族事务。在中央，秦朝设立两个机构：一是"典客"，负责接待那些"归义"的"蛮夷"，也就是"内向"秦朝、与其关系友好的边疆民族的首领或使者；二是"典属邦（国）"，负责管理"蛮夷"中的"降者"的事务，也就是掌管那些最初对秦朝不友好，后来又归降的"蛮夷"的相关事务。在边疆地区，秦朝设置了许多郡，东北边疆有辽东郡、辽西郡和右北平郡，在北疆的河套地区设置九原郡及44县，南部边疆设有象郡、南海、桂林三个郡。在这些边疆郡的少数民族集中地区，秦朝设置的县级行政区称为"道"。其实，道就是秦朝设在边疆少数民族地区的县，与内地郡下设的"县"只是名称不同，在管理上郡守对县、道都一视同仁。此外，秦朝在较大的边疆民族、部落居住地区设置"属邦"，在秦朝法律中有专门的属邦律；在边疆地区还保留着少数民族首领的王、长称号，称他们为"臣邦君长"或者"臣邦君公"，因此有人认为秦朝之初虽然在边疆民族地区设置了郡，但仍通过少数民族首领加以管理。

汉朝的边疆治理机构也有中央和地方之分，并且是在秦朝基础上发展而来的。在中央，西汉前期以典客（大鸿胪）、典属国和客曹尚书分别管理边疆少数民族事务，成帝时期典属国被撤销。典客这一机构的名称多次变化，西汉初年继承秦朝制度仍称典客，景帝时改名为大行令，武帝时又改名为大鸿胪，王莽时改称典乐，东汉时又恢复了大鸿胪名称。典客（大鸿胪）仍主管诸侯事务和四方归义、获得册封的蛮夷，下设有行人、译官、别火三个令丞和郡邸长丞。行人，武帝以后改为大行令，也称为大行，比较重大的边疆事务派遣大鸿胪，相对较小、不大重要的事务派遣大行办理。译官负责翻译事务，别火负责安排边疆民族在京的伙食。

为加强对边疆地区的管理，两汉时期还设置了一系列的地方机构、官职。一是属国和属国都尉。西汉初年继续保留了秦朝所设的属邦，并改称"属国"，到武帝、昭帝、宣帝时期（前140—50年）先后设置了七个属国，即安定属国、天水属国、西河属国、上郡属国、五原属国、张掖属国、金城属国，又主要分布在西北边疆，如当时安定郡的三水县、上郡的龟兹县、五原郡的蒲泽县、西河郡的美稷县。东汉时期，在沿袭西汉所设属国及相关制度的同时又有所发展，不仅所在地域有所扩大，除西北的居延、龟兹、西河、酒泉等属国外，属国分布的区域已经扩大到东北、西南边疆，如东北的辽东、西南的蜀郡、犍为等；而且级别上也有调整，主要是将一些形势不安定的少数民族地区从所在郡划出来，设立了级别上类似郡的属国，如西南既有蜀郡，又有蜀郡属国。

二是西域都护。汉武帝时期，张骞出使西域和匈奴势力的衰弱，都使西域的商路更加通畅，从武帝末年起就在西域屯田、为行人提供食宿，并设置了校尉加以管理。公元前60年（汉神爵二年），汉朝设置西域都护，屯田校尉也就成了都护的属官。此后，西域都护一直代表西汉、新莽对西域实行有效管辖，东汉"三绝三通"，由于班超、班勇父子的经营，东汉恢复了在西域的统治，汉延光二年（123年）改西域都护为西域长史，不久又恢复都护之职。西域都护总管西域各国事务，下设副校尉、丞、司马、千人等官职，分管军事、屯田、文书等事务。

三是使匈奴中郎将。汉武帝时期曾派遣中郎将出使匈奴，以后成为定制，东汉时期正式设置了使匈奴中郎将，下设两名称为"从事"的属官。使匈奴中郎将是派驻匈奴的地方机构、官员，代表汉朝处理北疆匈奴的各种事务，包括观察匈奴动向、参与"辞讼"（案件审理）、陪护"侍子"（匈奴王子入汉为人质）入朝等。

四是护乌桓校尉和护羌校尉。前者主管乌桓、鲜卑地区的事务，后者主管西部边疆羌族地区的事务，都设有长史、司马等属官。另外，两汉时期还把内地的郡县制推广到边疆地区，设置了许多郡县，如东北的真番、乐浪、玄菟等郡，南疆的珠崖、交趾、九真等郡，西南的犍为、文山、沈黎、益州等郡，西北的酒泉，北疆的朔方郡、五原郡。

秦汉时期，随着疆土的扩大，边疆民族众多，内地与边疆的联系更加紧密，在中央和地方都设置边疆治理机构，在中央则是多种机构并存。与商周相比，秦、汉王朝的边疆治理机构组织更加严密，职掌范围明显扩大，分工更加明确，这些都是在秦、汉王朝中央集权逐渐形成的形势下出现的，也有利于中央政府对边疆民族地区加强管理、维护边疆的稳固。秦汉时期的边疆治理机构对后世产生了很大影响，秦朝的典客、典属邦（国）几乎被后来历代的封建王朝沿用，只是名称有所变更；汉朝的在边疆地区设置的机构，如西域都护、护羌校尉等，也产生了较大影响，特别是都护发展成了后来的都护府。

（二）三国到元朝：边疆治理机构不断发展

从三国到元朝的一千多年间，隋、唐、元三个王朝为统一王朝，当时的中国境内在其余时间基本上是多个政权并存。无论是统一王朝，还是各政权分裂时期，各王朝、政权都设有一定的机构、官职管理边疆民族事务，又由于疆土宽狭、存在时间长短、统治民族不同，边疆治理机构的情况也各不相同，呈现出多样化、多元性的特点。正是在这种差别明显的情况下，中国古代的边疆治理机构在这一时期得到了发展。

三国时期，魏、蜀、吴都面临如何管理边疆民族的问题，特别是魏国的乌桓、蜀汉的南中各族和吴国的蛮、越以及魏、蜀交界地区的氐、羌，都受到关注。为此，三国都设置边疆治理机构，中央政府都基本继承了汉朝的制度，由大鸿胪和客曹尚书共同负责。在地方上，三国也基本沿袭了汉朝体制，在边疆地区设置郡县或校尉等专门官职，并根据当时的实际情况有所变动和发展。魏国设置了戊己校尉管理高昌，还设置了护羌校尉、护东羌校尉、护乌桓校尉、护鲜卑校尉、西域校尉等；蜀汉在南中地区设置了建宁、云南、兴古等郡；吴国在南疆设置了交州、广州，设有南海、合浦、交趾等郡。

晋朝分为西晋、东晋两个时期，前后疆域变化很大，在边疆民族管理体制上既有继承，又有变化发展。比如东晋时期，疆域退缩，边疆民族事务也大为缩减，中央政府以祠部尚书主管边疆民族事务，不再设客曹尚书，大鸿胪卿也是有事时就暂时设置，没事时撤销。在边疆民族地区，两晋时期既设有州郡，又设置校尉、长史、中郎将等机构。

南北朝时期，为管理本国边疆的少数民族，南、北方的各王朝都设置了相应机构，基本上沿袭了汉朝以来的体制，又有所发展。北魏时期，列曹尚书中设有祠部尚书，与大鸿胪卿、典客监、典仪监等其他机构一起，负责管理边疆民族事务。在北魏的京城洛阳，还设置了专门接待、安置边疆民族的四馆、四里，按照区域的不同接待前来归附的边疆民族，北方来的安排在燕然馆，三年后在归德里赐给宅第；南方来的安排在金陵馆，三年后在归正里赐给宅第；东方来的安排在扶桑馆，三年后在慕化里赐给宅第；西方来的安排在崦嵫馆，三年后在慕义里赐给宅第。从名称上看，这些馆、里显然是以北魏为中国（"天下之中"），希望四方"慕义""慕化"前来归附，达到一统宇内、四海同风的目的。在边疆地区，北魏既设置管理民事的州郡，又设了具有军事性质的镇，还设有护匈奴、羌、夷中郎将和护羌、蛮、越、戎校尉等。

南朝的边疆地区是当时中国的西南、南部边疆，主要指广州、越州、交州和宁州，生活着僚、俚、蛮等少数民族。为管理边疆民族事务，南朝各中央政权都设置了相关机构。在边疆地区，宋时在广州设平越中郎将，管理岭南越人；还设置了南蛮校尉、西戎校尉、宁蛮校尉、南夷（镇蛮）校尉，各下设长史、司马、参军，管理边疆各族事务。齐时仍设平蛮校尉、镇蛮校尉、平越中郎将等。梁时分别在广州、宁州设平越中郎将、镇蛮中郎将，陈朝继续设蛮、戎、越校尉和中郎将等机构。南朝还设有护军、督护，主要是平定边疆那些不肯归附的民族，具有军事性质。南朝还在边疆地区调整了州、郡设置，如宋时在交州、广州地区增设一个州——越州，这一地区设为3个州；齐时在交州增义昌郡，梁、陈时除了广州、越州、交州外又增设崖州、合州、黄州、兴州、爱州、安州、罗州、明州、利州、德州、高州、新州、石州、建州、成州等。这些州郡的增设反映了南朝对边疆民族地区管理的强化。

隋、唐时期，随着疆土的开拓和统一多民族国家的发展，在边疆治理、发展与边疆民族关系方面也逐步形成系统化政策。这在边疆治理机构也有所反映，主要是组织严密、职能多样，不仅对当时的边疆地区实施了有效管辖，而且许多机构与制度对后世也产生了重要影响。

为加强中央集权，隋朝中央政府设立了内史、门下、尚书三省，分别负责决策、审议、执行；还设太常、鸿胪等九寺，负责具体事务。在中央机构中，边疆民族事务主要由鸿胪寺、礼部管理。鸿胪寺设有卿、少卿、丞、主簿、录事等官，下设典客（后改为典蕃）、司仪、崇玄3个署，主管边疆民族的朝觐、会盟等事务。隋炀帝时期，鸿胪寺增设四方馆，接待边疆民族来京的使臣，馆中按方位设有4个"使者署"，即东夷使者、南蛮使者、西戎使者和北狄使者，各署分别设典护录事、叙职、叙仪、监府、监督、互市监及参军等官职。礼部的长官是尚书，隋大业三年（607年）增设侍郎作为尚书的副手，下设礼部、祠部、主客（后改为司蕃）、膳部4个司，其中主客司负责边疆民族管理的具体事务；各司初设侍郎等官，607年改侍郎为郎，郎以下又设曹郎2名，都司郎、主事各1员。在地方，隋初改前代的州、郡、县三级为两级，隋开皇三年（583年）设州，以州统县；607年又改州为郡，以郡统县。在边疆地区，隋朝设置大量的州（郡）、县。仅就郡而言，东北有柳城、辽西等郡，南部设有珠崖、儋耳、龙川、义安等郡；西北设有伊吾、鄯善、且末等郡。另外，隋朝还设置西域校尉，主要负责西域的朝贡事宜。

唐朝的中央机构在隋朝基础上形成了三省六部制，即中书、门下、尚书三省分掌决策、审议和执行，尚书省下设吏、户、礼、兵、刑、工六部。六部各设尚书、侍郎，以下设司，各司以郎中、员外郎为正、副长官。三省六部分工明确，各司其职，又相互配合，组织较为严密。边疆民族事务的管理上也是如此，在处理相关事务时三省都有机构、官员参与其中。例如，当边疆民族的使者来京朝觐、进贡时，中书省由侍郎接受了使者所递呈的表、疏要上奏朝廷，所呈献的方物、贡品等要转交给有关部门，还派通事舍人协助接收方物、贡品等，派蕃书译语等翻译人员承担翻译任务；门下省侍中在使者朝见时奉命代表皇帝慰问；尚书省所属礼部承担着更具体的任务，其中主客司负责边疆各民族朝觐、会盟等事务，礼部司主管首领、使者朝见时的礼仪，以及派人到边疆册封首领、颁发印绶等。

三省六部之外，鸿胪寺、太仆寺、少府监等也负责边疆民族的具体事务。在边疆地区，唐朝设立六大都护府，设置许多羁縻府州，任命原来的部落首领出任都督、刺史。这些羁縻府州由都护府直接管理，成为主要的地方性边疆治理机构。唐高祖时期就设立了鲜州、慎州，隶属营州都督府；涂州，隶属茂州都督府管辖；南宁州、宗州、盘州等，隶属戎州都督府；牂州、充州、矩州，隶属黔州都督府。唐太宗以后，唐帝国疆土不断扩大，国势蒸蒸日上，边疆各民族纷纷归附，所设置的羁縻府州也迅速增加。这些羁縻府州的设置，适应了边疆少数民族地区的社会形态和经济水平，又尊重了边疆民族的风俗习惯，在唐朝前期不断吸引边疆民族前来归附，即使唐朝后期逐步衰弱下去，仍具有生命力，所以羁縻府州的设置仍未中断。

五代十国，各政权的官制基本上沿袭唐朝，即使沙陀族建立的政权也表示继承"唐祚"，礼部、鸿胪寺在处理边疆民族问题时仍起到一定作用。宋朝初年中央政府继承了唐末五代的官制，神宗元丰年间（1078—1085年）又进行了官制改革，所以边疆治理机构也发生了变化，主要由礼部、兵部和鸿胪寺等负责。

宋朝的地方管理机构，史书对于南部、东南边疆的记述较多，如在福建路设有福建、泉、南剑、漳等州和邵武、兴化二军；在广西南路，根据部落的大小设置州、县、洞，大者为州，小者设县，再小的置洞，都由当地首领担任世袭的长官；在海南岛调整行政区划，宋开宝五年（972年）在南部设崖州、北部置琼州，形成了"南崖北琼"的格局。

辽朝实行双轨制，在中央和地方机构中都设置南面官、北面官，其中南面官负责管理汉族地区的州县、赋税、军事等事务，北面官是管理契丹和边疆各少数民族事务的机构。金朝的行政机构经历一个不断完善、逐步汉化的过程，在边疆民族事务的管理方面，尚书省是中央的最高行政机构，所属的礼部掌管边疆民族的使者接待和朝贡事宜，宣徽院主管"朝会"（朝觐、会盟）、"燕享"（宴会、招待）、礼仪等事务。金朝在地方实行路、府、州、县级政区制，管理边疆民族的军政机构主要在上京路、咸平路、东京路、北京路、临潢府路和西京路等。另外，上京、东京、北京、西京还设有留守司，另有上京、东京等路按察司并安抚司等机构，也与边疆民族管理相关。

元朝建立后，面对着辽阔的边疆和众多的民族，在中央和地方都设置边疆治理机构。在中央，帝师、宣政院等是管理边疆民族事务的官员、机构。帝师既是元朝皇帝宗教方面的导师，给皇帝传授佛戒，举行灌顶宗教仪式，带领僧众为皇帝诵经、祈福祛灾，又是总管全国佛教和吐蕃地区事务的官员。蒙古大汗窝阔台之子阔端对吐蕃曾采取笼络佛教领袖的政策，忽必烈时期继续推行这一政策。1270年，八思巴被封为帝师，元朝还设都功德使司作为他的办事机构。在八思巴之后，元朝又任命十几位帝师，他们都出自萨迦派。此外，元朝的礼部、兵部也负责管理边疆民族事务，其中礼部主要掌管"朝会"事宜，设有尚书、侍郎、郎中、员外郎等官员，下设同文馆负责接待边疆各族来京朝觐、进贡的使者；兵部则主管全国的驿道、屯田等事务，边疆地区的此类事务也归兵部掌管。

元朝在全国实行行省制，在边疆地区则根据情况既设行省，又设有宣慰司、都元帅府等地方机构。元代的"行省"是"行中书省"的简称，中书省是元朝时期全国的最高行政管理机关，行省掌管全省政务，是地方上最高的行政机构。元朝在边疆地区设立的行省，包括东北的辽阳行省，管辖着东到库页岛、北到北冰洋，包括今天我国东北在内的广大地区；东南的江浙行省，管辖着包括今江苏南部、浙江和福建的东南沿海地区，所属的澎湖巡检司管辖着琉球（今台湾）和澎湖列岛；江西行省和湖广行省的南部包括今天的广东、广西、海南等地区，所属的海北海南道宣慰司管辖着海南岛上的黎族居民；西南的云南行省不仅管辖着今天的云南地区，还包括今越南、老挝、泰国和缅甸的一部分；北部的岭北行省则管辖着今鄂尔齐斯河以东、大兴安岭以西、北冰洋以南，包括今蒙古国及其以北的广大地区。每个行省设有丞相、平章、左丞、右丞、参知政事、郎中等官员，下设检校所、照磨所、理问所等机构。

此外，在南部、西南边疆地区，即当时湖广南部和云南地区实行土司制度，任命少数民族首领为宣抚司、安抚司、招讨司、长官司等机构的长官，隶属于行省，从而加强了对边疆民族的管辖。

（三）明朝、清前中期（1840年前）：边疆治理机构日渐完备

明朝和清前中期是我国边疆民族机构日渐完备的时期，又各有特点。明朝建立后，在边疆民族事务的管理方面，礼部、吏部、兵部、鸿胪寺、四夷馆和行人司等各有职掌，礼部又在其中发挥着主要作用。在边疆地区，明朝的地方军政机构，既包括布政使司、府、州、县，又有都司卫所和土官系统。明朝在云南、广东、广西、福建等边疆设置布政使司，也就是省，管理全省政务，下设府、州、县。在少数民族居住的边疆地区，明朝沿袭元朝的土司制度，设置宣慰使司、安抚使司、招讨司、长官司、蛮夷长官司等机构，任命少数民族首领出任宣慰使、安抚使、招讨使、长官等。都司卫所系统是明朝管理边疆事务的军事机构，都司是"都指挥使司"的简称，一般5600人为卫，1120人为千户所，112人为百户所。明朝在东北边疆设立辽东都司和奴儿干都司，设都指挥使、都指挥同知和都佥事等官员，前者辖区内设有25卫、2州，后者管辖384卫、24所、7站；在西北地区，先后设立河州卫、西宁卫、安

定卫、岷州卫、洮州卫、沙州卫和哈密卫等；在西藏地区，设有朵甘、乌思藏都指挥使司，并设元帅府、招讨司、万户府和千户府等机构，任命当地藏族首领担任指挥使、万户、千户等官职。

1644年前后，清朝（1636年前称"后金"）就设置了边疆民族事务的管理机构，仿照明朝体制又有所发展，最重要的变化是设立理藩院，在中央形成礼部、鸿胪寺、理藩院等共同管理边疆民族事务的格局。其中，理藩院是清代创设的重要边疆治理机构，主管内外蒙古、青海、西藏、新疆及四川等边疆地区蒙、藏、回等民族的事务，清咸丰十一年（1861年）前还负责办理与俄罗斯、廓尔喀（今尼泊尔）等国的交涉、通商等事宜。

在边疆民族地区，清朝在不同地区设置了不同的机构，将军、都统、大臣等是清朝管理西部、北部边疆民族事务的主要机构，在东南则设置巡台御史、台湾府和琼州府；在西南沿袭元明以来的土司制度，又推行"改土归流"政策。东北地区是清朝的"龙兴之地"，清朝设置了盛京将军、吉林将军和黑龙江将军，管辖着东到鄂霍次克海和库页岛，北抵萨彦岭、额尔古纳河和外兴安岭，南到鸭绿江、图们江的广大地区。在漠南蒙古地区，设置绥远城（今呼和浩特新城）将军、察哈尔都统和热河都统，管理蒙古旗事务。乌里雅苏台将军，又称为定边左副将军，是设在喀尔喀蒙古地区的最高军政机构。科布多参赞大臣和库伦办事大臣，管理漠北蒙古地区。西北地区设置伊犁将军，又设乌鲁木齐都统、塔尔巴哈台参赞大臣、喀什噶尔参赞大臣作为伊犁将军的属官，分驻各地；还根据居民的差异在各地设置不同的地方机构，汉族居民较多的地区设立府、厅、州、县，维吾尔族居住区实行伯克制，厄鲁特蒙古各部游牧地区实行扎萨克（旗长）制度。在西藏地区，清初册封了忠于清廷的和硕特蒙古领袖顾实汗，通过和硕特汗王进行间接统治，并实行政教分离，册封五世达赖，由他掌管西藏宗教事务；18世纪初期，册封五世班禅，废除了和硕特部在西藏的地方政权，清朝直接任命若干噶伦联合掌管西藏政务，清雍正五年（1727年）起派遣官员入藏担任驻藏大臣，清乾隆十六年（1751年）正式建立政教合一的西藏噶厦地方政权，该政权在驻藏大臣和达赖喇嘛的指导下处理西藏政务；清乾隆五十八年，清朝颁布《钦定西藏善后章程二十九条》，规定驻藏大臣与达赖、班禅地位平等，而西藏的行政、财政、军事、对外关系都由驻藏大臣统筹处理，从而确定了驻藏大臣总揽藏政的行政管理体制。

（四）近代（1840—1949年）边疆治理机构的演变

1840年以后，英、法、俄、美、日等列强多次对中国发动侵略战争，中国的民族危机、边疆危机日益加深，清朝和中华民国时期中央政府调整了边疆治理机构。

晚清，理藩院改为理藩部是边疆治理机构的最大变化。清光绪三十二年（1906年），在反清革命浪潮一再高涨的形势下，清政府宣布预备立宪，并决定改革官制，改动之一就是把理藩院改为理藩部。1907年后，理藩部逐步确定了机构编制，行政首长最初仍称尚书，下设侍郎，1911年5月才改为"大臣"和"副大臣"。理藩部存在的几年间，除继续履行理藩院原来管理边疆民族事务的职责外，还适应预备立宪的需要，在边疆民族地区进行三次大规模的调查，内容包括垦务、木植、牧场、铁路、矿产、学堂、兵制、台站、疆界、商务等，涉及政治、军事、经济、文化、社会等许多方面。在边疆地区，清王朝逐步推行与内地一体化的政策，力图通过设省加强对边疆民族地区的统治。1907年，盛京、吉林、黑龙江三将军辖区改设行省，并设东三省总督。在西北地区，清光绪十年（1884年）新疆正式设省，刘锦棠出任首任巡抚，魏光焘为首任布政使，到清光绪二十八年全省设4个道，辖6府、10厅、3州、23县；原来的伊犁将军也被保留下来，只不过成为仅主管伊犁、塔尔巴哈台地区军队的军事长官。1904 年，清朝在阿尔泰地区设置阿尔泰办事大臣，由锡恒以副都统衔出任办事大臣。他到任后倡议开垦荒地、设立学堂、调整驿站、加强边防，对维护国家主权、安定边陲起到了积极作用。1887 年，清朝在台北设立了台湾巡抚衙门，1888 年刘铭传接受"福建台湾巡抚关防"，台湾的人权、财权陆续确立，台湾建省的工作最后完成。到 1895 年，台湾设有三府一州，即台湾府、台北府、台南府和台东直隶州，辖 11 个县、4 个厅。

在西南地区，1904 年英国侵略中国西藏后，清政府加快了筹划西藏及邻近的川边地区的步伐。1906 年，清政府派张荫棠查办藏事，提出了一系列"新政"，其中就包括裁撤驻藏大臣、帮办大臣，由朝廷派亲贵大臣为行部大臣总管藏事。因张荫棠很快离藏，这些计划被束之高阁，而后驻藏大臣继续在西藏推行新政，行政机构方面则依照内地各省督抚衙门体制，由驻藏大臣直接掌管全藏政务，裁撤帮办大臣，改设左、右参赞，以加强驻藏大臣衙门的职权和办事效能。也是在 1906 年，赵尔丰出任川滇边务大臣，1908 年又被任命为驻藏大臣，因西藏地方的上层群起反对而未能就职。在东起打箭炉（康定）、西至丹达山、南接云南、北抵青海的广大地区，赵尔丰以武力为后盾推行改土归流，以摧枯拉朽之势迅速推进，撤销了许多土司，改设府、县、厅、委员，设置流官。1911 年，代理川滇边务大臣傅嵩炑上奏清政府，建议在川边设置"西康省"，但清朝不久灭亡，西康建省之议未能实现，改土归流的成果也很快丧失。

1912 年 1 月 1 日，中华民国宣布建立，列强则趁机加紧侵略中国，边疆地区的形势依然十分严峻。1912 年春，内务部设立蒙藏事务处，因蒙、藏事务繁重，内务部要求增加一名次长（即副部长），但在参议院未能通过，经反复讨论，决定设立蒙藏事务局。7 月，蒙藏事务局正式成立，直接隶属于国务总理，负责管理蒙古、西藏地区事务。1914年5月，袁世凯公布《中华民国约法》，蒙藏事务局改为蒙藏院，直属于大总统，仍掌管蒙藏事务。作为北京民国政府时期的边疆治理机构，蒙藏院一直到民国政府结束才停止运转。

蒙藏事务局、蒙藏院前后承接，职责基本一致，主要包括：一是管理边疆地区的宗教事务，包括办理喇嘛的度牒札付、升迁调补，安排年班、经班和唪经，批准寺庙的兴建及名称，在雍和宫掣签确定部分活佛的转世灵童等，这是对清代理藩院职责的延续和发展，蒙藏院时期的喇嘛印务处是专门的主办机构。二是遵照大总统命令，任命边疆民族地区的官员，办理少数民族领袖的爵位晋升、承袭、封授等事务。三是边事调查，民国成立之初，边疆形势严峻，蒙藏事务局成立后就派人到内蒙古、甘肃、新疆、青海、云南、西藏等边疆地区调查。四是蒙藏地区经济发展方面的各项事务，包括开垦荒地、交通发展（如开办汽车公司）、台站管理以及赈灾等。五是边疆文化教育，蒙藏事务局建立不久就着手出版蒙藏回文的《白话报》，蒙藏院时期又设立了蒙藏专门学校。

国民政府在南京成立后，实行五院制，行政院为最高的行政机关。该院设立了蒙藏委员会，取代北京民国政府时期的蒙藏院，管理蒙古、西藏地区各项事务。蒙藏委员会设委员长一名，总理本委员会事务，监督所属职员及各机关；副委员长初设1名，1947年5月后增加为两名，辅助委员长处理各项事务；委员15—21名，其中6名为常务委员，他们每年轮流到蒙藏各地视察。由于蒙藏事务的敏感性、重要性和复杂性，国民政府多选派重要官员出任蒙藏委员会的委员长、副委员长，并选择熟悉蒙藏地区政教情况的人士担任委员。1927年至1949年，阎锡山、马福祥、石青阳、黄慕松、吴忠信、罗良鉴、许世英、白云梯、关吉玉先后出任委员长，赵戴文、赵丕廉、马福祥、白云梯、喜饶嘉措、周昆田先后担任副委员长，委员中更不乏在边疆地区颇有威望的少数民族人士，如白云梯、章嘉呼图克图、格桑泽仁、贡觉仲尼、诺那呼图克图、邦达饶干、敏珠策旺多济等。

在边疆地区，民国时期的管理机构主要是省，东北地区在1929年前设奉天、吉林、黑龙江三省，1929年改"奉天"为"辽宁"，1931年"九一八"事变后沦为日本帝国主义的殖民地。1945年，国民政府在原东北三省各设3个省，共9个省，原辽宁分为辽宁、安东、辽北三省，原吉林省分为吉林、松江、合江三省，原黑龙江省分为黑龙江、嫩江、兴安三省。在内蒙古地区，1914年设立热河、察哈尔、绥远三个特别行政区，1928年又撤销特别行政区，改为热河省、察哈尔省、绥远省。西北地区，民国时期保留了新疆省，1928年又设立青海省。在西南边疆，保留了元、明、清以来的云南省，1914年又在清末的川滇边务大臣辖区设川边特别行政区，1928年又设西康省。在西藏地区，仍维持清代卫（前藏）、藏（后藏）和阿里三部的格局，下设宗一级的行政单位。

抗战期间，边疆地区的自治问题越来越受到人们重视，特别是蒙藏地区上层人士的呼声也日渐高涨。1945年5月，国民党第六次全国代表大会为此在《本党政纲政策案》中表示战后将"实现蒙藏各民族之高度自治，并扶助各民族经济、文化之平衡发展，以奠定自由统一的中华民国之基础"。[①] 同年7月，在国民参政会四届一次大会上，参政员们就要求国民政府加强改进蒙古、西藏地区推行地方自治，有人还曾提交过边疆自治的议案，包括把蒙藏自治区制度载入宪法，在蒙古、西藏等地区设立自治区。对此，国民政府的蒙藏委员会、内政部经过研究，很快给予回复，称外蒙古已经承认其独立，不必再设自治区，西藏、内蒙古的自治问题正在制定方案，一经审批即可实施。此后不久，内战即起，国民党允诺的蒙藏

---

① 荣孟源主编：《中国国民党历次代表大会及中央全会资料》（下），光明日报出版社1985年版，第934页。

自治也就不了了之。

二 民族和宗教事务治理制度

先秦以来,历代王朝在边疆治理过程往往恩威并施,既以武力平定叛乱、驻军防守,又要"以德服人""怀柔远人",羁縻、怀柔政策长期占主导地位,扶持边疆地方上层人士、和亲、利用宗教加强联系都是民族宗教政策的重要内容。

汉代经营西域,班超担任西域都护30多年,颇得西域各国的拥护,在稳定西北边疆中功不可没。他在离任时一再交代:对于各国首领要"宽小过、总大纲",意即要把握大事、大局,不要追究小的过失,不要苛刻要求。这是他多年经验的总结,即控制好了大局不致有波动,不追究小的过失,其中就包含"以德服人"的成分。唐武德二年(619年),唐高祖李渊在诏书中提到,边疆少数民族地区与内地情况不同,应"怀柔远人,义在羁縻",也就是说笼络、安抚边疆民族,进行适应的统治。

"怀柔远人,义在羁縻"这八个字是民族宗教政策的高度概括,怀柔、羁縻政策成为历代治边的重要政策。唐朝实行的"和亲"政策,"贡赐"贸易,册封边疆民族首领,或给予他们职员衔管当地人民等,都意在"怀柔",而羁縻府州的设置则是根据边疆的实际进行统治。宋元明清继续沿用这些政策,某些政策长期推行,比如册封边疆民族的首领,由他们管理本部族的人民,逐渐发展成为土司制度;对于某些政策,各王朝根据需要有所选择,元、清把政治联姻作为治边的重要政策,而宋、明不再"和亲",却更强调了"贡赐"贸易和互市贸易的作用。

元明清时期,藏传佛教对今西藏地区有极大影响,清代蒙古各部也深受影响,故此在西藏治理中尊崇佛教,让藏传佛教领袖发挥出应有的作用。元朝设帝师和宣政院,依重萨迦派,在西藏地区实行政教合一制度。明朝则采取"多封众建"的政策，对噶玛噶举、萨迦、格鲁等各教派的领袖都予以册封，还封五个实力强大的政教领袖为阐化王、护教王、阐教王、辅教王、赞善王，让他们各辖领地、治理一方。清朝对藏传佛教的领袖给予很高的地位，对格鲁派的达赖喇嘛、班禅额尔德尼更是优礼有加，赋予各寺院种种特权，以支持藏传佛教发展，同时又创立了金瓶掣签的转世制度，加强对藏传佛教的管理。清代的政策尤其影响深远，民国时期仍沿用了金瓶掣签制度，达赖、班禅的转世由中央政府批准、坐床仪式仍中央派大员主持，等等。

在清代，理藩院是边疆民族宗教事务的中央主管部门，其职能和工作包括：一是管理喇嘛教（藏传佛教）事务。蒙古、西藏地区人民崇信喇嘛教，达赖喇嘛、班禅额尔德尼和其他活佛在蒙古地区有着很大的影响，清朝始终注意利用喇嘛教及其领袖的影响统治这些地区，理藩院则承担着相关事务的管理工作。这些工作主要是给转世灵童（呼毕勒罕）登记造册，在雍和宫掣签确定部分活佛的转世灵童，为喇嘛办理度牒、札付、敕印，考察在京喇嘛的等第并决定其升迁、调补，办理活佛、喇嘛的年班、请安事宜，奏请寺庙的兴建及其名号，等等。

二是管理少数民族王公的封爵、俸禄、年班、围班、朝觐、进贡、燕赍、廪饩等事务。这些具体事务比较烦琐，涉及方方面面。漠南蒙古和新疆回部的王公的爵位一般分为六等，即亲王、郡王、贝勒、贝子、镇国公、辅国公，有的还有台吉、塔布囊，喀尔喀蒙古在亲王之上还有汗，而台吉也分为四等。这些爵位的封授、承袭，都由理藩院负责。清朝还给蒙古王公发放俸银、俸币，分为九等，由理藩院与户部共同办理。

年班是指蒙古、新疆、西南的少数民族首领要定期朝见皇帝，每年分为若干班次，其中漠南蒙古分为六班，喀尔喀蒙古分成四班,蒙古喇嘛、新疆伯克和西南土司则分六班,相关的礼仪、日期等均由理藩院安排。当皇帝去木兰围场打猎时,有关的蒙古王公的随行围猎,称为"围班"。边疆少数民族首领来京朝觐时,要带来进贡的物品和当地的土特产,他们在京期间往往受到一定的礼遇,包括受到皇帝接见、得到一定的绸缎和金银以及其他"赏赐"的物品,有时还安排"御宴"招待,这些就称为"燕赉"。如果是年班,或因事来京,朝廷还要给予路费和食宿费,即称为"廪饩"。他们的朝觐、进贡,以及"燕赉""廪饩"等也都由理藩院按照有关规定安排。

三是依法审理相关刑事案件。理藩院会同刑部制定了《蒙古律》《番律》,以国家意志的形式加强对边疆各少数民族人民的统治,并强化对各族上层的约束,维护封建国家的利益。当蒙古各旗发生刑事案件时,一般由该旗扎萨克审理,如不能定案就报请盟长会同审理,如果还不能定案,或者审判不公,就将全案送到理藩院再审。

四是办理满蒙联姻事宜。公主、格格即要下嫁时,先由宗人府行文理藩院,该院再发文到蒙古相关各部,各部查找出聪明俊秀的人选后将各方面情况上报理藩院,理藩院转给宗人府挑选、引见。

中华民国建立后,蒙藏局、蒙藏院、蒙藏委员会主要掌管蒙古、西藏地区的政治、经济、宗教、文化等事务,是民族宗教政策的制定者、主要执行者。比如,蒙藏委员会在1927年至1949年的工作,首先是管理蒙藏地区政教事务,密切边疆民族与中央政府的关系,维护国家主权,促进边疆稳定。蒙藏委员会沿袭理藩院、蒙藏事务局、蒙藏院的做法,根据当时情况制定一系列的法律规章,如《边疆宗教领袖来京展觐办法》《蒙古各盟部旗行政长官分班》《蒙藏人员参政考试及受勋各种办法》《管理喇嘛寺庙条例》《喇嘛转世办法》等,规范管理蒙藏地区政治、宗教事务。该委员会还通过驻在蒙藏的机构和人员宣传中央的政策，及时将边疆的情况上报中央，还在召开全国性会议时协助蒙、藏地方做好各项工作，从而加强中央与地方的联系。

发生重大事件时，蒙藏委员会往往派出人员到蒙藏地区专门处理，并代表国民政府安抚民众、稳定边疆。"九一八"事变后，东北大片国土沦陷，国内形势骤然紧张，1932年蒙藏委员会即特派九世班禅为"西陲宣化使"，特派章嘉呼图克图为"蒙旗宣慰使"，到边疆地区宣慰、安抚。1933年十三世达赖圆寂，1934年黄慕松（时任参谋本部次长）奉命入藏致祭；1939年，蒙藏委员会委员长吴忠信又奉命入藏，1940年1月会同西藏摄政热振呼图克图主持十四世达赖的转世坐床事宜。他们在西藏期间都注意了解各方面动向，广泛联系各界人士，并注重向僧俗上层人士宣传国民政府的政策。1937年，九世班禅圆寂，后由班禅堪布厅选定官保慈丹为转世灵童，但西藏地方的上层反动势力拒不承认，以致长期无法安排转世事宜。蒙藏委员会在其中做了不少工作，直到1949年6月官保慈丹的灵童身份才被确认，8月10日国民政府特派蒙藏委员会委员长关吉玉与青海省主席马步芳，在塔尔寺主持了十世班禅的转世坐床仪式。

蒙藏委员会的工作还包括创办报刊、学校，传播知识，培养青年，在一定程度上提高了边疆地区的文化教育水平。蒙藏委员会创办了《蒙藏月报》，不仅向边疆地区宣传国民政府的相关政策，传播各种科学知识，而且把边疆的情况介绍给内地，加强边疆与中央、内地的联系，也扩大了边疆人民的知识面。该委员会设立多所蒙藏学校，包括北平、南京和康定的蒙藏学校和丽江康藏师资养成所等，招收高小、初中或高中学生，为蒙藏地区培养各种人才。

此外，蒙藏委员会通过各种努力，纠正传统的偏见，有利于中华民族大家庭内各民族关系的改善。1929年10月，国民政府根据蒙藏委员会委员格桑泽仁的提案，颁布法令，要求以后不得再称藏族为"番""蛮"等，因为这些称谓具有歧视性，不符合中华民族一律平等的原则。1935年6月，国民政府根据蒙藏委员会的呈请，由行政院发出训令，禁止称蒙、藏等少数民族为"番""蛮""鞑子"等，以符合各民族平等的原则；还专门致函各省，要求禁止各种刊物中出现类似的称谓、提法。

第四节　边疆经济与社会发展制度

由于种种原因，边疆的区域经济类型、经济发展水平与内地存在一定的差异，经济类型的差异使全国的经济发展模式具有了多样性的特征。然而，发展水平上的差距不但不利于边疆的发展，甚至连当地政权机构、驻军的必要开支都难以维持。边疆不稳固，国家稳定也处于不利的局面。鉴于此，秦汉以后，中国历代王朝制定了一系列的政策、制度、措施，以开发边疆，增强边疆与内地的经济文化联系，从而增强边疆民族对中央政府的向心力。

这些政策、制度和措施都是中国历代治理边疆的重要内容，主要集中在农垦、畜牧、交通、商业和被称为"教化"的文化教育方面，其中农垦、交通在其中最为突出。鸦片战争以后，民族危机、边疆危机日益加深，朝野上下敌御外侮、保卫边疆的呼声一再高涨，开发边疆成为戍边守土的重要部分，垦荒兴农、设厂制造、开矿修路、兴办学堂都受到关注。

一　移民实边

农垦是移民实边的主要任务，秦汉以后无论是边疆驻军开展的屯田，还是内地迁到边疆的移民，大多以农业为主。这都与以"农"立国的政策倾向有关。秦、汉、唐、元、明、清统治时期，都注重让驻军在边疆地区屯田，直接的目的是解决军粮供应，减轻中央政府的负担，在某些地区起到开发边疆的重要作用。同时，这些统一王朝还推行移民实边政策，动用中央政府的强大力量，向边疆地区特别是北部、西北地区大规模移民，既为开发边疆，又力图以此防御边疆的游牧民族，实现边疆的长治久安。史书记载，秦朝向岭南和河套等地区移民实边，汉朝还大规模地在北部、西北边疆推行屯田，唐、元、明、清朝都在边疆大规模地推行屯田。因此，无论是形式上有何不同——明清以前的军屯、民屯，抑或是明清时期出现的商屯、旗屯、遣屯和回屯，还是在直接目的上有何差异，在当时都收到了边防和开发边疆的双重效果。

不仅大统一时期的王朝重视边疆的农垦，在各政权对峙并立的分裂时期，一些地处边疆的政权注意发展农业以增强国力，或者不少辖境较广的分裂政权也注意在边疆地区开荒种地，以发展农业、巩固边疆。这样的例子不胜枚举，我们先看一下战国时期的秦国，在征服蜀地以后设置蜀郡，太守李冰修建了著名的都江堰，不仅解除了岷江泛滥的威胁，而且可灌溉田地三百多万亩，成都平原由此从水患之区变成万顷良田。

三国时期，蜀汉丞相诸葛亮率军征服南中之后，在这一地区设立郡县，派驻军队，同时移民实边、大兴屯田。蜀汉在建宁郡设五部都尉，把少数民族人民分配给他们做"部曲"，垦荒屯田。李恢担任建宁太守时，还把称为"濮"的少数民族几千人迁到云南、建宁两郡的交界地区，充实边疆。当时，在蜀汉发展农业政策的影响下，云南郡的少数民族出现了分化，仍然从事游牧的称为"上方夷"，转向农业耕作的被称为"下方夷"。十六国时期，后赵等一些政权不注意开发边疆，只是在这些地区掠夺人口、财物，甚至把边疆地区的部族迁往易于控制的地区。与此形成鲜明对比的是，一些政权更注重发展农业，主要是因为农业为养军提供了粮食保障，是国力增强的基础——在割据对抗的战争中没有军队就难以生存，养军、扩军都需要足够的军粮，只有农业发展了，才能为军队提供长期的物质基础。前秦在当时实力最强，一度短期统一北方。它之所以能迅速发展，与谋士王猛的建议密不可分。357年，苻坚即位后，重用汉族的谋士王猛。在他的建议下，推行"课农桑"的政策，发展农耕、推广蚕桑。

到19世纪中期，面对列强入侵、国土丧失的危急局势，清政府实行移民实边政策，采取各种措施招募内地人民到边疆开垦荒地、发展生产。晚清时期，在曾经实施封禁政策的东北、蒙古地区，首先废止了封禁政策，向移民开放，取得了显著成效。比如，在蒙古族分布的北部草原地区，清前期就已开发了河套地区的一部分，晚清则开放了察哈尔、热河、绥远、外蒙古的大片地区，或招人认垦，或认可自发开垦，很快许多地区由草原变成农业区。如在内蒙古西部地区，1901年清政府派贻谷以理藩院尚书衔并兼绥远城将军的身份到绥远等地督办垦务。贻谷到任后，首先组建绥远垦务总局和丰镇、宁远、张家口等的垦务局，开展了蒙地垦务工作，还成立东西路垦务公司，承担和转放伊克昭盟、乌兰察布盟，以及察哈尔等地土地。伊克昭盟自1903年开始放垦，到1908年基本结束，共放垦土地23300余顷；乌兰察布盟自1906年开始放垦，经两年的开垦基本结束，共放垦7800余顷。有人还提出放垦内蒙古中、东部地区土地的诸多建议，而且在1900年之前清廷就已批准局部放垦东部蒙地，到1902年开始大规模放垦。1906年，清廷派善首等官员前往内蒙古东部地区考察，最终该地区再次掀起开垦高潮。内蒙古东部地区蒙地的放垦时，当地没有成立专门机构管理，而是分别由奉天将军、吉林将军、黑龙江将军，以及热河都统兼辖统摄，后改为行省分别由各省巡抚负责。清末新政期间，内蒙古东部哲里木、昭乌达二盟，以及依克明安公属地共放垦土地

360余万垧。[①]

中华民国成立后，向边疆移民、开发边疆长期受到人们关注，边疆地区的地方政府也采取了许多措施。民国初年，孙中山辞去临时大总统职务后就积极宣传，主张修建铁路、建设海港和移民边疆，还特别提出要向新疆、蒙古地区移民，以贷款的方式鼓励他们垦荒种地。抗战时期，鉴于日寇占领东部沿海地区，大量人口内迁，许多人就建议国民政府移民西北地区，开垦荒地、开发边疆。抗战胜利后仍有人建议在边疆组织垦荒，如1947年5月有人建议由中央政府拨款，在河套地区设立大规模的集体农场，拨给新式农具，以期改进农业、增加粮食生产。

二 交通建设

交通是内通外连的纽带，中原王朝与边疆民族、政权之间的联系也不可能离开道路。在古代中国，驿路、官路等道路仍是边疆地区与内地往来的主要途径，又以陆路为主，有江河湖泊的地区还有水路。近代以后，公路、铁路、轮船运输和航空运输逐渐在中国发展起来，在边疆地区也得到发展，与古代的驿路一样，成为内通外连的纽带。

战国末期，边疆地区的道路有了一定发展。从秦汉至隋唐，中国经历秦汉的统一和魏晋南北朝的分裂时期，无论是统一时期的广修道路，甚至强调"车同轨"，还是分裂政权之间征战不断，"车辚辚，马萧萧"之中道路不断开拓，都使边疆地区的道路有了发展，也加强了边疆与内地的联系。秦灭六国后就广修道路，先后兴修了驰道、直道、岭南新道、五尺道，还在全国范围内统一车轨，一律定为六尺，使中国古代的道路交通网初步形成，并把边疆与内

[①] 宝音朝克图：《中国北部边疆的治理》，湖南人民出版社2015年版，第152页。

地紧密地联系起来。直道南起咸阳以北的林光宫，经今陕西淳化、旬邑、甘泉、安塞等县进入鄂尔多斯草原，直至九原郡（治所在今内蒙古包头市西）。五尺道是为经略西南边疆而开凿的，早在战国时期就由蜀郡太守李冰主持，开通从今四川宜宾到云南曲靖的道路，秦统一后又派将军常频继续开凿、扩建，在今宜宾到云南昭通的崇山峻岭之间，开凿了五尺宽的道路，称为"五尺道"。岭南新道是秦朝大军穿越五岭时开辟的，水陆相连，翻越五岭而南下。

两汉时期，由于武帝时的开拓，疆土较秦朝更为广阔，边疆与内地的联系更加紧密，道路交通也比秦朝发达。西汉时形成了以长安为中心的道路网，东汉时又形成以洛阳为中心的道路网，通向边疆地区的有五原塞道、飞狐道、夜郎道、交趾道等多条道路。丝绸之路的开通是两汉道路交通发展的重要事件，也成为此后对中国西北边疆和中外关系影响深远的重大事件。这条中外闻名的道路在汉代称为通西域道，西汉时从长安出发，东汉时以洛阳为起点，向西经过西域地区通向中亚、西亚、南亚和欧洲，又可分为东、中、西三段。东段从长安或洛阳出发到武威郡，再沿河西走廊，或穿越腾格里沙漠，抑或沿祁连山脉南麓西进，再经张掖郡、酒泉郡至敦煌郡。中段从敦煌郡出玉门关、阳关西行，进入今新疆境内。西段分为南、北两条线路，南线从阳关经塔克拉玛干沙漠南缘的楼兰（今新疆鄯善县境内）、扜泥（今新疆若羌县），再沿昆仑山北麓西行，经过今且末、和田、莎车等县境内，翻越葱岭（今帕米尔高原），前往中亚的大月氏或安息；北线从玉门关西行，沿天山南麓，经过今新疆库尔勒、库车、阿克苏、喀什等县市境内，越过葱岭，前往大宛、康居等国，因为经过北道向内地输入貂皮等商品，所以又称为"皮毛之路"。

秦、汉至元、明、清时期，内地通往边疆地区的道路逐步"网络化"。隋唐时期，国家统一，疆土扩大，经济繁荣，边疆地区也进入了快速发展的时期,边疆地区初步形成了以幽州、太原、凉州、成都、广州等城市为中心的道路网络,与内地的联系比以前更加紧密。到元、明、清时期,中央政府都对边疆的道路修建给予关注,长期的统一又有利于边疆地区的发展,使道路交通得到空前发展,最后形成了网络化的交通体系,与内地紧密地联系在一起,又与境外的邻国相通,从而便利了政令的传达、人民的往来和经济文化的交流,有力地促进国家的统一和边疆的发展。元朝的疆域极为辽阔,重视驿路的修建和管理,在全国形成了以大都(今北京市)为中心的庞大驿路交通网。明朝建立后,沿用了元朝的驿路,还在东北、北部地区开拓新路,对西北、西南地区的驿路进行过修复、维护。

清前期,在元、明驿路的基础上,以北京为中心通向各省省城,各省之间又驿路相通,各省省内又有支线,又都以陆路为主,部分地区也走水路,从而形成了水陆结合、四通八达的道路网,中国古代的道路交通进入鼎盛时期。在清代,从北京通往各省省城的驿道干线称为官马大路,一般简称为官路,省际和省内的驿路称为大路。在官路与大路上,清朝政府设置了驿、站、塘、台等,又各有分工,驿设在内地各省,主要负责传递公文、迎送使臣、官员和运送官府的物资;站设在东北、北部边疆,承担着与军事相关的驿传任务;塘又称军塘、营塘,主要为转运军用、官府的物资服务;台又称为军台,设在西北、北部边疆,专门用于传递紧急的军事情报、文书。

1840年以后的百余年间,中国人民为救亡图存、民族独立进行不屈不挠的斗争,有识之士呼吁"师夷长技以制夷",发展近代化的交通就是其中的重要内容,主要包括修建公路、铁路和发展轮船航运、航空运输。面对列强的入侵和爱国官民的呼吁,清政府推行"新政",中央政府和边疆大员都对发展边疆的近代交通给予关注。

这一时期，清前期形成的官路、大路交通网仍在边疆地区占主导地位，近代化的交通只是处于萌芽阶段，其重点又主要集中在铁路和公路上，往往是建议多于落实。其中，1881年中国人自主修建了第一条铁路——唐山—胥各庄铁路通车，后又延长到天津、山海关，1894年改称为"津榆铁路"。甲午战争后，帝国主义大肆掠夺中国的铁路修筑、经营权，通过强筑、"合办"和贷款控制等方式，瓜分了1万多公里的中国路权。据统计，1876年至1911年，中国境内共修建铁路9400公里，帝国主义直接修筑、经营的约占41%，通过贷款控制的占39%，中国的国有铁路——自主修建的和后来赎回的——仅占1/5。而且，在这近1万公里的铁路中，分布在边疆的地区更是少得可怜。其中，西南边疆有从昆明到河口的滇越铁路，为法国人所建，与越南境内的铁路相连；东北边疆的铁路呈"T"形，中东铁路从满洲里通往绥芬河，从西向东横贯东北，又从哈尔滨向南延伸到长春，这些都是沙俄修建的；从长春到旅顺的南满铁路是日本修建的，英国还修建了从沈阳到山海关的北宁铁路。这些铁路都被帝国主义控制，沿途的领土和资源也遭到它们的掠夺，对中国边疆地区的发展极为不利。

1912年至1949年，无论是北洋军阀统治时期，还是南京国民政府时期，边疆地区受到帝国主义侵略，又长期在地方势力的控制之下，中央政府与地方政府之间存在种种矛盾，边疆的发展也受到一定限制。但是，在各方面的推动下，出于现实的考虑，中央政府对于发展边疆的近代交通给予了一定支持，各地方政权在发展近代交通中尤其发挥了积极作用，使边疆的近代交通迈出了艰难的一步。这37年间，特别是20世纪20年代以后，无论是公路、铁路，还是轮船航运、航空运输公路，爱国人士、地方政府和中央政府的职能部门都提出许多建议和规划，但在边疆地区的发展并不均衡，总体而言，不同等级的公路在一些地方开始兴修，轮船航运在部分河段出现，铁路、航空则除少数地方外，发展极其缓慢。

民国年间，边疆地区的公路得到了较大发展，在各地区和各时期又有不同。总体上看，1927年后，西南、西北、东北等地区的公路交通比此前发展快，比如抗战期间，西南、西北地区发展很快，初步形成川、滇、桂、甘、青等省相连的交通网，还开通了与缅甸、越南的国际交通线。这主要是因为日军侵占了东部和沿海的大片地区，西南、西北成为抗战大后方，迫切需要修建公路运送军队和物资，以支援前线。不仅如此，云南、广西的地方实力派唐继尧、龙云、李宗仁等重视交通建设，推动了西南边疆地区交通近代化建设。云南在1925年前后就兴修了滇西省道的小西门至碧鸡关段，在昆明设立了云南历史上第一个汽车站，唐继尧及随从还乘着汽车从小西门开到了碧鸡关，开创了云南第一次坐汽车在公路上行驶的纪录。1927年，龙云上台，此后把公路建设、汽车运输当成必须推进的"新兴事业"，1928年建成昆明至安宁34公里的汽车路，1929年在全省公路总局下设汽车营业管理处，还购买了8辆福特汽车进行客货运输，成为云南官办汽车运输的开端。此后，公路建设和汽车运输快速发展，到1937年抗战爆发前全省的营运汽车从8辆增加到了192辆，最多时达到230多辆，而营运里程从66.52公里增加到1179.21公里。1938年后，由于中国沿海口岸先后沦陷，滇越铁路、滇缅公路成为支撑中国抗战的重要"生命线"，云南不仅承担起维护这两条国际大通道的重任，而且成为保障中国战时物资供应的重要运输基地。其中，滇缅公路全长959.4公里，东起昆明，西抵畹町；在缅甸境内由九谷直通腊戍，长187公里。1937年之前，滇缅公路在中国境内仅仅是从昆明通到下关，长422.6公里，1938年修通了下关至畹町的路段，这条公路全线贯通，内与康、黔、川、桂四省公路连接，外与缅甸境内的公路、铁路相连，直达仰光海港，从而打通了中国西南地区的滇缅国际运输线。滇缅公路从1938年12月开通，至1942年4月被日军切断，在3年多的时间里成为当时世界上繁忙的道路之一，大批的军火、汽油、军工器材等急需物资运到国内，中国出口的钨矿、大锡、桐油和猪鬃等物资被运往境外，还运送4万人的中国远征军部队和他们所需的给养、弹药。1941年是滇缅公路运输的高峰期，当时国民政府西南运输处的数千辆汽车往返于滇缅之间，全年进入物资132193吨，每月平均运输量达到11016吨。

云南的航空业始于唐继尧治滇时期，他在1922年建成昆明巫家坝机场，还从法国人手中买了30架旧战斗机和15架旧教练机，开办了云南航空学校。1927年后，龙云也注重发展航空业，到1937年全省已修建24个机场，还成立商业航空委员会，同时发展军用、民用航空运输。抗战全面爆发后，云南的机场在1938年后成为国防的重要基础，为适应抗战需要，动员上百万民工，对已有的24个机场进行扩建、改建，还新修了28个机场。这50多个机场成为抗战期间盟军从空中打击日军、运输战略物资的重要基地，其中巫家坝机场是陈纳德率领的"飞虎队"的总部所在地，腾冲、呈贡、蒙自、陆良等机场是"驼峰航线"的主要起降机场，对打败日本法西斯、夺取抗战胜利产生了重大影响。

在广西，以李宗仁为首的新桂系在1934年制定《广西建设纲领》，明确了改革政权体制、改善捐税制度、发展交通、垦荒造林、改革教育等任务，在广西进行了大规模的建设。其中，新桂系的交通建设在1937年前取得一定进展，广西当局在1925年就拟订《全省修筑公路网》规划，计划修建五条干线和一条特别线，全长3700多公里。到1928年年底，广西完成了这一规划里程的50%，其中全线通车的省干线道路有七段。1931年以后，广西当局继续修建一批省道干线，同时督促修筑县、乡支线公路，共建成干线、支线公路2244公里，到1937年全省公路通车里程达到4409公里。广西河川交错,水运是重要的运输方式,广西当局对桂江、柳江、左江、右江、郁江等的河道进行了疏浚,保障了航运畅通,郁江、柳江和西江下游也成为20世纪30年代最繁忙的水上运输线路。

广西的航空运输和机场建设在抗战爆发前后有很大变化。1933年,广西与广东合办西南航空公司,资本总额200多万元。该公司设在广州,由官商合办,1934年夏正式开通广龙线,即由广州经梧州、南宁抵龙州,当天仍由龙州返回南宁,第二天再从南宁飞回广州。广龙线最初每星期对航两次,随着业务量加大,每星期增至对航3次。1936年,该公司又增设广河线,即由广州经南宁、龙州再到越南河内,每星期往返一次。1937年,广州受到日机空袭,该公司迁到桂林,1938年广州沦陷,战事吃紧,飞行受到威胁,西南航空公司停办,所有飞机交由空军使用。正是在1938年前后,由于抗战需要,广西扩建了柳州机场、融县长安机场、桂林二塘机场、龙州机场和桂林秧塘机场,并新建了梧州机场、武鸣永兴机场、邕宁下楞机场和都安机场。[1]

三 兴办教育

兴办教育是中国历代"教化边疆"、发展边疆的重要政策。秦汉以来,历代王朝、政权普遍重视边疆地区的"教化",即发展文化教育,增强边疆地区人民的"向心力"。统一王朝或者边疆政权的统治者都注重在边疆建立学校、发展教育。统一王朝在边疆开办学校、推广教育的事例很多。譬如东汉初年,锡光出任交趾太守,任延担任九真太守,由于南疆地区文化教育仍然落后,他们就建立学校,发展教育。分裂时期的边疆政权,不少也在发展教育方面颇有建树。譬如十六国时期,汉族建立的政权一般注意发展文化教

---

[1] 孙宏年:《中国西南边疆的治理》,湖南人民出版社2015年版,第205—213页。

育，张轨及其子孙长期统治河西、凉州地区，并收留了西晋末年前来避难的大量中原官吏、百姓，增设州郡，使这一地区得到迅速发展。不少政权是少数民族建立的，他们在辖区内往往建立学校，学习汉族先进的文化，使当地的文化教育水平有了很大提高。

进入近代以后，"文教救国"成为不少人的选择，赴外国留学、建立新式学堂、创办报刊等都是文化教育界的活动。1870年至1881年，容闳等人奉命组织幼童到美国留学，此后不断有中国各级政府派员留学。20世纪上半期，边疆地方与内地各省一样，不少人出国留学，其中既有中央和地方政府的公派名额，也有自费前往的。譬如西藏地区，十三世达赖时期曾多次派人到国外留学，1915年派人到英国学习电机、电报、采矿和军事，1921年派人到印度学习电话线架设技术和英语，1924年达赖还接见了从印度学习电工专业毕业回藏的曲丹旦达，以示嘉奖。

1912年以后，边疆地区文教事业特别是各类学校逐步发展。譬如龙云等在云南加快经济建设、发展社会事业，包括发展教育、修治道路、推广汉语等，尤其在边疆教育方面做了很多工作。1931年，云南省政府制定《实施边地教育办法纲要》，要求边疆地方筹设初级小学和民众学校，由教育厅开办边地师资培训班，选拔边疆地区的少数民族优秀子弟到省立第一师范学校等机构接受培训。1934年，云南省政府又公布《各土司地方行政建设三年实施方案》，要求地方督饬土司开展识字运动，筹设初级小学、简易识字学塾和国民补习学校；修治道路，种植森林等。这些部署和安排有的取得了一定成效，特别是边疆教育方面，云南先后举办6期边地师资培训班，培训毕业生200多人；到1935年全省共增设边区小学校377所382级，到1938年共有边区省立简易师范（初中）及省立小学37所，在校少数民族学生5383人。[①]

四 海疆开发

中国长期"以农立国"，历代王朝、政权对于陆地疆土特别是宜农地区极力经营，但同时并未忽视海疆的开拓、开发和经略，不少王朝、政权努力地向海洋进发。西周时期，姜尚在"封邦建国"时被分封到东方，以营丘（今山东淄博市）为都城建立齐国。齐国东临大海，华夏族的人民较少，地多盐碱，处在东夷各部族之中。姜尚确定"渔盐富国"战略，利用沿海优势，发展渔业、生产食盐，开发"渔盐之利"，使齐国建立后很快就强大起来。

秦汉以后，开发"渔盐之利"仍受到历代王朝重视，中国海洋捕捞业全面发展，沿海地区形成了有一定规模的渔场，比如台湾沿海在三国时就已形成，当地居民捕鱼量很大，一部分食用，剩下的生鱼肉放在大罐子里，用盐腌上，以后作为佳肴享用；今广东的沿海逐步形成了粤东汕尾、粤中万山、粤西北部湾和七洲洋四大渔场，我国渔民还很早就到西沙、东沙、南沙群岛周围的南海海域进行捕捞。在下海捕捞之外，我国沿海地区的居民在春秋时期就开始了海水养殖，以后逐渐出现了蚶田、蛏田、蚝田等，还利用自然条件种植潮田。

明清时期，海疆开发明显加快。台湾的大规模开发是在17世纪中期以后。1661年郑成功收复了台湾，此后营盘（新庄街）、鸡笼（今基隆）等地分兵屯田、招佃垦荒，并帮助当地的高山族居民改进耕作方法，以发展生产。清朝为封锁台湾，下令闽、粤沿海"坚壁清野"，要求沿海30里内的居民迁往内地，不少人不愿服从清朝统治，就渡海入台，台湾人口迅速增长，开发速度加快。郑成

[①] 潘先林：《民国云南彝族统治集团研究》，云南大学出版社1999年版，第169—173页。

功在收复台湾不久就与世长辞，郑经、郑克塽相继统治台湾，主要在台湾北部、中部、西南部的平原招民开荒，开垦的土地有18443甲（1甲约合11.31亩），约208590亩。1683年，郑克塽率部降清，而后清廷设台湾府，下设台湾、凤山、诸罗3县，隶属福建省。19世纪中期，鉴于美、日有侵占台湾的野心，清政府在台湾加强海防，并加紧了对台湾的开发。1875年，清政府决定解除渡台和进山垦殖的一切禁令，在福建、广东、香港等地设立招商局，往台者免费乘船，官府发给口粮、农具、耕牛和种子，鼓励入台垦荒。这次招垦取得了一定成效，一度从潮州招取2000多人。1885年，清政府决定设立台湾省，首任巡抚刘铭传对台湾开发做了规划，在任期间（1885—1891年）也采取了一系列措施，主要是丈量田亩，清理赋税；发展近代邮电信，架设电线475公里和海底电缆314公里，设立邮政总局和43个分局，又设电报总局和12个分局；修筑铁路，建成了新竹—基隆铁路，长一百多公里；建立机械厂，生产枪炮弹药，以加强防御力量。这些都成为台湾的近代化建设的良好开端，但刚刚有些起色之时，1895年台湾就被清政府割让给了日本侵略者，从此台湾遭受了50年的殖民统治，1945年重新回到祖国怀抱。

南海诸岛是南海中的明珠，无论是岛上，还是附近海域，都拥有丰富的热带海洋资源，麻风桐、草海桐、海岸桐等多种热带林木在岛上生长，鲣鸟、黑枕燕鸥等成群的海鸟在这里栖息、繁衍，岛上有厚厚的鸟粪，鲨鱼、旗鱼、飞鱼、马鲛、石斑鱼、鲻鱼、金枪鱼等多种鱼类在周围海域生活，另外还有多种海龟、海参、贝类、藻类。早在两千多年前，我国人民就已在南海上航行、生产，并发现了这些"明珠"，而后给它们命名并进行开发。清末，中国政府加强了在南海诸岛上的开发、建设，1908年我国海关曾计划在西沙群岛建立灯塔，以利于各国船只航行，1910年又制定章程准备开发东沙群岛。1909年，广东地方政府派水师查勘西沙群岛，为各岛屿命名、刻石，接着提出了开发西沙群岛的八条办法，并得到清中央政府的批准。当时，清政府计划在西沙的大小岛屿上开采矿砂、种植树木、发展畜牧、利用鸟粪，并准备在海南专门设置海港、无线电，以保证物资供应和通信联系。民国时期，南海诸岛由广东省政府管辖，并以一系列措施促进这些"南海明珠"的开发，如1928年广东曾派人对西沙群岛进行调查，1933年又制订开发西沙群岛的计划；1936年在西沙群岛上建成了气象台、无线电台和灯塔，1947年又举办西、南沙群岛物产展览会，并派人进行调查，为全面开发做准备。

结　语

中国历代边疆治理体系与边疆治理的实践密切相关，从先秦时期到20世纪上半期，经历从古代传统治边体系向近代治边理念的转变。无论是古代传统治边体系，还是近代治边理念，边疆治理体系包括治边思想和政治、经济、文化、社会等多领域的政策、措施。先秦以来的边疆治理实践和中国历代治边体系，为今天边疆治理留下了宝贵的历史经验。

首先，中华民族共同缔造中国疆域，近代以来并肩战斗、反抗外国侵略、维护国家统一，"大一统"思想等中国优秀传统文化是维护统一的"精神凝聚力"，又是历代边疆治理体系的"内核"。

先秦至17世纪初期，近四千年间中国始终保持着"内聚力"，统一多民族国家是中国历史发展的导向和主流，而且国家统一的规模一次比一次扩大。清前期形成1300万平方千米的疆域，实现了前所未有的国家统一，并且奠定了今天中国的历史版图。无论是汉族，还是边疆地区的夷、狄及女真、契丹、蒙古族、满族等少数民族，都是中国历史上的民族，它们都为中国历史发展和中国疆土的形成作出了贡献。

对于中国各民族共同缔造疆域的历史，20世纪以来日本、美国等国的"学者"提出"异族统治中国"、清朝"满族特性"等谬论。这不仅缺乏对中国疆域发展"自然凝聚"特点的学术考察，而且有意或无意地无视浩如烟海的中文文献证据，"差之毫厘，谬以千里"。《大清一统志》及其修纂就是典型的文献证据。《大清一统志》是清朝中央政府继承中国古代编修志书、维护"大一统"的传统而成的官修地理总志。隋代编纂的《区宇图志》是中国第一部官修地理总志，唐代《元和郡县图志》、元代《大元大一统志》和明代《大明一统志》都表明"大一统"王朝修纂一统志、维护国家统一的强烈意识。康熙十一年（1672年），清朝就提出修纂一统志，表明其统一王朝的合法性和"正统地位"。康熙二十四年（1685年），清朝开设一统志馆，正式启动《大清一统志》编修工作。[①]至道光二十二年（1842年），《大清一统志》最后成书。道光二十二年十二月二十二日（1843年1月23日），道光帝专门撰写序文，强调"大清之受天命有天下、增式廓而大一统者，于今二百年"，"列祖列宗威惠滂流、声名懿铄，幅员之广、教化之洽、地理物华之盛、官方名事之详，且备义绳，轩驾以来未之有也"。道光帝还指出，"昔《禹贡·九州》为后世方志之祖，《周礼·大司徒》以天下土地之图，周知地域广轮之数"，《汉书·郡国志》以下记载日详，唐、宋以来有《元和郡县图志》《元丰九域志》"专详地理，自为一编，顾政教所及皆弗克进"，清朝"上继五帝三王之盛信"，他"深知守成之难，不殊于创始，原与内外百执事勉固封守

[①] 李金飞：《清代疆域"大一统"观念的变革——以〈大清一统志〉为中心》，《中国边疆史地研究》2020年第2期。

而阜兆民"。①在撰写这篇序文之前，道光二十二年七月二十四日（1842年8月29日）清政府已被迫与英国签订《南京条约》。在割地赔款之后，道光帝强调清朝"上继五帝三王之盛信"，"受天命有天下、增式廓而大一统"，又深感"守成之难"和维护国家统一任务艰巨，强调作为先秦以来中国历代疆土和文化的继承者，他要和"内外百执事勉固封守而阜兆民"。这恰恰表明：中国疆域由中国各民族共同创造，是中华民族的共同家园，清代中国疆域继承、发展先秦以来中国历代疆域的"自然凝聚"②，先秦以来中国历代王朝的疆域是清前期中国疆域的历史基础。

在中国疆域发展、"自然凝聚"过程中，中华文化的传播产生了重要影响，中华文化认同是中国疆域"自然凝聚"的基础，又是各民族（部族）维护统一的心理基础。中国是世界上的文明古国之一，是世界上各早期文明国家中唯一没有中断自身文明发展过程的国家。今天，古代印度、巴比伦、埃及、希腊等或者多次更换主人，或消失在历史的风烟之中，唯独中华文明得到了继承和发扬。中国历史文化一脉相承，先秦时期奠定了几千年中华文化发展的基础，秦汉至宋元时期中华传统文化走向成熟并迈向新的高峰，明清以降形成了具有深远影响的丰厚遗产。这个时期的中国，传统文化积淀愈益深厚，"大一统"趋势愈益强化，新生社会因素愈益彰显。中国历史文化具有自身的独特优势，爱国主义精神自古以来就流淌在中华民族血脉之中，"大一统"是中国历史文化中追求统一的传统，重视文化建设、"以文化人"，崇尚善治、"知人安民"，鉴往知来、重视历史、善继善述，讲求"天下一家"，崇尚"和为贵""和而不同""兼爱非攻"等理念，憧憬"大道之行，天下为公"

---

① 爱新觉罗·旻宁：《御制大清一统志序》，《嘉庆重修一统志》，道光二十二年（1842年）修成，上海书店1984年影印四部丛刊本。
② 关于中国疆域的"自然凝聚"，参见李大龙《试论中国疆域形成和发展的分期和特点》，《中国边疆史地研究》2011年第3期。

的美好世界。① 这些优势，特别是"大一统"思想，为中华民族共同缔造、维护中国疆域提供了强大的"精神凝聚力"。

这种凝聚力在近代反抗列强入侵、守卫边疆的斗争中发挥着重要作用，比如20世纪30年代，龙云依据中央政令在边境地区设置设治局，对土司重新任用，使他们成为中华民国的官员，有力地维护边疆地区的领土主权。1935年11月至1936年2月，方国瑜到滇西考察，在班洪地区看到当地首领胡玉山保留的两份重要文书，一份是清朝光绪十七年（1891年）云贵总督王文韶的官牒，内称"上葫芦土目胡玉山，着赏给土都司衔"；另一份是1934年4月20日云南省主席龙云"任命胡玉山为班洪总管"的委任状。他的儿子一位取名"胡忠国"，一位名叫"胡忠汉"。胡忠汉在1935年继任"班洪总管"，他对方国瑜表示："我不大会说汉话，我说一句就是一句，我数代人服汉朝，汉朝对我家好，我不能背叛先祖，不能背叛汉朝；炉房银厂是汉朝的，我们为汉朝看守，我不能失了先祖之意，洋人来，我一定要打，这是我的责任。"② 胡玉山在1934年后成为中华民国的地方官——"班洪总管"，他恭敬地保存着从清朝到中华民国的任命文书，他儿子又强调"不能背叛汉朝""为汉朝看守"国土，都说明他和当地爱国官员都很看重"新汉朝"对自己的任命和认可，并且担负着维护国家统一、守土固边的神圣使命。

第二，中国历代的边疆治理制度是一项"体系性工程"。边疆治理思想、政策、制度密切相关，需要"文治""武功"兼备，需要"软、硬"结合、"两手抓"。

在历代边疆治理的过程中，治边思想是治边政策、制度的基

---

① 高翔：《中国历史文化具有一脉相承的优秀传统》，《人民日报》2020年10月26日第9版。

② 方国瑜：《滇西边区考察记》，云南人民出版社2008年版，第3—36页。

础，治边政策、制度则体现为边疆治理的政治、经济、军事、文化、社会等方面的法令、规章及其体系，而且中国历代边疆治理政策、制度在时间、内容、空间三个维度上各有特点：一是按照形成、发展、演变的时间，可以分为古代、近代和当代三个时期，古代边疆治理政策、制度在秦汉时期初具规模，经隋、唐、元、明诸统一王朝的充实、完善，到清朝形成完整体系。[①] 近代治边政策萌生于鸦片战争以后边疆治理的实践，中华民国时期（1912—1949年）逐步调整。中华人民共和国成立后，中国共产党坚持马克思主义，结合中国边疆治理的实际，在边疆治理的实践中不断发展、创新，形成并完善当代中国边疆治理政策、制度。

二是中国历代边疆治理政策、制度是"系统性工程"，涉及政治、军事、经济、社会、民生诸多领域，主要包括：（1）"设官置守"，即中央政府设置主管机构，地方设置行政区划和管理机构；（2）驻军守边，派驻军事力量戍守边疆，组织屯田；（3）民族宗教政策，既包括笼络边疆民族首领和上层的怀柔、羁縻政策和土司、土官制度，又包括宗教事务管理政策、制度和以"和亲"为主要形式的政治联姻；（4）经济开发与社会发展方面，"文治"与"武功"相辅相成，通过修筑道路、移民实边、兴修水利、发展农业和工矿业、兴办教育等政策，加快边疆地区经济发展，加强边疆地区与内地人民的交往、交流、交融，强化边疆地方与中央政府的政治、经济、文化联系。

在历代边疆治理的过程中，边疆治理的思想、政策、制度形成"文治""武功"兼备、软硬结合的传统，一方面，在一定时期需要"武功"，需要以军事行动"威加海内"、开拓疆域，又设置军事、行政机构以巩固边疆，与此同时往往以"文治"相辅助，任命

[①] 马大正：《中国疆域的形成与发展》，《中国边疆史地研究》2004年第3期。

边疆地区首领担任土司、土官，以"和亲"为主要形式进行政治联姻，以笼络边疆民族首领和上层，稳定边疆地区形势；另一方面，在"武力开边"的同时，历代王朝、政权都重视在边疆地区修筑道路、移民实边、兴修水利、发展农业和工矿业，特别是采取多种措施兴办学校，发展文化教育事业，以推行"教化"，增强边疆各族人士的"向心力"、凝聚力，增进边疆地方与中央政府的政治、经济、文化联系，加强边疆地区与内地人民的交往、交流、交融。唐朝前期的边疆治理就是较为典型的例证。唐朝一方面致力边疆开拓，设置军政机构治理边疆，任用少数民族首领担任封疆大吏，另一方面采取"和亲"、贸易等措施，加强边疆与内地的经济、文化联系，这就使唐朝得到"四夷"的拥护，治理方面取得前所未有的成就。边疆民族的首领不断表示出对唐朝的拥护，如630年四夷君长为唐太宗上尊号为"天可汗"，647年回纥各部开通了通向长安的"参天可汗道"，729年吐蕃赞普上表称唐蕃已"和同为一家"。

第三，边疆治理需要处理好稳定与发展的关系。在中国古代边疆治理政策中，边疆地区政治、经济、文化的发展具有不平衡性。从理论上讲，政治上的稳定为经济、文化的发展提供了保证，边疆地区经济、文化的发展则有利于边陲的稳固，完全可以实现良性的互动关系。历史事实却表明，虽然中国边疆地区的经济、文化水平在逐渐地发展，一些王朝、政权也制定各种政策、措施，大力开发边疆，但总体上看仍对政治上的安定往往强调较多，而边疆的开发则相对滞后；大多数的王朝、政权非常注重与边疆民族首领的经济往来，以"贡赐"贸易等形式增加他们的财富，让他们感受到朝廷的恩惠，对于一般百姓的生活质量并不太关心；在边疆发展文化教育，也往往更关心能否在政治上达到"教化"作用。这就使边疆的政治、经济、文化发展进程出现明显的不平衡，政治上对稳定的要求往往强于经济、文化发展的需要。

边疆发展中，政治、经济、文化的不平衡，一方面造成了边疆地区长时期的发展缓慢，另一方面也妨碍了政治上的稳定，出现宁可耗资巨万用兵镇压"反叛"，也不花费人力、财力、物力开发边疆的现象，而且又导致恶性循环。这在元、明、清时期中央政府治理西藏政策上就有所反映。13世纪中叶，西藏正式成为中原王朝直接管辖的行政区域，此后七百多年间元朝、明朝、清朝和中华民国始终对西藏进行有效管辖，历届中央政府治藏政策的主要特点是：（1）中央政府设立专门机构管理西藏事务；（2）中央政府在西藏地方派驻军队，设官置守，或者任命流官，或者册封、任命当地政教上层人士，并且清查户口、设置驿站、征收赋税，充分、有效地管理西藏事务。（3）充分利用维护统一、拥护中央的爱国力量，让他们在西藏治理中发挥应有的作用，尽可能地安抚、笼络西藏地方的僧俗上层人士。

元朝、明朝和清前期的西藏治理政策有一定成效，但19世纪中期以后这些政策无法适应国内外形势的变化，又有其不可否认的消极作用：（1）以安抚僧俗上层为核心的羁縻政策占主导地位，当中央政权衰落、国外势力侵略时，安抚、羁縻政策非但无法维护边疆的稳固，反而使西南边疆危机不断加深。（2）尽管中央政府和清代一些驻藏大臣也关注民生，但是总体上看更强调政治上的稳定，政教合一的封建农奴制度因此得以长期延续，使西藏社会长期处于停滞状态，广大农奴在官家、贵族和寺院上层僧侣三大领主组成的农奴主阶级压迫下饥寒交迫。

第四，边疆治理需要关注"人—地关系"问题，即边疆人口与资源、环境的关系，特别是边疆开发与环境保护的关系。边疆地区往往地广人稀，汉朝起历代中原王朝就把移民实边作为稳固边防、开发边疆的重要政策。到明清时期，内地移民不断迁往边疆地区。在台湾，明末清初已经大陆移民，清朝平定郑氏政权后移民不断迁入，到 1887 年台湾建省时大陆移民及其后裔已有 320 万。在东北地区，清朝统治者视为"龙兴之地"，清朝初年曾允许内地汉人迁移到辽阳一带，又将大量汉族的犯人安置在东北，不久禁止移民。19 世纪中叶，在俄国侵占黑龙江以北、乌苏里江以东大片国土后，清政府下令开放东北，内地加快"闯关东"的移民步伐。这些移民与当地各族人民一起开发台湾、东北，抗击外来侵略。这些内地对边疆的开发性移民，有利于减轻内地的人口压力，推动人口的合理分布，也能大大加快边疆的开发进程，提高边疆地区的经济、文化水平，有利于巩固国家的统一。[①]

清末和中华民国时期，内地移民大量迁往边疆地区，特别是东北、蒙古地区向移民开放，"闯关东"的山东、河北移民大量流入，边疆开发初见成效。1861 年，清政府批准招民开垦吉林西北的荒地，东北边疆的移民实边正式开始。在奉天（今辽宁省）境内，内地移民对鸭绿江流域进行自行开发，到 1869 年时已达 96000 多垧，按当时东北地区 1 垧合约 15 亩计算，已有 154000 亩；西北的昌图、洮南等地区，清政府也招人开垦，或认可了移民的自行开发。随着人口的迅速增加，清末设立了辉南直隶厅和昌图府、洮南府。

中国历代边疆开发成就值得肯定，同时我们也要关注开发过程中对环境的消极影响。土地沙漠化的出现和蔓延，既与自然环境自身的变化有关系，也与人为因素有关。历史上的滥垦滥牧就是主要的人为原因之一，比如在今天河北省的围场满族蒙古族自治县地区，原来是清代的木兰围场，林木茂盛，人口稀少，老虎、野猪、狼等栖息其间。19 世纪中期起，清政府批准在这一地区大规模移民开垦，清光绪二年（1876 年）因人口的增加设立围场厅，以后外来移民继续增加，到 1934 年时耕地已达到了 100 万亩，接近了

---

① 葛剑雄：《中国人口发展史》，四川人民出版社 2020 年版，第 432—436 页。

今天的耕地数量。在半个多世纪的开垦中，围场内的植被大量破坏，水土流失日益严重，出现土壤沙化问题，而且面积不断扩大。这个例子告诉我们，仍应总结历史上边疆开发与环境保护的关系及其得失，以古鉴今，制定科学的边疆开发政策。

第五，边疆治理需要了解周边形势的变化，特别是15世纪新航路开辟以来，全球化进程不断加速，中国边疆治理越来越受到外部环境的影响，需要在了解"世界大棋局"的基础上制定边疆治理政策。

15世纪末16世纪初，迪亚士、哥伦布、达·伽马等欧洲航海家和冒险家开辟绕非洲到东方的新航路，发现美洲"新大陆"。"新航路不仅促进了欧洲与撒哈拉以南非洲以及亚洲的直接联系，而且便利了东西半球以及大洋洲之间的互动"，就是在大约1500年至1800年，"世界各地区之间建立了广泛的联系，从而把人们带入了世界近代历史的早期阶段"。在近代早期阶段，"全球化进程涉及世界各地的人们，影响着他们的社会发展"。[1] 16世纪初期，明朝文献中称为"佛郎机"的葡萄牙舰队1517年就在广州城外"进贡请封"，在1520年一度强占广东东莞县的屯门岛，1524年起在中国沿海进行走私贸易，而后通过贿赂明朝官员从1557年起居留于珠江口的濠镜（今澳门），营造房屋、村落，1572年起向中国政府缴纳地租，长期定居、通商。[2] 此后，西班牙、荷兰、英国殖民者陆续出现在中国东南沿海，中国遭遇了欧洲列强殖民扩张的"西力东渐"，中国的"夷夏之防"开始转变为"中外之防"。

17世纪，西班牙、荷兰殖民者一度侵占中国台湾，欧洲殖民者还把南亚、东南亚地区作为殖民扩张的重点区域，中国周边形势

---

[1] ［美］杰里·本特利、［美］赫伯特·齐格勒:《新全球史》（第五版），魏凤莲译，北京大学出版社2014年版，第172—209页。

[2] 樊树志:《晚明史：1573—1644》（上），复旦大学出版社2015年版，第1—174页。

日益恶化。其中，英国在16世纪末走上殖民扩张道路，17世纪末期英国战胜荷兰后取得海上贸易和殖民扩张的优势，到18世纪末期相继击败法国、荷兰、西班牙等国，19世纪初期在亚洲夺取锡兰（今斯里兰卡）、新加坡、马来半岛和印度洋中若干岛屿等战略要地，基本完成对印度全境的殖民占领。[①] 廓尔喀（今尼泊尔）在1814年11月遭到英国殖民者入侵，1816年3月被迫签订《萨高利条约》，此后逐步被英国控制。[②] 1815年1月，为抵抗英国入侵，廓尔喀国王致信中国驻藏大臣喜明、达赖喇嘛等人，向中国求援，强调"披楞"进犯该国，该国"兵丁甚多，只缺少钱粮"，强调"廓尔喀地方保守得住"，西藏"方才清吉"，"若没了廓尔喀"，西藏"也难以保守"，请求中国援助钱粮。[③] 面对廓尔喀的求援，喜明并不了解"披楞"[④] 是来自欧洲的英国人，嘉庆帝得到奏报后仍未深究"披楞"是什么人，谕令喜明廓尔喀与"邻邦"交兵，"既在边境之外，总当置之不问"，让他回复廓尔喀国王"大皇帝抚育万国，一视同仁"，不便援助。[⑤] 廓尔喀孤立，无力抗击"披楞"，此后被英国逐步控制，而且清朝决策者既不了解"披楞"真实"身份"和世界格局变化，又不分析"披楞"侵廓之后的严峻形势，未及时调整防御对象和军事部署，以致唇亡齿寒，数十年后英军入侵中国西藏。[⑥] 不仅如此，1840年英国侵略者用坚船利炮攻击

[①] 于沛、孙宏年、章永俊、董欣洁：《全球化境遇中的西方边疆理论研究》，中国社会科学出版社2008年版，第1—8页。

[②] 王宏纬主编：《尼泊尔》，社会科学文献出版社2015年第2版，第123—127页。

[③] 中国藏学研究中心等合编：《元以来西藏地方与中央政府关系档案史料汇编》（3），中国藏学出版社1994年版，第837—842页。

[④] "披楞"是18世纪晚期以来涉藏汉文史籍中对来自南亚的欧洲人（后来主要是英国人）的称谓，这是对于藏语词的音译，详见扎洛《"披楞"琐议》，《中国藏学》2011年第3期。

[⑤] 中国藏学研究中心等合编：《元以来西藏地方与中央政府关系档案史料汇编》（3），第842—843页。

[⑥] 孙宏年、苗鹏举：《清代西藏地方军事地理格局的演变》，《中国边疆史地研究》2020年第3期。

广州、厦门等东南沿海地方时，清朝决策者中不少人仍把"口英咭唎"当成"朝贡"的"蛮夷"，而林则徐、魏源等人"开眼看世界"，才促使朝野上下逐步意识到"世界大棋局"已经发生重大变化，海疆和陆地边疆治理政策逐步转变。这一教训值得后世永远铭记。

第九章

民族治理

民族治理是中国古代统一多民族国家治理体系的重要组成部分。自先秦以来，"华夷"在天下体系中的地位安排，大一统下"华夷"关系的调整，便是"大一统"治理观念和治理格局的题中应有之义，也构成了古代民族治理的基本内容和原则框架。同时，古代民族治理体系的演变，也是中华民族多元一体格局与统一多民族国家发展巩固历史进程的一个重要内容。因此，本章关于古代中国"华夷"与"大一统"治理格局的整体论述，以及历史上民族治理在中央和地方、礼仪文化等层面的分析，既包括各王朝和地方政权调整民族关系、管理边疆民族的相关政策和制度安排，也包括这些政策和制度随大一统观念和格局变化、与中华民族多元一体格局发展相互作用而产生的演变。

第一节　中国历史上的"华夷"与"大一统"

在关于历史上中国统一多民族国家和中华民族多元一体格局形成与发展的研究中，"大一统"和"华夷"的关系是最为核心的问题之一。对此，有学者概括为："中国古代由众多民族发展、确立为统一国家的过程，也就是'大一统'与'夏夷之防'矛盾对立统一的过程。"并且指出："2000年间，历代关于民族问题有过种种议论与对策，时移势异，各不相同，但基本精神总离不开在'大一统'思想主导下强调'夏夷有别'。"① 在中国古代民族关系发展和中华民族凝聚力形成的过程中，"大一统"思想作为一个有着丰富内涵的政治思想体系，逐渐发展为中华整体的观念。② "大一统"的政治和理念，因此成为中国统一多民族国家巩固与发展的历史和心理基础。在关于中国古代国家治理的研究中，"大一统"同样受到重视，有学者指出："秦汉以后，实现大一统国家的治理方式，是历代统治者追求的治理目标。""大一统……既是历代封建王朝治理国家的一个重要工具，也是国家治理自身的重要内容。"③ 可以说，自秦汉以来，"大一统"既表现为一套政治文化，也是一套国家治理体系。作为政治文化，"大一统"是历代国家治理的目标和价值观；作为治理体系，"大一统"则是以皇权为中心的中央集权而发展出的一系列制度、政策等。"大一统"政治文化和政治过程的互动，造成了中国历史上统一国家的不断发展；而"大一统"的观念，直到近代仍然发生影响，成为当时人解决现代国家建构和民族关系问题的重要思想基础。④

另一方面，也有学者指出，"大一统"是"王政在具体实施过程中展现出的复杂治理技术和与之配行的政治文化观念"。⑤ 以清朝为例，其"大一统"不能简单理解为地域扩张或自上而下对各民族地区实施行政化的管理过程，还应当认识到它是对不同的族群文化

---

① 陈连开：《传统的民族观与中华民族一体观》，《中华民族研究初探》，知识出版社1994年版，第77、80页。
② 卢勋等：《中华民族凝聚力的形成与发展》，民族出版社2000年版，第557页。该书第七章《大一统思想和中华整体观念的形成》由刘正寅撰写。
③ 卜宪群：《谈我国历史上的"大一统"思想与国家治理》，《中国史研究》2018年第2期，第14页。关于大一统国家的边疆与民族治理，卜宪群也有初步的说明。参见卜宪群《德法相依 华夷一家》，《学习时报》2019年12月13日第7版。
④ 杨念群：《论"大一统"观的近代形态》，《中国人民大学学报》2018年第1期。
⑤ 杨念群：《我看"大一统"历史观》，《读书》2009年第4期。

采取吸收融汇乃至兼容并蓄的政策。① 实际上，"华""夷"的分类与区隔，华夷关系的调节与华夷秩序的安排，同样是中国古代国家治理的重要内容，体现在"华夷之辨""夏夷之防""华夷无间""华夷一体""华夷一家"等政治原则中，也贯穿于和亲联姻、遣使会盟、册封朝贡、羁縻互市等具体的政策和制度过程。"大一统"的治理目标和手段，无疑规范、影响着这些治理内容；而历史上"华""夷"关系的变化，又往往在"大一统"的具体观念内涵及其治理手段上对其产生重要影响。可以说，理解"大一统"与历史上"华夷"关系演变的互动，是研究中国历代民族治理的基本前提。

一　大一统的治理目标与"夷夏之防"和"华夷一统"

（一）先秦时期的"天下"与"华夷"

在中国古代文明形成初期，便有对不同文化基础上形成的民族之别的认识。② 商、周国家形成，尤其是周朝建立后，形成以王畿为"中国"、抚绥四方诸侯的观念和制度。随着"中国"内涵扩大为指代黄河中下游一带以及雏形中的华夏民族，"四方"也涵括了不同地理单元和民族。在周天子以"王一人"一统"天下"的观念之下，"中国"与"四方"构成的"天下"，皆归一统，从这个意义上，可以说是华夷一统在周代即有明确表现。③ 这从"溥天之下，莫非王土；率土之滨，莫非王臣"④ 以及分海内（包括"夷

---

① 杨念群：《重估"大一统"历史观与清代政治史研究的突破》，《清史研究》2010年第2期。

② 相关记载可参见田继周《先秦民族史》，四川民族出版社1988年版，"传说时代和夏、商时期"部分。关于中国历史上民族的形成，学术界有着不同的观点。但在近代以后的中国历史研究中，通常将古代具有一些民族特征的人群，即在一定文化基础上形成一定认同意识，并且形成某种人群区分边界的人们共同体，都称为"民族"。本书也沿用此约定俗成的用法。

③ 卢勋等：《中华民族凝聚力的形成与发展》，民族出版社2000年版，第560页。

④ 《诗·大雅·北山》。

狄")为甸服、要服、荒服等记载中亦可看出。而西周时期所形成的"天下""中国""四方"等观念,也逐渐演变为春秋战国时期"大一统"和华夷观念的认识基础。

公元前 8 世纪以后,西周王室衰微东迁,诸侯之大者纷纷称霸,齐桓公首先以"尊王攘夷"的旗号,号召天下。"攘夷"之所以成为称霸这一政治需要的重要合法化基础,一方面是四方"蛮夷戎狄"势力兴起的结果,另一方面也体现出"诸夏"民族意识的增强。在这样的背景下,"华夷之辨"与华夷之间的关系乃是春秋各诸侯国政治实践和各派思想争议的重点。就诸侯各国的实际政治而言,认同为"夏"的诸侯,在"攘夷"之外,逐渐认识到"和戎狄"为"国之福";[1] 而四方自我认同为"夷狄"的楚、吴、越、秦等国,也在"尊王""争霸"的过程中逐渐与华夏相通相融。在政治思想上,孔子代表的儒家思想,虽强调"裔不谋夏,夷不乱华",[2] 但还是将区分华夷之最高标准,解释为是否行用夏(周)礼,称:"夷狄之有君,不如诸夏之亡也。"且认为夷狄是可以以周礼教化的。《论语·子罕》记载:"子欲居九夷,或曰:'陋,如之何?'子曰:'君子居之,何陋之有?'"无论如何,春秋时期的华夷之辨,仍然是以周天子一统为出发点来考虑的。

进入战国时期,诸侯争霸的结果,是形成了几个比较大的诸侯国,周天子已经完全失去"一统"之号召力,而原有被认为是"夷狄"的诸侯国,已经成为华夏的一部分。"天下""一统""华夷"等观念和认识,遂产生自周天子"一统"之后另一番新面目。

首先,是政治和地理空间认知有所变化。《战国策》记载赵国马服君对都平君田单曰:"古者四海之内,分为万国。城虽大,无过三百丈者。人虽众,无过三千家者;而以集兵三万距,此奚难

---

[1] 《左传·襄公十一年》。
[2] 《左传·定公十年》。

哉？今取古之为万国者，分为战国七，能具数十万之兵……"① 由此可窥见当时的人们，已经明确认识到：周天子以一国领天下万国的格局，已经转变为四海之内，七国论长雄之形势。事实上，由于七国在疆域上的开拓，时人对七国范围的地理界定，已经远超周天子实际所领"天下"范围。此外，经过长期的交融，七国在文化上已经被认为是同为华夏（中国），均为"冠带之国，舟车之所通，不用象译狄鞮"②；与之相对的，则是分在四方之东夷南蛮西戎北狄，他们因"言语不通，嗜欲不同"而与"中国"共同形成"五方之民"格局。③ 从五方之民格局的表述来看，虽然"四海"内外、"九州"内外仍是区分华夷的基本地理认识，但总的来说，当时人一般来说是将五方之民共同纳入"天下""四海"等地理和政治格局中考虑的。

其次，是天下统一的政治理想逐渐明晰。战国诸子，虽然各有主张，但在将天下统一于某一王者这一点上，却有相似之处。孟子虽认为梁襄王"不似人君"，但当回答其猝然而问之"天下恶乎定"这一问题时，仍毫不犹豫地说："定于一。"④《吕氏春秋》则称："天下必有天子，所以一之也。天子必执一，所以抟之也。一则治，两则乱。"⑤ 而君王所统之天下，也是包含华夷的。战国秦汉时期成书的《春秋公羊传》以阐释《春秋》"微言大义"的方式，开篇即表明："何言乎王正月？大一统也。"所谓"大一统"，一般即解释为以一统为大。王者"一统"之范围，《公羊传》做如下解说："曷为外也？《春秋》，内其国而外诸夏，内诸夏而外夷狄。王

---

① 《战国策·赵策三》。
② 《吕氏春秋·审分览·慎势》。
③ 《礼记·王制》。
④ 《孟子·梁惠王上》。
⑤ 《吕氏春秋·审分览·执一》。

者欲一乎天下,曷为以外内之辞言之?言自近者始也。"① 意即所谓"内外",是治政的自近及远,而非天下有"外内"之分。

最后,是天子一统下"同服不同制"的天下秩序的设计。将天下各国、各诸侯、各人群以天子为中心,做由近及远的同心圆式区分,规定其对天子的义务,即畿服制,自西周以来就有了,春秋至战国秦汉诸书如《尚书·禹贡》《礼记》《逸周书》《国语》《周礼》《荀子》等均有记载,服数不一。此一"先王"之制的意旨,见于《荀子》,曰:"彼王之制也,视形势而制械用,称远迩而等贡献,岂必齐哉!……故诸夏之国同服同仪,蛮、夷、戎、狄之国同服不同制。……夫是谓视形势而制械用,称远近而等贡献,是王者之至也。"② 战国时众家所论之畿服制,尤其是儒家之说,有借"先王"之制而设计天下秩序的需要。结合《礼记》等的记载,儒家对大一统的制度设计,除王权至上、天下"同服"之外,还有"修其教,不易其俗;齐其政,不易其宜"③ 的一面。

(二)秦汉以后大一统治理目标下的华夷观念

秦之一统,不仅实现了王权对诸夏领域的一统,而且南平百越,北击匈奴,并南越、西南夷、西戎,建立起空前广大的多民族统一国家;制度上则将秦政,即中央集权的郡县制度,推广至所有统治区域,并推行书同文、车同轨、行同伦。战国后期以来的大一统政治理想成为现实。但秦朝很快灭亡,经楚汉争霸,汉高祖铲除诸王,短暂的分封局面结束。但另一方面,汉初政治又面临东方同姓诸侯不行汉法、北方匈奴为敌和承秦之法治而无礼(德)治等问题,文帝、景帝之时,遂有贾谊、申公等人主张"改正朔、易服

---

① 《春秋公羊传·宣公十一年》。
② 《荀子·正论》。"仪",王念孙解为制度,而非风俗;"至",或解为"志识",王念孙曰"至"当为"制"。
③ 《礼记·王制》。

色"等，以儒家之礼义制度，巩固西汉之大一统。①武帝即位，举贤良之士征求对策，称："朕获承至尊休德，传之无穷，而施之罔极，任大而守重，是以夙夜不皇康宁，永惟万事之统，犹惧有缺。"②可见，天下一统，"传之无穷""施之罔极"的大一统政治理想至此已经成为帝王孜孜以求的治理目标。

在思想文化上，董仲舒发扬《春秋公羊传》的大一统思想，称"《春秋》大一统者，天地之常经，古今之通谊也"。③更是将"大一统"思想放到至高无上的位置，可说是正适合汉武帝追求一统政治的目标。不过，武帝之"独尊儒术"，事实上是以儒家的"德治"，做统一思想的工具，以儒补法，巩固大一统的儒法国家基础；对外则北击匈奴，建河西四郡，南括南越，收西南夷为郡县，完成空前的统一事业。在此意义上，公羊学的"大一统"思想契合了汉武帝及其后西汉王朝的实际，公羊学说因此成为两汉时期主流的意识形态。至汉末，何休又发扬光大其学说。千百年来，"大一统"以统治精英的政治理想为依归，"深入人心，变成我国民族间之凝聚力"。④

在"大一统"这一总目标下，历代的夷夏之防和华夷一统实际上成为一体两面之关系，这体现为：

第一，强调"夷夏之防"还是"华夷一体"，取决于不同力量对比下的策略选择。汉初，"匈奴侵甚"，汉朝以和亲岁贡为羁縻手段，儒士贾谊认为此为"入职贡于蛮夷，顾为戎人诸侯也"之"倒悬"状态，故上"三表五饵"之策，以"厚德怀服四夷，举明义，博示远方"，复使天下归于天子为"天下之首"、"蛮夷"为

---

① 陈苏镇：《汉代政治与〈春秋〉学》，中国广播电视出版社2001年版，第125—149页。
② 《汉书》卷五六《董仲舒传》。
③ 《汉书》卷五六《董仲舒传》。
④ 杨向奎：《大一统与儒家思想》，北京出版社2011年版，序言，第1页。

"天下之足"的正常状态。① 武帝之时，欲伐匈奴，严夷夏之防；及至后世，匈奴衰弱，为汉属国，夷夏之防的观念又转向夷夏一统。故东汉有郑玄注"天子"云："今汉于蛮夷称天子，于王侯称皇帝。"② 公羊家何休更发挥三世说，将华夷一统的过程嵌入其中，即："于所传闻之世"，"内其国而外诸夏"；"于所闻之世"，"内诸夏而外夷狄"；"至所见之世"，"夷狄进至于爵，天下远近大小若一"。③ 此后，儒家阐发之华夷等级分服而治与"天下远近大小若一"两种略有差异的观念，成为历代最常引用的处理华夷关系的思想资源。

第二，历史上分裂时期和统一时期各政权提出的"华夷之辨"和"华夷一体"等主张，是不同条件下维护统治合法性、争据正统要求的组成部分。东汉之后的魏、晋、南北朝，是长期分裂战乱的时期，也正是在这一时期，各分立政权为维护自身统治的合法性，以"正统"自居，而正统的重要内容，一是"统一天下"，"四海宾服"，这在当时事实上不可能，但皆为各民族的统治者所标举；一是以己为中国、以敌国为"夷狄"的华夷之辨。至隋唐一统天下，唐太宗遂倡"自古皆贵中华，贱夷狄，朕独爱之如一"之民族观。④ 五代以后，两宋偏安，儒者发挥大一统为正统之义，以为宋虽非大一统国家，却因文化"道统"所在而实为正统，辽、金、西夏等则为夷狄。辽、金、西夏等政权的统治者，也都自称"中国"，以己为正统。元明清时期，又形成了中国历史上的大统一局面。元代统治者以天下共主自居，不辨华夷。元末朱元璋在反对元朝统治时，以"驱除鞑虏，恢复中华"为号召，但稳定统治之后，又恢复以"华夷无间""皆朕赤子"的观念安定天下。清朝建立了巩固的

---

① 《新书·解县》。
② 《礼记·曲礼下》。
③ 《春秋公羊传·隐公元年》何休注。
④ 《资治通鉴》卷一九八《唐纪十四》。

多民族统一国家，为稳固统治，更形成以推重"大一统"政权为核心、以政权承绪关系为主线、取消华夷之别为特征的正统论。[1]

第三，在地方和边疆治理中，以大一统的中央集权制度为前提，表现出严夷夏之防与重华夷之变等不同的政策导向。此点将在以下部分作详细说明。

二 大一统下的"一道同风"与"因俗而治"

（一）郡县制框架下的灵活治理

中国自秦汉以来建立的中央集权的统一王朝，毫无例外都是多民族国家，包括各地方割据政权，也大多是多民族的。历史上各个政权对于不同文化区域和民众，往往在中央集权的国家体制下，采取一些较为灵活的治理方式。秦汉国家建立之后，在郡县（郡国）的框架下，对周边民族根据情况采取了不同的统治方式，如有"蛮夷"之县，则设道以统治之，在法律上给予其一定宽贷；西汉平南越和西南夷后，在其地设立郡县，但仍令其君长治之，因其故俗，不征赋税；汉武帝击破匈奴，将其分为五属国以领之；又设"护乌桓校尉"以监领匈奴左地。魏晋南北朝时期，在因故俗治之、封首领王侯、设官员监护等政策基础上，南朝有左郡左县之设，以当地民族首领为太守、县令等职；北朝有胡汉分治之制。隋唐统一之后，以民族首领为地方行政官员之职的羁縻府州大面积推广，各项相关措施也逐渐完备。宋辽金夏时期，羁縻府州制得以延续。元统一天下，在对各地方以因其旧俗而治理的大前提下，施行了制度化的土官制度，依据不同民族对元朝的忠顺程度、势力大小等，评品定级职衔，任用其头领管理地方之事。清代的各项民族政策，可谓集前朝之大成，在边疆民族地区采用盟旗制、伯克制、土司制等不

---

[1] 卢勋等：《中华民族凝聚力的形成与发展》，第671页。

同方式进行治理，但总的来说，仍属于中央集权下的地方行政，其设置、官制、官员任用、适用法律等，均受中央节制。

此外，历代王朝也设立了管理"四夷"事务的中央机构。《汉书》载"典客，秦官，掌诸归义蛮夷"，"典属国，秦官，掌蛮夷降者";① 汉初沿用，武帝后设大鸿胪"掌诸侯及四方归义蛮夷"。② 另外，自西汉创立的尚书系统中，客曹尚书亦为管理"夷狄"事务的重要部门。南北朝以降，尚书台逐渐成为正式行政管理机构。隋唐设六部尚书，其中礼部的礼部、主客等属司掌"出蕃册授""诸蕃朝见之事"。③ 宋辽金西夏时代，各国皆有礼部；辽朝在中央和地方专设北面官和南面官，对境内各族各因其俗而治。元朝统一之后，在中央设针对蒙古人的国子监、翰林院，管理回回历法的回回历法司，管理伊斯兰教事务的回回掌教哈的所，以及专管释教权力和吐蕃地区的宣政院。明朝除礼部外，还特设"四夷馆"，负责文书翻译事务。清朝出于其与蒙古的特殊关系，专设理藩院管外藩事务，以尚书领之，雍乾以后，还负责八旗游牧地和回部事务。

从国家法律层面，历代除对羁縻州县、土司等民族首领在法律上采取优容宽贷政策之外，还专门针对不同风俗人群制定或施行特殊的法律。《唐律疏议》中有"诸化外人，同类自相犯者，各依本俗法；异类相犯者，依法律论"的规定。④ 沈家本称："唐有同类、异类之分，明删之，则同类相犯亦以法律论矣。今蒙古人自相犯，有专用蒙古例者，颇合《唐律》，各依本俗法之意。"⑤ 已明其演变和意旨。清代此种"各依本俗法"颇多，有针对蒙古族制定的《蒙古例》，针对青海藏族的《番例》，以及《回疆则例》《苗例》，

---

① 《汉书》卷一九《百官公卿表》，第730、735页。
② 《后汉书》卷一一五《百官志二》。
③ 《新唐书》卷四六《百官志一》。
④ 刘俊文：《唐律疏议笺解》卷六《名例》，中华书局1996年版，第478页。
⑤ 沈家本：《历代刑法考（律令卷）》，商务印书馆2017年版，第783页。

还有通例性质的《理藩院则例》。这些法规不单纯是行政性的规章则例，而是包含有刑事和行政法规在内的综合性法规。[1]

总的来看，历代针对各民族地方的"以夷治夷"之法，尤其较为制度化的各项政策，无论是汉之属国、唐之羁縻府州、元以来之土司制，皆是划入版图、郡县（郡国）体制下的灵活治理；历朝专门针对不同民族、文化、宗教所设置的中央机构和官吏，则是在中央集权制度的框架之下，为维护统治、对特殊领域进行有效治理而采取的措施；而相应的特殊的法律安排和施行，也是在"一体遵行"的前提下，原则性与灵活性结合的立法和司法实践。

从这些政策发展的历史脉络来看，各统一王朝对前朝制度，皆有所借鉴、发展，而且随着社会的发展，中央对这些地方的治理手段和治理强度，也不断完善和增强。西汉置匈奴属国后，沿袭了前期对匈奴的和亲、互市等"羁縻"手段，同时对匈奴各首领封王赐爵。至唐朝贞观年间，对突厥、西北诸蕃及其他"内属蛮夷"，将其部落"列置州县。其大者为都督府，以其首领为都督、刺史，皆得世袭。虽贡赋版籍，多不上户部，然声教所暨，皆边州都督、都护所领，著于令式"。[2] 总体而言，则令其"善守中国法，勿相侵掠"。[3] 此外，还有定期入贡等义务，并给予册封信物等。元代草创之土官制度（后又称土司制度），在任命、升迁、管理地方民族首领等方面又更加严密，最著者，则是有土官品级之规定，有宣慰、宣抚、安抚、招讨、长官等官名，土官可在此序列中升传，如流官之治。明代土官设置更为严密，土官文武分途，中央各领，各有品级，以加强中央集权管控；土官袭职，须由朝廷勘验印符；在不少地方，亦在土司中参用流官。清代之土官制度，又有完备，尤其承

---

[1] 苏亦工：《明清律典与条例》，中国政法大学出版社2000年版，第79页。
[2] 《新唐书》卷四三《地理志七》。
[3] 《资治通鉴》卷一九三《唐纪九》。

袭之法，将印信号纸统一格式，勘验过程更为正规。随着中央控制的加强，自明以来，尤其清朝，又有各种限制土司权力的做法，如划定疆界、缩小权力、众建分封，乃至改土归流等。

从中央管理机构的变迁看，随着统一多民族国家的发展，体现出专门化的趋势，其管理也更加深入。礼部和鸿胪寺，其主要职能是礼制的施行和宾使迎往，"夷狄"之使节、贡献、盟会，只是其职能的一部分；而南北面官、宣政院、理藩院之职能，则有其针对性。元代以后，随着统一多民族国家的发展，宣政院成为专管藏传佛教以及西藏地方的中央机构。至清代的理藩院，更逐渐成为与六部并行之机构，设尚书、侍郎、郎中、主事、笔帖式等官，"官制体统"，"与六部相同"，理藩院尚书"照六部尚书，入议政之列"。[①] 其职能也涉及朝觐、封赏、会盟、驻防、驿站、贡赋、耕牧、刑罚、文书、翻译等，可以说深入满、蒙古、藏、回部各事务的方方面面。

（二）德化政治与礼仪教化

在古代中国，治理中的"齐其政"和"修其教"是并行的，思想的统一、礼仪文化的教化，始终是历朝历代为巩固统治、实现一统和稳定所依靠的重要手段，也是郡县官员抚绥地方的重要职责。对于"四裔"地区，则除此之外，还须在"夷夏之防"的前提下，于"武功"之后，或者与"武功"并行，行德化之治。正如明太祖所谓："武功以定天下，文教以化远人，此古先哲王威德并施，遐迩咸服者也。"对边疆民族地区，"惟以兵分守要害，以镇服之，俾之日渐教化，则自不为非。数年后，皆为良民"。[②] 除了皇帝以德化"怀柔远人"、笼络边缘民族之外，具体实施教化的手段，

---

① 《清圣祖实录》卷四，顺治十八年八月戊申，中华书局1986年版，第83页。
② 《明太祖实录》卷三六上，洪武元年十一月丙午，"中央研究院"历史语言研究所1962年版，第667页；卷43，洪武二年七月丁未，第853页。

在儒学兴起之后，更多以教授"礼义"的学校为重点。早在汉代，即有儒者在西南地区兴办私学。隋代令狐熙在岭南"夷、越"之地，总管桂州十七州诸军事，"为建城邑，开设学校，华夷感敬，称为大化"。① 唐太宗击破突厥颉利可汗之后，依彦博之策，"救其死亡，授以生业，教之礼义"，欲其"数年之后，悉为吾民"。② 盛唐时代，在国子学中广泛招收四方子弟，教以"中国"之学。宋则在熙州、广州等地设"蕃学"，以"中国文字"和佛经等教授"蕃人"。明代，与土司制度配合，"谕其部众，有子弟皆令入国学"，接受儒家教育，并在土司地区设立学校，"宣慰、安抚等土官，俱设儒学"。③ 清朝实行的则是针对不同民族的教育政策，八旗以"骑射"为根本，亦重儒学；南方土司地区以"文教为先"，在其地设义学、社学、书院等，广招土司子弟入府州县学，并在学校科举中专设土司名额。除此之外，清代雍正乾隆以后直至清末，还颁布以封建正统道德为核心的"圣谕"，定期宣讲，以示化民成俗之意，要求各八旗和州县一体遵行，在实际执行中，"圣谕"的宣讲亦大量进入土司和民族地区。

（三）因俗而治与稳定统治

历代统治者施行的德化政策，其目的在于"醇化风俗"，达成"九州共贯""六合同风""一道同风"的大一统目标；但在"大一统"的国家治理中，"因俗而治"也是一个必不可少的成分，这在古代国家治理实践中存在一定的必然性。就古代国家的治理能力而言，无论是在行政技术还是组织能力方面，都需要以"德化"政策来补充行政治理的不足，但"德化"本身是一个长期的过程，故悬以"六合同风"的目标，实际仍只能行"修其教不易其俗"之实。

---

① 《隋书》卷五六《令狐熙传》。
② 《资治通鉴》卷一九三《唐纪九》。
③ 《明史》卷三一六《贵州土司》；卷七五《职官志四》。

秦以急政而亡，汉儒发明服制说、三世说，或排列文明之等级秩序，或将"天下远近大小若一"放至将来，作为反省秦政的重要资源。宋明以来，理学中又出现了理一分殊这样的观念，成为国家治理中"大一统"原则性和灵活性辩证关系哲学基础。[1]

明清以来，统治者保持边疆的稳定、调节各民族关系的手段和观念中，一方面是中央集权和教化的加强；另一方面，也在民族和边疆治理中采取更为灵活的"华夷"话语，其核心即是对周边民族的"生/熟"分类。[2] 例如，清朝官员对台湾少数民族（"番"）的认识，便是将其分为"生番"和"熟番"，"内附输饷者曰熟番，未服教化者曰生番"[3]，对"生番""熟番"和"民人"，应分别定不同之"课则"以治理之。但其间界限又不是绝对的，分类治理的目的是"欲其渐仁摩义，默化潜移，由生番而成熟番，由熟番而成士庶"。[4] 对"番"依据其不同风习程度进行分类统治和"教化"，实际上是更为精细的管理方式，更有利于统治秩序之稳定，也有利于朝廷为稳定治理，而在民人、"生番"、"熟番"之间做利益和资源的分配；而分类界限之可以打破，生—熟—士庶的转换通道，亦为进一步巩固"一道同风"预留了空间。直至晚清，改良派中比较开明的郭嵩焘，在评论沈葆桢的"开山抚番"政策时，仍以"盖自天地有生以来，种类各别，不能强也"为依据，认为"开辟郡县，仍须审量村、社以立法程，分别民、番以定课则"不失为较稳妥有效的治理之策。[5]

另外，随着中国统一多民族国家的扩大与民族交往、交流、交

---

[1] 张晋藩等阐述了理一分殊和中庸思想对中华法制传统原则性与灵活性结合这一特点的影响，颇有启发意义。参见张晋藩、陈煜《辉煌的中华法制文明》，江苏人民出版社、江苏凤凰美术出版社2015年版，第103—106页。

[2] 周星：《古代汉文化对周边异民族的"生/熟"分类》，《民族研究》2017年第1期。

[3] 周钟瑄：《诸罗县志》，台湾文献丛刊第141册，台湾银行1962年版，第154页。

[4] 《筹办夷务始末（同治朝）》卷九四，中华书局2008年版，第3779页。

[5] 《郭嵩焘全集》第十三册《集部一·书信》，岳麓书社2012年版，第245页。

融的增强，各民族的统一实践、不同的国家治理经验、多元化的管理制度，也都推动了中国大统一的巩固，体现出各民族多元一体，共同创造中国古代国家治理之道的内在逻辑。

三 各民族的紧密联系与大一统的巩固

中国历史的长期发展过程中，出现过各种各样的统一政权和地方性政权，其中由汉族以外的其他民族建立的政权也不在少数。民族政权因其地理和文化上的特殊性，形成与政治上汉族统治的王朝的不同特点，但无疑也是中国统一多民族国家发展的重要组成部分。同时，这些政权之间历史上长期、紧密的互动和联系，不仅使得大一统的外延不断扩大，统一规模和深度得以伸展；也使得大一统的观念内涵和治理方式更为丰富，从而进一步巩固了多元一体的统一格局。中国历史上多元互补的经济和社会发展特点、局部统一造成的交往、交流、交融的扩大，以及大一统从范围与观念上的扩展，共同推动了从局部统一走向大统一的历史发展必然性。从国家治理的角度，这可以从局部统一为更大范围统一奠定基础、各民族对大一统观念的接受，以及元朝和清朝统一与中华一体国家治理格局的形成几个方面体现出来。

（一）民族政权的局部统一为更大范围的统一奠定了基础

中国历史上存在过的局部的统一政权，以各地区经济、文化上的相对独立性为基础，将分散的部落组织统一起来，形成适合于各自经济和社会发展特点的国家和政权组织，这实际上促进了当地经济社会的发展；又由于这些政权建立以后，和周边各政权形成或对峙或依附的关系，亦使各民族之间的交往联系大大密切，推动了原本就存在的经济社会和文化互动。例如，匈奴强大以后，与西汉王朝之间在侵扰、战争之外，还建立了和亲与互市关系，民间贸易也大量增加，北方的马匹等牲畜进入中原农业区，提高了生产力和军事水平；农业区的粮食和手工业品也大量运至北方，甚至成为草原游牧社会的生活必需品。由于经济上互补关系的存在，中国历史上农业区、游牧区和高寒草原以及南方山岳地带的这种经济文化交流，是长期大量存在的，也是多民族统一国家形成的重要经济基础；但地区性统一政权建立之后，对地方经济的开发，以及和中原地区联系的加强，而在主观和客观上对各民族各地区间经济文化交流的推动作用，无疑也是不容忽视的。

同时，在北方游牧区内，长城之外，亦存在着大量的农耕生产。在长期的历史发展和交流中，北方民族政权所辖的游牧区，如今天的东北、内蒙古、宁夏、甘肃河西、新疆等地区，都出现了大片农业区，结果是"结束了中原农业区和北方游牧区南北对峙的历史"。[1] 在这一漫长的历史过程中，各北方民族政权的组织也必须适应这一生产方式的变化，统合两种生产方式所形成的不同社会形态，以维护自己的统治。例如，鲜卑在进入河套地区后，大量采用汉法、汉制，吸收汉文化，很快稳固了统治；辽朝的南北面官制，同样起到了整合力量、使国家得以迅速发展的作用。实际上，历史上入主中原的民族政权，大都是因为一方面继承了大一统的政治观念和中原农业社会发展出的中央集权的郡县制度，另一方面也保留了统合自身政治力量的特色，才使得其统治更加稳固。而且，很多出自民族政权的治理经验，也为大一统的巩固，提供了借鉴和制度模型。

秦汉之际，北方匈奴统一了草原地区，在此之前，秦始皇在我国历史上的农业区建立了中央集权制的统一国家，这两个历史传统都被以后的历史继承下来：三国、晋、宋、明继承了农业区统一的传统，鲜卑、柔然、突厥、回鹘、契丹等继承了游牧区统一的传

---

[1] 费孝通：《中华民族多元一体格局》（修订本），中央民族大学出版社2003年版，第272页。

统。局部的统一，为进一步大范围的统一创造了条件；而汉、唐、元、清这样涵括华夷的大一统王朝的出现，又完成和巩固了这种统一。"中国历史上长期存在过的两个统———农业区的统一和游牧区的统一，终将形成混同南北的一个大统一，这是中国历史发展的必然性所决定的。"①

（二）大一统观念为中华各族所接受

各政权之间的密切互动，包括战争，也形成了政治组织形式和政治观念方面的趋同和互补。陈育宁等总结了历史上民族性地方政权的类型，包括与中原王朝对峙后归附臣属或建立友好和亲关系，如匈奴与汉、唐与吐蕃；与中原王朝长期对峙后，入主中原后建立地方政权者，如建立北朝的鲜卑；内附中原王朝内迁后建立地方政权者，如契丹建辽朝、女真建金朝，党项建西夏等；与统一中央王朝并立者，如北元蒙古政权；统一王朝下有一定自主性的地方民族政权（同时也是地方行政建置之一）；中央王朝监护下的藩属国，如唐代渤海国、南诏国、回纥政权等。② 这些不同性质的政权，无论大小，都与中原或统一王朝建立了和亲、朝贡等关系，密切着彼此之间的政治经济文化交流。政治组织方面，入主中原者或归附中原王朝者，皆取中原之法以治之；即算是藩属性质或对峙的政权，也大量吸收中原王朝的礼仪制度，借以巩固政权，例如南诏之官制，即按唐之三省六部制设立"六曹""九爽"等职官，与唐对峙的吐蕃王朝，也吸收儒家的礼治思想，建构自己的王权统治。③

政治观念方面，在各民族政权争取统治合法性的过程中，大一

---

① 谷苞：《论正确阐明古代匈奴游牧社会的历史地位》，《民族学研究》1986年第8辑。后收入费孝通《中华民族多元一体格局》（修订本），作为该书第四章第一节《匈奴游牧社会的历史地位》。
② 陈育宁主编：《中华民族凝聚力的历史探索：民族史学理论问题研究》，云南人民出版社1994年版，第180—187页。
③ 朱丽双：《吐蕃崛起与儒家文化》，《民族研究》2020年第1期。

统逐渐被接受并且扩大了内涵。

魏晋以后,"五胡"势力陆续在中原地区建立政权,先秦两汉以来逐步形成的包括天命、华夏、中原、大一统、华夏文化等综合因素的正统观,遂成为其建构自身统治合法性的重要基础。① 其中最为显著的,一是炎黄族源的构造,一是对华夷一体和天下一统的强调。例如匈奴自称或被认为是夏后氏之苗裔,鲜卑慕容自称黄帝后裔,鲜卑宇文部则自称炎帝后裔,炎帝后裔之说甚至延续至辽代契丹起源的传说。这些认知客观上反映出"入主中原的北方诸族归属华夏一统的向往和主观认同"。② 后秦苻坚完成对北方统一之后,称"混合六合为一家,视夷狄为赤子",③ 且积极伐晋,以完成"天下一轨"、建"大同之业"。自晋至南北朝,这些北方民族政权,以建立大一统政权为己任,展开兼并统一战争,使政治上的割据逐渐走向统一,通过汉文化的学习和吸收,南北之间的文化差异也逐渐消失,为更大范围的统一奠定了基础。④

在宋与辽、金、西夏等民族政权的对峙中,宋人虽强调夷夏之辨,以维护自己的正统,但同时宋儒亦称:"正者,所以正天下之不正也;统者,所以合天下之不一也。"⑤ 以天下之"合一"为正统之基本标准。而与宋鼎足之辽、金等,更将传统意义上的中国内涵推向扩大。辽自兴宗、道宗以来往往自称"奄有"中国、区夏等,并自称"吾修文物彬彬,不异中华";⑥ 金朝自称中国更为普遍,其统治者在汉文化和儒家思想方面的修养更为精深,及至海陵

---

① 彭丰文:《试论十六国时期胡人正统观的嬗变》,《民族研究》2010年第6期。
② 张云:《少数民族与中国历史上的大一统》,《学海》2008年第5期。
③ 《资治通鉴》卷一〇三《晋纪二十五》,孝武帝宁康元年。
④ 刘正寅:《试论中华民族整体观念的形成与发展》,《民族研究》2000年第6期。
⑤ 《居士集》卷一六《正统论三首》,《欧阳修全集》,中国书店1986年影印1936年世界书局版,第116页。
⑥ 洪皓撰,翟立伟标注:《松漠纪闻》,吉林文史出版社1986年版,第22页。

王，更以"天下一家，然后可以为正统"① 为志。辽、金自称"中国"，使"中国"一词的含义扩大到其统治的广大东北和西北地区，不再局限于长城以南。② 而两朝对于华夷同风、华夷无间思想的推行，则进一步加深了各民族对大一统的认同。

（三）元朝和清朝的统一与华夷一体的治理格局

元朝和清朝入主中原建立大一统王朝，其所以不同于前代，不仅是王朝版图的扩大，也在于其继承和发展了宋辽金以后合天下为一体、各民族共为"中国"（"中华"）的大一统观念，而开一新的华夷一统政治格局和多元一体治理体系。有学者甚至将元之一统与秦之建立并立，称后者为"统一多民族的'天下一体'的开始"，前者为"统一的多民族'中华一体'的开始"。③

元世祖忽必烈即位建元，即称："朕获缵旧服，载扩丕图，稽列圣之洪规，讲前代之定制。建元表岁，示人君万世之传；纪时书王，见天下一家之义。法《春秋》之正始，体大《易》之乾元"④，表明自身继承中国历史大一统的正统地位。而郝经、许衡等发展出的"能行中国之道，则中国主也"的新型华夷正统观，亦成为"元王朝官方和士大夫都能接受的正统观念"。⑤ 在大一统的政治格局下，为了巩固其对广大疆域和多民族的统治，元朝不仅进一步加强了中央集权，也在地方行政治理上有所创置。继承宋金制度而来的行省制，尽管在初设之时，具有强烈的民族统治色彩，但对于地方和不同民族的有效治理，以及中央集权而言，是颇为有力的工

---

① 《金史》卷一二九《李通传》，中华书局1975年版，第2783页。
② 罗贤佑：《论"中国"观的扩大与发展》，《纪念王锺翰先生百年诞辰学术文集》，中央民族大学出版社2013年版，第776页。
③ 张博泉：《中华一体的历史轨迹》，辽宁人民出版社1995年版，第112页。
④ 《元史》卷四《世祖纪一》，中华书局1976年版，第65页。
⑤ 李治安：《元初华夷正统观念的演进与汉族文人仕蒙》，《学术月刊》2007年第4期。

具,因此成为明清以来地方行政之定制。① 同样,元朝所创的土官制度,也为明清两代所继承。

清代的大一统,体现为疆域和政治上的空前统一,正是在这个意义上,"清代以前,不管是明、宋、唐、汉各朝代都没有清朝那样统一"。②《清代通典》"边防"典序称:"洪惟我圣朝应天开基……举凡前代之所为劳师设备,长驾远驭,兢兢防制之不暇者,莫不备职方而凛藩服,东瀛西漭,环集辐辏,固已无边之可言……汉唐以来所谓极边之地,而在今日则皆休养生息,渐仁摩义之众也,既已特恩驻扎驻防办事诸大臣统辖而燮理之矣。外此有朝献之列国,互市之群番,革心面内之部落……咸奉正朔,勤职贡,沐浴于皇仁,燀赫于圣武,输诚被化,万世无极。"③ 以无边、无极等极致之辞,说明其齐一天下、超越前代的"大一统"业绩。同时,清朝统治者明确其"一切生民,皆朕赤子,中外并无异视"的原则,④ 发挥"华夷一家"理论,扩展大一统之内涵,以此构建自己的王朝合法性。在制度上,清朝进一步加强了中央集权;地方行政治理除完善行省制度外,在京畿和边疆地区设"省一级的特别行政区","形成完备的行政管理体制和制度,为大一统国家服务"。在文化上,"兴黄教,以安众蒙古","利用宗教实现统一目的";编修汉、满、蒙古等文字的文献集成与大型图书,展示国家之一统。⑤ 可以说,中国历史上统一多民族的国家治理格局与治理体系,到清朝发展到了比较完备的程度。

大一统之成为中国历史上国家治理的总目标,有其地理、经济

---

① 张帆:《元朝行省的两个基本特征:读李治安〈行省制度研究〉》,《中国史研究》2002年第1期。
② 周恩来:《关于我国民族政策的几个问题》,民族出版社1980年版,第18页。
③ 《钦定皇朝通典》卷九七"边防一",《景印文渊阁四库全书》第643册,台湾商务印书馆1986年版,第908—909页。
④ 张双志:《清朝皇帝的华夷观》,《历史档案》2008年第3期。
⑤ 张云:《少数民族与中国历史上的大一统》,《学海》2008年第5期。

和文化背景，同时也建立于秦汉以来统一多民族国家建立和维护的历史基础上。历史上的统一多民族国家，以中央集权和郡县制度为制度框架，以大一统思想为认同核心，实现和巩固了对广土众民国家的治理，如汉、唐、元这样的大一统国家，更成为历朝历代不移之正统王朝。而历史上无论是哪个民族建立的政权，包括分裂时期的各个政权，在追求大一统目标的推动下，所采用的有效治理方式，也成为统一国家治理的经验借鉴。正因如此，统一成为千百年来中国各族人民最核心的政治观念。

另一方面，多民族国家的治理实践，以及历代统治者在大一统之下对"夷夏之辨"与"华夷一体"观念一体两面之权变运用，亦使得因俗而治的灵活治理，长期以来在广大的范围内发挥着重要作用。实际上，传统思想中中庸之道反对绝对僵化的哲学思想，以及治理方式的因时因地而用，保证了大一统的稳定与延续。在长期的历史发展过程中，"我国的各民族之间既有矛盾斗争，又互相联系和日益接近；既有各自民族的特点，又日益形成着它们间在经济、政治、文化上的共同点；既分别存在和建立过不同的国家政权，又日益趋向于政治的统一和建立统一的国家"。[①] 正是各民族共同造建中国统一体的历史过程，扩大和巩固了统一的政治与治理格局，亦成为近代以来中国建立统一多民族国家的历史根基。

第二节　地方层面的民族治理：羁縻府州与土司制度

秦始皇平六国、一统天下之后，在全国范围内推行郡县制。自此，郡县制成为中国两千多年历史地方治理所依托的基本制度。郡

[①] 翁独健：《中国民族关系史纲要》，中国社会科学出版社1990年版，第3页。

县制度历代皆有损益，层级、辖区、设官、事权都会随时代变化，但总体来说，其出发点是调节中央与地方之间的关系，以利于政权的稳定。在这一基本框架之下，历朝历代针对统一国家内的不同民族，也会依据中央对其控制的强弱、各地方的具体情况，而采取不同的治理策略，形成了与"因俗而治"相适应的制度和相关政策。以下将秦汉至清地方层面的民族治理分为秦汉魏晋南北朝、唐宋、元明清几个阶段做一述论，并总结其基本历史特点。

一 秦汉魏晋南北朝时期地方层面的民族治理

（一）秦汉的道

秦汉的道制，可称为中国历史上第一个县级层面的少数民族治理机构。秦统一六国之后，分天下为三十六郡，郡以下根据人口多少设县，县以下还有乡、亭等，而道则是县的特殊形态。据《汉书·百官公卿表》称，汉承秦制，"列侯食邑曰国，皇太后、皇后、公主所食曰邑，有蛮夷曰道"。[①] 道最初可能在秦统一六国之前就已经设置。[②] 如南郡夷道之设，大概是秦昭王取南郡以后的新政；义渠道，是战国后期在原义渠国之地所设；獂道，则是秦孝公征服獂戎后所设。汉代承袭了这一制度，汉平帝年间统计有三十二个道，[③] 其中大部分多见于秦国边郡"戎狄"所居之地。秦道约有 20 个。西汉时期，亦在边疆地区设置或以县改置道管理少数民族，道的数量有所增加，直至西汉末年以后，才逐渐减少。[④]

据后汉书记载："每县、邑、道，大者置令一人，千石。其次

[①] 《汉书》卷一九《百官公卿表》。
[②] 周振鹤：《西汉县城特殊职能探讨》，《周振鹤自选集》，广西师范大学出版社 1999 年版，第 24 页。
[③] 《汉书》卷二八下《地理志下》。
[④] 参见马孟龙《出土文献所见秦汉"道"政区演变》，《民族研究》2022 年第 2 期。

置长，四百石。小者置长，三百石。"① 可见其在职官秩禄方面与县似乎并无区别。有学者指出，秦汉的道与县的区别，在于行政制度上，道以下不设乡里。② 从秦汉竹简书中，我们也能看到一些关于道制运行的具体情况。睡虎地秦简中的《属邦律》中有一条称："道官相输隶臣妾、收人，必署其已禀年月，受衣未受，有妻毋（无）有。受者以律续食衣之。属邦。"睡虎地秦简《语书》提到："南郡守腾谓县、道啬夫。"③ 可见在有些地方，道官行事，还需受到《属邦律》的范围；此外，道与县一样，也受郡守之令。

（二）西汉的属国与部都尉

据《汉书》记载，秦朝在中央设典属邦一职，"掌蛮夷降者"，将归降的少数民族称为属邦，以其首领为君长而进行间接统治。这种属邦应该在战国时期就已经出现。而在属邦当中，除来归降者之外，也包含了秦国和后来秦始皇以武力征服"蛮夷"小国，秦对此的政策更进一步，还会在其地设郡。如《史记·东越列传》记载，在战国越国之地，后来出现了闽越王、越东海王等地方性的政权，至秦并吞天下之后，将其首领由王"废为君长，以其地为闽中郡"。④ 秦管理这类君长及其百姓的具体细节，可以从史书有载的巴地的情况得知一二。公元前316年，秦惠王并吞巴蜀，设巴、蜀、汉中三郡，对于巴地，《后汉书》的记载说："及秦惠王并巴中，以巴氏为蛮夷君长，世尚秦女，其民爵比不更，有罪得以爵除。其君长岁出赋二千一十六钱，三岁出义赋千八百钱。其民户出幏布八丈二尺，鸡羽三十鍭。"⑤ 从中可以看出，将原先自称为王的首领贬

---

① 《后汉书》卷一二八《百官志五》。
② 周振鹤：《西汉县城特殊职能探讨》，《周振鹤自选集》，第24页。
③ 陈伟主编：《秦简牍合集·释文注释修订本》（壹、贰），武汉大学出版社2016年版，第141、29页。
④ 《史记》卷一一四《东越列传》。
⑤ 《后汉书》卷八六《南蛮西南夷列传》。

为君长，是将其纳入秦体制的体现，而其首领与秦通婚，则是怀柔之策。对于其百姓的治理，则在一定程度上推行了秦的二十等爵制；而且提到"有罪"，表明其受秦法管辖；但另一方面，有罪可以以爵相抵等政策，又带有相当的特殊治理色彩。此外，君长和民户都需要缴纳赋税。

西汉初期，典邦国官名因避汉高祖刘邦之名讳而改名典属国，属邦也改名为属国，《汉书·贾谊传》记载贾谊疏文，认为匈奴人口不过同于汉的一个郡国，解决匈奴问题，"何不试以臣为属国之官以主匈奴"。①《史记》和《汉书》中，也记载了汉文帝和汉景帝之时，皆有人出任典属国之官。据此推测，大约汉初仍承继秦制，保留了一些以属国体制管理少数民族的做法。但在历史记载中大量出现属国，还在汉武帝征讨四方之后。武帝元狩二年（前121年）春夏，汉将霍去病击破匈奴，匈奴内乱，当年秋，浑邪王杀休屠王，率众数万，号称十万，渡河而降汉。为安置其人，汉朝"置五属国以处之"。《史记》记载，当时"分徙降者边五郡故塞外，而皆在河南，因其故俗，为属国"。

这些匈奴属国的具体数量、名称和位置，历代颇有争论，一般认为大约是西汉在河西设置的朔方、五原、云中、上郡、张掖、安定、天水、西河等郡所在地。其与郡的关系，根据《史记》的说法，是置于"边五郡故塞外"。可以看出，与秦之属邦类似，匈奴属国与边郡有着密切的关系。西汉对这些属国的管理，只知道是"依其故俗"，即保持了原有的部落组织和生活方式，但其君长封号、赋税人口的管理等具体情况则不得而知。另外，可以明确的是，将这些属国置于"故塞外"，显然是作为与匈奴对抗的防御前线，因而对属国的管理，必定包含浓重的军事色彩。

---

① 《汉书》卷四八《贾谊传》。

而在此前，汉武帝将南越、西南夷归入版图的过程中，却并未见到属国设置的例子，汉朝对于这些地方，采取设郡治理的策略。当时将17个在这些地方所设的郡称为"初郡"，如在夜郎设犍为郡、在且兰等地设牂牁郡、在邛都设越嶲郡、在笮都设沈黎郡、在冉駹设汶山郡、在白马设武都郡、在滇王之地设益州郡，"以其故俗治，无赋税"①，封其君长为侯甚至为王。

同时，由于各种各样的原因，西汉还在边郡之地，将郡守的军事长官都尉的职权，扩大为与郡分疆治理的地步，专门管理少数民族事务，这些都尉所管之地，就成为某种实际上的地方行政区，实际上是对周边民族采取军管或军事监护形式的特殊政区。②按照都尉所辖与郡治的方向，都尉又有中部都尉、东部都尉、西部都尉、南部都尉、北部都尉等称呼，故称为部都尉。西汉的各边郡，大都先后设有各部都尉，如蜀郡有西部都尉、敦煌有中部都尉、酒泉有东西北部都尉、陇西有南部都尉。

部都尉有着明显的军事性质，从设置目的来看，多出于将编户之民与周边各族分疆治理的目的。此与早期所设为招抚镇守"西南夷"的都尉有所不同。例如武帝元光二年（前133年），司马相如报称"西夷邛、笮可置郡"，武帝命其为中郎将晓谕"西夷"，在蜀郡下设"一都尉、十余县"，平定"西夷"之后，置越嶲郡和沈黎郡，武帝末年，将沈黎郡改为蜀郡西部都尉，置两督尉，"一居旄牛，主徼外夷。一居青衣，主汉人"。③又如蜀郡北部，先设冉駹都尉，武帝元鼎六年（前111年）改汶山郡，宣帝时置北部都尉。又如沃沮，武帝元封二年（前109年）设玄菟郡，不久"以土地广远"，分置东部都尉。

---

① 《汉书》卷二四下《食货志下》。
② 周振鹤：《中国地方行政制度史》，上海人民出版社2005年版，第333页。
③ 《后汉书》卷八六《南蛮西南夷列传》。

此种军事监护性质的管理制度,还有公元前60年设立的西域都护,以骑都尉、谏大夫,将西域诸国置于汉监护之下,维持其与中央政府的服从关系。其下设副校尉,有丞、司马、候、千人等属官,后又增设戊己校尉,屯田与车师,有丞、司马、候等属官。东汉自汉光武帝至汉和帝时期,多次复设西域都护,其制与西汉略同;至汉顺帝永建二年(127年),以班勇为西域长史,驻兵屯田,都护西域,基本实现了稳固控制。西域都护(长史)的长期存续,对维护中原王朝对西域的持续管辖,起了重要作用。

(三)东汉的属国制

属国、都尉、都护等制,在东汉时期有了进一步的发展,又呈现出与西汉不同的特点。

东汉时期见于记载的属国,不再限于河西地区,西北有张掖、张掖居延、金城、西河、安定、酒泉等属国,西南有广汉、蜀郡、犍为等属国,东北有辽东属国,西域有龟兹属国。《后汉书·百官志》记载:"属国,分郡离远县置之,如郡差小,置本郡名。"从所见记载看,这一对属国性质的描述是符合当时情况的,可见东汉时期,属国设置情况已经比较整齐。每一属国设一都尉,比二千石(相当于郡太守),丞一人。属国都尉的职责,是"主蛮夷降者"。属国督尉的设置,据《百官志》,是在东汉建武六年(30年),光武帝"省诸郡督尉",只在边郡置都尉或属国都尉,"稍有分县、治民比郡"。[①] 边郡之外,有少数民族或者特殊职守的郡,也设都尉,如防范羌人的右扶风都尉,守护陵园的京兆虎牙都尉。

东汉所设属国督尉,大多与西汉的部督尉有一脉相承的关系,如广汉属国为原来的蜀郡北部都尉,蜀郡属国原为蜀郡西部都尉,犍为属国原为犍为郡南部都尉。不过其设为属国的过程,却与当时

---

① 《后汉书》卷一二八《百官志五》。

各民族与东汉王朝的关系有关。例如从西部都尉到蜀郡属国的设置，就经历了一个比较长的过程。东汉和帝十二年（100年），即有旄牛徼外白狼、楼薄蛮夷王等"率种人十七万口，归义内属"。安帝永初元年（107年）后，蜀郡有"夷人"反叛，同时亦有青衣道夷邑长令田，"与三种夷三十一万口……举土内属"，安帝升令田爵号一级为奉通邑君。① 延光二年（123年）春，"旄牛夷"叛，"益州刺史张乔与西部都尉击破之。于是分置蜀郡属国都尉，领四县如太守"。② 可见直到安帝时期，虽有不少民族归附和因反叛被纳入汉朝统治，但还是把其置于郡县，或者部属都尉治下，直到延光二年才分设属国以领之。犍为、广汉等属国的设立，也与徼外"夷人"的归附或降服有关。同部督尉一样，属国都尉领有县或道。而且在东汉的相关史书中，对于属国的户口数，也做了具体记录。

总的来说，东汉之设属国都尉统领属国，其意旨与西汉的部督尉和匈奴属国等类似，都是以军事监护方式，对少数民族实行因其故俗的治理。所不同者，是对属国的管理体制更为整齐，对下辖各民族的治理程度，也有一定程度的深入，如对其户口的统计，以及战时调集"夷兵"或劳役的权力。从属国或者部属都尉体制的最终走向而言，在统治稳定之后，两汉王朝都倾向于在时机成熟时，将其改为郡制，不过，在西汉时期，这种改变经常是双向的，常常因为郡治不利统治而转回部都尉，而东汉之属国改郡，则较为成功，如蜀郡属国后改汉嘉郡、张掖居延属国后改西汉郡等。

（四）魏晋南北朝时期地方民族治理制度的过渡特点

东汉后期，王朝分裂为魏蜀吴三方势力，后皆称帝，开启了历史上的魏晋南北朝的分裂时期。此一时期各政权在地方层面的民族治理，大部分继承了秦汉以来成法，亦根据政权需要有所调整或另

---

① 关于东汉对各民族首领的爵号封赏，请参见第三节相关介绍。
② 《后汉书》卷八六《南蛮西南夷列传》。

创新制，显示出过渡时期的特点。

魏蜀吴三国中，曹魏继续了东汉对北方民族护匈奴中郎将、护羌校尉、护乌桓校尉等设置；西蜀则以郡县治南中之"夷"与"西戎"，笼络地方大族与"蛮夷酋帅"；东吴为搜罗兵源与劳力，征伐南方各族，并新设郡县以治。在三国征战不断的背景下，为军事和财政目的而对各族民众加强管辖、频繁征调，是分裂时期民族政策的重要特征，其结果固然增加了各族的负担和民族矛盾，同时也造成国家权力的深入。西晋的短暂统一之下，延续了三国时期的这种特点，在北方原有各边郡、中郎将、校尉外，又设并州、雍州、凉州、护羌戎中郎将；在南方各民族地区设益州、宁州、荆州、广州、交州与西夷校尉、南夷校尉、护蛮夷中郎将、南蛮校尉、护越中郎将等。通过军事监管性质制度和官职的设立，王朝政权对各民族的管理，尤其是对南方民族的管理得以增强。

自十六国以来，中国北部政权多为北方各族所建，其所统之民，亦包含了各个民族，其在地方体制上，基本上是分而治之的策略，除对汉人以郡县治之外，对于统治者本族或早期归附各族，分部以部落大人领之。而对汉人和本族之外其他各族，又有承袭至曹魏时期的护军之制，如《魏书·氐传》载："分氐羌为二十部护军，各为镇戍，不置郡县。"至北魏，在郡县之外，又有军镇制度，所管理的是不愿意随王室南迁之拓跋部众，还有北迁之其他族，军镇设镇将，下置戍。孝文帝改革，尤其是六镇起义后，军镇逐渐废除，但军镇制度所形成的军镇势力，在北朝政局演变中有巨大影响。

在南方各政权，东晋至南北朝时期，南朝之"蛮僚俚"等族群分布甚广，人口众多，成为维持统治必须面对的重点，故对其亦采取多样的统治措施。如"蛮"之族群"在江淮之间，依托险阻，部落滋漫，布于数州"，实际上成为南北政权争夺的对象，故自东晋之后，南方各朝均在此地有宁蛮府的设置，长官宁蛮校尉以刺史级别领兵，开府设佐，行领民、统军、治蛮之职能，成为特殊政区。而在刘宋之后，以"蛮户"为"左郡左县"，以酋帅为郡守令长，其之所以呼为"左"郡县，是因"蛮"触其忌，以"左衽"之"左"指代其风习不同。① 可见当时此种治理是出于怀柔和利用之目的。又在南方设俚郡僚郡，皆以当地土酋监领之。南北朝后期，俚人武装还被用于与北朝的战争。

总之，在魏晋南北朝时期，无论是各少数民族大量进入中原，还是对南北各地的进一步开拓发展而必须深入治理当地各民族，都成为各政权采取各类民族治理的重要动力，在政局动荡、人群流动的复杂局势之下，其制度固多变更，但整体而言，皆出于不同目的加强了对各民族的统治和治理，客观上促进了各个民族的交往交流交融。

二 唐宋的羁縻府州

（一）唐代羁縻府州制的建立与废置情况

羁縻一词，汉代已经使用，《史记·司马相如传》载，为劝阻汉武帝开通西南夷，有蜀地父老称："盖天子之于夷狄也，其义羁縻勿绝而已。"唐司马贞《索隐》解释说："羁，马络头也。縻，牛韁也。《汉官仪》'马云羁，牛云縻'。言制四夷如牛马之受羁縻也。"② 自汉至唐，"羁縻"一词多在此意义上使用。不过，就以民族首领为郡县令长这一制度实质而言，南朝时期的左郡左县中便已经出现了羁縻府州制的雏形。例如，南朝宋明帝即位（465年），四方反叛，"西阳蛮"田益之、田义之、成邪财、田光兴等起兵襄助朝廷，攻克郢州，后"以蛮户立宋安、光城二郡"，"以益之为

---

① 周振鹤：《中国地方行政制度史》，第368—369页。
② 《史记》卷一一七《司马相如传》。

宋安太守，光兴为光城太守"。其余首领亦封赏边城县王、阳城县王、辅国将军等爵职。① 在南齐的记载中，亦提到"郢州蛮"田驷路为北遂安左郡太守，田驴王先后为宜人左郡太守和新平左郡太守等。② 可见，南朝时期，部分州郡尤其是在南部"蛮僚"地区，已经有不少民族首领担任令长，这些令长亦在官制系统中得以升转。

唐初，在沿边地区零星设立了一些治理少数民族的州府，成为此后羁縻州的前身或管辖机构。如武德年间设戎州都督府以招慰"羌戎"，贞观后下设羁縻州。不过，整体而言，唐朝之设羁縻州，还是在贞观之后。《新唐书·地理志》称："唐兴，初未暇于四夷。自太宗平突厥，西北诸蕃及蛮夷稍稍内属，即其部落列置州县，其大者为都督府，以其首领为都督、刺史，皆得世袭。虽贡赋版籍，多不上户部，然声教所暨，皆边州都督、都护所领，著于令式。……大凡府州八百五十六，号为羁縻云。"③

这一制度设立的背景，是唐朝贞观年间对北部各部落的军事胜利。贞观四年（630年），唐太宗灭突厥颉利可汗，为安置、分散突厥部众，于长城一线，"东自幽州，西至灵州，分突利故所统之地，置顺、祐、化、长四州都督府；又分颉利之地为六州，左置定襄都督府，右置云中都督府，以统其众。五月，辛未，以突利为顺州都督，使帅部落之官"。④ 随后，又将各部落首领为郡王、大将军等，以有功之思摩、史大奈等为州都督，统领部众。

此后，羁縻府州制度开始大规模实施，并推广至全国各地。在唐代天下十道中，大部分设有羁縻府州，如关内道隶有突厥、回纥、党项、吐谷浑等族，置府二十九、州九十；河北道有突厥别部、奚、契丹、靺鞨、降胡、高丽等，为府十四、州四十六；陇右

---

① 《南史》卷七九《夷貊传下》。
② 《南齐书》卷五八《蛮夷传》。
③ 《新唐书》卷四三《地理志七》。
④ 《资治通鉴》卷一九三《唐纪九》。

道管辖有突厥、回纥、党项、吐谷浑别部及龟兹、于阗、焉耆、疏勒、河西内属诸胡、西域十六国等，置府五十一、州一百九十八。剑南道隶有羌、"蛮"等，为州二百六十一；江南道和岭南道管辖"蛮"，置州五十一、九十二。又有隶属山南道的党项州二十四。可见其分布范围之广，所辖民族之众多。可以说，唐代所辖各少数民族，大多是以羁縻府州制进行管辖的。

总体而言，唐代所称的羁縻府州，就是"即其部落列置州县"的州县，包括都督府，也称为"蕃州"，与正州相区别。唐朝在各地针对不同民族设立、废置和废弃羁縻府州的情况又是多种多样的：有招抚归顺后于本土设羁縻府州者，亦有迁其至内地设置羁縻州者，或悉原郡县为羁縻府州县者。根据统治力量强弱，有由正州转为羁縻州的，又有由羁縻州转为正州的；或者又有背唐或为其他政权占领而废，又有背而复返仍设羁縻州如故的。如剑南道的维州，设于贞观年间，麟德二年（665年）由羁縻州为正州，仪凤二年（677年）因为羌人的乱事而降为羁縻州，垂拱三年（687年）复为正州。广德元年（763年）没于吐蕃，其后经过反复，大中三年（849年）"首领以州内附"。①

（二）羁縻府州在民族治理方面的特点

羁縻府州制度在唐朝是一项重要制度，颇不同于秦汉魏晋南北朝以来治理少数民族的制度，其特点可归纳为以下几条。

第一，在当时人的认知中，虽非中央直接委派汉官管辖地方，但羁縻府州之权力来源于唐朝，属其管辖，是很明确的。在任命突利为顺州都督时，唐太宗告诫其说："今命尔为都督，尔宜善守中国法，勿相侵掠，非徒欲中国久安，亦使尔宗族永全。"② 据《唐六典》尚书户部条记载，唐代"凡天下之州、府三百一十有五，而

---

① 《新唐书》卷四二《地理志六》。
② 《资治通鉴》卷一九三《唐纪九》。

羁縻之州盖八百焉",其府州分大都督府、大都护府、上都护府、下都督府等,州有六雄州、十望州、上州、中州、下州、边州等;①《资治通鉴》亦称:"天下声教所被之州三百三十一,羁縻之州八百,置十节度、经略使以备边。"② 可见在唐朝的认知上,羁縻州和"天下声教所被"之州并立,皆由边州都督、都护所领。同时,部落首领也承认唐朝皇帝的一统之权,唐太宗贞观四年,"西北诸蕃咸请上尊号为'天可汗',于是降玺书册命其君长,则兼称之"。③换句话说,在实际上,羁縻府州的令长虽为世袭,但必经唐廷任命册封。

此外,上述资料虽称"贡赋版籍多不上户部",但实际上不少羁縻府州仍有户部登记的户口,据贞观三年户部的上奏,"中国人自塞外来归及突厥前后内附、开四夷为州县者,男女一百二十余万口"。④ 新旧唐书的地理志中,各羁縻州府县下往往亦注明详细户口数。此外,值得注意的是,唐朝在敕书中,常常表明对羁縻州县官员、首领和百姓同为唐朝子民的关切,与正州略同,这亦是宣示权力的一种方式,如《敕契丹知兵马中郎李过折书》便称:"春初尚寒,卿及衙官、刺史、县令并百姓已下并平安好。"⑤

第二,羁縻府州依唐代地方行政层级,分为都督府、州、县等级,其首领所任之职,亦称都督、刺史、县令等。统驭羁縻府州者,又有都护府。都护府制度仿汉代安西都护故事,为军事行性质的区域性管理机构,都护"掌统诸蕃,抚慰、征讨、叙功、罚过,总判府事"。⑥ 大体来说,唐代在东南西北部边疆,分设单于、安

---

① 《唐六典·尚书户部卷第三》。
② 《资治通鉴》卷二一五《唐纪三十一》。
③ 《旧唐书》卷三《太宗纪下》。
④ 《旧唐书》卷二《太宗纪上》。
⑤ 杨军:《羁縻体制与古代边疆》,《史学集刊》2020年第4期。
⑥ 《新唐书》卷四九下《百官志四下》。

西、安北三个大都护府，以及安南、安东、北庭三个为上都护府，设安西、北廷二都护府，都护府下辖所辖州县，其治理方式，有的与内地州县无别；有的则为羁縻州县。此外，在六大都护府之外，一些小的都护府，如濛池、昆陵两都护府，则本身即为羁縻性质的，西突厥王族阿史那世袭两都护府都护，唐廷并授"大将军"等职而兼之，册封"可汗"号。这些都护府下亦辖府州。

第三，唐廷对于羁縻府州及其部众，虽以"全其部落，以为捍蔽"，而又"不离其土俗"为大原则，但依照不同的情况又有不同的治理方式。

一是完全保留其原有部族统治。羁縻州之官长、佐僚尽管有刺史、长史等州郡官名，但任者皆为原有之首领，甚至君长仍保有"王""可汗"等号，如上述昆陵都护府都护阿史那王族即称可汗，又如瀚海都督府刺史吐迷度亦称可汗。然其封号必由唐廷认可。同时，在内部管理和内部事务处理中，原有的结构仍得以保留，如突厥系的一些民族，原有官位等级，《周书》载："大官有叶护，次（没）[设]，次特（勒）[勤]，此俟利发，次吐屯发，及余小官有二十八等，皆世为之。"① 在唐的羁縻府制下，这类官称或尊号，还包括"可敦"（皇后）、俟斤、啜、梅禄等，皆能见于记载。其内部各种法律事务，以及经济文化生活的安排，朝廷也都是通过其首领实行间接控制。

二是设华官"参治"或"监领"。如总章元年平定高句丽后，"擢酋豪有功者为都督、刺史、令，与华官参治"。开元年间，唐设黑水府，以白山部首领为都督，诸部则以刺史隶之，"中国置长史，就其部落监领之"。②《新唐书·选举志》载："高宗上元二年（675年），以岭南五管、黔中都督府得即任土人，而官或非其才，乃遣

---

① 《周书》卷五〇《异域传下》。
② 《旧唐书》卷一九九下《北狄传》。

郎官、御史为选补使，谓之'南选'。"① 这种选补使，专门监督和选举羁縻州内各土官的选补情况。大和七年（833年）又有记载称，"岭南五管及黔中等道选补使，宜权停一二年"。② 可见其已成常例。还有一种方式是同于正州，由都督府统之，各州皆统县，其版籍户口皆列户部。如松州都督府所辖从、崌、奉、岩、远、麟、可、关、彭、直等州。③ 就其实质来看，此种州县也只有羁縻州之名，不过对其治下的少数民族，大概仍有某些特殊政策而已。

第四，在羁縻府州制度下，其统治阶级既利用唐之官爵加封等巩固权力，亦通过这种纳入王朝官僚体系的治理方式，增强了中央王朝与民族地区的联系。在政治上，各部族首领既是部落君长，又是唐朝官员，他们开始吸收中原王朝的管理体制和儒学意识形态；经济上，驿站的设置、道路的开通，以及互市朝贡往来的制度化，皆有利于发展和交流。由于存在羁縻府州的领属关系，"各守土境，镇抚部落"，也有利于各族内部及与其他民族的和平交往与联系。所以总体而言，周边民族对唐朝的羁縻府州制度，有很高的接受度。

（三）宋代羁縻府州制的演变与发展

晚唐五代以后，唐王朝中央控制力下降，直至五代十国时期，各周边民族形成了一系列自立或半自立的政权。北宋统一中原后，仍先后有辽、金、西夏等与之并立的王朝。不过整体而言，宋朝基本上继承了唐代对境内少数民族的管理制度。辽、金、西夏等政权，如辽和西夏，即从唐宋的羁縻府州起家，多少也借鉴了中原的管理制度。如辽似乎就借鉴了某些唐朝的羁縻州形式，《辽史》记载，以乌古部、敌烈八部等十部"不能成国，附庸于辽，时叛时

---

① 《新唐书》卷四五《选举志》。
② 《旧唐书》卷一七下《文宗纪下》。
③ 周振鹤：《中国地方行政制度史》，上海人民出版社2014年版，第378页。

服，各有职贡，犹唐人之有羁縻州也"。①

宋版图主要在南方，其羁縻府州大多承自唐代，数量也大大减少，集中在今湖、广、川、黔等地区。宋代对羁縻府州的设置，依循的是"分析其种落，大者为州，小者为县，又小者为洞"的原则。因南方各族种落规模不大，故其州县洞规模都比较小，有州之户口仅有几十户者。不过，从《桂海虞衡志》等史料对宋代广西附近各羁縻州情况的记载看，宋对南方民族的治理又更加深入。首先是其治理深入县级以下，有了"洞"这样的单位，而又有"有知州、权州、监州、知县、知洞，其余有同发遣、权发遣之属"。② 将监、权、发遣、同发遣等官制，也同步适用于这些地区。

又据马端临《文献通考》所引《桂海虞衡志》文字曰："推其长雄者首领，籍其民为壮丁。以藩篱内部，障防外蛮，缓急追集备御，制如官军。其酋皆世袭，今隶诸寨，总隶于提举。"又有"知寨""主簿"等管理"诸洞财赋"。③ "寨（砦）"是宋设于羁縻州县的军事据点，"置于险扼控御去处，设砦官，招收土军，阅习武艺，以防盗贼"。④ 由上述《桂海虞衡志》记载可知，除督练土军、"弹压洞民"、处理治安等，砦官还负责一些民政事务。另外，宋朝还设有沿边溪峒都巡检，或蕃汉都巡检，巡检练兵、州邑，及捕盗贼事。可见对于部分羁縻部落，宋朝的治理已经深入乡土地区的民政和治安等领域。

另外，宋代的羁縻州府，其职务的承替，亦非如唐那样仅由朝廷认可即可，而是将承袭过程纳入一定之规，如开宝四年（971年）南宁州刺史死后，"其国人诣涪州，言南宁州蕃使龙彦瑫卒，归德将军武才及八刺史状请以彦瑫子汉瑭为嗣，诏授汉瑭南宁州刺

---

① 《辽史》卷三三《营卫志下》。
② 范成大撰，孔凡礼点校：《桂海虞衡志》，中华书局2002年版，第134、136页。
③ 范成大撰，孔凡礼点校：《桂海虞衡志》，第135—136页。
④ 《宋史》卷一六七《职官志七》。

史兼蕃落使"。① 其承袭包含了上报、联名申请、诏授等环节和程序，明显比唐代规范。② 宋代在湘西"北江蛮"地区，以彭氏族首为下溪州刺史兼"都誓主"，其"誓下十九州"及本州的承袭制度，则记载得更为详细，史称："州将承袭，都誓主率群酋合议，子孙若弟、侄、亲党之当立者，具州名移辰州为保证，申钤辖司以闻，乃赐敕告、印符，受命者隔江北望拜谢。"③ 则羁縻州之承袭，当具告主管之正州，并报知州以上之荆湖北路钤辖司，也即层层上报。由此亦可见宋对羁縻府州的治理，实已纳入其官僚层级之内。

三 元明清时期的土官土司制

（一）土官土司制度的演变

元代对各地方的治理，以行省划定大区，行省中设有宣慰司，在行省和郡县之间，"掌军民之务，分道以总郡县，行省有政令则布于下，郡县有请则为达于省"，其下设宣慰使司三员，为从二品。④ 其下除路府州县外，又在比较边远的地区，设招讨、安抚、宣抚等使。此三司官员品秩略有等差，但级别基本与路相当，三司长官包括其下路府州县等长官，多"参用其土人为之"，则称土官。宣抚等司之下，还在"西南夷诸溪洞各设长官司"，称蛮夷长官司，"秩下如州"，其官长，包括中央政府派出一般由蒙古人担任的达鲁花赤（镇守官），以及长官、副长官，也都参用土人。⑤ 这些土官之升转，甚至可以做到宣慰使这一级别的高位。历史上所说土官之官名，即为宣慰使司、招讨使、安抚使、宣抚使、长官司等。而从这些土官所任各个职级在元代的最初含义来看，乃是正式行政制度

---

① 《宋史》卷四九六《蛮夷传四》。
② 周振鹤：《中国地方行政制度史》，第381页。
③ 《宋史》卷四九三《蛮夷传一》。
④ 《元史》卷九一《百官志七》。
⑤ 《元史》卷九一《百官志七》。

的一部分，所不同者，是其治理对象是少数民族或以当地民族首领参治。而土知府、土知州、土知县、土巡检、土千户、土百户、土酋吏等官职，更是如此。土官之有职品印符和升迁黜降，都纳入一统之管辖。有元一代，有土官升迁至行省参知政事（从二品）者。

元明易代，明朝在西南民族地区，对归附的各部落，实行"原官授之"政策；又根据功绩和部落内的等级，授予不同职位。明初，这一措施在湖南各个郡县得到广泛推行，为巩固其统治起到了重要作用。此后，明朝又在湖广、云南、贵州、四川、广西等省普遍推行，设宣慰司11、宣抚司10、安抚司17、长官司147、蛮夷司25、府14、州49、县12。不同于元代，明代依土官之名而设衙，如宣慰使司、宣抚司、安抚司、招讨司、长官司、蛮夷长官司等。又将土司职权，分为文武两途，武职属于各省都指挥使司，文职属布政使司。在某些地区，明朝又以"土流参治""土流同城"等方式进一步完善制度，或以流官统土目、部落，或以土官为正、流官为佐贰幕职等。故《明史·土司传》称明代土司制度"踵元故事，大为恢拓，分别司郡州县，额以赋役，听我驱调，而法始备矣"。[①]

另外明代之都司、卫、所，既是军事系统，也成为一种地方行政的组织系统，在某些边疆民族地区，其所管理者多为少数民族，亦"参用土人"为卫所官长，如土指挥使、土千户等，所以也可纳入土司系统看待。此外，明代还有羁縻性质的都司、卫所：黑龙江流域设立奴儿干都司，下辖384卫，这些卫所多由当地土著头领担任官长，受明廷节制，但其职可世袭。终明之世，这一地区的大量卫所及其首领，与明之传统关系一直未断。在西北地区，则设哈密、罕东、安定、曲先、阿端等卫，对各"番族"部落实行羁縻管理。西藏地区设立的两个都指挥使司——乌斯藏都司和朵干都

---

① 《明史》卷三四〇《土司列传》。

司——实际上是通过加封各派首领为国师、西天佛子等名号，以其故俗而治，这两个都司，到明后期都改成了宣慰使司。广义而言，这也属于土官土司治理之范围。

清代土司制度基本沿袭明制，又根据统治情势的变化有所增减。入关初期，为清除残明势力，底定西南，顺治皇帝多次谕旨招抚土司，"各处土司……凡未经归顺，今来投诚者，开具原管地方部落，准于照旧袭封"，强调对归顺者应加以安抚，不得"有所犯"，"其中有能效力建功者，不靳高爵厚禄，以示鼓劝"。[①] 平定吴三桂等"三藩之乱"后，在四川西部打箭炉、木鸦、瞻对等处部落投诚归附；雍正初为安抚松潘边外大金川等地"番人"，也在西南地区新增了不少土官土司。雍正平定罗卜藏丹津叛乱后，在青海增置土司，统于西宁办事大臣；在玉树等地也以清查户口地界为基础，委任部落头人为千户、百户等土官职。雍正之后，则开始了大规模"改土归流"，成为土司制度演变的主要趋势。

（二）土官土司制与民族治理的加强

土官土司制自元至清，延续五百余年，为中国历史上统一国家内民族治理的重要制度。其治理原则，虽可追溯至秦汉以来在民族地方实行的羁縻之制，但较之前代，其系统性和制度化程度，都更为完备。

第一，土官的职位与其设置、升转、赏罚等，自成一套系统，并有严格制度规定。如前所述，土官之职位名称来源于元代行省以下各类职官。由于元代大范围内任用土人掌管当地行政，故自从二品的宣慰使，正三品宣抚使、安抚使、招讨使，以至路府州县官、巡检、千百户长、酋吏等，皆有土官担任并在系统内升转。明代一开始，就在少数民族地区实行保留原职官世守的政策，将元代这一

[①] 《清世祖实录》卷一二二，顺治十五年十二月己丑条，中华书局1986年版，第1450页。

整套职官制度转为专为土官而设之系统。为此，明朝将其所属与品级做了更为系统化的调整。在品级上，明代以宣慰使为从三品、宣抚使为从四品、安抚使为从五品、长官司长官为正六品，土府州县同于一般州县，较之元代更为明确、等级森然。又"以府州县等官隶验封，宣慰、招讨等官隶武选。隶验封者，布政司领之；隶武选者，都指挥领之。于是，文武相维，比于中土矣"。① 明代对土官职衔规定更为细致，同时将羁縻卫所也纳入土官系统。对土官之授符掌印，除同于元代者外，还授予冠带、符牌等；承袭之时，必经有司勘合信物后授予，九品以上土司，"虽在万里外，皆赴阙受职"。② 此外，土司的"号纸"（任命书），在清代以后，与印信一起常连称为印信号纸，成为土司职权的最重要依凭。

在土官的赏罚方面，元代对土官甚为宽大，只要能保持地方宁静，即可"三年一次，保勘升官"；反之，对土官犯科者则有宽贷，如规定"诸内郡官仕云南者，有罪依常律；土官有罪，罚而不废"，③ 并不影响其职位，甚至罪至"反叛"者亦能留任。明代对土司之赏罚制度，则要严格得多。在《明史·土司传》中，作为特例记载了播州宣慰使杨斌因功升为四川按察使一事，为此特别强调："旧制，土官有功，赐衣带，或旌赏部众，无列衔方面者。"④ 可见，在明代对土官的赏罚管理中，是有定制的，一般是在土官品级内升转，或加官名、赏虚衔。至于土司有过及犯罪，其"反叛必诛"，惩罚亦难得宽贷，《明史·土司传》及《土官底簿》等史料中多见土官被"禁锢""罚米""革降""流徙"，甚至"伏诛"者。

第二，土官承袭规范愈加严格。土官土司制在世袭其职这一点

---

① 《明史》卷三一〇《湖广土司传》。
② 《明史》卷三一〇《湖广土司传》。
③ 《元史》卷一〇三《刑法志二》。
④ 《明史》卷三一二《四川土司传》。

上，与羁縻府州有一脉相承之关系，如上一节所述，在宋代的羁縻州令长承袭中，已经出现了一定程度上的程序规定。元代土官参治，世袭其职，世守其土，承袭之制，同样从"必任土人……宜从本俗，权职以行"的原则出发，对其缺员，"子侄兄弟袭之，无则妻承夫职"。① 但继职必经朝命，若不行"人臣礼"，朝廷甚至会兴师问罪。明代土司的授职承袭已经形成规范。在袭职程序上，不仅要求"赴阙授职"，而且必须"取具宗支图本，并官吏人等结状，呈部具奏"。② 此外，明朝还尤其重视承袭顺位的规定，规定："土官承袭，或子孙，或兄弟，或妻继夫，或妾继嫡"，"豫为定序造册，土官有故，如序袭职"。③ 清代更加严格，规定年龄，"土官子弟，年至十五，方准承袭"。④

此外，自元代开始，各地土司子弟入朝为质或入学亦是朝廷控制土官的重要手段。元代即有云南、广西等地土官子弟入质为侍。明初，明太祖即命普定府土知府"谕其部众，有子弟皆令入国学"。此后入国子监学的土司子弟颇多，明朝统治者的目的，除令其学习文化外，亦能"观光上国"，生敬畏效忠之心。此外，还在各地设"儒学"令土司子弟入学。弘治年间，更有"不入学者，不准承袭"的规定。⑤

第三，在土司区编户入籍，输贡纳赋，签发土兵。元代已在乌斯藏、云南大理金齿宣慰司等处清查户口田数，以立赋税。《元史》称："岭北、辽阳与甘肃、四川、云南、湖广之边，唐所谓羁縻之州，往往在是，今皆赋役之，比于内地。"明代统治者认为，土司

---

① 《元史》卷二六《仁宗三》。
② 《明会典》卷六《吏部五·土官承袭》。
③ 《明史》卷三一三《云南土司传》。
④ 《钦定大清会典事例》卷五八九《兵部·土司》。
⑤ 《明史》卷三一〇《湖广土司传》。

地"既入版图，当收其贡赋"。① 但在实际执行中，明初是听土司自行输纳，其标准大约沿用元之故事；稳固统治之后，则规定赋额征收，但额度比正常郡县低，在灾荒减免和折纳代征的标准上，也较为宽大。在民族地区的编户，是将当地民族分为"生""熟"进行治理，即"隶版籍""输赋税"者为"熟"，未入编户者为"生"。各地有不同称呼，如"生苗""熟苗""生夷""熟夷"等。此种分类治理的方式，延续至清，年久日长，形成惯习，在部分地区甚至成为族群的分类界限。

元代多见土官率本民族士兵随军出征的记载。在明代的记载中，每有兵事，多见土兵随征，如援辽、剿倭等役，以及后期镇压李自成农民起义时，发生在民族地区的"征蛮"战事更是如此，如嘉靖年间之"征苗"，以及万历年间平定播州时，基本上是"官兵三之，土司七之"。各地土兵数量颇多，如广西"狼兵"有十数万，贵州宣慰司所辖各司兵力，也有十数万。其中原因，一方面是在土司地区，统治者需要"以夷攻夷"，以土兵为土司相制之法，另一方面也是明代卫所兵员不足，尤其在中后期，卫所战斗力下降，更是不得不以土兵为战斗镇戍之主力。明代万历年间，还有思恩、思明等土司率土兵按一年或数年轮戍省城、军镇的规定。

第四，元代以来驿传系统进入土司区。有元一代，遍设驿站，"东渐西背，暨于朔南，凡在属国，皆置驿传，星罗棋布，脉络通（相）通，朝令夕至，声闻必达"。② 可见其主要目的是政令的通达，但驿站之设，亦能迎送使者、转运货物，实际上促进了各地区之间的联系。元明清三代，驿站和驿道的设立不断深入遍布，越来越多的土司地区被纳入驿传网络。同前代相比，驿传的

---

① 《明史》卷三一二《四川土司传》。
② 《永乐大典》卷一九四一六《站赤》。

畅通，交通的便利，不仅进一步加强了中央对土司区的管理，也使得其人员、物资、信息与其他地区的往来更为频繁，各族之间联系更为紧密。

（三）改土归流

在中央集权郡县制框架下所施行的土官土司制度，在一定程度上适应了风俗政教难以骤然齐一的特殊地域进行治理的需要，但随着社会经济的发展变化和国家能力的增强，不仅对其管控逐渐加强，而且将其纳入统一建制的要求也一直存在。从技术上来说，土官土司制度在统一行政治理体系中的齐一化，其实只有一步之遥，就是"改土为流""改土易流"或"改土归流"。

在明朝中后期，土官土司制进一步完备的同时，也有一部分土府州县，因土司反叛被诛，或土司绝嗣，或无法找到合适的继任者，而改为流官治理。但一般来说，土官在当地势力盘根错节，各家族部落关系错综复杂，一旦罢黜土官，改任流官，不熟悉当地情形，反恐生乱，故明朝对土官之改流官，还是相当谨慎的。其削弱土司势力的最主要方法，还是以"众建"之法，在大土司之下设立许多小土司，分而治之。整体而言，明代的改土归流仍是局部的，且有"改流复土"情况的出现。

明中后期以后，内忧外患之下，明朝廷对土司的军事力量反有倚重，致使某些土司雄踞一方，形成"尾大不掉"之势，土司制度的弊病也更为明显。清初，为应付明朝残余势力和北方的威胁，不暇及于土司区，故基本保持了明代的治理方式。这一时期，西南地区土司反叛或内部之乱时有发生。直至清雍正四年（1726年），在统治比较稳定的情况下，雍正帝才下定决心，以云贵总督鄂尔泰总其事，对云南、贵州、广西、四川、湖广等省土司实行大规模改土改流。鄂尔泰称："欲靖地方，须先安苗倮，欲安苗倮，须先制土司。"① 可见清政府的改土归流，是将其作为绥靖西南地区的重大决策提出的。

在改土归流的具体实施过程中，雍正帝提出的原则是"宜先威而继之以恩"，② 换言之，对不愿改土归流者，先示以兵威。从雍正四年四月起，对东川、乌蒙、镇雄、镇沅、酉阳、容美等有反叛或不法之行的土司，举兵进剿；对在改流过程中，阻止官兵或抗拒改流的土司，亦以重兵压服；对所谓"化外生苗"，更是"惩以兵威"令其"革面洗心"。至雍正九年，先后抽调官兵十余万，用军数十次。大规模用兵结束后，又有土司主动改流，以及对土司革除后的各种善后措施的实施，以及前期用兵之余绪，一直延续到雍正末年。据学者统计，清雍正朝共在云南、贵州、广西、四川、湖广革除土司220家。革除土司后，或在原土司区新设府州县流官，或新设专管土司区之同知、州判、县丞等，或新设厅以通判、同知为长令。据统计，包括"新辟苗疆"在内，雍正朝在原土司区设流官至少152处。③

对于改流土司，清廷根据不同情况和土司的顺服与否，除直接诛杀者外，要么降级后就地安置，要么举家流徙其他地方，如本省省城，或其他省，由当地官员监视；主动改流者，待遇一般比较优厚，往往保留原职甚至升级领赏，但皆夺其治民之权。改土归流后，清政府在原土司区设流官，驻扎兵丁，建立城镇，将土司所辖人众编立户籍，立以保甲，量土地、定赋额，统于编户齐民。为推行这些善后措施，清廷尤为重视流官的选任，除选用清廉有能力者之外，一旦发现不法，往往严令查办。更为重要的是，改土归流在

---

① 鄂尔泰编：《雍正朱批谕旨》第25册，雍正四年二月二十四日鄂尔泰奏。
② 《清世宗实录》卷四三，雍正四年四月丁亥条，中华书局1986年版，第638页。
③ 李世愉：《清代土司制度论考》，中国社会科学出版社1998年版，第253、289页。

大多数地区还适应了社会经济发展的需要，一旦土司既有的权力网络打破，编户齐民的生产生活方式在土司区并未引起大的反弹，某些情况下甚至比处于土司"土皇帝"的管制下对普通农民更为有利。因此，雍正朝的大规模改土归流基本上是成功的，起到了稳固统治的效果。从客观上来看，也符合打破既有的分割局面，在政治、经济、文化等方面更为统一的历史趋势。

雍正朝之后，除了在土司犯科，或无承袭，或争袭过分等情况下的零星改土归流外，清政府对土司地区的治理，主要通过加强对土司的管理来进行，除承袭制度更为严格之外，又采取分袭之法，令土司子弟可分袭土官所辖土地而授职；对土司的奖惩等法，也列入《会典》，令其遵行；在雍正后期，还一度将土官任职表现纳入与流官类似的考核系统中。此外，还对土司有严禁擅自离境、严禁私自延请幕僚、严禁买卖田产等限制。

总之，有清一代，土官土司制度随着社会经济的发展，以及中央政府对土司地区控制的加强，呈现出衰落的趋势，但在很多地方，由于社会经济发展的不平衡，仍然发挥其因俗而治的作用。随着西方的入侵，土司制度显然已经不能相容于中国现代国家的建设，自清末至民国，"改土归流"、废除土司的呼声一直存在，甚至在清末还有大规模的"改土归流"活动，但由于国家能力的限制，并不能彻底，直至中华人民共和国成立之后，才彻底废除了土官土司制度。

四　清代的"藩部"和驻防八旗

（一）藩部的含义及其形成

清代的地方行政体制，除"直省"外，还有"藩部"。清朝自关外建国起，至康乾时期，以管辖蒙古各部为中心，逐渐发展出一套不同于管理"直省"的行政体系，其管辖范围明确为内扎萨克及喀尔喀蒙古、厄鲁特蒙古、"回部"，以及西藏等地。有清一代，这些地方被称为"外藩各部"或"藩部"。①"藩部"和"直省"，均为清代统一治权之下的地方行政治理制度，只是"藩部"行政体制更为多元，与中央关系也较为复杂。

"藩部"作为清朝特有的地方民族治理体系，其形成与清朝的建国和发展历史相伴随。16、17世纪，随着明王朝的没落，中国北方地区出现了不少地方政权，除了东北女真系的后金—清国外，还有蒙古族为主建立的察哈尔汗国、土默特汗国、喀尔喀三汗部，卫拉特—准噶尔部，和硕特汗国，叶尔羌汗国，土尔扈特汗国等，以及活动于西藏的藏巴汗政权。随着后金—清政权的发展壮大，先后以各种形式将其纳入治下，成为其藩部。最早与后金建立联盟并成为其藩部的是科尔沁等部。之后，后金又击破土默特部和察哈尔部，将其编入旗队，此后虽有反复，但二部仍是较早的藩部。喀尔喀三汗部长期未能形成统一政权，在17世纪后期，对清多次入贡，至1690年多伦诺尔会盟，编旗设佐，成为清之藩部。清朝入关之后，很快对西藏等地建立起宗藩关系。此时的西藏青海等地，和硕特蒙古部、拉藏汗，以及格鲁派佛教势力，是其政治上主要的代表，通过与这些势力的不断博弈，以及在康熙末年为驱逐准噶尔出兵西藏后，逐渐建立了宗教与政治管辖相结合的治理管辖模式。在青海地区，则在雍正年间巩固了统治，将之纳入理藩院直管之扎萨克盟旗系统管理。经过康雍乾时期长期的战争与政治攻守，清朝先后征讨平定噶尔丹、罗卜藏丹津、阿睦尔撒纳等乱事，以及南疆回部的策妄阿拉布坦父子之乱，彻底击垮清除了准噶尔部，从而巩固了卫拉特蒙古地区和天山南北的藩部统治。在这些地方，清朝都实行了与直省和八旗不同的治理制度。

---

① 包文汉：《清代"藩部"一词考释》，《清史研究》2000年第4期。

（二）治理藩部的特殊体制

1. 扎萨克旗制度

自努尔哈赤时代起，清朝统治者就极力联合蒙古各部，对归附的蒙古各部，先是编入八旗，后来，随着大的领主携人马牧地来归，开始依对清朝（后金）的忠顺程度和功劳大小，将蒙古王公任命为扎萨克，按部落编旗，即为扎萨克旗。"扎萨克"一词，满语和蒙古语均为 jasak，意为一旗掌令之人，其与满洲八旗都统等官员不同之处，在于扎萨克之职可世袭。编入扎萨克旗之后，必须遵守清朝法度，听从军令调遣。为保证对其控制，扎萨克旗必经清朝清查户口、编订牛录、划定牧地。自后金时期至乾隆年间，经多次大规模编旗，清廷在藩部地区共设 200 余旗，其中漠南蒙古 49 旗，喀尔喀蒙古 86 旗，青海蒙古 29 旗，此外还有阿拉善厄鲁特、额济纳土尔扈特、塔尔巴哈台杜尔伯特、伊犁土尔扈特、和硕特、科布多杜尔伯特、阿尔泰土尔扈特等部亦各编扎萨克旗。清廷对扎萨克旗的编制原则，一是将原有蒙古各部改造为与清朝体制相适应的军政组织，旗下设佐领、参领等下级组织机构，其官名亦以扎萨克、章京、参领、佐领等代替原有部落头领旧称；二是"众建以分其势"，一部可能设几旗，旗之大小不以原部落为准，而是有一定之规。

经过不断调整，扎萨克旗制度越发严密，成为清朝藩部地区军政合一的重要地方政区。康熙后期至雍正时期，清政府又将蒙古各部传统之会盟逐步制度化，一个或数个扎萨克旗在固定地点会盟，中央派员参加，由各部推选盟长，"简稽军实，巡阅边防，清理刑名，编审丁册"。随着会盟地点的固定，各盟也有了固定盟名，如乾隆十二年（1734 年），清廷给内外扎萨克十盟盟长颁发了有盟名的印信，其会盟地和名称完全固定。[①] 盟会地点和名称的确定，以

[①] 达力扎布：《清代内外蒙古十盟会名称的固定及其时间考》，《民族研究》2020 年第 2 期。

及印信之取得，标志着盟作为一级地方行政组织已经完全成形。除部分畸零之旗外，清廷在漠南、喀尔喀、青海、新疆厄鲁特蒙古各部都设盟以会各旗。至清代中后期，盟的行政职能更得到加强，除盟长外，还设副盟长、帮办盟长扎萨克、备兵扎萨克等属官，各有职权。故扎萨克旗制在历史上总称盟旗制度。

相较改造前蒙古部落，盟旗成为由清朝赋予权力、在藩部行使地方行政职能的两级政区制度，其旗长、盟长皆属朝廷官吏，职权由国家规定；牧地由清廷划分，严禁越界；其内部司法行为由《大清律》和《蒙古律例》规范。而在某些方面，盟旗又有不同于八旗和郡县的特点：一是官职世袭，并享有爵位尊号；二是旗内官员任免由扎萨克决定；三是部落内王公与成员存在较强的人身依附关系，后者身份不同于编户齐民；四是盟旗无赋税之责，官员俸禄除朝廷封赏外，王公贵族有权向属民在清廷规定范围内收取赋税。

2. 对西藏地方的治理

明末以后，蒙古的固始汗势力控制了青海和西藏，扶持格鲁派达赖喇嘛权威，同时尊奉班禅，以其管理以日喀则为中心的后藏部分地区。自此，西藏地方形成了世俗与藏传佛教格鲁派达赖班禅宗教权力共同统治的格局。清初，承认了蒙古固始汗的世俗统治地位，并先后正式册封达赖喇嘛和班禅额尔德尼的名号，将西藏地方政教权力纳入中央王朝之管辖。康熙末年至雍正年间，清朝在西藏实行了一系列制度改革，如废除世俗统治中的汗—第巴制，即固始汗到拉藏汗时期，汗廷封赏西藏贵族第巴号，并予世袭，实行联合统治的体制，而代之以噶伦制，众噶伦之任免皆直接由清廷决定，开始确立正式的西藏地方行政管理制度。[①] 也正是在这一时期，清廷不断派大员进藏，或"前往办事"，或"管理西藏事务"，其所

[①] 林乾：《论雍正时期对西藏管理的制度化过程》，《民族研究》2019年第2期。

办之事不断增多，驻藏时间也越来越长。雍正五年（1727年），雍正皇帝派僧格、玛喇驻藏，设立衙门，常川办事。一般认为，这是清朝正式设立"驻藏大臣"制度的开始。

驻藏大臣制度的完善，也有一个过程。雍正五年清朝派往西藏的大员是二人，无正副之分；在西藏地方前后藏战争时期，曾有四五位驻藏大臣同时在西藏办事；乾隆元年（1736年），裁为一员。乾隆十四年，为防范珠尔默特那木札勒擅权，明定办事大臣为二员。1751年珠尔默特那木札勒事件后，颁布实施《酌定西藏善后章程》（十三条），对地方行政制度进行改革：废除郡王集权之噶伦制，改由以三俗一僧四噶伦组成的噶厦政府管理日常行政，重大事务必有达赖喇嘛印信和驻藏大臣关防方得遵行；西藏地方政府中的噶伦、代本、第巴等的任免替补等，均须经达赖喇嘛会同驻藏大臣商定，报请理藩院转奏颁给敕书等。这些改革，实际上形成了清朝治理西藏地方的以驻藏大臣钳制政教合一噶厦集权管理的体制。

18世纪80年代末90年代初两次廓尔喀战争后，清政府又颁发《藏内善后章程》（29条）进一步对治理西藏的体制做了完善调整。其主要宗旨，在于扩大驻藏大臣权力，保障对西藏地方的有效治理。主要具体措施如下：驻藏大臣督办藏内事务，应与达赖喇嘛、班禅额尔德尼平等，所以西藏地方僧俗官员，都要服从驻藏大臣；驻藏大臣监督、主持达赖、班禅及各大呼图克图转世灵童的"金瓶掣签"认定；主要僧俗官员缺出升补、订立等级、奖惩事宜统归驻藏大臣和达赖喇嘛商定；"近邻诸国"和"外番"之商旅贸易、宗教朝拜、文书往来，以及贡献物品、边界事务等，均须驻藏大臣核查、给谕或办理、过目。此外，在操练藏兵、宗教事务、财赋用度等方面，驻藏大臣也有监管之权责。

清政府所施行的这一套体制，一直稳定运行至清末。与清政府对其他藩部地方的治理体制相比，其相同之处，在于清政府通过一系列制度化运作所体现出来的对地方的全权掌控和深入治理，而不同之处，则是清代治理方略与西藏地方历史上所形成的世俗和宗教权力并行的宗教社会实际的结合与适应。

3. 驻扎大臣和"伯克"制

清朝在统一天山南北之后，以伊犁将军总管军政，又在各地分驻都统、参赞大臣、办事大臣、领队大臣等，为当地最高军政官员。在各驻扎大臣之下，则依其风俗，采用了不同的治理体制：如在天山北麓准噶尔故地，出于军事目的，以八旗驻防为主；又对蒙古各部设扎萨克旗；针对部分地区的汉族农业移民，设立州县管理；在南疆哈密、吐鲁番区设扎萨克旗；而在南北疆维吾尔族聚居区，则保留了以旧有的"伯克"为基本官员，在驻扎大臣之下管理城乡。

"伯克"（bek、beg）一词，在唐代就已见于记载，意指贵族。明代以后的西域地区，"伯克"作为职官的称呼已经广泛出现于历史记载中。可见此一制度历史可能相当古老。清朝统一之后，曾调查了喀什噶尔等地的旧有伯克制度，其中称："查回部头目，曰阿奇木，总理一城；曰伊沙罕，协办阿奇木事；曰商伯克，管理租赋；曰哈子，管理刑名；曰密喇布，管理水利；曰讷克布，管理匠役；曰帕察沙布，查拿贼盗；曰茂特色布，承办经教；曰木特斡里，管理田宅；曰都管，管理馆驿；曰巴济格尔，管理税课；曰阿尔巴布，派差催课；曰市珲，协办都管事；曰巴克迈塔尔，专管园林；曰明伯克，其职如千总。"[①] 据学者研究，旧有伯克制度的特点是：官员统称伯克，有不同的职衔，分管不同的事务；官员没有明确的品级和着装（官服）；没有法定的薪饷俸禄。[②]

---

① 《清高宗实录》卷五九三，乾隆二十四年七月庚午，中华书局1986年版，第598页。
② 王东平：《关于清代回疆伯克制度的几个问题》，《民族研究》2005年第1期。

统一之后，清朝将伯克制度纳入严密的职官体系，有品级印信，其出缺和升替迁转都一由朝廷，无世袭之说。伯克是各驻扎大臣的属下官员，必须向驻扎大臣报告，其权责受到清朝则例的规范。不仅如此，伯克之俸禄，由朝廷给予职田、燕齐（依附农民）和养廉银；和郡县官员一样，也有任官回避、年老休致等制度。因此，在清朝统治下，伯克基本上被改造成清朝的官僚，与扎萨克旗的蒙古王公、西藏的噶伦第巴等相比，其封建领主色彩相当的弱。[①]但从宏观上看，清朝对回疆的治理，并无一个整体的系统，而是颇为分散的，但在一城之内（或某驻扎大臣管辖之内），则自成系统，权力没有制约和监督，这也导致了极大的问题。近代以来，在外国势力冲击下，清政府遂于1884年在新疆建省，伯克和驻扎大臣等系统，以及其他旧有的治理制度，也都随之改弦更张了。

（三）藩部和东北地区的八旗驻防体制

清代的八旗驻防由八旗兵丁分驻全国各要害地点，是实现满族统治者对全国各民族进行监视震慑的重要手段。其在东北、西北和漠南蒙古地区的八旗驻防，与直省有别，以驻防将军为地方最高长官而不设督抚，其兵制也不同于单纯八旗军队。[②] 因八旗驻防在东北和藩部地区的特殊性质，其实很多时候承担了军政合一、治理边疆各族的职责，故在此专做叙说。

东北作为清朝统治者的"龙兴发祥之地"，也是八旗制度最早开始实行的地方。随着清军大举入关，八旗兵丁也从东北源源不断派往全国各地。以至顺治年间，东北地区八旗兵丁只有数千。在这一过程中，留驻盛京的八旗管理机构，其最重要职责，就是编制八旗牛录，输送兵源。康熙年间，由于"充实根本"和防御沙俄侵略的需要，清政府开始重视对东北地区的军事安排。

[①] 张永江：《清代藩部研究》，黑龙江教育出版社2014年版，第253—254页。
[②] 定宜庄：《清代八旗驻防研究》，辽宁民族出版社2003年版，第59页。

康熙三年（1664年）在盛京地区设镇守辽东等处将军，后改奉天将军；康熙年间，又在宁古塔等地招募边地部民，编制新满洲佐领，宁古塔将军于康熙十五年迁驻吉林，称吉林将军；康熙二十二年，以宁古塔副都统为镇守黑龙江等处将军，以后陆续充实力量，签订《尼布楚条约》后，改驻齐齐哈尔。清朝以盛京为中心的将军驻防体系，在康熙雍正两朝，陆续以编旗迁徙等方式，将东北各部族纳入组织，其中包括了达斡尔、鄂温克、锡伯、赫哲、蒙古等民族。在东北全境的八旗兵丁中，一半以上是这些各民族所编成的八旗。

在察哈尔和绥远城，清朝亦在攻击准噶尔等各自军事行动中，将原有的察哈尔、土默特等部众，以及周边蒙古各部，陆续编入八旗驻防体系，乾隆年间，在察哈尔和绥远城分设都统、将军以统之。乾隆年间统一天山南北后，设伊犁将军为最高军政长官，各地驻扎大臣隶于将军，尤在哈密至乌鲁木齐一线，部署了以满蒙八旗为主、辅以绿营的军事驻防体系。

在上述地区所设驻防八旗，由于地广人稀，兵丁之外，民人实少，故八旗组织对八旗驻防事务和人员的管理，实际上也就是对这些地区事务的总管。当民人数量达到一定程度，地方行政机构会相应设立，此时的八旗事务，也就和地方行政机构截然分开了。如盛京地区，自顺治十四年（1657年）设奉天府尹，其职权同于京畿府尹，专管民人，只是在民人与其人发生纠纷时，才由将军府与顺天府商议办理。而驻防八旗系统与当地州县等行政系统，从中央管辖角度，亦都从皇帝之下各依等级独立奏事。在这点上，藩部与东北的八旗驻防实无不同。其特殊之处，可列举者如下：

一是将军以下驻防各官员，当地人占据重要地位。例如，在乾隆朝之前的各朝，由于东北三将军所处偏远，官员多不愿往，形成将军以下各武职从本地提拔出缺者占很大比例，甚至副都统、城守慰大员亦从本地简放。在方志记载中，赫然还有官位世袭的记载。不过，这毕竟是管理制度不严所造成的特殊情况。乾隆朝开始，便对东北三将军大力整饬，提高了对东北三将军之防查。又如土默特部原有归附功臣子弟任职都统、副都统，康熙时便将其革退，代以京师派员。雍正朝虽复以土默特部任职，但乾隆朝设绥远将军，实已削夺其权。

二是这些驻防地八旗所涉事务繁多，不限于军事。在盛京地区，武职"不似各省但管兵丁。如锦州、广宁、辽阳、牛庄、盖州等五城，边界辽阔，内有盛京户部包衣屯庄、王公庄头、部院屯丁、旗民人等杂处，时有争讼案件。牛庄、盖州地邻海口，船务尤繁。凤凰城与朝鲜接壤，亦关重要。中后所、巨流河二路及法库、张武台、松领子、九关台等处边门各官，均职任防守，承办地方事件"。[①]

三是将东北各族编入八旗牛录之后，亦有因俗而治的情况。如康熙年间，清朝将黑龙江流域的部分索伦（鄂温克）、达斡尔、鄂伦春等族人编牛录、设佐领，牛录之上则设扎兰，其官长称"副总管"，以此种形式纳入八旗系统。扎兰下辖牛录皆有定额，猎场由清政府规定分界，各扎兰定期会盟"比丁裁讼"，理藩院派员参加。其管理体制颇似扎萨克旗制，其主要职责，是向清廷贡纳貂皮。至雍正年间，这些部落被正式编入八旗系统，称为"布特哈八旗"，其组织也基本定型，以满洲总管掌印为首，其余则按族别分设总管掌管本族事务。[②] 自顺治朝起，便不断有黑龙江中下游地区各部族向南迁移，清政府据其生计方式和原有组织，分别进行安置：对认农业为生部落，多直接编入八旗系统，而渔猎部落，则经过一段时期过渡之后，再编旗设佐。其大规模的设置佐领，主要是康熙年间

---

① 《清高宗实录》卷三一〇，乾隆十三年三月丙戌条，第72页。
② 金鑫：《清代前期布特哈总管沿革探析》，《民族研究》2013年第4期。

所编库雅喇佐领、三姓协领衙门所统之各佐领；以及雍正年间招徕八姓地方，扩编三姓城，增设副都统衙门而编设佐领。这些编入八旗体系的部落，早期多保留其部落组织和生产生活方式，但在清政府管辖和引导下，有所变更，整体而言，是被纳入清政府的统一管理之中。

五　古代地方层面民族治理体系的连续性

（一）羁縻体制的基本性质与治理一体化倾向

在地方层面，中国古代的民族治理，自秦汉的县道属国制，南朝的左郡左县和"蛮僚"郡县，到唐朝的羁縻府州制，及元明清的土官土司制和其他制度，有着明显的连续性，其基本特征是在中央集权的郡县制的基本框架下，参用"土人"、因其故俗而治。

从其权力来源和统辖关系来看，无论是县道属国，还是羁縻府州，或是土司土官、藩部政区，从法理而言，其与中央的关系，都是中央权力在地方层面上的权力分置，或者权责分工。这些机构或政区统辖地方的权力，本质上来自皇权经由一定机关程序的授予。比较这些特殊政区与正式郡县，从自上而下的观点来看，因治理对象的不同，中央权力对传统的地方权威或者文化，无论是发自主动还是迫于形势，都采取了较为容忍的态度。而以自下而上的视角来看，似乎对某一民族或地方的治理，除了代表中央集权的皇权之外，代表地方传统的"土皇帝"的权威也并立而行，不可或缺。但无论是权力来源的先后还是位阶，"土皇帝"的权威在理论上都来自皇权（尽管从实际历史渊源来看，地方性的权威要早于皇权进入），不可超越。也正是基于此，土官在行使治权时，虽然兼有朝廷官员和部落（民族）首领的身份，但其作为官员的权责是第一位的。与正式郡县官员相比，虽然他们拥有职位世袭权力，以及来源于地方传统习惯的财政、司法、军事特权，但是，这些权力在形式上也都被认为是由皇权所授予或者容忍的。从这个意义上说，无论是"羁縻"，还是"修其教不易其俗，齐其政不易其宜"，"羁縻"之主位的权力不可动摇，"俗"和"宜"只是在国家"政""教"之下的变通。

也正是基于此，历朝历代对于羁縻政区或土司、藩部的治理管辖中，都存在一体化的倾向，其主要表现为：第一，将特殊的地方治理体系纳入统一的职官与行政系统。汉晋时期，对属国和"蛮夷"的管理，都是将其置于郡县之下的特殊官员辖下，或者直接设置郡（国），但"蛮夷"似乎甚少成为令长，整体而言是以郡县令长统领部落君长的制度；唐以后（或可追溯至南朝的左郡左县）的羁縻州县，则以部落君长为令长，而元明清的土官制、羁縻卫所制和藩部，则是另有一套统归于中央各部的职官系统。故自唐以后，一体化的倾向即表现为对土官或民族首领权责的具体规范上，实际上也就是对原有权力组织方式、行政资源利用方式的改造。在制度创设和法制建立的过程中，官员品级职级的排定、功过奖惩的明确规范、管辖界线（游牧地）的划分，乃至司法、行政、财赋、军事资源使用的限定，以及人丁户口、田地财赋的清点登记，都顺理成章成为考虑因素，其严格还是宽贷，则取决于政治策略的因时而动。第二，设立监督或监护性职官，保障治权和政策的落实。在这方面，汉晋唐宋时期的都尉、护尉、都护等军事性或准军事性系统，都起到了重要作用。而元明清时期在土官地区逐渐成为常态的流官参治，清代在藩部因地制宜采取的驻扎大臣、将军等制，则更进一步，不仅起到监护作用，更直接分取了土官、藩部首领的部分权力。第三，只要条件具备，就将羁縻性质的州郡改为正州正县。这一策略在汉唐时期表现为直接的州县体制的改易。在土官土司或藩部制度下，则更为灵活，除了直接的"改土归流"或"废藩建省"，还利用各种机会，在土官藩部所辖地区设立新的州县或州县的派出机构（同知、巡检）等，以适应其经济社会情况的变化。

（二）羁縻治理与民族交融发展

但羁縻性质的地方制度在中国古代的长期延续，自有其深层背景。从政治层面言，各王朝建立羁縻制度的地方，基本上处于国家权力的边缘，即所谓归降君长、新附郡县，他们所处的地方，基本上是不同政权或文化的交界地带。在古代国家政治体系下，各部（族）的依违两属或"左右逢源"，有着充分的条件，地方部（族）权力有保留既有权威的倾向和空间。在这种情况下，各王朝以儒家"怀柔远人""华夷殊服"之理念为依托，容忍这些地方权威的存在，既是策略性选择，也是主动利用的巧妙治理方略。典型的如南朝封"蛮夷"为郡县长令，利用其对抗北朝；清朝之联合蒙古藩部，扩大力量，击破蒙古敌对势力和明朝。各王朝设立羁縻制度的目的，无非"纳入版图，以为藩篱"。"纳入版图"已如上述，"以为藩篱"体现的则是王朝国家利用羁縻制度，"以夷治夷"、稳定统治秩序的内涵。无论如何，羁縻制度的建立，对统一多民族国家的巩固和各民族联系的加深，都有积极意义。

从社会发展层面来看，羁縻制度的存在，是与古代多民族国家内部社会发展的多样性和不平衡性相适应的。中国历史的地理基础和建基其上的生计方式，本来就是多样性的，其大端至少有北方游牧地带、华北和江南农耕地带、青藏高原高寒农牧业地带、南方山地农业地带等。各民族生活于不同地域，采取不同生计方式，形成相异的制度和文化，有的制度文化甚至是带有社会发展阶段差异的。要将这些不平衡和相异，甚至冲突的地域与民族文化整合入大一统国家之内，需要高超的治理技巧和适合的制度体系，羁縻制度的存在，有利于保持这种不平衡状态下的统一。从制度齐一化的角度来看，历史上齐一化的成功，除了国家力量和治理能力的强弱，社会经济的发展、各民族文化的深层次交融，在一定程度上打破这种不平衡，也是决定性的条件。例如，雍正年间的改土归流，以及晚清在藩部的建省倡议与成功行动，都得益于上述地区社会经济和民族交融在这一时期所取得的进展。

第三节　中央层面的民族治理：政策与中央机构

在中国古代各民族之间，广泛地存在政治、社会、经济、文化等方面的交往交流交融关系，具体体现为军事征伐、政治管辖与服从、经济往来与教化、民族间的婚姻等社会交往，以及文化上的相互吸收借鉴。古代国家的民族治理，实际上是这些既有关系的政策化、制度化运作，通过相应的政策和制度，调节民族之间的关系，以达到维护稳定统治、保障一统秩序的目标。相对地方层面或者说主要通过政区分权方式进行治理的方式而言，通过统治阶级个人关系，或者主要是通过中央层面官僚机构实施的这类政策，则更加灵活，也更容易受到政治过程的影响，但从长时段来看，还是形成了一些基本政策形式甚至制度，诸如和亲与联姻、册封与职贡、贡市与互市、屯田与迁徙，以及中央层面的一些制度安排。

一　古代民族治理诸政策

（一）和亲与联姻

在古代社会，统治者之间以婚姻关系来扩大自己势力或者与敌对势力取得和解，是较为常见的现象，在中国的文献中，此种政治联姻在殷周之时便已见于记载，其中也有殷周王室与周边"戎狄"之结亲。春秋战国之后，诸国贵族之间联姻颇为常见；同时，虽"华夷"之论兴，但华夏各诸侯贵族与"夷"之联姻也能见到其例，如秦襄公妹嫁西戎、晋文公纳翟女隗氏等。战国至秦时期，秦国亦将"世尚秦女"视为笼络"蛮夷君长"的手段之一。

汉初，匈奴强盛，汉高祖刘邦"白登之围"几乎为匈奴所俘。为解决汉匈关系问题，刘邦问计于曾在白登之围前出使匈奴的刘敬。刘敬称，以汉之实力，尚不能以武力制伏冒顿单于，也难以用"礼义说也"，"独可以计久远"并使其"子孙为臣者"，唯有一法："陛下诚能以长公主妻之，厚奉遗之，彼知汉适女送厚，蛮夷必慕以为阏氏，生子必为太子，代单于。何者，贪汉重币。陛下以岁时汉所余彼所鲜数问遗，因使辩士风谕以礼节。冒顿在，固为子婿；死，则外孙为单于。岂尝闻外孙敢与大父抗礼者哉？兵可无战以渐臣也。若陛下不能遣长公主，而令宗室及后宫诈称公主，彼亦知，不肯贵近，无益也。"刘邦听其计，不过未能遣长公主，只以"家人子名为长公主"，而"使刘敬往结和亲约"。① 这便是中国历史上著名的"和亲之策"。这一策略的目的，短期而言，是暂停兵戈；长期而言，则是不以兵戈而使对方臣服于己。对方之所以臣服于己，是因其渐通礼义之后，能够以"外孙"之身份不与"大父"抗礼；为使对方接受和亲，则需以身份较高之女子（公主）使其贵之，并"厚遣之"，岁时遣使赠物。换言之，"和亲"之策是以联姻为中心的一系列笼络之策。这也是此后历史上和亲政策的基本内容。

对和亲能否达到目的，历史上颇有争论，如《资治通鉴》中就评论说："骨肉之恩，尊卑之叙，唯仁义之人为能知之"，冒顿"不可以仁义说，而欲与之为婚姻"，却以联姻形成的尊卑关系使其臣服，不是"前后相违"吗？② 不过，这点正好表明，在"华夷之辨"的背景下，刘敬这一套"子孙臣服"的说法，符合了"教以

---

① 《史记》卷九九《刘敬叔孙通列传》。
② 《资治通鉴》卷一二《汉纪四》。

礼义""以夏变夷"的价值观，所以才为汉朝统治者所接受。另一方面，匈奴之接受和亲，除了重赂岁币的好处，以汉所适之公主（宗室女）为贵的心理，恐怕也是不能忽视的。无论如何，和亲这样一种形式，使得不同民族政权之间突破武力和文化的障碍，得以展开和平交往，是行之有效的策略。

刘敬之设想，如果说在汉初还是求和之策的话，到西汉后期的汉元帝时期，则几乎得以完全实现。元帝时，匈奴呼韩邪单于决定"事汉"以对抗漠北的郅支单于，在郅支单于被汉朝击败后，呼韩邪至长安朝拜，"言欲取汉女而身为汉家婿"，提出与汉和亲。汉元帝因此于竟宁元年（前33年）遣王昭君出塞和亲，呼韩邪单于上书元帝，称愿为汉朝守塞，并封王昭君为"宁胡阏氏"。呼韩邪单于自愿为"汉家婿"守边，可见在汉匈曾有长期和亲的背景下，匈奴统治者也开始接受汉朝观念，以亲属关系行尊卑之序。在以后的历史中，这在北方民族中似乎形成了一种与中原王朝建立和平关系的重要策略。例如北周后期，为缓和与突厥关系，以千金公主和亲，隋周改元，千金公主以为周复仇为名，劝突厥沙钵略可汗攻隋。隋文帝时期，形势发生变化，沙钵略可汗需与隋和好，于是千金公主请求改姓，将北周宇文氏改为隋之杨姓，由此顺理成章建立起隋与沙钵略可汗的翁婿关系，沙钵略可汗致书隋文帝称："皇帝是妇父，即是翁，此是女夫，即是儿例。两境虽殊，情义是一。"[1]

唐朝统一天下，尤其是唐太宗臣服突厥等部之后，李唐皇帝有了"天可汗"之尊号，对四方之"蕃夷"而言，即是天下的中心。在此情况下，唐朝与其他民族的和亲，是将其纳入以唐为中心之权力关系的一个部分，公主之出嫁，自然是降尊下嫁。周边各民族在此一体系中，为取得一席之地，也将求取和亲作为争夺或巩固统治

---

[1] 《隋书》卷八四《突厥传》。

权力的重要手段。松赞干布之迎娶文成公主，虽然当时吐蕃极为强势，但总的来说，仍是在此一背景下发生的，故唐蕃和亲后，松赞干布对唐朝皇帝也是行"子婿礼"。之后金城公主入藏和亲，双方关系"亲上加亲"，又改称"舅甥关系"，由于此时双方政治上关系的变化，吐蕃对此理解与唐有异，有将"甥舅"关系解释为对等关系的倾向。但对唐而言，"舅甥"与"翁婿"一样，仍是有等级之差的。[①]

无论如何，和亲形成的亲属关系是否导向"尊卑之序"，取决于力量的对比，有时候甚至只是一方的解释，但以和亲为手段来拉近双方关系，则是政治上确定不移的目的。除了作为转战为和的重要途径，和亲在历史上的另一重要作用是建立和巩固联盟，对付共同的敌人。

汉代为与匈奴争夺西域的控制权，"遣江都王建女细君为公主"，与乌孙的昆莫（王号，又作昆弥）和亲，并赠送许多礼物，意在"妻以公主，与为昆弟，以制匈奴"，"欲与乌孙共灭胡（匈奴）"。同时，匈奴也"遣女妻昆莫"。和亲因此成为汉和匈奴在西域政治攻守的重要组成部分。在其后的几十年间，以汉匈在西域势力消长为背景，汉朝、匈奴和乌孙之纵横捭阖与和亲关系有很强的相关性。如匈奴势强之时，乌孙以匈奴妇为左夫人，位在汉公主右夫人之上；乌孙昆莫翁归靡死后，国内贵族分拥匈奴夫人与汉夫人之子，直至汉大军压境，分乌孙为二，以"汉外孙"元贵靡为"大昆弥"，匈奴夫人所生之乌就屠为"小昆弥"，各领户口。

至魏晋南北朝之时，政权林立，此起彼伏，和亲更是成为各国合纵连横之重要手段。十六国至北朝之时，北方鲜卑人所建代、北魏和后来的东西魏，对和亲的利用最为频繁。据学者统计，汉代和

[①] 林冠群：《唐蕃舅甥关系释义》，《中国藏学》2016年第2期。

亲有18起，魏晋南北朝时期和亲达到了30起，其中代、魏各政权与各民族政权的和亲就有与代与宇文氏、慕容氏、铁弗等，北魏与后秦、北凉、柔然、氐等，西魏与柔然、突厥等，东魏与柔然、吐谷浑、突厥等，以及北周、北齐（北齐高氏与鲜卑人关系颇为密切，也可算在内）与柔然、突厥等，几乎涵盖其建国和发展过程中的周边政权。[①] 不仅如此，北魏道武帝还赞叹汉高祖欲以长公主和亲之举，"以诸公主皆厘降于宾附之国"。[②] 可见其和亲的对象，还包括了"宾附之国"。

入唐之后，唐太宗对诸部行羁縻之策，"遂其来请，结以婚姻"成为重要的羁縻手段，除了上述吐蕃，与突厥、契丹、奚、于阗、回纥（后改号回鹘）等皆有和亲关系，而且所嫁女子地位都比较高，大都是公主或皇族宗室女。如上所述，唐代的和亲政策是其以羁縻府州为藩篱的大一统体系中的一部分，所进行的和亲，几乎是"降公主"而嫁，除对吐蕃、回纥等势力比较强大民族政权外，这种和亲的意义，很大程度上是笼络边疆民族的一种手段。比较而言，这种和亲政策与北魏道武帝以公主"厘降于宾附之国"的做法，可能存在一些连续性，而且这一做法，在唐以后的历史中，更多地出现在北方民族之间，而成为中国历史上和亲或政治性联姻的主流做法。宋辽夏金时期，辽夏金之间皆有和亲关系，而宋与各民族政权之间则出于民族偏见而坚持不采用和亲方式，明代的情况也是如此。

清朝建立以后，不同民族之间出于政治目的缔结的婚姻关系，主要指满族与蒙古统治者之间的联姻。实际上，在铁木真统一草原的过程中，便通过联姻，与汪古部结，以及后来的斡亦剌部联姻，

[①] 张正明：《和亲通论》，中国社会科学院民族研究所民族历史研究室编：《民族史论丛》第一辑，中华书局1986年版，第6页。

[②] 《魏书》卷二四《崔玄伯传》。

结成兄弟姻亲关系。1211年，高昌国主阿尔忒的斤来投，成吉思汗尚以公主，奖励其投效协助之功。虽然与阿尔忒的斤的婚姻最终未能实际完成，但双方姻亲关系就此定下，高昌国主子孙累世与元通婚，屡尚公主，高昌在成吉思汗的征伐和有元一代，成为元朝的忠实盟友。① 而清与蒙古的联姻，在广度和深度上更是空前。

  自努尔哈赤建后金国起，清朝历代皇帝便将笼络蒙古诸部当成重要国策。入关之前，努尔哈赤和皇太极就通过联姻来笼络漠南蒙古各部，或巩固已有的联盟关系，在漠南蒙古中，科尔沁、扎鲁特、巴林、敖汉、奈曼、喀喇沁、翁牛特等部落与清皇室都保持着联姻关系，这些部落或在归附之后，将女子嫁入皇（汗）家，或清统治者出于笼络目的，将公主、宗室女嫁入各部，其目的都在于巩固联盟。入关初期，蒙古各部的支持对集中力量统一天下的清王朝来说至关重要，因此这一时期对与蒙古的联姻更为重视，蒙古王公与皇室之嫁娶联姻也比较频繁。康熙以后，蒙古女子嫁入皇室者明显减少，但直至乾隆后期，嫁给蒙古王公之宗室女却非常多，其目的一是为笼络势力较强的漠南蒙古，如喀喇沁部；二是为对付准噶尔部，巩固与漠北和西部蒙古的关系。自康熙中期起，清皇室便与漠北蒙古的土谢图汗、赛音诺颜等部，以及厄鲁特部的阿拉善旗保持世代通婚。这时期的满蒙联姻，其政治性非常突出，婚姻的范围、对象、方式（嫁娶）等，都出于皇室调节与蒙古政治关系的需要。

  清朝与蒙古之联姻，至清中期已经形成惯例，也形成了一些制度化的规定。一是对蒙古额附与公主格格以及他们的子孙给予特殊恩宠：允许按照公主格格的等级位分，封以尊号封号，甚至在特殊

---

① 《康熙字典》：又娶公主谓之尚。言帝王之女尊，而尚之，不敢言娶。【前汉·王吉传】娶天子女曰尚公主，娶诸侯女曰承翁主，尚承皆下之名。一曰配也。【司马相如传】卓王孙自以使女得尚司马长卿晚。【注】尚，配也。义与尚公主同。

需要时得到破格封授,并因此享受相关的俸禄等待遇;对其子孙的爵位封号,也予以优待。二是在年班、围班制度中,特别为蒙古额附、公主子孙台吉、姻亲台吉安排定期探亲和觐见,并领取赏赐。而部分驻京额附,更是在京师享有与公主格格分位相应的住宅等待遇,参与国家重要事务,成为与清廷最为亲密的姻亲。[1]

(二)册封纳贡

西汉以后,对周边民族称臣纳贡者,封以爵位,并进行相应的管理,历代对这种关系称呼不同,针对对象也有别,但作为"君臣"关系处理,又可见周代分封制度的遗意,在性质上仍具有一定的延续性。以下先以西汉为例,对其基本特征作一说明。

西汉初建,即将称臣之"蛮夷君长"封闽越王(高帝五年,前202年)、封南越王(前196年)以及东海王(前192年)等,孝惠及吕后时,又有辽东太守招抚朝鲜王满称臣,亦封王。武帝之后,除对北方匈奴等数事征伐,欲令其臣服,还在南方百越地区和西南夷地区采取各种方式,将其纳入统治,对"蛮夷君长"亦册封侯爵官位等。至宣帝甘露二年(前52年),呼韩邪单于臣服,宣帝称其为"藩臣","以客礼待之,位在诸侯王之上"。在武帝至宣帝间,又对西域诸国陆续有所册封。至此,形成以汉天子为中心、东南西北四边民族向其朝贡称臣的格局。在这一格局中,汉朝与四边民族的关系被安排为一种特殊的君臣关系。其基本特点如下:

第一,作为周边民族归附,或者汉朝军事力量征服的结果,原来的"蛮夷君长"与汉天子形成正式的臣属关系。作为"君"的天子,在"大一统"秩序封赐或授予"蛮夷君长"一定的地位。具体到西汉,其所册封的就用"王""侯""君长"等尊号与爵位,或者授予一定的官职,相应地,亦会给予印、绶等象征权力的信

---

[1] 杜家骥:《清朝满蒙联姻研究》,人民出版社2002年版,第368页。

物，标识臣下的身份。作为臣，则周边民族之首领也要承担相应的义务，最重要的，是按照一定的等级和礼仪，定期朝贡天子，以履覲见述职、贡献方物的臣下之责。此外，匈奴、西域等国还频繁送质子入仕，以表明对天子的忠诚。朝贡关系一旦确立，其期限、等级、礼仪的规定也随之而来，对这些规定的增减因此成为天子对臣属忠诚与否、功劳大小的奖赏或惩罚依据。历史上屡见不鲜的，是以"藩属"至期不朝作为兴兵征伐的口实。

第二，此种君臣关系与郡县制度下官员与皇帝的关系，除了保留首领既有地位、世袭权，以及相应的组织结构，还有其他一些区别。一般来说，给予这些首领的爵位等级都会比较高。在西汉册封的周边民族首领中，南越较早规范，势力也比较强大，被封南越王，并且在汉高帝时，便被赐予"玺"。西汉时期，"玺"只用于皇家和部分等位较高的诸侯王，其余王只可称印。可见当时南越王在汉初的诸侯王中，至少地位是相当高的。至甘露二年，匈奴呼韩邪单于称臣来贡，朝议以"王之所客"的礼仪相待，并建议礼仪"如诸侯王"，汉宣帝下诏称："以客礼待之，位在诸侯王上。"[1] 除此之外，在西南夷地区和西域地区，西汉朝廷也册封势力较大者为王，如滇王、夜郎王、句町王、乌孙王、龟兹王、楼兰王等。其余君长，则封为侯。对于所封之王侯和官职，皆授汉之印绶。而许多被册封的县侯或其他官职，虽然受郡守节制，但其中身份地位高的人，可以要求面朝天子。对此种要求，郡守不得阻拦。另外，对于来朝之民族首领，朝廷的赐予也远远超过其所贡之价值，以示厚往薄来之意。

第三，虽然同样存在册封和朝贡关系，但对不同的民族，其具体的政策和管理制度却是不同的。西汉时期，对周边民族的管理根

---

[1] 《汉书》卷八《宣帝纪》。

据情况不同，实践不同的强度和制度，例如对早期的南越，只是保持基本的君臣藩属关系，其余事务皆不干涉。而对南匈奴和西域诸国，则实行属国制，并派都护等予以监控；在西南夷和后来的诸越之地等，则直接行以郡县制，郡守或都尉领"蛮夷君长"；在西域诸国，"自译长、城长、君、监、吏、大禄、百长、千长、都尉、且渠、当户、将、相、至侯、王，皆佩汉印绶"。[1] 在册封之后，除了基本的称臣朝贡义务，朝廷的要求和给予的待遇也有不同。相对而言，越靠近内地，所要承担之赋役就会越多；而在边防之地，在朝廷需要时，部落有出兵助战的义务。

（三）贡市与互市

中国各民族之间以及与域外国家的经济交流，出自社会发展到一定程度后的各地区和民众间物资交流的必要性和必然性，古已有之且长期延续不断。作为国家治理的一部分，对地区和民族间经济交换活动进行管理和控制，一般以"互市"称之。此外，在各民族的朝贡往来当中，也有贡使将部分贡纳送至指定地点交割，或者将随行物资进行出售的活动，这在明代以后颇为流行，多以"贡市"一词称之。

以贸易作为政治控制策略，在西汉初期与匈奴的关系中便已得到成熟运用。汉高祖与匈奴和亲，其中一个条件便是汉朝与匈奴通关市。[2] 关市的开放或封闭，或者对贸易采取某种限制，常常取决于当时的政治形势。在汉初，开放关市往往与和亲同时并举，成为汉与匈奴取得和平的重要手段。东汉初，在东北置护乌桓校尉，兼管鲜卑，同时负责管理与乌桓、鲜卑的"互市"；汉章帝时，为避免北匈奴侵扰，又在武威与其"合市"。可见，无论是"开关市"，

---

[1] 《汉书》卷九六下《西域传下》。
[2] "关市"一词，周秦以来便用于指称边关所设之市场。两汉时期，基本指的是与匈奴、南越、西域诸国的贸易市场。

还是"互市"或者"合市"，都是不同民族之间带有强烈政治色彩的经济交易行为。

唐朝时期，和突厥、回纥、吐蕃、吐谷浑、渤海等民族政权的互市贸易都很发达，主要形式是以缣帛换取牛马的交易，这在经济上符合双方利益。由于丝绸之路贸易的繁荣，唐之缣帛实际上成为通用货币，北方和西部各族以牛马买丝绸，实际上等于获得了进一步交易的中介物，可以用之购买其他所需货物；而唐获取牛马，则主要用于农耕和助军旅。为适应这种绢马互市的需要，唐朝改隋之交市监为互市监，"掌蕃国交易之事"，以互市监一人领之，下设丞（副监）、录事、府、史、价人、掌固等属官。以价人为例，在交易中负责订立价格，并将所获牛马等分别成色，记录报告，并协助地方官运送。同前代一样，互市也必须在事先商定之地点和时间进行。互市既开，在官互市同时，也允许私互市，但必须在官司的严格监督下，像兵器和铜钱这样的物品是不允许"度边"外卖的。

宋辽金西夏时期，各政权虽在军事和政治上对立，但经济往来却通过榷场、和市等方式进行；尤其在西夏与宋的关系中，榷场的开放封闭与限制，皆成为双方关系中一个重要筹码。对西南和吐蕃地区，宋也设榷场贸易，主要目的是获得马匹。这时期，自唐以来成为互市交易品种的茶叶成为最重要的交换物，以至宋朝专设茶马司以管理茶马贸易。宋朝对于互市的管理更为严密，在茶之生产、运输，交易中的监督与价格规范，以及交易后牛马之运送、饲养，皆有定规。不过，随着商品经济的发展，互市中参与的商人数量和规模却超过前代。自唐开始，便有将朝贡所贡之物于指定地点查验，并将其计价，依厚往薄来原则，赐予相应回礼的做法。这实际上成了一种交易行为，唐时许多贡使，其实便是利用朝贡进行贸易活动的商人。至宋代，这种所谓贡赐贸易也构成了各民族间经济交流的重要内容。

在明与蒙古的关系中，马市的开放封闭也是与双方关系联系在一起的，隆庆四年（1570年）之前，明与蒙古的马市时开时闭，但民间的贸易往来实际上并未停止。"隆庆封贡"之后，明封土默特部俺答汗为顺义王，双方在大同、宣府等地开设十余个马市，全面展开贸易。而对于西藏和西北地区，明初以来便实行"以茶驭番"之法，通过严格控制茶叶价格，令"贱其所有"（马）而"贵其所无"（茶），而达到控驭"番人"的目的。为此，明朝从茶叶的生产、转运、查验、储存，都有专门机构或官员负责，建立了茶马司、茶仓和茶运司等机构，还有巡茶御史等巡察茶法。在法制上严禁私贩，并以金牌信符等形式，管控番汉商人。不过，这套制度由于太过严苛，实际上至明中后期已经大大废弛。而且，西藏等地也通过朝贡等形式，获取所需茶叶。所以所谓"以茶驭番"之法，也只是在明初特殊历史背景下为明代统治者控制"诸番"发挥了一些作用。

（四）屯田与迁徙

古代内地居民向边疆民族地区的大规模迁徙，一开始以戍守士兵为主，随着历史的发展，屯田移民占有的比例越来越高。此二者，都可归入国家治理中所关涉的民族之间的人员交往交流活动。如秦始皇北斥匈奴，修筑长城，在长城沿边设置44个县，并迁徙犯罪之人以实之，不下数十万，平定岭南之后，设桂林、南海、象郡，又迁徙谪戍驻守，"与越杂处"[1]。汉初，总结秦之教训，将秦之戍卒改为"选常居者，家室田作"[2]，使其在边地有田可耕。故汉之移往边地之人，除逃亡、犯罪之人外，还有大量贫困民众，其在边地也不仅是戍守，而是耕战结合。在西南夷地区，为保证戍卒及官员的粮食供应，还实行了利用大户、商人募民屯垦的政策。到

---

[1] 《史记》卷六《秦始皇本纪》。
[2] 《汉书》卷四九《爰盎晁错传》。

三国时期的蜀汉，为进行屯田生产，还以当地大姓为都尉，以其所领"夷汉部曲"进行屯田以供军粮。

对边疆民族的迁徙，主要是归附人口的安置，也有出于分化需要而强行迁徙的。自武帝以后，匈奴和其他北方民族部众大量归附，汉朝一般将其安置于边郡之塞外，助其守边。这些部众，一般来说均保持了原来的生产生活习俗，少部分则转为农耕，如东汉时期的乌桓部众，以至其所居之地因农耕之便，成为中原民众躲避动乱的逃避之所。不过，随着进入中原日深，北方民族亦开始大量从事农耕，如西晋以后，就有很多"羌""胡"被豪强地主掠夺为奴，或者因生计而沦为世家之"田客"。之所以成为田客，可见他们已经掌握了农耕的技能。

东汉之后，中原战乱频仍，人口大减，各政权纷纷以招徕或强行掠夺周边民族人口为策。三国时吴征山越后，将其精壮者编入部伍或成为有功将领部曲，另外的认定徙入平川，成为供给赋税的编户，或者成为豪强世家的僮仆。其主要目的，是补充赋税人口和兵役的不足。同样出于此种目的，西晋亦大量招抚北方的匈奴、鲜卑、氐、羌等人口，迁入中原。由于西晋王朝的腐败，以及严酷的压迫，"八王之乱"后，迁入中原各族纷纷反抗，又以贵族为首起兵叛晋，拥兵自雄，终至西晋的灭亡和北方割据动乱的出现。东晋迁南之后，对南方"蛮夷"之众，采取了同样的招徕政策。南朝时期，各王朝对南部山民的征讨掠夺和招徕政策从未停止，朝廷和世家大族"蹙迫群蛮"，"尽户发上"，收其部落为兵丁或劳动力的记载屡见于史。由此亦可体会，魏晋南北朝的民族迁徙带来的被动或主动的交融，不光发生在南北之间，北方各族及汉族之间、南方各族及汉族之间，也有着频繁的互动。

此后各代，作为治理之策的民族迁徙活动更经常地表现为边疆屯田和为稳定统治而实行的有组织迁徙。就有组织的边地迁徙和屯田活动而言，明代是最有规模的，其形式主要有军屯、商屯和民屯三种。明太祖朱元璋立寓兵于农之制，卫所领有屯田，以五十亩为一份分给屯卒，并提供耕牛、农具，以专门军管督促收取租税，所收粮食则由卫所作为官粮或俸粮。在卫所的主要职责，边地三分守城、七分屯种，内地则是二分守城、八分屯种。此种制度实际上是推广于全国的，但由于卫所多分布于边地，古边地屯田成为军屯最主要的部分，史载："东自辽左，北抵宣、大，西至甘肃，南尽滇、蜀，极于交阯，中原则大河南北，在在兴屯矣。"① 按卫所军户算的话，其人口迁徙规模是不小的。例如在明代万历年间，云南军屯人数达到29万，所耕种的土地达到100多万亩。

与军屯不同，民屯是领于州县的屯田活动。在明初，鼓励耕地狭小的"狭乡"之民迁往地广人稀的"宽乡"，以使荒田得耕，游民得田，而增加赋税之源。在这一总方针之下，人口稀少的边疆地区，便成为移民开垦的重要目的地。明太祖朱元璋时期，大量民人被迁往北平和"九边"之地，以巩固北部边防。到明成祖朱棣，更是将各地田少或无田之民迁来以实京师。在南方地区，将湖广人烟稠密之地丁口抽调往云南屯田的措施，明初见于记载的有组织民屯，规模都在数万，甚至十数万。总的来说，其数量应当超过军屯。此外，还有商屯。商屯的产生与明代"盐引"制度有关，在盐业专营的前提下，盐商可从专营盐场用"盐引"提取所贩之盐，明初，为补充边地卫所军粮，政府以"盐引"为交换，招商人输粮，称为"开中"。出于降低成本的需要，往往有商人招募农民就近屯垦以获得所需粮食。朝廷军粮所需甚多，开放"开中"换取盐之地，如北部京师、九边，西北甘州，云南、四川等边疆地区，往往是商屯比较兴盛的地方。商屯之户口和土地，实际上也须由州县清

---

① 《明史》卷七七《食货一》。

查登记缴纳赋税，故也可认为是民屯的一种。

　　明初这种大量内地人口向边疆地区的迁入和屯垦，实际上会深刻改变当地的社会生产方式与民族分布情况。民屯迁入者，自然是边疆地区原有民族人口分布和生产生活方式当中的新因素；在军屯卫所制度下，军户带有浓重的移民色彩，累代之后，其驻守之地也便成为故土了。

　　明清之后，除了汉民以屯田等方式向边疆地区的移民，将边疆民族移往内地或其他地区，往往也是政府民族治理的一个手段。如清代，驻防各地的八旗兵士，实际上包含了满、蒙古、汉、锡伯等民族成分；此外清政府还将改土归流后的一些土司迁往内地，甚至有迁往新疆的；也有在西北战事中，出于政治军事的需要，将回部人口迁往内地的。这些措施，虽然规模不大，但对于形成中国各民族大杂居、小聚居的分布格局，也产生了一定的影响。

二　秦汉唐宋时期民族治理中央层面机构和职官设置的演变

（一）秦汉时期民族治理的中央机构与职官

　　自商周以来，王朝即有管理宾客礼仪之官，如《周官》所记之"行人"，以及战国时期各国的"掌客"等。秦朝建立三公九卿为主的中央官制，其中即有"典客"一职，掌"诸侯及四方归义蛮夷"，并设"丞"为属官。秦代还设"典属邦"，掌"蛮夷降者"，所管理的应该是秦所征服的属国。这两个官职，汉初都保留了。汉景帝中六年改典客称"大行令"，武帝太初元年（前104年）又更名为大鸿胪。不过，早在景帝中二年春，就有大行和大鸿胪的称呼，《汉纪》载："令诸侯王薨及列侯初封及之国，大鸿胪奏谥、诔、策。列侯薨及诸侯王太傅初除之官，大行奏谥、诔、策。"[①] 其

---

①　《汉纪》卷九《孝景皇帝纪》，中华书局2002年版，第144页。

中固然只提及管理诸侯王丧礼、初封之国等职责,但其与典客为同一性质的职官,则是明确的。又有记载称,汉初常常以大鸿胪接待"尊重者",对"轻贱者"则遣行人(大行),这也符合上述关于大鸿胪和大行执掌诸侯王不同等级事务的描述。可见大行令和大鸿胪职官及其基本执掌的设置,可能是比较早的。不过无论如何,自武帝之后,除了王莽一度改名为"典乐",作为九卿之一的"大鸿胪"之名基本取代了典客。关于"典属邦"的记载较少,知其汉初为避刘邦讳改为典属国,属官则有九译令,汉成帝河平元年(前28年),并入大鸿胪。

大鸿胪的主要职责,还是主管宾客接待之礼。《史记》韦昭注解释鸿胪的意思为:"鸿,声也。胪,附皮。以言掌四夷宾客,若皮胪之在外附于身也。"① 西汉时期,又先后置行人、译官、别火三令丞,及郡邸长丞等属官。其中译官如其名,专管语言传译,可能典属国并入大鸿胪后,其属国九译令也与之合并。关于"别火",《汉书》如淳注云:"《汉仪注》别火,狱令官,主治改火之事。"② 其所治之"改火",大约是与季节相关的礼仪事务,《论语》中有"君子三年不为礼,礼必坏;三年不为乐,乐必崩。旧谷既没,新谷既升,钻燧改火,期可已矣"。③ 居延汉简记有别火官,主先夏至一日,以除燧取火。但"改火"如何与宾礼接待相关,则不得而知。清代梁章钜称:"典客掌夷狄,而属官别火为狱令,即今理藩院之理刑司也。"④ 今人称其为负责饮食之官。⑤ 皆可备为一说。郡邸长则掌管诸侯王属国在京城府邸之事。西汉元帝时还记载攻杀郅

---

① 《史记》卷一一《孝景本纪》。
② 《汉书》卷一九上《百官公卿表上》。
③ 《论语·阳货》。
④ 梁章钜:《称谓录》卷一七,中华书局1996年版,第8页。
⑤ 赵云田:《中国边疆民族管理机构沿革史》,中国社会科学出版社1993年版,第73页。

支单于之后，悬其首于"蛮夷邸门"，① 则当时长安还有"蛮夷邸"，可能也是由大鸿胪管理。

东汉以后，大鸿胪下只设大行令一人，驿官、别火二令、丞，以及郡邸长、丞，都不专门设立官职，而是指认下辖诸郎官来负责。关于其职责，《后汉书·百官志》有详细记载："掌诸侯及四方归义蛮夷。其郊庙行礼，赞导，请行事，既可，以命群司。诸王入朝，当郊迎，典其礼仪。及郡国上计，匦四方来，亦属焉。皇子拜王，赞授印绶。及拜诸侯、诸侯嗣子及四方夷狄者，台下鸿胪召拜之。王薨则使吊之，及拜王嗣。"② 可见除了负责管理诸侯和四方"蛮夷"的接待，大鸿胪还频频作为赞导之人，出现在各种重大礼仪上。

除大鸿胪之外，两汉管理周边民族的中央机构还有客曹尚书。尚书本为秦官，汉承之，武帝是以宦者为令，称中书谒者令，汉成帝用士人，复称尚书令，并分四曹置尚书四人，即常侍曹、二千石曹和民曹分别主管公卿、郡国及一般官吏上书事，客曹尚书则"主外国夷狄事"。③ 当时不过是协助皇帝办理文书事务的官职。至东汉光武帝时期，分二千石曹为二，客曹为南主客曹、北主客曹，共为六尚书，其权力大大增强，甚至取代三公成为中枢决策机构。其中客曹"掌羌、胡朝会，法驾出，护驾"。④ 可见两汉时期客曹尚书的职责，与大鸿胪是重合的，一开始以内外朝分工的形式共存；随着权力由三公向尚书台的集中，客曹尚书渐分大鸿胪职权，也是可以想象的。

汉代除了纳入宾客礼仪范围的各种中央层面的民族治理机构和职官，还有纳入武官系列的持节之官。所谓持节之官，是指国家向

---

① 《汉书》卷九《元帝纪九》。
② 《后汉书》志二五《百官志二》。
③ 《后汉书》志二六《百官志三》。
④ 《宋书》卷三九《百官志上》。

官员授"节",该官持节代表国家处理具体事务或行使具体职能。"节"作为凭信的象征,先秦即有,西汉时期有不少官员拥节,自汉宣帝后,节的形式就比较固定了,显示授节施治,已经成为国家治理治理的重要方式。两汉王朝在边疆所设使匈奴中郎将、护羌校尉等,均是拥节官。东汉使匈奴中郎将屯于中步南,主护南单于,有从事二人,随事增加,开府置吏。单于往来朝廷,都有此府使节迎送。又有护羌校尉、护乌桓校尉等,也都是二千石的官员,主管羌人、乌桓等民族事务。这些持节之官的具体的设置地点和职任,《后汉书》中一段记载说得非常详细,云:"旧制益州部置蛮夷骑都尉,幽州部置领乌桓校尉,凉州部置护羌校尉,皆持节领护,理其怨结,岁时循行,问所疾苦。又数遣使驿通动静,使塞外羌夷为吏耳目,州郡因此可得儆备。"[1] 可见其具体职任除了迎来送往,还包括处理部落纠纷(抑或边民与部落纠纷),巡视其生计,以及部分情报工作。这些官员,非分疆守土之官,只是持节处理特殊事务,续任之官也时有断续,但其长期驻于一地,访问"夷"情,领有屯兵,参与地方的治理。就其性质而言,因其直接由中枢派出,所持之节,又是皇帝意志的象征,故可以算作特殊形式的中央职官。

(二)魏晋南北朝的胡汉混杂之制

魏晋之后,大批北方民族进入中原,至西晋八王之乱后,各族雄长者纷纷以本族人为集合,拥兵而起,形成割据政权,西晋王朝被迫南迁。自此,中国历史进入长期的南北对峙时期,前期北方有"五胡"形成的十六国政权,以及偏安南方的东晋政权;后期则是北朝的北魏、东、西魏,以及北周、北齐等政权的续替,南朝则是宋、齐、梁、陈等政权的轮替。这一时期,大体来说,南方各政权

---

[1] 《后汉书》卷八七《西羌传》。

延续了汉晋时期中原王朝的制度，而北方各政权却因为大多由"胡"族或"胡"化之汉人势力建立，不得不为了适应多民族的统治和权力分配、组织方式的需要，采取更为多元的治理制度。

就延续汉朝制度角度而言，中央层面民族治理的重要机构如大鸿胪、尚书台客曹等职官，在魏晋之后，也产生了一些变化。三国至西晋时期，作为九卿之一的大鸿胪得到沿用，然至东晋以后的南朝各政权中，虽有大鸿胪卿、少卿等官位，但其职掌则成为临时性的，掌导护赞拜，只在有事时设立。另一方面，随着尚书台权力进一步扩大，其下各分支的设置也屡有变化，客曹一职，东晋改为祠部尚书（常常与尚书右仆射通职，若无右仆射，则以祠部尚书为尚书仆射之右），宋齐梁陈都设祠部尚书；北魏则有仪曹尚书，北齐改称祠部尚书。但可见的一个发展是，其承担的职任，更加倾向于把祭祀礼仪方面的事务集中于此部。而其中掌管宾礼的职能，则置于礼部下属的主客等署。主客源于汉时尚书各曹中的客曹或主客曹，魏晋南北朝时有南、北主客，左、右主客等官，其所主管之事，则是"蛮夷"外国，各国出使之人，多有主客令等身份。但在北魏统一北方之后，掌管"蕃客朝会"的大鸿胪的功能，在北朝各政权当中又有所恢复，例如北魏前期置主客尚书，后期不设，将其属官主客令改属大鸿胪，北齐时改为典客属，但仍为鸿胪寺属官。此外，大鸿胪还掌管四夷馆，为接待柔然等周边民族之馆舍，亦为各"夷酋"入质侍子的居所。

除延续与发展汉晋制度，北方诸政权的"胡汉混杂"是这一时期民族治理中央机构和职官的重要特点。十六国北朝时期治理制度的特点，一般归纳为"胡汉分治"，主要指的是地方层面以郡县治中原之民，以军镇制治北方各部落。但考虑中央机构组织设置，则相对要复杂一些，以最早在中原建立政权之匈奴前汉政权来说，其创建者刘渊深具汉文化修养，故其建国之时，先称汉王，后又称帝；刘聪即位后，大定百官，所置太师、宰相，以及大司马等七公，以及辅汉、都护、中军、上军等将军，都是汉晋制度。但其取得政权所依靠的力量，仍是匈奴各部大人，故所任之人，皆为单于诸子。又设左右司隶，每一万户设一内史，以统以户为单位从事农耕之人口；又设单于左右辅，"各主六夷十余万落，万落置一都尉。"① 这开创了入主中原之北方民族政权胡汉分治的先例。十六国时期，一般是在汉晋官僚制度之外，设单于台或单于之辅右统领胡族，或者以皇帝或储君自任单于，以领各部落。若是皇帝之外的人出任大单于，通常会加以大司马等汉魏职衔，其含义同皇帝又兼任大单于类似，表示其统领胡汉的威权。这种中央机构的设置，是以统治民族为基本依靠力量，以胡族部落为军事依靠，置入汉晋制度的基本框架中，混杂一体，故在中央层面，也可称其为胡汉混杂的制度。

  北魏早期建立的中央机构，同样是一种胡汉混杂的制度，包含了几套系统同时运作，既有汉晋职官，置三师三公，尚书、中书、门下等省，设立各类官职；又将拓跋鲜卑部落分为八部，各置大人以统之，并以八部大人"总理万机"；② 还设南北大人以统摄其他胡人。此外，在整个北魏官僚体制的运作中，侍臣、内职、外官的圈层结构非常明显，皇帝通过侍臣、内职控制外官的机制也在实际政治中发挥着重要作用。这一点，同样可以体现北方民族政治文化与汉晋王朝区分中朝、外朝职官制度的混杂。③ 直至孝文帝迁都洛阳以后，北魏效仿南朝，全面改行汉晋制度。此后的北朝各政权的制度，都只是在此基础上有所损益。自此，胡汉分治的制度层面，基本体现在地方治理制度的分异。而诸政权胡汉势力的布置协调，

---

① 《晋书》卷一〇二《载记第二》。
② 《魏书》卷一三一《官氏志九》。
③ 黄祯：《北魏前期的官制结构：侍臣、内职与外臣》，《民族研究》2016年第3期。

就基本体现在胡化汉化等政治文化层面，而甚少表现为不同民族特色的制度组织安排了。

（三）唐宋三省六部下民族治理制度

三省取代三公行中枢相权、尚书六部取代九卿行行政之权的历史过程，早在东汉后期就已经开始了，但直到魏晋南北朝时期，虽然三省已经逐步完备，尚书各部职能也都相应清晰，但三公和九卿仍能开府辟僚，而三公（或十六国时期单于台等）若领"录尚书事"衔，仍能直接干预尚书事，故其还未完全失去实际职权。在各卿和尚书各部司曹行政职任层面，各卿官虽逐步归入尚书省指挥，但其职任与尚书各部郎司的划分，也还是比较混乱的——这从上节所述大鸿胪与尚书客曹（礼部）的职能演变中即可看出。因此，直到隋代整齐中央制度之前，可以认为三公九卿和三省六部两套系统是混杂并存的。

隋代整齐三省为内史（中书）、门下、尚书三省，分管出令、封驳、执行，三公不再开府置僚，至此成为定制。六部与各卿官的关系，则在唐代才得以理顺。唐代除六部之外，还有九寺五监，名称职掌有与秦汉三公九卿同者，其官长品级也与六部略平，但性质完全不同，不再属于中枢机构的一部分，而只是纯粹的尚书省各部指导下事务性机关。二者之间有"下行上承之关系。……即尚书六部上承君相之制命，制为政令，颁下于寺监，促其施行，而为之节制；寺监则上承尚书六部之政令，亲事执行，复以成果申于尚书六部。故尚书为上级机关，主政务；寺监为下级机关，掌事务"[①]。

在三省六部制度下，虽然中书、门下要对来朝者负受表纳贡、承诏劳问等责，涉及户籍、军队、官吏管理时，会分在尚书以下相应各部监司，但比较专门的机关，则在礼部和鸿胪寺。唐代鸿胪

[①] 严耕望：《论唐代尚书省之职权与地位》，《"中央研究院"历史语言研究所集刊》第24分，1953年，第2页。

寺，设卿一人，从三品，掌"宾客及凶仪之事"。这也是与西汉以来大鸿胪一脉相承的职官。唐代鸿胪寺所掌"宾客"之事，主要就是"四方蛮夷"的相关事务，如其首领朝见之时，根据不同的等级予以招待；君长承袭官职之时，则审定"嫡庶"，"详其可否"；封赏"蕃人"之时，则"受册而往其国"。其下又设典客署，掌"掌二王后之版籍及四夷归化在蕃者之名数。……凡朝贡、宴享、送迎，皆预焉。辨其等位，供其职事。凡酋渠首领朝见者，皆馆供之。如有疾病死丧，量事给之。还蕃，则佐其辞谢之节"。①鸿胪寺之外，还有少府监的互市监"掌蕃国交易之事"。

礼部下设主客郎中、员外郎各一人，"掌二王后、诸蕃朝见之事"。据《新唐书》记载，唐代有关"诸蕃"朝见之事甚多，都有着详细的规定：如至边州必先按人数发给边牒，由传驿按期至朝。至朝之后，查验文牒，并视品级给予衣冠。在朝期间，由鸿胪寺供给膳食及其他生活物资。初至及辞别时，分为三等参照超过品级设宴招待。"诸蕃"回还时，分海路、陆路远近路程给予程粮。有请求入朝侍卫者，需登记相貌、年纪等上奏。突厥使者若有贸易，则需登记在案，评估货物价值，此时有太府丞一人在场。往边远地方使者回还之后，必上见闻风俗情况，以及所受之赠予。蕃王首承袭的品级、年龄等，皆有定制。②

比较主客郎中与鸿胪寺之职掌，基本上是重合的，在很多事情上，二者也相互配合。此种情况，符合唐代前期三省六部为政务机关、九寺诸监为事务机关的分工。此点还体现于事务和文书上报的上下关系之中，如"诸蕃首领丧，则主客、鸿胪月奏"；③"凡二王

---

① 《旧唐书》卷四四《职官三》。按："蕃"和"番"用于指称少数民族或外国，一般来说，唐宋时期多用"蕃"，如"蕃将""蕃人"等；明以后多用"番"，其所指范围也有所不同，如"西番""生番""熟番"等。

② 《新唐书》卷四六《百官志一》。

③ 《新唐书》卷四六《百官志一》。

之后及夷狄君长之子袭官爵者，皆辨其嫡庶，详其可否，以上尚书"；① "海外诸蕃朝贺……所献之物，先上其数于鸿胪。凡客还，鸿胪籍衣齎赐物多少以报主客，给过所"。② 据《旧唐书》："凡四蕃之国，经朝贡之后，自相诸绝，及有罪灭者，盖三百余国。今所存者，七十余蕃。其朝贡之仪，享宴之数，高下之等，往来之命，皆载鸿胪之职焉。"③ 其中说到随着"蕃国"数目的减少，"诸蕃朝见"的具体事务"皆载鸿胪之职"了。由此大概可以推断，礼部在这一事务上，起到的主要还是指导和监督作用。

唐代后期以后，三省六部制逐渐废弛，五代十国至宋元丰改制之前，官制比较混乱，但在处理"诸蕃朝见"等事务中，鸿胪寺等机构仍发挥着作用。元丰改制后，基本恢复了三省六部制的规模，六部和九寺诸监之职掌也渐渐正规化，与唐朝略同。南宋高宗建炎三年（1129年），三省为一，六部机构有所裁并，鸿胪寺归入礼部。此外，南宋的兵部还掌"蕃军""四夷官封承袭之事"。所谓"蕃军"，是招募西北边关"属羌分隶边将蕃兵"，此外还有"团结以御戎为洞丁，为义军、弩手"，皆为周边民族所组成的军队。对这些军队，兵部的管理略同"民兵""厢军""土军"，"籍其名数而颁其禁令"。④ 此外，宋代"横行诸使司"中，也有管理"诸蕃国"进贡礼仪、礼物、文书的省客使、引进使、四方馆使等官。这些使司官，不属磨勘迁转之列，是亲近皇帝的侍从官，在实际政治中也起着重要作用。

（四）辽金西夏的南北面官和"蕃汉"官制

辽太祖耶律阿保机在公元916年建国契丹前后，便设官立制，

---

① 《唐六典》卷一八《大理寺鸿胪寺》。
② 《新唐书》卷四八《百官志三》。
③ 《旧唐书》卷四三《职官志二》。
④ 《宋史》卷一一六《职官志三》。

粗具规模，中央层面设惕隐以典族属，主管皇族之管理与教化，后来发展为大惕隐司，相当于唐之宗正寺。以后族为北府宰相，将建国部落联盟中势力最强之迭剌部析分为五院、六院，各有首领，后来改称北院、南院大王。辽太宗即位后，继续辽太祖的事业，疆土不断扩大，尤其是得到后晋所献之燕云十六州之后，其管辖范围包含了中原的一部分地区。为适应广大范围内对不同民族群体的治理，辽太宗以后，在其原有官制基础上，建立了"因俗而治"的南北面官制。《辽史·百官志》称："契丹旧俗，事简职专，官制朴实，不以名乱之，其兴也勃焉。太祖神册六年，诏正班爵。至于太宗，兼制中国，官分南、北，以国制治契丹，以汉制待汉人。国制简朴，汉制则沿名之风固存也。辽国官制，分北、南院。北面治宫帐、部族、属国之政，南面治汉人州县、租赋、军马之事。因俗而治，得其宜矣。"①

这里需要辨明的是，在北面官中，又分南北官，属于契丹"国制"，即《辽史》所说："宰相、枢密、宣徽、林牙，下至郎君、护卫，皆分北、南，其实所治皆北面之事。"南面官系统，是获得燕云十六州以后所定，据《辽史·百官志》载，有太师、太傅、太保三师府，太尉、司空、司徒三公府，汉人枢密院，中书、门下、尚书三省及六部职官，御史台、翰林院，诸寺监卫等官，可见基本是唐宋制度。但在实际运作中，各官是否有责权，甚至实有其职，都少见记载。简言之，辽朝之中央官制，主要是以"国制"为系统的，南北面官是系统中的分工不同或者是权力制衡，就涉及汉人或农耕地区的州县事务而言，多属南面官管辖。

在"国制"系统中，以职事不同分为朝官、帐官、宫官、军官等几个子系统，分管军政大事、皇族和部族事务、行宫和军队等事

---

① 《辽史》卷四五《百官志一》。

务。其中朝官有北、南枢密院，北枢密院掌"兵机、武铨、群牧之政，凡契丹军马皆属焉"；南枢密院掌"文铨、部族、丁赋之政，凡契丹人民皆属焉"。北南宰相府，掌佐理军国大政；北南院大王，分掌部族军民事，军马、刑狱、礼仪、皇族政教等具体事务等均在其下设署管理。帐官有御帐官，主御帐亲卫；著帐官，主御前祗应；皇族帐官，执皇族各帐事；北面诸帐官，管辖皇室之外契丹小部和其他各族，如奚、渤海、乙室等。这一套制度，以事设制，其中混杂中原制度，也因其部族制度的特殊性，而表现出强烈的民族特色。

西夏元昊称帝，在公元 1038 年，但在此之前，党项拓跋部已"王其地"数百年，元昊之祖父三代经营银夏各州，自李继迁反宋以来也有数十年。李继迁时代，便自授指挥使、左右司马、左右押牙、刺史等官，初步建立了政权组织机构。称帝之前，元昊便建立了官制，其基本设置包括：中书，掌行政；枢密，掌军事；三司，掌财赋；御史台为监察机关；以及其他诸寺、监、卫等。在仿制唐宋以来的官制系统之外，"自中书令、宰相、枢使、大夫、侍中、太尉已下，皆分命蕃汉人为之"。[①] 显示出其蕃汉分治的特点。据《西夏书事》记载，元昊还"专授蕃职有宁令，有谟宁令，有丁卢，有丁弩，有素赍，有祖儒，有吕则，有枢铭，皆以蕃号名之"。[②] 在西夏文文献中，也透露出西夏官号、官阶有着自身的一些特点。[③]

公元 1115 年，金太祖完颜阿骨打建国大金，但其制度仍属草创，以勃极烈辅佐国政，在与辽的战争中，也不断汲取辽朝官制。

[①] 《宋史》卷四八五《外国传一》。

[②] 周春著，胡玉冰校补：《西夏书校补》卷五《载记一·景宗》，中华书局 2014 年版，第 215 页。

[③] 史金波：《西夏文〈官阶封号表〉考释》，《中国民族古文字研究》第三辑，天津古籍出版社 1991 年版，第 22 页。

金太祖灭北宋后，疆域南延至淮河一线，开始设立尚书省，以管辖相关事务。金熙宗即位之后，废除勃极烈制，依辽金之制，建三师、三省，1138年，颁行官制，自职官设置和官名完全按照汉制，大体也是三省、御史台。海陵王多得地位之后，改都元帅府为枢密院，受尚书省节制，又废中书门下二省，将权力集中至尚书省，以尚书令总理政务。至此，除保留地方上的猛安谋克制度外，金朝之官制与唐宋王朝并无两样。

辽宋西夏金时期，虽是中国历史上的分裂时代，但各政权的官制，基本上按照唐以来制度演化的轨迹行进，辽、西夏、金都以此一制度为主或大量借鉴吸收之，以为其建国制度规模；至金与南宋对峙之时，南北双方在军国制度上都采用了唐代以来中原官制，区别已经很小了。此外，辽、金等政权出于自身统治的需要，在制度方面所提出的一些理念和实践，如辽代之"因俗而治"、金朝废除三省制等，都对后来的历史产生了较大影响。

三 从宣政院到理藩院：元明清中央层面的民族治理

（一）元代的宣政院

元是自汉唐之后又一大一统王朝，蒙古统治者对其治下的众多民族，采取了因俗而治的政策，在汉地行汉法，在西南地区行土司统治，在西藏地区以释教国师领之。其中最有特点的是，在中央设宣政院，管理佛教和吐蕃事务。宣政院之前身为总制院，忽必烈以八思巴为国师领之，以功德使司为办事机构，主管释教，兼治吐蕃之事。至元二十五年（1288年），尚书省右丞相兼总制院使的权臣桑哥向元世祖忽必烈提出："总制院所统西番诸宣慰司，军民财谷，事体甚重，宜有以崇异之，奏改为宣政院，秩从一品，用三台银印。"[1] 元世祖谕令从之，以桑哥以右丞相兼宣政院使、领功德使司，脱因同为宣政院使。又据《元史·百官志》，宣政院之名来源于唐代吐蕃来朝之宣政殿。因此，由总制院改宣政院，不仅提高了官阶，"更重要的是为了加强八思巴、达玛巴拉相继去世后中央政府对藏族地区的管理"。终元一世，宣政院成为与中书省、枢密院、御史台并列的四大军政系统之一。[2]

宣政院先后设院史、同知、副使等员，下有断事官、客省使（管理使者）、大提举资善库（管理钱帛）、上都利贞库（管理饮膳金银诸物），1308年将原来国师的办事机构功德使司也归入宣政院。此外，宣政院还管理上都归运提点所、大济仓、兴教寺等下辖机构。担任宣政院使的有蒙古人、回回人和藏人，由于主管释教，"其为使位居第二者，必以僧为之，出帝师所辟举"；[3] 其属官和下设机构各官员，也是僧俗并用、多民族皆有的。

除了宗教事务，宣政院对于藏族地区的管理，主要集中在以下几个方面：一是荐举官员、调整机构。元朝在吐蕃所设高级官员，由帝师或宣政院荐举，皇帝批准后，由帝师或宣政院劄付宣布委任，或二者共同委任。高官的委任与调遣，往往伴随的就是机构的调整改编，如设置或改设宣慰司、宣抚司、都元帅府。二是军事征讨。凡有征伐，由宣政院和枢密院会商上奏，调动军队，重要军事官员常加宣政院使之官，有时还设行宣政院。三是对一般中央机构职能的替代。如司法审理，一般来说，元代是由地方官负责，中央设廉访使和御史台分道巡视纠察，但在吐蕃地区并无此二机构，而是交由宣政院施行。又如驿站事务，一般由通政院和兵部管理。为配合统治，元朝统治者很早就在藏族地区设立驿站，但由于其地理

---

[1] 《元史》卷二〇五《桑哥传》。
[2] 陈庆英：《元代宣政院对藏族地区的管理》，《青海社会科学》1990年第4期。
[3] 《元史》卷二〇二《必兰纳识里传》。

条件限制，驿站距离遥远，驿务施行、站户佥发，都必须依靠宣政院下辖各地方行政区，故有关驿站之设立、更改、佥发管理、站户赈济等事务，皆通过宣政院奏报。

元代中央层面的民族治理机构，还有沿袭汉制的礼部等机构，礼部下设会同馆，"掌接伴引见诸番蛮夷峒官之来朝贡者"。[①] 至元十三年（1276 年）始置，一度裁撤后复置，元贞元年（1295 年）以礼部尚书领会同馆事，成为定制。会同馆职官，自辽始设，元明清三代皆有。

（二）明清的礼部、鸿胪寺等机构

明代朱元璋罢中书省，政务由六部分管，中央集权进一步加强，边疆民族事务也分在各部司。土司文职的封选、迁升、勘验，由吏部的验封司、文选司等各司其职；兵部则负责土司武职及羁縻卫所的选封、征调等事务。礼部主客司"分掌诸蕃朝贡接待给赐之事"。其具体职任同唐宋之主客基本相同，不过这里的诸蕃，大体指海外朝贡之国。对于土官朝贡，则验勘其籍。[②] 主客司主事提督会同馆，主管"诸蕃"的接引招待等事。鸿胪寺所掌为朝会、宾客、吉凶仪礼等事。其中诸蕃入贡，需鸿胪引奏，外国朝贡使者在觐见之前，要由鸿胪寺下属司宾署教给跪拜礼仪。

明代又有提督四夷馆和行人司。提督四夷馆掌理各周边民族、外国朝贡相关的翻译和文书通译等，永乐五年（1407 年）即已设置，隶于翰林院。弘治七年（1494 年）改隶太常寺。其下设蒙古、女直、西番、西天、回回、百夷、高昌、缅甸八馆，万历时期又增设暹罗馆。其主要的办事人员是译字生、通事。译字生开始由国子监的学生中选定，宣德元年兼选官民子弟，由专门教官教习，并由学士稽考。明初译字生地位还比较高，参与考试的，与乡试、会试

---

① 《元史》卷八五《百官志一》。
② 《明史》卷七二《职官志一》。

科甲者一体出身。译字生作为官员，其升转只在鸿胪寺内。行人司职专捧节、奉使之事，故中央派员抚谕"诸蕃"，皆由行人司负责。

清代的礼部在后金建国之初即已设置，其中的主客司主掌"蕃使朝贡"，清朝前期，外蒙古、吐鲁番等地事务皆有礼部参与。清朝还将培养翻译人才的会同四译馆改隶礼部，分西域馆和百夷馆，翻译"回回"、缅甸、百夷、西番、高昌、暹罗等文字。鸿胪寺仍掌朝会、赞引事，其中外藩觐见等，亦属民族事务。如明代一样，清代对土官的管辖，也都分归各部，礼部所管之事，涉及"外番"者居多。清代在中央所设专门掌理民族事务的中央机构，则是管理藩部及部分土司地区的理藩院。

（三）清代理藩院的设立及其职能

理藩院设于清崇德三年（1638年），其前身是设于崇德元年之蒙古衙门。设立此一衙门的缘由，正如其名称所显示的，是为了管理蒙古事务。因为蒙古关系在清前期乃至整个清王朝时期的重要性，这一机构也成为清朝中央层面民族治理最重要的制度设置。蒙古衙门初设之时，设承政、参政各三至四名以办理事务；改设理藩院后，完善制度，设承政、左右参政各一，并有副理事官、启心郎等官，同于六部。顺治元年（1644年），部院改制，承政一律改为尚书，参政改为侍郎，副理事官为员外郎。顺治十六年，更定官衔职品，理藩院归礼部所属，理藩院尚书称礼部尚书，左右侍郎称礼部左右侍郎；十八年，又以理藩院责任重大，不应为礼部所属，遂改称为理藩院尚书、理藩院侍郎等，改铸印信。顺治十八年八月，康熙已经即位，特谕吏部："理藩院职司外藩王、贝勒公主等事及礼仪刑名各项，责任重大，非明朝可比。凡官制体统应与六部相同，理藩院尚书照六部尚书，入议政之列。该衙门向无郎中，今著照六部，设郎中官。"康熙九年（1670年），整齐部院大臣品级，又命理藩院郎中与六部满郎中一体升转。雍正初年，以廉亲王为理藩院尚书，裕亲王办理理藩院事务，定"以王公大学士兼理院事"之制。乾隆平定准噶尔叛乱后，为管理回部，特命理藩院专派一司，管理回部事务。乾隆二十七年，将理藩院五司改为六司。至此，清代理藩院机构基本稳定了下来。

据清代乾隆年间所修《皇朝通典》，将理藩院基本组织机构简单介绍如下：

第一，尚书一人，左右侍郎一人，又设额外侍郎，特简蒙古贝勒贝子之贤能者担任，"掌内外藩蒙古、回部及诸番部封授朝觐疆索贡献黜陟征发之政令，控驭抚绥，以固邦翰"。

第二，六司：旗籍清吏司，掌理漠南蒙古事务；王会清吏司，掌理科尔沁等部每年朝觐等事；典属清吏司，专司蒙古北部喀尔喀三汗及厄鲁特准噶尔等政事；柔远清吏司，掌理喀尔喀等部落及藏传佛教僧侣朝贡禄赐之事；徕远清吏司，掌理嘉峪关以西回部、回城及四川诸土司之政令；理刑清吏司，掌蒙古及番部（西北藏族部落）刑罚之事。

第三，院内办事机构和附属机构，办事机构有厅务司、银库（掌金银出纳）、蒙古翻译房、满档房、汉档房（以上三者皆管翻译奏章文书）等；附属机构有唐古特学（教习藏文及翻译西藏奏章文书）、稽查内外馆、木兰围场、俄罗斯馆、托忒学、蒙古官学、喇嘛印务处、则例馆等。

第四，各派出机构，如乌兰哈达、三座塔、八沟驻扎司官（掌巡守蒙古部落），察哈尔游牧处理事员外郎，张家口、喜峰口、独石口、杀虎口、古北口管理驿站员外郎，热河、张家口等地都统将军衙门理事司官与办事笔帖式等。仅从组织机构来看，理藩院管理的事务集中于内外蒙古、回部、青海等藩部地区，亦包括四川诸土司。就其具体职掌而言，这些地方的所有政事，几乎由理藩院管理或与之有关。

理藩院的各项职能，分在各司，主要包括：第一，对蒙古王公及扎萨克盟旗的管理，包括各部王公爵位、世系的认定，扎萨克印信的颁发，会盟事务（包括参与会盟，盟长的简任，颁给印信等），以及其他相关事务。如旗籍清吏司管理漠南蒙古各部，"畴其封爵，正其等次，辨其世系，三岁会盟则遣大臣奉敕往莅之，以同好恶而颁禁令焉。若归化城土默特及索伦除授官校，则叙而正之；如岁有不登，则辨其轻重而赒恤之"。漠北、漠西蒙古、土尔扈特部各扎萨克旗由典属清吏司掌管其列爵之位与盟会之制。王会清吏司"掌科尔沁等诸部落每岁朝觐之仪，贡献之式，燕飨赐予，舍馆飨饩皆眡其等次以礼之"；蒙古王公还必须每年参与木兰行围，理藩院有专门官员和机构管理围场，并负责王公的来往登记核验等事。蒙古地区的驿站、卡伦，① 以及刑名诉讼之事，也都归理藩院管理。与之相关的，在满蒙联姻中，理藩院负责对登记科尔沁等部适龄男子，作为"备指额附"。理藩院还负责管理蒙古牧场保护及蒙古地区的农耕垦殖活动，蒙古地区的边口互市以及京师互市，以及乌鲁木齐、伊犁等地的屯田。

第二，管理回部及四川土司事务。在新疆南部，清政府对哈密、吐鲁番以扎萨克制治之，其他地区则设伯克治理。这些扎萨克和伯克均领属于理藩院。在回部地区，理藩院与驻新疆各将军、大臣的关系是："举凡回部纳贡，及大小伯克升转一切事件，俱由该处将军大臣等报院转奏。"这就是徕远清吏司的主要职责。除此之外，回部田赋商税的征收、权量钱制等的规定，亦属该司负责。乾隆四十一年以后，四川土司被纳入京师朝觐体系，每年朝贡，由徕远司负责管理。

第三，管理藏传佛教事务。清代藏传佛教的喇嘛，有驻京喇

---

① 即各部疆界之关卡，《清史稿》记载："凡内外扎萨克之游牧，各限以界，或以鄂博，或以卡伦。"《清史稿》卷一三七《兵志八》。

嘛、藏喇嘛、番喇嘛（甘肃、青海、四川等地喇嘛）、游牧喇嘛（蒙古游牧地区）等，其呼毕勒罕（转世）都要由理藩院登记、监督进行。乾隆五十七年金瓶掣签制度定制后，西藏大昭寺掣签由驻藏大臣监督，雍和宫掣签由理藩院大臣监督。各处大喇嘛在清代亦有年班觐见制度，由理藩院负责照料。各地喇嘛的度牒、封号、寺庙名号、钱粮、禁令颁布执行等事务，也由理藩院负责管理。其重要管理机构是柔远清吏司。

第四，与各地将军、参赞大臣、办事大臣等共同管理藩部。一般来说，各地将军大臣奏报时，凡涉及蒙古事务者，则要同时上报理藩院，特殊的如上述回部地区，则是由理藩院转奏。在各将军、都统、大臣衙门，也会派出理藩院司员、笔帖式等办理相关事务，如刑事审理等。在驻藏大臣衙门，理藩院亦派司员管理蒙古八旗官兵事务，以及专司文书翻译的笔帖式；此外，西藏之噶布伦、藏本、戴本、碟巴、堪布等官员，也要由理藩院登记、核查、发给执照等。

此外，清代对俄国和某些中亚国家外交事务的管理，也通过理藩院进行。

（四）理藩院则例与清代对边疆民族的司法治理

清代，以规定各官署职掌制度的《会典》为纲，各部编订则例，以实例和细则为目，为办理各项事务提供依据，因此专设则例馆负责编制修订则例。理藩院的机构设置、职权分工、办事规则、程序等虽载于历朝《大清会典》以及《大清会典则例》，但《理藩院则例》之纂修，要到嘉庆十六年（1811年）才开始。此次纂修，是为了仿六部之制开馆整理旧例，清除蔽混，划一整齐，以为办事依据。据理藩院《原修则例原奏》："窃臣院总理内外蒙古部落事，凡蒙古王公台吉等袭职、年班、朝觐、户口、仓粮、军政及人命盗案等事，较先增繁。查臣院旧有满洲、蒙古、汉字则例二百九条，自乾隆五十四年校订后迄今二十余载，所有钦奉谕旨及大臣等陆续条奏事件，俱未经纂入颁行。臣等请将自乾隆五十四年以来应行纂入案件，增修纂入，永远遵行，以仰副圣主抚绥内外蒙古臣仆之至意。"① 这里所谓乾隆五十四年旧例，指的是《蒙古律例》的校订本。因此，《理藩院则例》与清立国以来治理蒙古的《蒙古律例》有着直接关系，是对其续纂和扩展。② 从这个意义上说，《理藩院则例》既有同于六部则例、规定行政事务细则的性质，又具有治理蒙、藏、回部等地民族法规的性质。③

《理藩院则例》共713条，其前为《通例》上下，介绍理藩院各司职分等，后分63卷50类，包括旗分、品秩、袭职、职守、设官、擢授、奖惩、比丁、地亩、仓储、征赋、奉银奉缎、廪饩、朝觐、贡输、宴赍、扈从事例、仪制、印信、婚礼、赐祭、矜表、优恤、军政、会盟、邮政、边禁、人命、抢劫、偷窃、发塚、犯奸、略买略卖、首告、审断、罪罚、入誓、疏脱、捕亡、监禁、递解、留养、收赎、遇赦、违禁、限期、杂犯、喇嘛事例、西藏通制上下、俄罗斯事例等。而乾隆年间《蒙古律例》包括了12类，有官衔、户口差徭、朝贡、会盟行军、边境哨卡、盗贼、人命、首告、捕亡、杂犯、喇嘛例、断狱等。二者相比，基本内容无大异，《理藩院则例》分类更细，部分类目也根据《会典》与《会典则例》做了更新，新增《西藏通制》和《俄罗斯事例》。《理藩院则例》先修成汉文样本，后又译为满文和蒙古文，三体刊印后，颁发至在京及内外蒙古及各相关蒙古事务的衙门，一体遵照执行。《蒙古律例》及《理藩院则例》规范了蒙古各部王公及辖下民众军政职责以及民事和刑事权责、司法管辖、司法审判等，可以说是清代以专

---

① 《钦定理藩院则例》，《故宫珍本丛刊》第199册，海南出版社2000年版，第1页。
② 达力扎布：《〈蒙古律例〉及其与〈理藩院则例〉的关系》，《清史研究》2003年第4期。
③ 苏钦：《〈理藩院则例〉性质初探》，《民族研究》1992年第2期。

门法规治理民族事务的典型。

嘉庆年间由理藩院纂修的还有《钦定回疆则例》，规定了理藩院处理回部事务的细则，包括回疆伯克、扎萨克制的职官制度、职掌以及管理制度，同时涉及某些司法管辖事务。此外，针对少数民族的专门法规还有《青海蒙古野番新例》（嘉庆八年，1803年）、《西宁青海番夷成例》（初定于雍正十一年，1733年）等，都包括了行政机构管理和刑事、司法等方面的内容。清朝延续了中国历史上民族治理的法律精神，在大一统的前提下，"俱各从其俗"，以各自民族的习惯法解决法律问题，"这与从《唐律》至《大清律》中《化外人有犯》律条的精神是正相吻合的"。[①] 而上述成文法规的制定和施行，则体现了清朝大一统国家之下，对民族事务法律治理的进一步加强和细化。

四 古代王朝民族治理政策的基本原则及影响

（一）大一统与历代民族治理政策和制度

中国古代各个王朝的民族治理政策和制度，虽更多地体现出统治者为维护统治，采取征伐或者怀柔等不同政策，处理与边疆或周边民族的关系，但其基本目标和原则，仍然从大一统的理念出发，进行相应的设计，以达到其理想或者定型的大一统政治格局与秩序。例如秦汉以来的册封朝贡政策，便是如此。

册封朝贡政策和关系，在秦汉形成郡县制国家之后，以儒家"服制"观念为依据而建构形成，是"大一统"的产物，其运行有赖于以天子为中心的天下秩序的共同认可，对册封授予者和接受者而言，也是在这一秩序下各安其分的选择。因此，在中国历史上，除了安定四方的实际需要，统一王朝莫不以八方来朝、"百蛮"入

---

① 苏亦工：《明清律典与条例》，中国政法大学出版社2000年版，第89页。

贡为王朝兴盛的重要表征，上自秦汉，延至隋唐，以及明清，四方职贡皆是朝廷彰显一统之盛的重要内容，多见于史籍；通过现存一些图像资料，如《王会图》《朝贡图》等，也能窥见一斑。就算在分裂时期，朝贡关系的取得，也是各政权争据正统的重要凭借。例如在三国时期，魏元帝讨蜀汉之檄文就称魏"布政垂惠而万邦协和，施德百蛮而肃慎致贡"，因此具有统一天下之正统地位。十六国时期，前秦苻坚更以"黎元应抚，夷狄应和"置于同等位置，作为实现大一统的目标。就册封的接受者而言，通过册封，不仅有取得和平、获取厚利等好处，同时其权力以天子授予的形式在天下秩序中得到承认，甚至得到一定程度上的巩固。正因如此，册封和朝贡关系作为中国历史上治理周边民族的一项基本政策，在历朝历代都有所施行，是大一统治理不可或缺的一项内容。①

而在中央层面的典客、大鸿胪、礼部各司的设置和职掌中，无论是将来使或来贡之"蛮夷"纳入国家礼仪当中，引导其在各种仪式中，以符合王朝规制的方式行事，还是出使出掌"蛮夷"之使，处处必显示"上朝威仪"的各种制度性规定，都体现了对大一统格局下，差等有序的天下秩序的维护。

（二）制度性治理的逐渐形成与强化

在中央层面民族治理政策的发展过程中，伴随着中央集权的加强，统一多民族国家的巩固，形成了较为制度化的治理体系。秦汉时期，即有专门的典属国机构；魏晋南北朝时期，北方各政权中，多多少少都有"胡汉"混合体制的特征，以符合其统治集团的不同

---

① 册封与朝贡关系在中国古代所涉民族相当广，由于这种关系本身就具有按照双方实力、册封者控制力大小，以及二者亲疏关系而灵活调整的特点，所以在后来的发展中，册封与朝贡关系既行之于边疆各民族，也行之于周边国家，对此，学者已经有不少研究。参见李大龙《汉唐藩属体制研究》，中国社会科学出版社2006年版；程妮娜《古代东北民族朝贡制度史》，中华书局2016年版。但不能否认的是，在古代大一统的观念下，此种关系的建构和维护无疑属于王朝国家治理周边民族的重要政策内容。

政权组织形式。隋唐统一国家建立在前期民族大融合的基础上，又以汉晋体制为基础，进一步加强了中央集权。五代十国至宋辽西夏金时期，各政权维持了相对稳定的局部统一，但其国家体制，又多少以汉唐体制为基本，北方政权则兼具胡汉分治的特点，在中央体制中形成了专门针对"胡"和"汉"的不同治理方式。

元朝的统一，不仅是王朝在更大版图上的统一，也由于其继承和发展了宋辽金以后合天下为一体、各民族共为"中国"（"中华"）的大一统观念，而建构起不同于以往的华夷一体的统一多民族国家。由明至清，此种华夷一体的统一多民族国家中，以汉唐宋体制为主，吸收北方政权中"因俗而治"的各种制度化治理方式，使得中央集权进一步加强。除进一步完善中央地方各类官职，引人注目的是皇权的加强。在中央机构设置中，元代专设管理宗教和西藏事务的宣政院。

清代则设理藩院，"掌内外藩蒙古、回部及诸番部封授朝觐疆索贡献黜陟征发之政令，控驭抚绥，以固邦翰"。[1] 地位极为重要，与六部并立。理藩院的治理，是在中央集权下，将各种分散在六部中的事务集中起来对各藩部进行管理。不同于前期带有分权性质的胡汉分治，理藩院的本质，乃是统一治理体系下针对某一方面事务的专门性机关。这一专门性机关的出现，可以说是古代中国民族治理体系趋于完备的表现，对于维护多民族统一国家的稳定也发挥了应有效用。

（三）历代民族政策对民族交往交流交融的促进作用

本章所述历代诸种民族政策和制度，都纳入古代国家政治运作中，并出于统治者政治需要而采取的民族治理之策。其之所以取得一定的效果，并在中国古代历史进程中得以施行，并非单方面意志

---

[1] 《钦定皇朝通典》卷二六《理藩院》，《景印文渊阁四库全书》第 642 册，第 342 页。

或一时之权宜政策所能为，而是建立在历史上各民族之间早已存在的交流融合基础上，同时，这些政策和制度，也促进了各民族联系的不断加深。

以历史上的和亲政策为例，从权力博弈的角度看，无论是战是和，婚姻关系的存在，增加了政治交往中的可选因素。从民族交往的角度看，和亲或政治联姻，能够以婚姻的形式，突破双方在政治或文化上的隔膜，打开一个沟通的孔道。具体到各个民族实际的交往中，汉民族或者接受中原文化的王朝，更倾向于将政治联姻引向"尊卑有序"的格局，也只有在尊卑有序的前提下，与"夷狄"之联姻才有可能。而对于北方民族各部而言，联姻能够增加同盟、获得利益，符合部落之间通过婚姻加强势力的思维习惯；随着对中原文化的吸收，利用和亲或联姻，以获取在等级秩序中的权力地位，或者利用联姻笼络藩属，也成为其接受并施行和亲、联姻策略的重要目的。

和亲或者联姻的采用与否、成功与否，在不同的历史背景下有不同表现。例如，在大一统的状况下，"降尊下嫁"的形式更为多见；而在政权并立或双方实力接近情况下，和亲缔约的情况更为多见。在前一种情况下，笼络与联盟的意义同时具备，但其中涉及的利益和文化冲突，有可能造成政治上的问题。在后一种情况下，和亲关系作为和平交往或联盟的保障是相当脆弱的；不过其作为交往孔道的作用依然存在，往往又随着形势的变化，为双方的停战或联盟提供对话平台。

尽管如此，和亲与联姻政策仍然是长期为中国历史上各族统治者常常采用的民族治理政策，而且往往延续较长时间，也因此产生了长远的历史影响。和亲与联姻作为一种民族间的交流方式，密切了民族之间关系，这是无可置疑的。除了统治者和贵族之间的婚姻嫁娶这个层面的交流，和亲和联姻所带动的人员、物资、文化的交流，在文化差异较大的情况下，往往是开创意义的。如文成公主嫁入吐蕃，带来中原的农业、手工业物资以及医书等典籍，随行的还有各种匠人，据传文成公主还精通历算风水等术，对于古代汉藏民族关系影响巨大。而另外一些长期影响也不容忽视。例如，在与汉长期的和亲影响下，至两晋时期，南匈奴的刘渊等，已经将自己姓氏的由来与汉高祖和冒顿单于的和亲联系起来，自称"汉氏之甥"，欲成汉高祖之业，统一天下。可见和亲及其后果，已经成为边疆民族认同"大一统"的重要思想理念资源。而松赞干布希望以得到唐朝公主的形式，在唐代所建构的大一统秩序中取得一席之地，也表现出边疆民族在文化心理上与中原王朝的紧密连接。无论哪一层次的认同，都对中华民族意识的铸造，起到了促进作用。

第四节　礼仪文教与民族治理：德化政治中的文化认同

古代华夷关系中对德政的追求，其重要价值观是"远人不服，则修文德以来之。既来之，则安之"，[①] 以及"柔远人则四方归之，怀诸侯则天下畏之"。[②] 儒家这种理想治理的主张，在古代国家治理中发挥着长期的影响力，表现为出于实际政治的需要而行怀柔之策。如汉初对匈奴之力不能制，则有贾谊上"宜以厚德怀服四夷，举明义博示远方"之策。[③] 又如唐垂拱元年（685年），陈子昂针对当时"将相有贪夷狄之功"，皇帝"以广地强武为威"，上书曰："故臣愿陛下垂衣裳，修文德，去刑罚，功农桑，以息天下之人，务与之共，然后使遐荒蛮夷自知中国有圣人，重译而入贡。"[④] 在实

[①]《论语·季氏》。
[②]《礼记·中庸》。
[③]《新书校注》卷四《匈奴·事势》。
[④]《陈子昂集校注》卷八《上军国利害事三条·人机》，黄山书社2015年版，第1289页。

际政治中,"怀柔之以德"之后,还需有一系列措施,才能真正"得来远之道,达御戎之要"。① 这些措施,除了军事镇抚和制度管控,还包含"礼分华夷""怀柔远人"的礼仪制度,推广儒学为核心的文教设置等方面。

一 "礼分华夷""怀柔远人"的礼仪制度

西周确立的礼治,以"亲亲""尊尊"为核心,虽经战国秦汉以后法家"霸道"的洗礼,但一直保存了强大的生命力,尤其是西汉以后的儒家,发展出三纲五常的意识形态,通过教化礼乐的倡导,不仅在治国理政中维护了封建等级秩序,更将此种价值观推广至基层社会和四裔边疆,移风易俗,成为稳固统治、长治久安的重要手段。

(一)礼乐制度与正统的确立

西周时期,周公制礼作乐,定下了基本制度。至于春秋,虽"礼崩乐坏",但是否行周礼却成为华夷之辨的核心标准。《礼记》载子游云:"礼有微情者,有以故兴物者,有直情而径行者,戎狄之道也。礼道则不然。"② 是将"礼道"与"戎狄之道"截然二分,即华夏行礼道,与夷狄不同。华夏诸侯若不遵礼道,甚至会被视为夷狄,而夷狄由于若接受礼道,则可进于华夏("中国")。如《春秋》载:"戊辰,吴败顿、胡、沈、蔡、陈、许之师于鸡父。"《公羊传》称,此处记载了双方战斗的时间地点,是可以称为"偏战"的正规战争,为何不称"战",而是用描述出其不意攻击的"诈战"的言辞来记述呢?原因在于吴当时被诸夏目为夷狄,因此吴之战"不与夷狄之主中国也"。而之所以不以"中国"诸侯主之,则是因为这些诸侯在王室遭乱时不施援手,不遵礼法,"中国亦新夷

---

① 《册府元龟》卷九七七《外臣部·降服》。
② 《礼记·檀弓下》。

狄也"。《公羊传》又载，经此一役，"吴少进"。东汉何休解释说，这是因为吴国"能结日偏战，行少进，故从中国辞治之"。①

秦汉之后，历朝历代都以一整套礼仪制度，作为王朝秉承天命、顺天应人的重要表征。其重要的内容包括立正闰易服色、立宗庙序叙昭穆而举禘祫、设官崇祀历代神明以应天祈福、封禅刻石以明天命之所授等。帝王受命，即得"帝皇之正统"，这在历朝历代含义有二：一是继先王之统绪，如班固称东汉光武帝"系唐统，接汉绪"，②系唐统即刘氏为帝尧之后，又承西汉中兴；二是合于五德终始的德运，即以金木水火土五行之相生相克关系论定王朝改易所属德运，如秦以周为火德，秦代周而起而为水德，汉初公孙臣等以五德终始之说，叙论汉为土德。因此，受命之后，帝王必根据所属德运，"改正朔，易服色，制礼乐，一统于天下"。③ 故历朝历代，无论是中原王朝还是少数民族入主中原建立政权，皆以正闰，即是否接续正统、感应德运，为王朝合法性的重要基础，其外在表征则是改易正朔、服色、礼乐制度等。正统之内涵，在长期的历史发展中，也会发生一些变化，相应地，围绕正统的礼乐制度也会产生变化，尤其是在少数民族政权入主中原之时，其正统的礼乐建构，特点更为鲜明。以下以魏晋南北朝、辽宋金西夏和清朝为例作简要说明。

十六国时期，各族胡人相继在中原建立政权，在接受华夏正统观的前提下，纷纷改闰易德，以巩固自身合法性基础。其主要方法有以下几种：其一，应对夷狄不能为君之社会心态，攀附炎汉。前汉刘渊在建立政权之前，就以"吾又汉氏之甥，约为兄弟，兄亡弟绍，不亦可乎"为借口，定下了"且可称汉，追尊后主（刘禅），

---

① 《春秋公羊传注疏》卷二四《昭公二十三年》。
② 《后汉书》卷四〇下《班彪列传下》。
③ 董仲舒：《春秋繁露》卷七《三代改制质文第二十三》，朱方舟整理，朱维铮审阅，上海书店出版社2012年版，第146页。

以怀人望"之策。永兴元年，刘渊"乃为坛于南郊，僭即汉王位"，自称接续两汉各皇帝之业而称帝，"赦其境内，年号元熙，追尊刘禅为孝怀皇帝，立汉高祖以下三祖五宗神主而祭之"。[1] 其二，十六国后期，随着胡人政权力量的增强，"夷狄之君"统治中原合法性大大加强，胡族政权纳入五德终始的序列。慕容鲜卑所建前燕，先不以胡族所建前赵为统绪，而是远承西晋，以水德为运，但韩恒等言："赵有中原，非唯人事，天所命也。天实与之，而人夺之，臣窃谓不可。且大燕王迹始自于震，于易，震为青龙。受命之初，有龙见于都邑城，龙为木德，幽契之符也。"[2] 燕主慕容儁遂从韩恒之议，以木德为运。至十六国后期，此种北方胡族政权之间德运相续的做法已经颇为通行了，甚至被称为"五胡次序"。据晋书记载，前秦败亡，姚苌向苻坚索取传国玺。苻坚大骂说："小羌乃敢干逼天子，岂以传国玺授汝羌也。图纬符命，何所依据？五胡次序，无汝羌名。违天不祥，其能久乎！"[3] 北魏前期，还有以土德承苻坚之土德。直至孝文帝改革，才重议历运，以十六国为僭伪，而承西晋之金德为水行。这种以北方胡族政权接续德运的做法，实际上奠定了魏晋南北朝时期北方历史正统的格局，[4] 以至影响到隋唐的德运选择。

宋辽金西夏时期，各政权争居正统，皆以自己为"天下之正"，行中国之礼往往成为与此相关的重要内容。辽金两朝虽在礼制上有自己的民族特点，但皆继承和大量吸收唐宋代完备的"五礼"制度为己所用。金世宗大定十一年（1171年）行郊礼，命宰相大臣"议配享之礼"。左丞石琚上奏称，古礼以皇帝之祖配上帝而祭祀，两汉、魏晋都是以一祖配天，至唐高宗时以高祖、太宗崇配，后来

---

[1] 《晋书》卷一〇一《载记第一》。
[2] 《晋书》卷一一〇《载记第十》。
[3] 《晋书》卷一一四《载记第十四》。
[4] 罗新：《十六国北朝的五德历运问题》，《中国史研究》2004年第3期。

又改三祖同配，宋代也继承了这一制度，但此制不合古礼。金世宗评论说："唐、宋以私亲，不合古，不足为法。今止当以太祖配。"继而命令说："本国拜天之礼甚重。今汝等言依古制筑坛，亦宜。我国家绌辽、宋主，据天下之正，郊祀之礼岂可不行。"① 从中可见，据天下之正，则行礼仪之道，乃是当时几个政权共通的观念。对于金人而言，这种礼仪之道同样包含了女真旧俗，其原因在于女真旧风与古礼精神的相通。金世宗曾言："经籍之兴，其来久矣，垂教后世，无不尽善。今之学者，既能诵之，必须行之。然知而不能行者多矣，苟不能行，诵之何益。女直旧风最为纯直，虽不知书，然其祭天地，敬亲戚，尊耆老，接宾客，信朋友，礼意款曲，皆出自然，其善与古书所载无异。汝辈当习学之，旧风不可忘也。"② 因此，金代礼制承自汉唐，吸收宋朝，"五礼"完备，充分体现了此一时期中华礼仪之道的统一性；同时，又通过古礼精神的阐发，结合了女真旧俗，包括契丹旧俗，形成各民族共同的礼仪之道。

元代之正统，强调一统天下而以故俗治天下，故尊崇年号、郊祀天地、宗庙之祭等均以政治需要，因循前代为主。明朝朱元璋建国后，为强调"恢复华夏"之正统性，特别强调礼制，整饬唐宋五礼而行之。其礼制的要旨，则在于加强皇帝权威，明贵贱等级，尤其是程朱理学所倡导的治统与道统的一体，更体现于各种礼仪制度中。清代即在明代基础上，形成了强化自身统治合法性的大一统之礼制。唐宋以来，统治者越来越重视前代帝王的祭祀，其主要目的，除纪功崇德，以资借鉴外，还在说明三皇五帝以来延绵不绝的治统。清朝统治者对此有深切体认，入关之后，即在北京建历代帝王庙，仿明之制，将历代帝王及功臣从祀者合庙而祀。顺治时，将

---

① 《金史》卷二八《礼志一》。
② 《金史》卷七《世宗本纪中》。

明代未入庙之辽太祖、金太祖、元世祖入庙，以显示其据有天下正统的地位。康熙皇帝时，确立了除无道被弑、亡国之诸外，历代帝王尽皆入庙，其理由为："朕观历代帝王庙崇祀者，每朝不过一二位，或庙飨其子而不及其父，或配飨其臣而不及其君，皆因书生妄论而定，甚未允当。况前代帝王，曾为天下主，后世之人，俱分属臣子，而可轻肆议论，定其崇祀与不崇祀乎？今宋明诸儒，尚以其宜附孔庙奏请。前代帝王，既无后裔，后之君天下者，继其统绪，即当崇其祀典。朕君临宇内，不得不为前人言也。"乾隆之时，又增入东西两晋及南北朝五代时期的有为之君，其理由则在于其守成德行可称，并认为："自古帝王统绪相传，易代以后，飨祀庙庭，原以报功崇德。"①

此外，在历代帝王祭祀中，三皇五帝同时又是宋以来道统的传承。这体现的是清代将治统、道统合二为一的正统观，即"自古帝王受天明命，继道统而新治统。圣贤代起，先后一揆，功德载籍，炳如日星"②。康熙皇帝在自制《日讲四书解义序》中称："朕惟天生圣贤，作君作师，万世道统之传，即万世治统之所系也。"③ 因此，清朝对于合道统治统于一身的伏羲太昊祭祀尤其重视，远超明朝，除了入帝王庙祀，还有帝王陵祀，举凡登极、授受大典、上尊号徽号、加上徽号、皇太后圣寿大庆、万寿圣节大庆、册立皇太子、升祔太庙、配飨郊坛、大军凯旋、平定边徼等，都要遣官致祭。并且围绕正统的建立与统治的维护，建立一整套完善的伏羲祭祀礼仪。④

总之，历朝历代，包括少数民族入主中原建立的王朝，为了维

---

① 《钦定大清会典事例》卷四三三。
② 王开琸纂：《炎陵志》卷五《碑碣·国朝祭文碑·顺治八年遣官告即位致祭文》，李花蕾校点，岳麓书社2008年版，第284页。
③ 《康熙起居注》，康熙十六年丁巳十二月，中华书局1984年版，第339页。
④ 杜谆：《清代伏羲祭祀与维持王朝统治》，《民族研究》2020年第2期。

护政权的合法性和稳定，都把礼教祭祀作为重要手段。而这些礼仪制度，也经过历史的积淀成为中华各民族共同创造的文化之组成部分。

（二）礼法相依的华夷治理

历史上各王朝对边疆少数民族的治理，除了各种政策、制度和法律措施，还以礼仪作为施政的重要内容，通过礼仪的实施，达到强化大一统、区分亲疏远近贵贱等级以及教化的目的。以下就唐代"蕃国"礼仪以及清代藩部礼仪和文化稍作说明。

1. 唐代"蕃国"礼仪

唐朝时期，根据与边疆民族的不同关系，有不同的礼仪制度。"藩臣之礼"用于臣属唐朝的各族，如贞观四年之后的突厥、西突厥、回纥、吐谷浑、高句丽、契丹、南诏等。这些边疆民族要定期朝贡、朝见，服从唐朝的诏令，接受唐朝册封、授予官职等，基本是按照"藩臣之礼"的要求进行双方间的使者往来。"舅甥之礼"仅见于唐和吐蕃关系中。而唐施行"敌国礼"的边疆民族政权，双方统治者"互为兄弟"，无君臣之分。终唐一代，仅有唐朝初期的突厥属于这种关系。唐朝后期吐蕃、南诏曾经要求采取这种礼仪制度，但未能如愿。[①]

唐朝对"蕃国"或"番夷君长"有一系列的礼仪要求。边疆民族首领或使者觐见的接待礼仪多见于宾礼，如"蕃主来朝"，"戒蕃主见"，"蕃主奉见奉辞"，"受蕃国使表及币"，"皇帝宴蕃国主"，"皇帝宴蕃国使"，等等。涉及"蕃国"或"客蕃"的各种礼仪活动的礼仪则见于吉、凶、嘉、军等礼，如凶礼中之"蕃国臣为皇后服议"，"赈抚诸州水旱虫灾"中附"赈抚蕃国水旱"，"劳问诸王疾苦"附"问外祖父后父大臣都督刺史及蕃国主"；嘉礼中之

[①] 李大龙：《唐代使者接待礼仪考》，《黑龙江民族丛刊》2020年第2期。

"皇帝遣使诣蕃宣劳"，以及各种重大仪式，如皇帝登基，祭祀天地、祖庙时，"番夷君长"与诸侯百僚陪列，唐代《开元礼》规定，皇帝四时之祭，皆置蕃客于百官公卿之东、西、北、南等各方。这些礼仪，无一不在强调大一统秩序下"蕃国"的地位，通过这些礼仪活动，"诸蕃君长"的在场亦成为"礼治"当中不可或缺的一部分。

更重要的是，通过礼仪，"蕃国"从属于天子的臣属地位得到强化。通过《开元礼》"皇帝遣使诣蕃宣劳"的记载，可见其中仪式的细节。先是"蕃主"着"朝服"于门外迎接使者，"执事者引蕃主迎使者于门外之南，北面再拜。使者不答拜"。其后，使者南面立于阶间，执事者引蕃主北面而立，待副使等持案、取诏书后，使者称"有诏"，"蕃主再拜"，使者宣布诏书完毕，"蕃主又再拜"，由执事者引至使者前，北面受诏书，退立于东阶前。最后，执事者引使者出，"蕃主拜送于大门外"。① 整个仪式过程，处处体现出使者作为皇帝的代表，其诏书之来如同皇帝亲临；"蕃主"对使者的仪式动作，也几乎如同觐见皇帝。

2. 清代族群治理中的礼仪与文化

清代不仅在作为大一统王朝重要表征的意义上继承了中国历史中的"礼治"传统，在祭祀礼仪上也以礼部为中心，承袭明制，管理藩属、外国和国内各边疆民族的朝贡、接待等礼仪。就其性质而言，藩部属于版图之内，对其礼仪制度的规定只是清朝治理藩部政治、军事、经济、文化综合手段中的一种，在具体礼仪中，藩部和外藩之间礼仪的差别也反映了清朝对其的亲疏远近之别。例如在元旦朝贺礼仪中，受贺班次有一定之规，在道光七年（1827年）较为整齐的一次礼部事例中，有如下规定："嗣后元旦朝贺，蒙古汗、

---

① 《通典》卷一三〇《礼九十·开元礼纂类二十五》。

王、贝勒、贝子、公，仍照旧入于内地王公之次行礼；其扎萨克台吉以下，著按照品级，列于东边行礼内地大臣官员各排之次。其各部落回子伯克、土司等，若照理藩院所议列于内地大臣之次，殊失体制，著另为一班，列于西边行礼内地官员之末。如遇廓尔喀年班来京，按照向来班次，列于回子伯克、土司之末。著理藩院先期于司员内择其熟谙典礼，并通晓蒙古语者，每项派出二员，届期带领行礼，倘临时拥挤及搀越不齐，著将该带领司员查参。"① 从中可见礼仪当中其所表现的清朝治理中的族群政治秩序，相当明了。在清朝所记涉及礼仪的场合，各族都有一定排位，显示的是其在朝廷各项事务中政治待遇的差别，以及与清朝皇帝和朝廷的关系远近。其最终目的，"则是使疏远者努力变得亲近，使亲近者更亲近，从而实现'怀柔远人'的教化目标"。②

清朝还特别强调同文之治，在此理念下，"不同族群皆尊奉本质相同的政教和道德，基于此得以保留其风俗、语文上的差异"，各族语言在行政上得以并行不悖，其后的文化差异也被纳入"修其教不易其俗"的"俗"的层面，而不必成为"六合同风"的障碍。③ 在礼乐制度方面，也体现出这种统于一尊而多元并行的同文理念。在中国的礼乐传统中，"无乐以相须，则礼不备"，④ 乐是礼乐制度中与礼相适应的另一支柱。故自秦汉以来，中原王朝形成了一套与礼相应之乐舞制度。自唐以后，这套乐舞制度逐渐完备。辽朝建立之后，继承了唐代之雅乐制度"十二和乐"，用于天地祭祀、朝会等礼仪，在享宴、朝会等礼仪中使用"雅俗杂出"之"大乐"

---

① 《钦定大清会典事例》卷二九六。
② 张永江：《礼仪与政治：清朝礼部与理藩院对非汉族群的文化治理》，《清史研究》2019年第1期。
③ 马子木、乌云毕力格：《同文之治：清朝多语文政治文化的构拟与实践》，《民族研究》2017年第4期。
④ 《元史》卷六八《礼乐志一》。

"散乐""角抵戏"等，又有契丹本族传统之乐舞，称为"国乐"。元旦朝会之夜，"皇帝燕饮，用国乐"。①金、元政权大体沿用了这一雅俗乐舞与本族习俗同置的传统。清代在礼乐制度上同样继承了中国雅乐传统，康熙皇帝还著有《律吕正义》，提出自己对乐律的看法，尤其强调十二律中代表皇帝之"黄钟"的重要性。另一方面，在"燕乐"制度中，采取了与辽、金、元等少数民族政权类似的策略，大量保留蒙古和本族乐舞，将乐舞中原来概称为"四夷乐"之乐舞改称"四裔乐"，并进一步整齐了相关制度。据嘉庆《大清会典》记载，清代"燕乐有舞乐，有四裔乐，舞乐曰庆隆舞，曰世德舞，曰得胜舞，文舞曰喜起，武舞曰扬烈。四裔之乐：东曰朝鲜，瓦尔喀；西曰回、番、廓尔喀；北曰蒙古；南曰缅甸"②。其中的"舞乐"即指满洲舞，明确指出不在"四裔乐"之列，并居于燕乐之中心地位。③清朝雅乐、燕乐制度的安排，同样是其大一统下族群政治的重要表现。

（三）王化政治下的风俗更替

在儒家大一统的治理理念中，王化政治通过帝王得天之运、行天之道而实现，其最终的效果，则是通过帝王教化而使得天道大行。西汉宣帝时，王吉上书称："春秋所以大一统者，六合同风，九州共贯也。今俗吏所以牧民者，非有礼义科指可世世通行者也，独设刑法以守之。其欲治者，不知所繇，以意穿凿，各取一切，权谲自在，故一变之后不可复修也。是以百里不同风，千里不同俗，户异政，人殊服……"故依据孔子"安上治民，莫善于礼"，希望汉宣帝能制礼明制。④可见，在儒家思想当中，以帝王垂范，以明

---

① 《辽史》卷五四《乐志》。
② 《钦定大清会典事例》卷五二七。
③ 余少华：《蒙古乐与满洲舞在清代的文化功能》，《第二届国际满学研讨会论文集》，1999年，第13页。
④ 《汉书》卷七二《王贡两龚鲍传》。

礼治，而达于"六合同风"之境，乃是大一统的重要表征。而所谓同风之"风"，则是儒家提倡的礼义道德。对此，清代康熙皇帝说得最为明白，称："朕惟致治之道。必忍臣一德。贤才奋兴。孝弟申于党序。仁厚治于四海。然后一道同风。"①

历朝历代，礼俗教化之法大约有三：一是依据《礼记》之"化民成俗，其必由学"而兴学校；二是通过皇帝提倡和垂范之礼仪以正风化；三是以各种手段宣谕于百姓，即所谓"置木铎以教民"。其中第一种方法，其详可见下文。第二种方法，自唐宋以来，礼制下移，朝廷不仅垂范祭祀天地山川之礼，更禁绝民间淫祀，不仅矜表百姓之孝悌行为，更在礼典中规定庶民礼仪。汉魏以来，朝廷中有御史大夫等"宪官"掌"宣导风化""正百官纪纲"之事；唐宋以后，则各级令守皆有"宣导风化"之责。至于明清，不仅是朝廷和官员，更有城乡社会中绅士研究礼仪，提倡儒家礼俗，成为一时之风。第三种方法，明清以来逐渐形成"置木铎"的制度，尤其以清代的圣谕宣讲制度最为典型。

康熙九年十月（1670年11月），康熙皇帝给礼部一道上谕，称："朕惟至治之世，不以法令为亟，而以教化为先。"欲达长治久安，应以教化为本，而"化民成俗"，不外乎："敦孝弟以重人伦，笃宗族以昭雍睦，和乡党以息争讼，重农桑以足衣食，尚节俭以惜财用，隆学校以端士习，黜异端以崇正学，讲法律以儆愚顽，明礼让以厚风俗，务本业以定民志，训子弟以禁非为，息诬告以全良善，诫窝逃以免株连，完钱粮以省催科，联保甲以弭盗贼，解雠忿以重身命"，故将此十六条"通行晓谕八旗并直省各府州县乡村人等切实遵行"，②此即清代得到广泛传播的《圣谕十六条》，1724

---

① 萧奭：《永宪录（附续编）》卷二下，朱南铣点校，中华书局1959年版，第157页。
② 《圣祖仁皇帝圣训》卷六《圣治篇》，《景印文渊阁四库全书》第411册，第215—216页。

年，雍正皇帝又对此十六条详加解释，编成《圣谕广训》万余字，意在"使群黎百姓家喻而户晓也"。①其目的是以汉文化之传统道德规范，向所有民众宣示教化，图谋清朝统治之长治久安。有清一代，《圣谕广训》不光要求科举士子考试时默写，亦要求各府州县定期宣讲，民间乡镇也有儒士乡绅宣讲，深入闾里乡村，对社会产生重大影响。②

正如康熙上谕所规定，《圣谕》的宣讲从一开始就不是只针对直省的，还包括了八旗，为此，康熙年间便同时颁行了满汉合璧《圣谕十六条》。康熙二十五年，又令将"上谕十六条"颁发土司各官，"通行讲读"。③ 雍正年间颁行《圣谕广训》，同时亦有满蒙汉合璧和满汉合璧本。

在实际宣讲中，各地官员亦将《圣谕》宣讲作为施政的一个重要内容。而在民族地方，官员会根据当地风俗文字，做针对性的宣讲。康熙年间连阳县令李来章在其《连阳八排风土记》中，自作《圣谕衍义三字歌》，"使瑶童熟读，知孝弟忠信之义"。④ 在这些地区，《圣谕》之作用更与用儒学教化非汉民族的教化功能结合起来。如乾隆年间台湾凤山县儒学教谕朱仕玠的记述中，提到台湾县、府对"番童"之考试，"只令录圣谕广训二条"。⑤ 可见圣谕是教育之主要内容。雍正改土归流之后的云南土司义学教育中，则令"先令熟番子弟来学，日与汉童相处。宣讲圣谕广训，俟熟习后再令诵习诗书"。⑥

清廷在稳定民族地区的统治之后，往往以《圣谕》的宣讲作为

---

① 《世宗宪皇帝圣训》卷九《法祖》，《景印文渊阁四库全书》第 412 册，第 136 页。
② 王尔敏：《清廷〈圣谕广训〉之颁行及民间之宣讲拾遗》，《近代文化生态及其变迁》，百花洲文艺出版社 2002 年版。
③ 《钦定大清会典事例》卷三九七。
④ 李来章：《连阳八排风土记》，黄志辉校注，中山大学出版社 1990 年版，第 145 页。
⑤ 朱仕玠：《小琉球漫志》卷七《台湾文献丛刊》第 3 种，台湾银行 1957 年版，第 74 页。
⑥ 《新纂云南通志》卷一三三《学制考》，云南通志馆，1949 年。

"善后"手段，"化导"少数民族，使其"范围礼教"。雍正年间，在迁至河西地区的维吾尔族部落之间发生冲突，在解决冲突后，岳钟琪上奏，"于朔望日期传集回民宣讲《圣谕广训》，务宜明白讲解，俾伊等耳聆心喻，相率凛遵，以范身于礼法之中"。① 此种治理思路，一直到清末仍然延续。《抚边屯乡土志》记载，光绪三十三年，署理抚边屯务的刘文增即因当地僧众管理混乱，筹措"劝释寺中安静端凝之僧，敕通译传语褒奖，并将圣谕广训暨伦常礼义各种浅近易于感化之书，翻译成篇（废）[发]各寺，勒令于每日诵经毕，当众宣讲，加意解说，期以照行"。②

在乡镇村里，圣谕宣讲为吸引听众，还附加了民间善书之善恶相报故事，但其绝不涉及怪力乱神。后者即所谓"宣讲拾遗"。民间之宣讲拾遗，后来亦为西方传教士所借用，露天宣教、散发圣书成为其传教重要方式。乃至清末提倡新学者，亦借重宣讲圣谕经验。

二 儒学为核心的文教设置

中国古代所谓"移风化俗"的施行，主要通过儒学为中心的文教设置来实现，其大端主要有二：一为尊崇孔子和儒教，建立相应制度；二是与科举制度相配合，形成学校制度。这类文教设置在民族治理当中，亦有相应表现。

（一）各民族政权治下对儒学的重视与推广

自两汉以后，尊崇儒学而行文教，逐渐成为政权合法正统的重要标志。魏晋南北朝时期，北方民族入主中原，在其政权建设中，

---

① 《川陕总督岳钟琪奏酌议分别安置鲁布钦及皮禅部落回民事宜请旨遵行折》，《雍正朝汉文朱批奏折汇编》，江苏古籍出版社1989年版，第13册，第415页。
② 刘文增、周汝梅编：《抚边屯乡土志》，《四川大学图书馆藏珍稀四川地方志丛刊》第7种，巴蜀书社2009年版，第327页。

以儒学教化乃是由武功走向文教的重要手段。北燕冯跋建政之后，"下书曰：'武以平乱，文以经务，宁国济俗，实所凭焉。自倾丧难，礼崩乐坏，闾阎绝讽诵之音，后生无庠序之教，子衿之叹复兴于今，岂所以穆章风化，崇阐斯文！可营建太学，以长乐刘轩、营丘张炽、成周翟崇为博士郎中，简二千石已下子弟年十五已上教之。'"①东晋十六国时期，北方十六国统治者大多于京城设学，令学官教授贵族子弟儒家经典，以儒风之盛为国家建设之重要内容。南北朝时期，自北魏孝文帝改制之后，更仿汉晋制度，在中央设立国学等机构，提倡尊孔读经。

大一统的隋唐时期，中央王朝对边疆和少数民族地区，则有诗书教化，以"渐陶声教"之意。如开元十九年（731年），吐蕃使者以金城公主名义请求赐予《毛诗》《春秋》《礼记》等书，于休烈上奏说，汉时成帝之弟东平王求取《汉书》《诸子》等，汉王都不与，何况吐蕃是唐之"寇仇"，赐其书，使之知兵权略，不利于唐。皇帝令门下省讨论，裴光庭等奏："吐蕃聋昧顽嚣，久叛新服，因其有请，赐以诗书，庶使之渐陶声教，化流无外。休烈徒知书有权略变诈之语，不知忠、信、礼、义，皆从书出也。"玄宗以裴光庭等意见为善，赐予吐蕃《诗经》《春秋》《礼记》等儒家经典。②唐朝时期，周边各族子弟请入太学，学习儒家经典之事也多见史载，并将其作为对"夷狄"之优遇。如对南诏，"天子录其勤，合六诏为一，俾附庸成都，名之以国，许子弟入太学，使习华风"。③

辽宋西夏金时期，各政权皆以儒学治国。辽朝初期蕃汉法礼并行，后期逐渐汉法较多，但从太祖时便开始建孔庙，并亲自往谒。太宗之后，仿汉制设立国子监与太学，令诸州建孔子庙，道宗后

---

① 《晋书》卷一二五《冯跋》。
② 《资治通鉴》卷二一三《唐纪二十九》。
③ 《新唐书》卷二二二《南蛮传》。

期，更设州学以培养儒士，针对汉人行科举之制，以诗赋、经义为主要考试内容。宋真宗时期，张齐贤上书朝廷，灵州李继迁"仍闻潜设中官，全异羌夷之体，曲延儒士，渐行中国之风。睹此作为，志实非小"。① 可见当时，即以儒士治国，"行中国之风"为有逐鹿天下、争夺正统之志的表现。元昊建政之后，设"蕃学"和"国学"，作为选拔官吏重要渠道，此后又仿宋制设"小学"（州县之学）、"太学"等，行科举之制。其教授和考试内容亦包括很多儒家经典。金朝虽仿辽之二元制，在文教方面以国子学、太学和女真国子学、女真太学分行，但其教授内容包括体制，都是唐宋儒学及其制度。金太宗时，便已开行科举，至金世宗朝，基本形成了与科举相适应的女真和汉两套儒学教育系统。在中央有太学，地方则官设府学，招收高级官员子弟，以下则有州学和设于县一级的庙学。庙学之建立，不仅扩大了科举养士的范围，也激发了地方孔庙活力，定期举办的祭孔典礼和官员对儒家思想的宣讲也都因此较为活跃。

元朝尊孔崇儒亦是国家行为。元太祖时，即在燕京设置宣圣庙，以祭祀孔子。元成宗时，于大都建宣圣庙。至大元年，在宋朝至圣文宣王称号基础上，又加孔子谥号为"大成至圣文宣王"。②元世祖忽必烈即位之前，即"思大有为于天下，延藩府旧臣及四方文学之士，问以治道"。③ 府中招徕了许衡、郝经等一大批儒生，以为资政。即位之后，即采纳儒士建议，建元"大元"，以元为承续中国之正统王朝，自称"帝中国，当行中国事"。其主要措施之一，即推广儒学。元世祖至元七年（1270年），"命侍臣子弟十有一人入学，以长者四人从许衡，童子七人从王恂"。至元二十四年，立国

---

① 《续资治通鉴长编》卷五〇《真宗咸平四年》。
② 《元史》卷七六《祭祀志》。
③ 《元史》卷四《世祖本纪一》。

子学，并制定了一整套制度教学、管理，考课制度，又规定："凡读书必先孝经、小学、论语、孟子、大学、中庸，次及诗、书、礼记、周礼、春秋、易。"国子学之内，设定生员数200人，"先令一百人及伴读二十人入学。其百人之内，蒙古半之，色目、汉人半之"。①

元顺帝时，国子祭酒欧阳玄称颂元朝文教说："我国家声教之所暨也，东逾若木之日津，西探崦嵫之月窟，南穷火维之陬，北际冰天之瀅。文轨之治既同，弦诵之风四被。视寰海为一辟雍，陶同宇为一庠序。于是在天则应璧府图书之祥，在地则产孔庙金芝之瑞。藏曲阜之特祠，实飞龙之首岁。乃择成均之师，申胄监之制，三年而科，诏颁文治。猗日星乎旷世之条，风霆乎多士之气。将见自今以始，彼汉之亿万，尚敢与今日同年而语哉？"②文人歌颂，固为夸大之词，但从中可以看出，元代也以"文治"为其重要政绩。

不仅如此，元代儒臣还以推广儒学为"丕变华夏"之道。如江西吉水人刘岳申为云南中庆路儒学新制礼器撰文纪事，称云南久为"华夏故土"，然汉唐以来仅为"羁縻"，而世祖皇帝"混一区宇，尽有华夏蛮貊之地，达于九州四海之外"。中庆路在至元十一年建孔子庙，宣示"天将华西南夷"，此地经过长期儒学教育，民众"兴于礼让而修其孝弟忠信，由是诵行夫子之言行"。③至正七年，开封王可举调任甘肃行省参政，杨维桢就说甘肃为古西戎地，"自受国家结制，为冠带之区，数十年来，兴材取士，其风一变，与诸夏等"。④

---

① 《元史》卷八一《选举志·学校》。
② 欧阳玄撰，陈书良、刘娟点校：《欧阳玄集》卷一《辟雍赋》，岳麓书社2010年版，第5—6页。
③ 李修生主编：《全元文》卷六六七《刘岳申七·云南中庆路儒学新制礼器记》，凤凰出版社1998年版，第516页。
④ 李修生主编：《全元文》卷一二九八《杨维桢一六·送甘肃省参政王公序》，第222页。

（二）明清两代边疆民族地区的儒学教育

明代建国，北有蒙古，而南方大体安定，故其民族政策在北方以征伐为主，南方以"德化"为先。对于南方土司地区，除一系列政治、经济政策之外，设立儒学以化导之是重要措施。洪武二年（1369年），明太祖朱元璋令天下府州县皆设学。其后，宣抚、安抚等土官也都设立儒学。自此，在西南、湖广和东北、西北各民族地区，不仅有土官学招收学生，其余府州县学和卫所学校，也都招收少数民族子弟。甚至有为少数民族子弟而专设县学者，如永乐元年，楚雄府言："所属蛮民，不知礼义。惟僰种赋性温良，有读书识字者。府州已尝设学教养，其县学未设。县所辖六里，僰人过半，请立学置官训诲。"朝廷从之设学。① 有明一代，民族地区设立儒学数量不断增加。

少数民族子弟入学，一方面是学习经义礼仪，令其"渐染风化"，以收"以夏变夷"之效；另一方面，也作为明朝管理各土司和少数民族的重要措施。明代儒学中，设廪膳生员，供给廪食，皆有定额，因此生员入学读书，能解决衣食后顾之忧，是各地学校吸引学生的重要因素。在民族地区各府州县、卫所、土官司儒学中，为实行笼络之策，往往宽给名额。此外，还强令土司子弟入学。弘治年间，湖南永顺宣慰使因土司承袭而起纷争，明廷平息纷争之后，即令"以后土官应袭子弟，悉令入学，渐染风化，以格顽冥。如不入学者，不准承袭"。② 此后，各地纷纷效仿。为鼓励土官子弟入学，对其不设学额。

少数民族士子入学之后，学有所成，亦可参与科举和贡举。明代国子监有岁贡、选贡、恩贡等措施，选拔士子入学。其对于边远地区和民族子弟，均有一定程度优惠，以行笼络。例如岁贡，都司

---

① 《明史》卷三一三《云南土司传一》。
② 《明史》卷三一〇《湖广土司传》。

及土官学，即允其少贡，以减轻负担；有些边郡，因学业难成，更允许随宜选贡甚至免贡。洪武年间，各边疆民族首领纷纷来贡，明太祖多令其子弟入国学，赐予衣服。永乐年间，此种情形亦复不少。无论是入学地方儒学，还是国子监，少数民族子弟皆可参加科考，获取出身为官。此外，地方官为移风向化，亦会对少数民族子弟多予奖励。

就导民成俗的作用而言，明朝对社学也相当重视。洪武八年（1375年），明太祖朱元璋下令称："昔成周之世，家有塾，党有庠，故民无不知学，是以教化行而风俗美。今京师及郡县皆有学而乡社之民为睹教化，宜令有司更置社学，延师儒以教民间子弟，庶可导民善俗也。"此可谓明代举办社学的初衷。① 据《明史》记载，洪武八年所开社学，所授内容除了基本的识字，还"兼读御制大诰"及"本朝律令"；弘治十七年（1504年）之后，又令各府、州、县建立社学，选择明师，民间幼童十五以下者送入读书，讲习冠、婚、丧、祭之礼。② 可见社学的主要功能，不同于官立各学为科举养士，而是"导民善俗"。故建立社学往往成为地方官员移风化俗的重要政绩。在各民族地区，所谓以社学教"民夷子弟"，而使"风化大行""风气渐变"的记载，多见于史志。

清朝入关以前，就已考试取士，天聪三年（1629年）八月乙亥皇太极上谕称："自古国家文武并用，以武功勘祸乱，以文教佐太平。朕今欲振兴文治，于生员中考取其文艺明通者优奖之，以昭作人之典。诸贝勒府以下及满汉蒙古家所有生员，俱令考试。"依此命令，九月壬午，考试儒生。这次考试，将之前逃过努尔哈赤诛杀隐匿得脱之儒生三百余人拔出二百人，分别根据考试成绩予以奖励。皇太极此举，无疑是缓和严重满汉矛盾的重要措施；另一方

---

① 《明太祖实录》卷九六，洪武八年正月辛亥。
② 《明史》卷六九《选举志一》。

面，从其治国需文武并用的理由来看，也表明其对儒学在维护统治秩序方面作用有所认识。此后，皇太极又令诸贝勒大臣子弟十五岁以下八岁以上俱使读书，其目的在于"使之习于学问，讲明义理，忠君亲上"。① 天聪八年，又在满、汉、蒙古生员中考试选拔举人，授予官职，以充文书之用。

入关之后，"清承明制"，尊孔崇儒、设学兴教、开科取士等措施自不必多说，其八旗学校教育更是体现清王朝大一统与多元并存文教的特点。顺治朝入关之后，即在京师国子监、顺天府学设八旗学校，令八旗子弟入学，后因学生人数日增，又专设八旗官学、义学等作为八旗子弟教育机构，各地驻防八旗也都设立学校培养子弟。八旗学校的突出特点，是满、汉、蒙古多语并存，一般而言，满、汉生员可兼通满汉语，蒙古旗员兼通满、蒙古语。学生的教学内容，包括满汉蒙古文义学，明理知史之学，同时兼习骑射，也即作为文武官员所需基本知识和技能。八旗生员出路颇广，可一体参加乡试、会试，并单设八旗取士名额。此外，各衙门中笔帖式等专管翻译、文书等职位，也是八旗生员通过翻译科考后的重要出路。八旗学校教育，尽管多语并用，而且各朝皇帝经常以"敬天法祖"为目的，强调"国语骑射"的重要地位，但就明理知史的基本教育而言，以儒家尤其是理学解释的经义为基本内容，则是无疑义的。此外，满汉并学的教育，也促进了满汉之间的文化交融，乾嘉之后，八旗子弟以文学科举出身为官的亦为数不少。

清代在民族地区所设儒学，基本继承了明代，包括官学和社学两大系统，自中央国子监至各府州县学，都设官办理；社学系统则设在乡里一级，由官办理称为社学，民间捐款办理称为义学。前述八旗学校亦属于此两大系统。随着八旗驻防或者州县设置，清代的

---

① 《清太宗实录》卷五，天聪三年八月、九月条；卷一〇，天聪五年闰十一月庚子条，中华书局1986年版，第73、146页。

东北、内蒙古地区，以及回疆、驻藏大臣辖区、甘青川滇所辖藏族聚居区，都设立了官学和义学。如内蒙古地区便有绥远城蒙古官学，以及丰镇厅、归绥、包头等地的义学，其中义学所授内容，多为四书五经等，教学语言也是汉语。在西南苗疆地区，不仅延续明代为土官子弟设学的成规，而且随着"开辟苗疆"和"改土归流"的进展，官学义学等也随之大量举办，无论是数量还是深入边疆的程度，都超过了明代。

在南方民族地区，对民人、熟（番/苗/夷）、生（番/苗/夷）分类治理，"欲其渐仁摩义，默化潜移，由生番而成熟番，由熟番而成士庶"，① 义学教育体现得最为明显。例如对于化"生番为熟番"，雍正八年（1730年）四川天全土司改流之后，四川巡抚宪德便上奏建议：在新设建昌府汉人聚居的较大村庄中，"照义学例，建学舍，延塾师，令熟番子弟来学，俟学业有成，往教生番子弟"。并"如所请行"。② 又如"化熟番而成士庶"，清代台湾地方志有载："熟番归化后，每社设有番学社。师悉内地人，以各学训导督其事。每岁仲春，巡行所属番社，以课番童勤惰。凡岁科试，番童亦与试。自县、府及道试，止令录圣谕广训二条，择其娴仪则、字画端楷者，充乐舞生。间有能为帖括者，通计四县番童，不过十余人。道试止取一名，给与顶带，与五学新进童生一体簪挂。初，熟番有名无姓，既准与试，以无姓不可列榜，某巡台掌学政，就番字加水三点为潘字，命姓潘。故诸番多潘姓，后别自认姓，有赵、李诸姓。"③

---

① 《筹办夷务始末（同治朝）》卷九四。
② 王锺翰点校：《清史列传》卷一五《大臣画一传档正编十二·宪德》，中华书局1987年版，第1112页。
③ 朱仕玠：《小琉球漫志》卷七《台湾文献丛刊》第3种，第74页。

三 礼仪文教与各民族文化的交流共通

（一）历史上各民族文化交流共通的治理基础

历朝历代的民族管理制度和政策，客观上为各民族文化的交流互通提供了条件，也是民族文化交流的直接途径。通过郡县制及其变通的羁縻之制，各民族被整合至同一政治秩序之下。在这一政治秩序之下，各民族原有的交往交流活动得以深入，体现为价值观、生产生活方式、风俗习惯等方面在局部地区的相互影响。在某些方面，出于王朝国家稳定统治的需要，还采取了主动促进文化交流的行动。比如元明清时期，对于藏传佛教，便以"欲其率修善道，阴助王化"[①]为原则，在皇室朝廷与藏传佛教上层之间，展开各种各样的交流，例如元代以八思巴为国师，以宣政院专门管理与西藏佛教人士之往来；明代册封藏地高僧，赏赐优厚，而藏传佛教僧人往来内地讲佛弘法；以及清代施行"兴黄教以安众蒙古"的民族政策，不仅使藏传佛教成为稳固王朝国家对西藏、蒙古等地统治的重要助力，也进一步推进藏传佛教文化与中华文化的整合。国家层面的这些交流，其所连带的佛经翻译等学术文化的交流、各类文化物品的互换，甚至是民间风俗文化的相互影响，形成了多元宗教文化之间多元通和的中华文化认同。[②] 又如汉唐的和亲政策，以及清代的满蒙联姻，更是通过联姻政策，打开了民族文化交流的通道，并进一步促进了民族文化的互动交融。

实际上，上述所举民族治理政策和制度中，在民族文化物的交流和人的交往层面之下，各种礼仪文化的频繁互动，无疑起到了联系器物、人和文化的基本媒介作用。一方面，通过各种礼仪行动，

[①] 《明太祖实录》卷二二六，洪武二十六年三月丙寅。
[②] 孙悟湖、班班多杰：《多元通和：汉族、藏族、蒙古族宗教文化交往交流交融的历史考察》，《民族研究》2021年第1期。

包括皇室宫廷礼仪、朝贡礼仪、使者来往礼仪、册封授受礼仪等，各民族的上层不仅在政治上，也在文化价值观上被整合进大一统下差等有序的天下秩序当中，产生文化上的共通和认同感。另一方面，在各种礼仪制度中，也由于各民族文化的参与，而体现出多元的色彩。历代礼仪制度中，乐舞当中雅俗两乐的变化最为典型，雅乐为正，历代因袭；燕乐又称俗乐，多吸收各类乐舞元素而成。唐代的宫廷燕乐中，便有多元民族文化的内容，至宋代已经完全融合成为传统燕乐。辽金乐舞都有自己民族特色；而元代之燕乐分汉人、河西、回回三色细乐，以及高昌乐、龟兹乐、高丽乐等，蒙古乐曲、乐器等也得到广泛运用，在推行"汉法"、制礼作乐的前提下，采纳多种民族文化，[①] 反映出多民族统一国家的文化特点。

（二）儒家思想在各民族文化交流中的影响和作用

中国古代国家所崇尚的文化价值，固然包容儒、道、佛等各类思想意识，但其根本还在于儒家的价值观，在国家治理，包括民族治理层面，儒家思想的原则及其政策实施和制度设计，体现在各个方面。

其一，以儒家大一统和华夷之辨思想为核心，形成了古代民族治理的基本价值观基础。在历代礼仪文教为中心的民族治理中，制礼作乐、德化政治、礼法相依等，都是儒家文化的基本价值观；而王化政治和文教设置的目标与内容，无疑以儒家文化的大一统治理思想和原则为出发点。所有这些内容，又在长期的历史发展中，成为维护王朝国家正统性的基础要素。

其二，儒家思想与王朝国家中央集权的郡县制管理体制相适应。自董仲舒发扬儒家大一统思想之后，儒家思想在以天子为中心整合政统、以文教为中心推行"文治"、以"德化"为中心促进文

[①] 陈高华：《元朝宫廷乐舞简论》，《学术探索》2005年第6期。

化认同等方面，与秦汉以后中央集权的郡县体制形成相辅相成的关系。以"华夷"为框架的民族治理，也体现着这样的关系：（1）通过册封纳贡、联姻等与天子个人层面的联系，或者羁縻等制度上的纳入，华夷被整合为一体；而边疆民族所建立的王朝统治者，也通过攀附、德运（如十六国时期），认同中华文化、华夷一家（如元清等）等方式，取得承续前代的天命，而成为天下秩序的中心。（2）自汉代以后，为实现儒家理想中的"文治"，自察举制直到唐宋以后实行千年的科举制，儒家思想都是历朝文官选拔的基本考核内容。换句话说，维持中国官僚体制运作的基本原则和人员，都以儒家思想为价值观。而他们在治理当中所施行的"文治"的成果，一大部分也体现为儒家思想的"化民成俗"。因此，无论是纳入"文治"系统的羁縻体制，还是推广至边疆民族地区的教化体制，儒家思想与民族治理当中制度与政策的关系，都密不可分。（3）德化政治在民族治理当中的体现，除了"怀柔远人"的册封赏赐，更包括天子垂范礼仪、宣化礼仪、导化万民（包括"番夷"）等政策制度。在这一系列文教治理过程中，儒家文化在国家的主导下成为各民族产生文化共通性和认同感的核心要素。

其三，儒家民族思想伴随着统一多民族国家的发展，而有所变化和增益。先秦儒家初步揭出"华夷之辨"和"以夏变夷"的基本民族观，随着秦汉以后大一统观念和格局的不断巩固，自汉至唐宋，"华夷之防"与"华夷一体"随大一统之需要不断更换；元明清空前的统一格局下，尤其到了清朝，追求"天下一家""华夷一体"，强调中国各民族是一个整体，无疑已经成为儒家民族思想的主流。[①]儒家民族思想的这一发展历程，既是中华民族凝聚力和整体性不断增强的体现，也成为近代中华民族走向自觉的重要思想基础。

---

① 李克建：《儒家民族观的形成与发展》，民族出版社2016年版，第274页。

结　语

　　古代中国的民族治理，是统一多民族国家发展历史进程的一部分，也构成了中华民族历史整体发展的重要组成部分。

　　早在公元前8世纪，周代殷商之后，便以周（姬姜族姓）与殷遗及东方旧族统治势力，楔入土著族群关系，处理不同族姓之间关系，由此开后世华夏观念之端倪。① 春秋战国以后，诸侯国成为政治运作的基本单位，但在文化礼仪上，由西周分封形成的文化网络反而大为发展，成为诸夏之间彼此认同的媒介。② 这同"尊王攘夷"发展而来的"华夷"之辨，共同造成了此一时期华夏民族的进一步凝聚融合。

　　秦汉多民族国家的建立，是我国历史上的第一次大统一。秦并六国为一，乃是诸夏族群凝聚趋势的完成；至汉武帝北击匈奴、南平瓯越、通西域，在西南夷和东北设置郡县，统一格局进一步巩固扩大。秦汉统一国家，通过一系列政策和制度，实现多民族国家的稳定治理，例如在郡县制框架之下，秦汉国家还设立道、属国、都护等各级管理机构，管理边疆民族事务；又如，通过和亲、互市等手段，密切与周边民族政权的关系。秦汉国家的这些特征，形成了统一多民族国家构建和发展的基础，同时也是中华民族发展整体性趋势的重要组成部分。

　　自公元3世纪初，直到公元7世纪30年代隋、唐的统一，将近500年的分裂混乱中，各民族发生大规模迁徙，民族之间的关系也错综复杂。在这一背景下，统一多民族国家发展的要素，在分立各国各政权及其相互关系中都有所体现，具体到政权组织中，多民

---

① 许倬云：《西周史》，生活·读书·新知三联书店2012年版，第158页。
② 颜世安：《春秋战国时代的"诸夏"融合与地域族群》，《民族研究》2020年第2期。

族治理的方式也在秦汉制度基础上有所增益,如北方各政权中央和地方体制上对各族的分而治之,北魏在郡县之外以军镇制度管理不愿意随王室南迁之拓跋部众,还有北迁之其他族;南朝时期,刘宋之后,创立以酋帅为郡守令长的"左郡左县"制度。

隋唐统一国家的建立,一方面建立在前期民族大融合的基础上,另一方面因为封建国家的空前强盛,在民族政策上采取一系列措施,促进了各民族的交往交流交融。作为统一多民族国家,隋唐王朝表现出巨大的包容性。唐太宗称"自古皆贵中华,贱夷狄,朕独爱之如一"。唐贞观年间,唐太宗以突厥突利、颉利可汗部分治羁縻州府,此后广设羁縻府州,在唐代天下十道中,大部分设有羁縻府州管辖少数民族。尽管唐廷对于羁縻府州及其部众,以"全其部落,以为捍蔽"而又"不离其土俗"为大原则,依照不同的情况采取不同的治理方式,但从国家体制而言,其皆为唐朝天下声教所及之处。就基本政策而言,隋唐国家对周边各族,以德化、征伐参合用之,总体来说至唐中前期都保持了民族关系的稳定。隋唐统一多民族国家的强盛,以及各民族的发展交融,显示出中华民族整体性的进一步增强。

晚唐以后,地方藩镇形成割据之势;唐灭之后,更演变为五代十国的分裂局面。与此同时,契丹在东北地区强盛起来,以东北为根据地,实现了一定范围内的统一;此后北宋也基本统一华北和南方地区,大体与契丹所建辽朝形成南北对峙。金灭辽和北宋之后,又形成金和南宋的南北分立。在这一时期,还形成了西夏、大理、西辽等以少数民族为主的国家。大体而言,这些政权虽相互独立,彼此战争不断,但相对稳定的局部统一局面下,各政权多少以汉唐体制为基本的国家体制,进而在文化上发展出一些共同性的特点和趋势,例如:不仅两宋自居中华正统,辽、金、西夏等民族政权也以中国自道;儒学作为国家统治的基本意识形态受到各政权的高度重视。

公元13世纪初，蒙古入主中原，建立元朝，逐一平定各政权完成统一。元朝的统一，不仅是王朝在更大版图上的统一，也由于其继承和发展了宋辽金以后合天下为一体、各民族共为"中国"（"中华"）的大一统观念，而建构起不同以往的华夷一体的统一多民族国家。明朝建立，形成了以汉族为主的统治区和北方蒙古各部的对峙。至明后期，满族在东北崛起，征服各族，又一次形成了全国性的大统一。

元明清时期，中央集权制度进一步得到加强，封建一统国家对各民族的统治和治理制度也更为严密有效。元代在地方上将宣慰使司、招讨使、安抚使、宣抚使、长官司等"参用其土人为之"，称为土官，在西南民族地区实施因俗而治的治理；明代"踵元故事，大为恢拓"，土司制度发展到了完备程度；清代土司制度基本沿袭了明制，又根据统治情势的变化有所增减。清代的地方行政体制，除"直省"外，还有"藩部"，均为清代统一治权之下的地方行政治理制度，只是"藩部"行政体制更为多元，与中央关系也较为复杂。其特殊体制包括扎萨克旗制度、"驻藏大臣"制度、驻扎大臣和"伯克"制，以及八旗驻防体制等。在中央，元清两代还专设管理宗教和西藏事务的宣政院，以及理藩院。尤其是清代的理藩院，更是掌"内外藩蒙古、回部及诸番部"，地位极为重要。这些制度的存在和相关政策的施行，对于维护统一多民族国家的稳定，既是非常必要的，也在历史进程中发挥了应有的效用。

另一方面，历史上的民族治理，对统一多民族国家的形成、发展和巩固，以及中华民族意识的凝聚，也有积极影响。王朝国家有效治理范围的扩大，大一统观念的深入，为中华民族整体意识奠定了地理和观念基础。古代国家政权调节民族之间的关系，维护稳定统治、保障一统秩序的民族治理政策和制度，如和亲与联姻、册封与职贡、贡市与互市、屯田与迁徙，促进了各民族的交往交流交融和中华民族整体性的增强。而历朝历代，为了维护政权的合法性和稳定，礼教祭祀和文教设置都是重要手段。这些礼仪制度和儒学为中心的一系列文化价值观，经过国家主导下的宣扬传播，深入各民族中，成为中华各民族共同创造的精神文化的重要组成部分。

第十章

宗教治理

中国自古就是一个多民族、多宗教的国家，相比于世界上其他国家，特别是欧洲中世纪的国家，中国绝大多数时间处于多元宗教和谐共生的状态，这很大程度上得益于历代政府合理的宗教治理体系的建立。习近平总书记指出："治理和管理一字之差，体现的是系统治理、依法治理、源头治理、综合施策。"[①] 此处是谈当代的国家治理，但其精神对于研究古代的宗教治理同样具有重要指导意义。也就是说，历代宗教治理不仅包括政府刚性的宗教管理，还包括整个社会柔性的礼乐教化；不仅包括针对宗教的一套规则，而且包括社会整体的政治经济管理制度；不仅指政府的管理，而且也包括宗教组织的自治；宗教治理的手段不仅是控制、引导、操纵，还包括对话、辩论、会通；宗教治理的结果并非简单的支配与服从，更多的是理解与配合。

中华文明经历了五千多年发展，积累了丰富的治理智慧，因此才能够成为四大古老文明中唯一延续发展至今的文明。治理之"治"字，本身就包括了中华文化的高度智慧。"治"是"水"字边，与制度之"制"的"刀"字边形成鲜明的对比。制度之"制"

---

① 习近平:《推进中国上海自由贸易试验区建设 加强和创新特大城市社会治理》,《人民日报》2014年3月6日第1版。

强调刚性的管理、约束、控制，而治理之"治"更多是柔性的浸润、引导、嬗变。《老子》中讲到"上善若水，水善利万物而不争"，"天下莫柔弱于水，而攻坚强者莫之能胜"。中国的"治"是一种智慧，旨在追求和谐与大同。中国历代的宗教治理成功经验得益于这种精深玄奥的辩证思维，而历代治理中的失败教训，也在于背离中华文明的粗暴简单、形而上学。中国历史上从来没有单纯因信仰发生宗教战争的案例，也没有长时间的宗教迫害，多宗教、多民族和谐共生的实践就是中国历代宗教治理总体成功的证明。

第一节 中国古代宗教治理体系的形成过程

在中国古代宗教史的研究中有两种对立的观点，一种认为中国自古就是一个宗教情感淡漠的民族，只是在汉代以后从印度传来了佛教，生成了道教，隋唐之后有了基督教、伊斯兰教等宗教，但都不是中国人的主体信仰，中华民族的主体汉族的主体信仰主要是作为道德伦理的儒学。另一种观点则认为，汉民族自古以来就存在一种主体宗教信仰，这个宗教称为"宗法性传统宗教"。牟钟鉴先生是这种学说的首倡者，他说："它以天神崇拜和祖先崇拜为核心，以社稷、日月、山川等自然崇拜为翼羽，以其他多种鬼神崇拜为补充，形成相对稳固的郊社制度、宗庙制度和其他祭祀制度，成为中国宗法等级社会礼俗的重要组成部分，是维系社会秩序和家族体系的精神力量，是慰藉中国人心灵的精神源泉。不了解这一点，很难正确把握中华民族的性格特征和文化特征，亦很难认识很多外来宗教在顺化以后所具有的中国精神。"[1] 这种特殊类型宗教的存在，不仅是理解中国宗教精神的依据，也是我们研究历代宗教治理体系特

---

[1] 牟钟鉴：《中国的宗法性传统宗教试探》，《世界宗教研究》1990年第1期。

性的依据。

一 中国古代社会的国家宗教

根据历史传说和文献资料，中国从公元前21世纪的夏王朝开始实现了"家天下"，正式进入阶级社会。从原始宗教到民族国家宗教，其特点发生了如下变化。

（一）从自然崇拜到天神崇拜

中国古代宗教源远流长，其中许多观念可以上溯到原始社会的先民中。在人类的童年时期，由于对自然界认识和改造能力都十分低下，人在自然的面前就显得非常渺小，逐渐产生对自然物和自然力的敬畏感、依赖感和神秘感，于是自然崇拜发生了。人们把自然界的日月山川、风雨雷电、飞禽走兽当成了神灵加以膜拜，祈求各路神仙给自己好运道。进入阶级社会以后，随着地上王权的不断增加，天神在自然之神中的地位越来越突出，逐渐从自然神中的一员变成了百神之长，成为至上神。夏代留下的资料不多，而殷墟甲骨的出土，则较为详尽地揭示了商朝宗教生活的面貌。殷人把至上神叫作"上帝"，卜辞中有大量"帝令其风"、"帝令雨足年"、帝能"降堇""降祸"的言辞，可见在他们的心目中上帝具有无所不在、无所不能的神性。在殷人的宗教中，不仅有上帝，而且有一个"帝廷"供其驱使。上帝统率着日、月、风、雨、云、雷等天空诸神和土、地、山、川等地上诸神。到了周代，统治者则将这个至上的主宰也称为"天"。《说文》曰："天，颠也，至高大上，从一大。"人之至上曰颠，即头顶，而万物之至上则是天。天神统领自然诸神以及鬼魅物灵，构成了一个与人类社会相对峙的彼岸世界。

由于天具有至高无上的权威，所以从三代始，天神就被最高统治者垄断了。天成为君主的保护神，君权天授，祭天是历代帝王绝对不许他人染指的特权。为了表示天子的威仪，从夏至周，逐渐形成了一套复杂周密的祭天礼仪，主要包括南郊祭天、泰山封禅、明堂报享等几种形式。除祭天，还有北郊祭地、东郊朝日、西郊夕月、社稷坛祭祀农神等朝廷大典。在诸侯国则有祭祀本地山川、河流、城隍等祭仪。在民间百姓，则有祭祀山神、土地、城隍、灶君等仪式。尽管其中许多仪典不断有所变化，但汉民族基本将其保留了下来，直至清王朝灭亡。以天神崇拜为核心的宗教信仰系统，构成了古代中国人精神生活的重要支柱。

（二）从祖先崇拜到宗庙制度

祖先崇拜是原始宗教中又一基本观念。人类自身繁衍的艰难，祖先创业的困苦，就成为祖先崇拜产生的基础。从原始人类遗址中出土的丰臀巨乳的裸体女神，到古典文献中的英雄史诗，反映了祖先崇拜发展的历程。这一点是中国古代宗教与世界其他国家古代宗教的共同之处，而建立完善的宗庙祭祀系统，则是中国的特殊点。中国古代社会从氏族制度中脱胎而来，非但没有抛弃血缘组织的外衣，还把血缘网络改造成了社会的组织机构。为了保证血缘宗法关系的稳定和明确，逐渐形成了严格明晰的祖先祭祀制度，并将其和天神崇拜相结合。通过殷墟甲骨的研究证明，殷王并不直接祭祀上帝，而只祭自己的祖先。他们宣布，只有殷王死后才"宾于帝"，所以只有殷王的先公先妣能将世人的意愿转达给上帝。这样，祖灵便取得了联结人世与天国唯一渠道的重要地位，因此祖先祭祀就显得特别重要。商王祭祖礼仪隆重，规模宏大、次数频繁，不仅要宰杀大量的牲畜，有时还要搞人殉。周人改变了殷人重鬼而轻人的倾向，但祖先崇拜不但没有削弱，反而得到了加强，这主要表现在宗庙祭祀制度的建立。据《礼记·王制》，周公根据大宗、小宗的宗法原则，第一条规定庶子不祭，"庶子不祭祖者，明其宗也"。而嫡长子世世代代都处于主祭的地位。第二条是关于庙制的规定，"天子七庙，三昭三穆，与大祖之庙而七；诸侯五庙，二昭二穆，与大祖之庙而五；大夫三庙，一昭一穆，与大祖之庙而三，士一庙，庶人祭于寝"。庙数的多寡可以区别身份的贵贱。另据《礼记·大传》，第三条是宗法淘汰的原则，"别子为祖，继别为（大）宗，继祢者为小宗。有百世不迁之宗，有五世则迁之宗"。太祖之庙百世不迁，以纪念始祖开创之功。始祖以下，历代大宗陈陈相因，香火不绝。五世以下的小宗，每易一世则迁一庙，五代以上则亲缘断绝，不再服丧。宗庙祭祀制度，在辨别亲疏、明确等级、团结宗族、稳定社会方面发挥着重要作用。祭天、祭地、祭山川是天子、诸侯的特权，而平民百姓则通过祭祀祖先，维系在宗法社会组织中。重视祖先祭祀，可以说是中国古代宗教的一大特色，早在19世纪，宗教学创始人麦克斯·缪勒就已经注意到："但在中国和亚洲北部祖先崇拜特别突出，这是令人感兴趣的。"①

（三）从图腾崇拜到龙凤文化

图腾崇拜是原始宗教发展过程中一个重要阶段，是动植物崇拜和祖先崇拜的结合物。当人们尚处于自然异己力量的压抑下，对周围与之密切相关的动植物充满了恐惧、依赖之情时，他们很自然地将某种动植物当成自己氏族的保护神，甚至说成自己的祖先。图腾崇拜盛行于母系氏族时代，所以在仰韶文化遗址的发掘中，出土的彩陶上有鹿、鸟、鱼、蛙、龟等图形，在红山文化胡头沟出土了玉龟、玉鸟、玉鹗等。原始人将它们带进墓地，至少说明这是他们的崇拜对象。在古代传说中也有许多半人半兽的英雄，如华夏始祖伏羲和女娲，就是人身蛇尾。黄帝与炎帝大战，就曾统率过由虎、罴、貔、貅、熊、豹组成的大军，可能是与以这些动物为图腾的氏族结成了同盟。

随着华夏民族的壮大与发展，逐渐出现了两种想象的动物成为

---

① ［英］麦克斯·缪勒：《宗教学导论》，陈观胜、李培茱译，上海人民出版社1987年版，第93页。

整个民族图腾,这就是龙和凤。在自然界本不存在龙和凤,关于人们观念中龙、凤的起源,专家们进行了长时期的考证,最后得出比较一致的见解,即龙和凤虽然在现实生活中也有其近似的原形,但它们毕竟是经过了人类思维加工的产物,可能是在氏族融合的过程中,将许多不同氏族的图腾合并的产物。例如龙是鹿角、蛇身、鱼鳞、鹰爪、猪嘴、马鬃,是以这些动物为图腾的氏族在融合过程中,综合描绘的结果。而凤则是鸡、燕、孔雀合并的结果,与龙的出现有相似的经历。在华夏民族统一体比较稳固以后,龙、凤形象就成为最高统治者的象征。经过千百年艺术家的加工,龙、凤逐步脱离了图腾崇拜的宗教意义,成为中华民族统一的艺术象征。以龙、凤这两种虚拟的动物为民族的象征,从一个侧面也反映了华夏民族形成中的特点,即她本身就是通过众多民族逐渐融合形成的。

(四)从"蒸享无度"到"敬德保民"

公元前11世纪,武王伐纣,以周代商。周朝一方面继承了商朝的宗教文化遗产,另一方面又对殷人的宗教遗产进行了重大改革。周公的宗教改革,一个重要方面就是扭转了殷人"重鬼而轻人"的特点,为古代宗教注入了大量道德伦理色彩,使之向人文主义方向发展。

在殷人的心目中,上帝主要是一尊自然神,威严肃穆、喜怒无常、令风令雨、降堇降灾,使人恐怖畏惧。为了得到上帝的保佑,殷王"蒸享无度",通过奉献丰厚的祭品来取悦上帝。周人认识到:"享多仪,仪不及物,惟曰不享。"[1] 他们则将道德伦理色彩赋予了他们的至上神"天",天降祸福则是有规律的,"皇天无亲,惟德是辅"[2],老天只辅佐有德之君。"惟克天德,自作元命,配享在

---

[1] 《尚书·洛诰》。

[2] 《尚书·蔡仲之命》。

下。"① 相反，暴民丧德则会失去天命，周公告诫他的子侄们："我不可不监于有夏，亦不可不监于有殷，……惟不敬厥德，乃早坠厥命。"② 夏与商的亡国，就是因为夏桀和商纣的无德，才被皇天革去了天命。周王朝要想江山永固，就必须"以德配天""敬德保民"，以自己的道德行为取悦于上天。周公宗教改革的最主要结果，就是把人文主义和理性主义的精神引入了宗教体系，为轴心时代儒家思想的突破准备了条件。

二　儒家宗教观与古代宗教的嬗变

研究中国宗教治理有一个绕不过的关键问题，即儒家文化的深刻影响。西方国家从自身的文化特征出发，把儒学视为中国的宗教。加之翻译上的问题，"儒教"是不是宗教的问题一直困扰着中国学界。其实从中国文化的本义讲，"儒教"之"教"乃"教化"之"教"，并非"宗教"之"教"。从儒学的本质看，其关注的重点在社会伦理问题上，不是关于彼岸世界的宗教。但是由于儒家学者在整理三代文化遗产时，对古代宗教的各种礼仪进行了人文化的解释并继承下来，成为儒家文化具有宗教性的成分，我们将其称为"宗法性传统宗教"。儒学虽然不是宗教，但是在中国两千多年的封建社会中是国家意识形态，对中国各种宗教都产生了巨大影响。

（一）儒家宗教观的形成及其主要内容

儒家宗教观主要形成于春秋战国时期。春秋战国是中国从周代宗法分封制社会向秦汉地缘郡县制社会过渡时期，与此相适应，夏商周三代意识形态领域中包罗万象的古代宗教也随之瓦解了，"礼崩乐坏"、违礼事件频频发生。疑天、怨天、骂天的思想在社会上流行。职业祭司队伍——卜、史、宗、祝流落于民间。政教合一的

---

① 《尚书·吕刑》。
② 《尚书·召诰》。

宗教一体化意识形态解体，诸子百家群起争鸣，人文思潮兴起，中华民族的宗教观念发生了一个极大的转折，道德理性的成分加重了。儒家当初只是百家中的一家，到战国后期已是显学，汉朝之后儒家成为国家政治意识形态和社会道德基石，孔子的学说与宗教观也就对汉民族宗教性格以及国家宗教政策的形成产生了关键性的影响。儒家宗教观主要包括以下两个方面：

首先，保留古代"敬天法祖"的基本信仰。春秋战国围绕着古代宗教的遗产，各家学派就"天人之际"展开了激烈的争论。天人关系问题实质上是人神关系问题，即是否承认天神主宰着自然和人类。《论语》记述了孔子及其弟子的相关言辞。据载，孔子承认主宰之天的存在，他说："获罪于天，无所祷也。""死生有命，富贵在天。"但孔子所说之天虽然具有赏善罚恶、决定世人命运的能力，可是和古代宗教中的天神相比，天的人格性减少了，哲理性增强了。子曰："天何言哉？四时行焉，百物生焉，天何言哉？"天被说成大自然，是人类尚无法认识、无法控制的各种异己力量的总和。儒家思想中"敬天"的内容虽然与古代宗教的天神崇拜有着直接的传承关系，有一定的宗教性，却向哲理化的方向发展了。

其次，产生"敬鬼神而远之"的宗教观念。春秋时代围绕着传统宗教遗产还有一个重要的争论，即形神关系问题。人是否有灵魂？死后是否成鬼？是否存在彼岸世界？孔子受当时无神论思想的影响，在形神观上怀疑鬼神的存在。据《论语》记载："季路问事鬼神，子曰：'未能事人，焉能事鬼？'曰：'敢问死？'曰：'未知生，焉知死？'"孔子对人死后的世界给予了不可知的回答。虽然当时宗教势力尚且强大，但"子不语怪、力、乱、神"。孔子绝口不谈人死后的情状，实则关闭了通向彼岸世界的大门。孔子又说："务民之义，敬鬼神而远之。"在不肯定鬼神存在的基础上"敬鬼神"，实则是对各种宗教及信仰宗教的群众保持敬意；"远之"则是提醒统治者，始终与宗教保持一定距离，清醒冷静地处理宗教管理事务，合理利用宗教的积极功能。这一思想成为历代宗教管理的指导原则。

（二）儒家学者对古代宗教的改造

在儒家人文主义、理性主义宗教观的指导下，儒家学者对古代国家宗教进行了全方位改造，使其成为一种人文宗教、伦理宗教、仪式化的"宗法性传统宗教"。我们主要以《礼记》《易传》为资料，沿着宗教"四要素"[①]的路径，看看儒家学者如何对古代宗教进行人文化改造的。

首先是对神灵观念的人文化解释。西方宗教学家泰勒认为：灵魂观念的出现是宗教的真正起源。故对于一种宗教来说，神灵观念是其超验成分的核心内容，失去了鬼神观念，宗教也就失去了存在的理论基础。儒家从其创始人孔子开始，就对鬼神观念持一种存疑的态度，但是又主张严格按照周礼的规范举办各种祭祀活动，难免使人怀疑其学说的诚实性。儒家的后学必须对鬼神的存在与否及其性质给予回答。《易传·系辞上》说："精气为物，游魂为变，是故知鬼神之情状。"在这里，《易传》的作者把灵魂看成人的身体以外的独立存在，承认灵魂可以脱离身体而存在，但是他们强调"游魂"也是一种物质性的气体，只不过比其他气体更为精细而已。这样的思想，在当时的社会文化环境中，已经是把人的理性能力发挥到了极高程度，尽力用现实世界的存在去解释超验的神秘世界，在相当程度上除去了鬼神神秘的外衣。

其次是对宗教情感的人文化解释。中国古代宗教最主要的礼仪

[①] 我国著名宗教学家吕大吉在《宗教学通论新编》中认为：宗教的四项基本要素是宗教观念或思想、宗教的情感或体验、宗教的行为或活动、宗教的组织或制度，这是判定一种文化体系是否为宗教的根本标志。参见吕大吉《宗教学通论新编》，中国社会科学出版社1998年版，第78页。

是祭祀，故必须对祭祀的性质进行合理的说明。春秋以上，祭祀的性质非常明确，就是为祖先的魂灵奉献食物、衣服及其各种日常用品，以便换得祖先神灵的保佑。但是儒家学者已经把鬼神解释成了精气，那么奉献各种祭品的意义何在呢？《礼记》的作者完全从祭祀者主观心理和社会价值方面，解释了祭祀礼仪的性质。《礼记·祭统》说："夫祭者，非物自外至者也，自中出生于心也；心怵而奉之以礼。是故，唯贤者能尽祭之义。"祭礼并非祭祀外在的神灵，而是出于祭祀者本人的心理需要。"心怵"指祭祀者对于祖先怀念思虑之情，这种情感只有在祭祀仪式上才能得到释放和满足，故曰唯有贤者才能完全把握祭祀的意义。

再次是对宗教活动的人文化解释。中国古代宗教的主要活动形式之一占卜，是人通神的主要方式。对于龟卜和筮占，三代统治者信之极虔，殷墟出土的大量甲骨卜辞就是明证。但是随着春秋时期古代宗教的瓦解和王权的下移，人们对占卜的性质也进行了理性思考。《礼记·曲礼上》："龟为卜，策为筮。卜筮者，先圣王之所以使民信时日，敬鬼神，畏法令也。所以使民决嫌疑，定犹与也。故曰：疑而筮之，则弗非也。日而行事，则必践之。"以烧龟甲的方式贞问上帝曰"卜"，以筮草占卜吉凶谓"筮"。占卜仪式未必真有神灵在其背后指点迷津，圣人不过是为了使民众相信统治者确定的历法，敬畏鬼神，服从法令。当人们所掌握的信息不足以判断行动的方向时，求助于鬼神可以消除心中的疑虑，不敢肆意妄为。所以说在有犹豫时进行占卜，可以使行动无非。对于占卜的结果，必须坚定地付诸实践。《礼记》的作者能从人们的心理需求解释占卜活动的必要性，可以说是春秋以来理性精神的成果。

最后是对宗教组织和人员的人文化解释。夏商周三代盛行的古代宗教，不仅有复杂的宗教观念和仪式，而且有庞大的宗教职业队伍，即古代典籍中记载的卜、祝、宗、史。《礼记·礼运》说：

"故圣人参于天地，并于鬼神，以治政也。"在《礼记》的语境中，天地、鬼神都经过了人文思潮的洗礼，所以"政必本于天"。宗教活动并非对于宗教组织、人员的依赖，而是帝王对宗教观念、活动的利用。《礼记·郊特牲》说："礼之所尊，尊其义也。失其义，陈其数，祝史之事也。故其数可陈也，其义难知也。知其义而敬守之，天子之所以治天下。"帝王尊重礼仪，是重视礼仪所反映的"义"，而非礼仪之"数"。那些仪式性的内容是由"祝""史"们去操作的，不过是政治的文饰而已。这些礼仪之"数"是很难搞清楚的，也没有必要搞清楚。君主们只要谨守礼义即可，这才是治国的根本。

可以说通过几百年儒家学者的充分解构，中国古代宗教祭祀天地、日月、山川、江河、海渎、社稷、祖先等各种仪式虽然被保留了下来，但经过儒者的改造，宗法性传统宗教的内容世俗化了，已经变成了高度理性化的"伦理宗教"，甚至被看成一种单纯的"礼俗"。北京城的古代建筑，很多是古代宗教祭祀的典型场所，天坛、地坛、日坛、月坛，故宫正门两侧的宗庙、社稷坛，等等，祭祀的香火直至清代结束。其神灵体系淡化而且模糊，其礼仪活动完备、隆重、神圣，然而其中已经缺少神学内涵，逐渐变成了君主政治的象征性符号。占卜活动照常进行，但已经变成了政治决策时的心理支撑。而"以德配天""祭为教本"的观念较好地发挥了宗教的道德教化功能。可见，儒学与宗法性传统宗教成为共生于宗法家族社会基础上的、二位一体的文化体系，儒学是其思想，宗法性传统宗教是其仪式。前者用哲学、伦理的方式为宗法家族制度进行论证，后者用礼仪的形式为其文饰。有这样一套具有神性的文化体系作为政治权力的合法性依据，中国帝制时代的君主们既可以获得充分的神圣性，又不必对宗教组织或职业宗教人员有所依赖，使政权高高地凌驾于教权之上。

三 汉代之后中国宗教发展大势

中国历代宗教治理，主要指秦汉之后至1840年鸦片战争开始之前的那两千多年时间。因为我们这里所说的"宗教"，主要是指当代话语体系中具有宗教观念、体验、活动、组织、设施的完全意义上的"宗教"，这样的宗教在中国历史上一般是指从两汉之际佛教东传、东汉末年道教生成之后形成的诸种宗教。而儒学或宗法性传统宗教由于没有独立的组织，没有超验的宗教体验，只能说具有宗教性，但不是完整意义上的宗教。1840年之后，中国在西方"坚船利炮"的打击下迅速进入了近代社会，中国自身的发展进程被打断，逐渐沦为半殖民地半封建社会，其治理体系和能力也不再是传统性的，故不在本书的研究范畴之内。研究历代宗教治理体系，首先需要简单了解中国宗教发展的大致历史。

（一）佛教的传入与发展

佛教为公元前6世纪到前5世纪古北印度迦毗罗卫国（今尼泊尔南部）净饭王的儿子悉达多·乔达摩（即释迦牟尼，约前565—前486年）所创立。释迦牟尼成道后，又被称为佛陀，或简称佛。佛陀是梵文Buddha的音译，意译为觉或觉者，指圆满觉悟了宇宙人生真相从而获得彻底解脱的人或境界。在公元前3世纪阿育王派遣使臣高僧出国传扬佛教时，佛教开始传入西域。西汉末年，由于西域同中国内地的交往日益增多，印度佛教经西域传到内地。据《魏略·西戎传》记载，汉哀帝元寿元年（前2年），西域佛教国大月氏使臣伊存来朝，博士弟子景卢从伊存受《浮屠经》，一般将这一年定为佛教正式传入中国的开始。又据汉末牟子《理惑论》说，东汉明帝梦见神人，傅毅认为是天竺得道者，号曰佛，于是遣张骞、秦景、王遵等去大月氏写得佛经四十二章而归，并邀请西域僧人摄摩腾一起回来。他们的归来受到了汉明帝的欢迎，并于洛阳城西雍门外起白马寺，安顿外来僧侣，贮藏、翻译佛经，标志着佛教开始进入中国社会。

佛教自两汉之际传入中国以后，直至整个三国时代，佛教的流传都是微弱的、缓慢的。东晋、十六国时代，南北分立，长期战乱，社会动荡不安，处于痛苦中的各族人民极其渴望得到心灵上的抚慰，这也就为佛教的快速增长提供了肥沃的土壤。与以往的缓慢发展情况相反，此时佛教出现了爆炸性增长。佛典的大量翻译、中国僧侣佛学论著的纷纷问世、般若学不同学派的相继出现、民间信仰的日益广泛和深入，从而汇合成中国佛教的第一个发展高潮。佛教在此时期的发展，得到了统治者的大力扶持。

南北朝时期，佛教进一步兴盛，南朝诸帝十分虔诚地信仰佛教。宋孝武帝任用僧人慧琳参政，时称"黑衣宰相"。齐竟陵文宣王萧子良精通佛学。梁武帝萧衍在中国历史上以崇佛著称，曾四次舍身佛寺，僧尼不准吃荤就是由他规定而成为戒律的。其子昭明太子萧统、简文帝、元帝等也都好佛。陈朝统治者也一样地尊佛。与南朝佛教重义理不同的是，北朝佛教建寺造像成风。云冈、龙门、麦积山等大批佛教石窟和佛像都是在那时由北朝开凿。由于种种原因，北朝僧尼人数达到好几百万之众。佛教的过度盛行，终于激化了包括不同宗教在内的社会矛盾，再加上一些帝王迷信权力、偏离包容多元的传统宗教政策，导致北魏太武帝、北周武帝两次灭佛事件。虽然佛教遭此打击，一度被削弱，但没过多久又得以恢复。

佛教从东汉至南北朝在各方面都得到了很大发展，在传译、研究印度佛学以及深深扎根中国社会的同时，也在积极开创富有中国文化特色的佛教学派和宗派。也就是说，佛教发展到南北朝时期，已经开始了它的中国化历程，而这一历程的最高峰在隋唐时期。其标志就是中国佛教宗派纷纷建立。隋唐佛教形成许多宗派，包括天台宗、三论宗、法相唯识宗、律宗、华严宗、密宗、净土宗和禅宗。

隋唐时期佛教的发展同样受到统治者的大力扶持，隋文帝杨坚自幼信仰佛教，即位后下令恢复支持被北周武帝破灭的佛教各项事业。其子隋炀帝同样崇奉佛教。唐代基本沿袭隋朝的佛教政策，至武则天和唐玄宗时期佛教发展到极盛。尤其是寺院经济扩张非常之快。也正是主要因为这一缘故，激化了佛教与统治集团的矛盾，并最终酿成了唐武宗会昌（841—846年）毁佛事件，致使佛教元气大伤。至五代，佛教在北方又遭后周世宗的限佛。佛教经过这些法难以后，在规模上就再没有达到唐朝中期以前的盛况。

唐武灭佛，拆毁寺院、没收寺产、焚除经典，使得依靠施主大量布施、读经、坐禅求解脱的教派难以为继。唯有"不立文字"、自耕而食的禅宗很快得到恢复。入宋以来，禅宗一枝独秀，禅与佛几乎成了同义语。唐代禅宗在慧能以后逐渐分化，在唐末、五代形成了临济、曹洞、沩仰、云门、法眼五宗。在"直证本心""见性成佛"的根本宗旨上五家原无大异，不过在开启学人智慧的方法上各不相同。沩仰、法眼二宗在宋初便已湮灭。云门宗在宋初尚活跃，但宋中叶后也销声匿迹了。曹洞宗法系绵延，代有传人，不过势力不大。所以宋代禅门真正兴隆的仅临济一系，当时有"临天下、曹一角"之说。这种格局一直延续到近代。

公元7世纪，吐蕃第26代赞普松赞干布建立了强大的吐蕃王朝，并迎娶唐王朝的文成公主和尼泊尔的赤尊公主入藏，把佛教带入了雪域高原，由此开启了藏传佛教的前弘期。藏传佛教是中原大乘佛教、印度密教与当地原始宗教本教相结合的产物，形成与汉地佛教不同的信仰和修习方法。经过前弘期一百多年的发展，佛教已经在西藏产生了很大影响，但是也受到原有的本教的强烈抵制，并于公元841年发生了朗达玛灭佛事件，前弘期由此中断。朗达玛灭佛后一百多年，西藏陷入了混乱状态，一些统治者感到还是佛教更有利于社会的治理,于是派出学僧到西康和尼泊尔学习佛教。公元978年,这些学僧回到西藏弘传佛教,从此开始了后弘期。由于前弘期佛教的深刻影响和后弘期统治者的大力支持,佛教终于站稳了脚跟,并形成了西藏佛教的流派。当时具有较大影响的宗派有宁玛派、噶当派、萨迦派、噶举派等,都是宗教领袖与地方政治势力结合的产物。公元15世纪,宗喀巴创立的藏传佛教格鲁派出现,因其理论严谨、戒律严明得到西藏统治者的欣赏和民众的欢迎,迅速取替其他宗派成为藏传佛教的主流。元初蒙古统治者通过与藏传佛教领袖的良好关系,使西藏和平并入中国版图。到了清代,中央政府与西藏地方政府关系进一步加强,通过派遣驻藏大臣、建立"金瓶掣签"制度,进一步加强了对藏传佛教的治理,巩固了汉藏民族的团结,维护了祖国的统一。

南传上座部佛教曾称小乘佛教,主要流行于云南的西双版纳和德宏地区,在我国傣族、布朗族、德昂族、阿昌族、佤族中传播。南传巴利语系上座部佛教,传说约在7世纪中由缅甸传入中国云南傣族地区。最初未立塔寺,经典亦只口耳相传。约11世纪前后,因战事波及,人员逃散,佛教也随之消失。战事平息后,佛教由勐润(今泰国清边一带)经缅甸景栋传入西双版纳,并随之传入泰润文书写的佛经。这就是现在傣族地区的摆润派佛教。此外,另有缅甸摆庄派佛教传入德宏州等地。至南宋景炎二年(1277年)傣文创制后,始有刻写贝叶经文。明隆庆三年(1569年),缅甸金莲公主嫁与第十九代宣慰使刀应勐时,缅甸国王派僧团携三藏典籍及佛像随来传教。最初在景洪地区兴建大批塔寺,一些缅甸僧人将佛教传至德宏、耿马、孟连等地,尔后上座部佛教就盛行于这些地区的傣族中。

(二)道教的兴起及其演变

道教渊源于中国古代盛行的自然崇拜和鬼神崇拜、先秦道家老庄哲学、邹衍阴阳五行思想、秦至西汉的方仙道、东汉的黄老道以及秦汉以来民间流行的巫鬼道等。一般认为，道教创立时间是东汉末年，其组织形式是民间结社。一是在东汉顺帝（125—144年在位）时，由张陵、张衡、张鲁祖孙先后领导的五斗米道，奉老子为教主，以《老子五千文》为主要经典，因入道者须缴纳五斗米供道或用五斗米谢师而得名。二是在东汉灵帝（167—189年在位）时，由张角、张梁、张宝领导的太平道，奉《太平清领书》为主要经典，"以善道教化"，用符水治病吸引民众。张角利用太平道领导了黄巾农民大起义，但因遭到统治阶级的残酷镇压而失败。五斗米教起义则因地处偏远的四川得以幸存，后来演变成张鲁雄踞汉中，建立了政教合一的割据政权，最终为曹操招安。曹操招安张鲁以后，对汉中的道教信徒采取了迁徙、聚禁的政策，本意是控制道教，防止再发生起义，结果却是导致统治者与道教徒之间的相互适应，使五斗米道进入中原地区和上层社会，演变为天师道。统治者开始接受道教长生久视的方术，道教也逐渐放弃反抗的意志，开始转变成一种官方宗教。

魏晋南北朝时期，出现了一批道教领袖对原始道教进行了彻底的改造，使其成为一个符合国家需要的正统宗教。东晋建武元年（317年），葛洪撰《抱朴子》一书，整理并阐述战国以来神仙方术理论，丰富了道教的思想内容。北魏太平真君（440—450年）年间，嵩山道士寇谦之在崇信道教的魏太武帝（423—451年在位）支持下，自称奉太上老君意旨，"清整道教，除去三张伪法"，制定乐章诵诫新法，刻召鬼神之法，是为北天师道。在南朝宋末年则有庐山道士陆修静（406—477年）"祖述三张，弘衍二葛"，整理三洞经书，编著斋戒仪范，使道教的理论和组织形式更加完备，是为南天师道。齐梁时，茅山道士陶弘景（456—536年）吸收儒佛两家的思想以发展道教的神仙学说和修炼理论。经过葛洪、寇谦之、陆修静、陶弘景等人对道教的改造和充实，道教彻底改变了早期的原始状态和民间性质，最终成为官方及上层信奉的宗教。

道教在以后的发展中便一直受到权贵统治者的扶持和奖掖。隋文帝灭陈统一中国后，开国年号"开皇"便取自道经。唐朝建国以后，李氏的皇族自认为是老子之后，更加推动了道教的发展，尤其是提倡对老子的崇拜。到了唐玄宗开元年间，唐玄宗下令搜访道经，加以校刊，汇编为《开元道藏》，这是中国历史上第一次编辑《道藏》。北宋的统治者继续走崇奉和扶持道教的道路。宋真宗仿效唐代宗老子为圣祖，制造道教中的赵玄朗天尊（赵玄朗称为轩辕黄帝的化身）为赵氏王朝圣祖，以此为主题表演了一幕幕"天尊降临"和"天书下降"的事件。

唐、宋以后，南北天师道与上清、灵宝、净明各宗派逐渐合流，到元代归并于以符箓为主的正一派中。金代大定七年（1167年），王重阳创立以道为主、兼融儒佛的全真道。金元之际又有刘德仁创立的大道教（后称真大道教），萧抱珍创立的太一道，均行之于河北，历世不久即湮没无闻。唯有全真道，以王重阳之徒丘处机受邀西行雪山拜谒成吉思汗，劝其"敬天爱民"，受到器重而盛极一时，清乾隆皇帝称颂为"一言止杀，始知济世有奇功"。此后道教正式分为正一、全真两大教派，传续至今。

（三）基督教的传入与演变

基督教于唐朝初年传入中国，时称"大秦景教"或"大秦教"。大秦指罗马帝国，景教是基督教分支聂斯脱利派的汉译名称。聂斯脱利是公元5世纪君士坦丁堡大主教，因对"三位一体"教义有不同理解被罗马教宗视为异端，于公元5世纪末在波斯形成独立教派。唐太宗贞观九年（635年），聂派主教叙利亚人阿罗本从波斯来到唐朝都城长安，受到唐太宗的礼遇，应邀在皇帝的藏书楼翻译《圣经》。唐太宗认为该教"济物利人，宜行天下"①。《大秦景教流行中国碑》记载："法流十道，国富元休；寺满百城，家殷景福"，说明中唐以前景教在华有相当的发展和影响。唐武宗于会昌五年（845年）灭佛的同时，也下令禁绝包括景教在内的一切外国宗教，景教在中原地区绝迹。

基督教再次传入是在元朝。当时在西域流行的景教和刚刚传入的天主教方济各会，元人统称为"十字教"，蒙语为"也里可温"，意思是有福人或有缘人，转义为"奉福音之人"，也就是"信奉福音的基督徒"。1289年，教皇尼古拉四世命方济各会修士、意大利人约翰·孟高维诺为教廷使节前来中国，在中国传教达34年之久，成为第一位正式进入中国的天主教传教士。到了1328年，中国的天主教信徒已达3万人。元代基督教的社会地位和影响仅次于佛教和道教，始终受到蒙古统治者的扶持和尊崇。尽管基督教在元代得到了很大发展，但由于其信奉者是蒙古人和色目人，没有得到广大汉族人的信奉，始终没能在中国真正扎下根，所以随着元帝国的灭亡而第二次灭绝。

明代中叶，天主教的耶稣会、方济各会和多明我会相继传来我国，其中影响和势力最大的是耶稣会。1580年，耶稣会传教士罗明坚获准在广东肇庆传教，以后又有利玛窦、龙华民、汤若望等人陆续来华传教。1588年，罗明坚返回欧洲，利玛窦主持仙花寺，1596年又任在华耶稣会会长。利玛窦刚刚进入中国，感到基督教性质与佛教比较近似，所以剃发以僧人的形象出现。但是后来他发现和尚在中国的社会地位并不高，因此他又开始穿上儒服与士大夫们交往，从此得到社会的重视。利玛窦附会儒家学说，将儒家的"仁"与基督教的"爱"等同起来。另外，还将中国古代宗教中的"上

---

① 《唐会要》卷四九。

帝"与基督教的"天主"等同。更为突出的一点是，利玛窦对中国宗法性传统宗教中的祭天、祭祖、祭孔等仪式活动采取了宽容和尊重的态度。经过这些调整，基督教在中国确实得到了很大发展，真正实现了在汉人间的传播。明代的礼部尚书徐光启（1562—1633年），光禄寺少卿李之藻（1565—1630年），监察御史杨廷筠（1557—1627年），三人皆是进士出身，他们都是在与利玛窦深入交往后皈依天主教的，后世教会史书称他们为中国天主教"三柱石"。为了吸引中国士大夫的参与，利玛窦等传教士把大量西方天文学、物理学、化学、地理学、农学等方面的知识传到中国，形成一轮"西学东渐"的高潮，极大地提高了中国的自然科学水平。同时他们又把儒家的四书五经、道家的《老子》《庄子》等著作翻译成西文传回欧洲，引起了伏尔泰、莱布尼茨、魁奈等启蒙思想家的关注，促进了启蒙运动的发展。

然而，基督教进入中国毕竟是两种异质文化的交流，难免发生碰撞，双方的争论终于在利玛窦去世以后发生了。1610年，利玛窦在北京去世，由意大利人龙华民主持中国天主教教务。他视中国传统的祭天、祭祖、祭孔等仪式为迷信，禁止中国教徒参加此类活动，并撰文指出中国的"天"不是西方所谓"上帝"的意思，因而正式禁止把中国文化中的"天"当作基督教的"上帝"对应词使用。此举引起中国学者的反感，反教排教风潮涌起。1616年发生了"南京教案"，造成天主教传教事业的挫折。但是很快因为辽东前线与清军的战事需要引进西洋大炮，传教士和葡萄牙水手再次合法进入北京。明亡清兴，以汤若望为首的天主教传教士留在北京，因其掌握的天文历法知识得到新朝的赏识，故在清初顺利发展。顺治皇帝去世后，鳌拜等辅政大臣掌权，一些保守派人士再次发起反教活动，很多传教士被逮捕，基督教被禁止传播。康熙皇帝亲政后，清除了辅政四大臣，而且翻了康熙初年的"历狱案"，南怀仁等传教士再次因为丰富实用的科学知识成为皇帝的座上宾。这一段时间天主教在中国获得快速发展，信教人数达到25万。

然而，西方各国此时陆续开展了拓展海外殖民地的争夺，天主教各差会、新教不同流派的海外传教活动也开始带上了争夺海外势力范围的阴影。自利玛窦去世后，天主教各差会之间对是否允许中国教徒敬天、祭祖、祀孔长期争论不休。康熙末年，天主教内部耶稣会与多明我会将这一争论推到高潮。多明我会教士反对耶稣会在华传教的做法，坚决主张中国教徒不能进行敬天、祭祖、祀孔活动。而康熙皇帝支持耶稣会，认为敬天、祭祖、祀孔活动不是宗教，因而不应禁止。经过几轮争执，罗马教廷决定支持多明我会。1715年，罗马教皇颁布通谕，宣布中国教徒不得参加祭祖、祭孔活动，并命在华传教士必须宣誓遵守。敬天法祖是中国文化的基础性信仰，拒绝参加宗族的祭祖仪式就是自外于中华民族。康熙不能容忍这一干涉中国主权的做法，于是扣押囚禁了教廷专使多罗，驱逐了包括总辖中国教会总教主在内的大批教士，并下令禁止西洋人在中国行教。雍正、乾隆二代继续实行禁教政策，并于1757年颁行了"闭关"令。另一方面，罗马教皇也下达了解散耶稣会的命令，数十万教徒中止了活动。至此，基督教第三次在中国传教以失败告终。1840年之后，基督教在不平等条约的支持下第四次进入中国，这已经到了近代。

（四）伊斯兰教的传入和发展

伊斯兰教何时传入中国，目前学界没有一个统一的结论。一般认为伊斯兰教传入中国的时间为唐初。《旧唐书·大食传》记称："永徽二年始遣使来贡。自云有国已三十四年，历三主。"中国古书把阿拉伯帝国称为"大食"，唐朝中国是世界上最发达的国家，大食商人的东来，大食朝贡使的留居，以及较早受伊斯兰教影响的少数民族的部分迁入等，成为伊斯兰教进入中国的主要途径。两宋时期，中国的海上对外交通和商业呈繁荣趋势，阿拉伯商人纷纷来华，有一批长居不归，并成为巨富。北宋政和四年（1114年），已经出现了五世以上的土生番客。唐、宋政府在广州和泉州设立"藩坊"供阿拉伯客商居住，并兴办番学，专门招收番客子弟。他们在所居地建立清真寺，唐宋时期，除唐代长安兴建的清净寺外，在东南沿海已经兴建了著名的四大清真寺，即广州的怀圣寺，泉州的圣友寺，扬州的仙鹤寺，杭州的凤凰寺。

元明时期伊斯兰教得到很大发展，有"元时回回遍天下"[①] 之说。自1219年开始，成吉思汗及其子孙率蒙古大军三次西征，吞并中亚，继而灭南宋，建立了横跨欧亚两大洲的元帝国，元朝版图包括广大的伊斯兰教地区。忽必烈建立元朝并统一以后，原先伊斯兰教地区的穆斯林在全国各地屯驻，与当地汉族、维吾尔族、蒙古族居民通婚，代代繁衍，逐渐形成了一个新的民族——回族。他们的后代成为中国出生的穆斯林。元代大量修建清真寺，作为穆斯林宗教活动的场所，这是伊斯兰教得到元代官方承认的标志。清真寺在中国普遍建立标志着伊斯兰教已在中国扎根。清真寺作为宗教活动的场所，有着凝聚穆斯林和强化宗教信仰的功能。元代伊斯兰教有"真教"之名，同佛教、道教相提并论。

明代三百年，回族正式形成民族共同体，伊斯兰教成为其普遍信仰。就地区分布而言，形成大分散小聚居的地理格局，与汉族杂居，又通用汉语汉文，与汉族及其文化有着极为密切的联系。伊斯兰教作为一种外来文化，必然与中国本土文化存在各种各样的差异。当穆斯林人口很少，仅仅在"藩坊"中传播，可以被社会视为一种侨民文化得到宽容；但是当回族人口增加，与汉族接触密切后，各种不解与矛盾相继而来，必须加以调适。明末清初，中国伊

---

① 《明史》卷三三二《西域传四》。

斯兰教在经堂教育的推动下，又兴起了一场汉文译著活动。所谓汉文译著，就是用汉文翻译或撰写伊斯兰教经典和著作。从事这项活动的穆斯林学者多援用传统儒学，尤其是宋明理学的概念、范畴以及义理，来阐释伊斯兰教教义，所以人们称之为"以儒诠经"活动。这次文化活动是一场深刻的伊斯兰教中国化的运动，由于"回儒"们的不懈努力，使得伊斯兰教成为一种中国的宗教。

伊斯兰教在中国的发展还体现在原先信奉过萨满教、摩尼教、景教、祆教和佛教的新疆各族改宗伊斯兰教。在 10—12 世纪，喀喇汗王朝统治时期，伊斯兰教因统治者的大力推行，同时也通过宗教战争，使天山南部喀什噶尔、叶尔羌及和阗地区的维吾尔先民放弃了佛教而改奉伊斯兰教。古代哈萨克部落、塔吉克部落，也先后改宗伊斯兰教。元朝的建立更加速了中亚各族伊斯兰化的进程，维吾尔、乌兹别克、塔塔尔等族在这一时期陆续伊斯兰化。

除了佛教、基督教、伊斯兰教等三大世界性宗教，其他一些外国宗教也曾在中国流传，如波斯传来的祆教（琐罗亚斯德教）、摩尼教，欧洲传来的犹太教。他们大多作为外国使臣、客商的身份进入中国，并曾经得到中国政府和民众的欢迎。不过他们的命运不尽相同，有些因为及时中国化而深入民间社会，如摩尼教；有些因与中国的社会文化环境不相容，逐渐被融入中国其他文化体系之中，如祆教、犹太教。

（五）民间宗教的性质与发展

民间宗教一般是指主要生存活动于社会下层，但没有得到官方认可的各种宗教。例如道教起源于汉末的五斗米道和太平道，在经过改造之前就属于民间宗教。但是，并非所有民间教团都能有幸上升为官方认可的宗教，其中一些组织会长期在民间生存并与官方宗教形成协调互补，也有些教门被统治者的高压政策消灭，或者成为农民起义的"外衣"，对专制王朝造成巨大冲击，甚至改朝换代。

中国的民间宗教种类很多，大致可以分成民俗性和组织型两类。而造成重大社会影响的民间宗教，当以明清年间流行的白莲教为最。

白莲教究其渊源，最早始自南宋初年茅子元创立的白莲宗，初为佛教的一支。它主要是汲取佛教净土宗的信仰而形成的净业团体，因东晋慧远初创白莲社发愿往生阿弥陀佛净土而得名。阿弥陀佛是佛教"横三世佛"中的西方佛，主管西方的弥陀净土，净土宗提倡只要每天口宣阿弥陀佛名号，死后阿弥陀佛就会接引去西方净土世界安享极乐生活。后来白莲宗又与佛教的弥勒信仰相融合，增添了"纵三世佛"弥勒佛信仰。传说弥勒佛是主管未来世的佛，将来会从兜率天降生人间，带领人民创建人间乐土。一般来说，身处苦难尘世的人们，一方面期望死后往生西方的极乐世界，另一方面又渴求有某位高高在上的神人由天而降，下生救世。弥勒信仰之所以在中国广为流行，盖迎合了中国下层人民这两方面的心理；再与中国传统政治文化中"君权神授"观念相结合，往往成为改朝换代的"火种"。白莲教元代之后又受到"摩尼教"影响，摩尼教以"二宗三际"说为信仰，主张世界上存在光明与黑暗两种势力，光明神通过初际、中际、后际三个阶段的斗争，最近战胜黑暗魔王。其中先知摩尼的降生是战胜黑暗魔王的关键，被称为"光明佛"，故而摩尼教中国化之后又被称为"明教"。先知摩尼的形象与光明佛阿弥陀佛、未来佛弥勒佛相混合，成为元末黑暗社会中百姓的希望。元末农民起义军多用"弥勒转世""明王降生"为起义的号召。明太祖朱元璋最初也是投靠"小明王"领导的红巾军，所以开国之后取国号为"明"。

明代之后，白莲教进一步理论化，在摩尼教"二宗三际"说的影响下，创造了"无生老母"和"三期末劫"等观念，无生老母信仰、三期末劫论和弥勒救世说构成白莲教的基本教义，一再成为农民起义军的思想武装，受到统治阶级的严厉镇压。入清之后，白莲教的势力在民间影响不断扩大，不过为躲避官方的镇压，不再使用白莲教的名号，因此出现了罗祖教、黄天教、弘阳教、大乘教、八卦教、混元教、收元教等几十个名号，都是白莲教的变种。由于明清两代专制统治不断加强，对各种宗教实行严管政策，所以民间宗教大多转入地下，成为组织民众反抗朝廷的庞大社会势力，在多次起义中对朝廷形成了巨大威胁。

四 中国历代宗教治理体系的演化过程

宗教作为一种社会意识，一种文化体系，对于王朝的统治可能产生两方面的作用，既可能是政府维持稳定、安抚民众、凝聚民心、协调关系的御用工具，也可能成为民心动荡、社会紊乱、民众暴动、改朝换代的思想大敌，因此从中华文明诞生之日起，就开始有了宗教治理。

如果追溯中国历代的宗教治理，最早的事件莫过于"五帝"时代的"绝地天通"事件。根据当代考古学的发现，"五帝"时代当属新石器时代后期的"龙山文化"阶段，正处于原始社会向文明社会过渡时期。《国语·楚语下》记载观射父说："九黎乱德，民神杂糅，不可方物。夫人作享，家为巫史，无有要质。民匮于祀，而不知其福。蒸享无度，民神同位。民渎齐盟，无有严威。神狎民则，不蠲其为。"由于人与神自由沟通，出现了"民神杂糅"的现象，所以破坏了神的尊严，人民也就丧失了信仰和信用，无所不用其极，以致造成了政治的动乱、经济的危机。所以圣王要派重、黎二人整顿人与神之间的关系，剥夺凡人与神沟通的权利，使天人之际恢复原有的秩序。在观射父的笔下，"绝地天通"后是一幅人神各安其位、宗教仪式规范、天降祥瑞保佑、百姓福乐安康的理想画卷。其中宗教专属成为造成这一片祥和景象的关键因素，他说："古者民神不杂。民之精爽不携贰者，而又能齐肃衷正，其智能上下比义……"宗教的专属就会造成人民思想的统一,对统治者推崇的神灵坚信不贰,齐肃衷正,自然在政治上就会出现"上下比义"的情况,自觉地服从统治,这当然是统治者求之不得的最佳社会环境。"绝地天通"事件标志着原始宗教开始向早期的国家宗教转化,出现了职业的巫师,宗教成为少数人掌握的、为统治集团服务的工具。但也正是由于这一治理政策的实行,压制了宗教的权威,社会运行规范化,社会分工出现,加速了人类的文明进程。

到了春秋战国时代,中国出现了"百家争鸣"的文化自觉,对传统宗教如何进行改造成为各派政治家、思想家考虑的大问题。上面我们介绍了儒家对古代宗教的人文化、伦理化改造,而法家则提出了比较激进的改良主张,从理论上否定宗教的价值,从实践上则采取暴力措施打击古代宗教的残余。战国时期,一批具有法家思想倾向的政治家,以实际行动沉重打击宗教势力,这是理论家们"批判的武器"能力所不及的,魏国的西门豹便是其中的杰出代表。西门豹为邺令期间,召集当地长老,"问民所疾苦。长老对曰:'苦为河伯娶妇,以故贫。'"[1] 可见宗教迷信活动已经成为影响当地人民生活安定、富裕的重要障碍。河伯娶妇当天,西门豹亲自前来参观,他借口新娘长得不漂亮,要求另选,分别派巫师弟子、巫师、当地长老及当地官员到河里去给河伯送信,让河伯不要着急。西门豹这一招吓坏了当地的长老、官员,他们连忙下跪求饶,并保证不敢再用"河伯娶妇"的办法聚敛钱财、伤害百姓。西门豹惩治了迷信势力以后,又发动人民修了12条大渠,防涝排灌,人民大得其益。战国末年,随着法家思想影响的扩大,统治者对包括宗教在内的旧思想、旧风俗进行了一次大扫荡。法家思想在促使旧事物衰亡、新事物产生方面具有不可磨灭的贡献。不过法家对宗教等传统

---

[1] 《史记》卷一二六《滑稽列传》。

文化的批判过于简单，主要是借助行政力量强行禁止。但是宗法制度并没有消失，在社会生活的各个方面仍然发挥着重要作用，所以古代宗教也不会消亡，它改变了形态以适应新的环境。而法家用行政力量简单打击的方法，则开了暴力取缔宗教的"恶例"。

经过秦汉之际长时间的文化选择，汉武帝终于决定采纳儒生"罢黜百家，表彰六经"的建议，以儒教为国家主导意识形态，其中主要部分是孔子开创的儒学，但也包括儒家从"三代"中继承改造而来的"宗法性传统宗教"。可是在民间，三代以来流行的神仙方术之道仍然流传，并在东汉末年开始集结成"太平道"和"五斗米道"。为了打击道教发动的农民起义，统治阶级对黄巾起义进行了残酷镇压，对五斗米教形成的汉中割据进行了招抚和转化。为了在军事、政治上辅助统治阶级的行动，在社会上则采取了"禁淫祠杂祀"的宗教治理政策。黄巾起义爆发后，曹操因镇压起义有功，"拜骑都尉"，"迁为济南相"。曹操到任后，"禁断淫祀，奸宄逃窜，郡界肃然"。[①] 从此"禁淫祠杂祀"成为历代统治者治理民间宗教的总原则，对于各种没有得到官方认可的民间宗教，统统加以禁止。

魏晋之后，道教经过政教双方的努力逐渐变成政府认可的正统宗教，佛教经过漫长的民间发展开始得到社会上层的赞同，因此开始出现对官方认可正统宗教的治理。中国古代虽然存在国家宗教，却没有出现明显的宗教治理机构，主要原因在于夏商周三代的国家宗教虽然发达，但是经过"绝地天通"的宗教改革，国家宗教掌握在君主任命的"巫觋""卜、祝、宗、史"等文化官员手中，没有必要在国家管理体系之外另设宗教治理系统。春秋以后，古代国家宗教逐渐瓦解，宗教观念淡化，卜、祝、宗、史等主要宗教人员也

---

① 《三国志》卷一《魏志·武帝纪》。

流落民间。古代国家宗教经过儒家文化改造变成了"宗法性传统宗教",这是一种只有宗教观念、仪式,没有职业宗教人员、没有通过入教仪式的教徒的"准宗教",或称为"不完全宗教"。宗法性传统宗教的经典记载在儒家的五经之中,宗教仪轨由儒生们在政府的组织下进行修订、执行,所以没有国家郡县体制下的"化外之民"需要注意。而佛教传入、道教生成之后,情况则发生了根本的变化。如果承认佛教的存在,就必须允许它保留一定数量的职业宗教人士,这些出家人成为宗法家族之外的"另类"。道教的情况是参照佛教演变而来的。对于这些国家承认、帝王和很多权臣信仰的宗教,不能像对待民间宗教那样一禁了之,而是必须寻找到一些适当的治理方式,使其只能成为统治者的工具,而不会被对手拿来反对自己。中国历代宗教治理体系包括四种形式:皇帝诏令、法律制度、僧团自治组织、政府管理机构。

第一,以皇帝诏令形式发布的文告,相当于现今的行政管理方式,往往是就事论事,具体采取一些治理方法。最早关于宗教治理方面的诏令见于东晋太尉桓玄代皇帝发布的《欲沙汰众僧与僚属教》,主要是因为他认为当时佛教僧团队伍发展过快,良莠不齐,存在犯罪现象,造成社会经济负担,因此必须加以沙汰。他说:"沙门有能申述经诰,畅说义理,或禁行修整,足以宣寄大化。其有违于此者,悉皆罢遣。"① 这种皇帝诏令形式的宗教治理方式,一直延续到帝制社会末期。例如,唐太祖李渊武德九年(626年)发布的《沙汰僧道诏》②、贞观十一年(637年)唐太宗李世民颁布了《令道士在僧前诏》③,等等。

第二,法律制度中关于宗教的相关规定。法律是一种比较稳定

---

① 《弘明集》卷一二。
② 见《旧唐书》卷一《高祖本纪》。
③ 见《全唐文》卷六。

的国家治理方式，一经立法就会保持相对的稳定性，比起皇帝就事论事的诏令，有更强的稳定性和规范性。例如，《唐律疏议·贼盗律》卷十九"盗毁天尊佛像"条规定："诸盗毁天尊像、佛像者，徒三年。即道士、女官盗毁天尊像，僧、尼盗毁佛像者，加役流。真人、菩萨，各减一等。盗而供养者，杖一百。"对于僧人、道士违反国家法律所犯各种罪行，律令都作了详细的规定。此后朝代的法律体系在唐律的基础上不断完善、细化，对于宗教治理也作出了更为细密的规定。

第三，僧人自治组织的建立。与皇帝诏令式的管理相比，中国僧官制度的建立是一种制度化的、理性的、稳定的管理制度。国家制定了宗教相关法律，还需要相应的人执行，僧官就是政府任命的机构。当代学者谢重光、白文固的《中国僧官制度史》一书，对此有专门的研究。[①] 根据此书研究，僧官制度在大体相近的时间内，分别出现在南方的东晋和北方的北魏、姚秦。《续高僧传》卷六《后梁大僧正释道迁传》称："昔晋氏始置僧司。"《高僧传》卷五《竺道壹传》载："壹既博通内外，又律行清严，故四远僧尼咸依附咨禀。时人号曰：'九州都维那。'"北魏最早的僧官记录出现在《魏书·释老志》中："初，皇始中，赵郡有沙门法果，诫行精至，开演法籍。太祖闻其名，诏以礼征赴京师。后以为道人统，绾摄僧徒。"关于姚秦僧官制度的史料稍多。《高僧传》卷六《僧䂮传》记载一项姚兴的诏令曰："僧䂮法师，学优早年，德芳暮齿，可为国内僧主。僧迁法师，禅慧双修，即为悦众。法钦、慧斌共掌僧录。"《魏书·释老志》载："先是，立监福曹，又改为昭玄，备有官属，以断僧务。"根据中国的历史特点，宗教自治组织必须得到政府的认可，并承担代表政府管理宗教事务的职能。南北朝政府又

[①] 谢重光、白文固：《中国僧官制度史》，青海人民出版社1990年版。

参照管理佛教的经验，建立了相应的道官制度。北魏政府设立管理道教的中央机构称为"崇虚都尉"，为太常寺的属官，秩从五品，设立时间不详。① 政府任命的僧官、道官不仅有品级，有的朝代还有俸禄，以示朝廷对他们的信任。根据史料，南北朝时期的宗教治理基本是依靠宗教自治组织完成，僧官管僧人，道官管道士。这种自治管理的方式一直坚持到清代，最大限度地发挥了宗教组织自治的能力，减少政府的管理支出和事务性工作。但是这种单纯依靠宗教组织自治的治理方法也存在某些弊端，主要是当宗教组织的利益与社会的整体利益发生矛盾时，僧官、道官往往会站在宗教组织的立场上，妨碍政府对整个社会运行的调节。南北朝时期最大的问题是：佛、道教发展过快，寺院经济规模过大，在一定程度上影响了国家财政税收，破坏了社会各阶层利益的分配，造成了社会上极大的反对呼声。

第四，政府的专职管理机构。正是鉴于南北朝"以僧治僧"政策难以达到政府预期的控制宗教经济发展规模的目标，在北周时期，开始出现政府的宗教专门管理机构。此前，中国人把佛教视为外国的宗教，所以从汉代开始就把宗教事务放在管理外国使臣、边疆民族地区朝贡的鸿胪寺或典客署监管，难以达到专门管理的目的。北周武帝毁佛，迫使二百余万沙门还俗，使佛教过度的发展势头得到了遏制。同时，北周还在制度上进行了一些调整。北周政权按照《周礼》的规定，将政府机构设置成天、地、春、夏、秋、冬六官（相当于后来的吏、礼、户、兵、刑、工六部），其中春官管理宗教事务。《通典》卷二三《礼部尚书》条记载，北周春官的典命"掌……沙门道士之法"。"有司寂上士、中士，掌法门之政；又有司玄中士、下士，掌道门之政。"② 这样实际上是将宗教事务管

---

① 《魏书》卷一一三《官氏志》。
② 《唐会典》卷一六《宗正寺》。

理的实权收回俗官手中，削弱了僧官的权力。隋文帝杨坚通过"禅让"的形式夺得了北周的江山，其宗教管理制度基本延续了北周的制度，宗教事务由俗官、僧官两套体系管理。将北周过于理想化的"六官"制度改为"三省六部十一寺"制，在鸿胪寺下设"崇玄署"，专管佛、道教事务。《唐六典》卷十六记载："隋置崇玄署令、丞。"崇玄署令、丞是政府官员，管理佛教、道教的僧籍、寺额、僧官、道官的诠选等重大事务。同时隋代也保持了北周的僧官体系，"……隋文帝在开皇年间连续下达诏令，重建了统管全国僧务的中央僧官机构昭玄寺，昭玄寺职位亦如魏、齐，设置有沙门大统、沙门统（或称昭玄统、国统、都统）、都维那（或称昭玄都、沙门都）三种僧职"[①]。政府任命的僧正、道正等只能承担僧道日常修习、教团戒律、经文考课等日常事务。与政府宗教管理官员的职能相比，显然政府官员掌握了宗教法制的命脉。

关于唐代政府的宗教管理机构的设置及其演变，《新唐书·百官三》有一个比较完整的描述："初，天下僧、尼、道士、女官，皆录鸿胪寺。武后延载元年，以僧、尼录祠部。开元二十四年，道士、女官录宗正寺。天宝二载，以道士录司封。……会昌二年，以僧、尼录主客，太清宫置玄元馆，亦有学士，至六年废，而僧、尼复录两街功德使。"唐代中期以前政府对佛、道教的管理部门几经变动，主要是由于皇朝内部政治斗争不断改变二教的政治地位。唐代初期沿用隋朝的管理制度，仍旧由鸿胪寺管理佛道教，不过实行推崇道教的"道在佛先"政策。武则天想当女皇帝，但是在中国文化资源中没有相应的材料可以为其制造"合法性"。当时一些沙门伪造《大云经》，"盛言神皇受命之事"[②]，佛教受到了女皇的重视，将其管理部门提升到礼部的尚书祠部，说明佛教受到国家宗教般的

[①] 谢重光、白文固：《中国僧官制度史》，第86—87页。
[②] 《旧唐书》卷六《则天皇后本纪》。

重视。唐玄宗登极后为了提高李唐王朝的地位，继续推行崇道政策，将管理道教的部门转到管理皇族事务的宗正寺、司封，表明道士是皇族的亲戚。会昌年间唐武宗灭佛，又把管理佛教的政府机构转回管理外交事务的主客，力图证明佛教仍然是"夷狄之教"。会昌六年废止，将佛道教管理机构交给左右街功德使。唐代以后历代王朝佛道教管理部门虽有少量变化，最后基本定型为由礼部的尚书祠部或左右街功德使主管佛道教事务。将主管衙门从管理外交、民族事务的鸿胪寺转到主管国家宗教（宗法性传统宗教）的礼部尚书祠部，显然已经把佛教看成中国的宗教了。

元代推行重用色目人、钳制汉人的等级民族政策，元成宗时规定：各道廉访使，必择蒙古人为使，或缺则以色目世臣子孙为之，实不得已，方可授予汉人。据白寿彝《元代回教人与回教》统计，回族在中央及地方任宰执者约有五十人。[①] 所以伊斯兰教很受政府的推崇，于是造成了"元时回回遍天下"的局面。元代比较重视宗教事务，在政府的宗教管理部门中增设了"回回哈的司"主管伊斯兰教，由哈的大师（阿拉伯语 Qadi 意为法官）领之，主管穆斯林民事诉讼，并为国祈福。有元一代，对伊斯兰教实行扶植政策，使之社会地位大为提高，伊斯兰教成为和佛、道、基督教并列的大教之一。

元太祖成吉思汗和他的继承者，建立了一个横跨欧亚大陆的蒙古帝国，当时从中国内地到东欧，设有许多驿站，传教士沿陆路来华十分方便。尽管基督教徒人数不多，但政府对其仍很重视，不但在举行法事活动时让他们与其他宗教徒一起排班为王朝祈祷，而且成立了专门的机构管理他们。元世祖至元二十六年（1289 年），设"崇福司"，"掌领马儿哈昔列班也里可温十字寺祭享等事"[②]。这

[①] 参见白寿彝《中国伊斯兰教史存稿》，宁夏人民出版社 1982 年版，第 183 页。
[②] 《元史》卷八九《百官志五》。

里,"马儿哈昔"即"主耶稣","列班"是蒙古语对神职人员的称呼。元代也里可温教与佛、道教曾发生过冲突。《元典章》卷三二载:浙江温州地区也里可温教在祝圣祈祷时要立于先生(道士)之前,并殴打法箓先生。于是礼部明文规定:"随朝庆贺班次,和尚、先生祝赞之后,方至也里可温等。"

元代民族宗教政策的最大成功,莫过于因优崇藏传佛教而将西藏和平并入版图,其中帝师制度的设立,则又是完成这一历史功业的枢纽。在元代,帝师与前朝国师根本不同之处在于,帝师不仅是一荣衔,而且是具有很大实权的官员,这一点可以从帝师的衙署——宣政院的结构与功能看出来。宣政院的得名,是由于唐代接待吐蕃使者向例是在宣政殿举行,名称之改动,也可突出其职能是以治藏为主。按照元代官制,中书省、御使台、枢密院、宣政院是中央政府四大机构,其中,中书令正一品,御史台、枢密院、宣政院主官皆为从一品,六部主官才正三品,宣政院地位之高于此可见一斑,亦可说明元政府对民族宗教事务的重视。宣政院使一般都由蒙古贵族担任,往往是右丞相兼任,而副使或由帝师担任,或出自帝师之"辟举"。宣政院下设三个宣慰使司都元帅府,一个是吐蕃等处宣慰使司都元帅府,主管今日甘肃、青海两省的藏区;一个是吐蕃等路宣慰使司都元帅府,主管今日四川、云南两省的藏区;一个是乌斯藏纳里速古鲁孙等三路宣慰使司都元帅府,主管今日的西藏地区。因而,帝师实际成了西藏地区的最高领袖,所以《元史·释老传》才说:"帝师之命,与诏敕并行于西土。"

清朝设立"理藩院"管理藏传佛教和伊斯兰教事务。清朝政府集中国历代封建统治之大成,使民族、宗教各项管理事务走上制度化轨道。理藩院就是专为处理蒙藏民族宗教事务所设机构,"掌外藩蒙古及喇嘛、回部、金川事"①。理藩院共有六个清吏司，其中柔远清吏司专门分管藏传佛教事务。道光以后，又将藏传佛教中的部分事务分到典属清吏司和理刑清吏司管辖。按照《理藩院则例》，他们的具体分工是这样的：柔远清吏司主要掌管"胡图克图，喇嘛等年班请安进贡"，"（京城）内外各寺庙喇嘛钱粮、草豆、烤炭、银两"；典属清吏司掌管"达赖喇嘛、班禅额尔德尼进丹书克，在京喇嘛考列等第、升迁调补、札付、度牒、路引，奏请寺庙名号，各寺庙工程，咨取学艺班弟，台吉充当喇嘛"，以及僧正、僧纲袭替诸事；理刑清吏司则负责缉拿喇嘛私自逃逸及违法犯罪等事。这样就将藏传佛教事务分门别类，归属不同衙门管理。另外，还有一些临时性的差遣，也由理藩院派员出任，如大喇嘛来京的迎送，赴蒙、藏等地宣诏，等等。

第二节　宗教治理体系及其特点

所谓中国宗教治理体系的历史特点，当然是和外国相比较而言，而且主要是与近代以来我们作为主要参照系的欧美宗教治理体系，特别是中世纪的宗教治理体系对比而言。无论在社会结构、思想文化、风俗习惯等方面，中国与欧洲都存在很大差异。如果忽视了这些差异，简单地把欧洲处理政教关系的方法拿到中国来用，或者用欧洲的眼光看待中国宗教治理的问题，则会失之毫厘，谬之千里。根据本书研究，影响中国宗教治理体系性质的主要特点如下。

一　中央集权的国家治理体制及其影响

中国古代宗教治理体系的特点，首先是由国家治理体系的特点

---

① 吴长元：《宸垣识略》卷五。

决定的。从国家治理体系的角度出发看中国历史，我们发现中国的国家治理体系实际上主要经历了"央地分权"体制和"中央集权"体制两大类型。

中国从夏王朝开始进入阶级社会，建立国家机构，当时主要采取的是"分封建国"制度，所以被称为"封建制"。恩格斯在《家庭、私有制和国家的起源》一书中，对欧洲古代希腊、罗马国家的产生进行了深刻的研究，并指出国家与昔日部落联盟的一个重要差异："建立国家的最初企图，就在于破坏氏族的联系，其办法就是把每一氏族的成员分为特权者和非特权者，把非特权者又按照他们的职业分为两个阶级，从而使之互相对立起来。"[①] 中国与希腊国家出现的共同点是财富的分化和私有制的产生，夏王朝"家天下"标志着中国古代国家的出现，公共权力成为私有财产的维护者。但是中国与欧洲也有明显的区别，即在中国古代国家产生的过程中，并没有出现"破坏氏族的联系"这样的情况。宗法血缘组织不仅被保留下来，而且成为国家的组织系统。《史记》的《夏本纪》《殷本纪》《周本纪》都记载了以宗法血缘组织为基础的国家结构，即仍然实行以氏族血缘为单位的国家治理，而不是以地缘政治为单位的国家治理。

如果从国家治理体系的角度着眼，这种分封制就是典型的央地分权体制。天子将天下分封给自己的子弟，产生统领一方的诸侯；诸侯再将自己的领地进一步分封给子弟，成为大夫与陪臣。虽然诸侯、大夫都是天子分封的，他们有为天子上交贡赋和危难时勤王的义务，但是在自己的领地内则具有全部的政治、经济、军事权力。随着时间的推移，血缘关系逐渐疏远，诸侯与天子、大夫与诸侯的关系就不再亲密了。一旦天子的王权动摇，就必然会形成"王纲解

---

① 《马克思恩格斯选集》第4卷，人民出版社2012年版，第125页。

纽"之势，诸侯便各行其是，相互征伐，甚至问鼎中原。在经历了春秋战国五百多年的战乱之后，人们痛定思痛，深刻反思其中的原因就在于央地分权体系造成的分裂弊端。

秦王朝建国之初曾经发生了一场关于应当建立什么样的国家治理体系的讨论，儒生认为应当恢复西周的分封建国制度，西周的封建制是最理想的社会制度。但是法家廷尉李斯则指出："周文武所封子弟同姓甚众，然后属疏远，相攻击如仇雠，诸侯更相诛伐，周天子弗能禁止。"分封制表面上看有利于国家的长治久安，由自己的骨肉镇守四方，是一种最可靠的制度。但是随着血缘的疏远，亲情自然就逐渐淡化了，曾经的血亲也会"相攻如仇雠"。最后秦始皇肯定了李斯的意见，指出："天下共苦战斗不休，以有侯王。"所以他一个子弟也不分封，仍然坚持商鞅变法以来实行的郡县制，"分天下以为三十六郡，郡置守、尉、监"。[①] 郡之下设县，县之下设乡。地方政府没有官员任命的权力，各级官员都由皇帝指派，是谓"流官"，不同于西周的层层封建，确定了中国两千多年中央集权治理体系的基本政治框架。汉代虽然否定了秦始皇的法家政治，选择儒家成为国家意识形态，但是汉代帝王实质上则采用"霸王之道杂之"的统治策略，把中央集权体制坚持了下来。秦汉以降，总的趋势是中央集权政治在不断加强，宋代通过政治改革取消了地方政府的财权和司法权，集中兵权。元代在各地设立中央直接控制的行省，使得封建割据在中国更不可能。明代取消了宰相的设置，使全部权力集中在帝王手中。清代设立军机处，连内阁都处于空置状态，整个国家都在皇帝的直接领导下运行。正是由于中国从秦汉时代开始就建立行之有效的中央集权治理体系，因此保证了地域广大、人口众多、民族成分复杂的社会形成超稳态结构，适应了当时

[①] 《史记》卷六《秦始皇本纪》。

小农经济生产方式。与欧洲中世纪封建分权体制相比，没有政教冲突、诸侯林立、民族分离、交通不畅的弊端，形成了相对繁荣的景象。

中国秦汉之后的中央集权治理体制之所以能够建立，得益于中国历史传统的"大一统"思想基因。中国在三代时期就产生了"溥天之下，莫非王土；率土之滨，莫非王臣"（《诗经·小雅·北山》）的统一文化。然而在当时的体制之下，真正的大一统无法实现，诸侯之间战乱不休。春秋时期发生了王权下移、礼崩乐坏的局面，孔子向往"礼乐征伐自天子出"的太平盛世，因此修《春秋》明确提出了"大一统"的概念。《春秋》的正文，第一句话就是"春王正月"。《公羊传·隐公元年》解释说："何言乎王正月？大一统也。"梁惠王问孟子："天下恶乎定？"孟子对曰："'定于一。''孰能一之？'对曰：'不嗜杀人者能一之。'"① 孟子认为国家的安定在于统一，而且必须用仁政学说实现天下的统一。从此大一统"成为中国政治演进的主旋律，体现在地理一统、制度一统、经济一统、文化一统、思想一统诸方面。为此，钱穆指出：'中国文化演进，别有其自身之途辙……而走上和平的大一统之境界。'"②

秦汉之后实行"大一统"的中央集权治理体系，有其制度上的合理性。有中国学者指出："'大一统'强化了国家的政治权威。强化国家的政治权威不等于专制集权，而是指国家的政治权威压制或'降服'神权性、地方性、军阀性、阶级性、家族性、部落性等'五花八门'的权威，将权威集中到国家或政府手中，树立国家政

---

① 《孟子·梁惠王上》。
② 马忠、安着吉：《本土化视野下构建中国特色国家治理理论的深层思考》，《西安交通大学学报》（社会科学版）2020年第2期。

治系统的最高权威地位。"亨廷顿认为这是"现代政治的重要特征"。① 美国另一位政治学家福山也认为中央集权的治理体系并非专制制度所独有，而是国家治理的现代化因素。他说："我们现在理解的现代国家元素，在公元前 3 世纪的中国业已到位。其在欧洲的浮现，则晚了整整一千八百年。"② 正是由于中国秦汉之后的"大一统的中央集权"治理体系的先进性，使中国可以超越城邦国家、军事帝国、宗教国家等形式，建立一个幅员广大、人口众多、民族多元、宗教自由的国家。不仅没有出现其他国家那样的军事征服、城邦分裂、民族同化、宗教歧视、宗教战争等弊端，而且有利于国家政治稳定、经济发展、民族团结、国家统一，并将这一治理优势传承到了当代。

就宗教治理而言，在秦汉之后的中央集权治理体系下，中国的各种体制性宗教不可能像欧洲中世纪的基督教那样与各国的王权分庭抗礼，甚至兵戎相见。在中国，中央集权政府掌握了社会上一切政治、经济、思想、文化资源，宗教只能在服从王权统治的前提下，以服务王朝作为自己的生存前提。佛教在印度有"在家不拜父母，出门不拜君王"的特殊权利，进入中国后，佛教的这一特权首先受到了关注。东晋慧远以"佛教两弘，亦有处俗之教。或泽流天下，道洽六亲。固以协赞皇极，而不虚沾其德矣"③，暂时换取了不跪拜君王的权利。但是在北朝更为强大的王权面前，"沙门统"法果干脆直言："太祖明睿好道，即是当今如来，沙门宜应尽礼。遂常致拜，谓人曰：'能鸿道者，人主也。我非拜天子，乃是礼佛

---

① 何君安、何梦圆：《"大一统"国家形态与传统中国的治理智慧》，《中南民族大学学报》（人文社会科学版）2020 年第 2 期。
② ［美］弗朗西斯·福山：《政治秩序的起源：从前人类时代到法国大革命》，毛俊杰译，广西师范大学出版社 2012 年版，第 19 页。
③ 慧远：《沙门不敬王者论》，《弘明集》卷一二。

耳.'"① 把帝王当成当今的如来，这样也就为跪拜君王找到了充分的根据。唐高宗曾命令沙门应向君主和双亲礼拜，后因高僧道宣等人反对，改为只拜父母。但到了中唐，沙门上疏的自称就由"贫道""沙门"改为"臣"了。《新唐书》卷四八《百官志·崇玄署》记载："道士、女冠、僧、尼，见天子必拜。"这样就将僧道致拜君亲以国家制度的形式确立了下来。所以国内一些学者认为，到唐玄宗时代，彻底解决了佛教与政治权力机构的关系问题，佛教终于拜倒在王权的脚下。这说明中国的出家人在政治上并没有超出普通臣民的特殊权利，与王权抗衡、制约王权更是非分之想。

二 对宗教"敬而远之"的治理理念

中国古代宗教治理的成功，首先得益于指导思想的正确，有一套完善的顶层设计。与欧洲中世纪基督教作为各国主导意识形态不同，中国古代各种宗教都不是社会的主导意识形态，中国的宗教治理是在儒家这种世俗哲学的指导下进行的。经过春秋战国几百年的百家争鸣，秦汉之际几十年的政策选择，汉武帝最终确定了"罢黜百家，表彰六经"的方针，儒家从百家争鸣中脱颖而出成为国家的政治意识形态。从此之后，中国历代王朝的政治、经济、文化策略可以说都是在儒家思想指导下进行的，包括宗教治理。儒家宗教治理思想集中体现在孔子的一段论述中，他说："务民之义，敬鬼神而远之。"② 可以说这是人类历史上最早出现的尊重民众宗教信仰和政教分离的思想，欧洲近代提出的政教关系原则在中国古已有之。

第一，孔子提出"敬鬼神"的原则，要求尊重民众的宗教信仰。在春秋时期社会上浓重的"疑天""怨天"及无神论思想影响下，孔子对是否有鬼神存在持一种存疑的态度。《论语·先进》记

---

① 《魏书》卷一一四《释老志》。
② 《论语·雍也》。

载：季路问事鬼神。子曰："未能事人，焉能事鬼？"敢问死。曰："未知生，焉知死？"孔子对彼岸世界既不承认也不否认，主要是为了维护周礼祭祀制度的完整性。庄子概括孔子宗教观的特点是："六合之外，圣人存而不论。"①尽管孔子不肯定鬼神的存在，但是他对于群众的宗教活动则是礼敬有加的，"乡人傩，朝服而立于阼阶"②。"傩"是一种古老的祭祀仪式，人们在巫师的带领下载歌载舞驱除瘟疫之神——傩神。孔子在家乡遇到了民众进行这种宗教活动，庄重地穿上朝服观看，礼敬有加。因此孔子所说的"敬鬼神"，就成为尊敬信仰鬼神的人们和各种宗教的代名词。在儒家思想的指导下，历代政府对于各种外来的和土生的宗教，在不反对政府和纲常伦理的前提下都保持了礼敬的态度，佛教、道教经过几百年的"三教之争"成为中国文化主体的组成部分。南北朝之后，祆教、景教、伊斯兰教、犹太教、摩尼教等外国宗教相继传入我国，政府都曾给予了宽容的对待，试以流传较少的"三夷教"——祆教、景教、摩尼教为例。

祆教诞生于波斯的琐罗亚斯德教，又名"拜火教"，通过丝绸之路传入我国。唐高祖武德四年（621年）置祆祠，管理之官称为"萨宝"。《通典·职官典》载："萨宝，视从七品，萨宝府祆正。"其注云："祆者，西域国天神。《佛经》所谓摩罗醯首罗也。武德四年，置祆祠及官。常有群胡事奉，取火诅咒。贞观二年（628年），置波斯寺。"唐朝政府不仅欢迎祆教的流行，而且设置专管机构管理。

景教是基督教的一个异端流派，聂斯脱利派教士阿罗本随商队于贞观九年（635年）来到中国。这是中国人第一次接触到基督教。唐太宗派宰相房玄龄率仪仗队在西郊迎接阿罗本，表现了对一

---

① 《庄子·逍遥游》。
② 《论语·乡党》。

种外来文化的礼敬。贞观十二年唐太宗又下了这样一道诏令："道常无名，圣本无体，随方设教，密济群生。大秦国大德阿罗本远将经像来献上京。详其教旨，玄妙无为；观其元宗，生成立要；词无繁说，理有忘筌；济物利人，宜行天下。所司即于义宁坊建寺一所，度僧一人。"① 从李世民的论述看，他并不真正了解基督教的教义，只是用道教的观念去牵强附会地演绎引申。但是从中国儒家宗教观"同归而殊途，一致而百虑"的总原则出发，他认为只要有利于教化便可流行于天下。

摩尼教创立于公元3世纪的波斯，因教主摩尼而得名，公元6—7世纪沿丝绸之路进入我国。据宋代高僧志磐所撰《佛祖统纪》载："延载元年（694年），……波斯人佛多诞（原注：大秦西海国人），持《二宗经》伪教来朝。"② 女皇武则天召见了他，令其与汉族僧徒辩论。女皇欣赏摩尼教教义，留其课经。从这段记叙看，佛多诞并非外国使臣，而是职业教士。他能蒙女皇召见，说明摩尼教在当时社会上已经有了一定的影响，所以有些专家推测：在此之前摩尼教已经在社会上流传了一段时间，不过未引起官方的注意，未载之史册而已。唐玄宗"开元七年（719年），吐火罗国支汗那王帝赊上表，献解天文人大慕阇。其人智慧幽深，问无不知，伏乞天恩，唤取慕阇亲问臣等事及诸教法，知其人有如此之艺能，望请令其供奉，并置一法堂，依本教供养"③。慕阇乃摩尼教教士的称谓，看来在玄宗时代，他们因"解天文"，能"技艺"而受到了朝廷的重用，并许其传教。

第二，孔子要求"务民"者对鬼神"远之"，即保持一定的距离，有助于防止宗教狂热的出现，有利于保持政治的世俗性。对鬼

---

① 《唐会要》卷四九。
② 《佛祖统纪》卷三九。
③ 《册府元龟》卷九七一。

神"远之"的立场使多数官员和儒家学者可以用一种冷静、理智的态度思考宗教的社会价值，以便最大限度地发挥其教化民众的作用，而又防止宗教对社会的负面作用发生。在儒家思想指导下，中原地区既无全民性的宗教狂热，也无长期的宗教迫害。即使有梁武帝、唐宪宗等个别帝王因个人信仰原因"佞佛逾制"，或北魏武帝、北周武帝、唐武宗、周世宗等发动"灭佛"，都会受到大多数臣民不同程度的抵制，并很快加以纠正。在中国历史上，没有一种宗教可以成为"国教"，相反，在对鬼神"敬而远之"观念指导下，历代政府逐渐形成了一套系统而完善的宗教治理体系，使各种宗教在"阴翊王度"的轨道上运行。

梁武帝在中国历史上以佞佛著名，但就是在崇佛皇帝面前，也有一些大臣敢于犯颜直谏佛教过度发展会对国家造成危害。郭祖深说："僧尼十余万，资产丰沃。所在郡县，不可胜言。道人又有白徒，尼则皆畜养女，皆不贯人籍，天下户口几亡其半。而僧尼多非法，养女皆服罗纨，其蠹俗伤法，抑由于此。"[①] 无神论思想家范缜则著《神灭论》，对佛教的思想基础进行批判。当别人问他："知此神灭，有何利用邪？"范缜回答曰："浮屠害政，桑门蠹俗，风惊雾起，驰荡不休。吾哀其弊，思拯其溺。"[②] 范缜提出"神灭论"，是因为他感到佛教的发展影响了政治的稳定，故需要加以驳斥，使信仰者有所觉悟，以纠正"浮屠害政"的弊端。正是由于这样一些儒臣的反对，梁武帝时代佛教并没有成为国家宗教。我们翻阅《梁书·武帝纪》和《南史·梁武帝纪》，发现梁武帝作为帝王代表国家发布的各项诏令，都是用标准的儒家语言写成的，并没有使用过佛教的语言作为论证工具。这说明梁武帝信仰佛教属于个人行为，国家的意识形态仍然是儒学。

---

① 《南史》卷七〇《郭祖深传》。
② 《梁书》卷四八《范缜传》。

唐宪宗是中唐帝王中既崇佛又崇道的一个典型。传说陕西法门寺供奉的佛骨是释迦牟尼佛的手指骨舍利，每隔三十年开寺供奉一次，必定保佑"国泰年丰"。所以唐朝的皇帝定期将佛骨迎请到长安城中供奉，每一次佛骨进城都将掀起一次崇佛的狂热浪潮。元和十四年（819年）唐宪宗将佛骨迎请到长安城中，先在宫中供奉了三天，然后送到京城一些大寺供奉。当时"王公士民，瞻奉舍施，惟恐弗及。有竭产充施者，有然香臂顶供养者"①。如此崇佛，已经超过了中国政治"敬而远之"的传统，并造成了社会的不安定。韩愈上表劝谏皇帝说："孔子曰：'敬鬼神而远之。'……今无故取朽秽之物，亲临观之，巫祝不先，桃茹不用，群臣不言其非，御史不举其失，臣实耻之。乞以此骨付之有司，投诸水火，永绝根本，断天下之疑，绝后代之惑。使天下之人，知大圣人之所作为，出于寻常万万也。岂不盛哉！岂不快哉！佛如有灵，能作祸祟，凡有殃咎，宜加臣身，上天鉴临，臣不怨悔。"②韩愈的《谏迎佛骨表》成为表述无神论者大无畏精神的名篇，虽在当时没有降低唐宪宗崇佛的热情，但是在历史上广为流传，具有警世恒言的作用。

北魏武帝太平真君七年（446年）灭佛，北周武帝建德三年（574年）灭佛，唐武宗会昌（841—845年）灭佛，后周世宗显德二年（955年）"限佛"，被称为"三武一宗法难"，是中国历史上几次大规模的迫害宗教事件，此外还有影响较小的北齐高阳灭道、元世祖焚烧《道藏》等若干次。但这些宗教迫害事件都曾遇到臣下的劝谏和抵制，使灭佛、灭道的影响降低，并在很短时间内就结束了。第四节对此有详细的研究，此处不再赘述。

第三，儒家"神道设教"的原则，使大多数朝代的帝王能够搁置个人的信仰，理性地对待各种宗教，将宗教变成巩固政治统治和

---

① 《资治通鉴》卷二四〇《唐纪五六》，宪宗元和十四年正月。
② 《韩愈集》卷三九《表状二》。

维持国家统一的工具。《观卦·象传》说:"观天之神道,而四时不忒。圣人以神道设教,而天下服矣。"①《周易》认为"一阴一阳之谓道","阴阳不测之谓神",② 神道即人不能理解的神秘莫测之道。神道尽管不可知,但作为教化的工具,可以使天下百姓服从。后世执政者无论是否信仰宗教,信仰何种宗教,都不反对以宗教作为治国的工具。例如唐太宗本人并不相信佛道二教,他明确地说:"神仙事本是虚妄,空有其名"③,"至于佛教,非意所遵"④。但是考虑到佛教、道教已经产生的重大影响,他在旧战场建寺7座,超度战死亡灵。为了神化李氏王朝,他主动与道教的创始人老子联亲,宣布:"朕之本宗,出自柱下。"到了唐玄宗时代,甚至把管理道教的机构放在了"宗正府",简直把道士看成了皇亲国戚。

对于内地而言,大多数下层民众没有条件和能力系统学习儒家的经典,在"尽心、知性、知天"的内在超越中获得精神的满足。佛教、道教及各种复杂的民间宗教,正好满足了民众超验性的心理需要,所以能够在中国长盛不衰。宗教中劝善戒恶的训导,成为他们止恶为善的精神动力。刘宋时代宋文帝与大臣何尚之的一段对话,很具有代表性。何尚之在阐述佛教的教化作用时说:"百家之乡,十人持五戒,则十人淳谨。百人修十善,则百人和睦。传此风教遍于寓内,则仁人百万矣……夫能行一善则去一恶,一恶既去则息一刑。一刑息于家,则万刑息于国。四百之狱何足难措,雅颂之兴理宜位速,即陛下所谓坐致太平者也。"宋文帝对此心领神会,他讲:"明佛法汪汪,尤为名理,并足开奖人意。若使率土之滨,皆纯如化,则吾坐致太平,夫复何事!"⑤ 隋文帝也有一段著名的言

---

① 《周易·观卦·象传》。
② 《周易·系辞上》。
③ 《贞观政要》卷二《慎所好第二十一》。
④ 《旧唐书》卷六三《萧瑀传》。
⑤ 《弘明集》卷一一。

论，他在给灵藏法师的一封信中说："律师度人为善，弟子禁人为恶，言虽有异，意则不殊。"① 在中国古代君主集权社会中，维持社会秩序既需要暴力的专政工具，也需要文化的教化，儒释道三教都可以发挥这样的作用。

对于边疆的少数民族而言，"神道设教"的方法更是成为中央王朝与地方民族政权沟通的重要指导。《礼记·王制》说："修其教不易其俗；齐其政不易其宜。"尊重少数民族的宗教信仰，厚待少数民族宗教领袖，用宗教上的多元性保证了政治上的统一性。如清代皇太极、康熙、乾隆等几代帝王，对藏传佛教影响生产和人口增长的负向作用早有认识，但是出于统治蒙古诸部落的目的，他们还是不遗余力地鼓励藏传佛教发展。正如乾隆所说："盖中外黄教总司以此二人（达赖、班禅），各部蒙古，一心归之。兴黄教，即所以安众蒙古，所系非小，故不可不保护之，而非若元朝之曲庇陷敬蕃僧也。"② 他还用诗词总结清代的宗教政策说："教为神道设，总为牖斯民"，"谁言佛教异儒教，试看不同有大同"。清代前中期实行的宗教政策，保证了中华民族的政治统一。

再如明清时期对于基督教的政策，很多官员的出发点就是利用他们带来的自然科学，但是不信仰他们传播的宗教。如李塨说："或留算法制器之人，而禁其教，不使行亦可。"③ 康熙末年发生了"中国礼仪之争"，朝廷宣布"禁教"，但是仍然保留了"领票"制度，清廷要求那些掌握西方先进科技，同时又愿意尊奉"利玛窦规矩"的传教士，放弃返回欧洲的权利，成为中国的编氓。只要承诺这样的条件，就可以领到中国政府发放的"敕文"（相当于今天的"绿卡"），变成中国公民。康熙、雍正、乾隆三代，皇帝身边都有

---

① 《续高僧传》卷二一《灵藏传》。
② 《清代喇嘛教碑刻录·喇嘛说》，载张羽新《清政府与喇嘛教》，西藏人民出版社1988年版。
③ 李塨：《平书订》卷一，《颜李遗书》，清光绪五年《畿辅丛书》本。

一些传教士以皇家顾问的身份为政府服务。乾隆帝将这种政策表述为:"收其人必尽其用,安其俗不存其教。"①

三 礼乐教化引导外来宗教中国化

宗教治理与宗教管理的重要差异在于,前者不仅包括硬性的政府管理制度,更包括柔性的文化教化,儒家"礼治"思想在其中发挥了关键作用。孔子主张"务民之义,敬鬼神而远之",否定了神权政治;同时也不赞同法家的"法治"政治,而提出了自己的"德治"主张。孔子认为:"道之以政,齐之以刑,民免而无耻;道之以德,齐之以礼,有耻且格。"② 单纯提倡治乱世用重典,只能达到表面的效果,人民如果没有觉悟,严密的法律只能使他们不犯罪,但并不能产生道德自觉。因此要用道德教化人民,用礼乐约束人民。在儒家的话语体系中,"德治"可以与"礼治"通用。在社会治理体系中,道德教育属于社会舆论,是非硬性约束的;法律是刚性的,强制的;可是在中国传统社会中还有一套"柔中带刚"的治理体系,就是"礼治"。因而"德"只能用来"导","礼"则可以用来"齐",说明"礼"有一定硬性的约束作用。礼治的核心,就是对宗法文化的保障和推行。中国的宗法伦理,具体就表现在礼乐文化制度上,三代宗教极其重视祭祀仪式上的礼节器物,就因为古人将"礼"看成载道之"器"。孔子开创的儒家继承了三代文化重礼的传统,故中国人一向以礼仪之邦自居。从某种意义上讲,礼乐制度就是中国的政治文化,所以说:"是故礼者,君之大柄也。所以别嫌明微、傧鬼神、考制度、别仁义,所以治政安君也。"③ 因为人们在生活起居、婚丧嫁娶、朝觐拜会时穿什么样的衣

---

① 《清朝文献通考》卷二九八《四裔》。
② 《论语·为政》。
③ 《礼记·礼运》。

服，行什么样的礼，使用什么样的器皿等，都是一个人社会身份地位的象征，也是他所具有的政治权力大小的象征。破坏礼乐制度，就是对现行政治制度不满的表现，就会引起社会的谴责、讨伐，甚至是杀身之祸。因此用"礼乐制度"对人的行为进行约束超出了政治管理的范畴，成为一种社会的治理行为。正如治理理论的主要创始人之一詹姆斯·N. 罗西瑙所说："与统治不同，治理的主体未必是政府，也无须依靠强制力量克服挑战而使别人服从。"[①] 正是儒家的礼乐制度，使社会上一些矛盾的对立双方可以相互协调，在不引起政府干预的情况下将原有的矛盾消解于无形。

例如，佛教传入中国后，一大批出家人剃头、袒服、不拜父母和王侯，这些礼仪问题也就成为当时政治上的大问题。东晋成帝咸康六年（340 年），庾冰辅政，对佛教诸种不合中华礼乐的行为提出指责。他说："矫形骸，违常务，易礼典，弃名教，是吾所甚疑也。"因为"弃礼于一朝，废教于当世。使夫凡流，傲逸宪度，又是吾之所甚疑也"。[②] 他担心对佛教礼节上的放松，最终导致等级宗法制度的破坏。在宗法制度和国家权力的支持下，"礼"对于社会成员既具有情感的教化作用，又具有一定强制性的约束作用。在古代宗法家族社会中，对于那些尚未违反"国法"的人和事，可以用"家法"加以处置。

当代学者研究证明，儒家的"礼乐"起源于氏族社会的"习惯法"，所以儒家礼乐制度首重"孝道"，孔子说："孝弟也者，其为仁之本与？"[③] "夫孝，德之本也，教之所由生也。"[④] 为什么儒家要把子女孝敬父母看成人类最基本的道德？因为在古代的宗法家族

[①] [美]詹姆斯·N. 罗西瑙主编：《没有政府的治理》，张胜军、刘小林等译，江西人民出版社 2001 年版，第 5 页。

[②] 《弘明集》卷一二。

[③] 《论语·学而》。

[④] 《孝经·开明宗义》。

社会中，国就是家的放大，君就是父的延伸，一个人如果懂得孝敬父母，自然可以成为社会的良民。《论语·学而》有云："其为人也孝弟，而好犯上者，鲜矣；不好犯上，而好作乱者，未之有也。君子务本，本立而道生。""事父母，能竭其力，事君，能致其身。"在家里是孝敬的儿子，在社会上就是国家的忠臣，这就是所谓的"移孝作忠"。孔门"述圣"曾参说："是故未有君而忠臣可知者，孝子之谓也；未有长而顺下可知者，弟弟之谓也。"[1] 因此在中国古代社会，孝道不仅是家庭道德，也是重要的国家政治伦理，关系到天下臣民对国家的忠诚，成为深入中国人骨髓的"家国情怀"。

那些从其他文化土壤上生成的宗教，无论佛教或是基督教，进入中国后都曾面临"不忠不孝"的指责，正是中国宗法礼乐文化对外来文化基因的排斥性反应。历史上"三教之争""儒耶之争"等，都是以宗法文化为基础的礼乐体系对外来文化的引导过程。而外来宗教在坚守自身基本教义教规基础上发展与变化，就是宗教的中国化。在这一过程中，政府的硬性干涉是很少的，文化的浸润则发挥了主要作用，主要表现为儒家学者或本土宗教领袖对外来宗教的批评。各种外来宗教都必须对来自儒家礼乐文化的指责做出回应，用经典诠释的方法实现两者的融合。

例如佛教，东晋孙绰所作《喻道论》中记载时人责难佛教说："或难曰：周孔之教，以孝为首。孝德之至，百行之本，本立道生，通于神明。故子之事亲，生则致其养，没则奉其祀。三千之责，莫大无后。体之父母，不敢夷毁。是以乐正伤足，终身含愧也。而沙门之道，委离所生，弃亲即疏，刬剔须发，残其天貌。生废色养，终绝血食。骨肉之亲，等之行路。背理伤情，莫此之甚。"这段文字大致包含三方面含义：其一，佛教徒出家"改容易貌"，剃去须

---

[1]《大戴礼记·曾子立孝》。

发，有违儒家孝道"身体发肤，受之父母，不敢毁伤"的教导；其二，僧人出家"弃亲不养"，使年迈的父母无人侍奉，违反了儒家"事父母能竭其力"的圣训；其三，出家人"不婚不嫁"，没有后代，违反了"不孝有三，无后为大"的规定。对于这些尖锐的批判，高僧与居士们采用了两方面的应对策略。一是，借用儒家理论进行自我解释。关于第一项"改容易貌"，孙绰解释说："周之泰伯，远弃骨肉，托迹殊域，祝发文身，存亡不反。而《论》称至德，《书》著大贤。诚以其忽南面之尊，保冲灵之贵。三让之功远，而毁伤之过微也。"儒家史书记载周文王的伯父泰伯，本为王室长子，应当继承王位，但是为了将王位让给最有希望光大周族的文王，他甘愿跑到南越，"祝发文身"。但是孔子不谴责他毁伤受之父母之体，而是赞颂他谦让的美德。可见体貌的一些改变不是孝道的本质，使家族势力发展壮大才是最大的"孝"，不能因小失大。关于第二点，孙绰《喻道论》利用儒家、道家原有的思想资料，为佛教的"不孝"进行辩护。对于出家不能养亲的问题，他说："父隆则子贵，子贵则父尊。故孝之为贵，贵能立身行道，永光厥亲。若匍匐怀袖，日御三牲，而不能令万物尊己。举世我赖，以之养亲。其荣近矣。"儒家的《孝经》将"立身行道"作为孝道的最高境界，孙绰认为出家修行也是"立身行道""光宗耀祖"的行为，要高于在家尽孝。关于第三点对沙门无后的指责，孙绰辩解说："夫忠孝名不并立。颖叔违君书称纯孝，石碏戮子武节乃全。传曰：子之能仕父教之忠，策名委质，二乃辟也。然则结缨公朝者，子道废矣。何则？见危授命，逝不顾亲，皆名注史笔。事标孝首，记注者，岂复以不孝为罪？故谚曰：求忠臣必于孝子之门，明其虽小违于此，而大顺于彼矣。"[①] 儒家提倡"求忠臣于孝子之门"，但是在忠孝不能两全

[①] 本段所引均出自孙绰《喻道论》，《弘明集》卷三。

的情况下，儒家主张为国尽忠高于在家尽孝。孙绰正好利用了这一点，用历史上一些著名人物的故事，说明他们并非不孝。

二是，佛教还努力从自身寻找可以符合中国宗法文化的内容，如佛教强调经典中孝敬父母的条文，佛陀曾云："凡人事天地鬼神，不如孝其亲矣，二亲最神也。"① 此外，还要努力删除、修改、重译有违孝道的文献，例如当代学者方立天指出："在印度佛教典籍中，母亲的地位高于父亲，表示双亲时采用'母和父'的语序，即母在父的前面，佛典中出现每个人的名字，也都是子随母姓。印度佛教的这种家族观念是和中国的封建父系家长制相对立的，因此在汉译佛典中，提及双亲的语序都改为'父和母'，有时还添加原文所没有的'孝诸父母'。"② 有时候一些僧人甚至直接编造宣扬孝道的经文，以便使自己与中国的宗法文化相适应。如佛教的《佛说父母恩重难报经》云："佛言：人生在世，父母为亲，非父不生，非母不育。是以寄托母胎，怀身十月。岁满月充，母子俱显，生堕草上。父母养育，卧则兰车。父母怀抱，和和弄声，含笑未语。饥时须食，非母不哺；渴时须饮，非母不乳。……计论母恩，昊天罔极。呜呼慈母，云何可报。"③ 此经没有译者，也没有翻译时间，经中文字多是中国人惯用的语式，因此专家判断此经为"伪经"。经文虽伪，但是符合中国建立在宗法家族社会之上的礼乐文化，特别受到中国人民的欢迎。在这样的一些改造、解释、阐述中，佛教也完成了中国化的历程，成为地地道道的中国宗教。

基督教进入中国，其产生的文化背景是西方的文化土壤，必然与中国有很多不同之处，其中包括婚姻与家庭观念。例如，《圣经·以弗所书》说："为这个缘故，人要离开父母，与妻子结合，

---

① 释道世：《法苑珠林校注》，周叔迦、苏晋仁校注，中华书局2003年版，第1474页。
② 方立天：《中国佛教与传统文化》，上海人民出版社1988年版，第261页。
③ 《大藏经》第85册《佛说父母恩重难报经》。

二人成为一体。"① 这样的家庭观就很不适应中国的宗法家族环境，如果人一结婚就离开父母还谈何孝道？利玛窦在初传基督教的时候，为了防止上帝信仰与中国孝文化的冲突，故意不翻译基督教的根本经典《圣经》，而是出版一本中国人可以接受的《天主实义》。据法国著名汉学家梅谦立在《天主实义今注》的《前言》中指出：罗明坚在利玛窦之前进入中国，曾经出版了一本《天主实录》，直接介绍一些基督教的基本教义。利玛窦在出版《天主实义》的时候，"我们可以看出，利玛窦删掉了所有的教条部分，如在七天内天主创造世界；天使冒犯天主，亚当从伊甸园被赶走；人类冒犯天主；天主把律法赐给以色列；耶稣在十字架被钉死；降临地狱；复活和第二次来临"②。利玛窦删除了那些中国人不好理解的内容，当然也包括不符合孝道的内容，却大力宣扬基督教"十诫"中第四条，"要孝敬你的父母"。《以弗所书》："要孝敬父母，使你得福，在世长寿。这是第一条应许的诫命。"③

不过天主教神父必须坚持出家、独身，与和尚一样也会受到"弃亲不养""无后为大"的指责。利玛窦在《天主实义》中进行了充分解释。根据《孝经》的理解，"身体发肤，受之父母，不敢毁伤，孝之始也；立身行道，扬名于后世，以显父母，孝之终也。夫孝始于事亲，中于事君，终于立身"④。显然孝道是分层次的，保护身体、侍奉父母是孝道的基本层次，而报效国家、建功立业则是孝道的终极层次。利玛窦说："譬若有匹夫焉，自审无后非孝，有后乃孝，辄娶数妾，老于其乡，生子至多，初无他善可称，可为孝乎？学道之士平生远游异乡，辅君匡国，教化兆民，为忠信而不顾产子，此随前论为大不孝也，然与国家兆民有大功焉，则舆论称为

---

① 《新约·以弗所书》5：31。
② ［意］利玛窦著，［法］梅谦立注：《天主实义今注》，商务印书馆2014年版，第9页。
③ 《新约·以弗所书》6：2—3。
④ 《孝经·开明宗义章》。

大贤。"① 利玛窦认为，天主教传教士远涉重洋传播上帝的福音，是"辅君匡国，教化兆民"的大功德，正符合儒家"舍小孝行大孝"的家国伦理，怎么能因为他们无暇娶妻生子而指责他们"不孝"呢？利玛窦特别强调："吾今为子定孝之说。欲定孝之说，先定父子之说。凡人在宇内有三父，一谓天主，二谓国君，三谓家君也。逆三父之旨者，为不孝子矣。"② 这样在承认天主的前提下，也包括了"忠君孝父"的内容，完全符合中国传统社会"三纲五常"的核心价值。利玛窦上述调和工作迎合了中国士大夫的心理，受到了社会的宽容，以致徐光启在读了《天主实义》以后，竟然没有发现基督教与儒学有任何抵触之处。他说："百千万言中，求一语不合忠孝大旨，求一语无益于人心世道者，竟不可得。"③

反之，如果硬要坚持西方的价值观念和礼仪规范，与中国礼乐文化对抗，则会被中国拒之门外。如清代天主教的"中国礼仪之争"，规定中国的天主教徒不能祭祀祖宗，有违"孝道"，尽管康熙皇帝亲自写信向教皇解释也不能得到教皇的理解，康熙皇帝只能宣布禁教。这次禁教行动不仅使基督教的传教事业受到了极大的打击，也把中国拖进了闭关锁国的道路，失去了与世界增强联系、参与工业革命的机会。就基督教本身而言，丧失了明清之际由利玛窦、徐光启等人共同开创的重要的传播机会，没有完成中国化的历史使命，被挡在中国之外一百多年。

四 多元宗教和谐并存又不一家独大

（一）儒家"和而不同"的指导思想

汉武帝实行"罢黜百家，表彰六经"政策，把儒家学说变成国

---

① ［意］利玛窦：《天主实义今注》，第212页。
② ［意］利玛窦：《天主实义今注》，第213页。
③ 徐光启：《跋二十五言》。

家政治的意识形态，但并不是全部意识形态。按照马克思主义学说，一个社会可能存在着多种意识形态，如政治的、法律的、哲学的、伦理的、文艺的、宗教的，等等，但是作为直接指导国家政治运作的政治意识形态只能是一种。只有维持了政治意识形态的垄断性，才能保证"上有所持""下知所守"，维持政治权力的稳定。因此"罢黜百家"只是就政治领域而言，对于社会文化领域，先秦诸子的学说依然流传。所以汉代的"罢黜"不同于秦朝的"焚坑"，即使是在汉代受到严厉批评的法家学说，在文化领域也没有被"禁毁"，各种宗教更是可以自由信仰。

这种局面的出现，得益于儒家提倡一种"和而不同"的思想方式。春秋时代的史伯说："夫和实生物，同则不继。以他平他谓之和，故能丰长而物归之；若以同裨同，尽乃弃矣。……于是乎先王聘后于异姓，求财于有方，择臣取谏工而讲以多物，务和同也。"① 史伯认为君主应当能够听得下不同的意见，包容不同的文化，才会使自己的事业具有强大的生命力。孔子赞同史伯的观点，并将其提升到道德的高度："君子和而不同，小人同而不和。"② "和而不同"是君子相交之道，反之则是小人。《中庸》说："万物并育而不相害，道并行而不相悖。小德川流，大德敦化，此天地之所以为大也。"儒家认为世界万事万物都有自己存在的空间和道理，可以并行不悖，并育而不相害，懂得这样的治理之道，国家才能够广大和持久。从宗教治理的角度着眼，儒家"和而不同"的思想包括两方面的内容，一是国家、帝王应当允许不同的思想观念和宗教信仰的合法存在、差异表达；二是持有不同的思想观念、宗教信仰的人们也应当求同存异，相向而行。因此儒家与其他文化体系交往的时候，就表现出较大的宽容性、含摄性、亲和性，能够在与各种异质

---

① 《国语·郑语》。

② 《论语·子路》。

文化交往时和谐相处并吸收其长处。各种进入中国大地的外来文化如果想在中国生根，也需要接受"和而不同"的价值观念，在保持自身基本信仰的前提下，以不破坏社会整体和谐为底线进行文化的表达。

（二）多元宗教并存的理论与实践

两汉之际佛教从印度进入中国，于魏晋南北朝时期获得了快速发展。虽然佛教初传时与中国社会政治、经济、文化也存在诸种矛盾，但是佛教能够迅速完成中国化，乃是中国文化宽容性的最好证明。此时站在中华文化立场上的儒教和道教激烈批评佛教这种"外国宗教"，在政治、经济、文化、伦理、民族等领域进行了激烈的争论。但是三教之争尽管激烈，可完全否定对方存在价值、提倡排斥异教的人却是极少数。大多数学者或僧侣只是为自己信奉的教派争名次，因此三教冲突的结果是相互吸收，相互渗透，在碰撞中各自改变着自己的形态，三教冲突的过程也就成为三教融合的过程。三教融合的理论主要有三大类：一为本末内外论，二为均善均圣论，三为殊途同归论。

1. 本末内外论

玄学家在探讨儒、道两家关系时便立此论，沙门借内外论来说明佛、儒关系。东晋慧远说："求圣人之意，则内外之道可合而明矣。"① 孙绰在《喻道论》中讲："周孔即佛，佛即周孔，盖外内名之耳。"道教徒则多用本末来论说道、儒关系。东晋李充在《学箴》中说："圣教救其末，老庄救其本。"葛洪在《抱朴子·明本》中说："道者儒之本也，儒者道之末也"，所以他把研究道教方术的文章编为《内篇》，把研究社会问题的文章编为《外篇》。佛、道二教都是站在出世主义的立场上，把注重现世统治之术的儒家视为

---

① 慧远：《沙门不敬王者论》，《弘明集》卷一二。

外、末，把探讨彼岸天国的宗教看成内、本。儒家的立场正相反，从社会功用的角度研究三教关系，把儒学当作治国之本。晋傅玄认为："夫儒学者，三教之首也。"① 宋何承天说："士所以立身扬名，著信行道者，实赖周孔之教。"而佛教不过是治术之末流，"善九流之别家，杂以道墨慈悲爱施"。（《答宗居士书》）三教对"本"的理解不同，且都有自我中心的倾向，但也承认其他教在中心之外的辅翼地位。

2. 均善均圣论

此论较之内外本末论有更强的调和三教关系的倾向。它承认三教各有利弊，可以互补，故都有存在的必要。如宋慧琳所作《白黑论》，又名《均善论》，主张："六度与五教并行，信顺与慈悲并立。"② 梁代名士沈约作《均圣论》说："内圣外圣，义均理一。"③ 王褒论三教特点时说："儒家则尊卑等差，吉凶降杀，君南面而臣北面，天地之义也。""道家则堕肢体，黜聪明，弃义绝仁，离形去智。释氏之义，见苦断习，证灭循道，明因辨果，偶凡成圣"。可以说他在一定程度上抓住了三教巩固宗法制度的不同作用。他表示自己"既崇周孔之教，兼循老释之谈"。④ 他的思想实际代表了当时统治者三教并重的文化政策。

3. 殊途同归论

当时的人们借用《周易·系辞》中"天下同归而殊途，一致而百虑"的说法，为文化开放、三教兼容进行论证。东晋慧远说："道法之与名教，如来之与尧孔，发致虽殊，潜相影响；出处诚异，终期则同。"⑤ 顾欢的《夷夏论》排佛最激烈，但他也承认："道则

---

① 《晋书》卷四七《傅玄传》。
② 《南史》卷六八《夷貊传上》。
③ 《全梁文》卷二九。
④ 《梁书》卷四〇《王规传》。
⑤ 慧远：《沙门不敬王者论》，《弘明集》卷一二。

佛也，佛则道也。其圣相符，其迹相反"[1]，佛道二教最终还是可以同一的。北周道安《二教论》说："三教虽殊，劝善义一，途迹诚异，理会则同"，三教最后同归于劝善化俗。在巩固宗法等级制度这个大目标，实际也就是在儒家纲常名教的旗帜下，三教终于找到了相互吸引、相互补充、相互融合的基础。

在三教融合论的影响下，三教并行不悖的观念逐渐深入人心。在帝王、大臣、名士、僧侣和道士之中，三教兼修或二教兼修的人越来越多。如支遁佛玄兼长，执东晋清谈界牛耳。慧远"内通佛理，外善群书"，精通《丧服经》。[2]宋文帝除赞扬佛事外，又立儒、玄、文、史四学。谢灵运精通儒术，又笃信佛法，宣扬顿悟论。齐竟陵王萧子良兼崇儒佛，多次在家中集合名僧名士讨论佛、儒理论。张融兼信三教，死葬时"左手执《孝经》《老子》，右手执小品《法华经》"[3]。梁武帝身为帝王，但对三教经典都很精通，大煽三教会同之风。道士陶弘景兼崇佛、道，又习儒术，著《孝经集注》《论语集注》。三教兼宗的实践在上层人士中蔚成风气，从而形成了一种比较宽松、宽容的社会风气。学者不拘一教，多元吸收，推动了三教理论的相互适应与融合，形成了最有利于宗法社会的政治文化。

唐宋时代中国成为世界上经济最发达的地区，随着陆地和海上丝绸之路的开通，大量西域、大食、大秦等地的商人纷纷到中国贸易，他们也把自己的宗教信仰作为"家风土俗"带到了中国。在中国史籍中，祆教、景教（基督教一个支系）、摩尼教、伊斯兰教、犹太教都曾传入中国。外国的使节、客商不仅得以保存自己的信仰，一些外国的宗教家还能够在中国建寺、传教。元代天主教进入

---

[1] 《南齐书》卷五四《顾欢传》。
[2] 《高僧传》卷一四。
[3] 《南史》卷三二《张融传》。

中国，被蒙古人称为也里可温教。他们无一例外都接受了儒家"和而不同"的思想，及时调整自己的价值观念，不适合中国文化的排他性理念，以维护王权、教化民众、"合儒"、"合道"等形象谋求立足之地。

再如，明清之际耶稣会传教士利玛窦进入中国传教，写了一本介绍天主教的书《天主实义》。凭借十多年深入研究儒家经典的学术功底，他从中国古代经典中找出很多可以借用的文化资源来向中国的士人传教。他说："吾天主，乃古经书称上帝也。"[①] 他广征博引《尚书》《周易》《诗经》《礼记》《中庸》等十余条，证明三代的中国也是信仰上帝的，古书中的上帝就是基督教崇拜的耶和华。"历观古书，而知上帝与天主，特异以名也。"[②] 儒家经典中多引用"鬼神"概念，说明古代圣人并不是无神论，而宋儒的无神论倾向并不合先秦儒学的本意。利玛窦指出："故仲尼曰：'敬鬼神而远之。'彼福禄、免罪，非鬼神所能，由天主耳。而时人谄渎，欲自此得之，则非其得之之道也。夫'远之'意与'获罪于天，无所祷'同，岂可以'远之'解'无之'，而陷仲尼于无鬼论之惑哉？"[③] 也就是说，儒家认为人生的得失、祸福是天道决定的，并非鬼神决定的，因此不应当谄媚鬼神，而应当与之保持距离，并不是否定鬼神的存在。利玛窦认为儒家的核心理念"仁"，就是基督教的"爱"，他说："然爱天主之效，莫诚乎爱人也。所谓'仁者爱人'，不爱人，合一验其诚敬上帝与？"[④]

利玛窦的这种"合儒"策略可能并不完全符合基督教的本意，被一些坚持所谓"本真"的传教士视为离经叛道。但恰恰是利玛窦这种中国化的基督教才能够被中国的士大夫阶层接受，获得传教的

[①] ［意］利玛窦：《天主实义今注》，第99页。
[②] ［意］利玛窦：《天主实义今注》，第101页。
[③] ［意］利玛窦：《天主实义今注》，第131页。
[④] ［意］利玛窦：《天主实义今注》，第195页。

合法性。因为利玛窦从经典中找到的不仅是"上帝""鬼神""仁爱"等词汇，更多的是"和而不同""殊途同归"的思想方法。他主动放弃了基督教排他性的"一神信仰"，用"求同存异"的方法尽量在中西文化中寻找共同点，减少差异点，从而获得了明末清初天主教的快速传播。而利玛窦去世后的继任者们，一再强调中国的"上帝"并不是他们的天主，他们信仰的"DEUS"，只能用音译"陡斯"，或称为"神"，不许称为"上帝"；坚持不许崇拜偶像的戒律，不许中国教徒在家祭祀祖宗，在官场祭祀孔子……结果这样"纯洁"的基督教在中国开始变得寸步难行。

（三）多元宗教并存成为国家政策

到了隋唐时代，"三教并重"和"三教并奖"成为国家政策，并一直坚持到清代。三教并奖政策开始形成于隋文帝时代，他首先指出儒教的重要性："礼之为用，时义大矣。黄琮苍璧，降天地之神，粢盛牲食，展宗庙之敬，正父子君臣之序，明婚姻丧纪之节。故道德仁义，非礼不成，安上治人，莫善于礼。自区宇乱离，绵历年代，王道衰而变风作，微言绝而大义乖，与代推移，其弊日甚。至于四时郊祀之节文，五服麻葛之隆杀，是非异说，踳驳殊涂，致使圣教凋讹，轻重无准。朕祗承天命，抚临生人，当洗涤之时，属干戈之代。克定祸乱，先运武功，删正彝典，日不暇给。今四海乂安，五戎勿用，理宜弘风训俗，导德齐礼，缀往圣之旧章，兴先王之茂则。"[①] 对于国家来说，最重要的治国纲领就是儒家的"礼"，只有儒家的礼乐制度才能"正父子君臣之序"，论证宗法等级制度。所以"黄琮苍璧"的天地祭祀，"粢盛牲食"的宗庙祭祀，都是国家大事。但是由于连年战乱，致使儒家"五礼"紊乱，国家祀典不修。所以他在仁寿二年（602年）令杨素、苏威、牛弘、薛道衡等

---

① 《隋书》卷二《文帝纪下》。

人修定五礼，全面恢复儒教。

隋文帝本人出生在尼姑庵中，对佛教抱有虔诚的信仰，他却基本摆平了佛、道二教关系。开皇二十年（600年）发布诏书规定："佛法深妙，道教虚融，咸降大慈，济度群品，凡在含识，皆蒙覆护。所以雕铸灵相，图为真形，率土瞻仰，用申诚敬。其五岳四镇，节宣云雨，江、河、淮、海，浸润区域，并生养万物，利益兆人，故建庙立祀，以时恭敬。敢有毁坏偷盗佛及天尊像、岳镇海渎神形者，以不道论。沙门坏佛像，道士坏天尊者，以恶逆论。"[1] 这道诏书明确指出，佛教与道教同样圣明，具有同样的社会功能，国家实行同样的保护政策。凡有破坏佛教、道教寺观者，以不道罪论处；而身为沙门、道士敢有破坏佛像、天尊像者，以恶逆罪论处。

在"和而不同""万物并育而不相害""求同存异"等治理观念的指导下，中国历代政府对各种外来的、土生的宗教，只要服从政府管理即准予存在和发展，使中国成为一个多元宗教并存的国家。正如西方宗教学家保罗·尼特在他的著作《一个地球，多种宗教》中文版序言中指出："中国这个宗教多元的国家，在她过去两千多年就已经成了一个宗教共存的国家。"[2]

亚当·斯密在《国富论》中强调：当政治与宗教划清界限，每一个教派必然尽其所能地迎合信众需求以争取生存，如果社会衍生出数百、数千个小教派，那么教派间的竞争将会极大地缩小宗教势力的危害。[3] 亚当·斯密所说是欧洲宗教改革以后的场景，但是在某种意义上说，这一点在古代中国就做到了，原因就在于中国由儒学这样一种世俗主义、理性主义的哲学作为政治意识形态，因此不

---

[1] 《隋书》卷二《文帝纪下》。

[2] ［美］保罗·尼特：《一个地球，多种宗教》，王志成、思竹译，宗教文化出版社2003年版，"中文版序言"第2页。

[3] 参见［英］亚当·斯密《国富论》，贾拥民译，中国人民大学出版社2016年版，第874页。

会出现因超验信仰的差异而利用行政力量对其他宗教造成明确的、长期的歧视和打压，在很大程度上保障了民众的宗教信仰自由，不会出现欧洲黑暗中世纪"国教统治"下的排斥异端、宗教裁判所等桎梏。另一方面，如果国家将某一种宗教宣布为"国教"，用行政力量强迫人民接受，不仅会伤害宗教信仰自由的原则，更容易造成某种宗教一家独大，有可能形成对国家政权的冲击。欧洲中世纪激烈的政教冲突、宗教战争，都与政治、经济实力强大的罗马教廷的存在有关。因此多元宗教并存也成为中国古代国家统一、政治安定的独特优势。

五 "以教辅政"成为宗教治理的双赢结果

（一）协商沟通是宗教治理的有效手段

中国古代虽然是君主制国家，但是在一个成熟的治理体系内，国家也不总是被帝王一个人的意志所左右。儒家的民本思想，开明政治家设计的一系列复杂的治理制度，使得大多数时候帝王也只是这个体系中的一员，整个治理体系在指引着社会的发展。中外政治学家的研究指出：国家治理不同于管理，它不是只有一个主体而是多个主体；它不仅关注社会的稳定，更注意问题的解决；它不仅只有控制、操纵、压服等强制手段，还具有协商、对话、妥协等艺术。因此治理的效果不仅是被治理者的服从，更多是被治理者心甘情愿的理解、支持、配合。

儒家具有丰富的民本思想，《尚书·五子之歌》有云："民惟邦本，本固邦宁"；孟子提出："民为贵、社稷次之、君为轻"[①]；荀子有一个形象的比喻："君者，舟也；庶人者，水也。水则载舟，水则覆舟"[②]。因此历代统治者都知道，得民心者得天下，失民心者

[①] 《孟子·尽心下》。
[②] 《荀子·王制》。

失天下。西周周公说："人无于水监，当于民监。"① 把人民的意见当成执政者的镜子。为此，历代政府寻找不同的采集民意的方法，尧舜"设谏鼓，立谤木"，西周建立"采风"制度了解民情，春秋时期"子产不毁乡校"得到孔子的赞扬，秦汉之后不断完善的"谏议"制度，等等。在采集民意之后还需要求得民意的赞同，也包括了与各种社会势力进行政治协商的含义，据中国学者考据："汉语'协商'的协（協）字，意为'众之同和也'（段玉裁《说文解字注》卷三），译为现代汉语的意思为众人同声应和、一齐发力。'商，从外知内也'（段玉裁《说文解字注》卷三），意为'对事物的了解由外及内'。'协（協）商'一词含义为：众人讨论、交流，得出判断。协商的功能通过'议'、'讨论'、'谏'、'诤'等语词表现出来，从上述汉字的结构可以发现，表意汉字'协商'多与'言'有关。"② 当然儒家的民本思想是一种理想的国家治理状态，并不是每一个统治者都能够真正理解、实行。即使开明的统治者，也不可能做到在每一件事情上都进行充分的协商沟通。但是从实践效果看，中国历史上和平发展的时间多，分裂战乱的时间短，说明完全不顾民意一意孤行、倒行逆施的帝王只是少数。

中国历代以民为本、协商议政的传统在宗教治理活动中也有很明显的体现，大多数统治者能够事先与群臣、宗教人士协商沟通，避免对政教关系造成伤害。而少数制造"法难"的君王，则往往是刚愎自用、独断专行、蛮横拒谏，将错误的政策推向极端。例如东晋末年，秉政的太尉桓玄为了维持皇权的至尊地位，准备代皇帝下达诏令沙门必须礼敬王侯。但是在诏令下达之前，他还要与同朝的"八座"（"八座"指东晋时期任吏部、祠部、五兵、左民、度支五部尚书，尚书左、右仆射，尚书令等八个要职官员）商量，写了

---

① 《尚书·酒诰》。
② 毕霞：《协商与治理的话语重构》，《天津市委党校学报》2016年第6期。

《与八座书论道人敬事》。尽管桓玄已经位居太尉，但是"八座"里"中军将军尚书令宜阳开国侯桓谦"和"领军将军吏部尚书中书令武刚男王谧"回信反对桓玄的主张，并推荐东晋佛教领袖慧远与桓玄讨论，后来才有了慧远的名著《沙门不敬王者论》。慧远向桓玄反复说明佛教的社会价值和政治意义，同时政治形势也开始不利于桓玄，他只得放弃了强迫要求沙门致敬的行政命令。

再如，唐太宗李世民是中国历史上杰出的政治家，他个人不信仰佛教，也不信仰道教，但是为了巩固唐王朝的统治地位，在宗教政策上执行"道先佛后"，规定在各种国家活动中，道士、女冠排在和尚、尼姑之前。这项政策遭到了佛教界的抗议，因为佛教势力远远超过道教，佛教徒对此十分不服，激烈反对皇帝的诏令。结果高僧智实护法亡身，佛教领袖法琳被流放。在这件事之后二年（贞观十五年，641年），李世民考虑到佛教的巨大影响，决定亲自出马与佛教人士沟通、安抚。他以"九五之尊"的身份屈尊降贵临幸宏富寺，对佛教徒进行一些安抚和解释，"帝谓僧曰：'比以老君是朕先宗，尊祖重亲，有生之本。故令在前，师等大应恨（恨）恨。'寺主道懿奉对陛下：'尊重祖宗，使天下成式。僧等荷国重恩，安心行道，诏旨行下，咸大欢喜。岂敢恨恨。'"[①] 李世民的问话如同拉家常，自然随意，不回避矛盾，但又诚恳直白，意图争取和尚们的理解。他又推心置腹地解释道："朕以先宗在前，可即大于佛也。自有国已来，何处别造道观？凡有功德，并归寺家。国内战场之始，无不一心归命于佛。今天下大定，战场之地并置佛寺。乃至本宅先妣，唯置佛寺。朕敬有处，所以尽命归依，师等宜悉朕怀。彼道士者，止是师习先宗，故位在前。今李家据国，李老在前；若释家治化，则释门居上，可不平也？"[②] 李世民摆事实说：自

[①]《大藏经》第52册《集古今佛道论衡卷丙》。
[②]《大藏经》第52册《集古今佛道论衡卷丙》。

己执政以来，只在旧战场建立了七座佛寺，并在皇宫为母后建立佛教寺院，并未新建道观，可见自己始终是重视佛教的。李世民做了这些表白之后，"僧等起谢，帝曰：'坐。是弟子意耳，不述不知。天时大热，房宇窄狭，若为居住，今有施物可造后房，使僧等宽展行道。'"[①] 他自称佛弟子，而且关心僧人们的生活起居，让他们扩建住房，体现了帝王的亲民精神，在一定程度上消解了佛教徒的不满情绪。可见即使在王权绝对压倒教权的中国，帝王处理宗教问题如果想获得良好效果，也需进行协商沟通。正是有这些具体耐心的沟通工作，所以在唐朝初年"三教并奖"的政策得到了贯彻执行，各种宗教都自觉为国家效力。

（二）宗教组织自觉配合国家教治理

由于儒家"敬而远之""和而不同"观念的引导，历代政府尽力与各种宗教深入沟通，最大限度地取得宗教领袖的支持，达到引导历代各种宗教积极配合、辅助政府教化民众，保证国家统一、促进社会和谐发展的目的。除了在各个朝代制造各种舆论为当权者作"君权神授"的证明，宗教大师更注重对于皇权文化的论证，具体而言主要就是"神化"儒家伦理"三纲五常"。

东汉、三国时期佛教初传，为了说明自身的存在价值，高僧们借用儒家的"神道设教"思想，主动使用"教化"的概念自我定性。如三国时期西域僧人康僧会所译《六度集经》说佛祖"以五戒、六度、八斋、十善，教化兆民，灾孽都息，国丰众安，大化流行，皆奉三尊"[②]。这样就把佛教的历史使命直接定义为协助君王教化百姓。吴月氏国居士支谦译《佛说阿弥陀经》卷下说："佛言：我皆哀若曹及诸天帝王人民，皆教令作诸善。不为众恶，随其所能辄授与道，教戒开导悉奉行之。则君率化为善，教令臣下，父教其

---

① 《大藏经》第 52 册《集古今佛道论衡卷丙》。
② 《六度集经》卷七，《大正藏》第 3 册。

子，兄教其弟，夫教其妇。室家内外亲属朋友，转相教语作善为道。"① 虽然佛教教化民众的方法与儒家有异，但是他们所要达到的目的是完全一样的，即在教化的过程中，也是君教臣、父教子、兄教弟、夫教妇，与"三纲"规定的主从顺序完全相符。唐代高僧法琳在《辩正论》中指出："且书有五常之教，谓仁义礼智信也。愍伤不杀曰仁，防害不淫曰义，持心禁酒曰礼，清察不盗曰智，非法不言曰信。此五德者，不可造次而亏，不可须臾而废。王者履之以治国，君子奉之以立身。"② 三纲五常是中国古代社会的治国纲领，是天下臣民的安身立命之本。否定了三纲五常，就会动摇整个建立在宗法家族制度上的中央集权制度的基础。佛教自觉地用他们的戒律"五戒"来附会"五常"，将不杀生称为仁，不淫邪称为义，不饮酒称为礼，不偷盗称为智，不妄语称为信。法琳认为佛教的五戒不仅可以发挥儒家五常的政治文化作用，而且还有比五常更高明的地方。他又说："五教之职禁其现非，五戒之谟防其来过。五教事彰为罪（言杀盗事露获贼状者官始结正而成罪也），五戒口动成辜。"③ 由于儒家是不讲来世的，所以伦理教化以现世为度，而佛教讲三世因果，可以对罪恶行为的果报进行更为灵活的解释。儒家的五教只有构成现实的犯罪后才能惩戒，而佛教的五戒则把人的一动念、一张口即看成"作业"，要人们提防。这样对于提升人民的道德素质，防范犯罪，促进社会安定，具有儒家文化不具备的意义。

　　道教是在中国牢固的君权至上文化氛围中生长起来的宗教，自觉把自己摆放到协助君王治理国家的"君师"的地位。《太平经》卷一说："君圣师明，教化不死，积炼成圣，故号种民。种民，圣贤长生之类也。长生大主号太平真正太一妙气、皇天上清金阙后圣

---

① 《大正藏》第 12 册。
② 《大正藏》第 52 册。
③ 《大正藏》第 52 册。

九玄帝君，姓李，是高上太之胄，玉皇虚无之胤。"老子是道教的始祖，《太平经》认为他"教化不死，积炼成圣"，圣君明师教化百姓，还可以积累长生功德。这也是道教长生理论中的政治文化本色。《老子想尔注》说："上圣之君，师道至行以教化。天下如治，太平符瑞，皆感人功所积，致之者道君也。"作者认为，最好的君主称为"道君"，他们以"道"教化天下，使天下大治，符瑞呈现，乃民心感动天意所致。魏晋时期的道教思想家葛洪作《抱朴子》，对早期道教理论进行了大幅度改造。在《诘鲍》篇中，他对早期道教思想家鲍敬言主张平均主义的"无君论"进行了批判。"贵贱有章，则慕赏畏罚；势齐力均，则争夺靡惮。是以有圣人作，受命自天。"这样，葛洪就完全回到了儒家的"君权神授"的"纲常理论"，使道教理论变成辅助君主专制制度的工具。他甚至用汉儒的口吻说："夫君，天也，父也。君而可废，则天亦可改，父亦可易也。"[①] 这与董仲舒"王道之三纲可求于天"如出一辙。

明末基督教再次传入中原，也是打着"援儒""补儒"的旗号，以辅助政治的面貌出现。利玛窦作《天主实义》一书向中国的士大夫介绍天主教，在"天主实义引"中开明宗义："平治庸理，惟竟于一，故贤圣劝人以忠。忠也者，无二之谓也。五伦甲乎君，君臣为三纲之首。夫正义之士，此明此行。"[②] 利玛窦对中国的社会、文化、经典有深刻的了解，知道中国当时社会的核心价值是"三纲五常"，因此著书立说，首先声明对于纲常伦理的恪守。利玛窦还附会儒家的孝道说：教徒行孝道要尽三方面的义务，即向至高无上的天父"上帝"尽孝，向一国之父"君主"尽孝，向生身之父尽孝。这也是一种对儒家纲常伦理的全面认同。利玛窦说："夫化生天地万物，乃大公之父也，又时主宰安养，乃无上共君也。世

---

① 《抱朴子·两规》。
② ［意］利玛窦：《天主实义今注》，第75页。

人弗仰弗奉，则无父无君，至无忠，至无孝也。忠孝蔑有，尚存何德乎？"① 他把践行忠君孝父当成一切道德之根基。

为了论证伊斯兰教在中国存在的合理性，明代回儒王岱舆提出"二元忠诚"论。他说："人生在世三大正事，乃顺主也，顺君也，顺亲也。"② 全世界的穆斯林都必须认同"认主独一"的原则，对于回族这样一个少数民族来说，放弃了"认主独一"将会因丧失民族特色被同化掉。但是在中国仅仅如此是不够的，还需要"顺君""顺亲"，即表示对"三纲"的认同。中国古代的宗教治理不干涉民众的信仰，但是教徒在社会义务方面必须恪守纲常伦理，这是政治认同。他还用伊斯兰教的"五功"来诠释儒家的"五常"：认为念经不忘主则是仁心，施真主之赐予穷人为义，拜真主与拜君亲为礼，戒自性为智，朝觐而能守约为信。这是对中华文化的全面认同，也使伊斯兰教与中国的宗法社会制度相互适应了。

经过各种宗教领袖对教义教规的解释和阐发，终于找到了自身在宗法社会中的合适地位，积极发挥了辅助政治的社会作用。

第三节　宗教治理的成功经验

中国与世界上大多数国家一样存在多种宗教，但是中国五千多年历史上，中原地区没有宗教战争，严重的宗教迫害次数不多、时间也不长，这不能不说得力于中国古代政府建立了总体相对开明、理性、实用、有效的宗教治理体系。③ 根据笔者的研究，古代政府相对成功的宗教治理经验有以下几个方面。

---

① [意]利玛窦：《天主实义今注》，第214页。
② 王岱舆：《正教真诠》，宁夏人民出版社1987年版，第89页。
③ 当然少数时候也有专断、蛮横、极端、无效的治理实践，如历史有名的"三武一宗"佛教发难，下文详细分析其原因和后果。

一　政治上保持政教之间的适度张力

张力原是一个物理学名词，指物体受到拉力作用时，存在于其内部而垂直于两邻部分接触面上的相互牵引力。例如，被拉伸的弦、绳等柔性物体对拉伸它的其他物体的作用力，或被拉伸的柔性物体内部各部分之间的作用力。这个概念被引申到哲学层面，就被用来表述矛盾双方既对立又统一的状态。任何国家政权与宗教之间，都会存在一些张力，这种张力既包括来自政府对宗教的压力，也来自宗教对政府的反作用力。当一个社会政教之间张力适当时，双方的关系就处于一种平衡状态，使矛盾的统一体不至于破裂，也就是政教和谐状态。如果一方作用力过大，使另一方不能忍受了，就会爆发激烈的政教冲突。中国历代宗教治理的经验之一，就是使这种张力保持在一个适度的水平，既不会因为宗教的过度发展而造成中央集权治理体系的动摇，也不会影响宗教的正常发展，满足民众的正常信仰需求。

特别需要说明一点，这里所指的张力问题主要适用于国家承认的正统宗教，那些处于地下反政府状态的民间宗教不在此列。对于反政府的宗教，历代政府都是实行严厉的打压政策，不是政府消灭了宗教，就是由宗教发动的民间起义推翻了政府，改朝换代，也就没有保持平衡的适度张力问题了。这种张力一方面表现为政府对宗教的限制、打压、管理政策，也包括思想家对宗教的揭露、声讨、批判；另一方面，也包括宗教人士或信教的士大夫对宗教合理性的解释、阐明、伸张。最后的结果往往是双方在激烈的辩论中相互妥协，形成一种双方都可以接受的现实。中国历代政府与各种宗教之间都存在一定水平的张力，我们以信教人数最多、影响最大的佛教为例说明这个问题。国家与宗教之间政治上的张力主要表现在政权与教权、宗教与法律、宗教与民族、有神与无神等问题上，我们分别说明之。

（一）政权与教权之间的张力

在印度，佛教在其创立后的一千多年时间里，具有崇高的社会地位，许多王朝都将佛教尊为国教，给予他们在家不拜父母、入朝不拜君王的特殊权利。之所以会形成这种状态，与古印度的政治局势有关。当时的古印度诸侯林立，权力分散，而佛教则具有统一的组织，社会影响巨大，所以各诸侯国的君主对佛教高度依赖，因此也乐于给他们各种特殊权利。但是中国的情况却与此完全不同，当佛教传入中国时，中国已经形成了相对稳定的宗法家族社会和中央集权治理体系，在思想观念上，儒教作为国家的政治意识形态，基本可以满足论证权力合法性的需要。如果说有所缺乏，儒家文化相对欠缺仅仅存在于个人精神信仰层面。因此中国的帝王绝不许佛教和道教染指政治事务，凌驾于政治权力机构之上更是非分之想。从东晋时期就开始了关于沙门是否应当拜王问题的争论，实质上不是教权是否可以不服从政权的争论，而是宗教组织是否有不同于普通臣民的特殊权利。

这场争论最早爆发在东晋成帝咸康六年（340年），当时庾冰辅政，"帝在幼冲，为帝出诏，令僧致拜"[1]。他在《诏书》中阐述的理由是："礼重矣，敬大矣，为治之纲尽于此矣。万乘之君非好尊也，区域之民非好卑也。而卑尊不陈，王教不得不一，二之则乱。斯曩圣所以宪章体国所宜不惑也。"[2] 君为臣纲，君尊臣卑，这是君主集权社会的"国宪"，如果和尚不拜君王，搅乱"国宪"，必然会引起天下大乱。晋安帝元初中（约400年），沙门是否拜王的争议再起，当时的太尉桓玄大权独揽，为了树立自己的威信，他重提沙门敬王的话题。他借老子"故道大、天大、地大、王亦大"

---

[1] 《广弘明集》卷二五。
[2] 《弘明集》卷一二。

的"四大"说，认为王是天地间的主宰者，"沙门之所以生生资存，亦日用于理命。岂有受其德而遗其礼，沾其惠而废其敬哉？既理所不容，亦情所不安"①。

除了拜王的礼仪问题，政治安全也被提了出来。梁武帝时，反佛名臣荀济批判佛教说："其释种不行忠孝仁义，贪诈甚者号之为佛。佛者戾也，或名为勃，勃者乱也。"由沙门不敬王者的礼仪，荀济便推导出佛教反对忠孝仁义，就是勃乱之人。荀济进而认为："法席聚会，邪谋变通。称意赠金，毁破遭谤。此吕尚之《六韬》秘策也。"②两晋南北朝时期，佛教经常举行大规模法会，宣讲佛法，扩大社会影响。荀济说这种法会是一种非法聚集，是佛教图谋政变的一种策略，如同兵法《六韬》中的密谋之策。一旦佛教力量壮大，就会颠覆朝廷。荀济的言论虽有很多主观夸大、过度引申的成分，却也真实表现出世俗的统治集团对佛教迅速发展的担忧。

第三个问题是政治文化的主导性问题。韩愈是唐代的儒林领袖，倡导辟佛老之说，恢复儒家文化的道统。他在《原道》中说："博爱之谓仁，行而宜之之谓义；由是而之焉之谓道，足乎己无待于外之谓德。"韩愈所说的道统，就是儒家的纲常伦理，也就是儒家政治文化的核心价值观念。道统来自历代圣王，"尧以是传之舜，舜以是传之禹，禹以是传之汤，汤以是传之文、武、周公，文、武、周公传之孔子，孔子传之孟轲。轲之死，不得其传焉。"正是由于儒家道统的失传，所以才有了佛教和道教的兴盛。"周道衰，孔子没，火于秦，黄、老于汉，佛于晋、魏、梁、隋之间。其言道德仁义者，不入于杨，则入于墨；不入于老，则入于佛。"在正统的儒家学者眼中，佛教是一种从外国传来的夷狄之道。"今也举夷

---

① 《弘明集》卷一二。
② 《广弘明集》卷七。

狄之法，而加之先王之教之上，几何其不胥而为夷也！"① 如果任由佛教无限发展，中国正统文化将丧失主导地位，中国也就会变成夷狄之国了。所以他以孟子的继承人身份自居，像孟子辟杨、墨一样站出来辟佛、老。中国社会的政治文化，无论如何不能由佛、老一类的宗教文化作为主导。韩愈的《原道》被视为宋明理学的先声。之后一千多年，宋明儒生们都以"辟佛老""续道统"为己任，在思想上竭力批判佛教，包括很多著名的理学家，如张载、朱熹、王阳明等。

　　面对儒臣气势汹汹的批判，佛教界人士积极应对，其中东晋佛教领袖慧远的《沙门不敬王者论》成为一篇水平最高的代表作。慧远首先明确了中国佛教的社会地位，他将信仰佛教的人分成了两类，一类是不出家的信仰者，"在家奉法，则是顺化之民。情未变俗，迹同方内。故有天属之爱，奉主之礼"。他们应当像其他社会成员一样礼敬君亲。另一类则是出家的僧尼，"出家则是方外之宾，迹绝于物。其为教也，达患累缘于有身，不存身以息患；知生生由于禀化，不顺化以求宗。求宗不由于顺化，则不重运通之资，息患不由于存身，则不贵厚生之益。此理之与形乖"。对于出家人来说，佛教把生命、身体、财富等世俗社会认为最有价值的东西，统统看成"患累"，故他们明知生命禀化于自然，但是却不顺化以求生。正因为佛教"求宗"之路与儒家"生生之大德"、道教"长生久视"的原理相反，因此出家僧人的服饰、礼仪都与世俗之人不同。尽管沙门应当保持不敬王侯的礼俗，但是，"夫然，故能拯溺俗于沈流，拔幽根于重劫，远通三乘之津，广开天人之路。如令一夫全德，则道洽六亲，泽流天下。虽不处王侯之位，亦已协契皇极，在宥生民矣"。② 佛教以自己绝欲苦行的宗教实践，可以在社会上树立

---

① 《昌黎先生文集》卷一一《杂说·原道》。
② 慧远：《沙门不敬王者论》，《弘明集》卷五。

一面高尚的道德旗帜,在精神上拯救世人。故从家庭角度看,一人"全德",则六亲皆沾其恩惠;从国家的角度看,僧侣虽不处王侯之位,但可以发挥辅助王化的特殊作用。而这一切,都需要统治者允许佛教徒保持独立的行为方式为前提。

为了论证宗教与国家复杂的张力关系,慧远提出了一个具有相当抽象性的命题:政教"乖合论"。慧远说:"详而辩之,指归可见。理或有先合而后乖,有先乖而后"[1],但是结果却是一致的,必汇通于天下大同。从佛教的道理看,政治与宗教的关系可以分成"先合后乖"和"先乖后合"两种情况。换成今天我们的语言,就是先统一后矛盾,或先矛盾后统一。明白了政教"先合后乖"或"先乖后合"的关系,就可以得出一种认识,即不必强求表面上的礼仪统一。慧远的理论虽然当时只是为了沙门敬王问题而设,仅仅在两晋南北朝时期维持了一段时间,在隋唐大一统的时代就终结了,但是它所涉及的问题却具有长期性,即政治与宗教必然会保持一定的差异性,不可能完全同一。两晋之后的大多数王朝统治者,从儒家"和而不同"的辩证精神接受了这种政教"乖合论",使政治与宗教保持了一定的张力,从而发挥了政教双方的最佳效益。

(二)宗教与法律的张力

按照古印度的传统,世俗法律止于寺门之外,沙门犯罪以佛教的戒律加以惩罚,不必官府过问。在中国实行这样的特权以后,一方面有些僧人犯罪后并没有受到应有的惩罚;另一方面,有些社会上的犯罪分子一旦剃去头发,穿上袈裟,就可以逃避世俗法律的制裁。这样就在一段时间内,使寺院成为容纳犯罪分子的大本营,故引起社会各方的抨击。如刘宋世祖时庐陵内史周朗上书皇帝说:"自释氏流教,其来有源,舒引容润既亦广矣。而假糅医术,托以

---

[1] 慧远:《沙门不敬王者论》,《弘明集》卷五。

卜数。外刑不容，内教不悔，而横天地之间，莫之纠察。今宜申严佛律，裨重国令。其疵恶显著者，悉宜罢遣。"① 周朗指出：一些佛教徒假托医、卜、数术，行犯罪之实，但世俗法律对其不能制裁，可佛教的戒律又不加教诲，致使对于沙门犯罪无法管理。所以应当下令依照佛律、国法，严惩犯罪沙门，对有罪之人，坚决罢遣。荀济攻击佛教："聚合凶徒，易衣削发，设言虚诈，不足承禀。九十六道，此道最贪。"② 北魏太武帝灭佛，直接的导因也是由于在长安寺中发现了一些沙门违法的行为。太武帝灭佛的理由之一，就是要用统一的律法，整治沙门的犯罪行为。

对于沙门犯罪问题的指责，佛教进行了反驳，《牟子理惑论》指出："工输能与人斧斤绳墨，而不能使人功；圣人能授人道，不能使人履而行之也。皋陶能罪盗人，不能使贪夫为夷齐；五刑能诛无状，不能使恶子为曾闵。尧不能化丹朱，周公不能训管蔡，岂唐教之不著。周道之不备哉。"牟子的反驳在道理上是十分充足的：道德教育只能引导人们向善，但不能保证被教育者个个都成为善人。儒家所提倡的圣贤之道，也是如此。尧不能教育好自己的儿子丹朱，周公也有叛乱的弟弟管叔、蔡叔，这里还有一个接受者个人的主观选择问题。"譬之世人学通七经，而迷于财色，可谓六艺之邪淫乎？"儒学博士中也难免有学通七经、迷于财色者，又何必苛求佛教呢？

佛教徒不仅有对问题的解释，更重要的是想办法使问题得到解决。两晋时期的名僧道安，在建立僧尼规范方面产生了很大的社会作用。《高僧传·道安传》载："安既德为物宗，学兼三藏，所制僧尼轨范，佛法宪章，条为三例：一曰行香定座，上经上讲之法；二曰常日六时行道，饮食，唱时法；三曰布萨、差使、悔过等法。

---

① 《广弘明集》卷六。
② 《广弘明集》卷七。

天下寺舍，遂则而从之。"佛教传入中国后相当一段时间内，一直被视为一种方术式的左道旁门。这一方面是由于国人对佛教尚缺乏了解，另一方面也由于中国僧人缺乏严格的戒律，未建立严密的组织。有了这些科仪轨范，僧侣行为趋于统一，僧团组织活动有据可依。这样，佛教才表现出与方术之士的原则区别，沙门犯罪问题也随之减少。

由于僧团的坚持和辩解，加上严格戒律的具体实行，佛教逐渐得到了社会舆论的理解，同时，政府也在管理沙门犯罪问题上做了一些设计，如北魏政府在永平元年秋《僧犯付昭玄诏》中规定："缁素既殊，法律亦异。故道教彰于互显，禁劝各有所宜。自今已后，众僧犯杀人已上罪者，仍依俗断，余犯悉付昭玄，以内律僧制治之。"[①] 这样就形成了一种定制，轻罪可以由寺院自己依佛律处置，而杀人一类的重罪还要交世俗衙门处置，从此成为历朝定制。由此可见中国历代宗教治理过程的特点，即并非只关注领导与服从的关系，更关注具体问题的解决。在国法与教规之间，除了教规必须服从国法的一面，还充分考虑宗教戒律普遍严于社会规范的一面，为教团自治预留了相当的政策空间。宗教教团可以依靠自身的清规戒律解决轻度的犯罪行为，既不会影响社会的公正，也不给社会添麻烦。

（三）佛教传入引发的民族问题

我国著名佛教史学家汤用彤先生指出："南朝人士所持可以根本推翻佛法之学说有二，一为神灭，一为夷夏。因二者均可以根本颠覆释教。故双方均辩之甚急，而论之至多也。"[②] 在政教之间张力关系中，这两个问题都对佛教具有一票否决性质，我们先讲第二个。因为在当时南北对峙的时局中，把佛教说成敌方的"夷狄之

---

① 《魏书》卷一一四《释老志》。
② 汤用彤：《汉魏两晋南北朝佛教史》，中华书局1965年版，第462页。

教",将会极大地恶化国人对佛教的情感,甚至会使统治者根本取消佛教传播的权利。

从夏商周三代开始,中华大地上就生活着华夏与夷狄蛮戎等诸多的民族。华夏民族生活在中原地区,占有地利之便,因此经济文化发达,自古形成了"内诸夏、外夷狄""重华夏、贱夷狄"的文化优越思想。然而另一方面,华夏自古就与蛮夷通婚,进行各种各样的交往,其身份也是不断变化的,因此中国的民族观是以文化来标志和区分,而不是以血缘来区分。正如韩愈所说:"孔子作《春秋》,诸侯用夷礼则夷之;夷之进于中国者,则中国之。"①

秦汉之后,三代的华夏与周边的夷狄蛮戎相互融合,形成了以汉族为中心的民族共同体,形成了中央集权的国家体系,建立以儒家思想为核心的政治意识形态,自视高于周边其他民族。佛教传入中国,在政治、经济、文化等方面产生了一系列社会问题,使原有的利益集团与文化集团结成了反对佛教的"神圣同盟"。在魏晋南北朝旷日持久的"夷夏之辨"争论中,儒家文化所立"夷夏之防"的民族观是其背后坚强的理论基石,而受到佛教大规模传播挤压的道教,则成为这场斗争的急先锋。为了取得从政治上阻止佛教快速传播的效果,儒、道两家挑起了三教之争中最为激烈的"夷夏论"之争。在这场大论战中,有两篇著名的道士作品影响最大,即顾欢的《夷夏论》和张融的《三破论》。

南齐顾欢作《夷夏论》,紧扣儒家"夷夏之防"的民族观,且"文华精奥,辞丰义显",故《夷夏论》一出,立即引起了一场轩然大波。众多的佛教僧侣与信奉佛教的士大夫,对顾欢群起而攻之,使"夷夏之辨"进入了一个高潮。顾欢的《夷夏论》表面上看很公允,说佛、道二教都是"圣教",对人民都有教化作用。如

---

① 《昌黎先生文集》卷一《杂说·原道》。

他说：“泥洹仙化，各是一术。佛号正真，道称正一。一归无死，真会无生。无生之教赊，无死之教切。”①道教教人长生不死，佛教教人涅槃脱生，所以道教是无死之教，佛教是无生之教，各有不同的作用。但是顾欢认为佛道二教是对不同民族而设，原因是夷夏人性不同。他说：“其人不同，其为必异，各成其性，不易其事。是以端委缙绅，诸华之容；剪发旷衣，群夷之服。擎跽磬折，侯甸之恭；狐蹲狗踞，荒流之肃。棺殡椁葬，中夏之风；火焚水沉，西戎之俗。全形守礼，继善之教；毁貌易性，绝恶之学。”从文字上看顾欢是在比较夷、夏民族的礼仪风俗，从服饰到礼节，从丧葬到人性，但论述之中就已经表现出顾欢的民族歧视观念，如"狐蹲狗踞"之类，都是对其他民族的侮辱性语言。从比较中顾欢得出一个结论：“佛是破恶之方，道是兴善之术。兴善则自然为高，破恶则勇猛为贵。”②顾欢沿用了《老子化胡经》的妄说，认为佛教是老子入西域，为消灭人性粗野的夷狄而创造的“绝恶之学”，道教则是老子留给华夏子孙的长生之术。顾欢在表面不否定佛教存在合理的前提下，实际上否定了佛教在中国传播的权利。

继顾欢的《夷夏论》之后，南齐出现了一篇署名张融的《三破论》，将"夷夏之辨"的争议推向了一个新的高潮。不过《三破论》的论点相当极端，顾欢尚且承认佛教、道教"均善"各有不同的流行领域。可是《三破论》从极端狭隘的民族主义立场上，断定佛教有所谓"三破"罪行。“第一破曰：入国而破国者，诳言说伪，兴造无费，苦克百姓，使国空民穷。不助国生人减损。况人不蚕而衣，不田而食。国灭人绝，由此为失。日用损费，无纤毫之益。五灾之害，不复过此。”反对佛教的人认为佛教兴建寺院，布施僧侣，养无用之闲人、耗国库之资财，结果得到的是一些无用的

---

① 朱广之：《咨顾道士夷夏论》，《弘明集》卷七。
② 《南齐书》卷五四《顾欢传》。

"狂言"。长此以往，必将国破民穷。"第二破曰：入家而破家。使父子殊事，兄弟异法。遗弃二亲，孝道顿绝。忧娱各异，歌哭不同。骨血生仇，服属永弃。悖化犯顺，无昊天之报。五逆不孝，不复过此。"佛教提倡出家修行，中国人认为是不孝父母的罪行，遂使骨肉分离、兄弟不和、亲属背弃、家庭瓦解。"第三破曰：入身而破身。人生之体，一有毁伤之疾，二有髡头之苦，三有不孝之逆，四有绝种之罪，五有亡体从诫，唯学不孝。何故言哉？诫令不跪父母，便竞从之。儿先作沙弥，其母后作阿尼，则跪其儿。不礼之教，中国绝之，何可得从。"对于信仰佛教的个人而言则是破坏其身体，不仅毁伤肌肤，而且断子绝孙。佛教在印度，僧侣在家不拜父母，反而使父母拜僧人，这在中国人看来是极大的忤逆之罪。由于佛教"三破"之罪，论者认为佛教就是老子为了消灭"野蛮"的胡人而创立的宗教。"有此三破之法，不施中国，本正西域。何言之哉？胡人无二，刚强无礼，不异禽兽，不信虚无。老子入关，故作形像之教化之。又云：胡人粗犷，欲断其恶种故。令男不娶妻女不嫁，夫一国伏法自然灭尽。"[①]老子在西域传播提倡绝欲主义的佛教，就是为了让那些"刚强无礼"的胡人断子绝孙，消除对中原的威胁。

  如何评价这场由信仰道教的人士发起的"夷夏之辨"？如果跳出佛教徒的"护教"立场，把这场争论放到两晋南北朝特定的历史时期，应当承认反对佛教的观念还是有一定的积极意义的。荷兰汉学家许理和指出："一当我们审视公元300年前后的历史背景，这些情绪就变得极易理解，也极为重要。匈奴和羌族逐渐入侵了中原领土，不久它们就征服了北部中国。这一定刺激了中国士大夫中间

---

  ① 刘勰：《灭惑论》，《弘明集》卷八。

的排外情绪。"① 每当汉民族受到外来民族的侵略时，就会在国内激起强烈的民族主义情绪，并变成保家卫国的实际行动。如果没有这样一种民族主义，华夏民族在内忧外患中大约早已消失了。对于佛教的传播而言，尽管那些持极端民族主义立场的人没有正确区分军事入侵与和平的文化传播的界限。但是在文化问题上强烈的民族主义立场，也是推动佛教中国化的重要动力。正如当代学者刘立夫所指出的："源远流长的中华传统文化是在多种文化成分的不断融会整合中蔚为大观的。成功地融合吸收外来的佛教文化，显示了中华文化海纳百川、有容乃大的宽博胸怀。但是，这种融合吸收有一个重要的前提，那就是以传统文化为中心、以华夏文化为正统，以外来文化为借鉴、为辅助来实现的。"② 即使承认了佛教和平传播的权利，"夷夏之辨"也不断提醒人们不应因佛教的特殊价值而忽略了华夏文化的正统地位。

显然，在"夷夏论"之争中，以儒、道为一方的社会势力站在国家正统的立场上，给佛教施加了巨大压力，如果不驳倒其极端狭隘的民族主义立场，佛教就失去了在中国传播的合法性。同时，《三破论》的观念已经超出了文化争论的范围，变成了一种赤裸裸的民族歧视情绪的宣泄。如不加以制止，或者会因民族主义情绪激起宗教迫害，或者因宗教引起民族冲突，这样就会使得原来宗教传播的文化问题变成政治问题。因此，虔诚的佛教徒和开明的儒家士大夫对顾欢、张融等人提出的指责进行了有理有据的回击。

首先，佛教徒需要证明佛教有在华夏传播的价值。三代以来中国士人之所以坚持"贵夏贱夷"，就因为当时华夏文明远远高于周边的夷狄，有"礼仪之邦"的美誉，所以学习"夷狄之学"等于

---

① ［荷］许理和：《佛教征服中国——佛教在中国中古早期的传播与适应》，李四龙等译，江苏人民出版社2005年版，第391页。

② 刘立夫：《弘道与明教》，中国社会科学出版社2004年版，第148页。

倒退。可是在魏晋之后，中国面对的佛教不同于周边的"夷狄之术"，它产生于轴心时代另一个伟大的文明——印度，也有其高明之处。如宗炳在《明佛论》中指出："中国君子明于礼义，而暗于知人之心。宁知佛之心乎？……彼佛经也，包五典之德，深加远大之实。含老庄之虚，而重增皆空之尽。高言实理，肃焉感神。其映如日，其清如风。非圣谁说乎？"① 中国传统的儒家文化，明于社会礼仪规范，但是对彼岸世界则缺少说明。而佛教经典能够包含儒家五经的道德伦理，但又深远广大；能够涵括老庄道家的"虚"，但又增加了"空"的含义，其理至实，其感通神。僧祐作《弘明集》，在总结两晋南北朝"夷夏之辨"时指出："若疑教在戎方，化非华夏者，则是前圣执地以定教，非设教以移俗也。昔三皇无为，五帝德化。三王礼刑，七国权势。地当诸夏，而世教九变。今反以至道之源，镜以大智之训。感而遂通，何往不被。夫禹出西羌，舜生东夷，孰云地贱而弃其圣？丘欲居夷，聃适西戎。道之所在，宁选于地？夫以俗圣设教，犹不系于华夷，况佛统大千，岂限化于西域哉？"② 如果说佛教因诞生在西域就不可在中国传播，那么华夏的圣人就是以地区来"定教"了。历史的事实并非如此，只要是"至道"，无论是出身西羌的禹，还是出身东夷的舜，皆可以行于中国。孔子曾经想到夷狄地区去传道，老子也曾西出函谷关到了西戎之地。世俗的圣人尚不分地域，像佛教那样的神圣之教，怎能说不可流行于中国呢？应当说僧祐抓住了传统的儒家民族观的本质，即以文明程度而不以血缘来区分其文化是否可行，这正是儒家民族观开放性的一面。有了这样的开放性，中国文化才能不断从外部吸收营养，发展壮大。

其次，针对《夷夏论》和《三破论》的狭隘民族观和民族歧

---

① 《弘明集》卷二。
② 《弘明集》卷一四。

视思想，佛教徒逐一进行了驳斥。针对顾欢因夷夏礼仪差异而辱骂其他民族"狐蹲狗踞""禽言兽语"，朱广之《谘顾道士夷夏论》指出："今狐蹲狗踞，孰曰非敬？敬以申心，孰曰非礼？"① 礼仪只是一个形式，关键是要表达诚敬的心情，并无高低之别。至于民族语言不同，更是无分贵贱。朱广之用换位思考的方式反问道："想兹汉音流入彼国，复受虫謹之尤、鸟聒之诮、娄罗之辩，亦可知矣。"② 如此不尊重其他民族的语言，汉语到了国外，不也会受到同样的对待吗？谢镇之在《与顾道士书》中指出："且虫鸟殊类，化道本隔。夫欲言之，宜先究其由。故人参二仪，是谓三才。三才所统，岂分夷夏。则知人必人类，兽必兽群。近而征之：七珍人之所爱，故华夷同贵；恭敬人之所厚，故九服攸敦。"③ 华夷不同民族，都是参天地二仪出生，故应当同为天、地、人三才之属。作为秉受天地精华的人类，是不分夷夏的。人只能与人相比，怎能将夷狄视为禽兽？"七珍"指佛教所说金、银、琉璃、珊瑚、玛瑙、琥珀、砗磲等宝物，人人都会喜欢；恭敬是人类的共同品质，各地人民都会推崇、遵行。这已经超越对顾欢个人的批判，而是对传统文化视夷狄如禽兽的民族歧视思想的批判。正是佛教高深的理论动摇了汉族士人妄自尊大的"重夏轻夷"观念，为域外民族及其文化争得了平等名分。

再次，针对《化胡经》和《三破论》所说"胡人粗犷，欲断其恶种"等极端狭隘的民族主义意识和损人利己的邪恶心态，刘勰作《灭惑论》反驳说："厮隶所傅，寻西胡怯弱，北狄凶炽。若老子灭恶，弃德用刑。何爱凶狄而反灭弱胡？遂令玁狁横行，毒流万世；豺狼当路，而狐狸是诛。沦湑为酷，覆载无闻。商鞅之法，未

---

① 《弘明集》卷七。
② 《弘明集》卷七。
③ 《弘明集》卷六。

至此虐。伯阳之道，岂其然哉？且未服则设像无施，信顺则孥戮可息。既服教矣，方加极刑。一言失道，众伪可见。东野之语，其如理何。"① 这里刘勰使用"西胡"与"北狄"这对概念，显然他已经模糊地感到，产生佛教的印度不同于经常入侵中原的西北游牧民族，一个"怯弱"，一个"凶炽"。如果真有老子出关"化胡"之事，他何以不去灭凶悍的"北狄"而偏要灭怯弱的"西胡"呢？如果因一些胡人凶悍，就要将所有的胡人统统灭掉，那不比商鞅之法还残酷吗？提倡"清静无为"的老子如何会出此恶毒之道？再有，老子去西域设"像教"一说，既然已经教化了，又何必加极刑呢？从这一句暴露残忍本性的话，就可以断定绝非出自圣贤老子之口，《老子化胡经》必是伪造无疑。通过这一番辩论，实际上纠正了传统"夷夏观"中只顾中华利益、敌视周边民族的狭隘思想。

最后，针对《夷夏论》等作者的华夏中心论倾向，佛教徒进行了反驳。对于华夏中心论的观点，早在三国末期的《牟子理惑论》中就曾指出："禹出西羌而圣哲，瞽叟生舜而顽嚚，由余产狄国而霸秦，管蔡自河洛而流言。传曰：北辰之星，在天之中，在人之北。以此观之，汉地未必为天中也。"② 到南北朝，佛经多出，僧敏则在《戎华论折顾道士夷夏论》中说："子出自井坎之渊，未见江湖之望矣。如经曰：佛据天地之中，而清导十方。故知天竺之土，是中国也。"③ 当时的人们尚未认识到地球是圆形的，没有中央。但是通过人们对不同地区文化各有优劣的感触，大家可以感受到，华夏中心说不过是一种"坐井观天"之论。对外来文化的尊重，使汉族士大夫的自我华夏中心论思想动摇了，其文化观也变得更加开放。

---

① 《弘明集》卷八。
② 《弘明集》卷一。
③ 《弘明集》卷七。

以上辩论都指向一个共同的理论支点，即夷夏之人在人性上是平等的，故教化通用。进而可以推导出一个结论：华夷之民的身份也是平等的。共同的人性，是古代社会进步思想家能够为民族平等找到的终极证明。经过儒释道三教一番辩论，终于因佛教文化的胜利，而促使汉族士大夫阶层中开明人士产生了尊重其他民族成员、诸民族平等的观念。这种观念在当时虽然主要是为了证明佛教有在中原传播的权利，但是随着实践的发展，对于消除南北方的政治、经济、军事对立，都会产生潜移默化的影响，并最终为隋唐时代的民族大融合、国家大一统奠定了思想基础。汤用彤先生指出："夫华人奉佛，本系用夷变夏。及至魏晋佛教义学，与清谈玄学，同以履践大道为目的。深智之夷人，与受教之汉人，形迹虽殊，而道躯无别。自无所谓华戎之辨。由凉州道人在于阗城中写汉文经典之事观之，东西文化交相影响，可谓至深。而读其后记，则更可测知魏晋玄佛同流，必使夷夏之界渐泯也。"[1] 正是由于佛教的传播，使中国士大夫的"夷夏观"逐渐开放，使民族交往过程中"夷夏之界渐泯"。如果评价佛教文化传播的功过，其在促进民族融合方面的贡献也是功德无量的。换一个角度，也可以看成佛教对隋唐中国政治统一的积极影响。

（四）无神论与有神论之争

对佛教另一项重要的批判，就是用无神论反对宗教有神论。因为各种宗教都建立在神灵不灭的基础上，如果肯定了人的精神会随着肉体的死亡而消失，各种宗教自然也就不攻自破了。例如，南齐时，范缜用偶因论反对因果论，虽然机智，但是并不深刻。范缜自己也感到仅此尚不足以驳倒佛教，故"退论其理，著《神灭论》"[2]。佛教的因果报应论建立在灵魂不死、轮回转世的前提之

---

[1] 汤用彤：《汉魏两晋南北朝佛教史》，第461页。
[2] 《南史》卷五七《范缜传》。

上，如果否定了人有不死的灵魂，佛教的因果报应论也就不攻自破了。

在中国的文化土壤上，有丰厚的无神论思想资源。春秋战国时代，随着古代宗教的瓦解，产生了浓郁的"疑天""怨天"思潮。孔子开创儒学，"子不语怪力乱神"，对于鬼神问题，孔子主张"未知生，焉知死"，"未能事人，焉能事鬼"，"存而不论"。到了战国末期的荀子，在"天人相分"的基础上提出了无鬼论，他说："凡人之有鬼也，必以其感忽之间，疑玄之时定之。此人之所以无有而有无之时也，而已以定事。"① 东汉时期，谶纬神学横行，迷信思想发达，王充对谶纬神学的思想基础——鬼魂论进行了批判。他认为人与万物一样都是由气构成的，都是自然的产物，那么"物死不为鬼，人死何独为鬼？"根据当时中医研究的成果，人生命的体征就是有呼吸，说明人的生命是依赖"气"的。王充进而指出："人死血脉竭，竭而精气灭，灭而形体朽，朽而成灰土，何用为鬼？"他把人的形体看成薪柴，把人的精神看成火烛，"人之死，犹火之灭也"。"天下无独燃之火，世间安得有无体独知之精？"② 王充指出了精神现象依赖物质实体的观念，"薪尽火熄"是一个生动的比喻，是对各种宗教有神论的批判。

佛教在中国传播，必须尽量利用传统的文化资源，慧远为了宣传他的"轮回转世""因果报应"思想，必须证明人有一个不死的灵魂。为了超越王充的"薪尽火熄"论，他提出了一个"薪尽火传"说。"慧远释曰：火之传于薪，犹神之传于形，火之传异薪，犹神之传异形。"③ 根据生活的常识和当时已有的医学知识，人死不能复活，就如同一处薪柴燃尽之后，死灰不能复燃；但是如果我们

---

① 《荀子·解蔽》。
② 《论衡·论死》。
③ 吉藏：《三论玄义》，《大正藏》卷45。

把火种从此薪传入彼薪,那不就像是灵魂转世一样吗?慧远的比喻十分生动,因而说服了很多人。为了反佛,范缜从另一个角度举了一个更难被利用的例子:"神之于质,犹利之于刃;形之于用,犹刃之于利。利之名非刃也,刃之名非利也。然而舍利无刃,舍刃无利。未闻刃没而利存,岂容形亡而神在也。"① 薪和火毕竟是两种不同的事物,尚有分离的可能,而刀刃与锋利是一种事物与它的功能,功能是绝对不能离开事物而存在的。精神与肉体的关系,就是物质与功能的关系,也是不能分离的。

范缜写《神灭论》的时候,正值中国历史上最崇佛的皇帝梁武帝时期,佛教也处于一个鼎盛时代,故此论一出立即在朝野引起了轩然大波。皇帝令中书舍人曹思文组织高僧、居士66人,写了75篇论文反驳《神灭论》。因为他们知道如果不驳倒神灭论,佛教就失去了生存的土壤,无法在中国传播了。历史上儒、佛两家的辩论,都是在中国的文化土壤上进行,必须使用双方共同接受的范畴概念,佛教信徒选择了儒家的"神道设教"说来反击《神灭论》。范缜提出《神灭论》,别人问他:"知此神灭,有何利用邪?"范缜回答曰:"浮屠害政,桑门蠹俗,风惊雾起,驰荡不休。吾哀其弊,思拯其溺。"② 范缜提出"神灭论",是因为他感到佛教的发展影响了政治稳定,故需要加以驳斥,使信仰者有所觉悟,以纠正"浮屠害政"的弊端。但是范缜从无神论的角度出发批评佛教的灵魂不死说,却不可避免地伤害了儒家"神道设教"的原则。佛教过度发展不利于中国的宗法政治,可是如果将无神论的原则坚持到底,则一样会损害宗法政治。佛教徒就是紧紧抓住这一点进行反击。

《梁书·范缜传》载,信仰佛教的人质问范缜说:"形神不二,既闻之矣,形谢神灭,理固宜然。敢问经云'为之宗庙,以鬼飨

---

① 《弘明集》卷九。
② 《梁书》卷五七《范缜传》。

之'何谓也？"范缜回答说："圣人之教然也，所以弭孝子之心，而厉偷薄之意，神而明之，此之谓矣。"质询者提到的经文出于《礼记·问丧》，如果没有鬼神，那么儒家大力提倡宗庙祭祀是为什么呢？范缜回答说，宗庙祭祀并非真有鬼神歆享，而是圣人"神道设教"的需要：一方面可以安慰孝子思亲之心，另一方面则可以防止不肖子孙的"偷薄之意"。这是无神论者对于儒家"神道设教"的标准解释，20世纪以来中国学者为了论证儒家不是宗教，也都是这样说的。然而20世纪的学者作为一种学理这样说说无妨，但是在古代宗法社会中这样说，则会对宗法等级制度的稳定造成严重的负面影响。如果像范缜这样直接说出鬼神并不真的存在，只是教化百姓的需要，那"神道设教"，不就成为"无神设教"了？其社会教化作用将会大大降低。针对范缜的"无神设教论"，曹思文在《难范中书神灭论》中说："《孝经》云：昔者周公郊祀后稷以配天，宗祀文王于明堂以配上帝。若形神俱灭，复谁配天乎？复谁配帝乎？且无臣而为有臣，宣尼云：天可欺乎？今稷无神矣，而以稷配斯，是周旦其欺天乎？……既其欺天，又其欺人，斯是圣人之教以欺妄。欺妄以教，何达孝子之心，厉偷薄之意哉？"[1] 如果把"神道设教"变成了"无神设教"，那不是明目张胆地骗老百姓吗？谁还会去相信呢？一些佛教徒直接指出，"害政"的不是佛教的"神不灭论"，而是范缜的"神灭论"。梁朝司农卿马元和批判范缜说："且慎终追远，民德归厚。有国有家，历代由之。三才之宝，不同降情。神灭之为论，妨政寔多。非圣人者无法，非孝者无亲。二者俱违，难以行于圣世矣。"[2] 在佛教徒看来，真"害政"的不是佛教而是无神论。

从《弘明集》的记载看，齐梁之际儒、佛之间关于形神关系的

---

[1] 《弘明集》卷九。
[2] 《弘明集》卷一〇。

争论并没有分出理论的胜负。《弘明集》的作者僧祐是一位僧人，出于弘道、明教的目的，他显然是将范缜的《神灭论》放在被批判的位置上。全书没有《神灭论》的原文，只是让其在各篇批判文章中分散地出现，使人很难真正把握范缜理论的全貌。但是僧祐也客观地记载，范缜自称"辩摧众口，日服千人"[1]。后来梁武帝发动全国僧人及信仰佛教的士大夫共同批判范缜，结果中书舍人曹思文只能以"思文情识愚浅，无以折其锋锐"[2]向梁武帝复命。显然对于当时的知识文化水平，无神、有神之争不可能单纯地从理论上获得解决。

然而，从宗教治理的角度审视这场历史的争论，倒是梁武帝最后对这个问题的处理，颇为显示出他的政治智慧。当辩论涉及"神道设教"这一根本的政治问题时，梁武帝在接到曹思文的奏报后批复："灭圣难以圣责，乖理难以理诘。如此则言语之论，略成可息。"[3]当形神关系的大辩论在当时的理论水平上无法解决时，争论下去只会影响现实政治的稳定，所以不妨暂时搁置这一争论。从直接效果看，梁武帝的诏令使这场持续了一百多年的争论就此落下了帷幕，无神论与有神论可以各自保持自己的信仰，和谐相处。更难能可贵的是，这场辩论基本上是在没有政治压力的情况下展开的。范缜单枪匹马，面对皇帝亲自发动的、人数比例悬殊的"围剿"，表现出大无畏气概和绝不"卖论取官"的品质。而梁武帝及满朝权贵对范缜的逆耳之言所表现出的宽容与冷静，也是中国宗教治理协商、对话、论辩方式的理想状态。正是这种宽容与冷静，是各种宗教之间、宗教信徒与无信仰者之间、政治与宗教之间和平相处的关键。

---

[1] 萧琛：《难神灭论序》，《弘明集》卷九。
[2] 曹思文：《难范中书神灭论》，《弘明集》卷九。
[3] 曹思文：《难范中书神灭论》，《弘明集》卷九。

二　经济上控制宗教发展的适度规模

当代宗教心理学的研究证明，对于超验对象的追求、信奉、崇拜是一种人类固有的心理现象，理性思维、科学、哲学等，都无法完全替代非理性的宗教。因此，允许一定程度的宗教活动存在，是人类精神生活的必需。古代统治者不一定能够认识这些道理，但是他们中的大多数能够认识到宗教的教化功能不可替代，为此必要的经济支出是有意义的。特别是从政教关系的角度看，宗教对于维持社会的稳定具有其他文化所不具备的功能。例如，梁武帝大同四年（538年）改造阿育王佛舍利塔时下诏指出："去岁失稔，斗粟贵腾，民有困穷，遂臻斯滥。原情察咎，或有可矜。下车问罪，闻诸往诰，责归元首，寔在朕躬。若皆以法绳，则自新无路。……今出阿育王寺，说无碍会，耆年童齿，莫不欣悦。如积饥得食，如久别见亲，幽显归心，远近驰仰。士女霞布，冠盖云集。因时布德，允协人灵，凡天下罪，无轻重皆赦除之。"[1] 荒年之后，民不聊生，一些民众迫不得已走上反抗的道路。梁武帝认识到，如果单纯地绳之以法，会使他们没有自新之路。如今在阿育王寺举行无遮大法会，共同的宗教活动可以使人们如同久别的亲友相逢，罪恶得以忏悔、赦免。这种凝聚社会的作用，是宗教消费的最大价值。

但是，宗教的这种政治功能不能无限放大：如果宗教真是万能的，那么其他一切政治学说都是多余的了。特别是宗教的消费，更不能采用多多益善的政策。当一个社会宗教消费超过了社会生产的承载能力，超过了在分配环节各阶级、阶层中的适当比例，则会引起社会利益矛盾的冲突，阻碍再生产的进行。因此，无论哪一种宗教消费规模过大时，就会有一批大臣站在社会其他利益集团的立场

---

[1]《出古育王塔下佛舍利诏（又牙像诏）》，《广弘明集》卷一五。

出来加以反对。如宋明帝修建湘宫寺，极尽宏伟华丽，自称"我起此寺是大功德"。中书虞愿劝谏说："陛下起此寺，皆是百姓卖儿贴妇钱，佛若有知，当悲哭哀愍。罪高佛图，有何功德！"① 这是站在人民的立场上，反对统治者过度的宗教消费。道教方面过度消费的情况同样严重，唐睿宗金仙、玉真两位公主出家，打造宫观最为有名，辛替否在《谏造金仙、玉真两观疏》中说："伏惟陛下爱两女，为造两观，烧瓦运木，载土填坑，道路流言，皆云计用钱百余万贯。"② 两观的兴建，耗资巨大，致使道路流言，民怨沸腾。魏知古说："但两观之地，皆百姓之宅，卒然迫逼，令其转移，扶老携幼，投窜无所，发剔椽瓦，呼嗟道路。"③ 为了建造两观，拆迁民房，导致大批民众流离失所，无家可归。然而唐睿宗"疏奏不纳"，不听群臣的劝谏，硬是把金仙、玉仙两座道观建了起来。

寺院经济造成严重的社会问题还有一个更为重要的原因，就是社会上许多人并非真正出于宗教信仰而出家，而是为了逃避国家沉重的赋税、劳役，钻政策的空子。印度佛教徒在社会上不事生产，所以国家也就免除了僧人的全部赋役，中国早期照搬印度的管理方式。唐高祖李渊对太子李建成说："僧尼入道，本断俗缘，调课不输，丁役俱免。"④ 除了免除僧人的赋役，在北魏还有一项特殊的制度"僧祇户"和"佛图户"。《魏书·释老志》载，沙门统昙曜上奏皇帝建议："平齐户及诸民，有能岁输谷六十斛入僧曹者，即为'僧祇户'，粟为'僧祇粟'，至于俭岁，赈给饥民。又请民犯重罪及官奴以为'佛图户'，以供诸寺扫洒，岁兼营田输粟。高宗并许

---

① 《南齐书》卷五三《虞愿传》。
② 《旧唐书》卷一〇一《辛替否传》。
③ 《新唐书》卷九八《魏知古传》。
④ 彦悰：《唐护法沙门法琳别传》三卷，载《中华大藏经（汉文部分）》第61册，中华书局1984—1996年版，第200页。

之。于是僧祇户、粟及寺户，遍于州镇矣。"① "僧祇户"的本义是建立一种社会慈善事业，让一些富裕的农民将60斛粮食交给寺院，灾荒时救济灾民，就可以免除他们本应向国家缴纳的税赋。60斛的"僧祇粟"当然是一个很大的数量，但是比起国家的赋税肯定还是要轻一些，故百姓趋之若鹜。如《魏书·释老志》所说："正光已后，天下多虞，王役尤甚，于是所在编民，相与入道，假慕沙门，实避调役，猥滥之极。自中国之有佛法，未之有也。"② 正是由于北魏的宗教政策漏洞，造成了北朝佛教人数的激增。根据历史统计：

表10-1　　　　　　　两晋南北朝寺庙、僧尼数

朝代	寺院数目（座）	僧尼人数（人）	资料来源
西晋	180	3700	《释迦方志》
东晋	1768	24000	《释迦方志》
刘宋	1913	36000	《辩证论》
南齐	2015	32500	《辩证论》
梁	2846	82700	《释迦方志》
陈	1232	32000	《释迦方志》
北魏太和初	6478	77258	《魏书·释老志》
北魏末年	30000	2000000	《魏书·释老志》
北齐	40000	3000000	《广弘明集》

北魏末年人口3000多万，出家人200多万；北齐、北周时期人口3000万，出家人300万。这些人并非出于信仰的原因出家，而是由于制度设计上的漏洞，致使大批农民甚至一些豪门、富户，将自己家的田产挂名于寺院，以图逃避国家赋税，这就形成了严重

---

① 《魏书》卷一一四《释老志》。
② 《魏书》卷一一四《释老志》。

的社会经济问题。从南方的统计数字看好像问题不大,这是由南北方的统计方式不同造成的。南方寺院承袭了魏晋时期贵族豢养奴婢的传统,僧人、尼姑私养了很多寺奴。如郭祖深说:"僧尼十余万,资产丰沃。所在郡县,不可胜言。道人又有白徒,尼则皆畜养女,皆不贯人籍,天下户口几亡其半。"① 郭祖深所说的僧尼人数与统计差不多,但是白徒、养女也都是不贯人籍,可以免除国家赋役,问题与北方一样严重。而僧人荫占人口所造成的国家亏空,则只能由普通民众承担,加重普通农民的生活负担。

寺院经济的发展致使国库空虚,兵源枯竭。早在东晋末年,桓玄执政时,已经开始认识到大量百姓因避税而出家的问题。他在征求臣属沙汰沙门的意见时指出:"避役钟于百里,逋逃盈于寺庙。乃至一县数千,猥成屯落。邑聚游食之群,境积不羁之众。其所以伤治害政,尘滓佛教。"② 避税、逃逋之人,纷纷避迹寺院,致使一县之内,沙门数千。对于只占有江南八郡的东晋而言,其财政会受到严重影响。再如著名的无神论思想家范缜,其反佛的出发点不是纯粹的理论是非,而是要纠正王朝政治、经济上的严重弊端。他在阐述自己作《神灭论》的动机时指出:"夫竭财以赴僧,破产以趋佛。……至使兵挫于行间,吏空于官府,粟罄于惰游,货殚于土木。所以奸宄佛颂声尚权,惟此之故也。"③ 佛教兴旺,寺院发达,却导致国库空虚,兵无粮饷,国力衰弱。在当时南北对峙的局势中,这是非常危险的。法国汉学家谢和耐指出了问题的要害。他说:"僧侣界的存在于中国所引起的主要是国库税收问题。这个问题的严重程度是根据由国家开支所养活的出家人和由世俗者们所组

---

① 《南史》卷七〇《郭祖深传》。
② 《弘明集》卷一二。
③ 萧琛:《难神灭论序》,《弘明集》卷九。

成的伪滥僧数目而决定的,后者滥用了合法僧侣们在赋税方面的特权。"①

对于这样复杂的社会经济问题,仅仅从宗教管理方面着手就难以奏效了,所以从东晋开始的各种"沙汰"诏令往往无果而终。到了唐文宗朝,社会上的僧人有度牒的20万,没有度牒的甚至达到70万之多,占有大量田地。唐文宗说:"古者三人共食一农人,今加兵、佛,一农人乃为五人所共食,期间吾民尤困于佛。"② 为了彻底解决国家的财政问题,唐德宗决定支持宰相杨炎的计划,在全国范围内实行"两税法"改革。两税法的制定,主要是为了解决当时社会上存在的因土地兼并引起的贫富不均问题,其原则是"据地出税""随户杂徭"。这样就从根本上改变了租庸调制的税收制度以"丁"为基础的方法,变成了以地为基础。地多则多交税,地少则少交,没地则不交,税赋相对公平,有利于国家财政,也有利于社会的公平。杨炎在阐述两税法的初衷时说:"民富者丁多,率为官、为僧以免课役。而贫者丁多,无所伏匿,故上户优而下户劳。"③ 显然寺观经济的免税特权,也是税制改革考虑的重点内容。"两税法"施行后,寺院田产如无政府特许不再免税,为避税而将土地捐献给寺观的情况得到了遏制。不过出家僧道,仍可享受国家免除徭役的权利,所以两税法的改革,并未完全解决寺观经济所造成的社会问题,仍是反佛人士攻击佛教的口实。据当代学者研究:"实施两税法以后的限佛言论,一般只攻击僧尼避役,……反而透露出僧尼已失去免税特权。"④

---

① [法]谢和耐:《中国五—十世纪的寺院经济》,耿昇译,甘肃人民出版社1987年版,第31页。
② 杜牧:《杭州新造南亭子记》,《全唐文》卷七五三。
③ 《资治通鉴》卷二二六《唐纪四二》,德宗建中元年正月。
④ 何兹全主编:《五十年来汉唐佛教寺院经济研究》,北京师范大学出版社1986年版,第248页。

到了宋代，政府的劳役依然很重，所以农民出家以避役的情况还很普遍。如《宋史·食货志》卷一七七记载，仁宗景祐年间，"时州县既广，徭役益众，……民避役者，或窜名浮图籍，号为出家，赵州至千余人，诏出家者须落发为僧，乃听免役。"所以宋代对寺院经济的管理，重点在于控制僧人的免役特权。具体方法除了从行政上限制每州寺院数量，规定每寺僧人人数，在经济上还规定出家人必须上缴一定费用，称为"免丁钱"。到了南宋时代，由于宋金交兵，财政异常吃紧，宋高宗又开始考虑增加寺院的经济负担。绍兴十五年（1145年），"敕天下僧道始令纳丁钱，自十千至一千三百，凡九等，谓之清闲钱。年六十已上及残疾者，听免纳"[1]。这样，僧尼出家的经济优惠，又在一定程度上打了折扣，要获得政府的免役特权，必须先缴纳一定的"免丁钱"，作为"清闲"的补偿。宋代对寺院经济的管理最不成功的策略，就是出售度牒。为了获取僧人出家的"免丁钱"，度牒变成了有价证券。政府经常还会用增发度牒的办法解决财政危机。根据王栐的记载，宋代开始出售度牒是在宋神宗熙宁年间，开始每年不过三四千张，后来增至万张，每张度牒售价"三百千"，后来减至"百九十千"。以后度牒的售价高高低低，变化不定。[2] 由于度牒是有价证券，所以可以在市场流通。古籍记载："以交子、度牒充折买价，致细民难以分辨，货卖皆被豪右操权，坐邀厚利，民间颇以为扰。"[3] 交子是宋代开始使用的纸质货币，度牒在市场上竟然像货币一样流通，而且一些豪门贵族利用百姓不能区分其差异，牟取暴利。这充分说明宋代政府出售度牒政策仅仅照顾了眼前利益，对市场运行却造成了很大的破坏作用。

---

[1] 《佛祖统记》卷四七。
[2] 参见王栐《燕翼诒谋录》卷五《出卖度牒条》。
[3] 《宋会要辑稿·食货三八》。

明朝洪武五年（1372年），礼部奏称："前代度牒之给，皆记名鬻钱，以资国用，号'免丁钱'。"① 实录的记载比较简单，估计礼部的意思是劝皇帝也效法宋、元，鬻牒以增国库。朱元璋作为开国的皇帝，头脑十分清醒，深知鬻牒之害，"诏罢之，著为令"②。取消了鬻牒的方法。明太祖参照唐、宋的办法，对欲出家的僧道进行考试，试图用一定的文化门槛将那些出于非信仰原因的出家者堵在山门之外。礼部官员参照当时的科举考试，把考试的形式变成了"八股制"。考试的内容，仍是佛教的《金刚》《楞严》诸经。估计这种文化考察的办法是很难达到控制僧尼规模的目的，明代几代帝王则试图通过减少度牒发放的办法达到限制寺院经济影响的目的。如《中国道教史》作者指出："洪武初规定三年一给牒，永乐中改为五年一给，后冒滥益甚，天顺二年（1458年）改为十年一给。"③ 这一政策为清朝政府所继承，甚至更为严格，康熙十五年（1676年）题准："停止给发度牒。"④ 从此开始至雍正十三年（1735年）的近六十年中，政府没有再发放过度牒。

明清政府希望通过少发、停发度牒的办法减少僧人数量，减轻寺院经济的社会影响，从表面上看，这个目的达到了，康熙朝《大清会典》载，康熙六年（1667年），"礼部通计直省……僧人十一万二百九十一名，道士二万一千二百八十六名，尼八千六百十五名。通共……僧、尼、道士十四万一百九十三名"。与唐、宋、明诸朝的和平年代僧尼、道士数量大约在50万人相比，这一数字显然被人为缩小。上文已述，明代中期以后就采取逐渐减发、停发度牒的方法"缩减"僧道人数，其实不过是自欺欺人而已。实际上无牒僧道比比皆是，停发度牒只是减少了官方统计中的数字，但是民

---

① 《明太祖实录》卷七七，洪武五年十二月己亥。
② 《明太祖实录》卷七七，洪武五年十二月己亥。
③ 卿希泰主编：《中国道教史》第三卷，四川人民出版社1993年版，第425页。
④ 《大清会典·礼部·祠祭司·僧道》。

众的信仰需求是不能以这种办法控制的。以致到了乾隆三十四年（1769年），无牒私度者达到了60万以上。

问题的真正解决，是通过清朝实行的"摊丁入地"改革。康熙末年，清王朝对赋役制度又进行了一次重要改革——摊丁入地，即把历代相沿的丁银并入田赋征收的一种赋税制度，标志着中国实行两千多年的人头税（丁税）的废除。这项制度在雍正时期得到了贯彻执行，出家免除劳役的优惠也没有了，从而像南北朝那样为了避税免役的出家行为不再出现，政府连严格控制出家人数量的"度牒"制度都放弃了。事件的过程是，乾隆元年至四年（1736—1739年），为了纠正因长期停发度牒造成的僧籍管理混乱，曾经补发过一次度牒，共发放34万道。但是30年后，又出现了大量的无牒僧道，皇帝本来命令全国再次普查补发，山西道御史戈源上疏说："查乾隆元年至四年，僧、道之无度牒者，已有三十四万余人。自四年迄今，其私自簪剃者，恐不下数百万众。若纷纷查补，比多滋扰，请嗣后永停通颁。如遇选充僧、道官等官，着地方官查其实在戒行严明者，具给咨部，给照充补。"[①] 如果仅仅为了选补僧官、道官而对如此众多的僧道人群进行甄别、发牒，那将是一件工作量极大的事情，对宗教界也会造成严重干扰。所以戈源建议干脆彻底取消度牒制度，只对候选的僧官、道官进行考察。考虑到戈源的建议，乾隆皇帝批复说："所奏是。僧、道度牒本属无关紧要，而查办适宜滋扰。所有礼部奏请给发度牒之处，着永远停止。"[②] 从此，在中国实行了千余年的度牒制度寿终正寝，彻底退出了历史舞台。停发度牒之后，出家人数量也没有出现暴涨的局面，据近代佛教大师太虚估算，到民国初年，全国僧人不过80万人。如果考虑人口增加的情况，可以说因为没有了经济利益的驱动，单纯为了信仰不

---

① 《清高宗实录》卷九百六十，乾隆三十九年六月癸巳。
② 《清高宗实录》卷九百六十，乾隆三十九年六月癸巳。

会造成职业宗教人数激增的局面。对于国家治理而言，可见宗教治理不单纯仅仅是宗教领域的问题，必须与整个社会政治、经济问题通盘考虑，综合施策，才能达到预期的目的。魏晋至隋唐严重的寺院经济过分发展问题，最终还是依靠几次重大的财税制度改革才得以根本解决。

三　正确引导宗教成为社会和谐的正能量

一个社会存在宗教是客观的现实，但是政教关系是否和谐则要看政府是否掌握了引导宗教的技巧。根据中国历代宗教治理的经验，引导宗教向公开化、上层化的方向发展，是促进宗教与社会相适应，把政府管理的异己力量变成合作力量的重要方法。

道教的历史最为典型。东汉末年太平道提出"苍天已死，黄天当立"的口号，完全是作为改朝换代的民间起义者出现在历史舞台上。东汉统治者立即联合各种社会力量对太平道发动的黄巾起义进行了残酷镇压。在太平道被镇压，五斗米道被招安以后，社会上仍然保存了大量的道教徒，不时发动反抗魏晋王朝的起义和斗争。为了维持统治，魏晋王朝不断发布禁令，严格查禁各种民间宗教，例如《三国志·魏志·武帝纪》注引《魏书》曰："太祖到，皆毁坏祠屋，止绝官、吏、民不得祠祀。及至秉政，遂除奸邪鬼神之事，世之淫祀由此遂绝。"由此，禁止民间的淫祠杂祀、打击民间宗教成为以后历代王朝的一项国策，屡屡见诸国家诏令。但是对于道教高层人士，曹魏政权则采取了"聚禁"政策，《三国志·魏书·张既传》云："从征张鲁……鲁降，既说太祖拔汉中民数万户以实长安及三辅。"把一些道教领袖迁到魏国首都许昌及长安、洛阳等地，放在统治者的身边严加看管，防止他们再度起事，但这也等于给了道教向社会上层传播的一个机会。由于统治者在与道教普遍接触中，逐渐改变了对道教"妖术""鬼道""聚众造反"的印象，而将其视为辅国安民的工具，养生健体的导师，长生不老的神仙。

曹魏政权创始人曹操的变化就很具有典型性。曹操青年时代深受儒家思想的影响，"又性不信天命之事"①，志在除暴安良、匡扶社稷。至于道教宣扬的神仙思想，如陈王曹植《辩道论》所言："夫神仙之书，道家之言……自家王与太子及余兄弟咸以为调笑，不信之矣。"中国历史上有这样一个普遍现象，作为受到儒家思想培养的上层人物，他们在年轻的时候容易倾向于无神论，不畏生死，是由于他们觉得死亡对他们还很遥远。但是一旦功成名就，富贵荣华，享尽了人间一切幸福的统治者们便开始感到生命短促。到了中老年，曹操的心灵深处也开始发生变化，感到了生命的焦虑。如他的《短歌行》所言："对酒当歌，人生几何！譬如朝露，去日苦多。慨当以慷，忧思难忘。何以解忧？惟有杜康。"但是酒对于解除生命忧虑的作用是有限的，短暂的麻痹不能改变生命必然的走向，曹操开始转向道教的养生学。在《步出夏门行》中他写道："神龟虽寿，犹有竟时；腾蛇乘雾，终为土灰。老骥伏枥，志在千里；烈士暮年，壮心不已。盈缩之期，不但在天；养怡之福，可得永年。"最后的四句，就是典型的道教养生理论，如葛洪所说："我命在我不在天，还丹成金亿万年。"② 通过道教的各种"修炼"，人的生命可以不断延长，直至长生。曹操本人究竟从道士那里学到了什么长寿养生之术，史书记载不详，但是我们可以从曹操的诗文中，看到他对道教传说中的神仙们的向往。他在《秋胡行》诗中说："天地何长久，人道居之短。世言伯阳，殊不知老；赤松王乔，亦云得道。得之未闻，庶以寿考。歌以言志，天地何长久。"魏伯阳、王乔都是当时传说中经过修炼而长生不老的神仙，曹操说他们是否得道不可知，但他们长寿是可信的。所以他也要通过"养怡之

---

① 《三国志》卷一《魏志·武帝纪》裴松之注引《魏武故事》。
② 《抱朴子·黄白》。

福"来使生命得以延长。最高统治者的重视必然会引起整个统治集团的效法，朝廷从此逐渐改变了对道教的态度。

曹魏政权"聚禁"政策的另一方面是使道教也发生了重大变化，他们逐渐放弃了利用符箓、神水为民众治病，号召民众改天换地追求"太平"之世的倾向，而将道教活动的重点转向了养生导引、服食辟谷、房中术方面，这些东西恰恰是统治者们最欣赏的。张鲁后裔在归顺曹操后，向教徒发布了一道《大道家戒令》说："昔汉嗣末世，豪杰纵横。……魏氏承天驱逐，历使其然，载在河洛，悬象垂天。是吾顺天奉时，以国师命武帝行天下。"他们把曹魏代汉说成天命所归，并且将五斗米教的归顺说成奉了"国师"之命，是顺天应时。对于曹魏政权对张氏后裔的优崇，他们感激不尽，自称要辅助曹氏政权。"今吾避世，以汝（曹）付魏清政道治，千里独行，虎狼伏匿，卧不闭门。"[①] 这实际上表白了道教上层人士辅助王权的意愿。

到了两晋南北朝时期，经过葛洪、寇谦之、陆修静、陶弘景等道教领袖的不断改造，道教完全变成了一个辅助王朝统治的宗教。道教理论家葛洪著《抱朴子》一书，尖锐地批判了原始道教起兵反抗东汉王朝黑暗统治的行为。他说："曩者有张角、柳根、王歆、李申之徒，或称千岁，假托小术，坐在立亡，变形易貌，诳眩黎庶，纠合群愚。进不以延年益寿为务，退不以消灾治病为业，遂以招集奸党，称合逆乱，不纯自伏其辜。"[②] 北天师道领袖寇谦之改造北方的道教教团，《魏书·释老志》记载寇谦之："清整道教，除去三张伪法，租米钱税，及男女合气之术。大道清虚，岂有斯事。专以礼度为首，而加之以服食闭练。"他改造道教的主要措施是两项，一是取消教民上交的教会的固定税费，放弃了宗教组织在国家

[①] 《正一法文天师教戒科经·大道家戒令》，《道藏辑要》娄集第4册。
[②] 《抱朴子·道意》。

政权之外另立财税中心的权利；二是否定了道教修炼的"男女和气"之术，以便与严于"男女之大防"的宗法伦理相适应。陆修静改造南天师道，健全道教的"宅录"制度和道官的署职、晋升制度等。这样就使道教成为一个符合君主集权国家需要的正统宗教。

魏晋南北朝时期僧官、道官制度的建立，说明佛教和道教成为官方认可的宗教。元朝白云宗、白莲宗管制所的建立，表明政府一度想把它们转化为合法的宗教。而相应机构的撤销，则是转而打击的开始。元朝基督教人数虽少，但是政府还是设立"崇福司，秩二品。掌领马儿哈昔列班也里可温十字寺祭享等事"①，说明元朝把天主教看成合法宗教。设立"回回哈的司"，也把伊斯兰教视为合法宗教。

为什么引导宗教向公开化、上层化的轨道上发展就会把它们变成社会稳定力量呢？这一方面是阶级利益使然，当宗教向社会上层发展时，宗教领袖的利益要求自然就会向上层统治的一方倾斜，不断强化宗教"纲常教化"的功能。例如，凡是向上层发展的宗教，都会附和中国政治的基本原则——宗法等级制度，为"三纲五常"唱赞歌。道教说："欲求仙者，要当以忠孝和顺仁信为本。"② 佛教说"五戒"就是"五常"，伊斯兰教说"五功"就是"五常"，等等。但是在民间宗教中，则大量存在颂扬身份平等、男女平等的内容，"不论尊卑，不分男女，不知伦类之异同"，对传统的宗法等级制度造成冲击。

另一方面，中国儒家自身的特点决定中国民众的文化信仰结构是上下分层的。一般而言，经过儒家思想长期熏陶的社会上层，在文化信仰方面倾向于理性化、人文化的方向，即使有某种程度的宗教信仰，保持一定的宗教仪式，他们也是尽量把这些现象解释成文

---

① 《元史》卷八九《职官志五》。
② 《抱朴子·对俗》。

化的、心理的。当宗教上层人士与士大夫阶层广泛接触后，其教义中非理性的、神秘主义的东西会逐渐减少，与主流意识形态儒学的关系就会更加融合。相反，古代社会广大的下层人民由于没有条件系统学习文化知识，因此他们很难准确掌握儒家"敬而远之"的宗教观，也难于在为家、国、天下"立德""立功""立言"的社会实践中获得精神的终极关怀。所以民间社会往往充斥着孔子所不言的"怪力乱神"，民众需要宗教为他们解决迫切的生存危机。如果宗教向下层发展，为了迎合下层民众的宗教需求，宗教大师们都会尽量用各种"法术"显现他们超人的能力，然后再利用某些"奇迹"吸引教徒。故民间宗教往往充斥着浓郁的神秘主义、非理性主义的氛围，成为社会不稳定的因素。基督教在明清之际的发展，突出表现了上层化路线和下层化路线的差异。利玛窦主张"援儒补儒"的上层化路线，结果就使基督教不断地"儒化"，受到了众多士大夫的欢迎，成为朝廷的贵宾。但是龙华民以及多明我会、方济各会所主张的下层化路线，则使基督教越来越成为中国文化的敌对势力，并最终在"祭祖祀孔"问题上与中国政府决裂，成为政府打击的对象。

一般而言，宋代以前对待各种宗教，特别是新兴的宗教，通常采取上层化、公开化的引导策略，如上述魏晋时期对道教的改造；从两晋到隋唐进行的三教之争，促成了佛教的中国化；大唐王朝对景教、祆教、摩尼教、伊斯兰教的鼓励和优容等，结果就是促成了和谐的社会氛围和开放的国际环境。相反，宋代以后，陆续对摩尼教、白莲教等民间宗教实行打压政策，结果是把各种民间宗教都变成了反政府力量。宋朝的方腊起义，元朝末年的红巾军起义，明朝末年的徐鸿儒起义，清朝中后期的民间宗教五省大起义等，都是由民间宗教组织发动的。从某种意义上讲，这些起义也都与王朝政府错误的宗教政策有关。

四　政府管理和宗教自治相结合

中国历代的宗教治理还有一项成功经验，即政府管理和僧团自治交叉使用。这样两种治理力量可以相互补充、相互配合，让政府的力量和教团的能动性都得到充分发挥。魏晋以前，中国社会没有具有独立教团的宗教组织，因此宗教管理问题不可能提到政府日程上来。魏晋南北朝时期，随着佛教、道教的大发展，社会上出现了一大批宗法家族和郡县制之外的"化外之民"。

中国历代宗教治理体系，首先是从政府的行政管理开始的，表现为政府以诏令形式对宗教问题进行控制、约束、调整，当然这主要是指政府认可的合法宗教。依靠行政命令的方式对宗教实行治理作为一种重要形式，一直延续到明清时代。政府诏令往往是针对具体问题提出具体的治理意见，机动灵活，可操作性强。例如，宋文帝刘义隆是一位重视佛教辅政作用的皇帝，但是他的头脑还是比较清醒的，也注意到了佛教过度发展可能造成的负面作用。宋文帝元嘉十二年（435年），丹阳尹萧摹之奏曰："佛化被于中国，已历四代，而自顷以来，更以奢竞为重。请自今以后，有欲铸铜像者，悉诣台自闻。兴造塔寺精舍，皆先列言，须许报然后就功。"铜在古代直接可以用来铸造钱币，是国家必须控制的物资，大量用铜铸造佛像，必然导致流通不畅，物价上升。萧摹之建议严格限制以铜铸造佛像，皇帝"诏可。又沙汰沙门，罢道者数百人"[①]。再如，由儒家士大夫主导的唐朝政府，颁布了一系列规范僧尼、道士行为的诏书，如不得占卜、书符、治病、看相，禁食酒肉，禁止出入官宦之家等，将宗教严格束缚在王法的制约之下。具体包括《令道士在僧前诏》《禁卜筮惑人诏》《严禁左道诏》《禁僧道不守戒律诏》

---

① 《南史》卷一一四《夷貊志上》。

《禁坊市铸佛写经诏》《禁僧道掩匿诏》《禁僧俗往还诏》《禁百官与僧道往还制》等。

随着宗教治理诏令的积累，逐渐形成了一些相关的法律，载之于国家法典，增加了执行的稳定性。文献记载，隋文帝开皇十五年（595年），令沙门彦悰等编撰《众经法式》，作为治理宗教的法律依据，是目前所知最早的治理宗教的法律总汇。不过十分遗憾，这些典籍早已亡佚。其后出现的《唐律疏议》中则保留了较多的宗教治理方面的法条。如《唐律疏议·贼盗律》中规定了"造妖书妖言罪"，"诸造妖书妖言者绞"，由于佛道教具有神圣代言人的身份，所以国家特别防范他们制作可能导致社会动乱的"妖言""妖书"，影响社会的安定。又如对于僧尼犯罪，《唐律疏议》规定："道士女冠、僧尼犯奸盗于法最重，故虽犯当观寺部典奴婢奸盗即同凡人，谓之三纲以下犯奸盗得罪无别，其奴婢奸盗一准凡人得罪，弟子盗师及师盗弟子物等，亦同凡盗之法。"① 因为佛教以提倡禁欲主义而自立于世，所以才以清高的形象得到国家的诸多特权和社会的认同，而僧尼犯奸作科自然要罪加一等。由于佛教的快速发展导致了经济问题凸显，所以唐律规定："诸私入道及度之者，杖一百；若由家长，家长当罪。已除贯者，徒一年。本贯主司及观寺三纲知情者，与同罪。若犯法合出观寺，经断不还俗者，从私度法。即监临之官，私辄度人者，一人杖一百，二人加一等。"② 以国家法律的形式将宗教发展控制在适度的规模。以后的王朝不断修订完善关于宗教的立法，《宋刑统》《元典章》《大明律》《大清律》等关于宗教的法律更趋详细，相关内容极其丰富，难以一一详述。

然而，政府以诏令形式的治理方法往往是就事论事，随机性强，并时常会因为帝王的喜怒、好恶、王位的变迁而变化，缺乏前

---

① 长孙无忌等编：《唐律疏议》卷七《卫禁》，中华书局1983年版，第143页。
② 长孙无忌等编：《唐律疏议》卷一二《户婚》，第235页。

瞻性、稳定性。国家关于宗教的法律规定，也需要相应的机构去执行，因此当以佛教为首的宗教势力强大之后，国家还需要常态化的治理机构。根据史料，历史上最早出现的专业宗教管理机构，是由政府任命的僧官制度。根据当代学者对古代僧官制度的研究，在公元四、五世纪之交，东晋、北魏和后秦大约在差不多的时间里相继设立了僧官制度，即由政府任命僧官管理僧团组织。

关于东晋的僧官制度，史籍缺少完整的记载，仅于僧传中发现了数条线索。《续高僧传》卷六《后梁大僧正释道迁传》称："昔晋氏始置僧司，迄兹四代，求之备业，罕有斯焉。"

北魏最早的僧官记录出现在《魏书·释老志》中："初，皇始中，赵郡有沙门法果，诫行精至，开演法籍。太祖闻其名，诏以礼征赴京师。后以为道人统，给摄僧徒。"道人统是北魏僧官最早的名称，法果任此职的时间在皇始中，约396—398年。

关于姚秦僧官制度的史料稍多。《高僧传》卷六《僧䂮传》记载一项姚兴的诏令曰："僧䂮法师，学优早年，德芳暮齿，可为国内僧主。僧迁法师，禅慧双修，即为悦众。法钦、慧斌共掌僧录。"后秦的最高僧官为僧正，赞宁《大宋僧史略》解释说："言僧正者何也？正，政也。自正正人，克敷政令，故云也。"僧正负责全国僧尼的教化和戒律约束。悦众是梵语揭摩陀那（Karmadana）的意译，"谓知其事，悦其众也"，执掌僧团各种庶务。僧录则掌管僧团的各种账簿。后秦僧官设置的时间，据宋代志磐《佛祖统纪》考据为弘始三年（401年），稍后于东晋、北魏，但更为完整。以后的南北朝时期，南北方的政府基本延续了东晋、北魏和姚秦开始创立的僧官制度。

对于道教，也参照佛教设置了类似的机构，任命道官进行管理。① 为了表示重视，中国历代僧官、道官都有政府确定的品级，有的朝代还参照同级官员发给俸禄。不过当时的治理方式几乎完全依赖僧团自治，即宗教的管理权力全部交给了政府任命的僧官。当宗教团体利益与社会利益发生矛盾时，由于僧官与宗教组织基本利益的共同性，就会造成政府治理的失效。具体而言就是当时寺院经济发展规模过大，速度过快，与社会的承受力不相符合。

在北周时期，政府开始对宗教治理体制进行改革，在政府中设立宗教管理机构。北周政权按照《周礼》的描述，将政府机构设置成天、地、春、夏、秋、冬六官，其中春官（相当于礼部）管理宗教事务。《通典》卷二三"礼部尚书"条记载，北周时期春官下属有典命一职，"掌……沙门道士之法"。卷二五"宗正卿"条下记载，北周时期"置司寂上士、中士，掌法门之政；又置司玄中士、下士，掌道门之政"。

隋文帝杨坚通过"禅让"形式夺得了北周的江山，其宗教管理制度基本延续了北周的制度，宗教事务由俗官、僧官两套体系管理。不过将北周过于理想化的"六官"制度改为"三省六部十一寺"制，在鸿胪寺下设"崇玄署"，专管佛、道教事务。《唐六典》卷十六记载："隋置崇玄署令、丞。"崇玄署是政府官员，管理佛教、道教的僧籍、寺额、僧官、道官的铨选等重大事务。同时隋代也保持了北周的僧官体系，"……隋文帝在开皇年间连续下达诏令，重建了统管全国僧务的中央僧官机构昭玄寺，昭玄寺职位亦如魏、齐，设置有沙门大统、沙门统（或称昭玄统、国统、都统）、都维那（或称昭玄都、沙门都）三种僧职"②。

关于唐代的宗教管理机构的设置及其演变，《新唐书·百官三》有一个比较完整的描述："初，天下僧、尼、道士、女官，皆录鸿

---

① 参见谢重光、白文固《中国僧官制度史》，第17—21页。
② 谢重光、白文固：《中国僧官制度史》，第86—87页。

胪寺。武后延载元年，以僧、尼录祠部。开元二十四年，道士、女官录宗正寺。天宝二载，以道士录司封。贞元四年，崇玄馆罢大学士，后复置左右街大功德使、东都功德使、修功德使，总僧、尼之籍及功役。元和二年，以道士、女官录左右街功德使。会昌二年，以僧、尼录主客，太清宫置玄元馆，亦有学士，至六年废，而僧、尼复录两街功德使。"唐代中期以前，政府对佛、道教的管理部门几经变动，主要是由于皇朝内部政治斗争不断改变二教的政治地位。但政府管理与宗教组织自治的根本属性没有发生变化，一直延续到清末。

从形式上看，僧、俗两套治理机制地位基本相当，有时候甚至品级也相当，但是治理权限却有天壤之别。鸿胪寺、尚书祠部或左右街功德使控制着对宗教发展具有决定性意义的寺额审批、度牒发放、大寺、观主持人员的铨选等职能；而僧正、道正等僧官、道官，只能承担僧道日常修习、教团戒律、经文考课等日常事务。两相比较，显然事关宗教发展的关键岗位都被俗官体系牢牢地控制住了；而政府又不必去操心僧团内部的琐碎事务，充分发挥了僧官、道官的自治功能。隋唐以后，历朝政府基本承袭了这种双轨制的管理体制，仅具体主管机构的名称略有变化。

宗教治理实行政府管理与僧团自治交叉运用的方法，体现了中国古代宗教治理的特点，即不仅是依靠政府一方发挥作用，也最大限度地发挥宗教领袖和宗教团体的自治作用，把他们也当成一个治理主体，政教双方相互配合，发挥了宗教治理的最佳效益。

当然事情也有例外，有些朝代帝王希望对宗教实行直接管理。例如，梁武帝想自任"白衣僧正"（白衣相对于赭衣而言，指未出家人担任僧正），加强对僧尼的管理，未果。"帝欲自御僧官维任法侣。……帝曰：比见僧尼多未诵习，白衣僧正不解科条，俗法治之伤于过重。弟子暇日欲自为白衣僧正，亦依律立法。此虽是法师之事,然佛亦复付嘱国王。"①梁武帝欲自任"白衣僧正"的出发点是为了防止沙门犯罪。沙门犯罪如果以佛法处置难免过轻,以俗法处置难免过重,故梁武帝想出一个折中办法,自己以世俗的身份担任僧正,依佛律处置沙门犯罪问题。但是这样一个动议却遭到了僧团的强烈抵制,在智藏的反复劝说下,梁武帝只得作罢。这一事件说明中国的宗教界有自治的传统,对于政治势力的过分干扰具有抵制意识。

再如隋炀帝登基后,中央集权进一步加强。在宗教管理方面,他在本属僧官管理的寺院职务中,增加了"寺监"一职。《隋书·百官下》载:"炀帝即位,多所改革。……郡县佛寺,改为道场,道观改为玄坛,各置监、丞。"监、丞由俗官担任,②这样就使原本属于僧官权限的具体宗教活动,也加入了俗官的管理。这种寺监制度被唐朝继承下来,杜佑《通典》记载:"大唐复置崇玄署。初又每寺各置监一人,属鸿胪。"③《通典》又说:"贞观中省。"这项制度为什么在贞观年间就被停止了?估计主要是考虑派俗官进驻寺院,具体管理宗教事务有诸多不便,说明政府的管理也不是万能,不能包办一切。

五 高度警惕以宗教为工具的"民变"

中国古代社会的政治意识形态是儒家学说,儒家本身就没有彻底否定宗教,而且又有"和而不同""殊途同归""神道设教"等思想,所以古代政府大多数时候并不把宗教当成敌视的对象,而是看成可以利用的工具,甚至是可以合作的朋友。但是一些官员仍然对各种宗教保持着高度警惕,主要问题在于宗教经常与各种民间起

---

① 《续僧传》卷五《智藏传》。
② 谢重光、白文固《中国僧官制度史》(第95页)考证,开皇六年(586年)立于恒州的《龙藏寺碑》题名中,记载了四位寺监的姓名,从姓名看,他们都应当是世俗人士。
③ 《通典》卷二五《宗正卿·崇玄署》。

义联系在一起，从而导致了政教关系的紧张，我们将这种动荡统称为"民变"。

这种民变包括两种主要形式：一种是宗教成为农民起义的"外衣"，如东汉由道教引发的"黄巾起义"，魏晋时期由佛教、道教引发的起义，宋代摩尼教引发的方腊起义，元末由"明教"引发的红巾军起义，等等。这些起义的根本原因是地主阶级对农民经济上的残酷剥削和政治上的黑暗压迫。农民起义一旦利用某种宗教作为合理性的"外衣"，就会极大提高在民众中的号召力和鼓舞性，轻则导致社会动荡，重则促成改朝换代，故历来被执政者视为大忌。第二种情况是有些民间宗教发展规模扩大，教徒缴纳的会费增加，那些教主自己也会做起帝王梦，竖起"替天行道"的大旗，以"君权神授"的名义阴谋发动政变夺取政权。这种现象在明清时期的民间宗教中时常发生。因此我们对民间宗教引发的起义不能一概而论地称为农民起义，有些实际上属于社会暴力犯罪。

（一）宗教诱发"民变"的根本原因

宗教与民间起义的密切关系，根本的原因在于中国主流文化本身为民间起义利用宗教预留了很大的空间。在阶级社会，被压迫阶级有自己特殊的利益，但是没有自己独立的意识形态，甚至从某种意义上讲，民间起义本身就是帝制社会运行的内在机制。这主要表现在几个方面：

第一，中国古代政治理论中，"君权神授"一直处于重要地位。从夏商周三代文明社会开始，历代帝王都把自己的家族说成神的后裔，如商王朝的"吞鸟卵"，周王朝的"履大人迹"，等等。春秋战国的儒家虽然把政治合法性的主要依据转到了"德治主义"的理性化轨道上，但是孔子、孟子并没有否定"君权神授"，以宣扬王权至上为主要任务的宗法性宗教"祭天"仪式，被收集、整理，进入儒家经典《三礼》。故先秦以后的历代王朝，仍然使用"神权"

的工具为自己的统治制造合法性依据，南郊祭天、泰山封禅等仪式持续不断。统治者可以使用的工具，被统治者当然也会使用。从陈胜、吴广发动中国历史上第一次农民起义开始，就利用"鱼腹藏书"的形式制造谶语——"大楚兴、陈胜王。"《史记·陈涉世家》记载："二世元年七月，发闾左谪戍渔阳，九百人屯大泽乡。陈胜、吴广皆次当行，为屯长。会天大雨，道不通，度已失期。失期，法皆斩。陈胜、吴广乃谋曰：'今亡亦死，举大计亦死，等死，死国可乎？'"然而九百名赤手空拳的农民要想起义反对空前强大的秦王朝谈何容易，为了动员戍卒参加起义，"乃丹书帛曰'陈胜王'，置人所罾鱼腹中。卒买鱼烹食，得鱼腹中书，固以怪之矣。又间令吴广之次近所旁丛祠中，夜篝火，狐鸣呼曰：'大楚兴，陈胜王'。卒皆夜惊恐。旦日，卒中往往语，皆指目陈胜"。于是戍卒都相信，陈胜就是得天命的新天子，跟着他揭竿而起，掀开了推翻秦王朝斗争的序幕。其后农民起义利用宗教谶语制造舆论、发动民众的例子不胜枚举。

第二，中国专制主义的政治体制中，缺乏有效的制约君权机制，一旦君王不听劝谏，那么社会唯一可以盼望的负反馈机制就只有"汤武革命"了。《周易》给予"革命"完全正面的评价，革卦的彖辞说："天地革，而四时成。汤武革命，顺乎天而应乎人。革之时大矣哉。"周公为了警告其后代"以德配天"，"敬德保民"，指出："天视自我民视，天听自我民听"，[①]"天聪明自我民聪明，天明畏自我民明威"[②]。因此任何人都可以打出"替天行道""奉天承运"的旗帜反抗旧王朝，夺取政权。野心家可以利用宗教"革命"，农民也可以利用宗教神学"革命"。陈胜吴广起义的时候，喊出了"王侯将相宁有种乎"的口号，表达了革命者的豪情壮志。

[①]《尚书·泰誓》。
[②]《尚书·皋陶谟》。

而司马迁将其记入史书，一方面是对改朝换代革命者的肯定，另一方面也是对后来王朝的一种警醒。

第三，宗教组织是中国古代宗法等级社会中唯一可以合法存在的社团。中国古代政治学经典《尚书·洪范》从殷周时期，就明确了一个专制主义的原则，即"惟皇作极"。《洪范》是商朝遗老箕子留给周武王的九条治国大法，其中第五条为："五：皇极。皇建其有极。"具体内容为："凡厥庶民，无有淫朋，人无有比德，惟皇作极。"也就是说，普通民众绝对不能在宗法家族之外形成社团组织，只能以皇权为中心，绝对不许在君主政权之外还有其他社会团体存在。唯一例外，就是准许正统宗教组织可以合法存在。但是在实际操作中，仍然有很多民间宗教在没有被定义为"邪教"之前，也以合法宗教的形式存在。所以在很多起义前，各种宗教组织，有时也包括官方认可的佛、道教，都可以成为隐藏起义目标、积蓄起义力量、组织起义队伍、发动武装起义的重要形式。东汉末年的黄巾起义，宋代的方腊起义，元末的红巾军起义，明朝徐鸿儒的白莲教起义，清朝嘉庆元年（1796年）民间宗教川陕甘楚豫五省大起义，嘉庆十八年八卦教攻打皇宫，太平天国起义等，都曾经历了这样的过程。

（二）对宗教诱发"民变"的防范与打击

因此，历代统治者在观念深处，都不自觉地把各种宗教视为异己力量，严加管理。只允许宗教发挥辅助政治的积极作用，防止宗教产生冲击政治的消极作用。尤其是对于那些没有纳入政府管理范围的民间宗教，则更是作为反抗势力列入严打范围。

秦汉之后统治者对宗教的治理，首先是针对以道教为首的民间宗教的打压。黄巾起义爆发后，曹操因镇压起义有功"拜骑都尉"，"迁为济南相"。山东正好是黄巾军的重要据点，其地民间宗教氛围浓郁，多有各种神庙。曹操到任后，"禁断淫祀。奸宄逃窜，郡界肃然"①。曹丕继承了曹操的事业，正式建元称帝立国。《三国志·魏书·文帝纪》载：黄初五年（224年）"十二月，诏曰：'先王制礼，所以昭孝事祖，大则郊社，其次宗庙，三辰五行，名山大川，非此族也，不在祀典。叔世衰乱，崇信巫史，至乃宫殿之内，户牖之间，无不沃酹，甚矣其惑也。自今，其敢设非祀之祭，巫祝之言，皆以执左道论，著于令典。'"这里所说的各种"不在祀典"的"非祀之祭，巫祝之言"，当然首先是指道教，也包括其他各种民间宗教。魏明帝青龙元年（233年），再一次颁布诏令："诏诸郡国山川不在祠典者勿祠。"②对付由宗教引起的农民起义，实行"禁淫祠杂祀"是一项釜底抽薪的根本性措施，等于取消了起义者公开活动的正当理由，使之自动趋于衰落。西晋延续了曹魏王朝"禁淫祀杂祠"的政策，晋武帝泰始二年（266年）春，"遣兼侍中侯史光等持节四方，循省风俗，除禳祝之不在祀典者"③。这里所要除去的"不在祀典者"，不仅包括以道教为首的民间宗教，也包括两汉以来产生巨大社会影响的"方术""图谶""星占"等民间巫术。故晋武帝在泰始三年十二月下令"禁星气谶纬之学"。在泰始八年二月"禁彫文奇组非法之物"。后来佛教向民间发展，沙门起义时有发生，所以民间佛教类似巫术的活动，也在禁止之列。

魏晋南北朝官方史书中明确记载由道教发动的起义有十多次④，其中道教方面影响最大的起义，莫过于"李弘起义"。寇谦之在《老君音诵诫经》中说："世间诈伪，攻错经道，惑乱愚民，但言老君当治，李弘应出，天下纵横返逆者众，称名李弘，岁岁有之。"显然李弘并不是一个具体的农民起义领袖，而是道教神话中一种谶

---

① 《三国志》卷一《魏志·武帝纪》。
② 《三国志》卷三《魏书·明帝纪》。
③ 《晋书》卷一《武帝纪》。
④ 参见张践《中国古代政教关系史》（上卷），中国社会科学出版社2012年版，第506—507页。

言。所以各地农民起义领袖，多打出李弘的旗号发动群众。道教起义中产生重大影响的，一是四川李雄、李特起义，他们在四川建立了成汉政权，一度制造割据分裂；二是南方的孙恩、卢循起义，坚持了13年之久，直接导致两晋政权的更替。对于这些起义，政府无不动员一切可以动员的力量进行围剿。

在佛教方面，魏晋南北朝史书记载的"妖僧""沙门"起义也有十多次[①]，这些起义都被官军残酷镇压了下去。有些起义甚至成为佛教"法难"的直接导因。太平真君七年（446年）的灭佛行动，直接导因是长安沙门有违反法律的行为，进而太武帝怀疑他们与起义的卢水胡盖吴有关。《魏书·释老志》记载："会盖吴反杏城，关中骚动，帝乃西伐，至于长安。"太平真君六年，盖吴在杏城（今陕西黄陵）起兵反魏，起义群众达到十万人，当时社会上流行一种谶语说"灭魏者吴"[②]，朝野震惊。盖吴自称天子，设立百官，建立政权，并且击败了北魏派来镇压的大军，成为拓跋氏政权的最大威胁。太武帝只能亲自率领大军前往镇压。当代学人向燕南指出："第二次灭佛的原因应是盖吴等各族人民的反魏起义。""灭佛的实质是镇压民族起义的副产品。"[③]

为了防止宗教干政，参与世俗政治利益争夺，唐朝政府规定僧尼、道士不得出入世俗家门。《禁僧俗往还诏》指出："惟彼释道，同归凝寂，各有寺观，自合住持。或寓迹幽闲，潜行闾里，陷于辟，有足伤嗟。如闻远就山林，别写兰若，兼亦聚众，公然往来。或妄托生缘，辄有俗家居止，即宜一切禁断。"[④] 僧尼、道士应当在佛寺道观中潜心修行，不得出入世俗人家，以防相互勾结，聚众闹

[①] 参见张践《中国古代政教关系史》（上卷），中国社会科学出版社2012年版，第510—511页。
[②] 《资治通鉴》卷一二四《宋纪六》，文帝元嘉二十二年正月。
[③] 向燕南：《北魏太武灭佛原因考辨》，《北京师范大学学报》1988年第4期。
[④] 《全唐文》卷三〇。

事。特别是对于官宦人家，防范更为严格。《禁百官与僧道往还制》规定："如闻百官家多以僧尼道士等为门徒往还，妻子等无所避忌。或诡托禅观，妄陈祸福，事涉左道，深戮大猷。自今以后，百官家不得辄容僧尼道士等，至家缘吉凶。要须设斋，皆于州县陈牒寺观，然后依数听去。仍令御史金吾明加捉搦。"① 那些掌握众多财产甚至手握兵权的人，如果再与高僧、高道勾结，利用了宗教的神圣性，那么对于平民百姓将会具有更大的号召力。所以在没有发生叛乱以前，就要严防臣下与宗教领袖勾结，形成对王朝的威胁。

为了防止宗教组织成为动员农民起义的中坚力量，历代政府都注意切断宗教与民众的常规联系。例如北宋，摩尼教的活动痕迹已经显著，宋仁宗景祐二年（1035年），下诏"夜聚晓散，传习妖法，能告发者，赏钱五万，以犯者家财充"。哲宗元祐七年（1092年）刑部告示："夜聚晓散，传习妖教者，欲州县以断罪告赏全条。"宋徽宗大观二年（1108年），政府发布诏令说："每季进行巡查，发现夜聚晓散，传习妖教者即行禁止。"② 这些禁令没有说明那些"夜聚晓散"的"妖教"的名称，但摩尼教肯定也在其中，甚至占有主要比例。宣和二年（1120年），摩尼教首领方腊自立朝廷，改年号，对起义军将领封官任职。起义军将士装备落后，甲胄不全，方腊就以宗教思想鼓动他们不畏生死，奋勇杀敌，对北宋王朝造成了沉重打击。宋徽宗派童贯任江、淮、荆、浙等路宣抚使，谭稹任两浙路制置使，调兵15万，南下镇压起义。经过一年多时间的苦战，方腊被杀，起义失败。正因为摩尼教等民间宗教有利于民众发动起义，故统治阶级对此保持高度的警惕，特别是陆游总结方腊起义教训，在给皇上的《条对状》中说："自古盗贼之兴，若止因水旱饥馑，迫于寒饿，啸聚攻劫，则处置有方，便可抚定。惟

---

① 《全唐文》卷二一。
② 以上均见《宋会要辑稿·方腊》。

是妖幻邪人,平时狂惑良民,结连素定,待时而发,则其为害,未易可测。"① 一般因水旱灾害引发的民众起义,只要政府处理得当,容易安抚。但是一旦宗教信仰的因素渗入,则会给镇压起义造成很大的麻烦。宗教组织可以联络民众,便于组织武装,发动起义。宗教理论可以给民众以巨大的精神鼓励,使他们不畏生死,用落后的装备与官军作战。即使起义失败,信仰的因素很难从群众的心中消除,又会诱发新的起义。所以历代王朝的治理政策都把民间宗教视为大敌,在镇压了方腊等摩尼教相关的起义以后,南宋朝廷颁布了严厉的法令:"凡传习明教者受绞刑,从犯发配千里之外,妇女入教者,千里编管。"②

白莲教起义的第一次高潮出现在元末明初,朱元璋参加红巾军起义,就是在所谓"明教"的组织下发生的。朱元璋夺得江山后,一些没有得到政权的起义军将领还继续利用曾经抗元的民间宗教队伍,继续与朱明王朝争夺权力。因此明朝建立之初,明太祖朱元璋就连续颁布查禁民间宗教的诏令。如《明律集解·附例》卷十一中记载了当时制定的这样一条法律:"凡妄称弥勒教、白莲教、明尊教、白云宗等会,一应左道乱世之术,煽惑人民,为首者绞,为从者各杖一百,流三千里。"③ 明朝中后期,发生了多次由白莲教发动的农民起义,其中以徐鸿儒起义最为有名。

清朝继承了明朝严厉打击民间宗教的政策,顺治皇帝亲下谕旨严禁"邪教":"谕礼部:朕惟治天下必先正人心,正人心必先黜邪术。儒释道三教并垂,皆使人为善去恶,反邪归正,遵王法而免祸患。此外乃有左道惑众,如无为、白莲、闻香等教名色,邀集结党,夜聚晓散,小者贪图财利,恣为奸淫;大者招纳亡命,阴谋不

---

① 《渭南文集》卷五。
② 《宋会要辑稿·刑法二·禁约》。
③ 《明太祖实录》卷五三。

轨。无知小民，被其引诱，迷罔颠狂，至死不悟。……若不立法严禁，必为治道大蠹。虽倡首奸民，罪皆自取。"有当代学者指出："清政府建立严密的法律制度，对民间宗教发动清剿，取得了一定的成效。据初步统计，在清朝统治的267年间，官方共查处'邪教'案件达490多起。"[1]

除了严厉打击，清政府还采取了一些社会性的综合治理措施，具体内容包括：针对民间宗教往往通过秘密结社的形式发展教徒，积聚力量，雍正三年（1725年）朝廷严行禁止民间结社及拜异性兄弟之行为，"凡异姓人歃血为盟，焚表结拜兄弟，不分人数多寡，照谋反未行律，为首者，拟绞监候。无歃血盟誓焚表事情，止结拜兄弟，为首者，杖一百；为众者，各减一等"[2]。针对民间宗教往往通过神秘主义的形式传播宗教思想，政府对任何具有巫术、幻术之类形式的社会活动统统加以取缔。雍正二年六月，雍正帝给江西巡抚的上谕中有关于什么是邪教的界定："大抵妄立名号，狂惑愚民，或巧做幻术，夜聚晓散。此等之人，党类聚多，踪迹诡秘。"[3]

除了这些具有针对性的治理措施，明清帝王、大臣还提出了一些更具根本性的治理之策。如明代曾参与镇压白莲教起义的官员黄育楩写了《破邪详辩》，提出："邪经虽多，而造邪经者皆系不读书人。知造邪经之未必读书，即知读书人之不肯习教，此振兴学校实禁邪教之要务。"[4]他认为：有一定文化知识的读书人，深受儒家理性主义思想的影响，一般都会远离那些"怪力乱神"，难以误入邪教歧途；而一般民众参加"邪教"主要是由于没有文化，就会相信这些浅薄俗陋的东西。故他把兴办学校当成铲除邪教的根本。其实他没有看到，地主阶级的残酷压迫造成广大劳动人民走投无路，

---

[1] 周向南：《清代民间宗教治理研究》，中国社会科学出版社2017年版，第158页。
[2] 田涛、郑秦点校：《大清律例》，法律出版社1999年版，第367页。
[3] 《清世宗实录》卷二一，雍正二年六月庚子。
[4] 《破邪详辩》，载《清史资料》第3辑，中华书局1982年版。

才是造成他们纷纷入教的根本原因。康熙九年（1670年），帝谕礼部："朕惟至治之世，不专以法令为事，而以教化为先，……若徒事法令而教化不先，是舍本而务末也。"[①] 康熙皇帝是中国历史上少数精通儒家思想的帝王，他从儒家"德本刑末"的指导思想出发，把加强对民众的礼仪教化看成治理民间宗教的根本措施。康熙所作《圣谕》第七条是"黜异端以崇正学"，当时的所谓正学就是经过程朱理学诠解、注释的儒家经学。

特别是在发生了嘉庆元年（1796年）由收元教、混元教发动的川陕甘楚豫五省大起义之后，朝廷更是痛定思痛，认真思考了这次对清王朝造成致命性打击的大起义背后的最深层原因。嘉庆在下发的谕令中，多次提到民穷与民间宗教的关系问题。其《御制致变之源说》中明确指出："百姓困穷，为致变之源。""民穷则邪慝作。"在颁发的谕令《御制行实政论》中，再次述及天理教起事之由，"静思其故，总因贫困而起，……其心为救急度命耳"。这种认识很符合中国"民本主义"的文化传统，所谓"饥寒生盗心，富贵知荣辱"。中国古代思想家早就认识到贫困是犯罪的重要根源，对于贫困与犯罪之间的关系，进行了深刻论述，并提出了减少犯罪的对策措施——"制民之产"。然而到了嘉庆时期，清王朝已经走过"康乾盛世"的辉煌，各种复杂的阶级矛盾、民族矛盾已经让王朝的统治者无力回天了。

六 防范境外宗教干涉引发国家主权危机

中国历代宗教治理的成功经验还包括：必须高度重视外部势力对国内宗教活动的干涉可能引起的国家主权危机。佛教和伊斯兰教虽然也是外国传来的，但是佛教在印度并非主导的意识形态，13

---

① 康熙：《圣谕十六条》。

世纪后便趋于消亡了。伊斯兰教在中东是主导文化，但缺乏宗教中心，大大降低了对外的影响力。因此在中国近代以前，这种情况主要是指天主教。

欧洲中世纪是真正的"封建时代"，整个欧洲分化成几十个小国家，而每一个小国家中又分化成几十甚至上百个小邦。各国的君主对于各个小邦的诸侯，并没有绝对的王权，即所谓"我的仆人的仆人，不是我的仆人"。相反，中世纪的基督教则形成了庞大的教团组织，各国的宗教组织都以罗马教廷为自己的绝对领导者。更为重要的是，基督教在欧洲中世纪是各个封建国家独一无二的政治意识形态，各国君主都需要得到教皇的加冕才算获得了政治的合法性。中国古代社会的情形则与欧洲完全不同。中国自古帝王的权力虽然也是"君权神授"，但是这个"神"是在西周已经被虚化了的"天"。经过春秋战国的百家争鸣，儒家成为古代文化的最大继承者，儒学在汉代以后成为"独尊"的政治意识形态。不过儒家没有独立于宗法家族和官办学校以外的独立组织，并不能对帝王的政治权力形成制衡作用。故中国的中世纪是中央集权的君主制社会，与欧洲中世纪封建君主相比，中国专制帝王握有社会上的所有权力，任何宗教都不得违抗皇权。法国汉学家谢和耐很好地体会了这种中西差异，他指出："由于中国皇帝拥有一种组织社会和天下以及时空包罗万象的权力，所以宗教在中国不能成为一种独立的势力。"[①]"皇帝和教皇身负的政权与教权之区别，在西方是存在的，但在中国都显得是一种谬论邪说。"[②] 欧洲中世纪那种政、教二元相互制衡，甚至利用教权压制王权的现象，在中国是不可能出现的。

针对中西不同的国情，明末士大夫徐昌治说："据彼云，国中

---

① ［法］谢和耐：《中国与基督教：中西文化的首次碰撞》，耿昇译，上海古籍出版社2003年版，第89页。

② ［法］谢和耐：《中国与基督教：中西文化的首次碰撞》，第91页。

君主有二，一称治世皇帝，一称教化皇帝。治世者摄一国之政，教化者统万国之权。治世者相继传位于子孙，而所治之国，属教化君统，有输纳贡献之款。教化者传位，则举国中之习天教之贤者而逊焉。是一天而二日，一国而二主也。无论尧、舜、禹、汤、文、武、周公、孔子之政教纪纲，一旦变易其经常，即如我皇上亦可为其所统御，而输贡献耶？嗟夫！何物妖夷，敢以彼国二主之夷风，乱我国一君之统治。"[1] 从这段话看，中国士大夫基本了解欧洲中世纪政教关系的状况。"治世皇帝"指欧洲各国的封建君主，"教化皇帝"则是罗马的教皇。各国的君主只能管理一国之政，而罗马教皇不仅"统万国之权"，各封建国家还要对罗马教廷"有输纳贡献"的义务。中国的君主绝对不能接受欧洲中世纪政教关系的两种情况：一是"一天而二日，一国而二主"，实在是"乱我国一君之统治"；二是在中国历史上确有向外国"输纳贡献"的朝代，但被视为"奇耻大辱"，是任何一个主权王朝都不能接受的。

西方学者普遍认为，民族国家的主权是一个近代观念，原因就在于中世纪基督教势力的强大，干扰了封建国家主权的建立和各民族的文化认同。但在中国情况并非完全如此，中国自古就是一个民族国家，且不说春秋战国时期的华夏与夷、狄，起码从汉代开始，以汉族为主体的民族国家就已经是一个名副其实的存在。因此明清时期的帝王接触到基督教，绝对不能接受罗马教廷"统万国之权"，自己还要承担"输纳贡献"的义务。从这个意义上讲，在"中国礼仪之争"中，清廷与罗马教廷关于"中国礼仪"的冲突就超出了文化冲突的意义，成为维护国家主权的斗争。

"中国礼仪之争"从明末就开始了。明末基督教采取了利玛窦制定的"排佛附儒"战略，大量引用儒家经典阐述基督教的原理，

---

[1] 《破邪集》卷五《辟邪摘要略议》。

这本是一种外来文化进入新文化境遇的必要措施。但是天主教来华传教不是来吸收儒家文化精髓的，而是来向中国人传递基督福音的。"福音"本义就是一种"好消息""新消息"，因此利玛窦的传教策略首先在耶稣会内部就引起了争议。后来西班牙支持的多明我会、方济各会，法国支持的外方传教会等其他天主教组织纷纷进入中国，开始与耶稣会争夺在华传教的势力范围，这样中国礼仪之争就开始带上了西方列强争夺势力范围的阴影。崇祯五年（1632年），西班牙多明我会的高支（Angnio Cacchi）到福建传教。次年，方济各会传教士李安堂（Antonio Caballero）和多明我会的黎玉范（Juan Bautista Morales）也来福建传教。他们到达福建后，批评耶稣会多与上层儒士联系的方针为"迂腐"，而是直接向大批的下层民众传教，指责教外人士愚昧无知，宣讲耶稣救世的"大道理"。他们曾经向一名乡间教书的先生询问什么是"祭"。那教书先生说"祭"就如同天主教的"弥撒"。他们由此联想中国的祭祖祀孔也是一种宗教，属于偶像崇拜；特别是祭祖，更是一种迷信。1637年黎玉范返回欧洲，1643年写出17条指控向教皇汇报。1645年教廷发布禁令，要求中国教徒严格遵守天主教戒律。事后由于耶稣会的解释，教皇采纳了他们的意见，仍然同意中国教徒可以保持他们原有的世俗礼仪，主要是指"祭祖"和"祭孔"。

进入清代，中国礼仪之争更趋激烈，法国利用控制教皇的机会，说动教皇克莱芒十一世于1704年11月30日表态支持法国外方传教会阎当的意见，断然决定中国教徒不得进行祭祖祀孔的礼仪。这时，耶稣会教士白晋、张诚、徐日昇、闵明我等人实际已经成为康熙皇帝的科学顾问，他们利用在皇帝身边工作的机会，向皇帝直接奏报，希望康熙帝直接出面向教皇解释，以便说服教皇。史料记载闵明我等人的奏疏内容如下："康熙三十九年十月二十日，治理历法远臣闵明我、徐日昇、安多、张诚等谨奏，为恭请睿鉴，以求训诲事。窃远臣看得，西洋学者闻中国有拜孔子及祭天地祖先之礼，必有其故，愿闻其详等语。臣等管见，以为拜孔子，敬其为人师范，并非祈福佑、聪明、爵禄而拜也。祭祀祖先，出于爱亲之义，依儒礼亦无求佑之说，惟尽孝思念而已。虽设立祖先之牌，非谓祖先之魂，在木牌位之上，不过抒子孙报本追远如在之意耳。至于郊天之礼典，非祭苍苍有形之天，乃祭天地万物根源主宰，即孔子所云：郊社之礼，所以事上帝也。……本日奉旨御批：这所写甚好，有合大道，敬天及事君亲敬师长者系天下通义，这就是无可改处。钦此。"[1] 这封信虽然是由传教士起草，但是得到了皇帝的批准，相当于皇帝的手笔。从信的内容看，耶稣会教士关于中国礼仪的理解，基本符合儒家对古代宗教祭祀礼仪的理解，将其看成一种人文性的礼俗活动，而不是一种宗教。如果中国礼仪不是宗教，当然也不存在基督教反对异教的问题。康熙帝赞同他们的看法，并将这封信发往欧洲。这等于用中国皇帝的信用，对中国礼仪的非宗教性做了一个权威的担保。

但是在法国的操纵下，教皇克莱芒十一世仍作出了禁止中国教徒祭祖祭孔的决定，康熙四十四年（1705 年）罗马教廷派特使多罗来华，1707 年多罗在南京发布禁令。此举无异于宣布中国的天主教徒必须放弃本民族的文化传统与信仰。于是礼仪之争演化成了两种文化、两个民族以至清廷与罗马教廷的全面对抗。教皇的固执与傲慢激起康熙的愤怒，他迅速下令将多罗驱逐出境，并在传教士中实行"领票"制度。只有那些声明永不返回西洋、遵守利玛窦规矩、顺从中国礼仪者，方可留居中国。这等于让传教士切断与罗马教廷的关系，彻底变成中国的臣民，这样方能在中国居住，否则"断不准在中国住，必逐回去"。当时耶稣会传教士多主动领票，而

---

[1] 黄伯禄：《正教奉褒》，见韩琦、吴旻校注《熙朝崇正集　熙朝定案（外三种）》，中华书局 2006 年版，第 362—363 页。

多明我、方济各、外方等会教士则多未领票，被驱逐出境。康熙五十九年，教皇第二次派遣特使嘉禄来北京，再次重申禁令，无异是火上浇油。康熙览表后极为愤慨，批示曰："以后，不必西洋人在中国行教，禁止可也，免得多事。"① 这一次禁教的严厉性开始表现出来，无票的传教士统统被驱逐出境，没收大批教会财产；即使有票的传教士也不再受到重视。利玛窦和耶稣会传教士苦心经营几十年的传教事业受到严重挫折。

　　清代发生的"中国礼仪之争"表面上看完全是一次由于文化礼俗引发的政治争议，那么清王朝政府是否有必要如此大动干戈呢？笔者认为：罗马教廷这样做实际上已经是在干扰中国的国家主权了。根据现代民族国家的主权理论，"主权"包括领土、政治、经济、外交、文化等方面，决定自己国家的文化当然属于国家主权的范畴。西方一些传教士对中华民族几千年的文化习俗指手画脚，把自己的信仰强加在中国人民身上，实际上已经影响了中国的文化主权。如不加以限制，那么是否会演变成国家安全问题呢？谢和耐先生站在当代的视角，对于礼俗与民族性的关系看得非常清楚。他说："我们可以说，在17和18世纪的中国人中，具有一种很强的'民族'敏感性。这是由于他们意识到自己属于一种古老而又伟大的文明，富有博学传统。某些中国人甚至清楚地察觉到，基督教观念的传播可能会对这一遗产造成的危害。"② 由于儒教本身的性质，所以中国的礼俗与世界上其他民族的礼俗相比有自己的特点，即宗教性较弱，文化性较强，故今人一般把中华民族称为"文化民族"。即使在中华民族尚处于自发状态的明清时期，人们已经感觉到基督教文化大量涌入形成的文化威胁。尽管当时基督教文化在中国规模不大，但是对于一个文化民族来说，大量异质文化的输入绝对是一

---

① 陈垣编：《康熙与罗马教皇使节关系文书》卷一四，影印本。
② ［法］谢和耐：《中国与基督教：中西文化的首次碰撞》，第108页。

件值得警惕的事情。明代施邦耀说："青衿儒士，投诚礼拜，坚信其是而不可移易……甘做化外之徒。"① 明清之际的士大夫，实际已经涉及一个问题，即中国的"文化安全"问题。特别是对于中华民族这样一个"文化民族"而言，对主体文化的冲击就难免引起社会秩序的动摇，明清士人的这种文化警觉，绝非多余。

尽管传教士仅仅是要求少量入教的中国人这样做，但是在一个把文化视为民族认同标志的社会里，这已经是严重伤害民族情感的事件了。雍正皇帝愤怒地批驳教皇禁令说："尔等欲我中国人尽为教徒，此为尔等之要求，朕亦知之；但试思一旦如此，则我等为何等之人，岂不成为尔等皇帝之百姓乎？教徒惟认识尔等，一旦边境有事，百姓惟尔等之命是从，虽现在不必顾虑及此，然苟千万战舰来我海岸，则患大矣。"② 雍正皇帝1722年至1735年在位，在他逝世一百年之后，"千万战舰来我海岸"的局面被他不幸言中了，不能不佩服他的先见之明！这也充分说明，文化安全问题也会转化成国防安全问题，不能不引起我们的高度重视。从国家安全出发，朝廷对基督教传教活动的限制更多地得到了士大夫和普通民众的支持。

七 "因俗而治""恩威并重"治理民族宗教

中国自古就是一个多民族、多宗教的国家，因此在历代宗教治理体系中，还包括对于民族宗教的治理，即对其他民族的宗教信仰的治理。在当代语境中，我们所说的民族宗教主要是指少数民族的宗教。如果概括民族宗教治理体系的根本特点，可以用"因俗而治""恩威并重"两句话加以概括。汉族执掌中央政权的时候如

---

① 《破邪集》卷一《福建巡海道告示》。
② 《耶稣会士通讯集》，转引自吴伯娅《康雍乾三帝与西学东渐》，宗教文化出版社2002年版，第163页。

此，少数民族执掌中央政权的时候也是如此。

（一）"因俗而治"的指导原则

在中国历史上，宗教问题大多与民族问题相关联，这一方面是由于除了道教，其他宗教大多是从外国传来的，初传之时都被认为是"夷狄之道"；另一方面，则是由于中国汉族的主流文化是世俗性的儒学，而大多数少数民族则全民信仰宗教，因此很多王朝都把管理民族事务和宗教事务的衙门放在一起，如典客署、鸿胪寺、宣政院、理藩院等。而这一切的原因，又在于儒家的民族观。

春秋战国时代，孔子将当时人们区分民族界限的宗教、心理、语言、礼俗、服饰等标志，概括为一个统一的文化标准：行周礼者为华夏，拒斥周礼者为"夷狄"。有些原先华夏的诸侯国，因地理、历史等方面的原因采用了夷礼，孔子修《春秋》时都视之为夷狄，加以贬低斥，如吴国原本姬姓，乃周太伯之后裔，因称王。但地处东南，临近百越，效越人"断发文身"，孔子以其破坏了华夏"身体发肤，受之父母，不敢毁伤"的礼仪，故将其视为夷狄，贬称为"子"。相反，不管什么民族、个人，只要乐于接受周礼，孔子就给予肯定的评价。他讲："先进于礼乐，野人也；后进于礼乐，君子也。如用之，则吾从先进。"① 一些国家原属夷狄，后来因奉行华夏礼乐而成为中国的诸侯，如原属西戎的秦，原属南蛮的楚，原属百越的越等国，孔子也不再将这些国家视为夷狄，甚至想去游说。正如唐朝韩愈在《原道》中所评论："孔子作《春秋》，诸侯用夷礼则夷之；夷之进于中国者，则中国之。"

正因为儒家不是用血缘而是用文化作为区别民族的标志，因此中国人的民族观是开放的，凡是愿意接受中原礼仪的民族，都可以成为中华民族的一员，遂使中华民族成为世界上最大的民族。但是

---

① 《论语·先进》。

考虑到中国诸民族文化成分的差异在于不同的礼俗，所以政府从夏商周三代制定的民族治理政策时，就提出了"因俗而治"的原则。政治家们认识到："凡居民材，必因天地寒暖燥湿，广谷大川异制，民生其间者异俗，刚柔轻重，迟速异齐，五味异和，器械异制，衣服异宜。修其教不易其俗，齐其政不易其宜。中国戎夷，五方之民，皆有性也，不可推移。"[1] 这就是说，中国地理范围广大，各族人民生活条件差异巨大，因此饮食、服装、生产、制度也都有区别，民族性格不会轻易变化。在治理方面实行统一的教化，但是不能改变各民族的习俗，国家政治要统一，但是对不同民族要实行差异化的区域治理。在此认识的基础上，西周时代对民族地区实行"五服"之制，秦汉实行"边郡""边县"制度，唐代实行"羁縻制度"，明清实行"土司制度"，等等。

在民族区域特殊治理政策中，还包括对少数民族宗教的特殊治理方式。中国古代的传统宗教经过春秋战国的转化及儒家学者的解释，逐渐丧失了超验的思想内涵，向礼俗化的方向发展了。所以在汉族统治者的眼中，宗教也属于一种礼俗。对于少数民族治理的重要原则是"因俗而治"，这里的"俗"，既包括服饰、语言、礼节，也包括宗教信仰，古人是不把它们分开处理的。因此"修其教不易其俗"就是指对少数民族进行儒家的礼义教化，但是不改变其原有的宗教信仰和活动。例如，宋王朝对少数民族的宗教信仰及其特殊活动方式，都采取了宽容的态度。淳化二年（991年），"荆湖转运使言，富州向万通杀皮师胜父子七人，取五脏及首以祀魔鬼。朝廷以其远俗，令勿问"。这种事件如果发生在内地，官府一定会按信奉邪教，杀伤人命治罪的。另外，对少数民族的一些特殊宗教需求，政府也尽量加以照顾。如"雍熙元年（984年），黔南言溪峒

---

[1] 《礼记·王制》。

夷獠疾病，击铜鼓、沙锣以祀神鬼，诏释其铜禁"。[1] 铜由于可以铸钱，属于政府严格控制的金融物资，但为了照顾少数民族铸造铜鼓从事宗教活动的需要，还是可以特殊优惠的，这也属于抚纳政策的一个方面。

儒家"修其教不易其俗，齐其政不易其宜"的民族宗教政策，包含着一个前提，就是在国家大一统的政治格局中，应当允许多民族政权保持相对独立完整的文化结构，特别是宗教信仰。宗教是文化体系中最深层的价值观念，如果对其他民族的宗教信仰粗暴干涉，就会导致严重的民族冲突。例如，唐武宗灭佛时陈诉其理由说："朕闻三代已前，未尝言佛。汉魏以后，像教浸兴。由是季时，传此异俗，因缘染习，蔓衍滋多。……自此清净训人，慕无为之理；简易齐政，成一俗之功。将使六合黔黎，同归皇化。"[2] 对不同民族文化实行"简易齐政，成一俗之功"，强行要求"六合黔黎，同归皇化"，表面看加强了中央集权治理，但实际上完全与正确的方向背道而驰。其灭佛兼及袄教、景教、摩尼教"三夷教"，对民族关系造成了冲击。反之，唐代其他帝王对边民实行羁縻政策，"因俗而治"，不在边疆强力推行中原的教化，反而出现了一个"开元中，三纲正，百姓足，四夷八荒，翕然向化，要荒之外，畏威怀惠"[3] 的政治稳定局面。

儒家提倡"和而不同"的治国理念，主张"万物并育而不相害，道并行而不相悖"[4]，认为世界上各民族都有自己的生存空间和规则，完全可以和谐相处。所以儒家的世界观是"修身、齐家、治国、平天下"，从自身的道德修养开始，推及家庭、国家、天下。

---

[1] 《宋史》卷四九《蛮夷传一》。
[2] 《旧唐书》卷一八上《武宗本纪》。
[3] 《旧唐书》卷一九五《回纥传》。
[4] 《礼记·中庸》。

儒家所说的"平天下"是"欲明明德于天下"①，即各个民族国家和谐相处，以德相交，绝不是军事征服。这就与法家主张的"争于气力""富国强兵"的军事帝国不同，也与主张"明鬼""尚同"的墨家宗教国家的政治设计不同，而使中国成为以儒家世俗文化为主体、各民族多种宗教并存的"多元一体"的文化国家。同时古代中国也不完全等同于西方近代的"民族国家"，不需要以境内民族成分的趋同作为先决条件。因此中国大一统的文化国家，不同于历史上其他的军事国家、宗教国家、民族国家，不需要在国民内部进行强行的民族同化、宗教改宗，而是多种宗教的和谐相处。

儒家民族宗教观除了"和而不同"的性质，还有"神道设教"的内容，即历代王朝主动将少数民族信仰的宗教当成教化民众、促进民族团结、巩固国家统一的思想工具。例如，西藏人民在唐代从中原和印度输入了佛教，又结合本地文化特色形成了"重密轻显"的藏传佛教，并与当地政权相渗透，建立政教合一的地方政权。到了元朝，蒙古贵族为了适应对欧亚大陆广泛领域、众多民族施行统治，采用了"教诸色人户各依本俗行事"②的自由信教政策。他们并不强迫其他民族接受自己的宗教文化形态，而是对当地民族的宗教文化表示充分的礼遇，利用宗教领袖对当地民族实行统治。《元史·释老传》称赞道："元起朔方，固已崇尚释教，及得西域，世祖以其地广而险远，民犷而好斗，思有以因其俗而柔其人，乃郡县土蕃之地，设官分置，而领之于帝师。乃立宣政院，其为使居第二者，必以僧为之，出帝师所辟举，而总其政于内外者，帅臣以下，亦必僧俗并用，而军民通摄。于是帝师之命，与诏敕并行于西土。"从元代开始，西藏政教合一的民族宗教体制得到中央政府的认可，和平并入中国的版图。元代在中央政府设立宣政院，院使一般由右

---

① 《礼记·大学》。
② 《新集至治条例·诉讼·约会》。

丞相兼任，官位从一品，副使则世代由萨迦派活佛担任，授以"帝师"称号，统领天下释教，成为全国的宗教领袖。宣政院还负责西藏民族事务的管理，凡西藏地区重大政治、军事事务，皇帝必征询帝师的意见。西藏地方长官皆出自帝师之提举，宗教成了元廷统一中国的有力工具。

（二）"恩威并重"的实践方针

如果说历代民族宗教治理的总体战略是"因俗而治"，那么具体的战术指导原则就是"恩威并重"。如清乾隆帝所说："中国抚驭远人，全在恩威并用，令其感而生畏，方为良策。"① 对于民族宗教治理而言，这两个方面是相辅相成的。如果只有"因俗而治"而没有"恩威并重"，那就等于在多元一体的民族共同体中只讲"多元"，不顾"一体"，民族共同体也就瓦解了。所以在治理过程中，"不易其俗"必须是在"修其教"的前提下，不能把"不易其宜"变成破坏"齐其政"的工具。

"恩威并重"的实践方针具有深厚的理论背景。儒家经典《中庸》讲到治国方略的"九经"时说："凡为天下国家有九经，曰修身也，尊贤也，亲亲也，敬大臣也，体群臣也，子庶民也，来百工也，柔远人也，怀诸侯也。"古代没有近代以来的民族国家概念，对于域外的政权也没有清晰的民族事务和外交事务的区分，因此"柔远人"和"怀诸侯"之间没有严格的界限。具体做法是："送往迎来，嘉善而矜不能，所以柔远人也；继绝世，举废国，治乱持危，朝聘以时，厚往而薄来，所以怀诸侯也。"古代政府设置的鸿胪寺、典客署、理藩院等机构，就负责这里所说的"送往迎来""朝聘以时"等任务，而执行的过程中，一是要坚持道义原则，"嘉善而矜不能""治乱持危"，维护社会的公义；二是在"朝聘"

---

① 张其勤辑：《清代藏事辑要》卷二，西藏人民出版社1983年版，第59页。

的过程中要坚持"厚往薄来"原则，即给予少数民族使团、外国使者几倍的优惠，使中国的朝贡体系成为一个周边民族、国家都乐此不疲的事业。这正是孔子所说的"远人不服，则修文德以来之，既来之，则安之"[①]。中国是一个大一统的文化国家，而不是一个军事的帝国。中国广袤的国土面积不是通过对外侵略战争掠夺来的，而是在漫长的历史发展过程中用自身的发达礼乐文化逐渐吸附形成的。中国历史上不断发生的民族冲突、融合的过程，就是这种吸附的过程，草原民族不断进行军事占领，但是结果不是消灭中原农耕民族或造成永久的民族分裂，而是不断促进新的民族融合。边疆的少数民族向往中原发达的礼乐文化，自愿把自己融入中华民族之中，根本原因就在于无论是汉族还是少数民族执掌中央政权，都坚持了对边疆少数民族实行"厚往薄来"的制度，"恩威并施"，以"优崇抚纳"为主。我们试以清朝的藏传佛教治理政策为例说明之。

鉴于元朝的教训，清朝皇帝对藏传佛教对社会发展的负面影响认识深刻，如康熙皇帝说："蒙古惑于喇嘛，罄其家赀不知顾惜，此皆愚人偏信祸福之说，而不知其终无益也。"[②] 他甚至表示"此风亟宜变易"。但是考虑到对蒙、藏民族的治理，他更注重"佛教之兴，其来已久，使人迁善去恶，阴翊德化，不可忽也"[③]。蒙古族是我国北方一个强大的游牧民族，终明之世累为"边患"，到了清朝依然如此。考虑到明代末期藏传佛教格鲁派进入蒙古族之中，成为蒙古民族的全民信仰，因此乾隆皇帝说："盖中外黄教，总司以此二人（达赖、班禅，引者按），各部蒙古，一心归之。兴黄教，所以安众蒙古，所系非小，故不可不保护之，而非若元朝之曲庇陷敬番僧也。"[④] "兴黄教所以安众蒙古"成为有清一代的"国策"，

---

① 《论语·季氏》。
② 《东华录》卷三〇。
③ 《日下旧闻考》卷四一《宏仁寺碑文》。
④ 《清朝文献通考》卷八九《选举考六》。

为历代皇帝所尊奉。

　　清朝刚刚入关，达赖五世喇嘛进京朝贡，受到顺治皇帝超规格的欢迎，皇帝本人亲自出城迎接，建黄寺供其"住锡"，允许达赖使用皇帝专用的黄车、黄轿，使用皇帝半付仪仗。在京期间，皇帝在太和殿为其洗尘，赏黄金五百五十两，白银一万一千两，大缎一千匹，其他珠宝、玉器、骏马无算。其他王公贵族皆有馈赠。所以达赖返藏后可以用这笔钱大兴土木，重建布达拉宫。另外，达赖、班禅、哲布尊丹巴等大小喇嘛定期朝贡，政府"每格外加恩赏赍，以示厚往薄来之意"①。除了其所贡土产"均予折赏外"，另有加赏，贡使本人也有不少礼品。顺治十年（1653年）达赖喇嘛进京朝贡以后，清政府将"西天大善自在佛所领天下释教"的名号从噶举派法王的头上移到了格鲁派最大的活佛达赖头上，全称为"西天大善自在佛所领天下释教普通瓦赤喇怛喇达达赖喇嘛"，这个封号从此固定了下来。康熙皇帝册封班禅为"班禅额尔德尼"之号，并授予达赖、班禅金册和金印，使他们成为中央王权在西藏的代理人。有清一代，西藏地方政府具有极大的自治权力，地方全部税收归地方噶厦政府使用，不必上缴中央财政。地方政府官员由达赖喇嘛提名，中央政府确认。在经济上，给予藏传佛教免除赋税和徭役的特权。从唐朝以后，对内地寺院的经济优惠越来越少，一般寺田都需纳税，清代基本沿袭了下来，仅对藏传佛教例外。

　　在对藏传佛教领袖给予各种优惠政策的同时，清朝也不断加强对西藏宗教事务的治理，逐渐表现出"威"与"严"的一面。清朝初年，由于内地尚未完全平复，所以对西藏大有鞭长莫及之感，只能对一些不利于国家统一的事情加以宽容。例如，达赖五世圆寂后，他提名的地方长官桑结嘉措秘不发表15年，政府也只能"发

---

①《清高宗实录》，卷一三六九，乾隆五十五年十二月甲子。

文切责"。但是桑结嘉措的下属勾结蒙古准噶尔头领策妄阿拉布坦从新疆进入西藏，杀死中央政府任命的藏王拉藏汗，野蛮屠杀掠夺西藏人民。这种行为引起康熙皇帝的愤怒，立即派清军进入西藏将蒙古军队赶出西藏，并派驻藏大臣进入西藏，对达赖政权的地方政府进行监督。清政府废除了桑结嘉措拥立的达赖六世喇嘛，另立达赖七世由清军护送到拉萨"坐床"。

藏传佛教实行活佛转世制度，长期以来一些地方贵族通过巫师控制达赖、班禅等大小活佛的"灵童"选择，实际将活佛变成了自己的御用工具。最严重的时候，后藏贵族一家竟然"一门之内，六个活佛"。六世班禅巴丹意希和扎什伦布寺的管家仲巴呼图克图、噶玛噶举派红帽系十世活佛沙玛尔巴，是同父异母的兄弟，噶举派女活佛多吉帕姆是他们的异母妹妹。同时，八世达赖强白嘉措是由六世班禅主持从他后藏的亲戚中选出的，六世班禅去世后，又由八世达赖主持，从他叔伯家中选出了七世班禅丹贝尼玛。如此一来，几大活佛转世系统就完全被少数家族控制了。乾隆皇帝早就看出了其中的奥妙，他指出："查藏内达赖喇嘛、班禅额尔德尼等呼毕勒罕示寂后，令拉穆吹忠作法降神，俟神附伊体，指明呼毕勒罕所在。乃拉穆吹忠往往受嘱，任意指认，以致达赖喇嘛、班禅额尔德尼等亲族姻娅，递相传袭，总出一家，与蒙古世职无异。"[①] 这种神权与族权的混淆，再加上经济利益的勾结和争夺，就使问题进一步复杂化，以致影响了国家的统一和民族的团结。乾隆四十五年（1706年），六世班禅到北京朝觐时逝世，朝廷赏赐的大量金钱全部为主持扎什伦布寺的仲巴呼图克图所占有，因而引起噶举派红帽系活佛沙玛尔巴的不满。他竟逃到境外，勾引廓尔喀兵入藏洗劫扎什伦布寺，严重影响了西藏人民的生命财产安全。乾隆皇帝派福康

---

① 《清高宗实录》卷一四一一，乾隆五十七年八月癸巳。

安率大军再度入藏，不仅驱逐了侵略者，停止了噶举派红帽子活佛的转世，而且制定了《藏内善后章程二十九条》，再度改革西藏政教制度，改革的核心就是改变传统的活佛转世规则，建立了"金瓶掣签"制度。《钦定章程》第二十九条规定："大皇帝为求黄教得到兴隆，特赐一金瓶，今后遇到寻认灵童时，邀集四大护法，将灵童的名字及出生年月，用满汉藏三种文字写于签牌上，放进瓶内，选派真正有学问的活佛，祈祷七日，然后由各呼图克图和驻藏大臣在大昭寺释迦佛像前正式认定。假若找到的灵童仅有一名，亦须将一个有灵童姓名的签牌，和一个没有名字的签牌，共同放进瓶内，假若抽出没有名字的签牌，就不能认定已寻得的灵童，而要另外寻找。"[①] 这样，政府实际控制了活佛确认的权力，乾隆所赐金瓶成了中央皇权在西藏的象征。清人查慎行诗曰："香界从来知佛大，而今更识帝王尊。"

对于藏传佛教中公然打着宗教旗号进行民族分裂活动的人，清朝政府毫不留情，坚决打击。例如，在蒙古准噶尔部叛乱活动中，西藏的桑结嘉措派济隆喇嘛到准噶尔军前助阵。"先是，乌兰布通之役，遣济隆呼图克图为噶尔丹诵经，择战日。及噶尔丹败，又诱我军讲和，遂使噶尔丹得以远遁。"[②] 所以在噶尔丹彻底失败后，康熙严令准噶尔部将其交出，押解北京，囚禁至死。又有伊拉古克三喇嘛，本是清朝册封的归化城掌印扎萨克喇嘛，但他私自潜逃到准噶尔部，参与叛乱。噶尔丹失败后，康熙勒令准噶尔部交出伊拉古克三，"集诸王以下蒙古王、文武大臣、官员、喇嘛等于黄寺"[③]，将其凌迟处死，以儆效尤。

当代中国有960万平方公里的陆地面积，56个民族，是一个地

---

① 原本为藏文，现存西藏大昭寺和扎什伦布寺。译文转引自牙含章《达赖喇嘛传》，人民出版社1984年版，第62页。
② 《清圣祖实录》卷一七五，康熙三十五年八月甲午。
③ 《清圣祖实录》卷一八五，康熙三十六年十月癸亥。

域广阔、民族众多的多民族国家。统一的多民族国家的历史，包含着历代王朝民族宗教治理的丰富理论和宝贵实践，这是一份宝贵的历史文化遗产，值得我们珍惜和继承。

第四节　宗教治理的失败教训

上文提到，中国历代国家治理体系的根本特征是大一统的中央集权制度，由于这种体制既集中高效，又具有协商沟通的特性，所以才能保证中国自秦汉至清代中期两千余年君主制度绵延不绝、总体平稳，社会大多数时间处于统一与和平状态。但是我们也要看到，在君主专制制度之下，这种中央集权的治理体系的优越性也会大打折扣，甚至放大中央集权制度的弊端。特别是在一些偏执、强势帝王当政时期，这种问题表现得更为突出。因此中国古代社会一直在重复着治乱兴衰的变化节律，两千多年缺少实质性的突破。在宗教治理方面，君主专制制度造成治理体系的失效和治理能力的降低，也必须引起我们的注意。中国历代宗教治理体系的弊端，主要表现在以下几个方面。

一　宗教治理的低效性、负效性

中国历史经历了春秋战国的百家争鸣，完成了中国轴心时代的文化飞跃。就宗教领域而言，中国实现了从神治到人治的转变，儒家宗教观为历代政府建构了"敬而远之""神道设教"的顶层设计。在历代的宗教治理实践中，历代政府又摸索出了一套行之有效的治理方法。然而，由于古代政府阶级实质的限制，专制政府缺乏合理的监督机制和信息反馈机制，这套相对合理的宗教治理方法在实践中总是不能贯彻到位，表现为治理的低效性甚至是无效性。

例如，控制宗教徒人数问题，历朝政府制定了多种政策。从两晋时期就提出用"沙汰沙门"的办法控制僧尼的数量。那么什么样的僧尼应当沙汰呢？桓玄最早提出："沙门有能申述经诰，畅说义理，或禁行修整，足以宣寄大化。其有违于此者，悉皆罢遣。"① 熟悉经文是检查出于虔诚信仰出家和为了逃避赋税出家的重要标准，但是又如何鉴定僧尼"申述经诰，畅说义理"呢？却没有行有效的办法。到宋文帝元嘉十二年（435 年）沙汰沙门，一次仅"罢道者数百人"②。对于全国数万僧尼之数，这区区数百人实在是微不足道。还有一则史料发生在其后，大明二年（458 年）昙标道人与羌人谋反，宋孝武帝感觉到佛教发展带来的对统治的威胁，下诏："佛法讹替沙门混杂，未足扶济鸿教，而专成逋薮。加以奸心频发，凶状屡闻，败道乱俗，人神交怨。可付所在精加沙汰，后有违犯严其诛，坐遂设诸条禁。自非戒行精苦，并使还俗。"也是由于缺乏可操作性，最终"诏虽严重竟不施行"③。到了隋唐，区分僧尼是否熟悉经文有了更加量化的办法，开元"十二年六月二十六日，敕有司，试天下僧尼年六十已下者，限诵二百纸经。每一年限诵七十三纸，三年一试。落者还俗"④。但是这样的办法仍然难以贯彻，天下哪有那么多官员去考课和尚诵经呢？结果还是无法达到控制僧尼人数的目的。

寺院经济的无序发展，一直是政府忧虑的大问题，特别是大量人口假出家，真避税，造成了国家税源、兵源的大量流失。如何控制这种假出家现象呢？北魏太和十年（486 年）冬，有司又奏："前被敕以勒籍之初，愚民侥幸，假称入道，以避输课，其无籍僧尼罢遣还俗。重被旨，所检僧尼，寺主、维那当寺隐审。其有道行

---

① 《高僧传》卷六《慧远传》。
② 《南史》卷七八《夷貊传上》。
③ 《广弘明集》卷六。
④ 《唐会要》卷四九《杂录》。

精勤者，听仍在道；为行凡粗者，有籍无籍，悉罢归齐民。今依旨简遣，其诸州还俗者，僧尼合一千三百二十七人。"这是对民众为避税而出家所做的限制，当时勒令还俗1327人。但是对于全国约十万的僧尼人数，一千多人还俗实在是微不足道。为了限制僧尼人数，太和十六年规定："四月八日、七月十五日，听大州度一百人为僧尼，中州五十人，下州二十人，以为常准，著于令。"① 这种规定各州、县僧尼、道士人数的诏令历朝皆有，但规定的数额与实际出家人数相距甚大，实行过程中往往很难落实。

为了控制出家僧道的数量，唐玄宗时代开始实行"度牒制度"，只有拿到政府颁发的度牒才是国家认可的合法僧尼、道士，享受国家的免赋免役特权。《释氏稽古略》载："天宝五载五月，制天下度僧尼，并令祠部给牒。"但是这项制度实行不久就发生了"安史之乱"，唐玄宗退位，唐肃宗登基。激烈的平叛战争使国家财政十分拮据，"帝在灵武，以军须不足，宰相裴冕请鬻僧道度牒，谓之香水钱"②。此举开创了政府公开鬻牒之先河，"自唐肃宗用宰相裴冕之请，以时方用兵始鬻度牒，犹汉世纳粟助边以得爵也"③。出售度牒虽有一定的收入，但是每出售一份度牒，就等于允许一名农民将本应上缴国库的赋税交给了寺观，从而根本上背离了国家设立度牒的初衷。

管理的低效性甚至无效性，必然造成政府管理目标的落空。北魏司空王澄在奏疏中所说："臣闻设令在于必行，立罚贵能肃物；令而不行，不如无令。罚不能肃，孰与亡罚。顷明诏屡下，而造者更滋。"④ 这实际上是在批判政府出台一些缺乏可操作性的治理措施，不仅达不到治理目标，而且还会伤害治理者的威信，导致社会

---

① 《魏书》卷一一四《释老志》。
② 《佛祖统记》卷四〇，《大正藏》第49册。
③ 《佛祖统记》卷四五，《大正藏》第49册。
④ 《魏书》卷一一四《释老志》。

环境更为混乱。在可控、有序的治理达不到目标时，统治者往往就会采用一些极端、暴力的措施。历史上"三武一宗"等几次法难，大多是管理失效的后果。

在专制制度下，官僚体系还普遍存在一种现象，就是官员只对上负责，不顾百姓死活。为了向上级表忠心，邀功请赏，不惜超额完成任务，对自己的管理对象痛下毒手，以至于对政府的治理目标造成负效应。例如，清朝民间宗教问题成为朝廷大患，特别是发生了川陕甘楚豫五省混元教、收元教大起义。朝廷对起义进行镇压之后反思起义的原因，福建监察御史、大学者谷际岐说："教匪滋扰，始于湖北宜都聂杰人，实自武昌府同知常丹葵苛虐逼迫而起。当教匪齐麟等正法于襄阳，匪徒各皆敛辑，常丹葵素以虐民喜事为能，乾隆六十年，委查宜都县境，吓诈富家无算，赤贫者按名取结，纳钱释放。少得供据，立与惨刑，至以铁钉钉人壁上，或铁锤排击多人。情介疑似，则解省城，每船载一二百人，饥寒就毙，浮尸于江。毙狱中者，亦无棺敛。聂杰人号首富，屡索不厌，村党结连拒捕。宜昌镇总兵突入遇害，由是宜都、枝江两县同变。襄阳之齐王氏、姚之富，长阳之覃加耀、张正谟等，闻风并起，遂延及河南、陕西。此臣所闻官逼民反之最先最甚者也。"[①] 这里提到的"铁钉钉人壁上""铁锤排击多人"之类的酷刑，听之令人发指。对于稍有嫌疑的人动辄押解省城，一路上"饥寒就毙，浮尸于江"，抓到狱中"毙狱中者，亦无棺敛"。如此对待一般教徒，只能是官逼民反。根据当代学者研究，大多数民间宗教创立的初衷并不是要造反起义，但是在朝廷的无端打压之下，起义成为迫不得已的选择，使民间宗教从非政府组织变成了反政府组织。

---

① 《清史稿》卷一四三《谷际岐传》。

二 对宗教的过度管理

上文我们已经指出，中国古代社会理想的政教关系状况是政治上保持适度的张力，经济上控制宗教的适度规模，促使宗教发挥以教辅政的作用。但是专制主义的必然走向是：统治阶级为了维持一家一姓对国家全部权力的控制，会不断强化各项管理措施，以致造成对宗教的过度管理。统观中国古代社会的历史，专制主义不断加强是一个大趋势。因而对于各种宗教的管理，越是后来的王朝越严格、越细致、越烦琐，甚至是过度管理。具体而言，过度管理指政府过分干涉宗教事务，以致造成宗教应有的社会功能下降，甚至成为政治统治的干扰。明清时期是中国专制主义发展的最高峰，其对宗教的过度干预表现得也最鲜明，从而导致了政教关系的紧张，甚至造成王朝的统治危机。具体而言，过分严管政策包括两个方面。

（一）对合法宗教的过分管理造成其退化

对正统宗教的过度管理造成佛、道教的退化。这种退化表现为两个方面，一是思想理论上的退化，使佛教和道教很难适应社会生活的发展，从而减小了对民众的吸引力；二是对于佛、道教度牒的不合理"限制"，导致一些本来信仰佛、道教的僧道，反而走进了民间宗教的队伍。

明清时期宋明理学的高度发展，导致士阶层的高度自信和对各种宗教现象的强烈排斥，甚至把正统宗教也称为"邪教"，希望通过"崇正学、黜邪教"使之逐渐减少并最终达到消灭的目的。在儒学的巨大压力下，明清时期的佛教、道教为了迎合统治者，高唱"三教合一"的主旋律，其实质是佛教和道教的儒化。佛教和道教本来是作为儒教的补充进入中国传统社会主流文化领域的，但是在明清时期佛教、道教变得过于理性化、世俗化，大谈忠孝伦理，这样反而使自己失去了理论特色。两汉以后中国文化出现了儒、释、道三教并存的格局，佛教、道教的教统，对于儒学主导的政统也存在一定的制衡作用。生活在社会下层的民众，落魄的失意文人，还可以在佛道教中寻求精神的慰勉和生活的互助。然而，清代政府法令竟然规定"叙次简明告示，通行晓谕，使乡曲小民，群知三纲五常之外，别无所谓教；天理王法之外，他无可求福"①。这实际上规定，除了儒教的三纲五常，甚至包括佛教、道教在内的一切宗教都是非法的。明清政府过度严厉的宗教政策，把正统宗教组织都变成了政府的附属机构，使其失去了非政府组织的中性调节作用，只能是把民众挤压到反政府组织一边。

在组织上，明清政府试图通过政府管理的手段使佛教、道教逐渐萎缩。朱元璋的宗教管理思想，成为有明一代的"家法"。经过反复修订在洪武三十年（1397年）颁布的《明会典》将其法律化："释道二教，自汉唐以来，通于民俗，难以尽废。惟严其禁约，毋使滋蔓。"②文中提到"难以尽废"，其对宗教组织的对立甚至敌视态度已经十分明显。在这种情况下，所以要严格管理，防止扩大、发展。明朝政府希望通过限制度牒的发放来达到缩小佛教、道教规模的目的。"洪武初规定三年一给牒，永乐中改为五年一给，后冒滥益甚，天顺二年（1458年）改为十年一给。"③明成祖在永乐中规定：全国僧、道"府不过四十，州不过三十，县不过二十"④。按此规定，全国僧、道总额数不得超过36000余名，实在是一厢情愿，与实际的情况相差太远。清朝政府更甚，康熙十五年（1676年）题准："停止给发度牒。"⑤从此至雍正十三年（1735年）的近六十年中，政府没有再发放过度牒。用这样一种简单、生硬、蛮

---

① 《钦定大清会典事例》卷一三二《吏部》。
② 《明会典》卷一〇四《礼部六十二》。
③ 卿希泰主编：《中国道教史》第三卷，四川人民出版社1993年版，第425页。
④ 《明太宗实录》卷二〇五。
⑤ 《大清会典·礼部·祠祭司·僧道》。

不讲理的办法处理宗教问题，不仅不能实际减少出家的人数，反而使政府失去了对僧道人数的掌握，无法达到有效管理僧道的目的。甚至有一些具有强烈宗教追求的人，因为得不到度牒被迫转向了民间宗教，如清茶门教首刘光宗是一位出家的道士，直隶东光县徐家庄九圣庙的陈道士则是无极门的教首。同时也有许多僧尼加入民间宗教或创立新教。这些僧尼或住村庵寺庙，或带发修行，他们不仅是乡村各项佛事活动中最热心、最积极的分子，也常常在民间宗教中扮演着重要角色。著名者如罗教五祖孙真空就是位半路出家的山野僧人。九宫道的创始人李向善，18岁时在五台山落发为僧，后以极乐寺为根据地开展布教活动。[1]

（二）民间宗教发展底层化、秘密化

一般而言，当宗教向上层化、民俗化方向发展时，往往会成为促进社会和谐、健康发展的积极因素，如汉魏时期的道教，在曹操的招安、聚禁政策的作用下，从民间反政府的组织，变成了为王朝服务的宗教。当代学者研究民间宗教问题时指出："我们并不认为民间宗教必然走向邪教，也反对将民间宗教与社会运动，特别是农民运动不加区别地联系在一起的做法，但同时也注意到民间宗教中充满变数的一面。"[2] 绝大多数民间宗教在其创教的初期，或是为了满足自己宗教生活的愿望，或是为了通过创教实现个人的致富目的，很少有人敢于设想用创立宗教的形式夺取政权。所以绝大多数民间宗教在发展的初期，都是以辅助教化的形象出现的，其经文中充斥着与儒释道三教一样的伦常教化的内容。这样的宗教组织在社会上发挥着非政府组织的作用，可以辅助政治。但是一旦政府治理政策不当，就会把民间宗教从非政府组织逼向反政府组织。

---

[1] 参见梁景之《清代民间宗教与乡土社会》，社会科学文献出版社2004年版，第288—289页。

[2] 梁景之：《清代民间宗教与乡土社会》，社会科学文献出版社2004年版，第3页。

明清政府对宗教组织的过度严管，不仅没有把宗教组织引导向上层化、民俗化的方向发展，反而将其推向下层化，朝秘密结社的方向发展。所谓秘密结社型的民间宗教组织，是在明清政府的严厉查禁政策的打击下，一些民间宗教不得已做出的应激反应。中国古代专制政权历来执行一种对待宗教信仰宽松、对于宗教组织管理严格的政策，特别是明清两代，其管理的严苛已经到了不讲理的程度。为了对抗政府对于民间宗教组织不分青红皂白"露头就打"的政策，一些民间宗教转入地下，建立了十分严格的组织系统，其中八卦教最具代表性。从罗教发展出来的闻香教教首王森，把罗教的组织设想变成了"九宫八卦"的组织结构系统。"内九宫、外八卦，三宗五派"，"立九杆，十八枝，将法开通"。①康熙初年，东山单县人刘佐臣就是按照"九宫八卦"的格局开创了"五荤道"，由于严格"分八卦收徒众"，故其教门也被称为"八卦教"。"九宫"是八卦教的领导核心，外边按照四面八方的规制，将教徒分成乾、坤、震、巽、坎、离、艮、兑八个方面军。每一卦中设有卦主，卦主下边又设立64个卦伯……层层发展，组织严密。正是由于八卦教有了这样严密的组织系统，所以嘉庆十八年（1813年）由坎卦卦主林清发动的攻打皇宫的战斗才能取得初步的胜利，对专制王朝造成极大震撼。

造成清王朝盛衰转折点的嘉庆元年（1796年）五省农民大起义，直接导因也与政府对于民间宗教的残酷镇压有关。当时王朝已经出现了种种严重的社会矛盾，民众的不满情绪逐渐表现出来，当局无力解决这些根本性的矛盾，反而把严打"白莲教"、防止民众借民间宗教结社的形式起义当成了主要任务。当地流行混元教，当局发现其道经内有"换乾坤""换世界""反乱年""末劫年"等

---

① 《皇极金丹九莲正信诰真还乡宝卷》。

字句，又发现《混元点化书》中有"末劫年，刀兵现""子丑寅卯灾多"，以及"龙虎二将中元斗"、三十六将、二十八宿临凡等语句。当局审讯教首樊明德其何所指时，樊明德供称："大约预防慌乱，吓人修善之意。"此案因樊明德"倡立混元教，煽惑多人，传播大小问道逆词"，被当局以大逆不道凌迟处死，家族成员 16 岁以上者，皆缘坐斩立决。妻与不及年岁之子，给付"功劳之家"为奴。另一支起义军的组织者是刘之协、宋之清，乾隆五十九年（1794 年），当局发现了他们的活动痕迹，宋之清被捕后凌迟处死，宋显功、高成功、齐林等 19 人也被斩立决。另外 151 名教徒被发配黑龙江给索伦达呼儿为奴。清政权如此残暴地镇压民间教派，只会激起人民更为强烈的反抗。刘之协逃逸后到湖北襄樊组织起义，与宋之清的徒弟姚之富、齐林的小妾王聪儿，共谋在次年（嘉庆元年）三月，即辰年辰月辰日这样一个吉利的日子起义。起义爆发后，对清王朝的统治造成了极大打击。为了镇压这次起义，清朝付出了惨痛的代价，副将、参将一级的军官战死者达 400 余名，一、二品大员战死者亦有 20 多人，可见起义军战斗之勇猛，杀敌之顽强。这次围剿军费开支巨大，"嘉庆川、湖、陕、教匪之役，二万万两"①。嘉庆年间一年的税收只有 4000 万两左右，这十年的战争，几乎花完了清朝初期历朝的积储。大清王朝也就开始走上没落之路。

三 迷信权力、滥用暴力

专制主义政权的政治决策机制，难免伴随着主观、专断，缺乏充分的信息交流和有效的沟通，因此无效管理和过度管理的必然补充，就是行政干涉，甚至使用暴力，典型案例就是"三武一宗"

---

① 《清史稿》卷一〇七《食货志六》。

（北魏武帝、北周武帝、唐武宗、后周世宗）四次佛教法难。除此之外，刘宋孝武帝强令沙门致拜，北齐文宣帝灭道，唐太宗因《辩正论》流放法琳，元世祖忽必烈焚毁道藏，明朝万历年间沈榷制造的"南京教案"，等等，都在此列。

在中国历史上，一些君主、大臣制造教案，往往都有一些貌似符合主流意识形态的"理由"。例如，北魏太武帝陈述灭佛目的是"壹齐政化，布淳德于天下"①。北周武帝灭佛，高僧慧远抗辩说："陛下今恃王力自在，破灭三宝，是邪见人。阿鼻地狱不简贵贱，陛下何得不怖？"而北周武帝回答说："但令百姓得乐，朕亦不辞地狱诸苦"②，还颇有几分无神论者为国为民的大无畏气概。唐武宗陈述他灭佛的目的是："自此清净训人，慕无为之理；简易齐政，成一俗之功。将使六合黔黎，同归皇化。尚以革弊之始，日用不知，下制明廷，宜体予意。"③这种冠冕堂皇的理由自然符合正统的官方意识形态，可以争取社会的同情。

由于中国历史上政教双方实力的悬殊，那些宗教徒对于强大的行政权力毫无抵抗之力。所以中国的宗教"法难"虽然次数不多，但是每一次都显得十分残酷。北魏太武帝一生消灭大夏、北凉、北燕，结束了十六国以来北方的分裂局面，统一了中国的北方，可谓武功赫赫。为了完成平定北方进而统一中原的大业，他自然要不断增强军事力量。所以太延四年（438年）三月癸未，他下令"罢沙门年五十已下者"④。对于这一诏令的内在含义，《资治通鉴》的胡注云："以其强壮，罢使为民，以从征役。"锐志武功的太武帝，显然已经感到佛教对他军事事业的妨碍。在政治军事上取得重大胜利之后，太武帝感到手中的行政权力无所不能，对付宗教自然不在话

---

① 《太平御览》卷一〇二。
② 《广弘明集》卷一〇。
③ 《旧唐书》卷一八上《武宗本纪》。
④ 《魏书》卷四上《世祖纪上》。

下。太平真君六年（445年），太武帝在长安发现一座佛寺中私藏甲胄、富人财产、民间妇女，便把佛教看成了盖吴起义的参与者，下了灭佛的决心。太平真君七年三月，"有司宣告征镇诸军、刺史，诸有佛图形像及胡经，尽皆击破焚烧，沙门无少长悉坑之"。幸亏太子利用担任监国的机会从中斡旋，方减少了灭佛的部分伤害。"恭宗言虽不用，然犹缓宣诏书，远近皆豫闻知，得各为计。四方沙门，多亡匿获免，在京邑者，亦蒙全济。金银宝像及诸经论，大得秘藏。而土木宫塔，声教所及，莫不毕毁矣。"① 这是中国历史上第一次大规模的灭佛事件，对佛教的发展造成了巨大的打击。利用军事力量屠杀手无寸铁的和尚，拆毁寺院、焚烧经籍，捣毁佛像，手段之残忍令人发指。幸亏太子拓跋晃缓宣诏书，使得各地沙门得以逃匿躲藏，保全了性命。

北周武帝也是一位很有作为的君王，据《周书·武帝纪》载："帝沉毅有智谋。……号令恳恻，唯属意于政。群下畏服，莫不肃然。……身衣布袍，寝布被，无金宝之饰，诸宫殿华绮者，皆彻毁之，改为土阶数尺，不施栌栱。其雕文刻镂，锦绣纂组，一皆禁断。后宫嫔御，不过十余人。劳谦接下，自强不息。以海内未康，锐情教习。……至于征伐之处，躬在行阵。性又果决，能断大事。故能得士卒死力，以弱制强。破齐之后，遂欲穷兵极武，平突厥，定江南，一二年间必使天下一统，此其志也。"周武帝坚毅果敢、生活俭朴、勤奋好学、锐意进取，如果上天假以时日，也许统一中国的伟业就会由他来完成了。即便没有完成统一，我们也可以说，周武帝励精图治，为隋文帝杨坚的统一事业奠定了充分的物质基础。在周武帝自己的理解中，他自己要实现统一中国的雄图大略，就必须振兴儒教。他的本意是重新排定儒释道三教的次序，以儒教

---

① 《魏书》卷一一四《释老志》。

为先，道教其次，佛教最后。但是在召集儒生、道士与和尚的廷辩中，道士辩不过和尚，甚至沙门慧远直接指斥皇帝有私心。结果周武帝大怒，"初断佛、道二教，经像悉毁，罢沙门、道士，并令还民。并禁诸淫犯，礼典所不载者，尽除之"。这次灭佛的效果据《房录》卷十一记载：其时"毁破前代关山西东数百年来官私所造一切佛塔，扫地悉尽。融刮圣容，焚烧经典。八州寺庙（出）共四十千，尽赐王公，充为宅第。三方释子减三百万，皆复军民，还归编户"。

唐武宗灭佛是四次"法难"中最严重的一次，也与他执政以来的政治、军事成就有关。据学者研究，唐武宗执政之后重用宰相李德裕，打击宦官势力，严肃法纪、清理入仕门径、正风肃纪、加强监督、打击吐蕃、击败回鹘，也可以说是政绩赫赫。为了集中财力彻底解决北方边患，他在宰相李德裕的支持下开始了灭佛的行动。前文提到，虽经唐德宗二税法的改革取消了寺观田地的免税特权，但是僧人们仍然具有个人的免役特权，引起社会其他阶层的猛烈抨击。会昌五年（841年）唐武宗灭佛，虽然没有屠杀僧尼，但是大量没收寺院田产，强迫僧尼还俗，意在增加国家的税源和兵源。唐武宗灭佛取得了明显的经济效果，政府公布的废佛结果是："其天下所拆寺四千六百余所，还俗僧尼二十六万五百人，收充两税户，拆招提、兰若四万余所，收膏腴上田数千万顷，收奴婢为两税户十五万人。"① 在全国的废佛行动中，拆毁大寺4600余所，招提、兰若等小寺40000余所，迫使僧尼还俗26.5万人，解放寺奴15万人。这些人如果都能回到家中，将会使国家的两税户大大增加，财政收入出现增长。

后周世宗灭佛也被当代学者称为"限佛"，因其手段相对温和，

---

① 《旧唐书》卷一八上《武宗本纪》。

破坏力也较小。周世宗柴荣是一位英武有为的皇帝，在位期间励精图治、严肃纲纪、减轻民困、发展生产、整顿军队，使后周由乱到治，日益强盛，成为当时比较强大的政权，为后来北宋的统一奠定了坚实基础。《旧五代史》作者评价柴荣说："世宗顷在仄微，尤务韬晦，及天命有属，嗣守鸿业，不日破高平之阵，逾年复秦凤之封，江北、燕南，取之如拾芥，神武雄略，乃一代之英主也。"① 柴荣登基之前曾被"授开封府尹兼功德使"②。扫平藩镇，统一天下的雄心大志和管理宗教深谙其中弊端的实践，使柴荣对佛教过度发展对国家造成的影响有深刻的认识。因此于显德二年（955年），后周世宗发布了限制佛教的诏书。他采取了取缔"无敕"的寺院，规定今后不得再扩大佛教的规模，对出家人的身份进行审查，罪犯不得以出家的名义逃避惩罚，对于私度者及其寺观主管，规定了详细的处罚条例，坚决取缔佛教中巫术的迷信活动，加强了日常的僧籍管理等。限佛的结果，《旧五代史·世宗第二》载："是岁，诸道供到帐籍，所存寺院凡二千六百九十四所，废寺院凡三万三百三十六，僧尼系籍者六万一千二百人。"这与唐代有籍无籍僧人总数在50万至70万相比，的确被大大压缩了。尽管手段相对"文明"，但是那么多僧尼被强制还俗，仍然是对民众宗教信仰的巨大伤害。

以"三武一宗"四次法难为例不难看出，在历史上制造法难的皇帝都不是庸碌昏聩之辈，他们四人全都是军事上的能人，战场上的胜利使他们冲昏了头脑，以为自己无所不能。他们迷信手中的军事、行政权力，把宗教组织的财富看成可以随意掠夺的资源，以便通过这些资源进一步扩大自己的军功。中国历代大一统的中央集权体制，更是赋予了他们看似无所不能的权威和能力，因此他们才敢

---

① 《旧五代史》卷一一九《周书·世宗纪六》。
② 《旧五代史》卷一一四《周书·世宗纪一》。

于冒天下之大不韪对手无寸铁的宗教徒滥施淫威。他们将文治武功的社会性目标看成唯一治理标准，对于民众的宗教信仰不屑一顾。但是每一次暴力打击宗教之后不久，往往都是宗教势力更大规模的反弹，灭佛、灭道的实际结果，只是劳民伤财，伤害信众的感情。这说明宗教信仰本身具有强大的内在力量，绝不是可以用行政权力消灭的。

四　个人信仰主导国家宗教政策

"三武一宗"四次法难尽管残酷，但是很快都得到了恢复，与中国古代社会漫长的时间相比，这仅仅是少数事件。"三武一宗"并不代表中国古代政治的主流，人文理性主导、多元宗教文化和谐相处才是中国政治文化本质。然而为什么会出现"三武一宗"这样的少数帝王呢？除了君主集权制度等政治原因，从宗教学的角度看历史的教训，可以说用个人的宗教信仰替代国家宗教政策也是一个重要原因。

至少从隋唐时期开始，"三教并奖""三教并行"就成为国家政策，且大多数朝代和帝王都沿袭继承。但是在历史长河中，有些帝王因个人原因会对某些宗教甚至是儒学有所侧重，难免在政策上有所倾斜。例如，梁武帝之崇佛，唐太祖李渊之重道，唐太宗李世民、清圣祖康熙之慕儒。但是开明的帝王会端正自己的信仰与国家政策之间的关系，对其他宗教也会加以保护和利用，这在中国这样多民族、多宗教的国家很正常。然而，个别帝王则会受到某些宗教中的宵小之徒的蛊惑，背弃"敬而远之"的宗旨，将自己的信仰置于国家政策之上，从而导致"灭佛""毁道"之类的惨祸。我们仍以"三武灭佛"为例。

寇谦之是改革北天师道的宗教领袖，在北魏有相当大的影响。他自称太上老君下凡，授予他"天师"称号，赐其《天中三真太文录》60卷,命其辅佐北方太平真君。始光三年(426年),太武帝欲乘夏主赫连勃勃新死、国内混乱之机进军大夏,时任太尉的长孙嵩有畏难情绪。太武帝征询寇谦之的意见,谦之对曰:"必克。陛下神武应期,天经下治,当以兵定九州。后文先武,以成太平真君。"① 寇谦之根据自己掌握的政治、军事知识,断定出兵必胜,先武后文,可以平定九州,完成太平真君的伟业。结果太武帝出兵果然大获全胜,消灭了大夏国。这一次的准确判断,使太武帝对寇谦之深信不疑,并真的认为自己就是"太平真君"了。于是他听从寇谦之的建议,于次年改年号为太平真君元年(440年)。太平真君三年春,"帝至道坛,亲受符箓,备法驾,旗帜尽青"②。根据历史资料记载,太武帝是中国历史上第一个正式接受符箓的道教皇帝。从此,他对寇谦之的意见更是言听计从。太武帝感到自己得到了道教的神学支持,足以国运昌盛,长命百岁。另外,代表北方士族集团的宰相崔浩崇道排佛,也增加了太武帝灭佛的决心。故《魏书·释老志》说:"及得寇谦之道,帝以清净无为,有仙化之证,遂信行其术。时司徒崔浩博学多闻,帝每访以大事。浩奉谦之道,尤不信佛,与帝言,数加非毁,常谓虚诞,为世费害。帝以其辩博,颇信之。"崔浩在这次灭佛运动中,起了很坏的作用,但道士寇谦之也难脱干系。尽管他不同意用大屠杀的办法,但是打击佛教也是他的目标。

北周武帝灭佛,是中国历史上第二次佛教"法难",是两晋南北朝佛教发展史上又一次大挫折。北周武帝灭佛与北魏太武帝灭佛一样,也是多种社会原因造成的政治结果,不能简单地归结为某一种原因的作用。不过,道教在其中发挥了重要影响。《周灭佛法集道俗议事》说:"有道士张宾,谲诈罔上,私构其党,以黑释为国

---

① 《魏书》卷一一四《释老志》。
② 《魏书》卷四下《世祖纪下》。

忌，以黄老为国祥。帝纳其言，信道轻释，亲受符箓，躬服衣冠。"①张宾在得到周武帝信任后，将社会上流行的"黑衣人将王"的谶语上报给周武帝，又说佛教穿黑衣，是国家的忌讳，道教穿黄色衣服，是国家的祥瑞。从此周武帝舍佛归道，"亲受符箓"，开始崇道反佛。

　　唐武宗灭佛的过程中，道教的影响更为显著。唐武宗是历代帝王中佞道最甚的皇帝之一，据《旧唐书·武宗本纪》记载："帝在藩时，颇好道术修摄之事。"他在刚刚登上帝位的开成五年（840年）九月，即大张旗鼓地崇奉道教，"召道士赵归真等八十一人入禁中，于三殿修金箓道场，帝幸三殿，于九天坛亲受法箓。右拾遗王哲上疏，言王业之初，不宜崇信过当，疏奏不省"。次年六月，"以衡山道士刘玄靖为银青光禄大夫，充崇玄馆学士，赐号广成先生，令与道士赵归真于禁中修法箓。左补阙刘彦谟上疏切谏，贬彦谟为河南府户曹"。唐武宗崇道，不听一切儒臣的劝谏，甚至下令以后凡是这类劝谏，一律留中不报。唐代帝王服食金丹风气甚盛，前后有六位帝王中毒身亡。赵归真等人却胡说金丹屡屡不见效，都是佛教扰乱的结果，《旧唐书·武宗本纪》载："时帝志学神仙，师归真。归真乘宠，每对，排毁释氏，言非中国之教，蠹耗生灵，尽宜除去，帝颇信之。"迫切希望得到能够使人长生不老的金丹，使唐武宗对赵归真言听计从，对佛教更加厌恶，在一定程度上坚定了唐武宗灭佛的决心。试想对于一位享尽人间荣华富贵的帝王来说，什么诱惑还能比长生不老、白日升仙更大呢？唐武宗的迷信不仅造成了社会性的大灾难，对于他本人更是毁灭性的结果。灭佛一年后，他服用了道士们进贡的金丹而暴毙。《旧唐书·武宗本纪》载："帝重方士，颇服食修摄，亲受法箓。至是药躁，喜怒失常，

---

① 《广弘明集》卷八。

疾既笃，旬日不能言。宰相李德裕等请见，不许。中外莫知安否，人情危惧。是月二十三日，宣遗诏以皇太叔光王柩前即位。是日崩，时年三十三。"

宗教之间存在一定程度的相互排斥是难以避免的，明智的帝王应当站在维持社会各种宗教势力平衡的角度调节其关系，以保证社会的顺利运行。一旦使个人的信仰凌驾于国家的宗教政策之上，其结果只能是搅乱多元文化和谐共生、相互补充、平衡发展的格局，甚至会对国计民生产生不良影响。

五　政治权力缺乏刚性制衡

中国古代社会的政教关系中的种种弊端，根源都在于中国古代政治属于"人治"性质。春秋战国从"神治"向"人治"的过渡是一种历史的进步，但是君主专制制度进一步发展，这种"人治"政治的负面性就逐渐显现出来。无论是盲目信奉行政权力，滥用暴力，还是用个人的信仰替代国家的宗教政策，都是人治社会的典型表现。再向深处追究，人治政治的形成，又与君主权力至高无上、不受刚性制约相关。中国古代社会无论是夏商周三代的分封制度，还是秦汉以后的君主专制制度，都是王权至上的政治结构，社会缺少制衡王权的刚性机制。古希腊、古罗马奴隶制民主，在执政官和皇帝之外还有议会和元老院；欧洲中世纪封建社会，存在着独立于各国封建君主的罗马教廷。而在中国，皇帝"张口为经，吐字为法"，掌握着至高无上的权力。中国古代社会"屈君以伸天"的神权、"亲亲尊尊"的宗法权、儒家文化谏诤君父的传统、秦汉之后的谏议制度、唐代开创的封驳制度，等等，都是相对制约，并没有绝对意义。如果遇到明君、弱君，可以在一定程度上纠正他们的政策失误。但是一旦遇到昏君、强君，这些制度就都失效了。

仍以宗教领域的"三武一宗"佛教大法难为例，这些法难恰恰都是发生在战功赫赫的"强君"身上,即使是皇帝的亲信、骨肉都无法改变他们的初衷。比如北魏武帝灭佛之前,对他劝阻最力的是太子拓跋晃。《魏书·释老志》记载:"时恭宗为太子监国,素敬佛道。频上表陈:'刑杀沙门之滥,又非图像之罪。今罢其道,杜诸寺门,世不修奉,土木丹青,自然毁灭。'如是再三,不许。"当时太子拓跋晃已经被立为"监国",可见太武帝对他的信任,但就是太子的再三进谏都不能产生作用,可见中国古代的君主集权制度下的"谏议"也只是"兼听""独断"的一种工具,不能对最高决策发挥决定性的作用。

北周武帝灭佛之前,从天和元年(566年)至建德三年(574年),进行了长时间的儒释道三教辩论,周武帝的想法是通过儒、道两家对佛教的批判,在社会上顺理成章地形成儒释道三教的次序。周武帝发动了几次大型的学术讨论活动,每次都是"集百僚及沙门、道士等"参与,如天和元年、三年讨论《礼记》,元和四年讨论《老子》,但是效果都不理想。周武帝还不死心,他敕令司隶大夫甄鸾,全面比较佛、道二教的优劣,结果甄鸾作《笑道论》三篇,赞扬佛教,贬低道教。周武帝在天和五年五月大集群臣,命其谈论,武帝看到甄鸾的文章后更是愤怒,命令当庭焚毁。这一年沙门道安又作《二教论》,更加深刻地批评了道教的缺点。但周武帝还是不断地组织人与佛教辩论,据《周书·武帝纪》载:"建德元年春正月戊午,帝幸玄都观,亲御法座讲说,公卿道俗论难,事毕还宫。"建德二年十二月"集群臣及沙门、道士等,帝升高座,辨释三教先后,以儒教为先,道教为次,佛教为后"。在几次运用辩论的方法都无法收到预期效果后,周武帝对道教徒的"无能"深感失望,所以在建德三年五月,采取了断然行动,"丙子,初断佛、道二教,经像悉毁,罢沙门、道士,并令还民。并禁诸淫祀,礼典所不载者,尽除之"。表面上看,帝王的行动抹上了一层自由辩论、民主协商的色彩，但是如果辩论的结论不如君主之意，他随时可以推翻重来，彻底否定。

上文提及，唐武宗灭佛中道教的因素很重，对于唐武宗这种因个人信仰采取的暴力取缔宗教的行为，很多大臣都不赞同。据《旧唐书·武宗本纪》载：他在刚刚登上帝位的开成五年（840年）九月，即大张旗鼓地崇奉道士，不听一切儒臣的劝谏，甚至下令以后凡是这类劝谏，一律留中不报。唐武宗最信任的宰相李德裕本人也有一定的道教信仰，曾经出入宫观，进行个人修炼等。但是对于唐武宗对道士赵归真、刘玄靖等人的盲目迷信，他也极力劝谏，劝其不要过分相信道士的长生之术。唐武宗虚与委蛇地辩解说："谏官论赵归真，此意要卿等知。朕宫中无事，屏去声技，但要此人道话耳。"他把请道士修炼金丹，说成政务之余清谈道家清静无为的修养之术。李德裕对曰："臣不敢言前代得失，只缘归真于敬宗朝出入宫掖，以此人情不愿陛下复亲近之。"帝曰："我尔时已识此道人，不知名归真，只呼赵练师。在敬宗时亦无甚过。我与之言，涤烦尔。至于军国政事，唯卿等与次对官论，何须问道士。非直一归真，百归真亦不能相惑。"①作为宰相的李德裕当然知道皇帝在干什么，鉴于前朝多位帝王中毒身亡的教训，苦劝武宗要以前车之鉴为训。可是唐武宗一意孤行，不仅给佛教带来了巨大灾难，而且也把自己送上了一条不归路。

法国的启蒙思想家孟德斯鸠说过："一切有权力的人都容易滥用权力，这是万古不易的一条经验。有权力的人们使用权力一直遇有界限的地方才休止。……要防止滥用权力，就必须以权力约束权力。"②只有权力对权力的制衡才是真正权威的、可靠的。此外，各种宗教的、文化的、理论的、学术的制衡，对于最高统治者而言，

---

① 《旧唐书》卷一八上《武宗本纪》。
② ［法］孟德斯鸠：《论法的精神》，张雁深译，商务印书馆1987年版，第154页。

只有咨询参考价值，可以采纳，也可以不采纳。如果皇帝反感，劝谏者甚至还有性命之忧。例如，明朝的海瑞劝谏嘉庆帝不要过分佞道，结果身陷囹圄，几乎丢了性命。在海瑞之前，其实已经有多位大臣为此身首异处，家破人亡。由此可见，推翻反动的君主专制制度，是建立和谐的政教关系的根本保证。

结　语

作为中国古代治理体系之一的宗教治理，在维持社会稳定、巩固国家统一的事业中，发挥了重要的作用。与欧洲中世纪政教冲突、宗教迫害、宗教战争频发的状况相比，中国古代社会总体上可以说政教关系相对平稳、和谐。这主要得益于在秦汉之后就建立的中央集权的国家治理体系，得益于中国从汉代开始，就建立了以世俗化的儒学作为主导的政治意识形态，各种宗教只能在"政主教从"的大前提下发挥"政主教辅"的社会作用。

儒家"敬而远之"的宗教观，为宗教治理提供了指导思想，既尊重民众的宗教信仰，又使之与政治保持一定距离，从而实现了政教分离。历代宗教治理不仅包括硬性的政府管理，也包括礼乐制度的柔性引导，用文化的力量浸润外来宗教，使之实现中国化。在儒家"和而不同"价值观的引导下，中国古代出现了多元宗教和谐并存的局面，既保证了民众的宗教信仰自由，也不致某种宗教尾大不掉成为政治的掣肘，任何宗教都只能在"阴翊王度"的轨道上发挥辅助政治的积极作用。

具体分析中国古代的宗教治理体系，其中包括很多经验值得我们借鉴。例如：在政治上保持政教之间的适当张力，既不强求宗教在教义、礼仪等方面与世俗社会一致，但也要求宗教徒必须履行臣民的基本义务。在经济上对宗教的活动、发展给予支持，又要使之保持与社会经济发展水平相符合的规模，不影响社会各阶层在财富分配方面的平衡。积极引导宗教向上层化、公开化的方向发展，就会使宗教成为促进社会和谐的力量；反之，则会将宗教变成一种反政府的势力。在宗教管理方面既发挥政府的主导作用，又注重发挥宗教组织自身的自治功能，相互配合发挥最佳的治理效益。既支持宗教发挥辅助政治的功能，也警惕宗教与反政府势力相勾结，防止发生反政府的"民变"。阻止境外宗教势力对我国宗教徒的控制，防止造成对国家主权的干涉。对于国内少数民族宗教，历代政府一般采用"因俗而治""恩威并重"的两手策略，既尊重和保护少数民族的宗教信仰，又对少数民族宗教进行严格管理，使其成为维护国家统一的工具，防止其成为破坏民族团结、制造国家分裂的工具。

当然，中国古代社会是中央集权社会，虽然也存在某些调控机制，但是总体而言属于君主个人的专制统治。因此在宗教治理方面，也存在行政管理的低效性、无效性甚至负效性，所以在正常的宗教治理失效后，往往会出现粗暴的宗教迫害事件。历史上著名的"三武一宗"四次佛教法难以及对其他宗教的一些迫害事件，都是这种专制统治的表现。中国历史上宗教迫害事件与欧洲中世纪相比虽然不多，延续时间也不长，但是仍然造成了很坏影响和严重后果。造成这些恶果的具体原因包括：对宗教过度管理，迷信行政权力滥用武力，用个人信仰替代国家宗教政策，等等，而根本原因则在于政治权力缺乏刚性制约，因此近代进行反封建的民主革命势在必行。

第十一章

环境治理

现实是历史的延续和发展。构建现代环境治理体系,不仅需要深研国情、与时俱进,还需要回望过去、借鉴历史。透过时间纵深了解当今环境问题的积渐过程,提取环境治理的既往经验,以为当今环境保护和生态文明建设之资鉴,是环境史学者的时代责任。对中国古代环境治理作一鸟瞰式观察和概略性评述,有助于人们站在新的历史方位准确把握和充分认识构建现代环境治理体系的任务、目标和意义。

第一节 环境治理与"德政"理念生成

每个时代和地区的人类社会都具有其"现实的自然界"[1],从前代继承下来的生态环境,既是社会经济发展的依托,亦为经济活动和社会生活所改变,而为人类活动所改变的生态环境又为后人继续生存和发展"预设"前提。"只要有人存在,自然史和人类史就

---

[1] 马克思在《1844年经济学哲学手稿》中指出:"在人类历史中即在人类社会的形成过程中生成的自然界,是人的现实的自然界;因此,通过工业——尽管以异化的形式——形成的自然界,是真正的、人本学的自然界。"《马克思恩格斯文集》第1卷,人民出版社2009年版,第193页。

彼此相互制约。"① 古往今来，每个社会都会面临这样或那样的环境挑战，不同时代的环境治理具有不同的对象、目标和任务。随着人与自然交往逐渐扩大和加深，生态问题不断积累、叠加，愈来愈具有广涉性、复合性，环境治理事务因而愈来愈广泛、复杂。现代环境治理致力于合理调控自然生态与人类社会两大系统的众多因素和复杂关系，维护自然生态系统的生产力和稳定性，从而为人类社会持续提供充足的生态产品和良好的生态服务。

环境治理的对象是生态环境，理所当然地具有比较显著的"外部性"，但它更是人类生存和发展的"内在性"需要，既需要不断调控人与自然之间的物质变换、能量流动、信息传递和新陈代谢关系，又需要不断协调人与人之间的社会经济、政治以及其他关系。这就决定环境治理并非私人领域的事务和单一主体的责任，而是一个典型的社会公共事业。与其他许多公共事业相比，环境治理更具广域性和复杂性，须由国家规划引导、部门（单位、行业、群体）主体实施和公众共同参与，形成导向明确、上下互动、左右配合、多方共治、协同推进的机制和模式。

历史告诉人们，任何公共事业都离不开公共权力推动和社会公众参与；历史还告诉人们，公共权力最早产生于自然资源占有、利用和管理，显著表现于生态环境适应、利用和改造，突出明效在环境危机和自然灾害的预防、抗御和解决。自从进入文明时代，国家便成为最高公共权力主体，环境治理是其应尽的职责之一，也是其获得合法性和权威性的主要途径之一。考古资料和古史传说都清楚地表明：从初民社会进化到复杂社会、最终建立文明国家，在很大程度上都是出于环境应对的需要，同时基于环境治理的成果。一般认为，中国历史上的第一个王朝——夏朝，就是建基于"大禹治

---

① 《马克思恩格斯文集》第1卷，第516页，注释2。

水"的成就；而大量历史记录显示：历代王朝都曾面临这样那样的环境问题，其治乱兴亡的命运，常系于自然冲击的大小和环境治理的成败。正因如此，保护自然资源、平治水土环境很早就被视为仁君圣主不可推卸的政治职责和道德义务，而相关事业始终离不开国家权力自上而下的推动和管控。这是中国古代一个十分悠久的治国施政传统。

让我们简要回溯历史，从文明国家初建时代开始，探寻一下这个传统的生成过程，观察一下古代国家在环境治理中的行为和作用。

一 环境治理与文明国家起源

大自然是人类生存和发展的依托，既提供资源和条件，又设置障碍和限制，甚至造成威胁和灾难。任何一个文明体系的建立和成长，都始终伴随着生态适应和环境治理，不仅需要积极利用自然资源，而且需要随时接受自然挑战，克服不利环境因素。英国历史学家阿诺德·汤因比（1889—1975年）在构建其宏大的文明形态史观时，曾经提出关于文明起源、成长和衰亡机制的"挑战与应战"理论模式。其所谓"挑战"，包括"困难环境的刺激""新环境的刺激""打击的刺激""压力的刺激"和"遭遇不幸的刺激"，等等；"应战"则指社会对挑战的反应。汤因比认为，第一代文明的挑战主要来源于自然环境，自然环境本身不能直接产生文明，只有当它成为人类生存条件的一部分时，通过人的活动才能对文明产生发挥作用。文明往往起源于那些自然条件相对恶劣的地区，而难以诞生在那些安逸、舒适的自然环境中，人类是在应对环境挑战的过程中创造了文明。但他同时注意到：环境挑战与应战是有限度的，太小的挑战不能对人类造成足够的刺激并激发"应战"；挑战太大，超过了人类的"应战"能力，则导致文明衰落甚至解体。① 特殊代表人物领导民众成功地应对挑战，是文明产生和发展的重要条件之一。汤因比还曾特别援引了中国的例子，认为中国文明之所以产生于黄河流域而非其他地区，是因那里的人们遭遇了环境挑战并且成功应战。②

汤因比对中国历史的了解并不全面，甚至存在误解，但其思想理论仍然颇具启发性。按照他的思路，国人耳熟能详的许多推原古史传说特别是"大禹治水"故事，可以被视为中国文明起源和早期发展阶段"挑战与应战"的历史缩影。我们不妨借鉴他的这个历史解释模式，考察一下东亚最早的文明国家何以诞生于黄河流域的中原地区？以及环境治理是否/如何催生了文明国家？

众所周知，中国拥有5000多年的文明史。中国第一个王朝——夏朝是在公元前21世纪建立的，但多个地区在此之前就已经陆续出现了一些文明要素，如西辽河流域红山文化的精美玉器和坛、庙、冢等。距今5000年前后，黄河、长江两大流域多个文化区纷纷出现古城和古国。古城是建筑规模和规划水平都显著高于大型村落的人口聚居地，反映了城乡的分化和差异；古国则是社会复杂化程度高于氏族部落的稳定政治实体。它们"作为数种文明因素交错存在、相互作用的综合体，成为进入或即将进入文明时代的标志"③。

----

① 马克思曾经指出："……过于富饶的自然'使人离不开自然的手，就象小孩子离不开引带一样'。它不能使人自身的发展成为一种自然必然性。"在注释中，他还特别引述纳·福斯特的话说："我觉得，对于一个民族来说，最大的不幸莫过于他们所居住的地方天然就能出产大部分生活资料和食物，而气候又使人几乎不必为穿和住担忧……当然也可能有另一方面的极端。投入劳动不能带来任何结果的土地，同不投入任何劳动就能出产丰富产品的土地是一样坏的。"《马克思恩格斯文集》第5卷，人民出版社2009年版，第587页。

② [英]阿诺德·汤因比：《历史研究》上册，曹未风等译，上海人民出版社1964年版，第92—93、109—110页。

③ 苏秉琦：《华人·龙的传人·中国人——考古寻根记》，辽宁大学出版社1994年版，第120—121页。

20世纪以来日益丰富的考古发现，证实黄河中下游、长江中下游乃至北方长城地带在距今5000—4000年前都陆续由原始时代向文明时代过渡。黄河下游以城子崖等城址为代表的龙山文化发达，生产技术和社会组织已经达到很高的发展水平，出现了多种文明特征；同一时期的长江下游则拥有繁荣的良渚文化，浙江余杭出土的反山、瑶山族群酋领墓地及其大量随葬精美玉器，莫角山出土的巨型宫殿群式的居住遗址群，都反映其发展水平可能比龙山文化更高。也就是说，当时不少地区已然初露文明曙光，而长江下游和黄河下游的文化光芒最是耀眼夺目。

按理说，以上两个地区应该最早建立国家、正式跨进文明门槛。出人意料的是，在大约距今4300年前后，这两个地区的文化发生了十分诡谲和令人困惑的突变：虽然龙山文化之后有岳石文化，良渚文化之后有马桥文化和湖熟文化，在时间上前后相接，但是并非先前文化的延续。更重要的是，考古资料显示两个地区文化遗址的分布密度、出土遗物的文化水平明显滑落，繁荣程度大不如前。经历了很长一段时间，这两个地区才重新勃发生机——黄河下游的鲁西地区直到商朝中期才重新发展起来，长江下游地区更是迟至周代以后才逐渐兴起了吴越文明。换言之，由于突然发生严重的文化衰变，原本最先进的两个地区都没有产生最早的文明国家，而原本相对落后的黄河中游——以豫西嵩洛为核心地区的"二里头文化"，却成为华夏文明的正根，率先诞生了第一个王朝——夏朝。

何以如此？1992年，考古学家俞伟超提出了这样一个推测：4000多年前，中国发生了一次连续了若干年的特大洪水，即历史传说中尧、舜、禹时期的洪水泛滥，黄河、长江下游受灾严重，长江三角洲地区更是一片汪洋。大雨还可能引起了海浸，摧毁了曾经发达的龙山、良渚文化的物质设施，农业生产无法正常继续，从而导致那两个文化衰落。而"对大河、大江的中、上游流域来说，所受灾害当然要小于下游。于是，黄河中游的河南龙山文化仍正常地向前，从而最早进入文明时代，出现了夏王朝。如果4000年前不发生这场连续若干年的大洪水，我国最初的王朝可能而且应该是由东夷建立的"[1]。他的这一推测具有重要启发性，改变了相关探索的思考方向，我们不妨称为文明起源探索的环境转向。此后考古学、先秦史、历史地理学等领域学者沿着这个方向开展了大量具体探研。

学界关于良渚文化及其兴衰讨论最是热烈，论著数以百计。由于文明起源判断标准不一，关于良渚文化的"文明"性质和地位还存在较大争议。[2] 不可否认的是：5200—4000年前广泛分布于太湖流域的良渚文化，在许多方面确实达到了较高水平，在通向文明国家的道路上曾经一度走在前列。良渚文化时期，基于自然资源利用、水土环境改造特别是农田水利建设，已经拥有繁荣的水稻生产[3]，而以琮、璧、钺为代表的玉器及其所反映的严格社会等级分层，莫角山、瑶山、汇观山等地气势恢宏的人工建筑土台基址，特别是以"祭坛"为代表的大型礼仪性土建工程所反映出的高超建筑技术和高度社会组织、管理能力，以及众多遗址布局的高度规范化和大中心之下多中心的现象所反映出来的社会整合水平，都显示良渚文化相比于同时期的龙山文化，距离国家和文明更加接近。[4]

然而，太湖流域并没有顺理成章地率先进入青铜文明时代，良

---

[1] 俞伟超：《古史的考古学探索》，文物出版社2002年版，第114—116页。

[2] 有关争议，可以参阅《浙江学刊》1996年第5期的集中讨论。

[3] 农业考古学家郑云飞指出：良渚文化时期"稻米生产发达，瓜、果、蔬菜等种植业结构完备，采集食物作为补充。以河道、水渠、田塍为基本要素的灌溉农业的成熟，以翻耕、除草为代表的栽培技术的改进，以选留良种和无性繁殖为特点的品种选育和繁育技术的进步等促进良渚文化时期的农业生产力水平提高，表现为农作物驯化历程基本完成，农业生产规模扩大，单位面积产量提高等。农业生产力水平的提高加速了社会分工和复杂进程化，增强开展大型工程建设的能力，为文明社会的形成奠定了坚实的物质基础"。郑云飞：《良渚文化时期的社会生业形态与稻作农业》，《南方文物》2018年第1期。另参浙江省文物考古研究所《杭州市良渚古城外围水利系统的考古调查》，《考古》2015年第1期。

[4] 蒋卫东：《自然环境变迁与良渚文化兴衰关系的思考》，《华夏考古》2003年第2期。

渚文化竟在距今4000年前后突然衰亡，此后长期明显地落后于中原地区。何以如此？这一历史谜团令研究者非常困扰，引起了许多讨论。最近一个时期，学人愈来愈重视从人与自然关系角度进行解说，把环境变迁作为一个重要考量因素，只是在具体原因和作用机制方面仍然存在不少分歧：多数人将主要原因指向严重洪水灾害[1]；有的则主要分析气候变化所引起的多种环境改变对社会生计的影响；也有学者批评简单归因于环境变化是一种"环境决定论"，主张对社会因素（包括宗教、战争）和自然因素（包括气候、洪水、海平面升降等）进行综合考察；有的自然科学家则把良渚文化衰落当为一个重要证据，用于说明全新世时期中国自然变迁。

在距今4000年前后，良渚文化衰落并非唯一特例，遭遇同样命运的还有甘、青地区的齐家文化、山东的龙山文化以及长江中游的石家河文化（在今湖北省石门市一带）。在公元前2000年之后，中国南北许多地区的新石器文化似乎都一改先前风光无限、繁荣至极的面貌，许多"强势文化"相继消亡，而出现了大范围的衰变或断层，聚落数量锐减，规模显著缩小，反映出人口亦有较大幅度的减少。[2] 唯有中原地区的华夏民族仍然保持着发展的连续性，在各地文化整体衰退的情形下"一枝独秀"，并在前往文明国家的道路上脱颖而出。

关于环境变化在新石器晚期文化衰落和文明国家起源进程中的实际作用，目前学界还存在不少争论，但洪水泛滥作为一种解释具有较大的合理性，因它与中国古老的"洪水传说"在时代上相互契合。学人有理由推测：生活在黄河和长江中下游的许多部族都曾抗御过那次大洪水，但都不幸遭到失败，唯有生活在黄河中游的夏人

---

[1] 例如，张明华径直将其论文题名为《良渚文化突然消亡的原因是洪水泛滥》，《江汉考古》1998年第1期。

[2] 王巍：《公元前2000年前后我国大范围文化变化原因探讨》，《考古》2004年第1期。

成功渡过了那场劫难，社会经济进一步发展并且建立了夏王朝，成为中华文明的正宗源头。几千年来一直传颂的"大禹治水"故事，可以被认为是后人对这段历史的追忆和演绎。日益丰富的地质、考古资料，为进一步探究相关问题提供了愈来愈丰富的证据。

要之，在距今4000年前后，中国与其他古老国家一样曾经历过大洪水时代。在这个时代，黄河、长江两大流域不少发达的文化因洪水肆虐而衰落或中断，未能跨入文明的门槛；以夏后氏为主体的中原部族，却因生活在相对有利的自然环境（气候、植被、土壤条件适宜农业发展，地势较高、遭受水灾程度较轻），成功地渡过那场劫难，一枝独秀地朝着文明方向继续前进，但同样经历了艰难险阻——鲧和他之前共工氏的不幸命运就反映了这一点。大禹治水卒能成功，固因幸运地赶上洪水期结束，但时人在平治水土方面做过努力应属事实，在夏人活动的中心地区即今豫西河洛一带尤其可能取得了一些成绩。① 在此过程之中，水土整治技术、社会组织水平和政治管理能力都取得了很大进步，平治水土可能在一定程度上加速了中原社会文明进程。倘若果真如此，还确实与汤因比所提出的"挑战与应战"解释模式颇相符合。

长期以来，史家论说中国古代文明国家的诞生和夏王朝的建立，多把"大禹治水"视为一个关键事件："大洪水"迫使分散的部落组织起来共同应对灾害，加速走向更高程度的社会政治整合。大禹因成功领导治水的伟大功业，受到天下信赖和爱戴，被公推为领袖，从而奠定了夏王朝的基业。对此，徐旭生曾有如下一段论述，称：

> 由于治水的时候事务殷繁，各氏族间的朝聘会贺即使不想繁数，也不能不繁数。大禹既是治水的最高的负责人，那

---

① 李民：《〈禹贡〉与夏史》，《史学月刊》1980年第2期。

他的氏族所在地，阳城自然渐渐成了四方走集之所，都会。因为他对于人民有大功德，所以当他死以后，虽说他的儿子，启，并不见得比尧的儿子，丹朱，舜的儿子，商均高明到那去，可是"朝觐"、"讼狱"、"讴歌"都接续着汇集到他那一方面。政治的组织渐渐取得固定的形式，不像从前散漫部落，能干的首领一死，"朝觐"、"讼狱"就转向他氏族的情形。我们从此以后，氏族制度就渐渐解体，变成了有定型，有组织的王国。①

自然环境状况不仅制约人类经济生产和物质生活，对社会组织乃至政治体制也具有重要影响，这是毋庸置疑的。在特定的生态区域，那些必要而又紧缺的资源要素（例如水）构成对社会文明发展的强力约束，曾经受到马克思主义较大影响的魏特夫正是基于这类事实提出其"治水社会论"，认为在干旱、半干旱地区，人们必须通过治水才能维持农业生产，而兴修水利工程必须有纪律、从属关系和强有力的领导，东方治水社会因此产生了君主专制主义。② 倘若回到 20 世纪西方学术语境，其思考或有两点可取：一是把水这一重要自然资源要素（在不少地区乃是关键性的限制因子）纳入历史考察，以治水为焦点探析经济形态、社会组织特别是政治权力，确实是一个新的视角；二是试图透过人与自然、人与人的关系在水资源利用和控制中的表现，揭示东方社会的某些历史特性，为"多线进化论"特别是理解东方文明（文化）体系提供了历史学的依据，因而赢得了一些人类学家（特别是文化生态学家朱利安·斯图尔特）的赞许。然而，性情偏执的魏特夫最终背叛了马克思主义，

---

① 徐旭生：《中国古史的传说时代》，科学出版社 1960 年版，第 7—8 页。
② 魏特夫的思想观点，见 [美] 卡尔·A. 魏特夫《东方专制主义：对于极权力量的比较研究》，徐式谷等译，中国社会科学出版社 1989 年版。

他没有从东西文明差异中悟出共存和包容，却心怀不轨地把欧美、日本以外的政治文化传统一概指斥为"东方专制主义"，坚称东方"治水社会"必然走向专制和极权，耸人听闻地渲染其危害，还抱怨马克思、恩格斯和列宁"从真理面前退却"。魏特夫似乎忘记了：人类史上最大的两次战争灾难皆非东方专制国家发动，而曾经关押过他本人的纳粹集中营乃是西方狂魔的杰作！其充满文明偏见和冷战思维的历史理论，理所当然地遭到了强烈批判。这里必须特别指出一个重要事实：在中国文明国家诞生阶段和此后相当漫长的时期，华北先民所面对的最大环境问题并非严重缺水，而是水多为患和洪涝频仍。

环境治理与文明国家的关系，是一个非常复杂和充满迷思的史学课题。究竟是治水活动催生了古代国家，还是国家出现促进了治水事业？一向充满争议，存在着许多相当不同甚至截然相反的意见；中国古史传说中的那次大洪水退却，究竟是"大禹治水"的功绩还是气候变化的结果？也是众说纷纭、莫衷一是。虽然很多学者依然信奉旧说，但也有不少学者持相反的意见。例如，关于夏朝专制国家建立是否因为"大禹治水"？叶文宪即曾指出："禹所以能成为治水的指挥者，是因为酋邦首脑已经具有了协调诸部落行动的权力。……在中国治水不是专制国家的因，而是专制国家的果"；"大禹治水的成功只使他获得众人的尊敬而被推为首脑，是部族间的冲突与征服战争才在禹酋邦演进为夏王朝的过程中起了决定性的推动作用"。[1] 而关于先前治水何以失败而"大禹治水"卒能成功？

---

[1] 叶文宪：《部族冲突与征服战争：酋邦演进为国家的契机》，《史学月刊》1993 年第 1 期。按：作为文明国家起源的另外一种流行的历史解释，即人口增长导致资源紧缺，资源紧缺引起部落战争，部落战争强化社会组织、进而推动国家产生，虽然具有显著的"社会达尔文主义"思想倾向，但在逻辑上也是成立的。倘若采纳此种历史解释，则关于古代环境治理与公共权力关系的思考自应以国家对自然资源的控制、管理和保护作为重点。相关问题将在下节详细讨论。

考古学家王晖曾经利用大量考古资料证明洪水事件的发生地域与古史记载颇相一致，但他认为大禹父子治水一成一败，并不在于埋障与疏导两种方法的对与错，而在于治水活动的时间差："……鲧治水之际，正是大洪水来临之初，除了堵塞拦截并无它法可施；而大洪水过后，只需要疏通各条河水，使人们安居乐业即可。而且大禹即就是再厉害，治水方法再好，也不可能在大洪水来临的初期把洪水治理好；鲧就是治水方法再不行，也不会在大洪水平息之后把洪水治理不好。这才是二人一个把洪水彻底治理好了，而另一个却惨遭失败的根本原因。"[1] 吴文祥、葛全胜等人亦持类似观点，认为平治水土、安居乐业其实并非大禹之功，而是由于洪水期结束。[2]

相关争论无疑仍将继续下去，但环境治理与文明国家之间的关联是一个既定的历史存在，无论如何都无法否认。在黄河中下游地区，自从进入农业时代，平治水土、抗御洪涝作为一项最重要的公共事务，不论是野蛮时代的部落联盟还是文明时代的王朝国家，都是无法置身事外的。在此我们特别关心的问题并非治水事业与国家诞生究竟孰先孰后，而是中国古代环境政治传统是如何逐渐生成的？"大禹治水"之类古史传说具有怎样的典范意义？

二 "大禹治水"的环境政治典范意义

关于"禹迹"特别是治水传说，古今学者已经做过无数探究，原本无须赘言。但是为了考察古代环境治理与国家政治的关系，探寻相关施政理念和传统的早期生成轨迹，这里仍想特别指出若干重要史实并稍作讨论。

首先需要指出的是，"大禹治水"乃是不断叠生的古史传说。

---

[1] 王晖：《大禹治水方法新探——兼议共工、鲧治水之域与战国之前不修堤防论》，《陕西师范大学学报》2008年第2期。

[2] 吴文祥、葛全胜：《夏朝前夕洪水发生的可能性及大禹治水真相》，《第四纪研究》2005年第6期。

顾颉刚在提出其石破天惊的"层累地造成的中国古史"说时已经指出：在诸多先王古史传说中，大禹的故事出现最早。根据最新的文字发现，至晚在西周中期已有流传。表11-1罗列先秦典籍中的一些主要记载：

表11-1　　　　　　　　　　大禹故事的演进①

资料出处	洪水描述	治水范围	过程和成效	德行表现
《燹公盨铭文》②			天命禹敷土，随山浚川，乃差地设征，降民监德，乃自作配飨（享）民，成父母	
《诗经·商颂·长发》③	洪水芒芒（茫茫）		敷下土方	
《论语·泰伯》引孔子之语			尽力乎沟洫	菲饮食而致孝乎鬼神，恶衣服而致美乎黻冕，卑宫室而尽力乎沟洫
《庄子·天下》引墨子之语		名川三百、支川三千，小者无数	湮洪水，决江河而通四夷、九州……亲自操橐耜而九杂天下之川	腓无胈，胫无毛，沐甚雨，栉疾风，置万国……形劳天下

---

① 本表所列并不完整，只是其中水土治理信息相对较多的那些记载。
② 李学勤：《遂公盨与大禹治水传说》，《中国社会科学院院报》2003年1月23日。
③ 按：《诗经》中还有多篇与禹的功业相涉，如《商颂·殷武》："天命多辟，设都于禹之绩"；《鲁颂·閟宫》："奄有下土，缵禹之绪"；《大雅·文王有声》："丰水东注，维禹之绩"；《大雅·韩奕》："奕奕梁山，维禹甸之"；《小雅·信南山》："信彼南山，维禹甸之"。都是说大禹平治水土的伟大功业为后人生存和发展创造了条件。

续表

资料出处		洪水描述	治水范围	过程和成效	德行表现
《孟子》	《滕文公上》	当尧之时，天下犹未平，洪水横流，泛滥于天下	九河，济、漯、汝、汉、淮、泗、江诸水	疏九河，瀹济、漯，而注诸海；决汝、汉，排淮、泗，而注之江，然后中国可得而食也	
	《滕文公下》	当尧之时，水逆行，泛滥于中国，蛇龙居之，民无所定，下者为巢，上者为营窟		掘地而注之海，驱蛇龙而放之菹，水由地中行，江、淮、河、汉是也。险阻既远，鸟兽之害人者消，然后人得平土而居之	
《荀子·成相》			九河、十三渚、三江	有功，抑下鸿，辟除民害逐共工。北决九河，通十二渚，疏三江。傅土，平天下	躬亲为民行劳苦
《墨子·兼爱中》			中国四方	西为西河渔、窦，以泄渠、孙、皇之水。北为防、原、泒，注后之邸、嘑池之窦，洒为底柱，凿为龙门，以利燕代胡貉与西河之民。东方漏之，陆防孟诸之泽，洒为九浍，以楗东土之水，以利冀州之民。南为江、汉、淮、汝，东流之，注五湖之处，以利荆楚、于、越与南夷之民	
《山海经·海内经》		洪水滔天	九州	鲧窃帝之息壤以堙洪水，不待帝命。帝令祝融杀鲧于羽郊。鲧复生禹。帝乃命禹卒布土以定九州	

续表

资料出处	洪水描述	治水范围	过程和成效	德行表现
《吕氏春秋·开春论·爱类》	昔上古龙门未开，吕梁未发，河出孟门，大溢逆流，无有丘陵沃衍平原高阜尽皆灭之，名曰鸿水	黄河、长江流域	疏河决江，为彭蠡之障，干东土，所活者千八百国。此禹之功也	勤劳为民，无苦乎禹者
《战国楚竹书（二）·容成氏》①	山陵不疏，水涝不清	天下九州	亲执畚耜，以陂明都之泽，决九河之遏。于是乎，夹州、徐州始可处。通淮、沂，东注之海，于是乎，竞州、莒州始可处也。通蒌与易，东注之海，于是乎，藉州始可处也。通三江五湖，东注之海，于是乎荆州、阳（扬）州始可居也。禹乃通伊、洛，并瀍、涧，东注之河，于是乎，豫州始可处也。通泾与渭，北注之河，于是乎，雍州始可居也。从汉以南为名谷五百，从汉以北为名谷五百	
《尚书》②	《尧典》	汤汤洪水方割，荡荡怀山襄陵，浩浩滔天，下民其咨		四岳举荐鲧主持治水，九载不成；舜复命禹为司空，主持平治水土

---

① 李守奎、曲冰、孙伟龙编著：《上博藏战国楚竹简》，作家出版社2007年版，第811页。
② 《尚书》虽被认为是中国古代最早政典，但两千年来"今文""古文"之争从未停歇，诸篇真伪及其撰成年代令人难以把握，故这里排列较后。除表中所列《尧典》《益稷》特别是《禹贡》记述较多外，其《吕刑》篇亦有"禹平水土，主名山川"之语，应即《史记》所云禹"为山川神主"之本。

续表

资料出处		洪水描述	治水范围	过程和成效	德行表现
《尚书》	《益稷》	洪水滔天，浩浩怀山襄陵，下民昏垫		乘四载，随山刊木，暨益奏庶鲜食，决九川距四海，浚畎浍距川；暨稷播，奏庶艰食鲜食，懋迁有无，化居。烝民乃粒，万邦作乂	
	《禹贡》①		天下九州：冀、兖、青、徐、扬、荆、豫、梁、雍	别九州，随山浚川，任土作贡。敷土，随山刊木，奠高山大川九州攸同，四隩既宅，九山刊旅，九川涤源，九泽既陂，四海会同	
《国语·周语下》②				……伯禹念前之非度，厘改制量，象物天地，比类百则，仪之于民，而度于群生，共之从孙四岳佐之，高高下下，疏川导滞，钟水丰物，封崇九山，决汨九川，陂鄣九泽，丰殖九薮，汨越九原，宅居九隩，合通四海。故天无伏阴，地无散阳，水无沉气，火无灾燀，神无闲行，民无淫心，时无逆数，物无害生	

---

① 《禹贡》是《史记》以前对大禹史事记述最详细的文献，历史地理学家大多认为它成书于战国时期，应是司马迁撰写《夏本纪》的主要蓝本和史料来源。因文字颇长且内容并不局限于治水，兹不详引，详情见后文列表。

② 按：《国语》是中国古代最早的"国别史"，记载西周末期至春秋时期宗周和列国史事，相传是战国时期左丘明所撰，或称是汉代刘向辑录完成，颇有学者怀疑系后人托名伪作。文中的"共"应指"共工"。

大禹事迹自西周中期形诸文字记载，经历许多个世代以后，至西汉司马迁著《史记》，乃广泛汇集前代记载而撰成《夏本纪》，方由诸多零星传说成一先绪、余荫和故事情节完整的英雄家史，也是中国第一个王朝史。在太史公心中，夏朝基业无疑是由"大禹治水"奠定，故其中绝大部分篇幅都是记载禹的事迹，而治水是其主要功业。根据他的记载：大禹出身先王贵胄，其部族应以擅长水事闻名，故当巨大洪水暴发之际，父子二人先后被举荐主持治水。但这项事业并非单由鲧、禹及其部族独力承担，而是依靠尧、舜两代帝王的英明领导，并且得到益、稷、契、皋陶等众多大臣（部落领袖）的积极配合。其简要过程则是："当帝尧之时，鸿水滔天，浩浩怀山襄陵，下民其忧"，尧帝因群臣、"四岳"大力举荐，"用鲧治水"，但鲧所采用的方略不当，空劳九年而水患不息，舜受命代表天子巡狩、行视，因鲧治水不力而殛之于羽山，舜更"举鲧子禹，而使续鲧之业"。禹与益、稷等人奉天子、朝廷之命，组织各地诸侯"兴人徒以傅土，行山表木，定高山大川"。这是一项攸关天下苍生性命而充满艰难困苦的事业，作为主事官员，禹为先父因治水无功被诛而深感哀伤，"乃劳身焦思，居外十三年，过家门不敢入。薄衣食，致孝于鬼神。卑宫室，致费于沟淢。陆行乘车，水行乘船，泥行乘橇，山行乘檋。左准绳，右规矩，载四时，以开九州，通九道，陂九泽，度九山"。为了完成治水大业，大禹舍身忘家，连长子出生都顾不得看上一眼。所幸他吸取先人教训，采取了正确的技术方略，疏导众多河流，最终战胜洪水，"于是九州攸同，四奥既居，九山刊旅，九川涤原，九泽既陂，四海会同"。禹亦因此获得殊荣，声威"东渐于海，西被于流沙，朔、南暨：声教讫于四海。于是帝锡禹玄圭，以告成功于天下。天下于是太平治"。大禹治水之所以能够取得成功，一方面是由于他采取了以疏导为主（后来这也具有政治隐喻意义）的正确技术方略，另一方面还因他在治水过程中兼顾民生、合理调配资源，表现出了卓越的领导组织才能，故能万民归心，众志成城。① 要之，那次重大治水活动是在国家最高权力主导之下进行的：天子选贤任能，主官奋不顾身，诸方配合协作，最终取得成功。需要特别指出的是，世人常常忽略一个重要情况：正是这次巨大成功，水土平治，天下乂安，国家权威进一步得到了加强，更有能力对天下九州实施政治、经济统治。

但是，这样完整的故事终究是不断叠累、逐渐丰满起来的。新近发现的《燹公盨铭文》固然证明西周中期已有大禹传说，但此寥寥几字记录上距主人公"应在的"原始社会末期相隔一千多年；而从这份最早文字记载到故事最后定型，又经历了多个世纪。从表11-1所列诸书记载，可以清晰地看到其内容、情节不断增添的轨迹，而治水活动的地域范围更是不断扩大，直抵故事最后版本完成之时（西汉）的帝国疆域版图。这些情况难免让人疑窦丛生：大禹究竟是人还是神？是编造抑或真实的历史人物？"大禹治水"是否确有其事？即使确有其事，那些逐渐累叠、最终集成于《夏本纪》的故事情节，又具有何种程度的历史真实性？

反复研读《夏本纪》文本，在治水事业组织、实施过程中所显现出来的那种天子圣明、朝堂雍穆、群臣效命、刑赏分明的政治秩序和氛围，对"九州"辽阔疆域进行全面勘察、规划和治理所显现出来的那种恢宏天下观念，总是让人隐隐觉得这个故事的时空场景只有在"大一统"政治理念逐渐成形的战国以后才有可能被构想出来。

---

① 《夏本纪》记载他"令益予众庶稻，可种卑湿。命后稷予众庶难得之食。食少，调有余相给，以均诸侯。禹乃行相地宜所有以贡，及山川之便利"。禹自言："与益予众庶稻鲜食。……与稷予众庶难得之食。食少，调有余补不足，徙居。众民乃定，万国为治。"说明他在治水抗灾过程中很注重发展经济、保障民生，包括因地制宜发展农业生产，合理调配资源、取有余以补不足。

早在战国时期，屈原即曾质疑过大禹治水的若干问题。[1] 自西汉而下，数千年来，经史学家对大禹史迹做了无数考索，及至近代，更是进入多个学科视野，各种解说更是令人眼花缭乱，其背后更加广泛的自然、社会背景和更加深层的历史文化意义逐渐被揭示出来，但争论随之愈演愈烈，顾颉刚、鲁迅等众多著名学者都曾参与其中。关于大洪水、治水区域范围、工程技术，等等，可谓众说纷纭、聚讼不已，乃至发生"大禹是否为一条虫"的意气之争。[2]

只要不是一味泥古，仅凭直觉即可断定：作为一段历史而非一个神话的"大禹治水"，有些内容和情节是完全无法相信的。以原始社会末期的劳动人口、工具技术、物资供给、信息传递和组织动员……诸多方面的能力，十几年中绝无可能在如此广大辽阔、复杂多样的地理区域展开如此浩大规模的治水工程——即使在今天也不易做到。怎样拨开重重迷雾，揭示历史真相，千百年来学人日徘徊、夜转侧，深思维、勤撰述，论著堆积如山，迄无一致结论。

在众多论著之中，徐旭生的《洪水解》值得特别注意。在他撰写该文之时，考古资料有限，其观点和结论基本上是通过文献分析得出，但是颇具历史洞见，有些观点已经得到考古学等方面的资料证实，但有的结论亦值得驳议。[3] 例如，他已经认识到夏朝及其先世的社会组织和政治权力远不能与后代国家相比[4]，认为洪水泛滥和治水区域是在黄河中下游的兖州、豫州和徐州，南方部族并未参

---

[1] 《楚辞·天问》云："洪泉极深，何以填之？地方九则，何以坟之？河海应龙，何尽何历？鲧何所营？禹何所成？"黄灵庚疏证：《楚辞章句疏证》，中华书局2007年版，第1040—1043页。

[2] 近百年来的争讼，可参见段渝《百年大禹研究的主要观点和论争》，《社会科学研究》2020年第1期。

[3] 参见徐旭生《中国古史的传说时代》，文物出版社1985年版，第128—162页。

[4] 徐旭生：《中国古史的传说时代》，第8页。

与，较之以往盲目信从已是很大进步，但是他对治水区域、参与部族和工程规模仍然估计过高——以当时华北平原的人口规模、技术水平以及其他社会条件，根本不可能在这样大的区域范围统一组织、开展水土整治；再如，他指出凿井技术乃是大禹治水的副产品，虽无直接可靠证据，但并无大碍，因考古资料证实水井早在原始社会末期确已出现。需要纠正的是：先民能够征服和利用北方广大平原并非因为发明了水井，而早期人们（特别是城市居民）凿井乃是为了获取生活用水，即古歌所谓"凿井而饮"，而并非为了灌溉农地。华北平原直到宋元时期仍基本上是利用地表水源实行自流灌溉，明朝以后始因流域环境变迁导致地表水源不足，被迫愈来愈依恃水井浇灌农作物。

在我们看来，对"大禹治水"的历史真实性，既不容全盘否定，亦不可尽予采信，要想揭开那许多未解之谜，必须回到文明初期人与自然关系变化的历史情势，需要综合社会经济与自然生态两大系统的诸多因素进行合理解说。所有的探研都必须从这样一个基本事实出发：古代中国是一个典型的以农业作为经济支柱的文明国家，而农业乃是自然再生产与经济再生产的有机统一，农业生产能否维持和发展，取决于天、地、生、人众多因素的协同作用。中国先贤早就揭示农事是天生之、地养之、人成之，人们通过劳作"参天地、赞化育"，谋取生存资料，获得物质财富。在影响农业生产的诸多自然要素中，生物是最直接的生产对象，而气候、土地和水资源也都至关重要，缺一不可。但"天"（天时、气候）乃是不可违、不可控的自然因素，人们只能在"地"上不断"做文章"，以便于更好地顺应天时，把握气候，趋利避害，培育生命。暴发"大洪水"首先是老天所为，人们奈何不得，不论是大禹还是其他人物领导，都只能平治水土以应天变，所以自古人们都把主要精力放在治水营田方面，努力创造出旱涝保收、不靠天吃饭的农业生产环境。

华北降水的月际、年际变差一向显著，而周期性气候变化往往造成极端多雨或少雨年份，所以抗御旱涝灾害是这个区域农业社会天定的宿命，而"大洪水"并不专门针对尧、舜、禹和他们的子民。何以在原始社会末期成为一个特别凸显的环境——文明历史事件而必待大禹横空出世、率众治之？我们猜想，这既与当地自然地貌有关，又与彼时农业扩张的形势有关。华北平原地势低平，远古更是泽淀众多、卑湿舄卤的环境面貌，当地人民在不断拓展其生存空间的历史过程中，迟早都必定要遭遇大大小小的水患。原始社会末期（即龙山文化时期），由于人口增长，黄河中下游的农耕区域渐由河流两岸台地、山前洪积冲积扇地带向低洼平原推进。起初农业聚落少而零散，对河流水道和积水洼地的泄蓄能力并无显著影响，修筑一些"护庄堤"和"围城"便可捍水自保。但是随着农地不断扩张，聚落渐趋密集，大小河道和浅近洼地都逐渐被挤占，导致雨季宣泄受阻、潴蓄无所，洪水泛滥，反过来冲毁农田、漂没禾稼、荡隳聚落和城市。随着此种情势发展，局部筑堤、围城无法应对流域性重大水患，人们就不得不改变技术策略，修筑长堤、约束河水，疏浚河道、畅通洪流，此类工程通常规模浩大，并且涉及广大地域和众多群体，需要动员广泛社会力量，征发庞大劳动人口，调集包括粮食在内的巨量资源。传说中的大禹时代即原始社会末期具备这些必需条件吗？

倘若我们不泥古、轻信，而是从实际出发，从源头文字记载重新追溯，或许能够找到"大禹治水"的"本底故事"，并且理解其随着时间推移而放大的历史原因。大致而言，早期的相关记载（春秋及以前）并不涉及多大的地域[①]，只说大禹"敷土""敷下土方"

[①] 我们认为《尚书》中的相关篇章特别是《禹贡》并非春秋之前的作品。

"随山浚川""尽力乎沟洫",概言之就是整治土地和开挖渠道。其成果,一是垦辟了耕地,二是开挖了排灌系统。古人称这个排灌系统为遂、沟、洫、浍、川,简称"沟洫"。《周礼·地官·遂人》云:"凡治野:夫间有遂,遂上有径;十夫有沟,沟上有畛;百夫有洫,洫上有涂;千夫有浍,浍上有道;万夫有川,川上有路;以达于畿。"① 当然,田野之中不能没有通行的道路,所以除遂、沟、洫、浍、川外,还有径、畛、涂、道、路。那是一幅怎样的画面和景象呢?看看甲骨文中不同写法的"田"字就很清楚明白了,"田"字不过是对它们的最后简写。《周礼》所描述的情形当然是相当理想模式化的,实际上不可能做到如此整齐划一,大禹时代的平治水土自当更加粗放,然而亦应初具模型。黄河中下游乃至更广大区域的草莱垦辟、土地规划和水利兴修,大抵都按这个模型逐渐展开。

何以黄河中下游农区垦辟必须建立沟洫系统,并且要将此项事业追溯到大禹时代?若欲求得正解,仍须回到该区域自然环境与社会经济互动变迁关系的早期历史情势。根据史书记载和考古资料,太行山、豫西山地以东曾经遍布洼淀泽薮,早先多是沮洳之地,在低湿平原垦田树谷,必须排渍、化卤,还须防御随时可能发生的洪涝灾害,农业生产所面临的环境挑战主要不是亢旱缺水而是渍、涝、盐碱,而沟洫系统能够比较有效地应对这些问题。自三代而下,华北平原不断垦辟草莱,斥卤之地顺利稼穑,都是有赖于沟洫系统,故有学者把那时该区农业生产径直称作"沟洫农业"②。

把这方面的建树全都归功于大禹当然不符合史实,但不能完全

---

① 《尚书·益稷》亦载"禹曰":"予决九川距四海,浚畎浍距川。"汉人郑玄注称:"畎浍,田间沟也","浍所以通水于川也"。我们认为:"决九川距四海"是不可能的,"浚畎浍距川",即在局部地区的田野之间兴修排灌水利工程(在平原地区主要是开沟洫,排水潦)是其真正的工作。在中国农业发展的早期历史阶段,这仍然是一项非常伟大的事业。

② 李根蟠:《先秦时代的沟洫农业》,《中国经济史研究》1986年第1期。

排除这样一种可能：在部落联盟向文明国家迈进的原始社会末期，确实曾有一位名叫"禹"的夏人首领率众开展过较大规模平治水土的活动，其功德、美名渐渐闻达于其他部族，历时日久、愈传愈神，以致人们认为凡山川水土之事都跟他有关。虽然他不可能在辽阔"九州"的众多大江、大河组织开展治水事业，但在夏人活动区域（伊、洛河谷或兖、豫之间）开通沟洫并对附近河流进行疏导，却很有可能。基于河谷平川农业发展需要的这种局部性水土环境整治，或许乃是"大禹治水"的本底故事，与足迹和工程遍布九州大地的那个传说大相径庭，但是更加真实可信。

"大禹治水"的故事情节，随着时代推移不断添加，场景愈来愈大，甚尔乃关河内外、长江南北俱存禹迹（禹绩），以发展的眼光来看，也不能说完全是虚妄无凭，而是有其实际历史情由和事实依据的。根据可靠记载，古代大型水利工程建设实际起步于春秋、战国时代。随着人口增加、经济发展、工具改进和技术提高，国家逐渐具备动员大量劳力兴建大型防洪、灌溉工程的条件，故楚、魏、秦等国运用国家力量组织、兴建了诸如芍陂、西门豹渠、郑国渠、都江堰等大型水利工程，许多河流经过人工疏导和凿渠联结，形成天下四通网络，而黄河下游两岸防洪大堤也在不断修筑、延长和增高。同一时期，知识阶层的地理视野显著扩大，而天下一统、九州攸同的政治理念不断伸张，"大禹治水"遂由局部地方平治水土，扩展为天下九州重塑山河。在司马迁编撰《史记》的时代即西汉武帝时期，"大一统"集权帝国已经建立，由于朝廷重视，"天下争言水利"，掀起了第一个全国性的水利建设高潮。[1] 所以，不论是从治水条件、实施方略和实际行动还是从思想认识、事业规划和施政理念来说，最后版本的"大禹治水"都更像是对战国、秦、汉

---

[1] 具体史实，见《史记》卷二九《河渠书》。本章所引《史记》及其他正史文字，均出自中华书局点校本，为避免过于烦琐，不一一注明。

环境治理事业（在很大程度上仍是一种理想）的映照。然而，正是伴随着"大禹治水"故事不断丰满的过程，以治水（水利建设）为中心的古代国家环境治理传统逐渐生成。

总而言之，既然"大禹治水"的故事内容和情节是不断累叠的，我们就不必过于执以为实。对其历史真实性既不可全盘否定，也不可尽予采信。由于地质、地貌、降水等多方面的特点，大小水灾在这个区域即使并非年年发生亦是十分频繁。作为黄河中下游人与自然关系漫长历史故事中的一个情节，平治水土、与洪涝抗争是必然要不断发生的，并不必待那场特大洪水发生才由大禹父子来治理。倘若一定要具体考察某个年代由某位人物主持的某一治水活动，则应当综合考量劳动人口、工具技术、物资转输、信息传递、社会组织动员能力……诸多方面的可能性，方可粗略估测其规模，确定其地域范围，还原其真实情况。其实，我们并无必要将传说中的"大洪水"锁定在某个年代的某一次，那只是当地人民长期惨遭洪涝侵袭的经历，在特定时代因需要而浓缩成故事，而后见诸文字记载，故事内容和情节是随着时间推移特别是华夏文明在愈来愈辽阔区域的展开进程而不断被演绎、丰满和放大的。从"平治水土"这个基础内容来说，把"大禹治水"传说还原到特定时代农业生产与水土环境的关系状态之中，更容易接近历史的真相。

史家以求真立命，这是不容论难的"至严之令"，但求取真相不能拘于一点甚至一面。关于古史传说，或许我们永远不能确定其人、其事的"个性之真实"，但可努力揭示其"通性之真实"。关于"大禹治水"的历史真实性，至少有三点不容否认：一是不容否认其基本事实依据，即中国先民积极治理水土环境的伟大实践和历史成就；二是不容否认其所体现的那种民族精神：勇敢面对环境危机，认真探索自然规律，奋力抗御水旱灾害，积极改善生存环境；三是不容否认其所传载的政治品格和德政理念，那就是勇于担当、公而忘私、平治水土、建功立业，为人民谋福利，为天下兴太平。下面对第三点稍做申论。

三 环境治理作为圣君"德政"的要求和表现

中国古代国家和社会很早就非常重视平治水土，这是"大禹治水"传说生成和发展的史实依据。需要注意的是，治水并非"禹绩"的全部，更非早期国家环境治理的全部事务。被高度浓缩、标签化甚至被特化为抗御一场大洪水的"大禹治水"传说，屏蔽了更加丰富的历史内容。事实上，《诗经》时代已经传颂禹"甸山""敷土""平水土""随山濬川"等事迹，都并不特别针对一次大洪水，而此后诸家论说大禹功业固以治水导河为主，但大多不局限于此。现将《尚书·禹贡》记载的情况制成表 11-2[①]：

表 11-2　　　　　　　《禹贡》的主要内容

州名	治水成效	土壤	田、赋等级	植被和贡物	交通
冀州	既载壶口，治梁及岐。既修太原，至于岳阳。覃怀底绩，至于衡漳。恒、卫既从，大陆既作	白壤	田中中赋上上错		夹右碣石入于河
兖州	九河既导，雷夏既泽，灉、沮会同。桑土既蚕，是降丘宅土	黑坟	田中下赋贞	草繇木条。贡：漆、丝、织文	浮于济、漯，达于河
青州	堣夷既略，潍、淄其导	白坟、海滨广斥[②]	田上下赋中上	贡：盐、絺、各种海产、丝、枲、铅、松、怪石、檿丝	浮于汶，达于济

---

① 相关内容被《史记·夏本纪》完全采纳，只是少数字句略有改动，个别地方似不如《禹贡》贴切。
② "海滨广斥"指沿海广大土地因咸水浸渍而成为盐碱地。《史记》改为"海滨广潟，厥田斥卤"。

续表

州名	治水成效	土壤	田、赋等级	植被和贡物	交通
徐州	淮、沂其乂，蒙、羽其艺。大野既潴，东原厎平	赤埴坟	田上中赋中中	草木渐包 贡：五色土、羽畎夏翟、峄阳孤桐、泗滨浮磬、淮夷蠙珠、暨鱼、玄纤缟	浮于淮、泗，达于河
扬州	彭蠡既潴，阳鸟所居。三江既入，震泽厎定	涂泥	田下下赋下上错	篠簜既敷，厥草惟夭，厥木惟乔 贡：金三品、瑶、琨、篠、簜、齿、革、羽、毛、木、织贝（木棉）、橘、柚	沿于江、海，达于淮、泗
荆州	江、汉朝宗于海。九江孔殷，沱、潜既导，云土、梦作乂	涂泥	田下中赋上下	贡：羽、旄、齿、革、金三品、杶、榦、栝、柏、砺、砥、砮、丹、箘簬、楛、菁茅、玄纁玑组、龟	浮于江、沱、潜、汉，逾于雒，至于南河
豫州	伊、雒、瀍、涧既入于河，荥波既潴，导菏泽，被孟渚	壤土、坟垆土	田中上赋错上中	贡：漆、枲、絺、纻、纤纩、多种磬	浮于雒，达于河
梁州	汶、嶓既艺，沱、涔既导，蔡、蒙旅平，和夷厎绩	青骊	田下上赋下中三错	贡：璆、铁、银、镂、砮、磬、熊、罴、狐、狸、织皮	西倾因桓是来，浮于潜，逾于沔，入于渭，乱于河
雍州	弱水既西，泾属渭汭，漆沮既从，沣水攸同。荆、岐既旅，终南、惇物，至于鸟鼠。原隰厎绩，至于猪野。三危既宅，三苗丕叙	黄壤	田上上赋中下	贡：球、琳、琅玕	浮于积石，至于龙门、西河，会于渭汭。织皮昆仑、析支、渠搜，西戎即叙

由表 11-2 可知，大禹在治水期间还区划了天下九州，考察了山川形势、土壤性状，并根据各地（距离王都）远近、田地品级和资源出产划分等级，"任土作贡"，与管仲治齐"相地而衰征"颇同旨趣。① 或许大禹故事的书写者们已经清楚地意识到：从治国施政来说，"平治水土"与"任土作贡"乃是一个整体：前者乃是国家、君王的责任和义务，后者则体现了统治者的利益与权力——前者是后者的基础。若不能解决水患问题，使"土反其宅，水归其壑"②，则百姓不能安居乐业，国家贡赋亦无所出。

"任土作贡"赋敛于民，是满足统治者物质生活欲望、维持国家机器运行之所必需，但这终究与百姓利益存在矛盾。人们突出"大禹治水"的伟大功业而淡化其他方面，或许是有意强调（或者期盼）国家的职责和君主的德政。如果说，戒奢欲、除靡费、节用度、薄赋敛是贤君"仁政"的表现，尧帝（而非大禹）茅茨不翦、采椽不斫、粝粱藜藿以食、麑裘葛衣而衣，足为表率；平水患、兴水利、安百姓、平天下则是圣王德政（"德"最初比较强调功业和成就的一面）的理想，大禹身执耒臿以为民先，公而忘私，终成伟业，亦堪称典范。早在春秋时期人们就盛赞其德，不仅孔子称颂，《左传》昭公元年亦引刘子曰："美哉禹功，明德远矣！微禹，吾其鱼乎！吾与子弁冕端委，以治民临诸侯，禹之力也。子盍亦远续禹功，而大庇民乎？"也就是说，那时大禹就已经被人们尊奉为治国施政的楷模。

当然，因在环境治理方面作出贡献而被奉为楷模的不只大禹一人，还有不少其他上古圣王因为建功立德而受到人民爱戴和名传青史。事实上，《史记·五帝本纪》记述的 22 位人物，多在这方面作

---

① 《国语·齐语》引管子之语云："相地而衰征，则民不移；政不旅旧，则民不偷；山泽各致其时，则民不苟；陆、阜、陵、墐、井、田、畴均，则民不憾；无夺民时，则百姓富；牺牲不略，则牛羊遂。"《周礼·地官》亦有此类思想。

② 《礼记·郊特牲》。

出过这样或那样的贡献，如黄帝"披山通道，未尝宁居"，"时播百谷草木，淳化鸟兽虫蛾，旁罗日月星辰水波土石金玉，劳勤心力耳目，节用水火材物"；颛顼"养材以任地"；辛"取地之财而节用之"；尧"敬授民时"并开启治水事业；舜则"巡狩四方，肇十有二州，决川。督察治水"。此外，还有"垂主工师，百工致功；益主虞，山泽辟；弃主稷，百谷时茂"，亦多涉及自然资源管理和利用。由这些记述可知，远古圣主明君的功德，多与环境治理相关，这是一个很值得注意的情况。虽然他们的作为各不相同，并非全都主持或参与过治水，但都是务"当世之急、忧民之利、除民之害"①。这是先王共同的政治表现，抑或是史家通过他们向君主所提出的政治要求。有趣的是，自先秦而下，历朝历代帝王（除秦二世胡亥这样敢冒天下大不韪的极个别例外）不论仁暴、贤愚，亦大都以此自期或自诩。

由此可见，在以"德政"作为主题词之一的中国传统政治文化的早期建构中，史家记述了一个受世代景仰的君王道德群体，他们勤政、节用、爱民，在环境治理方面建功立德。正如司马迁所特别指出的那样，他们之中"唯禹之功为大"②。因此我们可以说，"大禹治水"故事具有最重要的政治典范意义，它与诸多古史传说共同表达了一种高度重视环境治理的治国施政理念。在这种理念下，环境治理被视为"王道"政治的内在要求，平治水土、恩及禽兽、保境安民等诸多作为则被视为君王"德政"的重要表现。

在先秦思想家中，孟子对政治伦理的思考最是深刻，他曾经多次追述先王治理水土环境驱除虫兽之害和保护自然资源的功绩，强

---

① 《吕氏春秋·开春论·爱类》中有一段话很有意思，称："人主有能以民为务者，则天下归之矣。王也者，非必坚甲利兵选卒练士也，非必隳人城郭，杀人之士民也。上世之王者众矣，而事皆不同。其当世之急、忧民之利、除民之害同。"

② 《史记》卷一《五帝本纪》。

调这些方面对于"王道"政治的重要意义。[1] 孟子认为：远古洪水泛滥、田畴未辟，禽兽蛇龙多为民害，是尧、舜、益、禹、周公这些圣贤"焚山泽"，"疏九河"，平治水土，驱离猛兽，才使人民得以安居乐业；而商纣这类君王广设苑囿，毁民田宅，致使禽兽复又横行肆虐，百姓无所安息，人民不得衣食，终致天下大乱、身死国灭。不仅是孟子，同时代和稍后的不少思想家（例如荀子）都将环境治理列为治国施政的基本任务，视作"王道"政治的内在要求和君王德性的重要表现。

毋庸置疑，国家环境治理是必须"知行合一"的重大事业，单靠树典型、立标杆是不够的，空言德性，光讲些高悬于天、脱离实际的大道理，更解决不了实际问题。必须理论结合实际，把问题讲透，把政策理顺，通过行动来落实，方可知而能行，行之有效。

所幸，中国自古不乏实事求是的先哲。若论深谙国事和求真务实，先秦诸子首推管仲，而《管子》一书可谓古代治国理政第一策论[2]。该书大部分篇幅是以对答的形式讨论时政，既讲理更说事，其中很多内容与环境治理直接相关，因此也可以说是古代最早、最务实的国家环境治理策论。

《管子》把环境治理放在国家政务的基础地位。其《立政》篇论说五个方面关乎国家贫富的政务，第一是山泽管理，第二项沟渎水事，直接就是环境治理事务；后三项从种植、饲养到手工业生

---

[1] 《孟子·滕文公下》："尧、舜既没，圣人之道衰，暴君代作。坏宫室以为污池，民无所安息，弃田以为园囿，使民不得衣食，邪说暴行又作，园囿污池，沛泽多而禽兽至。及纣之身，天下又大乱。周公相武王，诛纣伐奄，三年讨其君，驱飞廉于海隅而戮之，灭国者五十，驱虎豹犀象而远之，天下大悦。"

[2] 一般认为《管子》一书乃由其后学编订而成，一些内容或属于西汉时期，但是其中必定包含了管子治齐的治国理政经验和智慧。

产，亦与环境资源脱不了关系。① 随后又论国家五大职能部门（官员）的主要政事与职责，其中"虞师之事"包括"修火宪，敬山泽林薮积草"，"财之所出，以时禁发"；"司空之事"是"决水潦，通沟渎，修障防，安水藏"，目标是"使时水虽过度，无害于五谷，岁虽凶旱，有所粉获"；"由田"的职责是"相高下，视肥墝，观地宜，明诏期前后农夫，以时均修焉，使五谷桑麻皆安其处"。"乡师""工师"虽不直接职掌环境治理事务，但安辑百姓、劝勉农耕饲养和获取自然资源，亦都与环境治理有所关联。管子答问"明主"的"六务四禁""八观"，均涉及诸多环境治理事务的实施和考察。

《管子》非常重视民生经济问题，认为这是社会稳定、国家富强的基础："凡有地牧民者，务在四时，守在仓廪。国多财则远者来，地辟举则民留处。仓廪实则知礼节，衣食足则知荣辱……"②强调："凡治国之道，必先富民；民富则易治也，民贫则难治也。"③农业生产发展是丰衣足食的基础，而粮食最为紧要，为了强调"多粟"的重要性，《管子》可谓极尽其辞。国家治理自然环境，君主为民除害兴利，首先应着眼于此。④

由于作物生长不能须臾离开水和土这两种最基本的环境要素，适宜的水土环境是开展农业的必要前提，《管子》对水土的重视程

---

① 《管子·立政》云："君之所务者五：一曰山泽不救于火，草木不得成，国之贫也。二曰沟渎不遂于隘，鄣水不安其藏，国之贫也。三曰桑麻不殖于野，五谷不宜其地，国之贫也。四曰六畜不育于家，瓜瓠荤菜百果不备具，国之贫也。五曰工事竞于刻镂，女事繁于文章，国之贫也。故曰：山泽救于火，草木殖成，国之富也。沟渎遂于隘，鄣水安其藏，国之富也。桑麻殖于野，五谷宜其地，国之富也。六畜育于家，瓜瓠荤菜百果备具，国之富也。工事无刻镂，女事无文章，国之富也。"

② 《管子·牧民》。

③ 《管子·治国》。

④ 其《治国》篇云："先王者，善为民除害兴利；故天下之民归之。所谓兴利者，利农事也；所谓除害者，禁害农事也；农事胜则入粟多；入粟多则国富；国富则安乡重家；安乡重家，则虽变俗易习，殴众移民，至于杀之，而民不恶也，此务粟之功也。"

度前所未有。① 其《地员》篇是迄今所知中国最古老并且幸运地保留下来的土地类型学、土壤分类学和植物生态学著述。"地员者，土地高下，水泉深浅，各有其位"，不同的水土环境生长不同的植物种类，具有不同的自然生产力和经济生产力，自古农家都非常关心，故该篇对多种类型土地、土壤的性状特点、地下水位和生产能力都有具体判别，而对生长于不同土地的众多植物种类叙述尤详。对水的高度重视，则不仅体现在其对水作为决定物性（包括人的身体、禀性）和民生根本条件、水体分类以及水害严重性的深刻认识，更体现在其对治水事务的完整制度设计、严密组织安排、充分物资贮备和工具准备、明确时令安排以及严厉日常管理，论说之详尽具体，实属罕有。② 在《管子》看来，"善为国者，必先除其五害"。所谓"五害"，"水，一害也；旱，一害也；风雾雹霜，一害也；厉，一害也；虫，一害也"。而"五害之属，水为最大"。只有除掉"五害"，特别是水害，"人乃终身无患害而孝慈焉"，"人乃可治"③。在此，他非常清楚地表达了治理环境、消弭灾害之于社会安定、国家统治的重要性。

农业时代的一个重要特点，是社会活动节奏顺应自然变化节律。④《管子》关于诸多环境治理事务的时令安排包括"时禁"规

---

① 其《水地》云："地者，万物之本原，诸生之根菀也。美恶贤不肖愚俊之所生也。水者，地之血气，如筋脉之通流者也。故曰：水具材也。"又说："……水者，万物之准也，诸生之淡也，违非得失之质也。是以无不满，无不居也，集于天地，而藏于万物，产于金石，集于诸生，故曰水神。集于草木，根得其度，华得其数，实得其量。鸟兽得之，形体肥大，羽毛丰茂，文理明著。万物莫不尽其几，反（返）其常者，水之内度适也。"又云："水者何也？万物之本原也，诸生之宗室也，美恶贤不肖愚俊之所产也。"也就是说，万物莫不以水而生。其《禁藏》亦云："夫民之所生，衣与食也。食之所生，水与土也。"
② 详见《管子·度地》。
③ 《管子·度地》。
④ 关于这个问题，可参见王利华《〈月令〉中的自然节律与社会节奏》，《中国社会科学》2014 年第 2 期。

定明确而具体①，虽然具体事项与《礼记·月令》时有不同，但基本精神和重视程度并无二致。对此下节将有专门论述。

作为一部治国策论（在一定意义上说是"富国论"），《管子》总是站在国家安危和社会治乱的高度来论说环境治理问题，涉及众多方面的具体事务，有些在现存古籍文献之中属于首见。例如，他很重视人居环境的建设和维护，特别强调都城选址需要注意的自然条件。《乘马》篇云："凡立国都，非于大山之下，必于广川之上，高毋近旱而水用足，下毋近水而沟防省。因天材，就地利，故城郭不必中规矩，道路不必中准绳。"《度地》篇则记载了齐桓公与管仲之间一段很长的问答。管子认为："……圣人之处国者，必于不倾之地，而择地形之肥饶者，向山，左右经水若泽。内为落渠之写，因大川而注焉。乃以其天材，地之所生利，养其人以育六畜。"政治空间布局是"天子中而处"，"此谓因天之固，归地之利。内为之城，城外为之郭，郭外为之土阆，地高则沟之，下则堤之，命之曰金城。树以荆棘，上相穑著者，所以为固也。岁修增而毋已，时修增而毋已，福及孙子。此谓人命万世无穷之利，人君之葆守也"。这些主张对后世的都城建设和环境治理，应有相当影响。

总体来看，先秦思想家和政治家都关注环境治理问题，虽然儒、法诸家论说详略不同，各有侧重，但对国家环境治理责任、环境治理之于国计民生的重要性多有共识。比较而言，儒家、道家讲大道理较多，法家特别是具有治国理政经验者更加注重实际操作。

---

① 如其《七主七臣》篇论"四禁"（即"四时之禁"）云："明主有六务四禁。……四禁者何也? 春无杀伐，无割大陵，倮大衍，伐大木，斩大山，行大火，诛大臣，收谷赋。夏无遏水，达名川，塞大谷，动土功，射鸟兽。秋毋赦过释罪缓刑。冬无赋爵赏禄，伤伐五藏。"《管子校注》，第995页。如若不禁，则导致阴阳不和、地气不藏、逆气下生、风雨不时、大水漂州流邑、大风漂屋折树、火暴焚地燋草、草木夏落而秋荣、蛰虫不藏、宜死者生、宜蛰者鸣、苴多腝螟、山多虫螟、百长不生、五谷不成、六畜不蕃、奸邪不胜、民多夭疾、国贫法乱……一系列不利，甚至恶劣的自然、经济和社会后果。它同时还强调了节用、去奢、严法度、重地宜的重要性。

第二节　早熟的山林川泽管理思想与制度

中国古代国家环境治理，创制于夏、商、周三代，特别是名义上仍属于周朝的春秋、战国时期。传世和出土文献显示，先秦时代已经形成了相当系统的环境治理特别是水土治理和山泽资源管理、保护制度。需要说明的是，本节所据先秦文献，有些自古即难以准确断定其撰者和时代，在传承过程中曾经不断修订、删改和增补，其中甚或有伪作，因而它们所包含的历史信息可能会下延到西汉时期，但大抵均属纪元之前史事。

先秦诸子已有许多关于人与自然关系和环境资源保护的言论，一些思想认识已经达到相当高明的水平，而国家礼、法对山林川泽资源利用和保护也作了许多规定，甚至建立了相应的职官体系。在自然资源利用和保护方面，古代中国表现出了相当显著的早熟性和先进性，这让我们感到自豪。相关问题，科技史、农林史、水利史等领域学者早就做过诸多探讨。[①] 随着环境史和生态文明研究持续升温，研究探讨更加热烈，论著迭出。只是，我们在高度肯定先秦自然观念、生态思想、水土整治和资源保护的历史成就及其文化价值的同时，还需尽量回到那个时代的特殊历史情境，综合自然、经济、社会诸多因素进行系统考察，具体揭示早熟的思想和制度之所以产生的"现实基础"并客观评判其实施效果，避免悬空式的简单颂扬。

[①] 20世纪八九十年代，学人陆续发表了一批相关论著，例如，袁清林《先秦环境保护的若干问题》，《中国科技史料》1985年第1期；夏武平、夏经林《先秦时代对野生生物资源的管理及其生态学的认识》，《生态学报》1985年第2期。一些著作也不时论述先秦山林川泽生物资源保护，例如，郭文韬等编《中国传统农业与现代农业》，中国农业科技出版社1986年版；袁清林《中国环境保护史话》，中国环境科学出版社1990年版；张钧成《中国古代林业史·先秦篇》，五南图书出版公司1995年版；罗桂环等主编《中国环境保护史稿》，中国环境科学出版社1995年版。

与同一时代的世界其他地区和民族相比，两千多年前中国在环境治理方面的早熟性和先进性是毋庸置疑的。但这种早熟性、先进性给我们造成了很大历史困惑：先秦社会生产力水平低下，对自然环境进行利用和改造的能力有限，而资源耗减和生态破坏的程度远不如后代严重，那时就已经形成了相当系统的保护思想和管理制度；秦汉以后，社会生产力逐渐提高，农耕区域持续开拓，人口—资源关系渐趋紧张，环境危机和生态压力随之不断增加——从黄河中下游开始，而后扩展到长江流域和更多的地区，森林破坏、水土流失、沙漠化、石漠化、河湖淤废、水系紊乱、旱涝灾害、物种减少……各种环境问题纷沓而至，然而后世国家和社会并不比先秦时代更重视环境资源保护，而是保护意识渐渐淡薄，管控机制不断松弛。先后对比、反差显著。个中原因何在？难道果真像有些"慕古者"所感慨的那样，是人心不古、德行渐亏，生态智慧逐渐退化了吗？！

带着这个巨大历史疑问，我们特别想要弄清楚：先秦时代那些优秀的山林川泽资源管理保护思想观念之所以产生的社会基础究竟是什么？国家制定许多相关礼制、法令和政策的真正意图何在？实施程度、实际效果及其后世影响究竟如何？

一 经济转型期的资源忧患意识

经济基础决定上层建筑，物质生活决定思想意识。要想认识先秦环境治理的思想和制度，需要回到那个时代社会经济发展的情境，了解国计民生与环境资源关系变化的情势。

先秦山林川泽保护思想与制度，是当时黄河中下游社会经济特别是农业生产发展的伴生物。李根蟠指出：先秦时代积极保护和合理利用自然资源思想的理论依据，是古代农学中关于正确处理天、地、人关系的"三才"理论。①需要指出的是，古之所谓"农"，在不同语境之下具有不同内涵和外延，故农史学家有大、小农业之分。一般情况下，论者并不特意进行区别，农家经营的所有项目包括作为生计补充的采集、渔猎都被视为农业或农事的组成部分。②然而从社会经济变迁历史进程来看，采集、渔猎与种植、牧养乃是前后演替的不同经济类型或生计体系，农业时代的采集、渔猎只是前代经济的孑遗。就本题而言，对两者进行区分是有必要的，只有这样才能更好地揭示先秦社会重视环境资源保护的背景和意义，避免发生严重认识偏差。

中国古代山林川泽自然资源管理保护的思想、礼制和法令，主要是周秦之际的创制。古史偶尔提到更早时代的君王德行和国家禁令，大多是后人想象性的追述③；后世文献所见，大抵只是对先秦思想、制度的复述和注释，缺少系统性的创新。当我们研读那些被当作环境保护史资料而不断引述的文字，立即就会产生一种直觉：不论是当时人说当时事，还是后代人追述前代事，话锋都主要指向樵采和渔猎！采猎资源匮乏而国计民生不足是人们忧思的主要问题，而国家制定和实施相关的礼法、制度则主要是为了保障"山泽

---

① 李根蟠：《先秦时代保护和合理利用自然资源的理论》，《古今农业》1999年第1期。
② 农史学家所指的"大农业"是一个综合的经济史概念，农林牧副渔都包括在内，采集渔猎亦在其中；"小农业"则仅指农耕种植。为了更好地厘清相关问题，本章采用"小农业"的概念，并尽量使用"农耕"一词。
③ 基于人类学民族学证据，我们认为远古时代已经萌生某些资源保护意识、习俗乃至制度，先秦文献也隐约有所反映。《史记》卷一《五帝本纪》称黄帝"节用水火材物"。张守节《正义》："节，时节也。水，陂障决泄也。火，山野禁放也。材，木也。物，事也。言黄帝教民，江湖陂泽山林原隰皆收采禁捕以时，用之有节，令得其利也。"《逸周书》卷四《大聚解第三十九》载周公旦之语云："旦闻禹之禁：春三月，山林不登斧，以成草木之长；夏三月，川泽不入网罟，以成鱼鳖之长。"《吕氏春秋》卷十《异用》云："汤见祝网者置四面，其祝曰：'从天坠者，从地出者，从四方来者，皆离吾网。'汤曰：'嘻！尽之矣！非桀，其孰为此也。'汤收其三面，置其一面，更教祝曰：'昔蛛蝥作网罟，今之人学纾。欲左者左，欲右者右，欲高者高，欲下者下。吾取其犯命者。'汉南之国闻之曰：'汤之德，及禽兽矣。'四十国归之。人置四面，未必得鸟，汤去其三面，置其一面，以网其四十国，非徒网鸟也。"

之征"。这意味着，就其动机和目的而言，早期国家的山林川泽管理和自然资源保护并不等同于当今的森林、动物和生物多样性保护，更非针对诸如气候变化、水土流失、地力衰竭、河流决溢之类的生态问题——这些都是汉代以后才逐渐凸显出来的。只是，采猎资源渐趋匮乏何以成为一个时代性的忧患，乃至促使早期国家高度重视山林川泽管控？若想做出合理解释，就需要运用社会—经济—自然复合生态系统①分析方法，对那个时代的经济转型、社会变革和人与自然关系变化作一番特别说明。黄河中下游是秦汉及其以前中国社会经济发展的中心区域，也是山林川泽自然资源保护体系最早诞生之地，因而观察、分析亦应以那个区域作为重点。

大约距今一万年前，黄河中下游开始出现作物种植和家畜饲养。这些改变了当地先民的谋生途径，也开辟了经济发展的新方向：从那时起，人们不再单纯依赖自然天成的衣食资源，而是通过对动植物生命过程实施人为干预来获得生活资料。人们通过驯化和栽培黍、稷、稻、麻、麦等植物获得米粮，通过驯养猪、鸡、犬、马、牛、羊补充肉食，创造了原始的农田生态系统和牧养生态系统，人类与特定的动、植物种之间形成了彼此依存、互利共生关系。到了距今5000年前后，某些地方的作物种植和家畜饲养逐渐取得了主导地位。在龙山文化时期的一些遗址中，农具、栽培谷物和家养动物的遗存数量逐渐取代了野生动、植物的优势，随葬家猪下颌骨成为普遍流行的一种葬俗，猪骨出土数量甚至超过了长期作为主要肉食来源的鹿科动物，这不仅表明养猪开始成为主要的肉食谋取方式，还意味着拥有多少头猪是区分贫富贵贱的重要指标。这意味着，人们在谋取食物方面愈来愈倚重栽培和饲养，对天然物产

---

① 这个概念（也是系统思想方法）是由中国生态学家马世骏、王如松首先提出的。马世骏、王如松：《社会—经济—自然复合生态系统》，《生态学报》1984年第1期。

的依赖程度则逐渐下降。①

夏商时期的黄河中下游地区，愈来愈多的部族朝着农耕和牧养定向发展，而有些部族（如东夷）依然主要通过采集、渔猎谋取生活。即使在农牧经济已经达到较高水平的华夏部族之中，采集、捕猎仍然是重要生业甚至必要生产。无论是从出土实物还是就甲骨文的记载来看，直到商代，采集捕猎与农耕畜牧的地位都还没有显得如何畸轻畸重。相反，大量出土的野生动物骨骸和频繁记载的狩猎活动及其可观的捕获数字，都显示捕猎之于经济生产、生活的重要性。② 在黄河流域众多的早期部族中，周人最擅长农耕，经济类型和生计体系朝着农耕稼穑持续而定向地发展，姬周功不可没。周人通过武装殖民、实施分封和井田制度，对黄河中下游甚至淮水、汉水流域实施统治并将农耕区域扩展到这些地区。及至春秋特别是战国时期，早先"夷夏杂处"的局面不断被改变：那些接受农耕的部族逐渐融为华夏族的一部分，而坚持采捕和以游牧为主业的部族则逐渐向边地退却。诸侯列国自然条件不同，经济各具特点，但在以农为本方面愈来愈表现出高度一致性。此时，中原地区已经实现普遍农耕化，成为"以农为本"的社会，是否以农耕稼穑为主要生业亦成为"夷夏之辨"的主要标志之一。

毫无疑问，这一历史进程意味着采集、渔猎经济逐渐走向萎缩。那么，能否因此就说西周以下的采集、捕猎已经彻底衰落、经济地位已经无足轻重呢？恐怕不能。虽然动植物驯化、种植和饲养标志着农业时代的到来，但农牧替代采猎是一个非常缓慢而漫长的消长过程。《周易》虽系周人卜筮之书，言事却多与采集、狩猎有关。郭沫若曾经罗列《周易》中23条渔猎的文字，指出："像这样

---

① 关于远古获取肉食方式由野生动物"依赖型"向畜禽"生产型"的转变趋势，可参见袁靖《论中国新石器时代居民获取肉食资源的方式》，《考古学报》1999年第1期。

② 学者对商代农业水平和采集、捕猎的经济地位，评估高低不一，颇有分歧。无论如何，采集、捕猎仍是当时中原社会的主要生业之一。

可以列于渔猎一项的文句最多。"①《周易》多记渔猎之事正是当时狩猎活动普遍性和重要性的表现。更重要的是，从《诗经》的记咏来看，樵采、捕猎在西周至春秋前期（《诗经》涵盖的时代）乃是常见的生产活动。有人统计：《诗经》305 篇中，与渔猎直接或间接相关者多达 120 余篇，占总数的 1/3 还多②；有关樵采的诗粗略计数亦达百篇以上；两者相加剔除重复，与采集、渔猎生产直接或间接相关者超过总数的一半。《诗经》记载有野生动、植物 200 多种，其中动物 110 余种，除家养动物、农业害虫和神话动物之外，很多是捕猎的对象；植物之中，除粮食作物和水生植物外，各种木本、草本植物名称达到 90 余个，按照现代植物分类学确定其种属，绝大多数属于自然野生的种类。③ 这些野生动、植物，构成当时中原人民物质生活的生物资源库，是他们开展采集、捕猎活动的自然基础。正因如此，农史学家指出："《诗经》时代的农作物生产还不可能在人们谋得生活资料的方式中，取得绝对支配地位"，当时"……仍然把这些（引注：指采集、捕鱼、弋鸟、狩猎等直接依赖于自然物的）生产活动当作谋得生活资料的重要手段"；"《诗经》时代，人们还在很大程度上依赖捕捉野生动物谋得生活资料"。④

再往后，《周礼》和《礼记》中都保留了许多针对樵采、狩猎的礼制规定，关于狩猎的内容尤多。《周礼·夏官司马》所载之四

---

① 他又指出："然猎者每言王公出马，而猎具又用着良马之类，所猎多系禽鱼狐鹿，绝少猛兽，可知渔猎已成游乐化，而牧畜已久经发明。""游乐化"一说恐是惑于旧史陈说，似乎低估了狩猎活动在经济上以及其他若干方面的意义。郭沫若：《中国古代社会研究》，河北教育出版社 2000 年版，第 39 页。

② 王廷洽称："所谓间接，是指诗歌中或用作比兴，或用作祭品、食物，或用其羽毛、皮革作衣料服饰，或因渔猎而发展起来的畜牧饲养、服牛驾马等，凡提到飞禽、走兽、潜鱼者，即可认为与渔猎有关的文化现象。更有如《车攻》《吉日》《驷驖》《野有死麕》《竹竿》等诗篇直接描绘了渔猎的情景。"王廷洽：《〈诗经〉与渔猎文化》，《中国史研究》1995 年第 1 期。

③ 参见何炳棣《黄土与中国农业的起源》，香港中文大学出版社 1969 年版，第 42—55 页。

④ 中国农业遗产研究室编著：《中国农学史（初稿）》（上册），科学出版社 1959 年版，第 16、52 页。

时田猎包括"春蒐""夏苗""秋狝"和"冬狩",被视为天子、诸侯的重要政务且与练兵、祭祀和宴会等密切联系在一起。由于天子、诸侯亲自参与,故尔讲究列兵布阵,每个环节都有礼仪、规程,繁文缛节令人怀疑那只是一种象征性的活动,实则仍然具有重要经济意义。《礼记·王制》曰:"天子诸侯无事,则岁三田:一为乾豆,二为宾客,三为充君之庖。无事而不田曰不敬,田不以礼曰暴天物。"《春秋公羊传》桓公四年说:"诸侯曷为必田狩?一曰乾豆,二曰宾客,三曰充君之庖。"这些材料都很明确地说明了田猎活动的经济目的——获得捕猎产品以供祭祀、宴会所需和君主自己享用。东汉大史学家班固在《白虎通》中则指出田猎有三重目的:一是为田除害、保护农稼,二是获取猎物以供宗庙祭祀所需,三是聚众练兵。① 退一步说,即便天子、诸侯狩猎就像"藉田"那样是象征意义大于实际意义,至少也表示统治者对这项活动很是重视。值得指出的是,《周礼》明确规定:参与狩猎的士卒获得禽兽,大的要上交,小的才归私有,即所谓"大兽公之,小禽私之"②。而《诗经》的记诵说明《周礼》和《礼记》所载相关礼制规定,即便并非周制的实录,亦非完全于史无征。比如,《豳风·七月》说:"一之日于貉,取彼狐狸,为公子裘。二之日其同,载缵武功。言私其豵,献豜于公。"其中"一之日""二之日"正值隆冬③,是大举捕猎和简众习武的季节,农夫跟随领主捕猎貉、狐狸和野猪,等等,前两种野兽毛皮珍贵,如有所获自然要归"公子"所有;若

---

① 《白虎通·田猎》:"王者诸侯所以田猎者何?为田除害,上以共宗庙,下以简集士众也。"需要指出的是:农业历史早期,黄河中下游地区野生动物依然众多,对田间作物的生物危害主要来自鸟兽,通过有限田猎活动驱除鸟兽是保证稼穑丰收的一项重要措施,是所谓"夏苗",亦即《礼记·月令》所称孟夏之月捕猎"驱兽无害五谷,毋大田猎"。事实上,不论开垦之时的焚林田猎还是生产期的夏时狩猎,在那里都属于农业环境治理工作。

② 《周礼·夏官·大司马》。

③ 按该诗中兼有夏历(建寅)、周历(建子)两种历法,其中"……之日"乃指周历。周历正月、二月是夏历的十一月、十二月。

是猎获野猪，大猪（豜）也要交"公"，小猪（豵）才归自己，这些与《周礼》的规定完全吻合。①

春秋以后，黄河中下游的采集、捕猎经济加快萎缩，一方面是由于人口增长对耕地和粮食的需求扩大，另一方面亦是由于诸侯列国为了争霸和兼并，都将发展农耕作为富国强兵之本。随着封建领主制度逐渐解体，民众垦辟草莱、扩大私有土地更加积极，而牛耕、铁器的发明和逐渐推广使用显著增强了垦种能力。这些因素共同促进春秋、战国时期农田区域加速扩张，而采集、捕猎赖以存在的荒野空间（山林草泽）和自然资源（野生动植物）则愈来愈趋萎缩和匮乏。

只举一个典型例子。在长达数十万年乃至百万年里，黄河中下游居民一直以鹿科动物作为主要捕猎对象和肉食来源，鹿的骨、角、筋、皮等亦为重要生产、生活资料。商代甲骨文中还有关于大量猎鹿、获鹿的记载；《诗经》时代黄河中下游地区鹿的种群数量虽已不复如前，但仍有町疃鹿场，时闻呦呦鹿鸣，或见野有死麕，平川草泽许多麋鹿徜徉觅食，而山地林麓有更多梅花鹿、獐、麝生息，《春秋》甚至记载有的地方"多麋"成灾！② 降及战国、秦、汉，情形已然大变：东部平原基本不见猎鹿活动，在数十万乃至数百万年中一直是当地优势动物种群的麋鹿，作为一种重要生态标志性动物竟至不见踪迹。③ 采集、捕猎生产资源的减耗由此可见一斑！

由于自然资源衰退，战国文献虽然不断提到采集和捕猎，但频率和规模都远远不能与《诗经》时代及其以前相比，而此时人们开

---

① 关于西周至春秋时代的捕猎生产面貌，可参前引王廷洽等人的文章。

② 《春秋》经文记载：鲁庄公十七年"冬，多麋"，注释家们皆以多麋害稼，故《春秋》特书之。

③ 详情可参阅王利华《中古华北的鹿类动物与生态环境》，《中国社会科学》2002年第3期。

始议论宋国"无雉兔、鲋鱼""无长木"这类资源匮乏情况①，像齐国都城临淄附近的牛山由于过度樵牧而变成濯濯童山，引起孟子的注意和批评。② 更有意思的是《韩非子·五蠹》有如下一段议论：

> 古者丈夫不耕，草木之实足食也；妇人不织，禽兽之皮足衣也。不事力而养足，人民少而财有余，故民不争。是以厚赏不行，重罚不用，而民自治。今人有五子不为多，子又有五子，大父未死而有二十五孙。是以人民众而货财寡，事力劳而供养薄，故民争，虽倍赏累罚而不免于乱。

时人显然已经认识到：自远古而下，资源、人口和生计之间的关系是有很大变化的，直至出现"人民众而财货寡，事力劳而供养薄"的情况。也就是说，那时，至少在中原地区，人们已经发现：山林川泽资源并非取之不尽、用之不竭，林木、鸟兽、鱼鳖并非无限丰富，人们愈来愈为资源匮乏和生计不足而感到担忧。

二 山林川泽资源对国计民生的重要性

通过以上追述可以看到：在以往漫长时代一直支持着黄河中下游地区人类生态系统的采集捕猎经济，在周秦之际随着农耕生产不断加快发展而趋于式微（事实上，野外大型放牧也开始遭到农耕经济排挤），这种变化趋势符合生态经济学原理。从人类历史的普遍

---

① 《墨子·公输第五十》云："荆之地，方五千里，宋之地，方五百里，此犹文轩之与敝舆也。荆有云梦，犀兕麋鹿满之，江汉之鱼鳖鼋鼍为天下富，宋所为无雉兔狐狸者也，此犹粱肉之与糠糟也。荆有长松、文梓、楩楠、豫章，宋无长木，此犹锦绣之与短褐也。"

② 《孟子·告子上》云："牛山之木尝美矣，以其郊于大国也，斧斤伐之，可以为美乎？是其日夜之所息，雨露之所润，非无萌蘖之生焉，牛羊又从而牧之，是以若彼濯濯也。人见其濯濯也，以为未尝有材焉。此岂山之性也哉！"

经验事实看，采集捕猎、农耕种植和野外放牧作为前工业时代的几种主要经济类型，分别依存于不同的自然生态条件，并具有不同的能量生产转换效率。与近代以来农业与工业的关系不同，农耕种植与采集捕猎之间天然地处于竞争和对立的关系——前者愈发达，后者即愈衰退，其消长进程与速率取决于资源—人口—技术之间的关系变化。西周以后中原地区逐渐成为一个典型农业社会，农耕种植已经取得支配地位；春秋战国时期更随着铁器、牛耕、积肥施肥、轮作连种以及抗旱保墒等一系列技术进步而由粗放经营逐渐走向精耕细作，采集、捕猎在整个社会经济中所占比重进一步降低。这些都已经形成相当共识。

不过，虽然采集捕猎与农耕稼穑的此消彼长在不断加速，前者以更快的速率走向式微，但是，相较于更晚时代的情况，春秋、战国时期黄河中下游的山林川泽自然资源必定相对丰富一些。何以那时的人们特感忧虑，而此后一千余年（直到清代中期以前）国家和社会似乎并不甚以为意？仍然需要深作追究。这里先说明先秦社会所忧者何。

春秋、战国时代，随着人口不断增长，社会需求日益扩大，在列国争霸称雄、杀伐兼并的政治形势下，鼓励农耕、增强国力更是成为主要国策，推进草莱垦辟、农田拓殖成为经济发展的主流，野生动植物资源加速耗减、采集捕猎经济持续衰微乃是一种难以逃脱的历史宿命。然而，由于历史惯性作用，采集、捕猎对于国计民生仍然具有重要意义，甚至阶段性地凸显成为一个严重问题——在朝着"农本"方向迅速发展而资源—生产—需求关系尚未完成整体调适的历史转型过程之中，其快速衰微对经济产业、物质生活和国计民生用度至少阶段性地造成了以下几个方面的严重不利影响：

（一）对物质生活资料供给的影响

食物供给方面，历史早期人们并不像后世那样高度依赖于少数几种谷物、蔬果和畜禽，饮食消费具有广谱性特征，通过采捕获得天然出产的食物非常重要。具体来说，尽管西周以后人们主要通过谷物栽培获得粮食，已经种植了多种蔬菜和果树，鸡、豚、狗、彘之畜也很普遍，但采拾野生蔬果、弋猎飞禽走兽和捕捞鱼类水产，仍然是获得热量和营养（特别是动物蛋白）的重要途径——对普通百姓来说是补苴食物不足，对贵族来说是增加山珍海味、满足奢侈口欲。衣料供给方面，除通过人工种植、饲养获得丝、麻和家畜毛皮之外，仍然有相当一部分衣料是得之于山林川泽，即通过采集和捕猎获取野生麻葛纤维、野生动物毛皮，等等。

不仅如此，山林川泽还是御灾救荒的重要生态屏障（甚至是最后一道屏障）。在历史上的饥荒岁月，广大贫困百姓通过采捕野食以苟延残命，乃是一种普遍的社会经验事实。而山林川泽乃是饥民度过灾害歉收年景的"生态缓冲带"[①]。每当遇到重大自然灾害和饥荒，国家亦往往通过"弛山泽之禁"来纾解灾情，百姓则千万成群进入山泽，靠采集捕捞果蓏蠃蛤果腹充饥、苟求活命。山林川泽资源枯竭无疑使广大民众失去了抗御灾荒的一道自然屏障，甚至是失去最后一线生机。对此，当时人士就已经有所认识，《国语·周语中》记载单襄公（单朝）之语云："国有郊牧，疆有寓望，薮有圃草，圃有林池，所以御灾也。"换言之，山林川泽资源不仅影响正常岁月的国计民生，而且对于抗御自然灾害、百姓度荒保命具有特殊意义。

（二）对手工业原料供给的影响

与采集捕猎和农耕畜牧相比，手工业是次生产业，后者的发展依托于前者，首先是原料供给依赖前者。从石器时代开始，采集捕猎不仅为人们提供必需的食物能量，而且提供大量的角、骨、齿、

---

① 英国环境史家伊懋可曾多次谈到中国古代森林和采集、捕猎对荒歉的缓冲作用。［英］伊懋可：《大象的撤退——一部中国环境史》，梅雪芹等译，江苏人民出版社2014年版。

筋、革、毛、羽、木材、纤维、染料、生漆等，这些取自天然的动、植物的原料一直是建筑和器具、衣物、饰品制作之所必需。考古资料证明：除石器、陶器之外，各地古遗址所出土的木、骨、角、蚌、齿质物品种类繁多，用途广泛，制作材料大多来自采集和捕猎；以羽毛、皮革为原料制作的物品也不少，是日常生活之所必需。这意味着，长期以来，采集和捕猎曾经是整个社会经济链条中的基础环节。由于古代手工业技术发展缓慢，社会物质生活和财富观念又具有历史惯性，直到周秦之际，"百工"对于采集、捕猎产品的高度依赖仍未从根本上改变。《礼记·月令》云："是月（引注：指季春之月）也，命工师，令百工，审五库之量，金、铁、皮、革、筋、角、齿、羽、箭干、脂胶、丹漆，毋或不良。"显然，各种手工业生产原材料仍然大量取自天然物产，大多是通过樵采、捕猎获得，而野生动、植物资源日形匮乏，必定造成诸多重要生产项目遭遇原料不足的困境，进而导致物质消费品供应链的弱化甚至中断。

（三）对国家财用和贵族经济收入的影响

我们知道，分封制和井田制是周代基本政治、经济制度。"井田制"下的农民以劳役地租的方式"共耕公田"并缴纳产品，此为人所皆知。但还有一个重要经济现象常常被忽视，这就是：除耕种公田、缴纳农牧产品之外，农民还要从事樵采、捕猎和承担其他劳役义务，并向封建领主贡献相关物资。不仅如此，在先秦宗法社会，下级贵族亦须向上级贵族贡献而上级贵族亦向下级贵族赏赐各种物品（常以贡献和分享祭品的名义），贵族之间也相互赠予或者设宴招待。贡献、互赠和宴享的食物多是来自采集和捕猎，日常器用、装饰、居住、交通、娱乐甚至军事战争……各个方面的需求用度，也是长期依赖自然天成的物产。历史早期人们谈论财货用度，总是念念不忘出自山林川泽的木材、皮革、齿牙、骨角、毛羽。这些自然资源渐趋匮缺,势必造成财货供给不足,不仅影响统治阶级的物质生活消费,还可能导致某些军政事务开展困难。

春秋、战国时期,中原农耕经济不断加速排挤采集、捕猎,原隰、山麓、沛泽作为野生动、植物栖息和繁育的空间,亦加速被占夺和压缩,尚有残剩的山林川泽资源愈来愈凸显出其经济重要性。有识之士愈来愈意识到:山林川泽资源不仅是百姓生计之所倚恃,更是国家财货所藏、贵族利禄之源。《国语·周语下》载单穆公之语云:"《夏书》有之曰:'关市贵均,王府则有。'《诗》亦有之曰:'瞻彼旱麓,榛楛济济。恺悌君子,干禄恺悌。'夫旱麓之榛楛殖,故君子得以易乐干禄焉。若夫山林匮竭,林麓散亡,薮泽肆既,民力凋尽,田畴荒芜,资用乏匮,君子将险哀之不暇,而何乐易之有焉?"按照他的说法,林麓薮泽资源丰富,君子便可得干禄而享乐;反之则处境危殆,悲哀不暇,没有安乐可言。他的这个思想可能来自《诗经·大雅·旱麓》。该诗咏诵周文王虔诚祭祖而得福,其中提到的物事,玉瓒(即圭瓒)是以矿物做成的酒器,黄流是以谷物加配香草而酿造的酒,骍牡(红色的公牛)是人工畜养的牲口,其余榛、楛、柞、棫、葛、藟、鸢、鱼等等则皆是山林川泽中的野生动物和植物,它们既是民众生活所资,亦是君子福禄之源。上述物事得以记于诗中,并非偶然。在先秦诸子的著作中,《管子》谈论"山泽之利"最是频繁,一再强调山林川泽资源对于国家统治和经济富强的重要性。如其《轻重甲》篇有云:"为人君而不能谨守其山林、菹泽、草莱,不可以为天下王。"又说:"山林、菹泽、草莱者,薪蒸之所出,牺牲之所起也。故使民求之,使民籍之,因以给之。"

然而,山林川泽自然资源虽依然重要,却是日朘月削,愈来愈匮乏。随着产品需求压力不断增强,经济开发与资源保护之间的矛盾愈来愈显著地暴露出来,在此种情势之下,国家和社会自然而且必然地愈来愈重视对有限资源的管控和保护。

三　管理保护的思想、制度和举措

既已明了采集、捕猎经济在这个时代的重要性以及山林川泽资源匮乏的诸多不利影响，我们对于早在先秦时代就形成系统的山林川泽资源管理思想和制度，就不再感到难以理解。在周秦之际社会变革和经济转型过程中，随着农业垦殖天然物产消耗规模不断扩大，采集、捕猎经济的寄存、依托空间不断被占夺，而国家财政、百姓生计和手工业生产对于采集、捕猎产品依然具有很大的历史惯性依赖，导致人们对于野生动植物资源日益匮乏产生普遍的忧患意识，力图通过各种努力保护采集捕猎赖以存续的空间和资源。从这个意义上说，不断加强对山林川泽资源的控制和管理，竟是对"先进"农耕经济挤压"落后"采捕经济的一种抵御性的应对。下面对相关思想、制度和措施稍作概述。

（一）思想层面

在春秋、战国直至西汉时期，合理利用、严格管控和积极保护山林川泽自然资源都是一个很重要的话题，儒、道、墨、法诸家都或多或少地提出了一些思想认识和政策主张，对此学者已经多有述论。这里只想概括地指出：那些思想和主张有以下几个值得称道的要点：

其一，山林川泽自然资源并非取之不尽、用之不竭，因此必须节制消费、取用有度和"以时禁发"，使自然界保持生机、生物得以顺利长养。当时思想家们都反对宫室逾制、衣食侈靡和用财无节，认为过度消费必定导致竭泽而渔、覆巢取卵，既违背天地生生之德，更导致生物失去孳生能力而樵采、渔猎不能持续。春秋时代的孔子就已具备了此类认识。《史记·孔子世家》载其言称："刳胎杀夭，则麒麟不至郊；竭泽涸渔，则蛟龙不合阴阳；覆巢毁卵，则凤凰不翔。"① 战国时期，思想家们的相关思想认识进一步有所扩展和深化，已经约略具有一定的生态系统观念和可持续发展思想。《韩非子·难一》引述雍季的话说："焚林而田，偷取多兽，后必无兽。"《吕氏春秋》多次明确指出取用有节的重要性，其《应同》篇云："夫覆巢毁卵，则凤凰不至；刳兽食胎，则麒麟不来；干泽涸渔，则龟龙不往。"《义赏》篇引雍季之语云："竭泽而渔，岂不获得？而明年无鱼；焚薮而田，岂不获得？而明年无兽……非长术也。"《管子》中的相关表述更多且更加完整、明确，如其《八观》说："山林虽近，草木虽美，宫室必有度，禁发必有时。是何也？曰：大木不可独伐也，大木不可独举也，大木不可独运也，大木不可加之薄墙之上。故曰山林虽广，草木虽美，禁发必有时；国虽充盈，金玉虽多，宫室必有度；江海虽广，池泽虽博，鱼鳖虽多，网罟必有正。……非私草木爱鱼鳖也，恶废民于生谷也。"《管子》由后学整理而成，这些话未必果真就是出自管子之口，但终究能够反映春秋—西汉时期的思想认识水平。若将诸子相关言论转换成为今天的环境保护话语，大致可以概括为几点：一是要节欲去奢，合理消费，从根本上减少对自然资源的过度消耗；二是要取用适度，不能过度采捕，以免破坏野生动、植物资源的再生能力；三是取用有时，即顺应自然生长规律，把握采伐、捕猎时宜，避开生物繁殖、生长的关键季节，保障自然资源再生产；四是实行择采择捕措施，对幼小树木、鸟巢鸟卵、母兽幼兽等予以保护，反对滥捕滥伐。总而言之是反对生活侈靡，禁止竭泽而渔、童山而樵，主张加强管理，以时禁发、采捕有节，积极保护自然资源，保证生产可持续。这些思想都是来源于社会实际经验，朴素而高明，具有重要生态文化价值。

---

① 《大戴礼记·易本命》也引述孔子的话说："故帝王好坏巢破卵，则凤凰不翔焉，好竭水搏鱼，则蛟龙不出焉，好刳胎杀夭，则麒麟不来焉，好填溪塞谷，则神龟不出焉。"方向东：《大戴礼记汇校集解》下册，中华书局 2008 年版，第 1329 页。

其二，合理利用和积极保护山林川泽资源，是君主和国家的重要职责，是"王道"政治和"王制"设计的重要要求。孟子和荀子一再站在"王道""王制"的政治高度来论说相关问题。基于历史经验教训，孟子常常对取用资源不加节制特别是统治者侈靡奢华、田猎无度和广设苑囿等行为提出严厉批评，特别强调把握采捕时宜和节制采捕强度的重要性。例如，他指出："不违农时，谷不可胜食也。数罟不入污池，鱼鳖不可胜食也。斧斤以时入山林，材木不可胜用也。谷与鱼鳖不可胜食，材木不可胜用，是使民养生丧死无憾也。养生丧死无憾，王道之始也。"① 《荀子·王制》则有如下一段重要论述，云：

> 君者，善群者也。群道当，则万物皆得其宜，六畜皆得其长，群生皆得其命。故养长时则六畜育，杀生时则草木殖，政令时则百姓一，贤良服，圣王之制也。草木荣华滋硕之时，则斧斤不入山林，不夭其生，不绝其长也；鼋鼍鱼鳖鳅鳝孕别之时，网罟毒药不入泽，不夭其生，不绝其长也；春耕、夏耘、秋收、冬藏，四者不失时，故五谷不绝而百姓有余食也；汙池、渊沼、川泽，谨其时禁，故鱼鳖优多而百姓有余用也；斩伐养长不失其时，故山林不童而百姓有余材也……

值得注意的是，此类王道、王制思想，在儒家王官政治设计中得到了充分体现。例如，《礼记》把有关田猎的不少制度和规定都列入了《王制》篇：一方面指出田猎乃是敬奉天地、孝祭祖宗之所必需，另一方面又对田猎和樵伐的强度、时宜甚至产品交易等设置了诸多限制。更重要的是，它还把许多应当"以时禁发"事项列入

---

① 《孟子·梁惠王上》。

了王官政治运作的时间表——《月令》，对此后文还将有所讨论。

其三，合理利用和积极保护山泽资源的思想主张，体现了中华民族的"生生之道"和天、地、人"三才"统一的系统观念，体现了生物、生财经济可持续性与国计、民生用度现实需要的积极平衡。基于历史事实，我们并不主张对它们进行过分牵强、抽象的玄理阐释，而更加乐意强调其解决实际经济问题的对策性。相关问题之所以在那个时代被高度重视甚至被提升到"王道""王制"高度，乃是基于当时经济生产和物质生活的实际——采集、捕猎仍然具有很重要的意义。我们认为：若动辄就把诸子相关思想言论抬到"天人合一"的玄妙境界，以图证明先民早在几千年前就已具备十分高超的自然观念和生态智慧[①]，而不注意回到实际历史情境之中揭示其对策性和实践性的意义，非但无助于理解其真正的历史价值，反而可能扰乱正确的历史认知。另一方面，我们并不否认这些对策主张的背后具有深厚的思想文化根柢，因它们确实体现了一种从漫长生存实践之中逐渐提炼出来的独特生命意识和系统观念，即中华民族的"生生之道"。这个"生生之道"是天、地、人的有机统一，是责、权、利位义相守，是自然—经济—社会复合协调。《周易·系辞下》云："天地之大德曰生，圣人之大宝曰位，何以守位曰仁，何以聚人曰财，理财正辞、禁民为非曰义。"古贤始终强调"生生之德"：体现于自然是"生物"，体现于社会是"生

[①] 20世纪末以来，学人对相关问题讨论甚多，观点聚讼纷纭，陈业新曾对具体情况做过梳理。陈业新：《近些年来关于儒家"天人合一"思想研究述评——以"人与自然"关系的认识为对象》，《上海交通大学学报》（哲学社会科学版）2005年第2期；李根蟠系统梳理了天、地、人"三才"理论和"天人合一"与古代自然观之间的关系，指出："不少学者把中国传统的自然观归结为'天人合一'，其实这是不全面、不确切的。在这种情况下，'天人合一'已经逐渐变成一种语言符号，背离了它实际的历史内容。"他认为："'三才'理论更加接近我们现在所说的人与自然的关系，更能体现中国传统有机统一的自然观的特点。"其说持论平允，阐述深刻，颇具启发性。李根蟠：《"天人合一"与"三才"理论——为什么要讨论中国经济史上的"天人关系"》，《中国经济史研究》2000年第3期。

民",体现于经济则是"生财"。"生民"是治国之根本,"生财"是富国所必需,"生民"与"生财"又是以"生物""养物"作为基础的,因此必须在国计民生需求与自然供给能力之间找到平衡,从根本上说,必须保证天地万物生生不息。然则,天地万物生遂长养,各由其性,各因其时,各有攸宜,人类只能顺应它。只有顺天之时、因地之宜、遂物之性并且取用有节有度,才能保证自然资源不枯不竭,经济生产永续发展而国计民生永不匮乏。不过,也必须特别指出的是:在先秦时代的历史情势之下,相关论说之中诚然包含着可持续观念,但它们首先针对的具体问题乃是采集、捕猎生产"可持续"进行,是国家财用和民众生计所需天然物产的可持续供给。

(二)制度层面

首先是职官设置。山林川泽资源的经济重要性,在《周礼》的职官体系中得到了显著体现。[①] 根据这套官制设计,《地官·司徒》所属官员,管理包括民政、土地、人口、生产和征敛在内的庞杂社会经济事务,其中不少是采集、捕猎和山泽资源管理。作为统领,"大司徒之职"是:

> 掌建邦之土地之图与其人民之数,以佐王安扰邦国。以天

[①] 《周礼》于何时成书?自古争论不休,众说纷纭,迄无定论,有西周成书说(包括周公作说)、春秋成书说、战国成书说、周秦之际成书说、汉初成书说以及西汉末年王莽及刘歆伪作说,等等,各种说法的时间跨度达上千年。作者和撰地同样是扑朔迷离。参见长云、李晶《春秋官制与〈周礼〉比较研究——〈周礼〉成书年代再探讨》,《历史研究》2004年第6期。这些情况给研究者造成很大困扰。比照各家说法,结合其中与农耕牧养、采集捕猎和山林川泽管理的内容,我们认为《周礼》的主体部分当是在春秋、战国形成的,不排除秦汉时期在传习过程中添加了一些文字和内容。不论出自何人之手、撰于何地,其所反映的基本区域是黄河中下游地区,应无可疑。此外,正如学者所说:《周礼》只是后人理想化的设计,并非周代典制实录。但是设计应有一定实际依据,不可能都是凭空捏造。基于这些理由,运用其中的材料来讨论周秦之际的山林川泽自然资源保护应是可以接受的。同样的理由也适合对《礼记》中相关材料的利用。

下土地之图，周知九州之地域广轮之数，辨其山、林、川、泽、丘、陵、坟、衍、原、隰之名物，而辨其邦国都鄙之数，制其畿疆而沟封之，设其社稷之壝而树之田主，各以其野之所宜木，遂以名其社与其野。以土会之法辨五地之物生：一曰山林，其动物宜毛物，其植物宜早物，其民毛而方。二曰川泽，其动物宜鳞物，其植物宜膏物，其民黑而津。三曰丘陵，其动物宜羽物，其植物宜核物，其民专而长。四曰坟衍，其动物宜介物，其植物宜荚物，其民皙而瘠。五曰原隰，其动物宜臝物，其植物宜丛物，其民丰肉而庳。……以土宜之法辨十有二土之名物，以相民宅而知其利害，以阜人民，以蕃鸟兽，以毓草木，以任土事……

《地官》所属，专掌或主掌山林川泽、采集捕猎具体事务的职官有10多个，从属人员众多。他们各司其职，掌管樵采、田猎政策，负责指导和组织田猎樵采活动，向山农、泽农征取采捕成果（即所谓"九赋"中之"山泽之赋"），为王室御厨、玉府提供各类生活物品和生产原料。兹将相关职官及其职掌罗列如下：

> 山虞，掌山林之政令，物为之厉而为之守禁。仲冬斩阳木，仲夏斩阴木。凡服耜，斩季材，以时入之。令万民时斩材，有期日。凡邦工入山林而抡材，不禁。春秋之斩木不入禁。凡窃木者，有刑罚。若祭山林，则为主，而修除且跸。若大田猎，则莱山田之野，及弊田，植虞旗于中，致禽而珥焉。
> 林衡，掌巡林麓之禁令而平其守，以时计林麓而赏罚之。若斩木材，则受法于山虞，而掌其政令。
> 川衡，掌巡川泽之禁令，而平其守，以时舍其守，犯禁者执而诛罚之。祭祀、宾客，共川奠。

泽虞，掌国泽之政令，为之厉禁。使其地之人守其财物，以时入之于玉府，颁其余于万民。凡祭祀、宾客，共泽物之奠。丧纪，共其苇蒲之事。若大田猎，则莱泽野，及弊田，植虞旌以属禽。

迹人，掌邦田之地政，为之厉禁而守之。凡田猎者受令焉。禁麛、卵者与其毒矢射者。

角人，掌以时征齿角凡骨物于山泽之农，以当邦赋之政令。以度量受之，以共财用。

羽人，掌以时征羽翮之政于山泽之农，以当邦赋之政令。凡受羽，十羽为审，百羽为抟，十抟为縳。

掌葛，掌以时征絺绤之材于山农，凡葛征，征草贡之材于泽农，以当邦赋之政令。以权度受之。

掌染草，掌以春秋敛染草之物，以权量受之，以待时而颁之。

掌炭，掌灰物炭物之征令，以时入之。以权量受之，以共邦之用，凡炭灰之事。

掌荼，掌以时聚荼，以共丧事。征野疏材之物，以待邦事，凡畜聚之物。

掌蜃，掌敛互物、蜃物，以共闉圹之蜃。祭祀，共蜃器之蜃。共白盛之蜃。

囿人，掌囿游之兽禁，牧百兽。祭祀、丧纪、宾客，共其生兽死兽之物。

除上述之外，《地官》系统中还有"闾师，掌国中及四郊之人民、六畜之数，以任其力，以待其政令，以时征其赋。……任衡以山事，贡其物；任虞以泽事，贡其物"；"委人掌敛野之赋，敛薪刍。凡疏材、木材，凡畜聚之物，以稍聚待宾客，以甸聚待羁旅。

凡其余聚以待颁赐。以式法共祭祀之薪蒸木材。宾客，共其刍薪。丧纪，共其薪蒸木材。军旅，共其委积薪刍。凡疏材，共野委兵器与其野囿财用。凡军旅之宾客馆焉"[1]。

正如许多研究者所指出的那样，《周礼》只是一种理想化的制度体系设计而非西周政典实录。然则若无一定的社会经济事实作为基础，这套体系是难以完全凭空捏造出来的。即便再退一步，就算它完全是凭着想象而设计出来的一套制度，倘若山林川泽、采集捕猎在作者所在时代和地域并不攸关国计民生的大局，也就没有必要如此详细地列述那许多职官、职掌。

由相关职官设计（即便只是虚构）可以看到：自西周以降，随着农耕不断发展，采集、捕猎固已以降为次要产业，但是绝非可有可无，国家财用和百姓生计的许多方面仍在相当程度上仰赖于自然天成的物产。当野生动、植物资源日益走向匮乏，采集、捕猎逐渐难以为继，以此作为基础的许多手工业生产项目也因此无法开展，进而导致物资供给和官私用度日渐穷蹙之时，产生忧患意识乃是必然之势。面对此种情势，有识之士提出解决问题的思想主张，而国家设置许多职官严格管控日益有限的资源，都是顺理成章之事。不过，与一些学者的看法不同，我们认为上述诸多职官首先是经济官员，即使"山虞""泽虞""林衡""川衡"，亦不能与现代环保部

---

[1] 由于本章主要探讨自然资源管理和保护，故上文只罗列了《地官》中的相关职掌。实则在《周礼》职官系统中，《天官》中的部分职官为天子提供食物、衣料等生活物品，也多是来自采集和捕猎；《夏官》部分，田猎与军事关系密切，对田猎活动的组织方式和礼仪记述最详；秋季是狩猎旺季，故《秋官》列有颇多与捕猎相关的职官和事务，涉及狩猎对象、工具和方法等具体内容；采集、捕猎是当时"百工"生产原料的主要来源，《冬官》职掌也多有涉及。仅举《天官》为例：有"兽人""掌罟田兽，辨其名物。冬献狼，夏献麋，春秋献兽物。时田，则守罟。及弊田，令禽注于虞中。凡祭祀、丧纪、宾客，共其死兽生兽。凡兽入于腊人，皮毛筋角入于玉府。凡田兽者，掌其政令"；有"獻人""掌以时獻为梁。春献王鲔。辨鱼物，为鲜薧，以共王膳羞。凡祭祀、宾客、丧纪，共其鱼之鲜薧。凡獻者，掌其政令。凡獻征，入于玉府"；又有"鳖人""掌取互物，以时籍鱼鳖龟蜃，凡狸物。春献鳖蜃，秋献龟鱼。祭祀，掌盆、蠃、蚳，以授醢人。掌邦之籍事"。诸如此类，不能俱引。

门专职官员等同视之。但是他们不能脱离山林川泽天然物产而行使职权，因此确实肩负着自然资源管理和保护的职责。

其次是礼制和法令。自远古至夏商、从西周到战国，随着时势变迁，国家对山林川泽资源的管控方式以及相关礼制和法令经历了不少变化，大致趋势是从没有管控到以"以时禁发"为主的限制性管理，最后走向"专山泽之利"的国家专控，礼制和法律上的禁令渐趋苛严。

在上列《周礼》诸多职官设计中，已经包含了一些礼制规定和禁令。更加详细的制度设计，则见于《礼记·月令》。其中自孟春到季冬，大多数月份都按月条列了关于樵采、捕猎的各种规定，类似环境资源保护法律和政策的具体执行条例。其中有些规定可能很早就已经出现、流传于民俗习惯之中，文明国家诞生之后逐渐上升到礼制和法令层面，成为一种国家意志。

诸多规定之中，最重要可能也最早的是"以时禁发"[1]，古人反复提及并且一再强调。在前述的《周礼》官员职掌中，"以时"就是一个重复最多也最重要的关键词。在古人看来，"以时禁发"是王制的规定和王道的体现，甚至关乎孝道。[2] 至于如何"以时禁发"？《礼记》编制出了一个"月令图式"，逐月罗列了各项相关事务禁、发的时宜。[3]

---

[1] 据传大禹之时已经制定和施行"时禁"，名曰"禹禁"。其说最早出自历来争议颇多的《逸周书》，已见前引史料。

[2] 《礼记·祭义》："曾子曰：'树木以时伐焉，禽兽以时杀焉。'夫子子曰：'断一树，杀一兽，不以其时，非孝也。'"按："夫子子曰"，或衍一"子"字。

[3] 按：《吕氏春秋·十二纪》《淮南子·时则训》都有基本相同的记载，仅有很少的字句差异，与《月令》应属同一个来源。某些活动在《礼记·夏小正》已经略有记载，说明其渊源久远。

表 11-3 　　　《礼记·月令》关于"以时禁发"的主要规定

月份	所禁事项	所发事项
孟春之月	牺牲毋用牝。禁止伐木，毋覆巢，毋杀孩虫、胎夭飞鸟，毋麛毋卵	
仲春之月	毋竭川泽，毋漉陂池，毋焚山林。祀不用牺牲	
季春之月	田猎罝罘、罗网、毕翳、餧兽之药毋出九门。命野虞无伐桑柘	
孟夏之月	毋伐大树，毋大田猎	驱兽毋害五谷。聚畜百药
仲夏之月	令民毋艾蓝以染，毋烧灰，毋暴布	
季夏之月	命虞人入山行木，毋有斩伐	命渔师伐蛟、取鼍、登龟、取鼋。命泽人纳材苇
孟秋之月		
仲秋之月		
季秋之月		天子乃教于田猎……天子乃……执弓挟矢以猎，命主祠祭禽于四方。草木黄落，乃伐薪为炭
孟冬之月		命水虞、渔师收水泉池泽之赋
仲冬之月		山林薮泽有能取蔬食、田猎禽兽者，野虞教道之。伐木、取竹箭
季冬之月		命渔师始渔，天子亲往，乃尝鱼，先荐寝庙。命四监收秩薪柴，以共郊庙及百祀之薪燎

由表 11-3 可见，春、夏两季一般限制甚至禁止樵猎。由于保护农作物和采集药材的需要，并考虑到某些水生动、植物的生长特性，夏季允许有限地采集和捕猎。秋、冬两季乃是采捕生产的主要季节，天子、诸侯组织大规模田猎活动，民众则被组织参与或自行开展采捕活动，有关职司的官员则负责组织、指导和协调这些活

动，征敛采捕物品（山泽之赋）。根据制度规定：在实行"禁"的季节，违禁樵采、捕猎要遭受刑罚；反之，在允许"发"的季节，生产者的利益受到官府保护，不允许随意侵夺。虞、衡之类官员担当着执法者角色。

需要特别指出的是，在允许采捕的季节，礼制和法令对采捕的方式和强度也做了相当具体而严格的管控规定，不允许竭泽而渔、绝群而捕。《礼记·王制》云："无事而不田，曰不敬；田不以礼，曰暴天物。天子不合围，诸侯不掩群。天子杀则下大绥，诸侯杀则下小绥，大夫杀则止佐车，佐车止则百姓田猎。獭祭鱼，然后虞人入泽梁；豺祭兽，然后田猎；鸠化为鹰，然后设罻罗；草木零落，然后入山林；昆虫未蛰，不以火田。不麑、不卵、不杀胎、不殀夭、不覆巢。"其中对天子、诸侯田猎的次数、目的、方式、时宜和技术原则都规定得非常清楚。它甚至还从市场交换方面做出规定："木不中伐，不鬻于市；禽兽鱼鳖不中杀，不鬻于市。"这事实上是企图从根本上杜绝违礼而樵猎的行为。

在距今3000年前后就明确提出和实施这些具体而严格的管控和保护政策与措施，即使按照现代标准来衡量，也是非常难能可贵的。在动植物繁殖生长的关键季节实行"时禁"，相当于今天的季节性休林、休猎和休渔；开禁季节，采捕所用工具、手段、方法，以及采捕强度仍然受到一定限制，目的是保护尚未成材的林木和孕胎、孵卵、幼小的动物，与今天所实行的择伐、择捕等生物保育措施的精神也很一致。

除"时禁"之外，另一项最重要制度应是"火宪"。众所周知，用火技术是最伟大的文化发明之一，对于人类生存和人与自然关系影响之深刻，无论如何估量都不为过。从采集、狩猎时代直至农耕发展初期，不论是在驱兽围猎还是在垦荒整地之中，焚烧林草都曾经是最重要并且最有效的方式，两者常常是密切联系在一起的。从一定程度上说,"田猎为农耕做了准备工作"①。

在农业发展初期,由于耕垦工具落后,人类普遍实行"刀耕火种","伐木而树谷,燔莱而播粟"②,这是众所周知的史实。即使农业发展到了一定的高度,焚烧林草、以灰肥田之类技术措施仍然长期沿用。狩猎活动同样普遍用火,直到《诗经》时代,"火攻"围猎依然盛行,《郑风·大叔于田》所描述的"火烈具举""火烈具扬""火烈具阜"的田猎场面就足以说明问题。《周礼·夏官·司马》称:"中春……遂以蒐田,有司表貉,誓民,鼓,遂围禁。火弊,献禽以祭社。"表明春季"蒐田"仍然用火。当然,用火的时间和地点都有限令,不许随意行火,违令而行造成火灾者要受到惩罚,故同书又云:"司爟掌行火之政令。四时变国火,以救时疾。季春出火,民咸从之;季秋内火,民亦如之。时则施火令。凡祭祀,则祭爟。凡国失火,野焚莱,则有刑罚焉。"《礼记》中的规定更加明确、具体,例如前引《王制》中的"昆虫未蛰,不以火田",《月令》中的仲春之月"毋焚山林"、仲夏之月"毋烧灰",等等,均属此类。

春秋以后,国家更加重视"修火宪",对野外放火实施严厉控制。《荀子·王制》云:"修火宪,养山林薮泽草木鱼鳖百索,以时禁发,使国家足用而财物不屈,虞师之事也。"《管子》多处强调"火宪"与国家贫富、人民生计的关系,其《立政》篇说:"山泽不救于火,草木不得成,国之贫也;……山泽救于火,草木殖成,国之富也。"又云:"修火宪,敬山泽林薮积草。夫财之所出,以时禁发焉。使民于宫室之用,薪蒸之所积。"③禁火的具体规定则如《轻重己》篇所云:"以春日至始,数四十六日,春尽而夏

---

① 《中国农学史(初稿)》(上册),第43页。
② 桓宽著,王利器校注:《盐铁论》,中华书局1992年版,第42页。
③ 按:"使民"之下疑脱"足"字。

始……毋行大火，毋断大木，……天子之夏禁也。""以秋日至始，数四十六日，秋尽而冬始。……毋行大火，毋斩大山，……天子之冬禁也。"农史学家认为："打猎时用火驱逐野兽，和农业上的火耕有密切关系，但是，打猎在春秋时期视为当然的事，到秦汉甚至被列为禁令，这和秦汉时期北方脱离火耕状况也是有关的。"[①] 从农业技术史的角度作如此解说是合理而且具有启发性的，但是从根本上说，之所以要实行"火宪"，是因为随意放火会焚毁林麓泽薮，烧死其中的野生动物。随着野生动、植物资源渐趋匮乏，相关禁令愈来愈严厉，也是自然而然的。

（三）措施和行动

如上礼制和法令在春秋战国直至秦汉文献中频繁出现，文字虽有不同，基本内容和精神却相当一致。接下来的问题是，这些规定（特别是儒家经典中的相关礼制规定）是否得到实施并且发挥过实际约束作用呢？我们的看法大体上是肯定的。理由有几点：第一，从《诗经》对采集、狩猎情景的描述来看，《周礼》《礼记》所记载的制度（包括具体仪式），有些确实存在并且得到了遵守；第二，《春秋》记载了若干诸侯国君违礼渔猎的实例，而它们之所以被记载下来，是因为其非时、非地或捕杀过度，与礼制的规定不相符合，属于违礼行为。一国之君仅因渔猎非时、非地就要遭到讥刺，本身就说明礼制对他们也具有一定的约束力。与后代皇帝和王公贵族"纵猎无度"相比，那时的国君似乎比较遵守规矩。《国语·鲁语上》记载了这样一个故事，称：

> 宣公夏滥于泗渊，里革断其罟而弃之，曰："古者大寒降，土蛰发，水虞于是乎讲罛罶，取名鱼，登川禽，而尝之寝庙，

[①] 详情可参见《中国农学史（初稿）》（上册），第129—130页。

行诸国，助宣气也。鸟兽孕，水虫成，兽虞于是乎禁罝罗，矠鱼鳖以为夏槁，助生阜也。鸟兽成，水虫孕，水虞于是乎禁罜䍡，设穽鄂，以实庙庖，畜功用也。且夫山不槎蘖，泽不伐夭，鱼禁鲲鲕，兽长麑麇，鸟翼鷇卵，虫舍蚳蝝，蕃庶物也。古之训也。今鱼方别孕，不教鱼长，又行网罟，贪无艺也。"公闻之曰："吾过而里革匡我，不亦善乎？是良罟也，为我得法。使有司藏之，使吾无忘谂。……"

鲁宣公夏时捕鱼不合礼制，里革敢于断罟以谏，并且援引古训（与礼制相同）讲了一大通道理，而宣公欣然接受了他的劝谏并且将其誉为"良罟"，说明宣公认为自己应当遵守礼制的约束。周代是一个礼治社会，礼制规定对国君、贵族有所约束是很自然的。对于普通民众来说，礼制中的"四时之禁"更具有"法"的效力。

春秋战国，礼乐崩坏，关于山泽资源管理的礼制禁令以律法形式保留下来并且得到了强化。统治者为了控制"天财""地利"（包括矿物在内的各种自然资源），严刑峻法，令人恐怖，齐国就是一个典型的例子，《管子·地数》记载了齐桓公与管子的如下对话，曰：

桓公问于管子曰："请问天财所出？地利所在？"管子对曰："山上有赭者，其下有铁。上有铅者，其下有银。一曰。上有铅者，其下有鈆银。上有丹沙者，其下有鈆金。上有慈石者，其下有铜金。此山之见荣者也。苟山之见荣者，谨封而为禁，有动封山者，罪死而不赦。有犯令者，左足入，左足断。右足入，右足断。然则其与犯之远矣。此天财地利之所在也。"

如此严刑峻法的主张是否果真出自管子，不得而知，但齐国对百姓盗采、偷猎等行为之惩罚非常严厉应是可以肯定的，《孟子》也提到：在齐国，"杀其（禁苑）麋鹿者，如杀人之罪"①。秦国自"商鞅变法"实行"壹山泽"，更对山林川泽实行国家统一管控，相关法令规定具体而细致，违律犯禁尤其是擅入禁苑樵猎者要受到非常严酷的刑罚。据云梦龙岗出土秦简记载：吏人在禁苑中偷猎"鹿一、麑一、麋一、鹿一、犬二，□完为城旦春，不□□"②。文字虽然残缺，但"城旦春"三个字已见惩罚之重。

既已提到"禁苑"，接下来我们就探讨一下先秦国家就已经实施的一项重要举措——设置苑囿。某些媒体文章把中国古代苑囿誉为"自然保护区"或"国家公园"，这是很不恰当的，因国君或皇家苑囿远不像一些人士所想象的那样充满"生态浪漫"。固然，统治者广设苑囿意味着对山林川泽资源管控的加强，禁止私自樵、猎抑或在客观上对自然资源有所保护，但是，其真实目的是专控山林川泽资源而独占其利。

按照一些思想家的理想，山泽之利应与民共之，故有所谓先王时期"林麓川泽，以时入而不禁"③的政治经济想象。然而，"共利"现象只能存在于自然资源充足、封锢山泽利薄之时，而资源匮乏、奇货可居则必然产生独占的欲望和行动，这是无须证明的。在政治权力宰制社会经济的时代，稀缺资源通常是趋向于官府专控和权贵独享。春秋时期，试图专控山泽之利的行为就已经出现，《左传》曾引述晏婴的话说：齐国"山林之木，衡鹿守之；泽之萑蒲，舟鲛守之；薮之薪蒸，虞候守之；海之盐蜃，祈望守之"。杜预自是看透了设官分管山泽薮海资源的意图，所以特别注释晏婴"言公（齐侯）专守山泽之利，不与民共"。④

---

① 《孟子·梁惠王下》。
② 刘信芳、梁柱：《云梦龙岗秦简》（竹简释文），科学出版社1997年版，第21页。
③ 《礼记·王制》。
④ 《十三经注疏》，中华书局1980年版，第2674页。

第十一章 环境治理

从春秋时期开始，统治者专擅山泽之利而不与民共的"时髦"做法就是广设苑、囿或者圃①，也就是封锢那些自然物产（特别是野生动物）最丰富的地方，以供自己射猎作乐和独享珍馐②，而不许百姓从中谋取生计。见于《左传》等书的禁地，鲁国有社圃、蛇渊囿、鹿囿、郎囿，齐国有贝丘，郑国有原圃，秦国有具囿，卫国有藉圃，宋国有孟诸，赵国有首山，周室则有蒍国之囿，韩国亦有桑林之苑……③南方有云梦大泽，浩渺辽阔，犀象成群，鱼鳖山积，是楚国君王和贵族频繁弋猎之区。这些苑、囿、圃，或置于沛泽，或设于林丘，都是面积广大，专控山泽之利的意图愈来愈明显。南宋魏了翁曾说："哀十四年传曰：西狩于大野，经不书大野，明其得常地，故不书耳。由此而言，则狩于禚、搜于红，及比蒲昌间，皆非常地，故书地也。田狩之地须有常者，古者民多地狭，唯在山泽之间乃有不殖之地，故天子、诸侯必于其封内择隙地而为之。僖三十三年传曰：郑之有原圃，犹秦之有具囿也，是其诸国各有常狩之处。违其常处，则犯害居民，故书地以讥之。"④ 其说并不确切甚至是相当错误的（说古者民多地狭、择隙地为常狩之处），但指出了诸侯国家普遍设置苑囿的史实。

---

① 魏了翁：《春秋左传要义》卷一一："圃以蕃为之，所以树果蓏；囿则筑墙为之，所以养禽兽。二者相类，故取圃为囿。"
② 《史记》卷三《殷本纪》记载：商纣王"益广沙丘苑台，多取野兽蜚鸟置其中"。《诗经》提到：周文王曾设置灵囿，《大雅·灵台》云："王在灵囿，麀鹿攸伏"；又云："王在灵沼，于牣鱼跃，虡业维枞，贲鼓维镛。"灵沼是灵囿中的沼池。
③ 《左传》相关记载有：隐公十一年"公祭钟巫，斋于社圃，馆于寪氏"；定公十三年"筑蛇渊囿"；成公十八年"筑鹿囿"；昭公九年"筑郎囿"；庄公八年"齐侯游于姑棼，遂田于贝丘"；僖公三十三年称"郑之有原圃，犹秦之有具囿也"；哀公十七年"卫侯为虎幄于藉圃"；文公十六年"既夫人将使，公田孟诸而杀之"，"宋昭公将田孟诸，未至，夫人王姬使帅甸攻而杀之"；昭公二十一年"乃与公谋逐华貙，将使田孟诸而遣之"；宣公二年载"宣子田于首山，舍于翳桑"；庄公十九年"及惠王即位，取蒍国之囿以为囿"等。此外，张仪游说韩王时提到"鸿台之宫，桑林之苑，非王之有也"。亦见于《史记》卷七〇《张仪列传》；《战国策·韩策一》。
④ 魏了翁：《春秋左传要义》卷七《诸国各有狩地非常故书》。

苑囿既是诸侯国君弋猎行乐的场所，更是他们的专属经济领地。他们独占其中的动植物资源，民众犯禁进入苑囿樵苏、捕猎，要遭受严厉的惩罚。《孟子·梁惠王下》说："文王之囿，方七十里，刍荛者往焉，雉兔者往焉，与民同之，民以为小。"而战国诸侯的苑囿圈地辽阔，对百姓来说如同杀人的陷阱，私入"杀其麋鹿者，如杀人之罪"。他显然已经发现统治者对山林薮泽的态度、政策和举措在周秦之际发生了根本性的变化。睡虎地出土秦简《田律》中如下一条规定进一步证实了统治者对苑囿资源的专控、独占性：

春二月，毋敢伐材木山林及雍（壅）堤水。不夏月，毋敢夜草为灰，取生荔、麛鷇卵，毋□□□□□□毒鱼鳖，置穽罔（网），到七月而纵之。唯不幸死而伐绾（棺）享（椁）者，是不用时。邑之紤（近）皂及它禁苑者，麛时毋敢将犬以之田。百姓犬入禁苑中而不追兽及捕兽者，勿敢杀；其追兽及捕兽者，杀之。河（呵）禁所杀犬，皆完入公；其它禁苑杀者，食其肉而入皮。①

根据律令：普通百姓不能进入禁苑，要是他们的狗闯入其中追捕野兽，守吏不但要把狗杀死，连死狗或者狗皮都要完整地交公，管控之严厉由此可见一斑。

广设苑囿是统治者对山泽资源渐趋匮乏的一种反映。实施封禁的地方，百姓不能自由樵、猎，其中的草木鸟兽或能得到一些保护，但只是为了满足统治者对紧缺资源的独占欲望。若将其视同现代自然保护区，可就令人啼笑皆非了！随着形势发展，古代国家对

---

① 睡虎地秦墓竹简整理小组：《睡虎地秦墓竹简》（释文注释部分），文物出版社1990年版，第20页。

山林川泽的直接管控愈来愈严厉，不仅大肆封山泽、置苑囿，对一般的山林川泽也不断加强"时禁"并且征税。"商鞅变法"实行"壹山泽"的政策，既为驱民归农，更欲"颛川泽之利，管山林之饶"①。与之相应，经过春秋、战国时期租税、赋役和贡献制度变革，秦汉时期"山泽之征"由少府专管，收入则属皇家"私奉养"②。"与民共利"的理念被抛到九霄云外去了！

下面略作几点归纳和讨论：

不论是从思想认识、制度设计还是具体举措来说，先秦时代的山泽资源管理、保护体系都可谓早熟而且先进。诸子的不少思想言论至今依然具有启发、警示意义，闪烁着生态智慧的光芒；体现国家责任和意志的山林川泽管理和自然资源保护制度，在西周时期形诸礼，至战国以后著于法令，总体上是随着自然资源渐趋紧缺而趋向严厉，由早先旨在维持采集捕猎生产而实行"以时禁发"的限制性管控，逐渐演变为"专山泽之利"的国家专控和君主、贵族独享。西汉初期，朝廷曾一度"弛山泽之禁"，还罢废了若干禁苑，皇帝在特殊情势（如灾荒年份）下，或将一些苑囿池籞、陂湖园池"假与贫民"③，但因山泽之利是最高统治集团"私奉养"的来源，故朝廷对山泽资源的管控在法律上是相当严厉的，至于能够在多大的地域范围实施何种程度的有效管控，就另当别论了——由于交通等诸多历史条件限制，那个时代的国家治理能力毕竟有限。

---

① 《汉书》卷二四上《食货志》。

② 汉初财政分为朝廷、皇室的两套系统，山泽之税入于少府，为皇帝、封君所独享。《史记》卷三〇《平准书》称："量吏禄，度官用，以赋于民。而山川园池市井租税之人，自天子以至于封君汤沐邑，皆各为私奉养焉，不领于天下之经费。"按"少府"乃是上承秦制，《后汉书》志第二六《百官三》云："承秦，凡山泽陂池之税，名曰禁钱，属少府。"

③ 《汉书》卷九《元帝纪》载：汉元帝初元元年（前48年）"以三辅、太常、郡国公田及苑可省者振业贫民"。因关东灾荒，"其令郡国被灾害甚者毋出租赋。江海陂湖园池属少府者以假贫民"；次年又"诏罢黄门乘舆狗马，水衡禁囿、宜春下苑、少府佽飞外池、严籞池田假与贫民"。

综观古今中外历史，迄今为止的所有重大经济变革，均既伴随着人与人的关系（即社会关系）变化，又伴随着人与自然的关系变化，经济—社会—自然交相作用、互为因果。一旦把自然因素和生态关系纳入历史考察范围，我们不难发现：重大社会经济转型时期的环境资源问题通常比其他时代更加严重，人们对自然资源不足的忧患意识亦更强烈，对长期赖以生存的那些资源渐趋匮乏尤其深感忧虑。这种资源忧患意识反映在思想层面，是针对经济发展与资源利用的关系形成某些共同的时代话题；影响于实践层面则更加注重既有资源的利用效率、降低消耗，更加积极寻找替代资源、改变需求方向，以及通过道德、法律和经济手段加强管理和保护紧缺资源。这些都推动思想理念和技术方法创新，促进经济（特别是资源依赖型经济）结构调整和生活方式变革，导致国家公共权力对短缺资源控制力度增强。

自西周至秦汉，随着黄河中下游逐渐走向定型化的精耕细作农业经济道路，耕耘稼穑不断挤压采集狩猎，占夺其赖以存续的空间和资源。然而经济结构、消费方式乃至财富观念的调整变化并非朝夕之间就能全部完成，在相当长的时间里，手工生产、国家财政和民众生计对于自然天成的各种动植物产（如木材薪炭、野生蔬果、野味肉食，以及毛皮、筋、角、齿、羽、箭干、脂胶、丹漆等手工业生产原料）仍然具有很强的依赖性，野生动植物资源渐趋匮乏却导致其相关生产和供给难以为继，不能不引起当时社会的忧思，被迫采取各种方式予以应对。正是在这样的背景下，思想家们不断谈论合理利用和积极保护山林川泽资源的重要性，国家则制定了诸多礼制禁令，其实都是企图维持逐渐式微的采集捕猎经济，以保障那些仍然高度依赖自然天成物资的生产项目和产品需求。与当今自然资源保护相比，虽然有一些相似之处，实际上却具有本质的差别。一旦经济—社会—自然关系调适到某种新的状态，朝廷财政收入和贵族社会需求通过新的机制得到保障，那些曾经建立的自然资源管理保护制度就逐渐开始变质，甚至被弃置不用。如果明了这些史实，先秦时代即已形成的那些山林川泽管理、保护思想和制度，何以在后代并未持续发展，某些方面甚至不进反退，就不难进行合理解释了。

早期国家的山林川泽管理保护思想与实践，不论是政策主张、职官设置还是礼法禁令，都包含着许多优秀的生态文化元素，应当予以充分肯定并且积极继承。但是，古今生态环境和人与自然关系状况迥然不同，数千年前人们对环境资源保护的认识水平和实践能力，都无法同基于科学理性的现代环境保护事业相比。我们不应一味崇古、慕古，以致脱离具体历史情境，抽除真实历史内容，过高评估先民在处理人与自然关系方面的思想认识和实践能力，过分理想化地想象上古天人和谐状况，将今天的观念和理想强加于古人，甚至试图证明中国早在几千年前就已经具有十分高超的生态文明理念。如果那样做，就会背离历史事实，丧失历史理性，不仅不能解释当今众多环境问题何以积渐而至，而且还会贬低新时代党和国家提出并且领导生态文明建设的伟大历史性开创意义。

第三节　两千余年环境治理的成就和缺失

通过以上两节探讨，可知古代中国环境治理与"德政"理念紧密相连，高度重视和积极组织水土环境整治的国家环境治理传统，早在纪元之前就已经逐步生成，而山林川泽自然资源管理、保护思想和制度更可谓早熟而先进。秦汉时期，黄河中下游率先实现普遍农耕化，"以农为本"的中央专制集权国家就是以那里作为主要基地建立起来的，宅兹中国而控御四方。此后两千多年来，中国农业文明不断拓殖，自北向南梯次推进是主要发展方向，冀朝鼎所谓中国古代"基本经济区"随之由黄河中下游向长江流域乃至更遥远的岭南地区逐步扩大，环境治理事业与之相伴随行，围绕自然资源开发、农业条件改善、粮食货物转输和自然灾害防御等目标不断展开，其中最显著的历史表现是农田垦辟与水利建设同步展开。①

  近代以前的环境治理事务，以治水营田和山泽管理为主，两者之间既充满矛盾冲突又彼此紧密联系。自秦至清两千余年中，因历史情势不同，历代国家和社会对环境治理的态度和作为、主要关注点与着力点，都在不断发生变化。总体说来，中央集权国家在水利建设、江河治理、洪涝防御、农区拓殖、土地管理、人居环境建设和改善等方面曾经发挥巨大作用，亦曾取得举世无双的历史成就；基层社会和普通民众在治水营田、用地养地、保种护生、建设乡土田园等许多方面的不懈努力，更是创造了持续数千年的农业文明。

  毋庸讳言，由于复杂众多的历史原因，自汉代而下，由于国家逐步放弃了对"山泽之利"的专控，国家权力在山林川泽管理和保护中的作用总体上渐呈削弱、消解之势。在生齿日繁、各种用度渐增的情况下，封建国家一直鼓励增加户口和田亩数量并将两者作为政绩考核的主要指标，以保障国家赋税、徭役的来源，对山林川泽自然资源保护则不甚措意。由于国家管理逐渐缺位，毁林垦种、围湖造田、樵苏捕捞、采矿冶铸……长期处在放任不管、盲目无序状态。在古代前期人口数量还不太多、山泽旷野依然辽阔的情况下，尚不至于造成全局性的环境危机。然而到了后期特别是明清时期，随着人口暴增，山泽垦辟和各种自然资源消耗逐渐趋向全面失控，最终造成巨大的环境危机和生态恶果。正、反两个方面的历史经验教训都是非常丰富而且深刻的，需要系统探究和总结，本节仅概要

---

① "基本经济区"是历史学家冀朝鼎提出的一个重要概念，对认识中国古代宏观经济格局的历史变动颇具启发性。详细阐述和论证见冀朝鼎著，朱诗鳌译《中国历史上的基本经济区与水利事业的发展》，中国社会科学出版社 1981 年版。

讲述。

一 秦汉以下人与自然关系演变总趋势

公元前221年，秦灭六国，建立"大一统"专制主义中央集权国家。以万里长城修筑作为标志，由多元自然区域、多元民族社会共同构成的中国古代文明，完成了第一轮大整合，形成了农耕、游牧两大基本板块。它们以年均降水400mm等降水线作为大致的地域分野界线：此线以西以北是游牧者策马驰骋的天下，此线以东以南则是农耕民族挥汗垦种的家园。两种文明（或者经济—文化类型）分别适应于各自区域的气候、土地、水文、植被和动物环境，采用显著不同的物质生产和能量转换方式，并形成迥然有别的社会构造、政治体制和生活风尚。在漫长历史进程中，由于自然和社会众多因素共同作用，两者密切互动，时有进退，构成中国古代历史运动的基本线索之一，共同塑造了"多元交汇""多元一体"的中华文明体系。

毋庸置疑，农业是中原王朝的主要经济基础，耕耘稼穑是以汉族为主体的众多农业民族的主要生计方式，他们中的绝大多数一直劳作、生息在长城以南和"胡焕庸线"（瑷珲—腾冲）以东地区。在此辽阔的历史舞台上，中国先民不断扩大、加深同自然界的物质变换、能量流动、信息传递和新陈代谢，包括环境治理在内的各种社会实践活动，理所当然地也都主要在这个区域渐次展开。

如果说，新石器时代驯化植物和动物、发明种植和饲养是人与自然关系史上的最伟大革命，那么，肇端于春秋、完成于秦汉的一系列工具技术发明、生产方式变革和经济制度创新，则是一场意义深远的继续革命。周秦之际的历史变革，不仅造就了农牧分野和胡汉对峙的二元格局，更推动农业社会经济坚定不移地向精耕细作定型发展。在此期间，以黄河中下游作为基本经济区的古代国家，确立了"以农为本"的基本国策,建立了以"编户齐民"为基础的人口、土地、赋税和徭役制度,确认了个体农民的主体经济地位,确立了以家庭作为经营基本单位、农桑与饲养以及小型手工业相结合的小农生产模式,铁器、牛耕、品种繁育、抗旱保墒、积肥施肥……一系列工具发明和技术革新,推动农业生产由粗放经营不断走向精耕细作。而所有这些,又共同规定了中国传统社会的环境适应模式。从那以后,两大基本历史关系即人与自然的生态关系和人与人的社会关系,便以中国特有的模式不断向前发展和演进。

"大一统"中央集权国家建立,对古代社会经济发展和生态环境治理——从自然资源开发、利用和管理,到土地垦殖、水利建设、灾害防治……都具有至关重要的影响。若将国家比作一个巨大的躯体,个体农民家庭便是这个躯体上的无数细胞。个体小农依附于封建国家,通过辛勤劳作谋取生计,同时源源不断地为国家机器运行提供物质能量;封建国家则通过设置郡县、任命官员,管理户口土地,征取赋税劳役,同时兴办公共事业,提供安全保障,实施资源管理、经济控制和政治统治。自秦汉开始,直到清代,中国古代经济发展的主要方向一直是细胞分裂式的小农家庭和户口增加,推动农耕区域向愈来愈辽阔的疆域不断拓殖,无数小农在愈来愈辽阔的大地上不断落户生根、劳作休息。换言之,中国传统社会经济发展的总体态势,表现在人的方面,是小农家庭如细胞分裂一般不断孳繁,经济生产和物质消费随之增加;表现在自然(首先是土地)方面,则是曾经杳无人迹的山泽荒野渐渐变成阡陌纵横的乡土田园,这意味着人们在愈来愈多样化的自然环境下,将愈来愈丰富的自然资源(包括水、土、光、热和动、植物)纳入生产对象或条件,同时面对愈来愈复杂众多的环境挑战和生态问题。

自然系统与人类系统众多因素之间的复杂纠缠、相互影响和协同作用,导致人与自然关系历史的故事情节烟云暧昧,时空过程乱流相激，而变化机制混沌难辨。经济发展与环境治理一直相伴随行，但从来就不是直线、等齐和均衡地向前发展，而是充满着曲折、起伏和差异，有时甚至发生严重倒退。概览中华民族及其文明发展的历史，由多元起源、满天星斗走向多元交汇、多元统一，与农业经济不断从中心向外围拓殖，乃是同一时空过程——前者以后者作为基础。此一时空过程，始终伴随着人口—资源配置关系的调整变化，其间固然包括浸润式的渐变，但社会政治动荡和大规模人口迁徙所引起的变化更加引人注目。多次游牧民族大举内徙曾经造成中原社会巨大震荡，驱迫中原人口一波又一波地大量南迁，到新的区域垦殖耕种、重建家园——先是江淮之间，然后是长江以南，最后抵达岭南和西南地区，愈来愈辽阔的南方大地因此被烙下了永不磨灭的中国印记，古代文明发展空间随之向南梯次开拓。与之形成显著对照的是，由于气温、降水等诸多条件限制，农耕经济的北向拓殖相当有限，几千年来基本上被阻挡在400mm等降水线以东、以南地区。清朝开放关禁以后，东北地区成为农耕拓殖的最后一片黑金土地，逐渐成为中国经济发展的一个重要板块（如今甚至是重要稻米产区），这是因为，虽然那里纬度偏高、气候寒冷，却是降水丰沛的湿润地区。

综观秦汉以下两千多年的农业发展，主要原因和表现都并非农业技术进步，而是人口增长和耕地增加。但农业拓殖受气候、地貌、资源禀赋、技术条件、社会组织、政治制度……众多自然、社会因素限制，人口—资源关系变化（不论是作为原因还是结果）乃是认识古代经济发展的一条基本线索。我们知道，任何一个地区的环境容量特别是土地承载力都有一定限制，其大小不仅取决于环境状况和资源禀赋，也取决于适应、改造自然环境和开发、利用自然资源的工具手段和技术能力。当某地人口增长逼近其土地承载力限制，人们就要被迫调整生计策略，做出新的选择，通常不外乎两个方向：一是寻求更大生存发展空间，即扩大农耕区域、增加耕地面积；二是改进工具设施，更新技术方法，以提高自然资源利用效率，增加单位面积土地产出，从而养活更多人口。不论做出哪种选择，都必将面临新的环境改造、建设和治理任务。

人口是人与自然关系演变的决定性因素，人口增长和随之而来的物质需求增加，是环境变迁的主要社会经济驱动力。两千多年来的人与自然关系演变，一直遵循着这样的基本逻辑过程，即人口增长扩大物质需求，物质需求驱动经济发展，经济发展促进自然资源开发利用，自然资源开发利用引起生态环境变迁，对自然环境的适应、改造和治理贯穿整个过程的始终。为了养活更多人口，人们愈来愈多地砍伐森林、垦辟草莱、扩大耕地、兴修水利，同时建设村落、营造城市、修筑道路……中国大地因之从北方到南方、从平原到山区、从内地到边疆，逐渐发生沧海桑田式的巨大改变。如果画出人口增长和环境变化两条曲线，或绘出它们空间变化的地图，只需简单比照即可发现两者之间的彼此因应和紧密关联，几乎如影随形。下面就以人口变化作为主要线索，简要梳理一下古代社会经济与自然环境协同演变的大致趋势。

中国古代户口统计建基于"编户齐民"制度，服务于国家劳役、赋税征取。纪元之前的全国人口于史无征[①]，现存最早全国人口统计数字是《汉书·地理志》所载西汉平帝元始二年（2年）的统计。是年，西汉疆域版图内有12233062户，59594978人，统计范围北起阴山山脉，东北抵达朝鲜北部，西北包括河西走廊地区，南至越南中部，西南以云贵高原中部和青藏高原东缘为界。这个官方统计的全国人口最高数值一直延续了一千多年。东汉时期的最高

[①] 战国及其以前人口，史书无载，诸书所引源出西晋皇甫谧《帝王世纪》的那些数字纯属胡编乱造。近代以来，几位学者曾经做过粗略估计，在2000万—3000万人。葛剑雄估计秦朝人口在2000万人上下。参见葛剑雄《中国人口发展史》，福建人民出版社1992年版，第106—107页。

人口数字，是汉桓帝永寿三年（157年）官方统计全国共有人口56486856人，但葛剑雄推算东汉人口峰值超过了6000万人[①]。

中国人口分布自古极不均衡。秦汉时期政治、经济和文化重心在黄河中下游，人口亦高度集中于那个地区。西汉人口分布，若以淮河—秦岭作为南北分界，北方约占八成，南方不足两成。黄河中下游各分区的人口密度亦相差颇大：关中是西汉的京畿之地，人口密度超过100人/平方千米，长安及其周围人口密度甚至可能高达1000人/平方千米左右；华北平原的人口密度大抵亦超过100人/平方千米，在全国约6000万人口中，关东地区占了60%以上，有的地方人口密度超过了200人/平方千米，济阴郡（今山东省菏泽、定陶、东明一带）最高，达到了262人/平方千米。[②] 东汉时期，人口分布格局已经有所变化，一则由于民族关系形势和战乱影响，关中及其以西地区经济萧条，人口耗减，北方人口分布重心显著向东移动，而人口密度及其在全国总人口中所占比重都有所下降；二则由于陆续有北方人口南徙，荆、扬、益等州人口显著增长，局部地区甚至成倍增长，南方人口在全国总人口中所占比重明显提高，但"地广人稀"局面尚未根本改变，人口密度和比重都还不能比肩北方。

传统农业是人力经济，人口（劳动力）是自然资源开发和社会经济发展的第一要素，人口增长与经济发展呈正相关，人口（劳动力）与自然资源的合理配置是经济繁荣发展的基本前提。但人口增长不仅与经济发展呈正相关关系，与自然资源消耗亦呈正相关关系——人口愈多，自然资源开发、利用的深度和广度愈大，自然环境改造和治理强度也愈高。明乎此理，即不难理解，何以中国历史上由人类活动造成的重大环境危机首先发生在黄河中下游地区。自

---

① 葛剑雄：《中国人口发展史》，第124页。
② 西汉各地人口分布的具体状况，可参见葛剑雄《西汉人口地理》，第52—53、100—102页。

先周甚至更早时代开始，黄土高原和关中盆地因土层深厚、土质松软，易于耕作，农业发展水平最高。但是到了秦汉时期，垦辟已经过度，天然植被遭到严重破坏，地表土壤失去保护，而集中于夏秋之交的暴雨型降水极易造成严重水土流失。西汉关中民间歌咏"泾水一石，其泥数斗"，其实并非福音。比起黄土高原水土流失、土地瘠化，远为严重的生态后果是黄河下游、华北平原水土环境恶化：曾经清且涟兮的河水逐渐变浊、变黄，泥沙含量不断增加，携带巨量泥沙行至下游平原，水流变得平缓，而泥沙不断淤积、抬高河床，逐渐形成地上悬河局面，每至汛期，极易决溢泛滥，巨大洪水从天而降，冲毁田庐，漂没郡县，极目千里，一片汪洋。自西汉定名"黄河"并出现第一个多灾期，即以善淤、善决、善徙著称于世，成为中华民族两千年来挥之不去的最大生态梦魇。

中古即魏晋—隋唐时期，在籍户口数字一直明显低于汉代。见于史籍的唐代最高数字应是天宝十三年（754年）的全国户口数，仅有8914709户、52919309口。这些情况，固因南北长期分裂，战争动乱频繁，人口统计困难，也是由于户口统计不如西汉严格，大量隐、漏户口未能统计，相信盛唐人口定然不少于两汉。多数学者估计唐朝人口峰值应不低于8000万，葛剑雄认为"大概在8000万—9000万之间"[①]，这是可以接受的。一则盛唐北方社会经济发展水平并不稍逊于汉代盛时，河北道更比汉代相应地区远为繁荣发达，北方人口应不少于汉代；二则以秦岭—淮河为界，汉唐南北人口分布渐趋均衡，唐代南方人口比重有时甚至超过北方，虽然还不稳定，但后来居上之势已是愈益明显。

这种变化，意味着中古中国文明空间格局开始全面改观。经历汉末以降多次中原人口南迁浪潮，南方稻作经济不断崛起，古代经

---

① 葛剑雄：《中国人口发展史》，第159页。

济发展重心和人口分布重心都在逐步南移。这一总体社会经济发展态势，必然引起（更准确地说是伴随）人与自然关系的变化，首先是人口与资源的配置关系及其空间状态不断改变；其次是土地垦殖、森林砍伐、狩猎捕捞、交通运输甚至矿山开采等自然资源开发利用的广度和强度都在不断增加；其三是环境治理事业相应地面临新的目标任务，呈现出新的发展态势。总体观察中古史上的人与自然关系演变态势，其基本画面可从北方、南方和南北关系三个方面进行大致勾画。

自东汉末期直至唐末五代，北方地区社会经济历经起伏、涨落，破坏—恢复—再破坏—再恢复，盛唐时期曾经达到新的高峰，"安史之乱"后再次陷入凋敝，北宋时期再次全面复苏，但黄河以北成为宋辽、宋金长期军事对峙地区。中古北方森林资源减耗趋势仍在继续，木材、燃料短缺逐渐成为一个民生经济和环境难题，尤以长安、洛阳及其周围地区最为严重，而斥卤盐碱之地治理、改造依然是区域农业发展的一大难题。幸运的是这个时代黄河处于谭其骧所谓的"安流"时期[①]，在此七八个世纪中，黄河决溢、改道情况较少较轻，黄淮海平原水土环境总体比较安稳，尚未呈现全面恶化局面，地表水资源亦堪称丰富。[②] 因之，以黄河治理为中心的"水土平治"任务不似前后时代繁重而艰难。

中古南方地区少有社会动荡，以稻作为主体的农业经济呈持续稳定增长趋势。除成都平原继续稳定发展外，长江中下游地区早先的"地广人稀"局面逐渐发生改变，垦殖范围和经济规模不断扩大。南朝时期"三吴"地区渐可比肩汉代关中、河洛；隋唐统一时期，南方地区在全国的经济地位稳步上升，特别是"安史之乱"以

[①] 谭其骧：《何以黄河在东汉以后会出现一个长期安流的局面——从历史上论证黄河中游的土地合理利用是消弭下游水害的决定性因素》，《学术月刊》1962年第2期。

[②] 详情见王利华《中古华北水资源状况的初步考察》，《南开学报》（哲学社会科学版）2007年第3期。

后，北方经济再次残破，天下仰给"东南八道"，以太湖流域苏、常诸州为中心的江南地区成为国家财赋的主要供给地。[①] 由于此一时期广大南方还处于早期开发阶段，平原湖泽仍广，山地畲耕有限，人类活动尚未造成严重环境问题。面对虎狼出没的深山密林和蛟龙为窟的茫茫湖泽，国家和社会所需解决的主要问题是如何克服自然界中那些不利甚至有害因素（如瘴疠、毒虫、猛兽），加快垦辟山泽、兴修水利、发展农耕、建造居地，建设符合自身生存需要的人化或人工环境。

就全国形势而言，中古时代最令人惊羡的人与自然关系演变，殆为伴随上述诸多发展变化而发生的交通环境改善，集中体现在全国内河航运网络的形成。古代时期，南北地区的水资源环境与当今情况显著不同，河流湖泊之多，水资源之丰富，均非今日可比。因此，自春秋、战国而下，历朝历代都很重视开凿沟渠、疏浚河道，发展水上交通，以便漕运物资，开展军事活动。进入中古时期，曹魏、北魏等政权都曾为积极开凿运渠、连通诸河，逐渐形成华北区域水运网络；南方人民自古本就擅长舟楫，六朝政权自是不会放弃南方湖泽广大、河网如织的环境优势。到了中古后期，长江流域及其以南地区的社会经济不断加速崛起，隋朝重新统一南北以后，如何在政治和经济上有效控御遥远而广大的南方地区，便成为国家治理的最大课题之一。为了达到这个目的，隋朝不惜耗尽国力开凿大运河，加速了自身的覆亡，但李唐王朝却首先因此获得了巨大的利益。随着大运河全线贯通并与黄河、长江等大河经纬交接，众多河流于是水道互通，形成庞大的水运网络。北方地区"若渭、洛、汾、济、漳、淇、淮、汉，皆互达方域，通济舳舻，从有之无，利

[①] 韩愈《送陆歙州诗序》有云："当今赋出于天下，江南居十九。"见《唐文粹》卷九六，兹据《四库全书》本；白居易《苏州刺史谢上表》亦称："当今国用，多出江南，江南诸州苏为大，兵数不少，税额至多。"见《白氏长庆集》卷六八，版本同上。

于生人者也"①,"魏、镇、定、燕,航大河而毕至;陈、徐、潞、蔡,辇巨轴以偕来"②;全国水运,"且如天下诸津,舟航所聚,旁通巴、汉,前指闽、越,七泽十薮,三江五湖,控引河洛,兼包淮海。弘舸巨舰,千轴万艘,交贸往还,昧旦永日"③。从更长期的历史来看,作为古代国家运用中央集权力量组织建设的规模最为浩大的一项水利工程,开凿大运河响应了中国古代政治、经济和社会发展空间格局彻底改观的新形势,特别是由于南方崛起而逐渐形成的政治中心与经济中心错位局势。自唐宋而下,一千多年来,大运河始终是历代王朝最重要的一条生命线,在愈来愈巨量的"南粮北调""南财北运"和南北人员往来中发挥了不可估量的巨大历史作用。也正因如此,应对不断改变甚至恶化的水土环境,确保大运河的全线贯通,也就成为千余年来国家环境治理的最大要务之一。

进入纪元后的第二个一千年,中国大地上的人与自然关系,乃以更快并且愈来愈快的速率持续演变,农业拓殖的空间愈来愈大,随之而来的环境问题也越来越众多而且复杂,而人口增长既是其结果又是其动力。一般认为:12世纪中国人口已经突破1亿大关,这主要是南方人口持续增长的结果——经历了隋唐时期的几次反复以后,北宋南方人口的比重已经稳定超过北方并且再无逆转。

由于战争动荡、政权分立以及其他诸多因素影响,北宋以后的人口变化非常难以把握,但是综合相关史料可知:从南宋到明朝,不同时期国家所掌握的人口数字变化幅度甚大,但很少超过7000万人,而人口史家考订和估测出来的"实际人口"数字亦相差颇大,估计元朝人口最多之时可能在8000万—9000万人,总量少于北宋时期并且更加集中分布在南方地区。明朝时期,由于二百余年

---

① 《旧唐书》卷四三《职官志二》。
② 《全唐文》卷九二《昭宗三·改元天祐赦文》。
③ 《旧唐书》卷九四《崔融传》。

国家政治统一，社会局势安定，经济持续增长，人口发展开始摆脱此前将近400年的徘徊局面。据葛剑雄推算：承元末战乱、人口耗减和明初短暂恢复，洪武二十六年（1393年）的人口约有7000万，到明神宗万历二十八年（1600年）应有1.97亿人，而明朝人口峰值接近2亿。① 从此以后，中国人口进入高位增长阶段，人与自然关系的历史故事情节随之愈来愈加紧张。

综合何炳棣、曹树基等人口学家的研究：明崇祯二年（1631年）全国人口曾经达到1.9亿多，明清易代之际，因战乱、瘟疫影响再度严重下降，但至清朝康熙十八年（1679年）已经恢复到了1.6亿，而后高速增长；至乾隆二十七年（1762年）人口已经突破2亿，至乾隆五十五年突破3亿，道光十四年（1834年）更是超过了4亿。② 虽然诸家统计数字有些出入，但是可以肯定：从17世纪后期到19世纪中期短短150余年间，人口连续突破3个亿级大关。这一史无前例的飙升被史家称为"人口奇迹"，通常隐含着对"康雍乾盛世"的积极评价。然而正是这个"人口奇迹"，把大清子民迅速推入空前未有的生计维艰境地。从环境史角度来看，它造成了近代之前数千年中国大地人与自然关系演变的一个最大历史拐点——如果必须给出一个具体的年份，可以指定在全国统计人口突破3亿的1790年。从那以后，人们不再觉得天下人少、需要鼓励生育，而是愈来愈担心人口太多无法养活。

就在那个拐点刚刚过去三年，被誉为"中国马尔萨斯"的洪亮吉（1746—1809年）用两篇文章道出了一个令人震惊的隐秘天机——"治平之久，天地不能不生人；而天地之所以养人者，原不过此数。"用今天的生态学话语来说，就是有限的自然资源、环境

---

① 葛剑雄：《中国人口发展史》，第241页。
② 曹树基：《中国人口史》第五卷《清时期》，复旦大学出版社2001年版，第832页。何炳棣认为：乾隆六年（1741年）全国人口1.4亿多。[美] 何炳棣：《明初以降人口及其相关问题1368—1953》，葛剑雄译，生活·读书·新知三联书店2001年版，第328—330页。

容量和土地承载力，无法养活持续增长的人口。① 有趣的是，在随后的《百物》一文中，他还批驳了"天生百物，专以养人"的人类中心主义论调，与同一时代欧洲思想界开始反对基督教所宣称的上帝为人类造物的自然观念，着实可有一比。

距离洪亮吉提出其人口论不过二三十年时间，龚自珍就哀叹："今中国生齿日益繁……自京师始，概乎四方，大抵富户变贫户，贫户变饿者，四民之首，奔走下贱，各省大局，岌岌乎皆不可以支月日，奚暇问年岁？"主张实行全国大移民，重点向新疆等西北省区拓殖。② 道光三十年（1850年）汪士铎更是哀呼："人多之害，山顶已殖黍稷，江中已有洲田，川中已辟老林，苗洞已开深箐，犹不足养，天地之力穷矣！"他把世乱归咎于人多，而其"长治久安之策"竟是"弛溺女之禁"和推广溺女之法、推送断胎冷药，实行家有两女者倍其赋，严禁再嫁再娶和"广女尼寺，立童贞女院"。他甚至主张把不符合（他所设想的）标准的人口斩决！③ 简直是骇人听闻！

同样重要的是人口分布和迁移状况。现存统计资料显示：与两汉相比，清代南北人口分布状况已经发生根本变化。嘉庆二十五年（1820年）全国人口密度最高（超过300人/平方千米）的29个府州，只有6个属于北方省份，其余23个都在南方。这些府州的人口密度也相差很大，人口密度最高的北方州府，山东东昌537.69人/平方千米，其次是山西蒲州，为423.88人/平方千米；南方则有13个州府的人口密度超过400人/平方千米，其中苏州人口密度竟高达1073.21人/平方千米！咸丰元年（1851年），全国人口密度在100人/平方千米以上的省份有江苏（448.38）、安徽（231.85）、

---

① 《洪亮吉集》第一册，中华书局2001年版，第14—16页。
② 《龚自珍全集》，上海人民出版社1975年版，第106页。
③ 汪梅翁（士铎）撰，邓之诚辑录：《乙丙日记》卷三，第148、152—154页。兹据沈云龙主编《近代中国史料丛刊》第十三辑，文海出版社1973年印行。

山西（103.94）、山东（225.16）、河南（150.11）、浙江（309.74）、江西（135.12）、湖北（186.34）、福建（172.31）和广东（121.69），也主要在南方。①

  上述人口分布格局的变化，除各地人口的自然增长外，也是人口不断迁移和重新布局的结果。在此近千年间，"靖康之乱"再次引起中原人口大举南迁；到了明清时期特别是清代，则有包括"湖广填四川"在内规模更大而方向不定的人口迁移浪潮。随着经济中心地区生齿日繁、生计维艰，亿万农民从平原到山区、从内地到边疆、从大陆到海岛，上山下海、走西口、闯关东，流徙到任何可能谋生之地，总体趋势是人口由高密度地区向低密度地区、由自然条件优越地区向较差地区迁移，连那些自然条件很差、生态系统脆弱本不适合农业发展的地方（特别是山区）也陆续被垦辟种植，古代农业平面拓殖逐渐接近尾声，而全国性生态危机随之降临。

  农耕社会的基本特点是人著于地，社会性格总体上是"安土重迁"。然而，不同导因、形式和规模的人口迁移从未停止，大规模的移民浪潮，更对历史发展产生生态、经济、社会乃至政治、军事等多方面的重大影响。仅就生态影响而言，大规模人口迁移，既不断改变区域人口数量和密度，也不断调整人口与自然资源之间的配置关系特别是人地关系，进而不可避免地造成生态环境的显著改变甚至严重破坏。自北宋而下特别是到了清代，随着农业经济活动规模、范围和强度不断加大，环境变迁速率不断加快，环境退化和生态破坏渐由局部扩大到流域、最终演变成全局性问题，而传统农业社会经济发展模式随之走到了尽头。近代中国积贫积弱，灾难频仍，民生困蹙，除了帝国主义、封建主义、官僚资本主义"三座大山"压迫，还有日益加重的生态压力。

---

① 据葛剑雄《中国人口发展史》，第355、357页列表。

二　山泽管理制度废弛的原因和后果

前节已言，中国早在两千多年前就已经形成相当系统的山林川泽管理和自然资源保护思想与制度，可谓早熟而先进，并且特别指出它们乃是经济转型和社会变革时期的重要创制，具有特殊的历史背景和时代情境。

在社会经济中心区域进入定型发展的精耕细作农业时代之后，采集捕猎并未立即消亡。农耕、牧养替代采集、捕猎是一个漫长过程，在地域上是逐步推进的。边远地区采集捕猎经济的主体地位一直延续到很晚近的时代，直到 20 世纪前期仍然是一些少数民族的主要生业。即使在文明发展的中心区域，农耕经济早已取得支配地位，蕴藏在山林川泽的天财、地宝仍然是国家财货所出和贵族珍羞、玩好之源。对于普通民众，则山林川泽不仅提供日日所需的薪蒸，还提供野生蔬果、鸟兽鱼虾，平常年份赖以补苴生计，饥荒岁月更是苟且偷生所恃。正如伊懋可（Mark Elvin）所说，在古代中国，荒野乃是挨过饥歉年景的"生态缓冲带"。

前已指出：秦汉帝国拥有两套财政系统，"山泽之征"是皇家的"私奉养"，因而朝廷对山林川泽资源的管控在法律层面是相当严厉的。国家曾经颁布诸多法令，严禁豪强巨贾纠集亡命之徒、浮食之民煮盐、炼铁，擅斡山海之货，然而帝国疆域辽阔，僻远地区实非力所能逮，终究无法禁断。随着人口不断孳繁，对耕地的渴望日益强烈，对其他资源的需求也是不断增加，失业、浮食人口流窜山泽谋取生计势不可当，富商大贾、地方豪强招诱亡命，伐木采矿，冶铜炼铁、制贩私盐，以谋巨利。自古国家律法从来只能控制升斗小民，豪强大族则犯法干禁，不断与国家展开激烈的利益博弈。自东汉而下，豪强地主经济不断壮大，国家对山林川泽的管控已然不如西汉严厉，大一统局面崩溃之后，更是制度日形松弛，陷入失控状态。魏晋时期，朝廷显贵、地方豪强大立田庄，广开陂池，既擅自然之利，且享林泉之乐，西晋石崇的金谷园即是典型。由此皇家苑囿园林，乃以屯、邸、别墅、园池、郊居、山居……各种名目逐渐走向家族化。

东晋"壬辰之科"废止和刘宋"大明占山格"颁行，是古代国家山林川泽制度演变的一个重大转折点。史载永嘉丧乱之后，中原士庶大量南逃，初来乍到南方，略无产业生资，人心不稳，政局不安。建武元年（317年）七月，东晋元帝司马睿迫于特殊紧急情势，下诏"弛山泽之禁"①，允许民众进入山泽樵猎垦种。此番弛禁，固为安置流徙、避免动荡，更是方便那些南迁的士族求田问舍、重建庄园。东晋政权是在众多士族共同扶持之下建立的，其维持、巩固亦须获得南下和土著士族支持，最有效的办法是授予他们占有土地和人口的特权。然而这直接导致世家大族掀起大肆封锢山泽的狂潮，并且严重影响国家财政收入，朝廷逐渐难以容忍，先后多番出台禁令，试图进行遏阻，其中最严厉的就是咸康二年（336年）颁布的"壬辰之科"。它规定："占山护泽，强盗律论，赃一丈以上，皆弃市"②；"百姓投一纶、下一筌者，皆夺其鱼器，不输十匹，则不得放"③。但只是断绝了民众生计，而未能钳制豪族封锢。时人评论说："山湖之禁，虽有旧科，民俗相因，替而不奉，爝山封水，保为家利。自顷以来，颓迟日甚，富强者兼岭而占，贫弱者薪苏无托，至渔采之地，亦又如兹。"晋宋鼎革之际，朝廷左右摇摆、时禁时弛，及至刘宋孝武帝大明（457—464年）初，羊希主持改制，鉴于"壬辰之制，其禁严刻，事既难遵，理与时弛"，因予刊革，"立制五条"，颁布官品"占山格"：一方面承认世族的

---

① 《晋书》卷六《元帝纪》。
② 《宋书》卷五四《羊玄保附兄子希传》。
③ 李昉编：《太平御览》卷八三四《资产部》引王朝之《与庾安笺》，中华书局1960年影印宋本，第3724页。

既得利益，将私占山泽合法化；另一方面按照官品大小限定占山额度。① 但真实结果又是前者坐实而后者落空。

废除"壬辰之科"而颁行"大明占山格"，意味着朝廷在法律上实际放弃山林资源垄断，而世家大族的封占特权得以合法化，这一改制影响非常深远。从那以后，山林川泽名义上仍属国有，实际占有、使用权却归于私家，僻远山泽则是无主荒野，而国家管控机制渐趋缺失。要之，从诸侯广设苑囿到国家专控山泽，再到朝廷放弃垄断，乃至放任不管，千年制度演变，一以贯之只是一个"利"字。愈是人口密集、经济发展地区，山泽愈是有利可图，围绕山泽资源占有、利用，朝廷、世家和百姓之间，矛盾冲突即愈是尖锐复杂。而自然资源保育的思想意识却渐渐淡薄，相关制度亦逐渐废弛。

何以如此？难道此时国家毋须再继续管控山林川泽？或者说先秦、秦汉国家制定和实施相关制度所针对的那些财政经济问题已经得到解决？从若干方面来看，答案似乎是肯定的。随着社会经济转型完成，衣食更加倚重耕种饲养，而采集捕捞的地位持续下降；"百工"生产原本主要依恃山泽天然资源，但在汉代以后从生产内容到原料结构都在不断变化。更重要的是，先秦诸侯在疆域狭小而交通、商业均很落后的条件下，基本上只能依赖本地资源。随着统一国家建立，朝廷通过漕转、商贸特别是赋税征收，可在前人难以想象的辽阔区域获得极其丰富的物资，资源之忧不断纾解。最直接的原因，可能还是国家财政体系的变化，虽然皇家奉养和朝廷财政依然是分开的，但是经过制度逐步调整，前者不再仰赖于"山泽之征"。因此不必奇怪：南朝迫于时势压力放弃了国家垄断山泽的权力，而隋唐重振中央集权之后并未锐意收复，对山林川泽控制和自

---

① 《宋书》卷五四《羊玄保附兄子希传》。

然资源保护还是心不在焉。

对比《周礼》《礼记》和秦汉相关律令、诏书，可知魏晋以后历代国家对自然资源保护的重视程度逐渐减弱。国家法令、皇帝诏书固然时常提及相关事务，但是除了因袭前人以作形式上的申训，对山林川泽管理和森林、动物资源保护基本上起不到实际作用。历代王朝真正用心的是京畿周围以及朝廷专门设置的少数封禁之地，其中包括皇家苑囿。从西汉上林苑到清代木兰围场，可谓代代相继，这些专属禁地乃供皇家射猎、娱乐或观兵习武之用，从中获取的果蔬猎物专供国家祭祀和皇家贵族消费。历史记载显示，有些禁苑占地面积广大，保有相当丰富的野生动植物资源。例如，曹魏时期曾在河南荥阳一带设有"广轮千里"的禁地，不许百姓捕猎，其中的麋鹿以及其他野生动物数以万计。① 此外，对于某些稀缺、紧要资源，国家抑或设立专门机构实施管控，历代对鄠杜竹林、淇园竹林的持续管理即是一例。但对更广泛区域山林川泽的管控乃是愈来愈松弛，直至放任不管。

与先秦、秦汉相比，唐代法制对山林川泽的重视程度可谓天壤、云泥。《唐律疏议》是东亚地区迄今仍然完整保存的最早一部大型法典，遍检全书，关于山林川泽管理和自然资源保护仅有寥寥数语。②《唐六典》记载工部所属"虞部""水部"具有山泽管理职

---

① 当时一位名叫高柔的大臣上奏称：那里"群鹿犯暴，残食生苗，处处为害，所伤不赀。民虽障防，力不能御。至如荥阳左右，周数百里，岁略不收，元元之命，实可矜伤。方今天下生财者甚少，而麋鹿之损者甚多"他还特别做了一个估算，称："今禁地广轮且千余里，臣下计无虑其中有虎大小六百头，狼有五百头，狐万头。使大虎一头三日食一鹿，一虎一岁七百二十鹿，是为六百头虎一岁食七万二千头鹿也。使十狼日共食一鹿，是为五百头狼一岁共食万八千头鹿。鹿子始生，未能善走，使十狐一日共食一子，比至健走一月之间，是为万狐一月共食鹿子三万头也。大凡一岁所食十二万头。其雕鹗所害，臣置不计。以此推之，终无从得多，不如早取之为便也。"《三国志》卷二四《魏书·高柔传》裴松之注引《魏名臣奏》。

② 包括"毁伐树木稼穑者，各准盗论"，"诸占固山野陂湖之利者杖六十"，"诸于山陵兆域内失火者徒二年，延烧林木者流二千里"，"诸失火及非时烧田野者笞五十"。据刘俊文撰《唐律疏议笺解》卷一九，中华书局1996年版，第1369、1824、1889、1892页。

责，但"虞部"相关职掌除"凡京兆、河南二都，其近为四郊，三百里皆不得弋猎、采捕"一条外，大抵只是因袭《周礼》旧文；至于"水部郎中员外郎"的相关职掌，竟说"其余陂泽、莞蒲、秔稻之利，盖不可得而备云"①！如此草草而漫不经心究为何故？只需翻阅《唐六典》《通典》《元和郡县志》《新唐书》等关于土贡的记载，即可豁然明了。通检唐代史籍，关于禁渔猎、罢贡物的诏令和言论颇有所见，但多是寻章摘句、套话连篇；皇帝时或下诏禁屠、捕，但并非为了保护自然资源，而是出于某种宗教政治目的（武则天最典型），乃至因此不惜断绝亿兆百姓正常生计，弄得天下嗷然。其实皇族、显贵才是最大的屠夫！为了满足怪癖和奢靡的生活，他们既残害生物，更虐役百姓。例如，唐中宗之女安乐公主以百鸟羽毛织裙，百官之家竞相仿效被史家称为"服妖"②，造成了严重的生态、社会灾难。为了获取特种药物，官府役使众多百姓冒险大量射麝、捕蛇，一首《商山》和一篇《捕蛇者说》就足以说明问题。③

唐朝国力鼎盛，睥睨当时世界，至今思有荣耀。然以有限史料观之，其思想界和统治者在自然资源保护方面皆无多少长进，而流俗物质生活往往背离"生生之道"。如今深受诟病的捕食野生动物的习惯在那时十分普遍，虽然应予"历史同情之理解"，但是像岭

---

① 《唐六典》卷七。
② 《旧唐书》卷三七《五行志》记载：安乐公主"有尚方织成毛裙，合百鸟毛，正看为一色，旁看为一色，影中为一色。百鸟之状，并见裙中。凡造两腰，一献韦氏，计价百万。又令尚方取百兽毛为韀面，视之各见本兽形……自安乐公主作毛裙，百官之家多效之。江岭奇禽异兽毛羽，采之殆尽"。直到开元初年，名相姚崇、宋璟执政，才谏议禁止，"采捕渐息"。
③ 曹松《商山》诗云："垂白商于原下住，儿孙共死一身忙。木弓未得长离手，犹与官家射麝香。"柳宗元《捕蛇者说》早为众所习诵，不具。据记载：唐代皇室多患"风疾"（如今高血压之类），因而天下州郡多贡麝香、蚺蛇胆之类药材。唐代野生动物保护和山林川泽利用的具体情况，可参见夏炎《中古野生动物资源的破坏——古代环境保护问题再认识》，《中国史研究》2013年第3期；夏炎《古代山林川泽利用问题再检讨——以"公私共利"原则为中心》，《安徽史学》2013年第6期。

南地区的吸猴脑、食孔雀、炙象鼻之类酷虐食俗,着实令人思之极恐。正如汉代社会崇尚漆器导致漆树资源枯竭那样,唐代社会的某些消费亦导致特定物种生机断绝。舒元舆曾专门撰文悲叹剡藤资源枯竭,他愤愤不平地说:"藤虽植物者,温而荣,寒而枯,养而生,残而死,亦将似有命于天地间。""藤生有涯,而错为文者无涯,无涯之损物,不直于剡藤而已。"① 这种自然关怀和资源忧患意识在当时实属难得。

宋朝崇尚文治,思想文化昌明,在认识思考自然、生命和天人关系方面似乎显著提高了境界,突出体现在宋明理学自然观念、生命意识和生态伦理中,对此哲学界已经做了大量研究。人与野生动、植物的关系或许不能跻身理学主题,然而理学倡导"格物致知""即物穷理",感悟生命意义,体会天地"生意",弘扬仁学精神,先秦诸子自然生态思想的种子在理学园圃中绽放出了更加温润的花朵。理学家们从易学"乾父坤母"出发探求世界本体,寻找生命之源;从天地"生生"大德体察生命的张力和生命河流的荡漾;他们绍述先儒志业,继续探询"人之所以为人者",把"老吾老以及人之老,幼吾幼以及人之幼"的社会道德和恻隐仁恕之心推向更加辽阔的有情世界,倡导"天地万物一体之仁";他们(特别是朱熹、王阳明等人)不时诠释和发挥先秦诸子特别是儒家经典中有关生物保护的内容,将其援引为理学思考的凭据和素材;他们认为人与草木鸟兽虫鱼一气相通,是聚生、互养的生命共同体。总之,他们在探询社会道德与自然道德的有机统一,追求像张载"民胞物与"那样的思想境界。

宋明理学的自然观念和生态思想自非一夜酿成。先秦儒家播植的种苗,释、道思想的长期洗礼,魏晋以降文人雅士的玄思、感

---

① 舒元舆:《悲剡溪古藤文》,载姚铉编《唐文粹》卷三三下,《四部丛刊》本。

悟，特别是自然审美体验，都为之提供了丰厚而沃腴的水土。或许因为理学滋润，宋朝皇帝们关于生物保护的训示更具底蕴和温情。[①]但是，与先秦诸子积极出谋划策不同，宋明理学家（包括力倡"知行合一"的王阳明）的思想理论是高明的，同时也是高悬的，萦回于脑海、深藏于书册，至多是同道交流，并未由知而行，更未对流俗的物质生活和环境行为发挥多少引导作用，同普通民众生计活动相隔千里。

　　历史往往就是如此：少数人的高明思想未必能够引导大社会的高尚行动，个体的人常常难以做到"知行合一"，思想上已经觉悟的人未必都能真正放弃物质消费欲望。更重要的是，人是社会动物，难以摆脱时代风气影响，不良消费时尚常常诱导对某些生物产品的疯狂渴求，一旦形成风气，便是恶俗难除。古往今来，许多珍稀生物资源就是这样不断耗减。就宋代的情形而言，固然产生了最高明的生命哲理和生态思想，但时人为了获得肉食、药材、毛皮、雅器和饰品等，毫不顾惜地戕害自然生灵。他们为了追逐风雅而肆意残杀，与前代相比实有过之而无不及，自然资源特别是野生动物惨遭破坏的程度超过以往时代。[②] 两宋时期，为了追逐时髦消费而残害生灵的情况可谓司空见惯、日益炽盛。宋高宗绍兴二十九年（1159年），知枢密院事陈诚之上言说："窃见民间轻用物命，以供玩好，有甚于翠毛者，如龟筒、玳瑁、鹿胎是也。玳瑁出于海南，龟则山泽之间皆有之，取其壳为龟筒，与玳瑁同为器用。人争采捕，掘地以为，倒直坎中，生伐其肉。至于鹿胎，抑又甚焉。残二物之命以为一冠之饰，其用至微，其害甚酷。望今后不得用龟筒、

---

　　① 这从《宋会要辑稿》收录的30余道诏令可以感受得到。刘琳等校点：《宋会要辑稿》第12册，上海古籍出版社2014年版，第8387—8389页。

　　② 关于宋代生物资源利用和破坏的具体情况，可参见刘华《宋代自然资源的保护和利用》，《安徽师大学报》1996年第1期；张全明：《论宋代的生物资源保护》，《史学月刊》2000年第6期；魏华仙：《试论宋代对野生动物的捕杀》，《中国历史地理论丛》2007年第2期。

玳瑁为器用，鹿胎为冠，所有兴贩制造，乞依翠毛条禁。"其中提到的以鹿胎为冠饰，在此前时代闻所未闻。事实上，此事朝廷屡有禁令，北宋仁宗时即曾颁下《禁鹿胎诏》，南宋高宗至少四次下诏，但是始终未能禁断。① 这种表面风华、实极残忍的女性服饰消费恶俗，竟造成如此普遍猎杀，导致南方鹿类资源迅速枯竭，实在无法将其同文质优雅的宋代历史形象联系起来！

元朝是由北方民族主导建立的王朝，因具深厚的游牧、射猎传统，对山林草泽和野生动物的管理、保护反倒相对重视，这在国家律法有所体现，从《元史·刑法志》《元典章·围猎》中都可以发现许多规定。有学者指出："元朝时期的蒙古族统治者，把蒙古族传统生态保护意识带入了中原王朝的法律制度中，尤其对野生动物的保护，是中国历代中原王朝中最突出的。"② 这个判断大体符合史实。然而有限的管理和保护终究无法逆转山林川泽不断辟为田园农场的总体趋向，在"以农为本"的经济发展道路上，国家更重视的还是如何增加垦田以尽地力，那才是朝廷财赋的主要来源。明朝建立以后，朱元璋和他的子孙皇帝们心心所念，依然还是多少废耕土地尚未复垦，多少新垦荒地被计入田亩簿册，至于如何管理保护山林川泽自然资源，若非直接关乎国家用度、皇家生活（如木材采办、燃料供给等），他们便不是多么在意，大明律法中也少有相关规定。

三 封建晚期生态环境恶化与社会初步觉醒

直到清朝前期，朝廷一如前代那样鼓励扩大垦荒，以田亩数量增长作为主要经济发展指标，试图做到"地无遗利"。一部《皇朝

---

① 《宋会要辑稿·刑法二·禁采捕》，第8387—8389页。有关宋人杀鹿取胎情形，可参见王旭、郭声波《鹿胎消费与宋人的环保意识》，《中国农史》2016年第1期。

② 奇格等：《古代蒙古生态保护法规》，《内蒙古社会科学》2001年第3期。

经世文编》，省、州、府、县上报的新增田亩数字随处可见，只是越往后，上报的数字愈来愈小：先前上报的数字还是数十百亩，后来一亩、两亩都要上报。也就是说，清朝统治者仍然是以千年不变的惯性思维来经世治国，殊不知世道情势是随着时间推移不断改变的，不"通古今之变"势必招致祸端。在这方面，清朝的教训实在太广泛而且深刻了。

自西周始立"农本"国策，中国便义无反顾地步入定向化的农业文明轨道。传统农业时代，人们不断刊山伐木、垦辟草莱，将旱地和水田拓展到一切可能的地方，以期养活更多的人口。两千多年来，中国人口伴随战争动荡、王朝鼎革屡经大起大落，在震荡之中曲线增长。就全国而言，直到明代尚未突破传统农业技术条件下的自然资源（土地）承载力。所以历代统治者最关心的问题是如何增加人口、田亩，做到人尽其力、地尽其利，这关乎朝廷赋役来源。在那样的人与自然关系总体态势之下，向山林川泽获取野生资源以弥补耕织、饲养不足，被认为是正当的谋生，史书大量记录的故事是善良正直的思想家厉声谴责君主和权贵违背"与民共利"原则，独霸山泽，断绝贫民樵苏生计。在18世纪以前，若说国家和社会对山林川泽自然资源多少有些保护的话，其主要内容是通过控制采捕时间和强度，保护草木鸟兽鱼虫的孳育再生能力，使之不致耗竭灭绝。但无序和过度樵、猎只是野生动、植物资源渐趋耗减的原因之一，其主要原因还是农田不断排挤林地草场，占夺了野生动物栖息之地。

在经历所谓"康雍乾盛世"之后，自然条件较好的区域已被垦辟殆尽，农业经济的平面扩张已到尽头，自然环境发生了翻天覆地的变化，局部地区、个别流域的问题迅速演变为全国性危机，问题和危机的性质及其应对之策也在发生根本改变。先秦诸子的"王政"理想、中古士人的自然美感和宋明理学家的浪漫自然主义都随着人口暴增、资源耗竭和民生日艰而崩塌。可以说，所谓"三千年来未有之变局"，不仅包括中国与世界的关系，也包括人与自然的关系。日益深重的危机，迫使中国社会全面检讨经济发展的环境影响，有识之士愈来愈察觉：更须关切和应对的问题不再是砍伐、捕杀有伤"天地之和气"，而是盲目、无序和过度垦殖造成水土流失、土地贫瘠、水系紊乱和灾荒频仍。流域性乃至全国性的生态—经济—社会系统危机，推动了以山林湖泽保护、水土保持和江河治理为重点的"环境觉醒"。

中国自古以农立国，先哲不可能不知晓水土环境的重要性。《荀子》早就注意到鱼鳖禽兽蕃息需要良好的生境，故云"川渊深而鱼鳖归之，山林茂而禽兽归之""川渊枯则龙鱼去之，山林险则鸟兽去之"①。而包括人类在内各种生物生境的最基本构成要素就是水、土。《管子》有《地员》《度地》两篇专论土地类型、区域分布和利用之宜，其《水地》更是强调了水、土的本源意义，指出："地者，万物之本原，诸生之根菀也。""水者，地之血气，如筋脉之通流者也。"水是"万物之本原""诸生之宗室""万物莫不以生"。该书甚至详论了水质与物性乃至人类体质和禀性的关系——尽管包含着某些神秘、玄幻的想法。

然而古人对动、植物之于水土环境的生成和调养作用，特别是林草涵蓄水分、保持土壤的重要作用却迟迟未能充分认识，对山水林湖田草诸多要素的综合协同性和流域生态环境的系统整体性，更是长期缺少基本了解。西汉时期，黄土高原土地垦殖已经造成严重的水土流失，人们已经发现"泾水一石，其泥数斗"的事实，但是极少深究其背后的原因；只看到了其"且溉且粪，长我禾黍"的好处，却未能察觉其巨大的隐患。② 西汉时期，黄河频繁决溢，已经

---

① 《荀子·致士》。
② 《汉书》卷二九《沟洫志》。

进入第一个多灾期，时人并未试图找出祸根，更缺少流域整体观念。贡禹曾说："斩伐林木亡有时禁，水旱之灾未必不由此也。"①算是隐约有所感觉，但语气并不确定。到了北宋时期，华北平原水土环境渐趋恶化，黄河已成"地上悬河"，决溢泛滥频繁而严重，然而当时社会依然不知祸端所起，缺少林草保护和水土保持意识，只知在下游消极应对。反倒是"引淤灌溉"搞得热热闹闹，在王安石推行《农田水利法》期间更是热火朝天，朝野纷言其利，连皇帝都是喜不自胜。②北宋以后八百多年来，黄河水患日巨，多次发生重大改道甚至夺淮入海、由运入江。辽阔的黄淮海大平原上黄龙摆尾，巨祸频生：大潦行时，田庐漂没，千里浮尸；洪水过后，故道石碛，泽淀堙废，极目眺望，俱是亢陆。于是水旱交煎，民生穷蹙，国家巨费，只知于下流疏排治标，竟不知在中游育林治本，直到清代才真正醒悟。

南方地区大规模开发较晚，环境危机亦较迟发生。与北方相比，那里的自然环境更加优越，具有更大经济发展潜势。然而，不论自然条件何等优越，土地开发和利用都有一定限度，过度垦种必定适得其反。在这方面，南方的教训更加令人唏嘘。清初著名学者顾炎武曾有如下一段议论，称：

> 先王之法，无弃地而亦不尽地。田间之涂九轨，有余道矣。遗山泽之分，秋水多得有所休息，有余水矣。是以功易立而难坏，年计不足而世计有余。后之人一以急迫之心为之。商鞅决裂阡陌，而中原之疆理荡然。宋政和以后，围湖占江，而

---

① 《汉书》卷七二《贡禹传》。
② 有关情况，可参见汪家伦《熙宁变法期间的农田水利事业》，《晋阳学刊》1990年第1期；李金水《熙丰时期农田水利法取得的主要成果及其原因》，《中国社会经济史研究》2006年第5期；朱正西等《试论北宋〈农田利害条约〉的内容及影响》，《山西农业大学学报》（社会科学版）2016年第5期等。

东南之水利亦塞。于是十年之中，荒恒六七，而较其所得，反不及于前人。子曰："无欲速，无见小利。"夫欲行井地之法，则必自此二言始矣。①

顾氏所推崇的"先王之法"是"无弃地而亦不尽地"。他特别引证两条史料说明早在宋代江南过度围湖造田已生弊端，②其弊在于一味贪图小利、不顾大局，与水争田过度占夺了必要的蓄泄空间。通观南方开发历史，可知六朝而下，江南湖泽平原土地垦辟由小块围湖造田到区域全面开发，规模持续扩大，速率不断加快，直至唐末五代形成旱涝保收和多功能协调的"塘浦圩田系统"。然自北宋伊始，江南围湖造田渐渐失序，塘浦圩田系统随之瓦解。宋室南渡以后，权势之家大肆围垦，侵夺百姓生计，戕害水府生灵，更是造成日益严重的水系紊乱，环境危机不断加重。③

及至南宋，江南平原已尽垦辟，与林争地、垦山种植在局部地区也开始酿成祸患。魏岘记载："四明水陆之胜，万山深秀。昔时巨木高森，沿溪平地，竹木蔚然茂密，虽遇暴水湍激，沙土为木根盘固，流下不多，所淤亦少，开淘良易。近年以来，木植价穹，斧斤相寻，靡山不童。而平地竹木，亦为之一空。大水之时，既无林木少抑奔湍之势，又无包揽以固沙土之□，致使浮沙随流而下，淤

---

① 顾炎武：《日知录》卷一〇《治地》。
② 其一引《宋史·刘韐传》云："鉴湖为民侵耕官田，收其租岁二万斛。政和间涸以为田，衍至六倍。"查《宋史》卷四四六《忠义一·刘韐》，应作"鉴湖为民侵耕，官因收其租，岁二万斛。政和间涸以为田，衍至六倍。"改"因"为"田"，一字之差，意思全然不同，不知是顾氏原本错引，还是《日知录》传刻之误？其二引《文献通考》（见该书卷六《田赋六·湖田围田》）云："圩田、湖田多起于政和以来。其在浙间者隶应奉局，其在江东者蔡京、秦桧相继得之。大概今之田，昔之湖。徒知湖中之水可涸以垦田，而不知湖外之田将胥而为水也。"
③ 关于宋代以后长江中下游围湖造田、与水争田及其环境恶果，中日学者已经取得非常丰富的成果，不胜征引。宋代概略情况可参见郑学檬《宋代两浙围湖垦田之弊——读〈宋会要辑稿〉"食货""水利"笔记》，《中国社会经济史研究》1982年第3期。

塞溪流，至高四五丈，绵亘二三里，两岸积沙，侵占溪港，皆成陆地。"① 这大概是现存古籍中关于南方毁林垦山造成水患的最早论说，遗憾的是仍未能引起世人高度警觉。

自宋元以下及于近世，长江流域一步步重蹈黄河流域历史覆辙，流域生态特别是水土环境在清朝中期迅速恶化。从明朝开始，愈来愈多的人士通过切近的事实甚至亲身经历认识到：盲目垦山播谷造成环境恶化，终致经济凋敝，其关键点在于荡毁林木。明末阎绳芳记载：太原府祁县昭余池一带在正德以前"树木丛茂，民寡薪采"，因而水泉丰美，"溉田数千顷，祁以此丰富"。至嘉靖时期，"民竞为居室，南山之木采无虚岁，而土人且利山之濯濯，垦以为田，寻株尺蘖必铲削无遗。天若暴雨，水无所碍，朝落于南山而夕即达于平壤，延涨冲决，流无定所，屡徙于贾令南北，而祁之丰富减于前之什七矣"②。在南方，嘉靖年间郧西县令胡岗称：其县水灾严重，与县郊东山林木毁坏有关，"先是山有林木，及时疏浚，居民安堵。其后，因民图利陆续开垦，锄种麦黍，骤雨淋冲，则石泥滚壅，年复一年，失于浚导，以致浸没，为害匪细。余令业主冯激等各自歇荒，多蓄树木，以供税粮，是亦弭患塞源之要也"③。

由于南北各地情况复杂，开发有先有后，官民对毁林垦殖后果的认识和反应也不一致。即便有所认识，亦往往因长期保护与当下生计存在矛盾而纠结。梅曾亮在《书棚民事》中详细讲述了他在皖南宣城山地棚民垦种问题上的认识转变和思想困扰，其事利害相兼、左右为难，让他很是感慨。但他非常清晰地描述了毁林前后山地环境的变化——"未开之山，土坚石固，草树茂密"，降雨之时，

---

① 魏岘：《四明它山水利备览》卷上《淘沙》，中华书局1985年版，第4—5页。
② 阎绳芳：《镇河楼记》，引自乾隆《太原府志》卷一〇《水利》，《中国地方志集成》本。
③ 同治《郧西县志·艺文》收录胡岗《疏浚水道记》，《中国地方志集成》本。"以供致粮"，"致"应为"税"。

雨水"从树至叶，从叶至土石"，"其水下也缓，又水下土石不随其下"，"故低田受之不为灾，而半月不雨，高田犹受其浸溉"；毁林开荒以后则"一雨未毕，沙石随下，奔流注壑涧中，皆填污不可贮水，皆至洼田中乃止，及洼田竭而山田之水无继者，是为开不毛之地而病有谷之田"。这是广大南方山区的普遍情形和两难课题。①

毁山恶果远远不只祸害山区，而是关乎流域全局。在这方面，清代的历史教训至为沉痛，最突出问题是长江水患骤起，当时一批有识之士的思想认识已经达到相当高度。道光年间，长江接连大水，魏源提出一个"千年之问"。他问道：

> 历代以来，有河患无江患。河性悍于江，所经兖、豫、徐地多平衍，其横溢溃决无足怪。江之流澄于河，所经过两岸，其狭处则有山以夹之，其宽处则有湖以潴之，宜乎千年永无溃决。乃数十年中，告灾不辍，大湖南北，漂田舍、浸城市，请赈缓征无虚岁，几与河防同患，何哉？②

长江流域水患骤然而起，祸害之巨直逼黄河，不能不引起朝野高度关切。故魏源、陶澍、林则徐等一批施政经验丰富、思想见识卓越的人士都在思考水患根源及其解决方略，他们基本弄清了水患骤起的三大原因：一是山区"与林争地"过甚，造成山洪下泄速率加快，泥石俱下淤填湖泊、堵塞河道；二是平原肆意"与水争地"，侵夺湖泽，造成洪水无所停潴，滞洪能力严重下降；三是渚洲沙田垦殖，不断侵占江河水道，阻滞洪水宣泄。他们几乎无一例外地指证山区森林破坏的重要"贡献"，提出了不少对策包括"退耕还

---

① 梅伯言：《柏枧山房文集》卷一〇《书棚民事》，见国家清史编纂委员会编《清代诗文集汇编》第 552 册，上海古籍出版社 2010 年版，第 570 页。
② 魏源：《湖广水利论》，《魏源全集》第 12 册，岳麓书社 2004 年版，第 365 页。

林"。应该说，他们的观察是很用心的，思考也有见地，具有宏观意识。① 比起黄河水患之谜千年不解，清人把脉长江水患颇有值得肯定之处。但是，在当时的历史条件下，由于牵扯太多复杂因素，特别是盘根错节的利益关系，大多可想而不可为，只能扼腕兴叹。

随着人口剧增，传统农业生产技术条件下的人地矛盾迅速尖锐起来，愈来愈多的环境生态问题不断扩展、叠加。及至清朝中期，日益严峻的自然—经济—社会局势，终于引发了一场与先秦资源忧患意识相当不同的环境觉醒和以护林、保土为重点的环境保护运动。

其主要表现之一，是愈来愈多的人士清楚地觉察到：民生经济困蹙，不再只是由于未尽人力，而是由于自然资源日益枯竭。乾隆中期，官献瑶在其经筵讲义中发表了一个长篇大论，其中有云：

> 今自大江以西，五岭以南，大概而论，山林邱陵居平地三分之一，而山则一望而皆童，林则一望而如赭，高林大邱，羽毛齿革，地实生焉，今多弃之，与不毛之土等。而长淮以南，大河以北，大薮大泽，古之凫雁鱼，充牣其中者，今第为积水之壑而已；又燕冀齐鲁，地宜种植果蔬，今车辙所经，间里井宿之间，所谓千树枣、千树栗者，不数见也。②

官氏依然相信那只是由于经营不善和管理不力，认为通过明立禁条，惩罚焚山林、竭川泽、漉陂池和盗取横侵者，激励官员积极作为，即可改善。他基于儒家治国安邦理念而提出的建议显得有些老套和不通时变，与之约略同时的陈宏谋、杨双山、张履祥等人都

---

① 可重点查阅魏源《湖广水利论》，见《魏源全集》第 12 册，第 365—367 页；李祖陶《东南水患论江西水患附》，见葛士浚编《皇朝经世文续编》卷九三《工政六水利通论》。

② 官献瑶：《经筵讲义二篇》，见贺长龄辑《皇朝经世文编》卷一〇《治体四·政本下》，中华书局 1992 年版。

是这样想的，而且尝试积极去做，但都未能改变大清帝国逐渐没落的历史命运。

其主要表现之二，是清中期以后，毁林垦种导致泉枯、土瘠、民贫的生态—社会恶果，已经形成相当普遍的共识，不但各地民众和地方官有愈来愈真切的感受，久居高堂的大官僚们也都清楚[1]，故大小官员讨论备荒事务，多以培育山林作为重要对策之一。乾隆时鲁仕骥撰《备荒管见》，其"培山林"一项称："山多田少之地，其田多硗。夫山无林木，濯濯成童山，则山中之泉脉不旺，而雨潦时降，泥沙石块与之俱下，则田益硗矣。必也使民樵采以时，而广畜巨木，郁为茂林，则上承雨露，下滋泉脉。雨潦时降，甘泉奔注，而田以肥美矣。"[2] 由于具备了这些思想认识，护林种树便理所当然地被视为各地山区环境保护的最紧要事业。更加值得注意的是，基于这些思想认识，社会上下掀起了一场规模可观的山林保育和水土保持运动，而国家对山林川泽的管控也有所收紧（尽管在很大程度上是为了防止流民啸聚山林形成对抗朝廷的异己力量）。设立护林、禁伐、育林之类碑刻是当时各地实施山林保护的常见举借。根据倪根金的调查可知：以水土保持作为明确目标，以地方官府禁令和村寨甚至宗族规约等多种形式而出现的护林碑，在雍正以前已经陆续出现，乾隆以后则迅速增加，以南方各地居多[3]。这意味着南方山区大规模流民垦殖，在乾隆时期迅速而广泛地显现出恶劣后果，迫使各地官民不得不认真应对。史料还显示：清代中后期，在护林种树以保水土方面，官府与民间表现出了古代相当少见的目标一致和互动互补，环境意识觉醒引起了一场广泛的护林保土

---

[1] 例如雍正十二年（1734年）内阁学士凌如焕上奏谈及垦山之弊，见于《清世宗实录》（二）卷一四四，中华书局1985年影印本，第806页。

[2] 贺长龄辑：《皇朝经世文编》卷四一《户政十六·荒政一》。

[3] 倪根金：《明清护林碑研究》，《中国农史》1995年第4期；《中国传统护林碑刻的演进及在环境史研究上的价值》，《农业考古》2006年第4期。

运动，就连云南等省少数民族地区亦不稍逊色。这是一个相当值得注意的历史现象。

结　语

环境治理直接影响民生福祉，进而关乎经济盛衰、社会治乱和家国兴亡，自古即是一个重大而复杂的国家事务。现代环境治理更是具有空前的广域性，需要综合协调自然、经济、社会诸多领域无数的因素和庞杂的关系，必须以国家力量作为主导，广泛动员、调集和组织政府、企业和其他社会力量，综合运用科技、经济、法律、行政、教育和宣传等各种机制和手段，积极转变生产、生活方式，全面调和人类系统与自然系统之间物质变换、能量流动、信息传递和新陈代谢关系。环境治理的基本目标是保护自然资源再生能力和生态系统服务功能，根本目的是以自然环境健康、生态系统稳定作为基本前提，推动社会经济可持续发展，保障人民生活幸福、身体健康和生命安全。

"环境治理"毫无疑问是一个当代概念，但现实是历史的发展和延续。如今面临的各种环境问题，有许多是在漫长的历史上积渐所至，环境治理的许多具体事务早在文明初期甚至更早的原始时代就已经开始。建立现代环境治理体系，促进治理能力现代化，必须借鉴历史经验教训。只有透过时间纵深洞察人类生存发展需要与自然环境承载能力两者关系的长期变化，才能广泛求取并且真正持守人与自然和谐共生之道。

自秦朝而下两千多年，环境治理牵连广大区域的自然和社会问题，因相关事务关联众多部门和行业，故以往学界在农林史、水利史、灾害史、疾病史、断代史、区域史、城市史……众多专史视域之下分别做过大量探讨，最近几十年环境史学者也有不少研究，可知在此漫长时间里，既取得了非常丰富的成功经验，也积累了十分惨痛的失败教训，它们都可为当今和未来环境治理提供重要资鉴。由于相关史实不胜枚举，问题错综复杂，充满矛盾纠葛，这里无法全面讲述和详细论说，只能综合前人成果略陈浅见。

古往今来的所有环境问题都不外乎人与天、地的关系。"天"的因素包括天时、天气、气候状况及其短期和长期变化；"地"的因素则包括水、土、生物和矿藏的资源禀赋、空间状态和生态关系。基于对"天人之际"世界万象的经验观察，两千多年前的中国先哲创立了"三才"学说和阴阳五行理论，勾画了一个天、地、人有机统一的广域生态系统思想框架。在"以农为本"的时代，人们通过参赞天地化育展现生命力量，实现生活愿望。然而天地造物、阴阳消息和自然运行都不以人的意志为转移，更非专为满足人的需要。"先在的"自然界，既为人类生存发展提供各种条件，也对人类活动造成诸多限制和障碍，人类自诞生伊始，就须努力适应自然、改变环境，不断调适天、地、人众多因素之间的复杂关系，农业时代主要表现为因时、因地、因物制宜地开展耕种、牧养，并从事其他经济生产和社会实践活动。在此过程中，周遭自然环境逐渐被"人化"甚至被"人工化"。成千上万年来，人类采用各种方式不断改变所在地区的原始自然生态面貌，既营造了符合自身意愿和目的的新环境，同时也人为造成了愈来愈多的环境问题。

根据"三才"学说，天、地、人的基本物质关系是天生、地养、人成，这无疑是基于农业时代的社会实践。[①] 农业的本质是人

[①] 汉儒董仲舒曰："天地人，万物之本也。天生之，地养之，人成之。"据苏舆撰，钟哲点校《春秋繁露义证》，中华书局1992年版，第169页。自《易经》以下，诸家经典都对天、地、人的关系有过不少论说，具体表述时有差异。例如《荀子·天论》云："天有其时，地有其财，人有其治，是之谓能参"；《吕氏春秋·审时》曰："夫稼，为之者人也，生之者地也，养之者天也"。李根蟠曾有多篇论文系统论说相关理论的农业实践基础及其生态文化意涵，如《"天人合一"与"三才"理论——为什么要讨论中国经济史上的"天人关系"》，《中国经济史研究》2000年第3期。

类通过主动干预动植物的生命过程来获得经济产品，适宜的气温和适量的降水是植物生长和动物繁育的必须前提，而异常气温和降水必定对农业生产造成不良影响，进而影响食物和其他生活资料供给，达到一定严重程度则引起社会动荡不安。因而，从很古老的时代开始，人类就不断观察和思考"天变"与"世变"的关系，而大量现代科学研究亦证实气候冷暖干湿变化与社会经济涨落起伏具有一定耦合性和周期性。在中国古代，气候条件深刻影响了经济发展格局，规定了农耕拓殖方向，而显著气候变化时或成为重大历史变动的幕后推手，民族迁移、社会治乱、政权分合和王朝兴衰都与气候变化有所关联。然而"天"的因素自古至今都是最模糊、善变和难以把握的——固有昼夜更替、四季改换和寒暑往还的恒定节律，更有阴晴风霜雨雪的瞬时变化，还有周期性的气候冷暖干湿变迁，它们通过极其复杂的机制作用于人类社会。大致而言，社会生产力越落后，人们应对气候变化的能力就越孱弱，而气候变化的负面作用也就越严重。但那些主要是就自然"天变"而言。进入工业时代以来，人类活动特别是碳排放对气候变化的"贡献"持续增加，如今已经成为全球最大环境难题之一。

要之，古人面对上天，常常深感无能为力，只能被动适应和顺从。因此之故，中国先贤一直强调"知天""敬天""应天""顺天"，虽不否定人的能动作用（荀子甚至主张"制天命而用之"），但一致反对逆天而行、与老天作对。与之形成鲜明对照的是，面对苍茫大地，先民表现了主动作为、积极进取的精神。成千上万年来，在辽阔的山川土地、湖泽海洋上，人们奋力开拓，采用一切可能的方式整治水土、营造田园和培育物种，以应天道、奉天时、盗天功和防御天灾，同万类生灵的交往不断扩大和加深。换言之，人们不但积极治"地"，还治"地"以应"天"。这是中国古代环境治理的一个基本特征。

自秦汉至明清，随着农业经济不断拓殖，中国大地景观发生了沧海桑田式的巨大改变，环境治理伴随此一宏大历史进程持续展开，拓荒者的脚步行至何处，何处便开始环境治理活动。大要而言，当一个区域尚处初步开发阶段，环境治理主要是开启山林、垦辟草莱、开凿陂塘沟渠，改变水土环境的原始自然状态，使之适于农耕种植；随着经济发展、人口增殖，人口与资源的关系（特别是人地关系）渐趋紧张，因山泽过度垦辟、林木过度消耗等所导致的诸如水土流失、水系紊乱之类的环境问题逐渐出现，并引起频繁而严重的灾害和饥荒，国家和社会不能不投入愈来愈巨的人力、财力和物力予以应对。由于社会经济"以农为本"，国计民生皆系于垦田种植，而水利则是农业的命脉，故两千多年的环境治理，自始至终都以治水营田作为第一要务，付出最大努力，取得最大成就，而最大失误和教训亦在于此。

前面已经指出，古代国家环境治理素重治水，历代王朝都致力于兴水利、除水患，这是它们行使治国施政职能的一个主要表现，一些史学家把传统中国称作"治水社会"或"水利社会"，并非全无根据。自楚人孙叔敖主持凿芍陂、魏人开西门豹渠、秦国在关中修建郑国渠获得灌溉之利，而李冰治蜀建造都江堰，更使成都平原成为旱涝保收的"天府之国"，至西汉时期，"天下争言水利"，封建国家建设大型水利工程，最终形成强固传统。此后两千多年，由地方官府、循吏主持和组织兴建的大小水利工程不计其数，而北方黄河水患治理、南北大运河全线贯通和持续疏浚、江南地区塘浦圩田建设和三江治理、东南沿海捍海堤塘和长江防洪大堤建设，等等，更是朝廷持续关注和直接参与的关键工程，人、财、物力耗费巨大，自贾让、王景、裴耀卿、郑亶、单锷、任仁发、郭守敬、潘季驯、徐贞明、徐光启……无数贤能之士为此殚精竭虑、穷尽智思。作为水土环境治理的一项主要事务，历史上的水利工程建设，或蓄水引流以资灌溉，或防洪御涝以护田园，或开通水道以通漕运，抑或凿渠引流以资城市日用……大抵都是为了解决水源时空分布不均问题。如此高度重视水利，乃因人类栖居和劳作的大地是一个庞大生命共同体，山石为其骨，土壤为其肉，而水则是她的血液，必须充盈而畅通，正如明代人俞汝为《荒政要览》所言："水利之在天下，犹人之血气然，一息之不通，则四体非复为有矣。故大如江河川泽，微而沟洫川浍，其小大虽不同，而其疏通导利，不可使一息壅阏则一也。"① 一旦发生江河淤塞、湖泊堙废、洪水泛滥、陂塘干涸，必定造成各种危害。

当然，水利建设最直接地而且主要是服务于农业生产。在中国历史上，农田垦辟与水利建设始终相辅相成，不能须臾分离，农业经济发达区域也必定是水利建设重点区域。对此，前举冀朝鼎的研究已有充分论证，而中外学者关于中国古代农田水利史、水利社会史的著述已是汗牛充栋，无须赘论。在此需要特别指出的是，在积极治水的同时，因地制宜积极开发、充分利用和精心养护各种类型土地，也是中国古代环境治理的一个优良传统，历史意义之巨大并不稍逊于水利建设。

两千多年来，随着不同时空人地关系变化，中国先民曾经创造多种多样的土地利用形式。他们根据气候（降水）、地形、土质、水文等自然条件，把东西南北辽阔荒野垦辟为不同形制和类型的农田耕地，除北方旱地、水浇地和南方水田等几个大类划分外，还有众多的具体形式和类型，明末著名政治家和农学家徐光启在《农政全书》一书中就罗列了区田、圃田（种蔬果之田）、围田（即围湖造田，长江中游多称垸田）、架田（葑田）、柜田（其制似围田，但规模狭小）、梯田、涂田、沙田（西北地区则有砂田），等等。

---

① 徐光启撰，石声汉校注，西北农学院古农学研究室整理：《农政全书校注》，上海古籍出版社1979年版，第281页。

其中的围田、梯田分别是平原湖泽和丘陵山区土地利用的两大典型。徐光启解释说：

> 围田，筑土作围，以绕田也。盖江淮之间，地多薮泽，或濒水不时淹没，妨于耕种。其有力之家，度视地形，筑土作堤，环而不断，内容顷亩千百，皆为稼地。后值诸将屯戍，因令兵众，分工起土，亦仿此制。故官民异属。复有圩田，谓叠为圩岸，捍护外水，与此相类。虽有水旱，皆可救御。
>
> 梯田，谓梯山为田也。夫山多地少之处，除磊石及峭壁，例同不毛。其余所在土山，下自横麓，上至危巅，一体之间，截作重磴，即可种艺。如土石相关，则必叠石相次，包土成田。又有山石峻极，不可展足，播殖之际，人则伛偻蚁沿而上，耨土而种，蹑土而种，蹑次而耘。此山田不等，自下登陟，俱若梯磴，故总曰梯田。[①]

但是，农业空间平面开拓并非古代经济唯一的发展方向。如何善待既有耕地，保证农业经济持续发展增长，也是古代环境治理的一个重要任务，其中的经验和教训对当今农业生态保护和农村环境治理，可能更具有借鉴意义。

我们知道，农作物生长需要具备良好的生态环境，提高农业产量，必须不断建设、改善农田生态系统，特别是改良土壤、增进地力。在北方地区，古代旱农从刀耕火种、缦田撒播的粗放耕作到采用垄作、代田、区田，努力实施集中、高效的水肥管理，抗旱保墒，保证作物顺利生长；在南方地区，泽农则从"火耕水耨"起步，不断修治水土、熟化稻田，到了明清时代，长江三角洲和珠江

---

① 分别见《农政全书校注》，第114、119页。

三角洲土地利用的高效、集约程度达到了传统技术条件下的极致，创造了"桑基鱼塘""蔗基鱼塘""果基鱼塘"等生态农业经营模式，至今仍然具有非常重要的经济、生态和文化借鉴价值。千百年来，从"菑、新、畲"撩荒休闲轮作，到连作、间作、套作和多熟（如两年三熟、一年两熟、一岁三熟）种植，中国农民凭借自己的聪明才智，逐渐提高土地利用率，实现水、土、光、热、生物资源高效利用，增加单位面积土地产量，以约占世界7%的耕地养活世界将近1/4的人口，这不能不说是一个伟大奇迹。只是需要特别指出，数千年中国农业之所以能够创造这个伟大奇迹，之所以能够持续繁荣发展，乃是得益于另外一个伟大而且悠久的传统，这就是：敬畏、珍惜土地生命，用地、养地有机结合，积极变废为宝、培肥土壤。

全世界的农民都热爱土地，但珍爱土地达到中国古代农民那种程度者却很是少见。中国先民早就具备土地（土壤）生命意识，一向认为土地是有生命的，就像人的生命一样。这种宝贵思想主要表现在几个方面：一是认为土壤像生物一样有"气脉"，不同土壤具有不同气脉，而气脉决定土壤质地；二是土地就像人的身体一样需要不断滋养，"养地""养田"之类说法在中国流传久远，还有人特别发明"亲田法"[①]，特别强调要与土地亲近；三是通过人的努力，贫瘠土地可以改良为肥田沃土，而农田可以持久耕种而不发生地力衰竭。这些思想意识实践于生产过程，便是大力积肥，合理施肥，不断滋养增肥土地。

早在先秦时代，人们就已经认识到改良土地和维持土壤肥力的重要性。《周礼》记载了一个专门掌管土壤改良的官员，称："草人掌土化之法以物地，相其宜而为之种。凡粪种：骍刚用牛，赤缇

[①] "亲田法"见于明代人耿荫楼所撰《国脉民天》。

用羊，坟壤用麋，渴泽用鹿，咸潟用貆，勃壤用狐，埴垆用豕，强坚用蕡，轻爂用犬。"① 用不同家养或野生动物的粪便改良不同性质的土壤，在实际生产中很难真正做到，但其不同土壤施用不同粪肥的思想却是非常珍贵的。秦汉以后，历代农学著作都在论说积肥施肥、改良土地问题，并且与日常生产生活十分紧密地联系在一起，及至南宋时期，农学家陈旉更提出了"地力常新论"的重要思想，认为只要积极精心治理，土地非但不会出现肥力下降，还可以愈来愈加肥沃。他说："或谓土敝则草木不长，气衰则生物不遂，凡田土种三五年，其力已乏。斯语殆不然也，是未深思也。若能时加新沃之土壤，以粪治之，则益精熟肥美，其力常新壮矣，抑何敝何衰之有！"② 元代农学家王祯继承此说，认为："田有良薄，土有肥硗，耕农之事，粪壤为急。粪壤者，所以变薄田为良田，化硗土为肥土也。"③ 清代理学家杨双山甚至认为："垦田莫若粪田，积粪胜如积金。"④

  古代没有化肥，肥料都是来自日常生产和生活中的废弃物质。古人认为各种粪便、垃圾都有"余气"，可以用作肥料。清代人杨双山在《知本提纲》一书中对此做了精辟论述。作为一位理学家，他采用中国传统哲学中的"气"的概念来说明各种废弃物质的利用价值，提出"余气相培""化恶为美"的思想。他说："粪壤之类甚多，要皆余气相培。即如人食谷、肉、菜、果，采其五行生气，依类添补于身；所有不尽余气，化粪而出，沃之田间，渐渍禾苗，同类相求，仍培禾身；自能强大壮盛。又如鸟兽牲畜之粪，及诸

---

① 《周礼·地官司徒·草人》。
② 陈旉撰，万国鼎校注：《陈旉农书校注》，农业出版社1965年版，第34页。
③ 王祯撰，缪启愉、缪桂龙译注：《东鲁王氏农书译注》，上海古籍出版社2008年版，第62页。
④ 杨双山：《知本提纲·农则耕稼》，见王毓瑚编《秦晋农言》，中华书局1957年版，第37页。

骨、蛤灰、毛羽、肤皮、蹄角等物,一切草木所酿,皆属余气相培,滋养禾苗。"① 又说积聚金银,饥不可食,寒不可衣,"何如广积粪壤,人既轻忽而不争,田得膏润而生息,变臭为香,化恶为美,丝谷倍收,蔬果倍茂,衣食并足,俯仰两尽?"② 明清之际的江南绅士张履祥也说:"人畜之粪与灶灰脚泥,无用也,一入田地,便将化为布、帛、菽、粟。"③ 在明清大量农学著作和地方文献中,关于利用废物制造肥料的风俗习惯和技术方法随处可见,仅《农政全书》一书就记载了百余种肥料;《知本提纲》一书则将当时北方农家肥料划分为10类,进行了详细罗列④。据农史学家粗略统计:见于明清文献的肥料达到130种左右,其中包括人禽畜粪10种,饼肥11种,渣肥12种,骨肥6种,土肥5种,泥肥7种,绿肥24种,灰肥3种,秸藁肥4种,无机肥11种,其余杂肥40多种。其中绝大部分是利用废物酿造的有机肥料。⑤ 在人地关系最紧张的江南地区,农民不得不通过施用肥料谋求提高产量、维持家计,对肥料的重视达到了令人难以置信的程度。《沈氏农书》有详细的积肥施肥工作月历⑥,《补农书》和其他众多文献记载都表明:明清江

---

① 王毓瑚编:《秦晋农言》,第36页。
② 王毓瑚编:《秦晋农言》,第37—38页。
③ 张履祥:《补农书·总论》,见陈恒力校释,王达参校、增订《补农书校释》,农业出版社1983年版,第147页。
④ 杨双山在《知本提纲·农则耕稼》罗列的10类粪肥包括:人粪:即人粪、尿;禽畜粪:包括厩肥、一切鸟兽的粪便、蚕沙等;草粪:包括一切腐藁、败叶、青草等;火粪:包括熏土、炕土、墙土、硝土、草木灰等;泥粪:包括阴沟、渠港、池塘、河底淤泥;骨蛤灰粪:包括一切禽兽骨及蹄角、蚌蛤诸物之灰;苗粪:包括黑豆、绿豆、小豆、脂麻、胡芦巴、紫云英等绿肥作物;渣粪:包括榨油后的菜籽饼、麻子饼、棉子饼、酒糟等;黑豆粪:即黑豆;皮毛粪:包括一切鸟兽皮毛、汤浔之水、猪毛皮渣等。见《秦晋农言》,第38—39页。
⑤ 中国农业遗产研究室编:《中国古代农业科学技术史简编》,江苏科学技术出版社1985年版,第135页。
⑥ 清人张履祥撰《补农书》即补明末沈氏(名字不详)所撰之《农书》,其内容收入《补农书》上卷,《沈氏农书》有《逐月事宜》一目,即包括农家每月收集肥料的事务。见《补农书校释》,第11—25页。

南农民利用生产、生活的废物制肥和施肥，以及远近距离粪肥贩运，都达到了农业时代的极致，远非西方世界的鸟粪贸易可比。此时肥料名目日益繁多，除人畜粪肥、绿肥、河泥、尘土之外，农产品加工废弃物如麻饼、酒糟、糖渣、豆渣、油渣等被提到了突出的位置，被视为优质肥料广泛使用；粪肥的商品化色彩日益浓厚，收集、加工和搬运粪肥俨然成为一种利润丰厚的行业——当地称为"壅业"，肥料的市场价格不断提高，不少人专门靠经营粪肥买卖发财，"粪船"则成为城镇和乡村之间有机废物流通的重要手段，农家远赴数十里乃至百里之外购买粪肥成为平常事；肥料加工方法更加多样化和成熟，除一般沤粪、堆粪之外，出现了诸如"煮粪""煨粪""蒸粪""窖粪"等许多新的制肥方法，均是力图使肥料制造更加精熟，一方面提高肥效，另一方面也减少各种污秽物对人、畜和作物的损害。当时有不少知识分子参与了研究新的制肥方法。

中国农民还认识到：土地像人一样具有不同"体质"，可能缺乏不同的营养元素，患上不同的疾病，因此需要采用不同药物和营养来治疗、滋补。这种思想在宋代农学家陈旉的论述中就已经非常清晰。他指出："土壤气脉，其类不一，肥沃硗埆，美恶不同，治之各有宜也。"应当"相视其土之性类，以所宜粪而粪之。斯得其理矣。俚谚谓之'粪药'，以言用粪犹用药也"[1]。也就是说，农民要像医生对症下药一样，根据土壤的不同性状选用相宜的粪肥，以便对症下药、改良土壤。元代农学家王祯对"粪药说"还有另外一层表达，这就是适量施肥。他说："粪田之法，得其中则可，若骤用生粪，及布粪过多，粪力峻热，即烧杀物，反为害矣。"[2] 明代江南农家甚至还有"粪丹"之说，就是像方术之士炼制仙丹那样精心制造特效、高效的粪肥！这些思想认识和技术方法，在清代进一步

---

[1] 《陈旉农书校注》，第33、34页。
[2] 《东鲁王氏农书译注》，第63页。

发展提炼形成"三宜"积肥施肥思想理论和技术原则。所谓"三宜",指"时宜""土宜"和"物宜",杨双山在《知本提纲》中有一段特别说明,他指出:

> 时宜者,寒热不同,各应其候,春宜人粪、牲畜粪;夏宜草粪、泥粪、苗粪;秋宜火粪;冬宜骨蛤、皮毛粪之类是也。土宜者,气脉不一,美恶不同,随土用粪,如因病下药。即如阴湿之地,宜用火粪;黄壤宜用渣粪,沙土宜用草粪、泥粪;水田宜用皮毛蹄角及骨蛤粪;高燥之处宜用猪粪之类是也。物宜者,物性不齐,当随其情,即如稻田宜用骨蛤蹄角粪、皮毛粪;麦粟宜用黑豆、苗粪;菜蔬宜用人粪、油渣之类是也。皆贵在因物验试,各适其性,而收自矣。[①]

这些看似"下里巴人"的东西,正统历史学家向来很少措意深究,然而其中隐含着中华民族最重要的"生生之道",借用庄子的话说——"道在屎溺"。正是由于这些平淡无奇的思想与实践,数千年来,中国农业持续进步,创造出令世人赞叹的伟大奇迹[②],为社会发展持续提供了最重要的经济支撑和物质保障,而中国文明得以成为世界上唯一不曾发生严重中断的古老文明。

基于土壤肥力可以保持常新壮的信念,中国农民以虔诚之心不断施加粪肥、培沃土地。他们所用并非什么珍贵的东西,而是那些

[①] 杨双山:《知本提纲》,见王毓瑚编《秦晋农言》,第40页。
[②] 20世纪初,德国农学家W. Wagner和美国农学家F. H. King分别考察过中国农村,在他们的著作中都对中国农民变废为宝、积极养地的传统表示高度赞赏。前者认为:中国土地耕种千年而不衰退,应归功于中国农民精心施肥;后者则干脆认为中国农业是一种持久农业,其著作中还专门设立了"废物利用"(The Utilization of Waste)一节,说明他对这样的农作习惯印象深刻,且深明其重要意义。参[德]W. 瓦格纳《中国农书》,王建新译,商务印书馆1936年版;[美]F. H. King《四千年农夫:中国、朝鲜和日本的永续农业》,程存旺、石嫣译,东方出版社2011年版。

在日常生产、生活中被废弃的"无用之物"。千百年来,家家户户农民把一切含有机物质的废弃物都收集起来,经过处理施于田地,化无用为有用,化腐朽为神奇,不仅提高作物产量,而且长期保持地力,还保持生活环境的清洁卫生。从环境科学和生态学的观点来看,这无疑是一种"清洁生产"和"循环经济"。令人遗憾的是,这个数千年持续的优秀传统,在最近百余年来迅速遭到遗弃:先是,随着抽水马桶的使用和排污系统的建立,城镇废弃物质不再作为粪肥返还农田;尔后,由于化学肥料的大量生产和使用,农家有机肥料因为"经济低效"也被弃置不用。于是,城市与乡村、农舍与农地之间千年延续的有机物质循环链条都被切断,所有废物都被直接排往江河湖海,不仅导致巨大环境污染,而且造成巨大有机物质流失和生物能量浪费。

毫无疑问,中国古代环境治理的优秀传统和历史成就远不止于水土治理和土地保护,而是表现在很多方面。例如,中国自古重视植树造林,国家政策鼓励,官员积极倡率,形成一种优秀文化传统,城市景观林、行道树、防洪固堤林、边塞防卫林和特种林木种植,都曾取得可观成绩,历代史籍颇多记载;在人居环境建设改造、城市环境卫生管理甚至矿山保护和金属行业污染防治……许多方面都曾作过一些积极努力,建立过相应的职官和制度,并积累了可贵的经验。[①] 这里只着意强调古代农民在改良土壤和维持地力方面的伟大历史成就,既因土地乃是人类生存和文明发展的自然根基,亦因中国先民在这方面真正普遍地实现了思想与行动的高度一致。与许多空泛、高悬的议论不同,在变废为宝、改良土壤方面,古代许多文人士子不仅具有非常高明的思想理论知识,而且把这些思想理论知识贯彻于自己的生活,应用于自家的生产,真正做到了

[①] 这些方面的具体史实和主要成绩,可集中参考罗桂环等主编《中国环境保护史稿》,中国环境科学出版社1995年版。

"知行合一"，而在亿万农民家庭之中，更是成为最普遍的生产和生活习惯。正是因为这样的"知行合一"，数千年来，中国土地非但不像有些国家和地区那样发生严重地力衰竭，相反却是越耕种越肥沃，成为中华民族世世代代生息繁衍的稳固根基。这就给我们带来了一个极其重要的历史启示：任何高明的思想理论和技术知识，只有落实于日常生产、生活，乃至成为普通民众的自觉行为习惯，才能真正发挥出实际的作用并且产生持久良好的效果。构建现代环境治理体系，如何促进生态文明理念深入人心，付诸全体社会成员的实际行动，在日常生产、生活中普遍养成尊重自然、顺应自然和保护自然的良好行为习惯，是特别需要深入探究的一个重要理论与实践问题。

最后，我们在充分肯定中国古代环境治理成就的同时，也不得不指出下列令人感慨的历史事实：从秦至清两千余年中，80%以上的原始山林草泽因持续不断垦殖而消失，过度与林争地、与水争地造成数百万平方公里土地水土流失严重甚至荒漠化，曾经平坦如砥、肥沃富饶的黄土高原，逐渐变得支离破碎、沟壑纵横，成为土地贫瘠、经济贫困的生态脆弱地区；由于黄土高原水土流失严重，黄河泥沙不断沉积造成下游"地上悬河"局面，2500年来决溢、泛滥多达1500余次，甚至发生多次严重改道；由于南方山区过度垦辟，明清以后长江洪涝灾害也渐趋严重；中国南北曾经拥有难以数计的大小湖泊，如今已经大部分堙废、消失，曾经的"水乡泽国"竟也不得不面临淡水资源短缺危机；由于人类长期不断猎杀特别是破坏其栖息地，大多数种类的野生动物相继绝迹，尚未完全灭绝的种类包括那些曾经分布极广、种群庞大的动物（如麋鹿）也逐渐成为珍稀种类，曾经成群游荡在黄河中下游及其以南广大地区的野象，随着农耕区域扩张而不断南撤，如今只在西双版纳边隅丛林尚存少量遗子；大熊猫曾在10多个省份的亚热带竹林中觅食嬉戏，若非实行特殊保护和人工繁育，恐怕也已绝种……所有这些问题，都让我们不得不承认：由于历史条件局限，古代环境治理在取得诸多成就的同时，也存在一些严重缺失。在我们看来，以下几个问题最为严重：一是思想理论与实践行动常相脱节，制度与执行存在明显距离，在制度执行中还常常发生严重的权力变形和扭曲；二是局部环境治理受到重视，而全局性、整体性统筹、协调乏力；三是国家、权贵和普通民众三方始终存在严重利益冲突，权益与责任常常不相匹配，权势之家强行霸占资源、贪图小利而祸害大局的情况司空见惯；四是自然资源产权关系和制度长期模糊不清，导致"公地悲剧"普遍发生；五是南朝以后，在山林川泽荒野资源管控方面，国家权力和职能长期缺位；六是历代王朝都缺乏长期、一贯的激励、督促和保障机制，史书所载循吏、贤臣环境治理业绩，大抵都是个人的道德行为，而非制度明确规定的应尽职责，因而难以成为持续推进的公共事业。所有这些问题都曾造成严重负面的环境后果，历史教训非常深刻，值得特别反思和警醒。

结束语

中国古代治理体系的主要特点及当代启示

一 中国古代治理体系的主要特点

以上以国家治理为主线，分列 11 个专题，重点考察了中国历史上从秦到清两千余年间相关制度（包括相关思想）的产生、演变及影响。基于上述研究与思考，我们将中国古代治理体系的主要特点归纳如下。

（一）在行政体制上以实行中央集权制为主体

中央集权是"地方分权"的对称，指国家权力集中于中央政府、地方政府统一服从于中央政府的制度。秦灭六国，建立起中国历史上第一个统一的封建国家，以郡县制代替分封制，从地方分权演进为干强枝弱的中央集权制，为此后历代封建王朝所承袭，奠定中国两千余年政治制度的基本格局。自此，强化中央集权成为总的趋势，"事在四方，要在中央"（《韩非子·扬权》）成为共识或常识。譬如，宋太祖、宋太宗为解决五代以来"方镇太重，君弱臣强"问题，将方镇的兵权、财权、司法权等收归朝廷。元代创立的行省制是中国地方行政制度的一大变革，行省作为流动的中央政府管理地方的机构，进一步加强了中央集权。明太祖朱元璋废止延续近两千年的宰相制度，大权独揽，以防止权臣上下蒙蔽。清雍正帝创设直接听命于皇帝的军机处，推行密折奏事制度，将内阁架空。

　　加强中央集权的过程，无疑也是强化君权的过程。中国古代实行君主专制政体，中央集权制与君主专制制度是互为一体的，以致有学者将两者并称为"专制主义中央集权制"，"封建君主专制主义中央集权制"或"专制主义中央集权封建国家体制"①。大臣直谏、民本思想、因人心向背而亡国的历史教训等可能会对帝王起作用或有触动，但因人而异，而且这种约束或制约不是刚性的，无法改变君主大权独揽的事实。君主拥有至高无上权力，"朕即国家"，其意志就是法律。《诗经·小雅·北山》有云："普天之下，莫非王土；率土之滨，莫非王臣。"真切反映了君权至上、视天下为家天下的帝王意识。晚清维新思想家谭嗣同遂有"二千年来之政，秦政也，皆大盗也"②之叹。君主专制必然带有专横、暴虐的一面。以思想文化专制为例，秦始皇焚书坑儒，以及清康熙、雍正、乾隆三帝大兴文字狱，士子因言获罪，其刑罚之残酷、株连之众多，令人不寒而栗。③

　　不过，中央集权制与君主专制制度虽血脉相连，但两者终究不

---

　　① 参见白钢《制度物议》，中国社会科学出版社2013年版，第3、33页；中国社会科学院历史研究所《简明中国历史读本》编写组编写《简明中国历史读本》，中国社会科学出版社2012年版，第108页。

　　② 谭嗣同：《仁学》，汤仁泽编：《谭嗣同卷》，中国人民大学出版社2015年版，第38页。

　　③ 君主专制与封建宗法制、家长制紧密相连，严重束缚人们思想，阻碍社会进步。陈独秀1917年4月在某次讲演中分析说："我们中国多数国民口里虽然不反对共和，脑子里实在装满了帝制时代的旧思想。欧美社会国家的文明制度，连影儿都没有，所以口一张、手一伸，不知不觉都带着君主专制臭味。"（陈独秀：《旧思想与国体问题》，《新青年》第3卷第3号）邓小平在改革开放之初严肃指出，党和国家现行的制度存在一些弊端，如官僚主义、权力过分集中、家长制、干部领导职务终身制、形形色色的特权等现象，"上面讲到的种种弊端，多少都带有封建主义色彩。……要彻底解决上述这些问题，还需要我们付出很大的努力"；强调要"肃清封建主义残余影响"（《邓小平文选》第2卷，人民出版社1994年版，第327—336页）。党的十八大之前出现的"塌方式腐败""家族式腐败"现象以及任人唯亲、拉帮结派等现象，均与封建主义残余影响有关。时下重视传承和弘扬中华优秀传统文化，强调树立文化自信，须力戒爱屋及乌心态，避免为封建专制主义辩解的偏向。从根本上讲，封建君主专制制度是中国社会发展进步的大敌，中国共产党的历史功绩之一便是彻底地反封建，致力于发展人民民主，在中国历史上首次实现人民当家作主。有意或无意地淡化君主专制的本质和危害，也就淡化了党反封建斗争的历史意义。

是同一个概念，是有所区别的：前者是一种行政体制，是处理中央与地方关系的一种制度设计，后者属于政体，概念更大；前者体现的是中央与地方关系，后者体现的是君臣、君民关系。因此，不能简单地把中央集权等同于"专制"，不能将之污名化。应当看到，以古代中国疆域之大、人口之多、解决民生问题难度之大、民族和宗教关系之复杂，历朝历代在国家治理上都面临诸多严峻挑战，倘若中央没有权威，也就难有作为，甚至会出现纷扰不断、兵连祸结的局面。中国古代史上著名的盛世，如汉文景之治，唐贞观之治、开元盛世，均为中央集权得到加强、政令统一的时期；反之，大凡历史上出现内乱或分裂局面，往往是中央孱弱、权威丧失的时期，呈明显的枝强干弱、内轻外重特征。例如，由于藩镇节度使权力膨胀、尾大不掉，唐玄宗末年爆发历时八年之久的"安史之乱"，成为唐朝由盛转衰的转折点。从总体上看，从秦汉建立的中央集权制顺应了国情，行之有效，突出体现为中央有权威，令行禁止、政令畅通，便于全国范围内文化、经济交流和商品流通，从而为国家统一、民族融合和社会稳定发展提供了制度保证；中央能有效地调动和整合全国资源，形成举国体制，便于集中力量办大事，包括抵御外敌、保卫边疆（如明代平定倭寇，清康雍乾三朝抗击外敌、经略边疆），兴建大型土木、水利工程（如秦朝修筑长城，隋、元开凿扩修京杭大运河），兴办大型文化工程（如明成祖修纂类书《永乐大典》，清高宗乾隆编纂大型丛书《四库全书》），以及赈灾救荒，等等。中央集权制是中国古代治理体系中占主导地位、最稳定持久、成效显著的一项制度。①

---

① 毋庸讳言，中央集权也有一个度的问题，并不是越集权越好。胡如雷认为专制主义中央集权制"对社会发展所起的积极影响占支配地位"，同时又分析指出了其消极影响，诸如国家须豢养大量官吏和职业兵，加重了人民赋税、徭役、兵役等负担，往往是促使阶级矛盾极度尖锐化的催化剂；商税沉重，成为商品经济的桎梏。他还指出，皇权作为一切横征暴敛的总机关，必然成为各地农民共同的政治斗争目标，"秦汉以后，专制主义中央集权制的存在，是我国历史上农民起义、农民战争规模特别大的主要政治原因"。参见胡如雷《中国封建社会形态研究》，生活·读书·新知三联书店1979年版，第156—164页。

（二）在治理理念上崇尚"六合同风，九州共贯"的大一统局面

"大一统"思想在中国源远流长。《公羊传》隐公元年曰："何言乎王正月？大一统也。"《汉书·王吉传》有云："《春秋》所以大一统者，六合同风、九州共贯也。""大"作重视、尊重解，"一统"指天下诸侯统一于周天子，后世遂称统治全国、统一全境为"大一统"，其主要特征是王朝更替一系相承、合乎正统，国家政令统一、疆域完整，各方面整齐划一，有凝聚力、向心力。秦统一六国后，统一货币、度量衡和文字等，"海内为郡县，法令由一统"[①]，建立了中国封建社会历史上第一个大一统王朝。中国古代行政体制以中央集权制为主体，所着力支撑和维护的正是大一统局面，而"大一统"理念则为推行中央集权制扫除了思想障碍。据《汉书·董仲舒传》，汉儒董仲舒视源于《春秋》、体现孔子意趣的"大一统"理念为亘古不变的准则，明确表示："《春秋》大一统者，天地之常经、古今之通谊也。""六合同风，四海一家"成为一种理想境界。"六合"指"天地四方"，所谓"六合同风"，指天下之人同沐儒学教化，形成共同观念，维护大一统局面。可以说，到秦汉时期，在相关制度支撑下，"大一统"已成为一种政治理想，内涵丰富，影响深远。尽管由此派生出的个别理念带有历史局限性，如自视为天朝上国，陶醉于四方宾服、万国来朝的赫赫威仪，但总的来说具有积极意义。

譬如，基于"大一统"思想，维护国家统一的意识在古代中国十分突出。秦汉历时440余年，奠定统一的中央集权制国家的基础和走向，由此形成维护国家统一、反对分裂的大一统历史传统。此后，虽历经改朝换代、伴有分裂局面，但"大一统"理念深入人

---

① 《史记》卷六《秦始皇本纪》。

心，统一成为中国历史的主流，构成中国历史的基调。据统计，从公元前221年秦王政统一全国到1911年清朝覆灭的2132年间，统一时间远比分裂时间长：秦、两汉、西晋、隋、唐、元、明、清等统一王朝合计存世1458年，其中西汉历时210年，唐朝历时289年；三国、东晋十六国、南北朝、五代十国、宋、辽、夏、金为分裂时期，合计存世686年。不过，这个统计并不精确，个别年份有重叠，譬如，杨坚于公元581年取代北周称帝、建立隋朝，至589年才灭掉南陈、统一全国；忽必烈于1271年创建元朝，1276年才灭南宋、统一南北。倘若将这两段时间计12年扣除，则统一时间为1446年，在总时段所占比重为67.8%，仍远高于占32.2%的分裂时间。[①]"一心中国梦，万古下泉诗"语出南宋末年福建籍诗人郑思肖的《德祐二年岁旦诗》，表达了对国家统一、国泰民安的无限向往。"统一"成为千百年来中国各族人民世代相传、刻骨铭心的观念。

"大一统"还涉及民族问题。在"大一统"这一总目标下，民族融合与国家统一互为一体，历代"夷夏之防"与"华夷一体"实为一体两面的关系。中华民族多元一体，"大一统"观念为中华各民族所接受。在清康雍乾时期，中国达到空前统一。各兄弟民族在历史进程中有纷争更有交融，共同缔造了璀璨的中华文明，共同培育了伟大的民族精神。

[①] 因算法不一，学者得出的统计数据并不一致。胡如雷持中国从战国进入封建社会说。据他统计，"大致在封建主义时代的全部历史中，统一集权的时间共计一千三百余年，分裂割据的时间共计约一千年"（《中国封建社会形态研究》，第407页）。葛剑雄基于"统一"概念的本义，提出新的算法："如果以历史上中国最大的疆域为范围，统一的时间是八十一年。如果把基本上恢复前代的疆域、维持中原地区的和平安定作为标准，统一的时间是九百五十年。这九百五十年中有若干年，严格说是不能算统一的，如东汉的中期、明崇祯后期等。如果以秦始皇灭六国的公元前221年至清亡的1911年为计算阶段，第一标准的统一时间占总数的百分之四，第二标准的统一时间占总数的百分之四十五。"参见葛剑雄《统一与分裂——中国历史的启示》（增订版），中华书局2008年版，第62页。

（三）在思想文化领域以儒学为正统和主脉

孔子生前在政治上一再碰壁，他创立的儒家在秦始皇统一全国后遭焚书坑儒之摧折。汉武帝"罢黜百家，独尊儒术"后，儒家时来运转。出现这一转折并非偶然，秦朝二世而亡，说明单纯以法家治国行不通。汉武帝采纳董仲舒建议，将儒术与刑名法术相糅合，外儒内法，所谓"霸、王道杂之"，"王道"即指儒术。在诸子之学中，先秦原始儒学经董仲舒改造，倡言《春秋》大一统思想、仁义思想、天命观及君臣纲常伦理观念，与强调皇权至上、强化统一国家中央集权的政治制度最为合拍，迎合了政治需要，故而博得青睐。儒学从此成为中国古代社会的正统思想和文化主脉，对古代国家治理产生深刻影响。

古代中国十分重视从制度上维护和巩固儒学的主导地位，其举措之一是不断追封儒家创始人孔子，将其推上神坛。据统计，历代帝王共计17次敕封孔子，影响较大者有：汉平帝追封其为"褒成宣尼公"，隋文帝追封其为"先师尼父"，唐玄宗追封其为"文宣王"，宋真宗追封其为"至圣文宣王"，元成宗追封其为"大成至圣文宣王"，明世宗追封其为"至圣先师"，清世祖追封其为"大成至圣文宣先师"。孔子被尊为"至圣先师，万世师表"，成为中国思想文化领域的象征和绝对权威，其地位之尊、影响之大，在中国古代史上无人能出其右。儒家经典及学说随之被神化，以致出现"半部《论语》治天下"一说。在此过程中，儒学顺应时势，不断发展创新。譬如，唐代韩愈为应对佛教、道教对儒学正统地位的挑战，率先提出复兴儒学；北宋程颢、程颐兄弟和南宋朱熹创立"程朱理学"；南宋陆九渊、明朝王阳明发展"陆王心学"；明末清初三大儒黄宗羲、顾炎武、王夫之批判和继承传统儒学，强调经世致用。儒学兼具韧性和弹性，显现出强大生命力，得以牢牢占据中国古代思想文化领域的统治地位，处于中国传统文化的主导地位。萌芽于南北朝时期、确立于隋唐的科举制以考试选拔官吏，至明清达于鼎盛，规定考试时依据"四书""五经"命题，以八股文、试帖诗来衡文取士，考生必须依据朱熹《四书集注》等答题，"代圣贤立言"。皓首穷经成为令人称道的一种人生境界。事实上，儒学对中国社会的影响是全方位的，影响所及以官吏、士绅为主，也包括寻常百姓。传统中国社会崇尚知识，敬重读书人。从各地孔庙和私塾中供奉的孔子牌位，到民间脍炙人口、妇孺皆知的《三国演义》《水浒》等故事，从乡约条规、家训家规、民居楹联、以孝贞节烈为主题的牌坊，到广为流传的众多乡谚俚语，儒家学说早已潜移默化地渗透到百姓的日常生活、风俗习惯和观念意识之中。

于是，古代史上无论哪个民族入主中原，都以一统山河为己任，都以中华文化之正统自居。只要生活在中华大地，只要是中国人，无不受到儒家学说影响，由此形成牢不可破的文化认同。曾有学者将汉朝与罗马帝国相比较，认为两者从所控制区域和存在的时间上讲可以相提并论，"只是中国方面内在的凝聚力，非西方所能望其项背"[1]。钱穆在谈到唐代制度时亦云："唐以后中国的历史演变是好是坏，那是另外一回事；但罗马帝国亡了，以后就再没有罗马。唐室覆亡以后，依然有中国，有宋、有明、有现代，还是如唐代般，一样是中国。这是中国历史最有价值、最堪研寻的一个大题目。这也便是唐代之伟大远超过罗马的所在，更是它远超过世界其他一切已往的伟大国家之所在。"[2] 这其中起决定作用的正是文化认同和传承。说到底，罗马帝国主要依靠军事力量来维系，缺乏占主导地位的统一的文化，而儒学成为维系中华民族生生不息、薪火相传的文化纽带。概括地说，尽管中华民族在历史上迭遭磨难和考验，尽管王朝有兴替，但语言、文字没有废，儒学没有亡，中华文

---

[1] 黄仁宇：《中国大历史》，生活·读书·新知三联书店2007年版，第46页。
[2] 钱穆：《中国历代政治得失》，九州出版社2012年版，第75页。

化和精神没有丢。有了一脉相承的中华文化，中华民族、中国就绝不会亡，就拥有复兴的根和魂，就能够如凤凰涅槃般浴火重生。

毋庸讳言，儒学宣扬纲常伦理，严判上下尊卑，有为封建专制主义张目的一面，确实带有时代和阶级的局限。但同时也得承认，儒学有积极的一面。曾经先后50余次访华的美国前国务卿基辛格博士感慨地说："如同几百年来前往中国的众多访客一样，我日益钦佩中国人民，钦佩他们的坚忍不拔、含蓄缜密、家庭意识和他们展现出的中华文化。"[①] 儒学重视修身养性，倡导"修身齐家治国平天下"，凝结着先哲的大智慧。在这种氛围下浸染成长的人，有人文关怀，有家国情怀，有使命担当，有操守气节。例如，东晋陶渊明以"不戚戚于贫贱，不汲汲于富贵"自勉；南朝范晔以"丈夫为志，穷当益坚，老当益壮"自励；北宋范仲淹以"先天下之忧而忧，后天下之乐而乐"为己任，包拯以"清心为治本，直道是身谋"自命，张载倡言"为天地立心，为生民立命，为往圣继绝学，为万世开太平"；南宋胡铨宣称"久将忠义私心许，要使奸雄怯胆寒"；明代王阳明以"此心光明，亦复何言"作为临终遗言；明末清初顾炎武疾呼"天下兴亡，匹夫有责"；清代林则徐矢志"苟利国家生死以，岂因祸福避趋之"，左宗棠以"身无半亩心忧天下，读破万卷神交古人"自命。以爱国主义为核心的民族精神贯穿中国历史，每逢历史紧要关头，总有人挺身而出甚至舍生取义，汇聚成磅礴力量，激励、支撑着中华民族在漫长发展历程中始终砥砺前行，傲然屹立。

（四）在制度建设上重视顺应时势革故鼎新

制度不可能一蹴而就，也不会一成不变。为解决治国理政中遇

---

① ［美］亨利·基辛格：《论中国》"序"，中信出版社2012年版。按：据环球网2022年6月1日报道，基辛格5月31日在"基辛格与中美关系"线上研讨会上表示，中国的政府治理和外交政策根植于数千年历史之上，而美国相对更年轻。

到的具体问题，中国古代十分重视制度建设。以环境治理为例，根据我们的研究，《周礼》已有专门管理山林川泽的职官设计。自秦汉至明清，随着农业经济不断发展，中国大地发生沧海桑田般变化，环境治理随之持续展开，建立了相应的职官和制度，其优良传统和历史成就突出体现在水土治理和土地保护上：历朝历代都致力于兴水利、除水患，所组织兴修的大小水利工程数不胜数；同时因地制宜积极开发、充分利用、精心养护各种类型的土地。千百年来，从"菑、新、畬"撂荒休闲轮作，到连作、间作、套作和多熟（如两年三熟、一年两熟、一岁三熟）种植，中国农民以其勤劳智慧逐步提高土地利用率，实现水、土、光、热、生物资源高效利用，增加单位面积土地产量，以约占世界7%的耕地养活世界近1/4的人口，为社会发展和稳定提供了重要的经济支撑和物质保障。再如，隋开皇五年（585年），隋文帝采纳度支尚书长孙平建议，在各州、县创设义仓（即"社仓"），秋收时向民户征粮积储，以备灾年放赈。此举行之有效，一直沿用至清代。

更多情况下，作为上层建筑的国家治理制度为顺应时势变化，在生产力与生产关系的矛盾运动中不断发展完善、推陈出新。这成为一种规律性现象。以官员铨选制度为例，唐代史学家吴兢《贞观政要》有云："为政之要，惟在得人，用非其才，必难致治。"中国古代官员选任制度经历了漫长演变，总的趋向是突破世袭、门第壁垒，转为通过考试公平竞争。夏、商、西周时期实行世卿世禄制，官爵世袭。春秋战国尤其是秦代，入仕靠才干而非宗法血缘身份，以军功、荐举为主，贵族世袭制被废止。两汉时期，选官以察举制、征辟制为主，前者为地方官推举和乡间评议，后者系皇帝下诏征召。魏晋时期，改行九品中正制，选官之权完全被门阀士族把持，形成"上品无寒门，下品无势族"的局面。随着南北朝时期寒门庶族兴起，到了隋朝，九品中正制被废弃，科举制应运而生，并在调整中一直推行至清末。科举制"唯才是举"、不问家世，以考试成绩作为选官依据，较过去体现了开放性、公平竞争性，提高了士子地位，促进了不同社会阶层之间的流动，扩大了统治基础，加强了中央集权。作为中国古代官员铨选制度的重大飞跃，科举制前后推行一千三百余年，影响深远，包括在近代影响到英、法等国的文官考试制度。① 附带指出的是，围绕整饬吏治，中国古代留下很多思想和做法，其中不乏真知灼见。例如，《墨子》认为"国有贤良之士众，则国家之治厚；贤良之士寡，则国家之治薄"；韩非子强调"宰相必起于州部，猛将必发于卒伍"；诸葛亮断言"为人择官者乱，为官择人者治"；司马光提出"凡用人之道，采之欲博，辨之欲精，使之欲适，任之欲专"；龚自珍疾呼"我劝天公重抖擞，不拘一格降人才"，等等。②

赋役制度的演变也具有代表性，总趋向是删繁就简，提高征税效率，调节贫富差别，减弱民众对国家的人身依附关系。秦汉时期，民丁一律须向国家缴纳人头税，曰"赋"；土地所有者还须向国家缴纳实物田租，亦称田税。此外，成年健康男子还被征发徭役、兵役，陈胜、吴广起义的导火索便是戍卒在途中遇大雨失期，按律当斩。唐初在北魏均田制基础上，承袭隋朝实行租庸调制，其特点是按丁征税，允许以庸代役。唐代后期，因土地兼并严重，均田制遭破坏，租庸调制难以维持，唐德宗遂于建中元年（780年）改行两税法：规定每年分夏秋两季征税，征税原则由按人丁转为按土地（地税）和财产（户税），扩大了征税面，从而增加了政府财

---

① 说到底，科举制是建立在小农经济基础上、从属于君主专制统治的官员铨选制度，因吏治腐败而百弊丛生，诸如士子皓首穷经脱离实际，最终穷途末路，于清光绪三十一年（1905年）废止。

② 习近平总书记就此分析指出："当然，我国古代吏治思想和做法既积累了丰富的治吏经验，也带有明显的历史和阶级局限，其中有不少封建糟粕，这是我们必须注意的。"参见习近平《努力造就一支忠诚干净担当的高素质干部队伍》，《求是》2019年第2期。

政收入。北宋王安石变法，推行方田均税法（清丈土地，防止偷税漏税）、免役法（允许民户出钱免役）等。明朝张居正改革，对赋税制度进行重大改革，推行"一条鞭法"，简化征收名目和手续，将各种赋、役、杂税合并为一条，一律折银缴纳。这说明随着商品经济的发展，农民对官府的人身依附关系有所削弱。到了明末，正额之外的各种强制征敛使民不堪命，成为明朝覆亡的一个重要原因。清康熙五十一年（1712年），宣布"滋生人丁永不加赋"，减轻了民众负担。四年后，广东率先将丁银并入田赋征收；雍正年间各省纷纷效仿，地丁合一成为大势所趋。实行"摊丁入亩"，把丁税摊入田亩之中征收统一的地丁银，既保证了赋税征收，又使人民获得更多的人身自由，客观上有利于推动社会经济发展。

再举历代编纂"一统志"为例。《区宇图志》系隋炀帝为适应全国统一后的形势而组织编撰，是我国第一部官修地理总志，附有多幅地图。唐《元和郡县图志》是我国现存最早且较为完整的地理总志。北宋虽不是统一王朝，但依然重视修纂地理总志，宋太宗时编撰《太平寰宇记》，内容包括被辽国占据的北方幽云十六州，以明恢复失地之志。该书在体例上有所创新，增风俗、姓氏、人物等门，被后世地志奉为典范。南宋中期推出地理总志《舆地纪胜》，以"纪胜"为宗旨，专注人文内容，在编纂体例上有诸多创新。元、明、清为大一统王朝，其官修地理总志分别为《大元大一统志》《大明一统志》《大清一统志》，均直接冠以"大一统"或"一统"之名。其中，《大清一统志》前后共修纂三次，第三次重修历时33年，于道光二十二年（1842年）完稿，从清朝开国一直写到嘉庆二十五年（1820年），内容更丰富，体例更完整，考订更精详。历代编纂地理总志的历史是中国各民族共同缔造疆域历史的缩影，体现了推崇"大一统"思想、维护"大一统"传统、反对分裂的共同意志。

（五）中国古代治国安邦之实践世所罕见

以大历史观分析，中国古代治国安邦的实践可概括为"三个世所罕见"。

一是治理难度之大世所罕见。与同时代世界其他国家相比，古代中国幅员辽阔，人口众多，在促进发展、维护稳定上面临来自各个领域的诸多风险挑战，包括吏治、思想文化、经济、民生、灾荒、军事、战争、生态、民族、宗教、边疆等，新老问题交织，不确定不稳定因素层出不穷。以人口为例，据学者研究，中国历代人口数量一直在世界人口总数中占很高比例，一般在20%—30%。东汉末年接近人口低谷，出现10%左右的最低比例；清咸丰初年即19世纪50年代初是20世纪之前中国人口的高峰，占世界人口的百分比高达35%左右。[①] 以有限耕地养活急遽增长、极为庞大的人口，其挑战性之大不言而喻。

二是治理经验之丰富世所罕见。以环境治理为例，根据我们的研究，早在两千多年前，先秦诸子已有许多关于人与自然关系和环境、资源保护的论述，一些思想认识已达到相当高的水平。国家对山林川泽资源的利用和保护也作了许多规定，甚至建立了相应的职官体系，显示了古代中国在环境治理方面的早熟性和先进性。中华文明一脉相承绵延不绝，是世界古代文明中唯一始终没有中断、连续发展五千多年至今的文明。这意味着中国已有五千余年治国理政的历史，其起步之早、接续探索实践时间之长，在世界历史上绝无仅有。相比之下，美国至今仅有二百多年历史；日本在唐代全面师法中国制度，频繁派"遣唐使"来华学习；俄罗斯的前身为1283年建立的莫斯科公国，系摆脱蒙古汗国统治而独立；欧洲文明的主要源头是古希腊文明，而古希腊的发展历程后来被打断。从这个角

---

① 葛剑雄：《中国人口史》第一卷，复旦大学出版社2005年版，第147—148页。

度说，古代中国治理经验之丰富确实举世罕见。

三是治理成就之大世所罕见。中国古代有吏治腐败、民变蜂起、社会动荡、赤地千里，也有政通人和、国泰民安、海晏河清、偃武修文。其发展曲折起伏，有进有退，总的趋势是不断发展进步。夸父追日、大禹治水、精卫填海、愚公移山等远古神话与历史传说，折射出华夏先民不畏艰险、百折不挠的顽强意志和改天换地、开拓奋进的坚定决心；牛郎织女、嫦娥奔月等神话故事在民间世代流传，寄寓了人们追求幸福、渴望安宁的美好心愿。在漫长的历史长河中，中国在制度建设上多有建树，催生出璀璨的中华文明。概括地说，儒学及相关典章制度是中华文明的重要支撑，同时也是中华文明的具体体现。此外，逶迤壮观的万里长城，世界上开凿最早、里程最长的人工河道京杭大运河，均为举世闻名的伟大工程。丝绸之路以中国输出的丝绸得名，是古代贯通亚欧大陆的交通大动脉，有力促进了东西方之间的商贸往来和文化交流。瓷器、茶叶自中国散播世界，极大丰富和改善了人类的生活。造纸术、印刷术、指南针、火药是中国古代"四大发明"，对推动世界文明发展和社会进步作出巨大贡献。在与西方文明的对话和碰撞中，中国曾长期处于强势或主动，"中华民族在历史上曾经创造过世界最先进的生产力和最光辉的科技成就，并将这种领先地位一直保持到十五世纪。明代以前世界上主要的发明创造和重大科技成就大约有三百项，其中中国的发明创造占相当大的比例。英国的李约瑟博士列举了公元后十五个世纪内中国完成的一百多项重大发明和发现，大部分在文艺复兴前后接二连三地传入欧洲，为欧洲文艺复兴准备了重要物质技术基础。直到17、18世纪，欧洲人对中国文明还是十分仰慕的，这从莱布尼茨、伏尔泰等著名学者的著作中都可以看到"①。另据西方学者研究，至少直到1800年，亚洲尤其是中国一直在世界经济中居于支配地位；直至19世纪40年代的鸦片战争，东方才衰落，西方才上升到支配地位。②从这个角度说，古代中国治理成就之大，确实举世罕见。

二 中国古代治国理政实践的当代启示

中国古代治国理政实践究竟可以为今天提供哪些有益借鉴？我们最主要最直接的感受有以下几点。

（一）维护党中央权威和集中统一领导

秦灭六国，以郡县制代替分封制，确立中央集权制，为后世所承袭，形成"事在四方，要在中央"的权力格局。如前所述，中央集权制与君主专制制度既有关联，也有区别：前者是一种行政体制，体现中央与地方的关系；后者属于政体，体现君臣、君民关系。因此，不能简单地把中央集权等同于"专制"。平心而论，中央集权制顺应国情，行之有效，突出体现为中央有权威，社会动员和资源整合能力强，从而为推动发展、维护国家统一、促进民族融合等提供了有力的制度保障。

1949年中华人民共和国成立，国体、政体随之改变，传统的中央集权制被赋予新形态新内涵：党是领导核心，总揽全局、协调四方，党的领导、人民当家作主、依法治国是合为一体的；民主集中制构成党和国家最根本的制度，全国一盘棋、集中力量办大事成为新中国制度建设的一个显著特点和突出优势，其精髓是维护党中央权威和集中统一领导。邓小平在1989年9月就此强调说："前一段我提出党中央的权威必须加强。陈云同志讲，各路诸侯太多，议而

---

① 《江泽民文选》第3卷，人民出版社2006年版，第126—127页。
② ［德］贡德·弗兰克：《白银资本》"中文版前言"，刘北成译，中央编译出版社2000年版。

不决，决而不行，各自为政。这个批评是正确的。中央的话不听，国务院的话不听，这不行。特别是有困难的时候，没有中央、国务院这个权威，不可能解决问题。有了这个权威，困难时也能做大事。不能否定权威，该集中的要集中，否则至少要耽误时间。"① 中国共产党领导是中国特色社会主义最本质的特征、中国特色社会主义制度的最大优势，这是正确党史观的核心结论。行百里者半九十，踏上实现第二个百年奋斗目标新的赶考之路，国内改革发展稳定的任务异常繁重艰巨，外部势力对我国的遏制打压近乎歇斯底里，百年变局与世纪疫情交织影响，不确定不稳定因素有增无减，我们仍须攻坚克难砥砺前行。为进一步统一思想、凝聚力量，奋力夺取新时代中国特色社会主义新胜利，必须一如既往地坚持党的全面领导特别是党中央集中统一领导，坚决做到"两个维护"，深刻领悟"两个确立"的决定性意义，当务之急是全面学习、把握、落实党的二十大精神。

（二）大力推进文化建设

把探索实践中形成的好经验好做法制度化，不断完善制度，是最可靠、最有效、最持久的治理方式。各个领域的诸多制度整合在一起，便构成如网络状的治理体系。其中，政治、经济、文化领域的制度是主干，直接决定社会等领域建设的成败。

文化建设非比寻常，关乎民族气质、民族精神及内部凝聚力，关乎民族和国家存亡。历史上的犹太人在亡国后，漂泊、散居在世界各地，凭借坚守自己的宗教信仰，仍得以保持其民族独立性与凝聚力。儒学是中国古代社会的正统思想和文化主脉，对古代国家治理、制度设计产生深刻影响。例如，"大一统"是《春秋》的一个核心理念，秦朝是中国历史上第一个大一统王朝，由此形成维护统

---

① 《邓小平文选》第3卷，人民出版社1993年版，第319页。

一、反对分裂的大一统历史传统。更为重要的是，以儒学为主体的文化认同是维系中华民族生生不息、薪火相传的文化纽带，已见前述。

说到底，中华优秀传统文化是中华民族的精神命脉，是中华民族的"根"和"魂"，是我们在世界文化激荡中站稳脚跟的根基，是我们最深厚的文化软实力。要着力从制度层面为推进文化建设提供动力和保障。当今世界综合国力竞争日趋激烈，保持发展的独立性、稳定性、持久性，离不开文化建设。对伟大祖国的认同、对中华民族的认同、对中国特色社会主义的认同，离不开文化认同。在五千多年历史长河中孕育发展的中华优秀传统文化，在党和人民不懈奋斗中诞生发展的革命文化和社会主义先进文化，代表着中华民族独特的精神标识。要进一步增强文化自信，坚守中华文化立场，同时致力于推陈出新，积极促进人类文明交流互鉴，积极推动中华优秀传统文化实现创造性转化、创新性发展，努力铸就社会主义文化新辉煌，不断提升国家文化软实力和中华文化影响力。

（三）努力维护社会稳定

宋人辛弃疾《南乡子》叹曰："千古兴亡多少事？悠悠，不尽长江滚滚流。"社会是否稳定是反映治乱兴衰的晴雨表。稳定是社会发展的必要前提，没有稳定，发展便无从谈起。对百姓来说，战争意味着背井离乡、生离死别，以致民间有"宁做太平犬，莫为乱离人"一说。对王朝来说，一旦纷扰动荡、战火连连，势必打断和平发展进程，给社会带来创痕或灾难，甚至引发政权更迭。无论是由乱至治，还是平时维护社会稳定，都极为珍贵，也极为不易。

中国共产党已执政70余年，跳出了中国封建社会"其兴也勃焉，其亡也忽焉"的"历史周期率"，创造了世所罕见的两大奇迹，即经济快速发展、社会长期稳定。正如习近平总书记在党的二十大报告中所说："国家安全是民族复兴的根基，社会稳定是国家强盛的前提。"① 我们要清醒地看到，时下保持社会长期稳定的难度增大，我们面临的风险挑战增多，包括国内和国际的，经济、政治、文化、社会等领域和自然界的，传统安全威胁与非传统安全威胁交织，"黑天鹅""灰犀牛"事件防不胜防。苏联作为世界上第一个社会主义国家存在69年便告解体，苏联共产党从产生（其前身是1898年俄国社会民主工党）到1991年解散仅存世93年，教训惨痛。在百年光辉历程中，中国共产党已带领人民走过万水千山，新征程还会继续跋山涉水。堡垒最容易从内部攻破，从战略层面分析，要实现中华民族伟大复兴，最为关键的是做好两件事：一是继续搞好党建，坚守初心使命，绝不在根本性问题上出现颠覆性错误，确保党不变质、不变色、不变味；二是继续搞好民生，坚持共同富裕原则，坚持以人民为中心的发展理念，始终把人民紧紧凝聚在一起。要围绕这两大主题，继续大力推进制度建设。

（四）坚定不移走自己的路

历史是一面镜子，鉴古而知今。回望历史，最深的一个感受是自信。中国古代在治理体系建设上卓有建树，社会总体上发达富庶，创造了同时代世界领先水平的文明。清道光十年（1830年），距鸦片战争爆发还有十年，尽管中国GDP比乾隆十五年（1750年）下降3个百分点，但仍居世界首位，占世界GDP总量29%，与英法德俄意五国GDP的总和持平。② 中华人民共和国成立，结束了百余年来中华民族屈辱的历史。"为有牺牲多壮志，敢教日月换新天。"经过持续探索、不懈奋斗，中国又跻身世界前列，国内生产总值已常年稳居世界第二位，综合国力大幅提升，中华民族伟大复

---

① 习近平：《高举中国特色社会主义伟大旗帜 为全面建设社会主义现代化国家而团结奋斗——在中国共产党第二十次全国代表大会上的报告》，人民出版社2022年版，第52页。

② 参见戴逸《清代中叶以来中国国力的变化》，国家清史纂修领导小组、国家清史编纂委员会办公室编《清史参考》（内部资料）第1期，2006年7月1日。

兴的历史进程不可扭转。

当今中国与古代中国在制度建设上有一个共同点：均立足具体国情，富有创造性，从而确保了发展的独立性。如前所述，中国古代治理体系具有五大主要特点，说明中国自古就走了一条适合本国国情的发展道路，说明我们今天坚持独立自主走自己的路是有历史依据和依托的。从古到今，我们以开放胸怀大胆学习借鉴一切有益的人类文明成果，但绝不照抄照搬，而是以我为主、消化吸收。党的十九届六中全会审议通过《中共中央关于党的百年奋斗重大成就和历史经验的决议》，总结出百年奋斗的十条历史经验，其一便是"坚持中国道路"。党的二十大深刻阐释了习近平新时代中国特色社会主义思想的世界观、方法论和贯穿其中的立场观点方法，归纳为"六个坚持"，其一是"坚持自信自立"。美国等西方国家不遗余力地对我实施"西化"战略，欲阻遏或打断我国发展进程，不啻是白日做梦。西方政客显然对中国历史缺乏最起码的常识。新加坡前资深外交官、新加坡国立大学马凯硕教授在其新书《中国的选择——中美博弈与战略抉择》中说，中华文明是历史上最强大、最具韧性的文明之一；如果根据过去两千多年来的实际表现，用一个指数衡量不同人类文明的相对强弱和韧性，那么中华文明可能高居榜首。2021年在新加坡举办的某研讨会上，他又明确表示："一个人口只有中国四分之一、历史只有250年的国家，不可能对拥有5000年文明史的国家进行演变。中国有自己独特的政治历史和传统，十分清楚什么有利于中国。反观美国体制，出现严重问题，陷入金权政治。大约一半美国人生活水平过去30年没太大改善。""美国认识到现今中美实力的变化，要改变中国体制，无异痴人说梦。"[1] 我们想说的话，外国学者已经替我们说明白了。

---

[1] 参见《华盛顿为何放弃改变中国的战略》，《环球时报》2021年12月3日第6版。

(五) 继续推进人类文明新形态

这里所说的"新"包括两层意思，一是与古代中国比，二是与当代西方比。

归根结底，中国古代文明是封建主义文明，其制度的本质特征是人治。无论统治者如何重视总结历史经验，如何标榜"以民为本"，其出发点都是为了维护封建王朝的家天下，而不是真心爱护老百姓，与历史规律相违背，故而无法摆脱治乱兴衰之轮回，无法根本解决长治久安问题。我们今天研究古代治理体系，不是为了颂古或复古，而是以史为鉴，开创未来。对于古代制度建设的有益经验，须持两点论，本着择其善者而从之、其不善者而去之的科学态度。当代西方文明是资本主义文明，相对于封建主义文明固然是一种进步，但其制度本质上同样是剥削制度，体现资产阶级意志，代表极少数人的利益，无法克服两极分化等与生俱来的梦魇，所以注定最终会走向没落。

中国是当今世界唯一的社会主义大国。中国共产党带领人民经过不懈探索奋斗，成功走出了中国式现代化道路，以中国式现代化全面推进中华民族伟大复兴。党的二十大深刻阐释了中国式现代化的五大特点：人口规模巨大的现代化，全体人民共同富裕的现代化，物质文明和精神文明相协调的现代化，人与自然和谐共生的现代化，走和平发展道路的现代化。说到底，中国式现代化是党领导的社会主义现代化，契合中国实际、顺应人心、合乎大势，是人间正道。而西方现代化本质上是以资本为中心的现代化，两极分化的现代化，物质主义膨胀的现代化，以邻为壑、恣意毁坏别国生态环境的现代化，肆意对外扩张掠夺的现代化。两相比较，泾渭分明，高下立判。沿着中国式现代化道路，我们创造了人类文明新形态，即具有中国特色的社会主义先进文明。这在制度设计上有鲜明体现。例如，中国共产党领导是中国特色社会主义制度的最大优势；

在政治制度上，坚持党的领导、人民当家作主、依法治国三者的有机统一；我国基本经济制度以公有制为主体，分配制度以按劳分配为主体，实行社会主义市场经济体制；共同富裕被确立为中国特色社会主义的根本原则，致力于实现全体人民共同富裕；为推进祖国统一，作出最佳制度安排，创造性地坚持和完善"一国两制"——这些都与西方资本主义制度截然不同，是我国治理体系的优势所在。

  中华文明上下五千多年，当今中国无疑正处于历史上最好的时期，《中共中央关于党的百年奋斗重大成就和历史经验的决议》指出："党和人民百年奋斗，书写了中华民族几千年历史上最恢宏的史诗。"[①] 新时代是一个孕育无限希望、创造伟大奇迹的时代，中国特色社会主义是实现中华民族伟大复兴的必由之路。坚定不移走自己的路，需要从制度上加以保障。中美未来的竞争是全方位的，归根结底是制度竞争，看谁的制度更好、更有效、更具有吸引力。2021年12月，美国拜登政府举办所谓"全球民主峰会"，以"民主灯塔"自诩，以意识形态划线，悍然将中国排斥在外，借民主之名煽动分裂对抗。中国政府随即发布《中国的民主》白皮书，举办"民主：全人类共同价值"国际论坛等，深刻诠释我国的民主制度及全过程人民民主的特点，凸显了制度自信。沿着中国特色社会主义道路，坚持和完善中国特色社会主义制度、推进国家治理体系和治理能力现代化，进而继续致力于推进人类文明新形态，正是我们制度建设努力的方向。

  [①]《中共中央关于党的百年奋斗重大成就和历史经验的决议》，人民出版社2021年版，第2页。

参考文献

一 经典著作

《马克思恩格斯文集》，人民出版社2009年版。

《马克思恩格斯选集》，人民出版社2012年版。

《马克思恩格斯全集》，人民出版社1956—1985年版。

中共中央文献研究室编：《毛泽东书信集》，人民出版社1983年版。

《毛泽东选集》，人民出版社1991年版。

中共中央文献研究室编等编：《毛泽东早期文稿》，湖南出版社1995年版。

中国李大钊研究会编注：《李大钊全集》，人民出版社2006年版。

周恩来：《关于我国民族政策的几个问题》，民族出版社1980年版。

《邓小平文选》第2、3卷，人民出版社1983年、1993年版。

习近平：《之江新语》，浙江人民出版社2007年版。

《习近平谈治国理政》第1卷，外文出版社2018年版。

《习近平谈治国理政》第3卷，外文出版社2020年版。

二 史料（古籍、档案等）

白居易：《白氏长庆集》，四库全书本。

蔡方炳：《广治平略》，《四库禁毁书丛刊》史部第23册，北京出版社2000年版。

陈旉撰，万国鼎校注：《陈旉农书校注》，农业出版社1965年版。

陈高华等点校：《元典章》，天津古籍出版社、中华书局2011年版。

陈仁锡：《皇明世法录》，台湾商务印书馆1965年版。

《筹办夷务始末（同治朝）》，中华书局2008年版。

《大明会典》，广陵书社2007年版。

《大清会典则例》，《景印文渊阁四库全书》第620—625册，台湾商务印书馆2008年版。

《大义觉迷录》，《四库禁毁书丛刊》史部第22册，北京出版社2000年版。

邓牧：《伯牙琴》，中华书局1959年版。

董诰等编：《全唐文》，中华书局1983年版。

杜佑撰，王文锦等点校：《通典》，中华书局1988年版。

鄂尔泰等编：《雍正朱批谕旨》，北京图书馆出版社2008年版。

《二程集》，中华书局1981年版。

《二十四史》，中华书局点校本。

范成大撰，孔凡礼点校：《桂海虞衡志》，中华书局2002年版。

《范仲淹全集》，四川大学出版社2007年版。

《傅斯年全集》，联经出版事业股份有限公司1980年版。

甘厚慈辑，罗澍伟点校：《北洋公牍类纂正续编》，天津古籍出版社2013年版。

葛士濬辑：《皇朝经世文续编》，文海出版社1972年版。

《龚自珍全集》，上海人民出版社1975年版。

故宫博物院明清档案部编：《清末筹备立宪档案史料》，中华书局1979年版。

故宫博物院编：《钦定台规二种》，海南出版社2000年版。

《顾炎武全集》，上海古籍出版社2011年版。

顾炎武撰，黄汝成集释：《日知录集释》，上海古籍出版社2014年版。

《郭沫若全集·历史编》，人民出版社 1982 年版。

《郭嵩焘全集》，岳麓书社 2018 年版。

《韩邦奇集》，西北大学出版社 2015 年版。

韩琦、吴旻校注：《熙朝崇正集　熙朝定案（外三种）》，中华书局 2006 年版。

韩愈著：《韩昌黎集》，商务印书馆 1933 年版。

何良俊：《四友斋丛说》，中华书局 1997 年版。

何乔远编撰：《闽书》，福建人民出版社 1994 年版。

洪皓撰，翟立伟标注：《松漠纪闻》，吉林文史出版社 1986 年版。

《洪亮吉集》，中华书局 2001 年版。

胡明编选：《胡适选集》，天津人民出版社 1991 年版。

胡珠生编：《宋恕集》，中华书局 1993 年版。

皇甫谧撰，陆吉点校：《帝王世纪》，《二十五别史》第 1 册，齐鲁书社 2000 年版。

黄淮、杨士奇编：《历代名臣奏议》，上海古籍出版社 1989 年版。

黄宗羲：《明夷待访录》，中华书局 1985 年版。

黄佐：《泰泉乡礼》，四库全书本。

《嘉庆重修一统志》，上海书店 1984 年影印四部丛刊本。

贾谊撰，阎振益、钟夏校注：《新书校注》，中华书局 2000 年版。

康熙《大清会典》，凤凰出版社 2016 年版。

《康熙起居注》，中华书局 1984 年版。

康有为：《孔子改制考》，中华书局 1958 年版。

康有为著，楼宇烈整理：《孟子微》，中华书局 1987 年版。

黎靖德编，王星贤点校：《朱子语类》，中华书局 1986 年版。

李焘撰：《续资治通鉴长编》，中华书局 2004 年版。

李昉编：《太平御览》，中华书局 1960 年版。

《李觏集》，中华书局 1981 年版。

李来章撰，黄志辉校注：《连阳八排风土记》，中山大学出版社1990年版。

李林甫等撰，陈仲夫点校：《唐六典》，中华书局1992年版。

李心传撰：《建炎以来系年要录》，中华书局1988年版。

李修生主编：《全元文》，江苏古籍出版社1998年版。

梁启超著，汤志钧、汤仁泽编：《梁启超全集》，中国人民大学出版社2018年版。

梁章钜撰，冯惠民等点校：《称谓录》，中华书局1996年版。

刘师培著，万仕国点校：《仪征刘申叔遗书》，广陵书社2014年版。

刘惟谦等：《大明律》，四库全书存目丛书编纂委员会编：《四库全书存目丛书》史部276册，政书类，齐鲁书社1996年版。

刘文增、周汝梅编：《抚边屯乡土志》，姚乐野、王晓波主编：《四川大学图书馆馆藏珍稀四川地方志丛刊》第7册，巴蜀书社2009年版。

刘勰著，詹锳义证：《文心雕龙义证》，上海古籍出版社1989年版。

刘知几撰，浦起龙通释：《史通》，上海古籍出版社2015年版。

陆贾著，王利器撰：《新语校注》，中华书局1986年版。

吕毖：《明朝小史》，《四库禁毁书丛刊》史部第19册，北京出版社2000年版。

吕不韦编，许维遹集释：《吕氏春秋集释》，中华书局2009年版。

《吕坤全集》，中华书局2008年版。

马端临：《文献通考》，中华书局2011年版。

梅伯言：《柏枧山房全集》，国家清史编纂委员会编：《清代诗文集汇编》第552册，上海古籍出版社2010年版。

《明大政纂要》，四库全书存目丛书编纂委员会编：《四库全书存目丛书》史部14册，政书类，齐鲁书社1996年版。

《明会要》，中华书局1956年版。

《明太祖实录》,"中央研究院"历史语言研究所1962年版。

缪文远:《战国策新校注》(修订本),巴蜀书社1998年版。

《欧阳修全集》,中华书局2001年版。

《欧阳玄集》,岳麓书社2010年版。

彭庆生校注:《陈子昂集校注》,黄山书社2015年版。

蒲正信注:《六度集经》,巴蜀书社2011年版。

乾隆《大清会典》,《景印文渊阁四库全书》第619册,台湾商务印书馆2008年版。

《钦定大清会典事例》,京师官书局光绪二十五年本。

《钦定皇朝通典》,《景印文渊阁四库全书》第642—643册,台湾商务印书馆1986年版。

《钦定理藩院则例》,《故宫珍本丛刊》第299册,海南出版社2000年版。

《清朝文献通考》,浙江古籍出版社1988年版。

清高宗:《御制文集》,台湾商务印书馆1983年版。

《清高宗实录》,中华书局1986年版。

《清世宗实录》,中华书局1985年版。

《清世祖实录》,中华书局1985年版。

《清太宗实录》,中华书局1985年版。

丘濬撰,金良年整理:《大学衍义补》,上海书店出版社2012年版。

屈守元笺疏:《韩诗外传笺疏》,巴蜀书社2011年版。

《全宋笔记》,大象出版社2013年版。

人民出版社编:《第一次国内革命战争时期的农民运动资料》,人民出版社1983年版。

僧祐编撰,刘立夫等译著:《弘明集》,中华书局2013年版。

僧肇著,张春波校释:《肇论校释》,中华书局2010年版。

沙门慧皎撰:《高僧传》,广文书局有限公司2019年版。

上海商务印书馆编译所编纂：《大清新法令（1901—1911）点校本》，商务印书馆 2010—2011 年版。

沈家本：《历代刑法考》，中华书局 1985 年版。

《圣祖仁皇帝圣训》，《景印文渊阁四库全书》第 411 册，台湾商务印书馆 2008 年版。

《十三经注疏（清嘉庆刊本）》，中华书局 2009 年版。

《世宗宪皇帝圣训》，《景印文渊阁四库全书》第 412 册，台湾商务印书馆 2008 年版。

释道世著，周叔迦、苏晋仁校注：《法苑珠林校注》，中华书局 2003 年版。

释道宣辑：《广弘明集》，台湾商务印书馆 2011 年版。

释道宣撰，苏小华校注：《续高僧传校注》，上海古籍出版社 2021 年版。

释志磐：《佛祖统纪》，江苏广陵古籍刻印社 1992 年版。

司马光编著：《资治通鉴》，中华书局 1956 年版。

司义祖整理：《宋大诏令集》，中华书局 1962 年版。

宋敏求编：《唐大诏令集》。中华书局 2008 年版。

孙承泽纂：《天府广记》，北京出版社 2015 年版。

《孙中山全集》，中华书局 1981—1986 年版。

《谭嗣同全集》，中华书局 1981 版。

唐文治著，邓国光辑释，陈明国等辑校：《唐文治文集》，上海古籍出版社 2018 年版。

唐甄著，吴泽民编校：《潜书》，中华书局 1963 年版。

田涛、郑秦点校：《大清律例》，法律出版社 1999 年版。

王岱舆著，余振贵点校：《正教真诠》，宁夏人民出版社 1987 年版。

王夫之：《王船山先生全集》，同治四年刊印本。

王开琸撰，李花蕾校点：《炎陵志》，岳麓书社 2008 年版。

王利器校注：《盐铁论校注（定本）》，中华书局1992年版。

王鸣盛撰，黄曙辉点校：《十七史商榷》，上海古籍出版社2013年版。

王溥撰：《唐会要》，中华书局1960年版。

王圻：《续文献通考》，浙江古籍出版社1988年版。

王钦若等编纂，周勋初等校订：《册府元龟》（校订本），凤凰出版社2006年版。

王先谦撰：《荀子集解》，中华书局1988年版。

《王阳明全集》，上海古籍出版社2011年版。

王引之撰，虞思徵等校点：《经义述闻》，上海古籍出版社2016年版。

王应麟著，傅林祥点校：《通鉴地理通释》，中华书局2013年版。

王栐撰，诚刚点校：《燕翼诒谋录》，中华书局1981年版。

王祯撰，缪启愉、缪桂龙译注：《东鲁王氏农书译注》，上海古籍出版社2008年版。

王锺翰点校：《清史列传》，中华书局1987年版。

魏岘：《四明它山水利备览》，中华书局1985年版。

魏源：《海国图志》，古微堂道光二十九年刊刻本。

《魏源全集》，岳麓书社2004年版。

吴兢撰，谢保成集校：《贞观政要集校》，中华书局2009年版。

《西藏研究》编辑部编：《西藏志·卫藏通志》，西藏人民出版社1982年版。

萧奭撰，朱南铣点校：《永宪录（附续编）》，中华书局1959年版。

《新纂云南通志》，云南通志馆1949年版。

徐昌治：《圣朝破邪集》，中文出版社1984年版。

《徐光启集》，中华书局2014年版。

徐光启撰，石声汉校注：《农政全书校注》，上海古籍出版社1979

年版。

徐梦莘撰：《三朝北盟会编》，上海古籍出版社1987年版。

徐松辑：《宋会要辑稿》，上海古籍出版社2014年版。

徐学聚辑：《国朝典汇》，北京大学出版社1993年版。

许衡：《鲁斋遗书》，北京图书馆古籍出版社编辑组编：《北京图书馆古籍珍本丛刊》第91册，书目文献出版社1991年版。

许慎撰，陶生魁点校：《说文解字》，中华书局1985年版。

《严复集》，中华书局1986年版。

严可均辑，冯瑞生审定：《全梁文》，商务印书馆1999年版。

严可均辑，金欣欣等审定：《全后魏文》，商务印书馆1999年版。

姚铉编：《唐文粹》，四库全书本。

叶士奇：《草木子》，中华书局1959年版。

叶适：《水心先生文集》，商务印书馆1937年版。

叶向高：《纶扉奏草》，《四库禁毁书丛刊》史部第36册，北京出版社2000年版。

佚名著，刘文忠校点：《梼杌闲评》，人民文学出版社1999年版。

《雍正朝汉文朱批奏折汇编》，江苏古籍出版社1989年版。

《永乐大典》，中华书局1986年版。

岳纯之点校：《唐律疏议》，上海古籍出版社2013年版。

曾枣庄、刘琳主编：《全宋文》，辞书出版社2006年版。

张居正：《张太岳集》，上海古籍出版社1984年版。

张其勤原稿，吴丰培增辑：《清代藏事辑要》，西藏人民出版社1983年版。

张荣铮等点校：《大清律例》，天津古籍出版社1993年版。

《张载集》，中华书局1978年版。

赵汝愚编，北京大学中国中古史研究中心校点整理：《宋朝诸臣奏议》，上海古籍出版社1999年版。

赵翼：《陔余丛考》，中华书局1963年版。

《郑观应集》，上海人民出版社1982年版。

中国蔡元培研究会编：《蔡元培全集》，浙江教育出版社1997年版。

中国藏学研究中心等合编：《元以来西藏地方与中央政府关系档案史料汇编》，中国藏学出版社1994年版。

中国社会科学院考古研究所编：《殷周金文集成》（修订增补本），中华书局2007年版。

周钟瑄：《诸罗县志》，台湾银行1962年版。

周祖谟撰：《尔雅校笺》，云南人民出版社2004年版。

朱熹撰，徐德明校点：《四书章句集注》，上海古籍出版社、安徽教育出版社2001年版。

三 中文专著

安作璋、熊德基：《秦汉官制史稿》下册，齐鲁书社1985年版。

白钢主编：《中国政治制度史》，天津人民出版社2016年版。

白寿彝：《中国伊斯兰教史存稿》，宁夏人民出版社1982年版

柏桦：《中国政治制度史》，中国人民大学出版社2011年版。

宝音朝克图：《中国北部边疆的治理》，湖南人民出版社2015年版。

曹树基：《中国人口史》第5卷《清时期》，复旦大学出版社2001年版。

陈来：《古代宗教与伦理——儒家思想的根源》，生活·读书·新知三联书店1996年版。

陈连开：《中华民族研究初探》，知识出版社1994年版。

陈梦家：《殷虚卜辞综述》，科学出版社1956年版。

陈明编：《中华家训经典全书》，新星出版社2015年版。

陈庆英、高淑芬主编：《西藏通史》，中州古籍出版社2003年版。

陈苏镇：《汉代政治与〈春秋〉学》，中国广播电视出版社2001

年版。

陈寅恪著,陈美延编:《陈寅恪集》,生活·读书·新知三联书店2009年版。

陈育宁主编:《中华民族凝聚力的历史探索:民族史学理论问题研究》,云南人民出版社1994年版。

成崇德:《清代西部开发》,山西古籍出版社2002年版。

程妮娜:《古代东北民族朝贡制度史》,中华书局2016年版。

程妮娜:《中国历代边疆治理研究》,经济科学出版社2017年版。

定宜庄:《清代八旗驻防研究》,辽宁民族出版社2003年版。

杜家骥:《清朝满蒙联姻研究》,人民出版社2002年版。

杜正胜:《编户齐民:传统政治社会结构之形成》,联经出版事业股份有限公司2014年版。

段秋关:《中国现代法治及其历史根基》,商务印书馆2018年版。

樊树志:《晚明史:1573—1644》,复旦大学出版社2015年第2版。

方国瑜:《滇西边区考察记》,云南人民出版社2008年版。

方立天:《中国佛教与传统文化》,上海人民出版社1988年版。

方素梅、刘世哲、扎洛主编:《中华民族与近代民族国家建构》,民族出版社2012年版。

方铁主编:《西南通史》,中州古籍出版社2003年版。

费成康主编:《中国的家法族规》,上海社会科学院出版社1998年版。

费孝通:《中华民族多元一体格局》(修订本),中央民族大学出版社2003年版。

《费孝通文集》,群言出版社1999年版。

费孝通、吴晗等:《皇权与绅权》,华东师范大学出版社2015年版。

冯尔康等:《中国宗族社会》,浙江人民出版社1994年版。

冯天瑜等:《中华文化史》,上海人民出版社1990年版。

干春松：《制度儒学》，上海人民出版社2006年版。

葛剑雄：《中国人口发展史》，福建人民出版社1992年版。

葛剑雄：《中国人口发展史》，四川人民出版社2020年版。

顾颉刚：《史林杂识》，中华书局1963年版。

顾颉刚：《史林杂识初编》，中华书局1963年版。

广东省纪检监察学会编：《中国古代监督史览》，人民出版社2018年版。

郭沫若：《中国古代社会研究》，河北教育出版社2000年版。

郭齐勇：《中国思想的创造性转化》，上海教育出版社2018年版。

郭文韬等编：《中国传统农业与现代农业》，中国农业科技出版社1986年版。

韩毓海：《五百年来谁著史》，九州出版社2011年版。

何炳棣：《黄土与中国农业的起源》，香港中文大学出版社1969年版。

何兹全主编：《五十年来汉唐佛教寺院经济研究（1934—1984）》，北京师范大学出版社1986年版。

胡恒：《皇权不下县？——清代县辖政区与基层社会治理》，北京师范大学出版社2015年版。

胡朴安编：《中华全国风俗志》，上海书店1986年版。

胡庆钧主编：《早期奴隶制社会比较研究》，中国社会科学出版社1996年版。

黄仁宇：《万历十五年》，九州出版社2011年版。

江必新、鞠成伟：《国家治理现代化比较研究》，中国法制出版社2016年版。

江荣海主编：《中国政治思想史九讲》，北京大学出版社2012年版。

瞿同祖：《瞿同祖法学论著集》，中国政法大学出版社1998年版。

瞿同祖：《清代地方政府》，范忠信、晏锋译，法律出版社2003

年版。

李大龙：《汉唐藩属体制研究》，中国社会科学出版社2006年版。

李大龙：《两汉时期的边政与边吏》，黑龙江教育出版社1996年版。

李光灿、张国华主编：《中国法律思想通史》，山西人民出版社1994年版。

李克建：《儒家民族观的形成与发展》，民族出版社2016年版。

李孔怀：《中国古代行政制度史》，复旦大学出版社2006年版。

李零：《郭店楚简校读记》（增订本），北京大学出版社2002年版。

李申选编、标点：《儒教敬天说》，国家图书馆出版社2009年版。

李世愉：《清代土司制度论考》，中国社会科学出版社1998年版。

李伟中：《20世纪30年代县政建设实验研究》，人民出版社2009年版。

厉声等：《中国历代边事边政通论》，黑龙江教育出版社2015年版。

梁景之：《清代民间宗教与乡土社会》，社会科学文献出版社2004年版。

梁其姿：《施善与教化：明清时期的慈善组织》，北京师范大学出版社2013年版。

梁漱溟：《中国文化要义》，学林出版社1999年版。

《梁漱溟全集》，山东人民出版社2005年版。

梁治平：《为政——古代中国的致治理念》，生活·读书·新知三联书店2020年版。

刘继业、王雅编：《中国传统家训集萃：好家风好家训好家规》，沈阳出版社2016年版。

刘立夫：《弘道与明教》，中国社会科学出版社2004年版。

刘起釪：《古史续辨》，中国社会科学出版社1991年版。

刘巍：《中国学术之近代命运》，北京师范大学出版社2013年版。

刘信君主编：《中国古代治理东北边疆思想研究》，吉林人民出版社

2008年版。

刘志伟：《溪畔灯微》，北京师范大学出版社2020年版。

刘志伟：《在国家与社会之间：明清广东地区里甲赋役制度与乡村社会》，中国人民大学出版社2010年版。

卢风等：《生态文明：文明的超越》，中国科学技术出版社2019年版。

卢勋等：《中华民族凝聚力的形成与发展》，民族出版社2000年版。

卢勋等：《中华民族凝聚力的形成与发展》，社会科学文献出版社2007年版。

吕大吉：《宗教学通论新编》，中国社会科学出版社1998年版。

吕思勉：《秦汉史》，上海古籍出版社1983年版。

《吕思勉读史札记》，上海古籍出版社1982年版。

《吕思勉说史》，上海古籍出版社2000年版。

吕一燃主编：《中国近代边界史》，四川人民出版社2007年版。

罗桂环、王耀先、杨朝飞、唐锡仁主编：《中国环境保护史稿》，中国环境科学出版社1995年版。

马大正主编：《中国边疆经略史》，中州古籍出版社2000年版。

马汝珩、马大正主编：《清代的边疆政策》，中国社会科学出版社1994年版。

马小红：《礼与法：法的历史连接》（修订本），北京大学出版社2017年版。

蒙文通：《儒学五论》，广西师范大学出版社2007年版。

牟宗三：《政道与治道》，广西师范大学出版社2006年版。

潘先林：《民国云南彝族统治集团研究》，云南大学出版社1999年版。

彭邦炯：《商史探微》，重庆出版社1988年版。

彭勃、龚飞：《中国监察制度史》，人民出版社2019年版。

彭林、单周尧、张颂仁主编：《礼乐中国——首届礼学国际学术研讨会论文集》，上海书店出版社2013年版。

祁建民：《自治与他治：近代华北农村的社会和水利秩序》，商务印书馆2020年版。

钱穆：《论语新解》，九州出版社2011年版。

钱穆：《中国史学名著》，九州出版社2011年版。

钱穆：《中国学术思想史论丛》，九州出版社2011年版。

秦晖：《传统十论》，东方出版社2014年版。

卿希泰主编：《中国道教史》第3卷，四川人民出版社1993年版。

任士英：《盛唐气象》，中华书局、上海古籍出版社2010年版。

沈家本：《历代刑法考》（律令卷），商务印书馆2017年版。

石磊选编、标点：《儒教天道观》，国家图书馆出版社2010年版。

宋新潮：《殷商文化区域研究》，陕西人民出版社1991年版。

苏秉琦：《华人·龙的传人·中国人——考古寻根记》，辽宁大学出版社1994年版。

苏亦工：《明清律典与条例》，中国政法大学出版社2000年版。

孙宏年：《中国西南边疆的治理》，湖南人民出版社2015年版。

孙喆：《中国东北边疆的治理》，湖南人民出版社2015年版。

谭训聪：《我的祖父谭嗣同》，黄山书社2019年版。

汤用彤：《汉魏两晋南北朝佛教史》，中华书局1965年版。

田继周：《先秦民族史》，四川民族出版社1988年版。

万昌华、赵兴彬：《秦汉以来基层行政研究》，齐鲁书社2008年版。

王宏纬主编：《尼泊尔》，社会科学文献出版社2015年版。

王沪宁：《当代中国村落家族文化：对中国社会现代化的一项探索》，上海人民出版社1991年版。

王建学编：《近代中国地方自治法重述》，法律出版社2011年版。

王健：《西方法学邂逅中国传统》，知识产权出版社有限责任公司

2019年版。

王铭铭:《社区的历程》,天津人民出版社1996年版。

王沛:《刑书与道术——大变局下的早期中国法》,法律出版社2018年版。

王先明:《近代绅士》,天津人民出版社1996年版。

魏光奇:《官制与自治——20世纪上半期的中国县制》,商务印书馆2004年版。

温铁军:《中国农村基本经济制度研究——"三农"问题的世纪反思》,中国经济出版社2000年版。

闻钧天:《中国保甲制度》,商务印书馆1935年版。

翁独健主编:《中国民族关系史纲要》,中国社会科学出版社1990年版。

吴伯娅:《康雍乾三帝与西学东渐》,宗教文化出版社2002年版。

萧公权:《中国政治思想史》,辽宁教育出版社1998年版。

肖唐镖、史天健主编:《当代中国农村宗族与乡村治理:跨学科的研究与对话》,西北大学出版社2002年版。

谢重光、白文固:《中国僧官制度史》,青海人民出版社1990年版。

徐旭生:《中国古史的传说时代》,科学出版社1960年版。

徐旭生:《中国古史的传说时代》,文物出版社1985年版。

徐勇:《非均衡的中国政治》,中国广播电视出版社1992年版。

许建英:《中国西藏的治理》,湖南人民出版社2015年版。

许倬云:《西周史》,生活·读书·新知三联书店2012年版。

许倬云著,陈宁、邵东方编:《历史分光镜》,上海文艺出版社1998年版。

牙含章:《达赖喇嘛传》,人民出版社1984年版。

严耕望:《秦汉地方行政制度》,"中央研究院"历史语言研究所1990年版。

阎步克：《士大夫政治演生史稿》，北京大学出版社2015年版。

杨鸿烈：《中国法律思想史》，商务印书馆2017年版。

杨开道：《中国乡约制度》，商务印书馆2015年版。

杨宽：《中国古代都城制度史研究》，上海人民出版社2003年版。

杨瑞璟：《宋代乡村社会经济关系研究》，云南大学出版社2018年版。

杨向奎：《大一统与儒家思想》，北京出版社2011年版。

于沛、孙宏年、章永俊、董欣洁：《全球化境遇中的西方边疆理论研究》，中国社会科学出版社2008年版。

余定邦、喻常森：《近代中国与东南亚关系史》，中山大学出版社1999年版。

余太山主编：《西域通史》，中州古籍出版社2003年版。

俞荣根：《礼法传统与中华法系》，中国民主法制出版社2016年版。

俞伟超：《古史的考古学探索》，文物出版社2002年版。

袁清林：《中国环境保护史话》，中国环境科学出版社1990年版。

曾哲：《中国监察制度史稿》，光明日报出版社2019年版。

张博泉：《中华一体的历史轨迹》，辽宁人民出版社1995年版。

张岱年、方克立：《中国文化概论》，北京师范大学出版社2004年版。

张东荪：《理性与民主》，商务印书馆1946年版。

张二远选编、标点：《天命人性论》，国家图书馆出版社2013年版。

张践：《中国古代政教关系史》，中国社会科学出版社2012年版。

张晋藩：《中国传统法律文化十二讲》，高等教育出版社2018年版。

张晋藩、陈煜：《辉煌的中华法制文明》，江苏人民出版社、江苏凤凰美术出版社2015年版。

张晋藩主编:《中国古代监察制度史》,中国方正出版社2019年版。

张静:《基层政权:乡村制度诸问题》,浙江人民出版社2000年版。

张钧成:《中国古代林业史·先秦篇》,五南图书出版公司1995年版。

张利军:《商周服制与早期国家管理模式》,上海古籍出版社2016年版。

张兴照:《商代地理环境研究》,中国社会科学出版社2018年版。

张艳国:《家训辑览》,武汉大学出版社2007年版。

张永江:《清代藩部研究》,黑龙江教育出版社2014年版。

张仲礼:《中国绅士研究》,上海社会科学院出版社1991年版。

赵秀玲:《村民自治通论》,中国社会科学出版社2004年版。

赵云田:《清末新政研究——20世纪初的中国边疆》,黑龙江教育出版社2004年版。

赵云田:《中国边疆民族管理机构沿革史》,中国社会科学出版社1993年版。

赵云田:《中国治边机构史》,中国藏学出版社2002年版。

赵云田主编:《北疆通史》,中州古籍出版社2003年版。

郑汕:《中国边疆学概论》,云南人民出版社2012年版。

郑汕主编:《中国边防史》,社会科学文献出版社1995年版。

郑振满:《明清福建家族组织与社会变迁》,北京师范大学出版社2020年版。

中国农业遗产研究室编:《中国古代农业科学技术史简编》,江苏科学技术出版社1985年版。

中国农业遗产研究室编著:《中国农学史(初稿)》(上册),科学出版社1959年版。

周卫平:《中国新疆的治理》,湖南人民出版社2015年版。

周向南:《清代民间宗教治理研究》,中国社会科学出版社2017

年版。

周振鹤:《中国地方行政制度史》,上海人民出版社2005年版。

周振鹤:《中国行政区划通史》,复旦大学出版社2009年版。

《周振鹤自选集》,广西师范大学出版社1999年版。

朱勇:《清代宗族法研究》,湖南教育出版社1987年版。

朱宇:《中国乡域治理结构:回顾与前瞻》,黑龙江人民出版社2006年版。

四 中文译著

[丹] S. E. 约恩森:《生态系统生态学》,曹建军等译,科学出版社2017年版。

[德] W. 瓦格纳:《中国农书》,王建新译,商务印书馆1936年版。

[德] 黑格尔:《哲学史讲演录》,贺麟等译,商务印书馆1959年版。

[德] 马克斯·韦伯:《儒教与道教》,洪天富译,江苏人民出版社2014年版。

[法] 伯特里克·德韦弗:《地球之美》,[法] 让-费朗索瓦·布翁克里斯蒂亚尼绘,新星出版社2017年版。

[法] 孟德斯鸠:《论法的精神》,张雁深译,商务印书馆1982年版。

[法] 谢和耐:《中国五—十世纪的寺院经济》,耿昇译,甘肃人民出版社1987年版。

[法] 谢和耐:《中国与基督教:中西文化的首次撞击》,耿昇译,上海古籍出版社2003年版。

[荷] 许理和:《佛教征服中国:佛教在中国中古早期的传播与适应》,李四龙等译,江苏人民出版社2005年版。

冀朝鼎：《中国历史上的基本经济区与水利事业的发展》，朱诗鳌译，中国社会科学出版社 1981 年版。

刘俊文主编：《日本学者研究中国史论著选译》，夏日新等译，中华书局 1992 年版。

[美] 保罗·尼特：《一个地球，多种宗教》，王志成、思竹译，宗教文化出版社 2003 年版。

[美] 杜赞奇：《文化、权力与国家——1900—1942 年的华北农村》，王福明译，江苏人民出版社 1996 年版。

[美] 费正清、刘广京编：《剑桥中国晚清史（1800—1911）》，中国社会科学院历史研究所编译室译，中国社会科学出版社 1985 年版。

[美] 弗朗西斯·福山：《政治秩序的起源：从前人类时代到法国大革命》，毛俊杰译，广西师范大学出版社 2012 年版。

[美] 何炳棣：《明初以降人口及其相关问题 1368—1953》，葛剑雄译，生活·读书·新知三联书店 2001 年版。

[美] 杰里·本特利、赫伯特·齐格勒：《新全球史》（第五版），魏凤莲译，北京大学出版社 2014 年版。

[美] 卡尔·A. 魏特夫：《东方专制主义：对于极权力量的比较研究》，徐式谷等译，中国社会科学出版社 1989 年版。

[美] 麦克尔·赫克特：《遏制民族主义》，韩召颖等译，中国人民大学出版社 2012 年版。

[美] 小曼努埃尔·C. 莫里斯：《认识生态》，孙振钧译，科学技术文献出版社 2019 年版。

[美] 詹姆斯·N. 罗西瑙主编：《没有政府的治理》，张胜军、刘小林等译，江西人民出版社 2001 年版。

[日] 池田温：《中国古代籍帐研究》，龚泽铣译，中华书局 2007 年版。

［日］渡边信一郎：《中国古代的王权与天下秩序——从日中比较史的视角出发》，徐冲译，中华书局2008年版。

［日］日本博学俱乐部：《地球简史》，黄少安译，福建科学技术出版社2019年版。

萧公权：《中国乡村——论19世纪的帝国控制》，张皓、张升译，联经出版事业股份有限公司2014年版。

［意］利玛窦著，［法］梅谦立注：《天主实义今注》，商务印书馆2014年版。

［英］崔瑞德、鲁惟一：《剑桥中国秦汉史》，杨品泉译，中国社会科学出版社1994年版。

［英］罗素：《中国问题》，秦悦译，学林出版社1996年版。

［英］迈克尔·曼著：《社会权力的来源》第2卷，陈海宏等译，上海人民出版社2007年版。

［英］麦克斯·缪勒：《宗教学导论》，陈观胜、李培茱译，上海人民出版社1987年版。

［英］汤因比：《历史研究》，曹未风等译，上海人民出版社1964年版。

［英］亚当·斯密：《国富论》，贾拥民译，中国人民大学出版社2016年版。

［英］伊懋可：《大象的撤退———部中国环境史》，梅雪芹等译，江苏人民出版社2014年版。

五 中文论文

白钢：《略论乡里制度》，《光明日报》1984年12月5日。

包文汉：《清代"藩部"一词考释》，《清史研究》2000年第4期。

毕霞：《协商与治理的话语重构》，《天津市委党校学报》2016年第6期。

卜宪群：《德法相依　华夷一家》，《学习时报》2019 年 12 月 13 日第 7 版。

卜宪群：《谈我国历史上的"大一统"思想与国家治理》，《中国史研究》2018 年第 2 期。

蔡立雄：《功能转换与当代中国农村家族制度演化》，《中国经济史研究》2010 年第 4 期。

岑树海：《传统中国朝议、谏诤和巡视：三种监察机制探究及其现代启示——基于内向分权与外向分权的解析》，《江苏社会科学》2018 年第 1 期。

柴逢国、冯亚颖：《轻徭薄赋开启大唐盛世》，《中国税务》2019 年第 7 期。

晁福林：《从士山盘看周代"服"制》，《中国历史文物》2004 年第 6 期。

陈独秀：《〈新青年〉罪案之答辩书》，《新青年》第 6 卷第 1 号（1919 年）。

陈高华：《元朝宫廷乐舞简论》，《学术探索》2005 年第 6 期。

陈明光：《汉代"乡三老"与乡族势力蠡测》，《中国社会经济史研究》2006 年第 4 期。

陈其南：《传统中国的国家形态·家族意理与民间社会》，《认同与国家：近代中西历史的比较论文集》，"中央研究院"近代史研究所 1994 年版。

陈庆英：《元代宣政院对藏族地区的管理》，《青海社会科学》1990 年第 4 期。

陈永平、李委莎：《宗族势力：当前农村社区生活中一股潜在的破坏力量》，《社会学研究》1991 年第 5 期。

达力扎布：《〈蒙古律例〉及其与〈理藩院则例〉的关系》，《清史研究》2003 年第 4 期。

达力扎布：《清代内外蒙古十盟会名称的固定及其时间考》，《民族研究》2020 年第 2 期。

狄金华、钟涨宝：《从主体到规则的转向——中国传统农村的基层治理研究》，《社会学研究》2014 年第 5 期。

刁培俊：《官治、民治规范下村民的"自在生活"》，《文史哲》2013 年第 4 期。

董珊：《谈士山盘铭文的"服"字义》，《故宫博物院院刊》2004 年第 1 期。

杜文玉：《试论唐代监察制度的特点及其历史鉴戒》，《陕西师范大学学报》2016 年第 4 期。

杜恂诚：《"黄宗羲定律"是否能够成立》，《中国经济史研究》2009 年第 1 期。

杜谆：《清代伏羲祭祀与维持王朝统治》，《民族研究》2020 年第 2 期。

段渝：《百年大禹研究的主要观点和论争》，《社会科学研究》2020 年第 1 期。

段自成：《清代乡约基层行政管理职能的强化》，《河南师范大学学报》2011 年第 2 期。

费孝通：《对文化的历史性和社会性的思考》，《思想战线》2004 年第 2 期。

费孝通：《文化论中人与自然关系的再认识》，《群言》2002 年第 9 期。

冯尔康：《宗族制度、谱牒学和家谱的学术价值》，《中国家谱综合目录·代序》，中华书局 1997 年版。

傅斯年：《万恶之原》，《新潮》第 1 卷第 1 期（1919 年）。

傅衣凌：《中国传统社会：多元的结构》，《中国社会经济史研究》1988 年第 3 期。

高其才：《辅村助力：宗族参与乡村社会治理探析》，《政法论丛》2020年第3期。

高寿仙：《"官不下县"还是"权不下县"？——对基层治理中"皇权不下县"的一点思考》，《史学理论研究》2020年第5期。

葛剑雄：《盖世英雄还是千古罪人：元（拓跋）宏及其迁都和汉化》，《读书》1996年第5期。

葛琳玲：《乡贤聚力唱响乡村治理"协奏曲"》，《人民论坛》2018年第12期。

葛生华：《试论先秦及秦汉的监察制度》，《兰州学刊》1990年第4期。

公丕祥：《传统中国的县域治理及其近代嬗变》，《政法论坛》2017年第4期。

谷苞：《论正确阐明古代匈奴游牧社会的历史地位》，《民族学研究》第8辑，民族出版社1986年版。

韩俊远、刘太祥：《中国古代行政权力的制约与监督机制》，《南都学坛》2004年第3期。

韩小凤：《从一元到多元：建国以来我国村级治理模式的变迁研究》，《中国行政管理》2014年第3期。

何君安、何梦圆：《"大一统"国家形态与传统中国的治理智慧》，《中南民族大学学报》（人文社会科学版）2020年第2期。

洪英：《孙中山先生地方自治思想综述》，《法史研究》2003年第3期。

胡宝华：《唐朝御史弹劾的"有为"与"难为"》，《人民论坛》2014年第28期。

胡恒：《"皇权不下县"的由来及其反思》，《中华读书报》2015年11月4日第5版。

胡适：《易卜生主义》，《新青年》第4卷第6号（1918年）。

黄爱教：《新乡贤助推乡村振兴的政策阻碍因素及对策》，《理论月刊》2019年第1期。

黄金兰：《传统中国的乡村社会控制方式——兼及宗族的社会控制功能》，《民间法》第12卷，厦门大学出版社2013年版。

黄祯：《北魏前期的官制结构：侍臣、内职与外臣》，《民族研究》2016年第3期。

蒋楠：《历史视野下的中国乡村治理》，《光明日报》2015年4月8日14版。

蒋卫东：《自然环境变迁与良渚文化兴衰关系的思考》，《华夏考古》2003年第2期。

金鑫：《清代前期布特哈总管沿革探析》，《民族研究》2013年第4期。

荆月新：《近代乡里制度转型的当代法治意义》，《光明日报》2015年8月29日第7版。

李北方：《历史纵深中的农村基层治理》，《南风窗·双周刊》2014年第14期。

李大龙：《试论中国疆域形成和发展的分期和特点》，《中国边疆史地研究》2011年第3期。

李大龙：《唐代使者接待礼仪考》，《黑龙江民族丛刊》2020年第2期。

李根蟠：《"天人合一"与"三才"理论——为什么要讨论中国经济史上的"天人关系"》，《中国经济史研究》2000年第3期。

李根蟠：《先秦时代保护和合理利用自然资源的理论》，《古今农业》1999年第1期。

李根蟠：《先秦时代的沟洫农业》，《中国经济史研究》1986年第1期。

李国强：《中越陆路边界源流述略》，《中国边疆史地研究导报》

1989 年第 1 期。

李浩:《论唐代乡族势力与乡村社会控制》,《中国农史》2010 年第 1 期。

李华瑞:《再论南宋荒政的发展》,《浙江学刊》2016 年第 1 期。

李金飞:《清代疆域"大一统"观念的变革——以〈大清一统志〉为中心》,《中国边疆史地研究》2020 年第 2 期。

李金水:《熙丰时期农田水利法取得的主要成果及其原因》,《中国社会经济史研究》2006 年第 5 期。

李静:《当代乡村叙事中乡贤形象的变迁》,《江苏社会科学》2016 年第 2 期。

李民:《〈汉书·贾捐之传〉所见商代疆域考》,《历史研究》2006 年第 5 期。

李民:《〈禹贡〉与夏史》,《史学月刊》1980 年第 2 期。

李平、刘潮镇:《秦汉至清代的徭役制度变迁》,《中国财政》2019 年第 16 期。

李青:《中国古代行政监察的几个重要环节及其历史借鉴》,《河北法学》2017 年第 5 期。

李文治:《明代宗族制的体现形式及其基层政权作用》,《中国经济史研究》1988 年第 1 期。

李学勤:《遂公盨与大禹治水传说》,《中国社会科学院院报》2003 年 1 月 23 日。

李艳菲:《新乡贤的生成机理、社会基础与发展路径》,《中共四川省委学校学报》2018 年第 4 期。

李治安:《元初华夷正统观念的演进与汉族文人仕蒙》,《学术月刊》2007 年第 4 期。

梁红仙:《盛唐文化政策的调整与改革》,《宁夏大学学报》2012 年第 6 期。

林冠群：《唐蕃舅甥关系释义》，《中国藏学》2016年第2期。

林乾：《论雍正时期对西藏管理的制度化过程》，《民族研究》2019年第2期。

刘华：《宋代自然资源的保护和利用》，《安徽师大学报》1996年第1期。

刘梦溪：《唐朝的文化气象》，《人民政协报》2016年7月25日第11版。

刘晓满、卜宪群：《秦汉行政中的效率规定与问责》，《安徽史学》2012年第2期。

刘修明、吴乾兑：《试论唐代文化高峰形成的原因》，《学术月刊》1982年第5期。

刘正寅：《试论中华民族整体观念的形成与发展》，《民族研究》2000年第6期。

鲁西奇：《"下县的皇权"：中国古代乡里制度及其实质》，《北京大学学报》2019年第4期。

陆悦：《县以下代表皇权的人员？——胡恒〈皇权不下县?〉读后》，《法律史评论》（第9卷），法律出版社2017年版。

罗家伦：《今日之世界新潮》，《新潮》第1卷第1期（1919年）。

罗贤佑：《论"中国"观的扩大与发展》，《纪念王锺翰先生百年诞辰学术文集》，中央民族大学出版社2013年版。

罗新：《十六国北朝的五德历运问题》，《中国史研究》2004年第3期。

罗志田：《地方的近世史："郡县空虚"时代的礼下庶人与乡里社会》，《近代史研究》2015年第5期。

罗志田：《国进民退：清季兴起的一个持续倾向》，《四川大学学报》2012年第5期。

罗志田：《隋废乡官再思》，《社会科学研究》2015年第1期。

马大正:《中国疆域的形成与发展》,《中国边疆史地研究》2004 年第 3 期。

马世骏、王如松:《社会—经济—自然复合生态系统》,《生态学报》1984 年第 1 期。

马忠、安着吉:《本土化视野下构建中国特色国家治理理论的深层思考》,《西安交通大学学报》(社会科学版)2020 年第 2 期。

马子木、乌云毕力格:《同文之治:清朝多语文政治文化的构拟与实践》,《民族研究》2017 年第 4 期。

毛少君:《农村宗族势力蔓延的现状与原因分析》,《浙江社会科学》1991 年第 2 期。

毛少君:《中国宗族制度的历史沿革及其重要内容》,《浙江社会科学》1994 年第 4 期。

[美] 黄宗智:《集权的简约治理——中国以准官员和纠纷解决为主的半正式基层行政》,《开放时代》2008 年第 2 期。

牟钟鉴:《中国的宗法性传统宗教试探》,《世界宗教研究》1990 年第 1 期。

倪根金:《明清护林碑研究》,《中国农史》1995 年第 4 期。

倪根金:《中国传统护林碑刻的演进及在环境史研究上的价值》,《农业考古》2006 年第 4 期。

彭丰文:《试论十六国时期胡人正统观的嬗变》,《民族研究》2010 年第 6 期。

彭武麟:《南京临时政府时期的近代国家转型与民族关系之建构——以"五族共和"为中心》,《民族研究》2009 年第 3 期。

奇格等:《古代蒙古生态保护法规》,《内蒙古社会科学》2001 年第 3 期。

强世功:《"法律不入之地"的民事调解——一起"依法收贷"案的再分析》,《比较法研究》1998 年第 3 期。

秦晖：《并税式改革与"黄宗羲定律"》，《农村合作经济经营管理》2002年第3期。

秦晖：《权力、责任与宪政——关于政府"大小"问题的理论与历史考查》，《社会科学论坛》2005年第2期。

曲英杰、杨一凡：《论先秦时期自上而下的监察》，《求是学刊》1985年第6期。

沈长云、李晶：《春秋官制与〈周礼〉比较研究——〈周礼〉成书年代再探讨》，《历史研究》2004年第6期。

沈延生：《村政的兴衰与重建》，《战略与管理》1998年第6期。

史金波：《西夏文〈官阶封号表〉考释》，《中国民族古文字研究》第3辑，天津古籍出版社1991年版。

宋镇豪：《论商代的政治地理架构》，《中国社会科学院历史研究所学刊》（第一集），商务印书馆2001年版。

苏钦：《〈理藩院则例〉性质初探》，《民族研究》1992年第2期。

孙海泉：《论清代从里甲到保甲的演变》，《中国史研究》1994年第2期。

孙宏年、苗鹏举：《清代西藏地方军事地理格局的演变》，《中国边疆史地研究》2020年第3期。

孙悟湖、班班多杰：《多元通和：汉族、藏族、蒙古族宗教文化交往交流交融的历史考察》，《民族研究》2021年第1期。

谭其骧：《何以黄河在东汉以后会出现一个长期安流的局面——从历史上论证黄河中游的土地合理利用是消弭下游水害的决定性因素》，《学术月刊》1962年第2期。

唐长孺：《魏晋南北朝时期的吏役》，《江汉论坛》1988年第8期。

唐军：《仪式性的消减与事件性的加强——当代华北村落家族生长的理性化》，《中国社会科学文丛·民族学、人类学、宗教学卷》，中国政法大学出版社2005年版。

唐鸣、赵鲲鹏、刘志鹏：《中国古代乡村治理的基本模式及其历史变迁》，《江汉论坛》2011年第3期。

陶懋炳：《中国古代民族融合发展阶段初探》，《湖南师大学报》1988年第2期。

汪家伦：《熙宁变法期间的农田水利事业》，《晋阳学刊》1990年第1期。

王东平：《关于清代回疆伯克制度的几个问题》，《民族研究》2005年第1期。

王尔敏：《清廷〈圣谕广训〉之颁行及民间之宣讲拾遗》，《近代文化生态及其变迁》，百花洲文艺出版社2002年版。

王晖：《大禹治水方法新探——兼议共工、鲧治水之域与战国之前不修堤防论》，《陕西师范大学学报》2008年第2期。

王利华：《〈月令〉中的自然节律与社会节奏》，《中国社会科学》2014年第2期。

王利华：《中古华北的鹿类动物与生态环境》，《中国社会科学》2002年第3期。

王利华：《中古华北水资源状况的初步考察》，《南开学报》（哲学社会科学版）2007年第3期。

王霜媚：《帝国基础：乡官与乡绅》，《立国的宏规——中国文化新论·制度篇》，联经出版事业股份有限公司1983年版。

王思治：《宗族制度浅论》，《清史论丛》第4辑，中华书局1982年版。

王廷洽：《〈诗经〉与渔猎文化》，《中国史研究》1995年第1期。

王巍：《公元前2000年前后我国大范围文化变化原因探讨》，《考古》2004年第1期。

王先明、常书红：《传统与现代的交错、纠葛与重构——20世纪前期中国乡村权力体制的历史变迁》，复旦大学历史系编：《近代中国的乡村社会》，上海古籍出版社 2005 年版。

王晓天：《论清末民初监察制度的嬗变》，《湖南社会科学》1999 年第 4 期。

王旭、郭声波：《鹿胎消费与宋人的环保意识》，《中国农史》2016 年第 1 期。

王杨：《传统士绅与次生治理：旧基层社会治理形态的新考察》，《浙江社会科学》2020 年第 2 期。

王永平：《论唐代的文化政策》，《思想战线》1999 年第 3 期。

魏承思：《论唐代文化政策与文化繁荣的关系》，《学术月刊》1989 年第 5 期。

魏光奇：《清代"乡地"制度考略》，《北京师范大学学报》2017 年第 5 期。

魏华仙：《试论宋代对野生动物的捕杀》，《中国历史地理论丛》2007 年第 2 期。

温铁军：《半个世纪的农村制度变迁》，《战略与管理》1999 年第 6 期。

吴吉远：《试论清代吏役的作用和地位》，《清史研究》1993 年第 3 期。

吴文祥、葛全胜：《夏朝前夕洪水发生的可能性及大禹治水真相》，《第四纪研究》2005 年第 6 期。

吴虞：《吃人与礼教》，《新青年》第 6 卷第 6 号（1919 年）。

夏武平、夏经林：《先秦时代对野生生物资源的管理及其生态学的认识》，《生态学报》1985 年第 2 期。

夏炎：《古代山林川泽利用问题再检讨——以"公私共利"原则为中心》，《安徽史学》2013 年第 6 期。

夏炎：《中古野生动物资源的破坏——古代环境保护问题再认识》，《中国史研究》2013 年第 3 期。

向燕南：《北魏太武灭佛原因考辨》，《北京师范大学学报》1988 年第 4 期。

肖如平：《理想与现实的两难：论国民政府的地方自治与保甲制度》，《福建论坛》2004 年第 12 期。

肖唐镖：《村庄治理中的传统组织与民主建设——以宗族与村庄组织为例》，《学习与探索》2007 年第 3 期。

肖唐镖：《乡村治理中宗族与村民的互动关系分析》，《社会科学研究》2008 年第 6 期。

徐茂明：《明清以来乡绅、绅士与士绅诸概念辨析》，《苏州大学学报》2003 年第 1 期。

徐晓望：《试论明清时期官府和宗族的相互关系》，《厦门大学学报》1985 年第 3 期。

徐祖澜：《历史变迁语境下的乡绅概念之界定》，《湖北社会科学》2016 年第 6 期。

严耕望：《论唐代尚书省之职权与地位》，《"中央研究院"历史语言研究所集刊》第 24 分，1953 年。

颜世安：《春秋战国时代的"诸夏"融合与地域族群》，《民族研究》2020 年第 2 期。

杨军：《羁縻体制与古代边疆》，《史学集刊》2020 年第 4 期。

杨宽：《战国秦汉的监察和视察地方制度》，《社会科学战线》1982 年第 2 期。

杨念群：《论"大一统"观的近代形态》，《中国人民大学学报》2018 年第 1 期。

杨念群：《我看"大一统"历史观》，《读书》2009 年第 4 期。

杨念群：《重估"大一统"历史观与清代政治史研究的突破》，《清史研究》2010 年第 2 期。

杨念群：《重建"中华民族"历史叙述的谱系——〈重塑中华〉与

中国概念史研究》，《近代史研究》2018年第5期。

叶文宪：《部族冲突与征服战争：酋邦演进为国家的契机》，《史学月刊》1993年第1期。

叶文宪：《商代疆域新论》，《历史地理》（第八辑），上海人民出版社1990年版。

尹仲材：《村制学与地方自治》，《现行关系村制法令及党纲党义讲义》，上海大中书局1928年版。

于建嵘：《要警惕宗族势力对农村基层政权的影响》，《江苏社会科学》2004年第4期。

余少华：《蒙古乐与满洲舞在清代的文化功能》，《第二届国际满学研讨会论文集》，1999年。

袁靖：《论中国新石器时代居民获取肉食资源的方式》，《考古学报》1999年第1期。

袁清林：《先秦环境保护的若干问题》，《中国科技史料》1985年第1期。

曾宪义、马小红：《中国传统法的结构与基本概念辨正——兼论古代礼与法的关系》，《中国社会科学》2003年第5期。

扎洛：《"披楞"琐议》，《中国藏学》2011年第3期。

张帆：《元朝行省的两个基本特征：读李治安〈行省制度研究〉》，《中国史研究》2002年第1期。

张国刚：《唐代乡村基层组织及其演变》，《北京大学学报》（哲学社会科学版）2009年第5期。

张海英：《"国权"："下县"与"不下县"之间——析明清政府对江南市镇的管理》，《清华大学学报》2017年第1期。

张嘉友、叶宁：《论近代中国地方治理的演变历程》，《西南民族大学学报》2016年第12期。

张晋藩：《中国古代监察法的历史价值——中华法系的一个视角》，

《政法论坛》2005年第6期。

张林江:《正确认识宗族在乡村治理中的作用》,《中国民政》2018年第10期。

张明华:《良渚文化突然消亡的原因是洪水泛滥》,《江汉考古》1998年第1期。

张全明:《论宋代的生物资源保护》,《史学月刊》2000年第6期。

张生:《中国古代监察制度的演变:从复合性体系到单一性体系》,《行政法学研究》2017年第4期。

张双志:《清朝皇帝的华夷观》,《历史档案》2008年第3期。

张永江:《礼仪与政治:清朝礼部与理藩院对非汉族群的文化治理》,《清史研究》2019年第1期。

张云:《少数民族与中国历史上的大一统》,《学海》2008年第5期。

张正明:《和亲通论》,中国社会科学院民族研究所民族历史研究室编:《民族史论丛(第一辑)》,中华书局1986年版。

章翊中、熊亚非:《中国古代对监察官的监督与管理》,《江西社会科学》2002年第12期。

赵力涛:《家族与村庄政治:河北某村家族现象研究》,北京大学社会学系1998届硕士学位论文。

赵泉民:《张村社会整合中的"异趣"》,《华东师范大学学报》2003年第1期。

赵晓峰:《"双轨政治"重构与农村基层行政改革——激活基层行政研究的社会学传统》,《北京社会科学》2016年第1期。

赵晓峰、张红:《从嵌入式控制到脱嵌化治理:迈向"服务型政府"的乡镇政权运作逻辑》,《学习与实践》2012年第11期。

赵秀玲:《乡贤重塑与乡村善治》,《东吴学术》2019年第1期。

赵秀玲:《中国乡里制度研究及展望》,《历史研究》1998年第

4 期。

浙江省文物考古研究所：《杭州市良渚古城外围水利系统的考古调查》，《考古》2015 年第 1 期。

郑学檬：《宋代两浙围湖垦田之弊——读〈宋会要辑稿〉"食货""水利"笔记》，《中国社会经济史研究》1982 年第 3 期。

郑云飞：《良渚文化时期的社会生业形态与稻作农业》，《南方文物》2018 年第 1 期。

周庆智：《官民共治：关于乡村治理秩序的一个概括》，《甘肃社会科学》2018 年第 2 期。

周星：《古代汉文化对周边异民族的"生/熟"分类》，《民族研究》2017 年第 1 期。

周雪光：《寻找中国国家治理的历史线索》，《中国社会科学》2019 年第 1 期。

朱丽双：《吐蕃崛起与儒家文化》，《民族研究》2020 年第 1 期。

朱正西等：《试论北宋〈农田利害条约〉的内容及影响》，《山西农业大学学报》（社会科学版）2016 年第 5 期。

后 记

2019年1月初，中国社会科学院中国历史研究院成立，下设6个研究所。同年春，紧锣密鼓地设立6个重大交办课题，6个研究所各领一个。历史理论研究所是中国历史研究院唯一新建研究所，《中国历代治理体系研究》是该所承担的首个重大研究项目，中国古代治理史研究是新兴学科。新建研究所、新学科、新课题，客观上要求研究团队及研究成果要有新面貌、新境界。

但要做到这一点，存在不小难度。历史理论研究所最初仅有十余人，由古代史研究所、近代史研究所、世界历史研究所的三个相关研究室整合而成；该所下设9个研究室，在学科设置上真正实现了各历史学科的融合，其特点可概括为"打通古今中外，注重大历史、长时段研究"，而我们现有人员的研究方向、知识结构、学术积累与之有不小距离。怎么办？我们起始就确立"边建所、边搞科研"的工作思路，迎难而上。

该课题研究前后历时4年，从一个侧面展示了历史理论研究所的建所轨迹。

2019年2月14日，历史理论研究所在北京市朝阳区国家体育场北路1号院正式挂牌，是中国历史研究院第一个迁入新址的研究所。4月8日、10日、17日、23日，夏春涛所长先后4次主持召开《中国历代治理体系研究》课题论证会，组织填写课题论证书。6月25日，召开课题组会议，明确具体分工。11月11日，在课题正式获批立项后，召开首次课题组全体成员会议，夏春涛谈了该课题研究的主旨及 5 点具体要求，课题组成员逐一发言。课题正式启动。

该课题由夏春涛所长主持，下设 11 个子课题（11 章）。课题组成员以历史理论研究所为主，同时吸收了中国社科院各相关研究所、京内外高校的优秀学者。书稿 11 章排序一再斟酌调整，最终确定的书稿结构及具体分工如下：

导言　夏春涛

第一章　杨艳秋

第二章　展龙

第三章　赵现海

第四章　左玉河

第五章　高希中

第六章　刘巍

第七章　赵庆云

第八章　孙宏年

第九章　贾益

第十章　张践

第十一章　王利华

结束语　夏春涛

该课题是集体项目，其最终成果是大家共同努力的结果，是在克复新冠疫情防控所带来的诸多不便的情形下完成的。夏春涛作为课题主持人，前后 4 次统稿；尤其是通读书稿初稿，就各章之章节结构、具体表述、内容增删等提出具体修改意见。各子课题负责人各尽其职，数易其稿。4 年来，课题组先后召开 9 次会议，并与河南大学联合举办"中国历代国家治理体系学术研讨会"（线下）。2023 年 3 月 18 日，中国社会科学院主办、历史理论研究所承办的

"大历史视阈下的国家治理国际学术研讨会"在北京国谊宾馆召开。此外，我们共编印8期课题《工作简报》，及时公布课题进展动态。作为课题研究阶段性成果，《史学理论研究》发表了课题组成员的多篇论文。夏春涛撰写《中国古代治理体系的主要特点及当代启示》一文，在《华南理工大学学报》（社会科学版）2022年第5期作为"特稿"刊发，产生较大反响；《新华文摘》2023年第1期予以转载，并作为封面文章推荐；《北京日报》"理论周刊"征得作者同意，在2023年1月9日摘要转载，题为"一脉相承 世所罕见：中国古代治理体系的鲜明特点"。2023年3月29日，作者以此为题，应邀在中共陕西省委党校中青班领导干部论坛作专题报告，获得好评。

我们起始便强调，该课题是历史理论研究所成立后承担的首个重大课题，这第一炮一定要打响，不能成为哑炮。一分耕耘一分收获，经过严格的匿名评审等程序，该课题顺利如期结项，评审等级为"优秀"。书稿根据评审意见作相应修改后又通过评审，被中国历史研究院列入"文库"出版。这使我们感到欣慰。

在书稿即将出版之际，谨对课题组全体成员4年来的精诚合作、携手共进表示感谢。高翔同志高度重视该课题研究，2019年4月17日出席课题论证报告会，并提出指导性意见。中国历史研究院对该课题立项、结项、出版给予了关注和支持。中国社会科学出版社的赵剑英、王茵等同志对书稿出版十分重视，精心策划。历史理论研究所的许多同事参与其中：徐志民研究员做了大量具体工作，包括课题组内部的协调与联系、课题《工作简报》的编发等；综合处杨婉蓉处长、孙厦副处长及李政君副研究员也做了不少事务性工作，包括为课题研究提供后勤保障服务；本书"参考文献"，主要由新入职的庄亚琼、庄新、程源源、张一博、宋儒、孟尧等青年才俊共同整理而成。谨在此一并表示衷心感谢。

本书"导言"有云:"系统研究中国历代治理体系,这在学界是第一次。忝为国内第一部该专题研究专著,希望本书的问世能对相关研究起到推进作用,能进一步引起大家对相关问题的关注和思考。如此,则是对我们努力的最大褒奖。"我们期待学界先进、同好及读者朋友们的批评指正。

《中国历代治理体系研究》课题组

2023 年 4 月 6 日